D1701875

Data-Warehouse-Systeme

Prof. Dr.-Ing. Holger Günzel studierte Informatik an der Universität Erlangen-Nürnberg. Danach war er dort als wissenschaftlicher Mitarbeiter am Lehrstuhl für Datenbanksysteme tätig. Von 2001 bis 2007 war er Berater und zuletzt Führungskraft bei der IBM Business Consulting Services in den Themen »unternehmensweite Architekturen«, »Business Intelligence« und »Serviceorientierte Architekturen«. Seit 2007 ist er Professor an der Fakultät für Betriebswirtschaftslehre der Hochschule München für das Lehrgebiet »Prozess- und Informationsmanagement«. Seit 2013 ist er Studiengangsleiter des Masterstudiengangs Betriebswirtschaft – European Business Consulting. Er ist Mitgründer der GI-Arbeitskreise »Konzepte des Data Warehousing« und »Enterprise Architecture«.

Dr.-Ing. Andreas Bauer studierte Informatik an der Universität Erlangen-Nürnberg. Danach war er als wissenschaftlicher Mitarbeiter am Fachgebiet Wirtschaftsinformatik der TU Darmstadt und am Lehrstuhl für Datenbanksysteme der Universität Erlangen-Nürnberg tätig. Von 2003 bis 2008 war er Berater bei der T-Systems sowie Siemens IT Solutions and Services im Bereich Data Warehousing und Business Intelligence. Seit 2008 ist er bei Capgemini, Service Line Business Information Management, aktuell als Geschäftsbereichsmanager tätig. Er ist Mitgründer und war Sprecher des GI-Arbeitskreises »Konzepte des Data Warehousing«.

Andreas Bauer · Holger Günzel (Hrsg.)

Data-Warehouse-Systeme

Architektur · Entwicklung · Anwendung

4., überarbeitete und erweiterte Auflage

dpunkt.verlag

Andreas Bauer
bauer@data-warehouse-systeme.de

Holger Günzel
guenzel@data-warehouse-systeme.de

Lektorat: Christa Preisendanz
Copy-Editing: Annette Schwarz, Ditzingen
Satz: Andreas Bauer, Holger Günzel
Herstellung: Birgit Bäuerlein
Umschlaggestaltung: Helmut Kraus, www.exclam.de
Druck und Bindung: M.P. Media-Print Informationstechnologie GmbH, 33100 Paderborn

Bibliografische Information der Deutschen Nationalbibliothek
Die Deutsche Nationalbibliothek verzeichnet diese Publikation in der Deutschen National-
bibliografie; detaillierte bibliografische Daten sind im Internet über http://dnb.d-nb.de abrufbar.

ISBN:
Buch   978-3-89864-785-4
PDF   978-3-86491-300-6
ePub   978-3-86491-301-3

4., überarbeitete und erweiterte Auflage 2013
Copyright 2013 dpunkt.verlag GmbH
Ringstraße 19 B
69115 Heidelberg

Die vorliegende Publikation ist urheberrechtlich geschützt. Alle Rechte vorbehalten. Die Verwen-
dung der Texte und Abbildungen, auch auszugsweise, ist ohne die schriftliche Zustimmung des
Verlags urheberrechtswidrig und daher strafbar. Dies gilt insbesondere für die Vervielfältigung,
Übersetzung oder die Verwendung in elektronischen Systemen.
Es wird darauf hingewiesen, dass die im Buch verwendeten Soft- und Hardware-Bezeichnungen
sowie Markennamen und Produktbezeichnungen der jeweiligen Firmen im Allgemeinen waren-
zeichen-, marken- oder patentrechtlichem Schutz unterliegen.
Alle Angaben und Programme in diesem Buch wurden mit größter Sorgfalt kontrolliert. Weder
Autor noch Verlag können jedoch für Schäden haftbar gemacht werden, die in Zusammenhang
mit der Verwendung dieses Buches stehen.

5 4 3 2 1 0

Vorwort

Mit der vierten Auflage geht das Buch in das zwölfte Jahr – einige Data-Warehouse-Systeme sind in diesem Zeitraum entstanden und auch bereits wieder durch andere ersetzt worden. Warum geht es diesem Buch nicht auch so? Wir denken, das liegt an mehreren Dingen:

- Das Buch hat einen stabilen »Kern« – die Referenzarchitektur. Alle Kapitel orientieren sich an dem Konstrukt – alle Abschnitte können sich »anlehnen« oder »reiben«.
- Das Buch wurde bereits vor zwölf Jahren aus einer Community heraus getrieben – viele Autoren haben sich mit ihrem Spezialgebiet zusammengetan, um gemeinsam einen »Standard« hervorzubringen.
- Das Buch wurde größtenteils zeitneutral und idealtypisch geschrieben. Es wurde auf explizite Spezifika und Bezeichnungen von Herstellern und Dienstleistern verzichtet.

Natürlich muss die Frage erlaubt sein – wie bereits in der letzten Auflage –, ob das Thema überhaupt noch eine Relevanz besitzt. Ist Data Warehousing nicht obsolet oder gar ein »Commodity-Produkt«, also etwas, über das man sich keine Gedanken machen muss? Wir können das aus tiefster Überzeugung verneinen: Interessanterweise kommen immer neue Einsatzgebiete hinzu, die eine derartige Dateninfrastrukturplattform wie das Data-Warehouse-System einsetzen. Aktuelle Stichworte, die erst in ein paar Jahren großflächig zum Einsatz kommen werden, sind beispielsweise »Embedded Analytics« oder »Identity and Access Intelligence« ([Rayn10], [KrBl11]). Wiederum positiv überrascht hat uns das große Interesse an der Weiterentwicklung des Buches – sowohl von bestehenden als auch von neuen Autoren.

Was hat sich geändert zur 3. Auflage? Eine grundsätzliche Veränderung liegt in der Weiterentwicklung der Referenzarchitektur: Die aktuelle Auflage verzichtet vollständig auf den Begriff des »Data Warehouse«, da sich gezeigt hat, dass dieser Begriff immer zu Missverständnissen führt. In der vorliegenden Auflage wird entweder über das gesamte System gesprochen (Data-Warehouse-System) oder über dessen funktionale und Datenhaltungskomponenten, die jetzt eindeutige Namen, abgeleitet von deren Aufgabe, besitzen.

Weiterhin wurde an vielen Details gefeilt und Erweiterungen wurden vorgenommen: Data Mining, Datenschutz, Integration von unstrukturierten Daten, neue Technologien wie InMemory, Aspekte des Projektmanagements, Reifegradmodell, Open-Source-Software sowie Ergänzungen im Vorgehensmodell wie Anforderungs- und Testmanagement oder organisatorische Aspekte wie BICC.

Unser Dank gilt wie in jeder Auflage den bestehenden und neu gewonnenen Autoren, die Sie zahlreich im Autorenverzeichnis aufgeführt finden und kontaktieren können. Unser besonderer Dank bei dieser Auflage geht wieder an Thomas Zeh, der durch seine kritischen Anmerkungen und inhaltlichen Beiträge das Buch vorangetrieben hat.

Andreas Bauer und *Holger Günzel*
München, Februar 2013

Vorwort zu 3. Auflage

Vier weitere Jahre sind seit dem Erscheinen der 2. Auflage vergangen. In Zeiten des Internets ist das ein Zeitraum, in dem das Wissen – vor allem über Informationstechnologie – oftmals vollständig veraltet. Auch im Bereich der Data-Warehouse-Systeme ist die Zeit nicht stehen geblieben. Eine gute Gelegenheit für einen kleinen (unvollständigen und subjektiven) Rückblick:

Der Markt der Data-Warehouse-Werkzeuge hat sich konsolidiert. Zwischenzeitlich existieren zahlreiche ETL-Anbieter nicht mehr, sie wurden aufgekauft oder sind aus anderen Gründen verschwunden. Weiterhin war gerade bei den Anbietern von Analysewerkzeugen ein Trend hin zum Vollsortimenter zu verzeichnen. Die Anbieter haben ihr Produktportfolio erweitert, um alle relevanten Bereiche wie ETL, Data Quality sowie Analyse, Reporting, Planung oder Prognose (oft auch anzutreffen unter dem Schlagwort »Business Performance Management«) abzudecken. Im letzten Jahr wurden schließlich einige der führenden Produkthersteller von den großen Anbietern IBM, Microsoft, Oracle oder SAP übernommen. Es ist ungewiss, wie sich der Markt in diesem Bereich weiter entwickelt.

Neben dem Trend zur Konsolidierung der Anbieter wächst die Bedeutung der Open-Source-Werkzeuge. Neben Einzelwerkzeugen für ETL, Analyse oder Datenhaltung sind auch Komplettlösungen (Frameworks) im Kommen. Damit erwächst wie in anderen Bereichen auch eine Konkurrenz zu den kommerziellen Anbietern mit allen Vor- und Nachteilen. Aus Gründen der (weitgehenden) Produktneutralität des Buches wird im Weiteren nicht näher darauf eingegangen.

Im Zuge der Aktualisierung des Buches entstand die Diskussion, ob der Begriff »Business Intelligence« den Begriff »Data Warehouse« bzw. »Data Warehousing« ablösen wird oder sogar bereits abgelöst hat. In der einschlägigen Fachpresse stößt man allerorts auf »Business Intelligence«. Wir haben uns in der Autorenschaft bewusst dagegen entschieden, das Buch umzutitulieren, da im Begriff »Business Intelligence« mehr steckt und er darüber hinaus eine andere Ausrichtung besitzt. Unter Business Intelligence wird der Bereich der analytischen Anwendungen im Unternehmensumfeld verstanden. Hierzu zählen häufig auch weiterführende Anwendungsgebiete wie beispielsweise Planung und Wissensmanagement. Die besagten Anwendungsgebiete benötigen zwar wiederum ein Data Warehouse als gemeinsame Datenbasis. Der Fokus des Buches liegt aber genau auf diesem Data Warehouse, das die Grundlage für verschiedene Anwendungen bildet.

Vor diesem Hintergrund ist festzustellen, dass sich der Hype um das Thema Data Warehouse in den letzten Jahren zwar weiter abgeflacht bzw. auf angrenzende Themen wie Business Performance Management verlagert hat, aber in der Praxis nicht an Bedeutung verloren hat. Viele Unternehmen haben das Data Warehouse (und natürlich auch Business Intelligence) als ein zentrales Thema identifiziert, vielerorts wird bereits eine Konsolidierung der gewachsenen Data-

Warehouse-Landschaft durchgeführt. Auch neue Tendenzen wie »Serviceorientierte Architekturen« (SOA) führen indirekt wieder zu einer Rückbesinnung auf diese Mechanismen.

Einige Neuerungen im Buch betreffen auch gerade diese aktuellen Markttendenzen bzw. Anforderungen. Die systematische Istanalyse und Weiterentwicklung des Themas Data Warehouse in einem Unternehmen werden durch Reifegradmodelle unterstützt. In vielen Anwendungsbereichen werden immer kürzere Aktualisierungszyklen gefordert, was das Thema »Realtime Data Warehouse« adressiert. Die neu aufgenommenen bzw. grundlegend aktualisierten Praxisbeispiele vermitteln einen Überblick über aktuelle Einsatzformen von Data-Warehouse-Systemen.

Das Data-Warehouse-System gehört also inzwischen zum festen Bestandteil im Unternehmen bzw. der Organisation, »neudeutsch« würde man dies wohl als »Commodity« bezeichnen. Passend zu dieser Entwicklung hat sich der Arbeitskreis »Konzepte des Data Warehouse« in der Gesellschaft für Informatik aufgelöst. Nichtsdestotrotz gibt es weiter aktiv Interessierte an dem Thema, die sich in anderen Communities wieder zusammengetan haben. Es war interessant zu erleben, wie viele ehemalige und auch neue Autoren sofort für die 3. Auflage zugesagt haben, wenn auch die Umsetzung eines solchen Vorhabens neben der alltäglichen Arbeit schwierig zu bewerkstelligen ist.

Analog zur 2. Auflage gilt unser besonderer Dank den Autoren und Koordinatoren, die vor etlichen Jahren die Weitsicht und den Einblick in ein Thema hatten, um diesen lang anhaltenden Erfolg zu erzielen. Im Besonderen sind dies die Autoren der 3. Auflage: Jens Albrecht, Carsten Bange, Wolfgang Behme, Carsten Dittmar, Heiko Gronwald, Otto Görlich, Holger Heinze, Claudio Jossen, Christian Koncilia, Achim Langner, Stefan Mueck, Roland Pieringer, Torsten Priebe, Christoph Quix, André Scholz, Steffen Stock, Andreas Totok, Hermann Völlinger, Mirjam Wedler und Thomas Zeh. Ohne ihren Einsatz neben der täglichen beruflichen Herausforderung wäre auch diese Auflage nicht möglich gewesen. Herzlichen Dank an Euch alle! Einen treuen Mitstreiter, der uns auch durch diese Auflage mit Engagement, Ideen und Optimierungsvorschlägen begleitet hat, wollen wir hier hervorheben: Thomas Zeh.

Andreas Bauer und *Holger Günzel*
Erlangen/München, September 2008

Vorwort zur 2. Auflage

Auch drei Jahre nach der ersten Auflage dieses Buches hat sich wenig an der Bedeutung und Aktualität des Themas »Data-Warehouse-Systeme« geändert. Daten werden noch immer auf unterschiedlichsten Datenbanken redundant und unbeabsichtigt verteilt in einem Unternehmen gehalten, die Datenqualität ist ungenügend, und eine Analyse dieser Daten soll immer noch beliebig schnell möglich sein. Diese Situation wurde durch das steigende Datenvolumen eher noch verschärft.

Die weiterhin bestehende Aktualität des Themas, verbunden mit den konstruktiven und positiven Reaktionen zur ersten Auflage des Buches, hat uns bewogen, eine zweite Auflage herauszugeben. Die damalige Entscheidung für ein Grundlagenbuch mit einer Abstimmung unter vielen Experten des Themengebietes hat sich als richtig erwiesen, da die beschriebenen Konzepte weiterhin Bestand haben. Positiv, aber nicht ohne manche Kritik, fiel der Verzicht bzw. die kritische Betrachtung von »blumigen« Begrifflichkeiten mancher Software- und Hardwarehersteller und Beratungsfirmen auf. Die Diskussion von Firmenspezifika wurde deshalb bewusst vermieden und auf kurzlebigere Beschreibungen, wie sie häufig im Internet zu finden sind, verwiesen.

Nichtsdestotrotz gibt es einige Neuerungen, die in dieser Auflage erwähnt oder diskutiert werden. Neben den vielen Änderungen, die aus Anregungen der Leserschaft entstanden sind, wurden vor allem neue technologische Trends aufgegriffen und der Bereich der Methodik verfeinert. Größere Änderungen liegen deshalb im Anwendungsteil, für den mit der strikten Trennung zwischen Methodik und Projekt eine geeignetere Struktur gefunden wurde.

Auch in der zweiten Auflage sei nochmals den Autoren und Koordinatoren gedankt, die eine perfekte Grundlage für dieses Buch geschaffen haben. Weiterhin möchten wir den Autoren und Unterstützern der zweiten Auflage danken, die durch ihre Mitarbeit das Buch erst möglich gemacht haben. An dieser Stelle sind Wolfgang Behme, Holger Hinrichs, Wolfgang Hümmer, Christian Koncilia, Jürgen Meister, Martin Rohde und Thomas Zeh persönlich zu nennen.

Andreas Bauer und *Holger Günzel*
Erlangen/Nürnberg, Juni 2004

Vorwort zur 1. Auflage

Ein weiteres Data-Warehouse-Buch? Es gibt ein Buch über die Data-Warehouse-Architektur, ein anderes über Data-Warehouse-Entwicklung, ein weiteres ist ein Erfahrungsbericht. Es sind somit schon viele Bücher zum Thema Data Warehouse auf dem Markt, nur fehlt ein Buch aus der Datenbanksichtweise. Eine zusätzliche Motivation zu einem neuen Buch liegt darin begründet, dass das Themengebiet nicht nur unter technischen Gesichtspunkten, sondern gleichzeitig auch aus der Anwendungssicht heraus betrachtet werden muss. Eine Integration dieser beiden Seiten ist aber nur möglich, wenn einheitliche Begriffsdefinitionen und Termini geschaffen werden. Das Buch bietet durch diesen Informationsgehalt und die konsolidierten Begriffe eine ideale Basis für Fachleute aus der Entwicklung, dem Consulting und der Anwendung.

Die Grundgedanken zu diesem Buch sind in den Diskussionsrunden des Arbeitskreises »Konzepte des Data Warehousing« der Gesellschaft für Informatik (GI) entstanden. Er ist dem Fachbereich 2.5.1 (Datenbanksysteme) zugeordnet, wurde im Frühjahr 1999 als Treffpunkt von Forschung, Anwendung und Industrie gegründet und bietet seitdem die Möglichkeit des Austausches und der Diskussion über das Themengebiet »Data Warehousing«.

Am Anfang dieses Buchprojekts im Rahmen des Arbeitskreises wurden die Ziele hoch gesteckt; viele haben diese schlichtweg als unmöglich bezeichnet: Das Buch soll ein wissenschaftliches Standardwerk werden, das aber trotzdem in der Praxis verwendbar ist. Das Buch wird von nahezu 50 Autoren und Autorinnen geschrieben; es soll aber dennoch aus »einem Guss« erscheinen.

Bei der Diskussion über den Inhalt und vor allem über das Glossar stellte sich heraus, dass auch in unserem Arbeitskreis, den wir von der dort verwendeten Begrifflichkeit als homogen einschätzten, leicht unterschiedliche Begriffsdefinitionen benutzt wurden. Thomas Zeh, einer der Koordinatoren, hat einmal den Vergleich verwendet: »Dieses Buch ist ein Data Warehouse.« Über 50 Quellen mussten integriert und der Inhalt bereinigt werden, um das Ziel zu erreichen. Das Ziel war klar; der Weg aber keineswegs eindeutig vorgezeichnet. Die größte Herausforderung lag im Aufbau einer eindeutigen Begrifflichkeit und Abstimmung untereinander. Nachdem diese Herausforderung überwunden war, haben wir es dann geschafft, dass alle dasselbe Begriffsverständnis hatten und dieselben Bezeichner verwendeten.

Einige Hinweise zu Konventionen: Das Buch soll verständlich sein. Deshalb wurden so weit wie möglich deutsche Bezeichnungen verwendet und die englischen Bezeichner in Klammern gesetzt. Es wurde aber nicht zwanghaft nach einer deutschen Entsprechung gesucht. Außerdem wurde aus Gründen der Lesbarkeit die Verwendung der explizit femininen Form weggelassen. Natürlich sollen sich Frauen und Männer gleichermaßen angesprochen fühlen. Uns ist weiterhin bewusst, dass Internetadressen zwar interessant, aber meist nicht länger gültig sind, als bis das Buch im Druck ist. Aus Gründen der Allgemeingültigkeit haben deshalb alle Autoren darauf weitgehend verzichtet. Wir haben uns auf einige exemplarische Angaben und Produkte beschränkt.

Unser ganzer Dank gilt allen beteiligten Autoren – auch denen, die aus Zeitmangel abspringen mussten –, ohne deren Wissen niemals dieses Buch entstanden wäre. Besonders hervorzuheben sind die Abschnittskoordinatoren Steffen Stock, Jens Albrecht, Wolfgang Hümmer und Thomas Zeh, die uns immer durch neue Kritik zu Verbesserungen des Werkes herausgefordert haben und uns durch ihre aktive Hilfe viel Arbeit abgenommen haben. In diesem Zusammenhang danken wir auch den Autoren, die durch mehrere Reviews zur Verbesserung des Inhaltes beigetragen haben. Unser besonderer Dank gilt Thomas Vetterli, der durch seine initiale Idee den Entwurf der Referenzarchitektur vorantrieb.

Weiterhin gibt es viele, die im Hintergrund dieses Projekts mitgewirkt haben, ohne die es aber nicht zustande gekommen wäre. Hierbei ist vor allem Frau Preisendanz vom dpunkt.verlag zu nennen. Sie war es, die an uns und dieses Projekt von Anfang an geglaubt hat. Für die konstruktive Kritik und Anmerkungen sei auch Frau Professor Gerti Kappel, Herrn Dr. Kai-Uwe Sattler und Frau Ursula Zimpfer gedankt. Last, but not least, dürfen alle diejenigen hilfreichen Geister, die sich um die Infrastruktur wie Mailverteiler oder gemeinsame Dokumentenablage (BSCW-Server) gekümmert haben, nicht vergessen werden. Ohne diese Hilfsmittel wäre dieses Werk nicht so reibungslos vonstatten gegangen. Außerdem bedanken wir uns – stellvertretend für alle Chefs – bei Professor H. Wedekind, der uns die Zeit gab, dieses Buch zu schreiben.

Andreas Bauer und *Holger Günzel*
Erlangen, Oktober 2000

Inhaltsverzeichnis

Teil I	Architektur		1
1	Abgrenzung und Einordnung		5
1.1	Begriffliche Einordnung		6
	1.1.1	Definitionen	7
	1.1.2	Abgrenzung von transaktionalen Systemen	9
1.2	Historie des Themenbereichs		11
1.3	Einordnung und Abgrenzung von Business Intelligence		13
1.4	Verwendung von Data-Warehouse-Systemen		14
	1.4.1	Anwendungsfälle	14
	1.4.2	Wissenschaftliche Anwendungsbereiche	24
	1.4.3	Technische Anwendungsbereiche	24
	1.4.4	Betriebswirtschaftliche Anwendungsbereiche	25
1.5	Überblick über das Buch		31
	1.5.1	*Star*Kauf*	31
	1.5.2	Kapitelübersicht	33
2	Referenzarchitektur		37
2.1	Aspekte einer Referenzarchitektur		37
	2.1.1	Referenzmodell für die Architektur von Data-Warehouse-Systemen	38
	2.1.2	Beschreibung der Referenzarchitektur	40
2.2	Data-Warehouse-Manager		43
2.3	Datenquelle		45
	2.3.1	Bestimmung der Datenquellen	45
	2.3.2	Datenqualität	49
	2.3.3	Klassifikation der Quelldaten	52

2.4	Monitor	54
2.5	Arbeitsbereich	55
2.6	Extraktionskomponente	56
2.7	Transformationskomponente	57
2.8	Ladekomponente	58
2.9	Basisdatenbank	58
	2.9.1 Charakterisierung, Aufgaben und Abgrenzung	59
	2.9.2 Aktualisierungsalternativen der Basisdatenbank	62
	2.9.3 Qualität der Daten in der Basisdatenbank	63
2.10	Ableitungsdatenbank	64
	2.10.1 Unterstützung des Ladeprozesses	65
	2.10.2 Unterstützung des Auswertungsprozesses	65
	2.10.3 Nabe-Speiche-Architektur	66
2.11	Auswertungsdatenbank	67
2.12	Auswertung	72
	2.12.1 Darstellungsformen	73
	2.12.2 Funktionalität	75
	2.12.3 Realisierung	77
	2.12.4 Plattformen	78
2.13	Repositorium	79
2.14	Metadatenmanager	82
2.15	Zusammenfassung	84
3	**Phasen des Data Warehousing**	**87**
3.1	Monitoring	87
	3.1.1 Realisierungen des Monitoring	88
	3.1.2 Monitoring-Techniken	89
3.2	Extraktionsphase	93
3.3	Transformationsphase	95
	3.3.1 Datenintegration	95
	3.3.2 Bereinigung	101
3.4	Ladephase	110

3.5	Auswertungsphase		113
	3.5.1	Data Access	113
	3.5.2	Online Analytical Processing (OLAP)	114
	3.5.3	Data Mining	131
3.6	Zusammenfassung		141

4 Physische Architektur — 143

4.1	Speicherarchitekturen für die Basis-, Ableitungs- oder Auswertungsdatenbank		143
	4.1.1	Architektur eines Datenbankverwaltungssystems	144
	4.1.2	Speichermodelle für Daten	144
4.2	Schichtenarchitekturen		146
	4.2.1	Einschichtenarchitektur	148
	4.2.2	Zweischichtenarchitektur	148
	4.2.3	Dreischichtenarchitektur	150
	4.2.4	N-Schichtenarchitektur	150
	4.2.5	Webbasierte Architektur	151
4.3	Realtime-Data-Warehouse-Systeme		156
	4.3.1	Anforderungen	156
	4.3.2	Architektur	158
	4.3.3	Aktualisierung der Daten	160
	4.3.4	Berichte	162
4.4	Architektur für unstrukturierte Daten		163
	4.4.1	Anforderungen	164
	4.4.2	Architekturansätze	164
	4.4.3	Datenbeschaffung	167
4.5	Neue Architekturansätze		173
	4.5.1	Column Store	173
	4.5.2	InMemory	174
	4.5.3	Appliance-Datenbanksystem	174
4.6	Zusammenfassung		180

Teil II Entwicklung — 181

5 Modellierung der Basisdatenbank — 185

5.1 Begriffsbestimmungen: Vom Modell zum Schema 185

    5.1.1 Modell 185

    5.1.2 Datenmodell und Schema 186

5.2 Notwendigkeit eines übergreifenden Datenmodells 188

    5.2.1 Probleme beim Verzicht einer übergreifenden Modellierung 188

    5.2.2 Abgrenzung zur unternehmensweiten Modellierung 189

5.3 Konzeptuelle Modellierung der Basisdatenbank 191

    5.3.1 Phasenmodell 191

    5.3.2 Kerndatenmodell 192

    5.3.3 Historisierung 195

    5.3.4 Referenzmodelle 197

    5.3.5 Langfristiger Lebenszyklus 198

5.4 Zusammenfassung 199

6 Das multidimensionale Datenmodell — 201

6.1 Konzeptuelle Modellierung 201

    6.1.1 Verschiedene Vorgehensweisen zur Definition einer Methodik 203

    6.1.2 Vorstellung verschiedener Designnotationen 205

6.2 Logische Modellierung 214

    6.2.1 Notwendigkeit der Formalisierung des multidimensionalen Modells 214

    6.2.2 Struktur des multidimensionalen Datenmodells 216

    6.2.3 Fehlende Werte in Würfelzellen (Nullwerte) 220

    6.2.4 Operatoren des multidimensionalen Modells 221

    6.2.5 Weitere Ansätze zur Formalisierung 225

    6.2.6 Grenzen und Erweiterungen des multidimensionalen Datenmodells 227

6.3 Unterstützung von Veränderungen 228

    6.3.1 Zeitaspekte 228

    6.3.2 Aspekte der Klassifikationsveränderungen 229

    6.3.3 Aspekte der Schemaänderung 233

6.4 Zusammenfassung 240

7 Umsetzung des multidimensionalen Datenmodells — 241

- 7.1 Relationale Speicherung 242
  - 7.1.1 Abbildungsmöglichkeiten auf Relationen 242
  - 7.1.2 Relationale Umsetzung multidimensionaler Anfragen 254
  - 7.1.3 Relationale Versionierungs- und Evolutionsaspekte 260
- 7.2 Multidimensionale Speicherung 265
  - 7.2.1 Datenstrukturen 266
  - 7.2.2 Speicherung multidimensionaler Daten 275
  - 7.2.3 Dateneingabe 279
  - 7.2.4 Grenzen der multidimensionalen Datenhaltung 281
  - 7.2.5 Hybride Speicherung: Hybrides OLAP (HOLAP) 283
- 7.3 Realisierung der Zugriffskontrolle 284
  - 7.3.1 Zugriffskontrollanforderungen 284
  - 7.3.2 Relationale Realisierung 287
  - 7.3.3 Multidimensionale Realisierung 289
  - 7.3.4 Inferenzen und Trackerangriffe 291
  - 7.3.5 Realisierungskonzepte 292
- 7.4 Zusammenfassung 297

8 Optimierung der Datenbank — 299

- 8.1 Anfragen im multidimensionalen Modell 300
- 8.2 Indexstrukturen 301
  - 8.2.1 Überblick über Indexstrukturen 301
  - 8.2.2 Eindimensionale Baumindexstrukturen 302
  - 8.2.3 Mehrdimensionale Baumindexstrukturen 307
  - 8.2.4 Bitmap-Indizes 310
  - 8.2.5 Vergleich der Indizierungstechniken 313
- 8.3 Partitionierung 314
  - 8.3.1 Horizontale Partitionierung 315
  - 8.3.2 Vertikale Partitionierung 316
  - 8.3.3 Partitionierungssteuerung 318
- 8.4 Relationale Optimierung von Star-Joins 319
- 8.5 Einsatz materialisierter Sichten 322
  - 8.5.1 Verwendung materialisierter Sichten 323
  - 8.5.2 Bestimmung des Auswertekontextes für Aggregatanfragen 325
  - 8.5.3 Statische Auswahl materialisierter Sichten 326

		8.5.4	Dynamische Auswahl materialisierter Sichten	329

	8.5.5	Aktualisierung materialisierter Sichten	330
8.6	Optimierung eines multidimensionalen Datenbanksystems		332
	8.6.1	Partitionierung	333
	8.6.2	Speicherung der Zellen	335
	8.6.3	Datenblockindizierung	336
8.7	Zusammenfassung		337

9 Metadaten — 339

9.1	Metadaten und Metamodelle beim Data Warehousing	339
9.2	Metadatenmanagement	343
9.3	Metadatenmanagementsystem	345
	9.3.1 Anforderungen an ein Metadatenmanagementsystem	346
	9.3.2 Architektur	347
	9.3.3 Repositorium- und Metadatenaustauschstandards	350
9.4	Data-Warehouse-Metadatenschemata	354
	9.4.1 Eine Klassifikation für Metadaten	354
	9.4.2 Standards und Referenzmodelle	357
9.5	Entwurf eines Schemas zur Verwaltung von Data-Warehouse-Metadaten	361
	9.5.1 Funktionale Aspekte	362
	9.5.2 Personen, Organisation und Aufgaben	364
	9.5.3 Business-Metadaten	364
	9.5.4 Abstraktionsstufen	365
9.6	Zusammenfassung	366

Teil III Anwendung — 369

10 Vorgehensweise beim Aufbau eines Data-Warehouse-Systems — 373

10.1	Data-Warehouse-Strategie	374
	10.1.1 IT-Strategie	374
	10.1.2 Data-Warehouse-Strategie	376
	10.1.3 Rolle des Data-Warehouse-Systems innerhalb der IT-Strategie	376
10.2	Reifegradmodell	377

10.3	Ableitung der Data-Warehouse-Architektur	387
	10.3.1 Data-Warehouse-Rahmenwerk als gesamtheitliche Vorgabe	388
	10.3.2 Umgang mit mehreren Data-Warehouse-Systemen	392
	10.3.3 Data-Warehouse-Konsolidierung	395
	10.3.4 Architekturüberlegungen in der Praxis	400
	10.3.5 Umgebungen im Hinblick auf Entwicklung, Test, Produktion und Wartung	402
10.4	Data-Warehouse-Vorgehensweise	405
	10.4.1 Grundsätzliche Überlegungen zum Projektvorgehen	405
	10.4.2 Vorgehensmodell	410
	10.4.3 Machbarkeitsbetrachtung zum Data Warehousing	411
	10.4.4 Analysephase	413
	10.4.5 Designphase	415
	10.4.6 Implementierungsphase	420
	10.4.7 Testmanagement	423
	10.4.8 Vorgehensweisen bei der Einführung	427
10.5	Zusammenfassung	431

11 Das Data-Warehouse-Projekt — 433

11.1	Data-Warehouse-Projektmanagement	433
	11.1.1 Projektmanagement im Data-Warehouse-Projekt	434
	11.1.2 Projektteam	437
	11.1.3 Anforderungsmanagement	440
	11.1.4 Qualitätsmanagement	448
	11.1.5 Kommunikation	450
	11.1.6 Konfliktmanagement	451
	11.1.7 Dokumentation	453
	11.1.8 Agiles Projektmanagement	453
11.2	Business Intelligence Competency Center (BICC)	458
	11.2.1 Funktionen	459
	11.2.2 Rollen und Kommunikation	460
	11.2.3 Organisatorische Ausprägung und Verankerung	462
11.3	Softwareauswahl	462
	11.3.1 Nutzen und Notwendigkeit der Produktauswahl	463
	11.3.2 Klassifikation der Produkte anhand der Referenzarchitektur	464

	11.3.3	Vorgehensweise zur Produktauswahl	467
	11.3.4	Allgemeine Kriterien für die Produktauswahl	474
	11.3.5	Kriterien für Datenbeschaffungswerkzeuge	475
	11.3.6	Kriterien für OLAP-Produkte	480
	11.3.7	Open-Source-Komponenten	486
11.4	Hardwareauswahl		490
	11.4.1	Auswahlbestimmende Faktoren	491
	11.4.2	Datenspeicherung	492
	11.4.3	Archivspeichermedien	493
	11.4.4	Multiprozessorsysteme	494
	11.4.5	Fehlertoleranz als Planungsziel	497
	11.4.6	Flaschenhälse und Fallstricke	498
	11.4.7	Backup-Strategien und Notfallpläne	498
11.5	Erfolgsfaktoren beim Aufbau eines Data-Warehouse-Systems		500
	11.5.1	Institutionelle Aufgaben des Projektmanagements: Projektorganisation	500
	11.5.2	Funktionale Aufgaben des Projektmanagements: Projektabwicklung	502
	11.5.3	Empfehlungen für ein Data-Warehouse-Projekt	504
11.6	Datenschutz und Datensicherheit		505
	11.6.1	Datenschutz	506
	11.6.2	Netzwerksicherheit	509
	11.6.3	Benutzeridentifikation und Authentifizierung	512
	11.6.4	Auditing	513
	11.6.5	Autorisierung und Zugriffskontrolle	514
11.7	Wirtschaftlichkeitsbetrachtungen		517
	11.7.1	Kostenbetrachtung	518
	11.7.2	Nutzenbetrachtung	519
11.8	Zusammenfassung		523
12	**Betrieb und Weiterentwicklung eines Data-Warehouse-Systems**		**525**
12.1	Administration		525
	12.1.1	Anforderungen und resultierende Aufgaben	526
	12.1.2	Organisationsformen für Entwicklung und Betrieb	533
	12.1.3	Rolle des Repositoriums	536
12.2	Datenbeschaffungsprozess		537

12.3	Performanz-Tuning von Data-Warehouse-Systemen		544
	12.3.1	Der Performanz-Tuning-Prozess	544
	12.3.2	Maßnahmen aus Sicht des Informationsmanagements	545
	12.3.3	Maßnahmen aus Sicht des Datenbankdesigns	547
	12.3.4	Maßnahmen aus Sicht der Applikationsumgebung	550
	12.3.5	Maßnahmen aus Sicht der Datenbankzugriffe	551
	12.3.6	Maßnahmen aus Sicht der Datenbankkonfiguration	552
	12.3.7	Maßnahmen aus Sicht des Betriebssystems	555
	12.3.8	Maßnahmen aus Sicht des Netzwerks	556
	12.3.9	Maßnahmen aus Sicht des Hardwaresystems	556
	12.3.10	Multicore-Architekturen	557
12.4	Auswertungsprozess		560
	12.4.1	Schere zwischen Systemleistung und Anwendererwartungen	561
	12.4.2	Anwenderbetreuung	564
12.5	Sicherungsmanagement		565
	12.5.1	Backup und Recovery	566
	12.5.2	Entsorgung von Daten	567
	12.5.3	Datenbank- und Systemverfügbarkeit	570
	12.5.4	Phasen eines Recovery-Plans	571
12.6	Zusammenfassung		572
13	**Praxisbeispiele**		**573**
13.1	Öffentliche Verwaltung		574
	13.1.1	Die Bundesagentur für Arbeit	574
	13.1.2	Data Warehousing in der öffentlichen Arbeitsverwaltung	575
	13.1.3	Fazit	582
13.2	Versicherung		583
	13.2.1	Risikomanagement auf Basis eines Data-Warehouse-Systems in einem Versicherungskonzern	583
	13.2.2	Fazit	589
13.3	Panelorientierte Marktforschung		589
	13.3.1	Die GfK-Gruppe und die GfK Retail and Technology GmbH	590
	13.3.2	Data Warehousing in der panelorientierten Marktforschung	591
	13.3.3	Fazit	596

13.4 Online-Partnerbörse 597
    13.4.1 Die FriendScout24 GmbH 597
    13.4.2 Data Warehousing bei Online-Partnerbörsen 598
    13.4.3 Fazit 607
13.5 Zusammenfassung 608

Anhang   **609**

A	**Abkürzungen**	**611**
B	**Glossar**	**615**
C	**Autorenverzeichnis**	**621**
D	**Autorenzuordnung**	**633**
E	**Literatur und Webreferenzen**	**637**
	Stichwortverzeichnis	**677**

Teil I

Architektur

Koordinator:

Steffen Stock

Autoren:

C. Bange
A. Bauer
W. Behme
C. Dittmar
R. Düsing
H. Frietsch
M. Frisch
S. Gatziu
O. Görlich
H. Günzel
C. Heidsieck
H. Heinze
O. Herden
H. Hinrichs
W. Hümmer
C. Jossen
C. Pohl
T. Priebe
C. Quix
C. Sapia
H. Schinzer
S. Stock
J. Tako
P. Tomsich
A. Totok
A. Unterreitmayer
A. Vaduva
A. Vavouras
H. Völlinger
T. Zeh
K. Zimmermann

Der Begriff »Architektur«, eigentlich seit jeher im Bereich von Bauwerken geläufig, definiert die Struktur eines Gegenstands. Diese Struktur muss gleichzeitig drei Aufgaben übernehmen [Ency78]: Primär müssen die geforderten Anforderungen erfüllt werden, weiterhin muss sie ausreichend robust gegen Änderungen sein und noch eine gewisse »Ästhetik« aufweisen. Diese Struktur ist sowohl durch statische, strukturbildende als auch durch dynamische Aspekte, also durch das Zusammenspiel der statischen Anteile, geprägt.

Auch wenn diese Auffassungen über und Ansprüche an eine Architektur für andere Disziplinen verwirrend klingen, kann das auch auf Systeme in der Informationstechnologie angewendet werden. Das Data-Warehouse-System, von außen betrachtet ein monolithisches Informationssystem zur Auswertung von Daten, kann im Detail durch eine spezifische Architektur beschrieben werden. Auch das Data-Warehouse-System kann einerseits in einzelne, statische Komponenten zerlegt werden, die andererseits durch Datenflüsse verbunden sind und durch Kontrollflüsse (Dynamik) gesteuert werden.

Die Architektur von Data-Warehouse-Systemen dient deshalb im Teil I als Kommunikationsmittel zur strukturierten Einführung in das komplexe Themengebiet. Im Gegensatz dazu wird im Teil III die Architektur als Grundlage zum Aufbau und Pflege eines Data-Warehouse-Systems verwendet. Teil I beschreibt eine idealtypische Referenzarchitektur (Kap. 2), die in einer statischen Sichtweise durch mehrere Einzelkomponenten geprägt ist. Aus einer prozessorientierten Sichtweise wird in Kapitel 3 der Datenfluss von den Datenquellen bis hin zu den Auswertungskomponenten durch eine Zerlegung in mehrere Phasen dargestellt. Die dynamische Sichtweise ermöglicht die detaillierte Betrachtung des Zusammenspiels der einzelnen Komponenten, der nach dem eigentlichen Aufbau zu der dauerhaften Beladungs- und Auswertungstätigkeit im Data-Warehouse-System führt. Kapitel 4 rundet den Teil I durch die Untersuchung der physischen Architektur und der spezifischen Ausprägungen eines Data-Warehouse-Systems ab.

1 Abgrenzung und Einordnung

Im Bereich der auswertungsorientierten Informationssysteme gibt es nur wenige Begriffe, die seit den 90er Jahren häufiger und andauernder erwähnt und diskutiert wurden als der des Data-Warehouse-Systems. Viele Zeitungsartikel, Forschungsbeiträge und Produktinformationen propagieren zwar die Notwendigkeit eines Data-Warehouse-Systems, es geht aber selten eindeutig hervor, worin die Charakteristika und der Nutzen eines Data-Warehouse-Systems liegen. Die Verwendung des Begriffes ist derart vielseitig, dass es notwendig ist, nicht nur die Eigenschaften eines Data-Warehouse-Systems aufzuzeigen, sondern auch eine einheitliche Begriffsverwendung im Sprachgebrauch zu erreichen.[1]

Die Vielseitigkeit des Data-Warehouse-Begriffes resultiert aus zwei grundlegenden Bereichen, die diesen Begriff geprägt haben: Auf der technischen Seite stehen die Grundlagen der Datenintegrationsmöglichkeiten und Datenbanksysteme, auf der Anwendungsseite finden sich die betriebswirtschaftlichen, wissenschaftlichen und technischen Anforderungen aus einer Nutzungsperspektive. Weiterhin ist der Einfluss der Marktanalysten, Beratungshäuser und Softwarefirmen nicht zu gering zu erachten. Es ist somit ein Muss, diese oft gegensätzlichen Gebiete in diesem Buch gleichermaßen zu betrachten.

Eine Lösung dieses Dualismus von Informatik und Betriebswirtschaft kann nur in der Kombination liegen. Das Data-Warehouse-System wird deshalb als ein System aus Datenbanken und Komponenten gesehen, das aus der technischen Sicht Daten aus verschiedenen Datenquellen integriert und aus der betriebswirtschaftlichen Sicht dem Anwender diese Daten zu Auswertungszwecken zur Verfügung stellt.

Weiterhin soll an dieser Stelle auch angemerkt werden, dass der Begriff »Data-Warehouse-System« zunehmend durch den Begriff »Business Intelligence« ergänzt, überlagert oder oft auch ersetzt wird. Business Intelligence ist als Erweiterung zum Data Warehousing zu sehen, da insbesondere die Anwendungen sowie die anwendungsseitigen Prozesse darunter verstanden werden. Das Data-

---

1. Leider muss auch nach drei Auflagen dieses Buches festgehalten werden, dass sich an dieser Tatsache nur wenig geändert hat.

Warehouse-System dient weiterhin der Integration eines zentralen, auswertungsorientierten Datenbestandes.

In Abschnitt 1.1 werden für das weitere Verständnis wichtige Definitionen und Abgrenzungen zu verwandten Bereichen gegeben. In Abschnitt 1.2 wird die lange Historie des Themengebietes sowohl von Anwendungs- als auch von Datenbankseite skizziert. Nachfolgend wird der Begriff »Business Intelligence« aufgegriffen (Abschnitt 1.3), um sowohl aktuelle Tendenzen als auch die Fokussierung dieses Buches herauszuarbeiten. Im daran anschließenden Abschnitt folgt ein Überblick über die Vielfältigkeit der möglichen Einsatzbereiche eines Data-Warehouse-Systems. Abschnitt 1.5 umreißt abschließend den Inhalt des Buches und schafft mit einem speziellen Anwendungsbeispiel die Basis für ein durchgängiges Beispiel.

1.1 Begriffliche Einordnung

Zu den drei konventionellen Produktionsfaktoren Boden, Arbeit und Kapital wird immer häufiger die Information als vierte Säule hinzugenommen. Informationen basieren auf Daten, die entweder aus einem Unternehmen selbst stammen oder extern zugekauft werden. Die Tatsache, dass Daten eine besondere Bedeutung zukommt, ist aber nicht allein im betriebswirtschaftlichen Kontext zu finden, sondern gilt ebenso für statistische, wissenschaftliche oder technische Anwendungen.

Verschiedenen Informationssystemen ist gemein, dass Daten erfasst und verwaltet werden. Daten in einem Datenbanksystem zu erfassen, ist an sich nichts Neues. In jedem Unternehmen werden Personaldaten eingegeben oder Verkäufe durch Scannerkassen erfasst. Die Verarbeitung und Verwaltung der Daten geschieht in der Regel aber autonom unter Verantwortung der jeweiligen Abteilung. Interessant wird es erst, Daten aus autonomen Quellen zu vereinen. Dieser Vorgang ist besonders schwierig, wenn heterogene Daten unterschiedlichster Qualität, in verschiedenen Datenformaten, in heterogenen Datenmodellen und Datenbanksystemen gehalten werden.

Zur Vollständigkeit soll an dieser Stelle ein Exkurs zu verschiedenen Integrationsmöglichkeiten gegeben werden. Grundsätzlich wird eine *Backend-Integration* von einer *Frontend-Integration* unterschieden. Während bei der Frontend-Integration die Daten und Applikationen aus verschiedenen Systemen nur durch eine gemeinsame Oberfläche integriert werden (Stichwort: Portal, [Lint00b]), werden bei der Backend-Integration entweder die Daten physisch oder virtuell integriert oder Applikationen über eine gemeinsame Schnittstelle zusammengebracht (Stichwort: Enterprise Application Integration (EAI), [Lint00a]). Das Data-Warehouse-System kann in dieser Klassifikation der Backend-Integration zugeordnet werden. Eine pauschale Bewertung kann leider nicht erfolgen, da die Vorteile jeder Integrationsart von dem jeweiligen Zweck und der Strategie abhängen. Anzustreben ist grundsätzlich eine möglichst frühzeitige Integration der Daten und Anwendungen, was jedoch immer einen mitunter beträchtlichen Aufwand nach sich zieht.

Ein Data-Warehouse-System ist aber nicht nur von diesem integrativen Aspekt geprägt, sondern zusätzlich vom Aspekt der Auswertung. Die Verwendung von Daten in operativen Anwendungen war lange Zeit geprägt von einer *transaktionalen* Verarbeitung mit vielen kurzen Lese- und Schreiboperationen. Im Gegensatz dazu steht beim Data-Warehouse-System eine eher vergleichende oder auswertende Verwendung der Daten im Vordergrund, bei der auf große Datenmengen lesend zugegriffen wird.

Einige Fragen müssen jetzt erlaubt sein: Was ist eigentlich ein Data-Warehouse-System und was zeichnet es aus? Was bedeutet der Begriff Data-Warehouse-System? Ist ein Data-Warehouse-System eine integrierte Datenbank oder eine Datenbasis zu Auswertungszwecken? Wo liegen die Gemeinsamkeiten der Einsatzbereiche? Die vielen Interpretationsmöglichkeiten machen es notwendig, einige Begriffe zu definieren.

1.1.1 Definitionen

Die Tatsache, dass dieses Themengebiet sowohl von der Anwendungsseite als auch der Informatikseite durch eigene Fachtermini geprägt ist, impliziert ein unterschiedliches Begriffsverständnis. Verschiedene Normungsgremien versuchen, diese Begriffe zu standardisieren. Diese Bestrebungen waren aber bislang wenig erfolgreich.

Eine der ersten Definitionen aus dem Umfeld des Begriffes Data-Warehouse-System wurde von Inmon geprägt:

» *A data warehouse is a subject oriented, integrated, non-volatile, and time variant collection of data in support of management's decisions.* « [Inmo96]

Ein »Data Warehouse« hat seiner Ansicht nach also vier Eigenschaften, die alle der Entscheidungsunterstützung dienen. Die Eigenschaften sollen hier kurz skizziert werden:

- *Fachorientierung* (engl. subject orientation):
  Der Zweck der Datenbasis liegt nicht mehr auf der Erfüllung einer Aufgabe wie z.B. der Lohn- und Gehaltsabrechnung, sondern in der Möglichkeit, ganze Themenbereiche wie Produkte und Kunden auszuwerten.
- *Integrierte Datenbasis* (engl. integration):
  Die Datenverarbeitung findet auf integrierten Daten aus mehreren Datenbanken statt.
- *Nicht flüchtige Datenbasis* (engl. non-volatile):
  Die Datenbasis ist als stabil zu betrachten. Daten, die einmal in das Data-Warehouse-System eingebracht wurden, werden nicht mehr entfernt oder geändert.

▪ *Historische Daten* (engl. time variance):
Die Verarbeitung der Daten ist so angelegt, dass vor allem Vergleiche über die Zeit stattfinden. Es ist dazu unumgänglich, Daten über einen längeren Zeitraum zu halten.

Diese Definition ist einerseits nicht aussagekräftig genug, um sie in der Praxis oder der Theorie verwenden zu können, andererseits ist sie so einschränkend, dass viele Anwendungsgebiete und Ansätze herausfallen. Eine neue Definition ist notwendig, um dieses Manko zu überwinden:

»*Ein Data-Warehouse-System ist ein physisches Informationssystem, das eine integrierte Sicht auf beliebige Daten zu Auswertungszwecken ermöglicht.*«

Aus der vermeintlich trivialen Forderung nach einer »physischen Integration zu Auswertungszwecken« entstehen Fragestellungen wie die Integration von Schemata und Daten aus unterschiedlichen Quellen. Diese Thematik ist zwar u.a. auch in *föderierten Datenbanksystemen* [Conr97] anzutreffen. Im Unterschied zu diesen bestehen zusätzliche Forderungen nach der *physischen* Integration und dem *Auswertungsaspekt*, der Kenntnisse und Denkweisen des Nutzers mit einbezieht.

Häufig wird diese Anforderung durch ein *multidimensionales Modell* [KRRT98] erreicht, das die Denkweise des Anwenders in *Dimensionen* und *Klassifikationshierarchien* widerspiegelt. Das multidimensionale Modell stellt im Gegensatz zu anderen Modellen besondere Strukturen und Auswertungsmöglichkeiten zur Verfügung, die schon bei der Modellierung einen Auswertungskontext schaffen.

Ein in diesem Zusammenhang wichtiger Treiber ist das *Online Analytical Processing* (OLAP, [CoCS93]), das eine explorative, interaktive Datenauswertung auf der Grundlage des konzeptuellen multidimensionalen Datenmodells darstellt. Weiterhin fällt oft das Stichwort *Data Mining*, darunter versteht man eine Suche nach unbekannten Mustern oder Beziehungen im Datenbestand des Data-Warehouse-Systems (Abschnitt 3.5.3). Obwohl ein Data-Warehouse-System keine notwendige Voraussetzung für Data Mining darstellt, kann ein Data-Warehouse-System als Ausgangspunkt für Data Mining verwendet werden.

Ein weiterer Unterschied eines Data-Warehouse-Systems gegenüber einem anderen Informationssystem liegt darin, dass die Daten in der Regel *nicht modifiziert* werden. Daten, die einmal in das Data-Warehouse-System übernommen wurden, dürfen nicht mehr verändert werden. Es können aber neue Daten in das Data-Warehouse-System aufgenommen werden, ohne die bereits vorhandenen zu überschreiben.

Da eine Datenbankinstanz diese Eigenschaften in der Regel alleine nicht zur Verfügung stellen kann, werden mehrere Datenbanken mit spezifischen Verwendungszwecken für ein Data-Warehouse-System benötigt. Weiterhin umfasst das Data-Warehouse-System alle für die Integration und Auswertung notwendigen

Komponenten. Besonders hervorzuheben sind die Komponenten der *Datenintegration*, die für die Integration der Daten notwendig sind, die Komponenten zur *Auswertung* und die Komponenten zur Verwaltung des Data-Warehouse-Systems.

Der *Data-Warehouse-Prozess*, auch *Data Warehousing* genannt, beschreibt den *dynamischen* Vorgang, angefangen beim *Datenbeschaffungsprozess* über das Speichern bis zur Auswertung der Daten, d.h. den Fluss und die Verarbeitung der Daten aus den Datenquellen bis zum Auswertungsergebnis beim Anwender. Ein Data-Warehouse-System ist also mehr als die Summe seiner Komponenten, d.h., erst mit dem Data-Warehouse-Prozess kann es seine Aufgaben erfüllen. Für die exakten Definitionen sei auf das Glossar in Anhang B verwiesen.

1.1.2 Abgrenzung von transaktionalen Systemen

Die unterschiedlichen Anforderungen rechtfertigen es, von Gegensätzlichkeiten zwischen der *Datenintegration* und der *Auswertungsfunktion* zu sprechen. Die Vereinigung von Daten aus diversen Datenquellen, wie sie in vielen Unternehmen vorhanden sind, macht es für eine effiziente Verarbeitung notwendig, sich nicht nur um die Integration der Daten zu kümmern, sondern sie auch genau in der Form bereitzustellen, die der Anwender fordert. Die Frage nach den Anwenderwünschen wird hier deutlich: Für eine Auswertung sind nicht alle möglichen Daten notwendig, sondern nur genau die Daten seines Entscheidungsgebiets, für das er in adäquater Zeit Informationen benötigt. Der Anwender braucht also ein Informationssystem, das mehrere Datenquellen vereinigt und einen expliziten Bezug zum jeweiligen Anwendungsfall hat.

Im Gegensatz dazu stehen die transaktionalen Systeme, die oft auch als *Online Transactional Processing* (OLTP) bezeichnet werden. Es gibt Unterscheidungsmerkmale, die sich in die Bereiche *Anfragen*, *Daten* und *Anwender* klassifizieren lassen. Natürlich gibt es auch Mischformen, wie z.B. der Einsatz eines Data-Warehouse-Systems in einem operativen Produktionsprozess (Stichwort »Embedded Analytics« oder »Operational BI«), in der die OLTP- mit der OLAP-Welt verschwimmt.

Anfragen

Die Charakteristika von Anfragen haben einen großen Einfluss auf die Anfrageverarbeitung und Speicherform von Daten (Tab. 1–1). Der Fokus unterscheidet sich grundlegend darin, ob Daten in transaktionalen oder auswertungsorientierten Systemen verwaltet werden. Erstere lesen, modifizieren oder löschen Daten in kurzen und einfachen Transaktionen. Auswertungsorientierte Systeme hingegen gewinnen häufig Informationen aus den Daten, indem lange Lesetransaktionen in komplexen Anfragen erfolgen. Eine Anfrage im transaktionalen Betrieb betrifft meist nur wenige Datensätze in einem anfrageflexiblen Datenmodell, d.h., keine

Anfrage hat eine modellseitige Bevorzugung. Eine auswertende Verarbeitung betrifft Millionen von Datensätzen und findet oft ad hoc nach Benutzerwünschen in einem auswertungsorientierten Modell statt.

Anfragen	transaktional	analytisch
Fokus	Lesen, Schreiben, Modifizieren, Löschen	Lesen, periodisches Hinzufügen
Transaktionsdauer und -typ	kurze Lese-/Schreibtransaktionen	lange Lesetransaktionen
Anfragestruktur	einfach strukturiert	komplex
Datenvolumen einer Anfrage	wenige Datensätze	viele Datensätze
Datenmodell	anfrageflexibles Datenmodell	auswertungsbezogenes Datenmodell

Tab. 1–1 Gegenüberstellung der Anfragecharakteristika von transaktionalen und analytischen Anwendungen

Daten

Ein Beispiel für einen transaktionalen Betrieb findet sich in der Personalabteilung. Anwender verwalten Daten über die Angestellten in einer Datenbank. Die Daten werden aus einer Produktionsumgebung durch ein Datenbanksystem verwaltet, um darauf transaktionale ein-/ausgabeorientierte Anwendungen auszuführen. Die Daten eines Data-Warehouse-Systems stammen ebenso aus der Produktionsumgebung, aber physisch aus einer oder mehreren operativen Datenbanken (Tab. 1–2). Daten in einem Data-Warehouse-System sind also abgeleitete Daten. In der transaktionalen Verarbeitung stehen Aufgaben wie die Konsistenzsicherung einzelner Transaktionen der Sammlung von Daten im Data-Warehouse-System gegenüber. Die Daten sind im transaktionalen Betrieb meist zeitaktuell, nicht abgeleitet, autonom, aus einer Datenquelle und dynamisch, d.h. von vielen Schreibvorgängen und ständigen Modifikationen betroffen. Die Auswertungsorientierung hingegen erfordert Daten, die konsolidiert, integriert, stabil und häufig aggregiert sind. Durch diese Stabilität der Daten und die Vereinigung mehrerer Datenquellen wächst das Datenvolumen von Mega- oder Gigabyte in transaktionalen Anwendungen auf Datenvolumina bis in den hohen Terabyte-Bereich bei analytischen Anwendungen an. Die Datenproblematik macht es auch notwendig, dass das Design der Datenbank sich dem Einsatzzweck anpasst, d.h., das Datenbankschema wandelt sich von der Anwendungsneutralität beim transaktionalen Bereich mit einer Anfrageflexibilität zu einer Auswertungsorientierung mit vorgedachten Auswertungspfaden. Weiterhin impliziert die Anwendung andere Zugriffsstrukturen: Im transaktionalen Fall finden weitgehend Einzeltupelzugriffe statt. Dagegen sind im auswertungsorientierten Fall häufig Suchläufe über den gesamten Datenbestand notwendig.

Daten	transaktional	analytisch
Datenquellen	meist eine	mehrere
Eigenschaften	nicht abgeleitet, zeitaktuell, autonom, dynamisch	abgeleitet, konsolidiert, historisiert, integriert, stabil
Datenvolumen	Megabyte – Gigabyte	Gigabyte – Terabyte
Zugriffe	Einzeltupelzugriff	Bereichsanfragen

Tab. 1–2 Gegenüberstellung der Datencharakteristika von transaktionalen und analytischen Anwendungen

Anwender

Der Anwender eines Data-Warehouse-Systems ist typischerweise nicht mehr der Sachbearbeiter, der Daten erfasst oder abfragt, oder die Anwender beispielsweise eines Flugbuchungssystems, sondern der Manager, Controller oder Analyst, der Daten in verdichteter Form zur Entscheidungsunterstützung benötigt (Tab. 1–3). Aus Organisationssicht reduziert sich die Anzahl der Anwender von Tausenden bei transaktionalen Systemen auf wenige Hundert im analytisch geprägten System. In letzter Zeit werden durch neue Anwendungsgebiete mit ständig wachsender Verarbeitungsgeschwindigkeit aber auch höhere Nutzerzahlen erreicht.

Eine explizite Nebenläufigkeit mit einem ausgefeilten Transaktionskonzept wird durch den lesenden Zugriff nicht mehr benötigt. In beiden Anwendungsfällen wird eine kurze Antwortzeit erwartet; bei einer Anwendung, die sehr große Datenmengen in komplexen Anfragen verwendet, kann eine Forderung nach Antwortzeiten im Sekunden- bis Minutenbereich zu einem erheblichen Problem werden.

Anwender	transaktional	analytisch
Anwendertyp	Ein-/Ausgabe durch Sachbearbeiter	Auswertungen durch Manager, Controller, Analysten
Anwenderzahl	sehr viele	wenige (bis einige Hundert)
Antwortzeit	ms – s	s – min

Tab. 1–3 Gegenüberstellung der Anwendercharakteristika von transaktionalen und analytischen Anwendungen

1.2 Historie des Themenbereichs

Die Data-Warehouse-Idee ist nicht neu: Entscheidungsträgern in verschiedenen Funktionsbereichen und auf verschiedenen Hierarchieebenen eines Unternehmens sollen im Moment des Informationsbedarfs alle Informationen zur Verfügung stehen, die sie benötigen. Die Informationsbereitstellung soll zeitnah, fehlerfrei, flexibel, ergonomisch, effizient, effektiv und inspirativ erfolgen. Die Bezeichnung *Managementinformationssystem* (MIS) wurde bereits Ende der sechziger Jahre geprägt und ist seither unter wechselnden Bezeichnungen Gegenstand intensiver Bemühungen in Wissenschaft und Praxis. Die Begriffe *Managementinformationssystem* (MIS), *Executive Information System* (EIS), *Führungsinformationssystem* (FIS), *Chefinformationssystem* (CIS), *Entscheidungsunterstützungssystem* (EUS), *Decision Support System* (DSS) usw. werden hier als weitgehend synonym aufgefasst. Jedes System dieser Kategorie bekommt sein individuelles Erscheinungsbild erst vor dem Hintergrund der spezifischen Anforderungen in Unternehmen. Die nuancierten Abgrenzungen, die teilweise angestellt werden, sind daher überflüssig. Sie tragen eher zur Verwirrung als zur Klärung bei, was durchaus auch die Intention mancher kreativer »Wortgestalter« sein mag [HiMo95a]. Fehlende Voraussetzungen, wie z. B.

- schnelle und flächendeckende Kommunikationstechnologien,
- grafische Benutzeroberflächen,
- ausreichende, kostengünstige und schnelle Datenspeicher,
- kostengünstige und leistungsfähige Prozessoren,
- große Datenbasen durch integrierte operative Systeme,

die die MIS-Ansätze der 60er-, 70er- und 80er-Jahre scheitern ließen, sind heute erfüllt.

Mangelte es früher neben der technischen Infrastruktur vor allem daran, dass keine ausreichende, elektronisch verfügbare und skalierbare Datenbasis vorhanden war, geht es in den meisten Unternehmen heute vor allem um die Frage, das vorhandene Potenzial zu erschließen, möglichst bevor es einem der Wettbewerber gelingt. Das Data Warehousing der 90er Jahre zielte in erster Linie darauf ab, alle entscheidungsrelevanten Informationen verfügbar zu machen, die bereits an irgendeiner Stelle im Unternehmen elektronisch gespeichert sind. Nicht zuletzt durch die zunehmende Verbreitung der geschäftsprozessorientierten Transaktionssysteme (z. B. SAP ERP) ist in Unternehmen ein großes Volumen an potenziell entscheidungsrelevanten Informationen vorhanden. Idealerweise sollen in einem Data-Warehouse-System darüber hinaus auch Informationen aus externen Informationssystemen integriert werden.

Was sich im Laufe der MIS-Bemühungen der 70er Jahre zunächst als Utopie abzeichnete, nämlich das Konzept einer völligen Integration in eine EDV-Lösung mit Zugriff auf eine Datenbank, erhält durch den Fortschritt in der Informationstechnologie im Gewand des Data Warehousing eine Renaissance. Entscheidender Unterschied dabei ist allerdings, dass es sich beim Data-Warehouse-System erstens um redundant gehaltene Daten handelt, die von den Quellsystemen losgelöst sind, und zweitens, dass es sich nur um einen Teil der Daten handelt, der dem jeweiligen Auswertungszweck dient. Auf dieser Datenbasis setzen dann funktionsspezifische und benutzeradäquat gestaltete Managementinformationssysteme aller Facetten bzw. analytische Informationssysteme aus anderen betrieblichen Bereichen auf.

Neben der Einordnung zu Informationssystemen ist es ebenso schwierig, ein Data-Warehouse-System von anderen Ansätzen abzugrenzen. Die Integration von Daten aus vielen heterogenen, autonomen und verteilten Quellsystemen in einem Data-Warehouse-System kann mit der Integration von Daten in dem Gebiet der *Mehrrechnerdatenbanksysteme* verglichen werden. Eine Unterscheidung eines Data-Warehouse-Systems von anderen Datenbankansätzen kann nach der *Homogenität*, der *Kopplung* oder der *räumlichen Verteilung* der Datenbanksysteme getroffen werden [Rahm02]. Aus diesen Kriterien werden dann die unterschiedlichen Datenbanksystemansätze der *parallelen*, *verteilten* oder *föderierten* Datenbanksysteme abgeleitet. Dem Data-Warehouse-Ansatz am nächsten kommt der föderierte Ansatz [Conr97], da dort ein neues konzeptuelles Schema gebildet wird, die Quellsysteme autonom bleiben und das originäre konzeptuelle Schema beibehalten wird. Die Unterschiede zum Data-Warehouse-System liegen darin, dass das konzeptuelle Schema einem speziellen Auswertungszweck dient, die Daten redundant vorgehalten werden und kein schreibender Zugriff auf die Quellsysteme gefordert wird. Auf Ebene der physischen Verarbeitung der Daten liegen die Vorfahren von Data-Warehouse-Systemen im Bereich der *Statistical and Scientific Databases* (SSDB, [Mich91]), die ihren Schwerpunkt auf der Massendatenverarbeitung zur statistischen Auswertung haben.

1.3 Einordnung und Abgrenzung von Business Intelligence

Ausgehend von der Diskussion der Historie kann und muss nach 20 Jahren des Begriffs »Data-Warehouse-System« die Frage gestellt werden, ob nicht die Bezeichnung »Business Intelligence« geeigneter wäre.

Um darauf eine eindeutige Antwort zu geben, bedarf es auch hierbei einer einheitlichen und präzisen Definition. Stattdessen hat sich auch hier eine Vielfalt von Definitionen, Beschreibungen und Vorstellungen breit gemacht, die von unterschiedlichen Interessengruppen (Marktforscher, Wissenschaftler, Hersteller) geprägt wird. Auch in diesem Umfeld existieren bereits einige Konsolidierungsansätze wie z.B. in [KeMU07]. Dort wird definiert:

> »*Unter Business Intelligence (BI) wird ein integrierter, unternehmensspezifischer, IT-basierter Gesamtansatz zur betrieblichen Entscheidungsunterstützung verstanden.*
>
> - *BI-Werkzeuge dienen ausschließlich der Entwicklung von BI-Anwendungen.*
> - *BI-Anwendungssysteme bilden Teilaspekte des BI-Gesamtansatzes ab.*«
>
> (*[KeMU07]*)

Aus diesen und weiteren Ansätzen können zwei Tendenzen gegenüber dem Begriff »Data-Warehouse-System« abgeleitet werden:

- Ausweitung des Themas Integration – neben Daten werden auch Strategien, Prozesse, Anwendungen und Technologien integriert.
- Ausweitung des Themas Auswertung – neben der Auswertung der Daten wird die Erzeugung von Wissen über Status, Potenziale und Perspektiven im Geschäftsumfeld gefordert.

Damit soll für dieses Buch als Abgrenzung festgehalten werden, dass das Data-Warehouse-System mit seiner Definition, Architektur und den verwendeten Mechanismen weiter Bestand hat. Das Data-Warehouse-System kann somit als Teil von Business Intelligence gesehen werden. Erst die Erweiterung der Integrationsmöglichkeiten und die Hinzunahme des Wissensmanagements führt zum Business Intelligence. Ein wesentlicher Aspekt des Business Intelligence ist Ausrichtung am betriebswirtschaftlichen Anwendungsfeld, indem es den analytischen Prozess, der Unternehmens- und Wettbewerbsdaten in handlungsgerechtes Wissen für die Unternehmenssteuerung überführt, darstellt. Dadurch kann Data Warehousing in die Business-Intelligence-Organisation eingebettet werden. In einigen Firmen wird dem bereits Rechnung getragen, indem Data Warehouse Competence Center zu BI Competence Center (BICC) (Abschnitt 11.2) wurden.

1.4 Verwendung von Data-Warehouse-Systemen

Nahezu überall, wo Daten gespeichert werden, entsteht auch der Wunsch, diese auswerten zu können. Die Anwendungsgebiete sind entsprechend weit gestreut und reichen von betriebswirtschaftlichen Aufgabenstellungen über wissenschaftliche Auswertungen bis hin zu technischen Belangen. Kapitel 13 dieses Buches bietet einen Einblick in eine Auswahl von Data-Warehouse-Projekten und gibt somit einen detaillierteren Eindruck über Einsatzpotenziale von Data-Warehouse-Systemen.

Im Folgenden werden Anwendungsfälle und verschiedene Anwendungsbereiche unterschieden. Die häufigsten Einsatzfelder finden sich im betriebswirtschaftlichen Bereich.

1.4.1 Anwendungsfälle

Die Motivation zum Aufbauen und Betreiben eines Data-Warehouse-Systems kommt aus dem Bedürfnis heraus, Daten aus operativen Systemen aufzubereiten und auszuwerten, um dadurch Erkenntnisse zu erlangen. Diese Erkenntnisse sind oft darauf ausgerichtet, dem Unternehmen oder der Organisation einen Wettbewerbsvorteil zu verschaffen. Es kann auch durch externe Vorgaben ein Zwang bestehen, bestimmte Datenströme im Sinne eines Data-Warehouse-Systems

1.4 Verwendung von Data-Warehouse-Systemen

homogen und integriert aufzubereiten und anschließend zu überwachen, um beispielsweise Muster in Überweisungsdaten zu identifizieren und so Anti-Geldwäsche-Auflagen zu erfüllen. Methodisch lassen sich die Anwendungsfälle in Kategorien einordnen. In den letzten Jahren jedoch ist eine Konvergenz der Anwendungsarten zu beobachten, die eine klare Abgrenzung mittlerweile in vielen Fällen unmöglich macht. Gerade die Weiterentwicklung von Weboberflächen hat dazu geführt, dass beispielsweise vormals rein informationsorientierte Dashboards Möglichkeiten anbieten, Auswertungen durchzuführen und aggregierte Kennzahlen so weit aufzubrechen und zu kombinieren, dass OLAP-ähnliche Auswertungen durchgeführt werden und die reine Informationsversorgung mit wenigen Arbeitsschritten zu einer Auswertung wird.

Informationsorientierte Anwendungsfälle

Den Schwerpunkt bildet hier die Versorgung von Informationsempfängern mit statischer Information – die Informationen sind vordefiniert und werden meist in einer festen Frequenz zusammengestellt und geliefert. Als Werkzeuge kommen hier Standardberichte (oft auch nach wie vor als PDF- oder Word-Dokument bzw. in Papierform) zum Einsatz. Mit der zunehmenden Verbreitung von Webtechnologie und der damit verbundenen Integration der Data-Warehouse-Auswertungsschicht in z. B. das Firmen-Intranet werden hier auch vermehrt Cockpits und Dashboards verwendet, die Unternehmenskennzahlen anzeigen. Beispiele für informationsorientierte Anwendungsfälle sind wöchentliche Berichte zu Umsatz und Lagerbeständen oder ein Controlling-Cockpit eines Bereichsleiters, dem die Vertriebsergebnisse des laufenden Monats gezeigt werden.

Planungsorientierte Anwendungsfälle

Bei diesen Anwendungen handelt es sich um einen Sonderfall der informationsorientierten Anwendung. Zusätzlich zu den Istdaten werden hier für Planungs- und Überwachungszwecke die Planwerte für definierte Unternehmenskennzahlen vorgehalten und verglichen. Mithilfe derselben Werkzeuge (Standardbericht, Cockpit/Dashboard) kann so der Erfüllungsgrad überwacht werden und beispielsweise mittels Ampeln oder Tachometern angezeigt werden. Auch können Warnmechanismen manuell (durch Anzeige) implementiert werden. Die Überwachung von Budgets ist hier als eines von vielen Beispielen zu nennen.

Plan- und Istinformationen sind untrennbar miteinander verzahnte Managementaspekte. Damit sind beide unverzichtbare Bestandteile analytischer Informationssysteme. Ohne dass vorher Ziele in Plangrößen konkretisiert wurden, ist später eine steuerungseffektive Beurteilung der Istsituation nicht möglich. Über die Leistung in einem Betrachtungszeitraum lassen sich führungsrelevante Beurteilungen und darauf aufbauende Steuerungsmaßnahmen nur durch den Vergleich von Plan- und Istinformationen treffen. Es gilt die Aussage: Planung ohne

Kontrolle ist sinnlos, und Kontrolle ohne Planung ist unmöglich [Wild81]. Beispielsweise ist der führungsrelevante Informationsgehalt durch das Aufzeigen eines Abwärtstrends in den Istzahlen für sich alleine relativ gering. Eine unmittelbare fundierte Bewertung ist nicht möglich, ohne den Sachverhalt vorher im Planungsprozess vor dem Hintergrund der unternehmensspezifischen Prämissen zu durchdringen, einerseits durch die Zielplanung und andererseits durch die Maßnahmenplanung.

Hieraus leitet sich die Forderung ab, dass in einem Data-Warehouse-System, das die Datenbasis für ein Managementinformationssystem bildet, für führungsrelevante Istzahlen auch Planzahlen gespeichert werden können. Planzahlen müssen dazu im gleichen Bereich generiert werden, in das auch die Istzahlen aus den operativen Systemen extrahiert werden. Dies ist effizient zu realisieren, wenn Planzahlen direkt während des Planungsprozesses in das Data-Warehouse-System geschrieben werden können.[2] Neben der Sicherung der Datenqualität durch die Verwendung und Pflege eines einzigen Datenmodells besteht dadurch der Vorteil, dass alle am Planungsprozess beteiligten Personen Zugriff auf den jeweils aktuellen Planungsstand haben. Zudem können mehrere Planungsvarianten top-down und/oder bottom-up parallel entwickelt, analysiert und diskutiert werden.

Data-Warehouse-basierte Planungssysteme verbessern also vor allem die Koordination des im Gegenstromverfahren ablaufenden Planungsprozesses unabhängig vom Fokus der Planung. Gleichzeitig wird die Datenqualität hinsichtlich der Kongruenz von Plan- und Istzahlen sichergestellt. Die konkrete Ausgestaltung von Informationssystemen für bestimmte Arten von Planungen (z. B. Absatz- oder Kostenstellenplanung) orientiert sich an Abschnitt 1.4.4.

Im Gegensatz zu auswertungsorientierten Anwendungen benötigen planungsorientierte Anwendungen auch Schreibzugriffe aus Anwendersicht auf ein Data-Warehouse-System. Dies ist notwendig, da der Prozess der Unternehmensplanung in der Regel nicht über ein lokales operatives Informationssystem durchgeführt wird, sondern den integrierten Datenbestand des Data-Warehouse-Systems verwendet. Bei auswertungsorientierten Anwendungen arbeiten die Nutzer meist völlig unabhängig voneinander mit dem System. Demgegenüber besteht zwischen den Nutzern bei planungsorientierten Anwendungen eine Abhängigkeit in Form des Planungsprozesses.

Die Unternehmensplanung als systematische Zukunftsgestaltung des Unternehmens ist kein klassisches Anwendungsgebiet für OLAP und Data-Warehouse-System, da diese Technologien anfangs eher für die Auswertung von vergangenheitsorientierten Daten konzipiert waren. Bedingt durch Verbesserungen und Erweiterungen der OLAP-Produkte eignen sich viele von ihnen inzwischen allerdings auch als Planungsinstrumente.

---

2. Hier sei bemerkt, dass ein direktes Aufnehmen von Daten in das Data-Warehouse-System ohne den Datenbeschaffungsprozess problematisch werden kann, aber aus Performanzgründen oft gemacht wird (siehe auch Abschnitt 7.2.3).

1.4 Verwendung von Data-Warehouse-Systemen

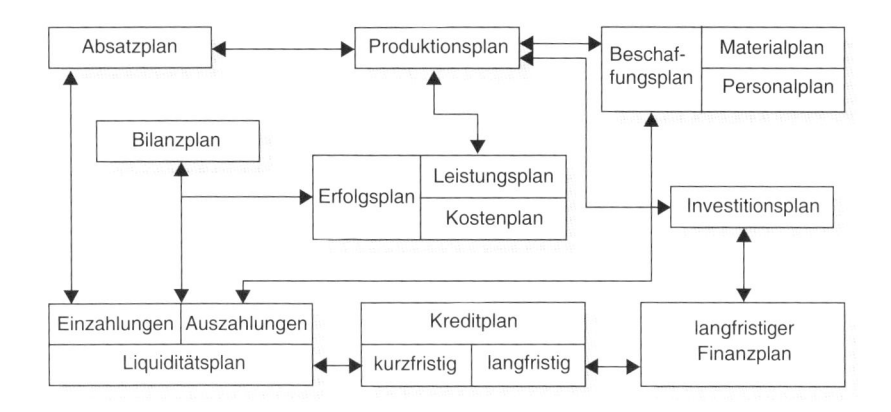

```
    Absatzplan ◄──────► Produktionsplan ◄──────► Beschaf-    Materialplan
                              ▲                   fungsplan
                              │                               Personalplan
    Bilanzplan                │
         ▲         Leistungsplan
         │      Erfolgsplan ─────────────────►  Investitionsplan
         │         Kostenplan                        ▲
         │              │                            │
    Einzahlungen │ Auszahlungen   Kreditplan         │
    Liquiditätsplan ◄──────► kurzfristig │ langfristig ◄──► langfristiger Finanzplan
```

Abb. 1–1 *Integrierte Unternehmensplanung [Arbe70]*

Abbildung 1–1 zeigt die vereinfachte Darstellung eines integrierten Planungsrahmens mit den Interdependenzen zwischen den unterschiedlichen Teilplänen. Die relevanten Teilpläne sind aus finanzieller Sicht Absatz-, Investitions-, Beschaffungs- und Personalplan. Der Produktionsplan kann in der Regel für die Finanzplanung vernachlässigt werden, da er nur unternehmensinterne Wertbewegungen abbildet. Die Exaktheit der Pläne ist ausschlaggebend für die Qualität der Finanzplanung, die das letzte Glied im sukzessiven Planungsprozess darstellt und somit auf die vorlaufenden Pläne angewiesen ist.

Auswertungsorientierte Anwendungsfälle

Im Gegensatz zu den informationsorientierten und planungsorientierten Anwendungsfällen wird eine auswertungsorientierte Verwendung meist auf Anfrage durchgeführt. Mithilfe von angepassten oder eigens erstellten Ad-hoc-Berichten werden komplexe Anfragen beantwortet, die sich oft auf Informationen aus verschiedenen Datenquellen und Funktionsbereichen beziehen. Auch kommen hier Werkzeuge aus dem Bereich Online Analytical Processing (OLAP) zum Einsatz. Ein Beispiel eines solchen Anwendungsfalls aus der Versicherungswirtschaft ist die Auswertung der eingereichten Versicherungsschäden in Abhängigkeit von Schadensart, Alter und Geografie, um eine aufgefallene Häufung von Schadensmeldungen zu untersuchen.

Im Folgenden werden einige ausgewählte Anwendungen vorgestellt.

Erlös-, Marketing- oder Vertriebs-Controlling:
Der Absatz von Gütern und Dienstleistungen ist charakterisiert durch eine große Vielfalt möglicher Vorgehensweisen. Allein eine Entscheidungsmatrix aus einer regionalen und variantenorientierten Marktsegmentierung, die mit entsprechenden kommunikativen und physischen Distributionsaufwendungen gekoppelt ist, generiert ein hohes Datenvolumen an Planungs-, Kontroll- und Hochrechnungsinformationen.

Nach Ablauf einer Betrachtungsperiode bleibt oft unklar, ob der mit dem Marketing- und Vertriebsapparat erzielte Erfolg nicht größer gewesen wäre, wenn z.B. mehr Geld für Werbung und/oder sonstige Marketingmaßnahmen ausgegeben worden wäre. Vielleicht würden sogar ein kleinerer Aufwand für Werbung und ein kleinerer Vertriebsapparat mehr Gewinn bringen. Das Gleiche gilt für die Fragen »Sortiment ausweiten oder verkleinern«, »Zielgruppen breit oder fokussiert wählen«, »Absatzgebiete global ausweiten oder regional begrenzen« sowie »Zahl der Absatzwege verringern oder ausweiten«. Die Informationsversorgung des Managements zur Lösung dieser Fragen ist Aufgabe des Marketing-Controlling.[3]

Durch den Einsatz analytischer Informationssysteme auf der Basis einer Data-Warehouse-Architektur ergeben sich deshalb große Chancen, sich einen Marktvorsprung vor der Konkurrenz zu sichern. Neben der grundlegenden Dimension Zeit hat das Marketing-Controlling mindestens fünf weitere Dimensionen: Auftragsgröße, Kundengruppe, Absatzregion, Produktsortiment, Vertriebsweg.

Dem Marketingmanagement eines Unternehmens steht damit prinzipiell ein großes Reservoir an potenziellen Steuerungsgrößen zur Verfügung, auf deren Grundlage der Absatz von Produkten und Dienstleistungen effizienter, effektiver und nicht zuletzt vor allem kundenorientierter gestaltet werden kann. Abhängig ist dies davon, wie geschickt die jeweiligen Führungspersonen in der Lage sind, die Informationsflut zu filtern und richtig zu interpretieren. Schon Wild stellte 1971 eine Verdopplung des Informationsvolumens alle 6–7 Jahre fest [Wild71].

Zur Auswertung der gesammelten Daten bietet sich die Data-Warehouse-Technologie an. Allein die elektronischen Verkaufssysteme eines Versandhauses generieren täglich ca. 500.000 Verkaufsdatensätze, was einem Volumen an operativen Daten von ca. 1,5 Gigabyte pro Tag entspricht. Über umfangreiche, auf Modellannahmen basierende Transformationsprozesse werden daraus Managementinformationen erzeugt, die Aussagen darüber enthalten, welche Angebote an welchem Tag, zu welcher Zeit, in welcher Kategorie und von welchen Kundensegmenten genutzt wurden. Diese informationsorientierte Anwendung der Data-Warehouse-Technologie wird um Auswertungsmöglichkeiten ergänzt, um z.B. Kunden für neue oder ergänzende Angebote zu identifizieren, den Einfluss der Sortimentsgestaltung und Regalbestückung auf das Verkaufsverhalten zu simulieren oder andere interessierende Sachverhalte zu untersuchen. Gerichteten, d.h. hypothesengetriebenen, Auswertungsverfahren werden an dieser Stelle ungerichtete Auswertungsverfahren der Mustererkennung zur Seite gestellt. Data Mining bezeichnet die Nutzung von Methoden der Statistik, des maschinellen Lernens und der neuronalen Netze

---

3. Synonyme Bezeichner sind Vertriebs-Controlling oder Erlös-Controlling.

zur Identifikation von Mustern in Datenbeständen. Diese Muster können wiederum eingesetzt werden, um Klassifikations-, Segmentierungs- und Assoziationsaufgaben zu lösen. Ein typisches Anwendungsbeispiel für den Einsatz von Data Mining findet sich im folgenden Abschnitt zum Kampagnenmanagement.

Kennzahlensysteme:
Betriebswirtschaftliche Kennzahlen sind ein wesentlicher Inhalt von auswertungsorientierten Anwendungen. Sie dienen dazu, betriebliche Sachverhalte in konzentrierter Form wiederzugeben. Die wichtigsten Eigenschaften von Kennzahlen sind ihre Zweckorientierung, da sie quantifizierbare Informationen für Entscheidungssituationen enthalten. Kennzahlensysteme führen Kennzahlen, die sachlich und sinnvoll zueinander in Beziehung stehen, meist in einer hierarchischen Form zusammen, die in einer Spitzenkennzahl gipfelt. Sie ermöglichen damit eine zusammenhängende Betrachtung von Funktionen oder Prozessen inner- und außerhalb des Unternehmens. Eines der bekanntesten Kennzahlensysteme dieser Art ist das *Du Pont-System of Financial Control*, das den *Return on Investment* (ROI) als Spitzenkennzahl besitzt [Webe95].

Ein aktuelles Konzept für ein erfolgsfaktororientiertes Kennzahlensystem, das zurzeit in vielen Veröffentlichungen in Verbindung mit Data-Warehouse-Systemen genannt wird, ist die *Balanced Scorecard*. Der Kern dieses Konzepts besteht darin, erfolgsfaktororientierte Kennzahlen aus einzelnen Bereichen nicht isoliert zu betrachten, sondern immer den Wirkungszusammenhang in mehreren Sichten kombiniert darzustellen. Insbesondere sollen Unternehmensstrategien mithilfe von auf Erfolgsfaktoren basierenden Kennzahlen beurteilt werden. Durch die Balanced Scorecard soll letztendlich die betriebswirtschaftliche Wertschöpfungskette abgebildet werden. Daher sollte zwischen den Sichten eines Scorecard-Diagramms eine direkte Ursache-Wirkung-Beziehung bestehen. Die folgenden Sichten werden von Kaplan und Norton für die Realisierung einer Balanced Scorecard vorgeschlagen [KaNo97]:

- In der *finanziellen Sicht* werden die klassischen Finanzkennzahlen betrachtet, wie z.B. der Return on Investment oder die Deckungsbeiträge. Die finanzielle Sicht nimmt die zentrale Stellung im Konzept ein, da der finanzielle Erfolg das generelle Ziel ist, das die anderen Sichten durch die Ursache-Wirkung-Beziehungen anstreben müssen.
- Das Paradigma der Kundenorientierung findet seinen Niederschlag in der *Kundensicht*. Für Kunden und Marktsegmente müssen die erfolgsfaktorbasierten Kennzahlen definiert werden. Kennzahlen können das Verhältnis von Stammkunden zu Neukunden, die Größe des Kundenstamms oder Aussagen zur Kundenzufriedenheit sein.
- Die *Lern- und Innovationssicht* sollen die Zukunftsfähigkeit des betrachteten Bereichs beschreiben. Wie nimmt die Qualifikation meiner Mitarbeiter zu oder wie innovativ ist mein Produktprogramm (z.B. Anzahl neu ein-

geführter Produkte), können Fragestellungen sein, die in dieser Sicht eine Rolle spielen.
- Die *Geschäftsprozesssicht* spiegelt die internen Prozesse wider, die zum gewählten Betrachtungsbereich gehören.

Für jede Sicht sind Ziele zu definieren, die sich durch Kennzahlen quantifizieren lassen. Vorgaben und daraus abgeleitete Maßnahmen sollen die Zielerreichung sicherstellen. Mit Balanced Scorecards ist der Anspruch verbunden, eine Konzentration auf die wesentlichen Führungsinformationen zu erreichen, indem die für Führungsentscheidungen wichtigen Kennzahlen identifiziert werden und nur diese in Balanced Scorecards aufgenommen werden. Balanced Scorecards können dabei für jeden Informationsnachfrager individuell definiert werden.

Es wird vorgeschlagen, das Konzept der Balanced Scorecard sogar zum Vorbild für die inhaltliche Gestaltung von Data-Warehouse-Systemen für Management und Controlling zu machen, um sie dadurch als Grundlage für die strategische Unternehmensführung nutzen zu können [Gilm98]. Daten sollten aus der Lern- und Innovationssicht (z.B. Anzahl neu eingeführter Produkte), aus der Kundensicht und aus der internen geschäftsprozessorientierten Sicht (z.B. Bearbeitungszeit pro Teilprozess) integriert werden.

Neben der grafischen Visualisierung von Kennzahlen und deren Entwicklung einer Sicht gehören zu einer Balanced Scorecard aber auch textuelle Informationen wie Erläuterungen zu Zielen, Vorgaben und Maßnahmen.

Mit der Einführung des Balanced-Scorecard-Konzepts in einem Unternehmen sollte zeitgleich das konventionelle Berichtswesen modifiziert werden [MoSc98]. Balanced Scorecards sollten nicht einfach als zusätzliche Abschnitte in das bestehende Berichtswesen hinzugefügt werden. Vielmehr sollte das Berichtswesen um jetzt vielleicht überflüssige Abschnitte abgespeckt und um Balanced Scorecards sinnvoll erweitert werden, um nicht eine Informationsüberlastung der Berichtsempfänger zu verursachen [Acko67]. Beachtet werden sollte allerdings, dass eine Balanced Scorecard keine neue finanzielle Standardberichterstattung ist. Der Balanced-Scorecard-Ansatz dient außerdem nicht zur Entwicklung neuer Ziele oder Geschäftsstrategien [Klok99]. Vielmehr können mit seiner Hilfe der Erfolg von Geschäftsstrategien beurteilt und der Zielerreichungsgrad gemessen werden.

- Kostenrechnung:
Entscheidungsobjekte der Kostenrechnung wie z.B. Kostenträger, einzelne Kostenstellen, Aufträge und Auftragsgrößen, Marktgebiete, Kunden oder Vertriebswege besitzen einen mehrdimensionalen Charakter. Entscheidungsobjekte der Kostenrechnung können daher gut in einem multidimensionalen Modell abgebildet und durch ein Data-Warehouse-System und OLAP-Werkzeug realisiert werden. Unter anderem bieten sich folgende Instrumente für eine Realisierung an [Oehl97]:

- Kostenstellenrechnung (Dimensionen: Kostenstelle, Szenario z. B. Plan oder Ist, Kostenart, Einflussgröße z. B. Maschinenstunden, Kostenspaltung)
- Auftragskalkulation (Dimensionen: Auftrag, Szenario, Kosten-/Erlösart, Einflussgröße, Kostenspaltung z. B. fix oder variabel, Kunde, Vertriebsweg)

Allerdings sind multidimensionale Informationssysteme nur beschränkt für die Abbildung von komplexen Werteflüssen geeignet. Data-Warehouse-System oder OLAP sind z. B. nur bedingt verwendbar, um den umfangreichen Wertefluss innerhalb einer Grenzplankostenrechnung zu beschreiben oder Buchungen mit Belastung und Entlastung einzelner Konten abzubilden. Hierfür sind eigene Kostenrechnungs- oder Finanzbuchhaltungssysteme prädestiniert, deren zweidimensionale Tabellenstruktur sich hervorragend durch relationale Systeme implementieren lässt. Daher ist es auch nicht sinnvoll, geschäftsvorfallorientierte Buchungen durch Controlling-Informationssysteme zu verwirklichen. Für den gelegentlichen Zugriff auf einzelne Geschäftsvorfälle bietet sich eher der fallweise Zugriff auf das operative System mittels SQL-Durchgriff an. Externe Rechnungswesendaten in multidimensionalen Informationssystemen basieren daher meistens auf den Monats- oder Jahresabschlussinformationen der Finanzbuchhaltung. Über eine Kontenrahmendimension kann monatlich der Kontenstand aus dem Rechnungswesensystem in das multidimensionale Informationssystem importiert werden. Hierarchien im Kontenrahmen können direkt abgebildet werden, sodass von verdichteten Bilanz- oder Gewinn- und Verlustrechnungspositionen bis auf die unterste Kontenebene navigiert werden kann. Oehler stellt fest [Oehl98], dass OLAP-Systeme nicht für eine geschäftsvorfallbasierte Abbildung von einzelnen Transaktionen, sondern stattdessen für eine periodische Gruppenbewertung geeignet sind. In einem Data-Warehouse-System sollten daher nicht einzelne Kostenbuchungen betrachtet, sondern nur statistische Nebenrechnungen durchgeführt werden.

Kampagnenbasierte Anwendungsfälle:

Kampagnenbasierte Anwendungsfälle kombinieren alle verfügbaren Werkzeuge und Auswertungsmöglichkeiten in einem Projektkontext. Soll beispielsweise ein neues Produkt erstellt, eingeführt und vertrieben werden, so kann mithilfe des Data-Warehouse-Systems das gesamte Projekt als Kampagne unterstützt werden – von der Marktanalyse und der Auswertung der Bestandskundengruppen bis zur Optimierung der Absatzwege und der Erfolgsüberwachung nach Markteinführung.

Die betrieblichen Anforderungen innerhalb eines Unternehmens sind meist so vielfältig, dass der dadurch induzierte Informationsbedarf häufig nicht einem einzelnen Zweck der Datenbereitstellung wie Informationsversorgung, Auswertungs- oder Planungsunterstützung zugeordnet werden kann. Vielfach entstehen Situationen, in denen verschiedene Anwendungsmöglichkeiten von Data-Warehouse-Systemen kombiniert eingesetzt werden oder nur für bestimmte Aktionen verfügbar sein müssen. Kampagnen sind im Kontext der Datenanalyse Anwendungen, die zur Unterstützung strategischer Ziele nicht ständig, sondern nur zu besonderen Anlässen und mit wechselnden Vorgehensweisen eingesetzt werden. Die Kampagnenunterstützung ist eine funktional noch komplexere Aufgabenstellung als die Befriedigung des einfachen Informationsbedarfs im täglichen Geschäftsablauf oder die Auswertung von Datenbeständen. Die Durchführung liegt in der Hand eines kleinen Anwenderkreises von Spezialisten, die idealerweise fachliches Know-how hinsichtlich des Auswertungsziels und methodisches Wissen hinsichtlich der eingesetzten Auswertungsverfahren kombinieren. Die Integration der anderen Anwendungsgebiete ist dabei umfassend, da sowohl informations-, planungs- als auch auswertungsorientierte Unterstützung beim Kampagnenmanagement gebraucht wird.

Kampagnen stellen besondere Anforderungen an die Planung, Durchführung und Ergebniskontrolle sowie an die Datengrundlage, die eingesetzt wird. Als Gründe sind hier zu nennen:

- *Fehlende Standardisierung*:
  Nicht die regelmäßige Bereitstellung von Information in Berichten oder die ständige Möglichkeit der Onlineanalyse ist Ziel von Kampagnen, sondern die sporadische Durchführung von Maßnahmen, die eine bestimmte strategische Aufgabe erfüllen.
- *Langfristiger Zeithorizont*:
  Die Initiierung, Durchführung und Auswertung einer Kampagne erfolgt nur selten in einem Zug oder gar in einer Analysesitzung, sondern wird über Tage, Wochen oder gar Monate hinweg vorbereitet und implementiert.
- *Breite Datengrundlage*:
  Die Datenquellen, aus denen Informationen für die Planung und Durchführung von Kampagnen gewonnen werden, sind in der Regel nicht auf die unternehmensinternen Anwendungssysteme beschränkt.
- *Umfassende Datenanalyse*:
  Durch die Komplexität der Aufgabenstellung sollte eine möglichst breite Basis an Möglichkeiten zur Datenanalyse verfügbar sein.
- *Komplette Prozessunterstützung*:
  Nicht nur die Auswertung, sondern auch alle vor- und nachgelagerten Schritte im Prozess einer Informationsgewinnung aus Datenbanken müssen ausreichend unterstützt werden.
- *Feedback-Schleife*:
  Die Auswertung und Dokumentation der Kampagnenergebnisse sind besonders wichtig, da die Schaffung eines Erfahrungsschatzes bedeutende Vorteile bieten kann.

Kampagnen basieren immer auf dem dreistufigen Vorgehen Kampagnenplanung, -durchführung und Ergebnisevaluation. Ein Management dieser Phasen erfordert aufgrund der im nachfolgenden Abschnitt skizzierten Eigenschaften von Kampagnen den Einsatz besonderer Werkzeuge und Methoden.

Standardwerkzeuge sind in diesem Bereich nur teilweise vorhanden. Durch den projekthaften Charakter von Kampagnen werden eher verschiedene, teils eigenentwickelte Instrumente kombiniert. An besonderen Methoden bei weitergehenden Auswertungen wie z.B. *Abwanderungsanalysen*, *Response-Vorhersagen* bei *Marketingkampagnen* oder Ähnlichem sollten so vor allem ein ausgeprägtes statistisches Methodenrepertoire und Data-Mining-Verfahren verfügbar sein. Gerade die gering ausgeprägte Standardisierung der verschiedenen eingesetzten Methoden und Anwendungen führt häufig zu »Dateninseln«, die nicht zu den üblicherweise integrierten Datenquellen eines Data-Warehouse-Systems zählen.

Die besondere Komplexität des Kampagnenmanagements bedeutet jedoch auch, dass nicht alle Probleme durch den Einsatz eines Data-Warehouse-Systems gelöst werden können: Durch die stark schwankenden Anforderungen kann es häufig vorkommen, dass auch weitere, nicht im Data-Warehouse-System verfügbare Daten benötigt werden. Die Integration von ständig neuen unternehmensinternen oder externen Daten ist hier an der Tagesordnung. Die vorherige Planung des Data-Warehouse-Datenmodells ist im Kampagnenbereich besonders schwierig. Sind schon Analysemodelle ständigen Veränderungen ausgesetzt, so sind Kampagnenergebnisse noch weniger voraussagbar. Neben der Bereitstellung von eleganten Mechanismen zur Befriedigung der wechselnden Anforderungen stellt die Entscheidung, ob Daten dauerhaft integriert werden sollen oder nur für den Einzelfall gebraucht werden, eine besondere Herausforderung dar. Die Vorteile des Einsatzes eines Data-Warehouse-Systems überwiegen jedoch deutlich vor allem durch den verminderten Zeitbedarf bei der Kampagnendurchführung aufgrund von wegfallenden Schnittstellen- und Abstimmungsproblemen.

Am Beispiel eines *Customer-Relationship-Management-Systems* kann dies deutlich werden. Das Customer-Relationship-Management (CRM) fokussiert das Management der Kundenbeziehungen eines Unternehmens auf verschiedenen Ebenen und gehört somit zu den betriebswirtschaftlichen Bereichen Vertrieb und Marketing, in denen traditionell verstärkt Kampagnen eingesetzt werden. Besonders dieser Bereich hat in den letzten Jahren einen deutlichen Zuwachs erlebt, da die analytische Verarbeitung von Kundendaten im Gegensatz zur operativen, transaktionalen Verwendung stärkeres Interesse hervorgerufen hat. Auch hier kommen die Grundlagen des Data Warehousing zur Anwendung.

1.4.2 Wissenschaftliche Anwendungsbereiche

Schon seit den 1970er Jahren existiert der Bereich der Statistical and Scientific Databases (SSDB, [Mich91]), der ebenfalls die Integration, Verarbeitung und Auswertung großer Rohdatenmengen zum Ziel hat. Aus diesem Bereich stammen auch die technischen Wurzeln der Data-Warehouse-Technologie, vor allem im Hinblick auf die datenbanktechnische Speicherung und Verarbeitung.

Bei wissenschaftlichen, empirischen Untersuchungen fallen oft große Mengen an Daten, vor allem Messwerte, an. Beim Projekt *Earth Observing System* (EOS, [Mich91]) aus dem Bereich der Klima- und Umweltforschung werden sehr große Mengen an meteorologischen Daten von Bodenstationen und Satelliten gesammelt. Täglich fällt dabei ein Datenvolumen im Terabyte-Bereich an. Aus der unüberschaubaren Menge von Einzelwerten gilt es, die gewünschten Schlussfolgerungen zu ziehen, indem die Daten aufbereitet und analysierbar gemacht werden. Mithilfe von statistischen Untersuchungsmethoden oder Data-Mining-Techniken [FaPS96a] können schließlich Informationen aus den Daten extrahiert werden, die zur Gewinnung von neuen Erkenntnissen beitragen.

Ein weiteres Beispiel sind die Tsunami-Informationssysteme, die verstärkt nach der Tsunami-Katastrophe im Indischen Ozean im Jahre 2004 aufgebaut wurden. Diese Systeme sammeln große Mengen an seismologischen Daten und bereiten diese im Sinne eines Data-Warehouse-Systems auf. Dabei werden Warnsysteme genutzt, um in Echtzeit Muster zu erkennen und Tsunami-Warnungen aussprechen zu können. Außerdem werden die gesammelten Daten historisiert, um den Ablauf von Tsunami-verursachenden Seebeben im Nachhinein analysieren zu können und so neue Suchmuster für die Warnsysteme abzuleiten [NaKu10].

1.4.3 Technische Anwendungsbereiche

Auch in technisch orientierten Anwendungsfeldern gibt es viele mögliche Verwendungsfälle. Es seien hier einige wenige angedeutet. Die dem Data Warehousing zugrunde liegenden Mechanismen und Prinzipien gelten entsprechend.

Im öffentlichen Sektor ist die Sammlung von Messwerten aus Wasseranalysen notwendig, bei der die chemische Zusammensetzung des Wassers aus verschiedenen Quellen über die Zeit gesammelt wird. Dies bildet die Grundlage, die Wasserqualität und deren Veränderung zu beobachten und Einflussfaktoren darauf zu ermitteln. Ein Unternehmen des produzierenden Gewerbes kann beispielsweise eine Stoff- oder Materialdatenbank aufbauen, um die in Produkten befindlichen Inhaltsstoffe oder verwendeten Materialien zu dokumentieren. Damit ist es möglich, bei Rückrufaktionen oder Gewährleistungsfällen die betroffenen Chargen zu ermitteln oder eventuell verantwortliche Lieferanten ausfindig zu machen sowie Mängelquoten oder Ausfallwahrscheinlichkeiten zu analysieren.

1.4.4 Betriebswirtschaftliche Anwendungsbereiche

Es gibt keinen Bereich eines Unternehmens, in dem auf Daten und Informationen für eine erfolgreiche Abwicklung der Geschäftsprozesse verzichtet werden kann. Informationssysteme für die Abwicklung operativer Geschäftsprozesse, also Systeme für das Enterprise Resource Planning (ERP), besitzen oftmals funktional orientierte Module, wie z. B. für die Auftragsabwicklung. Diese Systeme bieten zwar meist funktionsbezogene Auswertungssichten, sie ermöglichen jedoch nur selten echte übergreifende Sichten für die Steuerung bzw. das Controlling gesamter Geschäftsprozesse. Data-Warehouse-Systeme besitzen demgegenüber eine effiziente Infrastruktur zur Informationsintegration und -bereitstellung und weisen deutliche Vorteile gegenüber herkömmlichen Methoden der verteilten Informationssammlung und -aufbereitung auf.

Im Sinne einer vertikalen Integration der Auswertungs- und Berichtsprozesse dient die integrierte Datensammlung des Data-Warehouse-Systems dabei zur Unterstützung von operativen, taktischen und strategischen Entscheidungen (Abb. 1–2). Auch hinsichtlich der Funktionsbereiche entlang der Wertschöpfungskette einer Organisation hat das Data-Warehouse-System integrativen und querschnittsorientierten Charakter.

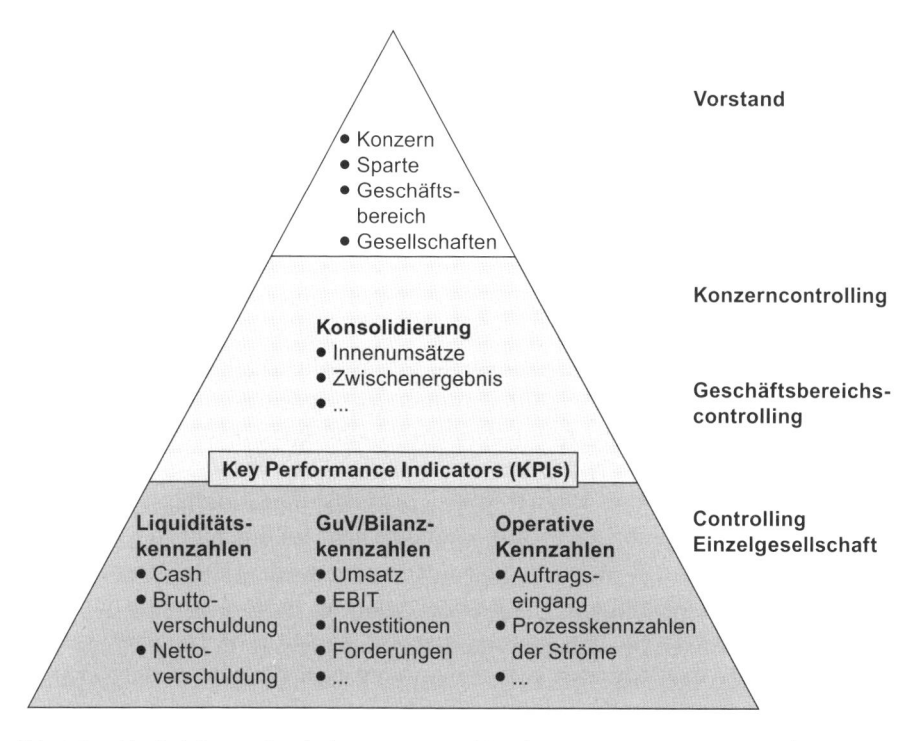

Abb. 1–2 Vertikale Integration der Auswertungs- und Berichtsprozesse in einem Data-Warehouse-System

Übergreifende Anwendungsgebiete

Schwerpunkt und Kernfunktion von Data-Warehouse-Systemen war schon immer die Informationslieferung, beginnend mit der Abbildung des klassischen Berichtswesens bis hin zu komplexen Auswertungen und Simulationen. Während historisch bedingt funktionsbereichsübergreifende Fragestellungen aus dem Controlling und der Logistik sowieso Auswertungen der Warenwirtschaftsströme dominierten, finden sich heute auf allen Ebenen der Organisation und in allen Schritten der Wertschöpfungskette Fragestellungen, die mithilfe eines Data-Warehouse-Systems und geeigneten Auswertungen zu beantworten sind. Zwar bringen Systeme zur Abwicklung operativer Geschäftsprozesse (z. B. ERP-System) mittlerweile eine Vielzahl von Auswertungsmodulen mit, die u. U. Auswertungsmöglichkeiten bereitstellen, die mit der Bezeichnung Business Intelligence versehen werden können. Allerdings fehlt hier in den meisten Fällen die funktionsbereichsübergreifende und integrierte Sicht auf die Unternehmensdaten. Diese wird im Data-Warehouse-System realisiert.

Managementprozesse

Anwendungen im Bereich der Managementprozesse zeichnen sich im Allgemeinen dadurch aus, dass unternehmensübergreifende Auswertungen auf hohem Aggregationsniveau durchgeführt und meist in Form von unternehmensweiten Kennzahlen aufbereitet werden. Die Entwicklung und Anpassung der Unternehmensstrategie oder Teilstrategien wie beispielsweise einer Produktstrategie werden u. a. auf der Basis von Auswertungen vorgenommen, die auf Kennzahlensystemen aufbauen. Bei den Kennzahlen kann es sich um (Key) Performance Indicators (KPI, z. B. »Anzahl der Kundenbeschwerden pro Produktgruppe«) oder (Key) Result Indicators (KRI, z. B. »Eigenkapitalrendite«) handeln. Die Auswertung der Kennzahlen kann über gezielte Auswertungen als Vorbereitung der Strategieentwicklung vorgenommen werden oder im Rahmen einer Überprüfung der Strategie unterjährig durchgeführt werden. Werden die Kennzahlen ständig überprüft, wird dies meist im Rahmen einer sog. »Balanced Scorecard« implementiert, indem aktuelle Werte für definierte Kennzahlen in einem integrierten System dargestellt werden. Die Werte für die vereinbarten Kennzahlen werden im Data-Warehouse-System errechnet und vorgehalten, das wiederum aus den Daten der eigenen operativen Systeme und externen Datenquellen (z. B. Marktforschungsdaten, demografische Datenbanken) gespeist wird. Auf diese Art werden beispielsweise Informationen zu Absatz, Umsatz, Kosten und Lagerbeständen aus den jeweilgen operativen Systemen extrahiert und im Data-Warehouse-System verwaltet. Gleichzeitig werden Daten zu Schulungsaktivitäten der Mitarbeiter, Mitarbeiterfluktuation oder Kundentreue gesammelt und mit den anderen Kennzahlen aus dem Data-Warehouse-System heraus in einer Balanced Scorecard dargestellt. Durch den Vergleich der tatsächlichen Werte mit den Zielwerten kann so der Wirkungsgrad der aktuellen Unternehmensstrategie bewertet werden und es können ggf. Gegenmaßnahmen ergriffen werden.

Die Unternehmensfunktionen Planung, Steuerung und Controlling bauen auf Informationen aus dem Data-Warehouse-System auf, die zum größten Teil finanzieller Natur sind und im Wesentlichen aus den Systemen der internen und externen Rechnungslegung beliefert werden. Dabei werden etwa spezifische Umsatzzahlen pro Produktgruppe mithilfe des Data-Warehouse-Systems ausgewertet und Trends analysiert. Erweitert wird diese Sicht im Rahmen des Corporate Performance Management (CPM) – hier werden teilweise sehr detailliert Finanzdaten mit Daten aus dem Prozessmanagement zu einem Prozesscontrolling vereint, um detaillierte Leistungsbewertungen von unternehmerischen Prozessen zu ermöglichen. Die Grenzen zu oben beschriebenen strategischen Anwendungsgebieten sind fließend.

Die Anforderungen an Komplexität und Detailtiefe im Risikomanagement sind von Branche zu Branche verschieden. Die gesetzlichen Auflagen an das Risikomanagement von Banken (vgl. u.a. Basel II) und Versicherungen (vgl. u.a. Solvency II) beinhalten Prozesse und Risikoberechnungen, die in ihrer Komplexität ohne spezielles Data-Warehouse-System inkl. Auswertungen kaum zu erfüllen wären. So müssen beispielsweise Versicherungskonzerne die Risikoprofile aller Versicherungsnehmer einer Versicherungssparte übergreifend auswerten, um Risikohäufungen zu identifizieren. Sollten bei einer solchen Auswertung Ballungen von gleichartigen Risiken gefunden werden, so schlägt sich dies in der Berechnung des von der Versicherung vorzuhaltenden Risikokapitals nieder. Aufsichtsbehörden prüfen regelmäßig die Prozesse der Risikoberechnung und prüfen in diesem Zusammenhang auch die Qualität der Datenbeschaffung und -auswertung. In anderen Branchen reichen jedoch u.U. einfachere Datenbanken, die z.B. in der Automobilindustrie Daten über Produktlinien und Auslieferungen für den Fall einer Rückrufaktion vorhalten.

Die Anwendungsfälle im Bereich der Prüfungen (Audits, interne Revision, externe Wirtschaftsprüfung) sind im Wesentlichen auf das Erstellen standardisierter Berichte zu den Finanzkennzahlen des Unternehmens beschränkt. Einen Sonderfall stellt eine forensische Untersuchung durch externe Prüfer im Falle eines Verdachts auf kriminelle Machenschaften dar: In diesem Szenario wäre es denkbar, Data-Mining-Techniken auf spezielle Datenkreise durchzuführen, um Betrugsmuster ausfindig zu machen.

Komplexer sind die Anwendungsfälle im Bereich Compliance: Nahezu alle Branchen sehen sich mittlerweile mit wachsenden externen regulatorischen Anforderungen konfrontiert. So sind beispielsweise Finanzinstitute bereits seit Jahren dazu verpflichtet, Finanzströme zu überwachen und auf Muster auszuwerten (Data Mining) bzw. mit Alarmmechanismen zu versehen, sollten zuvor definierte Muster gefunden werden oder definierte Limits über- oder unterschritten werden. Ziel der Echtzeit-Compliance-Überwachung ist beispielsweise die

Geldwäscheprävention. Data-Warehouse-Systeme liefern hier die nötige Datenbasis. Aber auch andere Branchen sehen sich Auflagen ausgesetzt, deren Erfüllung das Sammeln und Auswerten großer Datenmengen erfordert. Als Beispiel sei hier die Überwachung von Schadstoffemissionen der vielen Flugzeuge durch Fluggesellschaften genannt.

Kernprozesse

Im Bereich der Kernprozesse dominierten lange Zeit die operativen Insellösungen der einzelnen Bereiche. In einigen Fällen wurden diesen Systemen mittlerweile Auswertungsmodule hinzugefügt, die u.U. Business-Intelligence-ähnliche Auswertungen zulassen. Die Sicht auf die hier vorliegenden Informationen bleibt aber silobasiert – erst durch Data-Warehouse-Systeme werden Informationen strukturell und inhaltlich integriert nutzbar.

In der Produktentwicklung ist eine Vielzahl von Szenarien denkbar, in denen die Auswertung von großen Datenmengen Design und Verbesserung von Produkten unterstützen kann. Dabei kann es sich um wissenschaftliche Anwendungsfälle in der Forschung handeln wie auch um statistische Szenarien als analytische Basis für das zielgruppenorientierte Produktdesign.

Im Rahmen der Teilwertschöpfungskette Eingangslogistik – Produktion – Ausgangslogistik spielen Auswertungen auf der Basis von Data-Warehouse-Daten insbesondere eine Rolle bei der Optimierung von Warenflüssen, Bestellverhalten und Lagerung. Während sich der Einkäufer über ein Cockpit den aktuellen Warenbestand anzeigen lassen kann, sind OLAP- oder andere Ad-hoc-Analysen geeignet, um geografische Häufungen und Absatzmuster zu identifizieren und so beispielsweise frühzeitig erkannte Trends aktiv zu unterstützen und die nötigen Anpassungen in Fertigung und Logistik zu planen. Auch im Sinne des oben bereits erwähnten Corporate-Performance-Managements sind hier Auswertungen von Prozessperformancedaten beliebte Einsatzszenarien.

Marketing und Vertrieb waren historisch neben den Steuerungsfunktionen die ersten Nutzer von Data-Warehouse-Daten und deren Auswertungen. Neben auswertungs- und informationsorientierten Anwendungsfällen sind besonders hier kampagnenorientierte Anwendungsfälle zu beobachten. An dieser Stelle soll nur eine Auswahl aus der Vielzahl an Beispielen genannt werden: Kundensegmentierung nach Alter, Geografie und Kaufverhalten ermöglicht zielgruppengerechte Werbung und Kundenansprache, während Auswertungen im Vertriebscontrolling erlauben, die Außendienstmitarbeiter gezielt zu steuern. Die konsequente Fortführung der detaillierten Auswertungen der Zielgruppe ist der Kundenservice mittels Data-Warehouse-Systemen. Kundenverwaltungssysteme (Customer-Relationship-Management – CRM) sind hier ein Beispiel für eine spezialisierte Lösung für diesen Bereich.

Ein Unternehmen möchte über sein Marktumfeld wie auch über die Mitbewerber gut informiert sein. Mithilfe der unstrukturierten Datenauswertung können relevante Daten aus Internetpräsenzen, Shopsystemen oder Presseberichten extrahiert und ausgewertet werden. Jedes verfügbare digitalisierbare Schriftstück mit Themenbezug kann als Quelle verwendet werden. Werden die dabei gewonnenen Informationen zusammengefasst, können sie einen recht genauen Überblick geben. Die folgende Auflistung gibt einen Einblick in die Themengebiete:

- Produkt und Preisevaluation der Mitbewerber
- Test/Produktbewertungen
- Medienpräsenz und Ranking
- Bekanntheit und Bewertungen in Blogs, Foren oder sozialen Netzwerken

Ein Szenario kann dabei sein, Kundenstimmen in Foren oder Blogs auszuwerten und typische Probleme oder positive Merkmale automatisch zu identifizieren. Ein weiteres Szenario ist, Nachrichten in Kurznachrichtendiensten wie z. B. Twitter über die eigenen Produkte auszuwerten und so z. B. auf Vorkommnisse rasch reagieren zu können.

Die gewonnenen Informationen, wie z. B. Menge der monierten Beschwerden bzw. Produkte, können in strukturierter Form in einem Data-Warehouse-System zur weiteren Auswertung bereitstehen. Durch diese Quellenauswertung entstehen komplett neue Marketingsichten, da beispielsweise eine Häufung von negativen Beiträgen in Foren, Blogs oder Kurznachrichtendiensten direkt nach Einführung eines Produkts eine schnelle Reaktion ermöglicht.

Ein Unternehmen kann mit seiner Umwelt (z. B. Kunden, Zulieferer, externe Mitarbeiter) über eine breite Bandbreite an Möglichkeiten kommunizieren. Wird dabei die Übermittlung formal definierter Daten, z. B. Systemschnittstellen, nicht in Betracht gezogen, erfolgen diese Kommunikation und Interaktion zumeist über unstrukturierte Daten. Darunter fallen z. B. E-Mails, Briefe oder Chat-Nachrichten, aber auch indirekte Kommunikationsformen wie beispielsweise Freitextfelder in einem Shopsystem. Die Auswertung dieser Daten kann über Natural Language Processing erfolgen. Extrahierbare Informationen sind beispielsweise:

- Adressinformationen, z. B. E-Mail, Anschrift
- Kategorisierung, z. B. Beschwerde, Angebotsanfrage
- Profilerstellung, z. B. passende Angebote für einen Kunden
- Semantik einer Korrespondenz wie z. B. Bedeutung und Inhalt einer Mail. Die semantische Analyse geht dabei über eine reine Kategorisierung hinaus; mit ihrer Hilfe wird versucht, den Inhalt eines Dokuments zu erschließen. Als Beispiele können hier die Erkennung einer Beschwerde (Kategorisierung) und gleichzeitig die Erkennung des Beschwerdegrunds (z. B. defektes Gerät oder Beschwerde über einen Mitarbeiter) angeführt werden.

Diese aus den unstrukturierten Daten extrahierten Informationen können in einem Data-Warehouse-System zusammen mit den bereits vorhandenen strukturierten Daten verarbeitet werden.

Die Auswertung von unstrukturierten Daten in sozialen Netzwerken liefert ein breites Spektrum an Informationen. So können Blogs oder Benutzereinträge benutzt werden, um Produkte oder Unternehmen zu evaluieren. In sozialen Netzwerken können Benutzervernetzungen z.B. durch die Analyse von Trackbacks ausgewertet werden. Die Anzahl der Trackbacks könnte beispielsweise einen Hinweis auf die Relevanz eines Benutzers geben. Ein weiteres Szenario ist die Auswertung der »Follower« eines Twitter-Accounts als Maßstab für Bekanntheit und seine Einflussmöglichkeit auf andere Benutzer. Wenn dieser Benutzer beispielsweise einen Eintrag zu einem Produkt eines Unternehmens erstellt, kann durch die Anzahl der Follower zugleich die Relevanz des Twitter-Eintrags bewertet werden. Eine hohe Anzahl an Followern kann zugleich eine hohe Bedeutung des Eintrags implizieren. Weiter können automatisch Benutzerprofile und Postings in einem sozialen Netzwerk analysiert werden, um Trends zu erkennen.

Unterstützungsprozesse

In der Informationstechnologie selbst werden Informationen eines Data-Warehouse-Systems zunehmend durch die Ausbreitung von IT Service Management (ITSM) relevant. ITSM betrachtet IT auf der Basis definierter Dienstleistungen, die in einem definierten Rahmen und einer definierten Qualität zu erbringen sind. In vielen Fällen erleichtert diese Betrachtungsweise ein Outsourcing einzelner IT-Prozesse. Unabhängig davon, ob der den Prozess betreibende Dienstleister nun intern oder extern angesiedelt ist – IT bedeutet heute oft das Überwachen und Managen von Prozessen und deren Servicequalität wie Antwortzeiten, Rechenperformance etc. Auch hier entstehen in operativen Systemen komplexe Datenmengen, die mithilfe der Auswertungswerkzeuge analysiert werden: Durch Standardberichte, Cockpits und Warnsysteme und im Falle von besonderen Vorkommnissen kann die Historie der erbrachten Servicequalität durch Ad-hoc-Auswertungen oder OLAP untersucht werden.

In der Personalwirtschaft (engl. Human Resources) fassen Data-Warehouse-Systeme und ihre Auswertungsmöglichkeiten auch mehr und mehr Fuß. Das prominenteste Beispiel ist die US-Firma Google, die der hohen Fluktuation in der eigenen Belegschaft ein Data-Warehouse-System mit Verhaltensdaten der Mitarbeiter (u.a. Krankheit, Urlaub, Bewertungen) entgegengestellt hat. Ein intelligenter Algorithmus kann durch Auswertungen die Wahrscheinlichkeit berechnen, dass ein individueller Mitarbeiter kurz davorsteht zu kündigen, sodass der Arbeitgeber proaktiv gegensteuern kann. Das – mit deutschem Arbeitsrecht kaum vereinbare – Beispiel soll illustrieren, welche Möglichkeiten die Auswertung von Data-Warehouse-Daten im Personalbereich bieten.

Bei großen Unternehmen spielen Beschaffungs- und Liegenschaftsmanagement u.U. eine wichtige Rolle, da die entstehenden Kosten nicht unerheblich sein können. Je nach Größe der verwaltenden Abteilungen bzw. des verwalteten Portfolios sind hier unterschiedliche Anwendungsfälle sinnvoll.

1.5 Überblick über das Buch

Die bisher adressierten Themen werden in den folgenden Kapiteln des Buches vertieft. Dazu wird aus der Fülle der Anwendungsgebiete ein typisches Beispiel für eine genauere Beschreibung herausgegriffen, um die im Buch diskutierten Konzepte zu veranschaulichen. Sowohl die einzelnen Aspekte zum Aufbau eines Data-Warehouse-Systems als auch die Theorie der Datenbankmodellierung können an diesem Szenario verdeutlicht werden.

Im Folgenden wird zuerst das Beispiel *Star*Kauf* erläutert und danach die Übersicht der Kapitel gegeben.

1.5.1 *Star*Kauf*

Die fiktive Kaufhauskette *Star*Kauf* möchte ihre innerbetrieblichen Abläufe, das Kaufverhalten der Kunden und die Zusammensetzung des Sortiments überprüfen. Dazu werden vom Management u. a. folgende Anforderungen gestellt:

- Überprüfung des Sortiments zur Identifizierung von Ladenhütern (engl. poor sellers) oder Verkaufsschlagern (engl. good sellers)
- Durchführung einer Warenkorbanalyse mithilfe der Information aus den Kassenbons
- Treffen von Entscheidungen mittels Kundenwünschen und -strukturen zur Durchführung von gezielten Werbemaßnahmen oder Nutzung zur systematischen Regalbestückung
- Messen der Kundenzufriedenheit durch die Sammlung von Informationen über Reklamationen – auch speziell bzgl. bestimmter Produkte
- Messen des Zusammenhangs der Einführung einer Kundenkarte auf die Verkäufe
- Untersuchung der Wirksamkeit von verkaufsfördernden Maßnahmen
- Durchführung von Standortanalysen zur Messung der Rentabilität von neuen und bestehenden Kaufhäusern

Weiterhin existieren bereits Vorgaben, welche Auswertungen möglich sein sollen und in welcher Form diese aufzubereiten sind. Ein Beispiel eines Berichts, der bisher nur in Papierform verfügbar war, ist in Tabelle 1–4 zu sehen. Darin werden Umsätze nach Jahren und Bundesländern auf der vertikalen Achse sowie nach einer Produktklassifikation auf der horizontalen aufgegliedert. Diese Darstellungsform ist relativ statisch, d. h., auf Änderungswünsche der Informationsempfänger kann nur mit hohem Erstellungsaufwand reagiert werden.

Umsatz		Unterhaltungselektronik				Bekleidung	
		Video	Audio	TV	SUMME	...	Summe
2010	Bayern	12	31	15	58	...	...
	Hessen	22	51	...	...	...	...
	SUMME	34	...	...	...	...	...
2011	Bayern	48	67	55	170	...	...
	Hessen	50	...	...	...	...	...
	SUMME	98	...	...	...	...	...
2012	Bayern	58	66	51	175	...	...
	Hessen	67	...	...	...	...	...
	SUMME	125	...	...	...	...	...
SUMME		257	...	...	904	...	...

Tab. 1–4 Beispiel eines zu erstellenden Berichts

Einer der Kernpunkte der durchgeführten Anforderungsanalyse ist eine flexible und schnelle Erstellung sowie Änderung von Berichten. Weiterhin soll mit entsprechender Software eine dynamische Auswertung der Daten nach frei definierbaren Kriterien möglich sein. Als Kriterien bzw. Betrachtungsperspektiven, die in die Auswertungen einfließen sollen, sind Produkte, Kunden, Filialen, Zeit und Bondaten zu nennen. Relevante Kennzahlen sind beispielsweise Ein- und Verkäufe, Lagerbestände in Stück, Umsatz und Preis.

Aufgrund des Zusammenschlusses mit einigen teilweise ausländischen Unternehmen kam es zu einer heterogenen IT-Landschaft mit vielen kleinen Datenbanken. Auf diesen autonomen Datenbeständen arbeiten unabhängige Anwendungen. Nach den Wünschen der IT-Abteilung wird über WAN oder Internet eine zentrale Datenbank zur Integration im Mutterhaus geschaffen, auf der operative Anwendungen, wie beispielsweise die unternehmensweite Kostenrechnung, aufsetzen sollen (Abb. 1–3). Um die oben aufgeführten Anforderungen erfüllen zu können, möchte man ein Data-Warehouse-System aufsetzen, das seine Daten ebenfalls aus der zentralen Datenbank beziehen soll.

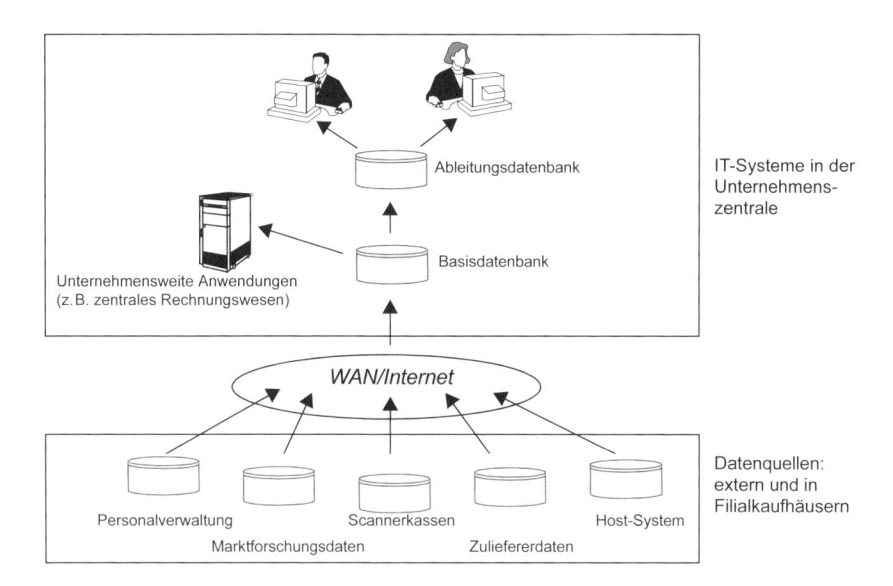

Abb. 1–3   *Architekturskizze für das geplante System*

1.5.2 Kapitelübersicht

Nachfolgend soll ein Überblick über Aufbau und Zielsetzung des Buches gegeben werden. Die Vorteile des Buches liegen in der Vielfalt der Themen und ihrer integrierten Darstellung. Es wurde bewusst darauf geachtet, keinen Forschungsbericht zu schreiben, sondern durch die Erklärung von allgemeinen Konzepten, deren Umsetzung sowie Praxisbeispiele möglichst einen großen Bereich des Themenkomplexes abzudecken. Auf eine genaue Erklärung von Produkten wird wegen der Schnelllebigkeit der Soft- und Hardware verzichtet.

Das Buch ist in die drei Teile Architektur (I), Entwicklung (II) und Anwendung (III) aufgeteilt (Abb. 1–4). Sowohl »Architektur« als auch »Anwendung« betrachten das Thema »Data-Warehouse-System« ganzheitlich. Dagegen fokussiert sich der Teil »Entwicklung« auf die datenbankspezifischen Themen. Inhaltlich wurde das Buch so gestaltet, dass im Teil I (*Architektur*) ein Architekturvorschlag eines Data-Warehouse-Systems gegeben wird. Aus der geläufigen Überlegung heraus, dass eine Architektur, also die Struktur eines Systems, sowohl statisch als auch dynamisch beschrieben werden muss, um sie vollständig zu diskutieren, werden die Grundlagen einerseits anhand der benötigten statischen Komponenten (Referenzarchitektur) und andererseits im dynamischen Ablauf (Phasen) erläutert. Die physische Architektur greift die konzeptionellen Ansätze der Referenzarchitektur unter Implementierungsgesichtspunkten und weiterführenden Ansätzen wieder auf. Teil II beschreibt die *Entwicklung* eines Data-Warehouse-Systems mit der Konzeption, Modellierung und Realisierung und fokussiert

Teil I: Architektur
- Einordnung (1)
- Referenzarchitektur (2)
- Phasen (3)
- Physische Architektur (4)

Teil II: Entwicklung
- Modellierung der Basisdatenbank (5)
- Multidimensionales Datenmodell (6)
- Umsetzung (7)
- Optimierung der Datenbank (8)
- Metadaten (9)

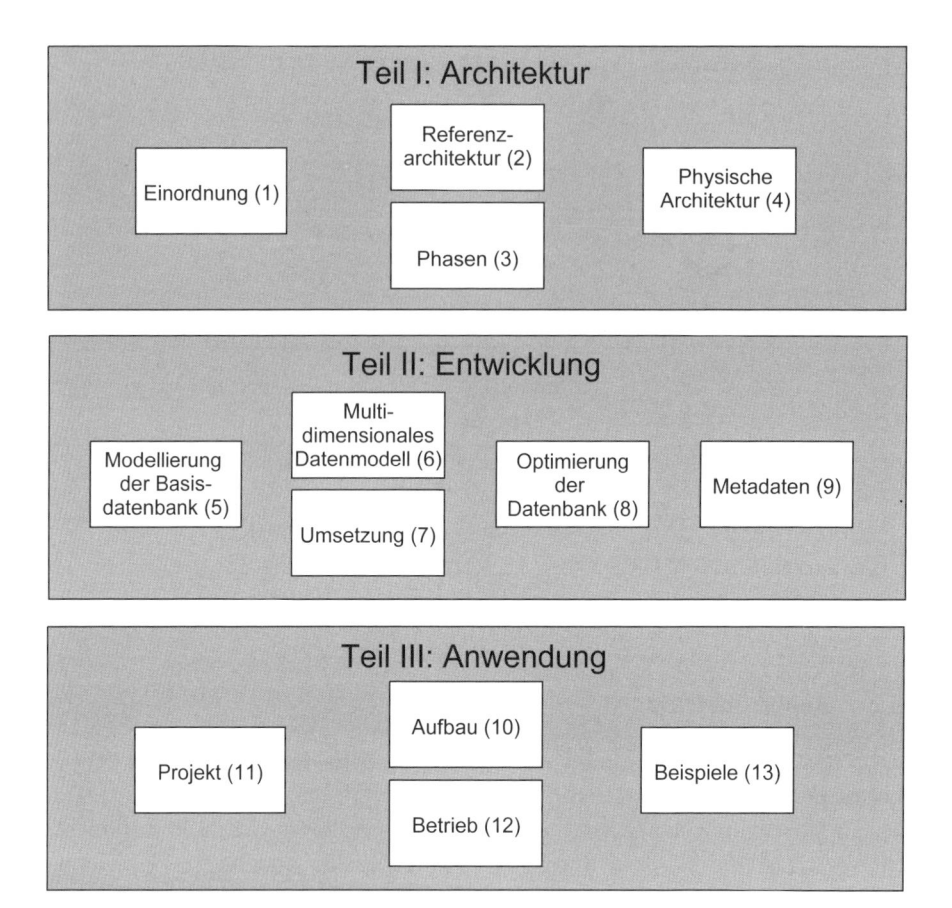

Teil III: Anwendung
- Projekt (11)
- Aufbau (10)
- Betrieb (12)
- Beispiele (13)

Abb. 1–4   *Zusammenhänge der Teile und Kapitel des Buches*

datenbanktechnische Aspekte. Metadaten stellen in diesem Kontext einen weiteren wesentlichen Beitrag dar. Im Teil III (*Anwendung*) werden die Konzepte aus den Teilen I und II aus Praxissicht, d.h. die methodische Vorgehensweise des Aufbaus, das Data-Warehouse-Projekt und die Betriebsphase eines Data-Warehouse-Systems, beschrieben sowie mit konkreten Anwendungsbeispielen illustriert.

Die behandelten Themenbereiche ermöglichen es, ein breites Leserspektrum anzusprechen. Das Buch ist für Studenten der Informatik, Betriebswirtschaft oder Wirtschaftsinformatik als Grundlagenwerk mit vielen Informationen und Literaturreferenzen gedacht. Es eignet sich auch zur gezielten Prüfungsvorbereitung. Professoren finden eine geeignete Basis, um direkt eine Vorlesung vorzubereiten. Anwender und Entwickler besitzen ein Nachschlagewerk sowohl für die Theorie als auch für die tägliche Praxis.

1.5 Überblick über das Buch

Überblick über die Kapitel

Teil I: **Architektur**

Kapitel 1 – Abgrenzung und Einordnung:
Grundlegende Begriffe und die Vielfalt des Anwendungsgebietes werden beschrieben.

Kapitel 2 – Referenzarchitektur:
Die Referenzarchitektur dient als idealtypische Grundlage. Durch die Vielzahl der benötigten Komponenten wird deutlich, dass ein Data-Warehouse-System mehr als nur eine Datenbank ist.

Kapitel 3 – Phasen des Data Warehousing:
Neben den statischen Komponenten der Referenzarchitektur existiert auch der dynamische Aspekt, der den Vorgang des Data Warehousing aus der Prozesssicht beleuchtet.

Kapitel 4 – Physische Architektur:
Es gibt eine Vielzahl von Realisierungsmöglichkeiten und zu realisierende Teilbereiche.

Teil II: **Entwicklung**

Kapitel 5 – Modellierung der Basisdatenbank:
Die Basisdatenbank als Integrationsplattform der Datenquellen steht im Mittelpunkt der Betrachtung.

Kapitel 6 – Das multidimensionale Datenmodell:
Die Datenbank und deren Modell stellen das Herzstück eines Data-Warehouse-Systems dar.

Kapitel 7 – Umsetzung des multidimensionalen Datenmodells:
Die im vorherigen Kapitel eingeführten Konzepte werden sowohl in einem relationalen als auch multidimensionalen Datenbanksystem umgesetzt.

Kapitel 8 – Optimierung der Datenbank:
Aufgrund der großen zu verarbeitenden Datenmengen ist eine Optimierung der Datenbank notwendig. Es werden Strategien und Ansätze aufgezeigt, um die Anwenderanfragen in adäquater Zeit zu erfüllen.

Kapitel 9 – Metadaten:
Metadaten stellen den Schlüssel zum Aufbau und zur Wartung des Data-Warehouse-Systems dar, da nur durch sie die Integrationsleistung erzielt werden kann. Im Mittelpunkt stehen die Klassifikation der Metadaten und der Zusammenhang zum Data-Warehouse-System.

Teil III: **Anwendung**

- *Kapitel 10 – Vorgehensweise beim Aufbau eines Data-Warehouse-Systems*:
  Die im Teil I motivierte Architektur ist eng mit der Methodik zum Aufbau verbunden. Es werden neben der Vorgehensweise auch die Einbettung in den unternehmensweiten Kontext und die Strategie diskutiert.

- *Kapitel 11 – Das Data-Warehouse-Projekt*:
  Der Aufbau eines Data-Warehouse-Systems aus der Sichtweise des Projektmanagements wird mit all seinen Fallstricken und Besonderheiten erläutert.

- *Kapitel 12 – Betrieb und Weiterentwicklung eines Data-Warehouse-Systems*:
  Der Aufbau eines Data-Warehouse-Systems ist nur ein Teil der zu erbringenden Leistung bei der Umsetzung eines Data-Warehouse-Vorhabens. Genauso wichtig ist der Wartungs- und Betriebsaspekt, der Gegenstand dieses Kapitels ist.

- *Kapitel 13 – Praxisbeispiele*:
  Praxisbeispiele aus verschiedenen durchgeführten oder in Durchführung befindlichen Projekten runden das Buch ab und geben einen Einblick in die Komplexität, aber auch in die Verwendbarkeit der Data-Warehouse-Idee.

2 Referenzarchitektur

In diesem Kapitel wird die modular aufgebaute Referenzarchitektur, die diesem Buch zugrunde liegt, erläutert. Die Zerlegung eines Monoliths in seine Komponenten erleichtert den Aufbau und die Wartung eines Systems. Außerdem bietet sie den Vorteil der objektiven Vergleichbarkeit, da in der Praxis eine Vielzahl von unterschiedlichen Realisierungen existiert, die Teilbereiche aus realisierungstechnischen Gründen weglassen oder zusammenfassen. Zum leichteren Verständnis wird in diesem Kapitel die *statische* Sicht durch die Verwendung von Komponenten aufgebaut und nachfolgend in Kapitel 3 um die *dynamische* Sichtweise erweitert.

Nach einer Motivation und Beschreibung der Eigenschaften und Notwendigkeit eines Referenzmodells im Allgemeinen und für die Architektur eines Data-Warehouse-Systems im Speziellen wird auf die einzelnen Komponenten des Data-Warehouse-Systems eingegangen. Zunächst wird die den gesamten Data-Warehouse-Prozess steuernde Funktion des Data-Warehouse-Managers dargelegt. Anschließend folgt eine Beschreibung der Komponenten der Referenzarchitektur entlang des Datenflusses von den Datenquellen zur Auswertung. Auf der Seite des Dateneingangs sind die Datenquellen und die sie überwachenden Monitore sowie der Integrationsbereich mit dem Arbeitsbereich, der Basisdatenbank und den Operatoren Extraktion, Transformation und Laden hinzuzuzählen. Es folgen im Auswertebereich die Datenhaltungskomponenten Ableitungs- und Auswertungsdatenbank mit weiteren Transformations- und Ladekomponenten sowie die Auswertung, die die Anwenderschnittstelle des Systems bildet und das eigentliche Ziel des Data Warehousing, die analytische Verwendung integrierter Daten, umsetzt. Das Repositorium, der Metadatenmanager und der Data-Warehouse-Manager im Verwaltungsbereich umspannen den gesamten Data-Warehouse-Prozess.

2.1 Aspekte einer Referenzarchitektur

Im Folgenden wird ein *Referenzmodell für die Architektur von Data-Warehouse-Systemen*, kurz *Referenzarchitektur* genannt, beschrieben. Einerseits dient sie als Basis und als Kommunikationsmittel für die zu erläuternden Konzepte in diesem

Buch, andererseits muss sie die Realität korrekt wiedergeben. Eine Referenzarchitektur muss wie jede Architektur nach [Ency78] die geforderten Anforderungen erfüllen, robust gegen Änderungen sein und eine »Ästhetik« aufweisen. Deshalb darf die Referenzarchitektur kein dynamisches, sondern muss ein *statisches Konstrukt* sein, das auch in einigen Jahren noch gültig ist[1]. Aus diesem Grund und aus Aspekten der Allgemeinheit muss sie von technischen Details oder Implementierungsaspekten unabhängig sein. Weiterhin ist zu bedenken, dass keine allein gültige Referenzarchitektur existiert, sondern vielmehr verschiedene Alternativen denkbar sind.

Eine Referenzarchitektur besteht aus zwei Teilen: dem *Referenzmodell* und einem *Sachverhalt*, auf den es angewendet wird. Der Begriff Modell soll hier als eine Möglichkeit verstanden werden, einen Mangel an Anschaulichkeit zu überwinden. In den meisten Fällen beseitigt eine metaphorische Darstellung dieses Dilemma. Dieses Verständnis des Begriffes wird auch als *Veranschaulichungsmodell* [WGKI98] bezeichnet. Es handelt sich dabei um ein idealtypisches Modell, das sich an verschiedenen Eigenschaften und Anforderungen ausrichtet, wobei die Darstellung der objekthaften Bestandteile hinter der Darstellung ihrer realen und funktionalen Beziehungen (Struktur) zurücktritt.

Danach wird ein Modell auch Referenzmodell bzgl. eines Sachverhalts genannt, wenn es die beiden folgenden Eigenschaften aufweist:

1. Das Referenzmodell erlaubt Vergleiche zwischen Modellen, die den Sachverhalt beschreiben.
2. Auf Basis des Referenzmodells können spezielle Modelle (als Grundlage für die Konstruktion eines bestimmten Sachverhalts) geplant werden.

Das Referenzmodell stellt somit ein Modellmuster dar, das als idealtypisches Modell für die Klasse der zu modellierenden Sachverhalte betrachtet werden kann [WWB+99].

2.1.1 Referenzmodell für die Architektur von Data-Warehouse-Systemen

Der Sachverhalt, auf den dieses Referenzmodell hier angewendet wird, ist die Architektur von Data-Warehouse-Systemen. Die Architektur von Data-Warehouse-Systemen versteht sich als gegliederter Aufbau eines Bauwerks. Auf diese Weise beabsichtigt die Referenzarchitektur, ein objektiver Ausgangspunkt für den Vergleich zwischen bestehenden sowie eine Empfehlung für geplante Data-Warehouse-Systeme zu sein.

---

1. Eine Referenzarchitektur ist meist so lange gültig, bis sie widerlegt oder eine bessere und zweckdienlichere gefunden wird. Auch diese im Buch vorgestellte Referenzarchitektur hat eine Überarbeitung von der 3. zur 4. Auflage erfahren, um den aktuellen Anforderungen gerecht zu werden.

2.1 Aspekte einer Referenzarchitektur

Zweck der Referenzarchitektur

Im Einzelnen hat die Referenzarchitektur verschiedenen Zwecken zu dienen:

- Sie ermöglicht Vergleiche zwischen Werkzeugen für das Data Warehousing (für Extraktion, Transformation, Laden, Datenhaltung und/oder Auswertung), konkreten Data-Warehouse-Systemen oder zwischen einem Data-Warehouse-System und der Referenzarchitektur, um z. B. einige Stärken und Schwächen des konkreten Data-Warehouse-Systems zu demonstrieren.
- Auf Basis der Referenzarchitektur kann eine konkrete Implementierung für ein Data-Warehouse-System geplant werden.
- Die Zerlegung in Komponenten dient der besseren Übersicht und Komplexitätsverringerung einer konkreten Implementierung. Die Referenzarchitektur ist ein Mittel zur Beschreibung; insbesondere können die Begriffe wie Data-Warehouse-System und Data Warehousing visualisiert werden.
- Sie trägt zu einem gemeinsamen und eindeutigen Verständnis bei Autoren und Lesern bei und ist Grundlage des Buches.

Allgemeine Anforderungen an die Referenzarchitektur

Um diesen Zwecken gerecht zu werden, sind verschiedene Anforderungen zu stellen:

- Die Referenzarchitektur ist *idealtypisch* gestaltet. Sie beschreibt die Aktivitäten mit unterschiedlichen Funktionen als Operatoren innerhalb des Data Warehousing mit den dabei verwendeten und erzeugten Daten und den zugehörigen Ablagen als Operanden der Funktionen.
- Die Referenzarchitektur ist primär *funktionsorientiert*. Sie stellt den für die Funktionen notwendigen *Datenfluss* dar, was die effektiven Daten und deren Beschreibungen, die Metadaten, angeht, ebenso wie den für die Prozesssteuerung notwendigen *Kontrollfluss*. Somit gibt es zwei Ebenen: die Ebene der Durchführung und die Ebene der Steuerung. Daten- und Kontrollfluss sind orthogonal zueinander zu sehen, d. h., es besteht keine direkte Abhängigkeit, sondern nur eine Beziehung, die in der gemeinsamen Aufgabe begründet liegt.

Anforderungen des Data Warehousing

Aus Sicht des Data Warehousing sind weiterhin folgende Anforderungen relevant:

- Unabhängigkeit zwischen den Datenquellen und den Auswertungssystemen hinsichtlich deren
  - Verfügbarkeit,
  - Belastung
  - sowie Unabhängigkeit bzgl. laufender Änderungen in den Datenquellen (zeitliche Stabilität) sowie die Freiheit (d. h. beliebige Möglichkeit) der Be- und Verarbeitung, ohne dass sich das auf die Quellsysteme auswirkt.

Be- und Verarbeitung sind im weitesten Sinne zu verstehen: angefangen von Korrekturen und Ergänzungen bis hin zur Veredelung der Daten in Form von Aggregationen und statistischen Kenngrößen. Die zu verarbeitenden Datenextrakte haben einen festen Zeithorizont und sind zeitlich entkoppelt von den Quellsystemen.
- Dauerhafte Bereitstellung integrierter Detail- und abgeleiteter Daten von Teilen der Quelldaten (Persistenz)
- Mehrfachverwendbarkeit der bereitgestellten integrierten und ggf. transformierten Daten
- Möglichkeit mit den integrierten und abgeleiteten Daten prinzipiell beliebige nachfolgende Auswertungen vorzunehmen (Flexibilität)
- Bereitstellung von anwenderspezifischen Datenbeständen mit Inhalt (insbesondere Zeithorizont und hier vor allem Historie), Struktur und Dauerhaftigkeit, wie sie die Anwender für ihre Auswertungen benötigen (individuelle Sichten)
- Möglichkeit der Erweiterung (d.h. beispielsweise Integration neuer Quelldaten und Erweiterung des Data-Warehouse-Systems), ohne bestehende Ablagestrukturen verändern zu müssen (Skalierbarkeit)
- Weitestgehende Automatisierung der Abläufe, Prozesse und Prozessschritte (Effizienz)
- Eindeutigkeit über die Datenstrukturen, Zugriffslegitimationen und die ablaufenden Prozesse
- Ausrichtung der Architektur am Zweck ihres Aufbaus: Auswertung von Daten.

2.1.2 Beschreibung der Referenzarchitektur

Die nun folgende Referenzarchitektur richtet sich nach den zuvor aufgeführten Forderungen. Abbildung 2–1 spiegelt die Existenz und den Zusammenhang der verschiedenen Operanden – visualisiert als Datenbehälter – und Operatoren mit ihren Aufbereitungs- und Auswertungsfunktionen sowie den notwendigen Daten- und Kontrollfluss zwischen diesen Komponenten wider. Unter dem Begriff Datenfluss sind zwei verschiedene Aspekte vereint. Es ist sowohl der eigentliche Datenfluss aus der Quelle zur Auswertung zu verstehen als auch der Metadatenfluss zwischen den Datenbehältern und dem *Metadatenmanager*. Die Bezeichnungen der Operanden und Operatoren sind bewusst im Singular gehalten, um die Allgemeingültigkeit nicht zu verletzen.

Die für das Data Warehousing relevanten *Datenquellen* (Abschnitt 2.3) werden mittels der *Extraktion* in einen *Arbeitsbereich* (engl. staging area) kopiert, um dort transformiert zu werden. Der Arbeitsbereich (Abschnitt 2.5) ist in der Regel temporär, da die Ergebnisse der *Transformation* (Abschnitt 2.7) in integrierter Form langfristig in die *Basisdatenbank* (Abschnitt 2.9) geladen und abgelegt werden. Diese Datenbank ist durch die Daten- und Schemaintegration aus unterschiedlichen Quellen gekennzeichnet. Sie ist die feingranulare und flexible

2.1 Aspekte einer Referenzarchitektur

Basis für die spätere Auswertung der Daten. Die Forderung nach Unabhängigkeit zusammen mit der Forderung nach zeitlicher Stabilität macht es notwendig, für diese Daten separate physische Ablagen anstatt eines Direktzugriffs auf die Datenquellen zu schaffen. Der *Monitor* (Abschnitt 2.4) unterstützt diesen Vorgang durch die Auswahl der relevanten Daten in den Datenquellen. Die beteiligten Komponenten bilden den *Integrationsbereich*, da der Schwerpunkt auf der Integration der Daten liegt; der Vorgang wird auch als *Datenbeschaffungsprozess* bezeichnet.

Der dem Integrationsbereich nachgeschaltete *Auswertebereich* fokussiert den Aspekt der Auswertung. Im Gegensatz zur auswertungsneutral modellierten Basisdatenbank stehen die *Ableitungsdatenbank* (Abschnitt 2.10) und die *Auswertungsdatenbank* (Abschnitt 2.11) zum Zwecke der Auswertung zur Verfügung. Beide Datenbanken sind auswerteorientiert und denormalisiert modelliert, um den Kernzweck des Data-Warehouse-Systems, die *Auswertung* (Abschnitt 2.12), zu ermöglichen. Daten aus der Basisdatenbank werden transformiert und in die Ableitungsdatenbank, die auswerteorientiert gestaltet ist (z.B. durch das multidimensionale Datenmodell), geladen. Hierbei ist charakteristisch, dass übergreifende und gemeinsame Kennzahlen und Dimensionen gebildet werden. Die Auswertungsdatenbank unterscheidet sich von der Ableitungsdatenbank dadurch, dass nur ein Datenausschnitt z.B. für einen bestimmten Organisationsbereich oder eine spezielle Auswertung (als materialisierte Sicht) in die Auswertungsdatenbank geladen wird.

Die Notwendigkeit, in einem Data-Warehouse-System sowohl Daten aus verschiedenen Quellsystemen zu integrieren als auch Funktionen für unterschiedliche Auswertungen zu ermöglichen, rechtfertigt eine Architektur aus mehreren Datenbanken, die unterschiedliche Ausprägungen annehmen:

In einer »*Top-down*«- und auswertungsorientierten Betrachtung wird eine Datenbank als *Ableitungs- oder Auswertungsdatenbank* bezeichnet, wenn eine einzelne – von anderen unabhängige – Anwendersicht wiedergegeben wird. Dies bedeutet, dass die Anwendungsanforderungen bei der Modellierung mit verankert werden und dadurch eine anwenderspezifische Auswertung unterstützt wird.

In einer »*Bottom-up*«-Betrachtung werden die Integration, Konsistenzsicherung und Auswertungsflexibilität präferiert und die Datenbank, die eine eher auswertungsneutrale und erweiterbare Sicht bietet, als Basisdatenbank bezeichnet.

Das Data-Warehouse-System ähnelt dem Ansatz einer replizierten, föderierten Datenbank ohne einen modifizierenden Zugriff ([Rahm02], [SDRS99]). Das charakteristische und fundamentale Unterscheidungskriterium zu anderen integrierten Datenbanken ist beim Data-Warehouse-System der explizite Auswertungsaspekt, der in das Design der Ableitungs- und Auswertungsdatenbanken einfließt. Deshalb wird im weiteren Verlauf des Buches ein Schwerpunkt auf die Konzeption, Modellierung und Realisierung der multidimensionalen Sichtweise der Ableitungs- und Auswertungsdatenbank gelegt. Auswertungsflexibilität und Konsistenz werden durch die Basisdatenbank erreicht.

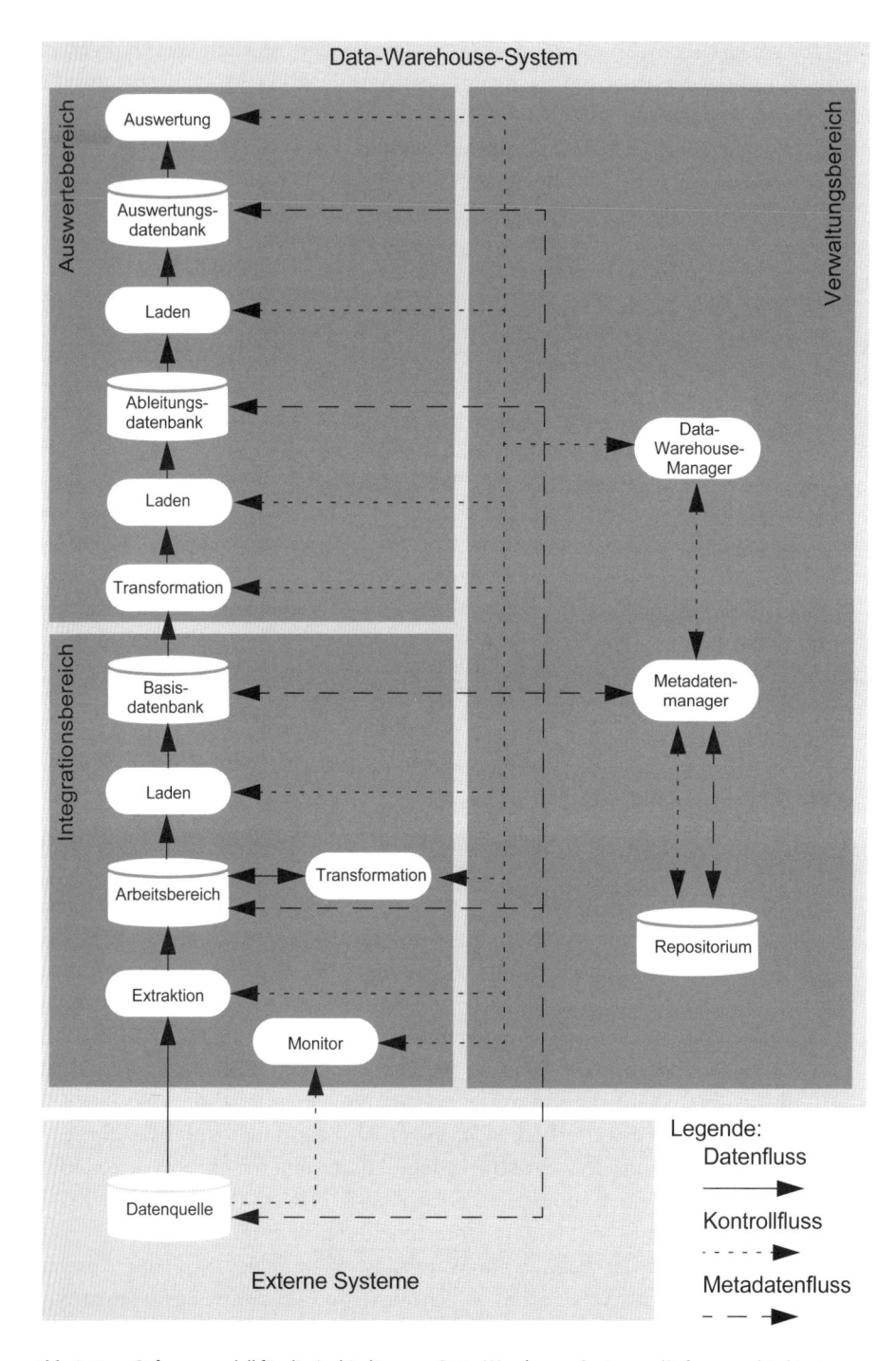

Abb. 2-1 Referenzmodell für die Architektur von Data-Warehouse-Systemen (Referenzarchitektur)

Den Überblick über die Inhalte und den gesamten Data-Warehouse-Prozess schafft das *Repositorium* (Abschnitt 2.13), das ausschließlich durch den Metadatenmanager (Abschnitt 2.14) bestückt und verwaltet wird und über diesen auch die anderen Komponenten mit Metadaten versorgt. Für die weitestgehend automatisch ablaufenden Prozesse des Data Warehousing sorgt der Data-Warehouse-Manager (Abschnitt 2.2), der den Ablauf des Data-Warehouse-Prozesses durch Kontrollflüsse steuert. Der Bereich, bestehend aus Repositorium, Data-Warehouse-Manager und Metadatenmanager, wird auch als Verwaltungsbereich des Data-Warehouse-Systems bezeichnet.

2.2 Data-Warehouse-Manager

Als zentrale Komponente eines Data-Warehouse-Systems ist der Data-Warehouse-Manager für die Initiierung, Steuerung und Überwachung der einzelnen Prozesse von der Extraktion der Daten aus den Datenquellen[2] bis hin zur Auswertung der Daten in der Auswertungs- oder Ableitungsdatenbank zuständig. Wie auch aus der Referenzarchitektur ersichtlich (Abb. 2–1), übernimmt der Data-Warehouse-Manager die zentrale Steuerung aller Data-Warehouse-Komponenten, die die verschiedenen Schritte auf dem Weg von den internen und externen Datenquellen in die Auswertungdatenbank ausführen sowie für die Anfrage und Darstellung der Daten in der Auswertungdatenbank zuständig sind:

- *Monitore*:
  entdecken und melden dem Data-Warehouse-Manager Änderungen in den einzelnen Quellen, die für die Auswertungs- oder Ableitungsdatenbank relevant sind (Abschnitt 2.4)
- *Extraktoren*:
  selektieren und transportieren Daten aus den Datenquellen in den Arbeitsbereich (Abschnitt 2.6)
- *Transformatoren*:
  vereinheitlichen, bereinigen, integrieren, konsolidieren, aggregieren und ergänzen extrahierte Daten im Arbeitsbereich oder zur Ableitungsdatenbank (Abschnitt 2.7)
- *Ladekomponenten*:
  laden transformierte Daten aus dem Arbeitsbereich in die Basisdatenbank und anschließend in die Auswertungs- und Ableitungsdatenbank (Abschnitt 2.8)
- *Auswertungskomponenten*:
  sind für die Auswertung und Präsentation der Daten in der Auswertungs- oder Ableitungsdatenbank zuständig (Abschnitt 2.12)

---

2. Im Folgenden wird neutral von Datenquelle oder Quellsysteme oder verkürzt von Quelle gesprochen. Im betrieblichen Umfeld sind das meist operative Quellsysteme.

Eine der wichtigsten Aufgaben des Data-Warehouse-Managers in diesem Zusammenhang ist die Initiierung der Datenbeschaffung im Integrationsbereich. Der Beginn der Datenbeschaffung kann in verschiedener Art und Weise vom Data-Warehouse-Manager ausgelöst werden, wie:

- In *regelmäßigen Zeitintervallen*, beispielsweise jede Woche oder am Ende eines Monats. Zu diesem Zeitpunkt wird die Extraktion von Daten aus den verschiedenen Quellen und das anschließende Schreiben in den Arbeitsbereich durch den Data-Warehouse-Manager ausgelöst.
- Abhängig von *Datenänderungen* in den Quellen, wie das Erreichen einer gewissen Datengröße oder einer bestimmten Anzahl von Änderungen. Quellenbezogene Datenänderungen werden dem Data-Warehouse-Manager von den Monitoren gemeldet (Kontrollfluss in Abb. 2–1, der die entsprechende Extraktionskomponente benachrichtigt).
- Auf *explizites* Verlangen eines Anwenders oder des Data-Warehouse-Administrators.

Bei *Star*Kauf* werden die existenziell abhängigen Daten wie Verkaufszahlen täglich über Nacht aus den Filialen in die Zentrale übertragen und in die Basisdatenbank sowie die unternehmensübergreifende Ableitungsdatenbank und die verschiedenen Auswertungsdatenbanken geladen. Existenziell unabhängige Daten wie die Produktinformationen werden hingegen nur nach Änderungen propagiert. Nachträgliche Korrekturen oder Änderungen können schließlich durch manuellen Eingriff bekannt gemacht werden.

Nachdem der Data-Warehouse-Manager den Beginn des Ladeprozesses ausgelöst hat, sorgt er dafür, dass die einzelnen Aufgaben und Schritte des Datenbeschaffungsprozesses wie Transformation, Integration, Bereinigung usw. korrekt und in der richtigen Reihenfolge ausgeführt werden. Sind mehrere Systeme bzw. Werkzeuge (z.B. Bereinigungswerkzeuge, Abschnitt 2.7) an einem solchem Prozess beteiligt und müssen Daten aus verschiedenen, manchmal verteilten Quellen ins Data-Warehouse-System geladen werden, so ist der Data-Warehouse-Manager für die Koordination dieser Systeme zuständig. In den meisten Fällen wird der Datenbeschaffungsprozess sequenziell ausgeführt, d.h., der Data-Warehouse-Manager wartet auf die Beendigung eines bestimmten Schrittes, bis der nächste Schritt ausgeführt werden kann, da zwischen den einzelnen Schritten Abhängigkeiten bestehen. Es ist aber auch möglich, dass einzelne Schritte des Datenbeschaffungsprozesses parallel vom Data-Warehouse-Manager ausgelöst werden. So können beispielsweise Daten aus verschiedenen Quellen parallel extrahiert werden oder Daten im Arbeitsbereich können parallel bereinigt werden, falls sie keine Abhängigkeiten untereinander aufweisen (Beispiel: Korrekturen von Kundenadressen können parallel zur Überprüfung der Artikelnummern vorgenommen werden).

Fehler, die während der Datenbeschaffung aufgetreten sind, werden vom Data-Warehouse-Manager zentral dokumentiert und dem Data-Warehouse-Administrator gemeldet. Es ist zudem möglich, dass der Data-Warehouse-Manager Wiederanlaufmechanismen bereitstellt, um zu vermeiden, dass bei einem Abbruch des Datenbeschaffungsprozesses der gesamte Prozess wiederholt werden muss.

Zur Steuerung der Datenbeschaffungs- und Auswertungsschritte verwendet der Data-Warehouse-Manager die Informationen, die im Repositorium gespeichert sind, indem er mit dem Metadatenmanager (Abschnitt 2.14) kommuniziert. Gleichzeitig stellt der Data-Warehouse-Manager die Schnittstelle für den Zugriff der Komponenten des Data-Warehouse-Systems auf das Repositorium dar und steuert den Zugriff der einzelnen Komponenten auf Parameter und Werte, die von diesen zur Laufzeit benötigt werden.

2.3 Datenquelle

Die datenflussorientierte Betrachtung eines Data-Warehouse-Systems geht von den Datenquellen aus. Die in der Referenzarchitektur aufgeführte Komponente »Datenquelle« ist als Stellvertreter für mehrere zu integrierende, meist heterogene, reale Datenquellen zu verstehen. Diese Komponente ist zwar kein Bestandteil des Data-Warehouse-Systems (d.h. sie repräsentiert vielmehr externe Systeme) selbst, stellt jedoch den Ausgangspunkt des Datenflusses beim Data Warehousing dar. Dabei wirkt sich die Beschaffenheit der in den Quellen enthaltenen Daten unmittelbar auf die Beschaffenheit der aus dem Data Warehousing resultierenden Auswertungsergebnisse aus. Daher kommt der Auswahl geeigneter Datenquellen und der Sicherung der Datenqualität besondere Bedeutung zu. Probleme bei der Integration von Daten sowie qualitativ unzureichende Auswertungsergebnisse machen es häufig notwendig, sich »zurück zu den Quellen« zu begeben.

Auch im Kontext des *Star*Kauf*-Beispiels sind die Datenquellen geografisch in mehreren Ländern verteilt, die Qualität durch die autonome Verwaltung der Datenbanken äußerst unterschiedlich ausgeprägt und die technischen Strukturen für eine sofortige Integration nicht ausgelegt. Dieser Abschnitt diskutiert diese Herausforderung des Auffindens von relevanten Datenquellen, geht auf die Problematik der Datenqualität ein und stellt eine Klassifikation von Quelldaten vor.

2.3.1 Bestimmung der Datenquellen

Data Warehousing heißt, ein Datenlager für Auswertungszwecke zu betreiben. In Analogie zur Materiallogistik mit einem Lager für eigene und gekaufte Produkte gilt es bei der Informationslogistik, das Datenlager mit betriebsinternen und ggf. externen Daten zu füllen. Den Produktionsstätten und fremden Handelsunternehmen entsprechen im Data-Warehousing-Kontext die eigenen Anwendungssysteme sowie ggf. fremde Datenquellen. Dabei ist eine Datenquelle ein beliebiger Datenbestand – nicht notwendigerweise eine Datenbank – mit Inhalten, die für die Beschickung des Datenlagers relevant sind, d.h., die den Auswertungszwecken des Data-Warehouse-Systems dienlich sind.

Die in den Datenquellen enthaltenen Daten – im Folgenden *effektive Daten* oder *Primärdaten* genannt – sowie deren Beschreibungen, die einen Teil der Metadaten ausmachen, werden zusammenfassend Quelldaten genannt. Die für das Data-Warehouse-System geeigneten Quelldaten müssen in entsprechender Weise ausfindig gemacht werden (Abschnitt 2.4). Wenn mehrere potenzielle Datenquellen für Data-Warehouse-relevante Sachverhalte in Frage kommen, ist die jeweils am besten geeignete Quelle auszuwählen; in der Materiallogistik entspricht dies der Lieferantenauswahl.

Bei der Betrachtung der relevanten Datenquellen sowie bei deren Auswahl spielen die folgenden Faktoren eine Rolle:

- der *Zweck* des Data-Warehouse-Systems
- die *Qualität* der Quelldaten
- die *Verfügbarkeit* (rechtlich, sozial, organisatorisch, technisch)[3]
- der *Preis* für den Erwerb der Quelldaten

Der Einfluss jedes einzelnen Faktors kann so bedeutend sein, dass bei unzureichender Berücksichtigung ein Data-Warehouse-Vorhaben scheitert.

Zweck des Data-Warehouse-Systems

Der Verwendungszweck des Data-Warehouse-Systems beeinflusst die Auswahl der relevanten Datenquellen. Die Datenquellen müssen sich für den jeweiligen Verwendungszweck eignen. So kann z.B. eine einmalige Aufstellung aller wichtigen betriebswirtschaftlichen Kennzahlen für eine Bewertung für den Börsengang eines Unternehmens nicht als eine Datenquelle für eine Auswertungsdatenbank für Controlling dienen, da die Aufstellung nicht fortgeschrieben wird. Anders verhält es sich, wenn die Aufstellung – vor dem Hintergrund der geplanten Data-Warehouse-Anwendung – über den Zeitpunkt der Aufstellung hinweg laufend aktualisiert wird.

Wenn also der originäre Zweck eines Datenbestands infolge der Data-Warehouse-Anwendung erweitert wird, so kann dies die originären Daten und ihre Strukturen beeinflussen und sogar auf die den Daten zugrunde liegenden Realobjekte durchschlagen. So ist beispielsweise bekannt, dass die Firma BASF allein durch Beseitigung von Redundanzen und Datenanomalien den physischen Lagerbestand ihrer Produktpalette um 27 % reduziert hat [Soef98].

---

3. Verfügbarkeit wird nicht als ein die Datenqualität bestimmendes Merkmal betrachtet, denn sie ist keine inhärente Eigenschaft von Daten. Sie wird immer durch die Umgebung, in der sich die Daten befinden (Aspekte wie Datenschutz und -sicherheit, DBMS, Netzwerk, Organisation des Betriebs etc.), bestimmt.

2.3 Datenquelle

Qualität der Quelldaten

An die Beschaffenheit von Quelldaten werden vor allem von den Nutzern und Betreibern, aber auch von den Planern und Erstellern eines Data-Warehouse-Systems bestimmte qualitative Anforderungen gestellt. Im Folgenden werden einige Beispiele für typische Qualitätsmängel von Quelldaten gegeben (Abb. 2–2):

- inkorrekte Daten, verursacht durch Eingabe-, Mess- oder Verarbeitungsfehler
- logisch widersprüchliche Daten
- unvollständige, ungenaue bzw. zu grobe Daten
- Duplikate im Datenbestand
- uneinheitlich repräsentierte Daten
- veraltete Daten
- für den Verwendungszweck irrelevante Daten
- unverständliche Daten, bedingt durch qualitativ mangelhafte Metadaten

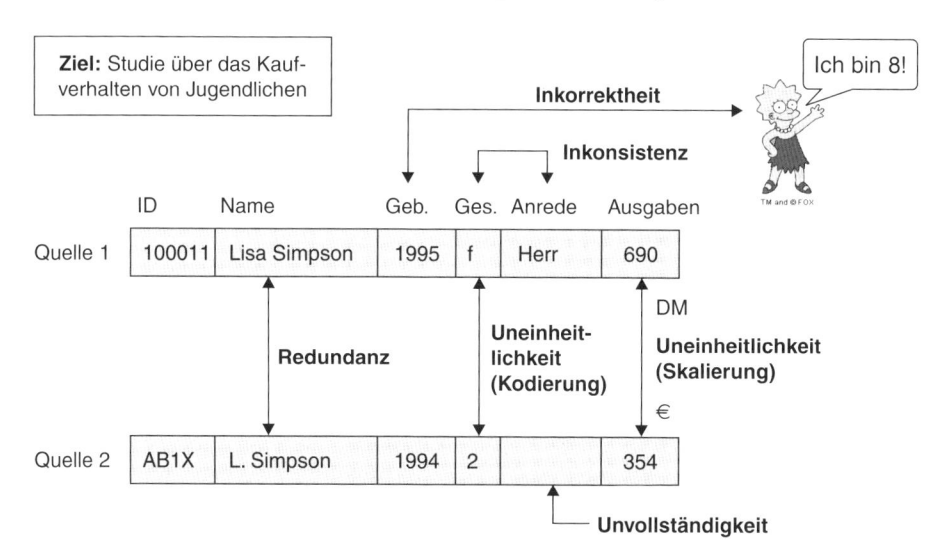

Abb. 2–2 Beispiele für Datenqualitätsmängel nach [Hinr02]

Qualitativ mangelhafte Quelldaten können im Data Warehousing erhebliche Zusatzkosten verursachen und im Extremfall zum Scheitern eines Data-Warehouse-Projekts führen (siehe Studien der Meta Group [Meta99] und der Standish Group [Stan99]). Helfert identifiziert in diesem Zusammenhang folgende Kostenfaktoren [Helf00]:

- zusätzlicher Aufwand zur nachträglichen Beseitigung von Qualitätsmängeln
- Fehleinschätzungen im Rahmen der Datenauswertung und daraus folgende taktische und strategische Fehlentscheidungen
- Unzufriedenheit und daraus folgende Demotivation von Anwendern des Data-Warehouse-Systems

Die Folgen mangelhafter Datenqualität lassen sich zusammenfassend mit dem Leitsatz »*Garbage in, garbage out*« charakterisieren. Aufgrund der großen Bedeutung für den Data-Warehousing-Kontext wird in den Abschnitten 2.3.2 und 3.3 vertiefend auf diese Problematik und auf existierende Lösungsansätze eingegangen.

Verfügbarkeit der Quelldaten

Sind die für das Data-Warehouse-System geeigneten Daten ausfindig gemacht, so ist damit nicht automatisch gegeben, dass diese Daten auch verfügbar sind. Folgende Bedingungen müssen zumindest erfüllt sein:

- *Organisatorische Voraussetzungen*
    - Ist es rechtlich zulässig, die ausgewählte Datenquelle (insbesondere externe Quellen, z.B. Telefonnummern) im aufzubauenden Data-Warehouse-System zu nutzen (Datenschutzgesetz)?
    - Hat im Falle personenbezogener Daten der Betriebsrat der Nutzung dieser Daten im vorgesehenen Maße zugestimmt und ist der Datenschutzbeauftragte über die geplante Verwendung der Daten informiert?
    - Ist der »Besitzer« der Daten gewillt, den Zugriff zwecks Weitergabe in das Data-Warehouse-System zu gewähren? Je nach Unternehmenskultur fällt die Antwort auf die Frage nach den »Besitzverhältnissen« anders aus. Das Spektrum geht vom »Datenkommunismus« (Daten sind Gemeineigentum) bis hin zum »Datenkapitalismus« (Daten und vor allem die in ihnen enthaltenen Informationen sind Waren, die ihren Preis haben).
    - Sind die Quelldaten vertraulich zu behandeln (z.B. Untersuchungsergebnisse aus der Forschung oder Vorabinformationen über die Geschäftsentwicklung einer Aktiengesellschaft) und ist sichergestellt, dass die Vertraulichkeit auch im geplanten Data-Warehouse-System gegeben ist?
    - Fragen zur zeitlichen Verfügbarkeit und Aktualität von Daten lauten beispielsweise folgendermaßen: Sind die Monatsumsätze am dritten Arbeitstag im Folgemonat verfügbar? Liegt für die Produkthierarchie die Struktur im vergangenen Jahr, im gegenwärtigen und (für Planungszwecke) im zukünftigen Jahr vor? Spiegelt das Verzeichnis der Länder die politischen Veränderungen in der ehemaligen Sowjetunion und auf dem Balkan aktuell wider?
- *Technische Voraussetzungen*
    - Ist der Durchgriff auf die Daten technisch überhaupt möglich (softwaretechnische Zugriffsmöglichkeit, Rechner- und Netzverfügbarkeit)?
    - Ist der Schutz vor unberechtigtem Zugriff bei der Übertragung gewährleistet?
    - Können die Daten hinreichend schnell übertragen werden?

2.3 Datenquelle

Preis für den Erwerb der Quelldaten

Die bei externen Daten naheliegende Frage nach den Kosten für die Bereitstellung und Nutzung stellt sich grundsätzlich auch bei den internen Daten. Hier ist der Preis dann eine unternehmensinterne Angelegenheit und von der Unternehmenskultur abhängig. Bei den außerhalb des Unternehmens zu beziehenden Daten gibt es ein breites Spektrum von kostenloser Bereitstellung (z. B. im Internet) bis hin zu kostenpflichtigem Bezug bei Datendiensten wie z. B. Reuters, Hoppenstedt und Marktforschungsinstituten wie Nielsen, Gesellschaft für Konsumforschung (GfK), Institut für medizinische Statistik (IMS) sowie Behörden wie Statistisches Bundesamt und Kraftfahrtbundesamt.

2.3.2 Datenqualität

Dieser Abschnitt geht vertiefend auf die einzelnen Qualitätsmerkmale von Daten ein. Die Definition von (Daten-)Qualität als »*fitness for use*«, wie sie in der Fachliteratur häufig zu finden ist [Wang98], ist zwar prägnant, hilft aber in der Praxis kaum weiter. Vielmehr ist es entscheidend, allgemein gültige (Qualitäts-)Merkmale von Daten zu identifizieren und – soweit möglich – zu klassifizieren. In der Literatur werden Qualitätsmerkmale von Daten oft als Datenqualitätsdimensionen, gelegentlich auch als Datenqualitätsfacetten bezeichnet. In diesem Buch wird durchgängig der an die Norm ISO 9000:2000 [DIN00a] angelehnte Begriff *(Daten-)Qualitätsmerkmal* verwendet.

Der Begriff »Qualität« ist nach [DIN00a] definiert als »*Grad, in dem ein Satz inhärenter Merkmale Anforderungen erfüllt*«. Betrachtungsgegenstand ist im Data-Warehouse-Kontext eine Menge von Datenbeständen aus unterschiedlichen, meist heterogenen Quellen. Die (Qualitäts-)Merkmale von Datenbeständen unterscheiden sich maßgeblich von denen physischer Produkte (Belastbarkeit, Länge etc.). Abbildung 2–3 zeigt eine mögliche Taxonomie von Datenqualitätsmerkmalen.

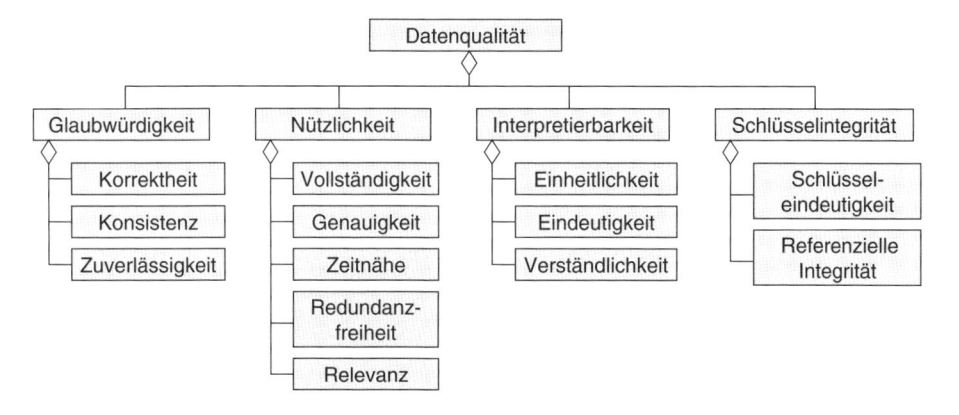

Abb. 2–3   Taxonomie von Datenqualitätsmerkmalen nach [Hinr02] (UML-Notation)

Qualitätsanforderungen an Daten können über diese Merkmale spezifiziert werden. Allerdings ergibt sich dabei das Problem der Quantifizierung des geforderten Erfüllungsgrades von Anforderungen und der Messbarkeit von Merkmalsausprägungen. Im Folgenden werden die in Abbildung 2–3 genannten Merkmale kurz charakterisiert:

- *Korrektheit*:
  Die Attributwerte eines Datensatzes (im Informationssystem) sowie die zugehörigen Metadaten entsprechen den modellierten Sachverhalten der Realwelt (Abbildungstreue zwischen Modell und Diskurswelt).

- *Konsistenz*:
  Die Attributwerte eines Datensatzes weisen keine logischen Widersprüche untereinander, zu anderen Datensätzen oder zu Metadaten auf.

- *Zuverlässigkeit*:
  Die Attributwerte sind nicht mit einem Unsicherheitsfaktor belegt, d.h., sie sind nicht vage oder unsicher. Dazu muss die Entstehung der Daten nachvollziehbar sein (z.B. durch Festlegung eindeutiger Verfahrensvorschriften und Plausibilitätsprüfungen zur Ausschaltung subjektiver Ermessensspielräume), und es muss sichergestellt werden, dass Datenlieferanten vertrauenswürdig sind (z.B. durch Einholen von Referenzen, insbesondere bei externen Datenquellen).

- *Genauigkeit*:
  Die Attributwerte liegen in dem jeweils »optimalen« Detaillierungsgrad (z.B. Anzahl Nachkommastellen oder hinreichend feine Granularität, z.B. tagesgenaue Umsatzdaten) – abhängig vom jeweiligen Anwendungskontext – vor.

- *Vollständigkeit*:
  Die Attribute eines Datensatzes sind mit Werten belegt, die semantisch vom Wert »unbekannt« abweichen. Eine weitere Charakterisierung von Vollständigkeit ist die Eigenschaft, dass alle im modellierten Weltausschnitt vorkommenden Entitäten im Informationssystem repräsentiert sind.

- *Zeitnähe*:
  Die Attributwerte bzw. Datensätze entsprechen jeweils dem aktuellen Diskursweltzustand, d.h., sie sind nicht veraltet.

- *Redundanzfreiheit*:
  Innerhalb einer Menge von Datensätzen kommen keine Duplikate vor. Als Duplikate werden in diesem Kontext Datensätze verstanden, die dieselbe Entität der Realwelt beschreiben, allerdings nicht notwendigerweise in allen Attributwerten übereinstimmen müssen.

- *Relevanz*:
  Der Informationsgehalt einer Menge von Datensätzen bzgl. eines gegebenen Anwendungskontextes deckt sich mit dem Informationsbedarf einer Anfrage bzw. Auswertung, d.h., dass die Daten dem vorgesehenen Zweck dienen.

Einheitlichkeit:
Eine Menge von Datensätzen weist eine einheitliche Repräsentationsstruktur auf.

Eindeutigkeit:
Ein Datensatz kann eindeutig interpretiert werden, d.h., dass Metadaten hoher Qualität vorliegen, die dessen Semantik festschreiben. Metadatenqualität ist wiederum im Hinblick auf die genannten Datenqualitätsmerkmale zu bewerten.

Verständlichkeit:
Ein Datensatz ist so repräsentiert, dass er in seiner Begrifflichkeit und Struktur mit der Vorstellungswelt eines Fachexperten übereinstimmt (z.B. erläuternde Texte für alle codierten Werte).

Schlüsseleindeutigkeit:
Die Primärschlüssel eines Datenbestands sind eindeutig.

Referenzielle Integrität (im relationalen Datenmodell):
Jeder Fremdschlüssel referenziert einen existierenden Primärschlüssel, und die in den Metadaten spezifizierte Multiplizität der Beziehung (1:0..1, 1:1, 1:1..*, 1:* in UML-Notation) wird eingehalten.

Auf Basis dieser Charakteristika der Merkmale werden die Qualitätsforderungen an den Betrachtungsgegenstand definiert. Es ist leicht einsehbar, dass der Erfüllungsgrad einer Anforderung an ein Qualitätsmerkmal eines gegebenen Datenbestands variieren kann und dass ein Erfüllungsgrad von 100 % unter Praxisbedingungen einerseits oft nicht erreicht werden kann, andererseits von den aufsetzenden Auswertungsverfahren aber auch nicht gefordert wird bzw. werden darf. Vielmehr müssen je nach Auswertungsvorhaben Sollwerte spezifiziert werden, die einer notwendigen »Mindestqualität« entsprechen.

Weiterhin wird aus den obigen Merkmalsbeschreibungen deutlich, dass die Qualitätsforderungen an den Betrachtungsgegenstand und in der Folge auch das Ergebnis der Qualitätsprüfung in hohem Maße *subjektiv* ist, da Anforderungen an einen Datenbestand unmittelbar von dem jeweils geplanten Auswertungsvorhaben abhängen. Ein Beispiel hierfür sind Anwendungen im Bankenbereich, wo monatliche oder jährliche Bilanzen kurzfristig nach Ende eines Zeitraums an die Aufsichtsbehörden übermittelt werden müssen. Für eine solche Anwendung müssen die Daten aktuell und sehr genau sein, wohingegen Anwendungen zur Auswertung des Kundenverhaltens mit weniger aktuellen und genauen Daten arbeiten können.

Obwohl Anforderungen an Qualitätsmerkmale durch subjektive Kriterien beeinflusst werden, sind die Ursachen für Datenqualitätsprobleme üblicherweise objektiv feststellbar. In der Regel ist bei der Suche nach der Ursache eines Datenqualitätsproblems eine systematische Analyse der beteiligten Datenquellen und der darauf arbeitenden Geschäftsprozesse und Softwarekomponenten erforderlich.

Das Erkennen von Daten, die den gestellten Qualitätsanforderungen nicht genügen, und das Identifizieren der Ursachen bzw. der Verursacher stellen eine wesentliche Grundlage für Maßnahmen zur Verbesserung der Qualität von Daten dar (siehe dazu Abschnitt 3.3.2).

2.3.3 Klassifikation der Quelldaten

Eine Klassifikation der Quelldaten dient vor allem als Mittel zur Beschreibung. Hierdurch werden die Daten strukturiert, die Übersicht verbessert und das Spektrum der Daten demonstriert. Weiter dient die Klassifikation dazu, für bestimmte Probleme zu sensibilisieren (z. B. Sprache, Zeichensatz, Historie, Vertraulichkeit). Die Quelldaten werden im Folgenden nach den Kriterien der Herkunft, Zeit, Nutzungsebene, Inhalt, Darstellung, Sprache und Zeichensatz, technischer Zeichensatz, Schreiborientierung und Schutzwürdigkeit klassifiziert.

Herkunft

- *Interne Daten*:
  Hierzu gehören die Daten der eigenen Anwendungssysteme wie archivierte Daten sowie die bei Auswertungen aus dem Data-Warehouse-System ermittelten Daten, die in die Quellsysteme zurückfließen. Die internen Daten können noch nach Eigenschaften der Anwendungssysteme unterklassifiziert werden (z. B. Anwendungen auf Großrechner, File-/DB-Server, PC). Ein weiteres Klassifikationskriterium für die internen Daten ist die Zuständigkeit für die Beschaffung und/oder Pflege der Daten.
- *Externe Daten*:
  Die externen Daten können noch unterklassifiziert werden (z. B. Daten aus öffentlicher Datenbank, von einem Webservice).

Zeit

- aktuell verfügbare Daten
- historische Daten

Nutzungsebene

- Ebene der effektiven Daten (Primärdaten)
- Ebene der beschreibenden/steuernden Daten (Metadaten)
  (zu deren Unterklassifikation siehe Abschnitt 9.4.1)

2.3 Datenquelle

Inhalt/Datentyp nach inhaltlichen Aspekten

- Zahl (insbesondere betriebliche Kennzahl)
- Maßeinheit
- Zeichenkette (engl. string)
- Code
- Zeit (Datum und/oder Uhrzeit)
- Grafik (z. B. chemische Strukturformel)
- Foto (z. B. Röntgenbild)
- Audiosequenz
- Videosequenz
- Referenz (mittels Uniform Resource Identifier (URI) z. B. Verweis auf Website, Wurzel, Knoten oder Blatt eines Verzeichnisses)
- Dokument (im weiteren Sinne von der Einzelseite bis zum Dossier, von der E-Mail bis zu einem kompletten Webauftritt)
- ...

Darstellung/Datentyp nach formalen Aspekten

- numerisch (integer, float, ...)
- alphanumerisch (unterschiedlicher Länge)
- date/time mit ihren unterschiedlichen Formaten
- boolean/logical
- binary (large) object
- strukturierter Text (z. B. in SGML, HTML, XML)
- ...

Sprache und Zeichensatz

- Deutsch – westeuropäischer Zeichensatz, z. B. Latin 1, Latin 2, PC8
- Polnisch – westeuropäischer Zeichensatz, z. B. Latin 2
- Griechisch – griechischer Zeichensatz
- Russisch – kyrillischer Zeichensatz
- Japanisch – asiatischer Zeichensatz, z. B. Japanese Industry Standard (JIS) und Kanji
- ...

Technischer Zeichensatz

- One-Byte-Code, z. B. ANSI-Character-Set wie ASCII und EBCDIC
- Double-Byte-Code, z. B. UNICODE, UCS2
- Three-Byte-Code, z. B. Extended Unix-Code (EUC)
- Four-Byte-Code, z. B. UNICODE, UCS4 und ISO10646

Schreiborientierung

- von links nach rechts, z.B. bei lateinischer Schrift
- bidirektional, z.B. in Hebräisch und Arabisch mit der Hauptrichtung von rechts nach links und der Nebenrichtung (bei Zahlen sowie Einfügungen in z.B. lateinischer Schrift) von links nach rechts
- vertikal, z.B. Kanji-Schriften im Bereich Desktop Publishing

Schutzwürdigkeit je nach Vertraulichkeitsgrad

- Schutz erforderlich; gestaffelt nach »vertraulich«, »geheim«, »streng geheim«
- Schutz nicht erforderlich

2.4 Monitor

Ein Monitor ist für die Entdeckung von Datenveränderungen in einer Datenquelle zuständig. Um die Basisdatenbank – und nachfolgend auch die Ableitungs- und Auswertungsdatenbank – aktuell zu halten, müssen Aktualisierungen *inkrementell* propagiert werden.[4] Die konkrete Funktionsweise eines Monitors hängt unmittelbar von den Charakteristika der angeschlossenen Datenquelle sowie von den Anforderungen der Auswertungskomponenten ab. Deshalb existiert im Allgemeinen ein Monitor pro Datenquelle. Es können folgende *Monitoring-Strategien* unterschieden werden [VaGD99]:

- *Triggerbasiert*:
  Handelt es sich bei der Datenquelle um ein Datenbanksystem, welches aktive Mechanismen in Form von Triggern unterstützt, kann das Monitoring wie folgt vorgenommen werden: Jede Datenmanipulation löst einen Trigger aus (z.B. Post Update), der das geänderte Tupel in eine Datei oder eine andere Datenstruktur schreibt.

- *Replikationsbasiert*:
  Moderne Datenbankmanagementsysteme bieten Replikationsdienste an. Diese Dienste können so spezifiziert werden, dass sie geänderte Tupel in spezielle Tabellen schreiben.

- *Zeitstempelbasiert*:
  Jedem Datensatz ist ein Zeitstempel zugeordnet, der im Falle einer Änderung des Datensatzes auf den Zeitpunkt der Änderung gesetzt wird. Anhand der Zeitstempel kann später entschieden werden, welche Datensätze sich nach dem Zeitpunkt der letzten Extraktion geändert haben. Temporale Datenbankmanagementsysteme [Snod90] bieten eine explizite Unterstützung der Zeitdimension an, sind aber bisher nicht über den Forschungsstatus hinausgekommen.

---

4. Aufgrund der typischerweise großen Datenvolumina und Historisierung von Daten im Data-Warehouse-System ist ein vollständiges Löschen und anschließendes erneutes Laden aller Daten im Allgemeinen nicht praktikabel.

Log-basiert:
In diesem Fall wird die Fähigkeit von Datenbankmanagementsystemen ausgenutzt, vorgenommene Transaktionen in einer Log-Datei zu protokollieren. Durch Auswertung einer solchen Log-Datei kann ermittelt werden, welche Daten sich geändert haben.

Snapshot-basiert:
Bei dieser Variante wird der Datenbestand einer Quelle in periodischen Zeitabständen in eine Datei, den sog. Snapshot, geschrieben. Durch einen Vergleich von Snapshots (Delta-Berechnung) können Änderungen identifiziert werden.

Von den vorgestellten Monitoring-Strategien erfordert die Snapshot-basierte Variante den größten (Implementierungs-)Aufwand, da sie keine gegebenen Dienste nutzt. Gerade bei Altsystemen, die solche Dienste im Allgemeinen nicht anbieten, ist jedoch Snapshot-Monitoring häufig die einzig praktikable Technik zur Entdeckung von Änderungen im Datenbestand.

Auch bei *Star*Kauf* muss eine gemischte Strategie gefahren werden, da die Heterogenität der Datenquellen keine andere Möglichkeit zulässt. Natürlich führt diese unterschiedliche Behandlung zu Konsequenzen in der weiteren Behandlung der zu analysierenden Daten. Der im folgenden Abschnitt beschriebene Arbeitsbereich muss diese eventuell auftretende zeitliche Verschiebung auffangen.

2.5 Arbeitsbereich

Der Arbeitsbereich stellt neben der Basisdatenbank die zentrale Datenhaltungskomponente des Integrationsbereichs dar. Als Integrationsbereich werden zusammenfassend diejenigen Komponenten eines Data-Warehouse-Systems bezeichnet, die funktional zwischen den Datenquellen und der Ableitungsdatenbank angesiedelt sind. Der Integrationsbereich dient also vornehmlich der *Integration* von Daten aus heterogenen Quellen und wird typischerweise vom Administrator des Data-Warehouse-Systems verwaltet. Diese Integration zum Zwecke der Datenbeschaffung ist wiederum ein Prozess, der *periodisch* abläuft. Bei der Integration, sowohl auf Schema- als auch auf Datenebene, spielt die Nutzung des Repositoriums (Abschnitt 2.13, Kap. 8) eine entscheidende Rolle.

Im Arbeitsbereich des Integrationsbereichs werden Daten auf ihrem Weg von den Datenquellen in die Basisdatenbank *temporär* zwischengespeichert. Notwendige Datentransformationen können dann direkt auf diesem Zwischenspeicher ausgeführt werden, ohne dass die Datenquellen oder die Basisdatenbank in ihrem laufenden Betrieb beeinträchtigt werden. Erst nach Abschluss aller Verarbeitungsschritte werden die Daten in die Basisdatenbank übertragen und aus dem Arbeitsbereich entfernt.

Im Folgenden werden die Komponenten, die eine direkte Verbindung zum Arbeitsbereich haben, kurz vorgestellt. Im Einzelnen handelt es sich dabei – in der Reihenfolge des Prozessablaufs – um eine Extraktionskomponente pro Datenquelle, eine Transformations- sowie eine Ladekomponente. Durch den jeweiligen ersten Buchstaben werden diese drei Komponenten auch häufig unter dem Begriff *ETL-Komponenten* zusammengefasst.

2.6 Extraktionskomponente

Die Extraktionskomponente ist für die Übertragung von Daten aus einer Datenquelle in den Arbeitsbereich verantwortlich. Je nach verwendeter Monitoring-Strategie gestaltet sich die Extraktion unterschiedlich: Bei der triggerbasierten Variante sind die geänderten Datensätze aus den entsprechenden Dateien auszulesen, bei Verwendung der Replikationsdienste können sie per SQL-Anfrage aus den Replikationstabellen selektiert werden. Die zeitstempelbasierte Variante erfordert lediglich die Selektion von Datensätzen anhand ihres Zeitstempels. Bei der Log- bzw. Snapshot-Variante hängt das Vorgehen von der gewählten Umsetzung der Logauswertung bzw. des Snapshot-Vergleichs ab. Werden die als geändert identifizierten Tupel beispielsweise in eine Datei eingetragen, so ist diese Datei zu importieren.

Eine Extraktionskomponente hat außerdem die Aufgabe, die Auswahl von Quellen bzw. von Ausschnitten aus Quellen, die in das Data-Warehouse-System importiert werden sollen, zu steuern. Dazu ist Wissen über die später auf den Daten durchzuführenden Auswertungen erforderlich, da diese unter Umständen spezielle Anforderungen an die Relevanz und Beschaffenheit von Daten stellen.

Die Festlegung von Zeitpunkten, an denen Extraktionen durchgeführt werden sollen, hängt entscheidend von der Semantik der Daten bzw. von den auf diesen Daten durchzuführenden Auswertungen ab. Folgende Strategien [KRRT98] kommen prinzipiell in Frage (siehe auch Abschnitt 3.2):

- *periodische Extraktionen*, wobei die Periodendauer von der geforderten Mindestaktualität der Daten abhängt
- Extraktionen auf *Anfrage*
- *ereignisgesteuerte* Extraktionen, z. B. bei Erreichen einer a priori festgelegten Anzahl von Änderungen
- *sofortige* Extraktionen bei Änderungen

Die technische Realisierung der Extraktion erfolgt typischerweise mithilfe von Schnittstellen zwischen Netzwerken (engl. gateway) und Standard-Datenbankschnittstellen (z. B. Open Database Connectivity (ODBC), [Sand98]). Damit die Extraktion trotz der oft großen Datenvolumina mit akzeptablem Aufwand durchgeführt werden kann, sind Maßnahmen zur Ausnahmebehandlung wie das Fortsetzen des Extraktionsvorgangs bei Nichterfüllung einer Integritätsbedingung, zur Fehlerbehandlung (z. B. Wiederaufsetzen bei Hardware- oder Softwarefehlern) sowie ggf. zur Komprimierung von Daten vorzusehen [KRRT98].

2.7 Transformationskomponente

Bevor die extrahierten Daten vom Arbeitsbereich in die Basisdatenbank oder von der Basisdatenbank in die Ableitungsdatenbank geladen werden können, müssen sie in einen geeigneten Zustand gebracht werden. Dies betrifft in beiden Transformationen strukturelle Aspekte wie Schemaintegration – vorwiegend im Arbeitsbereich – sowie inhaltliche Aspekte wie Datenintegration und Datenbereinigung. Die Transformation von der Basisdatenbank zur Ableitungsdatenbank muss die bereits integrierten und homogenisierten Daten in das auswerteorientierte Format bringen. Eine Datenbereinigung findet dabei nicht mehr statt.

Daten, die aus heterogenen Quellen stammen, müssen zunächst in ein einheitliches internes Format überführt werden, um miteinander vergleichbar zu sein. Dazu sind häufig folgende Transformationen erforderlich (Abschnitt 3.3, [KRRT98]):

- Anpassung von Datentypen
- Konvertierung von Codierungen
- Vereinheitlichung von Zeichenketten
- Vereinheitlichung von Datumsangaben
- Umrechnung von Maßeinheiten
- Kombination bzw. Separierung von Attributwerten

Solche Transformationen, die dem Zweck der Standardisierung dienen, werden unter dem Begriff *Datenmigration* (engl. data migration) zusammengefasst. Sie leisten einen entscheidenden Beitrag zur Integration von Daten aus heterogenen Quellen.

Des Weiteren sind Quelldaten häufig durch fehlerhafte, redundante, veraltete oder fehlende Werte verunreinigt. Mithilfe von *Plausibilitätsprüfungen*, *Record-Linkage-Verfahren* ([FeSu69], [Jaro89] etc.) können diese Verunreinigungen aufgespürt und auch korrigiert werden. Eine derartige Pflege von Daten wird als *Datenbereinigung* (engl. data cleaning oder data cleansing) bezeichnet. Softwarekomponenten zur Datenbereinigung können anhand ihrer Funktionalität in folgende Kategorien eingeordnet werden [ChDa95]:

- *Data Scrubbing*:
  Unter Ausnutzung domänenspezifischer Informationen (Geschäftsregeln etc.) werden Unzulänglichkeiten in Daten erkannt und – soweit möglich – beseitigt. Ein Beispiel für Data Scrubbing ist die Beseitigung von Redundanzen im Datenbestand wie *Dublettenbereinigung* (engl. unduplication).
- *Data Auditing*:
  Mithilfe von Verfahren des Data Mining [Fayy96] wird hier versucht, bislang unbekannte Zusammenhänge in einem Datenbestand zu identifizieren und daraus Regeln abzuleiten. Abweichungen von diesen Regeln (sog. Ausreißer) können dann Hinweise auf mögliche Unzulänglichkeiten in Daten geben.

Die genannten Kategorien stehen nicht in Konkurrenz zueinander, sondern ergänzen sich in ihrer Funktionalität. Gegebenenfalls ist eine Unterstützung durch selbst entwickelte Routinen vorzusehen, z. B. zur Berechnung von Prüfsummen.

2.8 Ladekomponente

Nach Abschluss der Datentransformation befinden sich im Arbeitsbereich bereinigte und angemessen aufbereitete Daten, die für die Speicherung und spätere Auswertungen geeignet sind. Für die Weiterleitung dieser Daten sind zwei Ladekomponenten zuständig:

- eine Komponente zur Übertragung von auswertungsunabhängigen Detaildaten aus dem Arbeitsbereich in die Basisdatenbank und
- eine Komponente zur Übertragung von auswertungsspezifischen Daten (z. B. Aggregate) aus der Basisdatenbank in die Ableitungsdatenbank oder von der Ableitungsdatenbank in die Auswertungsdatenbank.

Die Ladekomponenten nehmen üblicherweise das Ladewerkzeug des jeweils zugrunde liegenden Datenbankmanagementsystems zu Hilfe, z. B. den SQL*Loader von Oracle [DoGo98]. Da die Ladekomponente vor allem einen dynamischen Vorgang umfasst, werden Details zur Verwendung der Ladekomponente in Abschnitt 3.4 diskutiert.

2.9 Basisdatenbank

Als Stufe zwischen dem Arbeitsbereich und der Ableitungsdatenbank ist in der Referenzarchitektur die Komponente der Basisdatenbank angesiedelt. Sie ist die integrierte Datenbasis für verschiedene Auswertungen und hat somit zentrale Verteilungsfunktion, wodurch Mehrfachverwendung und Flexibilität in der Verwendung der Daten ermöglicht werden. Außerdem kann sie als Basis für andere operative Anwendungen dienen.[5]

Trotz dieser zentralen Bedeutung für die gesamte Data-Warehouse-Architektur wird in der Praxis oft auf die Basisdatenbank verzichtet, weil Aufbau und Pflege aufwendig und teuer werden können. Auch wird die Basisdatenbank unter verschiedenen Bezeichnern wie »konsolidierte Datenbank«, »Datendrehscheibe«, »operative Datenbasis« oder Ähnliches verwendet.

Nach einer Charakterisierung des Begriffes Basisdatenbank im nächsten Abschnitt folgt eine Auflistung der Aufgaben sowie eine Diskussion von unterschiedlichen Gestaltungsmöglichkeiten. Daran schließt sich eine Einordnung und

---

5. Auch nach zwei Jahrzehnten mit Data-Warehouse-Systemen bzw. elf Jahre nach der ersten Auflage dieses Buches gibt es in diesem Punkt noch keine Einigkeit in der Begriffsbestimmung. Andere Autoren verwenden für die hier beschriebene Basisdatenbank den Terminus Data Warehouse.

Abgrenzung in die Klassifikation ähnlicher Datenbanken, wie das *Operational Data Store* (ODS) nach Inmon [InIB95], an. Abschließend werden die in Abschnitt 2.3.2 aufgeführten Merkmale für Datenqualität anhand der für die Basisdatenbank relevanten Aspekte Nachvollziehbarkeit und Verfügbarkeit erörtert.

2.9.1 Charakterisierung, Aufgaben und Abgrenzung

Die folgenden Eigenschaften sind für die Basisdatenbank charakteristisch:

- Es liegt eine integrierte Sicht vor: Sowohl die Schemata der unterschiedlichen Datenquellen als auch die Daten selbst sind integriert.
- Die Basisdatenbank ist umfassend bzgl. Zeit und Granularität, d.h., neben allen erforderlichen aktuellen Daten enthält sie historische Daten. Die Detaildaten sind in der niedrigst erforderlichen Granularität vorhanden.
- Die Basisdatenbank ist weder von der Modellierung noch von der Optimierung auf eine spezifische Auswertung fokussiert, sondern vielmehr durch Anwendungsneutralität geprägt, d.h., insbesondere sind keine Aggregate mit Blick auf typische OLAP-Anfragen anzutreffen.
- Die Daten werden nach definierter Zeit in die Ableitungsdatenbank übertragen, wobei sie dort je nach Auswertungsbedarf in einem anderen Detaillierungsgrad verdichtet abgelegt werden können.
- Die Aktualisierung der Basisdatenbank kann zu beliebigen Zeitpunkten erfolgen, die durch den Aktualisierungsbedarf gesteuert sind. Konsistenzproblematiken können durch eine häufigere Aktualisierung vermieden werden.
- Die Daten in der Basisdatenbank sind bereinigt, dieser Prozess wurde im Arbeitsbereich durchgeführt.[6]

Die Basisdatenbank hat die folgenden Funktionen:

- Sie nimmt alle für die Auswertung notwendigen Daten auf und stellt das (logisch) zentrale, operative Datenlager dar. Sie hat somit Sammel- und Integrationsfunktion.
- Sie hat über die Ableitungsdatenbank alle Auswertungsdatenbanken mit Daten zu versorgen; somit hat sie Distributionsfunktion.
- Sie enthält bereinigte und angereicherte Daten. Sie hat somit auch eine Qualitätssicherungsfunktion.

Da in Verbindung mit dem Repositorium alle Daten in der Basisdatenbank konsistent zusammengeführt werden, kann die Basisdatenbank als »der einzige Quell der Wahrheit« (»the single point of truth« (SPOT)) betrachtet werden [Soef98]. Die Basisdatenbank kann ganz oder teilweise als der einzig erlaubte Ausgangs-

---

6. In der Praxis ist auch eine Bereinigung der Daten – anstatt im Arbeitsbereich – in der Basisdatenbank zu finden, wenn z.B. aus rechtlichen Anforderungen die originalen Daten gespeichert werden müssen. Um diese Anforderungen zu ermöglichen, wird in der Praxis manchmal auch der Arbeitsbereich zu einem dauerhaften Speicher umgewandelt.

punkt für die Ausleitung in die Ableitungsdatenbank, aber auch für jedwede andere Verwendung hinaus, definiert werden, da die dort gehaltenen Daten zusammengeführt und ggf. transformiert, vereinheitlicht und im Rahmen der Qualitätssicherung vervollständigt, um Dubletten bereinigt und korrigiert worden sind. Daher muss bei Auswertungen grundsätzlich auf Daten der Basisdatenbank zurückgegriffen werden. Andernfalls besteht bei der Versorgung der analytischen Auswertungssysteme und ggf. anderer Systeme an der Basisdatenbank vorbei die Gefahr, zu widersprüchlichen Aussagen zu kommen und somit die Aussagekraft und Glaubwürdigkeit der Daten zu untergraben.

Im Szenario des Anwendungsbeispiels *Star*Kauf* wird die Basisdatenbank genutzt, um Daten aus den Filialen und anderen externen Quellen zu sammeln und in integrierter Form zu speichern. Darauf setzen unternehmensweite Anwendungen wie das Rechnungswesen, die Logistik- und Materialwirtschaft oder die Einkaufsverwaltung auf. Weiterhin dient sie als bereits bereinigte und integrierte Datenbasis für die Ableitungsdatenbank.

Abgrenzung zum Operational Data Store

Mit der Einführung einer Basisdatenbank muss auch die in der Literatur vorhandene Thematik des »Operational Data Store« aufgegriffen werden. In diversen Publikationen ([InIB95], [Inmo99] und [Inmo00]) hat Inmon eine als Operational Data Store (ODS) bezeichnete Speicherkomponente beschrieben. Inmon definiert den ODS als

> »*A subject-oriented, integrated, and volatile (that is updateable) data store containing only corporate detailed data for operational usage.*« *[Inmo00]*

Der Unterschied besteht somit neben der Volatilität der Daten vor allem auch in der transaktionalen Nutzung. In [Inmo00] klassifiziert er diese wie folgt (Abb. 2–4):

- *Klasse 0*:
  Komplette Tabellen werden aus der operativen Umgebung in den ODS repliziert, es findet lediglich eine physische, aber keine (sach)logische Integration, geschweige denn eine Bereinigung statt. Eine separate Ableitungsdatenbank (ADB) kann von diesem ODS mit Daten beliefert werden. Es gibt aber keine direkte Schnittstelle oder Integration zwischen ODS und Ableitungsdatenbank.
- *Klasse I*:
  Daten der Transaktionen werden nach deren Ausführung in den operativen Systemen an den ODS übertragen und dort analog zu den Tabellen der Klasse 0 lediglich physisch integriert. Analog zur Klasse 0 können Daten aus diesem ODS an die Ableitungsdatenbank geliefert werden. Auch hier gibt es keine direkte Schnittstelle.

2.9 Basisdatenbank

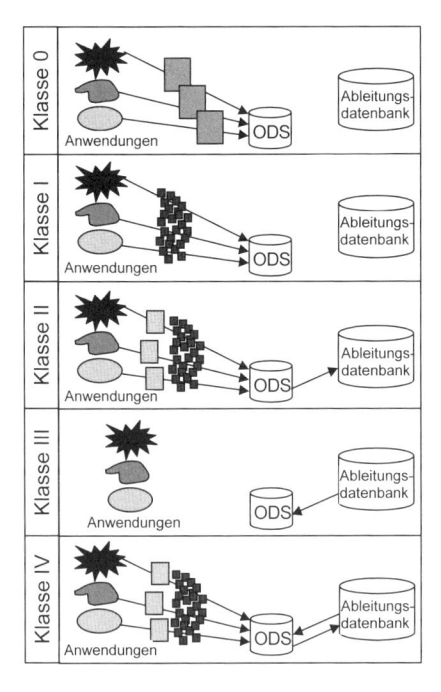

Abb. 2-4 *ODS-Klassen nach Inmon [Inmo00]*

Klasse II:
Datenänderungen werden gesammelt, integriert, transformiert und in gewissen Zeitabständen in den ODS übertragen, um in der Ableitungsdatenbank ausgewertet werden zu können. Die im ODS integrierten Daten werden in die Ableitungsdatenbank übertragen.

Klasse III:
In diesem Falle wird der ODS durch die Ableitungsdatenbank beliefert. Die fachlichen Anforderungen entscheiden über die Relevanz der Daten, die in den ODS übertragen werden sollen.

Klasse IV:
Der ODS ist eine Kombination aus integrierten Daten aus den operativen Quellen (siehe Klasse II) und aggregierten Daten aus der Ableitungsdatenbank. Es findet ein bidirektionaler Austausch statt.

Gemäß dieser Klassifikation ist die in der Referenzarchitektur dargestellte Basisdatenbank als ODS der Klasse II einzustufen. Allerdings geht dieser ODS-Typ meist von einem sehr kurzen Aktualisierungszyklus ohne Historisierung aus.

Eine weitere in der Praxis anzutreffende Interpretation des ODS-Begriffes ist die einer Datenbank, die Daten aus verschiedenen Datenquellen aufnimmt und temporär physisch zusammenführt. Auf eine Integration und Transformation wird größtenteils verzichtet, da nur schnell verfügbare Daten zu Auswertezwecken verlangt werden. Bezogen auf *Star*-Kauf* kann ein Beispiel aus der firmeneigenen Fertigung angeführt werden. Im Rahmen einer stichprobenartigen Qualitätsüberprüfung bei der Fertigung von Bekleidungstextilien werden am Ende einer Fertigungsschicht Auswertungen durchgeführt. Es wird dabei kein gesteigerter Wert auf die ausführliche Kontrolle der angelieferten Daten gelegt. Nach Klassifikation von Inmon würde diese Interpretation die Klasse 0 oder Klasse I repräsentieren.

2.9.2 Aktualisierungsalternativen der Basisdatenbank

Bei der Gestaltung der Basisdatenbank ist neben der anwendungsneutralen Strukturierung auch zu entscheiden, wie und in welchen Zeitabständen die Daten in die Basisdatenbank eingefügt und wie sie von dort in die Ableitungsdatenbank gebracht werden sollen. Grundlage der Entscheidung ist hierbei, wie aktuell die Daten zur Auswertung benötigt werden und welches Zeitfenster das Aktualisieren beansprucht.

Dabei können grob folgende Klassen unterschieden werden:

- *(Fast) Echtzeitaktualisierung*:
  Hierbei wird versucht, alle Änderungen in den Quellsystemen möglichst zeitnah in die Basisdatenbank zu propagieren. In diesem Falle müssen geeignete (aktive) Mechanismen zur Verfügung stehen, die dieses umsetzen. Eine ständige Verbindung zwischen Datenquellen und Basisdatenbank muss gewährleistet sein.
- *Aktualisierung in periodischen Zeitabständen*:
  Die Änderungen in den Quellsystemen werden gesammelt und nach einer bestimmten Zeit in die Basisdatenbank übernommen.
- *Aktualisierung in Abhängigkeit einer Änderungsquantität*:
  Bei Erreichen einer definierten Anzahl von Änderungen werden diese in die Basisdatenbank übertragen.

Die Entscheidung kann sowohl von *technischen* als auch *inhaltlichen* oder *organisatorischen* Gesichtspunkten abhängen. So ist es z. B. in einem Anwendungsfeld mit Auswertungen auf Aktienkursen besonders wichtig, dass die Daten zeitnah zur Verfügung stehen (z. B. im 10-Minuten-Takt). Andererseits verlangt dies natürlich höhere technische Voraussetzungen, als wenn die Daten in periodischen Abständen (z. B. von einem Tag oder mehreren Wochen) in die Basisdatenbank übertragen werden.

Für den Transfer von der Basisdatenbank in die Ableitungsdatenbank sind im Prinzip die gleichen Designentscheidungen zu treffen, wobei ggf. der Aufwand für weitere Verdichtungen/Aggregationen zu berücksichtigen ist.

2.9.3 Qualität der Daten in der Basisdatenbank

Eine gute Qualität der Quelldaten ist noch kein Garant für »gute« Daten in der Basisdatenbank (wie auch in der nachgeschalteten Ableitungs- und Auswertungsdatenbank). Für den hier vorliegenden Betrachtungsgegenstand, die Daten in der Basisdatenbank, muss nachvollziehbar sein, wie sie dort hingekommen sind, welchen Weg und vor allem welche Transformationen sie unterwegs durchlaufen haben. Hierzu bedarf es vor allem »guter« Metadaten, einem weiteren Betrachtungsgegenstand für Datenqualität, an den entsprechende Qualitätsforderungen gestellt werden müssen.

Außerdem müssen die organisatorischen und technischen Voraussetzungen erfüllt sein, dass die gewünschten Daten auch tatsächlich in die Basisdatenbank geladen worden sind und dass auf sie zugegriffen werden kann. Dies führt zu den folgenden Qualitätsforderungen an die Metadaten der Basisdatenbank:

Nachvollziehbarkeit anhand des Qualitätsmerkmals Verständlichkeit

Um Nachvollziehbarkeit zu gewährleisten, sind zumindest die folgenden Qualitätsanforderungen zu erfüllen:

- Ist die Beschreibung der automatischen Transformationen, die auf die aus den Quellsystemen extrahierten Daten wirken, und die Erklärung der manuellen Eingriffsmöglichkeiten in diese Transformationen verständlich? Sind diese Beschreibungen für Entwickler und Anwender zugänglich?
- Wird der Datenfluss von den Quellsystemen bis hin zu Basisdatenbank/Ableitungs- und Auswertungsdatenbank beschrieben? Sind Verantwortliche für den Datenfluss (ggf. für Teilwege) benannt?
- Existiert eine Arbeits- oder Verfahrensanweisung, in der die Prozesse im Integrationsbereich und der Transport der Daten von hier in die Basisdatenbank und Ableitungs- und Auswertungsdatenbank festgelegt sind?

Verfügbarkeit anhand der Qualitätsmerkmale Vollständigkeit, Zeitnähe und Genauigkeit

Für die Verfügbarkeit der Daten in der Basisdatenbank müssen vor allem die folgenden Qualitätsforderungen an die Daten und/oder Metadaten der Basisdatenbank erfüllt sein:

- Werden die Daten in der gewünschten Schnelligkeit und im vorhandenen Zeitrahmen geliefert?
- Sind die für die geplanten Verwendungszwecke notwendigen Daten in der Basisdatenbank bzw. in der Ableitungs- und Auswertungsdatenbank zusammen mit den zugehörigen Metadaten im Repositorium vorhanden?
- Werden die Daten bzgl. Inhalt und Form, wie es der jeweilige Verwerter (Entwickler, Anwender, Systembetreuer) erwartet, bereitgestellt? Werden Daten-

fehler und/oder Abbrüche in der Datenversorgung den Systembetreuern zugänglich gemacht?
- Ist der Zugriff auf die Basisdatenbank und die Ableitungs- und Auswertungsdatenbank technisch und organisatorisch sichergestellt?

2.10 Ableitungsdatenbank

Die Ableitungsdatenbank ist die zugrunde liegende Datenbank, die für Auswertungszwecke aufgebaut wird. In Verbindung mit dem Repositorium enthält sie alle für die Auswertungen des Anwenders notwendigen Daten. Die Aufgabe der Ableitungsdatenbank besteht darin, die für die Auswertungen des Anwenders notwendigen Daten dauerhaft zu verwalten und den Auswertungsprozessen in geeigneter Form zur Verfügung zu stellen. Deshalb orientiert sich die Strukturierung der Daten – im Gegensatz zur Basisdatenbank – ausschließlich an den *Auswertungsbedürfnissen* des Anwenders. Die Detaildaten zur Befüllung der Ableitungsdatenbank (z.B. die detaillierten Verkaufsdaten) bezieht die Ableitungsdatenbank über den Ladeprozess aus dem integrierten und bereinigten Datenbestand der Basisdatenbank. Daher muss die Ableitungsdatenbank neben der Schnittstelle zu den Auswertungsprozessen auch eine geeignete Schnittstelle zum effizienten Einbringen großer Datenmengen anbieten. Die anfallenden Metadaten (z.B. das Datenbankschema) werden über den Metadatenmanager mit dem Repositorium synchronisiert (Abb. 2–1).

Zur Realisierung der Ableitungsdatenbank werden üblicherweise ein oder mehrere Datenbankmanagementsysteme (DBMS)[7] eingesetzt, die für das konkrete Data-Warehouse-Projekt entsprechend konfiguriert werden. Dabei macht man sich die diesen Systemen inhärenten Eigenschaften, wie Wiederanlauffähigkeit (engl. recovery), kontrollierter *Mehrbenutzerbetrieb* (engl. concurrency control) sowie Unabhängigkeit der logischen Datensicht (*Datenneutralität*) und der physischen Datenablage (*Datenunabhängigkeit*) zunutze.

Die Hauptproblematik der Ableitungsdatenbank liegt im Design des geeigneten logisches Schemas (Kap. 6). Dieses Schema orientiert sich ausschließlich an den Auswertungsbedürfnissen der Anwender, die vorher in Form eines *konzeptuellen Schemas* spezifiziert wurden. Zur Strukturierung der Daten hat sich für viele Problemstellungen das multidimensionale Datenmodell (Kap. 5) als besonders zweckmäßig erwiesen.

Der folgende Abschnitt 2.10.1 beschreibt die Schnittstelle der Datenbank zum Ladeprozess, während Abschnitt 2.10.2 die Anbindung des Auswerteprozesses kurz darstellt. In Abschnitt 2.10.3 wird der Zusammenhang von Basisdaten-

---

7. Wenn im Folgenden also von der Ableitungsdatenbank die Rede ist, so bezieht sich dieser Ausdruck immer auf das gesamte System, bestehend aus der eigentlichen Datenbank (d.h. den Daten selbst) und dem Datenbankmanagementsystem. Entsprechendes gilt für Basis- und Auswertungsdatenbanken.

bank und Ableitungsbank und deren Datenquellen und Auswertungsdatenbanken diskutiert.

2.10.1 Unterstützung des Ladeprozesses

Die Ableitungsdatenbank wird durch die Basisdatenbank und so indirekt auch durch den Datenbeschaffungsprozess (Abschnitte 2.6, 2.7, 2.8) mit Daten versorgt. Die Aktualisierung der Daten geschieht durch das Laden aus der Basisdatenbank, die mit einer Transformation der Daten aus dem flexiblen Datenmodell der Basisdatenbank in das auswertungsorientierte Datenmodell einhergeht. Dazu werden – spätestens hier – einheitliche Kennzahlen und Dimensionen gebildet.

Der Lade- und Transformationsvorgang könnte prinzipiell durch die herkömmlichen Schnittstellen des Datenbanksystems erfolgen (z. B. SQL für relationale Datenbanken). Wie allerdings bereits in vorhergehenden Abschnitten ausgeführt, spielt die effiziente Durchführung der Aktualisierung eine wichtige Rolle, d. h., es sollen möglichst viele Datensätze pro Zeiteinheit in die Ableitungsdatenbank eingebracht werden. Daher verfügen gängige Datenbanksysteme zusätzlich über *Massenlader* (engl. bulk loader). Die höhere Ladeperformanz gegenüber dem gewöhnlichen Einfügen der Datensätze wird dabei dadurch erreicht, dass bestimmte Funktionen des Datenbanksystems (z. B. Mehrbenutzerkoordination und Konsistenzprüfungen) für die Dauer des Ladeprozesses abgeschaltet werden. Wird also diese Massenladefunktionalität benutzt, so bedeutet dies, dass beispielsweise die Konsistenzprüfungen bereits während des Transformationsprozesses erledigt werden müssen bzw. dass der Ladeprozess ohne gleichzeitigen Anfragebetrieb im Einbenutzerbetrieb erfolgen muss.

Die Aktualisierungsalternativen entsprechen den in Abschnitt 2.9.2 diskutierten Aktualisierungsmöglichkeiten der Basisdatenbank. Diese prozessualen Abhängigkeiten können nur im Rahmen eines Gesamtkonzepts berücksichtigt werden.

2.10.2 Unterstützung des Auswertungsprozesses

Die Aufgabe der Ableitungsdatenbank ist die umfassende Verwaltung der für die Auswertung (Abschnitt 2.12) relevanten Daten. Diese Daten werden den Auswertungsdatenbanken oder direkt den Auswertungsprogrammen bei Bedarf zur Verfügung gestellt. Die konkrete Realisierung dieser Beziehung zwischen Auswertungswerkzeug und Datenbanksystem mag zunächst trivial bzw. uninteressant erscheinen. Bei dem Versuch, reale Systeme auf die Referenzarchitektur abzubilden, fällt jedoch auf, dass diese Schnittstelle nicht immer eindeutig definiert werden kann. Dies liegt vorwiegend daran, dass der Auswerteprozess die Daten meistens nicht genau in der Form benötigt, wie sie in der Ableitungsdatenbank abgelegt sind. Beispielsweise könnte für die Auswertung Mittelwert und Varianz der Verkäufe eines Produkts über die vergangenen 100 Geschäftstage in einer geografischen Region benötigt werden, d. h., die in der Ableitungsdatenbank vorgehaltenen Daten werden auf unterschiedlich komplexe Art und Weise weiterverarbeitet. Eine relativ einfache Operation ist z. B. die Summation der Einzelverkäufe innerhalb einer geografischen Region. Die Berechnung von statistischen Funktionen wie Mittelwert und Varianz hingegen sind bereits komplexerer Natur. Eine wichtige Architekturfrage an dieser Stelle ist, welchen Teil der Berechnung hierbei das Datenbanksystem der Ableitungsdatenbank übernimmt, welche das Datenbanksystem der Auswertungsdatenbank und welchen Teil das Auswertungswerkzeug erledigt. Eine genauere Diskussion dieser Arbeitsteilung und der daraus resultierenden Leistungsmerkmale des Systems enthalten die Abschnitte 2.12 und 4.2.

Für die abstrakte Referenzarchitektur genügt es, an dieser Stelle festzuhalten, dass die Ableitungsdatenbank neben Funktionen zum Zugriff auf die verwalteten Daten auch Funktionen zur Verarbeitung dieser Daten anbietet. Über diese Schnittstelle kann eine Anwendung auf deskriptive Weise formulieren, welche Daten benötigt werden. Im relationalen Fall kann dies z. B. eine SQL- bzw. ODBC-Schnittstelle sein. Unterstützt die Ableitungsdatenbank auf logischer Ebene das semantisch reichhaltigere multidimensionale Datenmodell, so kann die Schnittstelle z. B. nach dem OLE-DB-for-OLAP-Standard [Micr98] ausgelegt sein (die zugehörige Anfragesprache ist MDX, Abschnitt 3.5.2).

Natürlich soll die Anfrageverarbeitung innerhalb der Datenbank möglichst effizient erfolgen. Dazu bieten die verschiedenen Datenbanksysteme Tuning-Parameter und Mechanismen (z. B. Zugriffsstrukturen, materialisierte Sichten, Caching-Mechanismen), die es einem Datenbankadministrator erlauben, Kenntnisse über das zu erwartende Anfrageverhalten zu nutzen, um die Systemperformanz zu verbessern. Kapitel 7 enthält eine detaillierte Diskussion der Tuning-Maßnahmen, die im Data-Warehouse-Bereich anwendbar sind.

2.10.3 Nabe-Speiche-Architektur

Die Sammel- und Verteilungsfunktion der Basis- und Ableitungsdatenbank lässt sich grafisch als sogenannte *Nabe-Speiche-Architektur* (engl. hub and spoke architecture) darstellen (Abb. 2–5). Dabei stellen die Datenquellen zusammen mit den Auswertungsdatenbanken die Speichen und die zentrale Basis- und Ableitungsdatenbank die Nabe dar. Die Grafik veranschaulicht auch die Reduktion der Schnittstellen, wenn der Transport der Daten über die zentrale Basis- und Ableitungsdatenbank erfolgt anstatt direkt zwischen Datenquellen und den Auswertungsdatenbanken.

Existieren n Datenquellen und m Auswertungsdatenbanken und bezieht jede Auswertungsdatenbank Daten aus jeder Datenquelle, dann gilt für die Anzahl der Schnittstellen n + m < n * m, bei n, m > 2. Durch die Nabe-Speiche-Architektur wird somit eine quadratische Funktion auf eine lineare zurückgeführt.

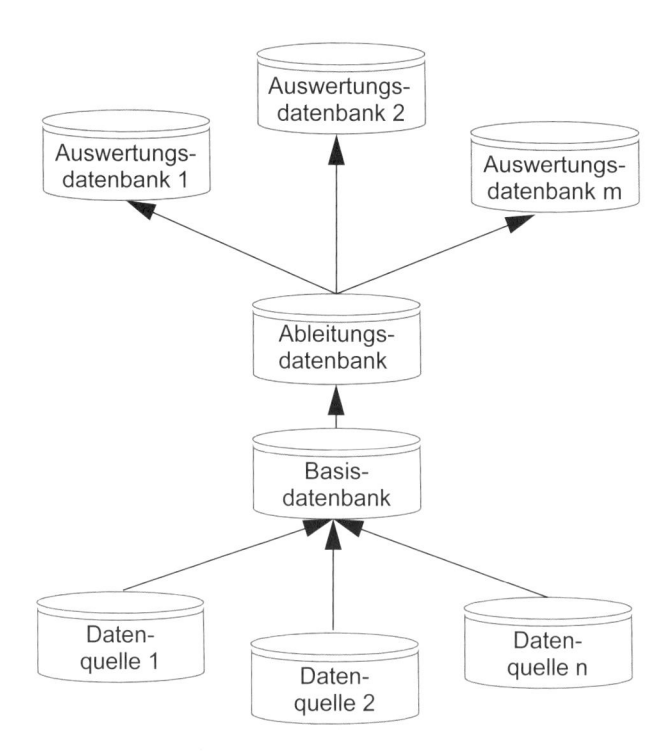

Abb. 2–5 *Zentrale Sammel- und Verteilungsfunktion der Basis- und Ableitungsdatenbank*

2.11 Auswertungsdatenbank

Langfristiges Ziel einer Data-Warehouse-Strategie ist es, die für die Auswertungen relevanten Teile der Unternehmensdaten (und Metadaten) inhaltlich und strukturell zu integrieren. Aus dieser Forderung wird oft abgeleitet, dass auch innerhalb der Data-Warehouse-Architektur eines Unternehmens nur eine zentrale Ableitungsdatenbank existiert. Diese zentralistische Lösung hat sich allerdings in einigen Fällen als konzeptuell und technisch schwer durchsetzbar erwiesen. Die Ad-hoc-Konzeption einer solchen zentralen Ableitungsdatenbank in einem Schritt ist aus der Projektsicht zu komplex bzw. zu ressourcenintensiv.

Weiterhin ist eine rein zentrale Lösung aus technischer Sicht problematisch, da eine einzige zentrale Komponente naturgemäß Probleme bei der Skalierbarkeit wie beim Anwachsen der Nutzeranzahl, der Datenbestände bzw. der Anwortzeitanforderungen aufweist. Aus diesem Grund setzen viele Unternehmen bei ihrer IT-Strategie auf Verteilung der Verarbeitungs- und Administrationslast, sodass eine zentrale Ableitungsdatenbank nur schwer in eine solche Strategie integriert werden kann. Es gibt also sowohl organisatorische als auch technische Gründe für die Abkehr von der ausschließlich zentralen Datenhaltung im Data-Warehouse-Umfeld.

Ziel eines Data-Warehouse-Systems ist die anwendungsbezogene, logische Integration der Datenbestände eines Unternehmens. Dies impliziert nicht notwendigerweise eine physische Integration der Datenhaltung. Daher wurde der Begriff *Auswertungsdatenbank* (engl. *Data Mart)* geprägt, der in unterschiedlichen Publikationen in einer Vielzahl von verschiedenen Bedeutungen gebraucht wird. Die Grundidee der Auswertungsdatenbank besteht darin, einen weiteren inhaltlich beschränkten Fokus des Unternehmens oder einer Abteilung als Teilsicht einer Ableitungsdatenbank abzubilden. Hierfür kann es folgende Gründe geben:

- Eigenständigkeit (z. B. Mobilität)
- Datenschutzaspekte durch Teilsicht auf die Daten
- organisatorische Aspekte (z. B. Unabhängigkeit von Abteilungen)
- Verringerung des Datenvolumens
- Performanzgewinn durch Aggregationen
- Verteilung der Last
- Unabhängigkeit von den Aktualisierungszyklen der Ableitungsdatenbank

Allen Ansätzen gemeinsam ist die Zielsetzung, die Komplexität des Datenmodells und das Volumen der Daten zu verringern. Außerdem können so die Unternehmensstruktur und die entsprechenden Verantwortlichkeiten innerhalb der IT-Organisation nachgebildet werden, d. h., jede Abteilung erhält z. B. ihre eigene Auswertungsdatenbank.

Aus Datenbanksicht entspricht die Auswertungsdatenbank einer Verteilung des Datenbestands der Ableitungsdatenbank. Dabei lassen sich grundsätzlich zwei Konzepte unterscheiden: abhängige Auswertungsdatenbanken als Extrakte aus dem integrierten Datenbestand der Ableitungsdatenbank und unabhängige Auswertungsdatenbanken als isolierte Sichten auf die Quellsysteme ohne die Verwendung einer Basisdatenbank oder Ableitungsdatenbank. Die Unterscheidung von abhängigen und unabhängigen Auswertungsdatenbanken rührt aus früheren Architekturansätzen, bei denen keine Basisdatenbank bzw. Ableitungsdatenbank existiert. Durch die Einführung der Basisdatenbank und der Ableitungsdatenbank verschwindet die Problematik der unabhängigen Auswertungsdatenbanken, und somit wird auch der Begriff entbehrlich. Aus Gründen der Vollständigkeit soll trotzdem darauf eingegangen werden.

Bevor diese beiden Ansätze und ihre Auswirkungen auf die Referenzarchitektur in den nächsten Abschnitten erläutert werden, sei noch kurz erklärt, warum der Begriff Auswertungsdatenbank im weiteren Verlauf dieses Buches (insbesondere in Teil II) keine hervorgehobene Rolle mehr spielen wird: Es bestehen keine Unterschiede in Architektur, Modellierung und Techniken zwischen einer Ableitungs- und einer Auswertungsdatenbank.

2.11 Auswertungsdatenbank

Abhängige Auswertungsdatenbanken

Da eine zentrale Ableitungsdatenbank durch die Vielzahl der Anfragen gegen die gleiche Datenbank schnell zum Flaschenhals der Gesamtarchitektur wird, ist es sinnvoll, den zentralen Datenbestand nach seiner inhaltlichen und strukturellen Integration anhand eines globalen Schemas (über die Basisdatenbank) und der Organisation entsprechend der Auswertungsbedürfnisse (über die Ableitungsdatenbank) noch weiter gemäß der Zugriffscharakteristika zu verteilen.

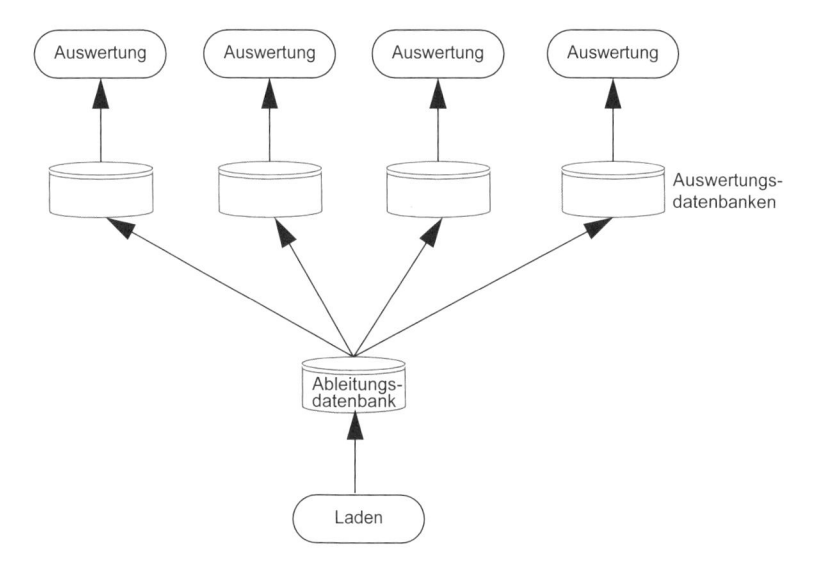

Abb. 2-6 *Architektur bei Verwendung abhängiger Auswertungsdatenbanken*

Architektonisch führt dies zu dem in Abbildung 2–6 gezeigten Aufbau. Aufgrund ihrer Form wird diese Architektur wiederum als *Nabe-Speiche-Architektur* (engl. hub and spoke architecture, Abb. 2–6) bezeichnet, da Auswertungsdatenbanken um die zentrale Ableitungsdatenbank gruppiert sind. Wichtig ist, dass die Auswertungsdatenbanken bei dieser Variante nur Extrakte der Ableitungsdatenbank enthalten, die allerdings auch aggregiert sein können. Insbesondere finden aber bei der Befüllung der Auswertungsdatenbanken keine Datenbereinigungen und Normierungen mehr statt, sodass die Ergebnisse der Auswertungen auf einer Auswertungsdatenbank immer inhaltlich sowie strukturell konsistent mit den Auswertungen auf der zentralen Ableitungsdatenbank sind.[8] Dadurch wird die Bildung einer Auswertungsdatenbank auch technisch erheblich erleichtert, da einfache Replikations- bzw. Sichtenmechanismen zur Befüllung verwendet werden können. Weiterhin existieren Architekturansätze, die ohne zentrale Ablei-

---

8. Im Datenbankjargon gesprochen, sind die Auswertungsdatenbanken also nichts anderes als materialisierte Sichten (engl. materialized views) auf die Ableitungsdatenbank.

tungsdatenbank auskommen. Sie bestehen nur aus Auswertungsdatenbanken, die virtuell *eine* Ableitungsdatenbank bilden.

Ein erster Schritt zur Bildung einer Auswertungsdatenbank ist zunächst die Entscheidung, welche Daten der Extrakt beinhalten soll. Dabei können unterschiedliche Arten der Extraktion unterschieden werden, die allerdings häufig in Kombination angewandt werden:

- *Struktureller Extrakt*:
  Es ist möglich, nur einen Teil des Ableitungsdatenbankschemas in die Auswertungsdatenbank zu replizieren (also z.B. nur bestimmte Kennzahlen oder Dimensionen). Das erlaubt beispielsweise, diejenigen Daten zu replizieren, die für eine bestimmte Gruppe von Berichten nötig sind.
- *Inhaltlicher Extrakt*:
  Ebenso kann eine inhaltliche Beschränkung des Datenspektrums erfolgen, sodass beispielsweise nur die Daten des letzten Jahres bzw. einer einzelnen Filiale in die Auswertungsdatenbank repliziert werden.
- *Aggregierter Extrakt*:
  Für bestimmte Auswertungen werden die Daten oft nicht in der Detaillierungsstufe benötigt, wie sie in einer Ableitungsdatenbank vorliegen (z.B. tagesgenau). Daher kann bei der Replikation von Daten in eine Auswertungsdatenbank die Granularität verringert werden (z.B. auf monatsgenaue Erfassung).

Durch die Bildung von Extrakten ist das Datenvolumen einer Auswertungsdatenbank wesentlich geringer als das Gesamtvolumen der Ableitungsdatenbank. Dies erlaubt, andere Techniken zur Verwaltung der Daten einzusetzen (Abschnitt 7.2), bzw. ermöglicht eine schnellere Anfrageverarbeitung. Ein weiterer Vorteil dieses Konzepts aus Datenbanksicht ist die Lokalität des Zugriffs. Dadurch werden unnötige Übertragungen über das Netz eingespart. Im Extremfall kann eine Auswertungsdatenbank dafür genutzt werden, mobile Anwender an die Ableitungsdatenbank anzubinden. In periodischen Abständen stellen diese Anwender eine Verbindung zur Ableitungsdatenbank her und aktualisieren die mobil gehaltene Auswertungsdatenbank. Die Anfragebearbeitung kann dann ohne Online-Verbindung zur Ableitungsdatenbank erfolgen.

Unabhängige Auswertungsdatenbanken

Unabhängige Auswertungsdatenbanken kann es nur dann geben, wenn beim Aufbau eines Data-Warehouse-Systems fahrlässigerweise auf eine Basisdatenbank oder eine Ableitungsdatenbank verzichtet wird. Diese in der Praxis häufig auftretende Architekturform entsteht, wenn in einzelnen Organisationsbereichen (z.B. einzelnen Abteilungen) unabhängig voneinander »kleine« Auswertungsdatenbanken aufgebaut wurden. Der verlockende Vorteil dieser Variante ist, dass die Komplexität eines solchen Vorhabens ohne die Basisdatenbank/Ableitungsdatenbank einfach und überschaubar ist und dass bereits nach kurzen Projektlaufzeiten von wenigen Monaten für die Abteilung nutzbare Resultate erzielt werden können. Sollte zu einem späteren Zeitpunkt allerdings die Notwendigkeit entstehen, Auswertungen durchzuführen, die über den Fokus einer einzelnen Auswertungsdatenbank hinausgehen (z. B. unternehmensweite Auswertungen bzw. abteilungsübergreifende Auswertungen), so erweist sich diese Lösung als wenig flexibel und schwer änderbar. Problematisch ist, dass die Datenintegration und Transformation beim Aufbau der Auswertungsdatenbanken in den unterschiedlichen Bereichen mit dem Blickwinkel der abteilungsspezifischen Auswertungsanforderungen betrieben wurden. Daraus resultieren meist verschiedene Transformationsregeln und Datenspektren der Auswertungsdatenbanken, wodurch auswertungsdatenbankenübergreifende Auswertungen nicht auf konsistente Weise möglich sind. Darum wird es oft notwendig, die unabhängigen Auswertungsdatenbanken wiederum zu integrieren, welche die globalen Auswertungsaufgaben adressieren. Der Aufbau entspricht dem klassischen Data-Warehouse-Prozess, nur dass die Auswertungsdatenbanken als bereits vorverdichtete und zum Teil bereinigte Datenquellen zur Verfügung stehen (Abb. 2–7).

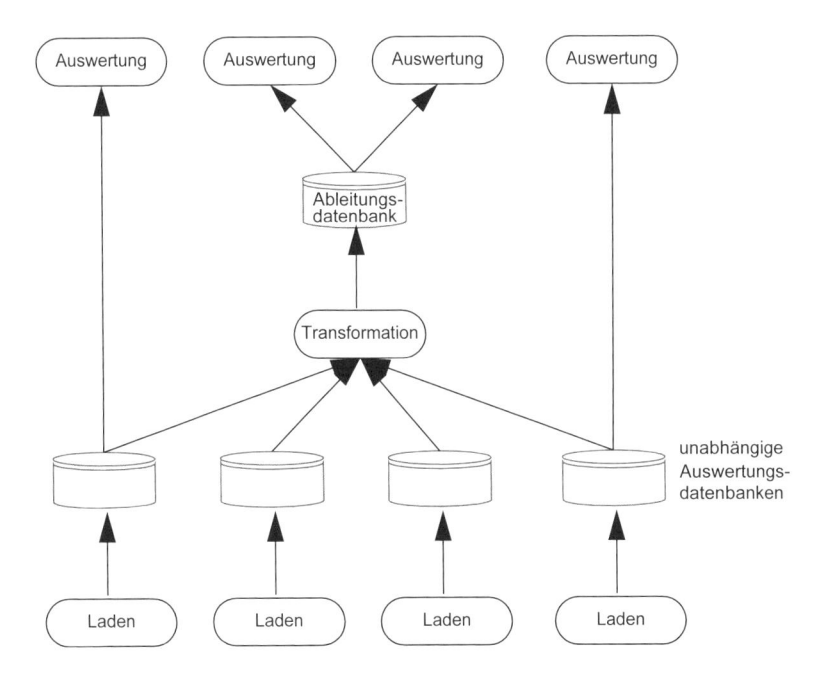

Abb. 2–7 Architektur bei Verwendung unabhängiger Auswertungsdatenbanken

Nachteil der resultierenden Gesamtarchitektur ist, dass die Auswertungsergebnisse, die unter Verwendung einer Auswertungsdatenbank ermittelt werden, wegen des zweiten Transformationsschrittes nicht notwendigerweise mit den

Ergebnissen einer Auswertung auf Basis einer (originalen) Ableitungsdatenbank vergleichbar sind. Daher verschleppt dieser pragmatische Ansatz viele der Konsistenz- und Integrationsprobleme, statt sie zu lösen. Durch den Aufbau und die Verwendung einer Basisdatenbank besteht diese Problematik nicht, da immer auf einen konsistenten Datenbestand zurückgegriffen wird, der aus einer gemeinsamen Datenbeschaffung resultiert.

2.12 Auswertung

Der Begriff Auswertung wird hier weit ausgelegt und soll als Oberbegriff alle Operationen umfassen, die mit den Daten der Ableitungs- und Auswertungsdatenbank durchgeführt werden können. Zur Auswertung zählt dabei neben Anfrage und Darstellung von Daten in Berichten vor allem auch die Anwendung von Auswertungsfunktionen auf ausgewählte Daten zur Generierung neuer Information. Dies können einfache arithmetische Operationen (z. B. Aggregation) bis hin zu komplexen statistischen Untersuchungen (z. B. beim Data Mining) sein. Zusätzlich wird eine Aufbereitung, Veränderung und Bereitstellung der Ergebnisse zwecks Weiterverarbeitung in anderen Systemen oder die Weitergabe an andere Personen oder Instanzen auch außerhalb des Unternehmens vorgenommen. Letztlich müssen Ergebnisse von Auswertungen (z. B. Definition einer Gruppenzugehörigkeit) auch wieder in die Basisdatenbank zurückgeführt werden, um eine Rückkopplung zu erzeugen, die wertvolle Resultate festhält, die Qualität der Datenbasis erhöht und zukünftige Auswertungen verbessert.

Die Anwenderakzeptanz ist letztlich das entscheidende Kriterium für Erfolg oder Misserfolg jedes Data-Warehouse-System-Projekts. Alle technikzentrierten Fragen bzgl. Hardware, Datenbanksystem oder Modellierungsmethode sollten nicht um ihrer selbst willen, sondern mit den Erwartungen des Anwenders als ultimativen Anforderungsgeber behandelt werden. Die Verwendung eines Data-Warehouse-Systems wird vor allem von den folgenden Kriterien bestimmt:

- Richtigkeit der Daten
- Geschwindigkeit der Informationsbereitstellung
- Funktionalität
- Benutzungsfreundlichkeit der Oberfläche
- Einheitlichkeit und Vergleichbarkeit der Daten

Während die ersten beiden Kriterien überwiegend durch die Ausgestaltung der Datenspeicherung und -modellierung bestimmt werden, liegt es maßgeblich an den Auswertungswerkzeugen, die Kriterien Funktionalität und Benutzerfreundlichkeit zu erfüllen. Der Anwender wird hier selten zwischen Funktionalitäten der Auswertungsdatenbank und Funktionalitäten der Oberfläche unterscheiden können. Aus seiner Sicht handelt es sich um ein homogenes System – eine Black Box. Die Einheitlichkeit und Vergleichbarkeit der Daten werden durch ein integriertes

Metadatenmanagement von der Datenquelle über die Basisdatenbank bis in die Auswertung bestimmt.

Auswertungswerkzeuge – im Sprachgebrauch der Unternehmen auch als ein Bereich der *Business-Intelligence*-Werkzeuge bezeichnet – stellen dem Anwender diejenige Funktionalität bereit, für die der erhebliche Aufwand des Aufbaus des Data-Warehouse-Systems überhaupt betrieben wird: die Präsentation der gesammelten Daten in vordefinierten Berichten, mithilfe von Dashboards/Cockpits oder versehen mit interaktiven Navigations- und Auswertungsmöglichkeiten, vornehmlich mit dem Ziel der effizienten Entscheidungsunterstützung. Auswertungs- bzw. Business-Intelligence-Werkzeuge bilden somit die Schnittstelle der Data-Warehouse-Anwendung zum Endanwender und bieten in grundlegenden Darstellungsformen (Abschnitt 2.12.1) differenzierte Funktionen an (Abschnitt 2.12.2). Die tatsächliche Realisierung in selbst erstellten oder von Softwareherstellern angebotenen Auswertungswerkzeugen wird in Abschnitt 2.12.3 dargestellt, wobei die Werkzeuge auf verschiedenen Plattformen eingesetzt werden können (Abschnitt 2.12.4).

2.12.1 Darstellungsformen

Bei der Präsentation von Daten und Auswertungsergebnissen werden die grundlegenden Elemente der Informationsdarstellung genutzt, zu denen Tabellen und Grafiken sowie teilweise auch Text und multimediale Darstellungen zählen. Diese Elemente treten als Bestandteile von Auswertungs- bzw. Business-Intelligence-Werkzeugen auf, können aber auch als einzelne Bestandteile solcher Werkzeuge erzeugt und in Portale oder andere Anwendungen integriert werden. Die Darstellung von Kennzahlen ist mit der Berechnung oder Transformation von Kennzahlen die wesentliche Ausprägungsform sogenannter »Analytischer Services«, die im Rahmen von serviceorientierten Architekturen auf Basis von Data-Warehouse-Systemen bereitgestellt werden können.

Tabellen:
Wichtigstes Element zur Darstellung der meist numerischen Daten der Auswertungsdatenbank sind Pivot-Tabellen. Pivot-Tabellen sind Kreuztabellen, die Auswertungen durch ein Vertauschen von Tabellenspalten und -zeilen oder die Veränderung einer Tabellendimension unter Beibehaltung der anderen unterstützen. Außerdem kann die Integration weiterer Dimensionen in die Anzeige durch Schachtelung der Tabellendimensionen in Zeilen oder Spalten vorgenommen werden.

Grafiken:
Grafiken sind neben Tabellen die wichtigste Präsentationsform von Daten, da die bildliche Darstellung eine effizientere Verarbeitung größerer Datenmengen durch das menschliche Gehirn zulässt als textuelle oder tabellarische Ausgaben. Gerade aggregierte Daten und Vergleichsdarstellungen, z.B. in Zeitrei-

hen oder Abweichungsanalysen, können erst durch grafische Aufbereitung bei den Anwendern zu einem schnellen Erkenntnisgewinn führen. Während die gewöhnliche Kennzahlenanalyse nur auf eine begrenzte Anzahl von Grafiktypen wie Balken-, Torten- und Liniendiagramme zurückgreift, benötigen anspruchsvollere Auswertungen auch ungewöhnlichere Formen wie Netz-, Punkt- oder Oberflächengraphen. Zusätzlich werden vermehrt geografische Informationen in Landkarten in einer für den Anwender übersichtlichen und intuitiv eingängigen Darstellung angezeigt. Im Zuge der größeren Popularität von Dashboards oder Cockpits als Mittel zur Darstellung von Managementinformationen haben sich weitere Formen der Visualisierung von Ist- und Sollwerten in Tachometern, Thermometern oder Ampeln etabliert.

Waren bis vor kurzem die Cockpits vor allem durch farbenfrohe Grafikelemente und visuelle Effekte geprägt, so drängt der Aspekt der Informationsqualität immer mehr in den Vordergrund. Die richtigen Informationen im richtigen Kontext in adäquater Form zu präsentieren, lautet die Herausforderung. Um diesem Anspruch gerecht werden zu können, sind neue Repräsentationsformen anzutreffen: Sparkgraphs (Linien – ohne Achsen und Koordinaten – zur Visualisierung von allgemeinen Tendenzen) und Small Multiples (Serie von Charts für Vergleichszwecke), die die menschliche Mustererkennung nutzen, (Multiple) Strip Plots und Box Plots, die Kontextinformationen erlauben, und vieles mehr. Hier sei vor allem auf E. R. Tufte [Tuft01] hingewiesen, der sich seit Jahren der adäquaten Präsentation von Informationen verschrieben hat.

Text und multimediale Elemente:
Im Zuge der zukünftigen Einbettung des Data-Warehouse-Systems in weitere Informationssysteme ist eine Integration von zusätzlichen internen und externen Datenquellen nötig. Die verfügbare Informationsbasis wird durch die Einbeziehung von Office- oder Groupware-Anwendungen, Prozess- und Dokumentenmanagementsystemen auch auf Daten erweitert, die nicht als Kennzahlen in Datenbanken verfügbar sind. Text spielt zur Kommentierung von Kennzahlen eine besondere Rolle, um eine Interpretation der Kennzahlen im System durch den Betrachter zu ermöglichen. Auch multimediale Elemente finden im Zuge der Erweiterung des Funktionsumfanges von Auswertungswerkzeugen langsam Eingang in die darstellenden Oberflächen. Berichte und Auswertungen können so um Audio- oder Videodateien ergänzt werden, die dem Empfänger zusätzliche oder anders nicht vermittelbare Information bereitstellen. Beispiele sind die verbale Beschreibung einer Auswertung oder Videoclips von Produkten, Werbespots oder Nachrichten.

2.12.2 Funktionalität

Um Anwendern Informationen zu liefern, bedienen sich Auswertungswerkzeuge diverser Elemente der Informationsdarstellung und stellen Funktionen bereit, die dem Auswertungszweck entsprechend kombiniert werden können. Je nach Anforderungen können dabei vereinfacht vier Komplexitätsstufen analytischer Anwendungen unterschieden werden, die von Auswertungswerkzeugen (Abschnitt 3.5) unterstützt werden müssen.

Query and Reporting:
Die Funktionalität dieser Werkzeuge, die häufig auch als Berichtswerkzeuge (engl. reporting tools) bezeichnet werden, beschränkt sich auf das Abfragen der Daten aus der Auswertungsdatenbank und ggf. ergänzender Quellen, die eventuelle Veränderung und Anreicherung durch einfache arithmetische Operationen sowie die Präsentation der Daten in Berichten, Auswertungswerkzeugen, Portalen o.Ä. Die einfachste Form der Darstellung ist hier das Ausgeben der Informationen in Form von Text, Tabellen oder Grafiken. Im nächsten Schritt werden die vorliegenden Informationen mithilfe definierter Grenzwerte in Perspektive gesetzt. Besonders hilfreich bei dieser Form der Datenpräsentation ist die *Ampelfunktion* (engl. traffic lighting). Ampelfunktionen bezeichnen generell eine regelgebundene Formatierung definierter Bereiche z.B. in Tabellen, Grafiken oder Landkarten. Häufigste und einfachste Ausprägungsform dieser Methode ist eine entsprechende Einfärbung von Tabellenzellen oder Landkartenbereiche in den Farben Grün, Gelb und Rot. Diese Form der Visualisierung von Information erlaubt es einem Anwender, auch bei einer großen Menge dargestellter Daten sehr schnell zu erfassen, wo Problembereiche liegen. Neben Ampelfunktionen findet sich mittlerweile in den meisten Auswertungswerkzeugen eine Vielzahl von Visualisierungen, die mit wenigen Arbeitsschritten in die Berichte integriert werden können.

Online Analytical Processing (OLAP):
Eine interaktive Datenanalyse wird sowohl durch die frei definierbare Anzeige und Kombination von Daten, auch Navigation in Daten genannt, als auch die Anwendung von Auswertungsmethoden erreicht. Die dargestellten Berichte enthalten überwiegend quantitative, verdichtete Werte, die in Form von Kennzahlen in der multidimensionalen Sichtweise eines betrieblichen Entscheiders erfasst werden. In Tabellen und Grafiken soll der Anwender mit dem Auswertungswerkzeug möglichst einfach und intuitiv navigieren können, um sowohl von verdichteten Werten zu Detailwerten (engl. drill down) und wieder zurück (engl. roll up) zu gelangen als auch auf einer Klassifikationsstufe andere Dimensionselemente zu betrachten (engl. drill across). Zusätzliche Gruppierungs- und Berechnungsfunktionen ermöglichen die Validierung von Hypothesen und andere Formen der analytischen Interaktion mit den Daten. Weitergehende Vorteile bei der Verwertung der verfügbaren Infor-

mationen ergeben sich durch den Einsatz von statistischen, betriebswirtschaftlichen oder anderen Auswertungsverfahren. Weit über bloße Sortier- oder Navigationsmöglichkeiten hinaus eröffnen sich durch die Bereitstellung umfangreicherer Auswertungsfunktionalität neue Möglichkeiten der Erkenntnisgewinnung. Die Methoden sollen dabei so weit wie möglich automatisiert sein und eine ausgeprägte Anwenderunterstützung bei Daten- und Methodenauswahl sowie Plausibilitätsprüfungen bieten. Grundsätzlich erfordert die Durchführung einer OLAP-basierten Auswertung einen höheren Grad der Ausbildung an spezifischen Tools seitens des Benutzers. Mit der Weiterentwicklung der Oberflächen, insbesondere im Webumfeld, verschwimmen die Grenzen zwischen statischen Berichten und OLAP-Auswertungen aber zunehmend.

Data Mining:
Data-Mining-Funktionen erweitern Auswertungsmethoden um die Möglichkeit, durch den Einsatz von Techniken aus der Statistik und des maschinellen Lernens auch ungerichtete Auswertungen durchführen zu können. Im Gegensatz zu gerichteten Auswertungen erlauben es Data-Mining-Verfahren, ohne die vorherige Formulierung einer exakten Fragestellung bisher unentdeckte Zusammenhänge aus den Daten zu extrahieren und aufzudecken. So werden Aussagen über den Datenbestand generiert oder die Vorhersage von Werten ermöglicht. Häufig verfolgte Auswertungsziele sind

- die Entdeckung von Assoziationsregeln, die gemeinsam auftretende Elemente des Datenbestands beschreiben,
- die Segmentierung ähnlicher Objekte des Datenbestands und Einordnung in Gruppen,
- die Klassifizierung neuer Elemente in zuvor identifizierte Typklassen sowie die
- Identifikation von Mustern, Verteilungen und Häufungen.

Management Intelligence:
Ein System – für alle Managementebenen –, das Informationsmanagement, Analytik und Visualisierung in Verbindung mit Real- und Near-Time-Szenarien für eine schnelle, transparente und umfassende Entscheidungsfindung ermöglicht, erfüllt die Anforderungen an ein nachhaltiges und zukunftsorientiertes Management von Unternehmen. Für das Management spielt es eine untergeordnete Rolle, ob der Sachverhalt beispielsweise mittels Harrison/Stevens-Algorithmik[9] oder über Kreuzkorrelationsverfahren adäquat und zuverlässig beschrieben wird. Es ist vielmehr wichtig, mit wissenschaftlich fundierter Analytik zu arbeiten, in Echtzeit und ohne spezifische Tool-Expertise, schnell, intuitiv und methodisch korrekt.

---

9. P. J. Harrison und C. F. Stevens haben 1971 im Operational Research Quarterly ihren Ansatz zum kurzfristigen Forecast beschrieben. Der Ansatz basiert auf Bayes'schen Filtern in Verbindung mit einem mehrstufigen Datenbewirtschaftungsprozess.

2.12.3 Realisierung

Die Elemente und Funktionen der Informationsbereitstellung werden in Auswertungswerkzeugen unterschiedlich kombiniert bzw. zeigen auf verschiedene Zielgruppen und Einsatzgebiete zugeschnittene Ausprägungsformen. So wie das Spektrum der Anwender vom reinen Berichtsempfänger bis zum analytisch versierten Data Miner reicht, müssen differenzierte Oberflächen bzw. Werkzeuge angeboten werden, um eine angemessene Arbeitsumgebung zur Verfügung zu stellen. Mit steigender Komplexität und abnehmenden Anwenderzahlen werden folgende Werkzeuge eingesetzt:

Management Dashboards und Cockpits:
Die Ausgabe aller wichtigen Kennzahlen (engl. Key Performance Indicators) in einer Bildschirmoberfläche erlaubt Anwendern einen schnellen Überblick relevanter Information. Eine intuitiv bedien- und erfassbare Oberfläche sowie eine gewisse Flexibilität zur Verzweigung auf detailliertere Berichte oder Auswertungsumgebungen sorgen für eine hohe Akzeptanz auch für gelegentliche Nutzer.

Standard Reporting:
Sollen lediglich Berichte erzeugt und verteilt werden, kommen reine Reporting-Werkzeuge zum Einsatz. Als elektronische Ausprägungsform des klassischen, papierbasierten Berichtswesens hat diese Aufgabe weiterhin einen wichtigen Stellenwert als Informationsmedium für eine breite Anzahl an Empfängern. Die Daten können dabei sowohl aus dem Data-Warehouse-System als auch aus den Transaktionssystemen (engl. online transactional processing, OLTP) eines Unternehmens stammen. Im letzteren Fall wird auch von operationalem Berichtswesen oder operational BI gesprochen, das kurzfristige und prozessnahe Überwachungsaufgaben unterstützt. Aus dem Data-Warehouse-System werden eher die taktische und strategische Entscheidungsfindung durch Berichte unterstützt, die stärker eine Historie, Neukombination, Harmonisierung und Integration heterogener Daten benötigt. Im Gegensatz zu eher flüchtigen Darstellungsformen wie Dashboards, Analyse-Clients und Entwicklungsumgebungen werden beim Standard- und Ad-hoc-Reporting Berichte erzeugt, die in sich persistent sind. Erzeugte Dokumente können – ob digital oder in Papierform – im Unternehmen ein Eigenleben entwickeln.

Ad hoc Query & Reporting:
Eine große Anzahl von Anwendern hat nur geringe Anforderungen an die Funktionalität der analytischen Anwendung. Hauptfokus ist hier die schnelle Erstellung von Berichten auf unterschiedlichsten Datenquellen, wobei der Anwender von der Komplexität der Datenbank oder Anfragesprachen wie SQL abgeschirmt werden sollte. Einfach zu bedienende Ad-hoc-Query& Reporting-Werkzeuge erlauben die Erstellung und Präsentation von Berichten

auf einer grafischen Oberfläche, wobei die Informationen in Dimensionen und Kennzahlen aus der Sichtweise des Anwenders dargestellt und alle Verknüpfungen zu den Datenquellen im Hintergrund hergestellt werden.

- *Analyse-Clients*:
Eine weite Verbreitung haben Analyse-Clients, die als Benutzerschnittstelle eine eigene Oberfläche zur mehrdimensionalen Anfrage und Auswertung der Daten anbieten. Grundbestandteile solcher Werkzeuge sind die Navigationsmöglichkeiten im Datenmodell, Manipulationsmöglichkeiten durch Berechnungen und Auswertungsfunktionen sowie umfangreiche Präsentationskomponenten.

- *Spreadsheet Add-ins*:
Tabellenkalkulationsprogramme bieten bereits umfassende Möglichkeiten zur Darstellung von Information in Tabellen und Grafiken. Die zum Analyse-Client fehlende Funktionalität – insbesondere für die Datenanbindung und Navigation im Datenmodell – wird in einem besonderen Menüpunkt zur Verfügung gestellt. Spreadsheet Add-ins erfreuen sich einer zunehmenden Beliebtheit, da der Anwender hier in einer ihm bekannten Umgebung die Informationen des Data-Warehouse-Systems auswerten kann. Probleme hierbei sind u. a. nach wie vor die ungenügend gelöste Revisionssicherheit der Daten.

- *Entwicklungsumgebungen*:
In vielen Projekten werden eigene Auswertungsanwendungen entwickelt, die ganz spezifischen Anforderungen entsprechen müssen. Insbesondere Objekte zur Darstellung von Daten und Bedienung der Anwendungen, die Bereitstellung von Operationen auf multidimensionale Datenbanken oder Aggregationen sollten in den Entwicklungsumgebungen bereits implementiert sein.

Mit der Weiterentwicklung der Auswertungs- und Darstellungswerkzeuge verschwinden die klaren Grenzen, da komplexe Auswertungsfunktionen mittlerweile zunehmend in einfachen Informationsberichten wie z.B. Dashboards optional angeboten werden.

2.12.4 Plattformen

Bei der Präsentation, Auswertung und Weiterverarbeitung des vom Data-Warehouse-Systems angebotenen Datenmaterials sind die Schnittstellen zum Anwender und damit die Wahl des benutzten Mediums zur Informationsbereitstellung von besonderer Bedeutung mit weitreichenden Konsequenzen. Hinsichtlich des Ortes der erbrachten Verarbeitungsleistung und Berechnungen können Thin-Client- und Fat-Client-Plattformen unterschieden werden. Eine zusätzliche Option stellt die aktive Verteilung über *Offline-Medien* dar, die nicht dauerhaft mit dem Data-Warehouse-System verbunden sind. Eine detaillierte Betrachtung der physischen Schichtenarchitekturen findet sich in Kapitel 4.

Fat Client:
Unter Fat Clients werden Systeme verstanden, die über eigene Speicher- und Verarbeitungskapazität verfügen und diese auch für die Informationsbereitstellung einsetzen. Die proprietären Programme der Fat Clients übernehmen vollständig oder größtenteils die Anfrage, Kalkulation und Darstellung der Daten.

Thin Client:
Beim Thin-Client-Ansatz wird die Funktionalität des Client-Computers weitgehend auf die Darstellung von Information eingeschränkt, die von einem Server übertragen werden. Häufig werden hier Webbrowser und Netzwerkcomputer (NC) wegen der niedrigeren Gesamtkosten beim Einsatz (Total Cost of Ownership) gewählt. Erst Thin Clients erlauben es, auch unternehmensweit eine große Zahl von Informationsempfängern zu erreichen.

Mobile Clients:
Mit zunehmenden Verbesserungen von Telefonen, Tablet Computern, Smart Phones und anderen tragbaren Endgeräten hinsichtlich Anzeigemöglichkeiten und Datenübertragung, werden diese Geräte immer attraktiver für die Ausgabe von Berichten. Gerade für die aggregierte Darstellung von Schlüsselinformation sind inzwischen durchgängige Lösungen für die Ausgabe von Daten in unterschiedlichen Ausgabeformaten und Medien verfügbar.

Aktive Verteilung:
Zunehmend werden für den Empfang von Informationen auch andere Medien als Papier oder Bildschirmausgabe eingesetzt. Diese Informationsübermittlung kann per Fax, über SMS an Mobiltelefone und Pager oder durch automatische Sprachumsetzung auch mit dem Telefon realisiert werden. Gezielt abgesandte Einzelinformationen können so zeit- und/oder ereignisgesteuert an eine breite Basis an Informationsempfängern übermittelt werden (Active Warehouse).

2.13 Repositorium

Im Repositorium werden die Metadaten des Data-Warehouse-Systems abgelegt. Generell werden unter Metadaten alle Informationen verstanden, die den Aufbau, die Wartung und die Administration des Data-Warehouse-Systems vereinfachen und darüber hinaus die Informationsgewinnung aus dem Data-Warehouse-System ermöglichen. Dabei wird es zusehends wichtiger, Metadaten in maschinenlesbarer Form abzulegen, um die in ihnen enthaltene Semantik optimal und weitgehend automatisch nutzen zu können.

Bei Metadaten handelt es sich um Informationen über die Daten aus den Datenquellen, der Basisdatenbank, der Ableitungsdatenbank und der Auswertungsdatenbank wie z.B. konzeptuelle und logische Datenbankschemata und ihre

Dokumentation, physische Speicherinformationen, Zugriffsrechte und Qualitätssicherung sowie Informationen über die verschiedenen Data-Warehouse-Prozesse, welche die Daten extrahieren, bereinigen, transformieren und analysieren. Bei Bedarf können weitere Informationssysteme eines Unternehmens wie etwa Datenintegrationssysteme, Geschäftsprozessverwaltungssysteme und Intranet-Portale bzw. Content-Management-Systeme sowohl als Konsumenten als auch als Lieferanten angeschlossen werden. Das Repositorium entwickelt sich in solchen Anwendungsfällen zu einem *Metadata Warehouse*.

Metadaten[10] umfassen somit *beschreibende* Informationen über Inhalt, Struktur, Kontext und Bedeutung von Daten, aber auch *prozessbezogene* Informationen über die Verarbeitung dieser Daten. Auf diese Weise können die Transformationen der Daten nachvollzogen werden, z.B. woher die Daten im Data-Warehouse-System stammen oder wie und wann sie geladen wurden. Zudem kann die Richtigkeit und Qualität der Auswertungen einfach nachgeprüft und garantiert werden. Auch Änderungen in den Quellsystemen und deren Auswirkungen auf die Auswertungsanwendungen lassen sich aufgrund der Informationen im Repositorium abschätzen und interpretieren. Zusammenfassend lässt sich festhalten, dass die Verwendung von Metadaten drei hauptsächliche Aufgaben erfüllt: Auswertung, Information und Planung.

Eine übliche Einteilung von Metadaten eines Data-Warehouse-Systems bezieht sich auf ihren Kontext hinsichtlich Erstellung, Wartung und hauptsächlicher Verwendung: geschäftlich (fachlich) versus technisch. Die *fachlichen* Metadaten dienen in erster Linie dem Endanwender. Er kann damit die Auswertungsanwendungen effektiver einsetzen, die Daten im Data-Warehouse-System verstehen, die für ihn relevanten Daten finden und die Resultate der Auswertungen interpretieren.

Demgegenüber sind die *technischen* Metadaten von Administratoren, Anwendungsentwicklern und Softwarewerkzeugen erstellt worden bzw. für sie bestimmt. Im Idealfall produzieren und verwenden alle Architekturkomponenten und Werkzeuge technische Metadaten, welche im Repositorium verwaltet werden müssen.

Die Einteilung in lediglich technische und geschäftliche Metadaten greift aus heutiger Sicht allerdings zu kurz und wird einigen Arten von Metadaten nicht vollumfänglich gerecht. Eine sich stärker an der betrieblichen Praxis orientierende Einteilung (Abb. 2–8) berücksichtigt auch die Zugehörigkeit von Metadaten sowohl zu den geschäftlichen wie auch zu den technischen Metadaten.

---

10. Die heutige Auffassung der Metadaten erweitert die traditionelle Datenbanksicht, die als Metadaten hauptsächlich Schemainformationen definiert. Das World Wide Web Consortium (W3C) geht noch einen Schritt weiter und verschiebt die Bedeutung von Metadaten in den Kontext des Semantic Web, d.h., Erstellung und Nutzung von Metadaten erfolgt mehrheitlich durch Software(-Agenten) und nur noch selten durch menschliche Benutzer.

2.13 Repositorium

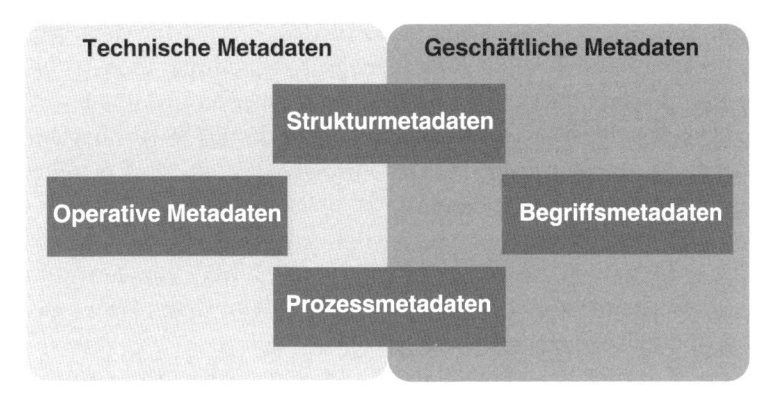

Abb. 2–8 *Metadatenarten*

Operative Metadaten sind Informationen, die typischerweise durch den operativen Betrieb des Data-Warehouse-Systems und anderer Informationssysteme anfallen wie etwa allen Arten von aufgezeichneten Systeminformationen (Logging), Messungen zur Laufzeit einzelner Komponenten, Abfragen oder Berichte sowie Angaben über die Größe und Art bestimmter Datenmengen (Speicherplatzverbrauch, Anzahl Zeilen einer Tabelle, Anzahl paralleler Datenbankverbindungen und deren Durchsatz, Benutzerstatistiken, Anzahl erfolgreicher Lade- und Transformationsprozesse im Data-Warehouse-System usw.). Diese Metadaten sind ausschließlich technisch und die Arbeitsgrundlage der Systemadministratoren und -techniker des Data-Warehouse-Systems und weiterer Systeme.

In die Kategorie der *Strukturmetadaten* fallen anwendungsspezifische Dokumentationen über vordefinierte Anfragen und Berichte sowie alle Arten von Architekturentscheidungen bzw. deren Beschreibungen. Diese Metadaten sind häufig eingebettet in unternehmensweite Architekturen, Entwurfsmuster und Applikationsportfolios. Darin eingeschlossen sind auch sämtliche Querschnittsaufgaben eines Data-Warehouse-Systems und anderer Informationssysteme wie etwa die Sicherheitsarchitektur, die Schnittstellenarchitektur, die Kommunikationsarchitektur usw. Den Kern der Strukturmetadaten bilden aber nach wie vor Informationen zur Datenarchitektur. Hierzu gehören die Beschreibungen der logischen und physischen Datenschemata, Integritätsbedingungen, Indizes, physische Sichten, Dimensionen und Fakten sowie deren Partitionierung und physische Aggregation. Strukturmetadaten entstehen in Zusammenarbeit zwischen Fachseite und IT-Abteilung und sind sowohl für Betrieb und Wartung als auch für die Benutzung des Data-Warehouse-Systems von Bedeutung. Damit sind sie sowohl technische wie auch geschäftliche Metadaten.

Eine weitere Kategorie von Metadaten auf der Schnittstelle zwischen technischen und geschäftlichen Metadaten sind die *Prozessmetadaten*. Dazu gehören Implementierungsinformationen der verschiedenen Skripten für Extraktion, Transformation und Auswertung der Daten wie beispielsweise Dateiname, Erstellungsdatum, Autor oder Beschreibung der Transformationen. Sogar vollständig ausführbare Spezifikationen der Datenverarbeitungsschritte können als Prozessmetadaten gespeichert werden, einschließlich der Reihenfolge ihrer Ausführung (engl. scheduling). Diese Spezifikationen – meist Transformations- und Abbildungsregeln – werden dann zum Ausführungszeitpunkt vom entsprechenden Werkzeug interpretiert und ausgeführt. Als Folge davon wird die Anwendungslogik nicht mehr versteckt, redundant und in heterogener Form auf die verschiedenen Softwarekomponenten (z.B. ETL-Skripten) verteilt, sondern zentral und integriert im Repositorium verwaltet. In diesem Fall wird von einem metadatengetriebenen Prozess gesprochen. Falls geeignete Werkzeuge zur Verwaltung von Workflows und Geschäftsprozessen im Unternehmen eingesetzt werden, können für das Data-Warehouse-System relevante Prozessmetadaten ebenfalls ins Repositorium importiert und mit den dazugehörigen technischen Prozessen verbunden werden.

Zu den *Begriffsmetadaten* gehören insbesondere Fachbegriffe und Terminologien, Thesauri und domänenspezifisches Wissen. Auch Kontextinformationen, z.B. über benutzte Maßeinheiten oder Datumsformate, sind wichtig für die Interpretation der aus dem Data-Warehouse-System gewonnenen Informationen. Die Begriffsmetadaten werden fast vollständig von den einzelnen Fachabteilungen eines Unternehmens genutzt und gepflegt, weshalb sie auch ausschließlich geschäftliche Metadaten darstellen.

Zusammenfassend dienen die Metadaten im Repositorium nicht nur als Informationslieferant für Anwender und Administratoren, damit diese ihre Aufgaben effektiver und effizienter durchführen können, sondern auch als Steuerungselemente des Data-Warehouse-Managers für die verschiedenen Prozesse im Data-Warehouse-System.

2.14 Metadatenmanager

Der Metadatenmanager steuert die Metadatenverwaltung des Data-Warehouse-Systems. Er wird als eine Anwendung definiert, die Versions- und Konfigurationsmanagement, Integrations-, Zugriffs-, Anfrage- und Navigationsmöglichkeiten der Metadaten anbietet.

Für die Verwendung und Aktualisierung der Metadaten greifen verschiedene Architekturkomponenten und Werkzeuge auf das Repositorium zu, insbesondere Entwicklungs-, Administrations- und Auswertungswerkzeuge sowie Werkzeuge für die Navigation, Anfrage und das Editieren. Zu diesem Zweck bietet der Metadatenmanager eine ausgereifte applikatorische Schnittstelle für den Lese- und Schreibzugriff auf das Repositorium (z.B. ein application programming interface, API, oder eine Webservices-Schnittstelle), aber auch eine geeignete Benutzerschnittstelle (z.B. in Form einer Intranet-Webanwendung). Die applikatorische Schnittstelle ermöglicht den Metadatenzugriff und -austausch zwischen

2.14 Metadatenmanager

den verschiedenen Komponenten. Die Werkzeugintegration und die Repositoriumsnavigation setzen jedoch ein entsprechendes Repositoriumsschema voraus. Der Metadatenmanager verwaltet dieses Schema, das alle Metadaten (*Operative, Struktur-, Prozess- und Begriffsmetadaten*) vereinheitlicht und sie in einer geeigneten Form für Werkzeuge bereitstellt.

Viele Metadaten entstehen in den Datenquellen, dem Arbeitsbereich, der Basisdatenbank, der Ableitungs- und Auswertungsdatenbank. Die entsprechenden Datenflüsse zwischen dem Metadatenmanager und den Datenbanken sind in der Abbildung 2–1 zur Referenzarchitektur ersichtlich. Die Datenflüsse implizieren auch, dass ein Lesezugriff auf die Datenbanken benötigt wird, um Informationen aus den entsprechenden Data Dictionaries ins Metadatenrepositorium zu importieren oder weitere Arten von Metadaten abzuleiten, wie z.B. Berechnungen von statistischen Werten. Ergänzend können entsprechende Metadaten auch aus den Entwurfs- und Modellierungswerkzeugen extrahiert werden. Dies kann insbesondere bei eher statischen und selten geänderten Metadaten sinnvoll sein (z.B. bei Datenschemata).

Der Kontrollfluss zwischen dem Data-Warehouse-Manager und dem Metadatenmanager in Abbildung 2–1 ergibt sich bei metadatengesteuerten Prozessen. Die Metadaten werden dabei über den Metadatenmanager aus dem Repositorium gelesen und dem Data-Warehouse-Manager übergeben. Dieser liefert sie an die entsprechenden metadatengesteuerten Werkzeuge, die sie zur Laufzeit interpretieren und ausführen. Gleichzeitig können diese Werkzeuge selbst Metadaten produzieren (Log-Dateien, statistische Werte über die Anzahl geladener Datensätze usw.), die im Repositorium abgelegt werden.

Häufig verwenden existierende Data-Warehouse-Systeme keine metadatengetriebenen Werkzeuge. In diesem Fall dient das Metadatenverwaltungssystem lediglich als Informationslieferant für die verschiedenen Anwender in allen Phasen des Lebenszyklus des Data-Warehouse-Systems, d.h. losgelöst vom Data-Warehouse-Manager. Es ist im Extremfall auch unabhängig von Datenquellen, Basisdatenbank und Ableitungs- und Auswertungsdatenbank. Allerdings soll eine möglichst automatische Aktualisierung der Metadaten wie z.B. durch die Übernahme der Data Dictionaries aus den existierenden Datenbanken oder aktuelle Zahlen zum Aktualisierungsgrad und der Größe der Data-Warehouse-Tabellen angestrebt werden, sodass die Datenflüsse zu den Datenbanken auf jeden Fall erhalten bleiben.

Kommerzielle Werkzeuge für die Metadatenverwaltung lassen sich in zwei Kategorien einteilen: Die *allgemein einsetzbaren* Metadatenverwaltungssysteme stellen ein allgemeines Kernschema zur Verfügung, das aufgrund der Anwendungsanforderungen leicht erweitert werden kann. Eine mit dem Schema gekoppelte grafische Anwendernavigationsschnittstelle wird üblicherweise auch angeboten. Im Gegensatz dazu stehen die *werkzeugspezifischen* Metadatenverwaltungskomponenten, die feste Teile bestimmter Werkzeuge (z.B. von ETL-Werkzeugen) sind. Die Schwäche der zurzeit existierenden Metadatenverwaltungssysteme beider

Kategorien ist der Mangel an Integrationsunterstützung: Ihre Struktur sollte ein standardisiertes Kernschema einhalten bzw. erweitern, und der Metadatenmanager sollte eine gut dokumentierte, einfache Austauschschnittstelle zur Verfügung stellen. Standards für ein Metadatenkernschema für Data-Warehouse-Systeme wurden von zwei konkurrierenden Gruppierungen vorgeschlagen, Meta Data Coalition (MDC) und Object Management Group (OMG)[11], wobei die beiden Ansätze im Rahmen der OMG zusammengefasst wurden. Daneben existieren noch verschiedene Metadatenstandards, die ursprünglich aus anderen Themengebieten heraus entwickelt wurden, die aber genügend generisch ausgelegt sind, um umfassende Metadatenschemata zu erlauben und gleichzeitig einfachere Möglichkeiten zur Metadatenintegration zu eröffnen. Eine ganze Familie dieser Metadatenstandards entstand im Zusammenhang mit der aktuellen Erweiterung des World Wide Web zum sogenannten Semantic Web[12]. Zu dieser Familie gehören das Resource Description Framework (RDF), RDF Schema (RDFS) und die Web Ontology Language (OWL), die gemeinsam die Bildung sogenannter Ontologien als eigentliches Metadatenschema erlauben.

Zentralisierte Metadatenverwaltungen sind heute in erster Linie unidirektional aufgebaut, d.h., verschiedene Metadatenquellen liefern ihre Metadaten an eine zentrale Komponente, die diese integriert – physisch oder auch nur logisch in einem stark verteilten Szenario – und nach außen zur Verfügung stellt. Eine bidirektionale Metadatenverwaltung liefert zusätzlich auch relevante geänderte oder zusätzliche Metadaten an die betreffenden Metadatenquellen zurück. Die heutzutage immer noch am meisten verbreitete Lösung, wenn auch in abnehmendem Maße, ist die dezentralisierte Metadatenverwaltung, die auf einem Eins-zu-eins-Metadatenaustausch zwischen einzelnen Repositorien basiert. Eine ausführliche Behandlung der Metadatenverwaltung befindet sich in Kapitel 9.

2.15 Zusammenfassung

In der folgenden Zusammenfassung wird die Referenzarchitektur aus der Sicht des Software Engineering betrachtet. Aus der Softwareentwicklung bewährte Prinzipien und Methoden [Balz92] können auch bei der Konstruktion einer Referenzarchitektur verwendet werden. Unter Prinzipien werden dabei *Grundsätze für das Handeln* verstanden, die aus der Erfahrung heraus entstanden sind und die *Leitcharakter* haben (z.B. im sozialen Bereich das Prinzip der Ehrlichkeit und im wissenschaftlichen Bereich das Prinzip der Strukturierung). Die Prinzipien sagen aber nichts über den Weg aus. Dieser wird durch *Methoden* beschrieben. Methoden sind dabei planmäßig angewandte Vorgehensweisen zur Erreichung bestimmter Ziele.

---

11. *http://www.omg.org*
12. *http://www.w3.org*

2.15 Zusammenfassung

Die Referenzarchitektur genügt dem *Prinzip der Abstraktion*, d. h. dem Verallgemeinern, dem Absehen vom konkreten Detail, dem Erkennen gleicher Merkmale, dem Herausheben des Wesentlichen.

- Die Referenzarchitektur abstrahiert von *technischen Details*. Daher werden zu ihrer Beschreibung keine Begriffe wie z. B. Server, relationales Datenbankmanagementsystem, Indizierung oder Cache verwendet.
- Die Referenzarchitektur abstrahiert von den *Inhalten des Data-Warehouse-Systems*; es gibt keine inhaltlichen Restriktionen. Daher wird bewusst der Begriff »operative Daten« vermieden, und das »multidimensionale Datenmodell« tritt allenfalls exemplarisch auf. Allein der Zweck der Auswertung bestimmt den Inhalt des Data-Warehouse-Systems. Und sogar der genaue Zweck, d. h. der Einsatzbereich, wird innerhalb der Referenzarchitektur nicht festgelegt; er muss nicht auf die »Entscheidungsunterstützung« beschränkt sein. Mit anderen Worten:
- Die Referenzarchitektur abstrahiert vom *spezifischen Zweck*.

Die Referenzarchitektur genügt dem *Prinzip der Hierarchisierung*, d. h., es besteht eine Rangordnung, welche durch eine Ordnungsrelation »<« zwischen einzelnen Elementen eines Systems ausgedrückt wird. Elemente gleichen Rangs bilden eine Ebene der Hierarchie. Die Referenzarchitektur ist mehrfach hierarchisch aufgebaut:

- Es gibt eine Ordnung, die durch die Richtung des Datenflusses bestimmt wird. Die Ebenen sind dabei der Arbeitsbereich, die Basisdatenbank und die Ableitungs- und Auswertungsdatenbank, wenn der Blick auf die Daten geworfen wird. Aus funktionaler Sicht sind dies die Ebenen Beschaffung, Sammlung inklusive Verteilung und Auswertung.
- Eine zweite Hierarchie findet sich in den zwei Ebenen der Durchführung und der Steuerung. Die Ebene der Steuerung besteht aus dem Data-Warehouse-Manager und dem Kontrollfluss. Die Ebene der Durchführung wird von allen anderen Elementen der Referenzarchitektur und dem Datenfluss gebildet. Das Repositorium nimmt hierbei eine Zwitterrolle ein.
- Eine dritte rein datenorientierte Hierarchie finden wir in den zwei Ebenen der effektiven Daten und der Metadaten.

Die Referenzarchitektur genügt dem *Prinzip der Modularisierung*, denn das komplexe Data-Warehouse-System wird in kleinere Komponenten zerlegt. Dabei bilden die Komponenten funktionale Einheiten, die logisch in sich abgeschlossen sind und durch definierte Schnittstellen mit anderen Komponenten und der Außenwelt in Beziehung stehen.

Die Referenzarchitektur genügt dem *Prinzip der Lokalität*. Darunter versteht man, dass alle relevanten Daten an einem Ort vorhanden sind. Neben dieser Lokalität im Großen genügt sie im Kleinen dem Prinzip der Lokalität gleich zweifach: Zum einen ist die Basisdatenbank der Ort, an dem alle effektiven Daten gesammelt und verteilt werden; zum anderen ist das Repositorium der zentrale Ort für alle Metadaten.

Die Referenzarchitektur genügt definitionsgemäß wie jedes Referenzmodell dem *Prinzip der Mehrfachverwendung*. Neben dieser Mehrfachverwendung im Großen gibt es noch eine weitere Mehrfachverwendung im Kleinen: Die Inhalte der Basisdatenbank werden in den einzelnen Auswertungsdatenbanken mehrfach genutzt.

Die Referenzarchitektur genügt in beschränktem Umfang dem *Prinzip der integrierten Dokumentation*. Darunter wird bei der Entwicklung von Software verstanden, dass neben dem Programmcode auch eine Dokumentation existiert. Für die Referenzarchitektur heißt dies, dass neben dem grafischen Modell (Abb. 2–1) eine weitergehende Beschreibung der Referenzarchitektur existiert. Die Beschreibung hat dabei zumindest Folgendes zu berücksichtigen: Adressaten, Zweck, Inhalt, Form, Sprache, Didaktik und Umfang. Kapitel 2 stellt einen ersten Ansatz hierzu dar.

Die vorliegende Referenzarchitektur erhebt nicht den Anspruch, umfassend und zugleich minimal zu sein. Es gibt sicher weitere Elemente, die optional oder alternativ sind. Andererseits kann eine Referenzarchitektur durch die Aufnahme aller Elemente weniger übersichtlich werden und dadurch die Vergleichbarkeit verfehlen. Die Lösung besteht in dem vorliegenden Kompromiss, um für alle eine gemeinsame Basis sowohl für die Praxis als auch für die umfangreiche Theorie und Forschung zu finden. Einer dieser Kompromisse zeigt sich auch in der Terminologie, was die Bezeichnungen der Datenbanken Basis-, Ableitungs- und Auswertungsdatenbank betrifft.

Die weitgehend befolgten Prinzipien bieten eine gute Voraussetzung dafür, dass die Referenzarchitektur in unserer Zeit des Wandels einen stabilen Bezugspunkt darstellt und als Fundament des gesamten Buches dienen kann. Die statischen Aspekte wurden hier in Kapitel 2 dargestellt. Daneben gibt es den dynamischen Aspekt, der sich auch im Begriff *Data Warehousing* widerspiegelt. Diesem Aspekt trägt das folgende Kapitel über die Phasen des Data Warehousing Rechnung.

3 Phasen des Data Warehousing

Ein Data-Warehouse-System nicht als Monolith zu betrachten, sondern in Komponenten zu zerlegen, bietet verschiedene Vorteile. Komponenten geben durch den statischen Charakter eine Vergleichsmöglichkeit beim Aufbau und Betrieb eines Data-Warehouse-Systems. Diese statische Sicht ist aber für das Verständnis nicht ausreichend, da ein Data-Warehouse-System auch die Dynamik eines »Datentransports« beinhaltet. Daten werden periodisch von den Quellsystemen extrahiert und in das Data-Warehouse-System eingelagert. Diese dynamische Sicht kann durch Phasen visualisiert werden, die sich an den Operatoren der Referenzarchitektur anlehnen. Die Phasen geben so den Datenfluss von den Datenquellen zu den Auswertungskomponenten wieder.

Kapitel 3 beschreibt die Phasen von der Beobachtung der Veränderung in den Datenquellen (Monitoring, Abschnitt 3.1), der Extraktion der relevanten Daten (Abschnitt 3.2), der Transformation (Abschnitt 3.3) im Arbeitsbereich und der nachfolgenden Ladephase in die Basis-, Ableitungs- und Auswertungsdatenbank (Abschnitt 3.4). Die Auswertungsphase (Abschnitt 3.5) schließt den Vorgang zum Anwender hin ab.

3.1 Monitoring

Monitore stellen das Bindeglied zwischen den Datenquellen, auf die weder der Data-Warehouse-Administrator noch der Data-Warehouse-Anwender Einfluss haben, und dem Data-Warehouse-System dar. Die Aufgabe des Monitoring ist somit im Data-Warehouse-System zu sehen, denn der Monitor stößt den *Datenbeschaffungsprozess* (Extraktion, Transformation und Laden) an. Der Einsatzbereich liegt aber in den Quellsystemen. Als Monitoring wird hier die Überwachung der Quellen hinsichtlich der Entdeckung von Datenänderungen, welche für das Data-Warehouse-System relevant sind, bezeichnet.

In diesem Abschnitt werden die verschiedenen Realisierungen des Monitoring (Abschnitt 3.1.1) und Monitoring-Techniken (Abschnitt 3.1.2) sowie deren Implementierungsmöglichkeiten vorgestellt.

3.1.1 Realisierungen des Monitoring

Monitore haben die Aufgabe, Datenquellen nach *Änderungsoperationen* und deren *Auswirkungen* auf die für die Auswertung im Data-Warehouse-System relevanten Daten zu beobachten. Die Entdeckung von geänderten Daten ist die Voraussetzung für das Laden und die Aktualisierung eines Data-Warehouse-Systems. Abhängig von den Charakteristika der einzelnen Quellen gibt es grundsätzlich zwei Varianten für die Entdeckung von geänderten Daten:

- Der Monitor liefert *alle relevanten Informationen* über die Extraktion an die Basis-, Ableitungs- und Auswertungsdatenbank und ist somit die *Kontrollflussschnittstelle* zwischen Basisdatenbank und den Datenquellen (Abb. 2–1). Der Monitor übergibt in diesem Fall dem Data-Warehouse-Manager eine *Delta-Datei*, die alle relevanten Änderungen enthält.
- Der Monitor überwacht die Datenquelle und liefert bei Datenänderungen nur einen *Hinweis*, dass sich die Datenquelle geändert hat, aber nicht, welche Daten sich genau geändert haben. In diesem Fall benachrichtigt der Monitor zunächst den Data-Warehouse-Manager (Abschnitt 2.2), der die Extraktionskomponente beauftragt, auf die Datenquelle zuzugreifen, um ein Extrakt zu erzeugen.

Ausgehend von den Anforderungen des konkreten Data-Warehouse-Systems und den angebotenen Realisierungsmöglichkeiten sind bei der Gestaltung eines Monitors folgende Aspekte zu betrachten:

- *Entdeckung aller Änderungen vs. Nettoeffekt*:
  Es stellt sich die Frage, ob der Monitor das Data-Warehouse-System über alle Datenänderungen informieren soll oder nur über den letzten, aktuellen Zustand zur Ladezeit. Die Änderung eines Attributwertes eines existierenden Tupels kann beispielsweise entweder durch eine einzige Modifikationsoperation oder durch das Löschen des Tupels mit anschließendem Einfügen eines Tupels mit demselben Schlüssel entstanden sein. Das Einfügen eines Tupels gefolgt vom Löschen desselben Tupels hinterlässt beim Nettoeffekt keine Spuren. Folglich ist beim Nettoeffekt die Verwaltung einer vollständigen Historie im Data-Warehouse-System nicht möglich.
- *Benachrichtigung vs. Polling*:
  Eine Benachrichtigung des Monitors durch die Datenquelle, ausgelöst durch Änderungen der Daten, setzt voraus, dass die Datenquelle in der Lage ist, ihre Umgebung über ein Geschehnis zu informieren, beispielsweise mithilfe von Triggern. Beim sogenannten Polling muss dagegen der Monitor auf die interessierenden Daten von »außen« periodisch zugreifen, um die Änderungen ausfindig zu machen. Dabei ist die Häufigkeit des Zugriffs auf die Datenquelle von großer Bedeutung. Je häufiger ein Polling durchgeführt wird, desto höher könnte die Belastung des Quellsystems sein. Setzt man hingegen län-

gere Polling-Intervalle ein, so besteht die Gefahr, dass einzelne Änderungen an der Datenquelle gar nicht entdeckt werden, was wiederum eine korrekte Historisierung im Data-Warehouse-System unmöglich macht.

Internes vs. externes Monitoring:
Im ersten Fall bietet die Datenquelle hinreichende Monitoring-Möglichkeiten an, wie die Benachrichtigung nach Datenänderungen, welche für das Laden in die Basisdatenbank ausgenutzt werden können. Dabei muss darauf geachtet werden, dass der eigentliche Betrieb der Datenquelle nicht beeinträchtigt wird. Im zweiten Fall bietet die Datenquelle keine oder ungenügende Möglichkeiten an, um Datenänderungen nach außen sichtbar zu machen, und die eigentliche Entdeckung von Änderungen erfolgt außerhalb der Datenquelle, beispielsweise durch Vergleich von periodischen Extrakten.

Es ist zu beachten, dass das Monitoring einen großen Einfluss auf die effiziente Ausführung des gesamten Datenbeschaffungsprozesses hat. Die Anwendung einer der in Abschnitt 3.1.2 beschriebenen Alternativen ermöglicht die Entdeckung von geänderten Daten in den Datenquellen zwischen zwei Ausführungen des Datenbeschaffungsprozesses. Dies führt dazu, dass alle nachfolgenden Schritte der Extraktion, Transformation und des Ladens nur für die geänderten Daten ausgeführt werden müssen.

3.1.2 Monitoring-Techniken

Die Realisierung eines Monitors ist weitgehend von den Charakteristika der einzelnen Datenquellen abhängig, d.h. davon, ob und in welcher Art und Weise das Quellsystem Techniken anbietet, die das Bereitstellen der gewünschten Informationen über geänderte Daten unterstützen. Im Fall eines Datenbankmanagementsystems gehören *aktive Mechanismen*, *Replikationsdienste* oder die *Auswertung des Protokolls des Datenbankmanagementsystems* zu solchen Techniken. Andernfalls müssen entweder Anwendungen angepasst oder neu geschrieben werden, um beispielsweise geänderte Datensätze mit Zeitstempeln zu versehen oder Dateivergleiche vorzunehmen. Im folgenden Abschnitt werden die verschiedenen Monitoring-Techniken vorgestellt.

Aktive Mechanismen

Aktive Mechanismen, wie sie in aktiven Datenbanksystemen [WiCe96] angeboten werden, können definierbare Situationen in der Datenbank erkennen und als Folge davon bestimmte Reaktionen auslösen. Das Grundkonzept sind hierbei sogenannte *ECA-Regeln*, die aus Tripeln (Event, Condition, Action) bestehen und den Zusammenhang zwischen interessierenden Ereignissen, Bedingungen und gewünschten Reaktionen darstellen. Ein Ereignis (engl. event) ist ein bestimmtes Geschehnis, auf dessen Eintreten ein aktives Datenbankmanagementsystem reagieren muss. Eine Bedingung (engl. condition) ist ein Prädikat oder eine Anfrage an die Datenbank, die festlegt, unter welchen Voraussetzungen man sich für ein Ereignis interessiert. Sobald das aktive Datenbankmanagementsystem das Eintreten eines interessierenden Ereignisses entdeckt, wird die Bedingung evaluiert und, falls sie erfüllt ist, die Aktion (engl. action) ausgeführt. Eine einfache ECA-Regel zeigt folgendes Beispiel:

```
EVENT       Kontoeinzahlung
CONDITION   Kontostand > 10.000
ACTION      Überweisung auf Sparkonto (Kontostand-10.000)
```

Bei dieser Regel überwacht das System das Eintreten eines konkreten Datenbankereignisses, nämlich einer Kontoeinzahlung. Falls der Kontostand nach der Einzahlung höher als 10.000 € ist, wird der die 10.000 € übersteigende Betrag auf das Sparkonto überwiesen. ECA-Regeln können eingesetzt werden, um erweiterte Integritätsbedingungen oder Geschäftsregeln durch ein Datenbankmanagementsystem zusammen mit einer Datenbank zentral verwalten zu lassen. Dadurch kann die Anwendungsprogrammierung wesentlich vereinfacht werden, weil das aktive Datenbankmanagementsystem für die Definition und Ausführung der Regeln zuständig ist. Eine vereinfachte Form von ECA-Regeln ist in kommerziellen Systemen als *Trigger* bekannt.

Im Data-Warehouse-Kontext können ECA-Regeln verwendet werden, um das Monitoring von Datenquellen hinsichtlich Modifikationsoperationen zu realisieren. In diesem Fall werden Datenbankoperationen dahingehend überwacht, welche der Operationen den Teil der Quelldaten ändern, die für das Data-Warehouse-System relevant sind. Reaktionen können beispielsweise Einträge der Form »Operation x auf Datenelement y wurde zum Zeitpunkt t ausgeführt« in einer Datei oder einer Hilfstabelle sein. Während der Extraktionsphase des Datenbeschaffungsprozesses wird dann die Datei oder Hilfstabelle gelesen, und die Änderungen werden in den Arbeitsbereich geschrieben.

Handelt es sich bei Quellsystemen um Datenbanksysteme, die aktive Mechanismen unterstützen, steht ein eleganter Mechanismus zur Verfügung, um das Monitoring zu implementieren. Es sollte aber im Auge behalten werden, dass eine intensive Verwendung von Triggern die Leistungsfähigkeit der Quellsysteme maßgeblich beeinträchtigen kann. Die Triggerverarbeitung ist bei der Optimierung noch nicht sehr verbreitet.

Einsatz von Replikationsmechanismen

Beim Einsatz von Replikationsmechanismen werden relevante Daten oder Datenänderungen in eine spezielle Datenbank repliziert, welche zur Ladezeit der Basisdatenbank abgefragt wird. Die konkrete Realisierung eines Monitors mithilfe von Replikationsdiensten hängt stark vom jeweiligen Datenbankmanagementsystem ab. Im Folgenden werden zwei Möglichkeiten aufgeführt:

Snapshot:
Ein Snapshot ist eine lokale Kopie von Daten aus einer oder mehreren Tabellen und wird, ähnlich wie eine Sicht, mittels einer SQL-Anfrage definiert. Snapshot-Daten können gelesen, aber nicht geändert werden. Die Aktualisierung der Snapshot-Daten kann entweder durch die erneute Ausführung der entsprechenden Anfrage, d.h., die Daten werden vollständig ersetzt, oder inkrementell, basierend auf dem Snapshot-Log, stattfinden. Der Snapshot-Log enthält Informationen über die Änderungen und wird mittels interner Trigger realisiert. Diese Trigger beanspruchen weniger Ressourcen als die im vorherigen Kapitel erwähnten benutzerdefinierten Trigger, weil sie vom Datenbankmanagementsystem intern definiert und verwaltet werden.

Bei der Implementierung eines Monitors basierend auf Snapshots müssen für alle Tabellen des Quellsystems, das für das Data-Warehouse-System relevante Daten enthält, Snapshots samt der dazugehörigen Snapshot-Logs definiert werden. Die Einträge im Snapshot-Log stellen dann alle interessierenden Datenänderungen dar und können verwendet werden, um eine Delta-Datei zu bilden. Die Definition eines Snapshot dient demzufolge dazu, das Datenbankmanagementsystem zu zwingen, die Änderungsinformationen im Snapshot-Log bereitzustellen. Beispielsweise verwendet Oracle [Orac08a] dieses Verfahren.

Datenreplikation:
Analog zum Snapshot-Fall werden replizierte Daten in Zieltabellen (im Gegensatz zu Quelltabellen, von denen die Daten stammen) mittels SQL-Anfragen geschrieben und verwaltet. Für die Realisierung eines Monitors ist vor allem die inkrementelle Aktualisierung einer solchen Zieltabelle von Interesse. Ein Vertreter dieser Möglichkeit ist der DataPropagator-Relational[1] [IBM96] von IBM. Er überwacht DB2-Datenbanken hinsichtlich Änderungen und generiert in einem ersten Schritt Delta-Tabellen, welche aber auch die Änderungen von abgebrochenen Transaktionen enthalten. Durch Verknüpfung mit *Unit-of-Work-Tabellen* werden die Änderungen von korrekt abgeschlossenen Transaktionen bestimmt und in konsistenten Delta-Tabellen (*KDT*) gespeichert.

DataPropagator unterstützt verschiedene Arten von konsistenten Delta-Tabellen. Die unvollständigen, nicht zusammengefassten konsistenten Delta-Tabellen enthalten alle in einem bestimmten Zeitraum vorgenommenen Änderungen und nicht nur den Nettoeffekt. Somit stellen konsistente Delta-Tabellen eine ausgezeichnete Grundlage für die Implementierung eines Monitors dar. Wenn die Quellsysteme durch die Verarbeitung der konsistenten Delta-Tabellen nicht belastet werden sollen, können diese auch auf einen anderen Rechner ausgelagert werden.

---

1. Die Funktionalität des DataPropagator-Relational wurde teilweise in die neueste Version von IBMs DB2 übernommen und wird im Rahmen der Replikationsdienste von DB2 [IBM99] angeboten.

Protokollbasierte Entdeckung

Änderungen am Datenbestand werden normalerweise durch das Datenbankmanagementsystem in der *Datenbankmanagementsystem-Protokolldatei* festgehalten, um im Fall einer nicht korrekten Transaktionsausführung die Datenbank wiederherstellen zu können. Vorausgesetzt, dass das Protokoll genügend Informationen enthält und von außen zugänglich ist, kann es zu Monitoring-Zwecken eingesetzt werden. Beispielsweise muss eine geeignete Protokollanalysekomponente in der Lage sein, durchgeführte und abgebrochene Transaktionen zu unterscheiden, um die Änderungen korrekt aus dem Protokoll extrahieren zu können. Da alle Änderungen in Protokollen festgehalten werden, kann sowohl eine vollständige Nachführung wie auch der Nettoeffekt von Änderungen erfolgen. Eine Protokollauswertung setzt allerdings genaue Kenntnisse des Protokollformats voraus. Protokolle sind aber in jedem System anders aufgebaut und können von Version zu Version geändert werden.

Normalerweise muss bei der Protokollauswertung das ganze Protokoll periodisch auf einen externen Server ausgelagert und dort nach den für das Data-Warehouse-System relevanten Änderungen durchsucht werden. Dadurch wird zwar die Datenquelle nicht belastet, der Datentransport und vor allem die Untersuchung einer großen Datenmenge sind jedoch mit einem erheblichen Aufwand verbunden. Spezielle Werkzeuge wie Delta Conveyor [Delt97], die in der Lage sind, DB2- und IMS-Protokolle auf relevante Änderungen hin zu untersuchen, können hier Abhilfe schaffen.

Anwendungsunterstütztes Monitoring

Bestehen keine Möglichkeiten, Monitore durch *systemgesteuerte Mechanismen* wie *aktive Mechanismen*, *Replikationsdienste* oder die *Protokolldatei des Datenbankmanagementsystems* zu realisieren, so wird es notwendig, diejenigen Anwendungen, welche Datenänderungen in Datenquellen vornehmen, so zu erweitern, dass sie neben der eigentlichen Ausführung von Änderungen diese auch nach »außen« zu Data-Warehouse-Zwecken sichtbar machen.

Dies kann erfolgen, indem entweder existierende Anwendungen angepasst oder zusätzliche ausschließlich zu Monitoring-Zwecken implementiert werden, die dann innerhalb des Quellsystems laufen. Die Anpassung existierender Anwendungen bedeutet, dass Anwendungen, während sie die Quelldaten bearbeiten, gleichzeitig die für das Data-Warehouse-System benötigten Informationen bereitstellen. Dabei wird die Delta-Datei zur Laufzeit erstellt und beim Auftreten von Änderungen nachgeführt. Sobald der Datenbeschaffungsprozess initiiert wird, wird die Delta-Datei gelesen und in den Arbeitsbereich transportiert.

Dieser Ansatz ist jedoch für existierende Systeme äußerst komplex. Der Grund liegt darin, dass *Altsysteme* (engl. legacy systems) aus heutiger Sicht vielfach schlecht entworfen und dokumentiert sind. Zudem fehlt vielen Unternehmen die Fähigkeit, die genaue Funktionsweise von solchen Systemen zu analysieren und ggf. Änderungen vorzunehmen. Neue Anwendungen zu implementieren, könnte daher in manchen Fällen die einzige Lösung sein. Beim *anwendungsunterstützten Monitoring* werden vor allem Verfahren eingesetzt, die auf Zeitstempeln oder Dateivergleichen basieren.

Zeitstempelbasierte Entdeckung:
Im Fall einer zeitstempelbasierten Entdeckung enthalten die Quelldaten zusätzlich ein oder mehrere Felder mit Zeitinformationen, welche als Basis für die Selektion von geänderten Daten dienen. Zur Ladezeit oder in kürzeren, periodischen Intervallen wird durch den Monitor der Zeitstempel überprüft. Die seit der letzten Überprüfung geänderten Datensätze werden in die Delta-Datei kopiert. Dies setzt allerdings voraus, dass die Datenquelle nicht nur die aktuellen Daten und den Zeitstempel speichert, sondern auch eine Art Historie führt, nämlich für den Fall, dass Datensätze gelöscht werden. In diesem Fall dürfen die zu löschenden bzw. gelöschten Datensätze zumindest bis zum Zeitpunkt der Zeitstempelüberprüfung nicht endgültig entfernt werden.

Dateivergleich:
Eine weitere Möglichkeit besteht darin, verschiedene, periodisch erzeugte Extrakte, welche in Form von Dateien vorliegen, zu vergleichen. Zum Zeitpunkt der Data-Warehouse-Aktualisierung oder in regelmäßigen Intervallen wird ein Snapshot der Datenquelle bzw. eines Ausschnittes der Datenquelle erzeugt und mit dem letzten Snapshot verglichen, um die inzwischen stattgefundenen Änderungen zu entdecken. Obwohl diese Technik bei großen Datenmengen sehr ineffizient sein kann, stellt sie oft die einzige Möglichkeit dar, um Datenänderungen zu erkennen. Für spezielle Techniken, welche effiziente Algorithmen zur Entdeckung von Änderungen durch Vergleich von Extrakten vorschlagen, sei vor allem auf [CRGW96] und [LaGa96] hingewiesen.

3.2 Extraktionsphase

Die Extraktion von Daten aus verschiedenen Datenquellen baut auf den Eigenschaften der Datenquelle (Abschnitt 2.3) und der gewählten Monitoring-Technik (Abschnitt 3.1.2) auf. In diesem Abschnitt wird ausschließlich auf Aspekte der Extraktion eingegangen, die unabhängig vom Monitoring sind.

Eine grundlegende Entscheidung besteht in der Festlegung, welche Datenquellen bzw. Ausschnitte daraus in ein Data-Warehouse-System zu integrieren sind. Diese Selektion hängt stark von der inhaltlichen *Relevanz* der Datenquellen für die geplanten Auswertungen sowie von der Qualität der Quelldaten ab.

Bei der Extraktion werden die selektierten bzw. durch das Monitoring als geändert identifizierten Daten aus den quellenspezifischen Datenstrukturen ausgelesen und in die Datenstrukturen des Arbeitsbereichs (Abschnitt 2.5) eingetragen. Aufgrund der häufig großen Datenvolumina kann eine Komprimierung der zu transferierenden Daten sinnvoll sein. Die Zeitpunkte, zu denen eine Extraktion durchgeführt wird, können je nach Bedarf unterschiedlich gewählt werden. Es werden folgende prinzipielle Vorgehensweisen unterschieden [KRRT98]:

- *Periodisch*:
  Die Extraktion wird periodisch durchgeführt, wobei die Periodendauer von der Dynamik der Daten bzw. von den gestellten Anforderungen an die Aktualität der Daten abhängt. So sind z.B. Börsenkurse oder Wetterdaten meist (mehrmals) täglich zu aktualisieren, während Daten über technische Spezifikationen von Produkten typischerweise beständiger sind und daher mit einer längeren Periodendauer auskommen.

- *Anfragegesteuert*:
  In diesem Fall wird die Extraktion durch eine explizite Anfrage angestoßen. Wenn beispielsweise eine Produktgruppe um einen neuen Artikel erweitert wird, so kann die Extraktionskomponente angewiesen werden, die in den Quellsystemen zu diesem neuen Artikel gespeicherten Daten in das Data-Warehouse-System zu übertragen.

- *Ereignisgesteuert*:
  Häufig ist es sinnvoll, einen Extraktionsvorgang durch ein Zeit-, Datenbank-[2] oder externes Ereignis auszulösen. Ein typisches Datenbankereignis, das eine Extraktion initiieren könnte, wäre beispielsweise das Erreichen einer a priori festgelegten Anzahl von Änderungen. Ein externes Ereignis würde z.B. vorliegen, wenn ein Börsenindex eine bestimmte Marke über- oder unterschreitet und dadurch eine Extraktion auslöst. Streng genommen sind auch die periodische und die anfragegesteuerte Extraktion ereignisgesteuert, da sie einem speziellen Zeitereignis bzw. einem durch den Anwender ausgelösten Ereignis entsprechen.

- *Sofort*:
  Bei besonders hohen Anforderungen an die Aktualität von Daten, z.B. bei Börsenkursen, kann es erforderlich sein, Änderungen in den Quellsystemen unmittelbar in das Data-Warehouse-System zu propagieren. Die Daten im Data-Warehouse-System sind damit immer genauso aktuell wie die Daten in den Quellsystemen.

Die technische Realisierung der Extraktion hängt stark von den Hardware- und Softwareumgebungen des Data-Warehouse-Systems und der Datenquellen ab. In Frage kommen prinzipiell proprietäre Schnittstellen sowie Standardtechnologien wie ODBC und OLE DB [Wood99].

---

2. Ereignisse dieses Typs sind natürlich auf Datenquellen beschränkt, die Datenbankcharakter haben.

3.3 Transformationsphase

Transformation im Data-Warehouse-System heißt, sowohl Daten und Schemata als auch die Datenqualität an Anwenderanforderungen anzupassen. In diesem Abschnitt werden typische Transformationen vorgestellt, wie sie bei der Übertragung von Daten in ein Data-Warehouse-System zum Einsatz kommen.

Der Schwerpunkt liegt dabei auf der Integration und Transformation von Daten (Abschnitt 3.3.1) und der Datenbereinigung (Abschnitt 3.3.2) und weniger auf der Transformation von Datenstrukturen. Schemaintegration [BaLN86] ist natürlich eine entscheidende Voraussetzung für eine Datenintegration. Grundsätzliche Probleme bereiten dabei unterschiedliche Datenmodelle oder Datenbanksysteme, aber auch Schemakonflikte, die bei der Integration verschiedener lokaler Schemata in ein globales Schema entstehen können. Schemakonflikte sind jegliche Inkonsistenzen, die bei unterschiedlich modellierten Welten auf Schemaebene wie Datentyp-, Struktur-, Namenskonflikte oder fehlende Attribute auftreten können ([Kim94], [KiSe91]). Zu diesem Thema ist bereits umfassende Literatur u.a. [ShLa90] und [Conr97] vorhanden, auf die in diesem Zusammenhang verwiesen wird.

3.3.1 Datenintegration

Die in diesem Abschnitt erläuterten Transformationen werden zusammenfassend als Datenmigration (engl. data migration) bezeichnet, in Abgrenzung zu Data Scrubbing und Data Auditing (Abschnitt 2.7). Sie dienen vorwiegend der Homogenisierung vormals heterogener Daten. Die Problembereiche sind häufig anhand von Beispielen aus dem relationalen Umfeld beschrieben. Dies soll aber keine Einschränkung darstellen.

Transformation in (de-)normalisierte Datenstrukturen

Da sich die auf Auswertungen zugeschnittenen Datenstrukturen einer Ableitungs- und Auswertungsdatenbank erheblich von denen der Quellsysteme unterscheiden können, ist hier eine Transformation von Daten aus den Quellstrukturen in die Zielstrukturen erforderlich. Sollen hingegen Daten in die Basisdatenbank mit ihren auswertungsunabhängigen Datenstrukturen übertragen werden, ist eine solche Transformation im Allgemeinen nicht oder nur in geringem Umfang nötig.

Falls die Datenquellen selbst nicht normalisiert sind, d.h. nicht mindestens der dritten Normalform genügen, kann umgekehrt eine Transformation in normalisierte Datenstrukturen einer Basisdatenbank notwendig werden.

Schlüsselbehandlung

Eine Kernaufgabe ist die Schlüsselbehandlung. Bei der Übertragung von Daten aus mehreren Datenquellen in ein Data-Warehouse-System können Schlüssel von Quelldatensätzen oft nicht übernommen werden, da sie global eindeutig sein müssen. Im Rahmen der Transformation werden Quellschlüssel auf *Surrogate*, also künstlich erzeugte Schlüssel, abgebildet. Diese Abbildung zwischen Schlüsseln sollte in einer Zuordnungstabelle gespeichert werden, um z. B. Aktualisierungen den richtigen Data-Warehouse-Datensätzen zuordnen zu können (Tab. 3–1).

Identische globale Surrogate in der Zuordnungstabelle bedeuten, dass es sich um dasselbe reale Objekt (hier: denselben Kunden) handelt.

Die Erzeugung von Surrogaten kann bei modernen relationalen Datenbankmanagementsystemen mithilfe eines SQL-Kommandos[3] vorgenommen werden, das bei jedem Aufruf automatisch einen eindeutigen neuen Wert zurückliefert.

Quelle	Relation	Attribut	lokaler Schlüssel	globales Surrogat
system1	kunde	kunden_nr	12345	66
system1	kunde	kunden_nr	44444	69
system2	customer	customer_id	A134	69
system2	customer	customer_id	B777	72
system2	customer	customer_id	X007	66

Tab. 3–1 *Surrogatbeispiel*

Die fehlende Eindeutigkeit ist jedoch nicht das einzige Defizit von Quellschlüsseln. Hinzu kommt, dass diese häufig eine implizite Semantik besitzen, die bei der Übernahme ins Data-Warehouse-System berücksichtigt werden muss. So könnte z. B. in die Schlüssel einer Artikeldatenbank das Jahr der Einführung des jeweiligen Artikels hineincodiert worden sein (»ABC1999«). Gegebenenfalls müssen die im Schlüssel enthaltenen Informationen extrahiert und in separaten Attributen abgelegt werden. In Altsystemen ist die Semantik von Schlüsseln leider oft nicht (mehr) bekannt.

Ein weiteres Problem besteht in der Schwierigkeit, erkennen zu müssen, ob sich zwei Datensätze aus unterschiedlichen Datenquellen auf dieselbe Entität der realen Welt, z. B. auf denselben Artikel, beziehen oder nicht. Solche Entscheidungen können oft nicht anhand von Schlüsseln getroffen werden, da diese – wie oben erwähnt – im Allgemeinen nicht global eindeutig sind. Stattdessen muss auf die charakteristischen Attributwerte einer Entität zurückgegriffen werden, z. B. auf die Artikelbezeichnung. Solche Attributwerte können jedoch Qualitätsschwankungen (z. B. Tippfehler bei der Erfassung) oder zeitlicher Varianz (z. B.

---

3. z. B. create sequence bei Oracle

Änderung der Artikelbezeichnung aufgrund einer neuen Marketingstrategie) unterliegen. Damit steigt die Gefahr von Synonymfehlern, die einer fälschlichen Nichtzuordnung zusammengehöriger Datensätze entsprechen. Unter einem *Synonym* werden mehrere Bezeichnungen eines Objekts verstanden wie Telefon statt Fernsprecher. Die Nichteindeutigkeit von Attributwerten, z. B. bei unspezifischen Artikelbezeichnungen, kann Homonymfehler zur Folge haben [BrSc96]. Darunter versteht man die fälschliche Zuordnung nicht zusammengehöriger Datensätze. Ein *Homonym* bedeutet, die gleiche Bezeichnung für zwei unterschiedliche Objekte zu haben, z. B. Bank als Gartenbank oder Geldinstitut. Weitere Probleme können durch *Äquipollenzen* entstehen, die unterschiedliche Bezeichner für verschiedene Betrachtungsweisen verwenden (z. B. Konsument und Verbraucher).

Probabilistische *Record-Linkage-Systeme* ([FeSu69], [Jaro89]) können in manchen Fällen Abhilfe schaffen. Ein probabilistisches Record-Linkage-System verwendet ausgeklügelte statistische Verfahren, die ein Gewicht für die Ähnlichkeit von Datensätzen berechnen. Liegt das Gewicht oberhalb eines bestimmten Schwellenwertes, werden die Datensätze einander zugeordnet.

Anpassung von Datentypen

Falls der Datentyp eines Quellattributs nicht mit dem des korrespondierenden Zielattributs übereinstimmt, ist eine Konvertierung der Attributwerte erforderlich.

Beispiele:
```
Character → Date
(oft bei Datumsangaben, z.B. "15.10.2012" → 15.10.2012)
Character → Number
(oft bei numerischen Schlüsseln, z.B. "1234" → 1234)
```

Konvertierung von Codierungen

Bei Attributen, die codiert vorliegen, kann eine Konvertierung erforderlich sein, wenn in Quelle und Ziel unterschiedliche Codierungsstandards verwendet werden. Des Weiteren kann der Fall auftreten, dass Klartexte zu codieren sind oder – eher selten – Codes in Klartexte aufgelöst werden müssen. Bei der Konvertierung können *Hilfstabellen* (engl. lookup table) hilfreich sein.

Beispiele:
```
"Einkaufspreis", "Verkaufspreis" → 1, 2
(Klartext → Codierung)
E, V → 1, 2
(Codierung A → Codierung B)
```

Vereinheitlichung von Zeichenketten

Zur Vereinheitlichung von Zeichenketten können diese transformiert werden, z. B. indem Umlaute oder andere sprachspezifische Sonderzeichen durch eine alternative, mehrbuchstabige Schreibweise ersetzt werden oder indem alles einheitlich mit Klein- oder Großbuchstaben geschrieben wird. Weitere Transformationen auf Zeichenketten umfassen die Eliminierung von Leerzeichen, Tabulatoren etc. (engl. white spaces) und die Vereinheitlichung von Trennsymbolen und Abkürzungen.

Die Vereinheitlichung von Zeichenketten senkt die Wahrscheinlichkeit von Synonymfehlern, birgt jedoch die Gefahr von Homonymfehlern (Abschnitt 3.3.2), da manchmal charakteristische Merkmalsausprägungen verloren gehen können. Entscheidend ist jedoch, dass unternehmensweit ein einheitliches Vokabular von Fachbegriffen etabliert wird. Dieses Vokabular sollte zentral im Repositorium (Abschnitt 2.13) verwaltet werden.

Beispiele:
```
"Küchengerät"   → "Kuechengeraet"
"Kuechengeraet" → "KUECHENGERAET"
"Videorekorder" → "Videorecorder"
"VCR"           → "Videorecorder"
"Klient"        → "Kunde"
```

Bei multinationalen Data-Warehouse-Projekten ist typischerweise eine Abbildung von lokal verwendeten Zeichensätzen auf einen einheitlichen Zeichensatz wie UNICODE [Unic00] erforderlich, z. B. um einen zentralen Produktkatalog zu erstellen.

Darüber hinaus sind Transformationen denkbar, die Domänenwissen bzw. Information über die Semantik von Attributen voraussetzen. Ein Beispiel dafür ist die einheitliche Notation eines Attributs "Name" in der Form "<Nachname>, <Vorname>". Falls Wissen darüber vorliegt, dass alle Einträge der Quelle die Form "<Vorname> <Nachname>" haben, kann die Transformation auf einfache Weise vorgenommen werden. Ansonsten muss auf zusätzliches Domänenwissen zurückgegriffen werden, z. B. auf eine Liste aller zulässigen Vornamen. Kritisch sind natürlich Namen, die gleichzeitig Vor- und Nachname sein können, z. B. "Frank" oder "Claus".

Beispiele
```
"Kurt Meyer"  → "Meyer, Kurt"
"Meyer Kurt"  → "Meyer, Kurt"
(da "Kurt" als zulässiger Vorname erkannt wird)
"Frank Claus" → ? (unklar, was Vor- und was Nachname ist)
```

Die in diesem Abschnitt genannten Transformationen sind zwingend erforderlich, wenn Redundanzen im Datenbestand nicht ausgeschlossen werden können und diese mithilfe eines Record-Linkage-Verfahrens ([FeSu69], [Jaro89]) aufgespürt werden sollen. Die Transformationen sorgen für eine einheitliche Basis für Vergleiche von Merkmalsausprägungen und leisten so einen entscheidenden Beitrag zur Minimierung von Synonymfehlern (Abschnitt 3.3.2). Um Schreib- und Hörfehler zu kompensieren, kann es sinnvoll sein, phonetische Codes zu bilden und Datensätze anhand dieser Codes miteinander zu vergleichen [Post69].

Beispiele:

```
(nach Kölner Phonetik, Variante von 1975)
"VIDEORECORDER" → "FEDEUREKURDER"
"VIDEOREKORDER" → "FEDEUREKURDER"
```

Vereinheitlichung von Datumsangaben

Moderne relationale Datenbankmanagementsysteme unterscheiden bei Datumsangaben zwischen einer internen und einer externen Darstellung. Während die interne Darstellung statisch ist, kann die externe Darstellung an die jeweiligen Anwenderbedürfnisse angepasst werden, z.B. an ein landesspezifisches Datumsformat. Falls das Zieldatenbanksystem eine solche Trennung unterstützt, ist keine Konvertierung von Datumsangaben erforderlich, da die gewünschte (externe) Darstellung auf der Zielseite jederzeit angepasst werden kann. Erwartet das Zieldatenbanksystem hingegen ein ganz bestimmtes, proprietäres Datenformat (z.B. "TT.MM.JJJJ"), so ist im Allgemeinen eine Konvertierung notwendig.

In Altsystemen sind Datumsangaben häufig als Zeichenketten modelliert, sodass vor der eigentlichen Vereinheitlichung des Datumsformats eine Konvertierung des Datentyps erforderlich ist. Des Weiteren kann es vorkommen, dass Datumsangaben in Quelle oder Ziel als einzelne numerische Angaben für Tag, Monat und Jahr repräsentiert sind. In diesem Fall ist eine Kombination bzw. Separierung von Attributwerten bei der Konvertierung erforderlich.

Beispiel:

```
"MM-DD-YYYY"→"DD.MM.YYYY"
```

Problematisch ist die Situation, wenn Datumsangaben in der Quelle nicht vollständig vorliegen, z.B. mit nur zweistelliger Jahresangabe oder ohne Tagesangabe (nur Monat und Jahr). Im ersten Fall müssen Jahresangaben auf vier Stellen erweitert werden, wobei jeweils auf die Wahl des korrekten Jahrhunderts (meist 19xx oder 20xx) zu achten ist, im zweiten Fall müssen ggf. Dummy-Werte für Tagesangaben eingefügt werden, z.B. 1 (Monatsanfang) oder 15 (Monatsmitte).

Bei international tätigen Organisationen kann zusätzlich zur Konvertierung von Datumsformaten eine Umrechnung von Zeitzonen notwendig sein. Dazu muss allerdings bekannt sein, auf welche Zeitzone sich eine gegebene Zeitangabe bezieht. Die zugrunde liegende Zeitzone sollte als Zusatzinformation zu einer Quelle angegeben sein.

Umrechnung von Maßeinheiten/Skalierung

Numerische Merkmalsausprägungen besitzen meist eine Maßeinheit. Beispiele dafür sind Angaben zu Länge oder Gewicht. Dabei kann die in einer Quelle für ein Attribut verwendete Maßeinheit von der im Ziel benötigten abweichen. Selbst wenn Quelle und Ziel einem Attribut dieselbe Maßeinheit zugrunde legen, so kann immer noch eine unterschiedliche Skalierung vorhanden sein. In beiden Fällen sind Umrechnungen zur Angleichung erforderlich, die jedoch bei Kenntnis der vorliegenden Maßeinheiten und Skalierungen relativ trivial sind. Bei Altsystemen fehlt im schlechtesten Fall eine solche Angabe. Ist dies der Fall, so ist von einer Verwendung der Quelle abzuraten, da die Semantik der darin gespeicherten Daten unklar ist.

Beispiele:
```
10 inch  → 25,4 cm
10 km    → 10.000 m
30 mph   → 48,279 km/h
```

Kombination/Separierung von Attributwerten

Manchmal ist es notwendig, mehrere Attributwerte einer Quelle zu einem Attributwert des Ziels zusammenzufassen, beispielsweise bei Datumsangaben mit separat gespeichertem Tag, Monat und Jahr. Eine solche Kombination von Attributwerten kann anhand einer a priori definierten Berechnungsvorschrift erfolgen. Umgekehrt kann es aber auch erforderlich sein, einen Attributwert der Quelle in mehrere Attributwerte des Ziels zu zerlegen. Beispiele hierfür sind Zerlegungen komplexer Bezeichnungen oder Auflösung zusammengesetzter Schlüssel bzw. Codes.

Beispiele:
```
Tag = 18, Monat = 5, Jahr = 2012 → 18.05.2012
Bezeichnung = "Schoko-Max, 100g" →
        Typ = "Schoko-Max", Gewicht = 100
```

Berechnung abgeleiteter Werte

Unter Umständen kann es sinnvoll sein, aus bestimmten Attributwerten der Datenquelle neue Werte abzuleiten, die dann im Ziel gespeichert werden. Ein solches Vorgehen kann zwei Gründe haben. Entweder werden die Quelldaten in ihrer originären Form im Ziel nicht benötigt – dies wird von Geschäftsregeln festgelegt – oder aber die abgeleiteten Werte werden zusätzlich zu den originären Werten gespeichert, um Effizienzsteigerungen bei Auswertungen zu erzielen. So erfordern z. B. Data-Mining-Algorithmen eine spezielle Aufbereitung der Basisdaten [Fayy96]. Diese Aufbereitung kann weitaus komplexer sein, als die angegebenen Beispiele vermuten lassen.

Beispiele:
```
Einführungsdatum = ... →
    Verkaufszeitraum = Tagesdatum − Einführungsdatum
Preis_exkl_MWST = ... →
    Preis_inkl_MWST = Preis_exkl_MWST * 1.19
```

Weitere Beispiele sind die Berechnung von kumulierten Umsatzdaten nach auswertungsrelevanten Kriterien wie Filiale, Produktgruppe, Quartal etc.

Aggregierung

Ein typisches Merkmal von Data-Warehouse-Systemen ist die Verwendung historischer Daten. Es wird also die Entwicklung des betrachteten Weltausschnitts über die Zeit beobachtet. Allerdings ist es dazu nicht unbedingt notwendig, alle Daten auf der feinsten Granularitätsebene wie in den Quellsystemen zu speichern. Stattdessen ist es häufig ausreichend, grobgranularere Daten zu verwenden. Diese können durch Aggregierung von feingranulareren Daten gewonnen werden. Gleiches gilt für die Gruppierung von Daten nach auswertungsrelevanten Kriterien wie Filiale oder Region. Die einfachste und am häufigsten verwendete Form der Aggregierung ist die Summierung. So können z. B. Tagesumsätze der Kaufhauskette zu Monatsumsätzen aufsummiert werden (Abschnitt 8.5).

3.3.2 Bereinigung

In der Bereinigungsphase wird versucht, festgestellte Qualitätsmängel der in die Basis-, Ableitungs- und Auswertungsdatenbank zu integrierenden Daten zu beseitigen. Die dem Data-Warehouse-System zugrunde liegenden Datenquellen sind in der Regel auf das tägliche Transaktionsgeschäft, also auf spezielle Anwendungszwecke, ausgerichtet, das insbesondere auf einen Teilbereich des Unternehmens beschränkt sein kann. Die Daten sind für diese Aufgabe speziell strukturiert. Daher treten Qualitätsmängel vor allem bei der Integration von mehreren Datenquellen zutage. Verfahren zur Beseitigung dieser Mängel werden unter dem Begriff *Datenbereinigung* (engl. *data cleaning* oder *data cleansing*) zusammengefasst.

Bereinigungsmaßnahmen nach Datenqualitätsmerkmalen

Bereinigungsmaßnahmen sind auf wenige der in Abschnitt 2.3.2 definierten Datenqualitätsmerkmale beschränkt. Es ist z.B. offensichtlich, dass Daten nicht nachträglich relevanter oder aktueller gemacht werden können, als sie sind. Derartige Qualitätsmängel können nur ursachenorientiert behoben werden, z.B. durch eine Prozessoptimierung.

Im Folgenden werden für diejenigen Merkmale, für die eine Bereinigung grundsätzlich möglich ist, typische Bereinigungsmaßnahmen vorgestellt.

■ *Korrektheit*:
Zur Verbesserung der Korrektheit von Daten muss auf die Realwelt zurückgegriffen werden, um den tatsächlichen Zustand bzw. Attributwert zu bestimmen, durch den ein als fehlerhaft erkannter Wert im Informationssystem zu ersetzen ist. Da dieser Schritt im Allgemeinen nicht automatisierbar ist – eine Ausnahme ist der ähnlichkeitsbasierte Abgleich von Adressdaten mit öffentlichen Adressregistern – und gleichzeitig die Datenvolumina sehr groß sein können, ist eine Bereinigung bzgl. des Merkmals Korrektheit üblicherweise nur stichprobenartig möglich. Wird per Stichprobe eine Inkorrektheit festgestellt, so kann der abweichende Wert der Realwelt direkt ins Informationssystem übernommen werden, um den Korrektheitsgrad zumindest punktuell zu erhöhen. Gelingt es, von Qualitätsmängeln in einer Stichprobe auf Qualitätsmängel in anderen Teilen eines Datenbestands zu schließen, z. B. in anderen Datensätzen aus derselben Quelle bzw. Datenlieferung, ist eine weitergehende Qualitätsverbesserung möglich. Gleiches gilt, wenn der Suchraum durch eine Klassifizierung von Stichproben, die Qualitätsmängel aufweisen, auf »verdächtige« Teilmengen eingeschränkt werden kann.

Ein weiterer Ansatz zur Erkennung von Mängeln bzgl. Korrektheit besteht in der Anwendung von Konzepten der *Statistischen Prozesskontrolle* (SPC), die in der industriellen Fertigung seit mehreren Jahrzehnten etabliert ist und auf [Shew31] zurückgeht. Die Kernidee dabei ist, zu neu erfassten oder neu angelieferten Daten attributspezifisch statistische Kennzahlen (Mittelwert, Varianz, Attributwerthäufigkeiten etc.) zu berechnen und über die Zeit zu protokollieren. Die jeweils neu berechneten Kennzahlen werden dann mit Erfahrungswerten aus dem Gesamtdatenbestand, z. B. aus der Ableitungsdatenbank, verglichen, um beispielsweise Übertragungsfehler oder quellenspezifische Fehler frühzeitig – spätestens in der Bereinigungsphase – erkennen zu können. Bei Bedarf, d. h., wenn die Abweichung zwischen Istwert und erwartetem Wert so groß ist, dass a priori festgelegte attributspezifische Schwellenwerte (sog. *Kontrollgrenzen*) über- bzw. unterschritten werden, kann der Administrator oder Datenverantwortliche zu einer Intervention aufgerufen werden, z. B. zur Neuanforderung eines offensichtlich mangelhaften Datenpakets von der zuständigen Quelle. Alternativ bzw. ergänzend kann SPC auch direkt auf den Datenquellen aufsetzen, um den Datenerfassungsprozess zu überwachen. Weitere Details zu SPC im DQM-Kontext finden sich in [HoZh95] und [Hinr02].

■ *Konsistenz*:
Zur Bewertung der Konsistenz von Daten ist im Allgemeinen domänenspezifisches Wissen erforderlich. Als Repräsentationsformen des Domänenwissens kommen insbesondere in Frage:

- *(Geschäfts-)Regeln*, z. B.
"WENN lieferdatum < bestelldatum, DANN Mangel mit Schweregrad 0.9"

- *Lookup-Relationen*, z. B. Bankleitzahlregister
- *Reguläre Ausdrücke*, z. B. für Artikelbezeichner
- Beliebige domänenspezifische Funktionen
  Inkonsistenzen können zwar – angemessen repräsentiertes, d. h. maschinell verarbeitbares Domänenwissen vorausgesetzt – automatisiert *erkannt* werden, eine automatisierte *Beseitigung* von Inkonsistenzen ist jedoch nur in wenigen Ausnahmefällen möglich, z. B. bei abgeleiteten Attributen. In derartigen Fällen kann die korrigierende Maßnahme – üblicherweise Ersetzung eines Attributwerts – in den Aktionsteil der jeweils verletzten Konsistenzregel aufgenommen werden. Dies entspricht den klassischen Stored-Procedures-/Triggerkonzepten herkömmlicher Datenbankmanagementsysteme. Nichttriviale Inkonsistenzen können im Allgemeinen nur behoben werden, indem ggf. automatisiert erzeugte »Rückfragen« an die betroffenen Datenquellen bzw. Fachabteilungen übermittelt werden. Diese sollten intern den Inkonsistenzen nachgehen und anschließend entweder eine Neulieferung der korrigierten Daten vornehmen oder Korrekturanweisungen zurückschicken, anhand derer eine Nachbearbeitung der inkonsistenten Daten vorgenommen werden kann. Insbesondere bei externen Quellen gestaltet sich die Abwicklung von Rückfragen aufgrund der nicht etablierten Kommunikationswege oft schwierig.

Ein besonderer Aspekt der Konsistenz ist die *Schlüsseleindeutigkeit*. Mängeln bzgl. der Eindeutigkeit von Schlüsseln kann in der Bereinigungsphase durch Generierung systemweit eindeutiger synthetischer Schlüssel (sog. *surrogate keys*) entgegengewirkt werden. Wichtig ist, dass Zuordnungen zwischen quellenspezifischen Schlüsseln und eindeutigen Surrogaten dauerhaft gespeichert werden, um inkrementelle Updates korrekt ausführen zu können.

Vollständigkeit:
Zur Verbesserung der Vollständigkeit kann – analog zur Konsistenz – wiederum domänenspezifisches Wissen genutzt werden, um fehlende Werte abgeleiteter Attribute nachzutragen. Fehlende Attributwerte oder Datensätze, die nicht wissensbasiert ermittelt werden können, müssen beim Datenlieferanten nachgefragt werden. Im Data-Warehouse-System sollten fehlende Werte einheitlich repräsentiert sein. Moderne Datenbankmanagementsysteme bieten dazu einen speziellen, datentypunabhängigen NULL-Wert an. In Datenquellen werden fehlende Werte allerdings häufig proprietär durch bestimmte Werte des jeweiligen Datentyps dargestellt, z. B. -1 bei numerischen Werten, ' ' bei Zeichenketten oder '01.01.1900' bei Datumsangaben. Kenntnis über die jeweils verwendeten Werte ist essenziell für deren korrekte Umsetzung in NULL-Werte.

NULL-Werte sind allerdings nicht zwangsläufig ein Indiz für Datenqualitätsmängel. Vielmehr gilt es, verschiedene Semantiken eines NULL-Werts zu unterscheiden:

1. Es gibt in der realen Welt keinen Wert für das Attribut. Ein Beispiel ist die Haltbarkeitsdauer bei nicht verderblichen Artikeln.
2. Es gibt in der realen Welt einen Wert für das Attribut, aber dieser Wert war zum Erfassungszeitpunkt entweder nicht bekannt oder wurde aus bestimmten Gründen nicht erfasst. In Quellsystemen werden z. B. demografische Angaben zu Kunden oft nicht gespeichert, weil sie dort nicht notwendig sind. Auswertungsvorhaben können jedoch durchaus auf solche Angaben angewiesen sein – ein typisches Problem im Data Warehousing, da hier Daten zu Zwecken ausgewertet werden, für die sie ursprünglich nicht vorgesehen waren.
3. Es ist nicht bekannt, ob es in der realen Welt einen Wert für das Attribut gibt, z. B. ob ein Kunde eine E-Mail-Adresse besitzt oder nicht.

Im zweiten Fall liegt ein Qualitätsdefizit bzgl. Vollständigkeit vor, im ersten Fall nicht. Im dritten Fall kann keine Qualitätsaussage getroffen werden. Eine Feststellung, welcher Fall jeweils vorliegt, ist schwierig und kann nur durch Ausnutzung von Domänenwissen geschehen.

Redundanzfreiheit:
Redundanzfreiheit kann nur gemessen werden, wenn die Anzahl der in einem Datenbestand repräsentierten Entitäten der Realwelt und damit die Anzahl der Duplikate im Datenbestand abschätzbar ist. Im Gegensatz zum Merkmal Korrektheit wird hierzu üblicherweise nicht direkt auf die Realwelt zurückgegriffen. Stattdessen wird die Abschätzung durch Attributwertvergleiche im Informationssystem vorgenommen, und zwar mithilfe sogenannter *Record-Linkage-Verfahren*. Im Idealfall kann eine Zuordnung zweier Datensätze anhand ihres übereinstimmenden Primärschlüssels erfolgen (sog. *schlüsselbasiertes Linkage*). In der Praxis ist dies jedoch nur in Ausnahmefällen möglich, da häufig – insbesondere, wenn die Daten aus heterogenen Quellen stammen – keine quellenübergreifend eindeutigen Primärschlüssel vorliegen. Eine Zuordnung von Datensätzen kann dann nur noch auf der Basis einer Auswertung der Ähnlichkeit von Nicht-Schlüssel-Attributwerten erfolgen. In der Literatur finden sich folgende Klassen von ähnlichkeitsbasierten Record-Linkage-Verfahren:

- *Probabilistisches Record Linkage* ([Jaro89], [Wink99])
- *Sorted Neighbourhood Method* [HeSt95]
- *Neighbourhood Hash Joins* [GFS+01]
  An dieser Stelle soll exemplarisch das probabilistische Record Linkage kurz vorgestellt werden. Es handelt sich dabei um ein abweichungstolerantes Verfahren, bei dem in Abhängigkeit von der Ähnlichkeit der Attributwerte zweier Datensätze Gewichte vergeben werden. Die Summe der Attributgewichte pro Datensatzpaar korreliert dann mit der Wahrscheinlichkeit, dass beide Datensätze dieselbe Entität beschreiben und damit ein-

ander zuzuordnen sind. Die Anwendung eines Record-Linkage-Verfahrens resultiert also in einer Menge von Zuordnungen zwischen Datensätzen. Diese Menge stellt den Ausgangspunkt zur Qualitätsverbesserung dar. Dazu werden gefundene Zuordnungen konsolidiert, d.h. die einander zugeordneten Datensätze miteinander verschmolzen und damit Duplikate eliminiert. Beim Verschmelzen werden nach bestimmten Kriterien (Informationsgehalt, Quellenpriorität, Zeitnähe etc.) die jeweils »besten« Informationen aus den beteiligten Datensätzen extrahiert und in einen Zieldatensatz eingefügt. Die Ausgangsdatensätze sind anschließend zu löschen.

Einheitlichkeit:
Maßnahmen zur Verbesserung der Einheitlichkeit der Datenrepräsentation wurden bereits in Zusammenhang mit der Transformationsphase diskutiert.

Wie aus den obigen Ausführungen zu den einzelnen Qualitätsmerkmalen ersichtlich ist, lassen sich *domänenabhängige* und *domänenunabhängige* Verfahren zur Datenbereinigung unterscheiden. Erstere sind nur in einem eng umrissenen Anwendungsbereich einsetzbar (z.B. Abgleich von Adressen mit öffentlichen Verzeichnissen), arbeiten dort aber sehr effektiv. Letztere verwenden meist statistische Methoden (z.B. probabilistisches Record Linkage), um beliebige Daten aus heterogenen Quellen zu bereinigen.

Zu den domänenunabhängigen Verfahren gehören auch solche aus dem Bereich des Data Mining. Beispielsweise können Data-Mining-Verfahren selbstständig Regeln aufstellen, die Zusammenhänge zwischen Daten widerspiegeln. Datensätze, die diesen Regeln nicht genügen, sind Kandidaten für Mängel in der Datenqualität [GrHi01].

Datenqualitätsmanagement in Data-Warehouse-Systemen

Datenbereinigung ist beim Data Warehousing häufig symptomorientiert. Für eine nachhaltige Verbesserung der Datenqualität ist es erforderlich, die Datenbereinigung in ein umfassendes *Datenqualitätsmanagement (DQM)* einzubetten, das zusätzlich Maßnahmen zur Qualitätsplanung und -lenkung vorsieht und zu einem Regelkreis verschaltet [DIN00a].

Bei der *Qualitätsplanung* geht es um die Festlegung der Qualitätsziele und um die zum Erreichen dieser Ziele notwendigen Prozesse und Ressourcen. Im DQM-Kontext sollten Qualitätsziele im Allgemeinen als geforderte Erfüllungsgrade von Datenqualitätsmerkmalen formuliert werden. Die Planung der erforderlichen Prozesse und Ressourcen umfasst z.B. die Auswahl geeigneter Datenquellen, die Spezifizierung angemessener Methoden zur Verarbeitung, Speicherung und Qualitätsprüfung von Daten sowie die Festlegung von Messpunkten im Verarbeitungsprozess.

Als Hilfsmittel zur Umwandlung von informell geäußerten und subjektiv gefärbten Nutzeranforderungen in objektive technische Spezifikationen kann das sog. *Quality Function Deployment* (QFD, [Akao90]) dienen. Es handelt sich dabei um ein in der Analyse- und Designphase von Systemen eingesetztes Verfahren, das auf einem Verfeinerungsprozess einer Reihe von Matrizen beruht, deren Elemente Beziehungen zwischen Systemeigenschaften, Nutzeranforderungen und den Prozessen zur Herstellung des Systems beschreiben.

Im Rahmen der *Qualitätslenkung* wird auf der Basis einer Bewertung der Istdatenqualität[4] entschieden, wie auf entdeckte Datenqualitätsmängel reagiert werden soll. Folgende Maßnahmen sind denkbar:

- Aussortieren und Neuanfordern von Daten (nach Beseitigung der Problemursache)
- Einschränken der Nutzung von Daten durch entsprechende Kennzeichnung in den Metadaten (z.B. Sperrung der Daten für bestimmte Auswertungsverfahren)
- symptomorientiertes Verbessern der Datenqualität (klassische Datenbereinigung)
- ursachenorientiertes Verbessern der Datenqualität (Optimierung von Prozessen, Datenschemata, Verantwortlichkeiten etc.)
- Verbessern der Prüfprozesse (insbesondere zur Qualitätsmessung)
- Feedback an Datenquellen über festgestellte Datenqualitätsmängel

Alle durchgeführten Maßnahmen sollten in geeigneter Weise protokolliert werden, um eine Rückverfolgbarkeit zu gewährleisten.

Da sowohl mangelhafte Datenqualität bzw. deren Folgen als auch Maßnahmen zur Datenqualitätsverbesserung Kosten verursachen, stellt sich die Frage nach dem »Break Even Point«, d.h.: Wie viel darf eine Verbesserungsmaßnahme maximal kosten, um ihren Nutzen zu rechtfertigen? Grundsätzlich gilt, dass ursachenorientierte Maßnahmen kurzfristig kostenintensiver sind als symptomorientierte Maßnahmen, sich aber mittelfristig durch die Senkung von Datenbereinigungskosten amortisieren.

Datenqualitätsmanagement bei der Data-Warehouse-Beladung

Das Datenqualitätsmanagement bei der Data-Warehouse-Beladung ist im Datenbeschaffungsprozess des Data-Warehouse-Systems zu integrieren. Dabei muss zunächst festgelegt werden, welche Datenqualitätsanforderungen die Daten erfüllen müssen, damit sie in die Basis- oder Ableitungsdatenbank geladen werden dürfen. Hierbei reicht es aus, nur die neu hinzugekommenen Daten zu betrachten, da davon ausgegangen werden kann, dass bereits geladene Daten im Data-Warehouse-System den Datenqualitätsanforderungen entsprechen.

---

4. Für die Bewertung bzw. Messung von Datenqualität existieren bisher keine etablierten Verfahren. Für eine ausführliche Diskussion zu dieser Problematik siehe [Hinr02].

Daten, die diesen definierten Datenqualitätsanforderungen nicht genügen, müssen bei der Beladung gefiltert werden. Dafür können im Wesentlichen die drei möglichen Ansätze Abweisung, Zurückhaltung und Verarbeitung mit Bereinigung unterschieden werden [ABEM10, 150 ff.] (Abb. 3–1).

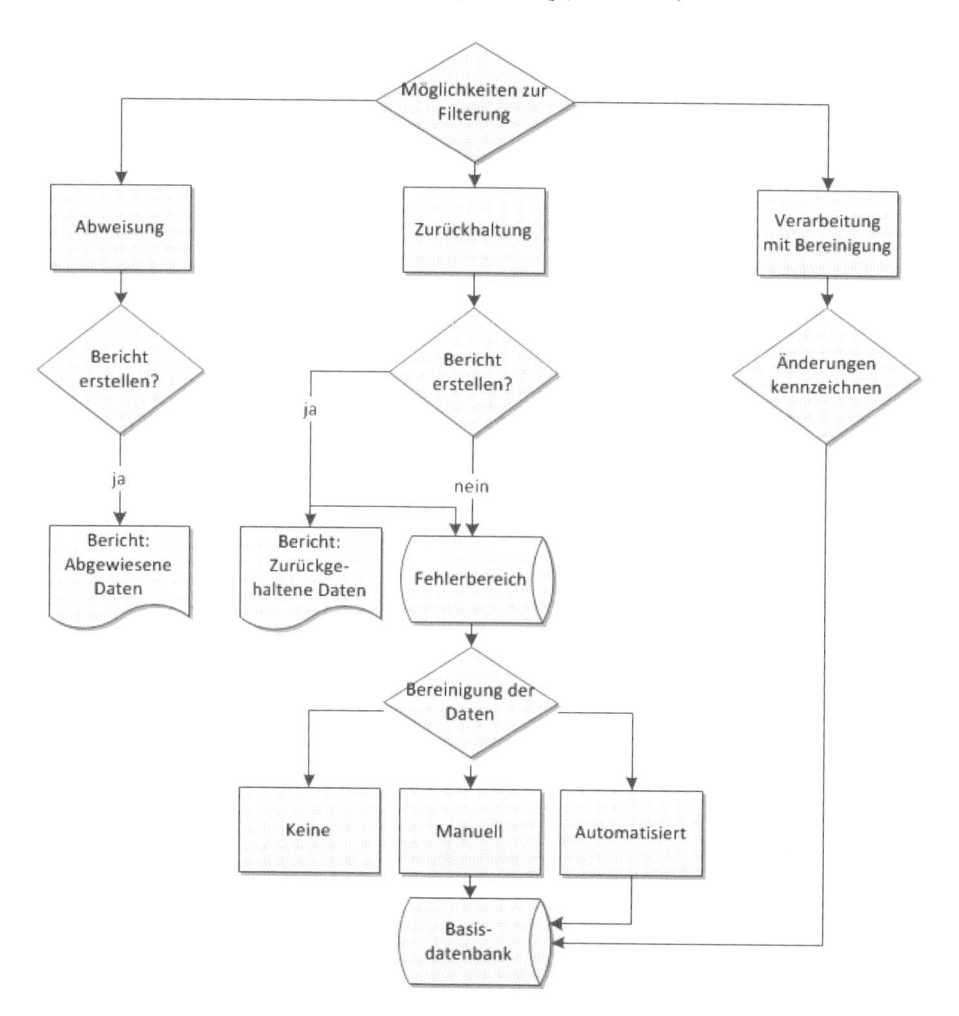

Abb. 3-1 *Filterungsmöglichkeiten bei der Data-Warehouse-Beladung [ABEM10]*

Abweisung bedeutet, dass die nicht verwendbaren Daten nicht in die Basis- oder Ableitungsdatenbank geladen und auch nicht gesondert abgespeichert werden.

Dagegen werden bei der Zurückhaltung die Daten in einem besonderen Bereich der Datenbank, z.B. in einem speziellen Fehlerbereich, abgespeichert. Optional können bei diesen beiden Möglichkeiten auch Berichte erstellt werden, in denen die gefundenen Fehler protokolliert werden. Im Anschluss können die Daten automatisiert, manuell und natürlich auch gar nicht korrigiert werden, wobei Letzteres der Abweisung entspricht.

Bei der Verarbeitung mit Bereinigung werden die Daten bereits bei der Data-Warehouse-Beladung möglichst automatisiert bereinigt und normal weiterverarbeitet, sodass sie mit den anderen Daten in die Basis- oder Ableitungsdatenbank geladen werden. Hier finden also die Auswertungs- und Bereinigungsaktivitäten nahezu parallel statt. Damit die Veränderungen an den Daten nachgehalten werden können, ist es sinnvoll, die Daten, die im Rahmen dieser Bereinigung verändert wurden, entsprechend zu kennzeichnen, was jedoch zusätzlichen Aufwand mit sich bringt.

Welche der drei Maßnahmen am besten geeignet ist, muss von den nichtfunktionalen Anforderungen und der Größe der Basis- oder Ableitungsdatenbank abhängig gemacht werden. Sicherlich entstehen bei der letzten Möglichkeit die wenigsten Konsistenzprobleme zwischen den Quellsystemen und der Basis- oder Ableitungsdatenbank, da keine Daten weggelassen werden. Außerdem wird der Datenbestand sofort bereinigt. Jedoch bringt diese Lösung auch einige Probleme und Nachteile mit sich, wie z. B., dass nicht alle Fehler automatisiert bereinigt werden können. Daher müssen einige Fehler manuell korrigiert werden. Außerdem bringt die automatisierte Bereinigung der Daten das Problem mit sich, dass die Algorithmen dafür sehr komplex sein können und sich somit die Laufzeit für die Data-Warehouse-Beladung drastisch erhöhen kann. Hinzu kommt, dass diese Algorithmen auch fehleranfällig sein können und dadurch möglicherweise neue Datenqualitätsprobleme verursachen.

Ist eine hohe Performanz bei der Beladung der Basis- oder Ableitungsdatenbank wichtig, so kann die Methode der Zurückhaltung daher vorteilhafter sein. Der Fehlerbereich benötigt zwar zusätzlichen Speicherplatz, aber die Laufzeit bei der Beladung der Basis- oder Ableitungsdatenbank wird dadurch nicht beeinträchtigt. Jedoch muss bei dieser Variante dafür gesorgt werden, dass die dort eingefügten Datensätze auch zeitnah untersucht und bereinigt werden.

Vorstellbar ist auch eine Mischform der Zurückhaltung und Verarbeitung mit Bereinigung. Dazu werden die gefundenen Datenqualitätsprobleme bereits während der Auswertung hinsichtlich der möglichen Bereinigungsmaßnahmen klassifiziert. So können Datenqualitätsprobleme, die durch Algorithmen mit geringer Laufzeit und Fehleranfälligkeit bereinigt werden können, bereits während der Beladung automatisiert behoben werden. Datenqualitätsprobleme, die durch komplexere Algorithmen bzw. manuell bereinigt werden müssen, können im Anschluss dem Fehlerbereich entnommen werden. Eine Bereinigung dieser wirkt sich dann nicht mehr auf die Laufzeit der Beladung aus.

Um diese Methode zu realisieren, wird die Data-Warehouse-Architektur aus Abbildung 2–1 um den Fehlerbereich erweitert (Abb. 3–2).

3.3 Transformationsphase

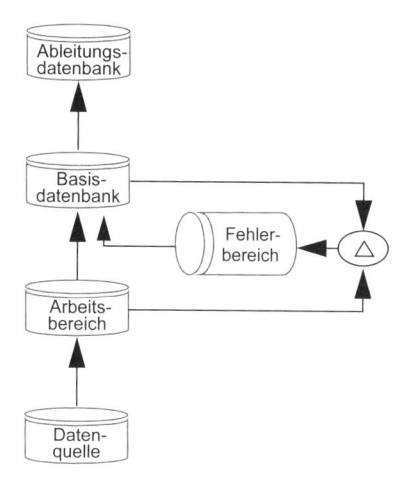

Abb. 3-2   *Data-Warehouse-Architektur mit Fehlerbereich*

Der Fehlerbereich ist ebenso wie der Arbeitsbereich Bestandteil des Datenbeschaffungsbereichs und enthält alle Daten, die in den Arbeitsbereich extrahiert werden, aber aufgrund von Datenqualitätsproblemen nicht in die Basisdatenbank geladen werden. Dargestellt sind diese Daten in der Abbildung durch das Delta. Im Fehlerbereich werden die Daten analysiert und ggf. bereinigt. Anschließend können die erfolgreich bereinigten Daten aus dem Fehlerbereich in die Basisdatenbank geladen werden.

Nachdem die Wahl getroffen ist, wie die fehlerhaften Datensätze verarbeitet werden, müssen die Anforderungen festgelegt werden, welche Daten über eine ausreichende Datenqualität verfügen.

Solche Datenqualitätsprobleme spiegeln sich insbesondere in der Entstehung von Redundanzen und Dubletten wider, die durch die Zusammenführung mehrerer Datenquellen entstehen. Eine Folge daraus können Konsistenzprobleme sein. Außerdem können sich möglicherweise für die Basis- und Ableitungsdatenbank auch Regeln bzw. Anforderungen an die Datenqualität ergeben, die in den Quellsystemen nicht gelten können, da die Daten dort einen anderen Verwendungszweck haben.

Genau wie die Prüfungen in den Quelldaten ist auch die Datenqualitätsanalyse während der Data-Warehouse-Beladung weitestgehend zu automatisieren. Dabei sind folgende beispielhafte Prüfungen denkbar:

- Kinder ohne Eltern:
  Die referentielle Integrität ist zu analysieren, d.h. ob Kinder ohne Eltern existieren. Insbesondere wenn im eigentlichen Datenbankschema mit Surrogaten (künstlichen Schlüsseln) gearbeitet wird, muss hier die referentielle Integrität anhand der natürlichen Schlüssel analysiert werden. Außerdem sind durch die Integration von mehreren Datenquellen möglicherweise neue fachliche Fremdschlüsselbeziehungen entstanden, die es zu untersuchen gilt.

- Folgefehler:
  Für Kinder ohne Eltern wird unterschieden, ob für diese keine Eltern existieren oder ob sich der Elterndatensatz im Fehlerbereich befindet. Beim zweiten Fall handelt es sich um einen Folgefehler.
- NULL-Werte:
  Im Bereich der Datentypen werden nochmals die NULL-Werte analysiert. Hier wird überprüft, ob die Attribute, für die fachlich definiert wurde, dass sie in der Basis- und Ableitungsdatenbank keine undefinierten Werte enthalten dürfen, auch komplett gefüllt sind. Diese Prüfung ist bei der Data-Warehouse-Beladung wichtig, da die Anforderungen hinsichtlich der undefinierten Werte für die Quellsysteme und der Basis- oder Ableitungsdatenbank unterschiedlich sein können.
- Dubletten:
  In der Basisdatenbank sollten keine Dubletten geladen werden, weshalb hier eine Dublettenerkennung durchgeführt werden sollte.
- Individualregeln:
  Schließlich sollten auch zusätzliche Individualregeln festgelegt werden können. Dabei handelt es sich um fachliche Geschäftsregeln, die in der Basis- und Ableitungsdatenbank sichergestellt werden müssen. Solch eine Individualregel könnte z.B. lauten, dass alle Postleitzahlen in Deutschland aus fünf Ziffern bestehen müssen.

Um eine hohe Datenqualität im Data-Warehouse-System sicherzustellen, empfiehlt sich daher die Verwendung eines Fehlerbereichs. Allerdings muss hier auf der organisatorischen Ebene dafür gesorgt werden, dass eine zeitnahe Bereinigung der Fehlertabelle erfolgt, sodass die Anzahl der Datensätze dort immer sehr klein gehalten wird.

3.4 Ladephase

Im Anschluss an die Transformationsphase müssen die Daten in die Basis-, Ableitungs- und Auswertungsdatenbank geladen werden. Die Effizienz des Ladens hat eine große Auswirkung auf alle beteiligten Systeme, weil während dieser Phase diese Systeme für die Verwendung gesperrt sind oder wegen der hohen Auslastung nur eingeschränkt nutzbar sind. Der Hauptunterschied der beiden Ladephasen liegt in der Granularität der Daten. Während die Basisdatenbank Daten eher auf Detailebene aufnimmt, kommt beim Laden der Ableitungs- und Auswertungsdatenbank die Aktualisierung der materialisierten Sichten (Abschnitt 8.5.5) hinzu.

Bei den Ladephasen unterscheidet man zwischen dem ersten Laden zur Initialisierung der Basis-, Ableitungs- und Auswertungsdatenbank und den späteren, regelmäßigen Aktualisierungen. Beim ersten Laden müssen alle Daten aus den

3.4 Ladephase

Quellsystemen übertragen werden, während bei späteren Aktualisierungen nur die geänderten Daten geladen werden müssen.

Da während der initialen und der späteren Ladephase eine große Menge an Daten in die Basis- und Ableitungsdatenbank zu laden sind, werden dazu nicht die üblichen Datenmanipulationswerkzeuge des Datenbanksystems verwendet, sondern *Bulk Loader* eingesetzt. Diese Programme sind darauf optimiert, eine große Menge von Daten in ein Datenbanksystem einzutragen. Sie benutzen in der Regel aus Effizienzgründen keine Standardschnittstellen (wie z.B. ODBC) und können daher nur für bestimmte Datenbanksysteme eingesetzt werden.

Üblicherweise findet die Ladephase der Basis-, Ableitungs- und Auswertungsdatenbank zu einem Zeitpunkt statt, an dem das System durch Anfragen der Anwender nicht ausgelastet ist, wie z.B. nachts, morgens oder am Wochenende. Aufgrund der Globalisierung der Unternehmen werden solche *Zeitfenster* aber immer kleiner. Diese Belastung der Systeme in der Ladephase kann durch eine Partitionierung, Parallelisierung und inkrementelle Sichtenaktualisierung (Abschnitt 8.5.5) ausgeglichen werden.

Im Falle von *Star*Kauf* können die Daten über Nacht übertragen werden, da momentan nur Niederlassungen im deutschsprachigen Raum existieren und die Systeme somit nachts nicht verwendet werden. Bei internationalen Unternehmen hingegen müssen nebenläufige Mechanismen eingesetzt werden.

Eine wichtige Eigenschaft von Data-Warehouse-Systemen ist die *Historisierung* von Daten, d.h., es werden nicht nur aktuelle Daten verwaltet, sondern zusätzlich auch Daten aus früheren Zeitperioden. Erst eine solche Historisierung erlaubt es, Trends zu erkennen und darauf angemessen zu reagieren. Beim inkrementellen Laden von Daten muss diese Eigenschaft berücksichtigt werden. Ein in der Ableitungs- und Auswertungsdatenbank gespeicherter Datensatz, zu dem es eine Änderung in einer Datenquelle gegeben hat, darf nicht einfach mit dem geänderten Datensatz überschrieben werden. Stattdessen ist der geänderte Datensatz zusätzlich abzulegen.

Grundsätzlich kann zwischen *Online-* und *Offline*-Ladevorgängen unterschieden werden [AnMu97]: Bei Online-Ladevorgängen steht die Basis-, Ableitungs- und Auswertungsdatenbank auch während des Ladens für Anfragen zur Verfügung, bei Offline-Ladevorgängen ist dies nicht der Fall.

Inkrementelle Aktualisierungen sollten nur online durchgeführt werden, um den laufenden Betrieb des Data-Warehouse-Systems nicht unterbrechen zu müssen. Das Zeitfenster für den Ladevorgang sollte allerdings so gewählt werden, dass die Beeinträchtigung der Benutzung minimiert wird, z.B. nachts oder an Wochenenden.

Aufgrund der möglicherweise sehr großen Datenvolumina können spezielle Maßnahmen zur Effizienzsteigerung erforderlich werden, z.B. durch Parallelisierung der Ladevorgänge. Weiterhin ist analog zur Extraktionskomponente eine angemessene Ausnahme- und Fehlerbehandlung unerlässlich.

Aktualisierung der materialisierten Sichten

Die Aktualisierung der Ableitungs- und Auswertungsdatenbank (Abschnitt 8.5.5) erfordert außerdem spezielle Ansätze, die Änderungen in der Basisdatenbank auch auf die materialisierten Sichten der Ableitungs- und Auswertungsdatenbank übertragen.

Eine naive Methode zur Sichtenwartung stellt die komplette Neuberechnung der materialisierten Sicht dar. Dies setzt aber zum einen voraus, dass alle Informationen zur Berechnung der materialisierten Sicht vorhanden sind. Dies ist vor allem im Data-Warehouse-Bereich nicht immer der Fall, da der Zugriff auf die Quellsysteme oft nur eingeschränkt möglich ist. Zum anderen kann eine Neuberechnung der Sicht sehr aufwendig sein, insbesondere wenn die Sicht Verbund- und Aggregationsoperationen enthält.

Daher werden im Data-Warehouse-Bereich Sichten möglichst inkrementell gewartet, d.h., es werden nur die Änderungen betrachtet. Das optimale Vorgehen zur inkrementellen Sichtenwartung hängt aber sehr stark vom vorliegenden Problem ab. In [GuMu95] werden Sichtenwartungsprobleme und -algorithmen anhand von vier Dimensionen klassifiziert:

- *Informationsdimension*:
  Welche Art und wie viele Informationen stehen zur Verfügung? Ist ein Zugriff auf Basisrelationen und die alten Daten der Sicht möglich? Sind zusätzliche Integritätsbedingungen bekannt?

- *Modifikationsdimension*:
  Welche Arten von Modifikationen kommen vor? Gibt es nur Einfügungen oder auch Löschungen und Änderungen einzelner Tupel? Wird eine Änderung im Algorithmus als Löschung gefolgt von einer Einfügung behandelt? Kann auch die Sichtendefinition geändert werden?

- *Sprachdimension*:
  Welche Art von Sprache wird zur Sichtendefinition benutzt? Gibt es in dieser Sprache Rekursion und Aggregation? Sind Duplikate zugelassen?

- *Instanziierungsdimension*:
  Gilt der Algorithmus für alle Datenbankzustände? Können alle Änderungen behandelt werden?

Im Data-Warehouse-Bereich sind vor allem die ersten beiden Dimensionen zu beachten. Oft ist ein Zugriff auf die Basisrelationen der Sicht nicht möglich, weshalb die Änderungen der Sicht alleine durch die Änderungen der Basisrelationen und der Materialisierung der Sicht selbst bestimmt werden müssen. Ist dies für eine Sicht möglich, so wird sie *selbstwartbar*, d.h. autonom aktualisierbar, genannt. Wenn z.B. eine Sicht alle Schlüsselattribute der Basisrelationen enthält, so kann anhand des geänderten Datensatzes einer Basisrelation bestimmt werden, welcher Datensatz in der Sicht betroffen ist.

Ob eine Sicht selbstwartbar ist, hängt nicht alleine von der Definition der Sicht ab, sondern kann auch durch die Änderungen beeinflusst werden. Zum Beispiel kann zur Laufzeit entschieden werden, dass die Sicht bei den vorliegenden Änderungen der Basisrelationen ohne weiteren Zugriff auf die Basisrelationen gewartet werden kann [Huyn97]. In einem solchen Fall ist dann natürlich auch ein Algorithmus für selbstwartbare Sichten aufgrund der Effizienz einem herkömmlichen Algorithmus vorzuziehen. Weitere Details zur Aktualisierungsproblematik von materialisierten Sichten sind in Abschnitt 8.5.5 zu finden.

3.5 Auswertungsphase

Im Rahmen der Auswertungsphase wird aus dem zugrunde liegenden Datenbestand durch eine Auswertung und Interpretation zweckorientierte Information abgeleitet. Diese soll zur Beschreibung von Systemen und Wirkungszusammenhängen oder zur Entscheidungsunterstützung herangezogen werden.

Die Auswertung von Daten kann anhand der Flexibilität der Benutzeroberfläche und der damit erzeugten Information klassifiziert werden. Eine Unterteilung in Data Access (Abschnitt 3.5.1), Online Analytical Processing (Abschnitt 3.5.2) und Data Mining (Abschnitt 3.5.3) erscheint sinnvoll.

3.5.1 Data Access

Data Access ist ein Auswertungsansatz, der darauf ausgerichtet ist, zweckorientierte Informationen aus Daten, die auf der Grundlage beispielsweise des relationalen Datenmodells, des hierarchischen Datenmodells oder des Netzwerkdatenmodells abgebildet sind, abzuleiten. Die Auswertung im Data Access basiert auf Fragestellungen wie z. B. »Wie viele Einheiten des Artikels Quickphone 150 wurden in der Filiale Isartorplatz in der 5. KW 2008 verkauft?«. Das Ergebnis dieser Anfrage ist eine Aggregation über die Anzahl der verkauften Artikel.

Zur Ermittlung von Anfrageergebnissen im Rahmen des Data Access werden insbesondere Datenmanipulationssprachen, wie beispielsweise SQL, eingesetzt. Diese sind dem der Datenbasis zugrunde liegenden Datenmodell angepasst und greifen, unterstützt durch die Verwendung von Datenschlüsseln, auf die Instanzen der Daten zu. Die Datenmanipulationssprachen sind häufig in Informations-, Berichts- und Planungssysteme integriert und ermöglichen standardisierte und flexible Anfragen des Datenbestands.

Dieser Datenzugriff kann sowohl auf dem Datenbestand der Ableitungs- und Auswertungsdatenbank als auch auf der Basisdatenbank geschehen, da sich die Anfragekomplexität nur unwesentlich von den Anfragen im OLTP-Bereich unterscheidet.

3.5.2 Online Analytical Processing (OLAP)

Der Ansatz des »Online Analytical Processing« (OLAP) steht für eine Gattung von Anfragen, die nicht nur einen einzelnen Zugriff auf einen Wert, sondern einen dynamischen, flexiblen und interaktiven Zugriff auf eine Vielzahl von Einträgen erfordern. Oft wird OLAP auch fälschlicherweise für den Begriff des Data Warehousing verwendet, da die Datengrundlage häufig in einer Ableitungs- und Auswertungsdatenbank zu finden ist. Konzipiert als Antwort auf die wachsenden Mengen und die zunehmende Komplexität der gespeicherten Unternehmensdaten sowie den steigenden Auswertungsbedarf, beschäftigt es sich mit typischen Fragestellungen wie z. B. »In welchem Bezirk macht eine Produktgruppe den größten Umsatz?« und »Wie hat sich der Umsatz einer Produktfamilie im Vergleich zum Vormonat verändert?«. Bedingt durch die Art der Anfragen und die zusätzlich benötigten Strukturen wie beispielsweise den oben genannten »Bezirk«, findet im Unterschied zu Data Access (Abschnitt 3.5.1) eine Anpassung des Datenmodells an die Auswertung statt. Daraus resultiert eine multidimensionale Sichtweise der Daten mit Präsentationsunterstützung.

Um die Entstehungshistorie und Eigenschaften des Begriffs OLAP zu verstehen, werden im Folgenden die *12 Codd'schen Regeln* [CoCS93] und deren Erweiterung diskutiert und schließlich auf die FASMI-Definition (*Fast Access of Shared Multidimensional Information*, [PeCr95]) reduziert. Darauf aufbauend wird das multidimensionale Datenmodell, das eine zentrale Rolle im OLAP-Themengebiet spielt, erwähnt und daran typische Operationen visualisiert.

Codd'sche Regeln

Der Begriff OLAP wurde 1993 von Edgar F. Codd anlässlich der Präsentation von Essbase[5], einem multidimensionalen Datenbanksystem von Arbor Software (heute Oracle Hyperion), geprägt. Diese Bezeichnung verspricht dem Anwender intuitive, interaktive, multidimensionale Datenanalyse und grenzt sich dadurch von Data Access ab. Zur Evaluierung von Produkten hinsichtlich ihrer OLAP-Fähigkeiten definierte Codd die nachfolgend aufgeführten 12 Regeln[6] [CoCS93]. Diese Regeln stellen eine Art Grundstein für die Entwicklung der OLAP-Technik dar, stimmen aber nicht immer mit der in diesem Buch vorgeschlagenen Referenzarchitektur überein.

1. *Multidimensionale konzeptionelle Sichtweise*:
   Für die Auswertung betriebswirtschaftlicher Zusammenhänge soll die konzeptionelle Sicht des Anwenders auf die Daten multidimensional sein. Kenn-

---

5. Jetzt: *http://www.oracle.com/hyperion/index.html*
6. Originalartikel von Codd, E.; Codd, S.; Salley, C.: Beyond Decision Support. In: Computerworld 27, 1993, S. 87–89

größen wie Verkäufe, Einkäufe und Preise können aus der Sicht von Dimensionen wie Produkt, Geografie und Zeit betrachtet werden.

2. *Transparenz*[7]:
Aus Anwendersicht muss der Zugriff auf Daten unterschiedlicher Quellen transparent geschehen, und es darf keine negative Beeinflussung der Funktionalität, Bedienbarkeit und Performanz des Auswertungswerkzeugs stattfinden. Aus betriebswirtschaftlicher und auswertungsspezifischer Sicht kann das Wissen um die Herkunft der analysierbaren Datenbestände eine große Bereicherung für die Interpretation der Auswertungen sein. Dies muss aber mithilfe von Metadaten durchführbar sein und darf keinen Einfluss auf die Systemfunktionalität oder Homogenität der Daten zur Folge haben.

3. *Zugriffsmöglichkeit*:
OLAP-Werkzeuge sollen den Zugriff auf unternehmensinterne und unternehmensexterne Datenquellen ermöglichen. Codds Forderung war, dass ein direkter Zugriff auf diese heterogenen physischen Datenbestände möglich sein sollte.

4. *Gleichbleibende Antwortzeit bei der Berichterstellung*:
Die Antwortzeit des Systems bei der Berichterstellung darf von der Anzahl der Dimensionen und von der Menge der gespeicherten Daten nicht beeinflusst werden.

5. *Client/Server-Architektur*:
Zur Trennung von Speicherung, Verarbeitung und Darstellung ist die Unterstützung einer Client/Server-Architektur notwendig. Der OLAP-Server soll dabei eine offene Schnittstelle zur Verfügung stellen, um den Zugriff für verschiedene Anwendungen zu ermöglichen.

6. *Generische Dimensionalität*:
Alle Dimensionen sollen in ihrer Struktur und Funktionalität einheitlich sein. Insbesondere soll keine Vorbelegung von Dimensionen für einzelne Betrachtungsperspektiven (z. B. Zeit) gegeben sein. Inzwischen hat sich die Meinung durchgesetzt, dass dies sehr wohl sinnvoll sein kann, vor allem bei Dimensionen mit einer besonderen Semantik, wie es bei der Zeit der Fall ist.

7. *Dynamische Behandlung dünn besetzter Matrizen*:
Von OLAP-Werkzeugen wird gefordert, dass sie das physische Schema des Modells automatisch an die gegebene Dimensionalität und die Verteilung jedes spezifischen Modells anpassen. Da die Datenwürfel meist dünn besetzt sind, kann nur so vermieden werden, dass das physische Schema um ein Vielfaches größer als die Menge der tatsächlichen Daten wird. Außerdem wird

---

7. Unter Transparenz wird hier die im Bereich der Informatik übliche Bedeutung, das Verbergen von Implementierungsdetails, verstanden und nicht das Offenlegen von funktionalen Details eines Systems.

sichergestellt, dass die Zugriffsgeschwindigkeit unabhängig von der Reihenfolge beim Zugriff auf die Datenelemente, der Anzahl der Dimensionen und der Datensatzgrößen bleibt. Diese Eigenschaft wird mit wachsender Dimensionalität des Modells umso wichtiger (Abschnitt 7.2.2).

8. *Mehrbenutzerunterstützung*:
Die Mehrbenutzerfähigkeit ist eine entscheidende Anforderung an OLAP-Werkzeuge. Es muss möglich sein, dass mehrere Anwender gleichzeitig dieselben Daten analysieren und sogar mit denselben analytischen Modellen arbeiten. Für den strategischen Einsatz sollen konkurrierende Zugriffe (Lesen und Schreiben[8]) unterstützt werden und Sicherheits- und Integritätsmechanismen implementiert sein. Die Zugriffsrechte der einzelnen Anwender sollen vom Datenbankadministrator auf Datenelement- bzw. Zellenebene vergeben werden können.

9. *Uneingeschränkte kreuzdimensionale Operationen*:
Alle Berechnungen, die sich aus den Hierarchiebeziehungen innerhalb der einzelnen Dimensionen ergeben, soll das OLAP-Werkzeug beim Navigieren durch die Aggregationsebenen selbst ableiten. Darüber hinaus kann der Anwender eigene Berechnungen innerhalb einer Dimension und über beliebige Dimensionen hinweg definieren.

10. *Intuitive Datenbearbeitung*:
Die Benutzungsoberfläche soll ergonomisch und intuitiv zu erlernen sein. Insbesondere soll die Navigation durch die Daten und die flexible Neuausrichtung von Konsolidierungspfaden direkt über die Sicht der Dimensionen möglich sein.

11. *Flexible Berichterstellung*:
Von der Berichterstellung wird gefordert, aus dem multidimensionalen Modell Berichte mit beliebiger Anordnung der Daten zu generieren.

12. *Unbegrenzte Anzahl von Dimensionen und Klassifikationsebenen*:
OLAP-Werkzeuge sollen eine beliebige Anzahl von Dimensionen, die ihrerseits über eine beliebige Anzahl von Aggregationsebenen verfügen können, unterstützen. Diese Anforderung beschreibt einen kaum realisierbaren Idealfall. Für die Auswertung reichen in den meisten Fällen zwischen fünf und acht Dimensionen aus.[9]

---

8. Hierbei handelt es sich nicht um Schreibzugriffe wie bei der operativen Verarbeitung, sondern z.B. um die Pflege von Planwerten, die es in den Quellsystemen nicht gibt.
9. Häufig werden hier Dimensionszahlen von 20 bis 30 genannt. Diese erfüllen aber oft nicht mehr die Eigenschaft der Orthogonalität, z.B. Produkt, Marke, Produktfamilie.

3.5 Auswertungsphase

Erweiterte Codd'sche Regeln

Seinen Kriterienkatalog erweiterte Codd 1995 um sechs zusätzliche Regeln. Damit wollte er Kritik an einer herstellerabhängigen Definition begegnen und die gestiegenen Anforderungen an die multidimensionale Datenanalyse aufgreifen [Clau98].

1. *Datenintegration*:
   Neben der Datenhaltung in der eigenen multidimensionalen Speicherstruktur sollen OLAP-Werkzeuge dem Anwender einen transparenten Zugriff auf die darunter liegenden Daten ermöglichen (Abschnitt 7.2.5).

2. *Unterstützung verschiedener Auswertungsmodelle*:
   OLAP-Werkzeuge sollen das *kategorische*, das *exegetische*, das *kontemplative* und das *formelbasierte* Datenmodell unterstützen. Im Folgenden werden diese vier Typen von Datenmodellen, die zur Auswertung von Unternehmensdaten verwendet werden, kurz charakterisiert.

   Das kategorische Modell vergleicht historische Daten mit aktuellen und dient der Beschreibung des gegenwärtigen Zustands. Die Ursachen für diesen Zustand können mit dem exegetischen Datenmodell ermittelt werden, indem durch einfache Anfragen die Schritte nachvollzogen werden, die ihn hervorgebracht haben. Aufgabe des kontemplativen Modells ist die Simulation von Ergebnissen für vorgegebene Werte oder Abweichungen innerhalb einer Dimension oder über mehrere Dimensionen hinweg. Das formelbasierte Datenmodell ermittelt für vorgegebene Anfangs- und Endzustände, welche Veränderungen für welche Kenngrößen bzgl. welcher Dimensionen vorgenommen werden müssen, um das angestrebte Ergebnis zu erreichen.

   Die Dynamik der Modelle und damit die Intensität der Interaktion mit dem Anwender nehmen von Modell zu Modell[10] zu.

3. *Trennung auswertungsorientierter von den operativen Daten*:
   Um die Integrität der Quelldaten zu bewahren, dürfen sich Änderungen der Daten in der Ableitungs- und Auswertungsdatenbank nicht auf die Quellsysteme auswirken.

4. *Trennung der Speicherorte*:
   Weil auf dem OLAP-Datenbestand Schreiboperationen möglich sein sollen, darf er nicht in dem produktiven Datenbankmanagementsystem gespeichert werden. Weitere Gründe sind Performanzgesichtspunkte und die Forderung der Schemaintegration über heterogenen Quellsystemen.

5. *Unterscheidung zwischen Null- und Fehlwerten*:
   Das OLAP-Werkzeug muss zwischen leeren Feldern und dem numerischen Inhalt Null bzw. alphanumerischen Inhalt Leerzeichen unterscheiden können (Abschnitt 3.5.2 und 6.2.3).

---

10. Bisher werden das kontemplative und das formelbasierte Modell von nur wenigen Produkten unterstützt.

6. *Behandlung von fehlenden Werten*:
Die leeren Felder sollen effizient verwaltet und zur Speicherplatzoptimierung verwendet werden.

Diese Kriterien wurden durch einzelne OLAP-Anbieter und das OLAP-Council auf mehr als 300 Regeln erweitert [Thom97].

FASMI

Bei dem Versuch, die Werkzeuge anhand der zuvor aufgeführten Regeln zu bewerten, entwickelten Nigel Pendse und Richard Creeth eine einfache und produktunabhängige Definition. Im »OLAP Report« von 1995 beschreiben sie OLAP mit den fünf Schlüsselwörtern Geschwindigkeit, Auswertungsmöglichkeit, Sicherheit, Multidimensionalität und Kapazität, die sie unter dem Begriff FASMI (engl. fast analysis of shared multidimensional information) zusammenfassen ([PeCr95], [PeCr00]). Diese Kriterien wurden seitdem nicht verändert.

- *Geschwindigkeit*:
Das System soll die meisten Anwenderanfragen in fünf Sekunden beantworten, wobei die Antworten auf die häufigsten Anfragen deutlich schneller und auf die komplexeren spätestens nach 20 Sekunden geliefert werden sollen. Zeitkritisch sind dabei weniger die reine Anfrage und Präsentation der Daten, sondern hierarchische Konsolidierungen und Berechnungen.

- *Auswertungsmöglichkeit*:
Das OLAP-Werkzeug soll eine anwenderfreundliche und intuitive Auswertung der Daten ermöglichen. Dazu müssen dem Anwender Funktionen zur Verfügung gestellt werden, mit denen er beliebige Berechnungen formulieren und verschiedene Präsentationsformen nutzen kann. Es wird nicht gefordert, dass das OLAP-Werkzeug selbst über diese Funktionalität verfügen muss, sondern es kann sie auch über die Einbindung eines externen Werkzeuges, wie z.B. Excel, anbieten.

- *Sicherheit*:
Ein sicherer Mehrbenutzerbetrieb mit der Möglichkeit, Zugriffsrechte auf Zellenebene zu vergeben, wird gefordert. Für den schreibenden Zugriff müssen Sperrverfahren sowie stabile Sicherungs- und Wiederherstellverfahren vorhanden sein.

- *Multidimensionalität*:
Eine charakteristische Eigenschaft von OLAP ist die Multidimensionalität. Dem Anwender soll eine multidimensionale konzeptuelle Sicht auf die Daten zur Verfügung gestellt werden mit der Möglichkeit, beliebige Dimensionen bei der Anfrage zu kombinieren. Diese Forderung ist unabhängig von der zugrunde liegenden Datenbanktechnologie.

Kapazität:
OLAP-Werkzeuge werden nach der Größe der Datenmenge, die sie verwalten können, bewertet. Dabei wird Skalierbarkeit gefordert, damit die Antwortzeiten von Auswertungen bei steigenden Datenmengen stabil bleiben.

Multidimensionales Datenmodell

Die spezifischen Anfrageoperatoren und -techniken, die den Begriff OLAP charakterisieren, werden in multidimensionalen Datenstrukturen abgebildet. In diesem Abschnitt werden die Elemente des multidimensionalen Datenmodells anhand von Beispielen eines Würfels vorgestellt und erläutert. Details und Formalisierungen sind in Kapitel 6 zu finden.

Dimension:
Im OLAP-Themenbereich wird unter einer Dimension eines Raums ein ausgewählter Entitätstyp verstanden, mit dem eine Auswertungssicht eines Anwendungsbereichs definiert wird und der der eindeutigen, orthogonalen Strukturierung dient. Visualisiert an einem Würfel, werden die Kanten des Würfels als Dimensionen bezeichnet. Abbildung 3–3 zeigt beispielsweise einen dreidimensionalen Würfel Verkäufe, der von den Dimensionen Produkt, Geografie und Zeit aufgespannt wird. Neben den gezeigten Dimensionen existieren im Anwendungsbeispiel *Star*Kauf* noch Kunde und Kassenbon.

Notwendig wird die Einführung von Dimensionen, da beispielsweise das Management Auswertungsdaten auf Grundlage von *Kenngrößen* wie z. B. Verkäufe bewertet, die nach bestimmten Kriterien untersucht werden können. Eine berechnete Kenngröße wie der Verkauf kann z. B. nach Artikeln oder Produktgruppen, nach Städten oder Regionen oder über die Zeitachse analysiert werden.

Die feingranulare Unterteilung einer Dimension wird durch *Dimensionselemente* gebildet. Weiterhin bilden diese Dimensionselemente die Blätter eines Baumes (basisgranulare *Klassifikationsknoten*), der vollständig als *Klassifikationshierarchie* bezeichnet wird. Sie beschreiben damit die verschiedenen Verdichtungsstufen einer Dimension. Klassifikationshierarchien können durch eine große Zahl von Knoten und Verknüpfungen umfangreich werden. Deshalb werden Dimensionen über das Schema ihrer Klassifikationshierarchie, das sogenannte *Klassifikationsschema*, dargestellt und die Klassifikationsknoten durch ihre *Klassifikationsstufen* repräsentiert. Die Klassifikationsstufe oder Verdichtungsstufe eines Dimensionselements beschreibt den *Verdichtungsgrad*.

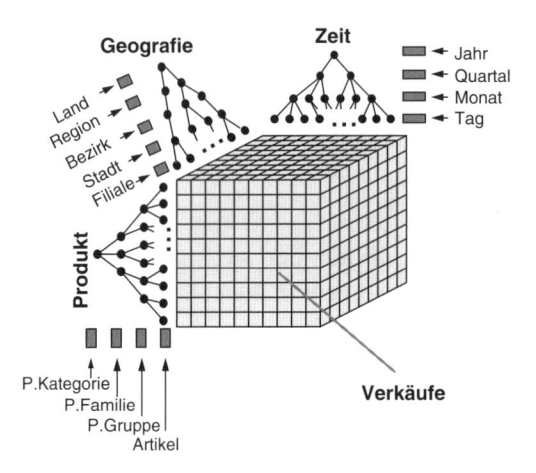

Abb. 3-3   *Multidimensionaler Datenwürfel mit Klassifikationsschemata und -hierarchien*

- *Einfache Hierarchien in Dimensionen*:
Dimensionen können einfache oder parallele Klassifikationshierarchien beinhalten. Die Dimensionen Produkt und Geografie im folgenden Beispiel enthalten jeweils eine einfache Hierarchie (Abb. 3–4). Die einzelnen Artikel werden zu Produktgruppen zusammengefasst, diese bilden Produktfamilien, die dann zu Produktkategorien aggregiert werden und die Dimension Produkt bilden. Die Dimension Geografie unterteilt sich in Länder, die sich in Regionen aufsplitten, die wiederum aus Bezirken bestehen, zu denen Städte gehören, in denen die einzelnen Filialen angesiedelt sind. Auf der jeweils untersten Klassifikationsstufe werden die atomaren Werte für die Kenngrößen hinterlegt. Die höheren Hierarchieebenen enthalten die aggregierten Werte der jeweils niedrigeren Hierarchiestufe. Als obersten Knoten der Klassifikationsschemata ist zusätzlich ein Gesamtknoten (Top) vorhanden, der eine Verdichtung auf einen einzelnen Wert in dieser Dimension darstellt.

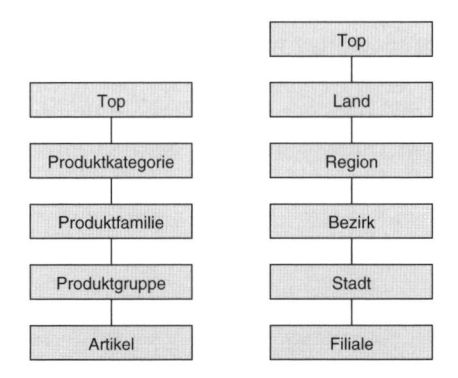

Abb. 3-4   *Klassifikationsschema mit einfachen Hierarchien*

3.5 Auswertungsphase

In Abbildung 3–5 ist passend zum Klassifikationsschema der Dimension Produkt ein Ausschnitt der Klassifikationshierarchie visualisiert. Ein TR-75 ist beispielsweise ein Dimensionselement, das gemeinsam mit dem TS-78 auf der nächsthöheren Stufe den Klassifikationsknoten Videorecorder bildet.

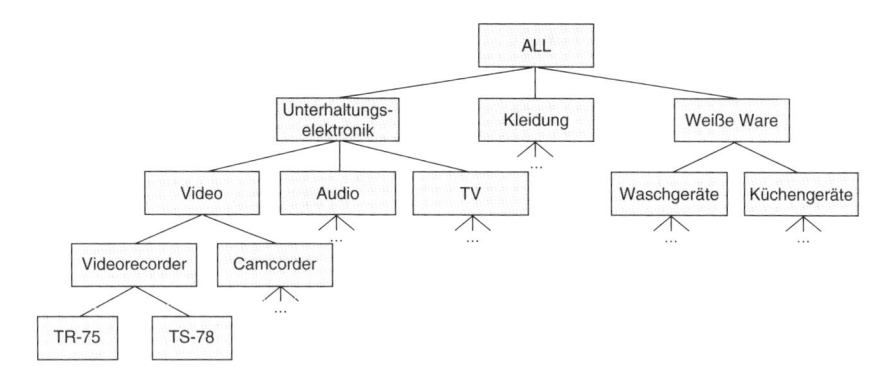

Abb. 3–5 *Ausschnitt aus der Klassifikationshierarchie der Produktdimension*

Parallele Hierarchien in den Dimensionen:
Multiple Hierarchien entstehen, wenn innerhalb einer Dimension zwei verschiedene Arten der Gruppierung möglich sind, die in den parallelen Ästen in keiner hierarchischen Beziehung zueinander stehen [Sche98]. Diese verschiedenen *parallelen Hierarchien* im Klassifikationsschema (Abb. 3–6) berücksichtigen jeweils einen Aspekt und ignorieren dafür andere. Parallelhierarchien werden auch als *Pfade* im Klassifikationsschema bezeichnet. Das Beispiel zeigt die Möglichkeit, von Tag über Monat und Quartal zum Jahr oder von Tag zur Woche zu gelangen. In der Praxis ist häufig anzutreffen, dass eine zusätzliche Verbindung von den Wochen zum Jahr existiert, was aber konzeptionell unsauber ist. Kalenderwochen sind zwar per Festlegung Jahren zugeordnet, dies ist aber nicht eindeutig, da in Kalenderwoche 52 auch Tage des Folgejahres enthalten sind und einige Tage am Anfang des Jahres aus Kalenderwoche 52 des Vorjahres nicht erfasst werden. Dadurch ist eine Summe einer Kenngröße über alle Tage eines Jahres nicht identisch mit der Summe über die Wochen.

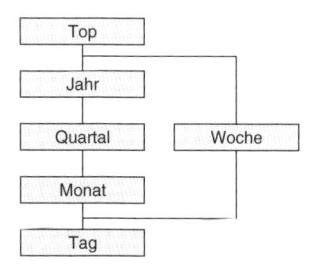

Abb. 3–6 *Klassifikationsschema mit parallelen Hierarchien*

Parallele Hierarchien erhöhen die Flexibilität der Auswertungen, indem sie ermöglichen, auf verschiedenen Pfaden durch eine Dimension zu navigieren und damit die Daten unter verschiedenen Aspekten zu betrachten. Damit können neue oder unerwartete Beziehungen zwischen den Daten besser gefunden werden. Die natürliche Gruppierung der Daten kann durch eine Clusteranalyse ermittelt werden und als Basis für eine zusätzliche Hierarchie dienen. Es wäre damit denkbar, eine parallele Hierarchie nach Einkommensstrukturen in der Dimension Geografie hinzuzufügen und die Dimension Produkt um eine Gruppierung nach Herstellern zu ergänzen.

- *Würfel*:
Die Grundlage der multidimensionalen Auswertungen bildet der Würfel. Seine Kanten werden von den Dimensionen aufgespannt. Die jeweilige Kantenlänge ergibt sich aus der Anzahl der Elemente einer Dimension. In den Würfelzellen werden ein oder mehrere Kenngrößen abgelegt, die als Funktion der Dimensionen betrachtet werden können. Damit wird jede Kenngröße durch eine bestimmte Anzahl von Dimensionen charakterisiert. Die Anzahl der Dimensionen, die einen Würfel aufspannen, wird als Dimensionalität des Würfels bezeichnet.

Die Kombination zweier Dimensionen liefert ein Rechteck, das als Tabelle dargestellt werden kann. Wenn drei Dimensionen kombiniert werden, erhält man einen Würfel[11] (Abb. 3–3) als einfaches dreidimensionales Modell. Letztendlich können Würfel als n-dimensionale Matrizen aufgefasst werden.

Sollen mehr als drei Dimensionen visualisiert werden, so können mit der multidimensionalen Domänenstruktur (Abb. 3–7) alle möglichen Kombinationen von Dimensionselementen dargestellt werden. Diese Struktur kann im Gegensatz zum Würfel keine Kenngrößen enthalten und dient nur der Verdeutlichung des multidimensionalen Modells [Thom97]. In Abbildung 3–7 werden die Koordinaten im Würfel visualisiert.

- *Konsolidierungspfade*:
Konsolidierungspfade sind Pfade im Klassifikationsschema. Die hierarchischen Konsolidierungsvorschriften für die Aggregation innerhalb der Dimensionen werden von dem Werkzeug selbst abgeleitet. Eine parallele Konsolidierung findet bei der Navigation durch die Daten statt, wenn z. B. Verkaufszahlen von Artikeln entweder gruppiert nach Wochen oder nach Monaten betrachtet werden. Im Weiteren wird auch häufig nur von einem *Pfad* gesprochen.

---

11. Streng genommen entsteht ein Quader; es hat sich aber der Terminus Würfel eingebürgert.

3.5 Auswertungsphase

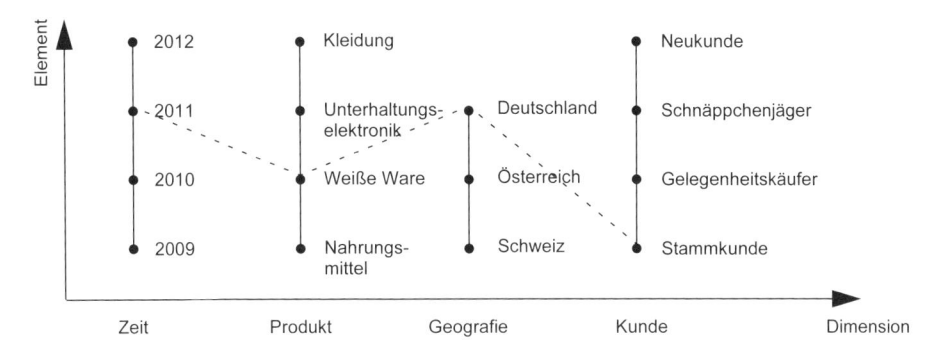

Abb. 3-7 Multidimensionale Domänenstruktur

Datenanalyse

Charakteristisch für OLAP ist nicht nur das multidimensionale Datenmodell, sondern auch die damit verbundenen spezifischen Operatoren. Die Datenanalyse mit einem OLAP-Werkzeug ist ein dynamischer Prozess, bei dem der Anwender mithilfe von multidimensionalen Operatoren durch die multidimensionale Datenstruktur navigiert.

Pivotierung/Rotation:
Diese Operation dreht den Würfel durch Vertauschen der Dimensionen um seine Achsen und ermöglicht es dem Anwender, die Daten aus beliebigen Perspektiven zu analysieren (Abb. 3–8). Sie wird deshalb auch als Rotation (engl. rotate) bezeichnet.

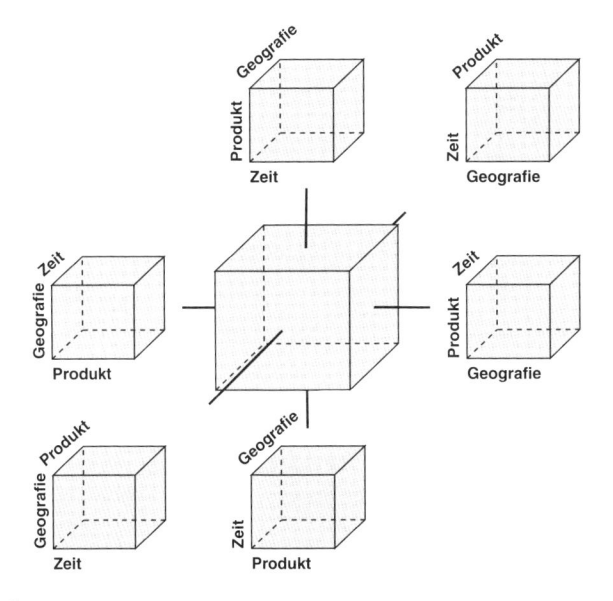

Abb. 3-8 Pivotierung

▨ *Roll-up, Drill-down und Drill-across*:
Beim Roll-up werden neue Informationen ausgegeben, indem die Daten entlang des Konsolidierungspfades immer stärker aggregiert werden. Für jedes Element der gewählten Dimension kann eine Verdichtungsstufe erzeugt werden. In diesem Beispiel könnte über die Dimension Zeit vom Tag über den Monat über das Quartal bis hin zum Jahr navigiert werden. Anschaulich entspricht der Roll-up einer Aggregation. Drill-down ist die zum Roll-up komplementäre Operation. Von den verdichteten Daten ausgehend wird zu den detaillierten Daten navigiert. Während Roll-up- und Drill-down-Operationen entlang der Klassifikationshierarchie erfolgen, wird beim Drill-across von einem Würfel zu einem anderen gewechselt[12]. Dazu werden verschiedene Ausprägungen eines Dimensionselements gewählt, wie z. B. das erste, zweite, dritte oder vierte Quartal der Hierarchiestufe Quartal (Abb. 3–9).

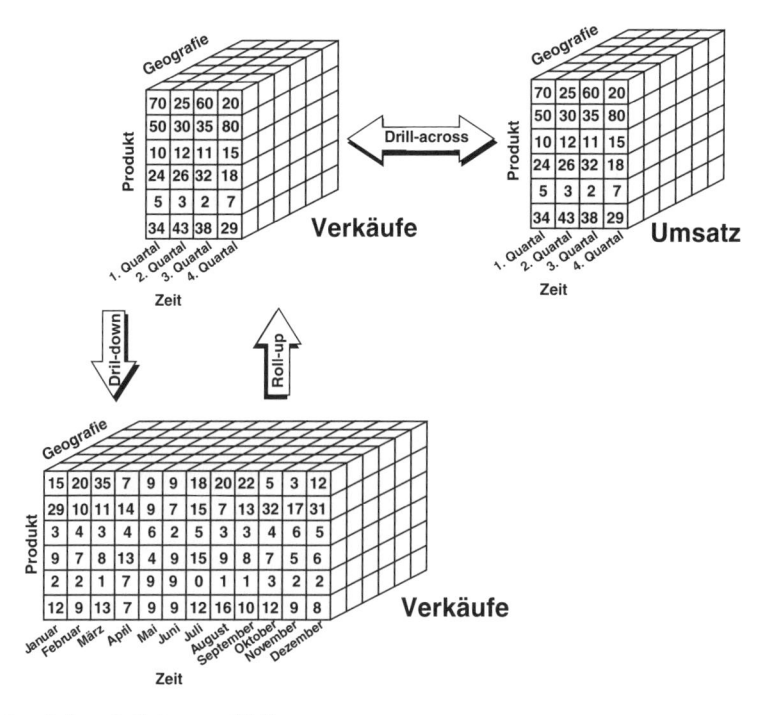

Abb. 3–9 *Roll-up, Drill-down und Drill-across*

▨ *Slice und Dice*:
Individuelle Sichten auf die multidimensionalen Daten werden durch Slice und Dice erzeugt. Beim Slice werden einzelne Scheiben aus dem Würfel geschnitten, indem eine Aggregation der Kenngrößen über einen Klassifika-

---

12. Von anderen Autoren wird auch nur der Wechsel von einem Pfad zu einem anderen als Drill-across bezeichnet.

tionsknoten einer Dimension stattfindet. In der Abbildung 3–10 wird eine Ebene senkrecht zur Zeitachse betrachtet. Diese Sichtweise entspricht der eines Controllers, der einen bestimmten Zeitpunkt auswählt und dazu die Kenngrößen über die Dimensionen Produkt und Geografie analysiert. Ein Produktmanager würde sich die Entwicklung eines bestimmten Produkts in Abhängigkeit der Zeit und Geografie anzeigen lassen. Die Sicht eines Vertriebsmanagers findet sich in der Ebene senkrecht zu der Dimension Geografie. Dice betrachtet Teilwürfel für konkrete Kombinationen von Klassifikationsknoten und entspricht damit Ad-hoc-Anfragen, die z.B. die Kennzahlen für ein bestimmtes Quartal und eine ausgewählte Produktgruppe in einer konkreten Stadt liefern sollen.

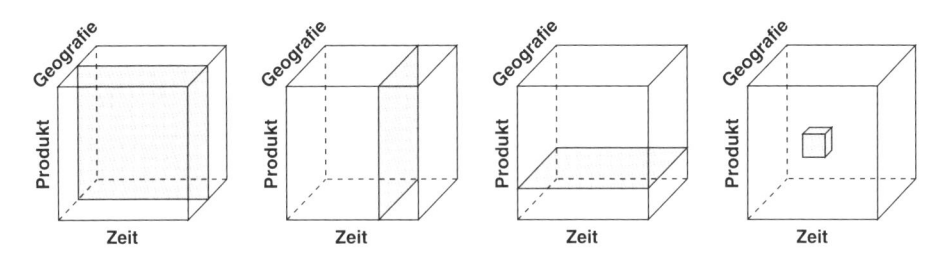

Abb. 3–10 *Slice und Dice*

Anfragesprache MDX

In diesem Abschnitt wird exemplarisch für multidimensionale Anfragesprachen auf MDX (Multidimensional Expressions [Micr07], als einen der am weitesten verbreiteten Vertreter, eingegangen. Neben MDX gibt es noch eine Reihe weiterer Datenbanksprachen, die das analytische Abfragen von Daten aus OLAP-Systemen ermöglichen. Die folgende Aufzählung listet einige Vertreter auf:

- *Multidimensional SQL (SQLM)*:
  multidimensionale Spracherweiterung von SQL (z.B. Cube-, Rollup-Erweiterungen)
- *Multidimensional Query Language (MDSQL)*:
  Anfragesprache von Platinum Technologies
- *Red Brick Intelligent SQL (RISQL)*:
  Anfragesprache von IBM/Informix mit Erweiterungen der Aggregatfunktionen (z.B. Top10, laufende Durchschnitte und Summen) sowie erweiterten Gruppierungen
- *MQL*:
  XML-basierte Abfragesprache
- *nD-SQL*:
  eine von Gingras und Lakshmanan entwickelte Spracherweiterung

Neben der Zielsetzung unterscheiden sich analytische Datenbanksysteme von den operativen in der Struktur der Datenhaltung, im zugrunde liegenden Datenmodell und in den Möglichkeiten der Datenabfrage. Die für die Auswertung oft in mehrdimensionalen Strukturen zusammengefassten Daten können nur umständlich mit den Möglichkeiten der traditionellen Relationenalgebra und der standardisierten Abfragesprache SQL abgefragt werden. Zu diesem Zweck sind andere Datenbanksprachen entwickelt worden, die speziell auf die Abfrage multidimensionaler Datenstrukturen ausgerichtet sind. Die dominierende multidimensionale Datenbanksprache ist MDX.

Die Firma Microsoft gilt als maßgeblicher Entwickler der Sprache MDX. MDX basiert auf der XMLA-Spezifikation (XML for Analysis). MDX verwendet Ausdrücke bestehend aus Bezeichnern, Werten, Anweisungen, Funktionen und Operatoren, die zum Abrufen von Objekten (z. B. einer Menge oder einem Element) oder Skalarwerten (z. B. einer Zeichenfolge oder einer Zahl) ausgewertet werden können. Die Datenbanksprache MDX hat sich für OLAP-Datenbanken mittlerweile zum Industriestandard für viele Softwarehersteller entwickelt.

Unter anderem ermöglicht MDX:

- den Entwurf von Datenwürfeln
- das Abfragen von Daten einer multidimensionalen Datenbank unter Verwendung von Datenwürfeln
- das Formatieren der Abfrageergebnisse
- das Definieren von berechneten Elementen und benannten Mengen
- die Nutzung von Key Performance Indicators (KPI)
- das Ausführen von Verwaltungsaufgaben

MDX gehört zu den sogenannten Datenbanksprachen, die zur Kommunikation zwischen einem Client, im Sinne eines benutzer- oder systemgesteuerten Anwendungsprogramms oder einer Programmkomponente, und einem Datenbanksystem eingesetzt werden. Wie die meisten Datenbanksprachen umfasst MDX mit der *Data Manipulation Language* (DML) Sprachelemente zur Datenmanipulation und mit der *Data Definition Language* (DDL) solche zur Definition von Datenstrukturen. Eine dritte Sprachkategorie, die *Datenzugriffskontrolle* (DCL), wird von MDX nicht unterstützt. Mithilfe der DML-Sprachelemente können Teilmengen und damit multidimensionale Datenstrukturen aus einem Datenwürfel abgefragt oder verändert werden. DDL-Anweisungen dienen dem Erstellen, Ändern oder Löschen von Würfelstrukturen sowie von berechneten Elementen.

Beispiele zum MDX-Sprachumfang

Die syntaktischen Elemente und semantischen Konzepte der Sprache MDX werden im Folgenden mithilfe dreier Beispiele eingeführt.

Das erste Beispiel verdeutlicht die einfachste gültige MDX-Abfrage auf einem Datenwürfel. Diese besteht aus einer leeren SELECT-Klausel unter Angabe der

3.5 Auswertungsphase

Datenquelle in der FROM-Klausel. Die Abfrage resultiert in der Ausgabe einer einzigen Ergebniszelle:

```
SELECT
FROM [Verkaeufe]
```

Eine MDX-Abfrage besteht demnach mindestens aus der Selektion der auszuwertenden Datenobjekte sowie der Angabe einer Bezugsquelle. Die SELECT-Klausel beschreibt dabei ein Ordnungssystem aus ein oder mehreren Achsen.

Das zweite und dritte Beispiel besitzen jeweils zwei Auswertungsdimensionen. Im zweiten Beispiel wird der Umsatz der Produktgruppen »DVD-Player« und »Fernseher« für das Jahr 2011 ermittelt. Die gewünschten dimensionalen Ausprägungen in der zweiten Achse werden in diesem Fall direkt angegeben und führen im Ergebnis zur Ausgabe von zwei Zellen:

```
SELECT
   {[Measures].[Umsatz]}
   ON AXIS(0),
   {([Produkt].[H_Produkt].[Produktgruppe].[DVDPlayer],
      [Produkt].[H_Produkt].[Produktgruppe].[Fernseher])}
   ON AXIS(1)
FROM [Verkaeufe]
WHERE ([Zeit].[H_Zeit].[Jahr].[2011])
```

Das dritte Beispiel zeigt die Verwendung von Funktionen sowie die indirekte Angabe (siehe auch indirekter Elementzugriff) von dimensionalen Ausprägungen:

```
SELECT
   FILTER (
      {[Produkt].[H_Produkt].[All],
      [Produkt].[H_Produkt].[Produktgruppe].Members},
      [Measures].[Umsatz] > 1.2 * ([Measures].[Umsatz],
      [Zeit].[H_Zeit].CURRENTMEMBER.PREVMEMBER))
   on axis(0),
      {([Zeit].[H_Zeit].[Jahr].[2010]:
      [Zeit].[H_Zeit].[Jahr].[2011],
      [Geographie].[H_Geographie].[Region].MEMBERS)}
   on axis(1)
FROM [Verkaeufe]
WHERE ([Measures].[Umsatz])
```

Es beinhaltet neben mehreren Achsenspezifikationen eine Funktion zur Berechnung – in diesem Fall zur Filterung – von Elementen in der ersten Achse sowie eine die Ergebnismenge einschränkende Schnittspezifikation (WHERE-Klausel). Das Ergebnis dieser Abfrage führt zu einer Matrix der in der Tabelle 3–2 aufgezeigten Form.

		All	DVD-Player	Fernseher	Videorekorder	Audioanlagen
2010	Nord	171	34	65	25	47
2010	Süd	196	41	78	23	54
2010	West	151	32	57	20	42
2010	Ost	133	26	49	19	39
2010	Mitte	146	29	52	21	44
2011	Nord	173	39	67	19	48
2011	Süd	197	44	80	17	56
2011	West	154	34	59	18	43
2011	Ost	134	28	48	17	41
2011	Mitte	143	32	54	16	41

Tab. 3–2   *Ergebnistabelle der Beispielabfrage mit MDX*

Aus den einführenden Beispielen wird ersichtlich, dass sich MDX-Anweisungen und SQL-Anweisungen in ihrer syntaktischen Struktur sehr ähneln. In beiden Sprachen existieren SELECT-Klauseln zur Abbildung der Ergebniszeilen und -spalten, FROM-Klauseln zum Beschreiben der Datenherkunft und WHERE-Klauseln zum Filtern der zurückgegebenen Datenmenge.

Im Unterschied zu SQL ermöglichen MDX-Anweisungsausdrücke die direkte Abfrage multidimensionaler Datenwürfel und das Erstellen von benutzerdefinierten Funktionen. Die MDX-Abfrageergebnisse werden in Form von Datenmatrizen beliebiger Dimensionalität präsentiert. Während die Selektionen in der Ausgabe des SQL-Ergebnisses zeilenweise untereinander erscheinen, orientiert sich die Ergebnismatrix des MDX-Ausdrucks an den explizit angegebenen Achsen.

Eine MDX-Ergebnismatrix, die mehr als zwei Ausgabeachsen enthält, ist vergleichbar mit der Struktur einer Pivottabelle. Hierbei werden die Inhalte der n + 2-ten Achse jeweils auf sogenannte Seitenfelder verteilt. Achsenwerte in den Seitenfeldern dienen zum Filtern der auszugebenden Datenmenge.

Aufbau einer MDX-Anweisung

MDX ist eine Anfragesprache zum Definieren und Abfragen von multidimensionalen Strukturen. MDX stellt DDL-Anweisungen zum Erstellen, Ändern und Löschen von multidimensionalen Objekten sowie DML-Anweisungen zum Abrufen, Manipulieren und Löschen von Daten zur Verfügung. Ein MDX-Ausdruck setzt sich aus den im Folgenden beschriebenen Bestandteilen zusammen:

Die Namen der Objekte, z.B. einer Dimension, einer Hierarchie oder einer Kennzahl, werden Bezeichner genannt. Sie werden in eckige Klammern »[ ]« eingeschlossen. Neben Schlüsselwörtern gehören zu einem MDX-Ausdruck auch sogenannte berechnete Elemente, Tupel und Mengen. Berechnete Elemente (engl. Calculated Members) sind Elemente, die nicht Bestandteil des Datenwürfels sind, sondern innerhalb der MDX-Anweisung definiert und im Anschluss berechnet werden.

```
WITH Element-/Mengendefinition                          (1)
SELECT [NON EMPTY] Achsenspezifikation_0 ON AXIS(0)     (2)
[, [NON EMPTY] Achsenspezifikation_n ON AXIS(n)]        (3)
FROM Datenwürfel                                        (4)
WHERE Schnittspezifikation                              (5)
```

Die MDX-Anweisung besteht mindestens aus einer SELECT-Anweisung (2), die eine multidimensionale Datenmenge definiert, die aus dem Datenwürfel (4) zurückgegeben werden soll. Sie kann durch berechnete Elemente und benannte Mengen über eine vorangestellte WITH-Anweisung (1) ergänzt und durch Angabe einer Schnittspezifikation in der WHERE-Klausel (5) eingeschränkt werden. Die Bestandteile einer MDX-Anweisung werden im Folgenden beschrieben.

Die Spezifikation einer Abfrageachse besteht aus drei Teilen: dem optionalen Schlüsselwort NON EMPTY (1), den dimensionalen Ausprägungen (2–6) und der Achsennummer (7).

```
NON EMPTY                                               (1)
{ [Dimension].[Hierarchie].[Hierarchieebene].[Ausprägung] }  (2)
{ [Dimension].[Hierarchie].[Hierarchieebene].[Funktion] }    (3)
{ [Dimension].[Hierarchie].[Funktion] }                 (4)
{ [Dimension].[Funktion] }                              (5)
{MDX-Funktion}                                          (6)
ON AXIS(n)                                              (7)
```

In einer MDX-Anweisung werden runde Klammern »( )« zur Auszeichnung von Würfelzellen verwendet. Mengen von Datenwürfeln, d. h. multidimensionale Teilräume, werden von geschweiften Klammern »{ }« umschlossen. Das Schlüsselwort NON EMPTY unterdrückt leere Zellen aus der Ergebnismenge, die sich aus dem Kreuzprodukt der jeweiligen Achsenspezifikation ergeben. Jede Abfragedimension hat eine eindeutige Achsennummer, von 0 beginnend. Mehrere Achsen werden durch Komma voneinander getrennt.

Die Klassifikationsknoten, die in einer Achse der MDX-Abfrage eingeschlossen werden sollen, können durch die Angabe einer konkreten Ausprägung (2) festgelegt werden. Des Weiteren erlauben Dimensions-, Hierarchie- oder Hierarchieebenenfunktionen ((3), (4) und (5)) die Rückgabe einer Menge, einer Würfelzelle oder eines Klassifikationsknotens. Funktionen können auch in Form von parametrisierten Ausdrücken (6) in einer Abfrage angegeben werden.

In einer MDX-Abfrage können die Ergebniszellen durch die Angabe einer konkreten Ausprägung, aber auch durch das Benutzen von Elementfunktionen erzeugt werden. Ebenso ist ein indirekter Elementzugriff möglich. Alle Objekte, die nicht innerhalb der Abfrageachsen definiert, jedoch in ihnen verwendet werden, sind nur im Kontext des aktuellen MDX-Ausdrucks verfügbar. Die sogenannten berechneten Elemente und benannten Mengen (engl. Calculated Members bzw. Named Sets) werden in der WITH-Klausel einer Abfrageanweisung beschrieben. In folgendem Beispiel wird das in Zeile (1) berechnete Element in die Kennzahlendimension Measures für die spätere Verwendung in der ersten Abfrageachse (2) eingefügt.

```
WITH MEMBER [Measures].[Durchschnittspreis] AS          (1)
'[Measures].[Verkaeufe] / [Measures].[Preis]'           (2)
SELECT [Measures].[Umsatz],                             (3)
[Measures].[Verkaeufe],                                 (4)
[Measures].[Durchschnittspreis] ON AXIS(0)              (5)
FROM Verkaeufe                                          (6)
```

Analog zu den berechneten Elementen im Bereich einer Abfrage können über die CREATE MEMBER-Anweisung berechnete Elemente für alle MDX-Abfragen innerhalb einer Sitzung definiert werden. Eine weitere Möglichkeit des indirekten Elementzugriffs innerhalb einer Abfrageachse bieten die benannten Mengen. Mengen können bereits in der WITH-Klausel der MDX-Abfrage definiert werden. Dadurch ist es möglich, diese später innerhalb der Abfrage mehrfach über einen vergebenen Namen zu nutzen. Dies schließt die Referenzierung bei der Deklaration von berechneten Elementen ein.

Nach der vorangegangenen Beschreibung der Sprache MDX und der Erörterung wesentlicher sprachlicher Mittel wird abschließend das Konzept der Ausführungsverarbeitung von Abfrageausdrücken der Sprache skizziert. Der Ausführungsplan einer MDX-Abfrage sieht fünf Auswertungsphasen vor:

- Im ersten Schritt wird die Datengrundgesamtheit aus dem in der FROM-Klausel spezifizierten Datenwürfel ermittelt.
- Die Auswertung grundsätzlicher Einschränkungen dieser Datenbasis wird über die Erfassung der Schnittspezifikation, sofern vorhanden, ermittelt. Hierzu werden die in der WHERE-Klausel erfolgten Zuweisungen von dimensionalen Ausprägungen bzw. Kennzahlen aufgenommen.
- Wenn sie im Rahmen einer WITH-Klausel definiert wurden, werden daraufhin sitzungsbezogene berechnete Elemente und benannte Mengen berücksichtigt.
- Anschließend erfolgt die Auswertung der Achsenspezifikation im Rahmen der Verarbeitung der Spezifikationen aller beteiligten Achsen.
- Schließlich werden Zellenwerte der Ergebnismatrix aller Achsen gebildet und abschließend die achsenbezogenen Einschränkungen über das Schlüsselwort NON EMPTY auf die ermittelte Ergebnismenge angewendet.

3.5.3 Data Mining

Data Mining ist ein weiterer Auswertungsansatz und zielt darauf ab, Beziehungsmuster, wie z.B. Regelmäßigkeiten und Auffälligkeiten, in den zugrunde liegenden Daten durch mathematisch-statistische Verfahren zu ermitteln und durch logische oder funktionale Beziehungszusammenhänge abzubilden [DeFo95]. Abgrenzend dazu ist »KDD« (*Knowledge Discovery in Databases*) zu sehen, d.h. ein Prozess zur Identifikation und Verifikation von Mustern [FaPS96a]. Data Mining stellt dabei die Suche nach Mustern im KDD-Prozess dar. Die Auswertung im Data Mining ist bestimmt durch Fragestellungen wie beispielsweise »Wie ist die Entwicklung des Absatzes von Produktgruppen?«. Sie führt zu der Ermittlung und Abbildung von Beziehungszusammenhängen in Form eines Modells. Die Auswertung wird durch folgende Methoden und Verfahren unterstützt:

- *Clusterbildung*:
  Die Clusterbildung ist darauf ausgerichtet, die zugrunde liegenden Daten im Hinblick auf ihre Merkmalsausprägungen zu möglichst homogenen Gruppen zusammenzufassen. Eine Anwendung mit dem Ziel der Clusterbildung ist z.B. die Segmentierung von Kunden im Marketing.

- *Klassifikation*:
  Die Zielsetzung der Klassifikation besteht darin, den zugrunde liegenden Datenbestand vorgegebenen Klassen zuzuordnen. Dieses Ziel wird beispielsweise in der Versicherungswirtschaft bei der Klassifikation von Kunden hinsichtlich ihres Schadensrisikos verfolgt.

- *Regression*:
  Die Regression zielt darauf ab, einen Ursache-Wirkung-Zusammenhang zwischen einzelnen Merkmalen der zugrunde liegenden Datenbasis zu ermitteln. Durch diese Zielsetzung ist z.B. die Erklärung von Zahlungsausfällen im Kreditwesen gekennzeichnet.

- *Abhängigkeitsentdeckung*:
  Das mit der Abhängigkeitsentdeckung (auch: Assoziationsanalyse) verbundene Ziel ist die Ermittlung von Beziehungszusammenhängen zwischen unterschiedlichen Ausprägungen von Merkmalen des zugrunde liegenden Datenbestands. Diese Zielsetzung liegt beispielsweise der Warenkorbanalyse im Handel zugrunde.

- *Abweichungsentdeckung*:
  Im Rahmen der Abweichungsentdeckung wird untersucht, ob in den zugrunde liegenden Daten Ausprägungen von Merkmalen, die sich besonders stark von den übrigen Ausprägungen dieser Merkmale unterscheiden, vorhanden sind. Eine Anwendung mit dem Ziel der Abweichungsentdeckung ist z.B. die Kennzahlenanalyse im Controlling.

- *Text Mining:*
  Das Ziel von Text Mining ist die Extraktion von Information aus unstrukturierten Daten durch automatisierte statistische und linguistische Prozesse. Eine Anwendung ist beispielsweise die Auswertung von Kundenbeschwerden durch Protokolle von Anrufen im Callcenter.

Zur Ermittlung und Abbildung von Beziehungsmustern in Daten kann auf zahlreiche verschiedene Verfahren wie beispielsweise *Visualisierungstechniken, fallbasierte Systeme, Clusterverfahren, Entscheidungsbaumverfahren* und *konnektionistische Systeme* zurückgegriffen werden. Bei der Auswahl des Verfahrens sind insbesondere zu berücksichtigen:

- die mit dem Data Mining verbundene Zielsetzung,
- die Eigenschaften der zu analysierenden Daten und
- die Darstellungsform der zu ermittelnden Beziehungsmuster.

Die Struktur und Qualität der Daten sind grundlegende Eigenschaften des zu analysierenden Datenbestands und werden in den verschiedenen Verfahren in unterschiedlicher Weise zum Ausdruck gebracht. So können auf der Grundlage von Entscheidungsbaumverfahren Daten mit verbal und zahlenmäßig verschlüsselten Merkmalsausprägungen analysiert werden. Konnektionistische Systeme ermöglichen zwar ausschließlich die Auswertung von Datenbeständen mit zahlenmäßig verschlüsselten Merkmalsausprägungen, sind jedoch auch zur Auswertung von Daten mit fehlenden oder fehlerhaften Merkmalsausprägungen geeignet.

Die im Rahmen des Data Mining ermittelten und abgebildeten Beziehungsmuster können in Abhängigkeit von dem gewählten Verfahren durch z.B. Entscheidungsregeln oder Funktionen abgebildet werden. Die Darstellungsform der zu ermittelnden Beziehungsmuster hat Auswirkungen auf die Möglichkeit der Interpretation der abgebildeten Zusammenhänge [FaPS96a]. Dabei ist die Darstellung durch Entscheidungsregeln hinsichtlich der expliziten Erklärungsfähigkeit im Allgemeinen transparenter als die Abbildung durch Funktionen.

Visualisierungstechniken

Durch Visualisierungstechniken wird der zu analysierende Datenbestand grafisch dargestellt. Visualisierungstechniken [KeKr96] greifen für eine Auswertung auf die menschliche Wahrnehmungsfähigkeit zurück und ermöglichen die visuelle Erkennung von Beziehungsmustern in der abgebildeten Datenbasis.

Die grafische Abbildung der zu analysierenden Daten kann beispielsweise auf der Grundlage von Streudiagrammen oder geometrischen Projektionstechniken erfolgen.

3.5 Auswertungsphase

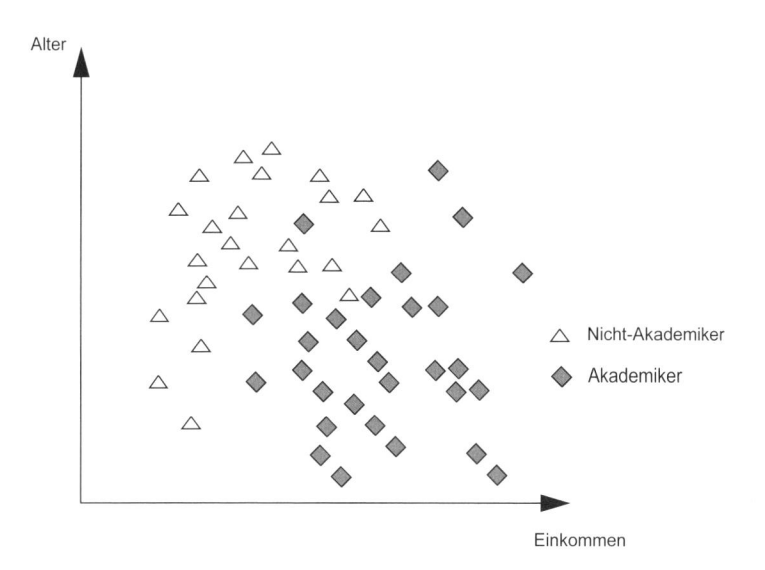

Abb. 3-11 *Streudiagramm zur Darstellung des Zusammenhangs von Alter, Einkommen und Bildungsniveau*

In einem Streudiagramm werden die Ausprägungen von zwei bzw. drei Merkmalen des Datenbestands als Punkte in dem durch ein kartesisches Koordinatensystem definierten zwei- bzw. dreidimensionalen Raum dargestellt. Über eine Kennzeichnung der Merkmalsausprägungen im Diagramm ist es möglich, weitere Merkmale in einem Streudiagramm aufzunehmen. Dabei werden die Ausprägungen eines zusätzlichen diskreten Merkmals, wie Abbildung 3–11 veranschaulicht, z.B. durch unterschiedliche Symbole (oder Farben) abgebildet. Die Ausprägungen eines zusätzlichen stetigen Merkmals können beispielsweise durch eine Veränderung der Größe eines Symbols gekennzeichnet werden (z.B. Repräsentation des Umsatzanteils eines Produkts durch die Kreisgröße).

Hitzebilder (engl. Heatmaps oder Contour Plots) bieten eine weitere Möglichkeit, Beziehungen zwischen mehreren metrischen Merkmalen grafisch zu untersuchen. Das Hitzebild in Abbildung 3–12 zeigt den Zusammenhang zwischen den Merkmalen X und Y. Die Ausprägung eines weiteren metrischen Merkmals (z.B. Häufigkeit des Auftretens) wird durch verschiedene Farbtöne oder Farbhelligkeiten dargestellt. Ein heller Farbton bedeutet beispielsweise, dass die Merkmalskombination X und Y häufiger vorkommt, ein dunkler Farbton dagegen, dass die Kombination seltener auftritt. Mithilfe von Hitzebildern können auch Zusammenhänge in großen Tabellen grafisch anschaulich visualisiert werden.

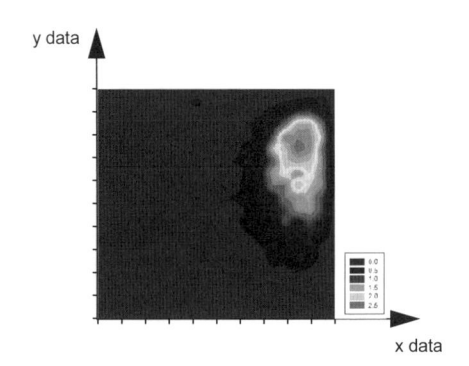

Abb. 3-12 *Hitzebild verdeutlicht Zusammenhänge mehrerer metrischer Merkmale.*

Visualisierungstechniken sind insbesondere als Verfahren zur Clusterbildung, Abhängigkeitsentdeckung und Abweichungsentdeckung geeignet. Außerdem können sie zur Ergänzung anderer Verfahren eingesetzt werden und somit beispielsweise die Ergebnisse einer Auswertung auf der Grundlage eines Clusterverfahrens verdeutlichen.

Der Einsatz von Visualisierungstechniken ist sowohl durch die räumliche oder farbliche Wahrnehmungsfähigkeit des Menschen als auch durch die Eigenschaften der Darstellungsmedien, wie z.B. die Anzahl oder Farbtiefe der Darstellungselemente, beschränkt.

Fallbasierte Systeme

Fallbasierte Systeme sind Ausdruck eines Problemlösungsverhaltens, das durch die Lösung neuer Probleme auf der Grundlage von Fällen aus der Vergangenheit bestimmt ist. Der Problemlösungsprozess in fallbasierten Systemen ist durch die Phasen der Fallauswahl und der Lösungsprozessanpassung gekennzeichnet. Im Rahmen der Fallauswahl werden die zur Lösung eines Problems geeigneten Fälle aus einer Falldatenbasis ausgewählt. Ein Fall besteht aus einer Problemsituation, einem Problemlösungsprozess und einer daraus resultierenden Problemlösung [Kolo91]. Er ist zur Lösung eines neuen Problems geeignet, wenn die Problemsituation des Falles mit der Situation des neuen Problems übereinstimmt. Das Maß der Übereinstimmung wird aus dem Abstand zwischen den Merkmalen der Problemsituationen ermittelt und kann beispielsweise durch den euklidischen Abstand beschrieben werden. Weisen die Problemsituationen eine vollkommene Übereinstimmung auf, so wird der Problemlösungsprozess des ausgewählten Falles zur Lösung des neuen Problems herangezogen. Liegt keine vollkommene Übereinstimmung der Problemsituationen vor, so ist für die Lösung des neuen Problems eine Lösungsprozessanpassung erforderlich. Die Anpassung des Lösungsprozesses ist an den Abweichungen der Problemsituationen auszurichten und kann, wie z.B. in [RiSc89] beschrieben wird, durch verschiedene Verfahren vorgenommen werden.

Fallbasierte Systeme können als Verfahren zur Klassifikation eingesetzt werden. Dabei wird ein noch nicht klassifizierter Datensatz der Klasse des Datensatzes mit der größten Übereinstimmung in den Merkmalsausprägungen zugeordnet (Nearest-Neighbour-Verfahren).

Die Anwendung fallbasierter Systeme beruht auf der Annahme, dass kleine Änderungen in der Problemsituation kleine Änderungen im Problemlösungsprozess zur Folge haben, und ist daher nicht in komplexen, nichtlinearen Problembereichen möglich. Fallbasierte Systeme werden häufig im Helpdesk-Bereich zur Auswertung und Lösung von Kundenproblemen eingesetzt. Fallbasierte Systeme erlauben die Klassifikation von Datensätzen mit verbal und zahlenmäßig verschlüsselten Merkmalsausprägungen, vorausgesetzt, dass ein geeignetes Abstandsmaß hinsichtlich der Merkmale des Datenbestands ausgewählt wird.

Clusterverfahren

Auf der Grundlage von Clusterverfahren werden Daten anhand ihrer Merkmalsausprägungen zu Gruppen (Cluster) zusammengefasst. Dabei sollen Daten, die demselben Cluster zugeordnet werden, möglichst ähnlich sein [KaRo89]. Daten, die unterschiedlichen Clustern zugeordnet werden, sollen möglichst verschieden sein.

Die Ähnlichkeit bzw. Verschiedenheit der Datensätze wird durch Ähnlichkeits- bzw. Verschiedenheitsmaße ausgedrückt. Diese Maße werden aus den Abständen zwischen den Datensätzen und zwischen den Gruppen von Datensätzen ermittelt. Zur Bestimmung des Abstandes können verschiedene Distanzen herangezogen werden. So kann der Abstand zwischen zwei Datensätzen durch beispielsweise einen Vektorwinkel oder den City-Block-Abstand[13] in der Minkowski-Metrik beschrieben werden. Darüber hinaus ist es möglich, den Abstand zwischen zwei Gruppen von Datensätzen durch z.B. den kleinsten Abstand zwischen zwei Datensätzen oder den durchschnittlichen Abstand zwischen allen Datensätzen aus beiden Gruppen darzustellen.

Die Clusterverfahren können in *partitionierende Clusterverfahren* und *hierarchische Clusterverfahren* unterteilt werden.

Partitionierende Clusterverfahren, wie beispielsweise der K-means-Algorithmus [MacQ67], erzeugen eine Segmentierung des Datenbestands, die aus einer vorgegebenen Anzahl von Gruppen besteht. Dabei wird zunächst eine der vorgegebenen Clusteranzahl entsprechende Anzahl von Datensätzen als Clusterzentren ausgewählt. Die verbleibenden Datensätze werden anschließend in den Cluster des Clusterzentrums, zu welchem sie den geringsten Abstand haben, eingeordnet. Nach dieser Zuordnung werden die Zentren der Cluster erneut ermittelt. Dieser Prozess der Anpassung der Clusterzentren

---

13. Distanz zwischen zwei Punkten in einem Raster als Summe der absoluten Abstände

und Zuordnung der Datensätze wird so lange wiederholt, bis keine Verbesserung der Segmentierung der Datenbasis möglich ist.

- *Hierarchische Clusterverfahren* bilden eine der Datensatzanzahl entsprechende Anzahl unterschiedlicher Segmentierungen des Datenbestands. *Agglomerative hierarchische Clusterverfahren*, wie z. B. der Single-Linkage-Algorithmus [FLP+51], beginnen diesen Segmentierungsprozess mit einer Aufteilung der Datenbasis in eine der Datensatzanzahl entsprechende Anzahl von Clustern. Im Anschluss daran werden aus allen Clustern die beiden Cluster, die den geringsten Abstand zueinander haben, ausgewählt und zu einem neuen Cluster zusammengefasst. Dieser Prozess der Auswahl und Zusammenfassung zweier Cluster wird im weiteren Verlauf des Verfahrens wiederholt ausgeführt und ist beendet, wenn alle Datensätze zu einem Cluster zusammengefasst sind. Der Segmentierungsprozess in *divisiven hierarchischen Clusterverfahren*, wie beispielsweise der Divisive-Analysis-Algorithmus [MWDM64], beginnt mit einer Zusammenfassung der Datensätze in einem Cluster. Anschließend wird im Rahmen eines iterativen Prozesses die Aufteilung eines Clusters in zwei Cluster, aus welcher das größte Ähnlichkeitsmaß innerhalb der Cluster und das größte Verschiedenheitsmaß zwischen den Clustern resultiert, vorgenommen. Dieser Prozess wird so lange ausgeführt, bis der Datenbestand in einer der Datensatzanzahl entsprechenden Anzahl von Clustern aufgeteilt ist.

Clusterverfahren werden zur Segmentbildung eingesetzt. Die Segmentierung einer Datenbasis kann auch eine Grundlage für eine Abweichungsentdeckung sein. Dabei werden zur Ermittlung von Abweichungen im Datenbestand insbesondere die Cluster, die einige wenige Datensätze (»Ausreißer«) enthalten, untersucht.

Die Anwendung von Clusterverfahren setzt die Auswahl eines im Hinblick auf die Merkmale der Datensätze geeigneten Abstandsmaßes voraus, beispielsweise müssen für nominale oder binäre Merkmale andere Distanzmaße verwendet werden als für metrische Merkmale.

Ein häufiges Problem beim Einsatz von Clusterverfahren ist die Interpretation der ermittelten Cluster, die ohne fundierte fachliche Kenntnisse kaum möglich ist. Hierbei bietet es sich an, diejenigen Merkmale zur Profilierung der Cluster zu verwenden, hinsichtlich derer das Cluster große Abweichungen zum Mittelwert über alle Datensätze aufweist.

Entscheidungsbaumverfahren

Ein Entscheidungsbaum ist die grafische Darstellung der Segmentierung eines Datenbestands. Der Wurzelknoten und die übrigen Knoten des Baumes, die keine Endknoten sind, stellen die Merkmale dar, nach deren Ausprägungen die Datenbasis aufgespalten wird. Durch die Kanten werden die für die Segmentierung relevanten Ausprägungen der Merkmale beschrieben. Den Endknoten des Baumes sind die Segmente zugeordnet. Dabei kann ein Segment bzw. Merkmal mehreren Endknoten bzw. Entscheidungsknoten zugewiesen werden.

Die Generierung eines Entscheidungsbaumes erfolgt auf der Grundlage von Entscheidungsbaumverfahren. Zu Beginn eines Entscheidungsbaumverfahrens wird das Merkmal ausgewählt, welches zu der besten Aufteilung des Datenbestands in Bezug auf die vorgegebenen Segmente führt. Anschließend wird der Datenbestand gemäß der Ausprägungen des ausgewählten Merkmals aufgespalten und das Verfahren wird erneut auf die sich ergebenden Teildatenbestände angewandt. Dieser Prozess wird so lange iterativ ausgeführt, bis alle in einer Teildatenbasis enthaltenen Daten einem Segment angehören oder nicht mehr durch die Auswahl eines Merkmals aufgespalten werden können.

Zur Auswahl des Merkmals, nach dessen Ausprägungen die Daten aufgespalten werden, können unterschiedliche Maße herangezogen werden. So wird dieses Merkmal in Entscheidungsbaumverfahren wie z.B. dem CART-Algorithmus [BFOS84], ID3-Algorithmus [Quin86] und C4.5-Algorithmus [Quin93] anhand des Informationsgehaltes bestimmt. In Entscheidungsbaumverfahren wie beispielsweise dem CHAID-Algorithmus [Hart75] erfolgt die Auswahl auf der Grundlage eines Chi-Quadrat-Tests.

Entscheidungsbäume, die bei der Segmentierung eines Datenbestands eine hohe Fehlerrate aufweisen, können im Rahmen des Pruning verbessert werden. Durch das Pruning werden einzelne Knoten und Kanten des Baumes entfernt, um die Segmentierungsgenauigkeit des Entscheidungsbaumes zu erhöhen.

Entscheidungsbaumverfahren können als Verfahren zur Klassifikation herangezogen werden. Darüber hinaus ist es möglich, Entscheidungsbaumverfahren als Verfahren zur Regression einzusetzen [ApWe97].

Entscheidungsbäume haben den Vorteil einer einfachen und verständlichen Darstellung der ermittelten Beziehungsmuster. So können die Pfade des Entscheidungsbaums als Regeln formuliert werden. Dabei gehen der Wurzelknoten, die Entscheidungsknoten und die Kanten des Baums in die Prämissen der Regeln ein. Aus den Endknoten werden die Konklusionen der Regeln abgeleitet.

Abbildung 3–13 zeigt die Unterteilung von bekannten Kündigungsfällen in eine Baumstruktur, beginnend mit dem am besten trennenden Merkmal. Es werden in Bezug auf die Zielgröße »Kündigung« möglichst homogene Gruppen gebildet. In dem Beispiel treten Kündigungen besonders häufig auf bei Kunden, deren letzte Bestellung weniger als 6 Monate zurückliegt, die zudem seit weniger als 3 Jahren Kunde und jünger als 40 Jahre sind. Diese Kundengruppe besteht zu 95 % aus Kündigern. Das Modell klassifiziert Kunden mit bisher unbekanntem Kündigungsverhalten, die dieselbe Kombination dieser drei Merkmale aufweisen, ebenfalls mit einer Wahrscheinlichkeit von 95 % als Kündiger. Fälle mit unbekannter Ausprägung des Zielmerkmals können durch die Regeln eines Entscheidungsbaums mit geringem Aufwand klassifiziert werden.

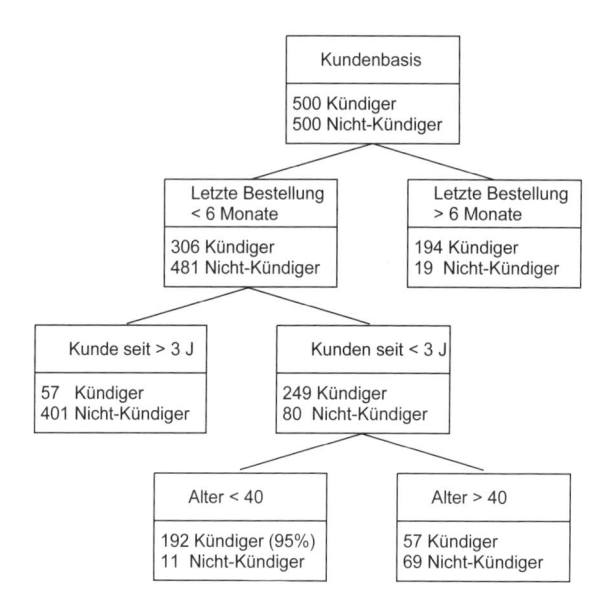

```
                    Kundenbasis
                    500 Kündiger
                    500 Nicht-Kündiger
                   /                \
     Letzte Bestellung          Letzte Bestellung
       < 6 Monate                  > 6 Monate
     306 Kündiger               194 Kündiger
     481 Nicht-Kündiger         19  Nicht-Kündiger
        /         \
 Kunde seit > 3 J   Kunden seit < 3 J
 57  Kündiger       249 Kündiger
 401 Nicht-Kündiger 80  Nicht-Kündiger
                       /          \
                 Alter < 40     Alter > 40
                 192 Kündiger (95%)   57 Kündiger
                 11  Nicht-Kündiger   69 Nicht-Kündiger
```

Abb. 3-13 *Entscheidungsbaum zur Klassifikation von Kündigern*

Konnektionistische Systeme

Bei der Konstruktion eines konnektionistischen Systems wird versucht, die Arbeitsweise des menschlichen Gehirns in ein mathematisches, informationsverarbeitendes System zu übertragen [Schw01]. Konnektionistische Systeme bestehen aus einer Vielzahl unabhängiger, einfacher Verarbeitungselemente, die über gewichtete Verbindungen miteinander verknüpft sind [Kemk88].

Die Struktur eines Verarbeitungselements ist durch eine Eingabefunktion, Aktivierungsfunktion und Ausgabefunktion festgelegt. Die Eingabefunktion bestimmt die Eingabe eines Verarbeitungselements. Der Wert der Eingabe hängt von den Ausgabewerten der dem Verarbeitungselement vorgelagerten Verarbeitungselemente und den Gewichten der Verbindungen zwischen den Verarbeitungselementen ab. Aus der Eingabe kann mithilfe der Aktivierungsfunktion der Aktivierungswert des Verarbeitungselements berechnet werden. Die Ausgabefunktion ermittelt aus dem Aktivierungswert des Verarbeitungselements den Ausgabewert, der an mögliche nachgelagerte Verarbeitungselemente weitergeleitet wird.

Die Verarbeitungselemente eines konnektionistischen Systems können zu einer Eingabeschicht, einer Ausgabeschicht und ggf. einer Zwischenschicht zusammengefasst werden. Die Eingabeschicht bzw. Ausgabeschicht besteht aus Verarbeitungselementen, die mit der Eingabe bzw. Ausgabe eines konnektionistischen Systems verbunden sind. Die Zwischenschicht setzt sich aus Verarbeitungselementen zusammen, die weder mit der Eingabe noch mit der Ausgabe eines konnektionistischen Systems unmittelbar verknüpft sind.

3.5 Auswertungsphase

Die Arbeitsweise eines konnektionistischen Systems ist durch die Prozesse der Reproduktion und Adaption gekennzeichnet. Im Rahmen der Reproduktion werden Eingabewerte an die Verarbeitungselemente der Eingabeschicht angelegt und die resultierenden Ausgabewerte der Verarbeitungselemente der Ausgabeschicht berechnet. Durch die Adaption werden die Gewichte der Verbindungen zwischen den Verarbeitungselementen eines konnektionistischen Systems verändert.

Aus dem Strukturprinzip und Funktionsprinzip konnektionistischer Systeme können grundlegende Eigenschaften wie z.B. Parallelität, verteilte Informationsspeicherung, Adaptivität, Generalisierungsfähigkeit und Fehlertoleranz abgeleitet werden. Diese Eigenschaften bilden die Grundlage für die Anwendung konnektionistischer Systeme als Verfahren des Data Mining und ermöglichen den Einsatz von konnektionistischen Systemen zur Clusterbildung, Klassifikation, Regression und Abhängigkeitsentdeckung.

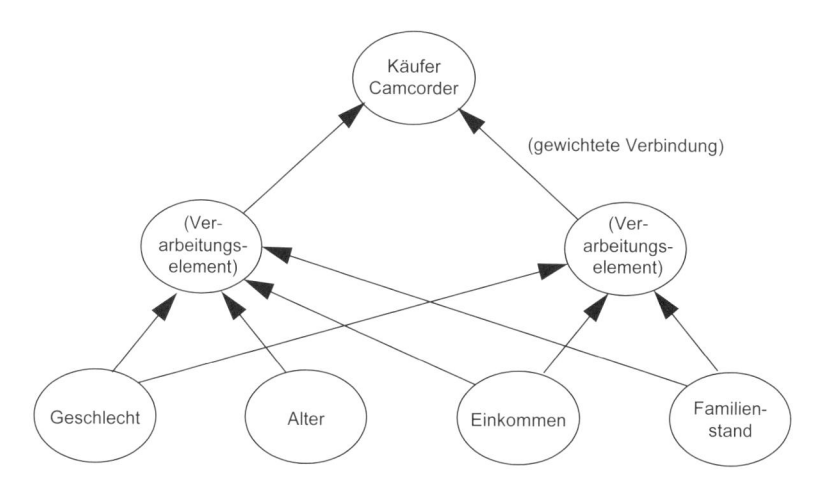

Abb. 3-14 *Konnektionistisches System zur Klassifikation von Camcorder-Käufern*

Die Anwendungsmöglichkeit konnektionistischer Systeme, wie beispielsweise des Perceptron [MiPa69] als Verfahren zur Klassifikation, Regression und Abhängigkeitsentdeckung, ist auf die universelle Approximationseigenschaft konnektionistischer Systeme zurückzuführen. Als universelle Approximationseigenschaft wird die Fähigkeit eines mehrschichtigen konnektionistischen Systems verstanden, eine beliebige stetige Funktion zu approximieren [HoSW89]. So kann im Rahmen der Adaption eines konnektionistischen Systems, wie die Abbildung 3-14 veranschaulicht, ein beliebiger Zusammenhang zwischen den durch die Verarbeitungselemente der Eingabeschicht dargestellten Merkmalen und den durch die Verarbeitungselemente der Ausgabeschicht beschriebenen Merkmalen des Datenbestands ermittelt und abgebildet werden. Der Einsatz konnektionistischer Systeme, wie z.B. des Kohonen-Netzes [Koho82] als Verfahren zur Clusterbildung, wird insbesondere durch die Adaptivität konnektionistischer Systeme ermöglicht.

Dabei werden die Daten entsprechend der Ausprägungen der durch die Verarbeitungselemente der Eingabeschicht repräsentierten Merkmale zu den durch die Verarbeitungselemente der Ausgabeschicht dargestellten Gruppen zusammengefasst.

Text Mining

Ein großer Teil der Daten und Informationen in Unternehmen und Organisationen ist unstrukturiert und lässt sich nicht ohne Weiteres automatisch auswerten und weiterverarbeiten. Die Mehrzahl der unstrukturierten Daten liegt in Form von Texten vor, z. B. aus E-Mails, Webseiten, Dokumenten oder Kundenkommunikation. Text Mining hat zum Ziel, aus diesen unstrukturierten Daten strukturierte Information zu generieren. Ziel ist auch die Integration in das Data-Warehouse-System, um Informationen in unstrukturierten Daten der gesamten Business Intelligence und den Optimierungen von Geschäftsprozessen zur Verfügung zu stellen.

Einsatzbereiche von Text Mining sind z. B.

- Customer Relationship Management:
  Berücksichtigung aller Kundenberührungspunkte wie E-Mails, Callcenter-Kontakte, Transaktionen, Umfragen, Auswertung der Hauptanliegen und -probleme von Kunden, Auswertung gemeinsamer Beschwerden und Problemkonstellationen
- Social Media Analysis:
  Untersuchung der zentralen Themen und Trends in News-Feeds, Blogs, Foren usw., Konkurrenzbeobachtung und Ideengenerierung im Web, Ermittlung von Stimmungen und deren Änderungen im Netz
- Marktforschung:
  Ermittlung von zentralen Themen bei offenen Fragen, Identifikation positiver und negativer Konnotationen, Betrugserkennung, medizinische Forschung

Text Mining ist eine automatisierte Inhaltsanalyse von Textmaterial mithilfe statistischer und linguistischer Methoden [FeSa07]. Zunächst werden sog. Konzepte, d. h. Worte oder Wortkombinationen, extrahiert. Das Verfahren fokussiert sich auf Wörter mit Aussagegehalt wie Substantive, Verben, Adjektive, Adverbien. Inhaltlich nicht zielführende Wörter wie Artikel, Präpositionen, Pronomen etc. werden von der Auswertung ausgeschlossen. Bei der Auswertung werden auch Beugungen der Wortstämme, d. h. Konjugationen und Deklinationen, sowie Singular- und Pluralformen berücksichtigt. Die Extraktion erfolgt automatisch, standardisiert und kann anforderungsspezifisch trainiert werden. Im nächsten Schritt werden inhaltlich gleichgerichtete Konzepte zu Kategorien gebündelt, sodass Synonyme in einer gleichen Wortkategorie zusammengefasst werden. Dieser Prozess erfolgt überwiegend manuell. Weiterhin können mehrere Kategorien in Oberkategorien gebündelt werden, um die Auswertung und Weiterverarbeitung zu erleichtern. Die Kategorien und Oberkategorien können dann – auch in Kombination mit strukturierten Daten – für weiterführende multivariate Analysen und Data-Mining-Modelle, z.B. Klassifikation, Assoziationsanalyse, Clusteranalyse oder Treiberanalyse, verwendet werden.

Ein großer Vorteil von Text Mining im Vergleich zur klassischen manuellen Vercodung von Verbatims sind höhere Effizienz, zeitliche Reliabilität und Stabilität der Ergebnisse sowie der Einsatz als Monitoring-Tool, um neue Themen und Trends unmittelbar aufzudecken. Aus unstrukturierten Daten kann somit geschäftskritische Information generiert werden.

3.6 Zusammenfassung

Ein Data-Warehouse-System wird in diesem Kapitel aus dem Blickwinkel des Datenflusses betrachtet. Daten werden von den Datenquellen übernommen, um dann der Auswertung zur Verfügung zu stehen. Dieser Vorgang kann einerseits wie in Kapitel 2 anhand seiner Komponenten betrachtet werden, andererseits aber auch zeitlich anhand der Phasen, die nacheinander ablaufen. In der Literatur wird oft nur die Ladephase von der Auswertungsphase unterschieden. Die dort als Ladephase bezeichnete Phase umfasst den gesamten Datenbeschaffungsprozess mit Extraktion, Transformation und Laden sowie das damit verbundene Monitoring der Quellsysteme. Außer der Tatsache, dass diese Betrachtung eine Abstraktion der hier verwendeten Phasen ist, unterscheiden sich diese zwei Sichten nicht. Es ist aber zweckmäßig, die Ladephase weiter aufzuspalten, da diese aus vielen Phasen besteht, die jeweils unterschiedliche Funktionen ausführen.

Für alle Phasen im Data-Warehouse-Prozess gibt es verschiedene Realisierungsmöglichkeiten. Es ist aber unmöglich, ein Patentrezept für die Realisierung dieser Phasen aufzustellen, da diese von vielen Faktoren wie Daten, Systeme und Anwenderanforderungen abhängt. Die zur Realisierung verwendeten Techniken der Datenbeschaffungsphase hängen vor allem von den Datenquellen und den nichtfunktionalen Anforderungen des Anwenders ab. Die Transformation wird innerhalb der Schemaintegration von der Struktur der Datenquellen bestimmt, die Datenintegration und Bereinigung von den Daten selbst. Die Ladephase wird durch das eigentliche Zeitfenster eingeschränkt. Sind die Anforderungen des Anwenders an die Ladezyklen derart hoch (Stichwort: realtime oder righttime), kann neben performanzsteigernden Mitteln oftmals nur eine Änderung der Architektur zielführend sein.

Die Auswertungsphase wird zwar auch von den Daten beeinflusst, das Hauptaugenmerk liegt aber in den Anforderungen des Anwenders. Alle Problematiken in dieser Phase wie eine nicht adäquate Visualisierung der Daten oder fehlende Operatoren werden direkt vom Anwender registriert und verringern eventuell die Akzeptanz der gesamten Data-Warehouse-Anwendung.

4 Physische Architektur

Nach der Beschreibung der idealtypischen Architektur eines Data-Warehouse-Systems werden im Folgenden die wichtigsten Konzepte der physischen Architektur eines Data-Warehouse-Systems erläutert. Ein besonderes Hauptaugenmerk soll auf die Komponenten von der Ableitungsdatenbank bis zur Auswertungskomponente und auf den Austausch von Daten gelegt werden. Der Bereich der Datenbeschaffung wird hier ausgeklammert, da diese Komponenten stark von den individuellen Gegebenheiten abhängen und ein allgemeiner Lösungsansatz kaum entworfen werden kann. Weiterhin wird die Basisdatenbank nicht explizit betrachtet, da sich die physische Architektur nicht grundlegend von OLTP-Datenbanksystemen, die in der Literatur ausreichend diskutiert sind, unterscheidet.

Abschnitt 4.1 stellt die Möglichkeit der relationalen und multidimensionalen Speichermodelle für die Realisierung einer Ableitungs- oder Auswertungsdatenbank gegenüber. Die Schichtenarchitekturen (Abschnitt 4.2) geben einen Einblick, welche Realisierungsalternativen für den Bereich zwischen Ableitungs- oder Auswertungsdatenbank und Auswertungskomponente existieren. Folgend werden verschiedene Architekturalternativen aus spezifischen Anforderungen wie die Auswertung von Echtzeitdaten (Abschnitt 4.3), die Integration von unstrukturierten Daten (Abschnitt 4.4) und die Auswertungsgeschwindigkeit (Abschnitt 4.5) diskutiert.

4.1 Speicherarchitekturen für die Basis-, Ableitungs- oder Auswertungsdatenbank

Datenbanksysteme dienen zur Speicherung und Verwaltung von Daten der Basis-, Ableitungs- und Auswertungsdatenbank. Das Datenbanksystem besteht wiederum aus einer *Datenbank* und einem *Datenbankmanagementsystem* (engl. database management system, DBMS), das die Verwaltung der Datenbank gewährleistet.

Im Folgenden werden zunächst allgemeine Strukturen eines Datenbankmanagementsystems beschrieben. Danach werden die Spezifika der beiden für den Data-Warehouse-Bereich gebräuchlichsten Ausprägungen von Datenbankmanagementsystemen näher erläutert. Das multidimensionale Speichermodell stellt zwar eine direkte Umsetzung des multidimensionalen Modells dar, hat aber nicht die Verbreitung des relationalen Speichermodells, das mit einer zusätzlichen Umsetzung des multidimensionalen Modells verwendbar wird. Die konkrete Nutzung der Speichermodelle im Data-Warehouse-Bereich und bei der Speicherung des multidimensionalen Modells wird in Kapitel 7 vorgestellt.

4.1.1 Architektur eines Datenbankverwaltungssystems

Daten werden in vordefinierten Strukturen in einem Datenbanksystem abgelegt. Ein Datenbanksystem wiederum besteht aus einer Datenbasis und einem Datenbankmanagementsystem [LoKK93]. Die Datenbank enthält die Daten, und das Datenbankmanagementsystem sorgt dafür, dass folgende grundlegende Funktionen hinsichtlich der Datenbasis möglich sind:

- (Permanentes) Speichern
- Ändern
- Löschen
- Wiederauffinden

Außerdem sind Möglichkeiten zur Verfügung zu stellen, um diese genannten Funktionen für externe Anwender nutzbar zu machen, d.h., es sind Schnittstellen einzurichten.

Weiter soll hier jedoch nicht auf den Aufbau von Datenbankverwaltungssystemen eingegangen werden. Der Leser sei auf die vielfältige Literatur verwiesen, etwa [LoSc87], [Wede91], [Date99] und [ElNa09] oder auch [SaHS08].

4.1.2 Speichermodelle für Daten

Eine weitere Strukturierung resultiert aus den gewählten grundlegenden Speicherstrukturmodellen, die im Hinblick auf die Datenspeicherung in der Ableitungs- oder Auswertungsdatenbank behandelt werden muss. Zur Speicherung von Daten einer Ableitungs- oder Auswertungsdatenbank wird eine Datenbank aufgebaut, die mithilfe eines Datenbankmanagementsystems betrieben wird. Die Speicherung der Daten muss dabei bestimmten Strukturen genügen. Im Folgenden werden die allgemeinen Grundlagen von zwei Speicherprinzipien, die im Data-Warehouse-Umfeld vorherrschend sind, erläutert. Auf eine Diskussion der Speichermodelle für eine Basisdatenbank kann verzichtet werden, da sich die Basisdatenbank nicht spezifisch auf den Anfragezweck ausrichten muss. Eine Modellierung und Speicherung kann also mit den derzeit gängigen Methoden erfolgen.

Relationales Speichermodell

Das relationale Speichermodell strukturiert die Daten in sogenannten Relationen. Ein Relationenschema bestimmt, wie die Relationen aussehen. Zum Relationenschema gehören Attribute, die bestimmten Domänen (Text, Zahl, Dezimalzahl etc.) angehören müssen.

Ein Attribut einer Relation kann als Primärschlüsselattribut ausgezeichnet werden, d.h., in allen Ausprägungen der Relation gibt es keine mehrfachen Vorkommen einer Ausprägung des Schlüsselattributs. Zwischen Relationen können Beziehungen definiert werden. Dazu wird ein Attribut einer Relation als Fremdschlüsselattribut ausgezeichnet, das einem Schlüsselattribut in einer anderen Relation entsprechen muss. Über die Fremdschlüsselbeziehungen werden somit gerichtete Verweise zwischen den Relationen definiert. Als Basis für die Relationen ist eine Relationenalgebra definiert, die Operatoren wie Selektion, Projektion oder das kartesische Produkt definiert. Eine genaue Beschreibung der Relationentheorie sowie der Relationenalgebra ist etwa in [Date99] oder [ElNa09] zu finden.

Die Operatoren der Relationenalgebra werden durch Anfragemechanismen auf der relationalen Speicherung und den Tabellen realisiert. In den gängigen kommerziellen relationalen Datenbanksystemen wird hierzu die deskriptive Anfragesprache SQL verwendet.

Die notwendigen Erweiterungen des relationalen Speichermodells für den Data-Warehousing-Einsatz werden in Abschnitt 7.2 beschrieben.

Multidimensionales Speichermodell

Neben der Speicherung von Daten in Relationen ist im Data-Warehouse-Bereich noch die Speicherung in multidimensionaler Form möglich. Für die multidimensionale Speicherung wird ein *multidimensionales Datenbankmanagementsystem* (MDBMS) benötigt. Dieses multidimensionale Datenbankmanagementsystem wird auch als multidimensionaler Server oder OLAP-Server bezeichnet, da er eine direkte Umsetzung des multidimensionalen Modells ermöglicht. Die Bezeichnung OLAP-Server ist insofern verwirrend, als die multidimensionale Zugriffsschicht, die bei einer relationalen Lösung die Abbildung gewährleistet, dieselbe Bezeichnung trägt.

Das multidimensionale Speichermodell setzt das multidimensionale Datenmodell direkt in eine physische Struktur um, d.h., die Modellelemente werden nahezu identisch in physische Objekte übertragen. Das multidimensionale Modell wird ausführlich in Kapitel 6 vorgestellt. Die Speicherung in multidimensionaler Form setzt direkt auf diesem multidimensionalen Modell auf, sodass an dieser Stelle der Verweis auf Abschnitt 7.2 genügen soll, wo die multidimensionale Speicherung ausführlich diskutiert wird.

4.2 Schichtenarchitekturen

Bei der Umsetzung der Ableitungs- oder Auswertungsdatenbank und der Auswertungskomponente innerhalb eines Data-Warehouse-Systems ergeben sich eine Reihe von Möglichkeiten, die Funktionalität auf verschiedene Komponenten aufzuteilen. Eine solche Zerlegung in Komponenten orientiert sich dabei sowohl an *funktionalen* Überlegungen als auch an den Notwendigkeiten der *physischen* Umsetzung innerhalb einer vorhandenen Informationsinfrastruktur.

Die vorhandenen Varianten der Umsetzung reichen dabei von monolithischen Einschichtensystemen (Abschnitt 4.2.1), die die gesamte Funktionalität in einer einzelnen Komponente konzentrieren, über Zwei- und Dreischichtenarchitekturen (Abschnitt 4.2.2 und 4.2.3), auf die die Funktionalität verteilt wird, bis zu komponentenbasierten N-Schichtenarchitekturen (Abschnitt 4.2.4) und einer webbasierten Architektur (Abschnitt 4.2.5).

Funktionale Überlegungen

Betrachtet man die in einem Datenanalysewerkzeug notwendigen Funktionen und ordnet diese den einzelnen Komponenten eines Data-Warehouse-Systems zu, so ergibt sich eine Unterteilung in Auswertungswerkzeug, Zugriffsschicht und Datenbank [Kimb96a].

Ein Auswertungswerkzeug, das innerhalb des multidimensionalen Paradigmas operiert (Abschnitt 3.5), greift meist nicht direkt auf die Datenbank zu, da diese nicht das geforderte multidimensionale Modell verarbeiten kann. Stattdessen werden die Anfragen an eine sogenannte *multidimensionale Zugriffsschicht* gestellt, die als Vermittler fungiert und zwischen dem Format der relationalen Datenbank und der modellhaften Beschreibung übersetzt.

Die Kommunikation erfolgt dabei über eine multidimensionale Schnittstelle, wie z.B. die von Microsoft vorgeschlagene OLE-DB-for-OLAP-Schnittstelle [Micr98]. Über eine solche Schnittstelle kann ein Client multidimensionale Abfragen übergeben und auch Metainformationen über die multidimensionalen Strukturen auslesen. Diese Metainformationen umfassen dabei u.a., welche Datenwürfel in welcher Datenbank abgelegt sind und welche Dimensionen zur Verfügung stehen. Zumeist wird dabei Information aus mehreren Quellen integriert.

Da in der Zugriffsschicht auch ein Großteil der analytischen Funktionen bereitgestellt werden, wird sie oft auch als OLAP-Schicht bezeichnet. Die Hauptaufgabe dieser Schicht besteht jedoch darin, die vom Anwender bzgl. eines multidimensionalen Schemas formulierten Anfragen und Auswertungen unter Verwendung von Abbildungsinformationen in äquivalente Anfragen an die tatsächlich verwendete Datenbank abzubilden – sofern es sich nicht um eine multidimensionale Datenbank handelt.

Die wohl am häufigsten anzutreffende Variante der Datenspeicherung in Data-Warehouse-Systemen stellen relationale Datenbanksysteme dar. In diesen werden multidimensionale Zugriffe in SQL-Abfragen übersetzt und dann an die Datenbank weitergereicht. Dabei kann es durchaus nötig und wünschenswert sein, eine Anfrage des Auswertungswerkzeugs in mehrere relationale Anfragen zu zerlegen und diese isoliert abzuarbeiten. Nach Bearbeitung der Anfrage durch das relationale System werden die Ergebnisse in entsprechende multidimensionale Datenstrukturen zurückübersetzt, die anschließend an den Client übergeben werden, der die Informationsaufbereitung und Darstellung durchführt.

Berechnungen und Operationen, die das Datenbanksystem nicht oder nur ineffizient durchführen kann, werden von der multidimensionalen Zugriffsschicht nach der Rückübersetzung ins multidimensionale Modell ausgeführt. Außerdem steht oft eine flexiblere und umfangreichere Berechnungsfunktionalität zur Verfügung, als dies in dem zugrunde liegenden Datenbanksystem vorhanden ist.

Die Verwendung von Datenbanksystemfunktionalität hängt neben der Art der Berechnung auch von dem Schema der relationalen Daten, den Merkmalen der Kommunikationsverbindung zum relationalen Datenbanksystem, dessen Auslastung und dem Datenvolumen ab. Wünschenswert wäre hier eine metadatengestützte, dynamische Entscheidung für jede Anfrage. Dies ist aufgrund der komplexen Einflussfaktoren aber schwierig, sodass heute gängige Produkte diese Entscheidung nicht dynamisch treffen, sondern aufgrund vorgegebener Heuristiken.

Es ist offensichtlich, dass die Abstimmung zwischen Datenbanksystem und Zugriffsschicht eine Voraussetzung für den effizienten Einsatz der multidimensionalen Zugriffsschicht ist. Weiter werden für die Optimierung der Anfragebearbeitung detaillierte Kenntnisse der Charakteristika des datenhaltenden Datenbanksystems benötigt [Clau98]. Für den Benutzer der Client-Software sind die Optimierungsvorgänge natürlich nicht sichtbar, jedoch die Leistungsunterschiede wahrnehmbar [KRRT98].

Eine solche auf rein funktionalen Überlegungen basierende Trennung der Schichten ist nicht notwendigerweise wünschenswert, da auch andere Faktoren Berücksichtigung finden müssen. Das heißt, aus rein funktionalen Überlegungen lässt sich nicht notwendigerweise eine optimale Aufteilung auf Komponenten und Schichten treffen. Vielmehr muss ein Kompromiss zwischen Leistungsfähigkeit und wartungsfreundlicher Architektur gefunden werden. Speziell die faktische Festlegung auf relationale Datenbanken, die sich aus der Verfügbarkeit und Stabilität relationaler Datenbanksysteme ergibt, erschwert das Finden einer guten Balance.

Physische Umsetzung

Die funktionale Architektur behandelt die Komponenten und deren Funktionen. Sie kann keine quantitativen Aussagen darüber treffen, wie diese Komponenten zu realisieren sind. *Quantitative* Überlegungen (Verfügbarkeit, Durchsatzraten, Größenlimits etc.) leiten sich zumeist aus der physischen Realisierung des Data-Warehouse-Systems und damit auch von der Aufteilung in Komponenten ab.

Dabei spielen jedoch mehr Faktoren eine Rolle als im naiven Verständnis des Software Engineering, in dem nur die Eleganz und Wartbarkeit des Gesamtsystems betrachtet wird. So müssen in der Umsetzung von Data-Warehouse-Projekten manchmal genau diese Qualitätskriterien verletzt werden, wenn es gilt, ausreichend kurze Antwortzeiten oder andere Benutzerbedürfnisse zu garantieren [Kimb96a]. Welche Auswirkungen Schichtenarchitekturen und Kommunikationsmodelle hier haben, ist Gegenstand dieses Abschnitts.

4.2.1 Einschichtenarchitektur

Theoretisch ist es möglich, die verschiedenen Komponenten der funktionalen Architektur (Client-Software, multidimensionale Zugriffsschicht und Datenbanksystem) eng zu integrieren. Hierbei verschwimmen die Grenzen zwischen den einzelnen Modulen so weit, dass man von einer *Einschichtenarchitektur* (engl. one-tier architecture) spricht. Es handelt sich hierbei oft um Speziallösungen, die auf proprietären multidimensionalen Datenbanken basieren. Die Einschichtenarchitektur ist vor allem für mobile Anwendungen interessant. Dabei laufen alle Komponenten des Systems auf nur einem Rechner. Client, Zugriffsschicht und Datenbank bilden einen monolithischen Block, der es erfordert, für jeden Benutzer die Daten in einer weiteren Installation zu replizieren. Während dies mobile Data-Warehouse-Lösungen ermöglicht, skaliert es nur schlecht bzgl. der Benutzerzahl.

Bei *Star*Kauf* könnten in den Filialen auf diese Weise kleine, kostengünstige Abzüge des zentralen Data-Warehouse-Systems realisiert werden, die nur die Daten für das jeweilige Kaufhaus enthalten, um beispielsweise lokale Werbeaktionen zu planen.

4.2.2 Zweischichtenarchitektur

Bei der *Zweischichtenarchitektur* (engl. two-tier architecture) gibt es zwei unterschiedliche Varianten. Verwendung findet diese Form der Architektur vor allem in Client/Server-Implementierungen, in denen der Server auf einem eigenen Rechner ausgeführt wird. Die zwei Varianten unterscheiden sich vereinfacht durch den Ausführungsort der analytischen Berechnungen:

- *Thin Client*:
  Bei der serverlastigen Verteilung der Komponenten (engl. fat server oder thin client) werden Datenbanksystem und multidimensionale Zugriffsschicht als eine Komponente verstanden. Der Server muss entsprechend leistungsfähig sein, da hier die Hauptlast der Anfragebearbeitung liegt. Andererseits kann die Kommunikation zwischen der Zugriffsschicht und der Datenbank effizienter stattfinden, da diese Funktionen enger gekoppelt sind. Dies ermöglicht eine flexiblere Entscheidung, ob eine Berechnung günstigerweise in der

4.2 Schichtenarchitekturen

Datenbank oder in der Zugriffsschicht abgearbeitet werden soll. Diese Architekturvariante leidet unter Einschränkungen bei der Skalierbarkeit in Hinsicht auf die Benutzeranzahl. Zwar werden hier die Daten zentral gehalten, jedoch wird der Server schnell zum Flaschenhals, wenn die Anzahl der Anfragen steigt. Eine Replikation des Serverrechners ist zwar möglich, jedoch aufgrund der hohen Leistungsanforderungen teuer. Dadurch, dass auf dem Client lediglich die Anwendung zur Ausführung kommt, eignet sich diese Architekturvariante gut zum Zugriff über das Internet/Intranet mittels WWW-Technologie, da in diesem Falle nur wenig Software auf dem Client installiert werden muss.

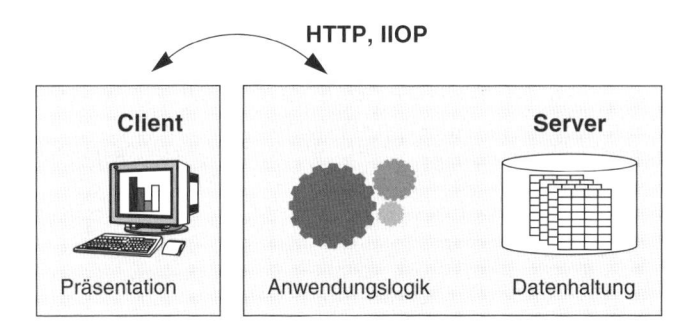

Abb. 4–1 *Thin Client*

Fat Client:
Bei der clientseitigen Ausführung (engl. fat client) der multidimensionalen Zugriffsschicht ist die Bearbeitungslast gleichmäßiger zwischen Client und Server verteilt. Der Server liefert die Daten, die im Client analysiert und dargestellt werden. Allerdings ist hierbei darauf zu achten, dass die Kommunikationsverbindung zwischen Client und Server in der Lage sein muss, das entsprechende Kommunikationsvolumen zu bewältigen. Das tatsächliche Volumen dieses Datenverkehrs hängt auch stark davon ab, welche Strategie die Anfrageerzeugung verfolgt.

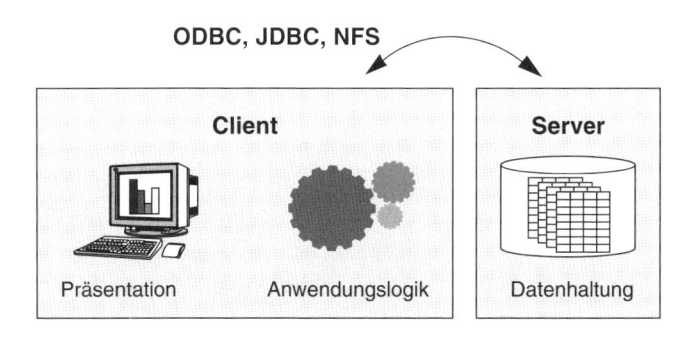

Abb. 4–2 *Fat Client*

4.2.3 Dreischichtenarchitektur

Eine *Dreischichtenarchitektur* (engl. three-tier architecture) stellt eine relativ aufwendige, aber auch skalierbare Systemvariante dar. Der Client, die multidimensionale Zugriffsschicht und das Datenbanksystem sind hier, wie in Abbildung 4–3 angedeutet, jeweils unabhängige Komponenten, die auf unterschiedlichen Rechnersystemen ausgeführt werden können. Diese Trennung bietet auch vom Standpunkt des Software Engineering Vorteile in Hinblick auf die Wartbarkeit und die Erweiterbarkeit. Da jede der Komponenten theoretisch auf einem eigenen Rechnersystem (dabei sind auch ein Cluster oder ein Multiprozessorsystem als ein einzelnes System zu sehen) ausgeführt werden kann, verbessert sich nicht nur die Skalierbarkeit, sondern auch die Fehlertoleranz. Die Replikation von Komponenten, die sich als Flaschenhals herausstellen, ist ebenso möglich wie auch die Integration von Ersatzrechnern für den Weiterbetrieb trotz etwaiger Hardwareausfälle.

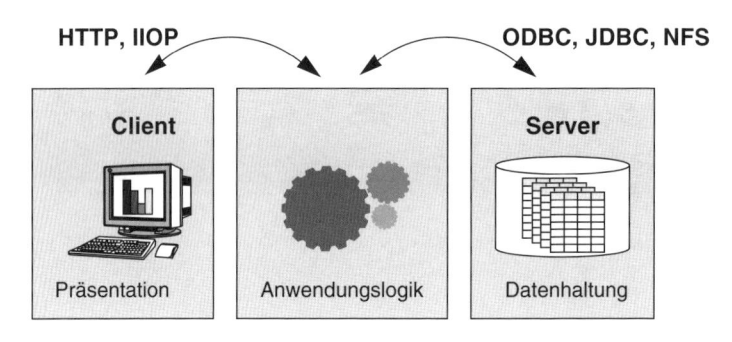

Abb. 4–3   *Dreischichtenarchitektur*

4.2.4 N-Schichtenarchitektur

Aus Sicht der Softwareentwicklung kann eine beliebige Anzahl von Schichten zur Realisierung eines Data-Warehouse-Systems verwendet werden. Auch wenn die hier beschriebenen Ausprägungen die gebräuchlichsten sind und die Basis für die meisten verfügbaren Lösungen darstellen, so sollte man sich bei der Umsetzung eines Data-Warehouse-Projekts bewusst sein, dass grundsätzlich eine beliebige Zahl von Schichten definiert werden kann. Dies spielt besonders dann eine Rolle, wenn ein großer Teil der Software projektspezifisch erstellt werden muss.

Hierbei sollte vor allem erwähnt werden, dass mit der Anzahl der Schichten die Komplexität des Softwareprojekts steigt, da eine größere Anzahl von Schnittstellen zwischen verschiedenen Komponenten definiert und koordiniert werden muss. Dieses Problem tritt auf, da jede Schicht als eigenständiges Teilprojekt zu verstehen ist, das jedoch ohne eine Integration in das Gesamtprojekt nicht erfolgreich sein kann. Gleichzeitig kann die Funktionalität besser aufgeteilt werden, wodurch das Design, die Implementierung und der Test der Einzelkomponenten vereinfacht wird. Einer der am häufigsten genannten Vorteile einer Architektur, die viele Schichten aufweist, ist die bessere Verteilbarkeit in Rechnernetzwerken. Tatsächlich spielt dieser Aspekt aber nur eine untergeordnete Rolle, da heute zumeist Lösungen gewählt werden, in denen mehrere, replizierte Systeme installiert werden, um hohe Anfragedichten zu bewältigen.

Insgesamt kann festgestellt werden, dass die Wahl der Architektur und Schichten hauptsächlich von den Gegebenheiten eines spezifischen Projekts und der Personalzusammensetzung abhängen. Es existiert eine Reihe erfolgreicher Projekte mit wenigen, aber auch vielen Schichten. Hauptsächlich beeinflusst die Trennung der verschiedenen Schichten die Möglichkeiten zur Softwareevolution, d.h. zur adaptiven Wartung. Je weniger Schichten vorhanden sind, umso schwerer lassen sich Komponenten, z.B. die Art der Datenbankspeicherung, ändern. Wie zuvor angedeutet, ist die gewählte Architektur jedoch immer ein Kompromiss zwischen einer Reihe von Faktoren, wozu auch die Projektdauer und Kostenverteilung über die gesamte Systemlebenszeit gehören.

4.2.5 Webbasierte Architektur

Hand in Hand mit dem zunehmenden Vordringen des World Wide Web in Büroarbeitsplätze wird der Einfluss webbasierter Data-Warehouse-Architekturen immer stärker [KRRT98]. Diese benutzen in Internetanwendungen gebräuchliche Übertragungsprotokolle und Dokumentbeschreibungssprachen, um die Einbindung der Data-Warehouse-Systeme in bestehende Arbeitsumgebungen zu vereinfachen. Die dabei verwendete Zugriffssoftware ist ein Webbrowser und daher nicht für die Datenvisualisierung und Navigation konzipiert, wodurch eine solche Lösung Spezialentwicklungen bzgl. Funktionalität und Benutzerführung unterlegen ist [BlGr97]. Dennoch liegen die Vorteile einer webbasierten Implementation auf der Hand:

- *Verwendung bestehender Zugriffssoftware*:
  Da vorhandene Softwarepakete für den Zugriff verwendet werden, besteht kein Bedarf zur Entwicklung oder Anschaffung neuer Softwarepakete für die Darstellung und Netzwerkkommunikation. Zugleich entfällt eine Schulung der Anwender, da diese mit der vorhandenen Softwareinfrastruktur bereits vertraut sind. Der Webbrowser dient nicht nur als Anfragewerkzeug für die Ableitungs- oder Auswertungsdatenbank, sondern ermöglicht auch den Zugang zu anderen Informationsquellen. Dies erleichtert die Verknüpfung der Daten mit Zusatzinformation.

  Es sei jedoch darauf hingewiesen, dass die Funktionalität der Anfrageauswertung trotzdem neu entwickelt werden muss. Ebenso muss für eine Verbindung zwischen dem Data-Warehouse-System und dem Webserver gesorgt werden, und es müssen die Anfrageergebnisse in ein vom Webbrowser darstellbares Format gebracht werden.

- *Wegfall von Wartungskosten:*
  Darüber hinaus wird der Wartungsaufwand auf die zentrale Infrastruktur und Verteilung aktueller Browser reduziert, wodurch die Gesamtkosten für den Betrieb des Data-Warehouse-Systems weiter gesenkt werden können. Der Portierungsaufwand für die Anwendung entfällt.

- *Plattformunabhängigkeit:*
  Unabhängig von der verwendeten Plattform und dem Betriebssystem ermöglicht ein Webbrowser Zugriff auf die in der Ableitungs- oder Auswertungsdatenbank gespeicherten Informationen. Die Verwendbarkeit wird von Veränderungen in der Systemumgebung nicht beeinflusst.

Neben der bereits erwähnten Alternative des Replizierens von kleinen Teilen der Ableitungsdatenbank von *Star*Kauf* soll den Mitarbeitern der einzelnen Niederlassungen ein Zugang zum Data-Warehouse-System über das Web geschaffen werden. Dadurch können die Auswertungsdaten kostengünstig einer großen Menge von räumlich verteilten Personen zugänglich gemacht werden. Neben der schon vorhandenen Browser-Software ist lediglich eine Webanbindung des Data-Warehouse-Systems umzusetzen. Somit besitzen alle ohne großen Wartungsaufwand dieselbe aktuelle Datenbasis.

Gleichzeitig wirft eine webbasierte Data-Warehouse-Lösung aber auch neue Fragen auf. So sind zusätzliche Sicherheitsmaßnahmen erforderlich, um unbefugte Zugriffe zu verhindern. Da die Übertragungswegstrecken der Daten fast nie gesichert werden können, muss man stets mit Angriffen rechnen und alle Übertragungen verschlüsseln. Des Weiteren werden Authentifikationsschemata benötigt, die sicherstellen, dass die erhaltenen Daten auch tatsächlich aus jener Ableitungs- oder Auswertungsdatenbank stammen, mit der man zu kommunizieren glaubt (siehe Sicherheit in Abschnitt 11.6).

Statische und dynamische Anwendungen

Grundsätzlich muss in webbasierten Data-Warehouse-Systemen zwischen zwei völlig verschiedenen Anwendungsmodi unterschieden werden: statische und dynamische Anwendungsfälle.

Statische Anwendungen liegen immer dann vor, wenn zwar die dargestellten Daten aus einem Data-Warehouse-System generiert werden, der Benutzer aber nur eingeschränkte Navigationsmöglichkeiten hat. Ein typisches Beispiel hierfür wäre der Geschäftsbericht eines Unternehmens, der zwar automatisch generiert wird, aber nicht weiter navigierbar und analysierbar ist.

Dynamische Anwendungen treten hingegen immer dann auf, wenn der Benutzer durch seine Aktionen Berechnungen und Anfragen auslöst. Es ist leicht einsichtig, dass diese beiden Anwendungsarten bereits bei der Planung unterschieden werden müssen, da sie unterschiedliche Systemanforderungen stellen. Im statischen Fall sind die Systemanforderungen wie Übertragungskapazitäten geringer, da der Anwender keine Möglichkeit der Interaktion hat.

Technische Grundlagen eines Web-Warehouse-Systems

Um ein Data-Warehouse-System für seinen Einsatz im World Wide Web vorzubereiten, existieren zwei Varianten:

HTTP-basierte Ansätze:
Das im Internet verwendete Standardprotokoll ist das Hypertext-Transfer-Protokoll (HTTP). Dieses wird zur Übertragung von Abfragen und Dokumenten zwischen einem Browser und einem Webserver eingesetzt. Bei einer Lösung, die dieses Standardprotokoll verwendet, kommuniziert der Client nie direkt mit dem Data-Warehouse-System, sondern immer nur mit einem Webserver, der eine Mittlerrolle einnimmt.

Anfragen werden zwar auf einem Client-System formuliert und die Ergebnisse dort dargestellt, jedoch besteht keine Möglichkeit, die Informationsaufbereitung nachträglich zu beeinflussen. Das bedeutet, dass der Server erneut konsultiert werden muss, wenn eine modifizierte Darstellung der Abfrageergebnisse gewünscht wird. Ebenso können Ergebnisse nur im Server berechnet und dann zum Client übertragen werden.

In einer HTTP-basierten Architektur werden zur Anbindung eines Data-Warehouse-Systems an einen Webserver zumeist externe Programme verwendet, die vom Webserver infolge einer eingehenden Anfrage aufgerufen werden. Das Common Gateway Interface (CGI) ermöglicht die Ausführung von vordefinierten Programmen, an die Anfragen weitergeleitet werden. So ist es möglich, auch dynamisch generierte Inhalte anzubieten. Allerdings ist das HTTP-Protokoll *zustandslos* (engl. stateless). Das bedeutet, dass zwischen zwei Anfragen keine persistente Verbindung aufrechterhalten wird. Neben dem Einsatz von *Cookies* kann dieses Problem mit dem folgenden Ansatz gelöst werden.

Java-basierte Ansätze:
Als Alternative zu einer auf dem Hypertext-Transfer-Protokoll basierenden Architektur besteht die Möglichkeit, ein Java-Programm als Anwendung zu benutzen. Eine solche Vorgehensweise erlaubt es, von einer auf der Client-Seite laufenden Java-Anwendung eine direkte Verbindung zum Data-Warehouse-System aufzubauen und die Darstellung der Anfrageergebnisse lokal zu aktualisieren.

Java verwendet eine Zwischendarstellung für ausführbare Programme (sog. Bytecode), die es gestattet, diese mittels eines Interpreters, der *Virtual Machine*, auf verschiedenen Architekturen und Betriebssystemen auszuführen. Dies sollte theoretisch Portierungen unnötig machen; allerdings bestehen oft größere Unterschiede in der Implementierung der Interpreter, sodass dennoch Inkompatibilitäten auftreten können.

Insgesamt entspricht eine Java-basierte Web-Warehouse-Lösung der im vorigen Abschnitt beschriebenen Dreischichtenarchitektur. Ausgehend von den derzeitigen Trends in der Softwareerstellung für Intranetlösungen ist zu vermuten, dass diese Art der Implementierung die in Zukunft dominante Position einnehmen wird, da sie sowohl Plattformunabhängigkeit als auch flexible Anwenderschnittstellen ermöglicht [Kurz99].

Eine genauere Diskussion der Ansätze, Datenbanksysteme ans Web anzubinden, findet sich in [Loes98]. Eine Alternative, die einen weitaus höheren Entwicklungsaufwand verursacht, besteht darin, einen eigenen Webserver als Bestandteil des Data-Warehouse-Systems zu implementieren. Ein solcher Server kommuniziert mit seinen Clients mittels des HTTP-Protokolls, führt die Abfragen jedoch direkt aus.

Optimierung und Caching

Oft wird in webbasierten Data-Warehouse-Systemen auch eine weitere Zwischenschicht eingezogen, die versucht, gleichartige Abfragen zu erkennen und auf Basis des bereits berechneten Ergebnisses zu beantworten. Diese Optimierungsstrategie wird gemeinhin als *Caching* bezeichnet (vgl. Abschnitt 8.5.4).

Technisch wird dies realisiert, indem eine eingehende Anfrage in eine einheitliche, leicht vergleichbare Darstellung übertragen wird. Diese wird dann mit den im Cache befindlichen Anfragen, die auch in diese Darstellung überführt wurden, verglichen. Ein solcher Vergleich kann schnell durchgeführt werden, wenn zunächst nur eine kompakte, abgeleitete Darstellung verglichen wird. Nur wenn eine Übereinstimmung zwischen diesen Darstellungen zustande kommt, wird ein genauer Vergleich durchgeführt. Führt nun diese Suche zu einer Übereinstimmung, so wird das bereits vorhandene Ergebnis zurückgeliefert, anstatt die Anfrage erneut auszuwerten.

Sicherheitsaspekte

Speziell in webbasierten Data-Warehouse-Systemen spielen Sicherheitsaspekte eine wichtige Rolle. Da die verfügbaren Daten in einer vernetzten Arbeitsumgebung verteilt werden, besteht die Gefahr, dass diese von Unberechtigten abgefangen und gespeichert werden. Ein webbasiertes Data-Warehouse-System ist anfälliger für Angriffe, da Abfragen und Antworten mittels Standardprotokollen transportiert werden. Dabei fallen zwei grundlegend unterschiedliche Ansatzpunkte zur Sicherung auf (weitere Details sind in Abschnitt 11.6 oder in [Schn95] zu finden):

- *Authentifikation und Zugangsbeschränkungen*:
  Die Authentifikation eines Nutzers gegenüber dem Data-Warehouse-System bestätigt die Identität des Nutzers. Dies wird zumeist über einfache Verfahren mit geheimer Information (d.h. Information, die nur dem entsprechenden Nutzer bekannt ist) realisiert. Ein Beispiel hierfür ist die Verwendung von

Passwörtern. Die Aktionen eines authentifizierten Nutzers können diesem nun eindeutig zugeordnet werden. Da bei einem Webbasierten Data-Warehouse-System keine persistenten Verbindungen existieren, würde die Verwendung ausschließlich von Passwörtern jedoch erfordern, dass diese wiederholt übermittelt werden müssten.

Verschlüsselung:
In Firmennetzwerken, speziell mit der zunehmenden Integration von Intra- und Extranet, hat ein Großteil der Mitarbeiter Zugang zum Datennetz. Aufgrund der technischen Implementierung der meisten Netzwerke ist es so möglich, Daten zwischen zwei Rechnern auf einem dritten Rechner aufzuzeichnen. Um etwaigen Mithörern diese Möglichkeit zu nehmen, bietet sich die Verschlüsselung der übertragenen Daten an. Diese sollte transparent für den Anwender erfolgen und trotzdem die gesamte Datenübertragungsstrecke abdecken (End-to-End-Verschlüsselung). Zur Realisierung stehen dabei eine Reihe von Lösungen zur Verfügung, die zumeist nicht Data-Warehouse-spezifisch sind.

Individualisierungsaspekte

Die Verwendung eines Webbrowsers zur Anzeige von Anfrageergebnissen reduziert zwar den Aufwand bei der Softwareerstellung und -wartung, wirft aber neue Probleme bei der Individualisierung von Anfrageergebnissen auf. Es muss nämlich jegliche Personalisierung und Formatierung der Ergebnisdaten auf Serverseite erfolgen. Dafür muss dort ein persistenter Kontext für jeden Anwender geschaffen und verwaltet werden. Dieser Kontext kann auch ein Benutzerprofil enthalten, in dem benutzerdefinierte Voreinstellungen gespeichert sind. Jedoch wirft dies die Frage auf, wie ohne persistente Netzwerkverbindung einer Anfrage ein Anwender zugeordnet werden kann. Ähnliches gilt sinngemäß für die Verfolgung der jeweils gestellten Anfragen, wie sie zum Aufbau eines Nutzungsprofils für die Optimierung notwendig ist.

Ein typischer Fall für die Notwendigkeit von Benutzerprofilen tritt dann auf, wenn die Anwender die Datendarstellung benutzerdefiniert variieren wollen und diese Anwenderkonfiguration über mehrere Arbeitssitzungen erhalten bleiben muss. Zu diesem Zweck wird bei der Einrichtung eines Nutzers im Server ein Benutzerkontext angelegt. In diesem wird die benutzerspezifische Konfigurationsinformation gespeichert. Bei der Anmeldung und Authentifikation des Nutzers wird eine Zuordnung zu diesem Kontext vorgenommen und die Konfigurationsinformation daraus extrahiert.

Es besteht auch die Möglichkeit, die Identifikation des Anwenders gegenüber dem System derart zu vereinfachen, dass die Eingabe von Benutzernamen und Passwort nicht mehr notwendig ist. Zu diesem Zweck können sogenannte *Cookies* eingesetzt werden. Diese stellen kleine Datenelemente dar, die der Server an den Client überträgt und die dann auf dem Rechner des Anwenders gespeichert werden. Bei Anfragen werden diese Cookies an das anfragende System übertragen. Damit lässt sich zwar ein automatisches Einloggen leicht realisieren, gleichzeitig wird aber die Sicherheit des Systems reduziert.

4.3 Realtime-Data-Warehouse-Systeme

Realtime-Data-Warehouse-Systeme sind eine spezielle Ausprägung von Data-Warehouse-Systemen, die die auswertungsorientierten Informationen in jeder anforderungsbedingten Aktualität zur Verfügung stellen können ([BuSi04], S. 31). Als entscheidendes Kriterium ist die Bedarfsorientierung zu betonen, da eine hohe Datenaktualität für sich genommen keinen Selbstzweck darstellt. Insofern ist eine potenzielle Echtzeitanforderung zur »Data Freshness« immer vor dem Hintergrund der zu unterstützenden Geschäftsprozesse kritisch zu hinterfragen. So mag es Anwendungsszenarien geben, die mit einer einmaligen täglichen Datenaktualisierung ausreichend unterstützt werden können, bei anderen Anwendungen sind jedoch Aktualitätszyklen im Minuten- oder Sekundenbereich notwendig. Demzufolge bietet es sich an, statt von Realtime-Data-Warehouse-Systemen besser von Righttime-Data-Warehouse-Systemen zu sprechen, um pointiert zum Ausdruck zu bringen, dass es nicht per se um das Brechen von Geschwindigkeitsrekorden, sondern um die Befriedigung von Anwenderbedürfnissen geht.

4.3.1 Anforderungen

Ein klassisches Data-Warehouse-System wird in regelmäßigen Zyklen mit der Länge von einem Tag bis zu einem Monat durch den Datenbeschaffungsprozess aktualisiert. Der rechenintensive Datenbeschaffungsprozess arbeitet vorwiegend in einem extensiven Zeitfenster (z.B. in der Nacht), um einen aktualisierten Datenstand z.B. rechtzeitig zu Arbeitsbeginn um 08:00 Uhr verfügbar zu haben.

Je nach Geschäftsmodell, Branche und Funktion des Data-Warehouse-Systems kann diese Vorgehensweise durchaus ausreichen. In bestimmten Branchen gibt es kaum eine Notwendigkeit, auf Ereignisse zu reagieren, die weniger als 24 Stunden zurückliegen. Und auch in anderen Geschäftsfeldern gilt: Wenn das Data-Warehouse-System einzig der Entscheidungsunterstützung für das Management dient, das sich einmal am Tag seine Berichte aktualisiert, dann hätte eine häufigere Aktualisierung keinen Mehrwert.

Tatsächlich werden aber Data-Warehouse-Systeme nicht nur zum Erzeugen von Berichten für das Management verwendet, sondern auch für diverse andere Zwecke, bei denen ein höherer Grad an Aktualität durchaus wünschenswert sein kann. In Geschäftsfeldern wie Telekommunikation oder Finanzen müssen mitunter unerwünschte Phänomene im Nutzungsverhalten oder Reaktionen in den Vermarktungskanälen so schnell wie möglich erkannt werden.

Noch wichtiger als bei der Unterstützung menschlicher Entscheidungen ist das Thema Aktualität bei automatisierten Prozessen, die direkt durch Änderungen oder Muster in den Daten angestoßen werden, wie z.B. die Sperrung von Diensten bei erhöhter Betrugsgefahr. Auch wenn solche operativen Prozesse traditionell außerhalb des Anwendungsbereichs von Data-Warehouse-Systemen liegen und von separaten OLTP-Systemen übernommen werden, so bietet es sich doch häufig an, die Aggregationslogik und die abgeleiteten analytischen Attribute eines Data-Warehouse-Systems auch direkt in den operativen Bereich zu integrieren.

Ferner besteht inzwischen häufig der Anspruch, Echtzeitkontaktsituationen, z.B. mit einem Kunden im Callcenter, durch Anzeige von relevanten Daten und vor allem auch daraus abgeleiteten Handlungsempfehlungen, Affinitäten etc. zu unterstützen. Hierbei gilt erstens, dass solche Kontakte durchaus mehrmals am Tag vorkommen können, sodass der Callcenter-Mitarbeiter keinesfalls »blind« für die Ereignisse der letzten 24 Stunden sein darf. Zweitens müssen hier nicht nur Fakten minutenaktuell aufbereitet werden, sondern eine Analytik muss zum Zeitpunkt des Kontakts diese Fakten beispielsweise noch zu abgeleiteten Handlungsempfehlungen verarbeiten.

Zusammengefasst: Im Zuge der immer kürzer werdenden Produktlebenszyklen und im Zeitalter einer gestiegenen Umweltdynamik sowie des anwachsenden globalen Wettbewerbsdrucks werden Unternehmen zu einem immer früheren Erkennen von Trends und einem rascheren Reagieren auf kurzfristige Ereignisse gezwungen. Daraus leitet sich die Forderung nach einem Echtzeitunternehmen ab, das ohne wesentliche Zeitverzögerung relevante Information aufnehmen und in entsprechende, den Geschäftserfolg unterstützende Aktivitäten und Strukturen umsetzen kann [Flei03].

In dessen Folge wird auch an Data-Warehouse-Systeme die Anforderung gestellt, dass die zeitliche Dauer der in Kapitel 3 dargestellten Phasen des Data Warehousing reduziert werden soll. Damit wird die Zielsetzung nach einer höheren Datenaktualität sowohl in der Basisdatenbank sowie in den für die Auswertungen notwendigen Ableitungs- und Auswertungsdatenbanken verfolgt, um auf Basis der in Echtzeit gelieferten Auswertungsinformationen ein unmittelbares, steuerndes Eingreifen im operativen Geschäftsgeschehen zu erlauben.

Im Detail lassen sich verschiedene Stellen in den Phasen des Data Warehousing identifizieren, an denen potenzielle Zeitverzögerungen auftreten können und insofern die Echtzeitanforderung nur schwer erfüllt werden kann. Nimmt man als Ausgangspunkt die konkrete Instanz eines operativen Geschäftsprozesses, so müssen nach der elektronischen Verfügbarkeit eines (Teil-)Ergebnisses die entsprechenden Daten den Datenbeschaffungsprozess (Extraktion, Transformation und Laden) durchlaufen, bis sie aus der operativen Systemwelt in die Basisdatenbank überführt worden sind. Der Zeitverlust vom Entstehen der Daten auf Basis des ursprünglichen Geschäftsvorfalls bis zur Bereitstellung in der Basisdatenbank wird als Datenlatenz bezeichnet. Die auf der Basisdatenbank aufsetzende Ableitungs- oder Auswertungsdatenbank ist nun in der Lage, die veränderten Daten zu verarbeiten und sie in aggregierter und konsolidierter Form dem Anwender, z. B. nach einer Modelltransformation, zur Verfügung zu stellen. Der Anwender wird z. B. nach Abschluss des Generierungsprozesses eines multidimensionalen Datenwürfels in die Lage versetzt, die aus den Daten abgeleiteten Informationen auszuwerten. An die Datenlatenz schließt sich insofern noch die Analyselatenz an, die die Zeitverzögerung beschreibt, bei der Daten auswertungsrelevant für den Anwender zusammengestellt werden [Flei03].

4.3.2 Architektur

Gängige Architekturszenarien unterscheiden sich darin, wie tief die Echtzeitdaten in das bestehende Data-Warehouse-System integriert werden. Im Extremfall würden die kontinuierlich eintreffenden Veränderungen in den gleichen Tabellen abgebildet werden wie die Datenhistorie. Dies führt zu der Problematik, dass die Beanspruchung durch konsumierende Abfragen im Konflikt mit den häufigen Aktualisierungen der Fakten steht und es zu Verzögerungen bei der Berichterstellung kommen kann. Ein möglicher Ausweg besteht darin, auf strenge Kontinuität zu verzichten, die Aktualisierungen zu bündeln und nur im Abstand von wenigen Minuten auszuführen.

Eine Alternative besteht darin, eine architektonische Trennung zwischen Echtzeitbereich und restlichem, ETL-basierten Data-Warehouse-System zu belassen. Der Echtzeitbereich kann ein externer Cache ganz außerhalb des Data-Warehouse-Systems, eine separate Partition innerhalb des Data-Warehouse-Systems oder separate Tabellen innerhalb der gleichen Tabellenstruktur wie die historischen Daten sein. In allen diesen Szenarien werden die Daten aus dem Echtzeitbereich in kurzen Zyklen in den historischen Bereich übertragen. Damit ist das Problem des Konflikts zwischen Aktualisierungs- und Abfrageprozessen deutlich abgeschwächt, denn zumindest Abfragen, die nur auf historischen Daten aufsetzen, sind von Aktualisierungsprozessen weitgehend unbehelligt [Kimb02].

Die Herausforderung bei externem Cache und separater Partition besteht darin, die physisch getrennten Bereiche in einer logischen Sicht zusammenzuführen, sodass die Trennung für Abfragewerkzeuge und Endnutzer unsichtbar wird. Wenn jedoch auf diese Weise komplexe, kombinierte Abfragen über beide Bereiche zugelassen werden, so birgt dies wieder den ursprünglichen Konflikt zwischen Aktualisierung und Abfrage.

Entsprechende Righttime-Architekturen setzen in der Praxis zumeist auf die Kombination von ETL-Technologien und einer Enterprise-Application-Integration-(EAI-)Infrastruktur, da so eine hohe »Data Freshness« durch die Verarbeitung von kontinuierlich gelieferten Datenbeständen gewährleistet werden kann. Während die Unterstützung durch ETL-Technologien bei der Durchführung von

Datenbeschaffungsprozessen im Data-Warehouse-Umfeld etabliert ist, ist die Integration einer EAI-Infrastruktur noch die Ausnahme. Eine EAI-Infrastruktur stellt dabei eine nachrichtenorientierte Middleware (engl. message oriented middleware) dar, die den uneingeschränkten Austausch von Daten zwischen einzelnen Applikationen erlaubt und somit eine Abbildung von Geschäftsprozessen über verschiedene Systeme hinweg ermöglicht [Lint00a]. Somit subsumiert EAI neben dem reinen Datenaustausch auch prozessorientierte Themen zur inner- und überbetrieblichen Zusammenarbeit von Softwaresystemen zur Prozessintegration. Die Integration von Anwendungen erfolgt, indem diese mittels Nachrichten miteinander kommunizieren, die in einer Message Queue eingereiht und abgespeichert werden. Dadurch agiert eine entsprechende nachrichtenorientierte Middleware unabhängig von der Netzverfügbarkeit. Als vorherrschende Form der Nachrichtenübermittlung ist die asynchrone Kommunikation im Publish-and-Subscribe-Verfahren zu nennen.

Durch eine geschickte architektonische Kombination von EAI und ETL lassen sich die Vorteile der jeweiligen Technologien optimal nutzen, um eine Righttime-Belieferung von Data-Warehouse-Systemen zu realisieren. Während sich eine EAI-Infrastruktur primär auf die Prozessautomation zur zeitnahen Übertragung kleiner Datenmengen für den ereignisorientierten Informationsaustausch fokussiert, bieten ETL-Werkzeuge vielfältige Möglichkeiten zur Umsetzung komplexer Transformationen großer Datenmengen und damit zur Übertragung von Daten zwischen unterschiedlich ausgerichteten Datenmodellen [Abka06]. Beide Ansätze stehen insofern nicht in einem konkurrierenden Verhältnis zueinander, sondern ergänzen sich vielmehr bei der Aufgabenstellung der Datenintegration. Zudem sind am Markt deutliche Entwicklungen dahingehend zu beobachten, dass beide Systemklassen langfristig miteinander verschmelzen und die Paradigmen der Datenintegration konvergieren [Bang04].

Hinsichtlich der architektonischen Abbildung einer Kombination aus EAI-Infrastruktur und ETL-Technologie bestehen Freiheitsgrade, inwiefern mittels EAI oder ETL die einzelnen Schichten der Gesamtarchitektur mit Daten beschafft werden. Entscheidende Kriterien stellen dabei der Grad der Righttime-Fähigkeit aus der fachlichen Anforderung, die Komplexität der notwendigen Datentransformationen sowie das zu verarbeitende Datenvolumen dar. Abbildung 4–4 visualisiert diesen Zusammenhang innerhalb der Referenzarchitektur.

Auf Basis der dargestellten Architektur wird der Arbeitsbereich nicht nur temporär mit Daten befüllt und nach der Weiterverarbeitung gelöscht, sondern die nachrichtenorientiert eingehenden Daten werden aufgrund der Unsynchronität und Fragmentiertheit von Datenlieferungen aus verschiedenen Datenquellen vorgehalten und in regelmäßigen Ladezyklen entsprechend des Grads der Righttime-Anforderung nach den notwendigen Transformationen und Konsistenzprüfungen weiterverarbeitet. Jeder eingehende Datensatz wird durch technische Metadaten angereichert, die den jeweiligen Bearbeitungsstatus protokollieren

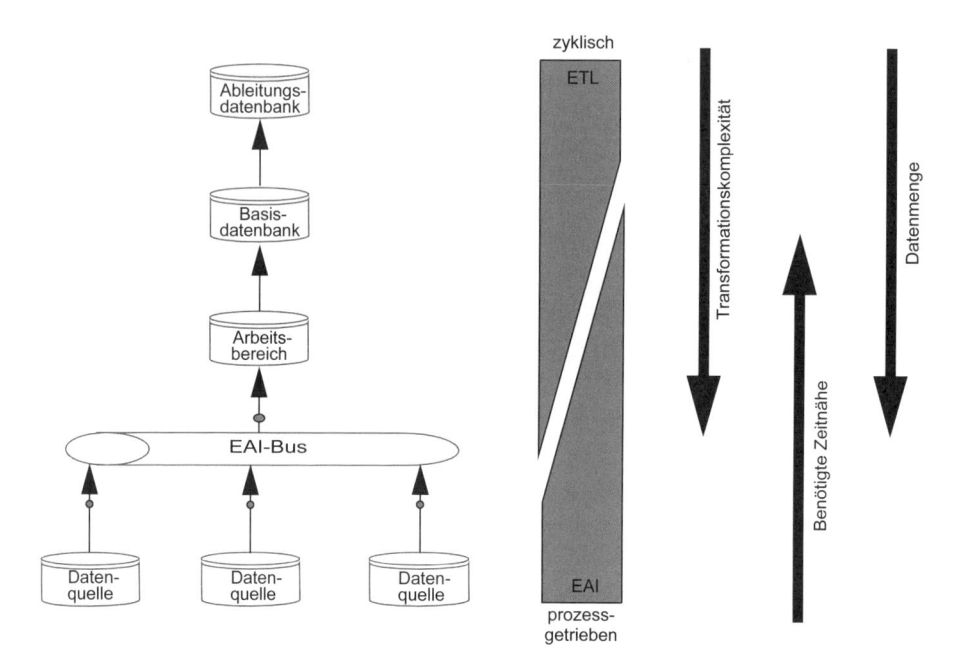

Abb. 4-4 Architektur eines Righttime-Data-Warehouse-Systems

(vgl. Abschnitt 12.2). Datensätze, die z. B. aufgrund noch nicht erfolgreich durchgeführter Lookup-Prüfungen bisher noch nicht in die Basisdatenbank überführt werden konnten, sind beim nächsten Ladezyklus erneut zu berücksichtigen. Die Häufigkeit der zyklischen Ladeprozesse im Zeitablauf definiert dann die Aktualität, mit der die prozessgetriebenen Nachrichten, die aus den Quellsystemen auf den EAI-Bus gestellt werden, zu Auswertungszwecken in den Ableitungs- und Auswertungsdatenbanken zur Verfügung stehen.

Mit der vorgeschlagenen technischen Architektur lässt sich demzufolge die Daten- und Analyselatenz reduzieren, sodass Daten aus den operativen Systemen unmittelbar nach dem Entstehen in das Data-Warehouse-System überführt werden.

4.3.3 Aktualisierung der Daten

Das Echtzeit-Data-Warehouse-System wird nicht in festgelegten Zyklen aktualisiert, sondern kontinuierlich, sobald sich die operative Datengrundlage ändert. Dies macht den Datenbeschaffungsschritt etwas komplexer, da eine Trigger-Logik formuliert werden muss, die festlegt, welche operative Änderung zu einer Data-Warehouse-System-Aktualisierung führen darf [Hais06].

Diese Logik wird idealerweise schon im operativen Quellsystem eingebaut und gekoppelt mit einer Schnittstellenmethode, bei der der Sender die Kommunikation initiieren kann (Blackboard, MOM). So würde das operative System selbst die Data-Warehouse-System-relevanten Änderungen identifizieren und nur diese weiterleiten, dabei die transferierte Datenmenge und den Rechenaufwand im Data-Warehouse-System gering halten. Aus technischer Sicht eignen sich SOAP und Java Message Service (JMS) als Technologien für diesen Echtzeitdatentransfer. Dieser Ansatz ist jedoch nur möglich, wenn man es dem Quellsystem zumuten kann, diese Aufgabe zu übernehmen, ohne die geschäftskritischen Prozesse zu gefährden oder zu bremsen. Außerdem ist diese Methode in einer heterogenen Systemwelt aufwendig zu entwickeln, da man diesen Push-Mechanismus pro Quellsystem jedes Mal neu entwickeln muss.

Unabhängig davon, wo die Trigger-Logik eingebaut ist, besteht ihr oberstes Designprinzip darin, dass sie bereits auf der frühen Stufe der Ereignisse aufsetzt und nicht erst auf verdichteten Snapshot-Tabellen. Als Beispiel soll hier der Tarifwechsel z.B. im Mobilfunk dienen. Auch schon im operativen System findet sich einerseits eine Historie aus Wechselereignissen und andererseits eine Snapshot-Verdichtung, die den jeweils aktuellen Tarif angibt. Eine Logik, die schon auf den Ereignissen aufsetzt, kann sehr einfach gehalten werden, da die Ereignisse hinsichtlich gewisser Eigenschaften überprüft werden. Eine Logik auf Basis der Snapshot-Darstellung hat jedoch ein ernsthaftes Problem bei der Änderungserkennung: Man müsste den Wert des aktuellen Tarifs mit einem älteren, historisierten Wert vergleichen oder einen in der Snapshot-Tabelle hinterlegten Aktualisierungszeitstempel verwenden. In jedem Fall muss die komplette Tabelle kontinuierlich durchsucht werden. Diese Situation sollte möglichst vermieden werden.

Da Änderungen kontinuierlich erfolgen, muss darauf geachtet werden, dass bei einem operativen Ereignis nur diejenigen Data-Warehouse-System-Inhalte angefasst werden müssen, die auch wirklich durch dieses Ereignis betroffen sind. Bei einem traditionellen Data-Warehouse-System berechnet der Datenbeschaffungsprozess alle Tabellen komplett neu, d.h., es werden auch jene Werte neu berechnet, die sich gar nicht ändern konnten. Beim Echtzeit-Data-Warehouse-System wird eine Transformationslogik benötigt, die abbildet, auf welche abgeleiteten Attribute und Aggregationen die aus dem operativen Bereich abgezogenen Fakten Einfluss haben können.

Deshalb wird grundsätzlich eine Transformationslogik nur für die Information benötigt, die dauerhaft gespeichert werden soll. Und die Frage der Persistenz muss man im Extremfall für jede Tabelle einzeln entscheiden, wobei man sich in einer Trade-off-Situation befindet zwischen einerseits möglichst schnellen Antwortzeiten bei der Verwendung der Daten in Echtzeitprozessen und -berichten und andererseits der Vermeidung eines hohen Rechenaufwands im Falle von häufig aktualisierten Attributen.

Eine Transformationslogik muss kundenübergreifende Aggregationen meist überhaupt nicht berücksichtigen. Diese sind häufig nur für Berichte relevant und würden sich ohnehin zu oft ändern, als dass man sie persistent speichern würde. Solche Kennzahlen (z.B. Anzahl Kunden in Tarif X) werden im Echtzeit-Data-

Warehouse-System immer nur als Sichten gespeichert und erst zum Berichtszeitpunkt berechnet.

4.3.4 Berichte

Während es häufig wünschenswert ist, dass ein Bericht kontinuierlich auf dem aktuellen Stand gehalten wird, ist es jedoch ebenfalls notwendig, diese Volatilität der Berichtsergebnisse bei Bedarf zu eliminieren. Angenommen, man braucht einen Bericht mit der Verteilung der Kunden über die Tarife, die am 1. Januar um 00:00 Uhr bestanden. Ein solches Snapshot-Reporting ist mit der traditionellen Architektur leicht zu realisieren. Dagegen sind bei einem Echtzeit-Data-Warehouse-System zusätzliche Maßnahmen notwendig, insbesondere bzgl. der Abbildung von Metadaten und Historisierung.

Ein Transformationsprozess, der durch ein operatives Ereignis angestoßen wird und seine Spur durch diverse Data-Warehouse-System-Tabellen zieht, muss an jeder Änderung, die er dort vollzieht, auch einen Zeitstempel hinterlassen. Es muss nicht nur der Zeitpunkt des Ereignisses selbst, sondern auch der Zeitpunkt der Integration in das Data-Warehouse-System sowie der Zeitpunkt der daraus resultierenden Änderungen in persistenten Tabellen dokumentiert werden. Ferner muss für alle persistenten Attribute die komplette Historie der Wertänderungen festgehalten werden. Nur so sind die Anforderungen des non-volatilen Reportings bei aktuellstem Datenstand vereinbar.

Ist z.B. der aktuelle Tarif ein persistentes Attribut, so greift ein Snapshot-Reporting auf den letzten historisierten Wert zu, der noch vor dem Snapshot-Datum liegt. Ist dieses Attribut nicht persistent, so berechnet es sich nur auf Basis der Tarifwechselereignisse, die vor dem Snapshot-Datum liegen.

Aber auch Berichte, die sich kontinuierlich verändern dürfen und sollen, können Komplikationen erzeugen, wenn sie auf wirklich kontinuierlichen Daten aufsetzen. Komplexere Abfragen bestehen oft aus vielen Unterabfragen, die zeitlich leicht versetzt gestartet werden und somit möglicherweise auf unterschiedlichen Datenständen aufsetzen und am Ende inkonsistente Ergebnisse erzeugen. Der einzige Ausweg besteht hier in der zeitlichen Bündelung der Aktualisierungen, verbunden mit einer Blockierung der Abfragen während des Abfragezeitpunkts [Lang04].

Schließlich müssen Abfragewerkzeuge bei Echtzeitberichten auch explizit daran gehindert werden, Abfrage- oder Zwischenergebnisse im Cache vorzuhalten. In einer klassischen Data-Warehouse-System-Architektur ist dies natürlich ein wichtiger Aspekt bei der Performance-Optimierung im Reporting, jedoch muss man bei Echtzeitberichten den Aufwand treiben, alle Zwischenschritte erneut zu berechnen. Dies setzt der Auswertungskomplexität natürlich etwas engere Grenzen, als dies bei traditionellen Data-Warehouse-Systemen der Fall wäre.

4.4 Architektur für unstrukturierte Daten

Experten schätzen, dass bis zu 80% aller im Unternehmen entstehenden Daten in unstrukturierter Form vorliegen [InSN08]. Unstrukturierte Daten sind beispielsweise in E-Mails, Dokumenten oder Webinhalten des Internets zu finden. Die Aktivierung des Nutzers im Web 2.0 verstärkt die Zunahme des Datenvolumens in Form von Forenbeiträgen, Produktbewertungen, Blogs zusätzlich. Im Gegensatz zu strukturierten Daten existiert bei unstrukturierten Daten kein vorher festgelegtes Schema, um diese Daten zu speichern und anschließend auszuwerten. Davon abgegrenzt werden semistrukturierte Daten, bei denen kein einheitliches Schema vorliegt. Die Gemeinsamkeit besteht darin, dass diese unterschiedlichen Strukturen nur bedingt auf die vorgegebenen Strukturen eines Datenbanksystems abgebildet werden können. In aktuellen Big-Data-Anwendungen wird daher von polystrukturiert gesprochen, da diese alle Arten von Strukturierung zusammenführen.

Mittels Auswertung der unstrukturierten Daten kann ein weitaus umfassenderes und genaueres Bild über das Unternehmen, den Wettbewerb und die Kunden entstehen. Analog zu den strukturierten Daten liegen die Probleme weniger in der persistenten Ablage der Daten, sondern in der Integration, Auswertung und Visualisierung der Daten begründet. Eine ausschließliche Speicherung und Verwaltung in Content-Management-Systemen oder Dokumentenmanagementsystemen reicht zur Auswertung nicht aus.

Nach Inmon ([InNe07], [InSN08]) liegen die Herausforderungen von unstrukturierten Daten in folgenden Themen:

- Daten liegen meist in keinem vorgegebenen Schema, sondern in einer Vielzahl an unterschiedlichen Formaten vor.
- Der Zugriff und die Verwendung sind abhängig von der Semantik, d.h. einer spezifischen Interpretation.
- Durch das sehr hohe Datenvolumen kann eine Extraktion der Daten nicht manuell erfolgen.
- Eine eventuelle Priorität der Daten ergibt sich aus Semantik und Kontext.
- Die Datenqualität kann nicht automatisch beurteilt werden.

Beispielsweise entsteht in der Verbindung von unstrukturierten Daten wie die positive oder negative Diskussion von Produkten in Blogs aus Social-Media-Anwendungen und strukturierten Daten wie Verkaufszahlen des Produkts aus den Vertriebssystemen eine neue Art von Information zur Entscheidungsunterstützung. Der Entscheidungsträger integriert auf diese Weise neben den Fakten der Verkäufe auch die Sicht des Markts.

Das Ziel im Unternehmenskontext muss lauten: die integrierte Auswertung der strukturierten und unstrukturierten Daten. Um dies zu erreichen, erfordert es eine Integration der unstrukturierten Daten im Data-Warehouse-System.

4.4.1 Anforderungen

Bei der Festlegung der Architektur zur Ablage und Auswertung von unstrukturierten Daten sollten grundsätzlich die bekannten Anforderungen wie auch die möglichen Anforderungen zu einem späteren Zeitpunkt beachtet werden. Die Bandbreite der Architekturformen richtet sich dabei hauptsächlich an den benötigten Auswertungsformen aus. In der Literatur sowie in den vorhandenen Implementierungen wird dabei zwischen Systemen, die ausschließlich unstrukturierte Daten analysieren, und Architekturen, die sowohl strukturierte als auch unstrukturierte Daten verarbeiten können, unterschieden. Die Verarbeitung unstrukturierter Daten ist in vielen herkömmlichen kommerziellen Data-Warehouse-Systemen nur bedingt möglich.

Generell bestimmen sowohl die gewünschte Auswertungsform als auch die Tiefe der Integration die notwendigen Anpassungen innerhalb der Referenzarchitektur. Viele Auswertungen bedingen keine Veränderungen der Referenzarchitektur, da sie reine Erweiterungen der Extraktions-, Transformations- oder Auswertungsphase sind. Somit sind sie eher als Erweiterung der Werkzeugpalette eines Data-Warehouse-Systems zu verstehen. Richtet sich das Ziel des Systems jedoch vorwiegend oder ausschließlich auf die Auswertung unstrukturierter Daten aus und bedingt diese Ausrichtung spezielle Speicherungsformen oder ist ein komplexes Zusammenspiel zwischen Quelldaten außerhalb des Data-Warehouse-Umfelds und der Auswertung erforderlich, sind Abweichungen von der Referenzarchitektur notwendig. Diese Abweichungen können beispielsweise die Integration von nichtrelationalen Datenbanken, Closed Loops oder komplett neue Architekturansätze erforderlich machen. Ein Ansatz wird im folgenden Abschnitt beschrieben.

4.4.2 Architekturansätze

In der Literatur werden unterschiedliche Aspekte der Integration von unstrukturierten Daten in einem Data-Warehouse-System beschrieben. Dayal definiert in [DaCa09] ein Integrationskonzept, das die Auswertungen von unstrukturierten Daten im Datenbeschaffungsprozess, also vor dem Laden in die Basisdatenbank, sieht. Der interessante Aspekt in seiner Definition liegt in der Rückführung der analysierten Daten in die Quelldaten. Dayal ermöglicht mit der Rückführung umfassende, verteilte Datenbanken. Allerdings liegen diese dann nicht mehr unter der steuernden Aufsicht eines Data-Warehouse-Systems. Dayal beschreibt, basierend auf den Überlegungen in [InNe07], dass es auch aus Redundanzgesichtspunkten nicht sinnvoll ist, unstrukturierte Daten komplett in einem Data-Warehouse-System zu speichern. Die Herausforderung besteht nach Dayal in der Generierung von allgemeingültigen Arbeitsabläufen zur Integration.

4.4 Architektur für unstrukturierte Daten

Inmon stellt in [InNe07] ein generelles Integrationsmodell für unstrukturierte Daten vor. Er sieht bei der Integration von unstrukturierten Daten als wichtigste Aufgabe die Überführung von unstrukturierten Daten in eine strukturierte Umgebung an.

Daraus lassen sich drei Architekturtypen zur Integration ableiten:

- Typ 1 – keine physische Integration:
  Unstrukturierte und strukturierte Daten werden nicht integriert, sondern existieren parallel in getrennten Speicherungsmöglichkeiten. Die Einträge des Blogs bleiben im Format der Social-Media-Anwendung; die Verkaufszahlen werden in die Datenbanken des Data-Warehouse-Systems transformiert. Eine Verknüpfung zwischen den Verkaufszahlen und den Bewertungen erfolgt nur dann, wenn diese im Rahmen der Auswertung zusammengeführt werden können.

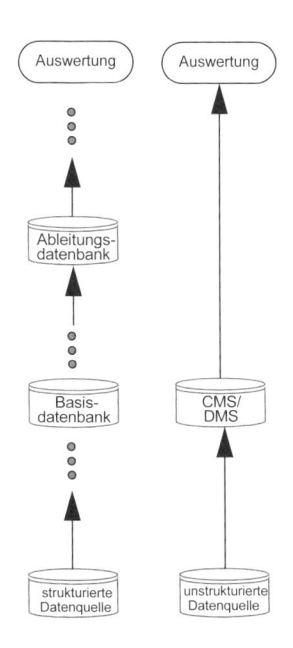

Abb. 4–5 Architektur zur Integration unstrukturierter Daten (Typ 1)

- Typ 2 – physische, aber nicht logische Integration:
  Unstrukturierte und strukturierte Daten werden gemeinsam gespeichert, ohne eine inhaltliche Integration zu erreichen. Im besten Fall existiert eine gegenseitige Referenz (z.B. unstrukturierte Daten werden als BLOB in einem relationalen Datenbanksystem verwaltet). Obwohl eine physische Integration des Blog-Inhalts erfolgt, kann eine Verbindung von Verkaufszahlen und erklärendem Text nur über die Auswertung erreicht werden.

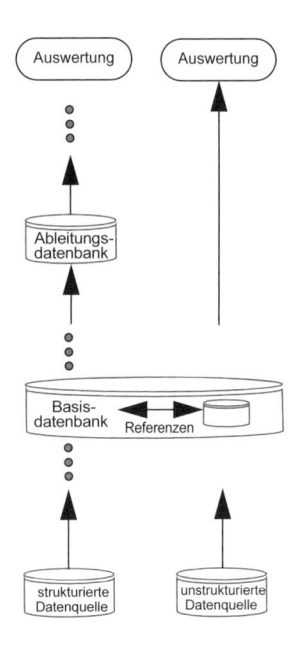

Abb. 4-6 *Architektur zur Integration unstrukturierter Daten (Typ 2)*

- Typ 3 – vollständige Integration:
  Eine physische und logische Integration findet entweder bereits in der Basisdatenbank (Typ 3a) oder in der Auswertungs- bzw. Ableitungsdatenbank (Typ 3b) statt. Weiterhin ist ein hybrider Ansatz realisierbar (Typ 3c). Durch die logische Integration der unstrukturierten Daten, die im Rahmen des Transformationsvorgangs bereits erfolgt ist, können gemeinsame Auswertungen auch mit den ehemals unstrukturierten Daten durchgeführt werden.

4.4 Architektur für unstrukturierte Daten

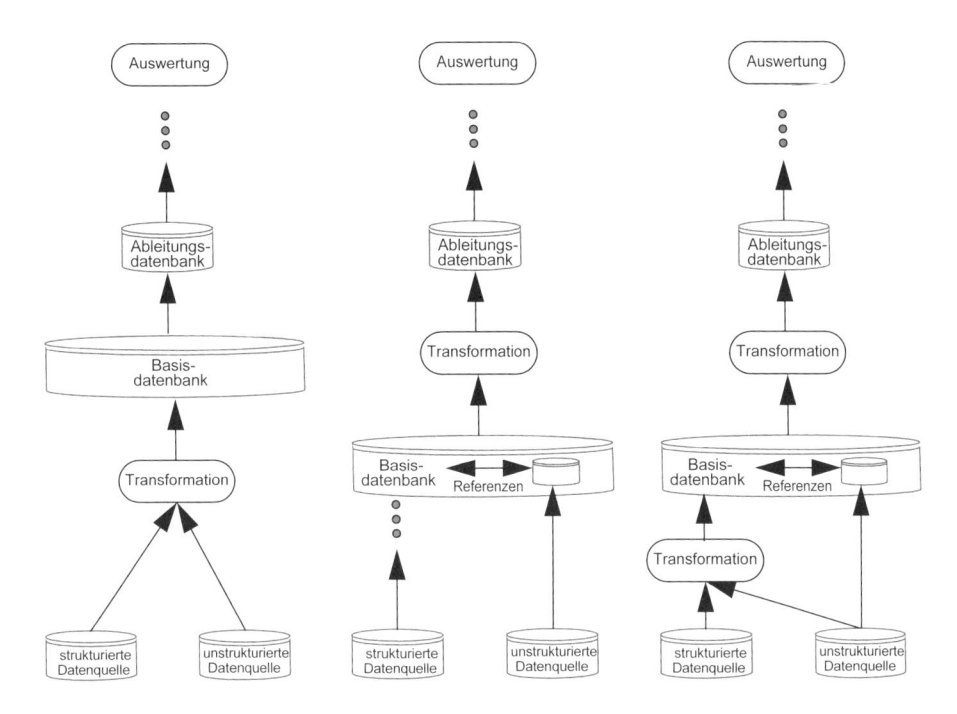

Abb. 4-7 *Architektur zur Integration unstrukturierter Daten (Typ 3)*

4.4.3 Datenbeschaffung

Abhängig von der geforderten Integrationstiefe der Daten müssen die unstrukturierten Daten in das Data-Warehouse-System transformiert und integriert werden. Dabei werden durch geeignete Vorgehensweisen die Daten aufbereitet und in einem weiteren Schritt in die Basis-, Ableitungs- oder Auswertungsdatenbank überführt. Für die vollständige Integration (nach Typ 3) werden folgende Schritte als notwendig angesehen (Abb. 4–8):

- Extraktion der Daten aus den Ursprungsformaten
- Analyse der Daten zur Integration (durch Natural Language Processing)
- Datenbereinigung
- Laden der Daten in ein Datenbanksystem des Data-Warehouse-Systems

Dieses Vorgehen lässt sich mit der in Kapitel 2 diskutierten Referenzarchitektur umsetzen, wobei als Datenbanksystem die Basis- oder die Ableitungsdatenbank zur Aufnahme der integrierten, unstrukturierten Daten dient. Weitere Auswertungen der unstrukturierten Daten können dann auf diesem Datenbestand basieren.

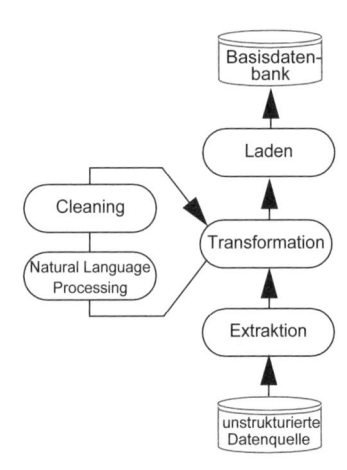

Abb. 4–8   *Transformation von Daten in unstrukturierten Beständen*

Die Extraktion von Informationen aus unstrukturierten Daten bedingt komplexe Algorithmen. Daraus resultiert, dass diese Werkzeuge zumeist auf eigene Datenschemata und Laufzeitumgebungen angewiesen sind [FeSa07]. Bei einer direkten, d.h. unmodifizierten, Integration können die Ursprungsdaten eingespeist werden (Typ 1). Bei einer höheren Integration (Typ 2 oder 3) müssen in einem weiteren Schritt die Daten in das gewünschte Zielformat für die Basis- oder Ableitungsdatenbank transformiert werden [Cunn05]. Bei dieser Form ist zu beachten, dass die resultierenden Ergebnisse strukturierte Daten sein können (Typ 3). Es können jedoch auch unstrukturierte Daten um strukturierende Elemente erweitert werden (Typ 2). Somit können beispielsweise Dokumente immer noch unstrukturiert in der Basisdatenbank abgelegt werden, jedoch mit strukturierten Metadaten (z.B. Kategorien) versehen werden.

Extraktion der Daten

In dem ersten Schritt müssen die Daten aus den Datenquellen extrahiert werden. Unstrukturierte Daten können sowohl in elektronischer Form wie Content-Management-Systemen, Dokumentenmanagement oder Web-2.0-Technologien, aber auch in Papierform vorliegen. Abhängig von der Quelle müssen diese Daten – analog zur Extraktion bei strukturierten Daten – abgezogen werden, um nachfolgend weiterverarbeitet zu werden. Es muss hier besonders darauf geachtet werden, dass Informationen wie HTML-Tags, die eine Bedeutung für den Text (z.B. eine Überschrift oder Fettdruck) haben, nicht entfernt werden, um neben dem eigentlichen Text auch weitere Informationen zu sammeln, die der Auswertung dienen können.

Analyse zur Integration

Generell existiert in Unternehmen eine Vielzahl von unstrukturierten Daten. Ein Großteil besitzt übereinstimmende Merkmale. Diese Überschneidungen können sowohl semantische Elemente (z. B. Kategorien), aber auch formale Bestandteile (z. B. Textübereinstimmungen) beinhalten. Das Information Retrieval beschreibt das Suchen und Finden von Überschneidungen in Datenbeständen. Natural-Language-Processing-Werkzeuge spielen dabei eine wichtige Rolle ([Sara08], [SuIW06], [Cunn05]). Ein Aspekt in der Aufbereitung von Dokumenten besteht in deren Indexierung. Sie dient als Vorbereitung für weitere Information-Retrieval-Analysen und kann somit bereits zur Integrationszeit der Daten im ETL-Prozess vorgenommen werden. Die Indexerstellung erstreckt sich dabei nicht nur auf reine Wortindizes. Es können auch Metadaten, z. B. Kategorien, Autor, Erstellungsdatum etc., in den Index mit aufgenommen werden. Die Suchanfragen der Benutzer können sich dann sowohl auf alle Metadaten wie auch auf Elemente aus dem Bereich der unstrukturierten Datenanalyse beziehen.

Bei der Auswertung von unstrukturierten Daten sind zwei Verarbeitungsmethoden zu unterscheiden: zum einen die Auswertung nach semantischen Aspekten und zum anderen die Auswertung lediglich unter formalen Aspekten.

Folgende Aufgaben können u. a. mit der semantisch orientierten Auswertungsform behandelt werden:

- Kategorisierung von Daten, z. B. die Klassifizierung von Dokumenten
- Auswertung von Freitexteingaben, z. B. zusätzliche Informationen des Kunden bei Auftragseingang, im Hinblick auf deren Bedeutung
- Auswertung von Dokumenten, z. B. automatische Analyse von Presseberichten, im Hinblick auf die Intention oder Bedeutung des Textes

Die semantische Auswertung ist die Kernaufgabe bei unstrukturierten Daten. Werkzeuge wie das Rahmenwerk »Unstructured Information Management Architecture« (UIMA) erkennen anhand bestimmter Merkmale und Kontextbezüge die Sachverhalte, interpretieren diese und extrahieren damit Daten aus den ursprünglichen Quellen. Generell können Werkzeuge wie UIMA über eine API in bestehende ETL-Strecken integriert werden, sofern Möglichkeiten des API-Aufrufs gegeben sind.

Die statistische Auswertung von unstrukturierten Daten ist ein Kernpunkt in gängigen Textanalysesystemen, da diese quantitative Aussagen über die Daten machen oder wiederum als Grundlage für die Textanalysesysteme dienen können. Damit kann beispielsweise die Anzahl von positiven oder negativen Textpassagen über Produkte oder Unternehmensnennungen evaluiert werden. Beispielhaft werden einige Auswertungen speziell aus dem Natural Language Processing aufgeführt, die unter die formalen Auswertungen fallen:

- Tupel-/Tripel-Analysen (Analyse zusammenhängender Worte in Sätzen)
- Analysen von Wort- und Satzlängen
- Verteilungsgrade (Häufigkeiten) von Worten
- Abstandsmessungen
- Sprachanalyse (Welche Sprache wird verwendet?)
- wörterbuchbasierende Auswertungen, z. B. Stoppwortanalyse
- regelbasierte Auswertungen z. B. mit Regular Expressions
- Tagging und kontextsensitive Auswertung

Bei der vorbereitenden Auswertung für die Extraktion von Informationen aus den unstrukturierten Daten sind die Auswertungswerkzeuge als Bestandteil des verarbeitenden Werkzeugs integriert.

Ein weiterer Kernaspekt in der Verarbeitung unstrukturierter Daten liegt in ihrer Unschärfe. Speziell die Semantikanalysen können je nach Quelldaten sowie der Auswertungsmethode qualitative Unterschiede aufweisen. So ist es denkbar, dass eine Auswertung aufgrund von Schlüsselwörtern eine Zuordnung zu einer Kategorie »erkennt«, die jedoch fachlich falsch ist. Werden bei einem Integrationsprojekt Daten integriert, müssen die Herkunft sowie der Vertrauenslevel jederzeit gesichert sein.

Datenbereinigung

Analog zur Bereinigung der strukturierten Daten hat auch die Datenbereinigung der unstrukturierten Daten eine wichtige Bedeutung. Mögliche Aufgaben der Bereinigung und Transformation von Daten in unstrukturierten Beständen sind dabei:

- Erkennen von Synonymen, Homonymen und Ähnlichkeitsanalysen
- Beseitigung von irrelevanten Daten wie z. B. Formatierungsangaben oder Füllwörter
- Übersetzung in andere Sprachen

Bei der Bereinigung von unstrukturierten Daten können hierbei einerseits Werkzeuge aus dem Standard-Cleaning benutzt werden. Andererseits können auch Werkzeuge, die aus dem Natural Language Processing kommen, für Cleaning-Aufgaben strukturierter Daten verwendet werden.

Laden der Daten in ein Datenbanksystem

Eine vollständige Integration von unstrukturierten mit strukturierten Daten lässt sich durch verschiedene Ausprägungen des Architekturtyps 3 ermöglichen.

Bei Typ 3a (Basisdatenorientierung) werden die unstrukturierten Daten bereits im Datenbeschaffungsprozess analysiert, aufbereitet und strukturiert in der Basisdatenbank abgelegt.

4.4 Architektur für unstrukturierte Daten

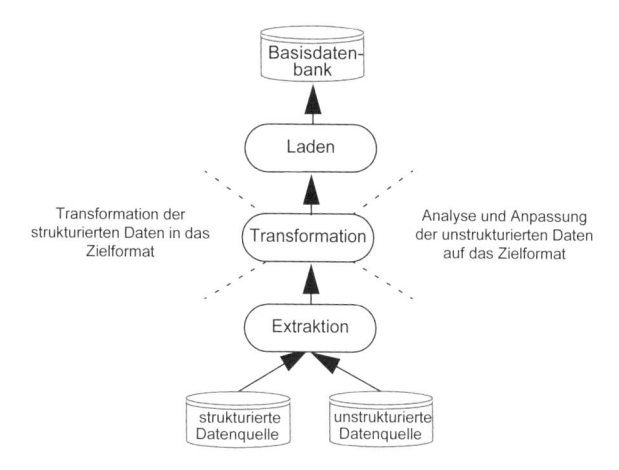

Abb. 4-9 *Analyse unstrukturierter Daten vor dem Laden in die Basisdatenbank*

Die extrahierten Daten liegen nach der Integration in der Basisdatenbank normalisiert vor. Diese Integration ermöglicht durch vollständige Integration in der Basisdatenbank eine ab der Basisdatenbank unveränderte Data-Warehouse-Architektur. Dagegen ist eine weitere Verwendung der originalen unstrukturierten Daten wie eine geänderte Transformation oder der Rückschluss auf den Ursprung nicht möglich.

Bei Typ 3b (Dimensionsdatenorientierung) werden die unstrukturierten Daten ohne Informationsverlust in der Basisdatenbank abgelegt.

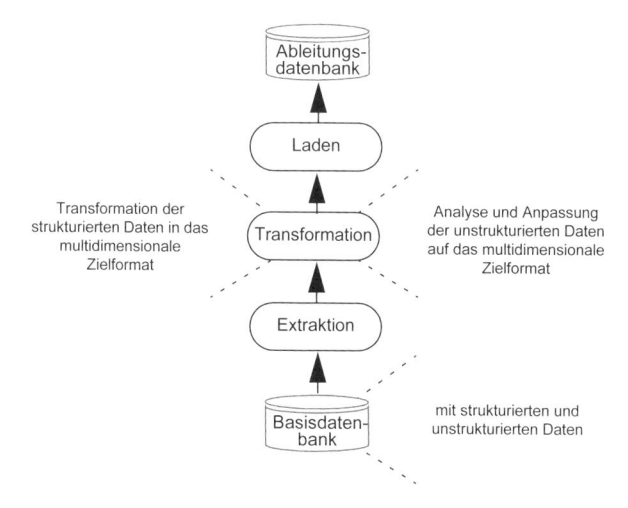

Abb. 4-10 *Analyse unstrukturierter Daten unmittelbar vor dem Laden in die Ableitungsdatenbank*

Bei der Überführung in die Ableitungsdatenbank können unterschiedliche, aber auch wiederholte Auswertungen durchgeführt werden. Bei folgenden Anforderungen kann die Auswertung unstrukturierter Daten erst vor dem Laden in die Ableitungsdatenbank sinnvoll sein:

- Unterschiedliche Analyseformen zur Integration der unstrukturierten Daten sollen möglich werden.
- Die unstrukturierten Daten sollen persistent gehalten werden.
- Der Kontextbezug einer Auswertung durch den Nutzer zu den originalen Daten soll ermöglicht werden.

Die Data-Warehouse-Architektur wird neben der zusätzlichen Speicherung der unstrukturierten Daten in der Basisdatenbank auch in der Transformation zwischen Basis- und Ableitungsdatenbank angepasst.

Eine weitere Alternative stellt die Kombination von Typ 3c (hybrider Ansatz) dar. Dabei werden sowohl die originalen Daten als auch die analysierten Daten in der Basisdatenbank abgelegt.

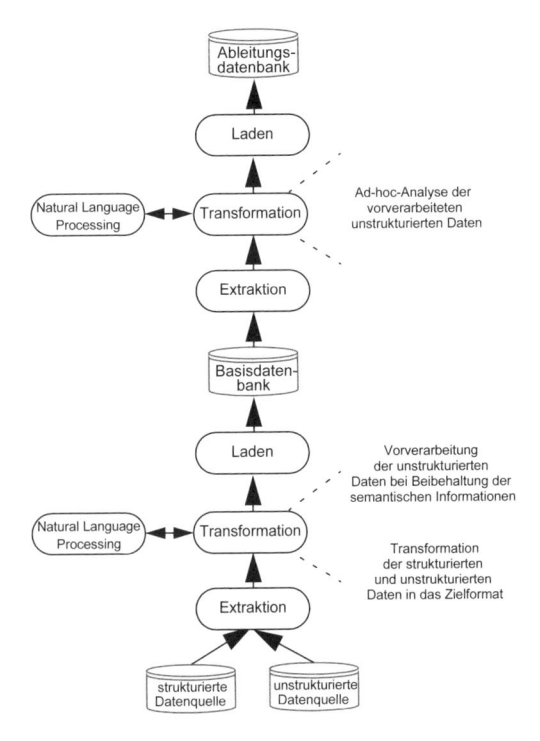

Abb. 4–11 *Analyse unstrukturierter Daten (hybrider Ansatz)*

Der Kontextbezug einer Auswertung durch den Anwender bleibt erhalten. Weiterhin können mehrere Auswertungsformen für unstrukturierte Daten parallel angewendet werden, da der Zugriff auf die originalen unstrukturierten Daten vorhanden ist. Der Zugriff auf in der Integrationsphase vereinigten Daten kann ohne weitere Transformation in die Ableitungsdatenbank erfolgen. Diese Flexibilität bewirkt eine höhere Komplexität im Aufbau und der Wartung des Data-Warehouse-Systems.

4.5 Neue Architekturansätze

Relationale Datenbanksysteme bilden in den meisten Data-Warehouse-Implementierungen die technische Grundlage für die Datenhaltung und den Zugriff auf die Daten. Stetiges Datenwachstum, häufig verbunden mit langsamerer Anfrageabarbeitung, steigende Kosten im Betrieb, Performanzprobleme durch gewachsene Data-Warehouse-Landschaften sind u.a. Gründe dafür, dass neue Architekturen, die von Beginn an für Parallelisierung entworfen und entwickelt wurden, immer häufiger relationale Datenbanksysteme ergänzen oder sogar verdrängen.

Konzepte wie »Column Store« [HaBA09], »InMemory-Architekturen« [Plat09] und »Appliance-Datenbanksysteme« [TCS+09] haben in den letzten Jahren zur Entwicklung neuer Produkte geführt, die sich mittlerweile als Nische oder aber auch als Plattform für unternehmensweite Data-Warehouse-Systeme etabliert haben.

Die genannten Konzepte Column Store und InMemory können als Ergänzung zu den relationalen Datenbanksystemen zur Verbesserung der Performanz betrachtet werden. Am meisten bewirken sie aber bei einem kompletten Redesign oder bei einer Neuimplementierung der Datenbank.

Dieser Abschnitt erläutert kurz die Konzepte hinter Column Store, InMemory und Appliance-Datenbanksysteme und geht auf einige technologische Aspekte detaillierter ein. Anschließend wird am Beispiel von Appliance-Datenbanksystemen gezeigt, wie diese als Bestandteil heutiger Data-Warehouse-System-Architekturen genutzt werden können.

4.5.1 Column Store

Beim Column-Store-Ansatz wird eine Relation im Gegensatz zur klassischen tupelorientierten Datenhaltung in die einzelnen Attribute statt Tupel zerlegt. Zusätzlich werden die Ausprägungen der Attribute (Werte) meist komprimiert abgelegt, wodurch sich erhebliche Platzeinsparungen ergeben (Abb. 4–12).

Anwendungen, die meist nur auf eine Teilmenge der Attribute eines Tupels zugreifen, sparen durch diese Technologie Sekundärspeicherzugriffe und verbessern somit die Lese-Performanz signifikant.

Kommerziell ist diese Technologie bereits seit 1994 als Sybase IQ verfügbar. In den letzten Jahren fand Column Store Einzug in viele Open-Source- und weitere kommerzielle Datenbanksysteme.

Häufig kommt Column Store bei Appliance-Datenbanksystemen zum Einsatz (siehe Abschnitt 4.5.3).

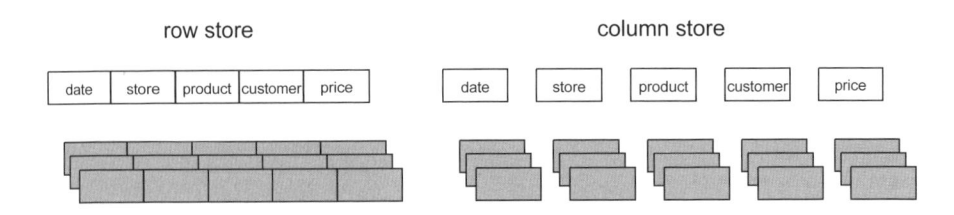

Abb. 4–12 *Attribut- vs. Tupelorientierung*

4.5.2 InMemory

In den letzten Jahren sind die Kosten für Hauptspeicher stark gesunken, während die Menge an adressierbarem Hauptspeicher durch neue Ansätze wie 64-Bit-Architekturen und Grid Computing – einem Verbund meist autarker Rechner, sogenannte Shared-Noting-Architektur – gestiegen ist. Statt die Daten auf dem Sekundärspeicher abzulegen und bei Bedarf in den Hauptspeicher für Zugriff und Manipulation zu laden, speichern InMemory-Datenbanksysteme die komplette oder zumindest große Teile der Datenbank im Hauptspeicher.

Der sich dadurch ergebende Geschwindigkeitsvorteil kann unmittelbar zur Beschleunigung von Abfragen verwendet werden. Meist werden die Daten dennoch auf Festplatten abgelegt, um bei Systemausfällen Persistenz der Daten zu gewährleisten. Transaktionen, Redundanz und Recovery werden in der Regel ebenfalls bereitgestellt.

Meist werden InMemory-Ansätze in Appliance-Datenbanksystemen implementiert (siehe Abschnitt 4.5.3), die in der Kombination aus InMemory, Column Store und Komprimierung häufig zu herausragender Performanz führen.

4.5.3 Appliance-Datenbanksystem

Eine Appliance-Datenbank soll neben Geschwindigkeitsvorteilen vor allem auch eine Administrationsvereinfachung mit sich bringen, da viele vormals manuelle Tätigkeiten vorkonfiguriert sind. Nach einer Übersicht und Einführung in Appliance-Datenbanksysteme (kurz Appliances) werden im Folgenden einige Merkmale von Appliance-Datenbanksystemen speziell im Hinblick auf deren Verwendung im Kontext von Data-Warehouse-Systemen aufgeführt.

Einführung in Appliances

Die sogenannten Appliance-Architekturen wie von Netezza, Greenplum, Exasol, Oracle Exadata oder SAP HANA zeichnen sich durch hochgradig parallele Datenverarbeitung, einer Shared-Nothing-Architektur, basierend auf einem für die Administration und die Benutzung transparenten Grid-System, und der weitgehenden Verwendung von günstiger Standardhardware aus. Shared Nothing und Grid-System stehen für einen Verbund unabhängiger Rechner, wobei jeder

4.5 Neue Architekturansätze

Rechner einem Knoten entspricht, der eigenständig eine Teilaufgabe bearbeiten kann. Die Knoten sind über LAN- oder WAN-Netzwerke verbunden. Solche Systeme sind leicht skalierbar und können durch Hinzufügen weiterer Knoten ihre Kapazität beinahe linear vergrößern.

Appliances versprechen Performanceverbesserungen von Faktoren größer als 100. Der Installations-, Administrations- und Implementierungsaufwand ist gering, die Kosten der Systeme variieren stark vom recht hochpreisigen Produkt Netezza bis zum relativ günstigen Exasol. Greenplum wird als Open Source vertrieben. Teradata ist ein Beispiel für ein bereits etabliertes Produkt und kann als Appliance-Datenbanksystem der ersten Stunde verstanden werden.

Technologisch unterscheiden sich die einzelnen Anbieter im Detail, die Strategie ist jedoch meist die gleiche. Solche Systeme werden als Bundle von Hardware, Betriebssystem und Datenbanksystem verkauft bzw. bereitgestellt. Eine Trennung von Software und Hardware ist nicht vorgesehen. Netezza benutzt Spezialhardware (vergleichbar mit Teradata), Exasol ist aus Standardhardware aufgebaut. Allen gemeinsam ist, dass sie aus x86-Komponenten (ursprünglich Intel-Prozessoren, werden heute auch von anderen Herstellern wie AMD hergestellt und sind aufgrund ihrer großen Verbreitung kostengünstig) aufgebaut sind, die kostensparend in RACs untergebracht und mit Standardbausteinen wie Ethernet verbunden sind.

Durch die Verteilung der Daten auf viele Einheiten bieten die meisten Hersteller Hot-Standby und Hochverfügbarkeitslösungen mit unterschiedlichen SLAs an. Generell werden die folgenden technologischen Ansätze unterschieden (siehe auch Abb. 4–13).

Typ I:
besteht aus einem integrierten Satz von Servern, Storage, Betriebssystem, Datenbankverwaltungssystem und vorinstallierter und voroptimierter Software.

Typ II:
beinhaltet die reine Software, die einfach auf spezieller, lizenzierter Hardware installiert werden kann.

Full Stack (Typ I)
Teradata, Greenplum / Sun, Kickfire, SAP HANA, Calpont, DATAllegro, Exadata, Cognos Now, Netezza, PANTA

Datenbank (Typ II)
Vertica, Sybase IQ, Exasol, Dataupia, Unisys, ParACCEL, InfoBright, SAND DNA, IBM Infosphere, LucidDB, Kognitio, NetApp

Hardware

Abb. 4–13 *Übersicht aktueller Appliances (ohne Anspruch auf Vollständigkeit)*

Appliance-Datenbanksysteme begegnen dem klassischen Sekundärspeicher-I/O-Bottleneck durch InMemory sowie häufig ColumnStore-(statt RowStore-)Datenspeicher, kombiniert mit hocheffizienten Kompressionsalgorithmen auf Disk als auch im RAM, und Verteilung der Daten auf sehr viele Festplatten (Cluster).

Merkmale von Appliances

Eine Appliance erfordert meist kaum Optimierungen von Anfragen oder durch die Anwendung, wie Indizierung oder spezielle physische Optimierungen, da die Appliances »self-tuning« sind, d. h. ihre Daten so verteilt ablegen, sodass manuelle Optimierung meist nicht mehr erforderlich oder sogar unmöglich ist. Deren Skalierbarkeit durch Hinzufügen neuer Hardware ermöglicht einen Start mit einer relativ überschaubaren und kostengünstigen Hardwareumgebung, die im Laufe der Zeit parallel zum Datenwachstum sukzessive erweitert werden kann. Die gefühlte Performance für die Anwendungen verschlechtert sich durch Datenwachstum meist nicht.

Da die Appliances neben »self-tuning« auch »self-maintaining« sind, ist ein regelmäßiger Eingriff seitens der Administratoren nicht erforderlich. Dadurch werden auch Fehler ausgeschlossen, die durch manuelle Eingriffe in das Datenbanksystem entstehen, sowie die Wartungsaufwände und der erforderliche Kompetenzaufbau deutlich reduziert.

Die Bereitstellung des Komplettsystems aus Hardware und Software erfordert keine Integrationstests von Hardwarekomponenten und somit eine kostengünstige und schnelle Einführung des neuen Systems.

Das Konzept von Appliances basiert meist auf Massive-Parallel-Processing-(MPP-)Architekturen mit den folgenden Vorteilen:

- parallele Verarbeitung auf unabhängigen Prozessoren oder Servern
- meistens Share-Nothing-Architektur (SNA), bei der jeder Server autark arbeitet und seinen eigenen Speicher (RAM und Disk) verwaltet und damit hohe Skalierbarkeit bietet
- Verteilung der Daten auf dedizierte Server innerhalb des Clusters
- Divide-and-Conquer-Verfahren bietet hohe Performance und beinahe lineare Skalierbarkeit, falls neue Server dem Cluster hinzugefügt werden.

Einige Appliances enthalten spezielle Hard- und Software anstatt der Massive-Parallel-Processing-Architekturen, wie z. B. Kickfire mit einem speziellen »SQL Chip« und sehr niedrigem Energieverbrauch.

Einbindung von Appliance-Datenbanksystemen in bestehende Data-Warehouse-Architekturen

Data-Warehouse-Appliance-Datenbanksysteme können in bestehende Data-Warehouse-Systeme als Beschleuniger für Speziallösungen (engl. Data Warehouse Accelerator) oder Basisplattform für zentrale unternehmensweite Data-Warehouse-Systeme eingesetzt werden.

4.5 Neue Architekturansätze

Als Accelerator können sie z. B. im Auswertungsbereich als Auswertungsdatenbank ein relationales Datenbanksystem ersetzen oder für besonders performanzkritische oder hochvolumige Bereiche als Ergänzung dienen. Außerdem können Appliances auch für hochkomplexe und zeitkritische Integrationslogiken für große Datenvolumina eingesetzt werden, wie z. B. Simulationsläufe, Next-Best-Activity-Berechnungen, Realtime Decisioning oder Revenue Assurance.

Die folgende Abbildung 4–14 zeigt mehrere Einsatzmöglichkeiten von Appliance-Datenbanksystemen in der Referenzarchitektur. Grundsätzlich kann zwischen der Appliance als Datenhaltungskomponente, z. B. für die Auswertungsda-

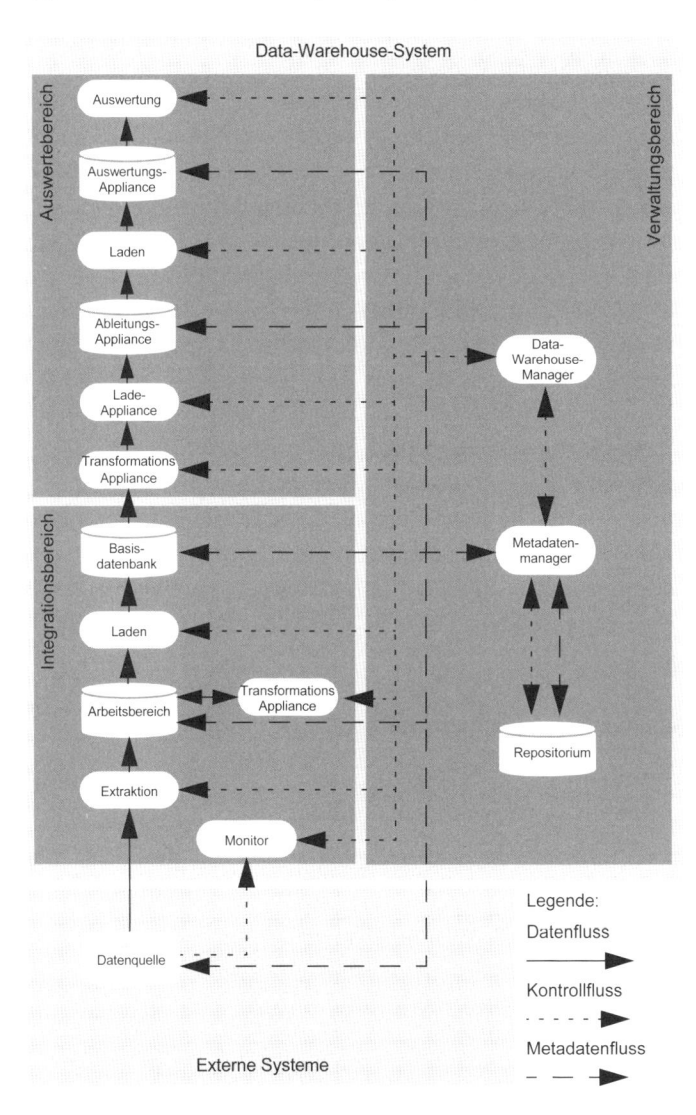

Abb. 4–14 *Appliance zur Datenhaltung oder zur Unterstützung des Data-Warehouse-Prozesses*

tenbank oder Ableitungsdatenbank, und als Prozesskomponente für die Aufbereitung der Daten unterschieden werden.

Appliance als System zur Datenhaltung

Das Appliance-Datenbanksystem kann auf mehreren Ebenen in der Referenzarchitektur als Datenhaltungskomponente eingesetzt werden. Häufig wird sie als Auswertungsdatenbank oder Ergänzung zur Auswertungsdatenbank eingesetzt. Durch die Performance- und Maintenance-Eigenschaften bieten Appliances eine gute technologische Basis für ein Berichtswerkzeug. Der Vorteil ist, dass auf Aggregate weitgehend verzichtet werden kann und somit bei guter Performance auch Detailabfragen ermöglicht werden.

Die Ableitungsdatenbank kann wahlweise komplett über eine Appliance abgebildet werden oder als fachliche Partition, wenn besonders performanzkritische Bereiche der Ableitungsdatenbank in die Appliance ausgelagert werden sollen. Dies kann auch als Vorstufe zum Einsatz der Appliance als zentrales Datenbanksystem für den Auswertungsbereich dienen, d.h. eine Komplettmigration von konventioneller Datenbanktechnologie auf ein Appliance-Datenbanksystem.

Ein weiteres interessantes Einsatzgebiet ist die Verwendung von Appliances als Prozesskomponente für besonders aufwendige Integrations- und Datenaufbereitungsprozesse im Integrationsbereich bzw. Auswertungsbereich. Die Routinen für die Datenaufbereitung können ausgelagert, parallelisiert und performanzoptimiert in der Appliance laufen. Auch Anforderungen wie (teilweise) Realtime-Integration können mit Appliances realisiert werden.

Zusammenfassend gilt, dass Appliance-Datenbanksysteme als Einzelbestandteile eines Data-Warehouse-Systems gewinnbringend zum Einsatz kommen können, um eine Entlastung von Kernkomponenten und eine Verbesserung der Lade-Performance zu erzielen sowie Auswertungen detaillierter und schneller ausführen zu können.

Exkurs: Gegenüberstellung Netezza, Exasol, Oracle Exadata

Dieser Abschnitt enthält eine Gegenüberstellung ausgewählter Produkte anhand deren Technologie. Die Auswahl der Produkte stellt keine Empfehlung dar, sondern soll die unterschiedlichen Ansätze kurz charakterisieren. Auf eine ausführliche Bewertung und Diskussion wird aus Platzgründen verzichtet.

4.5 Neue Architekturansätze

	Exasol	Netezza	Oracle Exadata
Architektur	MPP (ohne Masterknoten)	SMP und MPP	Oracle RAC Cluster – Shared Disk
Prozessor	Standard (x86-64)	SMP (x86-64) SPUs (proprietär)	Standard (x86-64)
Betriebssystem	EXACluster OS (erw. Standard Linux)	Host: Linux SPU: proprietär	Oracle Linux (RHEL) Oracle Clusterware
Data Storage	lokale Standard-HD spaltenweise Datenspeicherung Zugriff elementweise InMemory	lokale Standard-HD & FPGA als HD-Controller Parsen, Filtern, Projektion auf SPU	Exadata Storage Cell (ESC) Zeilen- bzw. Spalten-Speicherung Filtern, Projektion auf ESC
Netzwerk	Gigabit Ethernet (GBE)	GBE zw. SPUs und Host	Infiniband zw. ESC und DB-Knoten GBE zw. DB-Knoten
Datenkompression	elementweise Kompression der Tabellendaten schon im RAM		Advanced Compression ist auch für OLTP/DML
Anfrageverarbeitung	lokal auf Knoten Host teilw. auf Abfrage Knoten	alle parallel. Op. auf SBUs teilw. auf dem Host	lokal auf Knoten (ESC) teilw. auf dem Host
Ausfallsicherheit	Redundanz-Level frei wählbar Unterstützung Aufteilung auf zwei Rechenzentren	Redundanter Host Redundanz bei der Ablage der Daten auf SPUs	RAC, Shared Disk Transparent Application Failover
SQL-Standards	SQL-2003 mit SQL-Erweiterung	SQL-92 mit SQL-99-Erweiterung	SQL-2003 mit SQL-Erweiterung PL/SQL
Tuning	Self-Tuning selbstlernendes System automatisch • Indizierung • Clusterverteilung • Reorganisation • DB Analyzing	Self-Tuning keine Indizierung keine physische Optimierung Installation: <1 Tag	beschr. Eingriffsmögl. automatisch: • Memory Management • DB Diagnose Monitor • Optimizer-Statistiken • SQL Tuning Advisor
BI/ Reporting/ Analyse	BO, Cognos, Microstrategy, SAS u.a. über Standardschnittstellen	BO, Cognos, Microstrategy, SAS, Oracle BI u.a. über Standardschnittstellen	Wie bei Oracle 11gR2 über Standardschnittstellen & OCI
Datenintegration	Integration über Standardschnittstellen spezieller Bulk-Loader	Integration über Standardschnittstellen High-Speed-Loader	Integration über Standardschnittstellen spezielle Oracle-Schnittstellen & -verfahren

Tab. 4–1   Gegenüberstellung Netezza, Exasol und Oracle Exadata

4.6 Zusammenfassung

Die Beschreibung der physischen Architektur macht deutlich, dass die idealtypische Sicht auf die Data-Warehouse-Architektur in der Praxis nicht immer direkt umgesetzt werden kann. Die Verwendung eines multidimensionalen Datenbanksystems ermöglicht zwar die direkte Umsetzung der Referenzarchitektur, schafft aber auch eine proprietäre Lösung. Wird bei der Realisierung auf gegenwärtige Standards, wie ein relationales Datenbanksystem, gesetzt, werden zusätzliche Architekturen und Schichten notwendig, wie sie in den Schichtenarchitekturen beschrieben sind.

Diese Entscheidungen und Ansätze beeinflussen den Austausch der Daten sowohl im Datenbeschaffungsbereich als auch im Auswertungsbereich und stellen weitere Alternativen zur Verfügung.

Eine Vielzahl an zusätzlichen Anforderungen aus dem Bereich der Echtzeitanalyse, Auswertung von unstrukturierten Daten oder auch Performanzprobleme aus einem höheren Datenvolumen oder einer erweiterten Benutzeranzahl machen spezifische Ausprägungen der Referenzarchitektur notwendig.

Teil II

Entwicklung

Koordinatoren:

Jens Albrecht
Wolfgang Hümmer

Autoren:

J. Albrecht
A. Bauer
W. Behme
M. Blaschka
D. Findeisen
H. Frietsch
P. Furtado
O. Görlich
H. Günzel
A. Harren
C. Jossen
M. Jürgens
C. Koncilia
W. Lehner
V. Markl
R. Pieringer
T. Priebe
C. Quix
F. Ramsak
C. Sapia
A. Scholz
M. Staudt
S. Stock
M. Teschke
A. Totok
A. Vaduva
T. Vetterli
D. Winter

Die Ableitungs- oder Auswertungsdatenbank stellt die zentrale Komponente im Data-Warehouse-System dar, da es die Datenbasis für alle auswertungsorientierten Anwendungen bildet. Es findet eine Fokussierung auf die Ableitungs- oder Auswertungsdatenbank statt, da es sich durch seine auswertungsorientierte, multidimensionale Modellierung von klassischen transaktionalen Datenbanksystemen unterscheidet.

Zentral ist dabei das multidimensionale Datenmodell, das sich als besonders adäquat für analytische Anwendungen erwiesen hat. In Kapitel 6 erfolgt deshalb eine detaillierte Vorstellung multidimensionaler Strukturen und Operatoren, deren Umsetzung in relationalen und multidimensionalen Datenbanksystemen in Kapitel 7 erläutert wird.

Analytische Auswertungen beinhalten in der Regel Aggregationen über vergleichsweise große Datenmengen bei gleichzeitig geforderter hoher Anfrageperformanz. Diese kann oft nur durch spezielle Optimierungstechniken gewährleistet werden. In Kapitel 8 werden deshalb verschiedene Ansätze zur Optimierung der Datenbank vorgestellt.

Die Basisdatenbank findet in diesem Teil nur eine geringe Betrachtung, da sie auf klassische Art und Weise, d. h. relational und normalisiert, modelliert wird und daher auch alle gängigen Methoden [Date99] von der Modellierung bis zur Optimierung Anwendung finden können. Die Basisdatenbank ist in ihrer Funktion per se nicht zweckgebunden und daher flexibel für verschiedene Informationsbedürfnisse relational umgesetzt. Dennoch finden sich in Kapitel 5 generelle Aspekte zur Entwicklung der Basisdatenbank innerhalb des Data-Warehouse-Systems.

Eine ebenso zentrale Rolle wie der Ableitungs- oder Auswertungsdatenbank selbst kann dem Repositorium zugesprochen werden. Spezielle Konzepte zur Speicherung und zum Austausch von Metadaten im Data-Warehouse-System werden deshalb in Kapitel 9 beschrieben.

5 Modellierung der Basisdatenbank

Der Begriff »Basisdatenbank« steht sowohl für eine konsolidierte Speicherung der Quelldaten innerhalb des Integrationsbereichs als auch als Ausgangspunkt für eine weitere Verarbeitung im Auswertungsbereich. Einerseits muss das Datenmodell so gestaltet sein, dass es integrierend, aber andererseits so flexibel und performant für eine weitere Ausleitung der Daten ist.

Die Erarbeitung der den Daten und den Datenhaltungssystemen zugrundeliegenden Modelle ist eine der wichtigsten Aufgaben innerhalb des Data Warehousing. Daher wird dieser Aufgabe ein eigenes Unterkapitel (Abschnitt 5.1) gewidmet, in dem der Aspekt der Modellierung und der resultierenden Modelle im Allgemeinen kurz beschrieben wird, um nachfolgend für die Basisdatenbank näher betrachtet zu werden. Kern der Basisdatenbank ist das übergreifende Datenmodell (Abschnitt 5.2), auf dessen Spezifika in der Modellierung in Abschnitt 5.3 eingegangen wird. Da die multidimensionalen Datenmodelle für die Auswertungen eine besondere Bedeutung haben, werden diese in den Kapiteln 6 und 7 dargestellt.

5.1 Begriffsbestimmungen: Vom Modell zum Schema

Der Schwerpunkt des Teil II des Buchs liegt auf der Datenhaltung im Data-Warehouse-System. Daher werden zunächst die für die folgenden Kapitel grundlegenden Begriffe Modell, Datenmodell und Schema mit ihren unterschiedlichen Ausprägungen semantisch, logisch und physisch erläutert.

5.1.1 Modell

Der Modellbegriff ist in der Literatur nicht unumstritten. Im Kontext Data-Warehouse-Systeme möge die folgende Definition ausreichend sein: Ein Modell ist die Repräsentation von »irgendwas«. Unter »irgendwas« ist ein beliebiger Ausschnitt der Welt (engl. Universe of Discourse, UoD) zu verstehen, wie sie ist oder wahrgenommen wird (Wirklichkeit oder Realität) oder wie sie gedacht wird, d.h. als Vorstellung beispielsweise im Hinblick auf einen Sollzustand. Die Einbeziehung von Denkkonstrukten ist beispielsweise im Finanzwesen und somit im Data Warehousing von Bedeutung, da dort neben den die Realität beschreibenden Istwerten auch Planwerte mit gewissen Annahmen über die Zukunft relevant sind.

Mit der Erstellung oder Konstruktion eines Modells wird eine Abbildung definiert zwischen dem »irgendwas«, dem Original oder Urbild, und dessen Repräsentation, dem Abbild. Die Repräsentation kann eine verkleinerte Kopie eines materiellen Gegenstands sein, z.B. Eingabeplan eines Architekten für ein Wohnhaus, oder ein gegenüber dem Original vergrößertes Bild, z.B. das Atommodell von Bohr für die Erklärung der Lichtemissionen, oder ein Foto, z.B. das Röntgenbild eines gebrochenen Arms zur Klärung der geeigneten Therapie. Die Repräsentation kann durch eine verbale oder formale Beschreibung (Deskription) eines konkreten oder abstrakten Gegenstands oder durch eine Grafik, z.B. ein Organigramm, um die Aufbauorganisation einer Firma zu überblicken, dargestellt werden. Die Abbildung beschränkt sich dabei auf diejenigen Dinge und deren Eigenschaften der Wirklichkeit oder Vorstellung die demjenigen, der das Modell schafft oder verwendet, nützlich erscheinen (Handlungsorientierung oder Pragmatismus). Dabei werden gewisse Dinge und Eigenschaften des zu modellierenden Weltausschnitts ignoriert (Verkürzung oder Präterition) und lediglich die dem jeweiligen Zweck dienlichen Aspekte betrachtet [Stac76]. So kann es sein, dass einige Eigenschaften des Originals mit anderen Bedeutungen belegt werden (Bedeutungsverschiebung oder Transcodierung) oder besonders hervorgehoben werden (Kontrastierung). Auch kann das Modell einige Erweiterungen erfahren, Eigenschaften, über die das Objekt der Wirklichkeit nicht verfügt, die jedoch gedacht werden – somit in der Vorstellung existieren können (Erweiterung oder Abundanz [Thom01]).

5.1.2 Datenmodell und Schema

Ein Datenmodell ist ein Modell von Sachverhalten. Das Ergebnis der Abbildung ist eine strukturierte Darstellung von den an einem Sachverhalt beteiligten Dingen der Real- oder Vorstellungswelt. Datenmodelle können Sachverhalte auf Individualebene repräsentieren, so z.B. ist ein Organigramm ein Datenmodell der Aufbauorganisation eines Unternehmens. Im Kontext von Datenbankstrukturen sind die zu modellierenden Aussagen jedoch so, dass das resultierende Datenmodell immer ein Schema (aus dem Griechischen: Form, Gestalt) vorgibt, nach der sich Ausprägungen bzw. Instanzen zu richten haben.

Ein Schema ist eine formale durch Maschinen verarbeitbare [Voss08] universelle Beschreibung von Dingen der Welt; Ausprägungen sind hingegen singulär [Lore90]. Die Schemaelemente sind Typen oder Klassen (so in der Sprache von UML genannt) von Tokens oder Objekten [BrSt04].

Das Begriffspaar Schema – Ausprägung bzw. Instanz taucht in der Informatik vielerorts auf; so sind z.B. alle Datentypen, ob einfach wie der Datentyp »integer« für die Ausprägungen »1, 2, 3, ...« oder abstrakt wie der Datentyp

5.1 Begriffsbestimmungen: Vom Modell zum Schema

»Quadrat« in der objektorientierten Programmierung – realisiert durch eine Klasse zum Zeichnen von Linien – Schemata [WeOI04]. Ein weiteres Beispiel für ein Schema ist das der Postleitzahlen. Es ist dezimalklassifikatorisch bestehend aus fünf Stellen, besetzt mit den Ziffern 0–9. Es ergeben sich dadurch $10 \cdot 10 \cdot 10 \cdot 10 \cdot 10 = 10^5$ mögliche Ausprägungen zu diesem Schema.

Im Zusammenhang mit der Entwicklung einer Datenbank wird zwischen den folgenden Datenmodellen und in der Sprache des Datenbankmanagementsystems beschriebenen Schemata unterschieden.

- Semantisches (konzeptionelles oder konzeptuelles) Datenmodell:
  Es beschreibt die sachlogischen Zusammenhänge eines Realitätsausschnitts ohne Berücksichtigung von technischen Aspekten einer möglichen Implementierung in einem IT-System. Semantische Datenmodelle dienen vor allem der Kommunikation zwischen den an der Planung und Entwicklung eines IT-Systems Beteiligten. Da semantische Datenmodelle ohne technischen Ballast sind, eignen sie sich besonders für die Beschreibung und Analyse von Anforderungen wie auch für die Beschreibung von Datenbeständen. So sind die Datenmodelle der für den Datenbeschaffungsprozess relevanten Quellsysteme prädestiniert, im Repositorium festgehalten zu werden. Darüber hinaus ist das semantische Datenmodell Grundlage für das Design von Datenbanken.

- Logisches Datenmodell:
  Es beschreibt wie das semantische Datenmodell die sachlogischen Zusammenhänge allerdings so, dass es den formalen und logischen Anforderungen eines IT-Systems genügt, um dort implementiert werden zu können. Beispielsweise muss bei der Verwendung eines relationalen Datenbanksystems eine Transformation des semantisches Modells auf die »Spezifika« des relationalen Modells angepasst werden. Aus diesen und auch organisatorischen Gründen (z.B. Sicherheitsaspekten) sind Abweichungen des logischen Datenmodells vom semantischen Datenmodell die Regel.

- Physisches Datenmodell:
  Es beschreibt die physische Datenbankstruktur, die ein IT-System verwendet, vor allem unter Performanz- und Zugriffsaspekten. Hierzu gehören z.B. Speicherallokationen und Indizes, um den Speicherplatz optimal zu nutzen und den Zugriff auf die Daten innerhalb der geforderten Antwortzeit zu ermöglichen. Das physische Datenmodell ist meist angepasst an die Spezifika eines Datenbankverwaltungssystems.

Die obige Reihenfolge der Datenmodelle entspricht zeitlich auch den Entwicklungsschritten von der Erhebung der Anforderungen bis hin zur Generierung der Datenbank.

Näheres zu den unterschiedlichen Datenmodellen und -schemata ist in gängigen Lehrbüchern über Datenmodellierung und Datenbank(management)systeme wie z.B. in [ViRT82], [Voss08] und [Lehn03] zu finden.

5.2 Notwendigkeit eines übergreifenden Datenmodells

Das semantische Datenmodell der Basisdatenbank ist das Herzstück der (Weiter-) Entwicklung und Dokumentation des Data-Warehouse-Systems. Es dokumentiert auf sachlogischer Ebene die zentrale Datenablage des Data-Warehouse-Systems und dient insbesondere der Übersicht der in der Basisdatenbank gehaltenen Datenbestände für alle nur denkbaren Auswertungen in den Ableitungs- und Auswertungsdatenbanken. Weiter ist das logische Datenmodell der Basisdatenbank das Kommunikationsmittel für die Entwickler, denn es dient vor allem als Darstellung der Zielstruktur für den Datenbeschaffungsprozess wie auch der Quellstruktur für die Ableitung der Ableitungs- und Auswertungsdatenbanken. Da die Basisdatenbank ganz oder teilweise als Single Point of Truth (SPOT) bestimmt werden kann, sind das semantische Datenmodell (das «Was») und das logische (das »Wo« und »Wie«) von besonderer Bedeutung. Das physische Datenmodell ist das Arbeitsmittel für den Datenbankentwickler und -administrator. Alle Datenmodelle bzw. Schemata der Basisdatenbank, das konzeptionelle, das logische und das physische Schema, werden idealerweise im Repositorium gehalten.

5.2.1 Probleme beim Verzicht einer übergreifenden Modellierung

In der Vergangenheit sind in Unternehmen zahlreiche Data-Warehouse-Systeme entstanden, die entweder über keine Basisdatenbank verfügen oder in denen zwar architektonisch eine Schicht unter der Auswertungsdatenbank aufgebaut wurde, diese aber nicht übergreifend modelliert wurde. Übergreifend bezieht sich in diesem Zusammenhang auf alle Unternehmensdaten, die langfristig geplant im Data-Warehouse-System gespeichert werden sollen. In der Praxis führt die mangelnde übergreifende Modellierung regelmäßig dazu, dass innerhalb desselben physischen Systems inhaltliche Insellösungen entstehen. Die Probleme, die bei einem Verzicht der Basisdatenbank im langjährigen Entwicklungszyklus eines Data-Warehouse-Systems auftreten, sind mit den Problemen von physisch getrennt aufgebauten Data-Warehouse-Systemen vergleichbar, wie z. B.:

- Das Data-Warehouse-System besitzt mehrere, sich inhaltlich überschneidende Schnittstellen zum selben Quellsystem.
- Inhaltlich gleiche Daten werden mehrfach im Data-Warehouse-System gehalten. Definitionen derselben Inhalte der Auswertungsschicht wie für Kennzahlen oder für Dimensionselemente können sich widersprechen.
- Neue Berichts- und Auswertungsanforderungen auf Basis schon im Data-Warehouse-System enthaltener Daten können erst nach einer Vereinheitlichung umgesetzt werden.

Leicht lässt sich ein solches Problem identifizieren, wenn auf Basis von einem vordefinierten Referenzinhalt des Softwareanbieters modelliert wurde. Liegt das gleiche vom Referenzmodell abgeleitete Objekt, wie z. B. das Kundenobjekt, mehrfach in einem Data-Warehouse-System vor, ist dies ein sicheres Indiz für eine nicht übergreifend erfolgte Modellierung. Es wird deutlich, dass diese Art der Probleme mehrheitlich aus Redundanz und Inkonsistenzen resultieren.

Eine zweite Art von Problemen beim Verzicht einer übergreifenden Modellierung der Basisdatenbank basiert auf zu starker Auswertungsnähe der Modellierung. Werden die Daten nach Übernahme aus den Quellsystemen von den meist flachen Tabellen des Arbeitsbereichs direkt in eine multidimensionale Struktur des Auswertungsbereichs überführt, so liegen die Daten einerseits quellsystemorientiert und andererseits auswertungsorientiert vor. Eine auswertungsneutrale Form der Datenspeicherung in der Basisdatenbank wird damit übergangen. Ändern sich die Anforderungen der Anwender im Zeitverlauf maßgeblich, so kann es passieren, dass die im multidimensionalen Modell vorliegenden Daten der Auswertungsschicht als Quelle für neue Modelle genutzt werden müssen oder die Daten für die neue Auswertungssicht auf Basis archivierter Schnittstellendaten des Arbeitsbereichs neu aufgebaut werden müssen. Beide Wege sind aber in der Regel mit einem relativ hohen Aufwand verbunden. Einerseits werden in der multidimensional modellierten Auswertungssicht oftmals Zugeständnisse hinsichtlich Performanz (z. B. Aggregation, Weglassen von Details) oder Einfachheit (z. B. Verzicht der Historisierung) gemacht, sodass nicht mehr alle Ursprungskonstellationen der Daten rekonstruierbar sind. Andererseits wird das erneute Einlesen archivierter Schnittstellendaten des Arbeitsbereichs oftmals als mühsamer Prozess beschrieben. Der große Vorteil der Basisdatenbank besteht also in der Entkopplung von Quelldaten- und Auswertungsdatenstrukturen, wodurch eine höhere Flexibilität bei sich ändernden Anforderungen und eine größere Konsistenz der Datenspeicherung erreicht werden kann.

5.2.2 Abgrenzung zur unternehmensweiten Modellierung

Bei der übergreifenden Modellierung der Basisdatenbank kann der Eindruck entstehen, dass hierdurch versucht wird, ein unternehmensweites Datenmodell zu schaffen. Jedoch ist dieser in den 1980er Jahren verfolgte Modellierungsansatz in der Praxis oftmals gescheitert [Sche09]. So war der Anspruch einer detaillierten (Eigen-)Entwicklung eines umfangreichen Datenmodells, das alle Belange des Unternehmens abdeckt, vielfach zu ambitioniert und die Modellierungsteams stießen mit der domänenspezifischen Ausgestaltung der Modelle aller Unternehmensanforderungen an ihre Grenzen (unter einer Domäne wird hier das Fachgebiet eines Unternehmens verstanden). Hinzu kam der zunehmende Trend zur Einführung von Standardsoftware, die allerdings über eigene Datenmodelle und einem damit einhergehenden Begriffsverständnis und einer herstellerspezifischem Terminologie (wie z. B. der Materialbegriff in SAP ERP) verfügt. Meist findet sich heute der Anspruch eines unternehmens- bzw. software-weiten Datenmodells nur noch in Unternehmen, die weiterhin schwerpunktmäßig Individualsoftware einsetzen (wie z. B. in Banken) oder bei Herstellern von Standardsoftware.

Die wichtigsten positiven und negativen Aspekte unternehmensweiter Datenmodelle sind noch einmal in folgender Tabelle zusammengefasst (in Anlehnung an [DMR+01], S. 81):

Positiv	Negativ
Normiert Begriffe im Detail	Aufgrund der Komplexität kaum beherrschbares Vorhaben
Deckt Redundanzen auf	Kostet viel Zeit und Ressourcen
Wirkt integrierend auf Anwendungen	Aktualität kontinuierlich gefährdet

Tab. 5–1   Aspekte von unternehmensweiten Datenmodellen

Eine der Hauptanforderungen an ein unternehmensspezifisches Data-Warehouse-System besteht gerade darin, eine übergreifende Sichtweise herzustellen, die in den operativen Systemen nicht existiert. Die Daten aus Standardsoftwareprodukten unterschiedlicher Hersteller und individueller Implementierungen werden an einem Punkt zusammengeführt, um die Geschäftsprozesse und Sachverhalte eines Unternehmens zusammenhängend darstellen zu können. Der Basisdatenbank kommt daher die besondere Bedeutung zu, die Daten einheitlich, langfristig, historisiert und anwendungsneutral zu speichern. Das Datenmodell muss diesen Anforderungen genügen.

Deshalb wird hier bei der Modellierung der Basisdatenbank bewusst nicht von einem »unternehmensweiten Datenmodell« gesprochen, sondern von einem anwendungsübergreifenden Datenmodell. Der Anspruch, alle (operativen) Daten in einem unternehmensweiten Modell zu strukturieren, besteht hierbei nicht. Vielmehr geht es ausschließlich um die Daten, die langfristig das »Unternehmensgedächtnis« (engl. corporate memory) bilden, also zur Verfolgung des Geschäftszwecks bzw. des langfristigen Geschäftsmodells eines Unternehmens relevant sind. Dies sind typischerweise die Daten, die in ein Data-Warehouse-System überführt werden. Das bedeutet jedoch nicht, dass ein unternehmensweites Datenmodell – sofern dieses existiert – nicht auch eine sinnvolle Ausgangsbasis für die Modellierung der Basisdatenbank sein kann.

Grundsätzlich kommt die Modellierung der Basisdatenbank, wie sie hier beschrieben wird, dem nahe, was Inmon als Modellierungsansatz für ein Data-Warehouse-System vorschlägt [Inmo05]. Demgegenüber entspricht die multidimensionale Modellierung der Ableitungs- und Auswertungsdatenbank (Kap. 6) in Form von Star- oder Snowflake-Schema dem dimensionalen Ansatz (Kap. 7) von Kimball [Kimb02]. Die beiden Ansätze bilden damit keinen Widerspruch, sondern können sich beim Aufbau einer mehrschichtigen Data-Warehouse-Architektur (siehe Referenzarchitektur in Kap. 2) sogar komplementär ergänzen.

5.3 Konzeptuelle Modellierung der Basisdatenbank

Eine der wichtigsten praktischen Fragestellungen zum Aufbau des Datenmodells für die Basisdatenbank ist die Klärung der konkreten Vorgehensweise. Im Folgenden wird hierzu ein Phasenmodell basierend auf einem Top-Down-Ansatz vorgestellt, der zunächst auf hoher Ebene startet und dann immer mehr in die Breite und Tiefe verzweigt. Auf dieser Grundlage wird das übergreifende Modell vorgestellt und auf das Thema Historisierung näher eingegangen. Es folgt die Diskussion, ob der Rückgriff auf branchen- oder funktionsbezogene Referenzmodelle von Vorteil ist. Der Abschnitt schließt mit der Überführung des Vorgehens vom initialen Projektcharakter in den langfristigen Lebenszyklus der weiteren Pflege und Erweiterung sowie der richtigen organisatorischen Verankerung.

5.3.1 Phasenmodell

Der erste Schritt für den Aufbau eines übergreifenden Datenmodells sollte die Erstellung eines High-Level-Datenmodells auf semantischer Ebene sein, das als zentrale Landkarte für die spätere detaillierte Ausgestaltung der Basisdatenbank dient. Das Vorgehen sollte top down erfolgen und ein semantisches Datenmodell entstehen, in dem die zentralen Entitätstypen – auch Kernentitätstypen genannt – eines Unternehmens und ihre Beziehungen untereinander abgebildet werden. Typische Beispiele solcher Kernentitätstypen sind Partner, Produkt, Auftrag und Konto.

Gelegentlich sind solche Modelle auch bereits ansatzweise im Unternehmen vorhanden und können aus anderen Initiativen wie dem Enterprise Architecture Management oder dem Business Process Management heraus abgeleitet werden. Als weiterer geeigneter Startpunkt bieten sich auch Referenzmodelle oder die Datenmodelle vorhandener Anwendungssysteme an (siehe Abschnitt 5.3.4).

Das Kerndatenmodell sollte so entstehen, dass ein späteres Relationenmodell in der dritten Normalform davon abgeleitet werden kann und die hierfür typischen Eigenschaften wie Redundanzfreiheit und Anwendungsneutralität besitzen. Das Modell sollte auf die Inhalte fokussieren, die das Kerngeschäft des Unternehmens ausmachen oder die für die Steuerung des Unternehmens unverzichtbar sind. Typischerweise enthalten die zu modellierenden Datenstrukturen Informationen über die Geschäftsprozesse, die die Wertschöpfung des Unternehmens entweder direkt ausmachen oder diese unterstützen.

Eine zentrale Anforderung an das Kerndatenmodell ist die kontinuierliche Erweiterbarkeit in konsistenter Form – sowohl horizontal um neue Domänen – als auch vertikal zur Detaillierung für konkrete Anforderungen. Diese Anforderung muss durch eine entsprechende Governance und ein Management des Veränderungsprozesses idealerweise durch ein BI Competence Center (BICC) (Abschnitt 11.2) sichergestellt werden (siehe auch »langfristiger Lebenszyklus« in Abschnitt 5.3.5).

Im zweiten Schritt folgt die domänenspezifische, detaillierte Datenmodellierung, die die konkreten Anforderungen abdecken. Dieser Schritt erfolgt anwendungs- bzw. projektbezogen und leitet sich von der zeitlichen Abfolge aus der BI-Strategie ab (siehe Abschnitt 10.1). Durch diese Form des anwendungs- bzw. projektbezogenen Vorgehens sollte der Fehler der mangelnden Fokussierung, die Initiativen zur unternehmensweiten Datenmodellierung zum Scheitern brachte, vermieden werden.

Der dritte Schritt ist der Abgleich der Anforderungen aus Top-down-Sicht auf die tatsächlich schon einem Data-Warehouse-System vorhandenen Datenmodelle bzw. der Abgleich mit den Datenmodellen der liefernden Quellsysteme. Dem Abgleich mit einem bestehenden Data-Warehouse-System kommt dann besondere Bedeutung zu, wenn eine multidimensional modellierte Auswertungsschicht bereits vorhanden ist und die Basisdatenbank nachträglich aufgebaut werden soll. Diese Aufgabe wird oftmals auch im Kontext des Redesign eines bestehenden Data-Warehouse-Systems genannt. Dabei kann es sogar vorkommen, dass die Auswertungsschicht als Datenquelle für die Basisdatenbank dient und die Daten retrograd bzw. von dort zurück überführt werden sollen. Das ist vor allem dann der Fall, wenn die historischen Ursprungsdaten nicht mehr in den liefernden Systemen enthalten sind bzw. eine erneute Extraktion nicht wirtschaftlich ist. Der Standardfall ist allerdings die Überführung der Daten aus den Quellsystemen über den Arbeitsbereich in die Basisdatenbank laut der Referenzarchitektur aus Kapitel 2.

Grundsätzlich muss der Spagat zwischen vielleicht bisher nicht explizit bekannten zukünftigen Anforderungen und wirtschaftlichen Aspekten geschaffen werden. Wird für einen spezifischen Themenbereich ein Quellsystems angezapft, so bietet es sich aus strategischen Gründen an, gleich weitere Attribute und Kennzahlen für den Aufbau der Basisdatenbank zu extrahieren, selbst, wenn diese aktuell noch nicht benötigt werden. Demgegenüber sollten allerdings keinesfalls Daten berücksichtigt werden, die nur aus technischen Gründen oder vielleicht sogar aus Unzulänglichkeiten des operativen Systems heraus bestehen. Hier das richtige Verhältnis von aktuell benötigten und einem strategisch sinnvollen Umfang zu finden, setzt viel Erfahrung und Hintergrundwissen der verantwortlichen Modellierer wie auch der Analytiker der Anforderungen voraus.

5.3.2 Kerndatenmodell

Das Kerndatenmodell enthält die für die Unternehmenssteuerung wichtigsten Entitätstypen und Beziehungstypen, die dann von allen Projekten bzw. Auswertungen gemeinsam genutzt werden können [SDRS99]. Das Ergebnis der übergreifenden Datenmodellierung in Form eines Kerndatenmodells sollte nahe der dritten Normalform oder sogar vollständig normalisiert sein. Für die grafische Modellierung bietet sich das Entity-Relationship-Modell (ER-Modell) nach Chen [Chen76] an. Die angestrebte Normalisierung dient der Basisdatenbank jedoch

5.3 Konzeptuelle Modellierung der Basisdatenbank

zur langfristigen anwendungsneutralen Speicherung der Daten und nicht unmittelbar für Auswertungszwecke. Die Basisdatenbank wird allerdings keinesfalls identisch zu operativen Systemen modelliert – einige Besonderheiten wurden in Abschnitt 5.3.1 beschrieben –, vielmehr erfolgt die Modellierung übergreifend und abgekoppelt von der Modellierung der operativen Systeme.

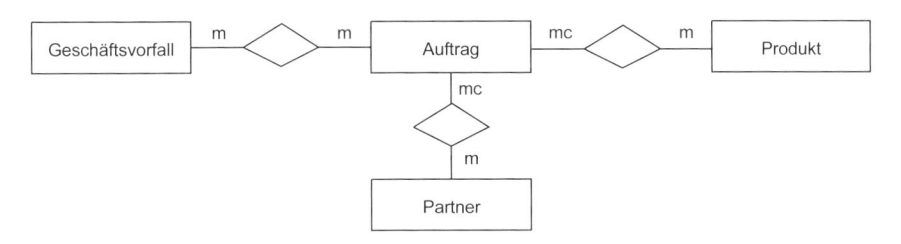

Abb. 5-1 *Vereinfachter Ausschnitt eines Kerndatenmodells*

In diesem Abschnitt wird keine Einführung in die ER-Modellierung erfolgen, die in diversen Grundlagenwerken ausreichend vorgestellt wird. Daher wird im Folgenden nur auf die besonderen Eigenschaften der übergreifenden Modellierung eingegangen. Abb. 5-1 zeigt als Beispiel den ersten Schritt einer übergreifenden Modellierung in Form eines Kerndatenmodells. Modelliert werden nur die wichtigsten Entitätstypen wie Auftrag, Produkt oder Partner und ihre Beziehungen untereinander auf höchster Ebene. Der Entitätstyp Partner ist die allgemeinste Form einer meist externen (juristischen) Person, mit der das Unternehmen in Beziehung steht. Die bekanntesten Rollen, die ein Partner einnehmen kann, sind sicherlich Kunde oder Lieferant. Der Partner wird in einem übergreifenden Datenmodell in der Regel an verschiedensten Stellen mit anderen Entitätstypen in Beziehung stehen. Um Redundanzfreiheit sicherzustellen, ist es allerdings wichtig, dass dieser tatsächlich nur einmal modelliert und später implementiert wird. Unabhängig davon sind domänenspezifische Spezialisierungen möglich, wie im folgenden Schritt dargestellt wird.

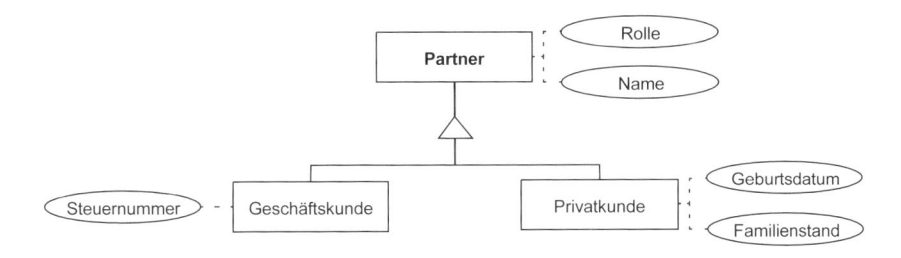

Abb. 5-2 *Domänenspezialisierung des Kern-Entitätstyps Partner*

Im nächsten Schritt erfolgt die domänenspezifische Erweiterung des Modells (Abb. 5-2). Angenommen wird in diesem Fall ein Unternehmen, das Geschäftsbeziehungen sowohl mit Geschäfts- als Privatkunden unterhält. Der Geschäftskundenbereich benötigt vom Geschäftskunden die Steuernummer, wohingegen für den Privatkundenbereich das Geburtsdatum und der Familienstand eine wichtige Rolle spielen. In einem gemeinsamen übergreifenden Datenmodell werden daher alle drei Attribute benötigt – werden aber abhängig von der Rolle des Partners verwendet oder nicht verwendet. Das Partnerattribut »Name« wird in jedem Fall benötigt.

In einem weiteren Schritt erfolgt die Verfeinerung des Modells hin zu den langfristigen Anforderungen, wie Informationen zur Historisierung. Da die Historisierung eine spezifische Anforderung darstellt, wird diese Thematik im folgenden Abschnitt 5.3.3 diskutiert. Kennzahlenberechnungen sind in der Regel nicht Bestandteil der Basisdatenbank, da hier nur die Ausgangswerte gespeichert werden. Kennzahlenberechnungen erfolgen üblicherweise nur in der Auswertungsschicht oder beim Übergang in die Auswertungsschicht im Datenbeschaffungsbereich. Ein Beispiel hierfür ist ein abgeleiteter Wert, der aus mehreren Basiswerten berechnet wird, wobei die Basiswerte aber selbst nicht in der Auswertungsschicht benötigt werden. Dies kann auch für die Währungsumrechnung gelten, sofern diese aus Performancegründen schon zum Übernahmezeitpunkt erfolgt.

Aus den Quellsystemen werden üblicherweise nicht nur Attribut- und Wertfelder, sondern auch Schlüsselfelder geliefert. Auch diese sollten im Original erhalten werden, in der Basisdatenbank jedoch nicht für Datenoperationen genutzt werden. Vielmehr hat sich die Bildung von künstlichen Schlüsseln (engl. surrogate keys) als Best Practice etabliert. Schlüsselfelder werden daher auf dem Weg in die Basisdatenbank neu codiert. Dies ist sicherlich auch der Tatsache geschuldet, dass es in vielen Unternehmen in der Vergangenheit kein übergreifendes Stammdatenmanagement gab. Aktuell ist allerdings eine Zunahme entsprechender Projekte zu verzeichnen, sodass perspektivisch ggf. auf eine Neucodierung von Stammdatenschlüsseln in der Basisdatenbank verzichtet werden kann, wenn diese Aufgabe vom übergreifenden Stammdatenmanagementsystem übernommen wird.

Im logischen Datenmodell werden neben den Feldern für standardisierte Inhalte, die ggf. durch Geschäftsregeln abgeleitet wurden, auch Felder für die Originalinhalte vorgesehen. Nur so ist es zu einem späteren Zeitpunkt möglich, fehlerhaft abgebildete Feldinhalte zu rekonstruieren, z.B. falls eine Geschäftsregel falsch definiert wurde oder falls sich fachliche Anforderungen ändern. Es ist üblich, dass beim Übergang vom Arbeitsbereich in die Basisdatenbank Transformationsregeln angewendet werden, die Geschäftsregeln enthalten, um z.B. gleiche Inhalte aus verschiedenen Quellsystemen in einen gemeinsamen Standard zu überführen. Dabei sollte beachtet werden, dass in der Basisdatenbank auch die Original-Feldinhalte erhalten bleiben. Eine Unterscheidung von vereinheitlichten und originären Feldern wird in der Modellierung durch die Namenskonvention sichergestellt, indem beispielsweise »_ori« als Postfix an die Felder mit originären Feldinhalten angehängt wird. Der Original-Feldinhalt kann so in Fehlersituationen oder bei Änderungen von Geschäftsregeln jederzeit wieder herangezogen werden.

Im Falle von semantisch mehrfach belegten Feldern in operativen Systemen werden diese beim Übergang vom Arbeitsbereich in die Basisdatenbank getrennt. Oft handelt es sich hierbei um spezielle Codierungen operativer Feldinhalte, die mehrere Bedeutungen gleichzeitig haben. So wurden beispielsweise in einem Touristikunternehmen Fluggesellschaft und Flugziel im selben Feld codiert. In diesem Beispiel werden aus einem Quellfeld in der Basisdatenbank durch hinterlegte Regeln zwei Zielfelder getrennt nach Fluggesellschaft und -ziel. Die Originalinformation bleibt in einem dritten Feld erhalten.

Ein alternativer Ansatz besteht darin, in der Basisdatenbank ausschließlich Originalfelder zu speichern und jegliche Business-Transformation erst beim Übergang in die Auswertungsdatenbank vorzunehmen. Diesen Ansatz verfolgen auch Linstedt et al. [LiGH09] mit ihrer Data-Vault-Modellierung. »Vault« bedeutet übersetzt so viel wie Kellergewölbe oder Tresor – sind also quasi entfernte Synonyme zum Lagerhaus. Genau wie die Basisdatenbank wird mit einem Data Vault die Entkopplung der Quelldatenstrukturen von den Auswertungsdatenstrukturen angestrebt. Grundsätzlich wird bei der Data-Vault-Modellierung zwischen Link-, Hub- und Satellite-Tabellen unterschieden. Hub-Tabellen dienen zur Abbildung von Stammdaten während Link-Tabellen zur Verknüpfung zwischen Stamm- und Bewegungsdaten benutzt werden. Details zu Stamm- und Bewegungsdaten werden in sogenannten Satellite-Tabellen gespeichert, z.B. Beschreibungen, Datumsfelder, Statusfelder für Stammdaten oder Wertfelder für Bewegungsdaten. Die Daten werden nahe dem Detaillierungsgrad der Datenquelle historisiert abgelegt. Die Autoren selbst bezeichnen ihren Ansatz als eine Kombination der Modellierung nach der dritten Normalform und der multidimensionalen Modellierung wie sie beispielsweise von Kimball vertreten wird [LiGH09]. Der Ansatz ist aus der Praxis heraus entstanden und kann als pragmatisch bewertet werden.

Die bisher gezeigte Modellierung erfolgt ausschließlich auf semantischer Ebene des Datenmodells. In den weiteren Schritten erfolgt die typische projektbezogene Vorgehensweise der Zuordnung von Datentypen, das Herunterbrechen auf das logische Datenmodell sowie die Anreicherung um technisch notwendige Elemente wie z.B. Primärschlüssel.

5.3.3 Historisierung

Inmon [Inmo96] hat schon bei der Definition des Data-Warehouse-Systems die Dauerhaftigkeit der Daten und die Zeitorientierung als zwei von vier grundlegenden Merkmalen gesehen. Es besteht generell Übereinstimmung, dass in einem Data-Warehouse-System zeitbezogene Daten meist über mehrere Jahre gehalten werden sollen. Deshalb wird die Unterstützung von Änderungen im Zeitablauf und von unterschiedlichen Granularitäten gefordert. Als Folge davon haben alle Daten der Basisdatenbank einen Zeitbezug. Sie werden in der Basisdatenbank für einen bestimmten Zeitraum der Realwelt vorgehalten, der genau die vom Benutzer festgelegte Granularität der Basisdatenbank aufweist.

Weiterhin kann der Zeitpunkt der Datenintegration in die Basisdatenbank betrachtet werden. Die Integration findet häufig, jedoch nicht notwendigerweise, in periodischen Zyklen statt. Die Zeitpunkte, zu denen die Daten aus den operativen Vorsystemen oder den externen Quellen importiert werden, sind bezogen auf das Data-Warehouse-System externe Einflussgrößen. Allerdings sollte, soweit es für die Datenauswertung notwendig ist, der Zeitpunkt festgehalten werden, an dem die Fakten in das Data-Warehouse-System bzw. im Speziellen die Basisdatenbank importiert worden sind.

Neben den unterschiedlichen zeitlichen Einflüssen im Data-Warehouse-System können auch die bei zeitbezogenen Daten unterstützten Zeiten betrachtet werden. Hierbei lässt sich feststellen, dass, um den Zustand eines abgebildeten Objekts aus der Realwelt darzustellen, es ausreicht, die Gültigkeitszeit zu unterstützen. Soll jedoch die Betrachtung der Entwicklung der Gültigkeit eines Objekts von beliebigen Zeitpunkten aus möglich sein, so müssen sowohl die Gültigkeitszeit als auch die Transaktionszeit unterstützt werden. Hierdurch kann auch der Zeitpunkt der Datenintegration berücksichtigt werden [Stoc01].

Bei der Darstellung zeitbezogener Daten in der Basisdatenbank muss zumindest die Gültigkeitszeit für alle Daten berücksichtigt werden. Abhängig vom jeweiligen Anwendungsfall kann zusätzlich die Transaktionszeit in die Betrachtung einbezogen werden.

Abbildung 5–3 zeigt die Verfeinerung der Rolle Privatkunde. Das Geburtsdatum eines Privatkunden ist eine Konstante, die sich auch im Zeitablauf nicht ändert und daher nicht historisiert zu werden braucht. Der Familienstand kann demgegenüber über die Jahre Änderungen unterworfen sein. Diese Änderungen sollen historisiert werden. Hierzu wird ein neuer Entitätstyp »Familienstand$_{temp}$« geschaffen, der mit einem Gültigkeitszeitraum versehen wird und der mit dem Entitätstyp »Privatkunde« über die Beziehung »hat« verbunden ist. Eine Entität dieses Entitätstyps repräsentiert somit den Familienstand eines Privatkunden in einem bestimmten Zeitraum. Diese Form der Historisierung von Attributen (Attributzeitstempelung) ist genau und redundanzfrei.

In der Praxis wird bei der Umsetzung des konzeptionellen Modells in ein relationales Datenbankschema manchmal aus Vereinfachungsgründen der gesamte Entitätstyp mit einem einzigen Gültigkeitszeitstempel versehen. Es gibt dann weniger relationale Tabellen, und alle Daten eines Privatkunden sind zu einer bestimmten Zeit in einer einzigen Tabellenzeile bzw. in einem Datensatz enthalten. Wenn sich der Wert auch nur eines der historisch relevanten Attribute ändert, führt dies allerdings zu einem neuen Datensatz mit in der Regel redundanten Werten.

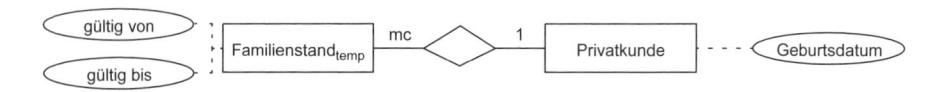

Abb. 5–3   *Ergänzung des Entitätstyps Privatkunde um Details*

Geklärt werden muss, ob eine vollständige Historisierung notwendig ist oder nur wichtige Teilbereiche entsprechend behandelt werden. Im Gegensatz zum Konzept der Slowly-Changing-Dimensions der multidimensionalen Auswertungsdatenbank (Abschnitt 7.1.3) spielt in der Basisdatenbank eine Abfrageperformance nicht die dominierende Rolle. Daher kann eine Historisierung analog wie in operativen Systemen über eine Zeitstempelung von Attributen, Beziehungs- oder Entitätstypen erfolgen. Anspruchsvoll wird eine Historisierung dann, wenn ein Quellsystem über keine direkte Unterstützung verfügt und die entsprechenden Mechanismen extra für die Datenextraktion realisiert werden müssen. In solchen Fällen können entweder ergänzende Daten der Quellsysteme wie z.B. Log Files ausgewertet werden, ergänzende Mechanismen nachträglich im Quellsystem implementiert oder ein Delta-Abgleich bei der Übernahme in das Data-Warehouse-System geschaffen werden. Letztere Maßnahme ist vor allem dann sinnvoll, wenn Änderungen in einem auslaufenden Quellsystem nicht mehr wirtschaftlich sind.

5.3.4 Referenzmodelle

Softwareanbieter bieten Referenzmodelle für bestimmte Branchen oder bestimmte betriebliche Funktionen bzw. Prozesse an. Beispielhaft sei das Branchenmodell für ein Data-Warehouse-Systeme im Versicherungswesen erwähnt, das in einem Arbeitskreis von IT-Verantwortlichen auf Versicherungen unter der Moderation von IBM entstanden ist. Die SAP AG hat schon frühzeitig das Datenmodell seines ERP-Systems den Kunden offengelegt und darüber hinaus für ihr Data-Warehouse-Produkt »Business Warehouse« sogenannten »Business Content« bereitgestellt, der funktions- und branchenspezifische Referenzen enthält. Weitere Anbieter sind beispielsweise Teradata (z.B. Telekommunikation) oder SAS (z.B. Banken).

Die von den Softwareanbietern bereitgestellten Referenzmodelle leisten teilweise deutlich mehr als reine Datenmodelle. Der Funktionsumfang reicht bis hin zu vordefinierten analytischen Applikationen inkl. Kennzahlen und Berichten. Als Vorteil für die Nutzung von Referenzmodellen kann festgestellt werden, dass diese oftmals einen guten Ausgangspunkt und eine Orientierungshilfe für die Erstellung eines übergreifenden Datenmodells bieten. Sie können auch zur Delta-Analyse mit eigenen Modellen benutzt werden, um über den Tellerrand des eigenen Unternehmens hinauszublicken. Auf der anderen Seite können tief detaillierte Referenzmodelle aber auch als Ballast empfunden werden, da sie ggf. viele Einzelheiten enthalten, die im konkreten Fall gar nicht benötigt werden. Umgekehrt kann auch eine Erweiterung eines Referenzmodells um Spezifika des eigenen Unternehmens in größerem Umfang den Vorteil eines Referenzmodells zunichte machen. Manche Referenzmodelle werden auch nur zu relativ hohen Preisen bzw. nur in Verbindung mit Produkten oder Beratungsleistungen des Anbieters verkauft.

Ob für die Modellierung einer Basisdatenbank ein Referenzmodell herangezogen werden sollte oder nicht, kann nicht pauschal beantwortet werden. In der Regel wird mit dem Anbieter des Referenzmodells in einer Detailanalyse versucht, den sich abzeichnenden Grad einer möglichen Nutzung abzuschätzen und sich dann im Einzelfall entscheiden.

5.3.5 Langfristiger Lebenszyklus

Mit dem initialen Aufsetzen einer Basisdatenbank ist es in der Praxis nicht getan. Wie auch das Data-Warehouse-System insgesamt ist die Basisdatenbank ständigen Erweiterungen und Anpassungen unterworfen. Was vielleicht ursprünglich als Projekt aufgesetzt wurde, muss nach der Realisierung als Regelaufgabe in der Unternehmensorganisation implementiert werden. Optimal ist die Verankerung einer solche Aufgabe in einem übergreifenden BI Competence Center, das alle BI-Aktivitäten im Unternehmen koordiniert (Abschnitt 11.2). Darunter fällt auch die Verantwortung für das übergreifende Datenmodell. Alle Veränderungen an der Basisdatenbank müssen über seinen Tisch gehen und von ihm abgesegnet werden. Es moderiert den Abstimmungsprozess zwischen unterschiedlichen Anforderungsgebern, falls es sich widersprechende Anforderungen identifiziert. Sollte keine Einigkeit erzielt werden, so muss strittige Punkte über den Leiter des BI Competence Center an das entsprechende Steuerungsgremium adressieren werden. Positives Beispiel hierfür ist ein deutsches Finanzinstitut, in dem sich der operative Steuerungskreis für das strategische Datenmanagement alle zwei Wochen trifft, um über Änderungen des zentralen Basisdatenbankmodells zu entscheiden.

Fachliche Voraussetzung für die langfristige Weiterentwicklung der Basisdatenbank ist auf jeden Fall Fingerspitzengefühl und viel Unternehmenserfahrung. Darüber hinaus ist integratives Denken über die typischen Grenzen von Unternehmensfunktionen hinweg eine wichtige Eigenschaft des Modellierers. Neben der grundsätzlichen Tätigkeit der Modellierung obliegt dem BICC auch die Sicherstellung einer ausreichenden Dokumentation in einem Data Dictionary bzw. dem Repositorium. Hierin sollten u.a. Bedeutung, Verwendung oder Verantwortliche der Modellelemente beschrieben werden. Die Modellierung selbst sollte basierend auf einem zentralen Repositorium in grafischer Form erfolgen. Dabei können die gleichen Werkzeuge wie für die operative Modellierung genutzt werden. Das Repositorium sollte führend für Änderungen des physischen Datenmodells sein, d.h., dass Änderungen im Datenbanksystem erst dann erfolgen dürfen, wenn diese im Repositorium modelliert wurden. Gegebenenfalls kann dies auch technisch durch die automatisierte Erzeugung von DDL-Skripten aus dem Modellierungswerkzeug heraus sichergestellt werden.

Eine weitere sinnvolle Maßnahme zur Sicherung der langfristigen Konsistenz der Basisdatenbank ist die Beschreibung des verbindlichen Vorgehens als Bestandteil der BI-Governance respektive der IT-Governance (Abschnitt 11.2).

5.4 Zusammenfassung

Die übergreifende und anwendungsneutrale Modellierung der Basisdatenbank stellt einen der wichtigsten Erfolgsfaktoren für die langfristige Nutzung eines Data-Warehouse-Systems dar. Zur Klärung der Grundlagen hierzu wurde in diesem Kapitel zunächst beschrieben, was unter einem Modell als Abbild der realen Welt zu verstehen ist. Es folgte der Übergang zu Datenmodell und Schema. In Abschnitt 5.2 wurde die Notwendigkeit eines semantischen Datenmodells der Basisdatenbank als Herzstück eines Data-Warehouse-Systems eingeführt und die Probleme wurden beschrieben, die regelmäßig auftreten, wenn auf den Aufbau der Basisdatenbank verzichtet wird. Die Modellierung sollte pragmatisch erfolgen, um zu vermeiden, die Fehler der zu ambitionierten unternehmensweiten Modellierung aus den 1980er und 1990er Jahren zu wiederholen. Die eigentliche semantische Modellierung entsteht eng orientiert am traditionellen Vorgehen der ER-Modellierung, wobei die Modellierung nahe der dritten Normalform, aber ggf. nicht vollständig normalisiert erfolgt. Abschließend wurde dargestellt, wie von einem initialen Projektvorgehen in einen dauerhaften Betrieb der Pflege und Erweiterung übergegangen werden kann.

6 Das multidimensionale Datenmodell

In diesem Kapitel wird der Aspekt der konzeptuellen Modellierung der Ableitungs- oder Auswertungsdatenbank näher beleuchtet. Die konzeptuelle Sicht wird im Data Warehousing geprägt vom multidimensionalen Datenmodell, das Gegenstand von Abschnitt 6.2 ist. In Abschnitt 6.1 werden Methoden zur einfachen und intuitiven Modellierung mittels grafischer Designnotationen behandelt. Abschnitt 6.3 zieht schließlich den Aspekt der Veränderung eines multidimensionalen Schemas im Zeitverlauf in Betracht, gibt Lösungsvorschläge und zeigt Konsequenzen für die Anfrageausführung.

6.1 Konzeptuelle Modellierung

Dieser Abschnitt beschäftigt sich mit der Frage, welches die Bestandteile des multidimensionalen Datenmodells sind und wie diese zusammenspielen. Die dort vorgestellten Darstellungsweisen erlauben es, multidimensionale Datenmodelle und entsprechende Anfragen formal genau zu beschreiben. Die verwendeten Formalismen bilden die Grundlagen, um die Implementierung von Data-Warehouse- und OLAP-Werkzeugen zu verstehen. Will man jedoch für ein konkretes Anwendungsproblem, z.B. die Erstellung einer Auswertungsdatenbank zur Bondatenanalyse in einem Kaufhaus, ein geeignetes multidimensionales Schema entwerfen, so sind diese Techniken wenig hilfreich. Dies liegt einerseits daran, dass die mathematische Darstellungsform für einen Domänenexperten und wohl auch für viele IT-Spezialisten nur schwer verständlich und sehr kryptisch ist. Außerdem enthalten solche Modelle viele im mathematischen Sinne technische Details, die für den Entwurf zunächst nur störend sind.

Genauso wenig wie der Entwurf eines Kontenbuchungssystems mit dem Entwurf des Relationenschemas der Datenbank beginnt, sollte ein Data-Warehouse-Entwurf mit dem logischen Schema der Datenbank beginnen. In beiden Fällen hat es sich als sinnvoll erwiesen, zunächst ein konzeptuelles Datenmodell zu entwerfen, mit dem versucht wird, die interessanten Zusammenhänge der Anwendungsdomäne zu modellieren, ohne auf technische Realisierbarkeiten zu achten. Für einen solchen Entwurf, der üblicherweise in enger Zusammenarbeit zwischen

IT-Team und Domänenexperten erfolgt, werden verschiedene grafisch orientierte Techniken eingesetzt. Prominente Beispiele hierfür sind das Entity-Relationship-(E/R-)Diagramm oder die UML, wobei bei Letzterer für datenintensive Applikationen vor allem das Klassendiagramm interessant ist.

Die grafischen Notationen sollen es dem Experten erlauben, seine »Sicht auf die Welt« in möglichst natürlicher Weise zu formulieren. Andererseits sollen die Modelle genügend Informationen enthalten, sodass in den weiteren Phasen des Entwurfsprozesses notwendige Designentscheidungen, z. B. welches Datenbankprodukt, welche Architekturvariante, welche Optimierungsstrategien, fundiert getroffen werden können. Werkzeughersteller und Forscher verfolgen weiterhin die Vision, dass ein lauffähiges System bzw. Teile davon automatisch aus diesen grafischen Spezifikationen generiert werden können.

Warum sind nun konventionelle Entwurfstechniken, z. B. das E/R-Modell, nicht geeignet, um eine Datenmodellierung für eine Ableitungs- oder Auswertungsdatenbank zu entwerfen? Dies liegt vorwiegend an der mangelnden Semantik dieser Techniken für das multidimensionale Datenmodell, wie beispielsweise die explizite Modellierung von Auswertungspfaden. Das Entity-Relationship-Diagramm und auch die UML wurden mit dem Zweck entworfen, auf verschiedenste Arten von Systemen, nicht notwendigerweise Softwaresysteme, anwendbar zu sein. Dies führt dazu, dass die einzelnen Konstrukte, beispielsweise ein Entitätstyp, wenig Semantik tragen, da so grundsätzlich unterschiedliche Dinge wie eine »Idee« und ein »Zahnrad« beide als Entitätstypen modelliert werden. Eine der Philosophien des multidimensionalen Modells ist es allerdings, auf die universelle Anwendbarkeit zu verzichten und dadurch innerhalb der selbst gesteckten Grenzen, die multidimensionale Auswertung numerischer Daten, einen höheren Automatisierungsgrad zu erreichen. Zu diesem Zweck integriert das multidimensionale Datenmodell Konzepte wie Klassifikationshierarchien, die eine spezielle Semantik tragen, aber in dem ausgewählten Anwendungsgebiet eine wichtige Rolle spielen.

Eine konzeptuelle Modellierungsmethode, die zur Abbildung multidimensionaler Datenmodelle geeignet sein soll, muss also diese speziellen semantischen Konstrukte des multidimensionalen Datenmodells (bzw. Paradigmas) berücksichtigen.

Anhand des in Abbildung 6–1 gezeigten Ausschnitts eines E/R-Modells für das Szenario *Star*Kauf* lässt sich die Motivation, spezialisierte Modellierungsmethoden für das multidimensionale Datenmodell zu entwerfen, leicht nachvollziehen.

Ein wichtiges Merkmal des multidimensionalen Datenmodells ist die Unterscheidung von Klassifikationsstufen, beschreibenden Attributen und Kenngrößen. Diese Unterscheidung ist in diesem E/R-Modell nicht direkt ersichtlich. Die Klassifikationsstufe Tag ist beispielsweise für das Verkaufsdatum als Attribut einer Beziehung modelliert, während eine andere Klassifikationsstufe Artikel als Entitätstyp modelliert ist. Das beschreibende Attribut Packungstyp ist allerdings

6.1 Konzeptuelle Modellierung

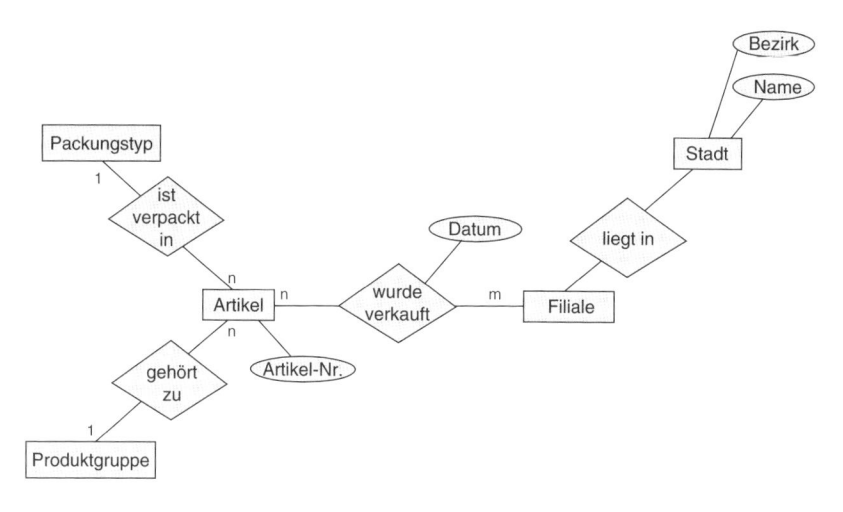

Abb. 6-1 *Auszug eines E/R-Modells für das Kaufhausbeispiel*

auch als Entitätstyp modelliert, genauso wie der Entitätstyp Produktgruppe, der allerdings in unserem Modell eine Klassifikationsstufe repräsentiert. Weiterhin ist aus dem E/R-Modell auch nicht unmittelbar zu erkennen, welche der Beziehungen Klassifikationsbeziehungen sind, da nicht jede 1:n-Beziehung unbedingt eine Klassifikation darstellt, bzw. Klassifikationsbeziehungen auch als Attribute modelliert sein können, z. B. Bezirk bei Stadt.

6.1.1 Verschiedene Vorgehensweisen zur Definition einer Methodik

Nachdem bewährte Modellierungstechniken nicht optimal zum multidimensionalen Datenbankentwurf geeignet sind, werden verschiedene Ansätze vorgestellt, die das Problem auf unterschiedliche Weise angehen. Bevor im nächsten Abschnitt detailliert auf die verschiedenen Entwurfstechniken eingegangen wird, beschäftigt sich dieser Abschnitt mit der Frage, welche prinzipiellen Möglichkeiten bestehen, um eine Designmethodik zu konstruieren und zu beschreiben.

Die Klasse der evolutionären Ansätze erweitern eine bereits bestehende Methodik um spezielle Konstrukte, welche es möglich machen, die spezielle Semantik des Anwendungsfeldes, z. B. Klassifikationshierarchien, innerhalb von bestehenden Modellen auszudrücken. Der unbestreitbare Vorteil dieses evolutionären Ansatzes besteht darin, dass Anwender der erweiterten Methodik sich weiterhin in ihrem gewohnten Umfeld bewegen können und der Einarbeitungs- bzw. Lernaufwand geringer ausfällt. Ein weiterer wichtiger Aspekt ist, dass bereits mit der klassischen Spezifikationstechnik erstellte Modelle als Grundlage für erweiterte Modelle dienen.

Vom Standpunkt des Methodendesigners ist es wichtig, die Integration der neu geschaffenen Konstrukte in die bestehende Methodik zu spezifizieren, d. h.

die vorhandenen Konstrukte mit den neuen Konstrukten zu kombinieren. Eine Möglichkeit, dieses Problem elegant zu lösen, besteht darin, die neuen Konstrukte als Spezialisierungen von bestehenden Konstrukten einzuführen, z. B. besondere Entitätstypen zu definieren. Dadurch erbt das neue Konstrukt alle Eigenschaften des bestehenden Konstrukts, inklusive der eventuell vorhandenen Integritätsbedingungen.

Die revolutionären Ansätze hingegen bauen nicht auf einer bestehenden Notation auf, sondern schaffen eine eigene maßgeschneiderte Methodik für die jeweilige Anwendungsdomäne, im konkreten Fall die Data-Warehouse-Modellierung. Der Vorteil ist, dass der Modelldesigner sich nicht um die Integration mit bereits bestehenden Elementen kümmern muss.

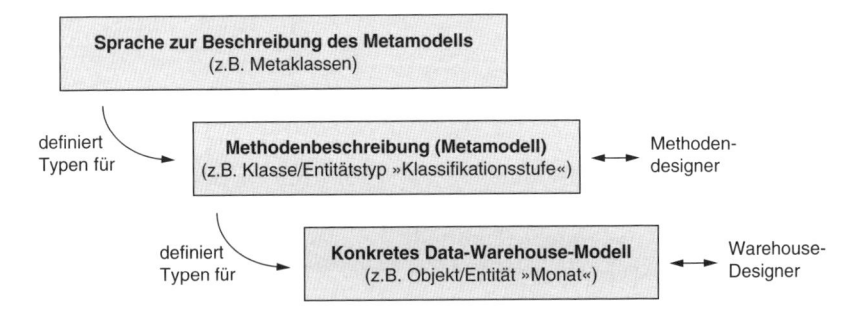

Abb. 6–2 *Die verschiedenen Ebenen bei Entwurf und Anwendung einer Designmethode*

Zur Beschreibung von Modellierungssprachen bzw. Modellierungsmethoden verwendet man oft ein sogenanntes Metamodell. Das Metamodell einer grafischen Methode umfasst folgende Bestandteile:

- die Elemente, die dem Anwender dieser Methode zur Verfügung stehen. Im Fall eines einfachen Entity-Relationship-Diagramms sind dies Entitätstypen, Beziehungstypen und Attribute;
- die Regeln, die beim Erstellen von Modellen beachtet werden müssen (syntaktische Integritätsbedingungen), beispielsweise dass eine Beziehung genau 2 Entitäten verbindet;
- die grafischen Repräsentationen der Sprachelemente, also z. B. dass eine Klasse durch ein Rechteck dargestellt wird.

Der Methodendesigner benötigt natürlich auch eine Sprache, um das Metamodell formulieren zu können. Damit ergeben sich drei unterschiedliche Abstraktionsebenen (Abb. 6–2).

6.1.2 Vorstellung verschiedener Designnotationen

In diesem Abschnitt werden nun einige grafische Designnotationen für das multidimensionale Datenmodell vorgestellt. Dabei liegt der Schwerpunkt auf Ansätzen, die im Rahmen von Forschungsaktivitäten entstanden sind.

Es werden die folgenden Designnotationen detailliert präsentiert:

- das multidimensionale Entity-Relationship-Modell (ME/R-Modell),
- die multidimensionale Unified Modeling Language (mUML) sowie
- der Ansatz von Totok.

Bei der Vorstellung der einzelnen Ansätze werden die jeweiligen Modellierungskonstrukte und insbesondere die grafischen Elemente beschrieben sowie das Beispielszenario des Kaufhauses in der jeweiligen Designnotation angegeben.

ME/R-Modell

Die ME/R-Notation (Multidimensional Entity/Relationship, [SBHD99]) wurde als spezielle Modellierungstechnik für multidimensionale Schemata entwickelt. Sie stellt eine Erweiterung des bekannten E/R-Ansatzes (Entity/Relationship, [Chen76]) für relationale Schemata dar. Die ursprüngliche E/R-Notation wurde oft variiert und erweitert. Ein guter Überblick über E/R-Varianten findet sich beispielsweise in [Teor94].

Die Grundidee des ME/R-Ansatzes ist wie folgt: Um eine naturgemäße Darstellung der multidimensionalen Semantik zu erlauben, wird das E/R-Modell entsprechend spezialisiert und geringfügig erweitert (evolutionärer Ansatz). Dazu gibt es generell mehrere Möglichkeiten. Die spezielle Lösung für die ME/R-Notation wurde dabei von folgenden Überlegungen beeinflusst:

Spezialisierung des E/R-Modells:
Alle eingeführten Elemente der ME/R-Notation sollten Spezialfälle der ursprünglichen E/R-Konstrukte sein. Dadurch wird weder die Flexibilität noch die Ausdrucksmächtigkeit des E/R-Modells reduziert.

Minimale Erweiterung des E/R-Modells:
Das spezialisierte Modell sollte für einen erfahrenen E/R-Modellierer leicht zu erlernen und zu benutzen sein. Folglich sollte die Zahl der zusätzlichen Elemente so gering wie möglich sein. Eine minimale Menge von Erweiterungen gewährleistet ferner den Transfer vorhandener wissenschaftlicher Ergebnisse (z.B. formale Fundierung) vom E/R-Modell auf den Fall des ME/R-Modells, weil nur die ME/R-spezifischen Erweiterungen betrachtet werden müssen.

Darstellung der multidimensionalen Semantik:
Trotz der Forderung nach Minimalität sollte die Spezialisierung mächtig genug sein, um die grundlegende multidimensionale Semantik ausdrücken zu

können. Damit sind im Wesentlichen die Unterscheidung zwischen Klassifikationsschema und Würfelstruktur (also qualifizierenden und quantifizierenden Daten) und die hierarchische Struktur der Klassifikationen gemeint.

Gemäß diesen Überlegungen werden für die ME/R-Notation bestimmte Spezialisierungen der E/R-Konstrukte eingeführt. Aus Platzgründen kann hier nicht das Metamodell, das die spezifischen Erweiterungen der E/R-Konstrukte beschreibt, dargestellt werden. Daher beschränkt sich die Vorstellung der ME/R-Konstrukte auf die erweiterten Metamodellelemente selbst. Die ME/R-Notation führt folgende spezialisierte Konstrukte der ursprünglichen E/R-Notation ein:

- eine spezielle Entitätenmenge »Dimension Level« (Klassifikationsstufe),
- eine spezielle n-äre Faktbeziehungsmenge und
- eine spezielle binäre »Classification«-Beziehungsmenge zur Verbindung von Klassifikationsstufen.

Da das semantische Konzept einer Klassifikationsstufe von zentraler Bedeutung ist, wird die E/R-Notation um eine spezielle Entitätenmenge für Klassifikationsstufen erweitert. Um das Klassifikationsschema zu modellieren, wird außerdem eine spezielle binäre Beziehungsmenge eingeführt: die Klassifikationsbeziehung. Sie verbindet eine Dimensionsstufe A mit einer Dimensionsstufe B, welche eine höherwertige Abstraktionsebene darstellt. Beispielsweise werden Städte nach Ländern klassifiziert. Aufgrund der speziellen Semantik der Klassifikationsbeziehung dürfen keine Zyklen im sogenannten Klassifikationsgraph existieren, da sie zu semantisch unsinnigen, unendlichen Klassifikationsbeziehungen führen könnten. Folglich ist der Graph einer Klassifikationsbeziehung ein gerichteter, zyklenfreier Graph (engl. directed acyclic graph, DAG). Das Namensattribut der Klassifikationsbeziehung beschreibt das Kriterium der jeweiligen Klassifikation, z.B. »lebt_in« für die Klassifikationsbeziehung zwischen Kunde und Region.

Die Faktbeziehungsmenge ist eine Spezialisierung einer allgemeinen n-ären Beziehungsmenge. Sie verbindet n verschiedene Entitätenmengen von Klassifikationsstufen. Solch eine Beziehung stellt ein Fakt der Dimensionalität n dar und entspricht einem Würfel. Eine Beschreibung des Fakts wird als Name der Menge verwendet. Die unmittelbar verbundenen Klassifikationsstufen werden atomare Klassifikationsstufen genannt. Die Faktbeziehungsmenge modelliert die inhärente Trennung zwischen Dimensionen und Würfelzellen und somit die Struktur des Würfels. Die Attribute der Faktbeziehungsmenge modellieren die Kenngrößen der Fakten (quantifizierende Daten), wogegen die Klassifikationsstufen die qualifizierenden Daten darstellen.

Um die spezialisierten Elemente von den ursprünglichen E/R-Modellierungselementen zu unterscheiden und um die Verständlichkeit des grafischen Modells zu verbessern, werden spezielle grafische Symbole für Klassifikationsstufen, Faktbeziehungen und Klassifikationsbeziehungen verwendet.

6.1 Konzeptuelle Modellierung

Abb. 6–3 *Die grafische Notation der ME/R-Elemente*

In Abbildung 6–3 findet sich links die Darstellung einer Faktbeziehung, symbolisiert durch einen Würfel. Kenngrößen der Faktbeziehung werden innerhalb des Würfels, vom Namen durch eine Linie getrennt, aufgeführt. In der Mitte ist eine Klassifikationsstufe dargestellt, visualisiert durch ein Rechteck mit einem Hierarchiesymbol. Rechts schließlich findet sich eine Klassifikationsbeziehung, die durch eine spezielle Pfeilart visualisiert wird. Ein eventueller Name der Klassifikationsbeziehung wird oberhalb des Pfeils notiert.

Das Beispielszenario *Star*Kauf* ist für die Kenngröße Verkäufe in Abbildung 6–4 mittels ME/R-Notation dargestellt.

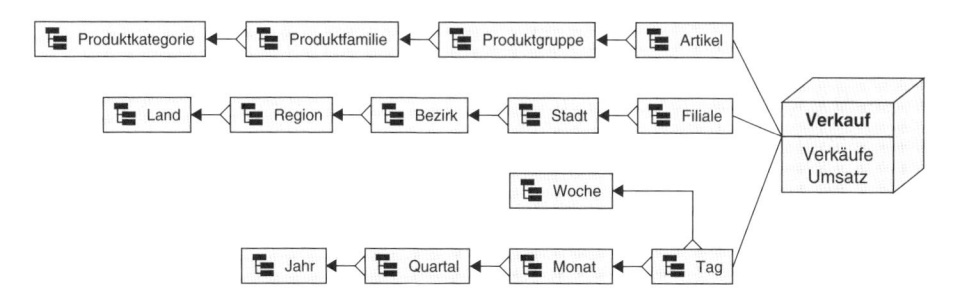

Abb. 6–4 *Kaufhausszenario in ME/R-Notation*

Als Beispiel für eine Faktbeziehung wurde die Verkaufsanalyse (Verkauf) gewählt. Kenngrößen im Beispiel sind die Verkaufszahlen (Verkäufe) und der Umsatz. Als Dimensionen dienen Produkt, Geografie und Zeit. Die ME/R-Notation benötigt kein gesondertes Konstrukt, um Dimensionen darzustellen, sie ergeben sich durch die sogenannten *Basisklassifikationsstufen*, die direkt mit dem Würfelsymbol der Faktbeziehung verbunden sind. Innerhalb einer Dimension sind auch *Alternativpfade* der Klassifikationsbeziehungen möglich. Im Beispiel wurde ein solcher Alternativpfad in der Zeitdimension dargestellt. Die Klassifikation von Tagen zu Wochen ist möglich; (Kalender-)Wochen können dagegen nicht mehr eindeutig zu Quartalen oder Jahren zusammengefasst werden.

Multidimensional UML (mUML)

Die mUML (Multidimensional UML) ist eine in [HeHa99] vorgestellte multidimensionale Erweiterung der Unified Modeling Language, die die Erstellung konzeptueller, multidimensionaler Schemata unter Verwendung der UML-Notation ermöglicht. Neben dem wachsenden Bekanntheitsgrad war die Unterstützung der

Modellierung durch existierende CASE-Werkzeuge (z.B. Rational Rose 98, [Rati08]) und die sprachinhärenten Erweiterungsmöglichkeiten ausschlaggebend für die Wahl der objektorientierten Notation UML. Eine weitere Grundlage der mUML ist die Multidimensional Modeling Language (MML), von der die multidimensionalen Sprachkonstrukte und deren Semantik geerbt werden.

Den Ausgangspunkt für die Spezifikation der mUML bilden die UML-eigenen Erweiterungsmechanismen, durch die eine Anpassung für spezielle Einsatzgebiete erfolgen kann, ohne direkt das Metamodell der UML verändern zu müssen. In der UML 1.1 existieren diesbezüglich die drei Mechanismen Constraints, Eigenschaftswerte (engl. tagged value) und Stereotypen [Rati97]. Bei der mUML werden insbesondere die letzten zwei Möglichkeiten genutzt, um die multidimensionalen Konstrukte der MML in der Notation bereitzustellen.

In Ergänzung der durch das UML-Metamodell definierten Eigenschaften von Modellelementen[1] können unter Verwendung des sogenannten Tagged-Value-Mechanismus neue Elementeigenschaften definiert werden. Ein Tagged Value entspricht dabei einem Zweitupel, bestehend aus einem Schlüsselwort, dem Tag, das die Elementeigenschaft benennt, und einem zugehörigen Datenwert. Die Angabe, welcher Datenwert einem modellierten Schemaelement zugeordnet ist, entspricht der Darstellung vordefinierter UML-Eigenschaften, für die keine grafische Repräsentation existiert, d.h., ein mit geschweiften Klammern umschlossener Text, der dem zu beschreibenden Modellelement zugeordnet wird, dient der Aufnahme mehrerer durch Kommata getrennter Eigenschaftsspezifikationen. Eine Eigenschaftsspezifikation besitzt dabei die Form Tag = Value, wobei Tag auf die Elementeigenschaft verweist, der der Wert Value zugewiesen wird. Mittels des Tagged-Value-Mechanismus werden in der mUML Eigenschaften von MML-Objekten beschrieben, für die in der UML kein äquivalentes Modellierungskonstrukt existiert.

Das zweite Erweiterungskonstrukt, der Stereotyp, führt ein neues Modellierungskonstrukt ein, das auf einer existierenden Klasse bzw. einem existierenden Typ des UML-Metamodells basiert und damit eine neue Untermetaklasse bzw. einen neuen Untermetatyp beschreibt. Ein Stereotyp verleiht einem UML-Konstrukt eine besondere Semantik, darf jedoch dessen Struktur nicht verändern. Neben grafischen Darstellungen können Stereotypen den betreffenden Modellelementen auch in textueller Form zugewiesen werden, indem der eigentliche Stereotyp von zwei spitzen Klammern umschlossen und dem Namen des Modellelementes vorangestellt oder in dessen Nähe notiert wird.

Unter Verwendung dieser Erweiterungsmechanismen spiegeln sich beispielsweise unterschiedliche MML-Klassentypen für die Kennzeichnung von dimensionalen Klassen sowie Fakt- und Datenklassen in entsprechenden Stereotypen für das UML-Klassenkonstrukt wider. Zusätzliche Eigenschaften bestimmter MML-

---

1. Bei der UML wird von einem Modell anstelle eines Schemas gesprochen. An dieser Stelle wird daher die Sprache der UML verwendet.

Modellierungskonstrukte, wie z. B. Berechnungsformeln abgeleiteter Attribute, werden durch Elementeigenschaften repräsentiert. Die Darstellung von mUML-Diagrammen erfolgt mittels des Static-Structure-Diagramms der UML, dem sogenannten Klassendiagramm, und beinhaltet die statischen Eigenschaften von Klassen und Objekten, wie beispielsweise Attributangaben und Beziehungen. Abbildung 6–5 zeigt eine Klasse, die die drei Kenngrößen Anzahl, EinzelVK und Umsatz beinhaltet, wobei Umsatz eine abgeleitete Kenngröße ist, die sich aus den Werten der beiden anderen berechnet.

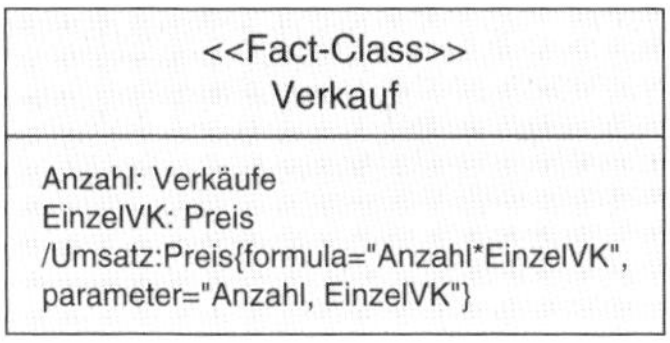

```
<<Fact-Class>>
Verkauf
─────────────────────────────
Anzahl: Verkäufe
EinzelVK: Preis
/Umsatz:Preis{formula="Anzahl*EinzelVK",
parameter="Anzahl, EinzelVK"}
```

Abb. 6–5 *mUML: Fact-Class-Klasse*

Anhand des durchgängigen Szenarios wird im Folgenden die mUML-Notation näher betrachtet. In Abbildung 6–6 sind die Klassifikationsschemata der Zeit-, Produkt- und Geografiedimension dargestellt. Auf die Angaben der eigentlichen Kenngrößenattribute wie Preis, Verkäufe, Lagerbestand etc. wurde zugunsten der Übersichtlichkeit verzichtet.

Jede Klassifikationsstufe der einzelnen Dimensionen lässt sich durch eine Klasse des Typs Dimensional Class modellieren. Aufgrund des Klassenverständnisses können in der mUML dimensionale Klassen innerhalb mehrerer Dimensionen verwendet werden, sodass in dem Szenario aufgrund derselben Bedeutung die Klasse Land von den Dimensionen Produkt und Geografie gemeinsam verwendet wird. Aus Sicht der Dimension Produkt handelt es sich bei der Klasse Land um das Lieferantenland, während sie in der Geografiedimension die über der Region liegende Verdichtungsstufe beschreibt.

Bei der Modellierung der Zeitdimension wird eine Besonderheit der MML ausgenutzt, die die Verwendung von Many-to-many-Beziehungen innerhalb von Roll-up-Pfaden zwischen zwei Klassifikationsstufen ermöglicht. Diese als Shared-Roll-up bezeichnete Verbindung erlaubt unter Anwendung von Aufsplittungsregeln den intuitiven Verdichtungspfad von Wochen zu Jahren, wobei hier zu beachten ist, dass z. B. die letzte Kalenderwoche zu zwei verschiedenen Jahren gehören kann. Auf der konzeptuellen Modellierungsebene sind diese Informationen über gewünschte Roll-up-Pfade nicht fehl am Platz, während sie natürlich bei einer rein logischen bzw. physischen Modellierung der Daten Probleme bereiten. Wie ein solcher Verdichtungspfad in späteren Phasen abgebildet wird, soll jedoch auf der konzeptuellen Ebene nicht interessieren.

Die mUML bietet aufgrund ihres durch die MML und UML vererbten objektorientierten Ansatzes Sprachelemente für abstrakte Klassen, Vererbung und auch

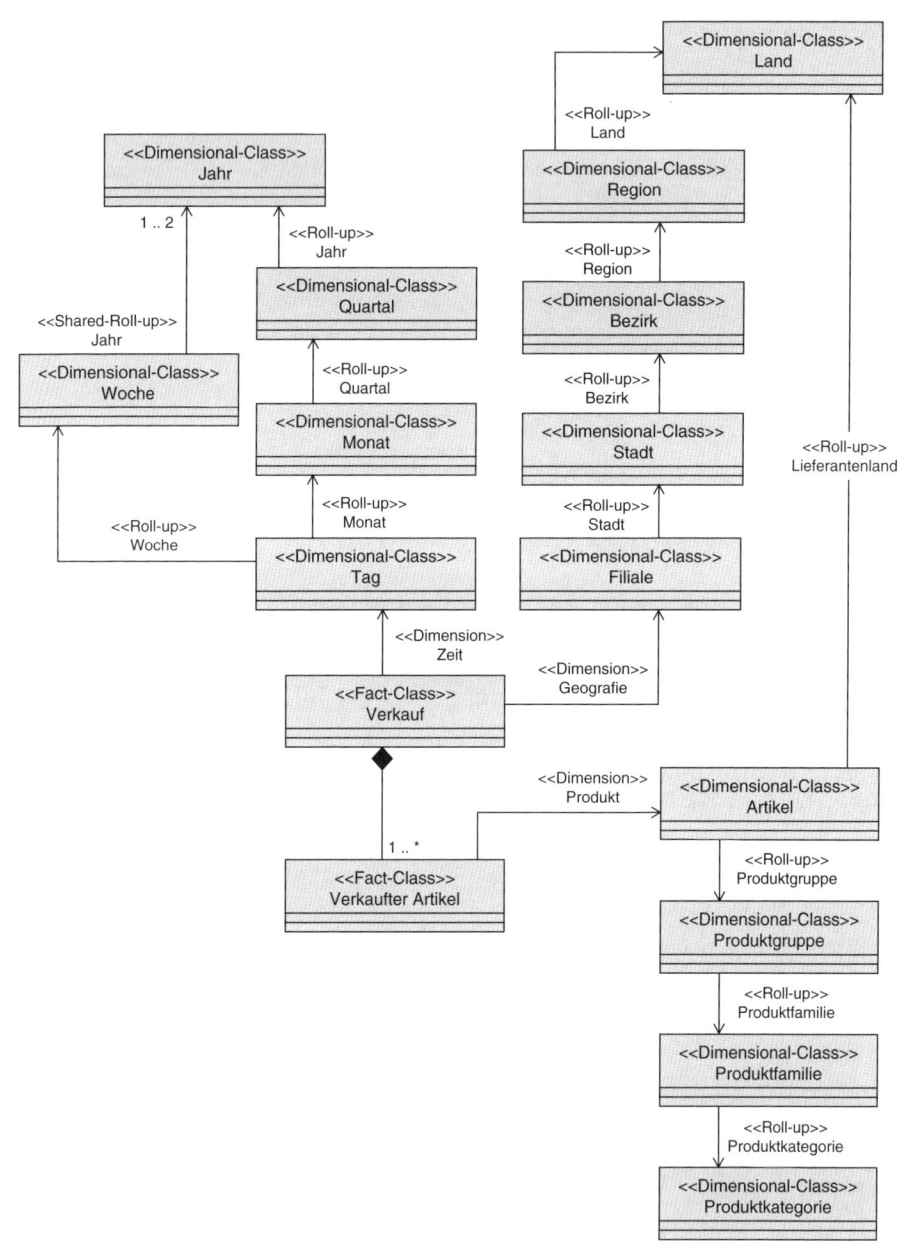

Abb. 6-6 *mUML-Schema Produktverkauf*

das Kompositionskonstrukt als eine Spezialisierung der normalen Assoziation (Beziehung). In Abbildung 6–6 wurde die Komposition genutzt, um eine intuitive Modellierung eines Produktverkaufes zu ermöglichen: Da eine Verkaufstransaktion nicht für jeden Artikel erfolgt, wurde die Fact-Class-Klasse Verkauf so modelliert, dass sie nur die Dimensionen Geografie und Zeit unter den Bezeichnungen Filiale und Zeitpunkt referenziert. Ein Objekt der Klasse Verkauf besteht zudem aus einem oder mehreren Objekten der Fact-Class-Klasse Verkaufter Artikel, die erst die Beziehung zur Produktdimension besitzt.

Durch die Verwendung abstrakter Klassen und des Vererbungskonstruktes ist es möglich, verschiedene Objekttypen innerhalb einer Klassifikationsstufe zu unterscheiden und ihnen differenzierte Attribute zuzuordnen. Auf diese Weise lassen sich beispielsweise verschiedene Artikeltypen modellieren, sodass Artikel aus eigener Herstellung und Artikel fremder Hersteller unterschieden werden können.

Die Multidimensional Modeling Language (MML, [HeHa99]) formalisiert die Eigenschaften des multidimensionalen Modells durch ein Metamodell. Als rein konzeptuelle Modellierungssprache abstrahiert die MML dabei von jeglichen Implementierungsdetails, sodass sie sich nur auf die Spezifikation der zur Verfügung stehenden multidimensionalen Konstrukte, deren Beziehungen und Abhängigkeiten untereinander und die Semantik multidimensionaler Schemata beschränkt. Die MML berücksichtigt dabei die strikte Trennung zwischen Metamodell, Schema und Ausprägung: Eigenschaften des Schemas lassen sich daher nicht in Abhängigkeit der Ausprägung spezifizieren.

Durch die MML existiert ein erstes Metamodell, das als einheitliche Grundlage für grafische, konzeptuelle Modellierungsnotationen entwickelt wurde. Insbesondere in einem werkzeuggestützten Data-Warehouse-Entwurfsprozess ist ein einheitliches Modell die Voraussetzung, um Schemata weiterverarbeiten zu können. Während dabei die Möglichkeiten der Modellierung durch die MML bestimmt sind, ist die grafische Schemarepräsentation wählbar, so kann z. B ein erweitertes E/R-Modell oder eine für die multidimensionale Modellierung ergänzte UML-Notation inklusive der vorhandenen grafischen Modellierungswerkzeuge verwendet werden.

Ein zentraler Aspekt der MML ist die Unterscheidung zwischen Datenobjekten, deren multidimensionaler Zusammenhang (z.B. Dimensionen und Klassifikationsschemata) und Elementen zur Beschreibung nichtdimensionaler, struktureller Eigenschaften (z.B. Assoziationen). Um alle Anforderungen abbilden zu können, besitzt die MML in ihrer hier betrachteten Form 24 Metaklassen, wobei sich darunter neben den multidimensionalen auch objektorientierte Konstrukte wiederfinden, da die MML auf dem objektorientierten Paradigma basiert und die Modellierung somit unter Verwendung von (abstrakten) Klassen, Attributen, Vererbungshierarchien und Beziehungen etc. erfolgt. Eine ausführliche Darstellung und detaillierte Beschreibung der einzelnen Metaklassen ist in [HeHa99] zu finden. Abbildung 6–7 zeigt einen Ausschnitt der Vererbungshierarchie des MML-Metamodells.

Ein Kernelement der MML sind die sogenannten Datenelemente: Sie beschreiben allgemeine datenaufnehmende Komponenten eines Schemas und entsprechen damit weitgehend einem Datentyp, wobei zwischen elementaren Datentypen und komplexen Datentypen, Datenklassen, unterschieden wird. Datenklassen sind Instanzen einer Metaklasse, die alle Konstrukte einer Klasse im objektorientierten Sinne unterstützt und somit neben Unterklassen auch Beziehungen zu anderen Datenklassen besitzen kann. Da es sich stets um konzeptuelle Datentypen handelt, müssen diese Typen nicht von einem existierenden Datenbankmanagementsystem oder Ähnlichem unterstützt werden, stattdessen erfolgt erst in den folgenden Entwurfsschritten des Data-Warehouse-Entwurfs die benötigte Abbildung der Datentypen auf die existierenden Datentypen des verwendeten Systems; das Zielsystem muss zum Zeitpunkt der konzeptuellen Modellierung schließlich noch nicht bekannt sein.

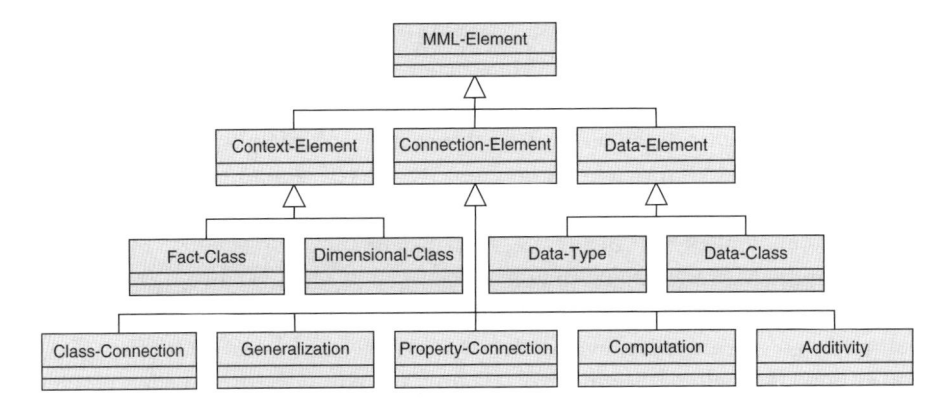

Abb. 6-7   *Ausschnitt des MML-Metamodells*

Ansatz von Totok

Im Gegensatz zu den bisher präsentierten Methoden ME/R und mUML, die jeweils eine bestehende Methode um Konstrukte erweitern, verfolgt [Toto00] den Ansatz, einen objektorientierten Modellrahmen bereitzustellen. Der mithilfe der UML modellierte Rahmen besitzt eine große Flexibilität hinsichtlich der Modellierung von Spezialfällen in multidimensionalen Systemen. So lassen sich durch die Verbindung von Kennzahlen und Dimensionselementen mit ihren zugehörigen Methoden Ableitungsregeln definieren. Mit der Einführung von Gültigkeitszuordnungen lassen sich strukturelle Änderungen behandeln (Abschnitt 6.3). Zur adäquaten Abbildung von Ableitungen wird auf detaillierter Ebene des Klassenmodells zwischen originären und abgeleiteten Kennzahlen sowie Dimensionselementen differenziert.

Eine Stärke des Modellrahmens liegt in der grafischen Zuordnung von Kenngrößen nur zu denjenigen Dimensionselementen, bzgl. derer sie analysierbar sind. Abbildung 6-8 zeigt die möglichen Verknüpfungen einer originären Kenngröße Preis zu den relevanten Dimensionselementen. Der Preis eines Artikels ist nach den Entscheidungsobjekten Zeit, Szenario und Vertriebsweg analysierbar. Nur

6.1 Konzeptuelle Modellierung

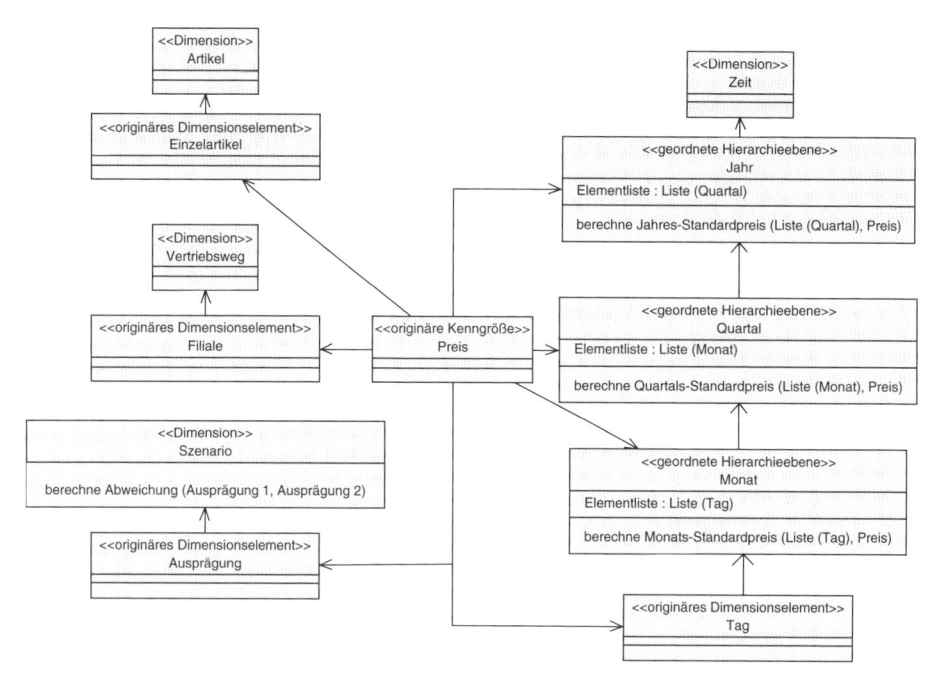

Abb. 6-8 *Gültigkeitszuordnung für eine Kenngröße*

für beliebige Kombinationen dieser Verknüpfungen ist die Kenngröße gültig. Eine Aggregation der Preisinformation über die Hierarchieebenen der Entscheidungsobjekte ergibt allerdings keinen Sinn, da die Preisinformation artikelbezogen ist und sich ähnlich wie eine Bestandsgröße verhält. Im Beispiel wird täglich eine aktuelle Preisinformation im System eingestellt. Daher sollte der Monatspreis ein Standardpreis sein, der sich z. B. durch Durchschnittsbildung ergibt. Diese Berechnung ist im Beispiel als Methode angegeben: berechne Monats-Standardpreis. Für Quartal und Jahr würden die Methoden analog definiert. Ableitungsregeln können sowohl in Kennzahlenobjekten als auch in hierarchischen Dimensionselementen definiert werden. Im Gegensatz zur Zeitdimension hat eine Verdichtung über die Hierarchie der Artikeldimension keinen Sinn. Eine Summierung über Artikelgruppen wird daher nicht benötigt.

Weitere Ansätze

Natürlich bilden die hier vorgestellten Ansätze lediglich einen Überblick über grafische Notationen und Methoden zum Design von multidimensionalen Schemata. Ein umfassender Überblick würde den Rahmen dieses Abschnitts sprengen. Für den interessierten Leser bieten folgende Arbeiten eine weitere Vertiefungsmöglichkeit:

Der erste pragmatisch getriebene industrielle Ansatz stammt von Symmetry Corp.[2] Die grafische Notation ADAPT (Application Design for Analytical Processing Technologies, [Bulo98]) verfolgt einen revolutionären Ansatz, d. h., sie basiert auf keiner bekannten Methode. ADAPT bietet eine große Anzahl unterschiedlicher grafischer Primitive, deren Semantik allerdings lediglich durch einige Beispiele in [Bulo98] definiert wird. ADAPT zielt primär auf das Design von OLAP-Systemen ab, die mit multidimensionaler Datenbanktechnologie realisiert werden.

[AHSZ97] beschreibt die Modellierung multidimensionaler Strukturen mittels eines herkömmlichen E/R-Diagramms. Der erste pragmatische wissenschaftliche Ansatz zum grafischen Design von multidimensionalen Zusammenhängen (Dimensional Fact Model) findet sich in [GoMR98].

6.2 Logische Modellierung

Das multidimensionale Datenmodell erlaubt es, auswertungsorientierte Schemata für die Ableitungs- oder Auswertungsdatenbank zu definieren. Bereits in Abschnitt 3.5.2 wurde gezeigt, warum sich die mehrdimensionale Darstellung von Daten mithilfe des Würfel-Paradigmas sehr gut z. B. zur Modellierung betriebswirtschaftlich interessanter Auswertungszusammenhänge eignet. Dieser Abschnitt widmet sich nun einer formaleren Beschreibung dieses Datenmodells. Zunächst einmal mag es nicht offensichtlich sein, warum man eine formale Beschreibung des Datenmodells benötigt. Abschnitt 6.2.1 vergleicht daher die Situation des multidimensionalen Modells mit der des etablierten relationalen Datenmodells. Dabei wird deutlich, dass eine einheitliche Formalisierung des Datenmodells die Basis für den produktiven Erfolg eines Modells ist. In Abschnitt 6.2.2 bis 6.2.4 wird eine Formalisierung der informell in Abschnitt 3.5 eingeführten Begriffe vorgenommen.

Abschnitt 6.2.5 enthält einen kurzen Überblick über die zahlreichen weiteren Ansätze, die zur Formalisierung des multidimensionalen Datenmodells unternommen wurden, und gibt dem interessierten Leser Anhaltspunkte für weitere Literatur. Die Grenzen und damit zusammenhängende Erweiterungsvorschläge des multidimensionalen Datenmodells sind Thema des Abschnitts 6.2.6.

6.2.1 Notwendigkeit der Formalisierung des multidimensionalen Modells

Die rasante Entwicklung auf dem Markt für OLAP-Produkte hat dem multidimensionalen Datenmodell zu einer raschen Beliebtheit bei Anwendern und Produktanbietern verholfen. Allerdings unterscheiden sich die Datenmodelle der Produkte nicht nur in Bezug auf ihre Terminologie, sondern auch in den angebotenen Konstrukten und den möglichen Operationen. Wie wichtig ein formal beschriebenes einheitliches Datenmodell ist, zeigt das Beispiel des erfolgreichen relationalen Datenmodells.

---

2. http://www.symcorp.com/

6.2 Logische Modellierung

Das relationale Modell entstand zunächst als formaler Vorschlag, um Datenstrukturen auf einer logischen Ebene, unabhängig von der physischen Organisation der Daten, beschreiben zu können [Codd70]. Darauf aufbauend entstanden mehrere unterschiedliche Systeme, die jedoch im Kern auf dem gleichen Formalismus basieren. Der allgemein akzeptierte formale Ansatz zur Beschreibung von Relationen und Operationen führt dazu, dass Forschungsergebnisse rasch in Produkten realisiert werden konnten. Diese formale Definition diente als Grundlage für folgende wichtige Arbeiten:

- Entwicklung einer standardisierten Anfragesprache (SQL) mit eindeutiger Semantik
- Entwicklung von standardisierten Zugriffsprotokollen (z. B. ODBC)
- systematische Untersuchung von Anfrageoptimierungsmöglichkeiten und deren Umsetzung in Produkten
- systematische Untersuchung von Datenzugriffsstrukturen zur Verwaltung der Daten auf Sekundärspeichern (z. B. B-Bäume)
- Entwicklung standardisierter Austauschformate für relationale Daten

Im Bereich der OLAP-Datenbanken gibt es zwei Bemühungen der Standardisierung. Der Vorschlag des OLAP-Council [OLAP98], eines Zusammenschlusses mehrerer OLAP-Hersteller, eine einheitliche Schnittstelle zu OLAP-Datenbanken zu schaffen, kann aus heutiger Sicht allerdings als gescheitert betrachtet werden, da selbst die an der Standardisierung beteiligten Produktanbieter die Spezifikation nicht unterstützen. Hingegen hat sich der von Microsoft vorgeschlagene OLE-DB-for-OLAP-Standard [Micr98] mit seiner Anfragesprache MDX (Abschnitt 3.5.2) auf dem Markt durchgesetzt. Beide Vorschläge haben allerdings die Gemeinsamkeit, dass sie nicht auf einem formalen Datenmodell beruhen. Daher ergeben sich in der Interpretation der Standards Schwierigkeiten und Doppeldeutigkeiten, die dazu führen können, dass unterschiedliche Produkte, die den Standard unterstützen, trotzdem nicht fehlerfrei kombiniert werden können.

Eine formale Beschreibung des multidimensionalen Datenmodells ist also dringend nötig. Zur mathematischen Beschreibung müssen zunächst die verwendeten Basiskonstrukte und deren Beziehungen formal beschrieben werden (Datenstrukturteil). Das Pendant im relationalen Datenmodell ist die formale Definition einer Relation, eines Relationenschemas, einer Domäne etc. Im Falle des multidimensionalen Paradigmas sind die zu formalisierenden Entitätstypen Würfel, Dimensionen etc. Aufbauend auf dieser Definition der Datenstrukturen muss weiterhin spezifiziert werden, wie Anfragen zu formulieren sind und welche Operatoren zur Verfügung stehen.

6.2.2 Struktur des multidimensionalen Datenmodells

Ziel dieses Abschnitts ist es, durch eine teilweise Formalisierung ein tieferes Verständnis der Grundkonzepte des multidimensionalen Datenmodells zu fördern und insbesondere auch die Unterschiede zum relationalen Datenmodell herauszustellen. Informell wurden Dimensionen und Würfel sowie mögliche OLAP-Operationen bereits in Abschnitt 3.5 vorgestellt. An dieser Stelle werden die Datenstrukturen, also Dimensionen und Würfel, formal definiert. Auf eine entsprechende Einführung der Operatoren wird jedoch verzichtet, da eine korrekte Definition der zum Teil komplexen Operationen (z.B. Aggregationen oder Ranking-Anfragen) kompliziert und aufwendig ist. Das ist auch einer der Gründe, warum noch keine allgemein anerkannte Formalisierung des multidimensionalen Datenmodells existiert. Abschnitt 6.2.5 geht auf einige diesbezügliche Versuche im Rahmen einiger wissenschaftlicher Ansätze ein.

Ein einführendes Beispiel

Abbildung 6–9 zeigt das konzeptuelle Schema einer multidimensionalen Datenbank von *Star*Kauf* in ME/R-Notation [SBHD99]. In der Datenbank befinden sich die vier Würfel Verkauf, Einkauf, Preis und Lager mit den Dimensionen Produkt, Zeit, Geografie und Kunde.

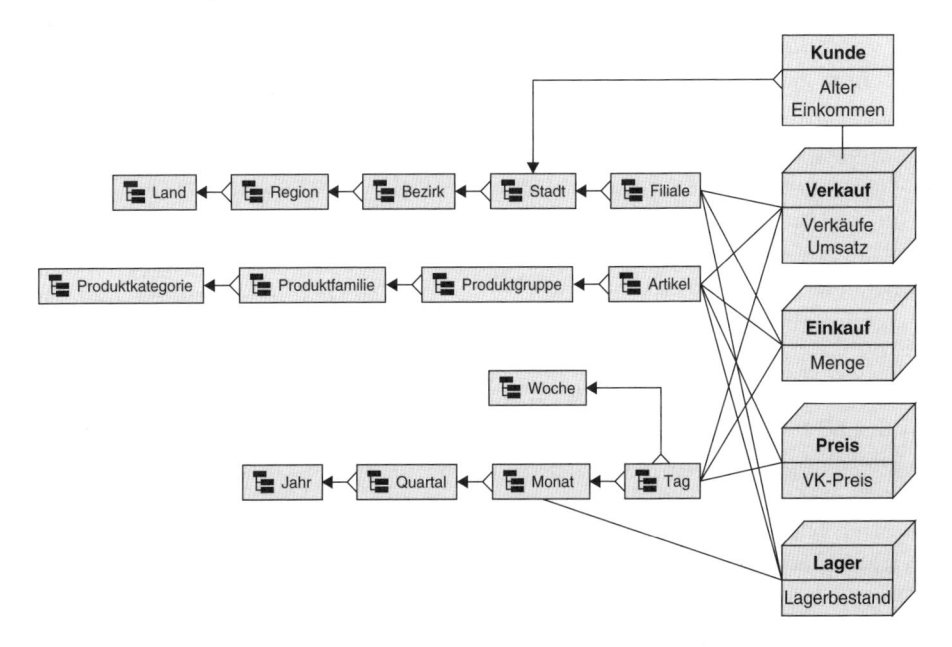

Abb. 6–9 Beispiel eines multidimensionalen Schemas

Die Verbindungslinien von den Würfeln zu den Dimensionen stehen für die Erfassungsgranularität. Verkäufe werden z.B. pro Artikel, Tag, Filiale und Kunde erfasst. Der Lagerbestand wird zwar ebenfalls pro Artikel und Filiale erfasst, aber natürlich nicht pro Kunde. Auch werden Inventuren nur einmal monatlich durchgeführt.

Nach dieser informellen Darstellung folgt nun eine etwas präzisere und formalere Fassung dieser Begriffe. Die Trennung zwischen Schema und Instanz sowohl bei den Dimensionen als auch bei den Würfeln bildet die Grundlage für eine formale Definition. Außerdem wird erst dadurch die einfache Abbildung eines multidimensionalen Schemas auf ein relationales Schema ermöglicht (Abschnitt 7.1).

Dimensionen

Eine Dimension ist innerhalb des multidimensionalen Datenmodells ein ausgewählter Entitätstyp, mit der eine Auswertungssicht eines Anwendungsbereichs definiert wird. Sie dient der eindeutigen, orthogonalen Strukturierung des Datenraums. In unserem Fall werden die Kanten eines oder mehrerer multidimensionaler Würfel als Dimensionen bezeichnet. Obwohl im klassischen Sinne die Dimensionen nur aus den Dimensionselementen, also den einzelnen Artikeln, Filialen oder Tagen bestehen, soll der Begriff der Dimension hier etwas weiter gefasst werden, da im Verständnis der Data-Warehouse-Anwender auch die Hierarchien Bestandteile der Dimensionen sind. Wie in obigem Beispiel ersichtlich, können Dimensionen zur Definition mehrerer unterschiedlicher Würfel herangezogen werden. Dies ist die Voraussetzung, um Verknüpfungen und Beziehungen zwischen den Würfeln herzustellen. Aus diesem Grunde ist es notwendig, bei einer Formalisierung die Dimensionen als eigenständige algebraische Konstrukte zu definieren.

Wie bereits in Abschnitt 3.5.2 dargestellt, erfolgt die hierarchische Organisation der dimensionalen Elemente durch *Klassifikationsstufen* wie Produktgruppen und Produktfamilien. Die Abhängigkeiten zwischen den Klassifikationsstufen werden durch das *Klassifikationsschema* beschrieben. Datenbanktheoretisch können solche Beziehungen (»Roll-up«-Beziehung) durch den Begriff der funktionalen Abhängigkeit beschrieben werden, der aus der relationalen Normalisierungslehre bekannt ist [Codd71]. Ein Attribut B ist dabei *funktional abhängig* von einem Attribut A, bezeichnet durch A→B, wenn jedem Wert a∈dom(A) genau ein Wert b∈dom(B) zugeordnet ist. Formal lässt sich das Klassifikationsschema einer Dimension folgendermaßen definieren:

Definition: *Klassifikationsschema, Pfad*

Das *Klassifikationsschema* einer Dimension D ist eine halbgeordnete Menge von Klassifikationsstufen ($\{D.K_0, ..., D.K_n\}$, →) mit einem kleinsten Element $D.K_0$, d.h., es gibt kein $D.K_i$ (i≠0) mit $D.K_i \rightarrow D.K_0$.[3] Eine vollgeordnete Teilmenge von Klassifikationsstufen eines Klassifikationsschemas wird *Pfad* genannt.

Als Beispiel sei hier das Klassifikationsschema der Zeitdimension (abgekürzt durch ein Z) angeführt. Die Menge der Klassifikationsstufen {Z.Tag, Z.Woche, Z.Monat, Z.Quartal, Z.Jahr} ist, wie in Abbildung 6–9 ersichtlich, folgendermaßen geordnet:

- Z.Tag→Z.Woche
- Z.Tag→Z.Monat→Z.Quartal→Z.Jahr

Es gibt auf der Zeitdimension also zwei parallele Hierarchien (Abschnitt 3.5.2). Die funktionale Abhängigkeit ist hier tatsächlich nur eine Halbordnung, Monate und Quartale können mit Wochen nicht (in der Realität nur bedingt) in Verbindung gesetzt werden.

In dieser Notation werden unter Dimensionselementen die Ausprägungen der Klassifikationsstufe $D.K_0$ verstanden, also bei der Dimension Zeit die Tage. Neben den Dimensionselementen werden auch die Ausprägungen höherer Klassifikationsstufen, die *Klassifikationsknoten*, zur Instanz einer Dimension gezählt. Durch die funktionale Abhängigkeit stehen die Klassifikationsknoten untereinander in einer hierarchischen Beziehung (1:n).

Definition: *Klassifikationshierarchie*

Sei durch $D.K_0 \to ... \to D.K_m$ ein *(Konsolidierungs-)Pfad* im Klassifikationsschema von D gegeben. Eine *Klassifikationshierarchie* bzgl. dieses Pfades ist ein balancierter Baum, dessen Knotenmenge K aus den Wertebereichen der Klassifikationsstufen erweitert um den Wurzelknoten »ALL« besteht, d.h. $K = dom(D.K_0) \cup ... \cup dom(D.K_m) \cup \{»ALL«\}$, und dessen Kanten verträglich zu den funktionalen Abhängigkeiten sind. Die *Instanz einer Dimension* ist die Menge aller Klassifikationshierarchien auf Pfaden im Klassifikationsschema von D.

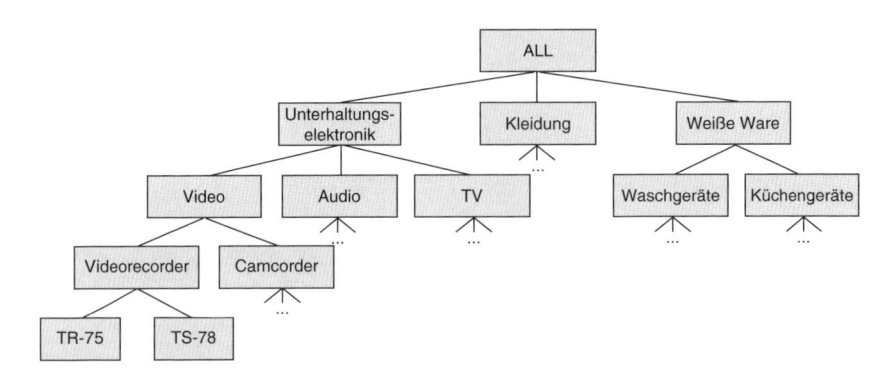

Abb. 6–10 Ausschnitt aus der Klassifikationshierarchie der Produktdimension

---

3. Im Falle von Synonymen, d.h. D_i, D_j mit $D_i \to D_j$ und $D_j \to D_i$, ist die Bedingung der Antisymmetrie nicht gegeben. Da in diesem Falle beide Attribute synonym verwendet werden können, wird im Folgenden vereinfachend angenommen, dass keine Synonyme im dimensionalen Schema vorhanden seien.

6.2 Logische Modellierung

Abbildung 6–10 zeigt einen Ausschnitt aus der Klassifikationshierarchie der Produktdimension. Die Tatsache, dass der Baum balanciert[4] sein muss, ist von entscheidender Bedeutung für die Bedingung der Vollständigkeit bei Aggregationen. In der Definition der Dimensionen mit ihren Klassifikationsschemata und -hierarchien liegt der wesentliche Unterschied zum Relationenmodell: Die Beziehungen zwischen den Klassifikationsstufen und somit auch zwischen den Klassifikationsknoten sind fest im Modell mit verankert. Diese vordefinierte Semantik ist einerseits die Grundlage für die intuitive Auswertung der Daten und andererseits Basis für eine effiziente Optimierung. Hinzuweisen ist weiterhin darauf, dass in einigen Ansätzen bzw. kommerziellen Produkten die Forderung nach balancierten Hierarchien nicht besteht. Man spricht dann auch von entarteten Hierarchien.

Würfel

Ein Würfel besteht aus Datenzellen, die eine oder mehrere *Kenngrößen* beinhalten. Die Datenzelle ist dabei der Schnittpunkt der Dimensionen, die den Würfel aufspannen (Achsen des Würfels). Die Würfel in Abbildung 6–9 beinhalten erfasste Kenngrößen auf Detaildatenebene (*Rohdaten*) wie beispielsweise Einzelverkäufe der Artikel pro Tag, Filiale und Kunde. Aber auch aggregierte Würfel ergeben wieder Würfel. Die Granularität der Daten ist eine Menge von Klassifikationsstufen $(D_1.K_1, ..., D_g.K_g)$[5], die das entsprechende Erfassungs- oder Aggregationsniveau eindeutig beschreibt. Dabei wird im Folgenden davon ausgegangen, dass die entsprechenden Klassifikationsstufen unabhängig sind, d.h., es gibt keine $D_i.K_i$, $D_j.K_j$ mit $D_i.K_i \rightarrow D_j.K_j$ ($i \neq j$). Die Granularität eines aggregierten Würfels könnte beispielsweise auf dem Niveau (Produkt.Produktgruppe, Geografie.Region, Zeit.Monat) sein.

Definition: *Würfelschema*

Das *Würfelschema* W, dargestellt als W(G, M), besteht aus einer Granularität G und einer Menge $M = (M_1, ..., M_m)$ in der Regel numerischer Attribute, den *Kenngrößen*.

Definition: *Würfel*

Ein *Würfel* W (genauer: die Instanz von W) ist eine Menge von *Würfelzellen*, d.h. $W \subseteq dom(G) \times dom(M)$. Die *Koordinaten* einer Zelle $z \in W$ sind die Klassifikationsknoten aus $dom(G)$, die zu dieser Zelle gehören.

---

4. Ein Baum heißt balanciert, wenn alle Pfade von den Blattknoten zur Wurzel die gleiche Länge besitzen.
5. In Anlehnung an die Tupelschreibweise bei Relationen wird hier auf die Mengenklammern verzichtet, auch wenn die Reihenfolge der Klassifikationsstufen ohne Bedeutung ist.

Somit ergeben sich für die Würfel aus Abbildung 6–9 folgende Schemata:

- Verkauf((Artikel, Tag, Filiale, Kunde), (Verkäufe, Umsatz))
- Einkauf((Artikel, Tag, Filiale), (Menge))
- Preis((Artikel, Tag), (VK-Preis))
- Lager((Artikel, Monat, Filiale), (Lagerbestand)).

Eine Würfelzelle des Verkaufswürfels wäre z.B. ((»Milch 1,5%«, »22.12.2011«, »Filiale Erlangen«, »Franz Schmidt«), (5, 4,95)).

Wie beim Relationenmodell verschwimmt manchmal die Unterscheidung von Schema und Instanz im folgenden Text. Mit einer relationalen Speicherung im Hinterkopf kann man einen Würfel auch als eine um die Semantik der Dimensionen erweiterte Relation betrachten (siehe auch [CaTo98a] und [GyLa97] sowie Abschnitt 7.1.1). Diese Erweiterung darf jedoch nicht unterschätzt werden, denn die implizite Verknüpfung des Würfels mit den Klassifikationshierarchien über die Granularität erlaubt nicht nur eine einfache und präzise Spezifikation von Operationen auf Würfeln, sie ermöglicht auch eine intuitive Abbildung multidimensionaler auf relationale Schemata sowie spezielle semantische Optimierungsverfahren.

6.2.3 Fehlende Werte in Würfelzellen (Nullwerte)

In der Praxis sind meist nicht alle Zellen eines Würfels besetzt (Abschnitt 7.2.2), was häufig auch unter dem Begriff »missing data« angesprochen wird. In der Literatur zu relationalen Datenbanken wird bei fehlenden Tupeln zwischen nicht möglichen, nicht bekannten und nicht eingetretenen Ereignissen unterschieden (engl. event not applicable, event not known, non-event, [Codd86]). Diese Unterscheidung lässt sich mit einigen Abstrichen auch auf multidimensionale Datenbanken übertragen.

Wenn in einem Sommermonat keine Skier in einer Niederlassung verkauft wurden, so bezeichnet dieser Sachverhalt ein nicht eingetretenes Ereignis (engl. non-event). Das operative System liefert keinen Datensatz an die Ableitungs- oder Auswertungsdatenbank; der Wert ist also *operativ nicht vorhanden*. Man spricht in diesem Zusammenhang auch von *natürlicher Dünnbesetztheit*. Der fehlende Wert steht allerdings für die Information, dass keine Verkäufe (numerisch 0) stattgefunden haben. Auf logischer Ebene ist der Würfel deshalb vollbesetzt, mit allen Zellen darf gerechnet werden.

Im Gegensatz dazu resultiert eine *logische Dünnbesetztheit* aus der Unmöglichkeit der entsprechenden Zellenwerte (engl. event not applicable). Für ein Produkt, das erst im Jahr 2012 im Markt eingeführt wurde, können entsprechend für die Vorjahre keine Verkaufszahlen existieren. Eine Anfrage für solche Zahlen müsste aufgrund der Unmöglichkeit zurückgewiesen werden. Die Aussage, dass keine Verkäufe stattfanden, bleibt aber weiterhin gültig. In der Regel kann des-

6.2 Logische Modellierung

halb auch hier die Semantik »numerisch 0« angewendet werden, falls eine Unterscheidbarkeit nicht gefordert wird.

Fehlende Werte können aber auch aus Fehlern und Unvollständigkeiten beim Laden der Daten resultieren. So kann es sein, dass Daten nach Prüfungen abgelehnt wurden oder dass der Datenwürfel nur unvollständig geladen wurde (Abschnitt 3.4). In diesem Fall existiert in der Realität ein Wert, der dem Datenbanksystem allerdings nicht bekannt ist (engl. event not known). Ohne eine spezielle Behandlung bzw. explizite Ausweisung der fehlenden Zellen liefern Anfragen in diesem Fall verfälschte Ergebnisse.

Die Möglichkeit für die explizite und eindeutige Speicherung nicht existenter Werte ist deshalb eine wesentliche Anforderung sowohl an die relationale als auch multidimensionale Speicherung. In den meisten Datenbanksystemen können für diesen Zweck ein oder zwei ausgezeichnete Werte verwendet werden, die nicht zum Wertebereich des entsprechenden Attributes gehören (NULL oder N/A für *not applicable* bzw. *not available*).

Für den richtigen Umgang mit fehlenden Werten muss die Semantik für jede Kenngröße und für jeden Würfel klar definiert werden. Datenbankseitig sollte diese Semantik in den Metadaten hinterlegbar und auch für den Anwender abrufbar sein.

6.2.4 Operatoren des multidimensionalen Modells

An dieser Stelle soll keine vollständige formale Definition der Operationen auf Würfeln gegeben werden. Vielmehr geht es darum, die wesentlichen Unterschiede, Vereinfachungen und Beschränkungen im Vergleich zu den bekannten relationalen Operatoren aufzuzeigen.

Definition: *Restriktion*

Die Restriktion eines Würfels $W((D_1.K_1, ..., D_g.K_g), (M_1, ..., M_m))$ durch ein Prädikat P ist definiert als $\sigma_P(W) = \{z \in W: P(z)\}$, falls alle Variablen in P entweder:

- Klassifikationsstufen K sind, die funktional von einer Klassifikationsstufe in der Granularität von W abhängen, (d.h. $D_i.K_i \to K$) oder
- Kenngrößen aus $(M_1, ..., M_m)$ sind.

Wichtig ist hierbei, dass durch den impliziten Zusammenhang eines Würfels aufgrund der Klassifikationshierarchien auf den Dimensionen immer auch auf höhere Klassifikationsstufen zugegriffen werden kann. So ist die Einschränkung des Verkaufswürfels auf die Produktgruppe Video ohne Weiteres möglich, ohne dass die Produktgruppe Element der Granularität des Würfels ist:

$$\sigma_{P.Produktgruppe="Video"}(\text{Verkäufe})$$

Während die Restriktion einen Teilwürfel selektiert (Abschnitt 3.5), kann die Projektion dazu verwendet werden, einzelne Kenngrößen oder einen Ausdruck, basierend auf den Kenngrößen, auszugeben.

Definition: *Projektion*

Die Projektion einer Funktion der Kenngrößen F(K) des Würfels W ist definiert als $\pi_{F(K)}(W)$={ (g, F(m)) $\in$ dom(G) x dom(F(K)): (g, m)$\in$W }.

Im laufenden Beispiel ist eine der Kenngrößen Umsatz und Preis redundant. Beispielsweise lässt sich der Preis wieder aus Umsatz und Verkäufen rekonstruieren:

$$\pi_{Umsatz/Verkäufe} (Verkauf)$$

Hierbei ist zu beachten, dass das Ergebnis dieser Anfrage, die ja allein auf dem Verkaufswürfel arbeitet, im Gegensatz zum Würfel Preis dreidimensional ist. Allerdings ist dieselbe Information wie im Preiswürfel enthalten, mit dem Unterschied, dass hier der Preis auch pro Kunde und Filiale berechnet wird, obwohl er eigentlich unabhängig von diesen Dimensionen ist.

Neben den bisher genannten Operationen kann man natürlich implizit auch Vereinigung, Durchschnitt und Differenz zweier Würfel definieren. Voraussetzung dabei ist, dass die Würfel das gleiche Schema besitzen.

Verbundoperationen auf Würfeln

Es ist oft notwendig, Kennziffern aus unterschiedlichen Würfeln miteinander zu verbinden, sei es nur für die Darstellung oder für die Berechnung einer neuen Kennzahl. So wie der Preis zurückberechnet werden kann, lässt sich der Umsatz im Würfel Verkauf natürlich auch durch die Verkäufe und den entsprechenden Preis berechnen.

Zwei Würfel $W_1(G_1, K_1)$ und $W_2(G_2, K_2)$ lassen sich immer dann verbinden, wenn sie dieselbe Granularität haben, d.h. $G_1=G_2=G$. Der Verbund der Zellen wird automatisch über die Koordinaten der Zellen durchgeführt. Der Ergebniswürfel der Operation $W_1 \bowtie W_2$ hat das Schema $W(G, K_1 \cup K_2)$.

Der Verbund zwischen zwei Würfeln gleicher Granularität ist eine intuitiv klare Operation. Doch es gibt auch Spezialfälle, in denen der Verbund von Würfeln unterschiedlicher Granularität sinnvoll ist. Als Beispiel sei hier der Verbund von Preis mit Verkauf genannt. Der Grund, warum der Verbund hier sinnvoll durchgeführt werden kann, ist, dass der Preis eines Produktes zu einem bestimmten Tag für alle Kunden und Filialen derselbe ist. Werden die Verkaufszahlen mit den Preisen multipliziert, so muss die Dimensionalität des Würfels Preis implizit angepasst werden, da dieser beispielsweise bedingt durch die Buchpreisbindung bei Bücherverkäufen keine Dimension Geografie besitzt. Im Gegensatz dazu darf der Lagerbestand nicht ohne weiteres mit dem Verkauf verbunden werden, da er pro Kunde und Tag nicht definiert ist. Für einen Verbund dieser Würfel müsste der Verkaufswürfel erst auf die Granularität (Artikel, Monat, Filiale) aggregiert werden.

Aggregationen

Aggregationen sind die wichtigsten Operationen auf Datenwürfeln. Die OLAP-Operationen Drill-down, Roll-up und Drill-across (Abschnitt 3.5) beschreiben Aggregationen relativ, d.h., sie beziehen sich auf die vorherige Anfrage. Auf logischer Ebene muss man die Aggregate immer aus den Detaildaten berechnen. Allgemein versteht man unter Aggregation die Verdichtung eines Würfels von einer feineren zu einer gröberen Granularität mittels einer Aggregationsfunktion ([CaTo97], [Klug82]).

Definition: *Aggregationsfunktion*

Eine Aggregationsfunktion bildet eine Menge von Werten auf einen einzelnen Wert ab.

In SQL gibt es die Aggregationsfunktionen SUM, AVG, COUNT, MIN und MAX. So bildet die Aggregationsfunktion SUM z.B. die Werte {5, 3, 8} auf die Zahl 16 ab. Aggregationen werden erst dann sinnvoll, wenn die Mengen zweckmäßige Gruppierungen der Würfelzellen darstellen, wie z.B. alle Produkte einer Produktgruppe. Das Gerüst für die Aggregationen, durch das die Gruppierungen bestimmt werden, ist durch die Klassifikationsschemata der Dimensionen gegeben. Bei einer Verdichtung verändert sich die Granularität. Das Ergebnis einer Aggregation ist immer »gröber« als der »feinere« Ausgangswürfel. Diese Beziehung lässt sich formal mithilfe der funktionalen Abhängigkeiten auf den Klassifikationsstufen ausdrücken.

Definition: *Vergleichsoperatoren für die Granularität*

Eine Granularität $G=\{D_1.K_1, ..., D_g.K_g\}$ ist *feiner als oder gleich* einer Granularität $G'=\{D_1'.K_1', ..., D_h'.K_h'\}$ genau dann, wenn es für jede Klassifikationsstufe $D_j'.K_j' \in G'$ eine Klassifikationsstufe $D_i.K_i \in G$ gibt, wobei $D_i.K_i \rightarrow D_j'.K_j'$. G' heißt dann *gröber als oder gleich* G.

Ein Beispiel für eine Aggregation, die die Gesamtverkäufe pro Produktgruppe und Stadt ausgibt, kann folgendermaßen spezifiziert werden:

    SUM$_{\text{(P.Produktgruppe, G.Stadt)}}$(Verkäufe)

Eine Aggregation mit feinerer Granularität wäre:

    SUM$_{\text{(P.Artikel, G.Stadt, Z.Monat)}}$(Verkäufe)

Es existiert für jede Klassifikationsstufe aus der ersten Aggregation eine Klassifikationsstufe aus der zweiten, von der die erste funktional abhängig ist:

    P.Artikel→P.Produktgruppe, G.Stadt→G.Stadt

Für eine formalere Darstellung der Aggregation sei auf die nachfolgend diskutierte Literatur verwiesen, da diese Darstellung ein ausführlicheres formales Gerüst erfordert.

Summierbarkeit

Wichtige Voraussetzung dafür, dass Aggregationen auch das erwartete Ergebnis liefern, ist die Summierbarkeit. Unter Summierbarkeit wird die inhaltliche Korrektheit der Anwendung einer Aggregationsfunktion auf einen Würfel verstanden[6]. In [LeSh97] werden dafür notwendige Bedingungen angegeben.

Wichtig gerade im Data-Warehouse-Bereich ist die Vergleichbarkeit von Ergebnissen. Die Summe der Verkäufe über alle Produktgruppen muss z.B. dieselbe sein wie die Summe der Verkäufe über alle Produktfamilien. Voraussetzung dafür ist die Vollständigkeit und die Disjunktheit der Mengen, die eine Gruppierung ausmachen. Im Kontext der Dimensionen bedeutet das, dass jede Klassifikationsstufe eine Partitionierung der Dimensionselemente darstellen muss. So müssen alle Produktgruppen zusammen wieder alle Produkte beinhalten (Vollständigkeit). Es darf aber kein Produkt in zwei Produktgruppen sein (Disjunktheit), da es ansonsten bei der Aggregation zu Mehrfachzählungen kommen könnte. In [LeAW98] wird gezeigt, dass über funktionale Abhängigkeiten definierte Klassifikationshierarchien immer balancierte Bäume und damit alle Klassifikationsstufen Partitionierungen der Dimensionselemente ergeben.

Eine weitere, weniger offensichtliche Bedingung ist die Typverträglichkeit von Aggregationsoperation und Kenngröße. Kenngrößen, die Ereignisse beschreiben, wie Verkäufe und Umsätze, können problemlos in allen Dimensionen aggregiert werden. Im Gegensatz dazu dürfen Kenngrößen, die einen Zustand zu einem bestimmten Zeitpunkt widerspiegeln, nicht bzgl. der Zeitdimension summiert werden. Der Lagerbestand am Jahresende ist eben nicht die Summe der Lagerstände der vergangenen Monate, sondern der Lagerbestand vom letzten Monat. Bei anderen Kenngrößen, die eher Berechnungsfaktoren als erfasste Werte darstellen, wie Preise oder Steuersätze, ist eine Summierung überhaupt nicht sinnvoll, da die Summe der Preise über alle Produkte für sich allein keine vernünftige Aussage bietet. Andere Aggregationsfunktionen wie z.B. der Durchschnitt können aber trotzdem angewendet werden.

---

6. Insofern sollte – im Gegensatz zur gängigen Literatur – besser von »Aggregierbarkeit« gesprochen werden.

6.2.5 Weitere Ansätze zur Formalisierung

Der in den Abschnitten 6.2.2 und 6.2.4 vorgestellte Ansatz zeigt, wie das multidimensionale Datenmodell beschrieben werden kann. Während dieser algebraische Ansatz aus Abschnitt 6.2.2 auf die Implementierung eines OLAP-Datenbanksystems abzielt, existieren Ansätze mittels Beschreibung durch ein Metamodell, wie beispielsweise die Multidimensional Modeling Language (MML, [HeHa99]). Diese sind vorwiegend für den Entwickler interessant, der eine Applikation auf Basis eines Datenbanksystems entwickelt.

Aufgrund der zentralen Bedeutung der algebraischen Beschreibung für die Implementierung eines Datenbanksystems für das Data Warehousing ist es nicht verwunderlich, dass im Rahmen wissenschaftlicher Arbeiten in den letzten Jahren zahlreiche unterschiedliche multidimensionale Datenmodelle vorgestellt wurden. Das in Abschnitt 6.2.2 angesprochene Modell stellt daher gewissermaßen eine Selektion der besten und praktikabelsten Konzepte verschiedener Ansätze dar. Eine umfassende Diskussion aller publizierten Ansätze würde den Rahmen dieses Kapitels bei weitem sprengen, daher enthält dieser Abschnitt eine Auswahl von Einstiegspunkten für eine tiefer gehende Beschäftigung mit dem Thema. Einen detaillierteren Vergleich der verschiedenen Ansätze findet der interessierte Leser in [SaBH99] und [VaSe99].

Prinzipiell lassen sich die vorgeschlagenen Ansätze danach klassifizieren, ob das multidimensionale Datenmodell auf Basis des relationalen Modells formalisiert wird z.B. [GyLa97] oder ob das multidimensionale Modell (Abschnitte 6.2.2 und 6.2.4) als eigenständig verstanden wird. Einer der ersten Ansätze eines eigenständigen, auf der Würfelmetapher basierenden Datenmodells im OLAP-Bereich ist [AgGS97]. Die Autoren präsentieren eine Formalisierung für Würfel und eine Menge von algebraischen Manipulationsoperationen zur prozeduralen Formulierung von Anfragen.

Klassifikationen werden in dem Ansatz von [AgGS97] nicht explizit in das Datenmodell aufgenommen. Stattdessen enthält die Algebra eine entsprechende Operation, die eine Verdichtung des Würfels entlang einer beliebigen Klassifikation erlaubt, sodass die Klassifikation erst zum Zeitpunkt der Anfrage bekannt sein muss. Die für OLAP-Anwendungen wünschenswerte Integration von Klassifikationen als Bestandteil des Datenmodells wurde erstmals in [CaTo97] vorgestellt und in [CaTo98a] sowie [CaTo98b] noch erweitert. Die Klassifikationsstruktur wird ebenso wie in Abschnitt 6.2.2 durch eine partielle Ordnung auf Klassifikationsstufen beschrieben. Diese Strukturierung der Dimensionen über Klassifikationsstufen wurde in vielen späteren Ansätzen übernommen z.B. [Vass98], [DaTh97] und [DKPW99].

Eine weitere interessante Frage, die in [AgGS97] erstmals behandelt wird, ist, wie dem Unterschied zwischen Dimensionen und Kenngrößen im multidimensionalen Datenmodell Rechnung getragen werden soll. Diese Aufteilung der Attribute ist nicht immer eindeutig, da beispielsweise der Preis je nach Auswertung entweder eine Kenngröße sein kann (»Wie entwickelte sich der Preis von Produkt X?«) oder auch als Dimension dienen kann (»Wie viele Produkte der Preisklasse 1.000–2.000 EUR wurden in Bayern verkauft?«). Streng genommen wird die Aufteilung in Dimensionen und Kenngrößen erst durch eine konkrete Anfrage definiert [Mark99]. Dies bedeutet jedoch, dass diese Information nicht direkt für statische Optimierungen (Präaggregationen, Clustering, Indizierung etc.) genutzt werden kann. Daher gehen die meisten Ansätze einen Kompromiss ein, indem im Schema eine feste Aufteilung in Dimensionen und Kenngrößen vereinbart wird, da diese Aufteilung der Mehrzahl der zu erwartenden Anfragen entspricht, und zusätzlich Operationen angeboten werden, die eine entsprechende Umwandlung für Anfragen erlauben, die nicht dem Standardschema entsprechen. Eine interessante Alternative bietet der Ansatz [PeJe99]: Die Autoren sehen in ihrem Datenmodell nur Dimensionen vor, sodass alle Kenngrößen als Dimensionen modelliert werden müssen.

Wie bereits in Abschnitt 6.2.1 erwähnt, gehört zu einem Datenmodell auch ein Formalismus zur Beschreibung von Anfragen. In Abschnitt 6.2.2 wurden deshalb bereits einige algebraische Operationen skizziert. Prinzipiell sind allerdings unterschiedliche Anfrageparadigmen möglich:

- *Algebraisches oder prozedurales Paradigma*:
  Eine Anfrage wird hierbei als eine Hintereinanderausführung verschiedener parametrierter Operationen betrachtet, wobei Ergebnisse einer Operation als Parameter für weitere Operationen möglich sind. Zur Definition einer Anfragesprache wird ein minimaler Satz von Basisoperationen auf den Datenstrukturen definiert (Syntax und Semantik). Das Ziel einer solchen Anfrageformulierung ist die leichte Auswertbarkeit und Optimierung durch das Datenbanksystem. Die Mehrzahl der vorgeschlagenen Ansätze (einschließlich des in Abschnitt 6.2.2 und 6.2.4 vorgestellten Ansatzes) verfolgen diese Strategie. Ein weiteres Unterscheidungskriterium ist, ob sich die Operationsdefinitionen mehr an relationalen Operatoren orientieren [AgGS97] und [CaTo98a] oder eher an typischen Interaktionen, die OLAP-Werkzeuge unterstützen [Vass98] und [Lehn98].

- *Logisches (bzw. deskriptives) Paradigma*:
  Eine Anfrage wird hier als logisches Prädikat beschrieben (Kalkülansatz). Da die Anfrage keine Anweisungen enthält, wie die Anfrage zu bearbeiten ist (wie beim algebraischen Ansatz), sondern nur die Eigenschaften des Ergebnisses definiert, spricht man oft vom deskriptiven Ansatz. Zur Beschreibung der logischen Ausdrücke, die eine gültige Anfrage darstellen, wird ein logischer Kalkül verwendet. Für das relationale Datenmodell verwendet man den Domänenkalkül bzw. den Tupel-Relationen-Kalkül. [CaTo97] und [BaLe97] stellen eine logische Anfragesprache für multidimensionale Würfel vor.

6.2 Logische Modellierung

Grafisches Paradigma:
Aus dem Bereich der visuellen Sprachen kommt der Ansatz, Datenbankanfragen grafisch zu formulieren (z.B. als query by example). [CaTo98b] stellt den bisher einzigen grafischen Anfrageformalismus für multidimensionale Daten vor, der darauf basiert, dass der Anwender das Datenbankschema so lange grafisch manipuliert, bis die gewünschte Datensicht erzielt ist. Aus den Manipulationsoperationen lässt sich ein algebraischer Anfrageausdruck ableiten.

6.2.6 Grenzen und Erweiterungen des multidimensionalen Datenmodells

Das multidimensionale Datenmodell stellt einen Kompromiss zwischen Einfachheit und Verständlichkeit auf der einen Seite und einer umfassenden Modellierungsmächtigkeit auf der anderen Seite dar. Die Einfachheit des Modells erlaubt es dem Anwender, mit Standardwerkzeugen auf den Datenbestand zuzugreifen und Anfragen ohne Fachkenntnis zu formulieren. Dies führt allerdings dazu, dass sich komplexere Zusammenhänge der Anwendungsdomäne nicht immer adäquat im multidimensionalen Modell abbilden lassen. Typische Einschränkungen des Modells waren daher Anlass zu mehreren Erweiterungsvorschlägen.

Das »klassische« Modell erlaubt keine Unterscheidung zwischen klassifizierenden und beschreibenden Attributen. In [LeRT96] wird argumentiert, dass es nicht genügt, eine Klassifikationsstufe über Attribute zu beschreiben, da möglicherweise jeder Klassifikationsknoten unterschiedliche beschreibende Attribute besitzen kann. [Lehn98] stellt daher ein erweitertes Datenmodell vor, in dem zusätzlich jeder Klassifikationsknoten eine eigene Attributmenge zur Beschreibung hat. Beispielsweise besitzt eine Waschmaschine das Attribut Trommelvolumen, während ein Camcorder über das Attribut Akkubetriebszeit beschrieben wird.

Bisher wurde davon ausgegangen, dass die Struktur einer Zelle »atomar« ist, d.h., dass jede Zelle eines Würfels eine feste aus Basistypen (z.B. number, string) zusammengesetzte Struktur enthält. Diese Struktur ist durch die Auflistung der Kenngrößen und ihres Basistyps definiert. [DKPW99] präsentiert ein Modell, in dem jede Zelle ihrerseits einen Würfel enthalten kann (engl. nested multidimensional model).

Das in Abschnitt 6.2.2 und 6.2.4 vorgestellte Datenmodell nimmt an, dass jede Klassifikationshierarchie die Struktur eines ausgeglichenen Baums hat und dass alle Basisdaten auf der niedrigsten Granularitätsstufe vorliegen. Diese Eigenschaften garantieren die wünschenswerte Eigenschaft der Summierbarkeit (Abschnitt 6.2.2). [PeJe99] stellt am Beispiel einer medizinischen Data-Warehouse-Anwendung einen Ansatz vor, der diese Einschränkungen aufhebt und nichtstrikte Hierarchien sowie die Erfassung von Basisdaten auf unterschiedlicher Granularität erlaubt (z.B. ist die Diagnose einer Krankheit nicht immer auf detaillierter Ebene möglich). Außerdem wird hier die Zugehörigkeit eines Basisdatums zu mehreren Dimensionswerten erlaubt (z.B. können bei einem Behandlungsfall mehrere Diagnosen eingetragen werden). Unklar bleibt jedoch, wie diese aus Modellierungssicht wünschenswerten Konstrukte mit der Summierbarkeitseigenschaft zu vereinbaren sind und wie z.B. die Oberfläche eines OLAP-Werkzeugs aussehen könnte, welches dieses Datenmodell unterstützt.

6.3 Unterstützung von Veränderungen

Das Klassifikationsschema, das Schema des Würfels oder auch die Klassifikationshierarchien werden beim Aufbau des Data-Warehouse-Systems einmalig aufgestellt und häufig als stabil betrachtet. In der Praxis ist diese zeitlose Betrachtung nur ein Wunschdenken, da sowohl beim Aufbau als auch im Betrieb laufend inhaltliche und technische Änderungen entstehen, die beachtet werden müssen. Eine häufig vorkommende Situation wäre, wenn bei *Star*Kauf* neue Produkte ins Sortiment aufgenommen werden oder sich die charakteristischen Merkmale eines Produktes ändern, sodass es in der Klassifikationshierarchie an einer anderen Stelle eingeordnet werden muss. Diese Änderungen sind eng mit dem Begriff »Zeit« gekoppelt, der zwar einen festen Platz in der Data-Warehouse-Literatur eingenommen hat, sich aber meist nur auf die eigentlichen Instanzen bezieht. Im Folgenden wird sowohl bei Schema- als auch bei Klassifikationshierarchieänderungen der Begriff der Gültigkeitszeit eingeführt.

6.3.1 Zeitaspekte

Temporale Datenbestände werden in der Literatur zumeist auf transaktionsorientierte Informations- und Kommunikationssysteme bezogen. Wenige Aussagen bzgl. einer Zeitorientierung gibt es hingegen für Anwendungen im Bereich des Data Warehousing, bei denen nicht die Manipulation atomarer Datenelemente, sondern die Betrachtung von dynamischen Strukturdaten im Vordergrund steht.

Temporale Datenbanken

Bei der zeitorientierten Datenhaltung werden Objektversionen festgehalten, die die Änderungen der Objekte im Zeitablauf darstellen. Der Zeitbezug der Objektversionen wird durch Zeitstempel ausgedrückt, die einen Zeitpunkt bzw. einen Zeitraum auf der Zeitachse angeben. Die Zeit wird dabei als Folge diskreter Zeiteinheiten dargestellt. Die Granularität der Zeitmessung ist abhängig vom jeweiligen Anwendungsbereich. Hierbei wird die kleinste relevante Zeiteinheit als Chronon bezeichnet, die ein nicht weiter zerlegbares Zeitintervall darstellt [JCE+98]. Die Zeitachse lässt sich damit als eine Folge von Chroni interpretieren. Die Objekte weisen zumeist eine längere Zeitbindung als ein Chronon auf. Daher werden zur Zeitstempelung Zeitintervalle verwendet.

Bei zeitorientierten Informationssystemen sind zumindest Gültigkeits- und Transaktionszeit zu unterscheiden. Die Gültigkeitszeit einer Objektversion gibt den Zeitraum an, in welchem das Objekt in der Realwelt den abgebildeten Zustand aufweist, die Transaktionszeit hingegen die Zeitpunkte, an denen die Änderungen im Datenbanksystem dokumentiert werden [JCE+98]. Dabei werden Datenbanken, die auf der Gültigkeitszeit oder der Transaktionszeit basieren, als temporale Datenbanken bezeichnet [SnAh85].

Zeitaspekte in der Ableitungs- oder Auswertungsdatenbank

Ändert sich die Struktur einer Klassifikationshierarchie oder ein Schema der Ableitungs- oder Auswertungsdatenbank im Zeitablauf, so können diese Änderungen zwar berücksichtigt werden, jedoch gehen dabei die ursprüngliche Klassifikationshierarchie und das Schema verloren. Hierdurch treten Strukturbrüche auf, denn es können Auswertungen zu beliebigen Zeitpunkten nicht mehr ohne Weiteres miteinander verglichen werden.

Bei der Modellierung eines multidimensionalen Datenwürfels muss u.a. auch für die inhärente Zeitdimension die Granularität festgelegt werden, in der die Daten vorgehalten werden sollen. Die Festlegung der Zeitgranularität erfolgt jedoch abhängig von der Zeitgranularität der operativen Vorsysteme. Die Betrachtung diskreter Zeiteinheiten und die Definition der Zeitgranularität haben sowohl die multidimensionale Modellierung als auch die temporale Datenhaltung gemeinsam. Die Gültigkeitszeit der Objektversion wird durch die Zeitdimension implizit[7] dargestellt. Werden beim Datenimport die korrekten Werte importiert, so ist die Transaktionszeit unerheblich, da die Werte nach Ablage im multidimensionalen Datenwürfel nicht mehr geändert werden dürfen und es auch für Auswertungen in der Ableitungs- oder Auswertungsdatenbank irrelevant ist, zu welchem Zeitpunkt ein Wert der Ableitungs- oder Auswertungsdatenbank bekannt war. Somit sind alle Werte transaktionszeitunabhängig. Im Falle, dass die Transaktionszeit nicht der Gültigkeitszeit entspricht, wird die Transaktionszeit explizit benötigt, was zu einer zusätzlichen Zeitmodellierung führt. Die beiden Zeitkonzepte sind unabhängig voneinander verwendbar; sie sind orthogonal zueinander.

6.3.2 Aspekte der Klassifikationsveränderungen

Am Beispiel der Dimension Produkt, die eine Dimension des Würfels Verkäufe der Kaufhauskette *Star*Kauf* darstellt, werden die Änderungsmöglichkeiten wie

---

7. Für diejenigen Data-Warehouse-Realisierungen, in denen keine Historisierung stattfindet und somit bei der multidimensionalen Modellierung keine Zeitdimension vorhanden ist, muss auch die Zeitgranularität festgelegt werden, da diese für die Zeitstempelung notwendig ist. Darüber hinaus muss in diesem Fall jeder einzelne Wert einer Zelle mit einem Gültigkeitszeitstempel versehen werden.

Modifikation, Hinzufügen oder Entfernen von Klassifikationsknoten vorgestellt. Dabei werden aus Gründen der Übersichtlichkeit nur die zur Produktfamilie Mobiltelefon gehörenden Produktgruppen und Artikel betrachtet. Zum Zeitpunkt 2011-07-01, dem Ausgangspunkt der Betrachtung, vertreibt die Kaufhauskette die Mobiltelefone Quickphone 100, Quickphone 150 und Quickphone 200. Die beiden ersten Mobiltelefone gehören zur Produktgruppe Singleband, das letzte zur Produktgruppe Dualband. Die zugehörige Klassifikationshierarchie ist in Abbildung 6–11 dargestellt.

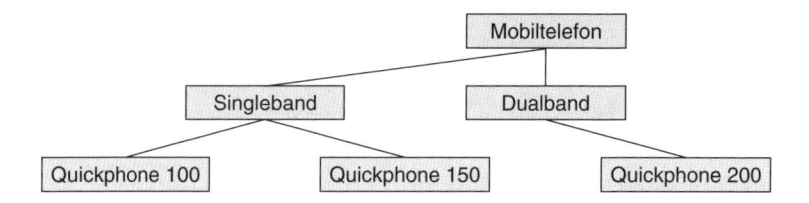

Abb. 6–11 *Ausschnitt der Klassifikationshierarchie der Dimension Produkt am 2011-07-01*

Aufgrund der veränderten Marktlage entschließt sich der Hersteller, das Mobiltelefon Quickphone 150 zum 2012-01-01 technisch zum Dualband-Handy umzurüsten. Somit ist eine Neugruppierung des Mobiltelefons Quickphone 150 notwendig. Das Mobiltelefon Quickphone 150 gehört nun nicht mehr zur Produktgruppe Singleband, sondern zur Produktgruppe Dualband (Abb. 6–12).

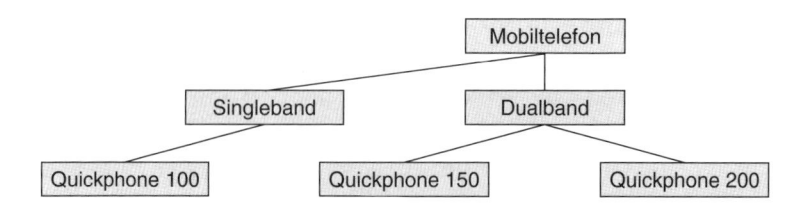

Abb. 6–12 *Ausschnitt der Klassifikationshierarchie der Dimension Produkt am 2012-01-01 (Modifikation)*

Am 2012-04-01 kommt das Mobiltelefon Quickphone 300 auf den Markt, bei dem es sich um ein Tripleband-Mobiltelefon handelt. Daher müssen in der Klassifikationshierarchie der Artikel Quickphone 300 sowie die neue Produktgruppe Tripleband angelegt werden (Abb. 6–13).

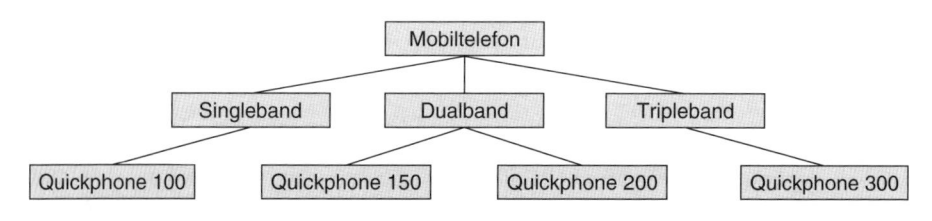

Abb. 6–13 *Ausschnitt der Klassifikationshierarchie der Dimension Produkt am 2012-04-01 (Hinzufügen)*

Am 2012-05-01 läuft die Produktion von Quickphone 100 aus und führt zu einer Entfernung von Quickphone 100. In der Praxis wird dieser Vorgang oft nicht modelliert, da diese Produkte weiterhin im Lager sind und noch verkauft werden können sowie die in der Vergangenheit getätigten Verkäufe weiterhin im historisierten Datenbestand und den Auswertungen enthalten sein sollen.

Gültigkeitszeitmatrix

Zur Versionierung der Klassifikationshierarchie wird in [Stoc01] nicht die gesamte Klassifizierungshierarchie mit einem Gültigkeitszeitstempel versehen, sondern jede einzelne Bündelungsbeziehung, die die Verbindung zwischen zwei Klassifikationsknoten darstellt. Die einzelnen Chroni, die zur Zeitstempelung verwendet werden, entsprechen genau der Granularität der oben beschriebenen Zeitdimension. Die Transaktionszeit kann berücksichtigt werden, um Fragen bzgl. des Entscheidungsprozesses retrospektiv zu beantworten. So kann die Frage, warum eine eventuell falsche oder schlechte Entscheidung getroffen wurde, nur beantwortet werden, wenn bekannt ist, welche Daten zum Zeitpunkt der Entscheidung bekannt und im Datenbanksystem eingetragen waren. Bezüglich der Zeitstempelung muss zumindest jeder Kante im Konsolidierungsbaum ein Zeitstempel mitgegeben werden (Abb. 6–14).

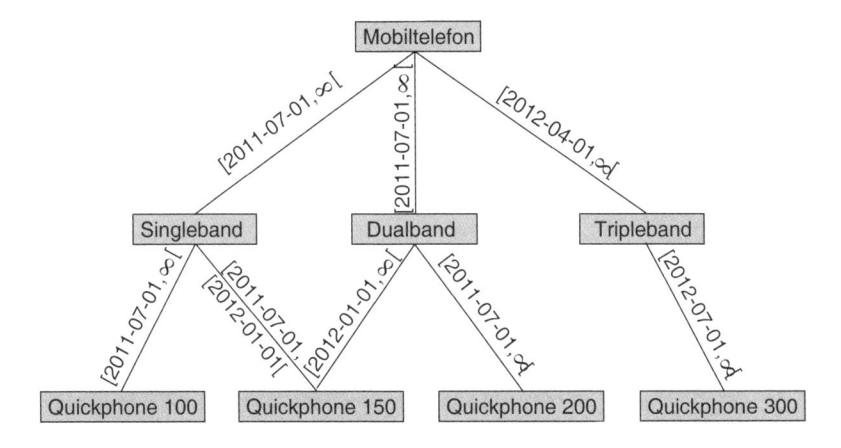

Abb. 6–14 *Zeitstempelung der Klassifikationshierarchie der Dimension Produkt*

Die mit dem Symbol ∞ endenden Intervalle in Abbildung 6–14 stellen einen vorerst unbeschränkten Zeitraum dar. Eine Stempelung aller Kanten reicht aus, wenn den Knoten selbst keine beschreibenden Attribute wie z.B. die Farbe oder das Gewicht eines Produkts zugeordnet sind, da dann die Gültigkeitszeiten der einzelnen Knoten hieraus abgeleitet werden können. Nachteilig ist hierbei allerdings, dass bei jeder Anfrage, die an die Ableitungs- oder Auswertungsdatenbank gestellt wird, die Klassifikationshierarchie aufgebaut und analysiert werden muss.

Zur Beschreibung einer Klassifikationshierarchie werden die Zeitstempel in Form einer Gültigkeitszeitmatrix abgelegt [Stoc01]. In dieser Gültigkeitszeitmatrix werden sowohl in den Spalten als auch in den Zeilen alle Klassifikationsknoten der Klassifikationshierarchie dargestellt. In den Zeilen stehen die Eltern, in den Spalten die Kinder der jeweiligen Bündelungsbeziehung (Tab. 6–1).

	Mobiltelefon	Singleband	Dualband	Tripleband	Quickphone 100	Quickphone 150	Quickphone 200	Quickphone 300
Mobiltelefon		[2011-07-01,∞[	[2011-07-01,∞[	[2012-04-01,∞[				
Singleband					[2011-07-01,∞[	[2011-07-01, 2012-01-01[		
Dualband						[2012-01-01,∞[	[2011-07-01,∞[	
Tripleband								[2012-04-01,∞[
Quickphone 100								
Quickphone 150								
Quickphone 200								
Quickphone 300								

Tab. 6–1 *Gültigkeitszeitmatrix der Klassifikationshierarchie der Dimension Produkt*

Diese berechenbaren Gültigkeitszeiten der Dimensionselemente sagen jedoch nur aus, wann diese hinsichtlich der betrachteten Klassifikationshierarchie gültig sind. Hiervon wird die Gültigkeitszeit der Dimensionselemente bei der Beschreibung spezifischer Datenwürfel unterschieden. Wird z. B. die Produktion des Mobiltelefons Quickphone 100 am 2012-05-01 eingestellt, so ist das entsprechende Dimensionselement Quickphone 100 in einem Würfel, der die Produktionsmenge enthält, nur bis zu diesem Zeitpunkt gültig. In dem hier betrachteten Würfel Verkäufe bleibt das Dimensionselement Quickphone 100 aber weiterhin gültig, da der Verkauf so lange fortgesetzt werden kann, bis die Lagerbestände aufgebraucht sind. Da die Klassifikationshierarchie auch in anderen Würfeln verwendet werden kann, darf die Einstellung der Produktion von Quickphone 100 nicht durch einen Zeitstempel der Form [2011-07-01, 2012-05-01[in Abbildung 6–14 kenntlich gemacht werden, sondern es muss, analog zur Gültigkeitszeitmatrix in Tabelle 6–1, ein neuer multidimensionaler Datenwürfel gebildet werden, in dem alle Dimensionen außer der Zeitdimension enthalten sind. In diesem Metadatenwürfel werden diese Systemwerte zur Verwaltung der temporalen Struktur abgelegt [Stoc01]. Generell dürfen Dimensionselemente in Klassifikationshierarchien nur in Ausnahmefällen gelöscht werden, da jeweils berücksichtigt werden muss, dass die Klassifikationshierarchie in unterschiedlichen Würfeln verwendet werden könnte.

Klassifikation der Anfragen

Veränderungen von Klassifikationshierarchien dienen zur Erfassung von Veränderungen in der abzubildenden Welt, beispielsweise bei Modifikationen in den Organisationsstrukturen. Oft sind dann entsprechende Auswertungen und Vergleiche mit jeweils neuen oder alten Daten bzw. neuen oder alten Strukturen gewünscht. Hierbei werden die folgenden Sichtweisen regelmäßig nachgefragt:

Bei der »*As Is versus As Is*«-Sicht werden alle Kenngrößen stets gemäß der aktuell gültigen Klassifikationshierarchien berechnet. So werden z.B. alle Umsätze eines Verkäufers, der am Monatsende von Abteilung A nach Abteilung B wechselte, der neuen Organisationsstruktur (Abteilung B) zugerechnet – dies gilt auch für Umsätze der vorherigen Monate.

Hingegen sind bei der »*As Is versus As Was*«-Sicht die Kennzahlen den Klassifikationshierarchien zum jeweiligen Entstehungszeitpunkt zugeordnet. Im obigen Beispiel würden die Umsätze des Mitarbeiters aus dem Vormonat weiterhin der Abteilung A zugerechnet.

Bei »*Like versus Like*«-Auswertungen ergeben alle Dimensionselemente, die zu den jeweils gewünschten Zeitpunkten identisch sind (neue, gelöschte oder geänderte Elemente werden ausgeblendet), die Klassifikationshierarchie, mit der die Auswertung durchgeführt werden soll.

Sollen Berichte aus früheren Zeiträumen reproduziert werden, kommt die »*As Was versus As Was*«-Sicht zum Einsatz. Hier kann einem Berichtszeitraum eine zu einem beliebigen Zeitpunkt gültige Klassifikationsstruktur zugeordnet werden.

6.3.3 Aspekte der Schemaänderung

In den letzten Jahren riefen große Konzerne zahlreiche Projekte ins Leben, die ein globales Prozess- und Datenmodell aller Geschäftsprozesse zum Ziel hatten. Die meisten Projekte scheiterten jedoch, was meist an der oft unterschätzten Komplexität und der dynamischen Struktur heutiger Firmen liegt. Die Erfahrungen, die man aus diesen Projekten sammelte, bestanden darin, für die nächste Generation entscheidungsunterstützender Systeme einen kleineren Fokus zu setzen, z.B. den eines Geschäftsbereichs oder sogar nur einer Hauptabteilung. Es wurde versucht, in relativ kurzer Zeit einen Prototyp mit Basisfunktionalität zum Einsatz zu bringen, typischerweise in einem Zeitrahmen von drei bis sechs Monaten. Nachdem der Prototyp im Einsatz war, sammelte man neue Anforderungen der Anwender und versuchte, ihre Rückmeldungen entsprechend umzusetzen. Dieses Vorgehen führte dazu, dass der Fokus des entscheidungsunterstützenden Systems konstant erweitert wurde. In der Literatur wird diese Vorgehensweise oft mit der Empfehlung von Bill Inmon, einem der Väter des Data-Warehouse-Gedankens, zitiert: »Think big, start small!«

Da diese neuen Anforderungen zu Änderungen der multidimensionalen Struktur einer Ableitungs- oder Auswertungsdatenbank, also des Schemas des Würfels, führen, spricht man von Schemaänderungen. Schemaänderungen eines Data-Warehouse-Systems kommen aber auch dann noch vor, wenn das System in Betrieb ist, weil der typische OLAP-Anwender direkt mit der multidimensionalen Struktur seiner Daten, also dem multidimensionalen Modell, arbeitet. Ein intensives Arbeiten in und mit diesen Strukturen macht es notwendig, dass er an den Data-Warehouse-Designer Anforderungen bzgl. der Struktur seines multidimensionalen Datenwürfels stellt, was wiederum zu einer dauernden Schemaänderung führt.

Ein weiterer Grund für eine Schemaänderung liegt in den Änderungen der Quelldaten. In großen Unternehmen können die autonomen operativen Quellsysteme bzw. deren Datenerfassung geändert werden. Diese Änderungen, wie ein fehlendes Attribut oder eine nicht mehr vorhandene Datenquelle, müssen sich auf die Basisdatenbank oder die Ableitungs- oder Auswertungsdatenbank durchschlagen, da ein direkter Einfluss auf die Quellsysteme von Seiten des Data-Warehouse-Administrators nicht möglich ist. Es bleibt nur die Änderung des Data-Warehouse-Schemas.

Diese Änderungen müssen in mehreren Komponenten der Data-Warehouse-Referenzarchitektur (Ableitungs-, Auswertungsdatenbank und Repositorium) entsprechend berücksichtigt werden. Je nach Umfang der Schemaänderungen kann es auch nötig sein, entsprechende Prozesse und Komponenten (z.B. den Ladeprozess, Arbeitsbereich und Basisdatenbank) anzupassen.

Die Betrachtungen in diesem Abschnitt konzentrieren sich auf das Schema und die Daten der Ableitungs- oder Auswertungsdatenbank, da das Datenbankschema zusammen mit den persistent gespeicherten Daten als Quelle für Anfragen der Auswertungswerkzeuge fungiert. Auf eine Betrachtung der Basisdatenbank wird hier bewusst verzichtet, da durch ihre konventionelle Modellierung und Handhabung auf weitere Literatur ([Vass98], [RaSt97]) verwiesen werden kann.

Änderungsalternativen

Schemaänderungen werden bei weitem nicht die Änderungshäufigkeit der Klassifikationshierarchien erreichen, bereiten aber datenbanktechnisch einen höheren Aufwand, da durch Schemaänderungen sowohl die Dimensionen mit ihren Klassifikationshierarchien als auch die Daten betroffen sind. Trotz aller Schwierigkeiten, die diese Änderungen mit sich bringen, lohnt sich der Aufwand durch die zusätzliche Benutzerflexibilität. Außerdem kann im Data-Warehouse-Betrieb nicht von einem stabilen Modell ausgegangen werden.

Modifikationen des Schemas bedeuten immer einen Eingriff in ein laufendes System, was auch zu Datenverlust führen kann, wie im Falle einer Löschung von Dimensionen, oder auch zu Inkonsistenzen, da Daten angepasst oder aggregiert werden müssen. Eine Modifikation des Klassifikationsschemas ist weniger gefährlich, da sie nur die Auswertungsfähigkeit begrenzt oder erweitert.

6.3 Unterstützung von Veränderungen

Im Folgenden werden die zwei Adaptionsmöglichkeiten Schemaevolution und Schemaversionierung unterschieden. Sie variieren in der gebotenen Anfrageflexibilität, aber auch in den zu erwartenden Kosten, dem Anfrageaufwand und in der Datenhaltung. Beide gehen auf eine Schemamodifikation durch Operatoren zurück, die Änderungen des Schemas wiedergeben.

Schemaevolution:
Schemaänderungen sind bei der Schemaevolution ohne den Verlust von Daten möglich, da sie nicht nur die Änderung des Schemas der Ableitungs- oder Auswertungsdatenbank, sondern auch die Anpassung der bereits vorhandenen Daten einbezieht. Diesen Vorgang nennt man auch Instanzadaption. Die Instanzadaption ist im Fall von Data Warehousing besonders interessant, da die bestehenden Instanzen nicht nur an das neue Schema angepasst werden müssen, d.h., dass neue Kenngrößen mit Werten belegt werden müssen, sondern es kann auch vorkommen, dass komplexere Umformungen bzw. Berechnungen im Rahmen der Instanzadaption nötig sind (z.B. Aggregationen in der Faktentabelle, mehr dazu in Abschnitt 8.5). Die Anfragemöglichkeit ist als beschränkt zu betrachten, da die Daten nicht mehr in den alten Schemata vorhanden sind. Eine explizite Betrachtung über Zeitpunkte ist nicht vorgesehen, weshalb jeweils nur eine einzige aktuelle Version des Schemas vorliegt.

Schemaversionierung:
Eine Schemaversionierung ist dadurch charakterisiert, dass auch bei Schemaänderungen alle Daten aller Schemata jederzeit verwendbar sind. Diese Schemaänderung umfasst die Änderung des Schemas, behält aber alle Daten in den jeweiligen Schemata vor. Die Daten werden nicht angepasst, sondern werden erst zur Anfragezeit adaptiert. Diese explizite Trennung von Schema- und Datenkonvertierung (asynchrones Management) vergrößert zwar sowohl den Anfrage- als auch den Verwaltungsaufwand sowie die Anfragezeit, bringt dafür aber auch eine zusätzliche Anfrageflexibilität, da unterschiedliche Versionen des Schemas gleichzeitig vorliegen.

Operatoren von Schemaänderungen

Schemaänderungen auf der konzeptuellen multidimensionalen Ebene können durch Operatoren auf Schemaebene beschrieben werden. Aus Gründen der Übersichtlichkeit wird auf eine genaue Signatur der Operationen, also die Nennung von Ein- und Ausgabeparametern, sowie die Details und die Zusammenfassung von Operatoren verzichtet (Details siehe [BlSH99]). In Anlehnung an die Überlegungen des multidimensionalen Modells in Abschnitt 6.2 werden die Operatoren nach Operatoren des Klassifikationsschemas und des Würfelschemas unterschieden.

- *insert classification level:*
  Fügt eine neue Klassifikationsstufe ein. Die neue Klassifikationsstufe ist einer Dimension und dem jeweiligen Vorgänger und Nachfolger der Klassifikati-

onsstufe zugeordnet. Die Verknüpfung der Klassifikationsknoten muss explizit angegeben werden. Angenommen, es soll eine neue Klassifizierungsstufe zwischen den Klassifikationsstufen Artikel und Top eingeführt werden. Für die Klassifikationshierarchieadaption wird noch eine Vorschrift benötigt, die angibt, welche Artikel welchem Hersteller zugeordnet werden.

- *delete classification level:*
Löscht eine Klassifikationsstufe. Sämtliche Beziehungen von bzw. zu dieser Klassifikationsstufe werden dabei entfernt und die neu entstehenden Beziehungen zwischen Vorgänger und Nachfolger automatisch gebildet. Die Instanzen werden zusammen mit der Klassifikationsstufe implizit gelöscht.

- *insert measure:*
Fügt eine neue Kenngröße ein. Die Kenngröße ist den spezifischen Dimensionen zugeordnet. Eine neue Kenngröße benötigt zusätzliche Information für die früheren Werte oder ein ausgezeichnetes Zeichen (vgl. Behandlung fehlender Werte).

- *delete measure:*
Löscht eine Kenngröße. Eine Beeinflussung der anderen Kenngrößen, sofern nicht aus dieser berechnet, und Dimensionen ist nicht vorhanden.

- *insert dimension:*
Erweitert das Würfelschema um eine neue Dimension. Die Klassifikationsstufe der Dimensionselemente muss bereits vorhanden sein. Auch hier ist die Anpassung der Daten, also die Instanzadaption, die kritische Fragestellung, da bei der Schemaevolution die bestehenden Instanzen auf die neue Dimension verteilt werden müssen. Aus jeder Zelle des alten Würfels wird nun eine Menge von Zellen, was genau das Einfügen der neuen Dimension widerspiegelt. Das bedeutet, dass sich jeder alte Wert der Kenngröße nun auf alle Elemente der neuen Dimension bezieht. Beispielsweise sei angenommen, die Data-Warehouse-Daten würden bisher ohne die Dimension Produkt verwaltet. Falls nun die Dimension Produkt eingeführt werden soll, entsteht folgendes Szenario (Abb. 6-15). An diesem Punkt ist die Operation allein nicht eindeutig und somit unterspezifiziert. Folglich muss eine Funktion als Parameter bereitgestellt werden, die den neuen Wert (im Beispiel Verkäufe nach Artikeln) auf Basis der alten Dimensionen (im Beispiel Geografie und Zeit) und den alten Verkaufszahlen berechnet. Die alten Verkaufszahlen könnten Zahlen nur für einen bestimmten Artikel gewesen sein (Alternative 1 in Abb. 6-15), die Summe über alle Artikel (Alternative 2) oder andere Verteilungen. Falls nun beispielsweise vorher nur Verkaufszahlen für einen bestimmten Artikel verwaltet wurden, würden die alten Verkaufszahlen diesem Artikel zugewiesen werden und ein spezieller Wert $\perp$ für alle anderen Artikel benutzt werden, weil diese Werte nicht berechnet werden können. Falls dagegen die bisherigen Verkaufszahlen eine Summe aller Artikel waren, können die alten Werte der

Summe zugewiesen werden. In diesem Fall kann aber keine Aussage getroffen werden, wie die Verteilung der Verkäufe über einzelne Artikel war (entsprechend dem Eintrag »?« in Abb. 6–15). Bei der Versionierung wird entweder ein neuer Würfel angelegt oder ein bestehender modifiziert. Die Daten müssen nicht angepasst werden.

	Okt 11	Nov 11	Dez 11	Jan 2012
Art 1	1453	2354	4561	3200
Art 2	⊥	⊥	⊥	1500
Art 3	⊥	⊥	⊥	2345
Art 4	⊥	⊥	⊥	900
Summe	?	?	?	7945

Alternative 1

Okt 11	Nov 11	Dez 11
1453	2354	4561

	Okt 11	Nov 11	Dez 11	Jan 2012
Art 1	?	?	?	3200
Art 2	?	?	?	1500
Art 3	?	?	?	2345
Art 4	?	?	?	900
Summe	1453	2354	4561	7945

Alternative 2

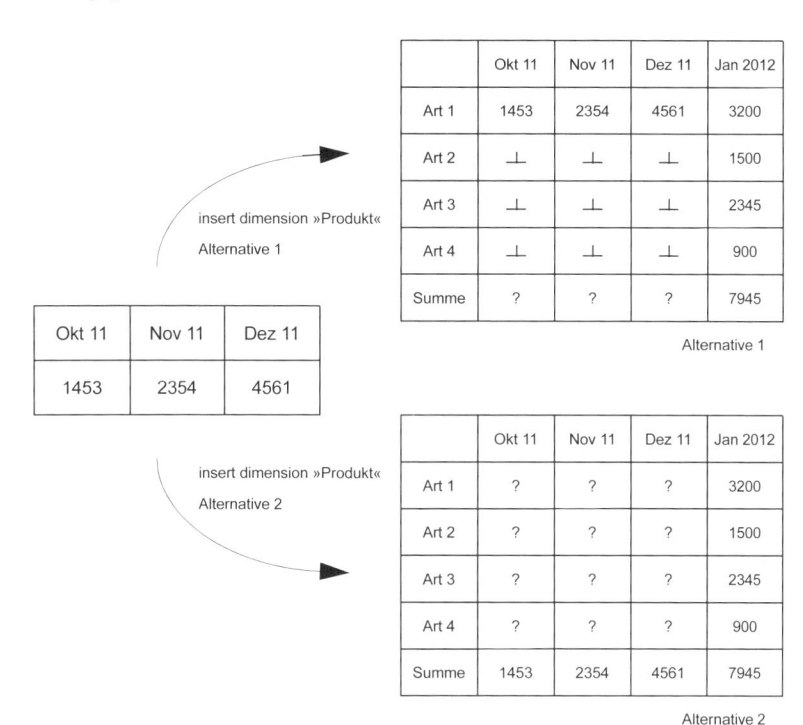

Abb. 6–15 *Alternativen beim Einfügen einer neuen Dimension*

- *delete dimension*:
  Löscht eine Dimension aus einem Würfelschema bzw. streicht die entsprechende Dimensionsbeziehung des Würfels. Wiederum liegt das interessante Problem in der Instanzadaption, da die Daten – ähnlich wie im obigen Fall beim Einfügen einer Dimension – im Kontext der geänderten Dimensionalität angepasst werden müssen. Im Fall, dass eine Dimension bei einer Schemaevolution gelöscht wird, muss angegeben werden, wie die bestehenden Daten über die fehlende Dimension aggregiert werden.

- *modify granularity*:
  Ändert die Granularität der Dimensionen. Es können nur die Granularitäten angenommen werden, die in den Klassifikationsschemata vorkommen. Eine Anpassung der Daten muss explizit geschehen, d.h., eine Vergröberung zieht eine Aggregation der Daten nach sich; einer Verfeinerung folgt eine Deaggregation, die in den meisten Fällen nicht möglich ist.

Vergleichbare Ansätze

Andere Ansätze, die in der wissenschaftlichen Literatur diskutiert wurden, befassen sich insbesondere mit der Darstellung von Operationen, die Schemaveränderungen einer materialisierten Sicht (engl. materialized view) in einem relationalen Datenbanksystem durchführen. Dabei wird angenommen, dass die Ableitungs- oder Auswertungsdatenbank lediglich als materialisierte Sicht, die über den Quelldatenbanken definiert ist, realisiert wird.

Im Ansatz von [Bell98] wird zwischen zwei Arten von Schemaänderungen unterschieden: Schemaänderungen in den Datenquellen, die in der materialisierten Sicht entsprechend reflektiert werden müssen, und direkte Änderungen der Sichtendefinition. Dazu wird ein erweitertes relationales Sichtenmodell vorgestellt, das es erlaubt, zu einer Sicht beispielsweise Attribute hinzuzufügen oder sie zu verstecken, was dann ein Löschen des Attributs in der Sichtendefinition realisiert.

Die vorgestellten Operationen auf den Quelldaten umfassen das Hinzufügen und Löschen eines Attributs sowie Typmodifikationen eines Attributs. Je nach Auswirkung auf die Konsistenz werden diese Schemaänderungen in der Sichtendefinition entsprechend nachgebildet.

Analog dazu befassen sich die Operationen, mittels derer eine Sichtendefinition geändert werden kann, ebenso mit dem Hinzufügen, Löschen und der Typmodifikation eines Attributs. Diese Änderungen werden mithilfe des erweiterten Sichtmodells [Bell98] entsprechend simuliert.

Der Ansatz reflektiert aufgrund seiner Nähe zum relationalen Datenmodell die multidimensionale Semantik und das breite Spektrum der Schemaänderungen im multidimensionalen Fall nicht adäquat. Insbesondere wird nicht ausgeführt, wie beispielsweise Änderungen der Klassifikationsstruktur dargestellt werden.

Der Ansatz in [HuMV99a] und [HuMV99b] verfolgt eine andere Intention. Insbesondere orientiert er sich wesentlich stärker an den Besonderheiten des multidimensionalen Datenmodells. Es wird ein formales Modell von Änderungen in den Dimensionen eines multidimensionalen Schemas vorgestellt. Dabei wird zwischen Änderungen der Klassifikationshierarchie bzw. den Klassifikationsknoten und Änderungen des Klassifikationsschemas unterschieden. Dazu werden spezielle Operationen eingeführt, die Auswirkungen dieser Operationen auf eine materialisierte Sicht, die die persistente Ablage der Daten erledigt, dargestellt sowie Algorithmen für die Pflege der materialisierten Sicht vorgestellt. Die Speicherung der materialisierten Sicht übernimmt ein voll materialisierter Datenwürfel [GBLP96], in dem alle Aggregate vorberechnet wurden.

Die vorgestellten Operationen umfassen Generalisierung, wie Einfügen einer neuen Klassifikationsstufe oberhalb aller bestehenden Klassifikationsstufen, Spezialisierung (Einfügen einer neuen feinsten Granularität im Klassifikationsschema), Verbinden bzw. Trennen zweier Klassifikationsstufen und das Löschen einer Klassifikationsstufe. Die Änderungen der Klassifikationsknoten sind in der ersten Version [HuMV99a] auf Einfügen und Löschen beschränkt; in der erweiterten Fassung [HuMV99b] werden entsprechende komplexe Operationen ergänzt.

Da eine materialisierte Sicht mit allen vorberechneten Aggregaten angenommen wird, müssen insbesondere die aggregierten Kenngrößen modifiziert bzw. neu berechnet werden, wenn Änderungen der Klassifikationshierarchie vorgenommen werden. Der Ansatz beschreibt entsprechende Algorithmen, die meist modifizierte Varianten bereits vorgestellter Algorithmen zur Pflege materialisierter Sichten sind.

Neben den oben besprochenen Funktionalitäten der Zeitstempelung der Klassifikationshierarchien bzw. der Klassifikationsknoten werden in [EdKo01] Funktionen zur Umrechnung der Werte der Würfelzellen von einer Version des Würfels in eine andere Version unterstützt.

Soll beispielsweise die Bevölkerungsentwicklung europäischer Staaten über die letzten 20 Jahre analysiert werden, so reicht es nicht aus, die Wiedervereinigung Deutschlands, die Trennung der Tschechoslowakei etc. nur durch Zeitstempelung der Klassifikationsknoten zu berücksichtigen. Um solche Anfragen über mehrere Versionen des Würfels hinweg korrekt beantworten zu können, müssen Funktionen definiert werden, welche die Beziehungen zwischen unterschiedlichen Versionen von Klassifikationsknoten repräsentieren. So könnte z.B. die Aufspaltung der Tschechoslowakei dahingehend berücksichtigt werden, dass entsprechende Funktionen zur korrekten Umrechnung bzw. Aufteilung der Bevölkerungszahlen der Tschechoslowakei auf die Slowakei und Tschechien hinterlegt werden.

Diese Transformationsfunktionen können nun nicht nur dazu verwendet werden, Änderungen in Dimensionen wie der Dimension Geografie korrekt zu berücksichtigen, sondern vielmehr auch Änderungen in den Kennzahlen oder Änderungen in der Dimension Zeit selbst. Transformationsfunktionen erlauben sowohl die Umrechnung alter Daten in neue Strukturen als auch die Umrechnung neuer Daten in alte Strukturen, was beispielsweise im Revisionswesen wichtig ist.

Neben echt temporalen Ansätzen existieren auch semitemporale Ansätze. Oft kann die Situation auftreten, dass das verwendete OLAP-System keine temporalen Ansätze unterstützt. In [EdKo02] sind Ansätze vorgestellt, wie sich Änderungen von Klassifikationsknoten in nichttemporalen Klassifikationshierarchien darstellen lassen. Die Grundidee dieser Ansätze ist es, die Klassifikationshierarchien so zu gestalten, dass sich unterschiedliche Versionen von Klassifikationsknoten auf unterschiedlichen Ebenen in der Hierarchie darstellen lassen.

Im einfachsten Fall kann man für jede neue Version einer Dimension diese Dimension neu im Würfel anlegen. Sehr schnell wird dabei aber an Grenzen gestoßen, da natürlich mit jeder neuen Dimension die Anzahl der Zellen im Würfel und damit auch die Größe des Würfels steigt. Ein intelligenterer Ansatz würde nur die betroffenen Klassifikationsknoten in ihren unterschiedlichen Versionen führen. Durch Einführen einer zusätzlichen hierarchischen Ebene können mehrere Versionen eines Klassifikationsknotens zusammengefasst werden. Dadurch wird sichergestellt, dass auch Mehrperiodenvergleiche über unterschiedliche Versionen eines Klassifikationsknotens hinweg möglich sind.

6.4 Zusammenfassung

In diesem Kapitel wurden Dimensionen und Würfel als Datenstrukturen formal eingeführt. Auf eine Formalisierung der Operationen wurde zugunsten einer überblickartigen Darstellung verzichtet. Der Hauptunterschied zwischen dem multidimensionalen und dem relationalen Modell ist die zusätzliche Semantik, durch die die Beziehungen zwischen den Klassifikationsstufen einer Dimension untereinander, zwischen den Würfeln und den Klassifikationsstufen seiner Dimensionen sowie zwischen verschiedenen Würfeln zum Bestandteil des Modells gemacht werden.

Zum derzeitigen Stand der grafischen Designnotationen lässt sich sagen, dass sich keiner der vorgestellten Ansätze umfassend etabliert hat. Mit umfassend soll hier eine Akzeptanz nicht nur im Forschungsbereich verstanden sein, sondern insbesondere auch eine entsprechende Berücksichtigung in kommerziellen Produkten, die das Design multidimensionaler Schemata unterstützen.

Leider bieten die am Markt befindlichen Werkzeuge oft nur einen Entwurf von relationalen Star-Schemata, die multidimensionale Semantik bleibt meist unberücksichtigt. Hier wäre eine Erweiterung der kommerziellen Werkzeuge um spezielle Notationen, wie sie in diesem Kapitel vorgestellt wurden, wünschenswert.

Zur Bewertung der hier vorgestellten grafischen Designnotationen sollten aber neben der Intuitivität, die wohl immer subjektiv zu beurteilen ist, auch die Durchgängigkeit der Werkzeugunterstützung bzw. die Möglichkeiten zur Wartung und Pflege eines einmal erstellten multidimensionalen Schemas berücksichtigt werden. So stellt sich beispielsweise die Frage, inwieweit eine Generierung von Datenbankschemata aus einem multidimensionalen grafischen Modell unterstützt wird. Da ein grafisches Modell sicherlich auch häufigeren Änderungen unterliegt, sollten diese Änderungen auch von einer werkzeuggestützten Umgebung möglichst automatisiert bearbeitet werden.

Abschließend wurden Zeitaspekte im Rahmen des Data Warehousing beleuchtet, wozu zum einen Veränderungen der Klassifikationen und zum anderen des Schemas zählen. Den Folgen von Veränderungen in der Ableitungs- oder Auswertungsdatenbank über die Zeit wird beim Aufbau häufig zu wenig Beachtung geschenkt, was zu Problemen bei der Anpassung der Data-Warehouse-Strukturen führt. Auch eine Unterstützung durch kommerzielle Data-Warehouse-Lösungen ist zum derzeitigen Stand nicht befriedigend. Aus diesen Gründen sollte man sich frühzeitig mit möglichen Veränderungen in der Ableitungs- oder Auswertungsdatenbank und deren Folgen auseinandersetzen.

7 Umsetzung des multidimensionalen Datenmodells

In Kapitel 6 wird beschrieben, wie die multidimensionale Sicht auf die Data-Warehouse-Daten strukturiert ist. Diese Datensicht steht dem Anwender bzw. den Datenauswertungswerkzeugen zur Formulierung von Anfragen zur Verfügung und wird vom Designer zur Modellierung der Daten verwendet. Dies bedeutet jedoch nicht, dass ein Data-Warehouse-System sich bei der internen Verwaltung der Daten genau an dieses Datenmodell halten muss. Aufgrund ihrer technischen Reife werden stattdessen häufig relationale Datenbanksysteme zur Verwaltung der Daten verwendet. Diese Systeme bieten an ihrer Schnittstelle eine in Form von Tabellen (Relationen) organisierte Datensicht. Um für das Gesamtsystem die gewünschte multidimensionale Schnittstelle zu erhalten, muss eine Abbildung des multidimensionalen Datenmodells auf das Datenmodell des Datenbanksystems erfolgen (z.B. auf das relationale Modell), was Gegenstand von Abschnitt 7.1 ist. Die andere Alternative, die in Abschnitt 7.2 diskutiert wird, besteht in einer direkten multidimensionalen Speicherung der Daten. Mit dem Schutz vor unbefugtem Zugriff auf Daten befasst sich schließlich Abschnitt 7.3.

Sowohl die beschriebene Umsetzung des multidimensionalen Datenmodells auf das relationale Datenmodell als auch die direkte Umsetzung auf multidimensionale Speicherstrukturen sind in kommerziellen OLAP-Produkten auf verschiedene Weise verwirklicht. In der Literatur werden diese Abbildungsvarianten häufig als ROLAP (relationales OLAP) und MOLAP (multidimensionales OLAP) oder einem Hybrid aus beidem – HOLAP – bezeichnet (vgl. auch Abschnitt 4.1). Auch wenn diese Begriffe suggerieren, dass ausschließlich OLAP-Werkzeuge zur Datenauswertung verwendet werden können, so versteht sich die Abbildung dennoch für beliebige Werkzeuge, die eine multidimensionale Darstellung der Daten voraussetzen (Berichtsgeneratoren, Planungsanwendungen, Data-Mining-Werkzeuge etc.). Auf die Besonderheiten der jeweiligen OLAP-Architekturen (ROLAP, MOLAP, HOLAP und ihre Abwandlungen) wird in Abschnitt 7.1 und 7.2 vertieft eingegangen.

Dieses Kapitel stellt die wichtigsten Mechanismen und Techniken vor. Da sich einzelne Funktionalitäten der Produkte von Version zu Version ändern, werden an dieser Stelle keine Produkte besprochen. Detaillierte Produktbeschreibungen und -vergleiche finden sich u.a. in [Pend08a] und [Pend08b].

7.1 Relationale Speicherung

Dieser Abschnitt beschäftigt sich mit der Problematik der Repräsentation der unterschiedlichen multidimensionalen Konstrukte (Würfel, Dimensionen, Klassifikationshierarchien etc.) innerhalb eines relationalen Datenbankmodells. In Abschnitt 7.1.1 werden zunächst unterschiedliche Abbildungsmöglichkeiten des multidimensionalen auf das relationale Datenmodell vorgestellt und deren Vor- bzw. Nachteile diskutiert. Die Abbildung und Abarbeitung von Änderungen des multidimensionalen Schemas in relationalen Umgebungen ist Thema des Abschnitts 7.1.2. Abschnitt 7.1.3 erläutert Aspekte der Versionierung und Schemaevolution bei relationaler Realisierung.

7.1.1 Abbildungsmöglichkeiten auf Relationen

Relationale Datenbanksysteme organisieren ihre Daten in Form von Relationen (vgl. z.B. [Date90]), die sich gut als Tabellen visualisieren lassen. Als deskriptive Anfragesprache für das Datenmodell steht SQL zur Verfügung, welches auf der relationalen Algebra basiert. Ziel der Abbildung ist es, eine Möglichkeit zu finden, multidimensionale Strukturen in einem relationalen Datenmodell abzubilden, sodass

- möglichst wenig anwendungsbezogene Semantik, die im multidimensionalen Modell enthalten ist, bei der Abbildung verloren geht (z.B. Klassifikationshierarchien),
- die Übersetzung von multidimensionalen Anfragen effizient geschehen kann,
- die Abarbeitung der übersetzten Anfragen durch das relationale Datenbanksystem auf möglichst effiziente Weise erfolgt und
- die Wartung (z.B. das Laden neuer Daten) der entstandenen Tabellen einfach und schnell erledigt werden kann.

Dabei ist weiterhin zu beachten, dass sich Auswertungsanwendungen in Datenvolumen sowie Anfrage- und Aktualisierungscharakteristik von OLTP-Anwendungen unterscheiden (Kap. 1), sodass die klassischen Techniken des Schemaentwurfs (z.B. Normalisierung) nicht notwendigerweise das gewünschte Ergebnis liefern.

Bei der Abbildung der Strukturen müssen Repräsentationen für das Würfelkonstrukt und die Strukturierung der Dimensionen wie Klassifikationshierarchien und beschreibende Attribute gefunden werden.

Die Umsetzung eines Datenwürfels ohne die Klassifikationshierarchien fällt dabei leicht, da prinzipiell jede einzelne Relation bereits als multidimensionaler Würfel betrachtet werden kann. Dazu werden einfach Spalten der Relation als Dimensionen des Würfels aufgefasst. Ein Tupel innerhalb der Tabelle entspricht dann genau einer Zelle im multidimensionalen Würfel. Interpretiert man nur einen Teil der Spalten einer Tabelle als Dimensionen und versteht die restlichen

Spalten als Kenngrößen, so ist das Konstrukt einer relationalen Tabelle äquivalent zu einem Datenwürfel ohne die Klassifikationshierarchien (Abb. 7–1). Die Kenngrößen sind dabei häufig numerisch. Die resultierende Tabelle nennt man Faktentabelle (engl. fact table).

Artikel	Filiale	Tag	Verkäufe
Duett	Nürnberg, Breite Gasse	02.01.2012	7
Duett	München, Isartor	02.01.2012	3
Lavamat S	München, Isartor	02.01.2012	2

Abb. 7–1   *Dualismus von Würfel und Tabelle*

Die folgenden Abschnitte beschäftigen sich damit, welche verschiedenen Möglichkeiten existieren, um die Klassifikationshierarchien abzubilden.

Snowflake-Schema

Eine direkte Möglichkeit, Klassifikationen, wie sie beispielsweise im ME/R-Modell modelliert sind, in einer relationalen Datenbank umzusetzen (Abb. 7–2), besteht darin, eine eigene Tabelle für jede Klassifikationsstufe anzulegen. Diese Tabelle enthält neben der ID für die Klassifikationsknoten dieser Klassifikationsstufe auch die beschreibenden Attribute wie beispielsweise »Marke«. Da zwischen zwei »benachbarten« Klassifikationsstufen eine 1:n-Beziehung besteht, enthalten die Tabellen zusätzlich Fremdschlüssel der direkt benachbarten höheren Klassifikationsstufen. Zum Beispiel enthält die Tabelle »Produktgruppe« einen Fremdschlüssel der Tabelle »Produktfamilie«.

Die Kenngrößen (engl. measures, variables oder facts) eines Datenwürfels werden innerhalb einer Faktentabelle verwaltet. Diese wird nach obigem Schema konstruiert, d.h., neben einer Spalte für jede Kenngröße enthält sie Fremdschlüsselbeziehungen zu den jeweils niedrigsten Klassifikationsstufen der verschiedenen Dimensionen, gemäß der Granularität des Datenwürfels. Die Fremdschlüssel entsprechen den Zellkoordinaten in der multidimensionalen Datensicht. Sie bilden daher den zusammengesetzten Primärschlüssel für die Faktentabelle. Abbildung 7–2 zeigt eine Umsetzung des Beispielszenarios nach diesem Muster. Da die grafische Darstellung entfernt an eine Schneeflocke erinnert, nennt man dieses Entwurfsmuster Snowflake-Schema [KRRT98].

Die Faktentabelle enthält die Kenngrößen Verkäufe und Umsatz. Außerdem besitzt sie Fremdschlüsselbeziehungen zu den Tabellen, welche die jeweils niedrigste Klassifikationsstufe repräsentieren (Tag, Artikel und Filiale). Es empfiehlt sich, diese Beziehungen aus Effizienzgründen entweder über einen künstlichen oder natürlichen numerischen Schlüssel (z. B. Produkt_ID bzw. EAN[1]) und nicht

---

1. EAN steht für Europäische Artikelnummer. Sie wird häufig zur Produktidentifizierung genutzt.

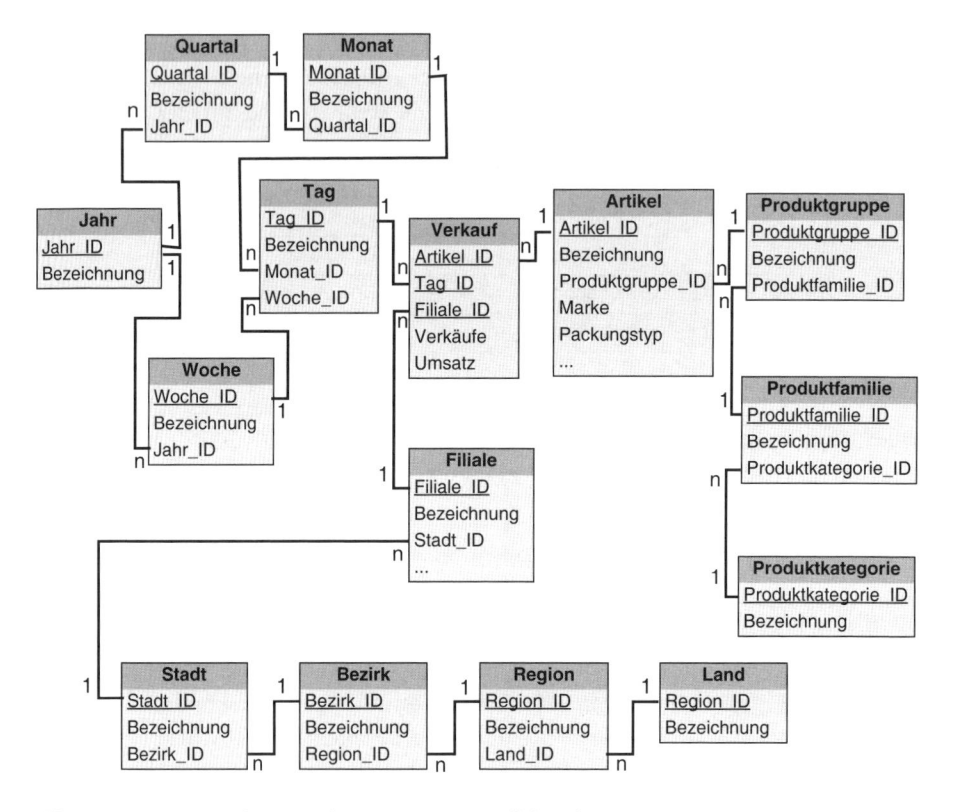

Abb. 7-2 Umsetzung des Beispielszenarios in ein Snowflake-Schema

über die textuelle Beschreibung des Dimensionselementes (z.B. Artikelname) zu realisieren. Der Primärschlüssel der Faktentabelle wird durch die Konkatenation aller Fremdschlüssel gebildet (im Beispiel Tag_ID, Artikel_ID und Filial_ID). Die Tabelle Artikel enthält z.B. die beschreibenden Attribute der gleichnamigen Klassifikationsstufe: Bezeichnung, Marke und Packungstyp.

Das Snowflake-Schema ist bzgl. der funktionalen Abhängigkeiten, die durch die Klassifikationsbeziehungen definiert werden (z.B. Produktgruppe → Produktfamilie), normalisiert. Dadurch ergeben sich die üblichen Vorteile einer normalisierten Struktur, vor allem die Vermeidung von Änderungsanomalien.

Star-Schema

Wie man an Abbildung 7-2 erkennen kann, resultiert eine Normalisierung immer in einer Vielzahl von Tabellen, die bei Anfragen miteinander verbunden werden müssen. So wird in dem Beispiel für eine Gruppierung nach Produktkategorie, Land und Jahr ein Verbund mit elf Tabellen benötigt. Da ein solcher Verbund extrem unperformant ist, wird für Ableitungs- und Auswertungsdatenbanken häufig das Star-Schema-Entwurfsmuster propagiert (z.B. [KRRT98]). Dieses

7.1 Relationale Speicherung

ergibt sich aus dem Snowflake-Schema durch die Denormalisierung der zu einer Dimension gehörenden Tabellen. Man weicht also an dieser Stelle bewusst vom Prinzip der Normalisierung ab, um eine schnellere Anfragebearbeitung durch Einsparung von Verbundoperationen zu erlauben. Daher ergibt sich innerhalb des Star-Schemas für jede Dimension genau eine Dimensionstabelle. Abbildung 7–3 zeigt den prinzipiellen Aufbau eines Star-Schemas.

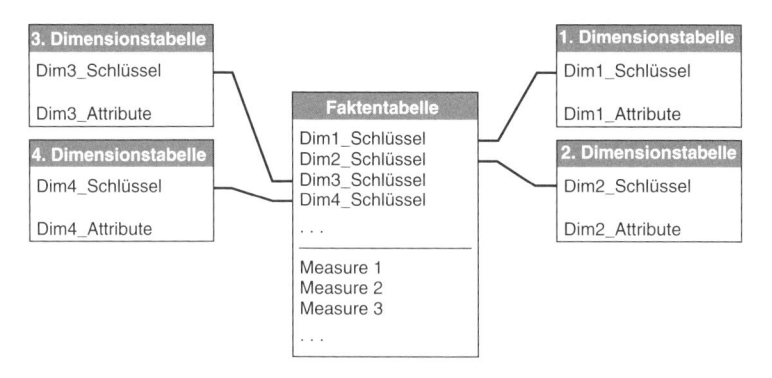

Abb. 7–3 Allgemeines Star-Schema

Die sternförmige Darstellung der Dimensionstabellen um die Faktentabelle herum gibt diesem Schema seinen Namen. Abbildung 7–4 zeigt den zum Würfel »Verkauf« gehörenden Teil des Beispiels in Abbildung 7–2 als Star-Schema modelliert.

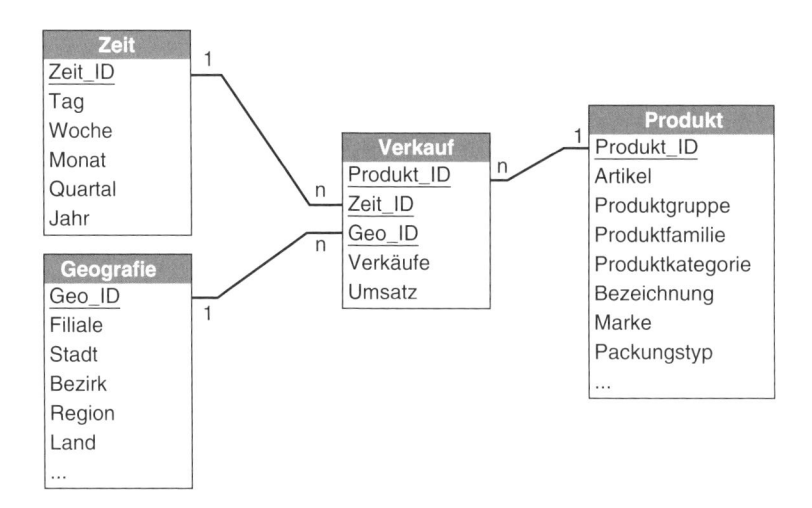

Abb. 7–4 Das Referenzbeispiel als Star-Schema modelliert

Die Tabellen Artikel, Produktgruppe, Produktfamilie und Produktkategorie werden im Star-Schema zu einer einzigen Dimensionstabelle Produkt zusammengefasst. Die Namensgebung der Tabellen im Beispiel unterstreicht den entscheidenden Unterschied zwischen Snowflake- und Star-Schema: Die Struktur der Klassifikationen wird im Snowflake-Schema auch im Tabellenschema widergespiegelt. Dadurch tragen die Tabellen jeweils den Namen der Klassifikationsstufe (z. B. Tag), die Fremdschlüssel der Faktentabelle sind mit der niedrigsten Granularität bezeichnet (z. B. Tag_ID). Im Star-Schema hingegen wird die gesamte Klassifikation als eine Tabelle abgebildet. Daher wird sie im Beispiel durch den entsprechenden Oberbegriff, im Allgemeinen der Dimensionsname, bezeichnet.

Wie man erkennen kann, ist die Faktentabelle im Star-Schema weiterhin normalisiert, während die Dimensionstabellen bewusst gegen die Normalisierung verstoßen. Dies führt zu gewissen Redundanzen innerhalb der Dimensionstabellen. So bestimmt beispielsweise die Zugehörigkeit eines Artikels zu einer Produktgruppe auch gleichzeitig die Zugehörigkeit zur Produktfamilie (Abb. 7–5). Die funktionalen Abhängigkeiten zwischen den Klassifikationsstufen werden also bei dieser Abbildung nicht sichtbar.

Produkt_ID	Artikel	...	Produktgruppe	Produktfamilie	Kategorie	...
1235	Lavamat S	...	Waschmaschinen	Waschgeräte	weiße Ware	...
1236	Duett	...	Waschmaschinen	Waschgeräte	weiße Ware	...
1237	Novotronic	...	Trockner	Waschgeräte	weiße Ware	...
1238	Vento 500	...	Trockner	Waschgeräte	weiße Ware	...
...	...	...	...	...	...	...

Abb. 7–5 *Redundanzen in einer Dimensionstabelle*

Die Argumentation, wann und warum ein Star-Schema trotzdem dem Snowflake-Schema vorzuziehen ist, stützt sich auf folgende Heuristiken über die Charakteristika von Data-Warehouse-Anwendungen:

- Einschränkungen für Anfragen werden typischerweise auf höherer Granularitätsstufe (z. B. Produktkategorie) definiert. Bei solchen Anfragen spart die Denormalisierung gegenüber dem Snowflake-Schema aufwendige Verbundoperationen zwischen den verschiedenen Tabellen einer Dimension ein. Dies führt zu einer *schnelleren Anfragebeantwortung*.
- Das *Datenvolumen* der Dimensionstabellen mit den Klassifikationshierarchien ist relativ gering im Vergleich zum gesamten Volumen der Zellinhalte (Größe der Faktentabelle). Daher führen die durch die Denormalisierung entstandenen Redundanzen insgesamt zu keiner dramatischen Erhöhung des zu speichernden Datenvolumens. Diese Annahme ist allerdings nicht in jedem Anwendungsfall gegeben, sodass die denormalisierten Dimensionstabellen eines Star-Schemas unter Umständen sehr speicherplatzintensiv sind. Dies ist insbesondere dann der Fall, wenn sehr breit verzweigte Klassifikationshierarchien auf Dimensionen definiert werden, die viele Elemente enthalten. Beispielsweise kann eine Produktdimension Zigtausende von Einträgen enthalten, die zu wenigen Produktobergruppen zusammengefasst werden.

- *Änderungen an den Klassifikationen* treten seltener als das Hinzufügen von neuen Faktendaten auf. Außerdem werden diese Änderungen unter kontrollierten Bedingungen durch den Ladeprozess vorgenommen. Daher ist die Gefahr von Änderungsanomalien, die prinzipiell durch die Denormalisierung gegeben ist, gering.

Zusammenfassend besitzt das Star-Schema also folgende Eigenschaften, die es für OLAP-Anwendungen geeignet erscheinen lassen:

- *Einfache Struktur*:
  Durch die relativ einfache Strukturierung des Star-Schemas ist es leicht verständlich. Die strukturelle Umsetzung innerhalb der multidimensionalen Verarbeitungseinheit wird dadurch einfacher, und manuell formulierte Anfragen sind leichter zu erstellen und zu warten.
- *Einfache und flexible Darstellung von Klassifikationshierarchien*:
  Klassifikationshierarchien können einfach innerhalb von Dimensionstabellen als Spalten angegeben werden (vgl. obiges Beispiel). Die dabei entstehenden Redundanzen fallen im Vergleich zur gesamten Datenbankgröße oft nicht ins Gewicht. Allerdings sind die Beziehungen zwischen den Klassifikationsstufen auf der Ebene des Star-Schemas nicht mehr erkennbar.
- *Effiziente Anfrageverarbeitung innerhalb der Dimensionen*:
  Durch die Denormalisierung der Dimensionstabellen sind bei Selektionsprädikaten, die höhere Dimensionsstufen zur Einschränkung verwenden (z.B. WHERE Produkt.Kategorie = »Kleidung«), keine Verbundoperationen zwischen verschiedenen Tabellen nötig, um die Menge der Tupel zu bestimmen, die mit der Faktentabelle verbunden werden müssen.

Eine allgemeine Aussage, ob Star- oder Snowflake-Schemata besser geeignet sind, ist nicht sinnvoll, da die Vorteile des Star-Schemas, wie schnellerer Datenzugriff, und die Vorteile des Snowflake-Schemas, wie geringerer Speicherplatzbedarf und bessere Änderungsfreundlichkeit, stark von den konkreten Daten- und Anfragecharakteristiken abhängig sind. Daher werden in der Praxis oft Mischformen verwendet.

Mischformen von Star- und Snowflake-Schema

Wie in den bisherigen Abschnitten beschrieben, bieten Star- und Snowflake-Schema unterschiedliche Vor- und Nachteile. Daher ist es naheliegend, je nach den Anforderungen der Anwendungen einzelne Dimensionen wie im Snowflake-Schema zu normalisieren und andere wie im Star-Schema zu denormalisieren.

Grundlage für diese Entscheidung sollten die folgenden Faktoren sein:

- *Frequenz der Änderung*:
  Obwohl sich die Dimensionen im Vergleich zu den Faktdaten nur selten ändern, kann durch eine Normalisierung im Snowflake-Schema bei sich häufig ändernden Dimensionen der Pflegeaufwand geringer gehalten werden.
- *Anzahl der Dimensionselemente*:
  Je mehr Elemente eine Dimension auf der niedrigsten Klassifikationsstufe besitzt, desto größer sind die potenziellen Einsparungen bei einer Normalisierung.
- *Anzahl der Klassifikationsstufen innerhalb einer Dimension*:
  Je mehr Klassifikationsstufen innerhalb einer Dimension definiert sind, desto größer wird die Redundanz beim klassischen Star-Schema.
- *Materialisierung von Aggregaten für Dimensionsstufen*:
  Sind für eine Klassifikationsstufe innerhalb einer Dimension Aggregate materialisiert (Abschnitt 8.5), so kann durch Normalisierung dieser Dimension bzgl. dieser Klassifikationsstufe eine Verbesserung der Antwortzeit erreicht werden.

Mehrere Würfel: Galaxie

In einigen Fällen mag die Modellierung eines Star-Schemas mit nur einer Faktentabelle ausreichen. Dieses ist jedoch nur dann gegeben, wenn mehrere Kenngrößen durch genau dieselben Dimensionen beschrieben werden. Die Geschäftssituation ist in der Regel jedoch komplexer, da sehr viele Kenngrößen mit jeweils unterschiedlichen Dimensionen existieren. Das multidimensionale Schema in Abbildung 6–9 enthält z.B. die Kenngrößen Verkäufe, Umsatz, Preis und Lagerbestand, von denen nur Verkäufe und Umsatz die gleichen Dimensionen haben. Diese beiden können deshalb als ein Würfel modelliert und somit in einer Faktentabelle gespeichert werden. Für die anderen Kenngrößen müssen hingegen jeweils eigene Faktentabellen erzeugt werden.

Das hieraus entstehende Schema mit mehreren Faktentabellen, die teilweise mit den gleichen Dimensionstabellen verknüpft sind, heißt Multifaktentabellen-Schema oder Galaxie [KRRT98] (vgl. auch Multi-Cubes und Hyper-Cubes, Abschnitt 7.2.1).

Vorberechnete Aggregate: Fact Constellation

Weitere Variationen der bisher besprochenen Konzepte ergeben sich, wenn man innerhalb des Schemas nicht nur die unverdichteten Basisdaten speichern möchte, sondern aus Optimierungsüberlegungen heraus zusätzlich vorberechnete Aggregate (Abschnitt 7.5). Im klassischen Star-Schema werden die aggregierten sowie die Basisfaktdaten in der gleichen Tabelle gehalten. Die Unterscheidung der Klassifikationsstufen erfolgt in den Dimensionstabellen über ein spezielles Attribut wie z. B. »Ebene« oder »Stufe« (Abb. 7–7).

Im Gegensatz dazu ist es natürlich auch möglich, die aggregierten Daten jeweils in eigene Faktentabellen auszulagern. Dadurch erspart man sich in den Dimensionstabellen das Attribut »Ebene«, und die Performanz wird durch die kleineren aggregierten Faktentabellen verbessert. Das resultierende Schema bezeichnet man aufgrund seiner Form oft als Fact-Constellation-Schema [KRRT98]. Es stellt einen Spezialfall des Galaxie-Schemas dar, in der die verschiedenen Würfel, die sich Dimensionen teilen, durch Vorberechnung auseinander hervorgehen.

Weitere Darstellungsarten für Klassifikationshierarchien

Bei der bisherigen Diskussion von Star- und Snowflake-Schema wurde nur über normalisierte bzw. denormalisierte Darstellung der Klassifikationen gesprochen. Es gibt allerdings innerhalb dieser Klassen noch weitere Varianten, Klassifikationshierarchien darzustellen. In diesem Abschnitt werden exemplarisch drei unterschiedliche Darstellungsformen für Klassifikationen aufgezeigt und bzgl. ihrer Eignung diskutiert.

Horizontale Darstellung:
Die in den bisherigen Beispielen verwendete Darstellungsform modelliert die verschiedenen Stufen des Klassifikationsschemas als Spalten der denormalisierten Dimensionstabelle (Abb. 7–5). Aufgrund der Anordnung der Spalten nebeneinander spricht [McGu96] hierbei von einer *horizontalen Darstellung*. Ein Vorteil dieser Lösung wurde bereits angesprochen, da Einschränkungen auf höherer Granularität ohne Verbundoperationen abgearbeitet werden können. Will man jedoch z. B. alle Produktgruppen abfragen, die zu einer Produktkategorie gehören, so benötigt man nachfolgende SQL-Anweisung. Die nötige Duplikatelimination (DISTINCT-Anweisung) ist allerdings relativ teuer, da eine Sortierung erforderlich ist. Ein weiterer Nachteil dieser Lösung liegt darin, dass das Hinzufügen neuer Klassifikationsstufen (Abschnitt 7.1.3) zu einer Änderung des relationalen Schemas führt.

```
SELECT DISTINCT Produktgruppe
FROM Produkt
WHERE Produktkategorie = "weiße Ware"
```

Vertikale (bzw. rekursive) Darstellung:
Bei diesem normalisierten Modell enthält die Dimensionstabelle zwei Attribute: eine Dimensions_ID und eine Eltern_ID (Abb. 7–6). Die Dimensions_ID bezeichnet den Schlüssel, der die Beziehung zur Faktentabelle schafft. Die Eltern_ID führt die Klassifikationsstruktur ein, indem der Attributwert die Dimensions_ID der nächsthöheren Klassifikationsstufe ist. Da das Tabellenschema keinerlei Information über das Klassifikationsschema enthält, können Änderungen an dem Klassifikationsschema flexibel durchgeführt werden. Ein

weiterer Vorteil dieser Darstellungsmöglichkeit ist die elegante Behandlung vorberechneter Aggregate innerhalb der Faktentabelle, da über den gleichen Fremdschlüssel Klassifikationsknoten unterschiedlicher Granularität angesprochen werden können.

Will man allerdings z.B. alle Produktgruppen abfragen, die zu einer Produktkategorie gehören, so enthält das resultierende SQL-Statement mehrere teure Selbstverbunde (engl. self-join):

```
SELECT  L3.ElternID
FROM    Produkt AS L1, Produkt AS L2, Produkt AS L3
WHERE           L1.DimensionsID = "weiße Ware" AND
                L2.ElternID = L1.DimensionsID AND
                L3.ElternID = L2.DimensionsID
```

Dimension_ID	Eltern_ID
Lavamat S	Waschmaschinen
Duett	Waschmaschinen
Novotronic	Trockner
Vento 500	Trockner
...	...
Waschmaschinen	Waschgeräte
Trockner	Waschgeräte
...	...
Waschgeräte	weiße Ware
...	...

Abb. 7-6   *Vertikale (bzw. rekursive) Darstellung einer Klassifikationshierarchie*

Kombinierte Darstellung:
Natürlich lassen sich die Ideen einer horizontalen und einer vertikalen Darstellung kombinieren. Abbildung 7-7 zeigt das Resultat. Einerseits werden die Klassifikationsstufen wie im horizontalen Modell als Spalten repräsentiert. Allerdings werden die Stufen nicht mit den Namen der Klassifikationsstufen benannt. Dies hat den Grund, dass in der Tabelle nicht nur jeder Knoten der niedrigsten Granularitätsstufe als Tupel gespeichert wird, sondern zusätzlich auch jeder Knoten der höheren Klassifikationsstufen als Tupel dargestellt wird. Zur Unterscheidung, auf welche Klassifikationsstufe sich ein Tupel bezieht, wird ein zusätzliches Attribut vorgesehen, welches angibt, zu welcher Stufe das Tupel gehört.

Dimensions_ID	Stufe1_ID	Stufe2_ID	Stufe3_ID	Stufe
Lavamat S	Waschmaschinen	Waschgeräte	weiße Ware	0
Duett	Waschmaschinen	Waschgeräte	weiße Ware	0
Novotronic	Trockner	Waschgeräte	weiße Ware	0
Vento 500	Trockner	Waschgeräte	weiße Ware	0
...	...	...	...	...
Waschmaschinen	Waschgeräte	weiße Ware	NULL	1
Trockner	Waschgeräte	weiße Ware	NULL	1
...	...	...	...	...
Waschgeräte	weiße Ware	NULL	NULL	2
...	...	...	...	...

Abb. 7-7 *Kombinierte Darstellung einer Klassifikation*

Erweitertes Star-Schema am Beispiel SAP Business Information Warehouse

Beim Einsatz des klassischen Star-Schemas gibt es eine Reihe von Unzulänglichkeiten. Beispielsweise werden alle Hierarchiebeziehungen (Klassifikationshierarchien) als Attribute einer Dimensionstabelle modelliert. Damit ist es nur schwer möglich, nicht balancierte Hierarchien abzubilden. Die Zeitabhängigkeit von Hierarchien bzw. Attributsausprägungen lässt sich nur durch Ergänzungen, wie die in Abschnitt 7.1.3 beschriebenen, realisieren. Für die Mehrsprachigkeit von Namen muss die Dimensionstabelle um einen Sprachschlüssel ergänzt werden.

Im Business Information Warehouse der SAP (SAP BW) findet ein »erweitertes Star-Schema« Verwendung, das versucht, besser mit diesen Schwächen umzugehen. Das erweiterte Star-Schema gliedert sich in einen lösungsorientierten Teil mit den Fakt- und Dimensionstabellen und einen lösungsunabhängigen Teil mit Attribut-, Text- und Hierarchietabellen auf, der auch von anderen Star-Schemata (sog. InfoCubes) genutzt werden kann (vgl. Abb. 7-8).

Die in den Dimensionstabellen befindlichen Attribute werden Merkmale genannt. Der Primärschlüssel einer Dimensionstabelle wird durch einen künstlichen Schlüssel, die sogenannte DIM-ID, gebildet, der auch die Relation zwischen der Faktentabelle und ihren Dimensionstabellen herstellt. In den Dimensionstabellen sind die tatsächlichen Merkmalsausprägungen durch künstliche Schlüssel, die SIDs, ersetzt. Die Zuordnung einer SID zu einer Merkmalsausprägung erfolgt in der sogenannten SID-Tabelle. Die SID-Tabellen liefern die Verknüpfung zu den Stammdaten mit Hierarchien, Dimensionselementattributen sowie verschiedenen Textinformationen außerhalb der Dimensionen des Star-Schemas. Damit ist es besser möglich, dieselbe SID-Tabelle eines Merkmals aus mehreren Star-Schemata zu referenzieren.

In der Abbildung 7-8 ist diese Aufgliederung für die Dimension Produkt dargestellt. Dabei wird deutlich, dass die Attribute Packungstyp und Marke in die Attributstabelle, die textuelle eventuell mehrsprachige Beschreibung in die Texttabelle und die Produkthierarchie in die Hierarchietabelle ausgelagert ist.

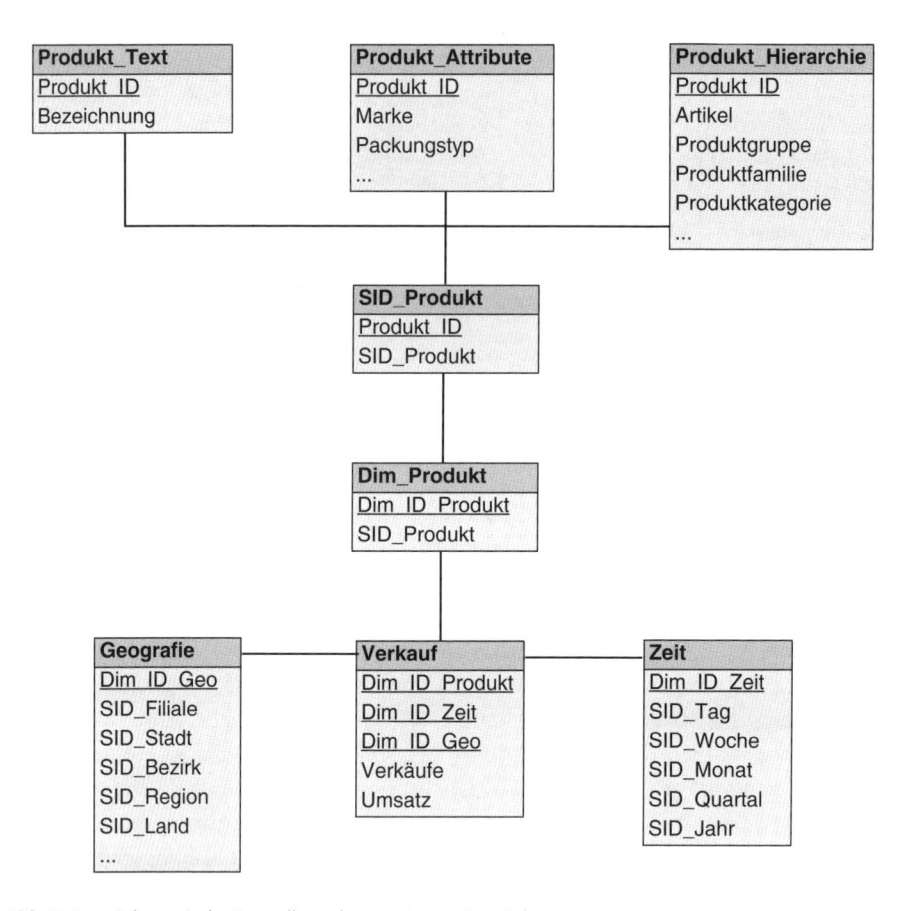

```
┌─────────────────┐         ┌─────────────────┐         ┌──────────────────┐
│ Produkt_Text    │         │ Produkt_Attribute│        │ Produkt_Hierarchie│
├─────────────────┤         ├─────────────────┤         ├──────────────────┤
│ Produkt_ID      │         │ Produkt_ID      │         │ Produkt_ID       │
│ Bezeichnung     │         │ Marke           │         │ Artikel          │
└─────────────────┘         │ Packungstyp     │         │ Produktgruppe    │
                            │ ...             │         │ Produktfamilie   │
                            └─────────────────┘         │ Produktkategorie │
                                                        │ ...              │
                                                        └──────────────────┘
```

┌─────────────────┐
│ SID_Produkt   │
├─────────────────┤
│ Produkt_ID   │
│ SID_Produkt   │
└─────────────────┘

┌─────────────────┐
│ Dim_Produkt   │
├─────────────────┤
│ Dim_ID_Produkt │
│ SID_Produkt   │
└─────────────────┘

Geografie	Verkauf	Zeit
Dim_ID_Geo	Dim_ID_Produkt	Dim_ID_Zeit
SID_Filiale	Dim_ID_Zeit	SID_Tag
SID_Stadt	Dim_ID_Geo	SID_Woche
SID_Bezirk	Verkäufe	SID_Monat
SID_Region	Umsatz	SID_Quartal
SID_Land		SID_Jahr
...		

Abb. 7-8   Schematische Darstellung des erweiterten Star-Schemas

Semantikverluste

Alle bisher beschriebenen Abbildungsvarianten eignen sich dazu, multidimensional strukturierte Daten in einem relationalen Datenbanksystem abzulegen. Allerdings geht bei allen Varianten Semantik des multidimensionalen Datenmodells verloren bzw. ist nur noch implizit im relationalen Schema vorhanden.

Eine wichtige Eigenschaft des multidimensionalen Modells beispielsweise ist die Unterscheidung zwischen Dimensionen und Kenngrößen. Betrachtet man nun die Faktentabelle, so ist aus der Tabellendefinition nicht mehr eindeutig erkennbar, ob ein Attribut (z. B. Verkäufe oder Produkt_ID) Kenngröße oder Dimension ist. Implizit kann diese Information zwar daraus ersehen werden, dass diese Attribute Fremdschlüsselbeziehungen zu Dimensionstabellen haben, die Umkehrung gilt allerdings nicht. Nicht jedes Attribut, welches in einer Fremdschlüsselbeziehung steht, repräsentiert automatisch eine Dimension. Ebenso kann innerhalb einer Dimensionstabelle nicht zwischen einem Attribut unterschieden werden, welches zum Aufbau der Klassifikationshierarchie nötig ist, und einem beschrei-

7.1 Relationale Speicherung

benden Attribut. Weiterhin geht der Aufbau der einzelnen Dimensionen verloren, d.h., welche Stufe klassifiziert welche andere und wie verlaufen die Drill-Pfade, z.B. die Information, dass Region eine Klassifikation von Städten bildet.

Aus diesem Grund ist es nötig, den Systemkatalog des relationalen Datenbankmanagementsystems für die multidimensionale Anwendung um Metadatentabellen zu erweitern, die solche Informationen enthalten. Diese Tabellen werden wiederum von der multidimensionalen Verarbeitungseinheit dazu benutzt, die SQL-Anfragen zu formulieren. Ähnlich wie beim Standardsystemkatalog gibt es an dieser Stelle auch keine Normierung, sodass jedes Produkt seine eigene Konvention verwendet.

fact_table

fact_table_id	...	fact_table_name	fact_table_desc	...
1234	...	Einkäufe	Basiskennzahlen der Logistik	...
...	...	...	...	...

fact_dim_mapping

fact_table_id	dim_id	...
1234	1	...
1234	2	...
1234	3	...
...	...	...

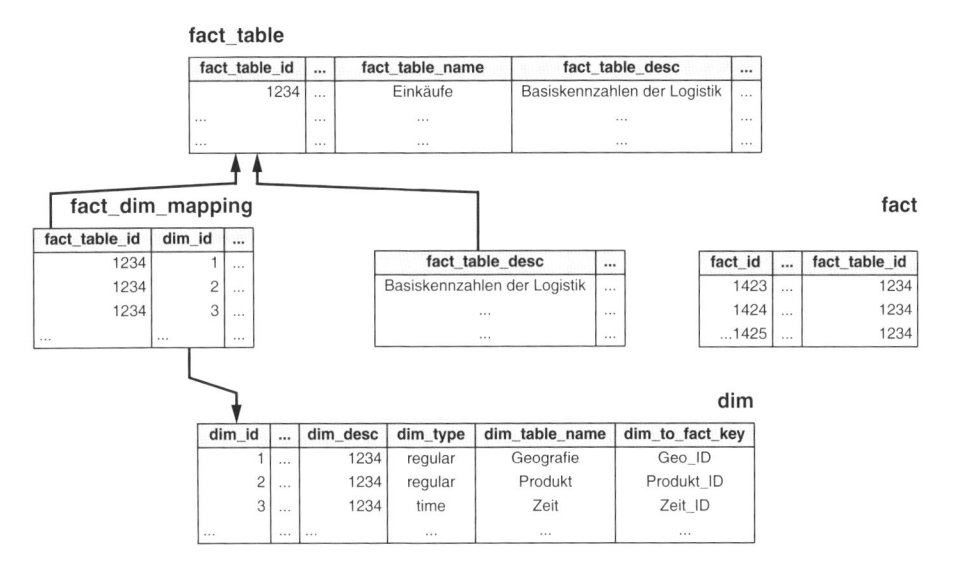

fact_table_desc	...
Basiskennzahlen der Logistik	...
...	...

fact

fact_id	...	fact_table_id
1423	...	1234
1424	...	1234
...1425	...	1234

dim

dim_id	...	dim_desc	dim_type	dim_table_name	dim_to_fact_key
1	...	1234	regular	Geografie	Geo_ID
2	...	1234	regular	Produkt	Produkt_ID
3	...	1234	time	Zeit	Zeit_ID
...	...	...	...	...	...

Abb. 7–9 *Auszug aus dem Systemkatalog von Informix MetaCube*

Abbildung 7–9 zeigt am Beispiel des Produkts Informix MetaCube einen Auszug aus den Metadatentabellen. Die Tabelle `fact_table` enthält einen Katalog aller Faktentabellen des Data-Warehouse-Schemas. Alle Kenngrößen und ihre jeweilige Zuordnung zu den Faktentabellen sind in der Tabelle `fact` enthalten. Zusätzlich dazu wird die Information gespeichert, welches Attribut der Faktentabelle die Werte für die Kenngröße speichert. Die Tabelle `dim` enthält eine Auflistung aller Dimensionen mit Typ sowie den Namen der Schlüsselspalten, die den Bezug zur Faktentabelle herstellen.

Die Beziehung zwischen Faktentabellen und Dimensionen in MetaCube hat die Kardinalität n:m, d.h., eine Dimension kann eine Beziehung zu mehreren Faktentabellen haben und eine Faktentabelle kann mehrere Dimensionen referenzieren (Galaxy-Schema). Diese Zuordnung wird durch die Tabelle `fact_dim_mapping` realisiert.

7.1.2 Relationale Umsetzung multidimensionaler Anfragen

Die konkrete Umsetzung einer multidimensional formulierten Anfrage in eine SQL-Anweisung hängt davon ab, welche der genannten Abbildungsvarianten für das Schema gewählt wurde. Im Grunde stellen solche Anfragen jedoch meist Aggregatanfragen dar, die aus einem (n+1)-Wege-Verbund zwischen den n Dimensionstabellen und der Faktentabelle sowie Restriktionen auf den Dimensionen bestehen. In Anlehnung an den Begriff des Star-Schemas wird ein solcher Mehrfachverbund als *Star-Join* bezeichnet.

Das Star-Join-Anfragemuster

Als Beispiel dient die multidimensionale Anfrage: »*Wie viele Artikel der Produktfamilie Waschgeräte wurden 2011 pro Monat in den unterschiedlichen Regionen verkauft?*« Formuliert man diese Anfrage auf dem in Abbildung 7–4 beschriebenen Star-Schema, so ergibt sich die im Folgenden dargestellte SQL-Anweisung:

```
SELECT
    Geografie.Region,
    Zeit.Monat,
    SUM(Verkäufe)
FROM
    Verkauf,
    Zeit,
    Produkt,
    Geografie
WHERE
    Verkauf.Produkt_ID = Produkt.Produkt_ID AND
    Verkauf.Zeit_ID = Zeit.Zeit_ID AND
    Verkauf.Geo_ID = Geografie.Geo_ID AND
    Produkt.Produktfamilie = "Waschgeräte" AND
    Zeit.Jahr = 2011 AND
    Geografie.Land = "Deutschland"
GROUP BY
    Geografie.Region,
    Zeit.Monat
```

Die SELECT-Klausel enthält neben den aggregierten Kenngrößen[2] aus der Faktentabelle (im Beispiel SUM(Verkäufe)) die gewünschte Ergebnisgranularität (z. B. Geografie.Region und Zeit.Monat), wie sie auch in der GROUP-BY-Klausel angegeben ist. In der FROM-Klausel werden neben der Faktentabelle diejenigen Dimensionstabellen angeführt, bzgl. derer der Anwender Einschränkungen vorgenom-

---

2. An dieser Stelle wird eine Einschränkung von Standard-SQL sichtbar: SQL unterstützt lediglich die Aggregatfunktionen SUM, AVG, MIN, MAX und COUNT. Seit den Standards SQL99 und SQL2003 halten zunehmend weitere Funktionen wie Grouping Sets, rollender bzw. gewichteter Durchschnitt Einzug in den Standard. Diese zusätzlichen Funktionen werden sukzessive, aber meist noch nicht vollständig von den Herstellern umgesetzt. (Vgl. dazu auch die SQL-Erweiterungen unter dem Abschnitt »Komplexe Gruppierungsbedingungen«.)

men hat (Zeit und Produkt) oder die zur Aggregation benötigt werden (Geografie). In der WHERE-Klausel erscheinen neben den Verbundbedingungen die Restriktionsbedingungen, die auf den Dimensionsattributen angegeben wurden (im Beispiel Produkt.Produktfamilie = "Waschgeräte" und Zeit.Jahr = 2011).

Verschiedene Möglichkeiten für die Optimierung solcher *Star-Queries* werden in Abschnitt 8.4 vorgestellt.

Komplexe Gruppierungsbedingungen

Die Forderung nach einer mächtigeren Sprachunterstützung für Data-Warehouse-Anwendungen durch SQL[3] wurde sowohl von der Datenbankindustrie als auch vom SQL-Standardisierungsgremium sehr schnell erkannt und realisiert. Als wichtigste Erweiterung ist in diesem Kontext das Gruppieren einer Eingaberelation nach mehreren Gruppierungskombinationen zu nennen. Dazu wurde in [GBLP96] der CUBE-Operator eingeführt, welcher für eine vorgegebene Menge von Gruppierungsattributen alle möglichen Gruppierungskombinationen erzeugt und die geforderten Aggregatfunktionen auf den jeweiligen Gruppen anwendet. Im Folgenden wird die Wirkungsweise des CUBE-Operators an einem Beispiel verdeutlicht.

Verkäufe(Region, ProdFamilie, Jahr, Verkäufe)

Region	ProdFamilie	Jahr	Verkäufe
Bayern	Video	2009	12
Bayern	Video	2010	48
Bayern	Video	2011	58
Bayern	Audio	2009	31
Bayern	Audio	2010	67
Bayern	Audio	2011	66
Bayern	TV	2009	15
Bayern	TV	2010	55
Bayern	TV	2011	51
Hessen	Video	2009	22
Hessen	Video	2010	50
Hessen	Video	2011	67
Hessen	Audio	2009	51
...			

a) einfache Gruppierungsbedingung

Verkäufe(Region, ProdFamilie, Jahr, Verkäufe)

Region	ProdFamilie	Jahr	Verkäufe
Bayern	Video	2005	12
Bayern	Video	2006	48
Bayern	Video	2007	58
Bayern	Video	NULL	118
Bayern	Audio	2009	31
Bayern	Audio	2010	67
Bayern	Audio	2011	66
Bayern	Audio	NULL	164
Bayern	TV	2009	15
Bayern	TV	2010	55
Bayern	TV	2011	51
Bayern	TV	NULL	121
Bayern	NULL	NULL	403
Hessen	Video	2009	22
...			
Hessen	NULL	NULL	501
NULL	Video	2009	34
NULL	Video	2010	98
NULL	Video	2011	155
NULL	Video	NULL	257
NULL	Audio	2009	82
...			
NULL	NULL	2009	172
NULL	NULL	2010	382
NULL	NULL	2011	350
NULL	NULL	NULL	806

b) komplexe Gruppierungsbedingung

Abb. 7-10 *Beispiel für die Anwendung des CUBE-Operators*

---

3. Die folgenden Erweiterungen sind bereits im Standard SQL99 vorhanden. Auf die Erläuterung der vielfältigen, aber noch nicht standardisierten Operatoren wird hier verzichtet.

Die Relation in Abbildung 7–10a spiegelt das Ergebnis folgender Star-Join-Anfrage wider, wobei die einzelnen Verkäufe nach Region, Produktfamilie und Jahr aufsummiert werden:

```
SELECT
    REGION, PRODFAMILIE, JAHR,
    SUM(VERKÄUFE) AS VERKÄUFE
FROM...
GROUP BY
    REGION, PRODFAMILIE, JAHR
```

Wichtig für statistische Auswertungen ist in diesem Zusammenhang jedoch die Berechnung von Zwischen- und Gesamtsummen. Um alle Teilsummen für eine Menge von Gruppierungsattributen in einer einzelnen SQL-Anfrage zu bestimmen, ist die Spezifikation von 2^N Teilanfragen nötig, die jeweils über eine UNION miteinander verbunden sind. Für N Gruppierungsattribute berechnet dann jede Teilanfrage die Aggregate für eine einzelne Kombination:

```
(SELECT
    REGION, PRODFAMILIE, JAHR,
    SUM(VERKÄUFE) AS VERKÄUFE
FROM...
GROUP BY
    REGION, PRODFAMILIE, JAHR)
UNION
(SELECT
    NULL AS PRODFAMILIE, REGION, JAHR,
    SUM(VERKÄUFE) AS VERKÄUFE
FROM...
GROUP BY
    REGION, JAHR)
UNION
    ... // (PRODFAMILIE, REGION), (PRODFAMILIE, JAHR),
        // (REGION), (JAHR)
UNION
(SELECT
    PRODFAMILIE, NULL AS REGION, NULL AS JAHR,
    SUM(VERKÄUFE) AS VERKÄUFE
FROM...
GROUP BY
    PRODFAMILIE)
UNION
(SELECT
    NULL AS PRODFAMILIE, NULL AS REGION, NULL AS JAHR,
    SUM(VERKÄUFE) AS VERKÄUFE
FROM...)
```

In Abbildung 7–10b ist das Ergebnis dieser Beispielanfrage dargestellt. Je dunkler die Tupel in der Ergebnisrelation hinterlegt sind, desto höher ist das korrespondierende Aggregationsniveau, d.h., desto stärker sind die Teilsummen verdichtet. Bei der Formulierung dieser Anfrage ist weiterhin zu beachten, dass Gruppierungsattribute, über die in der jeweiligen Teilanfrage aggregiert wird, mit einem konstanten Wert (normalerweise Nullwert) aufgefüllt werden müssen, um das gemeinsame Schema zu erfüllen. Abbildung 7–11 visualisiert das Ergebnis der Anwendung des CUBE-Operators in Form von geschachtelten Kreuztabellen mit zwei verschiedenen Pivotierungen.

Verkäufe		Video	Audio	TV	SUMME
Bayern	2009	12	31	15	58
	2010	48	67	55	170
	2011	58	66	51	175
	SUMME	118	164	121	403
Hessen	2009	22	51	49	122
	2010	50	34	37	121
	2011	67	42	51	160
	SUMME	139	127	137	403
SUMME		257	291	258	806

Verkäufe		Video	Audio	TV	SUMME
2009	Bayern	12	31	15	58
	Hessen	22	51	49	122
	SUMME	34	82	64	180
2010	Bayern	48	67	55	170
	Hessen	50	34	37	121
	SUMME	98	101	92	291
2011	Bayern	58	66	51	175
	Hessen	67	42	51	160
	SUMME	125	108	102	335
SUMME		257	291	258	806

Abb. 7–11 *Ergebnis des CUBE-Operators visualisiert als Kreuztabelle*

Als Nachteil dieser Lösung ist zum einen die aufwendige Formulierung einer derartigen Anfrage zu nennen. Dagegen kann jedoch argumentiert werden, dass analytisch orientierte SQL-Anfragen im Data-Warehouse-Bereich typischerweise durch ein OLAP-Werkzeug automatisch generiert werden und somit nicht als Einschränkung geltend gemacht werden dürften. Zum anderen ist jedoch zu bedenken, dass die potenziell teueren Verbundoperationen für jede Teilanfrage erneut ausgewertet werden müssen, was in einer nicht akzeptierbaren Erhöhung des Anfrageaufwandes resultiert. Als »Kurzschreibweise« für derartige Anfragemuster wurde in [GBLP96] der sogenannte CUBE-Operator eingeführt. Für eine vorgegebene Menge von Gruppierungsattributen werden analog zu obiger Beispielanfrage alle möglichen Gruppierungskombinationen generiert.

```
SELECT
   REGION, PRODFAMILIE, JAHR,
   GROUPING(REGION), GROUPING(PRODFAMILIE), GROUPING(JAHR),
   SUM(VERKÄUFE) AS VERKÄUFE
FROM...
GROUP BY
   CUBE(REGION, PRODFAMILIE, JAHR)
```

Im Zusammenhang mit der Einführung des CUBE-Operators ist weiterhin auf die GROUPING-Funktion in der SELECT-Klausel hinzuweisen. Angewandt auf ein Gruppierungsattribut, liefert die GROUPING-Funktion den numerischen Wert 1, wenn über dieses Attribut hinweggaggregiert ist. Andernfalls, d.h. bei Gruppierung nach dem entsprechenden Attribut, enthält die Ausprägung den numerischen Wert 0. So weist z.B. das Tupel, welches die Gesamtsumme repräsentiert, den numerischen Wert 1 in allen Gruppierungsattributen auf. Um – als Beispiel einer Anwendung – die Gesamtsumme bei einer Anfrage nicht zurückzuliefern, ist folgende HAVING-Klausel unter Anwendung von GROUPING-Funktionen der Anfrage anzufügen:

```
...
HAVING
    NOT (GROUPING(PRODFAMILIE) = 1
    AND GROUPING(REGION) = 1
    AND GROUPING(JAHR) = 1)
```

Zusammenfassend kann festgehalten werden, dass der CUBE-Operator alle möglichen Gruppierungskombinationen für die als Parameter angegebenen Attribute erzeugt. Da keine funktionalen Abhängigkeiten etc. berücksichtigt werden, ist der CUBE-Operator interdimensional, d.h. für Attribute aus unterschiedlichen Dimensionen anzuwenden. Als intradimensionales Gegenstück dazu wurde der ROLLUP-Operator in SQL99 [SQL99] standardisiert. Für eine angegebene Liste von Attributen $A_1, ..., A_N$ werden nicht alle, sondern nur die Gruppierungskombinationen $(A_1, ..., A_N)$, $(A_1, ..., A_{N-1})$, ..., (A_1, A_2), (A_1) und $()$ generiert. Durch Anwendung dieses Operators werden Klassifikationshierarchien berücksichtigt. Eine Teilsummenbildung für die beiden Dimensionen Geografie und Produkt wird dementsprechend formuliert als:

```
SELECT
    PRODKATEGORIE, PRODFAMILIE,
    REGION, LAND,
    SUM(VERKÄUFE) AS VERKÄUFE
FROM...
GROUP BY
    ROLLUP(PRODKATEGORIE, PRODFAMILIE), ROLLUP(LAND, REGION)
```

Der linke ROLLUP-Operator erzeugt die Gruppierungskombinationen (PRODKATEGORIE, PRODFAMILIE), (PRODKATEGORIE), (). Diese Kombinationen werden entsprechend der üblichen Kommasemantik der GROUP-BY-Klausel mit dem Ergebnis des rechten ROLLUP-Operators kombiniert, d.h. mit (LAND, REGION), (LAND) und () »gekreuzt«. Das Ergebnis der obigen Anfrage ist in Abbildung 7–12 dargestellt.

Der Unterschied zwischen CUBE- und ROLLUP-Operator wird an obigem Beispiel verdeutlicht. Der CUBE-Operator resultiert für die vier Gruppierungsattribute PRODKATEGORIE, PRODFAMILIE, LAND, REGION in 16 unterschiedlichen Gruppierungen. Die Kombination von zwei ROLLUP-Operatoren hingegen liefert lediglich $3 \times 3 = 9$ Kombinationen. Die durch funktionalen Abhängigkeiten redundanten Gruppierungen wie beispielsweise (PRODFAMILIE, PRODKATEGORIE, REGION, LAND) und (PRODFAMILIE, REGION) werden unter Verwendung des ROLLUP-Operators nur einmal erzeugt.

Produktkategorie	Produktfamilie	Land	Region	Verkäufe
Unterhaltungselektronik	Video	Deutschland	Bayern	118
Unterhaltungselektronik	Audio	Deutschland	Bayern	164
Unterhaltungselektronik	TV	Deutschland	Bayern	121
Unterhaltungselektronik	NULL	Deutschland	Bayern	403
Weiße Ware	Waschgeräte	Deutschland	Bayern	165
Weiße Ware	Küchengeräte	Deutschland	Bayern	158
Weiße Ware	NULL	Deutschland	Bayern	323
Unterhaltungselektronik	Video	Deutschland	Hessen	84
...				
Unterhaltungselektronik	Video	Deutschland	NULL	557
Unterhaltungselektronik	Audio	Deutschland	NULL	498
Unterhaltungselektronik	TV	Deutschland	NULL	654
Unterhaltungselektronik	NULL	Deutschland	NULL	1709
Weiße Ware	Waschgeräte	Deutschland	NULL	453
Weiße Ware	Küchengeräte	Deutschland	NULL	402
Weiße Ware	NULL	Deutschland	NULL	855
Unterhaltungselektronik	Video	Österreich	Tirol	79
...				

Abb. 7–12 *Beispiel für die Anwendung des ROLLUP-Operators*

Die flexibelste Form der Gruppierungsspezifikation in SQL99 ist das Sprachkonstrukt der GROUPING SETS. Die Argumente einer GROUPING-SETS-Klausel bestehen entweder aus einfachen Gruppierungskombinationen wie (REGION, JAHR) oder komplexen Gruppierungsbedingungen formuliert durch CUBE- oder ROLLUP-Operatoren. GROUPING SETS selbst dürfen nicht Parameter einer GROUPING-SETS-Anweisung sein, jedoch mit anderen GROUPING SETS kombiniert werden. Folgendes Beispiel zeigt eine Anwendung von GROUPING SETS:

```
SELECT
    PRODFAMILIE, PRODKATEGORIE,
    REGION, STADT,
    JAHR, QUARTAL, MONAT, WOCHE,
    SUM(VERKÄUFE) AS VERKÄUFE
FROM...
GROUP BY
    ROLLUP(PRODKATEGORIE, PRODFAMILIE),
    GROUPING SETS((STADT), (REGION)),
    GROUPING SETS(ROLLUP(JAHR, QUARTAL, MONAT), (WOCHE))
```

In der Produktdimension wird ohne weitere Einschränkung entlang der Klassifikationshierarchie ausgewertet. Die Geografiedimension hingegen weist nur Auswertungen für einzelne Städte und Regionen auf. Gesamtzahlen und eine Aufschlüsselung nach Bezirken sind nicht erwünscht. Die Parallelhierarchie der Zeit wird voll ausgewertet: Die GROUPING-SETS-Klausel dient dazu, den ROLLUP entlang der monatsweisen Gruppierung und die zusätzliche Gruppierung nach Wochen zu definieren.

7.1.3 Relationale Versionierungs- und Evolutionsaspekte

Zeitliche Veränderungen können, wie in Abschnitt 6.3 beschrieben, sowohl Klassifikationshierarchien als auch das dazugehörige Klassifikationsschema und Würfelschema betreffen. Diese theoretisch eingeführten Änderungsmöglichkeiten müssen im relationalen Datenmodell umgesetzt werden.

Produkt

Artikel	Produktgruppe
Quickphone 150 [2011-07-01, 2011-12-31]	Singleband [2011-07-01, 2011-12-31]
Quickphone 150 [2012-01-01, ∞]	Dualband [2012-01-01, ∞]
Quickphone 100 [2011-07-01, ∞]	Singleband [2011-07-01, ∞]

Abb. 7-13 *Attribut-Zeitstempelung*

Zur temporalen Erweiterung relationaler Datenmodelle existieren zwei wesentliche Ansätze, die Attribut-Zeitstempelung und die Tupel-Zeitstempelung. Bei der Attribut-Zeitstempelung (Abb. 7-13) wird zu jedem zeitabhängigen Attribut dessen Gültigkeitsanfangszeitpunkt und -endzeitpunkt gespeichert. Hierbei erfolgt eine Zuweisung von einem temporalen Element in den Wertebereich des Attributs [GaNa93]. Es existieren innerhalb eines Tupels Zeitversionen für jedes zeitabhängige Attribut, d.h., es kommt zu einer unterschiedlichen Anzahl von Wiederholgruppen innerhalb der einzelnen zeitabhängigen Attribute. Daher befinden sich die geschachtelten Tupel nicht in erster Normalform. Bei der Tupel-Zeitstempelung (Abb. 7-14) wird jedes Tupel um Attribute erweitert, die den Zeitstempel z.B. in Form von Gültigkeitsanfangszeitpunkt und -endzeitpunkt enthalten. Eine Änderung nur eines zeitabhängigen Attributwerts in einem Tupel bewirkt die Erstellung einer neuen Version für das gesamte Tupel, wodurch die gleich bleibenden Attribute im Tupel redundant gespeichert werden [KnMy96].

Versionierungsprobleme werden oft mittels einer Tupel-Zeitstempelung gelöst, da sie in den derzeit kommerziell erhältlichen Systemen einfacher realisierbar ist. Ein Nachteil, der in allen Ansätzen mit Tupelversionierung auftritt, ist der Anstieg des Datenvolumens, da auch nur bei Änderung eines Attributwerts ein Datensatz komplett verdoppelt wird.

Produkt

Artikel	Produktgruppe	G_A	G_E
Quickphone 150	Singleband	2011-07-01	2011-12-31
Quickphone 150	Dualband	2012-01-01	∞
Quickphone 100	Singleband	2012-07-01	∞

Abb. 7-14 *Tupel-Zeitstempelung*

Klassifikationshierarchieänderungen

Lösungsansätze für Klassifikationshierarchieänderungen wie Modifikation, Hinzunahme oder Entfernung von Klassifikationsknoten sind nur dann adäquat realisierbar, wenn Änderungen an vorhandenen Datensätzen nur relativ selten stattfinden, d. h., wenn sich die Dimensionsstrukturen nur langsam verändern (engl. slowly changing dimensions, [Kimb96a] und [Kimb96b]). Ein typisches Beispiel für eine sich langsam verändernde Dimension ist die Produktdimension. Hier werden die Beschreibungen für bestehende Produkte nur gelegentlich verändert, z. B. wenn aufgrund technischer Neuerungen Modifikationen an einem Produkt vorgenommen werden.

Es lassen sich unterschiedliche Realisierungsalternativen aufzeigen:

- *Überschreiben*:
Beim Überschreiben (engl. update in place oder overwriting) werden zeitliche Veränderungen dadurch behandelt, dass die bestehenden Tupel modifiziert werden. Die alten Werte gehen verloren, sodass dadurch die Forderung nach Historizität nicht mehr gewahrt bleibt und früher gestellte Anfragen nicht mehr mit gleichem Ergebnis wiederholbar sind. Eine Behandlung temporaler Veränderungen durch Überschreiben alter Werte kann daher nicht als adäquate Lösung der zeitlichen Problematik in Data-Warehouse-Systemen angesehen werden. Sie kann bestenfalls dazu verwendet werden, um bisher fehlende Werte in Ableitungs- und Auswertungsdatenbanken, wie z. B. eine fehlende Kundenanschrift, nachträglich zu aktualisieren.

- *Ansatz mit Versionsnummern*:
Ein anderer Ansatz von Kimball verwendet das Prinzip der Tupelversionierung. Dieser behebt den Nachteil, dass historische Daten verloren gehen. Bei einer Änderung werden grundsätzlich keine bestehenden Tupel aktualisiert, sondern immer neue Tupel erzeugt. Die Tupel werden dabei nicht mit einem Zeitstempel versehen, sondern mit einer Versionsnummer gekennzeichnet, d. h., die Zeit wird nicht explizit modelliert. Der Zeitbezug erfolgt ausschließlich über die Faktentabelle, deren Primärschlüssel auch ein Attribut enthält, welches die Verknüpfung zur Zeitdimension darstellt. Tupelversionen entstehen durch die Erweiterung des Primärschlüssels der Dimensionstabelle um ein

Attribut, in dem dann die Versionsnummern der einzelnen Tupel abgespeichert werden. Abbildung 7–15 zeigt die Dimensionstabelle der Produktdimension und die entsprechende Faktentabelle nach einer Erweiterung des Produktschlüssels um eine dreistellige Versionsnummer.

Produkt

ANR_VNR	Artikel	Produktgruppe	Produktfamilie
1235-001	Quickphone 150	Singleband	Mobiltelefon
1235-002	Quickphone 150	Dualband	Mobiltelefon
1237-001	Quickphone 100	Singleband	Mobiltelefon
1239-001	Quickphone 200	Dualband	Mobiltelefon
⋮	⋮	⋮	⋮

Faktentabelle

ANR_VNR	Filial_ID	Zeit_ID	Verkauf	Einkauf	Preis
1235-001	50013	02.03.2011	60	200	299,00
1237-001	50013	02.03.2011	31	150	599,00
1235-002	50013	05.03.2011	50	300	199,00
1237-001	50013	05.03.2011	20	120	99,00
1235-002	50013	06.03.2011	53	140	199,00
1239-002	50013	06.03.2011	35	134	99,00
124623-003	50013	07.03.2011	40	123	2499,00
⋮	⋮	⋮	⋮	⋮	⋮

Abb. 7–15 *Fakten- und Dimensionstabelle nach Erweiterung um Versionsnummern*

Der Vorteil dieser Versionierung mit Versionsnummern ist, dass sich die Versionsnummern sowohl in der Dimensionstabelle als auch in der Faktentabelle widerspiegeln. Bei einer Änderung eines Objekts zeigt der Datensatz mit der alten Versionsnummer immer auf die Einträge in der Faktentabelle, die bis zur Änderung relevant waren. Der Datensatz mit der neuen Versionsnummer zeigt auf alle zugehörigen Faktendatensätze nach der Änderung. Der Nachteil dieses Ansatzes besteht in dem Verlust des expliziten Zeitbezugs.

- *Ansatz mit Zeitattributen*:
Erst ein Ansatz mit zusätzlichen Zeitattributen macht eine vollständige Historisierung mit einer zeitlichen Zuordnung ohne die Faktentabelle möglich. Je nach Anwendungsfall können sowohl die Gültigkeitszeit als auch die Transaktionszeit mit modelliert werden. Änderungen innerhalb der Klassifikationshierarchie benötigen so mehrere Zeitstempel, um das Objekt zeitlich eindeutig einzuordnen. Für eine korrekte Wiedergabe der Zeiten sind jeweils »Transaktionszeit-Anfang« (T_A), »Transaktionszeit-Ende« (T_E), »Gültigkeitszeit-Anfang« (G_A) und »Gültigkeitszeit-Ende« (G_E) notwendig. Zur Sicherstellung der Eindeutigkeit wird die Anfangszeit mit zum Primärschlüssel hinzugefügt. Eine Änderung der Klassifikationshierarchie zieht so immer mehrere Änderungen der Instanzen der Tabelle nach sich. Eine Änderung wie eine Modifikation muss einerseits die Endzeitpunkte ändern und andererseits einen neuen Tupeleintrag erzeugen.

Abbildung 7–14 zeigt eine Modifikation einer Klassifikationshierarchie, in der der »Quickphone 150« zuerst als Singleband und danach als Dualband geführt wird.

Ansatz mit »Current«-Attribut:
In [Kimb96b] stellt Kimball einen weiteren Ansatz zur Behandlung temporaler Veränderungen vor, der zwar nicht für eine vollständige Historisierung geeignet ist, aber bei Anfragen nach einem anderen Zustand ausreichend ist. Für diesen Ansatz wird ein zusätzliches Attribut benötigt, das den ersten Zustand aufnimmt. Bei Änderungen eines Attributes wird der aktuell gültige Wert überschrieben, der ursprüngliche Wert bleibt jedoch erhalten. Daher gehen Änderungen, die zwischen der erstmaligen Eingabe und dem aktuell gültigen Wert durchgeführt wurden, verloren. In Abwandlung hiervon kann statt des ursprünglichen Wertes der zuletzt gültige Wert gespeichert werden. In Analogie zu dem obigen Beispiel enthält das zusätzliche Attribut die Information, dass Quickphone 150 vormals ein Singleband-Telefon war. Eine weitere Änderung führt aber zum Verlust dieser Information.

Schemaänderungen

Schemaänderungen sowohl auf dem Klassifikationsschema als auch auf dem Würfelschema ziehen weitreichendere Konsequenzen als Klassifikationshierarchieänderungen nach sich. Eine Änderung des Würfelschemas bedingt abhängig von den Realisierungsalternativen Schemaevolution oder -versionierung auch Änderungen an den Instanzen. Änderungen des Klassifikationsschemas bewirken in jedem Fall eine Änderung der Klassifikationshierarchie.

Allen Änderungen auf Schemaebene ist gemeinsam, dass sich die Änderungen auf einer Sprachebene über den Instanzen, also auf der Metaebene, niederschlagen, d.h. eine Metadatenänderung bewirken, die wiederum eine Änderung der Instanzen nach sich zieht. Vereinfacht gesehen werden in einem relationalen Datenbanksystem die zwei Relationen »Relation« und »Attribut« auf der Metaebene zur Verwaltung des Schemas notwendig. In Abbildung 7–16 wird aber nur eine vereinfachte Darstellung der benötigten Relationen für ein Star-Schema verwendet, in der andere Attribute wie Wertebereiche weggelassen werden. In »Relation« werden die in dem Würfelschema verwendeten Relationen wiedergegeben. Die Relation »Attribut« beschreibt das Vorkommen von Attributen in den verwendeten Relationen. Die Instanzen der beiden Relationen stehen als Abgrenzung zu der Objektebene in Anführungszeichen. Es besteht so eine direkte Verbindung zu der Objektebene, d.h., eine Veränderung der Instanzen zieht eine Veränderung der Attribute und Relationen auf der Objektebene nach sich. In Abbildung 7–16 sind außerdem Attribute für die Gültigkeit-Anfangs- und Endzeitpunkte von Attributen und Relationen hinzugefügt.

Eine Änderung des Schemas und somit eine Änderung der Tupel auf der Metaebene zieht eine direkte Änderung der Relationen nach sich. Abhängig von der verfolgten Strategie wie Schemaevolution oder -versionierung werden unterschiedliche Konsequenzen deutlich:

```
Attribut(AttributDefName, RelationDefName, G_A,      GE)
        "Artikel"          "Produkt"      2011-07-01, ∞
        "Marke"            "Produkt"      2011-07-01, 2011-12-31
        "Produktgruppe"    "Produkt"      2011-08-01, ∞
        "Produktfamilie"   "Produkt"      2011-08-01, ∞
        "Artikel_ID"       "Verkaeufe"    2011-08-01, ∞
...

Relation (RelationDefName, G_A,      GE)
         "Produkt"     2011-07-01, ∞
         "Verkaeufe"   2011-07-01, ∞
```

Abb. 7-16 *Metarelationen zur zeitbehafteten Schemabeschreibung*

- *Schemaevolution*:
  Schemaevolution zieht ein Überschreiben auf der Metaebene nach sich. Dagegen müssen sich Änderungen in einer Anpassung der Instanzen auf Objektebene niederschlagen. Die Relationen können mit den Modifikationen weiterhin verwendet werden. Eine Erweiterung der Metarelationen um Zeit- oder Versionsattribute ist nicht notwendig.

- *Schemaversionierung*:
  Für eine Schemaversionierung ist ein Zeitbezug oder eine Versionskontrolle auf der Metaebene notwendig. Dazu muss das Metaschema um Attribute für Versionen oder Zeit erweitert werden. Dagegen geschieht eine Anpassung normalerweise bei der Anfrage, was eine Adaption der Objektinstanzen zur Schemaänderungszeit unnötig macht. Eine Änderung der Metaebene kann unterschiedliche Folgen auf die Relationen der Objektebene haben. Man unterscheidet zwischen dem Ansatz, bei dem nur eine Relation mit einer Attributversionierung gebildet wird, und dem Ansatz, bei dem immer neue Relationen erzeugt werden [CaGS97].

Abschließend wird ein kurzer Überblick über die Operatoren und deren Auswirkungen auf Metaebene und darauf folgend auf der Instanzebene gegeben. Die Evolution zieht prinzipiell keine Relationsbildung nach sich. Bei der Versionierung sind entweder neue Relationen oder eine Anpassung der bestehenden notwendig:

Operator	Schemaevolution	Schemaversionierung
insert classification level	Neues Tupel auf Metaebene hinzufügen; Anpassung der Instanzen der Objektebene	Neues Tupel auf Metaebene hinzufügen und bestehende Tupel auf Metaebene anpassen
delete classification level	Bestehendes Tupel auf Metaebene löschen; Anpassung der Instanzen der Objektebene	Bestehende Tupel auf Metaebene ändern
insert measure	Neues Tupel auf Metaebene hinzufügen; Instanzen modifizieren (nach Wahl)	Neues Tupel auf Metaebene hinzufügen
delete measure	Bestehendes Tupel auf Metaebene löschen; Instanzen werden automatisch gelöscht	Bestehendes Tupel auf Metaebene ändern
insert dimension	Neues Tupel auf Metaebene hinzufügen; Instanzen (nach Wahl) ändern	Neues Tupel auf Metaebene hinzufügen
delete dimension	Bestehendes Tupel auf Metaebene löschen; Instanzen aggregieren	Bestehendes Tupel ändern; bestehendes Tupel auf Metaebene anpassen
modify granularity	Bestehendes Tupel auf Metaebene ändern; Instanzen aggregieren/ deaggregieren	Neues Tupel auf Metaebene hinzufügen; bestehendes Tupel anpassen

Tab. 7–1 *Auswirkungen verschiedener Operationen bei Schemaevolution und -versionierung*

7.2 Multidimensionale Speicherung

Die Speicherung des multidimensionalen Modells in einer relationalen Datenbank erfordert, wie im vorigen Abschnitt beschrieben, einen größeren Aufwand auf der Datenhaltungs- und der Datenauswertungsseite. Zum einen ist die multidimensionale Struktur in eine oder mehrere »flache« relationale Tabellen zu pressen, zum anderen sind im Modell semantisch vorhandene Elemente auf Tabellen und Spalten des relationalen Schemas abzubilden. Insgesamt kann zwar in einer endlichen Anzahl von Schritten das multidimensionale Modell auf einer relationalen Datenbank realisiert werden, dennoch sind neben diesem Abbildungsaufwand weitere Punkte bei einer solchen Realisierung zu beachten:

Die Formulierung multidimensionaler Anfragen und multidimensionaler Problemstellungen muss immer zuerst in die relationale Repräsentation übersetzt werden. Letztere kann als Ergebnis der erwähnten Abbildung entsprechend komplex sein, sodass die Gefahr besteht, dass weniger die Problemstellung als die Suche nach den passenden Elementen in der relationalen Datenbank im Vordergrund steht.

Um Problemstellungen dennoch mehr auf Modell- und nicht auf Implementierungsebene zu lösen, sind komplexe Anfragewerkzeuge notwendig, die die relationale Repräsentation wieder in die multidimensionale Anwendersicht zurücktransformieren. Eine direkte Interaktion mit dem relationalen Datenmodell ist für Endanwender wenig geeignet, da viele aus dem multidimensionalen Modell bekannte Konstrukte nicht direkt in einer relationalen Datenbank angeboten werden, sondern dort über vorhandene Elemente wie Spalten oder Fremdschlüssel realisiert werden.

Diese Überlegungen legen nahe, dass eine (nahezu) direkte Speicherung des multidimensionalen Modells Vorteile für die Erstellung und die Anwendung eines solchen Modells mit sich bringt. Die direkte Umsetzung des multidimensionalen Modells zur Speicherung der Daten erfolgt in multidimensionalen Datenbankmanagementsystemen (MDBMS).

7.2.1 Datenstrukturen

Die direkte Umsetzung der Elemente des multidimensionalen Modells in eine physische Speicherung resultiert in unterschiedlichen Datenstrukturen für Dimensionen und Datenwürfel. Da die multidimensionale Speicherung im Wesentlichen auf Arrays basiert (Abschnitt 7.2.2), ist eine Ordnung der Dimensionen zur Adressierung der Würfelzellen notwendig. Diese Ordnung ist prinzipiell frei wählbar und muss für den Anwender nicht sichtbar sein, da sie allein für die interne Verarbeitung benötigt wird.

Dimension

Bezüglich der Speicherung ist eine Dimension eine endliche geordnete Liste von Dimensionswerten, die sowohl die Dimensionselemente als auch die Klassifikationsknoten der höheren Klassifikationsstufen umfasst. Die Dimensionswerte besitzen in der Regel einen a priori festzulegenden Datentyp. Als Datentyp sind hier lediglich einfache, unstrukturierte Datentypen wie »Text«, »Ganzzahl« oder »Datum« erlaubt.

Die Ordnung der Dimensionswerte ist sowohl für die Würfel als auch für komplexe Kalkulationen auf multidimensionalen Daten notwendig. Durch die Ordnung innerhalb der Dimensionswerte erhält jeder Dimensionswert eine festgelegte ganze Ordnungszahl, mit welcher der Dimensionswert eindeutig identifiziert werden kann. Dies entspricht einer Abbildung der Dimensionswerte auf eine Indexmenge.

Die Ordnungszahlen sind ganze Zahlen (INTEGER) mit 2 oder 4 Byte, womit die Ordnungszahlen Werte von 0 bis entweder 2^{16} oder 2^{32} einnehmen können. Diese Tatsache ist in der Regel für die Forderung nach Endlichkeit der Werteliste verantwortlich.

Eine Dimension D mit m Dimensionswerten kann somit formal als m-Tupel (geordnete Liste von m Werten) beschrieben werden:

$$D = (x_1^D, x_2^D, ..., x_m^D)$$

Mit | D | = m wird die Anzahl der Dimensionswerte der Dimension D bezeichnet.

Würfel

Durch die Kombination mehrerer Dimensionen wird ein mehrdimensionaler Würfel definiert (Abb. 3–3), dessen formale Beschreibung in Abschnitt 6.2 bereits ausführlich vorgestellt wurde. Im Folgenden wird diese Beschreibung im Hinblick auf die Speicherung konkretisiert.

Die n Dimensionen eines Würfels spannen einen n-dimensionalen Raum auf. Die m Dimensionswerte einer Dimension teilen den Würfel für diese Dimension in m unterschiedliche, parallele Ebenen. Aufgrund der Endlichkeit der Dimensionswerteliste existiert je Dimension auch nur eine endliche, genau gleich große Liste von Ebenen im Würfel. Eine Ebene eines Würfels bzgl. einer bestimmten Dimension wird eindeutig durch einen Dimensionswert festgelegt.

Der Schnittpunkt von n Ebenen eines n-dimensionalen Würfels, wobei jede Ebene aus einer der n Dimensionen des Würfels stammt, bezeichnet eine einzelne Zelle des Würfels, in welcher die Kenngrößen abgelegt werden. Eine Zelle eines n-dimensionalen Würfels wird eindeutig über ein n-Tupel von Dimensionswerten bestimmt, wobei das Element i des n-Tupels ein Dimensionswert der Dimension D_i ist (i = 1 ... n). In eine Zelle des Würfels können damit Werte eingefügt werden, die eindeutig über ein n-Tupel identifiziert werden können. Die Zellen können eine oder mehrere Kenngrößen aufnehmen, die jeweils einem vorher festzulegenden Datentyp entsprechen.

Ein Würfel W (engl. cube) kann damit in Anlehnung an die Definition in Abschnitt 6.2.2 wie folgt beschrieben werden:

$$W = ((D_1, D_2, ..., D_n), (M_1: Typ_1, ..., M_m: Typ_m)).$$

Dabei bezeichnen:

- D_i die (in der Regel paarweise verschiedenen) Dimensionen
- $M_i: Typ_i$ die Kenngrößen des Würfels mit dem jeweiligen Datentyp.

Der Würfel Verkauf aus dem laufenden Beispiel kann beispielsweise folgendermaßen definiert werden:

Verkauf = ((Produkt, Geografie, Zeit), (Verkäufe: integer, Umsatz: long))

Die Reihenfolge der Dimensionen, die den Würfel bilden, ist zunächst beliebig, hat aber bei der Speicherung der Werte in den Würfelzellen eine weitreichende Bedeutung (Abschnitt 7.2.2). Somit ist die Liste der Dimensionen eines Würfels wiederum geordnet und endlich. Theoretisch kann ein n-dimensionaler Würfel beliebig viele Dimensionen haben, n wäre somit unbeschränkt. Technisch sind n jedoch Grenzen gesetzt, die von der konkreten Implementierung abhängen. Diese Grenze sollte für eine sinnvolle Nutzung eines multidimensionalen Systems nicht zu niedrig sein.

Es ist jedoch auch zu beachten, dass Auswertungen mit steigender Anzahl von Dimensionen je Würfel immer schwieriger zu überblicken sind, da mit der multidimensionalen Speicherung bei der Anzeige eines Würfels häufig auch alle Dimensionen des Würfels mit angezeigt werden (Abschnitt 7.2). Oftmals deutet eine hohe Dimensionsanzahl je Würfel darauf hin, dass unsauber modelliert wurde. In einem solchen Fall sind die Dimensionen meist nicht, wie gefordert, unabhängig voneinander (Abschnitt 6.2.2).

Die weitaus meisten Kenngrößen sind numerischer Natur. Würfel, die Textdaten enthalten, werden meist für die Speicherung von Zusatzinformationen wie Ladedatum, längere Beschreibungstexte für Dimensionswerte oder sonstige Werte verwendet. Solche Würfel sind meist nur ein- oder zweidimensional. Auswertungen auf Würfeln mit komplexen Datentypen wie Video, Audio, Text etc. sind selten anzutreffen, da auf solchen Datentypen Standardrechenoperationen nur schwer möglich sind und spezielle Operatoren definiert werden müssen.

Zu beachten ist bei der Speicherung von Werten in den Würfelzellen auch die Bedeutung von leeren Zellen, d.h. Zellen ohne Inhalt. Dies tritt dann ein, wenn für die Dimensionswertekombination des n-Tupels, welches die Zelle eindeutig identifiziert, keine Werte vorhanden sind. Gründe hierfür können sein, dass ein Wert für eine Würfelzelle bei der Prüfung während der Ladephase abgelehnt wurde oder ein Wert aufgrund der Semantik der Anwendung nicht sinnvoll ist.

Für jeden einzelnen Fall von Zellen ohne Inhalt muss das Projektteam, das den Würfel entwirft, erstellt und befüllt, definieren, welcher Datenwert in die entsprechende Komponente der Zelle geschrieben wird:

- Zahlenwert 0
- Text, sofern möglich, der die gewünschte Semantik der Nichtexistenz anzeigt
- undefiniert

Soll die Nichtexistenz eines Wertes explizit und eindeutig gespeichert werden, so muss das multidimensionale Datenbankmanagementsystem einen entsprechend ausgezeichneten Wert, der sich von allen möglichen Werten für alle möglichen Datentypen unterscheidet, bereitstellen (vgl. Abschnitt 6.2.3).

Alternativen zur Speicherung mehrerer Kenngrößen

Multidimensionale Datenbanksysteme unterscheiden sich in der Art und Weise, wie die verschiedenen Kenngrößen in Würfeln gespeichert werden können. Die wesentlichsten Kriterien dabei sind die Fragen, ob ein Würfel mehrere Kenngrößen enthalten kann und ob eine multidimensionale Datenbank mehrere Würfel umfassen kann.

In den bisherigen Ausführungen in Kapitel 6 und auch in diesem Kapitel wird davon ausgegangen, dass die Würfelzellen mehrere Kenngrößen enthalten können. Prinzipiell besteht sowohl auf konzeptueller als auch auf physischer Ebene die Möglichkeit, für jede Kenngröße einen eigenen Datenwürfel zu definieren, wobei die Praktikabilität solcher Anwendungen in Frage gestellt werden kann, da die aus fachlichen Problemstellungen resultierenden Anforderungen und ihre Auswirkungen auf die Datenbasis meist komplexerer Natur sind.

Unabhängig davon: eine zu

$$W = ((D_1, D_2, ..., D_n), (M_1: Typ_1, ..., M_m: Typ_m))$$

im Hinblick auf den Informationsgehalt äquivalente Definition ist also

$$W_1 = ((D_1, D_2, ..., D_n), (M_1: Typ_1))$$

...

$$W_m = ((D_1, D_2, ..., D_n), (M_m: Typ_m))$$

Die Entscheidung, welche Variante gewählt wird, ist sowohl von der Funktionalität des multidimensionalen Datenbanksystems als auch von eventuellen Performanzunterschieden durch die möglicherweise unterschiedliche Speicherung abhängig.

Manche Hersteller multidimensionaler Datenbanksysteme sprechen von sogenannten Kenngrößendimensionen. Hierbei wird das Kenngrößentupel als eigene Dimension aufgefasst. In der bisher gebrauchten Darstellungsform entspräche das folgender Würfeldefinition:

$$W = ((D_1, D_2, ..., D_n, D_{n+1}) (: Typ)), \text{ wobei } D_{n+1} = (M_1, ..., M_m)$$

Nachteil dieser Sichtweise ist, dass alle Kenngrößen zwangsläufig den gleichen Datentyp haben. Allerdings ermöglicht eine solche Sichtweise auch einen intuitiven Umgang mit hierarchisch aufgebauten Kennzahlensystemen, wenn dieser an die Navigation in den Klassifikationshierarchien auf den klassischen Dimensionen angelehnt ist.

Meist ist es notwendig, bereits auf konzeptueller Ebene verschiedene Würfel mit *unterschiedlichen* Dimensionen zu modellieren, denn nicht alle Kenngrößen hängen von den gleichen Dimensionen ab (vgl. Abb. 6–9). Die natürliche Vorgehensweise bei der physischen Realisierung ist nun, für jeden dieser konzeptuellen Würfel auch ein entsprechendes physisches Pendant anzulegen. Multidimensionale Datenbanksysteme, die das Anlegen mehrerer Würfel unterstützen, werden auch als *Multi-Cube-Datenbanksysteme* bezeichnet ([PeCr00], [Oehl00]). Ein Multi-Cube-Schema entspricht damit dem Galaxy-Schema (Abschnitt 7.1.1).

Etliche multidimensionale Datenbanksysteme arbeiten aber mit dem sogenannten *Single-Cube-Ansatz* ([PeCr00], [Oehl00]). Hierbei werden alle Kenngrößen in *einem* Würfel[4] abgespeichert. Die Kenngrößen erhalten damit physisch alle die gleiche Dimensionalität. Für die Speicherung hat dieses Vorgehen ernsthafte Konsequenzen. Da sehr viele Zellen für einige Kenngrößen überhaupt nicht

---

4. In [PeCr00] wird dieser Würfel auch Hyperwürfel (engl. hypercube) genannt. Die Bezeichnung Hyperwürfel wird allerdings von vielen Autoren für Würfel mit mehr als drei Dimensionen verwendet [Oehl00]. Aus diesem Grund wird im weiteren Verlauf auf die Benutzung dieses Terminus verzichtet.

definiert sind, entstehen sehr viele leere Datenzellen (Abschnitt 6.2.3). So kann z.B. der Lagerbestand keinem Kunden zugeordnet werden, alle entsprechenden Werte sind undefiniert. Andererseits gibt es auch Kenngrößen wie den Preis, der zwar eventuell auch nicht vom Kunden abhängt, aber sehr wohl für jeden Kunden definiert ist, denn ein Preis gilt in diesem Fall für alle Kunden. Zusammenfassend weist der Single-Cube-Ansatz folgende Nachteile auf:

- Die multidimensionale Speicherung in Matrizen bzw. Speicher-Arrays (Abschnitt 7.2.2) kann negativ beeinflusst werden, vor allem, wenn dünn besetzte Datenräume vorliegen: Die Optimierungsansätze hierfür müssen dann unterschiedlich dimensionierte und damit aus unterschiedlichen Anwendungsbereichen stammende Teilwürfel gleichzeitig optimieren.
- Für die Anzeige jeder Kenngröße können prinzipiell *alle* Dimensionen herangezogen werden. Bezüglich der Dimensionen, nach denen die jeweilige Kenngröße ursprünglich nicht dimensioniert war, müssen bei einer Aufgliederung in diese Richtung Platzhalter oder leere Zellen angezeigt werden. Die Übersichtlichkeit der Anzeige leidet. Single-Cube-Systeme sollten deshalb in der Lage sein, derartige Anfragen von vornherein zu unterbinden.

Hersteller von Single-Cube-basierten Produkten heben die leichtere Verständlichkeit dieses Ansatzes hervor [PeCr00]. Für komplexere Anwendungsfälle mit vielen, nur indirekt (nur über einige Dimensionen) zusammenhängende Kenngrößen erscheint der Multi-Cube-Ansatz jedoch als einzig adäquate Alternative. Für eine Verknüpfung dieser Kenngrößen ist allerdings ein multidimensionaler Verbund notwendig (Abschnitt 6.2.4), der bisher nicht von allen multidimensionalen Datenbanksystemen unterstützt wird.

Klassifikationshierarchien und Aggregationen

Die immense Bedeutung von Klassifikationshierarchien bzw. hierarchischen Zuordnungen für multidimensionale Auswertungen und damit für das multidimensionale Schema wurde bereits in Abschnitt 6.2.2 bei der Modellbeschreibung herausgestellt.

Wie bereits erwähnt umfassen die Dimensionswerte alle Ausprägungen der Dimension, d.h. sowohl die Dimensionselemente (Blattknoten) als auch alle Knoten der höheren Klassifikationsstufen. Letztere bilden somit weitere Ebenen im Würfel hinsichtlich der jeweiligen Dimension. Die baumartigen Zuordnungen der Klassifikationshierarchie werden somit auf Zuordnungen zwischen Klassifikationsstufen im Würfel abgebildet. In Abbildung 7–17 ist die Zuordnung von untergeordneten Hierarchieebenen zu höheren Ebenen dargestellt. Die Pfeilspitze bezeichnet dabei den übergeordneten Klassifikationsknoten, während der Pfeilursprung vom untergeordneten Knoten ausgeht.

7.2 Multidimensionale Speicherung

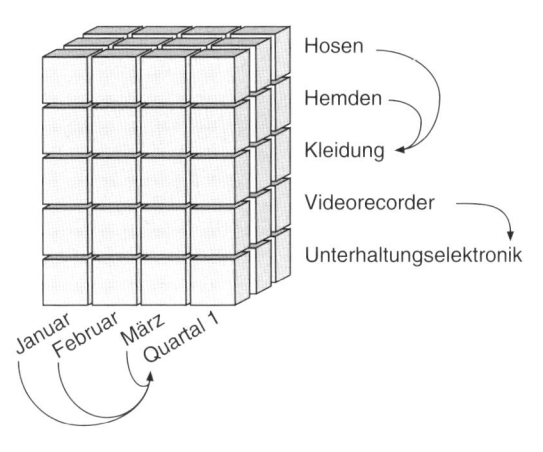

Abb. 7-17 *Hierarchiezuordnungen*

Die Aggregationen, die auf den Klassifikationshierarchien und durch die Klassifikationshierarchien definiert sind, bestimmen die Werte, die für die höheren Stufen der Klassifikationshierarchien gelten.

Eine Hauptcharakteristik der Verarbeitung nach dem OLAP-Prinzip ist die datengesteuerte Vorgehensweise: Anhand von Werten auf aggregierter Ebene, beispielsweise für das Jahr, wird durch Navigieren (engl. drilling) entlang der Pfade im Klassifikationsschema (von Jahr zu Quartal, von Quartal zu Monat) immer mehr in die Daten »eingetaucht« (Abschnitt 3.5.2). Für die Berechnung dieser Aggregationen sind zwei Ansätze möglich:

Echtzeitberechnung (engl. real time):
Bei jeder Anfrage von Würfelzellen, die für eine Dimension Werte auf höheren, aggregierten Klassifikationsstufen darstellen, wird aus den Detaildaten (den Blättern) der Klassifikationshierarchie die Aggregation berechnet. Dies stellt sicher, dass zu jedem Zeitpunkt der Arbeit mit dem Würfel die Aggregationen korrekt sind, sofern die Detaildaten entsprechend den Klassifikationshierarchien korrekt sind. Jedoch ist zu berücksichtigen, dass für jede Anfrage von jedem Arbeitsplatz aus die Berechnung erneut durchgeführt werden muss. Optimierungsmaßnahmen wie Zwischenspeicherung (engl. caching) können teilweise die Mehrfachberechnungen verhindern, vor allem vor dem Hintergrund, dass ein Hauptspeicherzugriff sehr viel schneller durchgeführt werden kann als ein Zugriff auf einen Sekundärspeicher.

Vorberechnung (engl. batch):
Nach der Datenübernahme der Detaildaten werden alle Würfelzellen, deren Wert gemäß einer Klassifikationshierarchiezuordnung von anderen Würfelzellen abhängt, mit den Aggregationswerten gefüllt, d.h., die Daten werden persistent im Würfel abgelegt. Hier ist einmalig ein hoher Berechnungsaufwand durchzuführen, während dann bei Anfragen direkt auf die bereits vor-

handenen, vorkalkulierten Werte zugegriffen werden kann. Um die Aggregationswerte zu jedem Zeitpunkt der Anfrage konsistent anbieten zu können, muss diese Vorberechnung direkt nach oder während der Datenübernahme der Detaildaten stattfinden.

Die Vorberechnung der Aggregationen wirkt sich positiv auf die Anfragegeschwindigkeit aus, während die Würfelgröße unter Umständen stark zunehmen kann. Ferner ist die zusätzliche Rechenzeit für die Vorberechnung zu berücksichtigen, vor allem bei engen Zeitfenstern für eine Datenübernahme. Die Echtzeitberechnung hingegen hält den benötigten Speicherplatz klein, während bei der Anfragegeschwindigkeit mitunter Kompromisse gemacht werden müssen. Vor allem bei Würfeln kleiner und mittlerer Größe kann die Echtzeitberechnung signifikante Vorteile bieten.

Die Vorberechnung der Aggregationen ist jedoch sehr laufzeitaufwendig, was sich vor allem bei regelmäßiger Datenübernahme negativ auswirkt. In diesem Fall können nicht für jede Datenübernahme alle Klassifikationshierarchien über alle Klassifikationsstufen und für alle Pfade neu berechnet werden, sondern es ist eine intelligente, d.h. inkrementelle und partielle Aggregation notwendig (siehe auch Abschnitt 8.5.1). Dies bedeutet, dass für einen Würfel nur die Zweige einer Klassifikationshierarchie, die auf einer der Würfeldimensionen definiert ist, neu berechnet werden, in denen die Blattwerte im Würfel eine Änderung erfahren haben. Dies wird von den kommerziell erhältlichen Systemen unterschiedlich realisiert: Einige Anbieter stellen dies als wählbare automatische Option zur Verfügung, in anderen Systemen sind programmtechnische Eingriffe notwendig, z.B. in Form von entsprechenden Befehlen, die einer mithilfe eines sogenannten Kalkulationsskripts dokumentierten Kalkulation vorangestellt werden können, oder das System erkennt automatisch, ob aufgrund von Änderungen eine Neuberechnung erforderlich ist.

Eine weitere Option ist die Mischung der beiden vorgestellten Ansätze: Um die oben erwähnte datengesteuerte Auswertungen mittels Drill-down von aggregierten Einstiegsebenen schnell durchführen zu können, empfiehlt es sich, die Daten derjenigen Klassifikationsstufen vorher statisch zu berechnen, die einen hohen Kompressionsgrad haben, während beispielsweise die Zusammenfassung von fünf Knoten der vorletzten Klassifikationsstufe zum Gesamtknoten der letzten Klassifikationsstufe auch dynamisch in einer akzeptablen Geschwindigkeit durchgeführt werden kann.

Darauf aufbauend ist es bei einzelnen Herstellern auch möglich, die Kombination der beiden Optionen derart durchzuführen, dass eine Echtzeitberechnung direkt gespeichert wird, d.h., der erste Anwender, der eine Anfrage nach einer Würfelzelle mit aggregierten Daten durchführt, muss die längere Laufzeit der dynamischen Berechnung in Kauf nehmen. Das Ergebnis wird jedoch analog zur Batchberechnung im Würfel physisch abgelegt, sodass alle nachfolgenden Anfragen nach dieser Würfelzelle den Direktzugriff nutzen können.

7.2 Multidimensionale Speicherung

Die Produktunterstützung für diese Optionen reicht von einer kompletten Konfiguration über Dialogmasken bis zur freien, aber oftmals aufwendigen Programmierung aller Möglichkeiten.

Attribute

Im multidimensionalen Datenmodell besitzen Dimensionen neben den Klassifikationshierarchien noch Attribute, die allgemein betrachtet auch als zweistufige Klassifikationshierarchien angesehen werden können. Klassifikationshierarchien – wie im vorigen Abschnitt beschrieben – sind normalerweise mit mehr als zwei Stufen versehen, was jedoch keine Bedingung ist. Eine eindeutige Abgrenzung zwischen Attributen und Klassifikationshierarchien ist nicht möglich, wird aber bei vielen Herstellern multidimensionaler Datenbanksysteme technisch vorgeschrieben.

Attribute wie beispielsweise »Produktmanager«, »Produktfarbe« oder »Gebietsgröße« sind klassifizierende Merkmale einer Dimension. Bei einer multidimensionalen Speicherung können Attribute je nach Hersteller des multidimensionalen Datenbanksystems unterschiedlich realisiert werden:

Attribute sind direkt je Dimensionswert definierbar, wobei die Anzahl von Attributen je Dimension eventuell beschränkt ist.

Attribute stellen die Beziehung zwischen zwei Dimensionen dar, wobei die zweite Dimension die Attributwerte als Dimensionswerte beinhaltet und die Beziehung eine Abbildung der Dimensionswerte der ersten Dimension zu den Dimensionswerten der zweiten (Attribut-)Dimension vornimmt. Dadurch sind praktisch beliebig viele Attribute je Dimension möglich.

Während Klassifikationshierarchien auf Würfeln oftmals vorberechnet werden, sind Gruppierungen nach gleichen Attributwerten nicht zur Vorberechnung vorgesehen. Die Klassifikationsstufen bzw. die Teile dieser Klassifikationsstufen, deren zugehörige Dimensionswerte gleiche Attributwerte haben, werden aggregiert. Wiederum werden, wie bei virtuellen Würfeln, nur die Zellen berechnet, die für die Anzeige benötigt werden.

Mit Attributen können Untermengen von Dimensionswerten aus der Dimensionswerteliste einer Dimension einfach und schnell identifiziert werden. Beispielsweise kann über das Attribut »Produktfarbe« eine Auswahl aller roten Produkte vorgenommen werden. Derartige Auswahlen können, kombiniert über mehrere Dimensionen, auch zur Bestimmung von Teilwürfeln genutzt werden.

Virtuelle Würfel

Im multidimensionalen Modell wird zwischen konkret gespeicherten Daten und abgeleiteten Daten unterschieden. Abgeleitete Daten wie »Gewinn« oder »Prozentualer Umsatz« entstehen aus Berechnungen auf gespeicherten oder anderen abgeleiteten Daten.

Durch die Berechnungsfunktionen[5] wird ein vorhandener Würfel auf einen anderen, abgeleiteten Würfel abgebildet. Bei der multidimensionalen Speicherung entsteht ein virtueller Würfel, für den außer der Dateneingabe alle Operationen, die auch für physische Würfel angeboten werden, möglich sind. Virtuelle Würfel können somit als Pendant zum Sichtenmechanismus in relationalen Datenbanksystemen angesehen werden.

Zur Auswertung von Daten der virtuellen Würfel werden die Daten der Würfel, die in der Berechnungsvorschrift des virtuellen Würfels aufgeführt sind, gelesen und gemäß den definierten Operationen dynamisch zum Anfragezeitpunkt verknüpft. Ein virtueller Würfel kann wiederum in der Berechnungsvorschrift eines anderen virtuellen Würfels vorkommen. Die dynamische Berechnung des virtuellen Würfels wird nicht für jede Anfrage komplett durchgeführt, sondern es werden nur die Bereiche des virtuellen Würfels (Unterwürfel, Ebenen, einzelne Zellen) berechnet, die auch für die Resultatbildung notwendig sind. Wenn ein virtueller Würfel einen n-dimensionalen Würfel auf m Dimensionen mit m < n reduziert, sind jedoch in jedem Fall für jede Zelle des virtuellen Würfels mehrere Zellen des n-dimensionalen Würfels für die Berechnung heranzuziehen. Diese virtuellen Würfel stellen ein einfach anzuwendendes, aber mächtiges Werkzeug zur fortschrittlichen Berechnung von Kenngrößen dar.

Teilwürfel

Die Ebenen eines Würfels bzgl. einer Dimension werden über die Dimensionswerte dieser Dimension identifiziert. Die Ebenen bilden somit Schnitte im Würfel; es werden praktisch Scheiben aus dem Würfel »geschnitten«. Die Ebenen bzw. die

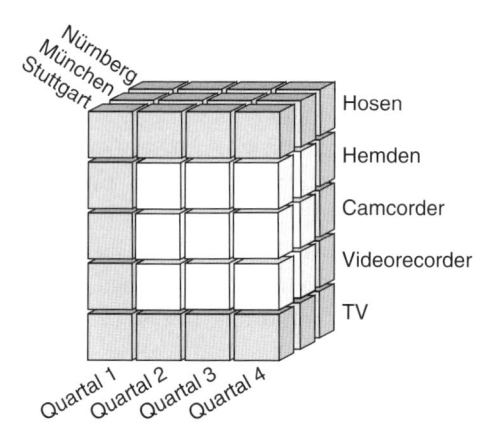

Abb. 7-18 Teilwürfelbildung

---

5. Mit »Berechnungsfunktion« ist hier nicht die bereits beschriebene Aggregation von Detaildaten auf aggregierte Ebenen gemeint, sondern beispielsweise die (hier vereinfacht dargestellte) Berechnung des Gewinns als »Gewinn = Umsatz - Kosten«.

7.2 Multidimensionale Speicherung

Schnitte entlang einer Dimension können auch kombiniert werden, d.h., es entstehen mehrere parallele Ebenen oder eine »dickere Ebene«, falls die für die Ebene verwendeten Dimensionswerte in der Werteliste aufeinander folgen.

Werden nun mehrere Ebenen bzw. mehrere Schnitte von jeweils unterschiedlichen Dimensionen kombiniert, so entsteht ein Teilwürfel dadurch, dass die Ebenen miteinander über eine Schnittmenge verknüpft werden. In Abbildung 7–18 ist die Bildung eines Teilwürfels zu sehen, der aus folgenden Schnitten entstand:

- Dimension Zeit:
  Schnitt aus den Dimensionswerten »Quartal 2«, »Quartal 3« und »Quartal 4«
- Dimension Produkt:
  Schnitt aus den Dimensionswerten »Hemden«, »Camcorder«, »Videorecorder«
- Dimension Geografie:
  Schnitt aus den Dimensionswerten »München« und »Stuttgart«

Diese Teilwürfel haben die gleichen Eigenschaften wie die Ursprungswürfel. Entscheidend ist jedoch, dass die Teilwürfel zunächst nur virtuell sind (vgl. voriger Abschnitt), d.h. zur Laufzeit durch die Schnittbildung entstehen. Diese Teilwürfel können jedoch auch verwendet werden, um beispielsweise

- Untermengen der Ursprungsdaten an verteilte Stationen weiterzugeben,
- bestimmte Sichten für bestimmte Aufgaben zu kreieren
- oder auch um Zugriffseinschränkungen zu realisieren (Abschnitt 7.3).

7.2.2 Speicherung multidimensionaler Daten

Die grundlegende Speicherstruktur bei multidimensionalen Datenbanksystemen ist das multidimensionale Array. Die Charakteristik des Datenraumes (dünn oder dicht besetzt) einerseits sowie die Charakteristik der Sekundärspeichermedien (block- oder seitenorientiert) andererseits erlauben bzw. erzwingen allerdings eine Erweiterung des Konzeptes der Array-Speicherung.

Array-Speicherung multidimensionaler Daten

Bei der multidimensionalen Speicherung werden die Zellen des Würfels in einem n-dimensionalen Array sequenziell gespeichert. Somit wird der mehrdimensionale Würfel in eine eindimensionale Liste überführt, er wird *linearisiert*. Die Indizes des Arrays bilden die Koordinaten der Würfelzellen. Bei n Dimensionen D_1 bis D_n gibt es $|D_1| \cdot |D_2| \cdot ... \cdot |D_n|$ potenziell adressierbare Würfelzellen. Die Linearisierungsreihenfolge bei der Array-Linearisierung[6] ist in Abbildung 7–19 links für ein dreidimensionales Array dargestellt. Allgemein lässt sich der Index

---

6. Es gibt auch andere Linearisierungen, z.B. durch die Z-Kurve (Abschnitt 8.2.3).

einer Zelle z mit den Koordinaten $(x_1, x_2, ..., x_n)$ eines mehrdimensionalen Würfels

$$W = ((D_1, D_2, ..., D_n), (M_1: Typ_1, ..., M_m: Typ_m))$$

durch folgende Berechnungsvorschrift ermitteln

$$\text{Index}(z) = x_1 + (x_2 - 1) \cdot |D_1| + (x_3 - 1) \cdot |D_1| \cdot |D_2| + ... + (x_n - 1) \cdot |D_1| \cdot ... \cdot |D_{n-1}|$$

$$= 1 + \sum_{i=1}^{n} (x_i - 1) \cdot \prod_{j=1}^{i-1} |D_i|$$

Abbildung 7–19 rechts illustriert die Adressberechnung in einem zweidimensionalen Datenwürfel. Die Dimension D_1 (Produkt) besteht aus der Werteliste (Hosen, Hemden, Röcke, Kleider, Mäntel). Die entsprechenden Ordnungszahlen sind in Klammern angegeben. Analog besteht die Dimension D_2 (Zeit) aus den Werten (Januar, Februar, März, April). Für die Berechnung des Indexwertes der Zelle mit den Koordinaten (Kleider, März), welche den Ordnungszahlen $x_1 = 4$ und $x_2 = 3$ entsprechen, ergibt sich somit:

$$1 + (x_1 - 1) + (x_2 - 1) \cdot |D_1| = 1 + 3 + 2 \cdot 5 = 14$$

Probleme bei der Array-Speicherung

An diesem Beispiel zeigt sich der bereits oben erwähnte Einfluss der Reihenfolge der Dimensionswerte bei der Würfeldefinition: Würfelzellen entlang einer Ebene der letzten Dimension des Würfels[7] (in Abb. 7–19 eine der Ebenen, die durch D_2 (Zeit) definiert werden, wie z.B. Januar) stehen direkt hintereinander, während die Zellen von Ebenen der Dimensionen D_i davor mit kleiner werdendem i immer weiter über das Array verstreut sind (alle Verkaufszahlen von Hosen).

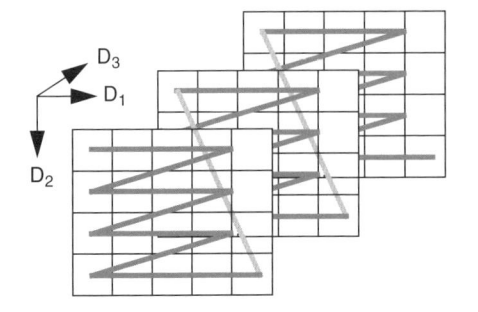

Abb. 7–19 Array-Linearisierung: Linearisierungsreihenfolge (links), Beispiel für die Adressberechnung (rechts). In die Zellen sind die entsprechenden Indexwerte eingetragen.

---

7. Unter »letzte Dimension des Würfels« wird die letzte Dimension der Dimensionsliste in der Würfeldefinition verstanden.

Daten werden im Haupt- bzw. Sekundärspeicher block- oder seitenweise physisch abgelegt und werden bei Lesevorgängen block- bzw. seitenweise übertragen. Die Geschwindigkeit der Anfrage hängt deshalb hauptsächlich von der Anzahl der Lesevorgänge (Blöcke oder Seiten) ab. Je weniger Lesevorgänge, desto schneller können die Daten angezeigt werden. Angenommen fünf Zellen, also genau eine »Zeile« in Abbildung 7–19, passen in einen Block. Dann kann eine Anfrage nach allen Zellen für den Monat Januar mit einem Plattenzugriff beantwortet werden, während für alle Zellen, die Werte zu Hemden enthalten, vier Plattenzugriffe notwendig sind. Obwohl in der ersten Anfrage fünf Zellen gelesen werden müssen, erfolgt die Verarbeitung also deutlich schneller. Die Linearisierungsreihenfolge, also die Reihenfolge der Dimensionen in der Würfeldefinition, übt somit einen entscheidenden Einfluss auf die Anfrageperformanz aus. Dies zeigt, dass vor der Definition eines physischen Würfels auch die möglichen Anfragepfade bedacht werden müssen, um eine durchschnittlich gute Anfragegeschwindigkeit zu erreichen.

Für den Zugriff auf einen multidimensional gespeicherten Würfel müssen zunächst die Indizes der benötigten Zellen bzw. Array-Elemente berechnet werden. Diese Indexberechnung nach dem gezeigten Schema mit Additionen und Multiplikationen bei gegebener Länge $|D_j|$ jeder Dimension D_j kann schnell und einfach durchgeführt werden. Der bereits mehrfach erwähnte Flaschenhals der Ein-/Ausgabe-Einheiten vom schnellen Hauptspeicher zum langsameren Sekundärspeicher legt jedoch nahe, dass zur weiteren Optimierung der Zugriffsgeschwindigkeit neben einer ausreichend schnellen Indexberechnung (die bei modernen Computerprozessoren gegeben sein sollte) vor allem ein großer Hauptspeicher zur Verfügung stehen sollte, um Schreib-/Lesevorgänge durch Zwischenspeichern einer großen Anzahl bereits gelesener Blöcke bzw. Seiten im Hauptspeicher für erneute Zugriffe auf diese Blöcke bzw. Seiten weiter zu reduzieren.

Für dieses Caching (Zwischenspeichern) ist zwingend notwendig, dass intelligente Algorithmen für die Auslagerung alter und das Einlesen neuer Blöcke bzw. Seiten vorhanden sind. Caching und Swapping (Auslagerung) wird auch auf Betriebssystemebene durchgeführt. Allgemein ist jedoch das Caching des multidimensionalen Datenbanksystems zu bevorzugen, d.h., der dem multidimensionalen Datenbanksystem zugeteilte Hauptspeicherplatz sollte nicht zu Seitenaustauschvorgängen auf Betriebssystemebene führen.

Der Vollständigkeit halber sei angemerkt, dass sogenannte In-Memory-basierte XOLAP-Datenbanken mittlerweile als State of the Art bezeichnet werden können. Diese ermöglichen eine bis zu 100-mal schnellere Kalkulation, Aggregation oder Abfrage als Disk-basierte, relationale Datenbanken. So sind neben einer inkrementellen Berechnung die Abbildung einer dynamischen Aggregation oder Konsolidierung von im Würfel veränderten Werten in Realtime – also zum Zeitpunkt des Zugriffs – genauso wie die häufig sehr komplexen multidimensionalen Berechnungen ohne sie kaum noch denkbar. Jedoch ist die maximale Größe der OLAP-Cubes durch den Hauptspeicher des Servers limitiert.

Speicherung von dicht besetzten multidimensionalen Datenräumen

Bei der Vorstellung der multidimensionalen Speicherung von Würfeln wurde bereits erwähnt, dass eine Zelle, für deren identifizierendes Tupel kein Datenwert existiert, undefiniert bleibt. Diese Undefiniertheit wird üblicherweise mit einer leeren Zelle im Würfel bzw. einer leeren Zelle im Speicher-Array realisiert. Für einen ganzen Würfel kann nun die Anzahl der undefinierten Zellen und die Anzahl der definierten, d.h. mit einem konkreten Wert (auch 0) gefüllten Zellen gezählt werden. Setzt man diese Anzahl definierter Zellen in Relation zur logischen Gesamtzellenzahl, erhält man den Füllgrad des Würfels, d.h. den Prozentsatz an definierten Zellen im Würfel. Ist dieser Prozentsatz sehr hoch bzw. 100 %, so wird der Würfel als (nahezu) dicht besetzt (engl. dense) bezeichnet. Am anderen Ende der Skala mit sehr niedrigen Füllgraden wird der Würfel dünn besetzt (engl. sparse) genannt.

Würfel mit einem hohen Füllgrad werden effizienter durch die Array-Technik gespeichert als durch die relationale Speicherung, da die Dimensionswerte nicht gespeichert werden (Abschnitt 8.6).

Um Skalierbarkeit und eine effiziente Ausführung von Operationen zu erreichen, werden große Würfel nicht als Ganzes linear gespeichert, sondern in zwei Ebenen. Die erste Ebene enthält einen Index, in der zweiten Ebene werden die Zellen in mehreren Datenblöcken gespeichert. Verschiedene Indizierungs-, Partitionierungs- und Komprimierungsverfahren werden eingesetzt (Abschnitt 8.6). Hierarchische Indizes gewährleisten die höchste Skalierbarkeit. Wenn Datenblöcke Sub-Würfeln entsprechen, können diese als Einheiten in Operationen verwendet werden und anstelle des ganzen Würfels individuell in den Hauptspeicher geladen werden. Operationen werden dadurch unabhängig von der Datenmenge effizienter durchgeführt.

Kommerzielle multidimensionale Systeme verwenden zumeist proprietäre multidimensionale Speicherstrukturen, deren Interna in der Regel nicht öffentlich verfügbar sind. Sie basieren oft auf der Zwei-Ebenen-Speicherung (Abschnitt 8.6.3), die von dem jeweiligen multidimensionalen Datenbankmanagementsystem verwaltet werden. Zur Indizierung werden verkettete Listen, Skip-Listen, B-Bäume, Grid-Files und Hash-Strukturen eingesetzt. Die besondere Behandlung spezieller Dimensionen, z.B. Zeit oder Dimensionskombinationen, bestimmt meistens die Partitionierung eines Würfels. Für die Komprimierung der Datenzellen in einem Datenblock werden u.a. Run Length Encoding (RLE) und Bitmap-Komprimierung verwendet.

In der Forschung werden Verfahren für die Partitionierung in regulären oder beliebigen Rechtecken, für multidimensionale Indizierung und Komprimierung untersucht (Kap 8.6). Besonders wichtig sind die Komprimierungsverfahren, die Zugriff auf individuelle Zellen ohne Dekomprimierungsaufwand erlauben [ZhDN97].

Speicherung von dünn besetzten multidimensionalen Datenräumen

Konkrete Anwendungsdaten erzeugen selten dicht besetzte Würfel, vor allem nicht auf Detaildatenebene. Auf den höheren Aggregationsstufen der Klassifikationshierarchien sind die Würfel meist dichter besetzt, auch bei dünn besetzter Detailebene. Dies liegt darin begründet, dass für das Vorhandensein eines Würfelwertes für einen Knoten auf einer höheren Aggregationsstufe nur die Existenz *eines* Wertes für einen diesem Knoten hierarchisch zugeordneten Unterknoten notwendig ist. So wird bereits ein Wert für die Monatsebene geschrieben, wenn ein Produkt an nur einem Tag im Monat verkauft wurde.

Gemäß Definition des Speicher-Arrays in Abschnitt 7.2.2 werden jedoch alle Zellen des Würfels im Speicher-Array vorgesehen, auch leere, d.h. undefinierte Zellen. Das vorgestellte Speicherprinzip mittels Speicher-Arrays erfordert dabei, dass alle diese leeren Array-Zellen gespeichert werden, also die Lücken physisch im Array vorhanden sind. Beim Auslesen von Zellenwerten aus diesem Array sind dadurch jedoch mehr Blöcke bzw. Seiten zu übertragen als bei dicht besetzten Würfeln, da zum einen die gefüllten Zellen im Array und somit auf dem Sekundärspeicher weiter auseinander abgelegt sind, zum anderen, weil durch die Vergrößerung des Speicherbedarfs der Direktzugriff erschwert wird, da entfernte Plattenspuren oder andere Plattenzylinder angesteuert werden müssen.

Das Problem der dünn besetzten Würfel ist aufgrund der Speicherung in Arrays eines der Hauptprobleme der multidimensionalen Speicherung des multidimensionalen Datenmodells. Folgende Lösungsansätze können verwendet werden:

Leere Speicherblöcke oder Speicherseiten nicht physisch ablegen:
Ist ein leerer Bereich[8] im Speicher-Array so groß, dass er die Größe einer physischen Speicherseite bzw. eines Blocks erreicht, so muss dieser leere Block nicht gespeichert werden. Intern sind dann für die Indexberechnung bei Anfragen entsprechende Korrekturfaktoren zu wählen.

Zwei-Ebenen-Speicherung:
Hierbei wird durch eine Unterscheidung dünn und dicht besetzter Dimensionen (engl. sparse and dense dimensions) eine zweistufige Speicherung durchgeführt. Abschnitt 8.6.3 geht genauer auf diese Alternative ein.

7.2.3 Dateneingabe

Durch die multidimensionale Speicherung von Würfeln in mehrdimensionalen Arrays sind logisch alle Zellen des Würfels vorhanden. Optimierungen zur Reduzierung der Dünnbesetztheit sind, wie bereits beschrieben, lediglich physischer

---

8. Ein »leerer Bereich« ist eine Folge von Datenzellen im Speicher-Array, in denen kein Wert abgespeichert ist.

Art. Jede logisch vorhandene Zelle kann genutzt werden. Da die Definition von Klassifikationshierarchien auf Dimensionen zu einer Erweiterung der Dimension und damit zu weiteren Ebenen im Würfel führt, sind auch alle Zellen für aggregierte Ebenen logisch vorhanden. Dies bedeutet nun, dass Daten in alle Zellen geschrieben werden können. Dies wird bei der multidimensionalen Speicherung auf zwei Arten durchgeführt: Zum einen werden Werte aus Vorsystemen per Ladekomponente eingelesen bzw. aggregierte Werte aus den eingelesenen Detaildaten berechnet, zum anderen können Planzahlen (Abschnitt 1.4.4) eingegeben werden. Die Datenbeschaffung (Abschnitte 3.1–3.4) wird in diesem Buch an separater Stelle eingehend behandelt, weshalb im Folgenden nur auf einige Aspekte der Dateneingabe für Planzahlen eingegangen wird.

Data-Warehouse-Systeme werden oftmals lediglich als Medium für Auswertungen von numerischen Daten angesehen. Die Daten sind dabei Umsatzzahlen, Mengen, Kosten etc. – alles Istzahlen, die konkret durch einen Geschäftsprozess angefallen sind. Neben der Auswertung der Vergangenheit wird es jedoch immer wichtiger, auch die Zukunft zu planen sowie für eine geplante Zeitperiode die erstellten Planzahlen mit den tatsächlich eingetretenen Istzahlen zu vergleichen (i.S.v. Berichte als Soll-Ist-Berichte, Rolling Forecasts etc.). Dazu ist es notwendig, dass eine Ableitungs- und Auswertungsdatenbank auch Planzahlen bereitstellt. Dies kann zum einen durch Übernahme der Planzahlen aus operativen Systemen geschehen, in denen die Planung gemacht wird. Alternativ können die Planzahlen jedoch auch in der Ableitungs- und Auswertungsdatenbank selbst gepflegt werden. Die multidimensionale Strukturierung der Daten ist dabei durchaus von Vorteil (Klassifikationshierarchien, verschiedene Sichten auf die Daten etc.). Zu beachten bleibt dabei, dass Planzahlen oftmals nicht auf Detailebene, sondern auf höherer Granularität eingegeben werden (z.B. Monatsbudget der Kennzahl Umsatz auf Produktgruppenebene gegenüber dem Istumsatz, der – granularer – je Produkt gespeichert sein könnte).

Durch die Präsenz aller Zellen im multidimensional gespeicherten Würfel, also auch der Werte für aggregierte Ebenen, können alle Zellen von Anwendern, sofern berechtigt, verändert werden. Dies kann sehr einfach zur Eingabe von Planzahlen genutzt werden. Die multidimensionale Realisierung kann unterschiedlich geschehen (siehe »*Alternativen zur Speicherung mehrerer Kenngrößen*«, S. 268):

- Durch Mischen von Ist- und Planzahlen in einem Würfel. Dabei können entweder zusätzliche Kenngrößen wie »Istwert«, »Vorläufige Planung«, »Zwischenplanung«, »Ziel«, »Angepasstes Ziel«, »Szenario 1«, »Szenario 2« etc. verwendet werden. Gerade bei der Unterscheidung von Plan- und Istkenngrößen wird allerdings oft die Realisierungsvariante mit einer Kenngrößendimension verwendet.
- Mit einem eigenen Planzahlenwürfel, der eine identische Dimensionierung wie der jeweilige Istzahlenwürfel hat. Eventuell kann hier auch eine zusätz-

liche Szenariodimension mit Werten wie »Vorläufige Planung«, »Zwischenplanung«, »Ziel«, »Angepasstes Ziel« etc. sinnvoll sein. Hier ist zu beachten, dass diese zusätzliche Dimension keine Ausprägung »Istwerte« hat; diese bleiben im Istzahlenwürfel gespeichert.

Durch spezielle Anwendungen können nun für jede Zelle und damit für jede Klassifikationsstufe Planzahlen eingegeben werden. Neben der simplen Eingabe von Werten in einzelne Zellen sind darüber hinaus auch Berechnungen wie Aggregation der Planzahlen über die vorhandenen Klassifikationshierarchien oder Verteilung von Planzahlen aus höheren Klassifikationsstufen auf untergeordnete Stufen wichtig. Insbesondere für die Verteilung sind mehrere Vorschriften denkbar:

Lineare Verteilung:
Aufteilen einer Planzahl auf der höheren Ebene auf die x Unterknoten mit je einem Anteil von 1/x (Beispiel: Verteilen der Jahresplanzahl zu je einem Zwölftel auf die Monate). Ist x kein statischer Wert, sondern variiert mit der Anzahl der entsprechenden Unterknoten oder Elemente, so muss x vor der Verteilung entsprechend ermittelt werden.

Angelehnte Verteilung:
Aufteilen der Planzahl der höheren Ebene auf die Unterknoten mit der gleichen Verteilung wie bei einem Referenzwert (Beispiel: Verteilen der Jahresplanzahl Umsatz 2012 in gleichem Verhältnis wie der Umsatz 2011 auf die einzelnen Monate).

Absolute prozentuale Verteilung:
Aufteilen einer Planzahl der höheren Ebene auf die Unterknoten oder Basiselemente in x % der Planzahl. Der zu verteilende Wert wird durch eine anzustoßende oder dynamische Kalkulation ermittelt. Eine (zu implementierende) Prüfroutine stellt eine Verteilung von exakt 100 % sicher bzw. informiert über den noch nicht verteilten Restwert.

Mit diesen Möglichkeiten der Aggregation und Verteilung von eingegebenen Planzahlwerten können auch größere Würfel in verhältnismäßig kurzer Zeit mit Planzahlen gefüllt werden. Von Vorteil ist hier insbesondere, dass außer jeweils einem zu den Istzahlen identischen Planzahlenwürfel keine weiteren zusätzlichen Objekte notwendig sind, insbesondere keine neue relationale Tabelle je Aggregationsstufe.

7.2.4 Grenzen der multidimensionalen Datenhaltung

Für alle kommerziell angebotenen Systeme lässt sich feststellen, dass durch die multidimensionale Speicherung zwar eine sehr hohe Anfrage- und Kalkulationsgeschwindigkeit erreicht werden kann, jedoch bei Würfeln steigender Größe vor allem aufgrund der Dünnbesetztheit irgendwann eine Skalierbarkeitsgrenze erreicht ist. Daraus könnte die Empfehlung abgeleitet werden, MOLAP-Datenbanken für dicht besetzte, ROLAP-Datenbanken für spärlich besetzte Würfel einzusetzen, gäbe es nicht noch andere Kriterien, die diese Entscheidung beeinflussen. Die Problematik der Dünnbesetztheit und Skalierbarkeit erfordert die Balance zwischen Reduzierung von leeren Zellen im Würfel und dadurch eine Annäherung an relationale Speicherprinzipien und Beibehaltung der Vorteile der Speicherung im Array bei gleichzeitiger Erhöhung des Speicherplatzbedarfs und der Suche über leere Zellen.

Diese Grenze kann nicht absolut festgesetzt werden und unterscheidet sich zudem von Hersteller zu Hersteller. Allgemein kann jedoch – wie oben bereits angedeutet – festgestellt werden, dass umfangreiche Ableitungs- und Auswertungsdatenbanken mit einer niedrigen Granularität bis auf Transaktionsebene eher mit relationaler Speicherung realisiert werden sollten, während kleinere, bereits durch aggregierte Werte gebildete Ableitungs- und Auswertungsdatenbanken effektiv mit einem multidimensionalen Datenbanksystem umgesetzt werden können.

Ein weiterer Punkt bei der multidimensionalen Speicherung ist die teilweise einseitige Optimierung auf schnelles Lesen. Bedingt durch die Speicherung im Array sind bei nicht vollständiger Eliminierung der Dünnbesetztheit teilweise größere Leerbereiche im Speicher-Array anzulegen, bevor die konkreten Daten geschrieben werden können. Auf der anderen Seite ist bei einer Reduzierung der Dünnbesetztheit beispielsweise durch Verwaltung der tatsächlich vorkommenden Dimensionskombinationen ein erhöhter Aufwand für diese Verwaltung zu erwarten. Dies kann vor allem die Berechnung von Aggregationen über Klassifikationshierarchien hinweg beeinflussen, da dafür oftmals viele neue Dimensionskombinationen angelegt werden müssen (Stichwort: *aggregation explosion*).

Ein zusätzlicher Nachteil ist durch die Array-Speicherung begründet, die eine Ordnung aller Dimensionswerte voraussetzt. Zeitliche Änderungen an den Dimensionen (vgl. Abschnitt 6.3) wirken sich deshalb auf das gesamte Speicherformat aus. Werden in einer Dimension neue Werte wie Artikel und Produktgruppen oder gar neue Klassifikationsstufen eingefügt, so verändert sich die Indexberechnung. Das hat meist eine vollständige Reorganisation des Würfels auf physischer Ebene zur Folge.

Die multidimensionale Speicherung wird von speziell dafür entwickelten Datenbanksystemen durchgeführt. Diese zeichnen sich dadurch aus, dass die Datenbankobjekte und -befehle direkte Umsetzungen von OLAP-Konstrukten und OLAP-Anforderungen sind, d.h., die grundlegenden Datenbankobjekte eines multidimensionalen Datenbankmanagementsystems sind Dimensionen und Würfel. Damit ist eine natürliche, an die Auswerteanforderungen und OLAP angelehnte Datenbankentwicklung möglich.

Allgemein werden hohe Anforderungen an die Rechenleistung und vor allem den Hauptspeicher – Berechnungen im Hauptspeicher sind Plattenzugriffen vorzuziehen – des Rechners gestellt. Für multidimensionale Datenbanksysteme ist ein Spezialwissen für Erstellung und Wartung erforderlich, welches sich aktuell von den für relationale Datenbanken notwendigen Kenntnissen unterscheidet.

7.2.5 Hybride Speicherung: Hybrides OLAP (HOLAP)

Die eben erläuterten Grenzen der multidimensionalen Speicherung können teilweise die Vorteile, welche diese Speichertechnik bieten, aufheben. Andererseits sind genau die Stärken der multidimensionalen Datenbankmanagementsysteme die Schwächen der relationalen Realisierung (Abschnitt 7.1).

Genau hier setzt die hybride Speichermethode an: Durch die Verbindung der Stärken von relationaler (Skalierbarkeit, offener Standard) und multidimensionaler Realisierung (analytische Mächtigkeit, intuitive Bedienung, direkte OLAP-Umsetzung) entsteht »Hybrides OLAP«. Grundsätzlich werden hier Detaildaten, die in der Regel in großer Anzahl vorliegen, in einer relationalen Datenbank gespeichert, während aggregierte Daten in multidimensionalen Strukturen abgelegt werden.

Der Zugriff erfolgt über die multidimensionale Datenbank durch ein multidimensionales Anfragewerkzeug. Dieses bzw. das multidimensionale Datenbanksystem entscheidet fallweise, ob die anzuzeigenden Daten

- in der multidimensionalen Welt vorliegen und dort direkt gelesen werden können,
- nur in der relationalen Datenbank vorhanden sind; dann wird ein Durchgriff aus der multidimensionalen Datenbank in die relationale Datenbank vorgenommen, um die Daten zu lesen,
- oder ob die Daten in keiner der beiden Welten direkt erreichbar sind und nur über Berechnungen aus einer der beiden gewonnen werden können.

Dies geschieht für den Anwender vollkommen transparent. Die Aufteilung auf eine relationale und eine multidimensionale Datenbank muss anwendungsspezifisch getroffen werden. Theoretisch sind sämtliche Ausprägungen zwischen

- alles in der relationalen Datenbank; dynamischer Durchgriff und Aggregation bei Bedarf und
- alles in der multidimensionalen Datenbank

möglich. Üblicherweise werden die Detaildaten relational gespeichert, während ein multidimensionaler Zwischenspeicher von aggregierten Daten einen schnellen Zugriff auf die obersten Klassifikationsstufen – welche in der OLAP-Verarbeitung oftmals zuerst analysiert werden – gewährleistet.

Typischerweise werden im MOLAP-Würfel einer HOLAP-Umgebung zeitbasierte, aggregierte, aktuelle Daten gespeichert, wohingegen die ROLAP-Datenbank eher historische und detaillierte Informationen liefert. Der Zugriff erfolgt über die multidimensionale Datenbank durch ein multidimensionales Werkzeug. Eine HOLAP-Anwendung ist in der Regel mit einem höheren Implementierungs- und Wartungsaufwand verbunden und erfordert umfassende Kenntnisse über ROLAP- und MOLAP-Systeme.

Nichtsdestotrotz werden durch die Kombination von relationalen und multidimensionalen Datenbankmanagementsystemen die Vorteile beider Welten zusammengebracht und gleichzeitig die jeweils vorhandenen Nachteile überwunden.

7.3 Realisierung der Zugriffskontrolle

Die Zugriffskontrolle ist eine wichtige Sicherheitsfunktionalität in OLAP-Anwendungen. Durch den immer größer werdenden Kreis von potenziellen Anwendern mit Zugriff auf Ableitungs- und Auswertungsdatenbanken bis hin zu Kunden und Partnern werden feingranulare Zugriffskontrollmechanismen nötig, denn nicht jeder Anwender soll auf alle Daten zugreifen können.

Es wurde bereits auf die Problematik hingewiesen, dass bei dem Design von Zugriffsbeschränkungen mit Bedacht vorgegangen werden muss, da sie den »explorativen« Prozess der Ad-hoc-OLAP-Auswertungen behindern können. Ebenfalls wurde darauf eingegangen, dass es sich als problematisch darstellt, Berechtigungen aus den operativen Quellsystemen abzuleiten, da unterschiedliche Datenmodelle verwendet werden.

Bei *Star*Kauf* bestehen eine Reihe von Anforderungen bzgl. der Zugriffskontrolle. Neben der Beschränkung, dass nicht alle Anwender Zugang zu den Daten haben sollen, ist auch eine bereichsspezifische Zugriffskontrolle gefordert. Die einzelnen Filialleiter sollen beispielsweise nur die Detaildaten ihres Kaufhauses sehen können, bei anderen Kaufhäusern jedoch nur aggregierte Daten, um sich selbst besser einschätzen zu können. Ebenso ist in der Produktdimension eine Begrenzung für die Produktmanager auf die Produktkategorie, für die sie verantwortlich sind, geplant. Die Unternehmens-Controller hingegen müssen Zugriff auf alle Daten haben.

Im Folgenden werden mögliche Zugriffskontrollanforderungen bzw. mögliche Mechanismen und deren Realisierbarkeit durch die in kommerziell eingesetzten Systemen verfügbaren Konzepte beschrieben.

7.3.1 Zugriffskontrollanforderungen

In Abschnitt 11.6 wird näher ausgeführt, dass die Zugriffskontrolle auf der Autorisierung aufbaut. Berechtigungen werden von einer Autorisierungsinstanz vergeben bzw. entzogen. Beim Versuch auf ein geschütztes Objekt zuzugreifen, werden diese Rechte durch die Zugriffskontrollfunktion des verwendeten Systems geprüft.

7.3 Realisierung der Zugriffskontrolle

Sind die zu schützenden Objekte bei relationalem Datenzugriff Datenbanktabellen, -spalten und ggf. -zeilen, so sind Zugriffskontrollanforderungen in OLAP-Systemen anhand von Elementen des multidimensionalen Modells zu definieren. Abbildung 7–20 unterscheidet Autorisierungen auf Schema-, Dimensions- und Zellebene, die im Folgenden anhand von Beispielen aus dem in Kapitel 1 vorgestellten Szenario für mögliche Zugriffsbeschränkungen dargestellt werden.

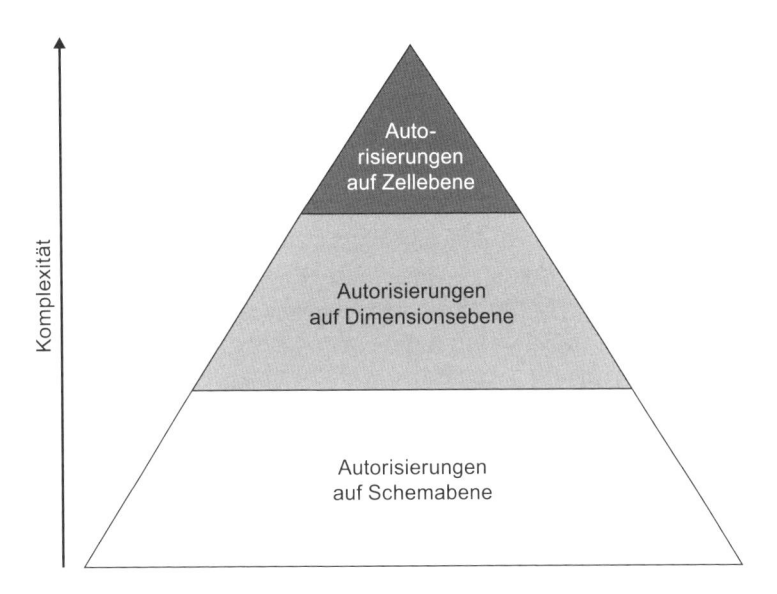

Abb. 7–20 *Unterschiedliche Anforderungen an OLAP-Zugriffskontrolle*

Autorisierungen auf Schemaebene

Autorisierungen auf Schemaebene werden anhand des multidimensionalen Schemas, d.h. Würfeln, Kenngrößen und Klassifikationsstufen, beschrieben.

Beim Ausblenden ganzer Würfel handelt es sich um eine sehr einfache Anforderung, die Zugang zu den Daten eines Würfels entweder gewährt oder verbietet. Ebenso stellt das Ausblenden einzelner Kenngrößen eines Würfels eine Grundanforderung dar. Ein Beispiel wäre, dass bestimmte Anwender nur Zugriff auf Verkäufe, Einkäufe und Lagerbestand haben, die Kenngrößen Preis und Umsatz aber nicht einsehen können sollen.

Detaildaten werden oft als sensibler als aggregierte Größen angesehen. Es kann also notwendig sein, den Zugriff auf Daten unterhalb einer bestimmten Klassifikationsstufe zu unterbinden, d.h. Klassifikationsstufen auszublenden. Dies kann vom Ausblenden nur basisgranularer Werte bis zum Ausblenden einer gesamten Dimension reichen, wobei die betreffenden Anwender nur auf Aggregate über alle Elemente dieser Dimension zugreifen können. Man stelle sich z.B. eine Benutzergruppe vor, die nur Zugriff auf Monats-, nicht aber auf Tagesdaten hat.

Autorisierung auf Dimensionsebene

Spiegelt eine Dimension die Struktur der Anwender wider, so kann es notwendig sein, Autorisierungen auf Dimensionsebene zu definieren, d. h. Teilwürfel auszublenden. So hat z. B. jede Region der Geografiedimension einen Regionalmanager, der aber unter Umständen die Daten der anderen Regionalmanager nicht sehen darf. Probleme ergeben sich bei Daten auf höheren Granularitätsstufen als der, auf der die Einschränkung definiert wird. Werden beispielsweise gewisse Regionen ausgeblendet, können die Daten der Granularität Land verfälscht werden, wenn nur sichtbare Regionen in die Auswertungen eingeschlossen werden. Andererseits können Trackerangriffe zur Ableitung ausgeblendeter Daten (siehe Abschnitt 7.3.4) möglich werden, wenn diese Daten unverändert bleiben.

Wenn Detaildaten, wie oben erwähnt, als besonders sensibel eingestuft werden und zusätzlich bestimmte Anwender für bestimmte Elemente einer Dimension, d. h. Teilwürfel, »zuständig« sind, führt das zu Anforderungen, bei denen Klassifikationsstufen in bestimmten Bereichen einer Dimension ausgeblendet werden müssen. Als Beispiel sei ein Regionalmanager genannt, der vollen Zugriff auf die Daten seiner Region und eingeschränkten Zugriff auf die Daten anderer Regionen hat.

Bei solchen Anforderungen macht es einen großen Unterschied, ob die Dimension, die den kritischen Teilbereich definiert, und die Dimension, deren Klassifikationsstufen ausgeblendet werden sollen, identisch sind oder nicht. Handelt es sich um dieselbe Dimension, wenn z. B. die Klassifikationsstufen Bezirk, Stadt und Filiale für bestimmte Regionen ausgeblendet werden sollen, kann die Anforderung auf Dimensionsebene umgesetzt werden, sofern das OLAP-System unterschiedliche Basisgranularitäten innerhalb eines Würfels unterstützt.

Autorisierungen auf Zellebene

Das Ausblenden von Klassifikationsstufen bzw. Teilwürfeln oder Kenngrößen in bestimmten Bereichen einer beliebigen (anderen) Dimension ist deutlich komplexer und führt letztlich zu einer Autorisierung auf Ebene einzelner Würfelzellen. Angenommen, ein Regionalmanager darf Tagesdaten für seine eigene Region und nur Monatsdaten für die anderen Regionen sehen. Da der Zugriff auf gewisse Daten der Granularitätsstufe Tag gestattet ist, stellt sich die Frage, wie mit Anfragen verfahren werden soll, die Tagesdaten für alle Regionen beinhalten. Sollen sie abgewiesen oder teilweise ausgeführt werden?

Man stelle sich vor, ein Anwender mit einer entsprechenden Zugriffseinschränkung beginnt mit einer Anfrage auf Umsatzzahlen pro Monat und Region. Diese Anfrage wird ohne Einschränkung bearbeitet. Er führt dann eine Drilldown-Operation auf der Zeitdimension zur Klassifikationsstufe Tag aus. Wird die resultierende Anfrage nicht abgewiesen, ist das Ergebnis unvollständig, da Tagesdaten für einige Regionen nicht lesbar sind. Wie aber ist mit den Summen der Anfrage zu verfahren? Sie können entweder unverändert bleiben und die »tatsächlichen« Summen, d. h. über alle Regionen, widerspiegeln, was einen inkonsistenten Report zur Folge hat, oder aber es können nur die sichtbaren Werte aufsummiert werden, was dazu führt, dass sich Gesamtsummen verändert haben, obwohl der abgefragte Teilwürfel (alle Regionen) gleich geblieben ist. Tatsächlich sind in heutigen Systemen beide Ansätze zu finden; man muss sich also der Auswirkungen eines solchen Mechanismus bewusst sein.

Schließlich kann es Anforderungen geben, Zugriffsregeln nicht anhand von Strukturelementen des multidimensionalen Datenmodells zu definieren, sondern abhängig von den Daten selbst, d. h. den Eigenschaften von Klassifikationsknoten oder Faktkenngrößen. Ein Beispiel wäre eine Benutzergruppe, die nur Zugriff auf Daten von Produkten ab einem bestimmten Monatsumsatz hat – angenommen diesen Produkten wird ein öffentliches Interesse zugestanden.

7.3.2 Relationale Realisierung

Eine Zugriffskontrolle kann sowohl in einer relationalen Basisdatenbank als auch in der multidimensionalen Ableitungs- und Auswertungsdatenbank umgesetzt werden. Beide Varianten haben ihre Vor- und Nachteile. Die richtige Wahl bzw. Kombination hängt von den jeweiligen Anforderungen und den verwendeten Werkzeugen ab.

Die relationale Realisierung einer Zugriffskontrolle basiert auf zwei in relationalen Datenbanksystemen vorhandenen Konzepten: Autorisierungen und Sichten (SQL-Views). Benutzer oder Benutzergruppen bzw. Rollen werden dabei (über den SQL-Befehl GRANT) zum Zugriff auf spezifische Tabellen oder Sichten autorisiert. In der Praxis wird dabei häufig für jede Benutzergruppe eine eigene »Sichtendatenbank« aufgebaut, in der sich alle Sichten wiederfinden, auf die diese Benutzergruppe zugreifen darf. Das erleichtert die Administrierbarkeit.

Zugriffskontrolle auf Basis solcher Sichtendatenbanken ähnelt dem Aufbau eigener Auswertungsdatenbanken für die unterschiedlichen Benutzergruppen. Allerdings müssen diese Ableitungs- und Auswertungsdatenbanken eben nicht zwangsläufig physisch in der Ladephase gefüllt werden, sie können auch durch SQL-Views auf dem Star- bzw. Snowflake-Schema implementiert werden. Die Technik mehrerer abhängiger Auswertungsdatenbanken wird in der Praxis oft eingesetzt, nicht nur aus Sicherheitsgründen, sondern auch zur Komplexitätsreduktion.

Relationale Sichten kommen nur bei Projekten mit relational basierten Werkzeugen (z. B. MicroStrategy) in Frage. Weiterhin ist zu beachten, dass wenn vorberechnete (materialisierte) Aggregate existieren, diese ebenfalls entsprechend gefiltert werden müssen. Eine weitere Voraussetzung für eine Zugriffkontrolle auf relationaler Ebene der Ableitungs- und Auswertungsdatenbanken ist außerdem eine Identifikation und Authentifizierung der Benutzer beim Zugriff auf die Datenbank (siehe Abschnitt 11.6.3).

Autorisierungen auf Schemaebene

Die in Abschnitt 7.3.1 beschriebenen Autorisierungsanforderungen auf Schemaebene sind relational prinzipiell gut umsetzbar.

Das Ausblenden von ganzen Würfeln stellt eine Grundfunktionalität dar und bedeutet im relationalen Fall eine Autorisierung auf eine ganze (Teil-)Datenbank. Auch das Ausblenden von Kenngrößen ist unproblematisch. Es kann über relationale Sichten durch vertikale Filterung, d.h. Ausblenden von Faktspalten, umgesetzt werden. Etwas schwieriger ist das Ausblenden von Klassifikationsstufen. Bei relationalen Sichten ist dazu eine Voraggregierung (GROUP BY) der Faktentabelle notwendig.

Problematisch ist dabei, dass bei einer rein relationalen Umsetzung von Autorisierungsanforderungen auf Schemaebene sich diese im multidimensionalen Schema des OLAP-Werkzeuges mitunter nicht widerspiegeln bzw. dort explizit angelegt werden müssen. Das bedeutet, dass ein Anwender, der beispielsweise keinen Zugriff auf Daten der Klassifikationsstufe Tag hat, durchaus einen Bericht auf dieser Ebene erstellen kann. Bei Ausführen des Berichtes wird er dann von der Datenbank eine Fehlermeldung erhalten. Aus diesem Grund ist eine Umsetzung auch auf multidimensionaler Ebene wünschenswert, da diese dem Benutzer bereits die Erstellung von Berichten mit Daten, auf die kein Zugriff besteht, verwehren würde (siehe Abschnitt 7.3.4).

Autorisierungen auf Dimensionsebene

Autorisierungen auf Dimensionsebene, d.h. Ausblenden von Teilwürfeln, sind ebenfalls möglich. Hierzu ist es notwendig, in die Sichten für die Faktentabellen einen Filter (WHERE-Bedingung) aufzunehmen. Dabei ist jedoch zu bedenken, dass bei Filterung auf zweiter oder tieferer Granularitätsstufe grobgranulare Werte verfälscht werden, d.h. beispielsweise bei Filterung auf der Ebene Region, dass Summen auf der Ebene Land ggf. nicht mehr korrekt sind.

Das Ausblenden von Klassifikationsstufen in bestimmten Bereichen der gleichen Dimension, wenn z.B. Bezirk, Stadt und Filiale für bestimmte Regionen ausgeblendet werden sollen, ist relational nur eingeschränkt möglich. Es müssten unterschiedliche Basisgranularitäten durch unterschiedlich gefilterte vorberechnete Aggregate simuliert werden. Dabei ließe sich jedoch unter Umständen nicht gewährleisten, dass die Auswertungswerkzeuge die jeweils richtige Faktentabelle für die Anfragen verwenden. Alternativ könnte ein »vorgetäuschter« Klassifikationsknoten, der z.B. die einzelnen Bezirke, Städte und Filialen der Region Hessen durch einen einzelnen ersetzt und das zugehörige Aggregat repräsentiert, erzeugt werden. Dadurch würden die SQL-Views auf der Faktentabelle jedoch komplex und unperformant (UNION-Joins).

Autorisierungen auf Zellebene

Autorisierungen auf Zellebene sind relational normalerweise nicht möglich bzw. sinnvoll, da ein schlichtes Herausfiltern der entsprechenden Fakten zu verfälschten Auswertungsergebnissen führen würde.

7.3.3 Multidimensionale Realisierung

Die natürlichere Lösung als die relationale Realisierung ist eine Realisierung auf Ebene der multidimensionalen Zugriffsschicht, wodurch Zugriffskontrolle unabhängig von Details des physischen Datenmodells (relationale vs. multidimensionale Speicherung, Vorberechnung von Aggregaten etc.) umgesetzt werden kann. Ein weiterer Vorteil ist, dass definierte Zugriffsbeschränkungen bereits bei der Erstellung von Berichten oder Ad-hoc-Anfragen greifen und nicht erst bei der Ausführung. So erfolgt die Zugriffskontrolle für den Anwender transparent, d. h., unzulässige Anfragen werden verhindert (das gilt zumindest für Autorisierungen auf Schema- und Dimensionsebene).

Wie bei einer relationalen Realisierung kommt eine Kombination von Autorisierungen und Sichten zum Einsatz. Autorisierungen werden (z. B. in Form von Access Control Lists, ACLs) für Teilbereiche des multidimensionalen Modells vergeben, d. h., es können beispielsweise Zugriffsberechtigungen für bestimmte Kennzahlen oder Klassifikationsstufen gewährt oder entzogen werden. Außerdem ist es oft möglich, die Benutzerschnittstelle der Auswertungswerkzeuge explizit einzuschränken (vgl. [KQS+98] und [Kurz99]). Import- und Exportfunktionen oder gewisse Visualisierungskomponenten können für bestimmte Anwender deaktiviert werden. Dies wird oft auch verwendet, um unterschiedliche Lizenztypen mit unterschiedlichem Funktionsumfang abzubilden.

Im Gegensatz zum relationalen Fall existiert jedoch keine einheitliche Notation für Sichten auf multidimensionaler Ebene. In der relationalen Welt werden Sichten als Ergebnisse von relationalen Anfragen ausgedrückt (SQL-Views als SELECT-Ausdrücke). Dieser Ansatz lässt sich allerdings nicht ohne weiteres auf die multidimensionale Welt übertragen, da die Definitionsmöglichkeiten für virtuelle Würfel (Abschnitt 7.2.1) unter Umständen nicht die benötigte Mächtigkeit haben. Allerdings lässt sich festhalten, dass sich Microsofts MDX zwischenzeitlich als Quasi-Industriestandard einer einheitlichen multidimensionalen Anfragesprache bei den Herstellern von OLAP-Datenbanken und -Providern etabliert hat.

So können die meisten OLAP-Server MDX-Queries und XMLA-Abfragen verarbeiten oder MDX-Queries in SQL-Queries umwandeln, sodass der Anbindung von beliebigen OLAP-Clients, die diese Schnittstellen unterstützen, fast nichts mehr im Wege steht.

Autorisierungen auf Schemaebene

Die beschriebenen Autorisierungen auf Schemaebene sind auf multidimensionaler Ebene in OLAP-Auswertungswerkzeugen gut umsetzbar. Das Ausblenden von ganzen oder Teilen eines Würfels stellt eine Grundfunktionalität dar. Auch das Ausblenden von Kenngrößen und Klassifikationsstufen ist normalerweise unproblematisch.

Bei MicroStrategy geschieht dies wie beschrieben über ACLs, d.h., bei einer Kenngröße oder Klassifikationsstufe kann einzelnen Benutzern oder Benutzergruppen die »View«-Berechtigung gewährt oder entzogen werden. Bei Microsoft kommt zum Ausblenden von Klassifikationsstufen bereits die »dimension-level security« zum Einsatz, in der alle Elemente einer Klassifikationsstufe über sogenannte »denied sets« ausgeblendet werden können.

Auch in der MOLAP-Datenbank Oracle Hyperion Essbase kann eine Autorisierung bzw. Zugriffsbeschränkung über Rollen, Benutzer(gruppen), Filter etc. und den für sie zulässigen bzw. nicht sichtbaren Datenraum herbeigeführt werden.

Autorisierungen auf Dimensionsebene

Wie im relationalen Fall sind Autorisierungen auf Dimensionsebene, d.h. Ausblenden von Teilwürfeln, ebenfalls möglich. Wiederum gilt, dass bei Filterung auf zweiter oder tieferer Granularitätsstufe grobgranulare Werte verfälscht werden. Auf multidimensionaler Ebene existiert jedoch zum Teil die Möglichkeit, explizit anzugeben, wie die Summen zu behandeln sind (gefiltert oder ungefiltert). Bei Microsoft nennt sich diese Option »visual totals«.

Je nach eingesetztem Auswertungswerkzeug ist das Ausblenden von Klassifikationsstufen in bestimmten Bereichen der gleichen Dimension, z. B. Ausblenden von Bezirk, Stadt und Filiale für bestimmte Regionen, multidimensional deutlich einfacher als relational. Eine solche Anforderung lässt sich beispielsweise mit Microsofts »dimension-level security« elegant umsetzen. Die Verwendung von Tricks wie »vorgetäuschten« Klassifikationsknoten wie im relationalen Fall ist nicht notwendig.

Autorisierungen auf Zellebene

Auf multidimensionaler Ebene können durch implizite Filter auch komplexe Autorisierungen auf Zellebene ausgedrückt werden. Die Endanwendertransparenz, d.h. die Verhinderung unzulässiger Anfragen, ist dann jedoch nicht mehr gegeben. Anfragen werden ggf. zurückgewiesen, oder die Ergebnisse enthalten leere Zellen. Solche unvollständigen Ergebnisse können Auswertungsergebnisse verfälschen. Wie bereits erwähnt, ist die Semantik der Summen in solchen Berichten nicht eindeutig, da nicht geklärt ist, ob die ausgeblendeten Teilergebnisse enthalten sind oder nicht. In einigen Frontends lassen sich aufgrund von Zugriffsbeschränkungen die leer gebliebenen Zellen explizit durch ein »N/A« (not available) kennzeichnen.

7.3.4 Inferenzen und Trackerangriffe

Mit den in den Abschnitten 7.3.2 und 7.3.3 dargestellten Mechanismen wird nur der direkte Zugriff auf die Daten kontrolliert. Wenn auch auf geschützte Daten nicht direkt zugegriffen werden kann, so gibt es jedoch oft Möglichkeiten, die gewünschte Information durch kombinierte Anfragen herauszubekommen. Durch gezielte Anfragen, die sich nicht direkt auf das geschützte Datum beziehen, kann unter Umständen auf das geschützte Datum gefolgert werden. Man spricht in diesem Fall von Inferenz (engl. infer: folgern).

OLAP-Systeme sind besonders anfällig für Inferenzprobleme, da sie auf aggregierten Daten beruhen. Durch den Zugriff auf solche Aggregate kann es vorkommen, dass mehrere Anfragen, sogenannte Trackeranfragen, Daten offenbaren, die direkt nicht abrufbar wären.

Inferenzen wurden in der Forschung bereits im Zusammenhang mit statistischen Datenbanken untersucht. Das Problem ist hier, Daten über Individuen zu schützen, während aggregierende Anfragen gestattet werden. Ein Ansatz, den Zugriff auf Individualdaten zu verhindern, ist das Verbot von Anfragen, die auf weniger als einer gewissen Anzahl an Datensätzen beruhen. Besonders große Anfragemengen sind ebenfalls kritisch, da individuelle Informationen durch Subtraktion von der Gesamtsumme abgeleitet werden können.

Übertragen in den Kontext einer OLAP-Anwendung würde dieser Ansatz die Bestimmung einer minimalen Anzahl an (Detail-)Zellen bedeuten, die ein abgefragtes Aggregat beinhalten muss. Man stelle sich einen einfachen Datenwürfel mit $3 \times 3 \times 3 = 27$ Zellen vor, z.B. kategorisiert nach den Monaten Oktober bis Dezember, den Städten München, Nürnberg, Regensburg und den Produktfamilien Video, Audio und TV, bei dem nur Anfragen auf Aggregate erlaubt sind, die zwischen 3 und 24 Zellen beinhalten.

Obwohl direkter Zugriff auf die Daten einzelner Zellen jetzt nicht mehr möglich ist, kann eine Kombination von Anfragen benutzt werden, um diese abzuleiten ([CFMS94], [DeSc83]). Die Anfrage C »Umsatz für Videogeräte in München im Dezember« entspricht einer einzelnen Zelle und wird daher abgewiesen. Die Anfragen A »Gesamtumsatz für Videogeräte« und B »Gesamtumsatz in München im Dezember« sind allerdings erlaubt. Dies gilt ebenfalls für die Negation der Anfrage B und die Anfrage des Trackers $T = (A \wedge \neg B)$. Wie in Abbildung 7–21 dargestellt, kann das Ergebnis von C damit durch Subtraktion des Ergebnisses der Trackeranfrage T von dem der Anfrage A ermittelt werden.

A   B   T = A ∧ ¬B   C = A ∧ ¬T

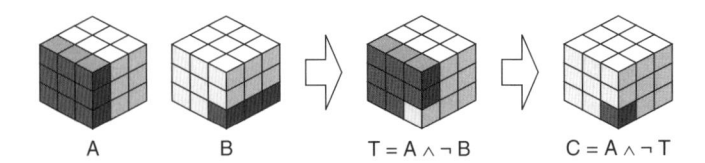

Abb. 7-21   *Beispiel einer Trackeranfrage*

Wie oben erwähnt, stammt der Ansatz der Beschränkung der Anfragemengen (engl. query-set size control) aus der Welt der statistischen Datenbanken. Die Probleme in OLAP-Anwendungen sind sicher ähnlich, aber eben nicht identisch. Abhängig davon, welche Zugriffsbeschränkungen definiert werden, entstehen andere Inferenzprobleme, und andere Trackeranfragen werden möglich.

Aufgrund der Komplexität sind die für Inferenzkontrolle notwendigen Maßnahmen für die meisten Projekte wahrscheinlich nicht angemessen. In der Forschung wird zum einen die Übertragbarkeit von weiteren Ergebnissen aus dem Bereich der statistischen Datenbanken untersucht. Ein Ansatz mittels dynamisch vergebener Indikatoren findet sich in [StGB00]. Sicherheitslücken werden markiert und können mit Verrauschung oder Zugriffsbeschränkungen entfernt werden. Ein anderer interessanter Ansatz ist die Nutzung von Data-Mining-Werkzeugen, um mögliche Inferenzprobleme aufzuspüren [TSS+98].

7.3.5 Realisierungskonzepte

Im Folgenden sollen zwei Konzepte für die Zugriffskontrolle beschrieben werden, die in unterschiedlichen kommerziellen Systemen zur Verfügung stehen und in der Praxis zum Einsatz kommen können. Dabei wird jeweils auf die Realisierbarkeit der obigen Anforderungen eingegangen.

Sichtenansatz

Der erste Ansatz ist mit Sichten (engl. views) in relationalen Datenbanken vergleichbar. Unterschiedliche Anwender bzw. Benutzergruppen/-rollen sehen unterschiedliche Würfel, die alle auf denselben Daten beruhen.

Der Ansatz ist transparent für den Endanwender, da keine Anfragen abgewiesen werden. Diese Transparenz birgt allerdings auch Gefahren, da fehlende Daten Trends und Auswertungsergebnisse verfälschen können. Davon betroffene Anfragen sollten abgewiesen oder zumindest mit einer Warnmeldung versehen werden, was ein Sichtenansatz nicht vollbringen kann. So sollten ausgeblendete Daten nicht einfach fehlen, sondern die entsprechenden Anfragen sollten dem Anwender gar nicht erst ermöglicht werden, was ggf. auch die Filterung der Metadaten notwendig macht.

Zugriffskontrolle auf Basis von Sichten ähnelt dem Aufbau einer Ableitungs- oder Auswertungsdatenbank. Allerdings müssen diese Datenbanken nicht zwangsläufig physisch in der Ladephase gefüllt werden, sie können auch durch SQL-Views auf dem Star-/Snowflake-Schema oder durch multidimensionale Sichten auf Ebene der Basisdatenbank implementiert werden.

Die Technik mehrerer abhängiger Auswertungsdatenbanken wird in der Praxis oft eingesetzt, nicht nur aus Sicherheitsgründen, sondern auch zur Komplexitätsreduktion. Das Erzeugen mehrerer physischer Auswertungsdatenbanken bzw. das Generieren mehrerer Würfel bei Systemen mit multidimensionaler Speicherung erfordert allerdings einen großen Ressourcen-Overhead und Pflegeaufwand. Dieser Ansatz ist nur bei wenigen Benutzergruppen praktikabel. SQL-Sichten auf Ebene einer relationalen Ableitungs- und Auswertungsdatenbank kommen nur bei relational realisierten Systemen infrage und können außerdem sehr komplex und schlecht wartbar werden. Weitere Probleme ergeben sich, wenn vorberechnete (materialisierte) Aggregate existieren, da diese ebenfalls entsprechend gefiltert werden müssen. Dazu kommt die Metadatenfilterung, um gewisse Strukturelemente des Datenmodells auszublenden.

Die natürlichere Lösung ist ein Sichtenansatz auf Ebene der multidimensionalen Zugriffsschicht, wodurch Zugriffskontrolle unabhängig von Details des physischen Datenmodells (relationale vs. multidimensionale Speicherung, Vorberechnung von Aggregaten etc.) realisiert werden kann. Obwohl die Anforderungen im Regelfall durch Begriffe des multidimensionalen Modells ausgedrückt werden, existiert keine einheitliche Notation für Sichten auf dieser Ebene. In der relationalen Welt werden Sichten als Ergebnisse von relationalen Anfragen ausgedrückt (SQL-Sichten als SELECT-Ausdrücke). Dieser Ansatz lässt sich allerdings nicht ohne Weiteres auf die multidimensionale Welt übertragen, da die Definitionsmöglichkeiten für virtuelle Würfel (Abschnitt 7.2.1) unter Umständen nicht die benötigte Mächtigkeit haben.

Wie bereits erwähnt, sind Sichten auf der Ebene der multidimensionalen Zugriffsschicht stark mit den Metadaten verbunden. Einige Zugriffsbeschränkungen werden durch Ausblenden gewisser Strukturelemente (Kenngrößen, Klassifikationsstufen etc.) ausgedrückt, andere Mechanismen erfordern zusätzliche Metadatenelemente, die von der multidimensionalen Zugriffsschicht interpretiert werden wie z.B. implizite Filter. Dadurch werden die Auswertungswerkzeuge implizit beschränkt, da gewisse Daten von der Zugriffsschicht nicht geliefert werden. Können vertrauenswürdige Auswertungswerkzeuge vorausgesetzt werden (abhängig von der Architektur), ist es möglich, solche metadatengestützten Sichtenansätze so zu erweitern, dass zusätzlich die Benutzerschnittstelle dieser Werkzeuge explizit eingeschränkt wird (vgl. [KQS+98] und [Kurz99]). Import- und Exportfunktionen oder gewisse Visualisierungskomponenten können für bestimmte Anwender deaktiviert werden.

Relationale Sichten kommen oft bei Projekten mit rein relational basierten Werkzeugen (z.B. MicroStrategy) zum Einsatz, da bei diesen auf Ebene der multidimensionalen Zugriffsschicht meist keine Zugriffskontrolle vorgesehen ist. Als

Beispiele für multidimensionale Sichtenansätze sind u.a. *virtual cubes* in Microsoft OLAP Services und *dimension views* und *user class views* in Cognos PowerPlay oder Oracle Hyperion Smart View (für Essbase-Würfel) zu nennen. Die Implementierung erfolgt in allen Systemen durch interaktives Zusammenstellen einer eingeschränkten Sicht auf einen Basiswürfel.

Die oben beschriebenen elementaren Anforderungen sind durch solche Sichtenansätze gut umsetzbar:

- *Ausblenden von ganzen Würfeln*:
  Dies stellt eine Grundfunktionalität dar.
- *Ausblenden von Kenngrößen*:
  Dieser Mechanismus ist normalerweise unproblematisch. Er kann auch bei relationalen Sichten durch vertikale Filterung (Ausblenden von Faktspalten) umgesetzt werden.
- *Ausblenden von Teilwürfeln*:
  Die Implementierung ist oft schwieriger, z.B. hat die Nutzung von »virtual cubes« bei Microsoft Einfluss auf den Entwurf der Basiswürfel. Bei Filterung auf zweiter oder tieferer Granularitätsstufe werden grobgranulare Werte verfälscht, daher existiert zum Teil die Möglichkeit, betroffene höhere Klassifikationsstufen auszublenden (z.B. »Apex«-Option bei Cognos PowerPlay[9]).
- *Ausblenden von Klassifikationsstufen*:
  Diese Operation ist normalerweise unproblematisch. Bei relationalen Sichten ist eine Voraggregierung (GROUP BY) der Faktentabelle notwendig.

Komplexe Anforderungen lassen sich durch einen Sichtenansatz meist nicht oder nur schwierig umsetzen:

- Das *Ausblenden von Klassifikationsstufen* in bestimmten Bereichen der gleichen Dimension ist nur eingeschränkt möglich. Bei einem ausschließlich auf relationalen Sichten basierenden Ansatz müssten unterschiedliche Basisgranularitäten durch möglicherweise ungefilterte vorberechnete Aggregate simuliert werden. Bei alternativer Verwendung eines »vorgetäuschten« Klassifikationsknotens, der z.B. die einzelnen Bezirke, Städte und Filialen der Region Hessen durch einen einzelnen ersetzt, der das zugehörige Aggregat repräsentiert, würden die SQL-Views auf der Faktentabelle komplex und unperformant werden (UNION-Joins).
- *Ausblenden von Teilwürfeln, Kenngrößen oder Klassifikationsstufen* in bestimmten Bereichen einer beliebigen (anderen) Dimension (dynamische/datengetriebene Mechanismen). Solche komplexen Mechanismen sind normalerweise nicht möglich, da ein schlichtes Herausfiltern der entsprechenden Fakten zu verfälschten Auswertungsergebnissen führen würde.

---

9. *www.ibm.com*

Autorisierungsansatz

Der zweite, auf Autorisierungen basierende Ansatz konfrontiert verschiedene Anwender nicht mit (strukturell) unterschiedlichen Würfeln. Alle Anwender kennen die Existenz des gesamten Würfels (mit allen Dimensionen und Kenngrößen), sie sind nur nicht in der Lage, auf alles zuzugreifen. OLAP-Anfragen werden möglicherweise zurückgewiesen oder die als Ergebnis zurückgelieferten Reports können leere Zellen enthalten. Einige komplexe Zugriffskontrollanforderungen können nur mit einem solchen Ansatz ausgedrückt werden.

Zunächst ein kurzer Überblick über die theoretischen Grundlagen eines Autorisierungssystems. Es werden keine Sichten bestimmter Anwender deklarativ beschrieben, sondern es werden basierend auf einer einheitlichen Sicht für Teilbereiche Berechtigungen und Verbote ausgesprochen.

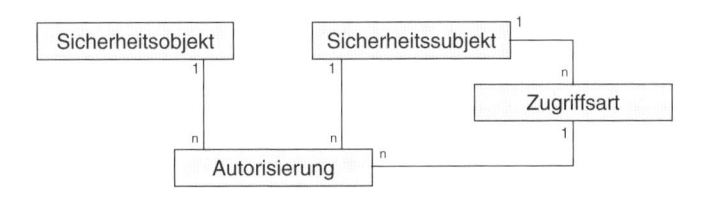

Abb. 7–22 *Elemente eines Autorisierungssystems*

Im Prinzip geht es um die Identifikation der vier in Abbildung 7–22 dargestellten Grundelemente [EWKT99]:

- *Sicherheitssubjekte* sind die aktiven Elemente, die Zugriff auf gewisse Sicherheitsobjekte wünschen. Es kommen einzelne Individuen, Benutzergruppen und Rollen in Betracht.
- Bei den *Sicherheitsobjekten* handelt es sich um die passiven Elemente, die vor unerlaubtem Zugriff zu schützen sind. Aufgrund der multidimensionalen Natur von OLAP und dem Zugriff auf unterschiedlichen Granularitätsstufen sind die relationalen Tabellen einer Ableitungs- oder Auswertungsdatenbank (bzw. deren Zeilen oder Spalten) sicherlich ungeeignete Sicherheitsobjekte.
- Die *Zugriffsarten* in OLAP-Anwendungen sind in der Regel auf Lesezugriff beschränkt. Allerdings sind einige, zumeist Planungswerkzeuge wie z.B. Hyperion Planning, SAP BPS bzw. MOLAP-Datenbanken wie z.B. Oracle Hyperion Essbase oder die Open-Source-Variante Palo mit der sogenannten Write-back-Funktionalität ausgestattet, um beispielsweise (Budget-)Planungsanwendungen abzubilden, bei denen Werte über ein OLAP-Frontend erfasst oder – insbesondere bei großen Datenmengen – in den Würfel geladen werden.
- *Autorisierungen* schließlich bestimmen, welche Sicherheitssubjekte auf welche Objekte mit welchen Zugriffsarten zugreifen dürfen.

Neben der Identifikation dieser Elemente sind beim Design eines Autorisierungssystems einige weitere Entwurfsentscheidungen zu treffen. Die *Offenheitsannahme* (engl. closure assumption) gibt an, ob alles erlaubt ist, solange es nicht explizit verboten wird (engl. open world) oder umgekehrt (engl. closed world). Bei technisch weniger versierten Benutzern von OLAP-Anwendungen kann ein Open-World-Mechanismus angebracht sein. Folgt man dem *Besitzprinzip*, so werden die Sicherheitsobjekte von gewissen Subjekten »besessen«, was sich für Aggregate aus unterschiedlichen Quellen (von verschiedenen Besitzern) als ungeeignet darstellt. Die Alternative ist ein zentraler, administratorbasierter Mechanismus. Die Frage, ob Berechtigungen (explizites Erlauben von Zugriff) oder Verbote, ist an die Offenheitsannahme gekoppelt. Trotzdem ist eine Kombination beider Ansätze möglich, wobei dann entschieden werden muss, welche von beiden bei Konflikten höhere Priorität genießt.

Mit einem *Autorisierungsansatz* können auch komplexe Mechanismen ausgedrückt werden. Wie bereits beschrieben, ist die Endanwendertransparenz wie beim Sichtenansatz dann nicht mehr gegeben. Anfragen können zurückgewiesen werden, oder die Ergebnisse leere Zellen enthalten. Dadurch entstehende unvollständige Ergebnisse können das Auswertungsergebnis verfälschen, und die Semantik der Summen ist in solchen Berichten nicht mehr eindeutig. Daher werden die in solchen Systemen aufgrund von Zugriffsbeschränkungen leer gebliebenen Zellen explizit durch ein »N/A« (not available) gekennzeichnet.

Autorisierungsansätze findet man meist bei multidimensional realisierten Systemen, als Beispiele sind Microsofts »cell-level security« und »permission programs« in Oracle Express zu nennen.

Normalerweise werden Autorisierungen meist durch Zugriffskontrolllisten (ACL) oder -matrizen (ACM) umgesetzt, in denen die Sicherheitsobjekte den Subjekten unter Angabe von einer oder mehreren Zugriffsarten gegenübergestellt werden. Da, wie bereits erwähnt, die Sicherheitsobjekte im OLAP-Kontext schwer zu identifizieren sind, verwenden die erwähnten Systeme stattdessen eine regelbasierte Notation. Die Regeln werden in Form von booleschen Ausdrücken angegeben, wobei der Zugriff nur bei einem Wert von »True« erlaubt wird. Die Implementierung und Syntax der Zugriffsregeln hängt jedoch stark vom jeweiligen proprietären System ab.

Mit Ansätzen, die auf Autorisierungen basieren, können auch sehr komplexe Mechanismen realisiert werden. So lassen sich normalerweise die in Abschnitt 7.3.1 genannten elementaren und komplexen Anforderungen damit erfüllen. Allerdings wird nach wie vor nur der direkte Zugriff auf die Daten kontrolliert. Maßnahmen gegen indirekten Zugriff z.B. durch Trackeranfragen stehen nicht zur Verfügung. Ein neuer Ansatz mittels dynamisch vergebenen Indikatoren findet sich in [StGB00]. Sicherheitslücken werden markiert und können mit Verrauschung oder Zugriffsbeschränkungen entfernt werden.

7.4 Zusammenfassung

In diesem Kapitel wurden Realisierungsmöglichkeiten für die physische Umsetzung des multidimensionalen Datenmodells diskutiert. Dies ist zum einen die direkte Verwendung in einem multidimensionalen Datenbanksystem. Hierbei handelt es sich meist um proprietäre Systeme, da noch keine Standardisierung des multidimensionalen Modells erreicht werden konnte. Daneben existiert die Möglichkeit einer Abbildung des multidimensionalen Modells auf ein relationales Datenbanksystem. Die Schwierigkeit liegt hier in der Transformation und Konvertierung der multidimensionalen Strukturen und Übersetzung bei der Anfrageverarbeitung sowie dem Semantikverlust durch die Konvertierung.

Sowohl relationale als auch multidimensionale Systeme haben mittlerweile ihren Platz gefunden. So sind beispielsweise Business-Intelligence-Anwendungen nicht mehr ohne multidimensionale Datenhaltung denkbar, da gerade Berichte und Auswertungsanwendungen eine hohe Abfrageperformanz einfordern.

Auf der anderen Seite verweisen relationale Datenbanken auf eine ausgereifte und weit verbreitete Technologie. Weiterhin zeigen sie ein besseres Skalierungsverhalten als multidimensionale Systeme. Sinnvoll ergänzen können sich beide Ansätze in einer kombinierten Architektur mit einer großen, relational implementierten Basisdatenbank und davon abhängigen, kleineren multidimensionalen Systemen, wie z. B. einem Hybrid aus ROLAP- und MOLAP-Umgebungen als HOLAP-Architektur.

8 Optimierung der Datenbank

Anfragen an die Ableitungs- oder Auswertungsdatenbank umfassen in der Regel Aggregationen von bestimmten Datenbereichen. So bezieht sich die Beispielanfrage aus Kapitel 6 und 7: »Wie viele Artikel der Produktgruppe Waschgeräte wurden im Jahr 2012 pro Monat in den unterschiedlichen Regionen verkauft?« auf einen bestimmten Datenbereich, der nach den Attributen Monat und Region gruppiert wird.

An diesem Beispiel werden zwei grundlegende Eigenschaften von Data-Warehouse-Anfragen deutlich: Aus der sehr großen Detaildatenmenge wird ein bestimmter, über die meisten Dimensionen eingeschränkter Datenbereich ausgewählt. Diese mehrdimensionale Anfrage stellt eigentlich eine Restriktion dar, die sich in der Regel pro Dimension auf einfache Klassifikationsknoten wie Waschgeräte bezieht. Auch die Aggregation basiert auf dem Klassifikationsschema des multidimensionalen Datenmodells wie Monat und Region.

Datenbanksysteme stellen Mechanismen zur effizienten und effektiven Datenhaltung und für den Zugriff auf diese Daten bereit. In den letzten Jahrzehnten wurde in diesem Bereich viel geforscht, Konzepte und Methoden wurden entwickelt und in unterschiedlichen Datenbanksystemen umgesetzt. Dieses Kapitel beschreibt einige grundlegende Optimierungskonzepte, die sich in diversen Produkten durchgesetzt haben und somit allgemeine Gültigkeit haben. Aus Platzgründen wird jeweils das Grundkonzept dargestellt, für Details wird auf weiterführende Literatur verwiesen.

Nach einem Überblick über die Anfragerestriktionen in Abschnitt 8.1 wird in Abschnitt 8.2 auf verschiedene Indexstrukturen und auf die Einsatzmöglichkeit von Partitionierung (Abschnitt 8.3) eingegangen. Die Verwendung von Star-Joins wird in Abschnitt 8.4 diskutiert. Die Auswahl und Verwendung vorberechneter Zwischenergebnisse in Form von materialisierten Sichten ist das Thema des Abschnitts 8.5. Neben den Optimierungsmöglichkeiten, die in multidimensionalen und relationalen Datenbanksystemen anwendbar sind, folgt in Abschnitt 8.6 eine Übersicht über Optimierungsmethoden von multidimensionalen Datenbanksystemen.

8.1 Anfragen im multidimensionalen Modell

Neben Aggregationen spielen bei Anfragen im multidimensionalen Modell die Restriktionen des Ergebnisraumes die wichtigste und zeitaufwendigste Rolle. Der Ergebnisraum einer Anfrage wird durch Einschränkung von Dimensionen festgelegt. Eine Einschränkung können ein oder mehrere Werte bzw. Intervalle sein. Der Ergebnisraum ist also eine Menge von mehrdimensionalen Intervallen, die durch Einschränkung verschiedener Dimensionen definiert werden.

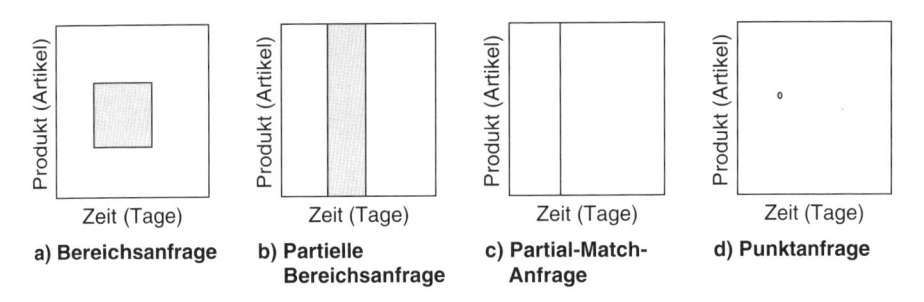

Abb. 8–1 Allgemeine Anfragetypen

a) Bereichsanfrage   b) Partielle Bereichsanfrage   c) Partial-Match-Anfrage   d) Punktanfrage

Es lassen sich verschiedene Anfragetypen unterscheiden (Abb. 8–1):

- Der allgemeine Fall einer Anfrage ist die *Bereichsanfrage* (engl. range query), die durch ein Intervall in jeder Dimension bestimmt ist. Dieses Intervall kann aus einem Punkt bestehen, es kann völlig unspezifiziert sein oder durch zwei Grenzen bestimmt sein (Abb. 8–1a).
- Eine Anfrage wird *partielle Bereichsanfrage* (engl. partial range query) genannt, wenn einige Dimensionen nicht eingeschränkt sind, die entsprechenden Dimensionen also nicht spezifiziert werden. Das Ergebnis ist geometrisch betrachtet ein Teilraum. Mathematisch gesehen ist dies ein Unterraum (Abb. 8–1b).
- Eine *Partial-Match-Anfrage* (engl. partial match query) schränkt mehrere Dimensionen auf einen Punkt ein, während andere Dimensionen unspezifiziert bleiben. Geometrisch handelt es sich bei dieser Art von Anfragen um Hyperebenen im Datenraum (Abb. 8–1c).
- Ein Spezialfall der Partial-Match-Anfrage ist die *Punktanfrage* (engl. point query), bei der alle Dimensionen auf einen Punkt eingeschränkt sind (Abb. 8–1d).

Eine Bereichsanfrage schränkt alle Dimensionen ein, somit entsteht ein Würfel im Raum (Abb. 8–1a). Daneben gibt es komplexere Anfragen, die nicht durch Angabe der eingeschränkten Dimensionen beschrieben werden können. Dazu gehören die aus mehreren Anfragebereichen zusammengesetzten Anfragen (Abb. 8–2a) oder beliebige geometrische Strukturen im Datenraum (Abb. 8–2b). *Nearest-Neighbor-Anfragen* liefern die Tupel mit dem geringsten Abstand zu einem gegebenen Punkt. Dieser Abstand wird durch eine Abstandsfunktion wie beispielsweise den euklidischen Abstand bestimmt (Abb. 8–2c).

a) Zusammengesetzte Anfragebereiche

b) Unregelmäßige Anfrageformen

c) Nearest-Neighbor-Anfragen

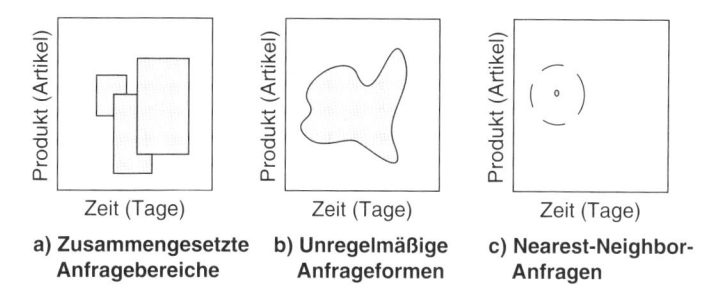

Abb. 8–2 *Spezielle Anfragetypen*

Die Unterscheidung der Anfragen spielt eine fundamentale Rolle bei der Auswahl der Optimierungsstrategie und des Vorgehens. Die Art der Auswertung steht in einer direkten Abhängigkeit zur Optimierung und schließt daher einige Optimierungsansätze aus oder ermöglicht andere.

8.2 Indexstrukturen

Indexstrukturen sind insbesondere für relationale Datenbanksysteme eine der wesentlichen Optimierungsmethoden, um effiziente Zugriffspfade auf die Daten zu realisieren. In den meisten Fällen hängt die Wahl der jeweiligen Indexstruktur von Anfrageprofilen und Anforderungen an die Ableitungs- oder Auswertungsdatenbank ab. Dieser Abschnitt gibt einen Überblick über Anfrageklassen und häufig gewählte Indexstrukturen wie den B-Baum, multidimensionale B-Bäume und Bitmap Indizes.

8.2.1 Überblick über Indexstrukturen

In gegenwärtig realisierten Data-Warehouse-Systemen liegen Faktentabellen in solchen Größenordnungen vor, dass es nicht sinnvoll ist, für jede Anfrage einen sogenannten *Full Table Scan* durchzuführen, d.h., die gesamte Tabelle zu lesen und auszuwerten. Trotz Parallelisierung, Partitionierung und moderner Festplattentechnologie empfiehlt sich meist der Einsatz von Indizes.

Mithilfe von Indexstrukturen ist es möglich, die Anzahl der gelesenen Seiten[1] auf ein Minimum zu reduzieren, statt mit einem vollständigen Suchvorgang (engl. full table scan) die gesamte Tabelle zu lesen. Ein Index ermöglicht einen direkten Zugriff auf die gewünschten Daten. Abbildung 8–3 verdeutlicht diese Tatsache

---

1. Eine Seite ist die kleinste Einheit auf dem Sekundärspeicher, die mit einem Zugriff gelesen bzw. geschrieben werden kann.

an einem zweidimensionalen Datenraum mit den Dimensionen Zeit und Produkt: Der ausgefüllte Bereich bezeichnet jeweils den zu lesenden Teil der Tabelle. Existiert kein Index, so muss wie in Abbildung 8–3a die gesamte Tabelle gelesen werden, während bei der Benutzung von Indexstrukturen entweder nur ein Streifen (Abb. 8–3b) für einen Primärindex, mehrere Streifen (Abb. 8–3c) für mehrere Sekundärindizes mit Indexschnitt oder nur die tatsächlich benötigten Daten (Abb. 8–3d) im Fall des optimalen multidimensionalen Indexes gelesen werden müssen.

a) Full Table Scan   b) Clusternder Primärindex   c) Mehrere Sekundärindizes, Bitmap-Indizes   d) Optimaler multidimensionaler Index

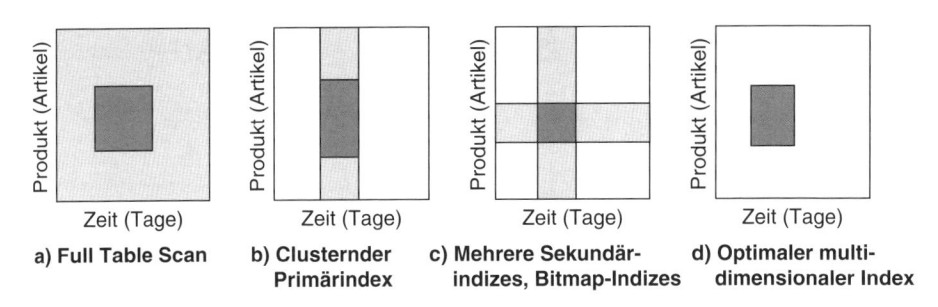

Abb. 8–3 *Vergleich unterschiedlicher Indexstrukturen*

Im Folgenden werden Baumindexstrukturen (Abschnitte 8.2.2 und 8.2.3) und Bitmap-Indizes (Abschnitt 8.2.4) diskutiert, die in Abschnitt 8.2.5 verglichen werden.

8.2.2 Eindimensionale Baumindexstrukturen

In klassischen OLTP-Systemen und -Anwendungen werden bevorzugt eindimensionale Indexstrukturen verwendet. In den meisten Fällen handelt es sich um die Optimierung von Primär-/Fremdschlüsselbeziehungen, wo einzelne Attribute einer Relation mit jeweils einem Attribut einer anderen Relation in Verbindung gesetzt werden. Häufig ist ein sehr effizienter Zugriff auf ein Tupel dieser anderen Relation erforderlich. In den meisten relationalen Datenbanksystemen werden zu diesem Zweck B-Bäume oder B*-Bäume (bzw. B$^+$-Bäume) eingesetzt.

B-Baum

Der B-Baum ist eine Datenstruktur, die sich gut für das Abspeichern von Daten auf Sekundärspeichern eignet, da mit einer geringen Anzahl an Sekundärspeicherzugriffen auf das gewünschte Element zugegriffen werden kann. Überdies bietet der B-Baum ein effizientes und stabiles Einfügeverhalten, garantiert eine kompakte Speicherung der Daten und ist robust gegenüber dynamischen Änderungen.

8.2 Indexstrukturen

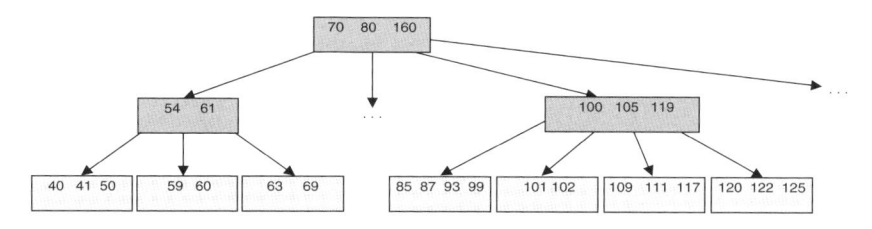

Abb. 8–4   B-Baum der Ordnung 2

Der B-Baum [BaMc72] wurde Ende der 60er Jahre von R. Bayer und E. McCreight am Boeing Scientific Research Lab entwickelt. Er ist verwandt mit balancierten *binären Suchbäumen*, wo ein Knoten einen Schlüsselwert[2] enthält und jeder linke Unterbaum nur Knoten mit kleineren Schlüsselwerten, jeder rechte Unterbaum nur Knoten mit größeren Schlüsselwerten beinhaltet. Um einen bestimmten Knoten zu finden, folgt man lediglich dem entsprechenden Pfad. Dieser Suchbaum wird binär genannt, weil jeder Knoten zwei Söhne besitzt. In einem verallgemeinerten Suchbaum können in den Knoten jedoch mehr Schlüsselwerte abgelegt sein. Alle Söhne, auf die mit Zeiger links vom Schlüsselwert verwiesen wird, beinhalten kleinere Schlüsselwerte, alle rechts davon größere Schlüsselwerte.

Jeder Knoten eines B-Baums der Ordnung d enthält höchstens 2d Schlüsselwerte und 2d+1 Zeiger auf die Söhne. Mit Ausnahme des Wurzelknotens muss jeder Knoten mindestens d Schlüssel und damit d+1 Nachfolgerknoten enthalten (Abb. 8–4). Somit ist garantiert, dass jeder Knoten eines B-Baums mindestens zur Hälfte gefüllt ist. Ein B-Baum ist stets balanciert, d.h., alle Pfade von der Wurzel zu den Blättern sind gleich lang.

Die Besonderheit des B-Baums ist, dass jeder Knoten und jedes Blatt einer Seite auf dem Sekundärspeicher entspricht. Alle Daten, die in einem Knoten bzw. Blatt abgelegt sind, können mit einem einzigen Sekundärspeicherzugriff gelesen werden. Typischerweise ist bei heutigen Seitengrößen im Bereich von mehreren Kilobyte (häufig 2 bis 64) eine Ordnung im Bereich von mehreren hundert Tupeln üblich[3]. In Kombination mit der Balancierung entstehen Bäume, die eine sehr geringe Höhe, jedoch eine große Breite besitzen (Tab. 8–1).

Auf diesen Bäumen sind die Operationen Suchen, Einfügen und Löschen mit einer geringen Anzahl von Blockzugriffen möglich. Diese Operationen sind im Folgenden beschrieben:

---

2. Ein Schlüsselwert identifiziert ein Tupel eindeutig. Meist ist der Schlüsselwert ein einzelnes Attribut. Er kann sich aber auch aus mehreren Attributen zusammensetzen.
3. Der tatsächliche Wert hängt vor allem von der Tupelgröße ab.

Anzahl Tupel	Höhe des B-Baums (10 Tupel/Seite)	Höhe des B-Baums (100 Tupel/Seite)	Größe der Tabelle (8 KB pro Seite und 100 Tupel/Seite)
1.000	3	2	0,08 MB
10.000	4	2	0,8 MB
100.000	5	3	8 MB
1.000.000	6	3	80 MB
10.000.000	7	4	800 MB
100.000.000	8	4	8.000 MB

Tab. 8–1 *Höhe eines B-Baums*

- *Suchen*:
Zum Suchen eines Tupels wird von der Wurzel aus der Pfad verfolgt, dessen Schlüssel nicht kleiner als der gesuchte Wert ist. Beim Nachfolgerknoten wird wiederum der Pfad verfolgt, dessen Schlüssel nicht kleiner als der gesuchte Wert ist. Das wiederholt sich so lange, bis entweder der Wert in einem Knoten vorhanden ist oder das Blatt erreicht wurde, ohne den Wert zu finden.

   Für das Suchen eines Elements sind deshalb höchstens so viele Plattenseiten zu laden, wie die Länge des Pfades von der Wurzel zu den Blättern beträgt (im Falle von 100 Tupel pro Seite maximal vier für einen B-Baum von 2 Mio. bis 200 Mio. Tupel (Tab. 8–1)).

- *Einfügen*:
Das Einfügen eines Schlüssels erfordert zwei Schritte: Zunächst muss der entsprechende Knoten gesucht werden. Danach kann der Schlüsselwert eingefügt werden, wobei die Balancierung erhalten bleibt. In Abbildung 8–5 wird ein Tupel mit dem Schlüssel 88 in den B-Baum eingefügt. Zunächst wird das

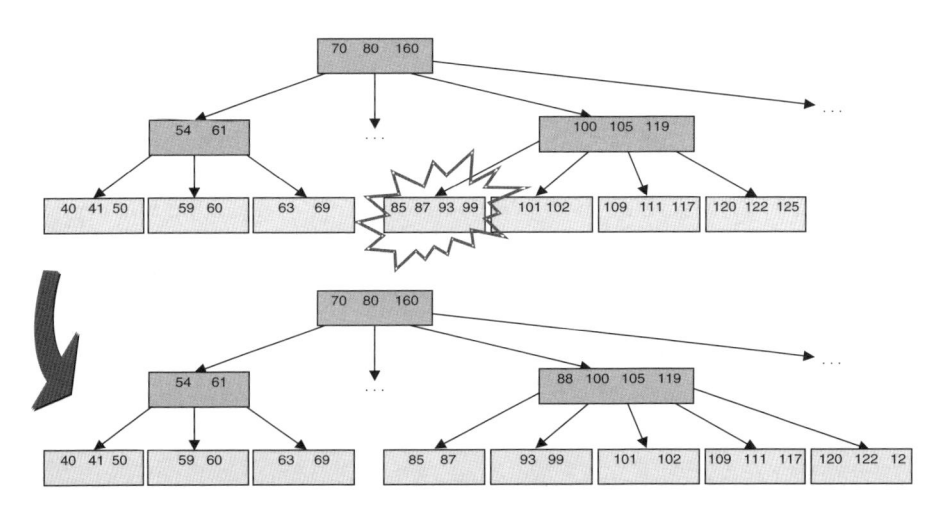

Abb. 8–5 *Einfügen eines Tupels mit Schlüssel »88« in den B-Baum*

Tupel in das entsprechende Blatt eingefügt. Hier sind bereits vier Tupel gespeichert. Durch die notwendige Teilung (engl. split) des Blattes wird das mittlere Tupel in den Vaterknoten verschoben, das Blatt geteilt, und die Zeiger werden entsprechend gesetzt. Gelegentlich ist auch dieser Knoten bereits voll, sodass dann in dieser Ebene nochmals geteilt werden muss. Dies kann sich bis zur Wurzel fortsetzen, und der Baum wächst um eine Ebene. B-Bäume wachsen also im Gegensatz zu den meisten anderen Baumstrukturen mit der Wurzel und nicht mit den Blättern.

Löschen:
Zum Löschen muss ebenfalls zunächst die Seite gefunden werden, die den zu löschenden Wert enthält. Hier muss nun unterschieden werden, ob die Seite ein interner Knoten oder ein Blatt ist. Für den Fall einer Blattseite wird der Schlüssel einfach gelöscht. Wenn ein Schlüssel in einem internen Knoten gelöscht wird, gibt es immer noch einen Zeiger auf den Nachfolger. Deshalb muss an die leere Position der Schlüssel eingefügt werden, der der nächstgrößere Schlüssel zum gelöschten ist. Das ist der kleinste Schlüssel des am weitesten links liegenden Blattes des rechten Unterbaums.

Wie beim Einfügen muss darauf geachtet werden, dass die Ordnung des B-Baums nicht verletzt wird. Durch das Löschen kann die Anzahl der Schlüssel einer Seite zu gering werden (Unterlauf). In diesem Fall müssen die betroffenen Schlüssel neu verteilt werden.

Kosten der Operationen:
Für die Beurteilung der Leistungsfähigkeit von B-Bäumen sind die Kosten, die als Anzahl der Sekundärspeicherzugriffe angegeben werden, maßgebend.

Zum Suchen ist maximal ein Pfad von der Wurzel zu einem Blatt zu durchlaufen. Wenn h die Höhe des B-Baums mit n Elementen bezeichnet, dann sind maximal h Seiten zu laden. In [Come79] sind detaillierte Informationen zu finden. Das Einfügen und Löschen von Elementen benötigt im Allgemeinen die doppelte Anzahl an Sekundärspeicherzugriffen, da zusätzlich zum Suchen noch andere Seiten (Vaterknoten bzw. Nachbarknoten) verändert werden. Wichtig ist jedoch, dass die Kosten schlimmstenfalls wieder proportional zum Logarithmus der Anzahl der Elemente sind. Im Normalfall treten Über- bzw. Unterläufe beim Einfügen und Löschen sehr selten auf, sodass die durchschnittlichen (amortisierten) Kosten wesentlich geringer sind.

Wie bei allen Suchbäumen, die Einzelsuchen effizient unterstützen, ist es aufwendig, alle oder eine Teilmenge der Elemente sortiert auszugeben. Zu diesem Zweck wurde der B*-Baum entwickelt.

B*-Baum

Die Besonderheit des B*-Baums besteht darin, dass alle Tupel nur in den Blättern vorkommen. In den Ebenen darüber, wie interne Knoten und Wurzel, werden lediglich Pfadinformationen (Separatoren bzw. Schlüssel) abgelegt. Dieser Teil wird als Index bezeichnet. Die Blätter sind miteinander verkettet, sodass es sehr einfach ist, einen Bereich sequenziell zu durchsuchen.

Da die Daten lediglich in den Blättern abgelegt sind, verringert sich die Höhe des Baums, da in den Indexknoten nur kurze Separatoren und Zeiger auf die Nachfolger gespeichert sind und somit wesentlich mehr Elemente in den Knoten Platz finden. Das Ergebnis sind sehr breite und kleine B*-Bäume, die zusätzlich ein sehr gutes sequenzielles Leseverhalten zeigen.

B*-Bäume sind die bevorzugte Datenstruktur in relationalen Datenbanksystemen für die Indizierung der Daten. Im Folgenden werden B-Baum und B*-Baum synonym verwendet, da auf Implementierungsdetails verzichtet wird.

Anwendung des B-Baums als Index

Der Zugriff auf ein Tupel in einer Relation kann auf unterschiedliche Arten erfolgen. Die einfachste, aber aufwendigste Möglichkeit besteht darin, die Relation vom ersten Tupel an sequenziell zu durchlaufen, bis das gewünschte Tupel erreicht ist. Speichert man die Tupel in einem B-Baum, sortiert nach einem bestimmten Attribut (Schlüssel des B-Baums), so werden die schnellen Sucheigenschaften des B-Baums genutzt, um das gewünschte Tupel in logarithmischer Zeit zu finden. Voraussetzung ist, dass als Suchprädikat das Schlüsselattribut verwendet wird. Für ein anderes Attribut müsste wieder die Relation durchsucht werden, bis das Tupel gefunden ist. Um dies zu vermeiden, wird auf dem anderen Attribut ein Index erstellt, also ein weiterer B-Baum, der als Schlüssel dieses neue Attribut benutzt und statt des vollständigen Tupels einen sogenannten Tupelidentifikator (TID) speichert, der die Position des entsprechenden Tupels auf dem Sekundärspeicher enthält. Damit ist lediglich ein weiterer Sekundärspeicherzugriff notwendig, um das gewünschte Tupel zu lesen. Dieser zweite B-Baum heißt Sekundärindex, der erste entsprechend Primärindex.

In gängigen Datenbanksystemen werden häufig ausschließlich Sekundärindizes verwendet, um die Pflege des Primärindizes bei Einfügeoperationen zu vermeiden. Durch die Eigenschaft des Primärindizes, dass die Tupel auch nach dem Schlüssel sortiert abgespeichert sind, erhöht sich die Wahrscheinlichkeit, dass bei einem Lesen von aufeinanderfolgenden Schlüsselwerten (z.B. von 3 bis 9) alle Tupel auf einer Seite liegen. Dadurch sind sehr wenige Zugriffe auf den Sekundärspeicher erforderlich. Wäre ein Sekundärindex auf diesem Attribut angelegt, so müsste wahrscheinlich für jeden Attributwert eine eigene Seite vom Sekundärspeicher gelesen werden.

Sollen mehrere Attribute wie für eine Bereichsanfrage eingeschränkt werden, so definiert man auf jedem Attribut einen Sekundärindex. Für jedes Attribut bzw.

jede Dimension der Bereichsanfrage wird die Menge der TIDs ermittelt. Nach dem Schnitt der Mengen zeigen die übrig gebliebenen TIDs auf die gesuchten Tupel. Eine Bereichsanfrage kann auch nur unter Verwendung eines Primärindexes mittels eines zusammengesetzten Schlüssels (engl. compound key) beantwortet werden. Meist sind die gesuchten Tupel wieder auf vergleichsweise wenigen Seiten zu finden sind. Im Normalfall müssen insgesamt weniger Seiten gelesen werden als beim Schnitt der Sekundärindizes.

Der Mehrkomponentenindex ist also eine Anpassung des eigentlich eindimensionalen B-Baums an die Anforderungen einer mehrdimensionalen Indexstruktur mit Clustering nach einem Attribut. Es gibt aber auch »echte« mehrdimensionale Indexstrukturen, von denen einige in den nachfolgenden Abschnitten behandelt werden.

8.2.3 Mehrdimensionale Baumindexstrukturen

B-Bäume ermöglichen das effiziente Abspeichern und Suchen von Tupeln nach einem Attribut (oder einer Attribut-Kombination). Zusätzlich zu den klassisches B-Bäumen gibt es mehrdimensionale Baumindexstrukturen, die mehrdimensionale Bereichsanfragen noch besser unterstützen. Als Beispiele werden hier R-Baum und UB-Baum beschrieben.

R-Baum

Der R-Baum kann als eine mehrdimensionale Verallgemeinerung des B*-Baums angesehen werden. Genau wie der B*-Baum ist auch der R-Baum balanciert, d.h., der Weg von der Wurzel zu den Blättern ist immer gleich lang. Ebenso besitzt der R-Baum zwei unterschiedliche Arten von Knoten. Die eigentlichen Verweise auf die Tupel sind, analog zum B*-Baum, nur in den Blattknoten indiziert. In den inneren Knoten befinden sich Verweise auf die Knoten der nächsten Ebene, aber nie direkte Tupelverweise.

Der R-Baum wurde 1984 von Gutman [Gutm84] veröffentlicht und dient heute noch als Basis für viele mehrdimensionale Indexstrukturen ([BKSS90], [SeRF87]). Mit dem R-Baum können nicht nur Punktdaten, sondern auch räumliche Daten indiziert werden.

Anwendungsgebiete im Bereich von Data-Warehouse-Systemen sind z. B. geografische Informationssysteme oder die Einbeziehung soziodemografischer Basisdaten. Datenbanksysteme wie Oracle oder PostgreSQL stellen diese Technologie zur Verfügung in Kombination mit SQL-Erweiterungen[4] für räumliche Anfragen (engl. spatial query predicates).

Auf eine detaillierte Beschreibung des R-Baums wird hier verzichtet; weitere Informationen sind den Referenzen zu entnehmen.

---

4. Spatial Query Predicates sind mittlerweile auch Bestandteil des SQL-Standards.

UB-Baum

Der UB-Baum ([Baye96], [Baye97] und [Mark99]) bietet als eine weitere Verallgemeinerung des B-Baums auf den mehrdimensionalen Datenraum die gleichen Leistungsmerkmale wie der B-Baum. Der Vorteil zum R-Baum ist die vorhandene Worst-Case-Garantie. Im Gegensatz zum R-Baum wird beim UB-Baum der Datenraum mittels einer raumfüllenden Kurve (engl. space filling curve) – in den heutigen Implementierungen meist die Z-Kurve – in disjunkte Teilräume aufgeteilt.

Die eigentliche Innovation des UB-Baums ist das Konzept der Serialisierung mittels Z-Regionen und die darauf aufbauenden Algorithmen für mehrdimensionale Bereichsanfragen. Eine Z-Region entspricht einer Seite auf dem Sekundärspeicher und enthält die Tupel, die aufgrund der Kombination der multidimensionalen Attribute in das eindimensionale Intervall auf der Z-Kurve fallen.

Abbildung 8–6 stellt die Partitionierung eines zweidimensionalen Raums und die Regionen für einen Beispieldatensatz plastisch dar. Jede der 2000 dargestellten Regionen entspricht einer Seite. Die Bereichsanfrage wird durch das weiße Rechteck repräsentiert, die dafür zu lesenden Seiten vom Sekundärspeicher sind dunkel eingefärbt.

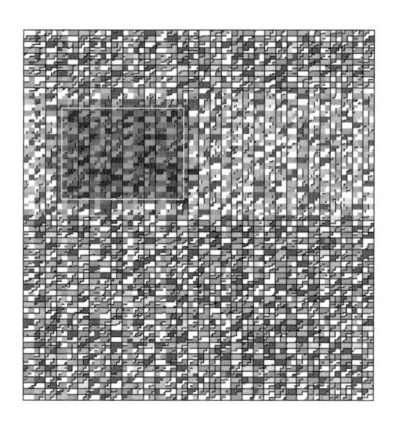

Abb. 8–6   *Bereichsanfrage im zweidimensionalen UB-Baum*

Mehrdimensionale Indexstrukturen in der Ableitungs- oder Auswertungsdatenbank

Multidimensionale Indexstrukturen können Bereichsanfragen genau dann effizient abarbeiten, wenn die Dimensionen auf einen Bereich eingeschränkt sind – z.B. wenn im Beispiel *Star*Kauf* für die Produktdimension die Artikelnummern, für Geografie die Filialen und für Zeit die Tage jeweils auf einen Bereich beschränkt werden. Eine Dimension in der Indexstruktur entspricht hier jeweils einer Dimension im mehrdimensionalen Data-Warehouse-Schema mit ihren Hierarchien. Solange dabei lediglich die unterste Ebene der Hierarchie betrachtet wird, ist es einfach, solche Intervalle zu bilden. Sollen jedoch die Produkte auf alle Videogeräte auf der Ebene der Produktfamilie eingeschränkt sein, so würde

8.2 Indexstrukturen

eine große Anzahl an einzelnen Artikeln entstehen, die im Allgemeinen kein Intervall bilden. Entsprechendes gilt auch für die Geografiedimension.

Eine effektive Verwendung von mehrdimensionalen Indexstrukturen setzt eine geeignete Intervallbildung voraus: Vergabe der IDs und Formulierung der Anfragen. Das Konzept des mehrdimensionalen hierarchischen Clustering (MHC) ermöglicht die Automatisierung der Vergabe von Surrogaten (siehe Abb. 8–7 für die Produkthierarchie) zur Herstellung einer totalen Ordnung auf der jeweiligen Dimension durch Konkatenation der jeweiligen Einzelsurrogate pro Hierarchielevel. Eine Einschränkung auf einen Hierarchieknoten entspricht einem Intervall und kann durch einen mehrdimensionalen Index effizient ausgewertet werden.

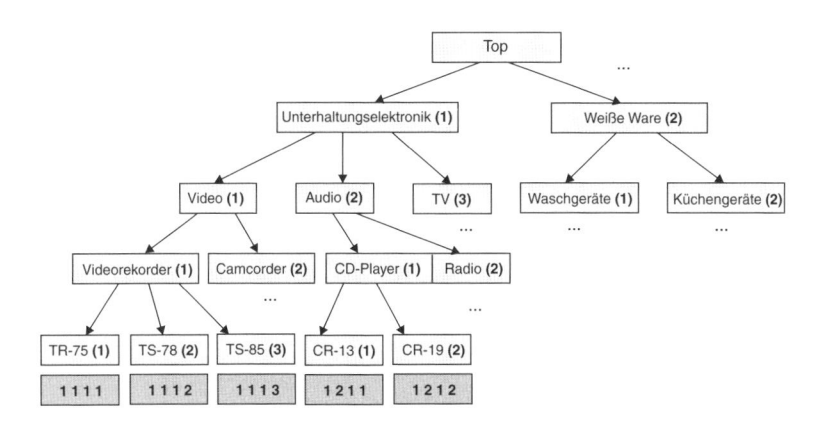

Abb. 8–7 *Produkthierarchie mit Nummerierung nach MHC*

Das Compound-Surrogat wird als Fremdschlüssel für den Dimensionseintrag in der Faktentabellen gespeichert. Durch Ablage dieser Hierarchieinformationen in den Faktentabellen erschließen sich weitere interessante Optimierungsmöglichkeiten, die insbesondere in Star-Query-Algorithmen Anwendung finden können. Star Queries enthalten in der Regel Gruppierungsoperatoren, um die Faktentupel nach Dimensionsattributen (hierarchisch) zu gruppieren. Normalerweise muss dafür das Ergebnis der Faktenselektion mit den Dimensionstabellen verbunden und anschließend nach den entsprechenden Dimensionsattributen gruppiert werden. Der Verbund vieler Faktentupel mit den Dimensionen ist sehr zeitaufwendig und häufig Ursache schlechter Performance beim Abarbeiten einer Star Query.

MHC ermöglicht es, die Gruppierung bereits auf den Faktentupeln vor dem Verbund mit den Dimensionstabellen durchzuführen (engl. Pregrouping) und lediglich die übrig gebliebenen, aggregierten Tupel mit den Dimensionen zu verbinden [PERM+03a]. Die Kombination UB-Baum, MHC und Pregrouping wurde bereits in kommerziellen Datenbankmanagementsystemen, wie Transbase Hypercube, integriert [PERM+03b].

8.2.4 Bitmap-Indizes

Ein Data-Warehouse-System ist geprägt von dem überwiegend lesendem Zugriff und der Unveränderlichkeit der Daten, d.h., Daten werden nur zu bestimmten Zeiten eingefügt, und es wird größtenteils darauf lesend zugegriffen. Daher sind Bitmap-Indizes für diese Art von Systemen eine sinnvolle Alternative zu den traditionellen, baumbasierten Indexstrukturen. Sie sind auch in einigen kommerziellen Datenbankmanagementsystemen implementiert. In diesem Abschnitt werden die grundlegenden Ideen Konzepten von Bitmap-Indizes beschrieben, wobei zusätzlich kurz auf die Techniken zur Behandlung von Bereichsanfragen und großen Wertebereichen eingegangen wird.

Standard-Bitmap-Indizes

Bitmap-Indexstrukturen speichern jede Dimension getrennt ab. Angenommen die Relation Kunde mit den Attributen Geschlecht und Geburtsmonat soll indiziert werden. Ein Bitmap-Index wird auf dem Attribut Geschlecht erzeugt. Für jede Ausprägung des Attributs wird ein Bitmap-Vektor generiert. Es wird ein Bitmap-Vektor B_w angelegt, der für jede Kundin auf 1 und für jeden Kunden auf 0 gesetzt wird. Ein anderer Bitmap-Vektor B_m wird erzeugt, der für jeden Kunden auf 1 und für jede Kundin auf 0 gesetzt ist. In Tabelle 8–2 ist ein Beispiel dargestellt. Sollen alle männlichen Kunden gesucht werden, so muss der Bitmap-Vektor B_m gelesen werden, und alle Tupel, für die eine 1 gespeichert ist, werden selektiert.

Geschlecht	Weiblich	Männlich
G	B_w	B_m
w	1	0
m	0	1
m	0	1
w	1	0
m	0	1

Tab. 8–2 Beispiel einer Standard-Bitmap mit zwei Ausprägungen

Die meisten Attribute haben mehr als zwei Ausprägungen. Nehmen wir z.B. ein Attribut M mit 12 verschiedenen Geburtsmonaten, die mit Zahlen zwischen 0 und 11 codiert werden. Die grundlegende Idee von Bitmaps besteht darin, für jede Ausprägung eines Attributes einen Bitmap-Vektor anzulegen.

Soll mit dem oben angegebenen Bitmap-Index die Anfrage nach allen Tupeln aus dem Monat = "April" beantwortet werden, so wird der Bitmap-Vektor B_3 geladen, und für jede 1 in dem Vektor wird das entsprechende Tupel selektiert.

Typische Data-Warehouse-Anfragen berücksichtigen mehr als ein Attribut. Angenommen es existieren Attribute M und G mit Wertebereichen 0 bis 11 für

Attribut M und Werte {m,w} für Attribut G. Für beide Attribute werden Standard-Bitmap-Indizes angelegt. Sollen alle Männer selektiert werden, die im April Geburtstag haben, so müssen der Bitmap-Vektor B_3 des Attributes M aus Tabelle 8–3 und Bitmap-Vektor B_m von Attribut G aus Tabelle 8–2 geladen werden. Das Ergebnis berechnet sich dann als boolesche UND-Operation zwischen den beiden Vektoren B_3 und B_m:

Ergebnis		April B_3		Männlich B_m
0		0		0
1		1		1
0	=	0	UND	1
0		1		0
0		0		1

Tab. 8–3   *Verknüpfung von zwei Bitmap-Vektoren*

In diesem Beispiel repräsentiert das zweite Tupel einen männlichen Kunden, der im April Geburtstag hat. Soll eine Anfrage der Art beantwortet werden »Berechne die Anzahl der männlichen Kunden, die im April Geburtstag haben«, so muss nur die Anzahl der Einsen gezählt werden. Ist die Anfrage aber komplexer und muss auf die selektierten Tupel selbst zugegriffen werden, so müssen diese Tupel erst vom Sekundärspeicher geladen werden. Dieses Laden der Tupel kann bei großen Ergebnismengen lange dauern, da die Tupel nicht gemäß dem Index organisiert sind und somit viele Positioniervorgänge der Plattenköpfe notwendig werden. Daher sollten Bitmap-Indizes nur eingesetzt werden, wenn die Ergebnismenge im Vergleich zur Gesamtdatenmenge klein ist, d.h., wenn die Selektivität sehr hoch ist.

Die benötigten Operationen zum Laden der Bitmap-Vektoren und zum Ausführen der booleschen Operationen sind effizient zu implementieren. Die hier beschriebenen Standard-Bitmaps haben aber den Nachteil, dass für jede Ausprägung eines Attributes ein Bitmap-Vektor angelegt wird. Im Beispiel der Geburtstage existieren 365 verschiedene Ausprägungen für das Zeitattribut. Also werden 365 Bitmap-Vektoren angelegt werden. Das entspricht einem Speicheraufwand von 365/8 Bits = 46 Bytes für jedes Tupel. Dieser Speicheraufwand ist für viele Anwendungen zu hoch. Als Maßnahme werden Bitvektoren komprimiert (sowohl im Speicher als auch auf dem Sekundärspeicher), wodurch sich der Platzbedarf und die Zugriffsoperationen auf den Sekundärspeicher verringert (Caching). Diese Vektoren lassen sich auf verschiedene Arten komprimieren. Eine Möglichkeit ist z.B., nur die Anzahl der Nullen zwischen zwei Einsen statt die Nullen selbst abzuspeichern (Run Length Encoding, vgl. in Abschnitt 7.2.2).

Mehrkomponenten-Bitmap-Indizes

Diese Indizes verringern die Anzahl von Bitmap-Vektoren für Attribute mit vielen Ausprägungen, indem die jeweiligen Werte von M ähnlich wie die Konvertierung in ein anderes Zahlensystem codiert werden [ChIo98]. So kann z.B. jeder Wert x von M zwischen 0 und 11 dargestellt werden durch y und z als $x = 4 \cdot y + z$, wobei y zwischen 0 und 2 und z zwischen 0 und 3 liegt. In Tabelle 8–4 ist ein Beispiel dieser Indizierungstechnik dargestellt. Der Wert von y wird durch $B_{2,1}$, $B_{1,1}$ und $B_{0,1}$ repräsentiert, der Wert von z durch $B_{3,0}$, $B_{2,0}$, $B_{1,0}$ und $B_{0,0}$.

x	Y			Z			
M	$B_{2,1}$	$B_{1,1}$	$B_{0,1}$	$B_{3,0}$	$B_{2,0}$	$B_{1,0}$	$B_{0,0}$
5	0	1	0	0	0	1	0
3	0	0	1	1	0	0	0
0	0	0	1	0	0	0	1
3	0	0	1	1	0	0	0
11	1	0	0	1	0	0	0

Tab. 8–4   Beispiel eines <3,4> Mehrkomponenten-Bitmap-Indexes

Wenn 100 verschiedene Tage zu indizieren sind, kann dies z.B. durch einen Mehrkomponentenindex zur Basis <10,10> erreicht werden. Dabei codiert jeweils eine von zwei Gruppen mit jeweils 10 Bitmap-Vektoren eine Dezimalstelle aller Zahlen zwischen 0 und 99. Der Speicheraufwand reduziert sich von 100 Bitmap-Vektoren auf $2 \cdot 10 = 20$ Vektoren. Der Lesezugriff für eine Punktanfrage erhöht sich allerdings von einer Leseoperation auf zwei.

Bereichscodierte Bitmap-Indizes

Standard-Bitmaps und Mehrkomponenten-Bitmaps sind für Punktanfragen gut geeignet. Für Bereichsanfragen über große Bereiche sind sie aber nicht besonders effizient, weil sehr viele Bitmap-Vektoren gelesen werden müssen. Die Idee der bereichscodierten Bitmap-Indizierungstechnik besteht darin, die Bits aller Bitmap-Vektoren auf eins zu setzen, die kleiner oder gleich dem gegebenen Wert sind (im Gegensatz zu Standard-Bitmaps, wo 1 exakt dem Wert entspricht und 0 nicht).

Für eine Einschränkung auf ein Intervall ist der Zugriff auf lediglich 2 Bit-Vektoren ausreichend ((NOT B_m) AND B_n). Für das Bearbeiten einer Punktanfrage müssen allerdings zwei Bitmap-Vektoren gelesen werden. Wie für Standard-Bitmap-Vektoren ist für jede Ausprägung ein Bit-Vektor zu erstellen und zu warten.

Mehrkomponenten-bereichscodierte Bitmap-Indizes vereinen die Vorteile der beiden Methoden: geringere Anzahl von Bitvektoren (Mehrkomponenten-Bitmap) und die schnellere Auswertung von Intervallen (Bereichscodierte Bitmap-Indizes). Auf eine detaillierte Darstellung muss hier verzichtet werden.

Intervallcodierte Bitmap-Indizes reduzieren die Anzahl an Bitvektoren im Vergleich zu den bereichscodierten Bitmap-Indizes durch die Repräsentation der Bitvektoren als Intervalle. Weitere Informationen sind in [ChIo99] zu finden.

Einsatz von Bitmap-Indizes in Data-Warehouse-Systemen

Bitmap-Indizes stehen in unterschiedlichen Datenbanksystemen zur Verfügung und werden im Kontext von Data-Warehouse-Systemen häufig genutzt. Meist kommen jedoch nur die Standard-Bitmap-Indizies mit Kompression zum Einsatz, die erweiterten Methoden sind i.d.R. nicht implementiert.

Für den Anwender wäre es ideal, wenn die unterschiedlichen Bitmap-Index-Technologien in dem jeweiligen Datenbanksystem implementiert wären und die Entscheidung bzgl. verwendeter Technologie anhand von Kriterien wie Datenbeschaffenheit und Anfrage-Profil automatisch durch das Datenbanksystem erfolgen würde.

Bitmap-Indizes unterliegen allerdings einem sehr hohen Wartungs- und Änderungsaufwand, wodurch bei großen Batchverarbeitungen die Bitmap-Indizes meist gelöscht und neu angelegt werden.

8.2.5 Vergleich der Indizierungstechniken

In diesem Abschnitt werden die vorgestellten Indizierungstechniken im Hinblick auf den Data-Warehouse-Einsatz miteinander verglichen. Außerdem werden Vorschläge zur Indexwahl unterbreitet.

Anfragen in einem Data-Warehouse-System sind konzeptionell meist mehrdimensionale Bereichsanfragen (eine Restriktion auf einem Hierarchieknoten kann in eine Bereichsanfrage umgewandelt werden). Bei einem Anfrageprofil, bei dem ein bestimmtes Attribut bevorzugt eingeschränkt ist, ist es durchaus sinnvoll, die Tupel in der Tabelle mittels Mehrkomponentenindex zu clustern. Die Reihenfolge der Indexattribute wird nach der Häufigkeit ihres Vorkommens im Anfrageprofil gewählt. Dadurch ist startgewährleistet, dass im Vergleich zu den Sekundärindizes (Bitmap und B*-Baum) weniger Blöcke vom Sekundärspeicher gelesen werden müssen.

Kann jedoch kein Attribut als besonders wichtig ausgezeichnet werden oder treten viele Ad-hoc-Anfragen auf, ist es unmöglich, a priori festzustellen, nach welchem Indexattribut die Tabelle zu clustern ist. In diesem Fall sind Sekundärindizes oder mehrdimensionale Indizes zu wählen. Die Entscheidung hängt meist von den durch das Datenbanksytem bereitgestellten Indextechnologien ab. Für mehrdimensionale Indizes ist es essenziell, eine Methode wie das multidimensionale hierarchies Clustering (MHC) einzusetzen.

Falls Anfragen nur durch Zugriff auf die Index-Speicherstrukturen beantwortet werden können, entfallen teure Materialisierungsoperationen und Sekundärindizes (insbes. Bitmap-Indizes) sind sehr effizient. Dieser Effekt kann durch gezieltes Anlegen von sog. Covering-Indizes forciert werden, indem Compound-Indizes auf den am häufigsten verwendeten Attributen angelegt werden.

Zusammenfassend kann festgehalten werden, dass sich der Einsatz der Index-Technologie an den Fähigkeiten des Datenbanksystems, den Anforderungen durch Anfrageprofile und Datenkonstellation und an der Unterstützung durch spezielle Star-Query-Algorithmen orientieren sollte (siehe Abschnitt 8.2.3).

8.3 Partitionierung

Eine Ergänzung zu den Indexverfahren bietet die Aufteilung einer umfangreichen Relation in einzelne kleinere Teilrelationen, die sogenannten *Partitionen*. Eine aufgeteilte Relation wird auch als Master-Relation bezeichnet. Die Partitionen können einzeln gelesen und geschrieben werden. Transaktionen, die nur bestimmte Partitionen betreffen, beeinflussen Transaktionen auf den anderen Partitionen somit nicht. Die Verwaltung der Partitionen ist damit oftmals wesentlich effizienter als die Verwaltung einer umfangreichen Master-Relation. Die Struktur und die Größe der Partitionen wird auf die Anfrage- und Aktualisierungscharakteristik der ursprünglichen Master-Relation abgestimmt.

Ursprünglich stammt die Idee der Partitionierung[5] aus dem Bereich verteilter und paralleler Datenbanksysteme [Rahm02], wo die Aufteilung einer Relation auf einzelne Rechnerknoten mit dem Ziel der Lastverteilung im Vordergrund steht. Die physische Verteilung der Partitionen wird dabei als Allokation bezeichnet und ist nicht mehr Teil der eigentlichen Partitionierung.

Aber auch bei nicht verteilten Datenbanken können durch Partitionierung aus oben genannten Gründen deutliche Performanzsteigerungen erreicht werden. Dabei kann eine Datenbanktabelle auf unterschiedliche Art und Weise partitioniert werden. Prinzipiell lassen sich horizontale und vertikale Partitionierungen unterscheiden.

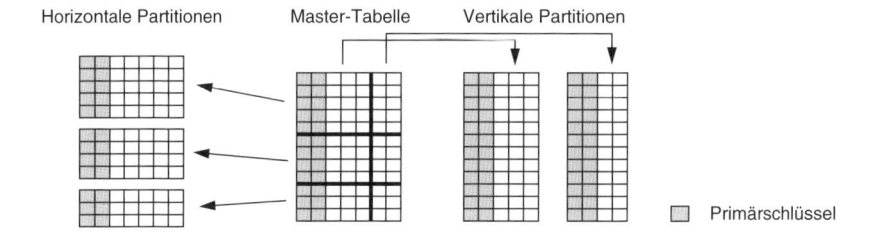

Abb. 8–8 *Horizontale und vertikale Partitionierung*

---

5. In der Literatur wird der Begriff Fragmentierung häufig synonym zur Partitionierung verwendet ([CHRS98], [Rahm02]).

8.3.1 Horizontale Partitionierung

Bei der horizontalen Partitionierung wird die Tupelmenge einer Datenbanktabelle auf verschiedene, paarweise disjunkte Teiltabellen aufgeteilt. Die Attribute aller Teiltabellen sind mit denen der Master-Tabelle identisch (Abb. 8–8).

Bei der Art der Unterteilung lassen sich Range-, List- und Hash-Spaltungskriterien unterscheiden. Auch eine Kombination aus den drei Verfahren ist möglich (Composite-Spaltungskriterium).

Range-Partitionierung

Range-Partitionierungen stellen die gebräuchlichste Art der Partitionierung dar, da sie prinzipiell auch ohne Unterstützung des Datenbanksystems eingesetzt werden können. Hierbei werden die Werte oder Werteintervalle eines Tabellenattributs als Teilungskriterium benutzt. Eine Partition ergibt sich also durch eine Selektion der Master-Relation, d.h.

$R_i := \sigma_{P_i}(R),$

wobei P_i das Partitionierungsprädikat ist. Ein Beispiel für Prädikate, die sich auf ein oder mehrere Attribute beziehen und eine Partitionierung repräsentieren, ist:

```
P1: Land = 'Deutschland' und Jahr = 2012
P2: Land = 'Deutschland' und Jahr < 2012
P3: Land ≠ 'Deutschland'
```

Das Ziel bei der Range-Partitionierung im Falle nicht verteilter Datenbanksysteme ist damit wie bei multidimensionalen Indizes die Ausnutzung der Zugriffslokalität. Dadurch soll das Durchlaufen oder Sperren der gesamten Master-Tabelle vermieden werden.

List-Partitionierung

Bei der Range-Partitionierung bestimmt eine diskrete Werteliste die Partition, in der die Tupel eingeordnet werden. Der Vorteil besteht darin, dass syntaktisch nicht zusammenhängende Werte in einer Partition zusammengefasst werden können. Eine Partition ergibt sich daher – analog der Range-Partitionierung – durch eine Selektion der Master-Relation, d.h.

$R_i := \sigma_{P_i}(R),$

wobei P_i das Partitionierungsprädikat ist. Das Prädikat bezieht sich genau auf ein Tabellenattribut. Ein Beispiel für ein Prädikat ist:

```
P₁: Stadt IN ('Hamburg', 'Hannover','Berlin')'
P₂: Stadt IN ('Duesseldorf ', 'Essen', 'Duisburg')
P₃: Stadt IN ('Muenchen', 'Nuernberg', 'Ingolstadt')
P₄: Stadt IN (DEFAULT)
```

Partition 4, die sogenannte »Default-Partition«, verhindert, dass Tupel, die keines der Prädikate erfüllen, keine Fehlermeldung erzeugen.

Hash-Partitionierung

Bei einer Hash-Partitionierung findet keine semantische Trennung statt, sondern es wird eine Hash-Funktion zur Einordnung der Tupel in eine Partition benutzt. Jedes Tupel t der Master-Tabelle R wird der Hash-Funktion H übergeben, deren Ergebnis die Zuordnung zu einer Teiltabelle R_i bestimmt.

Diese Art der Partitionierung wird insbesondere bei der Parallelverarbeitung eingesetzt, um eine möglichst gleichmäßige Verteilung der Daten und somit auch der Last auf die einzelnen Rechnerknoten zu erreichen.

Einsatz im Data-Warehouse-System

Häufig kommen Range- sowie List-Partitionierungen im Bereich von Data-Warehouse-Systemen zum Einsatz. Diese können enorme Performanzvorteile bringen, wenn die Partitionen auf häufig gestellte Anfragen zugeschnitten werden. Aufgrund ihrer Größe bietet sich dabei insbesondere die Faktentabelle an. Wenn das Anfrageprofil z. B. so aussieht, dass bei 60 % der Anfragen die Verkaufszahlen für Deutschland im aktuellen Kalenderjahr abgefragt werden, bei 30 % die Verkaufszahlen für Deutschland allgemein und nur bei 10 % der Anfragen andere Werte benötigt werden, ist die Range-Partitionierung in obigem Beispiel eine sinnvolle Wahl. Typische Partitionierungskriterien sind hierbei neben der Zeit auch Produktgruppen oder Regionen. List-Partitionierungen finden sich beispielsweise im Telekommunikationsumfeld in Form von Kriterien, wie Post- oder Prepaid-Verträgen wieder. Neben der Faktentabelle kann auch eine Partitionierung großer Dimensionstabellen sinnvoll sein.

8.3.2 Vertikale Partitionierung

Im Gegensatz zur horizontalen Partitionierung werden bei der vertikalen Partitionierung einzelne Attribute von der Master-Relation getrennt (Abb. 8–8). So können beispielsweise Attribute, die nur selten in eine Anfrage involviert sind, in eine Teiltabelle übertragen werden.

Die Partitionen sind hierbei im Gegensatz zur horizontalen Partitionierung nicht über Selektionen, sondern über Projektionen der Master-Relation definiert. Aus Konsistenzgründen ist der Primärschlüssel in den Partitionen somit der gleiche wie in der Master-Relation, und die Kardinalität aller Teiltabellen ist gleich groß. Es besteht also eine 1:1-Beziehung zwischen den Partitionen, wodurch die Master-Tabelle nicht über die Vereinigung, sondern über den Verbund der Partitionen rekonstruiert wird.

8.3 Partitionierung

Mini-Dimensionen als Spezialfall vertikaler Partitionierung

Eine interessante Variante vertikaler Partitionierung beschreibt Kimball in [Kimb96b] für »Monster«-Dimensionstabellen. Darunter versteht er Dimensionstabellen, die extrem groß sind, wie z. B. eine Kundentabelle mit mehreren Millionen Datensätzen. Solche Tabellen bringen im Wesentlichen zwei Probleme mit sich:

- Die meisten der Attribute werden nur selten oder nie angefragt, wie z. B. die Adresse. Auch sind Einzelkundenauswertungen in der Regel nicht so interessant wie Auswertungen nach Altersgruppen, Einkommen, Geschlecht oder Familienstand. Trotzdem muss für jede Auswertung, die irgendein Kundenattribut verwendet, ein Verbund zwischen der Faktentabelle und der Kundentabelle durchgeführt werden, der extrem teuer ist.
- Viele der häufig angefragten Attribute – abgesehen vom Geschlecht – haben auch eine hohe Änderungsrate. Dadurch wächst die ohnehin schon große Kundentabelle bei Änderungen sehr stark an, falls eine (Tupel-)Versionierung gewünscht wird (Abschnitt 7.1.3).

Eine Lösung dieser Probleme besteht nun darin, bestimmte Attribute, die häufigen Änderungen unterworfen sind, aus der ursprünglichen Dimensionstabelle in eine eigene Tabelle auszulagern, um zu verhindern, dass durch die Änderungen die Anzahl der Datensätze in der Dimensionstabelle weiter ansteigt. Gerade bei Kunden erscheint es sinnvoll, demografische Größen von den anderen Attributen zu trennen.

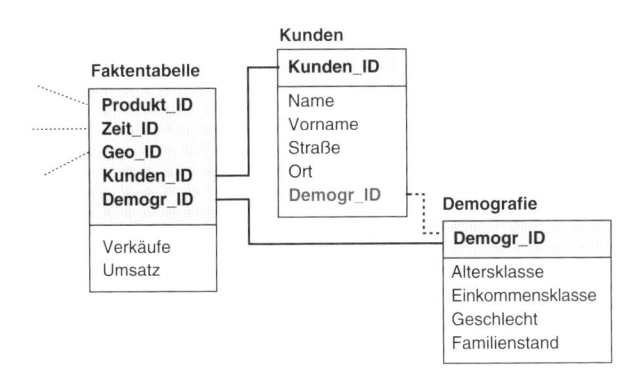

Abb. 8–9   Ausgliederung demografischer Information aus einer Kundentabelle

Hier kommt nun die Besonderheit des Ansatzes: Im Gegensatz zur klassischen vertikalen Partitionierung, bei der wie in obigem Beispiel demonstriert für jeden Kunden die entsprechende Attributkombination in die Demografietabelle eingetragen wird, werden nur die verschiedenen Kombinationen der Attributwerte abgespeichert und mit einem eigenen Primärschlüssel versehen (Abb. 8–9). Bei beispielsweise 10 Altersgruppen, 2 Geschlechtern, 5 Einkommensklassen und

3 Familienständen ergeben sich für die Demografietabelle nur 300 Tupel. Verglichen mit den Millionen Kundendatensätzen ist das Datenvolumen also deutlich geringer. Um davon bei Anfragen zu profitieren, ist es allerdings notwendig, die Demografietabelle direkt an die Faktentabelle zu knüpfen. Sie wird damit quasi zu einer eigenen Dimensionstabelle. Kimball spricht deshalb auch von *demographic mini dimensions*. Ein Kritikpunkt dieses Ansatzes ergibt sich sogleich: Die Orthogonalität, d.h. die logische Unabhängigkeit der Dimensionen, wird damit verletzt. Es ist allerdings zusätzlich möglich, auch eine Referenz in der Kundentabelle einzutragen. Bei einer Veränderung der demografischen Daten eines Kunden muss dann allerdings diese Referenz entsprechend geändert werden. Falls eine Versionierung, also ein Erhalt der Historie, erwünscht ist, muss auch in diesem Fall ein weiteres Tupel eingefügt werden. Ist der Zusammenhang zwischen Kunde und Demografie nur über die Faktentabelle gegeben, so ist der zeitliche Verlauf implizit, aber zeitlich korrekt über die Faktentabelle rekonstruierbar.

8.3.3 Partitionierungssteuerung

Idealerweise steuert das Datenbankmanagementsystem die Partitionierungen automatisch. Eine Data-Warehouse-Anfrage bezieht sich logisch z. B. auf eine Master-Tabelle, auch wenn diese physisch bereits partitioniert ist.

Das Datenbanksystem Oracle wird nachfolgend exemplarisch für die Demonstration an der Faktentabelle Verkauf (vgl. Abb. 7–4) herangezogen:

```
CREATE TABLE Verkauf (
    Produkt_ID   NUMBER,
    Geo_ID       NUMBER,
    Zeit_ID      DATE,
    Verkäufe     NUMBER,
    Umsatz       NUMBER)

PARTITION BY RANGE(Zeit_ID) (
    PARTITION Vor_2012
        VALUES LESS THAN (TO_DATE ('01-JAN-2012', 'DD-MON-YYYY'),
    PARTITION 2012
        VALUES LESS THAN (TO_DATE ('01-JAN-2012', 'DD-MON-YYYY'))
);
```

Die Tabelle ist anhand des Attributes Zeit_ID, das vom Typ DATE ist, in zwei Partitionen unterteilt. Eine Partition enthält die Daten für alle Tage vor 2012, die andere enthält die Daten für das Jahr 2012. Abfragen auf die Verkaufstabelle mit dem Attribut Zeit_ID in der WHERE-Klausel können somit auf die einzelnen Partitionen umgeleitet werden. Beispielsweise würde

```
WHERE Zeit_ID <= TO_DATE('01-FEB-2013','DD-MON-YYYY')
```

dazu führen, dass das Datenbankmanagementsystem für die Berechnung des Ergebnisses dieser Abfrage lediglich die Partition Vor_2012 verwendet. Die Kardinalität der logischen Master-Tabelle Verkauf kann auf diese Weise verkleinert werden und somit auch zu einer Performanzsteigerung gegenüber einer Abfrage auf die gesamte Tabelle führen.

8.4 Relationale Optimierung von Star-Joins

Im direkten Zusammenhang mit den Indextechniken steht die Optimierung von Verbunden. In Abschnitt 7.1.1 wurden Star-Joins als typische Anfragemuster für Data-Warehouse-Anfragen eingeführt. Aufgrund der speziellen Eigenschaften des Star-Schemas – eine sehr große zentrale Faktentabelle und deutlich kleinere, unabhängige Dimensionstabellen – schlagen die Heuristiken klassischer relationaler Optimierer [SAC+79] allerdings oft fehl. Zur Erläuterung der Problematik diene der folgende Ausschnitt der Beispielanfrage auf dem Star-Schema aus Abschnitt 7.1:

```
....
WHERE
    Verkauf.Produkt_ID = Produkt.Produkt_ID AND
    Verkauf.Zeit_ID = Zeit.Zeit_ID AND
    Verkauf.Geo_ID = Geografie.Geo_ID AND
    Produkt.Produktfamilie = "Waschgeräte" AND
    Zeit.Jahr = 2012 AND
    Geografie.Land = "Deutschland"
GROUP BY
    Geografie.Region,
    Zeit.Monat
```

Wenn Restriktionen oder Gruppierungen bezüglich n Dimensionen in der Anfrage spezifiziert sind, so ist ein (n+1)-Wege-Verbund nötig. In vielen relationalen Datenbanksystemen[6] können Relationen aber nur paarweise verbunden werden, weshalb der (n+1)-Wege-Verbund in eine Sequenz paarweiser Verbunde aufgeteilt wird. Prinzipiell gibt es somit (n+1)! mögliche Verbundreihenfolgen.

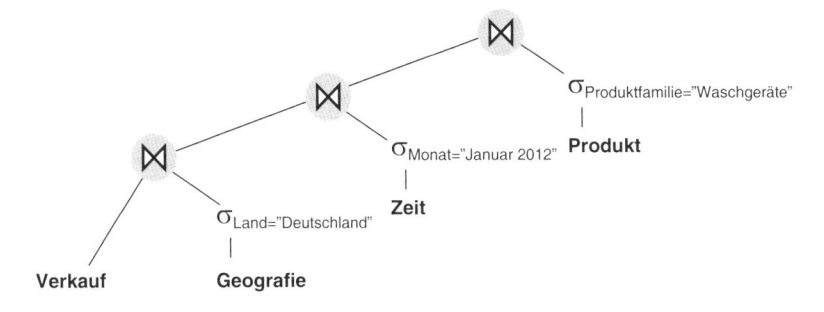

Abb. 8–10 *Traditionelle Verbundreihenfolge*

---

6. Als Ausnahme verfügen einige relationale Datenbankmanagementsysteme über einen Mehrtabellenverbund, entworfen speziell für Star-Joins.

Kostenbasierte Optimierer müssen aus diesen die günstigste Variante herausfinden. Um die Anzahl der zu untersuchenden Reihenfolgen zu verringern, wird die Heuristik angewendet, dass Verbunde von zwei Tabellen, die nicht miteinander über eine Verbundbedingung verknüpft sind (z.B. Produkte und Filialen), nicht untersucht werden ([SAC+79], [Mits95]). In diesem Falle müsste das Kreuzprodukt der entsprechenden Tabellen aufgebaut werden, was auf den ersten Blick nicht sinnvoll ist. Obwohl sich diese Heuristik im OLTP-Einsatz bewährt hat, kann ihre Anwendung im Data-Warehouse-Bereich sehr teuer werden. Der Grund dafür ist der Größenunterschied zwischen Fakten- und Dimensionstabellen.

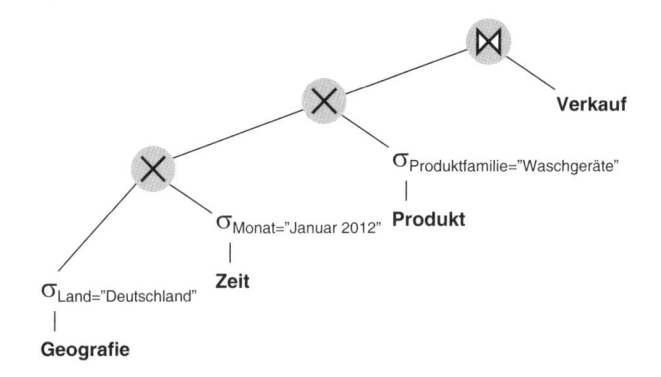

Abb. 8–11 *Verbundreihenfolge mit Kreuzprodukt der Dimensionstabellen*

Bildung des Kreuzproduktes der Dimensionstabellen

Angenommen die Tabelle »Verkauf« im Beispiel hätte 10.000.000 Datensätze, in Bayern gäbe es 10 Filialen, im Januar 2012 wurde an 20 Tagen etwas verkauft, und die Produktfamilie Waschgeräte hätte 50 Produkte. Da »Verkauf« die einzige Tabelle ist, für die ein paarweiser Verbund möglich ist, werden zwangsläufig die Dimensionstabellen sukzessive mit ihr verbunden (Abb. 8–10). Wenn nun ca. 20% der Verkäufe in Bayern getätigt wurden, so ist die Selektivität zu gering, um den ersten Verbund durch einen Index zu beschleunigen; die Faktentabelle wird komplett gelesen. Das erste Zwischenergebnis umfasst dann aber immer noch 2.000.000 Tupel, die in den nächsten Verbund eingehen. Die sukzessive Vorgehensweise kann also in einer Reihe sehr teurer Verbunde resultieren.

Im Gegensatz dazu stellt die Verbundreihenfolge in Abbildung 8–11 trotz der Kreuzproduktbildung eine deutlich günstigere Alternative dar. Das Kreuzprodukt aus den Dimensionstabellen ergibt 10·20·50=10.000 Datensätze, die nun in einer einzigen Operation mit der Faktentabelle verbunden werden können. Unterstützend wirkt hierbei ein zusammengesetzter B*-Baumindex auf der Faktentabelle (Abschnitt 8.2), da zu jedem Kreuzprodukt-Tupel (Produkt, Geografie, Zeit) die entsprechenden Tupel in der Faktentabelle durch einen Index-Nested-

Loop-Join [Mits95] gefunden werden können. Die Selektivität beträgt in diesem Fall 10.000/10.000.000 = 0,1 %, mehr als ausreichend für einen Indexzugriff.

Allerdings kann die Kreuzproduktbildung auch schnell teuer werden, wenn die Restriktionen auf den Dimensionen nicht einschränkend genug sind oder wenn es zu viele Dimensionstabellen werden. Gäbe es z.B. 1.000 Filialen und vielleicht noch eine Kundendimension, eingeschränkt auf 1.000 Kunden, so würden sich 1.000.000.000 Datensätze für das Kreuzprodukt ergeben.

Semiverbund von Dimensionstabellen mit einfachen Indizes

Um obigen Nachteil auszugleichen, wurde in IBMs DB2 [Lohm99] eine weitere Optimierungstechnik implementiert. Die Idee ist in Abbildung 8–12 illustriert. Auf der Faktentabelle wird für jede Dimension ein einfacher B*-Baumindex angelegt. Es werden nun zuerst durch einen Semiverbund (⋉) der Dimensionstabellen mit dem jeweiligen Index die Tupelidentifier (Abschnitt 8.2.2) der Verbundkandidaten in der Faktentabelle ermittelt. Die Schnittmenge dieser Kandidaten, die man z.B. über spezielle Hash-Verfahren effizient ermitteln kann, ergibt genau die TIDs der Faktentabelle, die benötigt werden. Für die entsprechenden Tupel wird dann die klassische paarweise Verbundmethode eingesetzt. Bezogen auf den Anfrageplan in Abbildung 8–10 bedeutet das, dass nicht die komplette Faktentabelle »Verkauf« in den ersten Verbund eingeht, sondern nur genau die Tupel, die tatsächlich angefragt wurden.

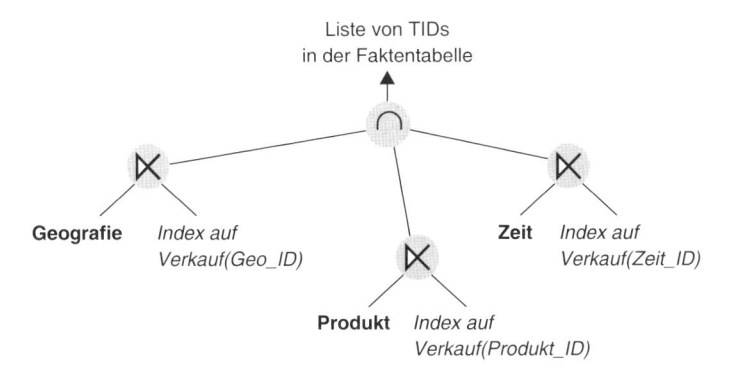

Abb. 8–12 *Semiverbund von Dimensionstabellen mit einfachen Indizes*

Star Transformation

Das gleiche Ziel, nicht mit der gesamten Faktentabelle eine Verbund-Operation durchzuführen, verfolgt Oracle mit der *Star Transformation*, die speziell zur Optimierung von Star Joins entwickelt wurde. Als Voraussetzung für die Anwendung der Star Transformation muss jede Fremdschlüsselspalte in der Faktentabelle mit einem Bitmap-Index versehen sein (siehe Abschnitt 8.2.4). Die Verarbeitung der Anfrage erfolgt nach folgendem Schema:

In einem ersten Schritt werden die relevanten Tupel in der Faktentabelle ermittelt (Ergebnismenge). Dazu werden einzelne Bitmap-Vektoren erzeugt, die jeweils mit einer Dimensionstabelle korrespondieren. Der Bitmap-Vektor repräsentiert die Menge an Tupeln, die die jeweilige Bedingung der Dimensionstabelle erfüllen. Die auf diese Weise ermittelten Bitmap-Vektoren werden anschließend mithilfe der Bit-Operation AND zu einem Ergebnis-Vektor zusammengefasst. Dieser repräsentiert genau die Menge an Tupeln, die zur Ergebnismenge gehören. Über diesen Ergebnis-Vektor werden jetzt die eigentlichen Datensätze aus der Faktentabelle ermittelt.

Im zweiten Schritt werden für die Tupel der Ergebnismenge klassische Verbundmethoden eingesetzt. Dabei wird vom Optimierer der Datenbank die jeweils beste Verbund-Methode (z. B. Hash-Verbund) ausgewählt.

Ähnlich wie bei der von IBM verwendeten Optimierungstechnik gehen somit auch bei der Star Transformation nur die tatsächlich angefragten Tupel in den Verbund ein.

8.5 Einsatz materialisierter Sichten

Eine Vielzahl von Anfragen bezieht sich in einem typischen Data-Warehouse-Anfrageprofil auf eine nahezu gleiche Menge von Relationen, ähnliche Muster, meist mit Aggregatanfragen. Diese Beobachtung und die einem Data-Warehouse-System inhärenten Eigenschaften, wie überwiegend lesender Zugriff auf einen weitgehend stabilen Datenbestand, lassen die explizite Einführung von Redundanz in den Datenbestand, üblicherweise durch Materialisierung von (a priori virtuellen) Datenbanksichten, sinnvoll erscheinen. Einmal berechnet, können diese Vorberechnungen bei der Beantwortung von Anfragen mehrfach herangezogen werden, was sich in einer meist deutlichen Reduzierung der Anfrageausführungszeiten ausdrückt. Auch bei der Aufbereitung von Daten für Auswertungsdatenbanken im Rahmen komplexer Batch-Prozesse können materialisierte Sichten als Bereitstellung von Zwischenergebnissen ähnlich wie temporäre Tabellen die Performance beschleunigen.

Bei den Verkaufsanalysen bei *Star*Kauf* werden Verkäufe für eine Produktgruppe oder -familie verdichtet auf Monate, Quartale oder Jahre sowie auf Filialen oder Regionen analysiert. Dabei werden bei einer Analysesitzung dieselben Daten bzw. Teilausschnitte daraus auf verschiedenen Aggregationsniveaus betrachtet. Auch beim Zugriff aus den Filialen auf die Ableitungs- oder Auswertungsdatenbank werden oft mehrmals die gleichen Daten abgerufen. Es zeigt sich hier also, dass sich eine Vorberechnung der Daten, auf die in der Regel per Aggregationsoperatoren mit unterschiedlichen Zielgranularitäten zugegriffen wird, lohnt.

Bei dem Einsatz von materialisierten Sichten in einem Data-Warehouse-System müssen die folgenden drei Problembereiche betrachtet werden:

8.5 Einsatz materialisierter Sichten

Verwendung materialisierter Sichten:
Die Existenz materialisierter Sichten darf keinen Einfluss auf die Formulierung von Anfragen nach sich ziehen. Das System muss eine transparente Nutzung dieser Sichten gewährleisten (Abschnitt 8.5.1). Andernfalls müssten beispielsweise die Metadateninformationen in Reporting-Applikationen geändert werden, um materialisierte Sichten zu verwenden.

Auswahl materialisierter Sichten:
Die Bestimmung der Menge der im System *redundant gehaltenen Daten* erfordert eine Abstimmung zwischen maximaler Reduktion der Anfragelaufzeiten und zusätzlich benötigtem Speicherplatz zur Ablage der materialisierten Daten. Grundsätzlich kann man zwischen einer statischen (Abschnitt 8.5.3) und einer dynamischen Auswahl (Abschnitt 8.5.4) materialisierter Sichten unterscheiden.

Wartung materialisierter Sichten:
Sollten Änderungen im Datenbestand auftreten, sind die davon betroffenen Sichten möglichst effizient mit dem veränderten Ausgangsdatenbestand zu synchronisieren (Abschnitt 8.5.5).

Mit dem Begriff der »materialisierten Sicht« ist prinzipiell ein beliebiger relationaler Ausdruck verbunden. Da sich die folgenden Ausführungen jedoch auf den Anwendungsfall »Data-Warehouse-System« mit einer Vielzahl von Aggregationsanfragen bezieht, wird im weiteren Verlauf dieser Begriff überwiegend für Anfragen mit Aggregationsoperationen verwendet. Damit wird eine konsistente Terminologie zu der Literatur aus dem Bereich der statistischen Datenbanksysteme [Ruf97] hergestellt, welcher als Ausgangspunkt heutiger moderner Data-Warehouse-Systeme gesehen werden kann.

8.5.1 Verwendung materialisierter Sichten

Während des Betriebs eines Data-Warehouse-Systems ist systemseitig zu gewährleisten, dass materialisierte Sichten transparent, d. h. ohne Änderung der Anwenderanfragen, zur Anfrageausführung herangezogen werden. Dazu ist, wie in Abbildung 8–13 verdeutlicht wird, eine Umformung der eingehenden Anfrage notwendig (engl. query rewrite).

Generell sind materialisierte Sichten auch dann zur Auswertung der Anfrage heranzuziehen, wenn die Sicht nicht exakt einem Teilgraph der Anfrage entspricht. Sogenannte Kompensationsoperationen müssen in den modifizierten Anfragegraph eingefügt werden.

Unterstützung von Monoblockanfragen

Wie das Beispiel aus Abbildung 8–13 zeigt, ist es durchaus sinnvoll, die materialisierte Sicht zu verwenden, da durch deren Integration ein Zugriff auf die typi-

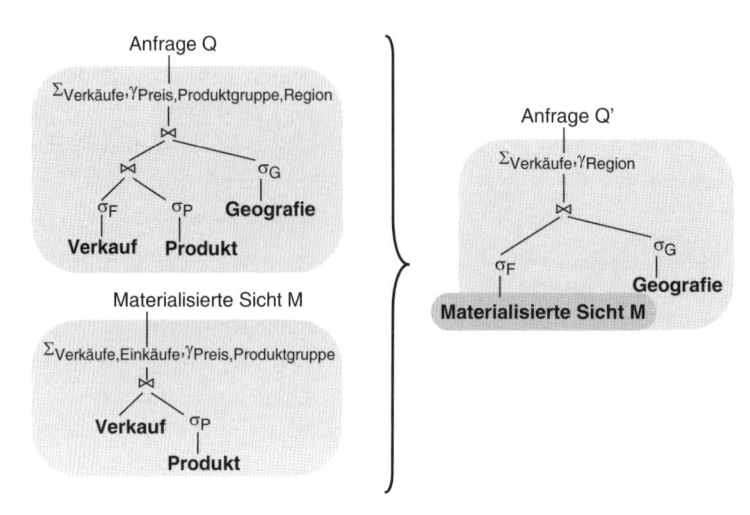

Abb. 8-13 *Beispiel zur Verwendung materialisierter Sichten*

scherweise große Faktentabelle Verkauf vermieden wird. Die Selektionsoperation zur Beschränkung der Fakten σ_F wird über den Verbund mit der Dimensionsrelation Produkt propagiert und auf die materialisierte Sicht M angewendet. Weiterhin ist zu beachten, dass die restrukturierte Anfrage Q' lediglich eine Gruppierung der Daten nach dem geforderten Gruppierungsattribut Region aus der Relation Geografie durchführen muss.

Voraussetzung für eine derartige Restrukturierung ist, dass die restrukturierte Anfrage äquivalent zur Ausgangsanfrage ist, was durch eine gültige Ersetzung sichergestellt wird. Details zu dieser Problematik und möglichen Lösungen ist in der Literatur zu finden ([GuHQ95], [SDJL96], [CoNS99] und [ZCPL00]).

Unterstützung von Multiblockanfragen

Der skizzierte Mechanismus zur Verwendung von materialisierten Sichten unter Anwendung der verallgemeinerten Projektionen ist durch die Forderung, dass die Anfrage restriktiver sein muss als die materialisierte Sicht, in seiner Anwendbarkeit beschränkt.

Durch geeignete Aufteilung der Selektionsbedingung einer Anfrage ist es jedoch möglich, eine materialisierte Sicht für einen Teil der Anfrage zu verwenden und lediglich zur Berechnung der nicht durch die Sicht abgedeckten Teile auf die Detaildaten zuzugreifen [SDJL96].

8.5 Einsatz materialisierter Sichten

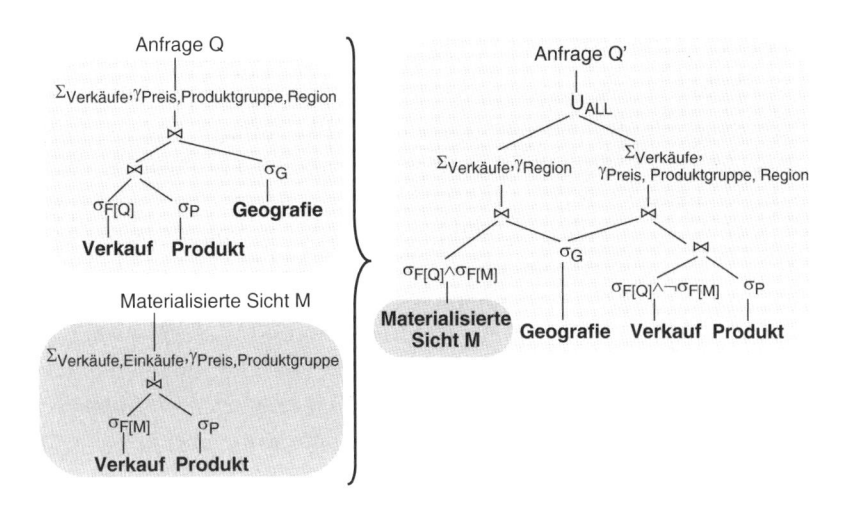

Abb. 8-14 Verwendung materialisierter Sichten (Multiblockanfragen)

8.5.2 Bestimmung des Auswertekontextes für Aggregatanfragen

Um eine Auswahl von materialisierten Sichten vornehmen zu können, ist die Einführung eines Auswertekontextes für Anfragen mit Aggregationen nötig. Ein sogenanntes Aggregationsgitter, welches in diesem Abschnitt eingeführt wird, stellt die Ableitungsbeziehungen in Form eines azyklischen Abhängigkeitsgraphen dar und dient gleichzeitig als Arbeitsgrundlage für den vorgestellten Auswahlmechanismus.

Additivität von Aggregationsfunktionen

Eine Voraussetzung für die Wiederverwendung von Vorberechnungen in Form materialisierter Sichten ist die Additivität der verwendeten Aggregationsfunktionen. Eine Aggregationsfunktion wirkt verdichtend auf einen Datenbestand, indem aus n Einzelwerten ein durch die Aggregationsfunktion wertemäßig bestimmtes Aggregat entsteht (siehe »*Aggregationen*«, Abschnitt 6.2.4). Die Eigenschaft der Additivität von Aggregationsfunktionen wird in [Lehn98] (angelehnt an [GBLP96]) definiert.

Die SUM-Funktion ist ein Beispiel für eine additive Aggregationsfunktion; COUNT hingegen ist lediglich semiadditiv, da Kardinalitäten aufsummiert werden müssen, um die Semantik des COUNT-Operators zu erhalten. Als einfachstes Beispiel einer indirekt-additiven Aggregationsfunktion ist die Durchschnittsberechnung zu nennen, welche durch Division einer Summe und einer Kardinalitätsangabe gewonnen wird.

Aggregationsgitter für allgemeine Gruppierungen

Neben der Additivität ist die durch die Menge der Gruppierungsattribute festgelegte Partitionierung des Datenbestands zu berücksichtigen. Wie aus Abbildung 8–15 ersichtlich ist, spannt eine Menge von Gruppierungsattributen einen azyklischen Abhängigkeitsgraphen auf, der als *Aggregationsgitter* bezeichnet wird. Dieser Graph zeigt an, welche Kombinationen von Gruppierungsattributen entweder direkt oder indirekt von anderen Kombinationen ableitbar sind (gekennzeichnet durch einen Pfeil in Abbildung 8–15). So ist beispielsweise eine Gruppierung nach A_2 (Region) ableitbar aus den Kombinationen (A_1, A_2), (A_2, A_3) und (A_1, A_2, A_3), also (Monat, Region), (Region, Produktgruppe) und (Monat, Region, Produktgruppe). Das oberste Element eines Aggregationsgitters wird als *Superaggregat* bezeichnet und entspricht einer Aggregation über alle eingehenden Einzelwerte, d.h. keiner Gruppierung.

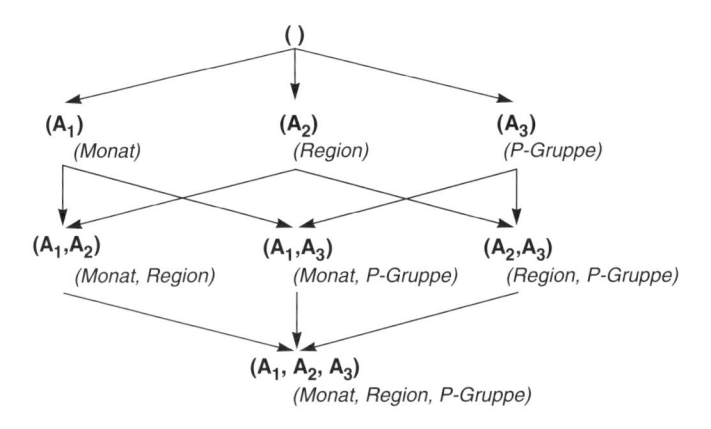

Abb. 8–15 *Beispiel eines Aggregationsgitters*

Für die Gruppierungsattribute »Produktgruppe«, »Region« und »Monat« aus dem laufenden Beispiel ergibt sich folgendes Aggregationsgitter: Die feinste Partitionierung des Datenbestands wird durch alle Gruppierungsattribute, also durch die Gruppierungskombination (Produktgruppe, Region, Monat) festgelegt. Aus dieser Kombination lassen sich direkt die drei Zweierkombinationen (Produktgruppe, Region), (Produktgruppe, Monat), (Region, Monat) ableiten.

8.5.3 Statische Auswahl materialisierter Sichten

Dieser Abschnitt thematisiert das Problem der Auswahl einer möglichst optimalen Menge an zu materialisierenden Sichten und skizziert den Algorithmus nach Harinarayan, Rajaraman und Ullman [HaRU96], welcher als grundlegendes Verfahren für die Lösung dieses Problems betrachtet werden kann. Bei der statischen Auswahl wird diese Menge zu einem bestimmten Zeitpunkt durch den Datenbankadministrator oder durch einen Algorithmus ausgewählt, bleibt danach aber mindestens bis zur nächsten Aktualisierung des Data-Warehouse-Systems unverändert. Höchstens das historische, nicht aber das aktuelle Anfrageverhalten wird bei der Auswahl berücksichtigt. Im Gegensatz dazu passt sich bei dynamischen Verfahren, die im nachfolgenden Abschnitt beschrieben werden, die Menge der materialisierten Sichten ständig dem aktuellen Anfrageverhalten an.

Statisches Auswahlverfahren nach Harinarayan, Rajaraman und Ullman

Die Auswahl der zu materialisierenden Aggregationsgitterknoten wird im Rahmen dieser Ausführungen am Verfahren von Harinarayan, Rajaraman und Ullman [HaRU96] exemplarisch aufgezeigt. Für detaillierte Ausführungen wird an dieser Stelle auf [Lehn99] verwiesen.

Das Auswahlverfahren nach [HaRU96] arbeitet wegen der NP-Vollständigkeit nach dem Greedy-Prinzip [CoLR90] und selektiert bei einem vorgegebenen Aggregationsgitter für einen maximalen Speicherplatz S eine Menge von zu materialisierenden Aggregationsgitterknoten, welche einen möglichst großen Nutzen für das Gesamtsystem liefert. Um den Aufwand abschätzen zu können, benötigt dieses Verfahren zusätzlich den geschätzten Mehraufwand an Speicher, den eine Materialisierung des entsprechenden Gitterknotens verursachen würde. Abbildung 8–16 skizziert das Verfahren in Pseudocode.

```
Algorithmus: Auswahlverfahren nach [HaRU96]
Eingabe: Menge aller Aggregationsgitterknoten N
         erwartete Kardinalität für jeden Knoten n_i ∈ N: |n_i|
         maximaler Speichermehraufwand S
Ausgabe: Menge der zu materialisierenden Gitterknoten M
Begin
    // Detaildatengitterpunkt in die Menge der Materialisierungskandidaten M
    M = { n_Detaildaten }
    s = 0            // noch kein zusätzlicher Speichermehraufwand
    // Kandidatenauswahl, solange der maximale Speichermehraufwand
    // noch nicht überschritten ist
    While (s < S)
        // Berechne Gitterpunkt mit maximalem Nutzen bzgl. M
        n ist der Gitterpunkt mit ∀n ∈(N \ M): B_n(M) = max   (B_n_j(M))
                                                      n_j∈M
        M = M ∪ {n}// Füge n der Materialisierungsmenge hinzu
        s = s + |n|// Addiere Größe zum Speichermehraufwand
    End While
    // Menge der zu materialisierenden Knoten ist Ergebnis
    Return M
End
```

Abb. 8-16 Auswahlalgorithmus nach Harinarayan et al. [HaRU96]

In der Initialisierungsphase wird der Gitterpunkt mit der feinsten Partitionierung (Detaildaten) in die Lösungsmenge aufgenommen, um die Auswertbarkeit aller möglichen Anfragen sicherzustellen. Entsprechend der eingeführten Nutzwertbestimmung wird derjenige Gitterpunkt ermittelt, der bezüglich der aktuellen

Materialisierungskonfiguration M den größten Nutzen für das Gesamtsystem erbringt. Dieser Gitterpunkt wird der Lösungsmenge hinzugefügt und der geschätzte Speichermehraufwand zum bisher aufgelaufenen Speichermehraufwand addiert. Dieses Vorgehen wird so lange wiederholt, bis der maximal erlaubte Speichermehraufwand erreicht wird.

Zum tieferen Verständnis wird das Auswahlverfahren am nachfolgenden Beispiel illustriert. Abbildung 8–17 zeigt ein Aggregationsgitter über die drei Gruppierungsattribute (Monat, Region, Produktgruppe), wobei jeder Knoten, basierend auf maximal 5.000 Datenwerten, mit der geschätzten Kardinalität gemäß der Aufwandsabschätzung versehen ist. Dabei weist das Gruppierungsattribut Monat ein Verdichtungsverhältnis von 1:12 auf. Regionen werden durchschnittlich im Verhältnis 1:50 und Produktgruppen im Schnitt 1:100 verdichtet.

$( )_1$

$(A_1)^{12}$ (Monat) $(A_2)^{50}$ (Region) $(A_3)^{100}$ (Produktgruppe)

$(A_1,A_2)^{600}$ (Monat, Region) $(A_1,A_3)^{1192}$ (Monat, Produktgruppe) $(A_2,A_3)^{3161}$ (Region, Produktgruppe)

$(A_1, A_2, A_3)^{6000}$ (Monat, Region, Produktgruppe)

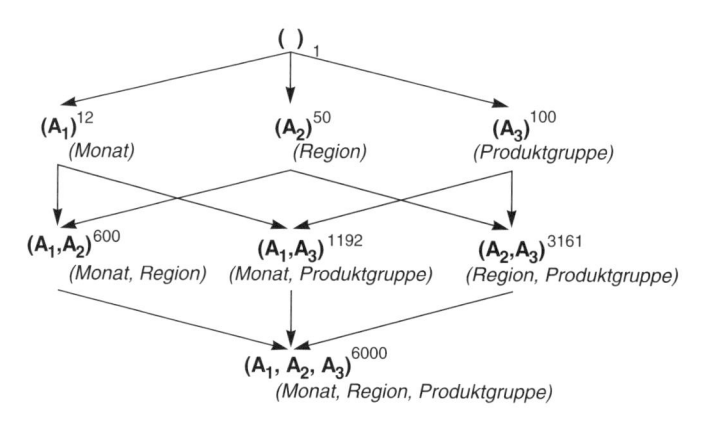

Abb. 8-17 *Beispiel zum Auswahlverfahren nach Harinarayan et al.*

Eine Vollauswertung des Aggregationsgitters würde sich demnach auf 11116 Datenwerte belaufen; dies entspricht einem Speichermehraufwand von 5116 Datenwerten oder 117 %. Unter der Beschränkung von maximal 70 % Speichermehrbedarf wird im ersten Durchlauf des Auswahlalgorithmus der Knoten (Monat, Region) als Materialisierungskandidat ausgewählt, da dessen Materialisierung den vier Knoten (Monat, Region), (Monat), (Region) und ( ) eine Verbesserung um jeweils 5.400 Einheiten erbringt. Für deren Berechnung müssten nicht mehr 6.000 Detaildatenwerte, sondern lediglich 600 bereits vorberechnete Aggregatwerte herangezogen werden. Diese Auswahl setzt den Speichermehrbedarf auf 10 % des Ausgangsdatenbestands. In den weiteren Schritten werden unter Beachtung der bereits entschiedenen Materialisierungen der Knoten (Produktgruppe) und der Knoten (Monat, Produktgruppe) in einem weiteren Durchlauf ausgewählt. Der Knoten (Region, Produktgruppe), welcher als Nächster selektiert werden würde, wird nicht mehr berücksichtigt, da bei der Materialisierung dieses Knotens der Gesamtspeichermehraufwand die maximal erlaubten 70 % überschreiten würde.

8.5.4 Dynamische Auswahl materialisierter Sichten

Statischen Auswahlalgorithmen wie in [HaRU96] liegt die Annahme zugrunde, dass die ausgewählten Sichten zu gewissen Zeiten, z. B. über Nacht, materialisiert und aktualisiert werden. Danach stehen sie für die nächste Nutzungsperiode zur Verfügung. In dieser Nutzungsperiode wird die Menge der Sichten aber nicht verändert.

Durch die statische Materialisierung von Sichten können nachgewiesenermaßen große Performanzsteigerungen erreicht werden. Dennoch hat ein alleiniger statischer Ansatz auch gravierende Nachteile:

- Anfrageprofile mit einem signifikanten Anteil von Ad-hoc-Anfragen können nicht a priori bzw. durch Auswertung der Vergangenheit durch vorberechnete Sichten unterstützt werden, da das typische Anfragemuster sehr schwer vorhersagbar ist.
- Selbst wenn zu einem gewissen Zeitpunkt das Anfragemuster bekannt wäre, ist es fraglich, wie lange dieses aktuell bleibt, denn die Daten und somit das Anfrageverhalten sind in ständiger Veränderung.
- Häufige Modifikationen an den Daten führen zu einem schnellen Veralten materialisierter Sichten. Die Konsequenz ist ein sehr großer Aktualisierungsaufwand (Abschnitt 8.5.5).

Deshalb ist es sinnvoll, Anfrageergebnisse in einem reservierten Speicherbereich für eine Wiederverwendung zu materialisieren. Gerade bei OLAP-Anwendungen ist die Wahrscheinlichkeit für eine Wiederverwendbarkeit eines Anfrageergebnisses relativ hoch. Eine typische Charakteristik einer OLAP-Sitzung ist das Aufeinanderaufbauen der gestellten Anfragen. Der Anwender nimmt sogar explizit Bezug auf die vorherige Anfrage, indem er die Ergebnistabelle als Grundlage für die nächste Anfrage verwendet. Aus Sicht der Anfrageoptimierung hat das zur Konsequenz, dass z.B. bei einer Roll-up-Operation das Anfrageergebnis immer aus dem Ergebnis der vorherigen Anfrage ableitbar ist.

Ein weiterer Punkt, der für eine dynamische Verwaltung materialisierter Sichten spricht, ist die Größe der Anfrageergebnisse. Diese sind bedingt durch die Aggregation bedeutend kleiner als die zugrunde liegenden Detaildaten. Dadurch kann mit relativ wenig Speicheraufwand unter Umständen eine erhebliche Reduktion der Anfragekosten erreicht werden.

Es gibt unterschiedliche Ansätze für die dynamische Verwaltung materialisierter Sichten, die im Folgenden nur sehr kurz angeschnitten werden. Details sind in der Literatur zu finden.

Semantisches Caching

In Datenbanksystemen werden Sekundärspeicherblöcke in sogenannten Caches abgelegt, um den Zugriff auf häufig benutzte Daten zu beschleunigen. Die Pufferverwaltung hat hierbei keine Kenntnisse über den Inhalt dieser Blöcke, eine Verdrängung basiert somit ausschließlich auf formalen Kriterien.

Ein wichtiger Vorteil von semantischem Caching besteht darin, dass die Verdrängungsentscheidung datenabhängig getroffen werden kann. Das Ziel jedes Verdrängungsverfahrens ist die Abschätzung des Nutzens eines Pufferobjekts in der Zukunft. Durch zusätzliche Kenntnis des Anwendungsgebietes, in diesem Falle OLAP, kann bei semantischen Cache-Verfahren eine deutlich bessere Abschätzung getroffen werden, als es beispielsweise mit der Referenzierungshäufigkeit allein möglich wäre ([DFJ+96], [GoGr99]).

Neben der Pufferung der Quelldaten können auch Anfrageergebnisse zur Wiederverwendung in Caches gespeichert werden. Als Speichermedium für die Pufferung von Anfrageergebnissen kommt neben dem Hauptspeicher auch die Festplatte in Frage, da eine Anfragebeschleunigung nicht nur durch den schnelleren Speicherzugriff, sondern insbesondere auch durch eine schnellere Ermittlung der Ergebnismenge erreicht wird. Semantisches Caching erlaubt somit die Beantwortung von Anfragen mithilfe einer geringeren Anzahl zu lesender Seiten oder Blöcke.

Ansätze für semantisches Caching im Data-Warehouse-Bereich sind [KoRo99], [ScSV96] und [AlGL98]. Auf eine detaillierte Darstellung wird an dieser Stelle verzichtet.

8.5.5 Aktualisierung materialisierter Sichten

Die zentrale Fragestellung im Kontext materialisierter Sichten ist die Aktualisierung und Konsistenzerhaltung.

Inkrementelle Aktualisierung

Neben der *Rematerialisierung*, also die Löschung und Neuberechnung einer materialisierten Sicht wird häufig eine *inkrementelle Aktualisierung* gewählt. Bei der inkrementellen Aktualisierung einer Sicht V wird versucht, nach der Modifikation wie Einfügung, Löschung oder Änderung von Tupeln ihrer Basisrelationen den neuen Zustand V' auf Grundlage des alten Zustands V nach folgender Formel zu berechnen:

$$V' = V \uplus \Delta V = (V - \Delta^-(V)) \cup \Delta^+(V).$$

ΔV steht für die Änderungen an der Sicht V, die sich aus Änderungen der Basisrelationen ergeben. ΔV setzt sich zusammen aus $\Delta^-(V)$ beziehungsweise $\Delta^+(V)$, also der Menge der zu löschenden beziehungsweise der einzufügenden Tupel. Änderungsoperationen werden meistens durch ein Löschen und nachfolgendes Einfügen mit dem geänderten Wert abgebildet. Die additive Vereinigung $\uplus$ bewahrt Duplikate.

Eine Aktualisierungsstrategie wird durch zwei Parameter charakterisiert. Zum einen ist die *Granularität* entscheidend, auf welcher die Aktualisierung vorgenommen wird. Damit Sichten mit gemeinsamen Basisdaten konsistent zueinander gehalten werden, verlangen einige Algorithmen, dass das ganze Data-Warehouse-System auf einmal aktualisiert wird. Dies ist jedoch aufwendig und unflexibel. Zum anderen kann nach dem *Zeitpunkt der Aktualisierung* unterschieden werden (z. B. [CKL+97]):

Sofortige Aktualisierung:
Die Transaktion, welche die Modifikation der Basisrelationen durchgeführt hat, führt synchron ebenfalls die Aktualisierung aller darauf basierenden abgeleiteten Daten durch.

Verzögerte Aktualisierung:
Die Aktualisierung der Sichten wird von den Modifikationstransaktionen entkoppelt und erst dann durchgeführt, wenn auf die Sicht zugegriffen werden soll. Dadurch wird zwar auch höchste Aktualität gewährleistet, jedoch trägt die lesende Transaktion die Kosten der Aktualisierung in Form von Wartezeit. Wurde eine Sicht längere Zeit nicht aktualisiert, müssen unter Umständen erst viele Modifikationen eingebracht werden.

Snapshot-Aktualisierung:
Die Sicht wird asynchron zur Modifikation und zum Lesezugriff aktualisiert. Stattdessen erfolgt die Aktualisierung nach anwendungsspezifischen Gesichtspunkten. Dadurch werden schnelle Modifikations- und Lesetransaktionen gewährleistet, jedoch wird der Zugriff auf veraltete Daten in beschränktem Maß toleriert.

Konsistenz in Data-Warehouse-Systemen

Neben der Aktualisierung von Sichten ist die Erhaltung der Konsistenz eine essenzielle Voraussetzung für die Verwendung von materialisierter Sichten.

Anwenderdefinierte Aktualitätsanforderungen:
Im Normalfall müssen die Daten exakt aktuell sein, d.h. eine Aktualisierung der materialisierten Sichten ist bei jeder Datenänderung vorzunehmen. Die Anforderungen hinsichtlich Aktualität können aber auch über sogenannte *zeitliche*, *wertemäßige* und *versionsbezogene Abstandsmaße* aufgeweicht werden. Ein *zeitlicher Abstand* ist die Zeitspanne, die eine materialisierte Sicht maximal älter sein darf als die Basisrelationen, auf denen die Sicht basiert. Ein *Wertabstand* kann entweder absolut oder prozentualspezifiziert werden. Ein Wertabstand ist beispielsweise bei Aggregationen sinnvoll, bei denen der exakte Wert der Eingangsdaten weniger wichtig ist, da hochgradig verdichtete Informationen benötigt werden. Unter einem *Versionsabstand* wird die Zahl der Versionen verstanden, die nach dem momentanen Aktualitätsniveau der betrachteten Sicht generiert wurden.

▪ *Anfragekonsistenz*:
Das Ergebnis einer an das Data-Warehouse-System gestellten Anfrage muss auch durch eine Anfrage an die Datenquellen berechnet werden können. Die zur Wahrung der Aktualität der Daten im Data-Warehouse-Systems notwendigen Aktualisierungen können zur Verletzung der Anfragekonsistenz führen, wenn z. B. eine Anfrage gestellt wird, die auf zwei oder mehr materialisierte Sichten zugreift. Befinden sich diese Sichten auf unterschiedlichen Aktualitätsniveaus, basieren unter Umständen Anfrageergebnisse nicht einheitlichen Aktualitätsniveaus.

▪ *Sitzungskonsistenz*:
Anwender eines Data-Warehouse-Systems stellen typischerweise eine Reihe von Anfragen, die aufeinander aufbauen. Diese Anfragecharakteristik ergibt sich beispielsweise durch eine Folge von Drill-down- oder Roll-up-Operationen. Eine solche Folge von Anfragen wird als eine Sitzung bezeichnet, die aus mehreren Lesetransaktionen besteht.

▪ *Aktualisierungsgranulate*:
Ein weiterer Einflussfaktor auf die Konsistenzproblematik ist die Frage, welche Objekte des Data-Warehouse-Systems unabhängig voneinander aktualisiert werden. Diese Einheiten werden als Aktualisierungsgranulate bezeichnet. Die Aktualisierung des gesamten Data-Warehouse-Systems ist die konzeptionell einfachste Möglichkeit, die Konsistenz herzustellen. Die Aktualisierung einzelner Sichten ist die in Hinblick auf anwenderdefinierte Aktualitätsanforderungen flexibelste Lösung. Dadurch kann jeder Sicht eine individuelle Aktualisierungsstrategie zugeordnet werden. Die gemeinsame Aktualisierung einer Teilmenge der Sichten unterstützt die individuelle Aktualisierungsstrategie für jede Relation im Data-Warehouse-System, kann jedoch zu einem erheblichen Aktualisierungs- und Verwaltungsaufwand führen.

8.6 Optimierung eines multidimensionalen Datenbanksystems

Die Speicherung von Daten in einer Ableitungs- oder Auswertungsdatenbank muss für Leseoperationen, insbesondere für OLAP-Anfragen wie etwa die Berechnung von Aggregaten, optimiert sein. Multidimensionale Datenbanksysteme stellen eine weitere Möglichkeit der effizienten Abspeicherung von Daten dar. Das Ziel der Optimierung einer multidimensionalen Anfrage besteht darin, nur die tatsächlich benötigten Daten vom Sekundärspeicher zu lesen und diese Daten möglichst schnell in den Hauptspeicher zu laden (vgl. Abschnitt 8.2.3).

Wie bei der relationalen Realisierung bauen die Optimierungen hier auf den Speichertechniken auf, d. h., Optimierungen beinhalten Partitionierung, Komprimierung und Indizierung. Während relationale Systeme alle Attribute der Faktentabelle gleich behandeln, basiert die Optimierung in multidimensionalen Datenbankmanagementsystemen auf der besonderen Behandlung von Kenngrößen. Die

Optimierung in multidimensionalen Datenbankmanagementsystemen ist deshalb von stärkerer physischer Natur als in relationalen Datenbankmanagementsystemen.

Die *Partitionierung* gewährleistet, dass leere Bereiche eines Würfels entfernt werden und die Speicherung für Zugriffsmuster optimiert wird. Die Partitionierung isoliert Bereiche mit hohem Füllgrad. Eine Optimierung bzgl. der Zugriffsmuster erfolgt, wenn häufig zugegriffene Bereiche in möglichst wenigen Datenblöcken gespeichert werden. Um dies zu erreichen, unterstützen kommerzielle Systeme verschiedene Partitionierungsstrategien. Details über die Zeitdimension [DSVH97], dünn besetzte Dimensionen [Earl94] und Partitionierungsspezifikation [Furt99] sind in den angegebenen Referenzen zu finden.

Die *Indizierung* in multidimensionalen Datenbanksystemen hat zwei Aspekte: *Indizierung von Datenblöcken* (Zwei-Ebenen-Datenstrukturen [Earl94], B-Bäume, Grid-Files, verkettete Listen, Skip-Listen, Hash-Strukturen und R+-Trees [GaGü98]) einerseits und *Zellenindizierung in einem Datenblock* (Array-Speicherung und relationale Speicherung der Zellen, RLE, Bitmap, Z-lib [DSVH97]) andererseits, die mit *Komprimierung* verbunden ist. Komprimierung wird verwendet, um die Speicherung von Nullwerten, redundanten Daten sowie leeren Bereichen zu verhindern.

8.6.1 Partitionierung

Die Partitionierungsverfahren der multidimensionalen Datenbankmanagementsysteme unterscheiden sich in drei Punkten:

Art der unterstützten Partitionierung
Steuerung, d.h., wie die Partitionierung für eine Anwendung optimiert wird
Werkzeuge, d.h., welche Arten von Werkzeugen und Anwenderoberflächen vom System für die Steuerung der Partitionierung angeboten werden

In kommerziellen Systemen wird meist die Art der Partitionierung automatisch bestimmt. In [FuBa99] wird ein anderer Ansatz verfolgt: Es wird eine allgemeine Partitionierung unterstützt, um die Optimierung flexibel zu gestalten. Die automatische Steuerung spielt dabei eine untergeordnete Rolle, da verschiedene Schnittstellen zur Steuerung angeboten und darüber hinaus neu definiert werden können.

Art der Partitionierung

In existierenden multidimensionalen Datenbankmanagementsystemen werden Würfel in nicht überlappende Bereiche zerteilt, in der Regel Bereiche (multidimensionale Intervalle) als effiziente Form der Partitionierung von Arrays. Adressberechnungen, Intervalloperationen, Bereichsanfragen, Aggregationen und andere Operationen werden effizienter mit einer solchen Partitionierung ausgeführt. Diese Bereiche werden multidimensionale Kachelungen genannt.

Eine Kachelung kann nach bestimmten Eigenschaften weiter in verschiedene Klassen unterteilt werden. Zwei solche Klassifizierungen bzgl. der Ausrichtung bzw. der Besetzung des Raumes sind in den Abbildungen 8–18 und 8–19 zu sehen.

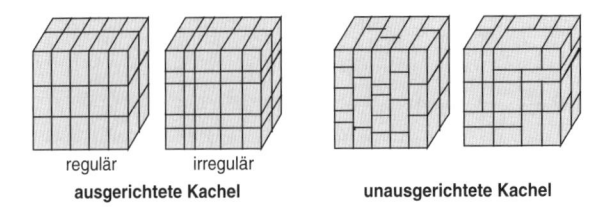

Abb. 8-18 *Kachelungen nach der Ausrichtung klassifiziert*

In [SaSt94] wird eine Technik zur Optimierung der Bereiche für eine reguläre Kachelung vorgeschlagen. Für ein gegebenes Zugriffsmuster wird der Bereich berechnet, der optimale Zugriffszeiten auf den Sekundär- oder Tertiärspeicher gewährleistet. Das in [ZhDN97] präsentierte Verfahren zur Berechnung der Aggregate eines Würfels basiert auf regulärer Kachelung. Die Autoren zeigen, dass eine erhebliche Effizienzsteigerung im Vergleich zu relationalen Systemen erreicht wird.

Der besondere Vorteil der beliebigen Kachelung liegt darin, dass durch ihre Flexibilität die Partitionierung eines Würfels am besten angepasst werden kann, um die zwei oben genannten Ziele zu erreichen. Die Indizierung der Datenblöcke ist jedoch komplizierter als bei ausgerichteter Kachelung (Abschnitt 8.6.3)[7].

Die meisten multidimensionalen Datenbankmanagementsysteme unterstützen nur eine Untermenge dieser Klassen; in der Regel aber nur reguläre oder ausgerichtete Kachelungen und dünn besetzte Kachelungen.

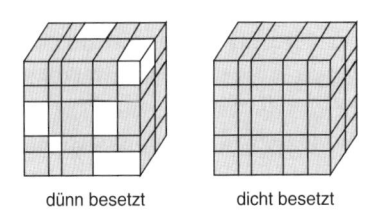

Abb. 8-19 *Kachelungen nach Besetzung des Raumes klassifiziert*

---

7. Die beliebige Kachelung bietet eine hohe Flexibilität, solange verschiedene Algorithmen, Werkzeuge und Anwenderoberflächen die Partitionierungssteuerung unterstützen.

Steuerung

Die Steuerung der Partitionierung kann automatisiert erfolgen, wenn das System automatisch ermittelt, welche Partitionierung zu einer effizienten Ausführung der Operationen und der Speicherung führt. Der Füllgrad in bestimmten Bereichen des Würfels und Zugriffsstatistiken können dazu verwendet werden.

Die Zeitdimension wird in manchen Systemen als eine besondere Dimension behandelt und die Partitionierung nach Zeitreihen (engl. time series) definiert.

In der Zwei-Ebenen-Speicherung [Earl94] werden nur verwendete Kombinationen von dünn besetzten Dimensionen gespeichert.

8.6.2 Speicherung der Zellen

Für jeden Datenblock wird ein bestimmtes Speicherformat verwendet. Die meisten Systeme unterstützen verschiedene Speicherformate, die abhängig von den Eigenschaften der Daten eines Sub-Arrays, insbesondere des Füllgrads, eingesetzt werden.

Ab einem bestimmten Füllgrad wird ein Würfel bezüglich des Speicherbedarfes effizienter durch die Array-Speicherung als durch die relationale Speicherung abgelegt. Der Grund dafür ist, dass bei der relationalen Speicherung die Koordinaten der Würfelzellen in Form des Primärschlüssels mit abgespeichert werden müssen (Abschnitt 7.1), bei der multidimensionalen Speicherung kann der Zugriff hingegen über eine Adressberechnung direkt erfolgen (Abschnitt 7.2). Der minimale Füllgrad δ, ab welchem die multidimensionale Speicherung effizienter ist, wird durch die folgende Ungleichung bestimmt:

$$Ix_{rel} + \delta \prod_{i=1}^{n} L_i \cdot \left(\sum_{j=1}^{n} s_j + s_c \right) < Ix_{arr} + \prod_{i=1}^{n} L_i \cdot s_c$$

Dabei bezeichnen L_i die Länge des Sub-Arrays in Dimension i ($u_i - l_i + 1$, wenn das Sub-Array dem Bereich $b=[l_1:u_1,...l_n:u_n]$ entspricht), s_c die Speichergröße der Zellen (d.h. der Platzverbrauch aller Kenngrößen, die in einer Zelle gespeichert werden), s_j die Speichergröße der Dimensionsattribute in Dimension j sowie Ix_{rel} und Ix_{arr} den Speicherbedarf der Indizierung bei der relationalen bzw. der Array-Speicherung.

Vorausgesetzt, dass Ix_{rel} und Ix_{arr} gleich sind und $s_j = s_c = 8$ (gewöhnliche Größe für `number` und `float` in relationalen Datenbankmanagementsystemen), wird daraus für zwei Dimensionen:

$$\delta \prod_{i=1}^{2} L_i \cdot 24 < \prod_{i=1}^{2} L_i \cdot 8$$

Das heißt, für einen Füllgrad über 0,33 ist die Array-Speicherung effizienter. Für drei Dimensionen wäre 0,25 der minimale Füllgrad. Daraus ergibt sich, dass mit steigender Anzahl modellierter Dimensionen der Füllgrad sinkt.

Da der Platzverbrauch für die Indizierung bei der Array-Speicherung oft deutlich geringer als bei relationaler Speicherung ausfällt, kann in der Praxis auch von noch geringeren minimalen Füllgraden ausgegangen werden. Das liegt daran, dass in multidimensionalen Datenbankmanagementsystemen Indizes auf Datenblöcken statt Datensätzen verwendet werden (siehe Abschnitt 8.6.3), d.h. Cluster- statt Punktindizierung. Die Anzahl der indizierten Einheiten ist deshalb geringer und der Index damit kleiner. Effiziente Speicherung ist die Voraussetzung für die effiziente Auswertung von manchen Operationen, wie in [ZRTN98] für die Array-Speicherung bewiesen wurde. Die Array-Speicherung ist allerdings allgemein ineffizient für Schreiboperationen.

In multidimensionalen Datenbankmanagementsystemen können Datenkompression und relationale Speicherung zur effizienteren Speicherung dünn besetzter Sub-Arrays (ab einem Mindestfüllgrad) verwendet werden. Für die Komprimierung der Datenzellen in einem Datenblock werden in kommerziellen Systemen bekannte Kompressionstechniken, u.a. *Run Length Encoding* (RLE), *Bitmap-* und *Z-Komprimierung*, verwendet. In [ZhDN97] wird auch ein Verfahren zur Komprimierung beschrieben, das den Zugriff auf individuelle Zellen ohne eine vollständige Dekompression erlaubt.

In manchen Systemen werden die Daten eines Würfels in verschiedenen multidimensionalen oder relationalen Basisstrukturen gespeichert (»Hybride Speicherung«, Abschnitt 7.2.5). Die dünn besetzten Daten bleiben in der relationalen Quelldatenbank, statt sie in die multidimensionale Datenbank zu importieren. Eine einheitliche Sicht der Daten eines Würfels wird durch sogenannte *Compound Structures* unterstützt. Dieses Verfahren vereinigt die Vorteile der beiden Ansätze, der Array- und relationalen Speicherung.

8.6.3 Datenblockindizierung

In kommerziellen multidimensionalen Datenbankmanagementsystemen werden zum Zugriff auf Datenblöcke meist proprietäre Indizes verwendet. Eine genaue Beschreibung der verwendeten Verfahren ist selten verfügbar. Sie beruhen aber in der Regel auf bekannten Indizierungstechniken, z.B. Arrays, verketteten Listen, Skip-Listen, B-Bäume, Grid-Files und Hash-Strukturen.

Die besondere Behandlung spezieller Dimensionen, z.B. der Dimension Zeit oder dünn besetzter Dimensionen, bestimmt oft die Indexstruktur. So speichern manche OLAP-Systeme für jede belegte Dimensionskombination eine Zeitreihe ab. Spezielle Formate werden für die Datenblöcke verwendet, um Reihen von Werten bezüglich verschiedener Periodizitäten zu speichern, z.B. täglich, wöchentlich, monatlich.

Die Einteilung von Dimensionen als dünn oder dicht besetzt (vgl. Abschnitt 8.6.1) wird durch eine *Zwei-Ebenen-Datenstruktur* [Earl94] realisiert. Diese Datenstruktur wird in Abbildung 8–20 gezeigt. Die obere Ebene indiziert die Datenblöcke, die auf der unteren Ebene gespeichert werden. Die obere Ebene enthält ein Array mit allen möglichen Kombinationen von Dimensionswerten der dünn besetzten Dimensionen. Jede Zelle dieses Arrays weist mit einem Zeiger auf den Datenblock, in dem die Datenwerte für die entsprechenden Dimensionswerte der dicht besetzten Dimensionen gespeichert werden. Ein Nullwert zeigt an, dass der Bereich leer ist.

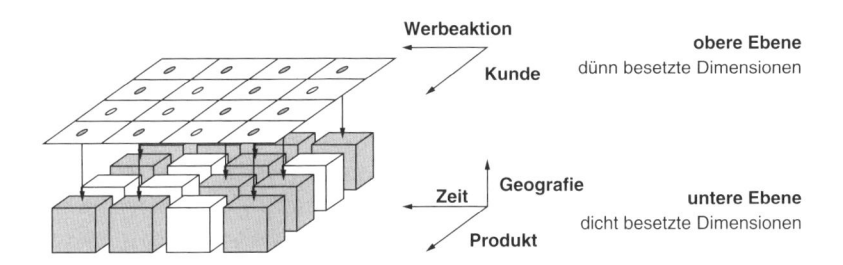

Abb. 8–20 *Zwei-Ebenen-Speicherung eines Würfels*

Bei einem Würfel mit Dimensionswerten $D=[l:d_1,...,1:d_n]$, den dünn besetzten Dimensionen $1,...,s$ und den dicht besetzten Dimensionen $s+1,...,n$ entspricht jedes Array der unteren Ebene einem Bereich $[x_1:x_1,..., x_s:x_s,1:d_{s+1},...,...,1:d_n]$, $1=x_i=d_i$, $i=1,...,s$ des Würfels. Wie oben beschrieben, werden Datenblöcke der unteren Ebene auch komprimiert gespeichert. Dieses Konzept lässt sich hierarchisch auf mehrere Ebenen erweitern.

Multidimensionale Zugriffsstrukturen [GaGü98] sind zur Indizierung von Datenblöcken in multidimensionalen Datenbankmanagementsystemen geeignet, da jeder Datenblock einem multidimensionalen Bereich entspricht und die meisten Anfragen multidimensional sind. In [Furt99] wird eine besondere Implementierung des R+-Tree [SeRF87] zur Indizierung von multidimensionalen Kacheln verwendet, um eine beliebige Kachelung zu unterstützen.

8.7 Zusammenfassung

Der Zugriff auf Data-Warehouse-Systeme zeichnet sich durch analytische Anfragen aus, die große Datenmengen involvieren können. Durch die Anfrageformulierung über multidimensionale Datenstrukturen ergibt sich ein charakteristisches Anfrageprofil, das die Vorzüge von multidimensionalen Bereichseinschränkungen einerseits und komplexen Aggregationen andererseits besitzt. Für diese Operationen reichen klassische Optimierungstechniken, wie die Verwendung von B-Bäumen in relationalen Datenbanksystemen, nicht aus.

Spezielle Indexverfahren werden eingesetzt, um multidimensionale Bereichsanfragen zu unterstützen. Während multidimensionale Indexverfahren bisher nur in wenigen kommerziellen Datenbanksystemen zu finden sind, gehören Bitmap-Indizes inzwischen zum Standard. Auch die Möglichkeit, Datenbanken nach inhaltlichen Kriterien zu partitionieren, wird bereits von etlichen Datenbanksystemen unterstützt.

Vor allem in relationalen Datenbanksystemen eröffnen das Anfragemuster des Star-Joins und der enorme Größenunterschied zwischen den dabei involvierten Fakten- und Dimensionstabellen zusätzliche Optimierungspotenziale. Etliche Datenbanksysteme verfügen über eine Star-Join-Optimierung als Erweiterung der klassischen Verbundoptimierung.

Oft lässt sich die gewünschte Performanz für Aggregationsanfragen nur durch den Einsatz materialisierter Sichten erreichen, in denen die Daten bereits in teilweise aggregierter Form abgespeichert werden. Die Probleme, die dabei auftreten, umfassen Verwendung, Auswahl und Aktualisierung der Sichten. Dieses Themengebiet wurde vor allen Dingen von wissenschaftlicher Seite vorangetrieben. Da der Nutzen materialisierter Sichten unbestritten ist, wurden und werden etliche dieser Techniken in kommerziellen Datenbanksystemen integriert. Aufgrund der Komplexität der Thematik ist aber immer noch eine gewisse Diskrepanz zwischen wissenschaftlichem Erkenntnisstand und praktischer Umsetzung zu bemerken.

Auch wenn die meisten Abschnitte dieses Kapitels sich mehr oder weniger auf relationale Datenbanksysteme beziehen, lassen sich doch sehr viele Techniken prinzipiell auch auf multidimensionale Datenbanksysteme umsetzen. So ist es nicht verwunderlich, dass z.B. die Partitionierung und Vorberechnung von Aggregaten eine große Rolle spielen. Zusätzlich erlaubt die multidimensionale Speicherung auch spezielle Indizierungstechniken.

9 Metadaten

Die Datenqualität eines Data-Warehouse-Systems ist abhängig davon, wie gut das Data-Warehouse-System die Daten bereitstellen kann. Maßgeblich an dieser Thematik beteiligt sind Metadaten. Unter Metadaten sind sowohl Schemadaten (inklusive fachspezifischer Erläuterungen) der dazugehörigen Datenbanken zu verstehen als auch Zusatzinformationen über die Benutzerhäufigkeiten oder Aktualisierungsdaten, die in einem Data-Warehouse-System entstehen. Die Problematik im Themenbereich der Metadaten ähnelt einem Data-Warehouse-System, da Metadaten gesammelt, gespeichert und für Anfragen zur Verfügung gestellt werden müssen.

Im folgenden Abschnitt wird daher die Beziehung von Metadaten und Metadatenmodellen im Data-Warehouse-Prozess beleuchtet (Abschnitt 9.1). Dies wirft die Frage auf, wie diese Metadaten (Abschnitt 9.2) in einem Metadatenmanagementsystem (MDMS) grundsätzlich verwaltet werden (Abschnitt 9.3) und wie eine geeignete Speicherung aussieht (Abschnitt 9.4). Anhand dieser Überlegungen wird in Abschnitt 9.5 ein Schemaentwurf für ein Data-Warehouse-System präsentiert.

9.1 Metadaten und Metamodelle beim Data Warehousing

Das Thema ist aktuell, seitdem Daten gesammelt werden: Metadaten waren immer notwendig zur Beschreibung der Eigenschaften und der Bedeutung von Daten, mit dem Ziel, diese Daten besser zu verstehen, zu verwalten und zu benutzen. Ein intuitives Beispiel sind Bibliotheken. Bücher können nur mithilfe geeigneter Metadaten (Titel, Autor, Schlüsselbegriffe etc.) klassifiziert, verwaltet und wiederaufgefunden werden. Die klassische Definition von Metadaten stammt aus der Welt der Datenbanken: Dort versteht man unter Metadaten die Definition der Struktur der Datenbank, d.h. die Schemainformationen. Diese fokussierte Sicht ist durch die Weiterentwicklung der Informationstechnik ausgeweitet worden. Der Einsatz von Werkzeugen zur rechnerunterstützten Entwicklung von Softwaresystemen beispielsweise hat dazu geführt, dass auch Informationen über Programme und über den Entwicklungsprozess an sich als Metadaten angesehen werden. Die Etablierung von Softwaresystemen, die auf Künstlicher Intelligenz (KI) basieren (z.B. Agentensysteme) und das Bedürfnis nach maschinenlesbaren Datenbeschreibungen im Internet im Zuge neuer Technologien und Anwendungsmöglichkeiten (Web 2.0 und Semantic Web) haben den Begriff und die Verwendung von Metadaten nochmals deutlich erweitert.

Metadaten

Definition Metadaten:

Jede Art von Information, die für den Entwurf, die Konstruktion und die Benutzung eines Informationssystems benötigt wird.

Alternativ existieren noch weitere Definitionen des Begriffs, wovon sich aber bisher keine allgemein durchsetzen konnte. Die gemeinsame Basis aller Definitionen ist aber die Feststellung, dass Metadaten (griech. meta = hinter, nach, über) Daten sind, die andere Daten beschreiben. In Abschnitt 2.13 wurden die verschiedenen Arten von Metadaten (*Operative, Struktur-, Prozess- und Begriffs-Metadaten*) und ihre Herkunft bzw. Verwendung bereits vorgestellt. Allen Metadaten ist gemeinsam, dass sie meist in unterschiedlichen Formen (z.B. Datenbankschema, Text-Dokument usw.) und unterschiedlichen Modellen vorliegen. Der maximale Nutzen im Sinne der Definition von Metadaten lässt sich erst dann aus der Integration der verschiedenen Arten von Metadaten ziehen, sobald diese in einem einheitlichen Metamodell vorliegen.

Metamodelle

Ein Informationssystem legt seine Daten in einer bestimmten, in sich konsistenten Form in einem Datenspeicher, typischerweise einer Datenbank, ab. Die Form der Datenablage wird durch ein Schema bzw. Modell beschrieben, das in verschiedenen Modellierungssprachen (z.B. SQL DDL, UML oder XML-Schema) definiert sein kann. Schemata und weitere Metadaten können in einem Datenverwaltungssystem abgelegt werden, das *Metadaten-Repositorium* genannt wird. Das Schema des Repositoriums ist dabei abhängig von der Modellierungssprache, die für die Modelle benutzt wird. Das Schema des Repositoriums ist also ein Schema für Schemata (bzw. ein Modell für Modelle), und man bezeichnet es daher auch als Metamodell. Für jede Modellierungssprache gibt es ein Metamodell, das die Sprachkonstrukte formal darstellt. Das Metamodell kann dabei explizit vorgegeben sein (z.B. im UML-Standard ist ein Metamodell für UML definiert), es kann aber auch indirekt durch das Datenverwaltungssystem definiert werden, z.B. durch das Schema der Systemkataloge in einem relationalen Datenbankmanagementsystem, die leider bei verschiedenen Herstellern unterschiedlich sind.

Neben Modellen bzw. Schemata und Metamodellen können in einem Metadatensystem weitere Abstraktionsebenen unterschieden werden. Es ist allgemein akzeptiert, dass (mindestens) vier Ebenen notwendig sind, um komplexe Infor-

9.1 Metadaten und Metamodelle beim Data Warehousing

mationssysteme adäquat zu modellieren (Abb. 9–1). Jede Ebene enthält die Modellierungskonstrukte oder Sprache zur Definition der darunterliegenden Ebene. Ebene 0 umfasst die effektiven Daten (Objektdaten) wie beispielsweise die Kundendaten. Die darüberliegenden Ebenen enthalten die Metainformationen: Auf Ebene 1 befinden sich die Metadaten als das Modell des zu modellierenden Informationssystems, z.B. das Datenbankschema oder auch Prozessbeschreibungen. Ebene 2 definiert die Sprachelemente, die auf Ebene 1 zur Verfügung stehen (Metamodell auch Metadatenschema genannt). Ebene 3 schließlich enthält das Metametamodell, das die verschiedenen Sprachen der Ebene 2 vereinigt. Das Schema des Repositoriums wird durch das Metamodell auf Ebene 2 festgelegt.

3	Metametamodell	
2	Metamodelle	Repositorium-Schema (TABELLE, ATTRIBUT)
1	Metadaten	KUNDE_TABELLE, STRASSE_ATTRIBUT
0	Daten	Kundendaten (Müller, Blumenstr.)

Abb. 9–1 *Formale Modellierungsebenen*

Semantische Informationsmodelle

Unabhängig von der konkreten Modellausprägung und der für die Umsetzung der resultierenden Datenschemata gewählten Technologie ist doch allen Datenmodellen eines Unternehmens eines gemeinsam: Sie folgen alle mehr oder weniger genau einem semantischen Modell der Informationen und Prozesse des Unternehmens, in dem sie eingesetzt werden.

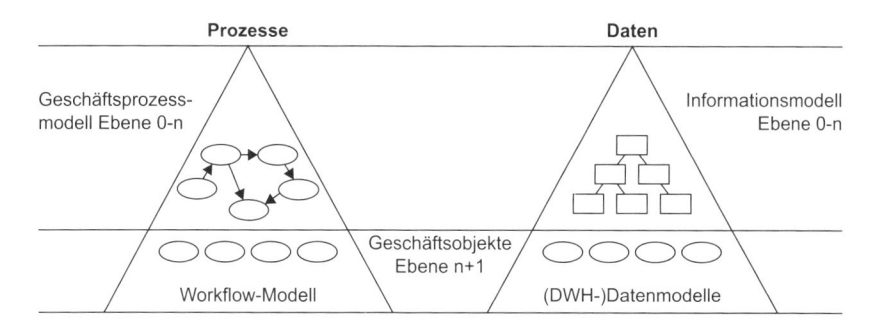

Abb. 9–2 *Semantische Modellierungsebenen*

Bei der Modellierung von Data-Warehouse-Schemata muss zuerst ein gemeinsames Verständnis dieses unternehmensweiten semantischen Modells geschaffen werden, das im Folgenden Informationsmodell genannt wird (Abb. 9–2). Das Informationsmodell besteht aus den Informationsobjekten, die in den Geschäftsprozessen eines Unternehmens verwendet werden. Die Ebenen des Informationsmodells beziehen sich deshalb auf die zugehörigen Ebenen bzw. Aggregationsstufen des Geschäftsprozessmodells. Typischerweise umfasst ein Informationsmodell mindestens drei Ebenen, die als Entitäten in einem Klassenmodell abgebildet werden. Aus jeder Ebene des Informationsmodells können Verweise auf die tiefste Ebene des Informationsmodells realisiert werden, die aus Geschäftsobjekten mit Attributen bestehen, im Gegensatz zu den Informationsobjekten, die üblicherweise ohne Attribute auskommen. Geschäftsobjekte bilden die Grundlage für die Modellierung eines Data-Warehouse-Schemas und entsprechen in der Folge weitestgehend den wichtigsten Entitäten (Dimensionen und Fakten) eines solchen Schemas.

Unabhängig vom erwiesenen Nutzen des Informationsmodells bei der Modellierung eines Data-Warehouse-Schemas bildet es auch eine semantische Basis, um neben den Data-Warehouse-Schemata auch die Datenschemata der Data-Warehouse-Quellsysteme miteinander in Verbindung zu bringen. Diese semantischen Gruppierungen von Datenobjekten, die inhaltlich dieselben Daten enthalten, können zusätzlich mit Informationen über das führende Informationssystem (Master-Daten) angereichert werden. Sind in einem Metadatenmanagementsystem auch Metadaten aus den Datenbeschaffungsprozessen verfügbar, lassen sich zusammen mit den Daten aus dem Informationsmodell, den verschiedenen Datenschemata und den Angaben über die führenden Daten umfassende Abhängigkeits- und Datenflussanalysen erstellen, die auch außerhalb des Data-Warehouse-Systems von Nutzen sein können.

Das Informationsmodell als solches unterscheidet sich in seiner Struktur und Modellierung nicht wesentlich von den technisch und inhaltlich noch konkreteren Datenbankschemata, d. h., meist werden hier die bekannten Modellierungsverfahren (z. B. relationale oder objektorientierte Diagramme) und -werkzeuge verwendet. Da bei Entwurf und Umsetzung von Erweiterungen an bestehenden oder auch neuen Data-Warehouse-Systemen idealerweise das Informationsmodell den Ausgangspunkt darstellt, ergeben sich für die mit dem Anforderungsmanagement (engl. Requirements Engineering) dieser Änderungen beauftragten Personen und Rollen zusätzliche Fähigkeitsanforderungen hinsichtlich Modellierungswissen und -erfahrung, was gerade für Mitarbeiter der Fachseite häufig eine gewisse Hürde darstellen kann. Dabei ergeben sich Schwierigkeiten nicht nur aus der Verwendung von (technischen) Datenmodellen, sondern gerade auch durch die notwendige Präzisierung und Definition der zu benutzenden (Fach-)Begriffe zusätzlich zu den eigentlichen Schemata. Die dabei auftretenden Fragestellungen sind oft weit über das eigentliche Data-Warehouse-System hinaus von allgemeinem Interesse, und die Erarbeitung oder Erweiterung der entsprechenden Begriffssammlungen wird gerne gerade auch von den Benutzern der Quellsysteme eines Data-Warehouse-Systems und darüber hinaus zurate gezogen.

Die Erarbeitung einer solchen Terminologie kann zu beachtlichen Aufwänden führen, da sich in verschiedenen Geschäftsbereichen eines Unternehmens leicht unterschiedliche oder im schlimmsten Fall sogar abweichende Definitionen für ein und denselben Begriff finden können, was eine entsprechende Unterscheidung und Abgrenzung erforderlich macht. Zusätzlich können sich einzelne Begriffe in ihrer Bedeutung über einen gewissen Zeitraum oder durch äußere Einflüsse wie etwa den allgemeinen Sprachgebrauch oder gesetzliche Vorschriften verschieben. Dadurch ergibt sich zusätzlich zur Notwendigkeit einer Integration, d.h. Verknüpfung der Begriffe mit den Schemata, in denen sie verwendet werden, und Anzeigemöglichkeit dieser Terminologien in einem Metadatensystem, meist auch noch die Anforderung an einen technisch unterstützten Prozess, der das Editieren und Verwalten der einzelnen Begriffe, relevanter Beispiele und ihrer Beziehungen untereinander regelt und unterstützt. Ein entsprechendes Teilsystem einer Metadatenapplikation wird häufig Datenwörterbuch, Geschäftswörterbuch (engl. business glossary) oder (Geschäfts-)Terminologiedatenbank genannt. Die Realisierung eines solchen Datenwörterbuchs als Teil eines Metadatenmanagementsystems im Data-Warehouse-Bereich ergibt sich oft mehr oder weniger zwingend aus dem für das Data-Warehouse-System in einem Unternehmen einzigartigen Bedarf für eine Begriffsklärung und einheitliche Terminologie über die große Mehrheit aller Geschäftsbereiche zum Zweck der Datenintegration. Daraus kann sich für das Metadatenmanagement als solches eine Bedeutung und unternehmensinterne Sichtbarkeit ergeben, die weit über das eigentliche Data-Warehouse-System hinausgeht.

9.2 Metadatenmanagement

Die Nutzung von Metadaten in dafür vorgesehenen Informationssystemen wird allgemein als *Metadatenmanagement* bezeichnet. Die darin enthaltenen Metadaten können auf verschiedene Arten genutzt werden:

- *Passiv* als konsistente Dokumentation der verschiedenen Aspekte eines Data-Warehouse-Systems. Diese Dokumentation aller Komponenten der Architektur des Data-Warehouse-Systems dient allen Akteuren (Anwendern, Administratoren, Applikationsentwicklern).
- *Semipassiv*, indem sich häufig ändernde Metadaten erst zum Ausführungszeitpunkt aus operativen Systemen oder dem eigentlichen Data-Warehouse-System dynamisch extrahiert werden.
- *Aktiv*, indem semantische Aspekte wie beispielsweise Transformationsregeln als Metadaten gespeichert werden, die dann zum Ausführungszeitpunkt vom entsprechenden Werkzeug interpretiert und ausgeführt werden. In diesem Fall spricht man von einem *metadatengetriebenen Prozess*.
- *Semiaktiv*, indem Strukturinformationen wie beispielsweise Tabellendefinitionen und Konfigurationsspezifikationen im Repositorium gespeichert werden.

Diese Metadaten können von Softwarewerkzeugen zur Überprüfung eingesetzt werden. Ein Anfrage-Parser überprüft beispielsweise die Existenz eines Datenbankattributs anhand dieser Metadaten. Im Gegensatz zur aktiven werden bei der semiaktiven Benutzung die Metadaten nicht direkt zur Ausführung eines Prozesses verwendet.

Mit dem Aufbau eines Metadatenmanagementsystems und eines dazugehörenden Repositoriums verfolgt man zwei Ziele:

- erstens den *Aufwand* für den Aufbau und den Betrieb des Data-Warehouse-Systems zu minimieren, ohne selbst zu einem operativen Teil des Data-Warehouse-Systems zu werden, und
- zweitens allen Anwendergruppen einen optimalen *Informationsgewinn* aus dem Data-Warehouse-System und seinen Quellsystemen zu ermöglichen.

Die erste Zielsetzung beinhaltet hauptsächlich folgende Punkte:

- *Systemintegration*:
  Schema- und Datenintegration basieren auf Informationen über die Struktur und Bedeutung der einzelnen Quellen und des Zielsystems. Des Weiteren ist eine effektive Integration der in einem Data-Warehouse-System eingesetzten Werkzeuge nur dann möglich, wenn einheitliche und konsistente Metadaten verwendet werden.
- *Automatisierung der Administrationsprozesse*:
  Scheduling- und Konfigurationsmetadaten steuern die Ausführung der Prozesse des Data-Warehouse-Systems. Daten über die Ausführung solcher Prozesse (Zugriffsprotokolle, Anzahl der in die Datenbanken des Data-Warehouse-Systems eingefügten Tupel etc.) werden ebenfalls als Metadaten gespeichert.
- *Flexibler Softwareentwurf*:
  Sich häufig ändernde semantische Aspekte werden »außerhalb« der Anwendung explizit als Metadaten gespeichert. Dadurch wird die Mehrfachverwendung wie auch die Wartbarkeit und Erweiterbarkeit erhöht. Ein bereits bekanntes Beispiel für diesen Ansatz sind die schon erwähnten Transformationsregeln des Ladeprozesses.
- *Schutz- und Sicherheitsaspekte*:
  Zugriffs- und Benutzerrechte für das gesamte Data-Warehouse-System sollten als Metadaten behandelt werden. Dies verhindert, dass jedes einzelne Werkzeug eigene Zugriffsmechanismen verwendet. Zugriffskontrollen in einem Data-Warehouse-System erfordern zum Teil ausgeklügelte Mechanismen; so ist es beispielsweise denkbar, dass die operativen Quellsysteme individuelle Daten (Gehalt, Lohn) beinhalten, die streng vertraulich sind, dass diese Daten in aggregierter Form in der Ableitungs- und Auswertungsdatenbank aber einem breiteren Publikum zur Verfügung gestellt werden.

Bei der zweiten Zielsetzung geht es um die effektive Beschaffung von Information aus Datenbeständen:

Datenqualität:
Datenqualität basiert auf Kriterien wie Konsistenz, Korrektheit und Vollständigkeit (Abschnitte 2.3, 3.3 und 12.1.1). Damit diese Qualitätsaspekte im Data-Warehouse-System gewährleistet werden können, müssen Überprüfungsregeln definiert werden, die bei jedem Aktualisierungsprozess zur Ausführung gelangen. Ein zusätzlicher Aspekt ist das Vorhandensein von *Nachvollziehbarkeitsinformationen* (engl. data tracking information). Metadaten über das Quellsystem von Daten, die Erstellungszeit und den Autor, die Bedeutung der Daten zum Zeitpunkt der Erfassung etc. erlauben es einem Anwender, den Weg eines einzelnen Datenelementes von der Quelle bis in die Auswertungsdatenbanken zu rekonstruieren und die Genauigkeit der gelieferten Informationen zu überprüfen.

Terminologie:
Die Verfügbarkeit eines Metadatenmanagementsystems als einzige Informationsquelle fördert die Verwendung einer einheitlichen Terminologie, was wiederum Voraussetzung für eine einheitliche Interpretation der vom Data-Warehouse-System gelieferten Informationen ist.

Datenanalyse:
Metadaten über die Bedeutung von Daten, die verwendete Terminologie, Kennzahlensysteme etc. unterstützen den Anwender in der effizienten Formulierung präziser Anfragen an die Ableitungs- und Auswertungsdatenbanken und erlauben es ihm, die zurückgelieferten Werte korrekt zu interpretieren.

9.3 Metadatenmanagementsystem

Im Bereich des Data-Warehouse-Systems sind Metadaten sowie ein Metadatenmanagementsystem unabdingbar, um die Informations-, Schutz- und Sicherheitsbedürfnisse der verschiedenen Anwendergruppen und Softwarekomponenten abzudecken. Metadaten werden in allen Phasen des Data Warehousing produziert und konsumiert. Die Bereitstellung konsistenter und aktueller Metadaten in einem Metadatenmanagementsystem für die verschiedenen Anwendergruppen ist ein zentrales Thema beim Aufbau und Betrieb eines Data-Warehouse-Systems. Diese Aufgabe ist durchaus mit dem Aufbau des eigentlichen Data-Warehouse-Systems vergleichbar: Die konsistente Integration, Bereitstellung und Verwaltung von aus unterschiedlichsten Quellen stammenden Daten ist analog zur Integration, Bereitstellung und Verwaltung von aus unterschiedlichsten Quellen stammenden Metadaten in einem *Metadatenmanagementsystem* oder *Metadaten-Warehouse*, dessen zentrale Komponente ein Metadaten-Repositorium darstellt. Dieses Metadatenmanagementsystem wird von einer eigenen Verwaltungskomponente, dem *Metadatenmanager*, verwaltet und bildet die Grundlage zur Erfüllung sämtlicher Informationsbedürfnisse der Anwender des Data-Warehouse-Systems.

9.3.1 Anforderungen an ein Metadatenmanagementsystem

Die wichtigsten Anforderungen an ein Metadatenmanagementsystem und sein Repositorium werden nachfolgend beschrieben. Da das Repositorium die wichtigste Komponente des Metadatenmanagementsystems darstellt, beziehen sich einzelne Anforderungen direkt darauf.

- *Anwenderzugriff*:
  Der Hauptzweck eines Metadatenmanagementsystems ist die Bereitstellung der von den verschiedenen Anwendern zur Erfüllung ihrer Aufgaben benötigten Information. Ein wesentliches Element ist die dem jeweiligen Kenntnisstand des Anwenders angepasste Benutzerführung. Das Repositorium stellt entsprechende Mechanismen zur Navigation, Filterung und Selektion von Metadaten zur Verfügung. Die Repositoriumsstruktur (Metadatenschema) muss die Anfrage nach bestimmten Kriterien erlauben; so sollte es beispielsweise möglich sein, alle Aktivitäten, die zusammen einen bestimmten Ladeprozess definieren, zu selektieren. Die *Navigation* im Repositorium wird durch das Metadatenschema gesteuert. Ausgehend von einem konkreten Metadatenelement soll der Anwender sich entlang der existierenden Beziehungen zu anderen Elementen navigieren können. *Filtern* von Metadaten bedeutet die Auswahl von Elementen anhand von Suchkriterien, die nicht unbedingt durch die Struktur des Repositoriums vorgegeben sind, beispielsweise die Suche nach Schlüsselbegriffen innerhalb textueller Beschreibungen. Die *manuelle Aktualisierung* eines Repositoriums erfordert ausgefeilte Konzepte zur Benutzerführung, um die Konsistenz des Repositoriums zu gewährleisten. Um beispielsweise die Eingabe langer Sequenzen von miteinander verbundenen Elementen zu unterstützen, wird das Metamodell um zusätzliche Teilmodelle erweitert, die diese Eingabeprozesse formalisieren und somit die Generierung angepasster Eingabemasken ermöglichen.
- *Interoperabilität und Werkzeugunterstützung*:
  Die Interaktion von Werkzeugen und Softwarekomponenten mit dem Metadatenmanagementsystem setzt folgende Eigenschaften voraus:
  - eine umfassende Programmierschnittstelle (engl. application programming interface, API), sowohl für lesenden als auch schreibenden Zugriff,
  - Schnittstellen, die die Interoperabilität mit anderen Repositorien gewährleisten. Ein Weg, dies zu erreichen, ist die Definition eines umfassenden Austauschformates, in dem sich Metadaten importieren und exportieren lassen (Abschnitt 9.3.3),

- ein erweiterbares Metamodell, dem auf einfache Art und Weise domänenspezifische Metadatentypen hinzugefügt werden können.

Change Management:
Das Metadatenmanagementsystem muss in der Lage sein, eine *Versions- und Konfigurationsverwaltung* zur Verfügung zu stellen. Ein *Notifikationsmechanismus* erlaubt die Verbreitung von Änderungshinweisen an Werkzeuge, die ihr Interesse an solchen Hinweisen registriert haben. Ebenso werden Anwender informiert, die solche Hinweise »abonniert« haben (engl. publish/subscribe mechanism). *Auswirkungsanalysen* (engl. impact analysis) ermöglichen einem Administrator, die Auswirkung von Änderungen im Repositorium zu evaluieren, bevor diese Änderungen effektiv durchgeführt werden.

Weitergehende Anforderungen an ein Metadatenmanagementsystem werden im Rahmen des Forschungsbereichs »Model Management« diskutiert ([BeHP00], [BeRa00]). Hierbei ist es das Ziel, für die Arbeit mit Metadaten bestimmte Operationen zu definieren, sodass eine Algebra für Metadaten entsteht, analog zur relationalen Algebra für relationale Daten. Solche Operationen sind z.B. »Match« zum Identifizieren von Zusammenhängen zwischen Schemata oder »Merge« zur Integration zweier Schemata. Durch solch standardisierte Operationen soll es metadatenintensiven Applikationen erleichtert werden, mit den Metadaten zu arbeiten. Dieser Bereich ist noch weitestgehend ein Gegenstand der Forschung, jedoch sind schon einzelne Ideen in Produkte übernommen worden (z.B. zum Schema Matching oder zur Generierung von Abbildungen zwischen zwei Datenbanken).

9.3.2 Architektur

Abbildung 2-1 auf Seite 42 zeigt sowohl die Datenquellen als auch die Werkzeuge, die in die Metadatenverwaltung involviert sind. Die beiden Komponenten, die dabei gemeinsam das Metadatenmanagementsystem bilden, sind der Metadatenmanager und das Repositorium.

Metadatenmanager

Das Repositorium wird durch den Metadatenmanager verwaltet. Dieser stellt die Funktionalität eines Datenbankmanagementsystems wie z.B. eine persistente Speicherung und ein Wiederanlaufverfahren zur Verfügung. Alle Zugriffe auf das Repositorium erfolgen über Schnittstellen des Metadatenmanagers. *Anwenderzugriffswerkzeuge* realisieren die vorgestellten funktionalen Anforderungen.

Der Metadatenmanager bietet eine grafische Benutzeroberfläche (GUI) an, die den Zugriff auf die Metadaten erlaubt, etwa zur Suche von Metadaten, zur Navigation durch Metadaten und zum Editieren bzw. Hinzufügen von Metadaten. Diese Zugriffsmöglichkeit kann als Client-Applikation oder als Webanwendung realisiert sein. Einige Hersteller von Datenbanken, ETL-Werkzeugen oder Data-Warehouse-Abfrageanwendungen bieten bereits entsprechende Produkte an. Gerade für die Nutzer des Data-Warehouse-Systems, die direkt auf die Datenbanken des Data-Warehouse-Systems zugreifen können, bildet diese Informationsquelle ein unverzichtbares Hilfsmittel ihrer täglichen Arbeit, nicht zuletzt bei Änderungen oder Erweiterungen der Datenschemata und der Datenflüsse zu und von den Datenschemata.

Zusätzlich bietet der Metadatenmanager auch Applikationsschnittstellen (API) an, lokal oder verteilt etwa in Form von Web Services, um Metadaten integrieren, extrahieren und manipulieren zu können. Diese Schnittstellen gewinnen zunehmend an Bedeutung beim Entwurf neuer Systeme bzw. deren Ablösung sowie bei Veränderungen insbesondere in den Datenquellen des Data-Warehouse-Systems. Dabei können ganze Schemata in Form von Dateien asynchron exportiert werden oder eine andere Applikation oder ein Werkzeug kann synchron die gerade benötigten Informationen aus dem Metadatenmanagementsystem laden.

Falls die Metadaten der Datenquellen nicht in das Repositorium importiert wurden, hat der Metadatenmanager auch die Aufgabe, deren Integration mit dem Repositorium zu sichern. Da diese Form der Metadatenintegration in vielen Fällen nicht mit ausreichender Leistung und Geschwindigkeit realisierbar ist, besonders bei einer großen Anzahl von meist sehr heterogenen Metadatenquellen), werden heute die meisten Metadaten physisch und zentral integriert. Dabei ist der Metadatenmanager für die Extraktion, Transformation und das Laden der Metadaten ins Repositorium verantwortlich, analog der Aufgaben des Data-Warehouse-Managers beim Data-Warehouse-System selbst.

Im Unterschied zum Data-Warehouse-System sind für bestimmte sich häufig ändernde Metadaten Mischformen zwischen zentralisierter und verteilter Metadatenhaltung möglich. Dies kann besonders in solchen Fällen sinnvoll sein, in denen Metadaten direkt aus operativen Systemen abgefragt werden und lediglich die Zugriffs-(Meta-)Daten auf diese Metadaten im Repositorium hinterlegt sind. Unter Umständen können Lade- und Abfragevorgänge erleichtert und beschleunigt werden, falls auf ein einzelnes (großes) Metadaten-Repositorium zugunsten einer Menge von semantisch fragmentierten Repositorien verzichtet wird, die sich je nach Entwurf auch überlappen können. In allen diesen Fällen kommt dem Metadatenmanager die Aufgabe zu, den verschiedenen Schnittstellen gegenüber die Form der Metadatenablage transparent zu halten und im Falle eines Metadatenimports die Verteilung der neuen oder aktualisierten Metadaten entsprechend dem gewählten Ansatz sicherzustellen.

Metadaten-Repositorium

Der Data-Warehouse-Manager als zentrale Verwaltungskomponente des Data-Warehouse-Systems benutzt das Repositorium als Ablage vielfältiger Steuerungsinformationen. Zur Laufzeit werden diese Steuerungsinformationen aus dem Repositorium geholt und den entsprechenden metadatengesteuerten Werkzeugen (z.B. Administrations- oder Auswertungswerkzeuge) übergeben, die sie interpretieren und ausführen. Gleichzeitig können diese Werkzeuge selbst Metadaten produzieren und sie im Repositorium ablegen: Auswertungswerkzeuge stellen den Anwendern relevante Metadaten (verfügbare Auswertungen, Bedeutung einzelner Datenelemente etc.) zur Verfügung, während Datenbeschaffungswerkzeuge technische Metadaten ablegen, die dem Systemadministrator nützlich sind (statistische Werte über die Anzahl geladener Datensätze, Log-Dateien usw.). Entwicklungswerkzeuge schließlich verwenden Metadaten für den Entwurf neuer Anwendungen im Data-Warehouse-System.

Abbildung 2–1 zeigt auch eine direkte Verbindung zwischen dem Metadatenmanager und der Ableitungs-, Auswertungs- und der Basisdatenbank selbst. Diese Verbindung existiert, um gewisse Metadaten nicht im Repositorium, sondern in der Ableitungs-, Auswertungs- oder der Basisdatenbank zu speichern, beispielsweise die Glaubwürdigkeitsangabe eines Feldeintrages Geburtstag, welche zusammen mit dem entsprechenden Datensatz, d.h. dem Attributwert, gespeichert wird.

Gesamtarchitektur

Die Gesamtarchitektur der Metadatenverwaltung innerhalb eines Unternehmens kann unterschiedliche Formen annehmen. Es bietet sich an, sämtliche Metadaten in einem einzigen Repositorium abzulegen. Dies wird als *zentralisierte Metadatenverwaltung* bezeichnet: Metadaten werden zentral und konsistent verwaltet, der Zugriff erfolgt einheitlich für alle Anwender. Dieser Ansatz ist aus unterschiedlichen Gründen in der realen Welt nicht immer realisierbar. So können organisatorische Umstände in der Vergangenheit zum Einsatz mehrerer Repositorien geführt haben, die Zusammenführung mehrerer Unternehmen bzw. Unternehmensteile führt zum selben Resultat. Ebenso können Softwarewerkzeuge auf unterschiedlichen Datenmodellen basieren, was die Vereinigung in einem Repositorium schwierig macht. Faktisch führt dies zum Vorhandensein einer Vielzahl proprietärer Metadatenmodelle und der Speicherung redundanter Metadaten in unterschiedlichen Repositorien. In dieser Situation existieren zwei Alternativen, eine komplett dezentralisierte und eine föderierte Verwaltung von Metadaten. Die dezentralisierte Metadatenverwaltung lässt den einzelnen Repositorien völlige Freiheit, es wird lediglich versucht, den Austausch von Metadaten mithilfe von Metadatenaustauschstandards zu unterstützen. Eine föderierte Metadatenverwaltung beschreibt einen Mittelweg zwischen zentraler und dezentraler Verwaltung (Abb. 9–3): Einerseits wird eine globale, konzeptuelle Sicht auf alle Metadaten eines Unternehmens angeboten. Andererseits sind die einzelnen Repositorien weiterhin autonom in der Pflege der Daten, sofern die globale Sicht dabei nicht verletzt wird. Auch hier sei der Vergleich mit einem Data-Warehouse-System erlaubt, das eine integrierte Sicht auf verschiedene Datenquellen generiert.

Die Erstellung eines zentralisierten oder föderierten Repositoriums ist jedoch, wie der Aufbau eines Data-Warehouse-Systems, mit erheblichen Aufwand verbunden, da die Integration von Metadaten eine schwierige Aufgabe darstellt. Viele Ansätze zum Aufbau eines umfassendes Repositoriums sind gescheitert oder letztlich nur als Insellösung erfolgreich [Blec07]. Hauptprobleme hierbei sind der hohe Konfigurations- und Administrationsaufwand, da die Verwendung von Standards im Metadatenbereich immer noch nicht weit fortgeschritten ist, sodass oft proprietäre Schnittstellen zum Metadatenaustausch implementiert werden müssen.

Durch den Einsatz geeigneter Metadatenaustauschstandards und des Fortschritts von Forschung und Praxis hinsichtlich der (automatisierbaren) Metadatenintegration könnte der Ansatz der föderierten (oder eventuell auch zentralisierten) Metadatenverwaltung allerdings in Zukunft wichtiger werden.

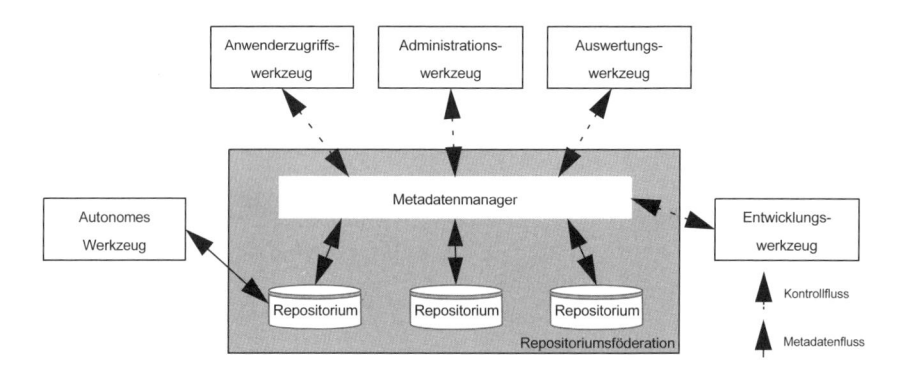

Abb. 9–3   *Repositoriumföderation und Werkzeuge*

9.3.3   Repositorium- und Metadatenaustauschstandards

Metadaten werden in einem Repositorium gespeichert und verwaltet, welches üblicherweise auf der Basis eines Datenbankmanagementsystems realisiert ist. Die Bedürfnisse der Metadaten eines spezifischen Anwendungsgebietes wie Data Warehousing bestimmen die Struktur des Repositoriums, d.h. das Metadatenschema sowie die Semantik der zu speichernden Metadaten. Die Struktur und der Inhalt eines Repositoriums sind dabei abhängig vom zu modellierenden Informationssystem.

Repositorien wie auch der Austausch von Metadaten zwischen Repositorien spielten schon lange vor dem Aufkommen von Data Warehousing eine wichtige

Rolle. Dieser Abschnitt behandelt die wichtigsten Standardisierungsbestrebungen und Ansätze in diesem Bereich.

Repositoriumstandards

Repositoriumstandards etablieren Referenzarchitekturen, die von Herstellern von Repositoriumsystemen realisiert werden sollen, damit diese Produkte universell einsetzbar sind.

- *Information Resource Dictionary System (IRDS)*:
  Der IRDS-Standard, 1990 von der ISO definiert, behandelt die Anforderungen und die Architektur eines Repositoriums. Ein Information Resource Dictionary wird definiert als gemeinsames Repositorium zur Definition und Speicherung von Informationen über Daten, die für ein Unternehmen von Bedeutung sind. Der IRDS-Standard schlägt eine Vier-Ebenen-Architektur vor, wie sie weiter oben beschrieben worden ist. Relevante Aspekte können sein:
    * Informationen über Daten, die im Unternehmen gebraucht werden,
    * die automatisierten und eventuell nicht automatisierten Prozesse zur Anzeige und Verwaltung dieser Daten,
    * die vorhandene Hardware, auf der solche Daten gehalten, ausgewertet und visualisiert werden können,
    * die Organisationsstrukturen, die für die Generierung dieser Informationen zuständig sind.

- *Portable Common Tool Environment (PCTE)*:
  Der PCTE-Standard[1], ebenfalls 1990 von der European Computer Manufacturer's Association (ECMA) definiert, beschreibt die Basis für eine standardisierte Softwareentwicklungsumgebung. Darin enthalten ist ein Repositorium sowie die Unterstützung der Kommunikation zwischen Werkzeugen. Die wichtigsten Aspekte von PCTE sind die Objektbasis (Repositorium) sowie eine Menge von Funktionen, um die Objekte im Repositorium zu modifizieren. Das Repositorium basiert auf dem Entity-Relationship-Modell. Grundlegende Modellierungskonstrukte sind Entitäten und Beziehungen. Alle Entitäten des Repositoriums sind typisiert. Typisierungsregeln sind für Entitäten, Beziehungen und Attribute definiert.

- *ISO/IEC 11179 Metadata Registries (MDR)*:
  Die ISO begann bereits 1994 eine Gruppe von Standards zu publizieren, die heute als Metadata Registries (MDR)[2] bekannt sind. Die MDR-Standards gliedern sich in sechs Teile: Framework (11179-1), Classification (11179-2), Registry Metamodel and Basic Attributes (11179-3), Formulation of Data

---

1. http://www.ecma-international.org/publications/standards/Ecma-149.htm
2. http://metadata-stds.org/11179/

Definitions (11179-4), Naming and Identification Principles (11179-5) und Registration (11179-6). Einige dieser Standards wurden bereits überarbeitet, während andere mindestens in Teilen erst in den nächsten Jahren verabschiedet werden. MDR basiert auf einer hierarchischen Datenstruktur, die die Ableitung von Metadaten aus anderen Metadaten erlaubt. Durch die Konzentration auf die Semantik von Metadaten ist MDR eine Art Vorläufer von Ontologien und lässt sich deshalb auch relativ einfach mit diesen kombinieren, bzw. ein MDR kann auf einer Ontologie realisiert werden.

Austauschstandards

Die Standardisierung von Austauschformaten ist eine Voraussetzung zur Erreichung von Interoperabilität zwischen Repositorien. Dabei existieren die beiden folgenden Techniken:

- *XML-basierte Austauschstandards*:
  Im Bereich Data Warehousing spielte, nachdem die Meta Data Coalition (MDC) in der Object Management Group (OMG)[3] aufging, nur mehr eine Standardisierung eines Data-Warehouse-Metamodells eine Rolle. Das Common Warehouse Metamodel (CWM) der OMG wird in Abschnitt 9.3 behandelt. Für den Austausch von CWM-Metadaten wird der XMI-Standard[4] (XML Metadata Interchange) benutzt, der ebenfalls von der OMG[5] definiert wurde. XMI kann auch zum Austausch anderer Metadaten benutzt werden, wenn das Metamodell in MOF[6] (Meta Object Facility) darstellbar ist. XMI wird vor allem zum Austausch zwischen verschiedenen UML-Modellierungswerkzeugen genutzt, jedoch ist die Austauschbarkeit von UML-Modellen zwischen Werkzeugen verschiedener Hersteller nur eingeschränkt möglich. Weitere Einsatzbereiche von XMI sind das Eclipse Modeling Framework (EMF) und das Java Metadata Interface[7] (JMI).
- Im Rahmen der neuen Standards rund um das Semantic Web gewinnt zunehmend eine weitere Gruppe von XML-basierten Formaten an Bedeutung:
  Das Resource Description Framework (RDF), dessen klassen- bzw. objektorientierte Schema-Beschreibung als RDF Schema (RDFS) und die Web Ontology Language (OWL). Insbesondere RDF hat sich als Metadatenaustauschformat im Internet weitgehend durchgesetzt und setzt nun seinen Siegeszug auch beim Austausch zwischen Informationssystemen fort. Im Rahmen des

---

3. *http://www.omg.org*
4. *http://www.omg.org/xmi/*
5. *http://www.eclipse.org/emf/*
6. *http://www.omg.org/mof*
7. *http://java.sun.com/products/jmi/index.jsp*

Projekts XMDR[8] werden RDF, RDFS und OWL auch als Repository-Standard nach ISO/IEC 11179 eingesetzt.

Case Data Interchange Format (CDIF):
Der CDIF-Standard[9] ist der einzige nennenswerte Austauschstandard, der nicht auf XML basiert. Vorgeschlagen wurde der Standard von der Electronic Industries Association (EIA). Er deckt viele der geläufigen Modellierungstechniken, die von CASE-Werkzeugen unterstützt werden, ab. Ein Metadatenaustausch zwischen zwei Repositorien findet normalerweise auf Dateiebene statt. Es ist abzusehen, dass der CDIF-Standard zugunsten eines XML-basierten Standards aufgegeben wird.

Kommerzielle und prototypische Ansätze

Der Markt für Metadatensysteme hat sich in den letzten Jahren wieder positiv entwickelt, nachdem es nach einem Hoch mit der Einführung von vielen Data-Warehouse-Systemen Mitte der 1990er um die Jahrtausendwende einen deutlichen Rückgang geben hatte. Ein Grund für den Rückgang sieht Gartner in einem Bericht darin, dass die ambitionierten Ziele eines unternehmensweiten Metadaten-Repositoriums oft nicht erreicht werden konnten bzw. sie nicht den erhofften Nutzen hatten [Blec07]. Durch weitere Einsatzgebiete für Metadaten wie z.B. Serviceorientierte Architekturen (SOA) ist jedoch der Bedarf nach Metadatenmanagementsystemen wieder gewachsen.

Aktuell setzen viele Unternehmen separate Metadatenlösungen in verschiedenen Geschäftsbereichen oder technologischen Bereichen (z.B. Data-Warehouse-Systeme und Webanwendungen) ein. Für ein unternehmensweites Repositorium fehlen oft die Anforderungen, die den Mehrwert bringen, die eine solche Investition rechtfertigen. Sollte dennoch der Bedarf nach einem integrierten Zugriff auf Metadaten bestehen, so könnte dies über ein »Metadaten-Warehouse« erreicht werden, in dem die notwendigen Metadaten aus verschiedenen Metadatenquellen integriert werden. Daher ist zu erwarten, dass die Hersteller von Repositorien (z.B. ASG Rochade, Adaptive Metadata Manager, Advantage Repository) weitere Funktionalität zur Metadatenintegration bereitstellen werden.

Ein weiterer Trend sind Metadatenlösungen innerhalb größerer Technologieplattformen der führenden IT-Firmen wie z.B. IBM, SAP, Oracle oder Microsoft. IBM bietet ein Metadatenmanagementsystem innerhalb des Pakets »IBM Information Integration« an.

Des Weiteren werden im Umfeld von serviceorientierten Architekturen weitere Lösungen zur Metadatenverwaltung entwickelt. Als Beispiele seien hier BEA AquaLogic Repository und Logidex von LogicLibrary genannt. Weitere Entwick-

---

8. *http://xmdr.org/*
9. *http://www.eigroup.org/cdif/*

lungen gehen in die Richtung der Verwaltung von »semantischen Metadaten«, wie sie im Bereich des Semantic Web mit RDF(S) und OWL entstehen.

Der letztgenannte Bereich ist auch der Gegenstand vieler Forschungsprojekte. Hauptziele sind die Vereinfachung des Austauschs von und die effizientere Verwaltung von (semantischen) Metadaten, um so die Interoperabilität von Webanwendungen zu erhöhen. Im Rahmen dieser Projekte wurden auch Werkzeuge entwickelt, die für den Bereich Metadatenverwaltung im Data Warehousing von Interesse sind. Exemplarisch seien hier nur die Prototypen ConceptBase[10], H-PCTE[11] und Lore[12] genannt.

9.4 Data-Warehouse-Metadatenschemata

Während die meisten bisher diskutierten Anforderungen an Repositorien genereller Natur sind, ist das Metamodell eines Repositoriums (Metadatenschema) domänen- und applikationsspezifisch, d.h. auch für Data Warehousing geeignet. Das Metamodell definiert alle Metadatentypen und -beziehungen, die von den involvierten Werkzeugen und Anwendern gebraucht werden. Der Generalisierungsgrad des Metamodells hängt von der gewählten Repositoriumsarchitektur ab. Für dezentralisierte Architekturen existiert eine Vielzahl werkzeugspezifischer Schemata, die sich normalerweise in gewissen Bereichen wie beispielsweise bezüglich Strukturdefinition der Quellsysteme überlappen, ohne dass diese Überlappungen syntaktisch oder semantisch angepasst sind. Da der Einsatz einer föderierten oder zentralen Repositoriumsarchitektur anzustreben ist, die ein gemeinsames, global gültiges Metamodell erfordert, werden im Folgenden generelle Kategorien, Formalismen und Standardisierungsbestrebungen für Data-Warehouse-Metamodelle besprochen.

9.4.1 Eine Klassifikation für Metadaten

Zur Klassifikation von Data-Warehouse-Metadaten lassen sich fünf Kriterien unterscheiden, welche Hinweise auf die benötigten Hauptbestandteile eines Metamodells liefern. Die Kriterien selbst können als direkte Bestandteile des Metamodells verstanden werden, orthogonal zu den anwendungsspezifischen Aspekten oder als deren Verfeinerung. Die Integration der Kriterien in das Metametamodell ist aufgrund ihrer breiten Anwendbarkeit ebenfalls ein sinnvoller Ansatz.

---

10. *http://www-i5.informatik.rwth-aachen.de/CBdoc/*
11. *http://pi.informatik.uni-siegen.de/pi/hpcte/*
12. *http://www-db.Stanford.edu/lore/*

Kriterium »Typ«

Das erste Kriterium unterscheidet zwischen Metadaten über Primärdaten im Data-Warehouse-System und Metadaten für Prozesse, die im Warehouse ablaufen.

Metadaten über Primärdaten:
Primärdaten sind alle Datenbestände, die von den Quellsystemen, der Ableitungs-, der Auswertungs- und der Basisdatenbank und den Applikationen verwaltet werden. Demzufolge umfassen Metadaten über Primärdaten Strukturdefinitionen der Quellsysteme, der Ableitungs-, der Auswertungs- und der Basisdatenbank. In diesem Zusammenhang kann zwischen gesamtschemabezogenen Metadaten (Schemabeschreibung, statistische Werte wie Anzahl der Datensätze in der Datenbank etc.) und teilschemabezogenen Metadaten (beispielsweise Qualitätsmerkmale, die sich auf einzelne Attribute beziehen) unterschieden werden. Zusätzlich lässt sich das Datenbankschema selbst mit zusätzlichen Attributen erweitern, die ebenfalls als Metadaten aufgefasst werden können. Ein Beispiel dafür ist die Information über den Änderungszeitpunkt eines Datensatzes. Codetabellen sind ein weiteres, klassisches Beispiel, bei dem keine klare Abgrenzung zwischen Daten und Metadaten existiert. Codetabellen verbinden Codewerte, die in der tagtäglichen Datenerfassung verwendet werden, mit der textuellen Erklärung dieser Codes (beispielsweise »m« für männlich, »w« für weiblich).

Prozessmetadaten:
Bestandteile dieser Kategorie sind Metadaten über Prozesse des Data Warehousing. Beispiele dafür sind Regeln zur Datenextraktion, Transformation und zum Laden, die als ausführbare Spezifikationen definiert werden. Natürlichsprachliche Beschreibungen dieser Regeln gehören ebenso zu einer umfassenden Definition. Prozessmetadaten beinhalten auch Protokolldateien und Ausführungspläne der Prozesse.

Eine spezielle Kategorie bilden Informationen über organisatorische Aspekte einer Unternehmung. Diese Kategorie kann den Primärdaten zugeordnet werden oder als separate Kategorie betrachtet werden. Bestandteile organisatorischer Metadaten sind Informationen über die Mitarbeiter, Organisationsstrukturen, definierte Rollen, Zugriffsrechte im Data-Warehouse-System etc.

Kriterium »Abstraktion«

In Analogie zum Datenbankentwurfsprozess können Metadaten auf drei Abstraktionsstufen modelliert werden: *konzeptuell*, *logisch* und *physisch*. Die Beschreibung von Metadaten auf konzeptueller Ebene geschieht meist natürlichsprachlich, damit sie von allen Repositoriumsanwendern verstanden und zur Durchführung ihrer jeweiligen Aufgaben verwendet werden können. Metadaten der logischen Ebene verbinden die konzeptuelle Perspektive mit einer formaleren

Darstellung, beispielsweise dem Schema einer relationalen Datenbank, der Beschreibung von Transformationsregeln in Form von Pseudocode oder Verwendung einer mathematischen Notation etc. Die konkrete Implementation bildet die physische Ebene, realisiert beispielsweise als SQL-Code, der bestimmte Geschäftsregeln (engl. business rules) umsetzt.

Kriterium »Anwendersicht«

Ein wichtiges Klassifikationskriterium berücksichtigt die Zielgruppen des Repositoriums. Je nach Art des Anwenders und dessen Aufgabe können Metadaten und die Struktur von Metadaten aus ganz unterschiedlichen Perspektiven betrachtet werden. Als Konsequenz daraus lassen sich Metadaten in verschiedene Unterklassen, die auf die Bedürfnisse bestimmter Anwendergruppen abzielen, aufteilen. Metadaten sind für einzelne Geschäftseinheiten, für Endanwender, für technisch orientierte Anwender etc. von Bedeutung. In diesem Zusammenhang ist die Aufteilung in *Business-Metadaten* und *technische Metadaten* geläufig.

Business-Metadaten beinhalten die Definition einer einheitlichen Terminologie, Informationen über vordefinierte Anfragen und Reports wie auch applikationsspezifische Dokumentation (Anwendertipps, Navigationshilfen). Im Gegensatz dazu werden technische Metadaten von Administratoren und Applikationsentwicklern verwendet (Schemadefinitionen, Code von Transformationsregeln etc.).

Diese Metadatenklassen sind nicht disjunkt, d. h., sie ermöglichen dadurch unterschiedliche Sichten auf eine gesamtheitliche Sammlung von Metadaten.

Als Beispiel für technische Metadaten können Informationen aus dem Data Dictionary der Datenbank im Data-Warehouse-System von *Star*Kauf* genannt werden, die vom Datenbankadministrator zur Konfiguration und Optimierung der Datenbank verwendet werden. Business-Metadaten wären Definitionen von betriebswirtschaftlichen Begriffen, die zur einheitlichen Interpretation von Kenngrößen dienen, oder Zusatzinformationen wie Wetterdaten, die ein besseres Verständnis von Auswertungen zu saisonalen Gütern ermöglichen.

Kriterium »Herkunft«

Ein anderes Kriterium berücksichtigt die Herkunft der Metadaten: das Werkzeug, das sie produzierte (z. B. das Schemaentwurfswerkzeug), das Quellsystem, das sie zur Verfügung stellte, etc. Metadaten können auch direkt von einzelnen Anwendern produziert werden, die dann als Autoren individuell identifizierbar sein sollten.

Kriterium »Erstellungs-/Verwendungszeitpunkt«

Zur Unterscheidung des Erstellungszeitpunktes bieten sich drei Kategorien an: (1) *Entwurfsmetadaten* (Schemadefinitionen, Transformationsregeln etc.), (2) *Aufbaumetadaten* (Log-Files etc.) und (3) *Benutzungsmetadaten* (Verwendungshäufigkeit, Zugriffsmuster etc.). Zu dieser Klassifikation kann auch der Verwendungszeitpunkt als Kriterium herangezogen werden: beim Entwurf (Metadaten von CASE-Werkzeugen), beim Aufbau des Data-Warehouse-Systems (Transformationsregeln, Qualitätsregeln) sowie bei der Verwendung (OLAP-Metadaten, Terminologien).

9.4.2 Standards und Referenzmodelle

Um die obigen Kriterien in einem Metadatenschema darzustellen, sind eine Repräsentationssprache und idealerweise ein Metamodell erforderlich. Im Bereich Data-Warehousing-Standards spielten zwei Gruppierungen eine herausragende Rolle: auf der einen Seite die Object Management Group (OMG), auf der anderen Seite die Meta Data Coalition (MDC). Beide Parteien haben je einen Standard für Data-Warehouse-Metadaten inklusive Austauschmechanismen vorgeschlagen, das Common Warehouse Metamodel (CWM) und das Open Information Model (OIM). Beide Standards basieren auf UML und verwenden XML als Basis für den Austausch von Metadaten. Aufgrund ihrer Ähnlichkeit wurden die beiden konkurrierenden Standards vereinigt, sodass nur mehr das nachfolgend beschriebene Common Warehouse Metamodel existiert.

Als weiteres Modell wird eine allgemeine Architektur von Informationssystemen von John A. Zachman [Zach87] vorgeschlagen, die auch als Organisationsschema für Metadaten dienen kann. Das Zachman-Framework wird im Anschluss vorgestellt.

Daneben existieren weitere Standardisierungsbestrebungen, um multidimensionale Daten mittels eines einheitlichen Austauschformats zwischen verschiedenen Systemen transferieren zu können. Hierzu gehört das auf XML basierende Format XCube ([Hard01], [Hard04] und [HüBH03]).

CWM (Common Warehouse Metamodel)

Der Hauptzweck von CWM ist die Unterstützung eines einfachen Austauschs von Data-Warehouse-Metadaten zwischen Werkzeugen und Repositorien. Eine erste Version dieses OMG-Standards[13] ist im September 1999 vorgestellt worden und liegt aktuell in der Version 1.1 vor [CWM03]. Das Common Warehouse Metamodel dient als Metamodell zur Beschreibung von Metadaten. Dabei ist das CWM ein produktübergreifendes und herstellerunabhängiges Modell, das helfen soll, den Metadatenaustausch zwischen verschiedenen Werkzeugen und Komponenten eines Data-Warehouse-Systems zu vereinfachen, sodass eine einfachere Integration verschiedener Softwareprodukte möglich ist. Der Datenaustausch und die Interpretation von Datenobjekten aus unterschiedlichen Systemen erfolgt über die Metadaten. Dadurch profitieren von einem gemeinsamen Metamodell sowohl die Softwarehersteller als auch die Anwender. Herstellern von Auswer-

---

13. *http://www.omg.org*

tungswerkzeugen entstehen z.B. geringere Integrationskosten, da sie ihr Produkt nicht mehr speziell für die Verwendung mit verschiedenen Data-Warehouse-Systemen bzw. Datenbanken anpassen müssen. Anwendern steht andererseits eine größere Produktauswahl von Werkzeugen zur Verfügung, und es kann für jeden Einsatzbereich das optimale Produkt ausgewählt werden, ohne Einschränkung auf einen einzelnen Hersteller.

Weiterhin besteht ein Einsparungspotenzial, indem Kosten, die z.B. durch einen parallelen Betrieb verschiedener Data-Warehouse-Systeme entstehen, reduziert werden können. CWM steht somit als zentrales Mittel der Datenbeschreibung in Form eines verbindenden Gliedes zwischen den Komponenten eines Data-Warehouse-Systems (Abbildung 9–4).

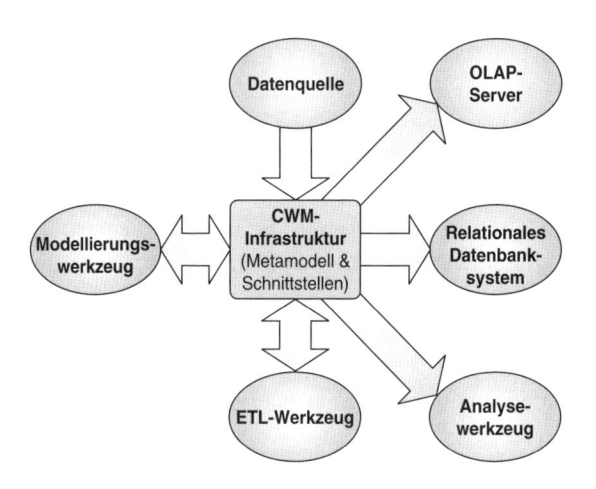

Abb. 9–4 *CWM-basierte Metadaten-Integrationsarchitektur*

Im Folgenden wird kurz auf den Aufbau von CWM, die Beschreibungsmöglichkeiten der einzelnen Pakete und den Austausch von CWM-Metadaten eingegangen. Eine detaillierte Beschreibung ist in [PCTM02] zu finden.

Beim Entwurf eines allgemeinen Metamodells muss ein Kompromiss zwischen Allgemeingültigkeit und Ausdrucksstärke gefunden werden. Obwohl das Metamodell nicht im Stande sein muss, alle denkbaren Details zu modellieren, muss es doch umfassend genug sein, um alle nötigen Aspekte zu repräsentieren, die für einen Metadatenaustausch erforderlich sind. Gleichzeitig sollte das Metamodell ausdrucksstark genug sein, um alle relevanten Aspekte darstellen zu können. Zur Bewältigung dieser Herausforderung und zur Strukturierung und Reduktion der Komplexität ist CWM in einer Ebenenhierarchie aufgebaut. CWM ist in 21 separate Pakete, die in fünf Schichten untergliedert sind, aufgeteilt (Abbildung 9–5).

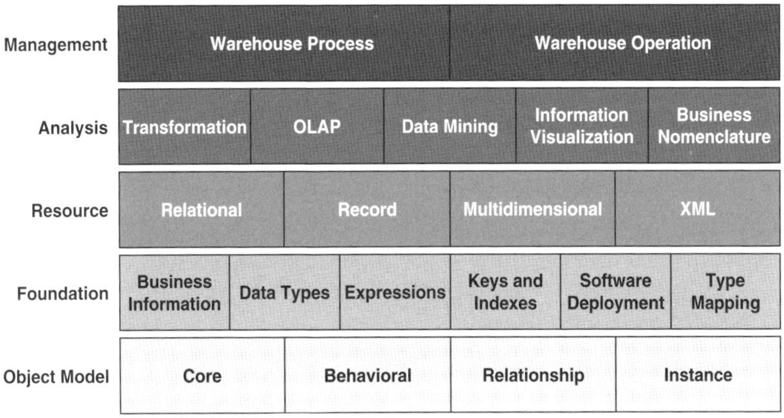

9.4 Data-Warehouse-Metadatenschemata

Management	Warehouse Process			Warehouse Operation		
Analysis	Transformation	OLAP	Data Mining	Information Visualization	Business Nomenclature	
Resource	Relational		Record	Multidimensional		XML
Foundation	Business Information	Data Types	Expressions	Keys and Indexes	Software Deployment	Type Mapping
Object Model	Core		Behavioral	Relationship		Instance

Abb. 9–5 *CWM-Schichtenmodell*

Die Basis des gesamten Metamodells stellt die Schicht *Object Model* dar. Die Pakete dieser Schicht realisieren grundlegende Modellkonzepte, auf denen die anderen Schichten aufbauen, wozu grundlegende Entitäten und Beziehungen zwischen Entitäten zählen. Die zweite Schicht *Foundation* bietet Pakete für verschiedene Konzepte und Strukturen, die von den Paketen höherer Schichten gemeinsam verwendet werden. So wird beispielsweise die Menge aller unterstützten Basistypen eingeführt oder formal spezifiziert. Die Teilmodelle der *Resource*-Schicht beschreiben jeweils eine konkrete Form der Datenmodellierung unter Rückgriff auf Konstrukte, die in den Grundlagen eingeführt worden sind. Ein Beispiel hierfür ist die formale Spezifikation der relationalen Modellierungskonstrukte und ihrer Beziehungen. In der Schicht *Analysis* sind die Pakete zur Beschreibung der eigentlichen Auswertungen, die auf dem Data-Warehouse-System aufsetzen, angesiedelt. Zu den auswertungsorientierten Szenarien gehören OLAP-Anwendungen oder Data-Mining-Szenarien. Die letzte Schicht, die *Management*-Schicht, enthält zwei Pakete, mit deren Elementen sich Servicefunktionen eines Data-Warehouse-Systems zur Steuerung und Kontrolle des Auswertungsprozesses und zugehöriger Aktivitäten darstellen lassen. Diese Schicht zur Verwaltung der Ablaufspezifikation mit den Elementen zur Beschreibung der Geschäftsprozesse und Geschäftsoperationen hilft zu spezifizieren, wann welche Transformationen durchgeführt werden müssen, um bestimmte Auswertungsszenarien zu erzeugen.

Diese Abstraktionshierarchie des CWM-Modells bietet ein flexibles und trotzdem umfassendes Konzept zur Beschreibung von Strukturen und Abläufen in einem Data-Warehouse-System. Beim Entwurf des CWM wurde darauf geachtet, die Anzahl der Abhängigkeiten eines Pakets so gering wie möglich zu halten.

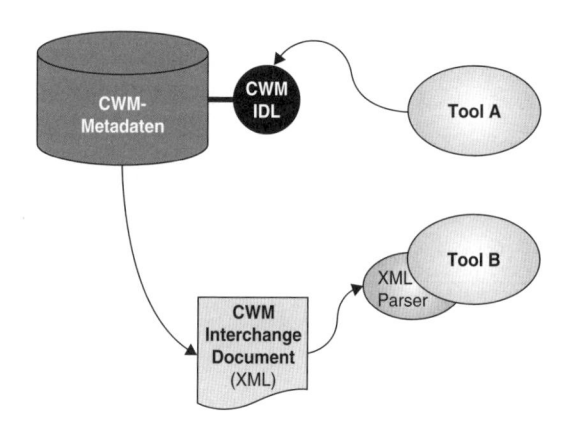

Abb. 9–6   *CWM-Metadatenaustausch*

Ein gemeinsam verwendetes Metadatenmodell bildet für die gewünschte Reduzierung der notwendigen Anpassungen von Werkzeugen an ein spezielles Datenbanksystem und die gegenseitige Verwendbarkeit von multidimensional strukturierten Daten zwischen verschiedenen Data-Warehouse-Systemen nur die Grundlage. Vor allem ist eine den verschiedenen Datenbanksystemen gemeinsame Zugriffs- und Austauschmöglichkeit der Metadaten erforderlich. Zum Austausch der Metadaten zwischen verschiedenen Komponenten sind bei CWM zwei Varianten vorgesehen. Zunächst bietet sich der Metadatenaustausch über eine spezielle CWM-Schnittstelle an. Zu diesem Zweck existieren IDL-Schnittstellendefinitionen der einzelnen CWM-Pakete, die den Zugriff auf die verschiedenen Metadatenobjekte definieren. Die zweite Möglichkeit liegt darin, die Daten über XML-basierte CWM-Interchange-Dokumente auszutauschen. Hierfür ist eine CWM-DTD definiert, die den Aufbau eines gültigen CWM-Interchange-Dokuments festlegt. Des Weiteren ist vorgesehen, eine auf dem Java Metadata Interface (JMI, [Sun02]) basierende CWM-Java-Schnittstelle zu definieren. Diese soll den direkten Zugriff auf CWM-Metadaten mit Java ermöglichen, ist aber noch nicht umgesetzt.

Das Zachman-Framework

Das Zachman-Framework [Zach87] ist als Matrix organisiert, welche die Sichten der verschiedenen Anspruchsgruppen einer Unternehmung präsentieren. Diese Matrix kann als Organisationsschema für Metadaten verstanden werden. Die Zeilen der Matrix stellen die fünf grundlegenden Rollen dar, die bei der Erstellung eines Produktes relevant sind:

Der *Planer* ist für die Positionierung des Produktes und die Spezifikation des Funktionsumfanges zuständig.

Der *Besitzer* interessiert sich für die Leistung und die Benutzung des Produktes.

Der *Designer* arbeitet mit der Produktspezifikation und sorgt dafür, dass die Erwartungen des Besitzers erfüllt werden.

Der *Konstrukteur* erstellt die Komponenten und fügt diese zum Produkt zusammen.

Der *Unterauftragnehmer* erzeugt wiederverwendbare Komponenten nach Vorgabe des Konstrukteurs.

Die Spalten der Matrix visualisieren die sechs wichtigen Kriterien der Architektur eines Informationssystems, nämlich Daten, Funktionen, Netzwerk, Personen, Zeit und Motivation.

Das Zachman-Framework unterstützt gängige Modellierungstechniken wie Entity-Relationship-Diagramme, Datenflussdiagramme etc. Jede dieser Techniken wird als Element im Kontext mit den anderen gesehen, um damit ein Gesamtbild des zu entwerfenden Systems zu zeigen.

9.5 Entwurf eines Schemas zur Verwaltung von Data-Warehouse-Metadaten

In diesem Abschnitt wird prototypisch gezeigt, welche Metadatentypen in einem Schema eines Data-Warehouse-Repositoriums verfügbar sein sollten. Es werden Ausschnitte eines Metamodells vorgestellt, welche idealerweise dem konkreten Schema des Repositoriums in einem Data-Warehouse-System zugrunde liegen sollen. Dieses Metamodell kann für die konkreten Bedürfnisse der Anwendungen erweitert werden. Das vorgeschlagene Modell steht nicht in Konkurrenz zu den beiden Standards der Meta Data Coalition und der OMG, sondern zeigt, ohne ins Detail zu gehen, Konzepte und Strukturen, die auch dort zu finden sind. Die Ausführungen beschränken sich auf die Darstellung der Klassen und deren Beziehungen. Das vorgestellte Modell verzichtet auf die Darstellung von Aspekten, die außerhalb des Data-Warehouse-Bereichs bereits ausgiebig behandelt wurden, wie beispielsweise die Modellierung relationaler Datenbanken.

Das Thema wird aus unterschiedlichen Perspektiven angegangen – neben funktionalen Aspekten werden auch Business-Metadaten, die Modellierung von Personen, Organisationen und Zugriffsrechten sowie die Behandlung verschiedener Abstraktionsstufen angesprochen. Der vorgestellte Entwurf verwendet und verfeinert die Konzepte von UML (Class, Attribute etc.), die als Basisklassen Verwendung finden.

9.5.1 Funktionale Aspekte

Die funktionalen Aspekte können in Transformationsprozesse und multidimensionale Datenbanken aufgeteilt werden.

Transformationsprozesse

Die Modellierung von Transformationsprozessen (Abb. 9–7 in UML-Notation) im Data-Warehouse-System kann auf unterschiedlichen Detaillierungsstufen vorgenommen werden. Eine *Transformation* ist dabei die (anwenderdefinierte) atomare Einheit, die als *TransformationGroup* zu einer geordneten Gruppe (einer logischen Arbeitseinheit) zusammengefasst werden kann. Ein *TransformationProcess* ist die Zusammenfassung von logischen Einheiten zu physisch auszuführenden Prozessen. Diese drei Transformationselemente sind Verfeinerungen eines abstrakten *ExecutionElement*, das zwei hauptsächliche Aufgaben erfüllt: Es hält erstens fest, welche Objekte (*DataObject*) als Input (*source*) und Output (*target*) verarbeitet werden. Solche Objekte werden zu *DataObjectSets* gruppiert, weil ein ExecutionElement grundsätzlich nicht auf die Bearbeitung eines DataObject eingeschränkt sein soll. Ein DataObject nimmt eine Indirektionsfunktion wahr, d. h., es zeigt auf ein beliebiges, aber konkretes Objekt (im Diagramm nicht dargestellt). Damit wird die notwendige Flexibilität zur Modellierung beliebiger Transformationsprozesse hergestellt: Ein DataObject kann so beispielsweise auf ein bestimmtes Attribut, ein XML-Dokument, eine Datenbanktabelle, eine temporäre Zwischenablage etc. zeigen. Insbesondere ist die Indirektion auf ein DataObjectSet möglich, womit eine beliebige hierarchische Gliederung erreicht wird. Die zweite wichtige Aufgabe eines ExecutionElement ist die Herstellung der Verbindung zu einem *ActivationElement*. Ein abstraktes ActivationElement zeigt die Realisierung eines ExecutionElement, d. h., es beantwortet die Frage, wie ein Exe-

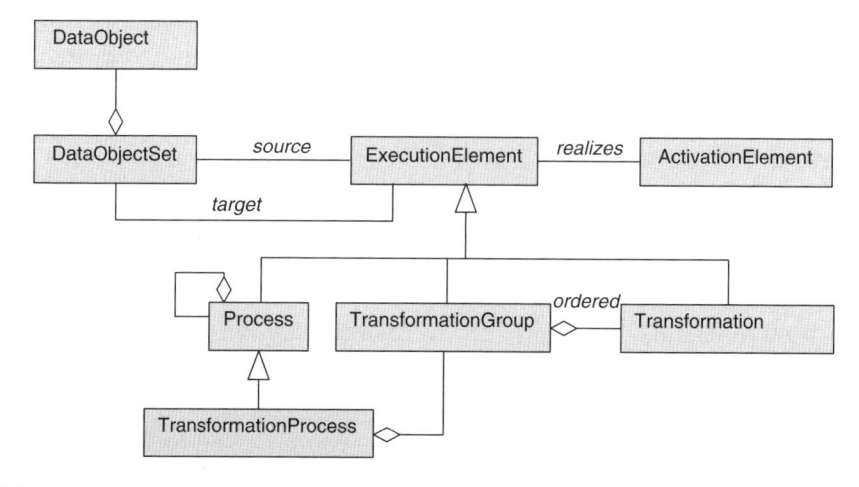

Abb. 9–7 *Transformationsprozesse*

9.5 Entwurf eines Schemas zur Verwaltung von Data-Warehouse-Metadaten

cutionElement ausgeführt werden kann. Konkrete Verfeinerungen des Activation Element (im Diagramm nicht dargestellt) können Datenbankprozeduren oder Aufrufschnittstellen sein. Die Klasse Transformation kann für konkrete Operationen (Berechnung, Bereinigung, Aggregation etc.) verfeinert werden.

Die Generalisierung des Transformation-Process erfolgt in eine allgemeine Process-Klasse. Sie ermöglicht die Erweiterung des Modells um zusätzliche, spezifische Prozessarten (als Verfeinerungen von Process) wie Data-Mining-Prozesse (in der Abbildung nicht dargestellt).

Multidimensionale Datenbanken

OLAP-Anwendungen analysieren Daten in multidimensionaler Form. Die wesentlichen Begriffe sind dabei Würfel, Dimensionen, Kenngrößen und Hierarchien. Abbildung 9–8 zeigt ein allgemeines Modell multidimensionaler Datenbanken. Da kommerziell erhältliche Werkzeuge sehr unterschiedliche Realisierungsstrategien verfolgen und sich im Funktionsumfang beträchtlich unterscheiden, enthält das Modell nur die wirklich wesentlichen Elemente.

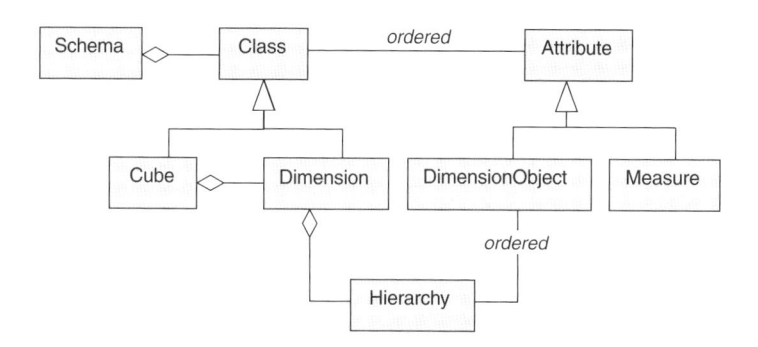

Abb. 9–8   Multidimensionales Schema

Ein *Schema* ist ein Behälter, der alle Elemente des Modells direkt oder indirekt beinhaltet. Ein OLAP-Schema enthält eine Aggregation der UML-Klasse *Class*, der Oberklasse von *Cube* (Würfel) und *Dimension*. Ein Cube umfasst Dimensionen wie Zeit, Organisationsstruktur etc. Zu einer Dimension können unterschiedliche Hierarchien gehören, beispielsweise zur Dimension Zeit die Hierarchien »Tag-Monat-Jahr« und »Tag-Woche-Jahr«. Hierarchie enthält eine geordnete Liste von *DimensionObject*, einem spezialisierten UML-*Attribute*. Mit der Assoziation zwischen den Klassen Class und Attribute kann sowohl festgehalten werden, welche Attribute (DimensionObject und *Measure*) zu einem Würfel gehören, als auch welche Attribute (DimensionObject) Bestandteile einer Dimension sind. Eine weitere Darstellungsmöglichkeit wird in Abschnitt 6.1.2 mit der mUML/MML-Notation beschrieben.

9.5.2 Personen, Organisation und Aufgaben

Die Modellierung von Personen, Organisationsstrukturen und Aufgaben ist in Abbildung 9–9 dargestellt. Zentrales Element ist die abstrakte *Actor*-Klasse. Diese fasst alle handlungsfähigen Akteure eines Data-Warehouse-Systems zusammen, nämlich Personen, Organisationseinheiten, Softwarewerkzeuge und Systeme. Akteure sind zuständig für die Ausführung einer Aufgabe (*Task*). Die Ausführung einer Aufgabe geschieht durch einen Prozess (*Process*) (Abschnitt 9.5.1). Akteure können dabei verschiedene Rollen einnehmen. Jede Rolle innerhalb des Data-Warehouse-Systems kann mit Zugriffsrechten (*AccessRight*) versehen sein. Ein Zugriffsrecht gilt für ein *DataObject*, welches, wie in Abschnitt 9.5.1 dargelegt, eine Indirektionsfunktion auf ein beliebiges konkretes DataObject wahrnimmt.

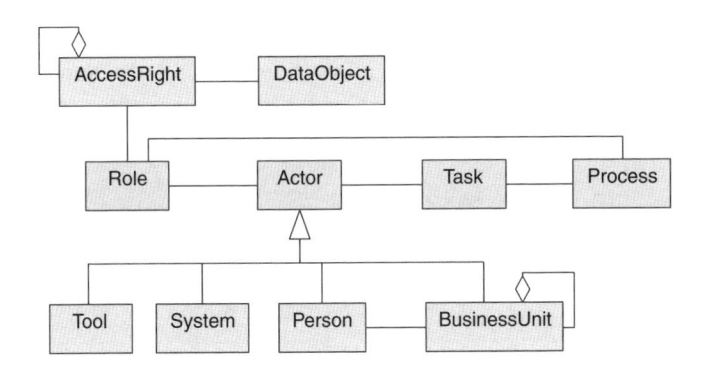

Abb. 9–9   *Personen, Organisation und Aufgaben*

9.5.3 Business-Metadaten

Das zentrale Element des in Abbildung 9–10 dargestellten Modellausschnittes für Business-Metadaten ist das abstrakte *BusinessObject*. Es umfasst die folgenden Elemente, die für einen Endanwender von Bedeutung sind:

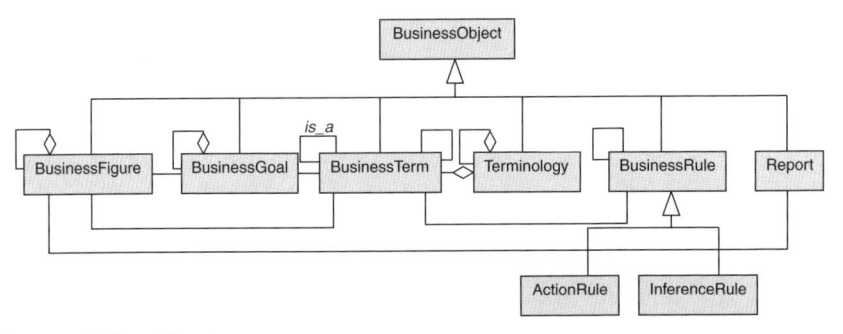

Abb. 9–10   *Business-Metadaten*

BusinessTerm:
Ein BusinessTerm definiert einen Begriff, ein Wort oder einen Ausdruck, der für die Anwender eine spezifische Bedeutung hat.

Terminology:
Eine Terminologie fasst BusinessTerms zu einer logischen Einheit zusammen. Terminologien können hierarchisch geordnet sein.

BusinessGoal:
Ein BusinessGoal definiert ein Ziel einer Geschäftseinheit. Ziele können aus Teilzielen bestehen.

BusinessFigure:
Kennzahlen erlauben es, die Effizienz eines Prozesses zu messen. Kennzahlen können finanzwirtschaftlicher Art sein wie beispielsweise die Eigenkapitalrendite. Andere Arten von Kennzahlen betreffen die (internen und externen) Kunden (Marktanteile, Kundenzufriedenheit etc.), die internen Prozesse (Kosten, Reaktionszeit etc.) etc. (Stichwort: Balanced Scorecard, Abschnitt 1.4.1). Kennzahlen können in einem Kennzahlensystem (Hierarchie von Kennzahlen) organisiert sein.

BusinessRule:
Es existieren zwei Arten von Geschäftsregeln: ActionRule und InferenceRule. Eine *ActionRule* spezifiziert die Bedingungen, unter denen eine Aktion ausgeführt werden muss. Dies sind Vorbedingungen, die erfüllt sein müssen, d.h. ein Auslösemechanismus, der die Regel zur Ausführung bringt. Eine *InferenceRule* beschreibt die Herleitung von Domänenwissen, das nicht explizit gespeichert wird. Beispielsweise könnte ein Vorzugskunde als Kunde definiert werden, der pro Kalenderjahr einen Umsatz von mehr als 10.000 Euro erreicht.

Report:
Reports sind Auswertungen beliebiger Art (Listen, Diagramme etc.), die den Anwendern zur Verfügung stehen.

9.5.4 Abstraktionsstufen

Die Matrixorganisation des Zachman-Frameworks ist eine Möglichkeit zur Unterstützung verschiedener Abstraktionsstufen: Jede »höher liegende« Rolle stellt eine Spezifikation für die nachfolgende Rolle bereit. So arbeitet beispielsweise der Designer mit der Produktspezifikation, die vom Besitzer und vom Planer erstellt worden ist.

Die einzelnen Klassen des vorgeschlagenen Modells können ebenfalls unterschiedliche Abstraktionselemente enthalten; eine mögliche Aufteilung erfolgt nach *Beschreibung*, *Spezifikation* und *Realisierung*.

Jedes ModelElement (die Basis aller Modellierungsklassen in UML) kann eine Assoziation mit einer Description-Klasse haben. Eine solche Beschreibung kann ein natürlichsprachlicher Text, ein grafisches Element etc. sein. Die Spezifikation einer Klasse muss für jede Klasse separat definiert werden. Mögliche Spezifikationsarten sind formale Darstellungen (z. B. Syntaxbäume), die Aufzählung von Bestandteilen (ein Report gliedert sich z. B. in Quellen, Output, Elemente des Reports) etc. Die Realisierung einer Klasse erfolgt durch eine Assoziationsverbindung zu einer anderen Klasse des Metamodells. Die in Abbildung 9–7 dargestellte Assoziationsverbindung zwischen dem abstrakten ExecutionElement und dem ActivationElement ist ein Beispiel für eine solche Realisierung.

9.6 Zusammenfassung

Metadaten haben üblicherweise eine heterogenere Struktur als Applikationsdaten. Sie beschreiben Daten- und Systemaspekte auf unterschiedlichen Abstraktionsstufen unter Verwendung verschiedener Formalisierungsgrade, damit alle Anwender und alle Softwarekomponenten des Data-Warehouse-Systems unterstützt werden können. Dies stellt hohe Anforderungen an die Flexibilität der Speicherungs- und Austauschmechanismen. Der erforderliche Funktionsumfang eines Metadatenmanagementsystems im Bereich Data Warehousing unterscheidet sich nicht grundsätzlich von einem System zur Verwaltung allgemeiner Metadaten. Ausgereifte Benutzerführung und -unterstützung sowie Interoperabilität können als herausragende Voraussetzungen zur erfolgreichen Integration eines Metadatenmanagementsystems in ein Data-Warehouse-System genannt werden.

Im Gegensatz zum breiten Angebot an Datenbeschaffungs- und Auswertungswerkzeugen gibt es nur wenige Anbieter von allgemein einsetzbaren Werkzeugen zur Metadatenverwaltung. Dieser Markt ist darüber hinaus instabil und durch Übernahmen gekennzeichnet. Die Einigung auf ein einheitliches Format zur Repräsentation und zum Austausch von Metadaten ist (noch) nicht absehbar. Die derzeit dominante Gruppe – die OMG – hat einen Standard zur Verwaltung und zum Austausch von Metadaten vorgeschlagen. Der Standard deckt ein breiteres Spektrum ab, konzentriert sich aber auf technische Aspekte des Data Warehousing. Charakteristisch ist die Verwendung von UML zur Repräsentation und XML als Basis für ein Austauschformat. Der Vorschlag OIM der Meta Group wurde inzwischen mit dem CWM zusammengeführt.

Das Gebiet Data Warehousing ist raschen Veränderungen unterworfen. Zum Schluss dieses Kapitels seien einige Entwicklungen aufgeführt, die einen wichtigen Einfluss auf die Verwaltung von Metadaten haben:

- *Webbasierte Anwenderschnittstelle*:
  Moderne Metadatenmanagementsysteme bieten heute schon einen webbasierten Zugriff auf Metadaten an. Die anwenderspezifische Präsentation von

9.6 Zusammenfassung

Informationen (*Enterprise Information Portal*), bei der das Data-Warehouse-System nur ein Aspekt neben vielen anderen darstellt, erfordert eine nochmalige Ausweitung und Vertiefung der Metadatenverwaltung. Als Folge davon muss nicht nur die Verwaltung semistrukturierter Informationen, sondern auch die automatisierte Informationsbeschaffung aus dem Internet mit einbezogen werden. Die Struktur, der Aufbau und die Aktualisierung eines solchen Portals werden durch Metadaten gesteuert.

Feedback in operative Systeme:
Immer häufiger zeigt sich in der Praxis, dass Daten nicht nur aus den operativen Systemen bezogen und im Data-Warehouse-System abgelegt werden, sondern dass der Kreis mit der Rückführung von Daten in operative Systeme geschlossen wird. Diese Rückführung kann einerseits dann geschehen, wenn Anwender des Data-Warehouse-Systems (meist qualitative) Probleme mit den Datenbeständen entdecken. Andererseits ist auch eine geplante und regelmäßige Rückführung immer häufiger, beispielsweise dann, wenn durch einen Data-Mining-Prozess Kunden ein Rating erhalten, das in den operativen Systemen zur Verfügung gestellt werden soll. Dieser Feedback-Zyklus erfordert natürlich, dass die operativen Systeme eine Schnittstelle zur Lieferung solcher Daten zur Verfügung stellen. Andererseits sollen diese Rückführungsprozesse automatisch angestoßen werden und ablaufen. Die dafür notwendigen Bedingungen und Abläufe sind aktiv verwendete Metadaten.

Workflow-Systeme:
Die automatische Rückführung von Daten in operative Systeme ist ein Beispiel dafür, dass Abläufe im Data-Warehouse-System möglichst automatisch erfolgen sollen. Weil in diesen Abläufen häufig nicht nur Maschinen, sondern auch Menschen beteiligt sind, wie für die Korrektur und Ergänzung von Daten, bietet es sich an, diese Prozesse durch Workflow-Systeme zu unterstützen. Dies bedeutet, dass menschliche Akteure durch das Workflow-System Aufgaben zugewiesen bekommen und mit den für die Erledigung notwendigen Informationen versehen werden. Denkbare Aufgaben wären beispielsweise die schon erwähnte Korrektur fehlerhafter Daten inklusive Begründung, die Präsentation von Ergebnissen von Auswertungen mit Handlungsbedarf, die Zuführung von Informationen über Laufzeitfehler etc. Die Steuerung dieser Abläufe und die Bedingungen, unter denen ein solcher Ablauf ausgeführt wird, sind aktiv verwendete Metadaten.

Serviceorientierte Architekturen:
Das Konzept der serviceorientierten Architekturen (SOA) ist in den letzten Jahren vor allem im Bereich der Anwendungsintegration immer wichtiger geworden. Auch im Kontext von SOA spielen Metadaten eine wichtige Rolle, z.B. zur Beschreibung der Dienste, der Komponenten und der Architekturen. Es ist zu erwarten, dass die am Markt verfügbaren Metadatensysteme mit

entsprechenden Serviceschnittstellen, evtl. als Web Service implementiert, zur Integration in SOA ausgestattet werden und sich somit deren Interoperabilität und Flexibilität erhöht.

Teil III

Anwendung

Koordinator:

Thomas Zeh

Autoren:

J. Albrecht
A. Bauer
W. Behme
B. Dinter
C. Dittmar
M. Ehrenmann
D. Findeisen
H. Gronwald
O. Görlich
H. Günzel
H. Heinze
M. Held
S. Hofmann
H. Jungheim
S. Keller
J. Kribbel
A. Langner
R. Lauser
W. Lehner
S. Möller
S. Mueck
V. Oßendoth
O. Paulzen
R. Pieringer
T. Priebe
T. Ruf
M. Schäfer
A. Scholz
J. Schirra
A. Totok
P. Tomsich
A. Vavouras
M. Wedler
J. Westermayer
S. Wimösterer
D. Winter
J. Witschnig
T. Zeh

In den Teilen I und II dieses Buches wird eine relativ abstrakte Darstellung eines Data-Warehouse-Systems sowie der zugrunde liegenden Techniken gegeben. Die Architektur dient dabei als Grundlage zu einer vollständigen Durchdringung des Themas. Der eventuelle direkte Bezug zur Praxis war dabei oft nicht sofort ersichtlich. Diese Lücke zwischen Theorie und Praxis soll in diesem Teil geschlossen werden. Das Data-Warehouse-System aus einer betrieblichen Sichtweise, die Organisation eines Data-Warehouse-Systems und vor allem Aspekte des Aufbaus, d.h. die Vorgehensweise und das Projektmanagement, stehen deshalb im Vordergrund. Aber auch hier wird die Architektur wiederum als Richtschnur verwendet, um alle Bereiche einzubeziehen.

Kapitel 10 gibt einen Überblick über die Vorgehensweise zum Aufbau eines Data-Warehouse-Systems. In diesem Zusammenhang wird auch das Thema eines unternehmensweiten Data-Warehouse-Rahmenwerks als Möglichkeit, die Landschaft zu konsolidieren, erläutert. Anschließend wird in Kapitel 11 das Data-Warehouse-Projekt mit den organisatorischen Aspekten und Problemfeldern diskutiert. In Kapitel 12 werden Betriebs- und Weiterentwicklungsaspekte eines Data-Warehouse-Systems motiviert. Das letzte Kapitel (Kap. 13) rundet das Buch mit einer Auswahl von Praxisberichten ab, die den Bogen zu den anfangs genannten Anwendungsbereichen (Abschnitt 1.4) spannen.

10 Vorgehensweise beim Aufbau eines Data-Warehouse-Systems

Die Komplexität der Anforderungen des Managements und die bestehende IT-Landschaft machen eine schnelle Standardlösung unmöglich. Die Arbeit beginnt somit nicht mit der Umsetzung, sondern mit der Fixierung der Strategie und der Abgrenzung von anderen Zielen und Aktivitäten des Unternehmens. Die Architektur im Großen, also die Einpassung der Data-Warehouse-Architektur in den Kontext des Unternehmens, und die Architektur im Speziellen, also fachliche und technische Realisierungsdetails, stellen einen wichtigen Meilenstein vor der eigentlichen Umsetzung dar.

Die Referenzarchitektur aus Kapitel 2 bildet die idealtypische Grundlage für alle Teile des Buches. Sie stellt gleichsam ein Ziel dar, das es zu erreichen gilt. Der Aufbau eines Data-Warehouse-Systems orientiert sich also an der Referenzarchitektur; die Vorgehensweise ist aber nicht klar vorgegeben. Es gilt somit zu diskutieren, welche Möglichkeiten es gibt und welche Faktoren den Aufbau beeinflussen.

Das Kapitel beginnt mit der Diskussion der Data-Warehouse-Strategie, die im Folgenden als Teil der Business-Intelligence-Strategie[1] zu sehen ist und auf die Bereiche Datenintegration und -auswertung fokussiert. Die Business-Intelligence-Strategie wird einerseits aus den Unternehmenszielen abgeleitet, aber andererseits auch von der IT-Strategie beeinflusst. Anschließend wird ein Reifegradmodell entwickelt, das den Status von Data-Warehousing-Aktivitäten in einem Unternehmen darstellen kann. Weiterhin werden die Relevanz und die Besonderheiten des Themas Architektur beim Aufbau eines Data-Warehouse-Systems diskutiert und schließlich die Vorgehensweise zum Aufbau erläutert. Im Gegensatz zum Kapitel 11, das einen Schwerpunkt auf das Data-Warehouse-Projekt legt, fokussiert dieses Kapitel auf Vorgehensmodelle.

---

1. Es wurde zur 3. Auflage unter den Autoren lange darüber diskutiert, ob in dem Buch nur noch von Business-Intelligence-Strategie gesprochen werden soll – was auch in vielen Unternehmen so der Fall ist. Dadurch aber, dass Business Intelligence umfassender als Data Warehousing zu sehen ist, wie in Abschnitt 1.3 diskutiert, sind die Autoren bei dem Terminus Data-Warehouse-Strategie geblieben.

10.1 Data-Warehouse-Strategie

Der Aufbau von Data-Warehouse-Systemen ist kein isolierter Prozess, der losgelöst von den anderen betrieblichen Prozessen und der betrieblichen Umgebung durchgeführt werden kann. Beim Data-Warehouse-System spielen neben den Daten auch der Zweck, die Organisation, die Technik, das Geld und nicht zuletzt der Mensch eine Rolle. Daher bedarf es umfassender integrierender Betrachtungen, die zu Rahmenbedingungen für das Unternehmen, die IT, das Data Warehousing und schließlich für alle Business-Intelligence-Bestrebungen führen. Dies geschieht im Prozess der Strategiefindung.

Das Data-Warehouse-Projekt bei *Star*Kauf* kann auch hier als typische Fallstudie gesehen werden. Das Management hat verschiedene Auswertungsanforderungen, die es zu konkretisieren und in einem Data-Warehouse-Projekt zu realisieren gilt. Als problematisch kann die Tatsache gesehen werden, dass nicht nur eine Auswertungsdatenbank, sondern parallel dazu Anwendungen für die neue zentrale Datenbank, wie eine unternehmensweite Controlling-Lösung über alle Warenhäuser, entstehen. Eine projektübergreifende Strategie ist unverzichtbar.

Nachfolgend wird der Prozess der Strategiefindung beschrieben. Es werden zunächst die Begriffe Unternehmensstrategie und IT-Strategie erläutert und es wird die Frage nach der Machbarkeit eines Data-Warehouse-Systems gestellt. Die Data-Warehouse-Strategiefindung kann niemals für sich alleine geschehen, da sie von der allgemeinen Business-Intelligence-Strategie und auch der IT-Strategie abhängt. In die Betrachtung müssen deshalb alle Strategien und deren Verbindungen einbezogen werden.

10.1.1 IT-Strategie

Unter *Unternehmensstrategie* wird hier die langfristig und breit ausgelegte Ausrichtung der Unternehmenstätigkeit verstanden. Die *IT-Strategie* ist Teil der Unternehmensstrategie; sie hat sich an den Unternehmensvisionen und den Unternehmenszielen auszurichten. In Bereichen, deren Wertschöpfung maßgeblich von der IT abhängt (z.B. bei Banken und Versicherungen und in der Telekommunikation), hat die IT-Strategie einen entsprechend hohen Stellenwert.

Umgekehrt beeinflussen die technologischen Potenziale neuer IT-Systeme die Unternehmensziele sowie die Unternehmensstrategie in immer stärkerem Maße (Stichworte: Netzwerke, Internet). Für Unternehmen ist es geradezu lebensnotwendig, ihre Strategie an den technologischen Potenzialen zu orientieren. Die Konsequenz und die Geschwindigkeit, mit der sich technologisches Vermögen in der Unternehmensstrategie und der Ausrichtung des unternehmerischen Handelns niederschlagen, entscheiden über zukünftige Wettbewerbsvorteile. Hinzu kommt eine immer stärkere technische sowie funktionale Vernetzung betrieblicher Abläufe, die im Zuge der Globalisierung und internationaler Kooperationen

10.1 Data-Warehouse-Strategie

und Allianzen an Komplexität gewinnt. Die IT-Strategie steht somit in einer Wechselwirkung mit den Unternehmensstrategien und den Unternehmenszielen.

Die IT-Strategie besteht laut Jakubczik und Skubch [JSC95] im Wesentlichen aus:

den *organisatorischen und technologischen Leitlinien* und
dem *strategischen Informationsplan*.

Die Leitlinien einer IT-Strategie enthalten Richtlinien und auch Freiräume innerhalb der Informationsverarbeitung des Unternehmens, die sich permanent den Veränderungen der Umwelt anzupassen haben. Der strategische Informationsplan ist das konkrete Aktionsprogramm für die IT-Großvorhaben mit Aussagen über Prioritäten, Zeiten, benötigte Ressourcen und Kapazitäten. Innerhalb des strategischen Informationsplans werden die Weichen für Business Intelligence und somit den Data-Warehouse-Einsatz im Unternehmen gestellt.

Der Prozess einer Strategie- und Architekturentwicklung als solcher sollte als permanenter Prozess gelebt werden und bedarf eines Verfahrens, das die verschiedenen Sichten, Erfahrungen der Mitarbeiter und die funktionalen Anforderungen an die IT-Infrastruktur in ausreichendem Maße berücksichtigt (strategisches Lernen).

Die Abbildung 10–1 zur Strategiefindung zeigt, wie Visionen, Strategien, Architektur, Prozesse und Funktionen eines Unternehmens die Auswahl und den Einsatz von IT-Technologien bestimmen und umgekehrt. Durch diesen vernetzten Prozess von Strategie- sowie Architekturentwicklung und dem Ausschöpfen des

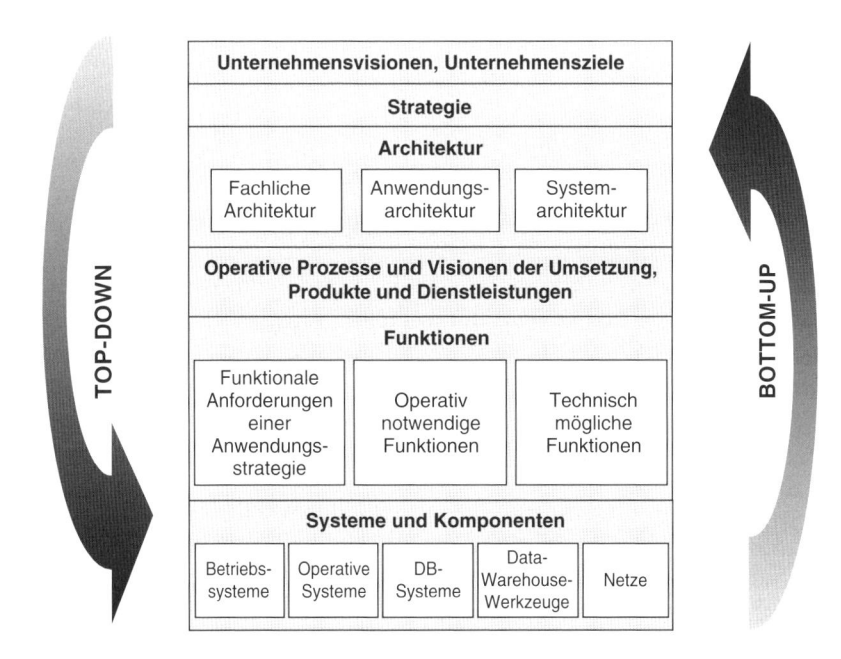

Abb. 10–1   Strategiefindung

Technologiepotenzials und den praktischen Erfahrungen der Mitarbeiter eines Unternehmens kann eine optimale Strategie geschaffen und umgesetzt werden. Von entscheidender Bedeutung ist die (Er-)Kenntnis um die Wissens- und Erfahrungspotenziale der Menschen und der kommunikative Austausch zwischen ihnen (engl. knowledge management).

10.1.2 Data-Warehouse-Strategie

Business Intelligence und der Teilbereich Data Warehousing hat in den Unternehmen durch neue Techniken und Einsatzmöglichkeiten an Profil gewonnen. Die Data-Warehouse-Systeme, die ursprünglich an die Zielgruppe des Managements gerichtet waren, haben sich über diesen Anwendungs- und Adressatenkreis hinaus verbreitet. Die Technik und Methodik des Data Warehousing ist geeignet, die zunehmende Datenflut zu strukturieren, aufzubereiten und den unterschiedlichsten internen und externen Zielgruppen eines Unternehmens anzubieten. In Verbindung mit Webtechnologien und serviceorientierten Architekturen gewinnt das Data Warehousing eine neue Dynamik und hat sich auch in Bereichen, die über den ursprünglichen Zweck hinausgehen, etabliert. In den Anfängen wurde Data Warehousing als strategisch eingeordnet, da die hierdurch gewonnene Information der strategischen Entscheidungsfindung des Managements als solide Grundlage gedient hat. Die Bedeutung des Data Warehousing im Umfeld der operativen Bereiche der Unternehmen (z. B. Customer Relationship Management oder Business Activity Monitoring) begründet eine weitaus stärkere Orientierung der Business-Intelligence-Strategie – und somit auch der Data-Warehouse-Strategie und -Architektur – an den strategischen Erfordernissen des Unternehmens. Die Planung dieser Strategien ist folglich mit den Anforderungen und Prämissen der IT-Strategie des Unternehmens abzustimmen.

10.1.3 Rolle des Data-Warehouse-Systems innerhalb der IT-Strategie

Die Data-Warehouse-Strategie ist Teil der Business-Intelligence- und der IT-Strategie, und sie bewegt sich in dem durch diese Strategien festgelegten Rahmen. Strategische Einsatzfelder des Data Warehousing (Abschnitt 1.4) werden meist in den jeweils zuständigen Geschäftsbereichen im Rahmen der strategischen Planung festgelegt. Dies kann innerhalb einer *Strategiestudie* erfolgen. Die Ergebnisse der Strategiestudie sollten Aussagen über folgende Aspekte aufweisen:

- Rolle des Data Warehousing im Business Intelligence als *Baustein der strategischen Unternehmensführung* und des *operativen Geschäfts* im Rahmen der IT-Gesamtstrategie
- *Einsatzfelder und ihr Umfang* (inhaltlich, organisatorisch, räumlich und zeitlich): isolierte Anwendung oder großflächige Unterstützung eines oder mehrerer Bereiche sowie Aussagen darüber, ob der Einsatz an genau einem Standort

erfolgen soll oder ob er auf wenige Standorte beschränkt ist oder ob weltweiter Einsatz geplant ist z. B. als webbasierte Intranetanwendung und eine eventuelle Öffnung nach außen mittels Internet/Extranet. Die bekannten und bereits absehbaren Data-Warehouse-Anwendungen sind zeitlich einzuordnen.
- Einsatz von *Standardlösungen* oder *Eigenentwicklung* oder eine Kombination hiervon
- Planung der *Konsolidierung* und *Integration* von lokalen Data-Warehouse-Systemen (Inseln) (siehe auch Abschnitt 10.3.3)

Die Ergebnisse der Strategiestudie sind mit dem Management abzustimmen und in die IT-Gesamtstrategie zu integrieren.

All dies resultiert in einem Bebauungsplan (Abschnitt 10.3.1) für die Data-Warehouse-Landschaft. Der Bebauungsplan ist Grundlage für die technische und organisatorische Infrastruktur, basierend auf Unternehmensstrategien und -zielen und unter Berücksichtigung der Geschäftsprozesse, der Organisationsstrukturen, der Anforderungen der Anwendergruppen und der Technologie eines Unternehmens. Er stellt prinzipiell einen Handlungs- und Orientierungsrahmen für alle Einheiten dar und muss daher im Unternehmen kommuniziert werden.

10.2 Reifegradmodell

Data-Warehouse-Systeme haben sich von einem Nischenthema hin zu einem zentralen Baustein in der Informationsarchitektur entwickelt und bilden inzwischen vielfach das Rückgrat unternehmenskritischer dispositiver und operativer Anwendungen. Mit dem über die Zeit wachsenden Aufgabenspektrum ist die zu bewältigende Komplexität jedoch signifikant gestiegen, und die oft projektgetriebenen, isoliert gewachsenen Data-Warehouse-Lösungen liefern häufig nicht den avisierten Mehrwert. Vermehrt sind entsprechend Konsolidierungsinitiativen zu beobachten, die die langfristige Sicherstellung der Innovationsfähigkeit und des Nutzenbeitrags von Data-Warehouse-Systemen zum Geschäftserfolg zum Ziel haben. Voraussetzung hierfür ist eine strategische Planung, die auf einer objektiven Bewertung der Istsituation basieren muss. Grundlage dieser Positionsbestimmung sollte ein Reifegradmodell sein, das zum einen kritische Charakteristika der Istsituation bewertet und zum anderen Entwicklungspfade hin zu einer reiferen und effizienteren Data-Warehouse-System-Lösung aufzeigt.

Betrachtungsperspektiven

In der Literatur finden sich hierzu verschiedene Reifegradmodelle, die primär die technischen Entwicklungsstufen beschreiben [BrRa01]. Die technische Entwicklung eines Data-Warehouse-Systems wird jedoch wesentlich von den sich wandelnden fachlichen Anforderungen an das System getrieben und hat Auswirkungen auf die organisatorischen Prozesse, die für die Weiterentwicklung und den Betrieb des Systems notwendig sind.

Deshalb sollten immer die drei Perspektiven *Fachlichkeit, Technik und Organisation* betrachtet werden, wenn der Reifegrad eines Data-Warehouse-Systems untersucht wird. Im Folgenden wird das *Business Intelligence Maturity Model (biMM®)*[2] dargestellt, die die Reifegradentwicklung, auch von Data-Warehouse-Systemen, basierend auf allen drei Perspektiven beschreibt.

Reifegradstufen

Dem Reifegradmodell liegt eine Lebenszyklusbetrachtung zugrunde, in welcher Data-Warehouse-Systeme in fachlich-funktionaler, technischer und organisatorischer Hinsicht qualitativ analysiert und bewertet werden. Über fünf typische, empirisch nachweisbare Entwicklungsstufen hinweg erfolgen Analyse und Bewertung einer Data-Warehouse-Lösung anhand dieser drei Untersuchungsperspektiven. Auf diese Weise wird sichergestellt, dass nicht eindimensionale Aspekte, z.B. nur die technische Implementierung, ausschlaggebend für die Einstufung sind, sondern breit gefächerte Kriterien aus allen relevanten Perspektiven hinzugezogen werden. Dieser differenzierte Ansatz ist ein wesentlicher Bestandteil des Reifegradmodells, denn Data-Warehouse-Systeme zeigen immer wieder unterschiedliche Reifezustände in den drei genannten Perspektiven.

Auf der übergeordneten Betrachtungsebene werden gemäß diesem Modell mit zunehmendem Reifegrad folgende fünf Entwicklungsstufen eines Data-Warehouse-Systems unterschieden:

I. Einzelinformation
II. Informationsinseln
III. Informationsintegration
IV. Information Intelligence
V. Enterprise Information Management

Reifegradstufe 1 – Einzelinformation

Die Stufe 1 (Abb. 10–2) des Modells (»Einzelinformation«) beschreibt einen Zustand des Data-Warehouse-Systems, in dem die Fragestellungen der Fachabteilungen individuell und ohne methodisches Vorgehen beantwortet werden. Auf

---

2. Das biMM® wurde 2003 von Steria Mummert Consulting zusammen mit den Universitäten Duisburg-Essen und Düsseldorf unter Mitwirkung der Hochschule St. Gallen entwickelt. Das biMM® hat sich in den vergangenen Jahren als Analyse- und Benchmarking-Modell in der Praxis bewährt und wurde Gegenstand weiterer Reifegradmodelldiskussionen, wie z.B. in [Ecke07], [DiGo10] und [DiPS11]. Um die thematischen Entwicklungen, deren Auswirkungen und Tendenzen in Data-Warehouse-Systemen und Business Intelligence zu berücksichtigen, wurde es Anfang 2007 und 2009 aktualisiert. Ergebnisse der empirischen Studien, die Steria Mummert Consulting alle zwei Jahre auf Basis des biMM® im deutschsprachigen Raum erarbeitet, führten zu einer Konkretisierung der Stufen 3ff.

dieser Stufe erzeugen viele Einzelauswertungen mit hohem manuellem Aufwand auf Basis isolierter Systeme im besten Fall redundante Ergebnisse, nicht selten aber aus Unternehmenssicht sehr heterogene oder widersprüchliche Ergebnisse. So kommt es zu Intransparenz über die Gesamtheit der verfügbaren Informationen; auch leiden Qualität und Aktualität der Ergebnisse.

In der Fachlichkeit herrscht die »Einzelberichtssicht«. Ein vordefiniertes Berichtswesen bietet statische, also durch den Endanwender nicht einfach änderbare Sichten auf die analytischen Informationen. Die fehlende Standardisierung der Berichtsinhalte führt zu semantischer Heterogenität und damit zu fachlicher Unsicherheit in der Benutzung: Fragestellungen wie »Warum ist der Kennzahlwert in zwei Berichten unterschiedlich?« oder »Wie ist die Kennzahl berechnet – was bedeutet sie genau?« sind typisch und mehren sich mit dem quantitativen Ausbau der dispositiven (aber auch operativen) Landschaft. Die Anwender sehen keine Verlässlichkeit in den Informationen und nutzen die Systeme daher lediglich situativ. Entsprechend werden die Systeme durch die wenigen Nutzer in voneinander isolierten Einzelinitiativen fachlich weiterentwickelt, wodurch die Intransparenzen und Redundanzen verstärkt werden.

	Stufe 1 Einzel- Information	Stufe 2 Informations- inseln	Stufe 3 Informations- integration	Stufe 4 Information Intelligence	Stufe 5 Enterprise Information Management
Fachlichkeit	Einzelberichtssicht	Bereichsbezogenes Geschäfts-verständnis	Fokussierung	Strategisches Alignment	Operative Integration
Technik	Datenanarchie	Unabhängige Auswertungs-datenbanken	Basisdatenbank/ Ableitungs-datenbank	Zukunfts-orientierung	Zeitnahe Informations-bereitstellung
Organisation	Initial	Projekt	Eigenständige BI-Organisation	Prozess-orientierte BI	Unternehmensweite BI-Organisation

Abb. 10-2 Reifegradmodell nach biMM®

Für die Technik bedeutet diese Situation »Datenanarchie«. Das Fehlen von Werkzeugen und einer auf die analytischen Bedarfe zugeschnittenen Datenhaltung führt zu manuellen Datenbeschaffungen und -auswertungen direkt auf den operativen Systemen.

Die Organisation muss damit als »initial« charakterisiert werden. Da die Anwender sich eigene Auswertungslösungen bauen, fehlen entsprechend standardisierte und dokumentierte Vorgehensweisen im Rahmen einer formalisierten Prozessorganisation. Die Akteure handeln ohne definierte Rollen und Verantwortlichkeiten. Somit kann es auch nicht zu Wirtschaftlichkeitsbetrachtungen kommen, da es weder einen Ausweis der Kosten noch belegbare Nutzenargumentationen gibt.

Die beschriebene Ausprägung entscheidungsunterstützender Systemlösungen findet sich heute noch in vielen Unternehmen in Form eines Standardberichtswesens als fester Bestandteil der IT-Infrastruktur.

Auf dieser Stufe kommt es auch regelmäßig zu einer »Entscheidungsparalyse«, die aus einer Überflutung mit ungefilterten, oft irrelevanten, unvernetzten, d.h. nicht miteinander verknüpften, Daten entsteht.

Reifegradstufe 2 – Informationsinseln

In der 2. Stufe »Informationsinseln« bleibt bei diesen Lösungen die Beschränkung auf einzelne Fachbereiche bestehen, sie bilden aber – in diesen Grenzen – einen weitgehend redundanzfreien und semantisch eindeutigen Datenraum ab. So zeigen sich erste Synergien auf Fachbereichsebene durch die Konsolidierung von Daten. Die Anwender setzen hier Werkzeuge ein, die ihnen erweiterte Auswertungsmöglichkeiten bieten. Die so geschaffenen Lösungen laufen stabil und ermöglichen zumindest teilweise eine Automatisierung der Datenbeschaffungsprozesse.

Die fachliche Perspektive zeichnet sich in dieser Stufe durch ein »bereichsbezogenes Geschäftsverständnis« aus. Die fachbereichsweite Nutzung der Auswertungslösungen bildet eine konsistente Semantik innerhalb der Fachbereichsgrenzen. Noch vorhandene Redundanzen werden so transparent. Die Anwender nutzen flexible Sichten auf die Informationen, da sie Daten durch freie Navigation und Visualisierung in mehrdimensionalen Datenbeständen untersuchen können (Ad-hoc-Auswertungsfunktionalität). Da solche Berichtssysteme mit einer eigenen Datenhaltung arbeiten, stehen Datenhistorien und damit auch Periodenvergleiche bzw. Zeitreihenanalysen zur Verfügung.

Aus technischer Sicht stellt sich diese Stufe als »unabhängige Auswertungsdatenbank« dar: Die Fachseiten entwickeln eigene Datenhaltungen (Auswertungsdatenbanken), auf die sie mit verschiedenen Werkzeugen zugreifen, sodass insgesamt eine heterogene Werkzeuglandschaft genutzt wird. Hierbei werden Reporting- und OLAP-Anwendungen mit ihren Ad-hoc-Auswertungsmöglichkeiten genutzt. Die isolierten Datenhaltungen werden über ETL-Prozesse bewirtschaftet. Hiermit wird der Vorgang beschrieben, der die Quelldaten ausliest (Extraktion, vgl. Abschnitt 3.2), die Bereinigung und Integration dieser Daten durchführt (Transformation, vgl. Abschnitt 3.3) und sie in ihre Zielstrukturen überführt (Laden, vgl. Abschnitt 3.4). Während die Implementierung von ETL-Prozessen eine weitgehende Automatisierung der gesamten Datenbereitstellung für das Berichtssystem erlaubt, erfolgen Datenqualitätsprüfungen weiterhin manuell. Ebenso existiert ein Metadatenmanagement lediglich papierbasiert, sodass die Anwender sich notwendige beschreibende Informationen über ihre Daten zusammensuchen müssen.

Die vorherrschende Organisationsform ist das »Projekt«. Die Systeme werden oftmals im Rahmen einer einzelnen Initiative mit vorgegebenem Projektbudget erstellt, sodass eine systematische Erweiterung der Lösungen unterbleibt. Somit wird auch – wenn überhaupt – lediglich das einzelne Projekt hinsichtlich seiner Wirtschaftlichkeit bewertet, nicht aber die gesamte »Auswertungslandschaft«. Aus Sicht der Anwender bedeutet die Stufe 2 einen enormen Zugewinn an Selbstständigkeit. Hier entsteht die Rolle des Power Users als zentraler Ansprechpartner innerhalb eines Fachbereichs.

Reifegradstufe 3 – Informationsintegration

Der Schritt zu Stufe 3 vom fachbereichsbezogenen zum »unternehmensweiten Data-Warehouse-System« vollzieht sich durch die vereinheitlichte Nutzung fachlicher, technischer und organisatorischer Ressourcen aus weiten Teilen des Unternehmens. Von einem solchen System wird erwartet, dass es als unternehmensweite Lösung eine weitreichende Standardisierung und Integration der Daten und Auswertungsfunktionalitäten sicherstellt sowie eine unternehmensweite Verfügbarkeit und Nutzung unterstützt.

In der fachlichen Perspektive zeigt sich eine »Fokussierung«: Es wird eine integrierte Nutzung des Auswertungsdatenbestands durch mehrere Organisationseinheiten angestrebt. Aus den Auswertungsinformationen, die auch um unternehmensexterne Daten angereichert werden, können neue Inhalte generiert werden, die dann allen Anwendern zur Nutzung bereitgestellt werden. Die Daten des Unternehmensberichtswesens sind damit redundanzfrei und decken die Anforderungen bereichsübergreifend mit einer einheitlichen Semantik für zentrale Informationsobjekte ab.

Dieses Ziel kann nur durch den Einsatz ausgereifter Technologien in Verbindung mit einer soliden Data-Warehouse-Architektur erreicht werden, die sowohl den Qualitäts- und Stabilitätsansprüchen an eine geschäftlich bedeutsame Anwendung als auch den Flexibilitätsanforderungen der Märkte und Anwender gerecht wird. Damit sprechen wir aus technischer Perspektive in dieser Stufe vom »Data Warehousing«. Es wird ein dediziertes Data-Warehouse-System mit eigener Datenhaltung geschaffen, das auf standardisierten Technologien und Werkzeugen basiert. Durch die konsequente Nutzung dieser Technologien können zentrale Aspekte wie die Datenbewirtschaftung, das Metadatenmanagement und das Datenqualitätsmanagement mit effizienten und stabilen Methodiken (Frameworks) umgesetzt werden. Hier zeigen sich auch die Vorteile eines zentralen, werkzeuggestützten Ansatzes für die Anwender: Die Zusammenführung der Metadaten in einem Repositorium erleichtert den Anwendern das Auffinden benötigter Informationen sowie deren korrekte Interpretation. Die unterschiedlichen Anwendertypen können zielgerichtet durch das System unterstützt werden: Von Dashboards auf Basis von Portaltechnologie für Manager bis zu komplexen Simulationen und Planungen für Sachbearbeiter unterstützt das System die Auswertung von Geschäftsprozessen.

Eine solche Lösung muss professionell (weiter-)entwickelt und betrieben werden, was durch eine »eigenständige BI-Organisation« erreicht werden kann. Data-Warehouse-Strategie, Anforderungsmanagement, Implementierungs- und Wartungsprojekte und nicht zuletzt die Betriebssicherheit der Data-Warehouse-Lösung sind wichtige Managementaufgaben, die von einer hohen Führungsebene als Sponsor unterstützt werden müssen, da bedeutsame betriebliche Funktionen und Entscheidungen auf der Lösung beruhen. Das Data-Warehouse-System muss also anhand einer IT-Governance geführt werden mit einem eigenständigen Team, das im Rahmen zentraler IT-Prozesse (wie Anforderungsmanagement) klar definierte Verantwortlichkeiten übernimmt. Ziel ist ein ordentliches Servicemanagement mit einer Trennung von Entwicklung und Betrieb und Regelungen mit den Anwendern auf Basis von Service Level Agreements (SLAs). Damit kann auch ein entscheidender Schritt in Richtung Wirtschaftlichkeitskontrolle gegangen werden, indem die Kosten der Data-Warehouse-Lösung umlageorientiert verrechnet werden (z. B. anhand der CPU-Zeit oder des genutzten Plattenplatzes).

In der wissenschaftlichen Data-Warehouse-Diskussion wird diese Reifegradstufe in Form der von Bill Inmon propagierten *Corporate Information Factory* [InIS98] als zentrales Zielbild einer Data-Warehouse-Architektur gesehen. Die Mehrzahl der Unternehmen richtet ihre Data-Warehouse-Entwicklung auch grundsätzlich an einer Nabe-Speicher-Architektur (engl. Hub and Spoke) aus, jedoch zeigen sich in der Realität die verschiedensten Derivate der Idealform. Ursächlich sind hierfür der enorme Investitionsaufwand und die schwer beherrschbare Komplexität einer unternehmensweiten Lösung in Reinkultur.

Reifegradstufe 4 – Information Intelligence

In der Stufe 4 »Information Intelligence« des Modells nimmt die Durchdringung aller Unternehmensbereiche durch Data-Warehouse-Systeme signifikant zu. Fortgeschrittene Auswertungsverfahren auf Basis der Data-Warehouse-Lösung und eine speziell auf die Belange der Data-Warehouse-Systeme ausgerichtete Governance beschreiben diese Stufe.

In der Fachlichkeit zeichnet diese Stufe ein »strategisches Alignment« aus: Analytische Informationen werden als unternehmerischer Aktivposten erkannt. Entsprechend erfolgt eine unternehmensübergreifende Nutzung der Data-Warehouse-Landschaft durch alle Organisationseinheiten auf Basis einer unternehmensweit einheitlichen Semantik. Dadurch kann das Data-Warehouse-System einen signifikanten fachlichen Mehrwert bieten. Durchgängig vorhandene fachliche Metadaten in Kombination mit einem hohen Grad an Datenkonsistenz und unter Vermeidung von Datenredundanz führen zu einer hohen Anwenderakzeptanz des Data-Warehouse-Systems.

Die Perspektive Technik steht in dieser Stufe des Modells unter dem Aspekt der »Zukunftsorientierung«. Anspruchsvolle Auswertungsmethoden und -werkzeuge vergrößern die Auswertungsoptionen signifikant, und die Funktionalität des Systems ist nun so vollständig, dass der gesamte Managementkreislauf aus Analyse, Planung und Steuerung sowohl daten- als auch prozessseitig unterstützt wird. Den Anwendern stehen semistrukturierte Daten und intelligente Methoden für die Datenaufbereitung zur Verfügung, wie z.B. Data Mining für die Auswertung. Die Bereitstellung entsprechender Werkzeuge stellt einen Teil der technischen Herausforderungen in dieser Entwicklungsstufe dar. Unternehmen können nun unter Nutzung entsprechender Infrastrukturen ihre Data-Warehouse-Lösung in quasi Echtzeit mit Daten versorgen, sodass extrem kurzfristige Informationsbereitstellung ermöglicht und so der Right-Time-Gedanke Realität wird (vgl. Abschnitt 4.3).

Es wird ein breites Spektrum an Auswertungswerkzeugen für die unterschiedlichen Auswertungsbedürfnisse eingesetzt. Ein umfassendes Datenqualitätsmanagement mit definierten Verantwortlichkeiten und Prozessen sichert dabei die konsistente und redundanzfreie Nutzung der Daten ab.

Um diese Aufgaben erfolgreich umzusetzen, ist in organisatorischer Sicht eine »prozessorientierte IT« vonnöten. Auf Basis einer eigenen BI Governance werden die regulären IT-Prozesse (Entwicklungs-, Anforderungsprozess, Servicemanagement) auf das Data-Warehouse-System zugeschnittene Prozesse und Vorgehensweisen spezialisiert. Die passende Organisationsform hierfür ist das Business Intelligence Competence Center (BICC, Abschnitt 11.2), das die Aktivitäten konform zur BI-Strategie koordiniert und die Pflege und Weiterentwicklung der fachlichen BI-Welt durch eine klare Datenhoheit fördert. Eine solche zentrale BI-Organisationseinheit ist damit auch in der Lage, eine projektübergreifende und nutzenorientierte Wirtschaftlichkeitsbetrachtung der Data-Warehouse-Landschaft vorzunehmen.

Reifegradstufe 5 – Enterprise Information Management

Die letzte Stufe des Reifegradmodells, das »Enterprise Information Management«, zeichnet sich durch eine vollständige Integration auswertungsorientierter und operativer Systeme aus. Ziel dieser Stufe ist eine optimale Unterstützung der Geschäftsprozesse, wodurch das Data-Warehouse-System zu einem unverzichtbaren Instrumentarium für die Unternehmenssteuerung wird.

Die Fachlichkeit zeichnet sich durch eine »operative Integration« aus, wobei das Data-Warehouse-System als Grundlage aller Entscheidungen dient und damit unternehmenskritischen Einfluss auf den Geschäftserfolg des Unternehmens erlangt. Eine aktive Entscheidungsunterstützung durch das Prinzip der Aktion und Information führt zu kurzen Reaktionszeiten, d.h., es gibt niedrige Entscheidungslatenzen, womit eine Information genutzt wird, wenn sie noch ihren höchsten Wert hat. Die bisher ungenutzte Mehrheit der Daten des Unternehmens, die nur in unstrukturierter Form vorliegen, kann nun vollständig integriert und im Sinne eines Wissensmanagements genutzt werden.

Analog zur fachlichen Perspektive zielt die Technik in dieser Stufe auf eine »zeitnahe Informationsbereitstellung«. Das »Enterprise Data Warehouse« (EDWH) bildet durch die Verschmelzung von Data-Warehouse-System und Datenmanagement ein operationales Data-Warehouse-System ab. Dabei beginnt ein Verschmelzungsprozess mit den operativen Transaktionssystemen. Der Ansatz besteht darin, im Data-Warehouse-System Regeln zu hinterlegen, anhand derer automatisiert Entscheidungen getroffen und Geschäftsprozesse angestoßen werden können. In Verbindung mit der Right-Time-Fähigkeit ergeben sich ganz neue Möglichkeiten, um auch Geschäftsmodelle mit komplexen Entscheidungen sehr kurzfristig und hochgradig automatisiert zu unterstützen.

Im Kontext des Business Activity Monitoring (BAM – kontinuierliche Betrachtung der Geschäftsprozesse) bietet das Data-Warehouse-System detaillierte Informationen über den Status und die Ergebnisse von verschiedensten Operationen, Prozessen und Transaktionen, sodass Geschäftsprozesse gezielt unterstützt und Probleme schnell adressiert werden können. Hierzu liefert es sofortige Aussagen über den Zustand von Geschäftsprozessen auf Systemebene (beispielsweise Geschäftsprozess überlastet, hohe Antwortzeiten aus Endbenutzersicht, Überschreitung von Service Level Agreements) an die zuständigen Instanzen und dient so als Überwachungswerkzeug für Geschäftsprozesse auf Systemebene. Die durch das Data-Warehouse-System generierten Informationen werden in Form von Services singulär und ad hoc den anfragenden Geschäftsprozessen angeboten. Die klassische Zweiteilung in operative und dispositive Informationsverarbeitung kann damit nicht mehr aufrechterhalten werden, sondern die Grenzen zwischen den Lösungen verschwinden. Die technischen Auswertungsmöglichkeiten der Anwender steigen in dieser Stufe noch einmal signifikant an. So wird die Nutzung unstrukturierter Daten durch intelligente Suchtechniken (BI Search) und Text-Mining-Funktionalitäten unterstützt, und fortgeschrittene Visualisierungstechniken erlauben die einfache Nutzung vorhersagender Analysen (»Predictive Analytics«) in taktischen und strategischen Planungsprozessen.

Die Organisation stellt sich in dieser Stufe in einer konsequenten Weiterentwicklung der Stufe 4 als »Unternehmensweite BI-Organisation« dar.

Es existiert eine Enterprise Governance, die alle Data-Warehouse-Bedarfe und -Prozesse steuert und überwacht. Die Wirtschaftlichkeit der Data-Warehouse-Landschaft wird vollständig transparent gemacht, indem ein »BI Billing« für eine verursachungsgerechte Verrechnung der Kosten sorgt.

Wechsel der Reifegradstufen

Mit seinen fünf Reifegradstufen stellt das BI Maturity Model biMM® ein Klassifizierungsschema dar, das die objektive Bewertung von Data-Warehouse-Landschaften unterstützt. Eine solche Bewertung hat allerdings vor dem Hintergrund der individuellen Ansprüche an ein Data-Warehouse-System zu erfolgen, sodass das Erreichen der höchsten Stufe nicht unbedingt erstrebenswert sein muss. So

10.2 Reifegradmodell

können ggf. bereits mit dem geringen Ausbaugrad »Einzelinformation« die betriebswirtschaftlichen Informationsbedürfnisse eines sehr stark fokussierten Unternehmens hinreichend abgedeckt werden, sodass Investitionen in einen höheren Reifegrad nicht zu rechtfertigen sind. Insofern gilt es die Stufe zu finden, deren Ausprägung die Anforderungen des Unternehmens an sein Data-Warehouse-System optimal erfüllt. Ist der anzustrebende Reifegrad identifiziert, gilt es eine langfristige Roadmap zu definieren, die zum einen eine ausgeglichene Entwicklung in den drei Perspektiven Technik, Fachlichkeit und Organisation sicherstellt und zum anderen die Organisation nicht mit Überspringen von Stufen überfordert. Zu berücksichtigen ist ferner, dass die Reifegradentwicklung nicht zwangsläufig unidirektional verläuft: So tragen Firmenaufkäufe und -fusionen neue, zu integrierende Insellösungen in die Data-Warehouse-Landschaft hinein.

Die Übergänge zwischen den Reifegradstufen beinhalten qualitative Sprünge, die in Abbildung 10–3 dargestellt werden. Zur besseren Verdeutlichung der Entwicklungssprünge im Reifegradmodell soll an dieser Stelle ein Ausschnitt von besonders betrachtenswerten Kriterien mit vorherrschenden Dimensionsbezügen dienen.

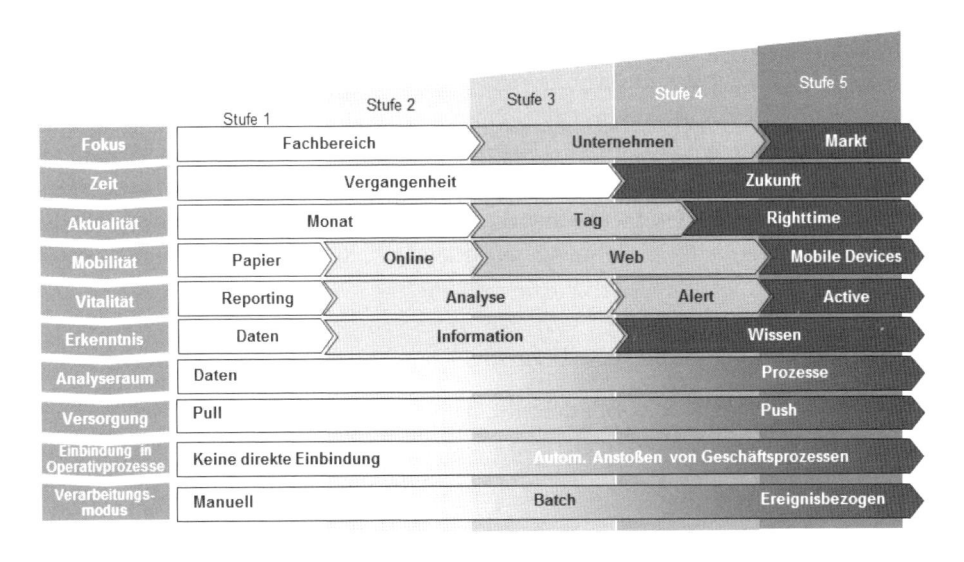

	Stufe 1	Stufe 2	Stufe 3	Stufe 4	Stufe 5
Fokus		Fachbereich		Unternehmen	Markt
Zeit		Vergangenheit			Zukunft
Aktualität		Monat		Tag	Righttime
Mobilität	Papier	Online		Web	Mobile Devices
Vitalität		Reporting	Analyse	Alert	Active
Erkenntnis		Daten	Information		Wissen
Analyseraum		Daten			Prozesse
Versorgung		Pull			Push
Einbindung in Operativprozesse		Keine direkte Einbindung		Autom. Anstoßen von Geschäftsprozessen	
Verarbeitungsmodus		Manuell		Batch	Ereignisbezogen

Abb. 10–3 Kriterien zur übergreifenden Einordnung in das Reifegradmodell biMM®

Besonders auffällig ist der Wechsel von Stufe 3 zu Stufe 4: Bis zum Aufbau eines unternehmensweiten Data-Warehouse-Systems werden Daten der Vergangenheit gesammelt und analysiert, um das operative Geschehen im Unternehmen verstehen zu können. Auf Grundlage dieser Datenbasis werden nun in der vierten Stufe die Unternehmensprozesse direkt beobachtet, um das unternehmerisch richtige Verhalten im Markt antizipieren zu können. Gleichzeitig werden dem Data-Warehouse-System mehr Aufgaben übertragen, indem sich der Informationsbezug weg vom Pull-Prinzip über Warnfunktionen hin zum »Active Warehousing« mit Push-Prinzip wandelt, sodass ein prozessaktives Data-Warehouse-System in die Geschäftsprozesse eingreift. Auch die Frage der Finanzierung eines Data-Warehouse-Systems ändert sich. In den ersten drei Stufen finden sich primär Cost-Center-Strukturen, die abwechselnd von der IT bzw. vom Fachbereich budgetiert werden. Mit dem qualitativen Sprung zur vierten Stufe sind nun Verrechnungen im Rahmen von Profit-Center-Strukturen möglich, mit denen auch budgettechnisch dem Servicegedanken Rechnung getragen werden kann.

Gingen in Stufe 3 die technische Standardisierung und fachliche Konsolidierung mit einer organisatorischen Zentralisierung einher, so bedarf es zum Erreichen der Stufe 4 BI-spezifischer Governance und Prozesse. Diese sind umso wichtiger, als dass die Fachseiten hohe Ansprüche an die flexible Bedienung ihrer Anforderungen stellen. Das Festhalten an traditionellen Wasserfallmodellen führt in zentralen Data-Warehouse-Systemen unweigerlich zu deutlich erhöhten Umsetzungszeiten und einem dramatischen Akzeptanzverlust der IT in den Fachbereichen über Data-Warehouse-Themen. Will die IT nicht die sukzessive Etablierung einer fachseitigen »Schatten-IT« riskieren, so muss sie unter dem »Time-to-Market«-Aspekt fachbereichsnahe und agile Implementierungsprozesse einführen. Zusätzlich kommen neue Technologien (wie In-Memory, Abschnitt 4.5.2) hinzu, die den Fachbereichen weitreichende, von den IT-Abteilungen weitestgehend unabhängige Anwendungsmöglichkeiten eröffnen. Ein ungeregelter Einsatz dieser Werkzeuge gefährdet dann sowohl die Homogenität der Werkzeuglandschaft als auch die unternehmensweite Datenkonsistenz; ein Rückfall in den Reifegrad »Informationsinseln« droht. Damit gewinnt eine starke, koordinierende und kontrollierende BI-Governance an Bedeutung, die gleichermaßen die IT und die Fachbereiche in die Verantwortung nimmt.

Nutzengewinn durch ausbalancierte Perspektiven

Wenngleich eine reine ROI-Betrachtung dem indirekten und qualitativen Nutzen eines Data-Warehouse-Systems zumeist nur unzureichend gerecht werden kann, so lässt sich doch über die Reifegradentwicklung einer Data-Warehouse-Lösung hinweg ein interessanter Kosten-Nutzen-Verlauf feststellen: Das initiale Aufsetzen einer Data-Warehouse-Lösung entspringt immer einem konkreten Bedarf, sodass der Nutzen in der Regel höher zu bewerten ist als die Kosten einer einfachen Reporting- oder Auswertungsanwendung. Dieses Verhältnis kehrt sich dramatisch um, wenn das Ziel einer unternehmensweiten Data-Warehouse-Lösung in Gestalt der dritten Reifegradstufe angestrebt wird. Die fachliche und technische Komplexität dieser Lösung bedingt enorme Investitionen, ohne dass diesen sofort ein adäquater Nutzen gegenüberstehen würde. Diese Investitionen werden daher nur in wenigen Fällen durch die Einsparungen, die sich durch die Konsolidierung ergeben, kompensiert. Fachlicher Mehrwert entsteht im Zuge der Konsolidierung in der Regel nicht, da die alten Systeme nur abgelöst werden. Der wirkliche Mehrwert einer zentralen Data-Warehouse-Lösung wird erst durch die konsequente auswertungsorientierte Nutzung der unternehmensweit zusammengeführten Daten für erweiterte Entscheidungshilfen erzielt. Dies setzt die Verfügbarkeit fachlich konsolidierter Daten sowie adäquater Auswertungsfunktionalitäten für den Fachbereich voraus: Charakteristika der Reifegradstufe 4.

Es zeigt sich, dass ein effizientes Data-Warehouse-System in fachlich-funktionaler, technischer und organisatorischer Hinsicht einen ausbalancierten Reifegrad aufweisen muss. Der technologische Entwicklungsstand wie auch der fachliche Wirkungsbereich in einem Unternehmen erlauben lediglich eine Momentaufnahme des Reifegrads, für eine strategische Bewertung des Data-Warehouse-Systems gewinnt mit zunehmendem Reifegrad die organisatorische Perspektive an Bedeutung.

10.3 Ableitung der Data-Warehouse-Architektur

In den letzten Jahren findet sich folgendes Szenario immer häufiger:

> Es werden eine Vielzahl von Vorhaben für Data-Warehouse-Systeme in einem Unternehmen auf- und umgesetzt – sei es durch unterschiedliche Abteilungen oder bewusst durch firmenpolitische Entscheidungen –, deren Umsetzungskonzepte, Datenbanken, Standardprodukte und Eigenentwicklungen sich nur schwerlich in die bestehenden Data-Warehouse-Systeme und in die bereits komplexe IT-Landschaft integrieren lassen. Die oben diskutierte Strategie wird dabei entweder nicht gemacht, missachtet oder einfach nicht verstanden. Gleichzeitig erhöhen sich die Anforderungen an die Informationstechnologie durch neue oder veränderte Geschäftsprozesse bzw. Auswertungsansätze oder -wünsche, gepaart mit einer geforderten hohen Umsetzungsgeschwindigkeit (Time-to-Market).
>
> Weiterhin laufen neue Projekte in Bezug auf Zeit und Budget aus dem geplanten Rahmen.

Eine konventionelle, singuläre Projektinitiierung und isolierte, wasserfallartige, rein fallspezifische Umsetzung von Data-Warehouse-Systemen führen häufig zu einer fragmentierten, heterogenen IT-Landschaft. Neben den oben genannten Schwierigkeiten beim Aufbau setzen sich die Probleme im Betrieb und der Wartung fort. Die Vielzahl von redundanten Systemen und Produkten führen sowohl in monetärer als auch nichtmonetärer Hinsicht zu einem erhöhten Aufwand. Oftmals wird eine nachträgliche Bereinigung und Vereinfachung der Landschaft aus Aufwandsgründen nicht angegangen oder scheitert an der entstandenen Komplexität.

Wiederum kann eine Architekturbetrachtung aus diesem Dilemma herausführen. Diese Architektur muss in diesem Fall aber nicht nur eine Umsetzung als Grundlage unterstützen, sondern mehrere isolierte Data-Warehouse-Systeme aus unterschiedlichen Aspekten zusammenbringen. In dieser Funktion steht sie somit als Bindeglied zwischen der Strategie und den einzelnen Umsetzungen.

Im Folgenden wird ein Top-down-Ansatz diskutiert, der aus der Strategie Eckpfeiler für die Data-Warehouse-Entwicklung ableitet (Data-Warehouse-Rahmenwerk), um darin Data-Warehouse-Systeme zu lokalisieren oder abzuleiten. Anschließend wird der Umgang mit mehreren Data-Warehouse-Systemen und im Speziellen das fraktale Data-Warehouse-System diskutiert. Eine Verringerung der bestehenden Redundanzen kann durch eine Data-Warehouse-Konsolidierung erfolgen. Weiterhin werden praxisbezogene Architekturüberlegungen vorgestellt sowie unterschiedliche Data-Warehouse-Umgebungen für ein Data-Warehouse-System beschrieben.

10.3.1 Data-Warehouse-Rahmenwerk[3] als gesamtheitliche Vorgabe

Das oben beschriebene Szenario kann entschärft werden, indem die mögliche Komplexität durch die Vorgabe einer verbindlichen, unternehmensweiten Architektur reduziert wird. Zur Unterscheidung dieser Architektur von der Referenzarchitektur soll diese im Folgenden Data-Warehouse-Rahmenwerk genannt werden. Dieses Rahmenwerk kann am besten mit einem Bebauungsplan einer Stadt verglichen werden, der die Grundlagen für die Bebauung eines bestimmten Gebietes mit Häusern vorgibt. Es wird darin nicht beschrieben, wie die spezifische Architektur der einzelnen Häuser aussieht, sondern die Straßen und Leitungen, wichtige Gebäude wie das Wasserwerk, aber auch die generellen Designelemente wie Dachneigung und Gebäudehöhe. Ebenso wie ein Bebauungsplan muss das Data-Warehouse-Rahmenwerk aus einer gesamthaften Strategie abgeleitet werden, damit sowohl die fachlichen Anforderungen als auch die IT ein homogenes Gesamtbild ergeben.

Ein Data-Warehouse-Rahmenwerk dient demnach nicht dem Selbstzweck, eine weitere Architektur aufzusetzen, sondern es bietet die Möglichkeit, sowohl die IT zu konsolidieren als auch ein Kommunikationsmittel innerhalb des Unternehmens zu besitzen.

Folgende Ziele stehen im Vordergrund:

- Aufsetzen von interagierenden Prozessen und Systemen, die zuverlässig, skalierbar, flexibel und sicher die Geschäftsanforderungen erfüllen
- Erstellung von »Landkarten«, um den Wert und Lifecycle der aktuellen Systeme abschätzen und verwalten zu können
- Lieferung von schnellen und passgenauen Data-Warehouse-Lösungen zur Unterstützung der Geschäftsanforderungen

---

3. Abhängig vom Fokus und der Breite der Betrachtung wird ein Unternehmen auf ein Business-Intelligence-Rahmenwerk aufsetzen, in dem das Data-Warehouse-System eine maßgebliche Rolle spielt. Da hier nur auf die Data-Warehouse-spezifischen Aspekte eingegangen wird, wird hier von Data-Warehouse-Rahmenwerk gesprochen.

10.3 Ableitung der Data-Warehouse-Architektur

- Reduktion der Kosten auf der Business- und IT-Seite durch Optimierung und Wiederverwendung von einzelnen Komponenten wie Auswertungswerkzeugen oder auch Abläufen wie den Datenbeschaffungsprozess
- Entscheidungen über neue Technologien, die in die bestehende Landschaft eingebracht werden könnten
- vorausschauende Betrachtung, um Änderungen proaktiv zu begegnen und umzusetzen
- Unterstützung des Aufbaus durch die Bewertung möglicher Alternativen
- Optimierung des Betriebs durch Wiederverwendung und Reduktion des benötigten Know-hows dadurch, dass die Gesamtkomplexität der IT-Landschaft verringert wird

Ein unternehmensweites Data-Warehouse-Rahmenwerk (Abb. 10–4) muss demnach »top-down« aus den Unternehmenszielen und der Unternehmens- und IT-Strategie abgeleitet werden, um sowohl dem Gesamtkontext gerecht zu werden, als auch die Umsetzungsprojekte adäquat unterstützen zu können. Beeinflussende Elemente sind die fachlichen Anforderungen und die technologische Entwicklung. Ohne hier näher darauf einzugehen, kann und muss das Data-Warehouse-Rahmenwerk in eine »Unternehmensweite Architektur« (engl. enterprise architecture) eingebettet werden ([Sper99], [Zach87]). Die Unterschiede zwischen einer unternehmensweiten Architektur und dem hier diskutierten Data-Warehouse-Rahmenwerk liegen nur in dem kleineren Umfang der Ziele und der fachlichen Anforderungen.

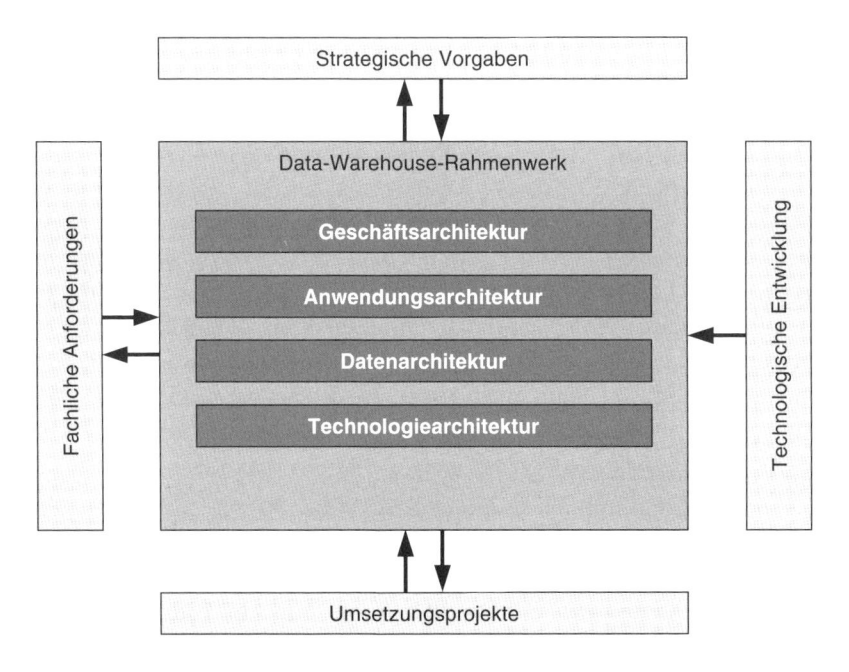

Abb. 10–4 *Data-Warehouse-Rahmenwerk*

Die Umsetzungsprojekte müssen sich an die vom Rahmenwerk vorgegebenen architektonischen Richtlinien halten. Die genaue Planung und Umsetzung geschieht in den Umsetzungsprojekten, wie es in der Vorgehensweise im nächsten Abschnitt beschrieben wird. Diese zahlreichen Data-Warehouse-Systeme bilden somit keine heterogene Ansammlung von Systemen, sondern ergeben ein abgestimmtes Gebilde.

Ein Data-Warehouse-Rahmenwerk wird durch vier Bausteine beschrieben: Geschäfts-, Anwendungs-, Daten- und Technologiearchitektur. Diese Bereiche geben den Rahmen für viele Umsetzungsmöglichkeiten in der Praxis und auch theoretischen Diskussionen vor. Von besonderer Relevanz ist die ganzheitliche Betrachtung auf Unternehmensebene sowie die Berücksichtigung der Wechselwirkungen zwischen den Bausteinen des Rahmenwerks, d. h., es geht hierbei nicht um die Betrachtung von Details, sondern um die Betrachtung der Breite. In diesem Rahmenwerk müssen sich dann alle Data-Warehouse-Lösungen des Unternehmens wiederfinden.

Die Grundlage für ein Data-Warehouse-Rahmenwerk ist die im vorherigen Kapitel diskutierte Strategie. Die Ziele des Unternehmens müssen klar definiert sein, da ansonsten die Fähigkeiten, die ein Unternehmen erreichen möchte, nicht klar abgeleitet werden können. Die Fähigkeiten stellen im Weiteren die Ebene dar, an der sich die Prozesse und IT messen muss, d. h., eine Überprüfung, ob die Ziele des Unternehmens erfolgreich erreicht wurden, kann nur an diesen Fähigkeiten geschehen.

- *Geschäftsarchitektur*:
  Eine Geschäftsarchitektur enthält verschiedene Aspekte: Eine Übersicht über Aktivitäten und deren verwendeten Geschäftsobjekte inklusive deren Zusammenhänge. Es sei darauf hingewiesen, dass weder die Aktivitäten noch die Geschäftsobjekte eine feine Granularität aufweisen, sondern aus Geschäftssicht eine Übersicht über das Unternehmen geben. Es muss klar hervorgehen, dass diese Informationen die geforderten Fähigkeiten unterstützen. Weiterhin muss aufgenommen werden, welche Rollen notwendig sind, an welchen Orten diese Aktivitäten ablaufen und welche Organisationseinheiten betroffen sind. Anhand dieser Geschäftsarchitektur kann eine zukünftige Erweiterung oder Änderung der Geschäftsprozesse diskutiert und entschieden werden. Sie stellt sicher, dass strategische Entscheidungen auf einer aktuellen Basis stattfinden, die aus Visionen, Zielen und Fähigkeiten abgeleitet wurden.

- *Anwendungsarchitektur*:
  Eine Anwendungsarchitektur besteht aus einer Menge von Anwendungen und deren Zusammenspiel, d. h. die Übertragung der Prozesse als Verteilung von Funktionen. Eine Anwendungsarchitektur im Kontext eines Data-Warehouse-Rahmenwerks entsteht aus einer stringenten Ableitung aus dem Aktivitäten- und Geschäftsobjektzusammenhang. Der Schwerpunkt liegt darin, alle Funktionen und deren Zusammenhänge und Abhängigkeiten zu verstehen.

Aus dieser konzeptionell abgeleiteten Anwendungsarchitektur kann eine Anwendungsarchitektur gebildet werden, die neben den Randbedingungen aus der betrieblichen Sichtweise wie Rollen und Lokationen auch die technologischen Randbedingungen wie Standardisierungen und weitere Tendenzen wie z.B. technologische Trends XML oder Webservices berücksichtigen. Wichtig in diesem Kontext sind auch die Prinzipien des Unternehmens zur Bildung von Anwendungen. Diese unterstützen das Design oder die Auswahl von Anwendungen.

Datenarchitektur:
Die Datenarchitektur basiert auf den Geschäftsobjekten der Geschäftsarchitektur. Neben der Benennung von Entitätstypen werden diese fachlich beschrieben in einem konzeptionellen Datenmodell festgehalten. Hierbei wird auch geklärt, welche Anwendungen auf welche Daten in welcher Weise zugreifen. Weiterhin werden dazu auch Prinzipien des Unternehmens bezüglich der Verwendung von Daten, wie Standards, Verteilung oder auch Zugriff auf Daten, festgelegt. Nicht zu vergessen sind in diesem Zusammenhang Metadaten, durch die im Kontext des Data-Warehouse-Systems ein weiterer Typus von Daten hinzugefügt wird. Auch diese Daten müssen in der Datenarchitektur beschrieben und verknüpft werden.

Technologiearchitektur:
Die Technologiearchitektur für ein unternehmensweites Data-Warehouse-Rahmenwerk fokussiert sich auf die Beschreibung der Infrastrukturbausteine aus Hard- und Software, aber wiederum nicht auf ein Detailniveau. Auch hier stehen die Abhängigkeiten, Beziehungen und Möglichkeiten für eine Standardisierung und gemeinsame Nutzung von Komponenten über die einzelnen Systeme hinweg im Vordergrund. Die Ergebnisse sind hier der vollständige Katalog von Infrastrukturkomponenten, Technologien zur Unterstützung der Anwendungen und Daten, Services und Protokolle (auch Sicherheit, Netzwerk und Systemmanagement), aber auch die Definition von Anwendungsentwicklungsmethoden und Werkzeuge.

Der Aufbau eines Data-Warehouse-Rahmenwerks geschieht üblicherweise initial in einem Projekt, oftmals innerhalb einer Business-Intelligence-Aktivität, das von der Managementebene gestützt werden muss. Die Bereitschaft der betroffenen Fach- und IT-Bereiche zu einer Mitarbeit ist durch den Ressourcenbedarf und die weitreichenden Auswirkungen erfahrungsgemäß nicht sehr groß. Das Data-Warehouse-Rahmenwerk ist dann als verbindliche Vorgabe von der Geschäftsleitung oder zumindest von dem IT-Leiter zu deklarieren und allen an der Entwicklung der Data-Warehouse-Systeme Beteiligten bekannt zu machen. Verallgemeinernd kann gesagt werden, dass die Kommunikation des Nutzens und der Verwendung ein Schwerpunkt des Projekts sein wird.

Eine bewährte Methodik fokussiert zuerst den Aufbau einer Sollgeschäftsarchitektur, aus der eine Sollanwendungs- und Solldatenarchitektur abgeleitet wird. Daraus kann die Solltechnologiearchitektur gewonnen werden. Nach der Aufnahme des Istzustandes führt ein Abgleich von Soll und Ist zu den Initiativen, die langfristig das Soll anstreben werden.

10.3.2 Umgang mit mehreren Data-Warehouse-Systemen

Die IT-Welt ist vor allem in Großunternehmen vielfältig, und auch sie wird deutlich von der Unternehmenskultur geprägt. Mit der zunehmenden Dezentralisierung und der damit einhergehenden Eigenständigkeit der Bereiche ist es nur konsequent, wenn es nicht nur das eine – somit globale – Data-Warehouse-System gibt. Mit der idealtypischen Forderung nach genau einem Data-Warehouse-System oder einem Data-Warehouse-Rahmenwerk in einem Unternehmen wird man nur schwer diejenigen Bereiche überzeugen können, die sich bereits eine weitgehend eigenständige IT aufgebaut haben und dadurch einen gewissen Grad an Eigenständigkeit erarbeitet bzw. oftmals auch erkämpft haben. Sicherheit, Lastverteilung und technische Restriktionen können neben Human- und Finanzaspekten ebenfalls Gründe für mehrere separate Data-Warehouse-Systeme sein. Bestehen keine oder nur wenige Beziehungen zwischen den jeweiligen Datenbeständen der einzelnen Data-Warehouse-Systeme, wie z.B. zwischen den Laborwerten aus der Forschung und den Logistikdaten der Materialwirtschaft, dann greifen die Argumente bezüglich Konsistenz und Mehrfachnutzung der Daten nicht. In solchen Fällen hat die weiterhin bestehende IT-Autonomie des lokalen Bereichs meist ein höheres Gewicht als die Einheitlichkeit des Data Warehousing aus Sicht des Datenmanagements.

Gerade hier sollte ein bereits existierendes Data-Warehouse-Rahmenwerk genutzt und berücksichtigt und eine abgestimmte Architektur über Bereichsgrenzen hinweg gemeinsam erarbeitet werden. So kann z.B. allein die Festlegung auf den gleichen Lieferanten der Data-Warehouse-Software Einsparungen bei Beschaffung und Betrieb bringen.

Sollte es bei mehreren Data-Warehouse-Systemen gemeinsame Daten geben, dann gebietet die Konsistenzforderung, sich des »single point of truth« in Form einer Basisdatenbank bewusst zu werden. Bei der Beschickung einer Ableitungs- oder Auswertungsdatenbank sollten daher die gemeinsamen Daten aus der Basisdatenbank des anderen Data-Warehouse-Systems kommen anstatt direkt und ggf. unbereinigt aus den Quellsystemen. Dabei sind folgende drei Varianten für die Beschickung der Ableitungs- und Auswertungsdatenbank möglich:

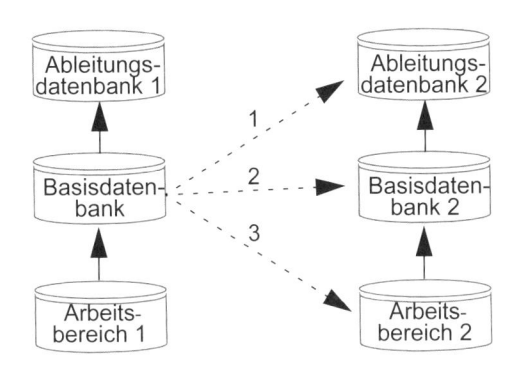

10.3 Ableitung der Data-Warehouse-Architektur

Abb. 10–5 Varianten bei der Versorgung aus fremder Basisdatenbank

Variante 1:
Direkte Beschickung der Ableitungsdatenbank:
Bei dieser Variante können Data-Warehouse-System 1 und Data-Warehouse-System 2 als ein Gesamtsystem betrachtet werden, das physisch verteilt ist. Dann wird die Basisdatenbank von Data-Warehouse-System 1 logisch mit der Basisdatenbank von Data-Warehouse-System 2 vereinigt. Dies setzt voraus, dass die Daten in der Basisdatenbank 1 inhaltlich und strukturell den Ansprüchen des Data-Warehouse-Systems 2 genügen.

Variante 2:
Beschickung über die Basisdatenbank:
Für den Fall, dass mehrere Auswertungsdatenbanken mit den Daten aus der Basisdatenbank 1 versorgt werden sollen und der Transport der Daten aus Basisdatenbank 1 in die Ableitungs- oder Auswertungsdatenbanken aufwendig ist, kann die Basisdatenbank 2 eine Kopie der benötigten Daten aus Basisdatenbank 1 aufnehmen und diese von dort mehrfach an die Ableitungs- oder Auswertungsdatenbanken verteilen.

Dann gibt es jedoch nicht mehr den »single point of truth«, sondern es gibt derer zwei, die sich allerdings nur bezüglich Aktualität mehr oder weniger stark unterscheiden.

Variante 3:
Beschickung über den Arbeitsbereich:
Wenn Transformationen notwendig werden (z.B. Schlüsselfestlegungen), dann wird die Basisdatenbank 1 formal als Quellsystem betrachtet. Hierbei besteht jedoch die Gefahr, dass im Falle weiterer Transformationen im Arbeitsbereich 2 Inkonsistenzen zwischen Ableitungs- oder Auswertungsdatenbank 1 und Ableitungs- oder Auswertungsdatenbank 2 entstehen. Um dem entgegenzuwirken, ist strikte Disziplin auf Grundlage von allgemeinen Vorgaben im Data-Warehouse-Rahmenwerk erforderlich. Es ist eine Integration der beiden Data-Warehouse-Systeme anzustreben.

Bei *Star*Kauf* wird diese Problematik aktuell, da das Unternehmen mit einem Konkurrenten fusionieren möchte. Es besteht der Wunsch, Daten möglichst schnell ohne vollständige Integration analysieren zu können. Es sind dabei alle oben genannten Möglichkeiten mit den jeweiligen Vor- und Nachteilen denkbar. Das weitere sinnvolle Vorgehen hängt stark von der Unternehmensstrategie ab und kann nicht pauschal beantwortet werden.

Idealtypisch darf es in einem Unternehmen nur ein einziges Data-Warehouse-System geben, das die integrierte Sicht auf alle relevanten Daten des Unternehmens liefern soll. Dies mag in kleineren und mittleren Unternehmen auch machbar sein, in einzelnen Großbetrieben findet man jedoch mehrere Data-Warehouse-Systeme vor, die teils auf gleichem organisatorischem Level, z.B. in einzelnen Tochterfirmen oder einzelnen Sparten, teils auf unterschiedlichem Level, z.B. für lokales und internationales Berichtswesen, mit separaten Installationen betrieben werden.

Betrachtet man die Ursachen wie beispielsweise die Selbstorganisation der Bereiche, die evolutionäre Entwicklung mit der Dynamik der Prozesse und ihre Ausprägungen in Form einer Selbstähnlichkeit, so drängt sich die Analogie zum fraktalen Unternehmen[4] auf. Struktur und Aufgabe im Kleinen ähneln denen im Großen.

Die Selbstähnlichkeit liegt hierbei vor allem in den Datenbeständen und ihren Beziehungen, den jeweiligen Datenquellen und Auswertungsdatenbanken. So existieren auf einer unteren organisatorischen Ebene, z.B. bei den Tochtergesellschaften, einzelne Data-Warehouse-Systeme mit ihren jeweiligen Datenquellen und Auswertungsdatenbanken; Entsprechendes gibt es bei einem oder mehreren Data-Warehouse-Systemen auf einer höheren Ebene, z.B. beim internationalen Controlling. Hinzu kommt, dass die Auswertungsdatenbanken oder Basisdatenbanken der unteren Ebene als Datenquellen für das Data-Warehouse-System der oberen Ebene dienen.

Folgt man diesem Gedanken, so kann man bei der zuvor geschilderten Praxis vom fraktalen Datenlager, dem fraktalen Data-Warehouse-System sprechen [Zeh03].

Damit das Zusammenspiel der einzelnen Komponenten des fraktalen Data-Warehouse-Systems möglichst reibungslos abläuft, sind Regelungen festzulegen, die alle vier Architekturkomplexe im Data-Warehouse-Rahmenwerk betreffen. Gerade für ein fraktales Data-Warehouse-System ist es besonders wichtig, im Vorfeld ein Rahmenwerk zu schaffen, damit die Infrastruktur mehrfach verwendet wird und der Ablauf reibungsfrei ist.

---

4. In den 90er Jahren wurde von Warnecke [WaBu95] der Begriff des fraktalen Unternehmens (genauer der fraktalen Unternehmensorganisation) geschaffen. Er wurde dabei von Mandelbrot inspiriert, der ausgehend von der Frage nach der Länge einer Küstenlinie zu Objekten und Räumen mit nicht ganzzahligen Exponenten kam. Das Charakteristische an diesen Objekten war ihre starke Selbstähnlichkeit; Mandelbrot nannte diese Objekte Fraktale.

10.3.3 Data-Warehouse-Konsolidierung

Der Umgang mit mehreren Data-Warehouse-Systemen in Unternehmen ist oft zwingende Realität, und unter den gegebenen Bedingungen ist die Konsistenzforderung nicht anders lösbar als oben geschildert. Bisweilen ist jedoch auch die Beschickung in all den geschilderten Varianten keine zufriedenstellende Lösung, weil sie die Komplexität erhöht oder zeitlichen Anforderungen nicht nachkommen kann. Es kommt hinzu, dass solche föderierten Systeme meist nicht aus homogenen Komponenten bestehen, sondern unterschiedliche Technologien sowohl bei der Software als auch der Hardware verwenden. Das stellt erhöhte Anforderungen an Mitarbeiterkenntnisse und vergrößert die Abhängigkeiten von Zulieferern.

Daher gibt es zunehmend Beispiele für das Bestreben großer Konzerne, dem idealtypischen Ansatz der unternehmensweiten, einzigen, integrierten Datenquelle (nämlich der Basis- und/oder Ableitungsdatenbank) als Basis für Auswertungen nachkommen zu wollen. Prominentestes Beispiel dafür ist der amerikanische Walmart-Konzern, der nach einer Konsolidierung lange Zeit das größte integrierte Data-Warehouse-System der Welt betrieb und der Konkurrenz genau dadurch analytisch überlegen war. Die Verbesserung vor allem im logistischen Bereich und die daraus resultierende Marktüberlegenheit lässt sich bei diesem Beispiel auf die konsequente Konsolidierung und deren Nutzung zurückführen ([Kauf00], [Frie06]).

Treiber der Konsolidierung

So kann es gerade der Konkurrenzdruck sein, der zur Verbesserung der Datenbasis für Auswertungen zwingt und dadurch Konsolidierungen proliferierter Auswertungsdatenbanken oder ganzer Data-Warehouse-Systeme fordert. Weitere Auslöser für Konsolidierungsprojekte sind insbesondere Fusionen, Akquisitionen oder Firmenzusammenlegungen. Zu Letzterem lässt sich beispielsweise die Konvergenz in der Telekommunikation zählen: Festnetzdienstleistungen, DSL- und Mobiltelekommunikationsprodukte sowie IP-basiertes Fernsehen wachsen hier zu einem einzigen Dienstleistungsportfolio zusammen.

Begründet werden Konsolidierungsprojekte meist durch einen oder mehrere der folgenden Punkte (ein Beispiel dazu ist in [Gran10] gegeben):

- Signifikante Einsparungen durch die Elimination von Hardware- und Softwaresystemen zusammen mit einer Senkung der Wartungskosten. Da die bisherigen Systemlandschaften zudem oft heterogen sind, ergeben sich zusätzliche Einsparungen durch die Senkung der Komplexität. Des Weiteren lassen sich organisatorisch erhebliche Vereinfachungen erzielen, was große Sparpotenziale birgt.

- Eliminierung von Unsicherheiten und Verbesserung der Entscheidungsfindung durch Etablierung einer einzigen, höherqualitativen, verwalteten und konsistenten Datenbasis
- Verbesserung der Agilität und des Antwortverhaltens bei neuen Anfragen oder Bedürfnissen. Erreicht wird dies sowohl durch die Reduktion der Gesamtkomplexität als auch durch die Eliminierung gewachsener Strukturen.

Vorhaben zur Lösung von Konsolidierungsaufgaben haben typischerweise das Ziel, mehrere unabhängige Auswertungsdatenbanken oder Data-Warehouse-Systeme mit sich überschneidenden Themenbereichen zu integrieren. In Abbildung 10–6 sind drei Data-Warehouse-Technologien für unterschiedliche Quelldaten im Einsatz. Man entscheidet sich für die Technologie des ersten. Dann lassen sich die Ausgangssysteme A und B einfach konsolidieren, da die Themenbereiche disjunkt sind, mit Ausnahme der von Quellsystem 3 gelieferten Daten, die als Bindeglied fungieren können. Nun kann es jedoch sein, dass die Ausgangssysteme B und C zwar teilweise überlappende Themenbereiche haben, jedoch unterschiedliche Daten führen. Dann muss sowohl das Problem der Zuordnung als auch das der Modellierung für diese Daten gelöst werden.

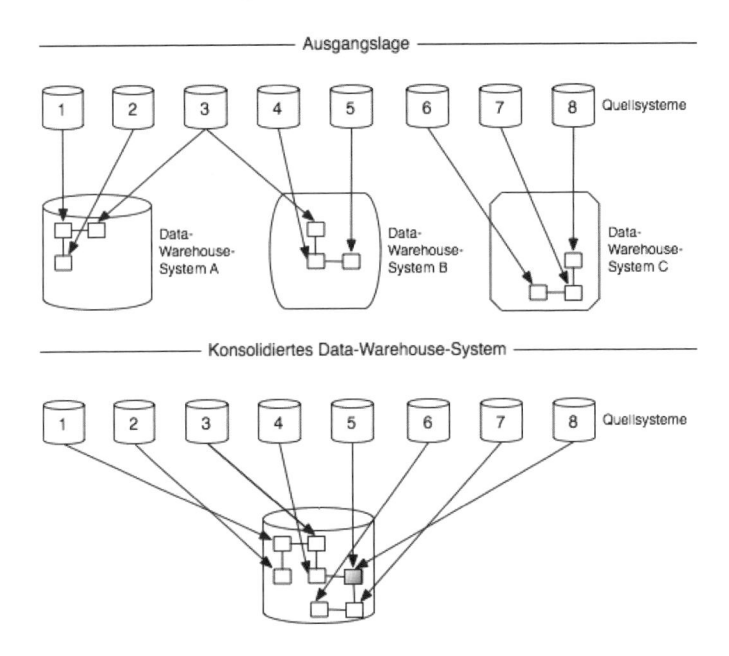

Abb. 10–6 *Ausgangslage und Resultat einer Data-Warehouse-Konsolidierung*

Im Beispiel der Telekommunikationskonvergenz sind die Festnetz-, DSL- und Mobilnetzkunden zusammen mit ihren Vertragsaspekten zur Deckung zu bringen und für die integrierte Auswertung zur Verfügung zu stellen.

Dabei sind meist zusätzliche neue Aspekte zu berücksichtigen, die keines der bisherigen Systeme erfüllt. Darunter fällt z. B. die Erfüllung neuer regulatorischer Anforderungen oder interner Sicherheitsbestimmungen wie die separate Speicherung kundenidentifizierender Daten zusammen mit einer entsprechenden Zugriffssicherung.

Problematik

Konsolidierungsaufgaben erhalten ihre Komplexität durch die verschiedenen Bereiche, die zu betrachten sind: Hardwaresysteme, Softwarelizenzen und -komponenten, Herangehensweisen und Datenmodelle. Die Problematik liegt in der Schwierigkeit, bei Vorhandensein verschiedener konkurrierender Lösungen eine Wahl zu treffen oder ggf. neue Lösungen zu finden [AlHa08]. Diese Lösung soll z. B. im Hinblick auf die Basisdatenbank alles unternehmensweit Relevante abdecken und zukunftsfähig bleiben.

Konsolidierungsprojekte sind damit durch zwei Hauptaufgabengebiete charakterisiert:

- Zum einen geht es um Aspekte, die bei der Konzipierung eines Data-Warehouse-Systems wichtig sind und die wiederhergestellt bzw. homogen gelöst werden müssen (siehe dazu u.a. Abschnitt 3.3.1 *Datenintegration* und Abschnitt 2.9.1 *Charakterisierung, Aufgaben und Abgrenzung* der Basisdatenbank).
- Zum anderen stellen sich bei Konsolidierungsprojekten in kulturell und hinsichtlich der Machtverteilung gewachsenen Strukturen Fragen nach Lösungsansätzen, Technologiekompetenzen oder unternehmensweit gültigen Kennzahlen, Strukturen und Verantwortlichkeiten neu.

Vorgehen

Aus der Aufgabenstellung und der Problematik lässt sich das folgende Vorgehen zur Lösung von Konsolidierungsaufgaben ableiten:

1. Die Wahl des fachlichen Projektleiters sollte auf eine Person fallen, die ausreichende Kompetenzen im Unternehmen genießt. Dazu sollte auch der Sponsor in der Unternehmenshierarchie hohes Gewicht haben. Die Projektstrukturen sollten ebenso hinsichtlich der Rollen und Kompetenzen klar geregelt sein. Projektauftrag und Projektziele sind präzise zu definieren.

   Die Regelung der definitorischen Kompetenz ist oft an die Machtstellung im Unternehmen geknüpft. Da bereits in unterschiedlichen organisatorischen Einheiten Lösungen vorhanden sein können, von denen sich die Mitarbeiter nicht trennen wollen, können Konsolidierungsprojekte in ihren Ansprüchen hier zwischen Fronten geraten. Der Wahl des Sponsors und des fachlichen Projektleiters und deren Verankerung im Unternehmen kommt daher besonders hier ein hohes Gewicht zu (siehe Abschnitt 11.1).

Sind beispielsweise Fusionen oder Firmenzusammenlegungen Auslöser für Konsolidierungsprojekte, ergibt sich eine Bereicherung der Angebotspalette. So wird die unternehmensweite Produkthierarchie oder der Servicekatalog gänzlich neu definiert. Dies ist beispielsweise bei konvergenten Telekommunikationsprodukten der Fall, wenn Bundle-Produkte über verschiedene Technologien hinweg angeboten werden sollen. Die Lösung und Abstimmung von Zugehörigkeiten und Gruppierungen ist jedoch oft zeitaufwendig, was die Projekte in ihrer Ausführung behindert. Der Umsetzung von Konsolidierungsvorhaben sollte daher vor solch einem Hintergrund die übergreifende fachliche Konsolidierung und Unternehmensstrategie vorangehen oder mindestens synchron mitgeplant werden.
2. Möglichst bald sollte auch die Einbindung hochrangiger Fachvertreter zur Klärung inhaltlicher Fragestellungen und Governance-Aspekten erfolgen. Es ist zu regeln, welche Gremien die Verantwortung für Datenbereiche tragen, deren Beschreibung pflegen und Qualitätseigenschaften kontrollieren.
3. Der Istzustand hinsichtlich der technischen Lösung wird aufgenommen. Stärken und Schwächen der bestehenden Lösungen sind hinsichtlich der vorgegebenen Ziele vergleichend zu bewerten. Dabei sind im Wesentlichen zwei Aspekte zu berücksichtigen (eine detaillierte Liste von Aspekten gibt [BGK+05]):
   - Es ist zu prüfen, welchen Abdeckungsgrad die einzelnen Systeme und technischen Lösungen bei der Erfüllung von Anforderungen leisten. Beispielsweise könnte sich ein System aufgrund seiner Lösung der Metadatenverwaltung oder Historisierungslogik als Referenz empfehlen, während die anderen in dieser Hinsicht unbefriedigend arbeiten.
   - Es muss festgestellt werden, welche Themenbereiche die Data-Warehouse-Systeme abdecken und welche Überschneidungen im Detail existieren. Von Interesse sind hier die abgedeckten fachlichen Prozesse, die Datengranularität, die Abbildungsstrukturen sowie die Dimensionen und Fakten wie auch die Quellen für die Daten. Auch hier ist gegenüber den fachlichen Anforderungen zu prüfen, ob die Daten insgesamt noch den Bedürfnissen entsprechen und die bestehenden Ausgangsschnittstellen aus den Quellsystemen beibehalten werden können.
4. Im Anschluss ist die Wahl für eine der bestehenden Technologien und Datenarchitekturen zu fällen oder eine Entscheidung für eine neue Evaluierung bzw. Neukonzeption zu treffen. Eine entscheidende Rolle spielt hierbei die Feststellung, ob die Schnittstellen angepasst werden müssen. Der Aufwand, der auf der Seite der Quellsysteme entsteht, stellt ein wesentliches Kosten- und Zeitrisiko dar. Operative Kernsysteme stellen in der Praxis oft nicht die notwendigen Mittel bereit, um Auswertungen, Spezifikationen und Implementierungen in nützlicher Zeit erarbeiten zu können. Trotzdem sind eine

10.3 Ableitung der Data-Warehouse-Architektur

einheitliche Ladestrategie und die Abdeckung fachlicher Datenbedürfnisse kritische Faktoren.

5. Die Konsolidierung der einzelnen Schichten des Data-Warehouse-Systems ist meist derjenige Teil, der auch in der Umsetzung durch das Unternehmen selbst geleistet wird. Bei jeder Schicht des Data-Warehouse-Systems sollte besonderes Augenmerk auf eine klare Konzeption und einheitliche Umsetzung gelegt werden. Die Basisdatenbank und die Ableitungsdatenbank stellen dabei den Kern des Projekts dar. Auf diesen Punkt wird unten detailliert eingegangen.
6. Im nachfolgenden Schritt lassen sich die Auswertungsdatenbanken und Auswertungswerkzeuge sukzessive hinsichtlich ihrer Datenquelle ändern oder neu definieren. Der Implementierung sollte eine Konsolidierung der Kennzahlen und Dimensionen (Ableitungsdatenbank) vorausgehen. Die entsprechenden Reports werden auf Basis dieser Ergebnisse einheitlich neu entwickelt.
7. Ein zeitlich befristeter Parallelbetrieb kann das Vertrauen der Anwender in die neue Umgebung erhöhen. Da sich bei der Konsolidierung die reportingrelevanten Strukturen ändern, lassen sich Ergebniszahlen oft nicht durch 1:1-Vergleiche überprüfen, sondern nur durch plausibilisierende Tests.
8. Das Abschalten migrierter und getesteter Data-Warehouse-Systeme realisiert die anvisierten Kosteneinsparungen.

Konsolidierung der Basisdatenbank

Zwei Varianten stehen für die Konsolidierung der Basisdatenbank zur Verfügung:

- die Migration auf ein ausgewähltes bestehendes System sowie die
- Konzeption einer neuen Plattform.

Bei der Migration wird ein Data-Warehouse-System ausgewählt und als das führende erklärt. Diese Auswahl kann anhand der Auswertungsergebnisse getroffen werden. Das führende System definiert für die anderen die wesentlichen Datenstrukturen, Transformations- und Datenbereinigungsmechanismen, Metadatenstrukturen usw. Die Inhalte aller anderen Systeme werden sukzessive in dessen Strukturen übertragen. Dabei sind Anpassungen möglich.

Bei der Neukonzeption wird keines der bestehenden Systeme als ausreichend betrachtet und parallel zu den laufenden Plattformen ein neues konzipiert. Hierbei werden die relevanten fachlichen Prozesse neu analysiert und modelliert. Voraussetzung ist die übergreifende fachliche Definition von Geschäftsobjekten wie Kunde, Produkt oder Vertrag.

Meist wird gefordert, die beim Aufbau der vorhandenen Systeme gewonnene Erfahrung zu nutzen und sich daran zu orientieren. Dadurch ist jedoch die abteilungsneutrale, unternehmensweite Sicht gefährdet. Deshalb werden bei der Neumodellierung der Basisdatenbank zunehmend Referenzdatenmodelle verwendet (siehe auch Abschnitte 5.3.2 und 10.3.1).

Die Vor- und Nachteile der beiden Ansätze sind in der folgenden Tabelle zusammengefasst.

	Vorteile	Nachteile
Migration	▪ Kleine Projektgrößen, kann bisweilen sogar ohne fachliche Beteiligung durchgeführt werden ▪ Die Nutzer des führenden Systems erfahren keine strukturelle Änderung in den erhaltenen Auswertungen, lediglich der Datenumfang ist größer.	▪ Die Standardisierung fachlicher Definitionen und Strukturen findet nicht unternehmensweit statt, sondern passt sich dem führenden System an. ▪ Anforderungen, die keines der vorhandenen Systeme abdeckt, erfordern aufwendige Datenmigrationen. ▪ Bereinigung gewachsener Strukturen findet nicht statt. Damit sind die Einsparpotenziale geringer.
Neukonzeption	▪ Fachliche Begriffe werden den Erfordernissen des Gesamtunternehmens folgend standardisiert und in den Datenmodellen berücksichtigt. ▪ Neue Anforderungen können in das Design einfließen. ▪ Hohe Einsparungen durch Eliminierung gewachsener Strukturen	▪ Erfordert teure Großprojekte mit komplexen Aufgabenstellungen, entsprechend langen Laufzeiten und hohem Risiko. ▪ Reportingstrukturen ändern sich und erfordern Mitarbeit und Verständnis seitens der betroffenen Empfänger.

Tab. 10–1   Vor- und Nachteile von Migration und Neukonzeption

Hinsichtlich Zeit und Kosten sind neben der politisch schwierigen Wahl der Gesamtlösung die riskantesten Projektbestandteile die ggfs. notwendige Änderung der Quellsysteme sowie die Konsolidierung der Basis- und Ableitungsdatenbank. In beiden Bereichen können die Bedürfnisse ausufern und durch ihre Komplexität Konsolidierungsprojekte scheitern lassen.

10.3.4 Architekturüberlegungen in der Praxis

Die folgenden Betrachtungen beziehen sich auf ein einzelnes Data-Warehouse-System. Es gibt Freiräume in der Gestaltung der Architektur und der Einführung des Betriebs, die für die Zwecke des Data Warehousing genutzt werden können, wie auch Einschränkungen, die zu berücksichtigen sind. Beeinflussende Faktoren sind:

- das Ideal der Referenzarchitektur (Abschnitt 2.1)
- Verzicht auf einzelne Eigenschaften der Referenzarchitektur zur Vereinfachung der Systemarchitektur (z. B. der Verzicht auf die Eigenschaft der Unabhängigkeit von Update-Sperren der Basisdatenbank zugunsten von Aktualität der Inhalte der Auswertungsdatenbanken)

10.3 Ableitung der Data-Warehouse-Architektur

- Restriktionen der eingesetzten Standardsoftware (z. B. bei SAP BW, bei dem Arbeitsbereich und Basisdatenbank in einem Datenpool verschmolzen sind)
- existierende Infrastruktur
- zeitlicher und finanzieller Rahmen

Ausgehend von der Referenzarchitektur sind innerhalb der Data-Warehouse-Strategiefindung im Wesentlichen folgende vor allem technische und organisatorische Festlegungen zu treffen, die bezüglich der Projekte und einzurichtender Data-Warehouse-Systeme langfristiger und übergreifender Natur sind. Daher sind diese Festlegungen prädestiniert, in das Data-Warehouse-Rahmenwerk aufgenommen zu werden.

Repositorium

- Das für das Data Warehousing maßgebliche Repositorium (z. B. das Repositorium des ETL-Werkzeugs). Zu den Kriterien für die Auswahl gehören beispielsweise die Fähigkeit zur Versionierung, Erweiterbarkeit, Webanbindung. Entitätstypen, die die Inhalte des Repositoriums ausmachen, d. h. Festlegung, welche Sachverhalte im Repositorium an Metadaten zu hinterlegen sind. So können beispielsweise Transformationsregeln und Ablauffolgen für das Scheduling im Repositorium des ETL-Werkzeugs hinterlegt werden. Zugriffslegitimationen hingegen werden im Repositorium der jeweiligen Anwendungssysteme gehalten.
- Zuständigkeiten für die Beschaffung, Eingabe, Pflege und ggf. für die Freigabe der Metadaten

Arbeitsbereich

- Hard- und Software (Plattenplatz und Datenbankmanagementsystem(e) und ggf. räumliche Verteilung der Datenbank für den Arbeitsbereich)
- Sicherheit vor Verlust (Backup-Konzept) und vor unberechtigtem Zugriff durch ein Legitimationskonzept
- Zuständigkeiten für die Betriebsfähigkeit (hinreichender Plattenplatz, Verfügbarkeit des Datenbankmanagementsystems, ...)

Basis-, Ableitungs- und Auswertungsdatenbank

- betroffene Anwendungen und Unternehmensbereiche und damit der Inhalt und Umfang der Datenbanken
- Hard- und Software für die Datenbanken und ggf. räumliche Verteilung der Datenbanken
- zeitliche Verfügbarkeit (beschickungsfreie Zeiten)
- Sicherheit vor Ausfall des Rechners wie auch vor Datenverlust (Backup) und vor unberechtigtem Zugriff durch ein Legitimationskonzept
- Art und Umfang der Archivierung durch ein Archivierungskonzept

Organisation

Zumindest folgende Aspekte sind innerhalb der Data-Warehouse-Strategiefindung zu klären:

- Entscheidungsinstanzen für die Architektur (Bebauungsplan)
- Besitzverhältnisse (engl. ownerships) für das Repositorium, die Basisdatenbank und ggf. für einzelne Auswertungsdatenbanken und Freigabemechanismen
- Zuständigkeiten für den Betrieb der Basisdatenbank und des Repositoriums

Alle anderen organisatorischen Fragen können innerhalb der einzelnen Data-Warehouse-Projekte geklärt werden.

10.3.5 Umgebungen im Hinblick auf Entwicklung, Test, Produktion und Wartung

Das Data-Warehouse-System ist nicht statisch. Es kommen meist in Form von Projekten neue Auswertungsdatenbanken zum Data-Warehouse-System hinzu, die dann in das bestehende System eingebettet werden müssen. Aber auch das bestehende Data-Warehouse-System unterliegt einer permanenten Änderung. Auf der einen Seite müssen Fehler behoben und kleinere Ergänzungen vorgenommen werden. Auf der anderen Seite führen Veränderungen in den Quellsystemen oder Erweiterungen am Data-Warehouse-System zu komplett neuen Versionen, potenziell mit der Gefahr einer Nichtkompatibilität zu Anwendungen, die auf einer Vorgängerversion basieren. Weiterhin gilt es, das Konzept *unterschiedlicher Umgebungen* zu realisieren. Unter einer Umgebung ist hier ein System, bestehend aus Programmen und Datenbeständen und deren Zusammenspiel mit der dazu notwendigen Hardware und Organisation, zu verstehen. Zur Abdeckung der wichtigsten Anforderungen aus Entwicklersicht werden die folgenden vier Umgebungen benötigt, deren Zusammenspiel (Übernahme von Programmen und ggf. auch Daten) in Abbildung 10–7 skizziert ist:

- die produktive Umgebung (PRODUKTION), in welcher das Data Warehousing betrieben wird
- eine Umgebung, um Programme und Datenstrukturen zu warten, d.h., Fehler zu bereinigen und kleine Verbesserungen vorzunehmen (WARTUNG)
- eine Umgebung, um für Programme und Datenstrukturen eine neue Version zu entwickeln (ENTWICKLUNG) und mit »Testdaten« zu validieren
- eine separate Umgebung, um die geänderte aktuelle Version oder eine entwickelte neue Version vor Inbetriebnahme mit kopierten »Realdaten« zu testen (TEST)

10.3 Ableitung der Data-Warehouse-Architektur

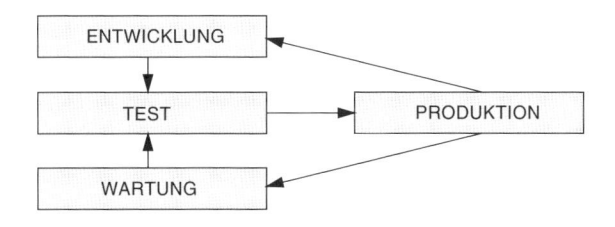

Abb. 10-7 *Zusammenspiel der Data-Warehouse-System-Umgebungen*

Dieses in Abbildung 10–7 skizzierte Szenario mit den vier Umgebungen muss sich der Realität stellen. Je nach Situation und Interessenlage müssen bzw. dürfen Abstriche vorgenommen werden. Dabei müssen *Qualität* und *Wirtschaftlichkeit* gegeneinander abgewogen werden.

Wenn es unkritisch ist, die Wartung am Produktivsystem vorzunehmen (»Operation am offenen Herzen«), dann kann die WARTUNG entfallen.

Das Testen einer neuen Version kann in der Entwicklungsumgebung vorgenommen werden, sofern keine Testabnahmeprozeduren erforderlich sind oder in dieser Zeit keine weiteren Entwicklungsarbeiten durchgeführt werden. Unter diesen Voraussetzungen können TEST und ENTWICKLUNG zusammenfallen.

Wenn die Entwicklungsarbeiten innerhalb des Produktivsystems vorgenommen werden, dann kann auch auf ENTWICKLUNG verzichtet werden. Dies setzt allerdings voraus, dass die Entwicklungsarbeiten das produktive System überschaubar beeinflussen und die Folgen nicht kritisch sein dürfen.

Je nach Einschätzung kommt man zu ein bis vier Umgebungen, in denen ein Data-Warehouse-System betrieben wird. Bestimmende Faktoren sind auf der einen Seite mehr Sicherheit und bessere Performanz, auf der anderen Seite zusätzliche Hardware wie Plattenplatz und ggf. Rechner und Software mit einem Entwicklungs-, Test- und Wartungsbetrieb, der wiederum einer Organisation bedarf. Kritisch sind dabei die Volumina der jeweiligen Datenbestände. Auch hier können je nach Anspruch Abstriche am Datenvolumen gemacht werden.

Die Entscheidung über die für das Data Warehousing geeignete Systemkonfiguration wird maßgeblich von der Versionierungseigenschaft der Data-Warehouse-Werkzeuge beeinflusst (Abschnitt 11.3).

Scheduling

Es sind Aussagen über die Abfolge der Datenbeschaffungsprozesse, die Generierung und Beschickung der Ableitungs- und Auswertungsdatenbanken sowie über die automatisierbaren Auswertungen zu treffen. Folgende Möglichkeiten, die untereinander auch beliebig kombiniert werden können, sind denkbar:

- manueller Anstoß
- automatisierte Steuerung durch ein Data-Warehouse-spezifisches Scheduling-System auf Basis des Data-Warehouse-Managers
- automatisierte Steuerung durch das im Unternehmen bereits etablierte Scheduling-System (z. B. CA7 auf IBM-Großrechnern)

Darüber hinaus ist zu prüfen, inwieweit durch einen Workflow die am Data-Warehouse-Prozess beteiligten Menschen z. B. bei der Datenbereinigung eingebunden werden können.

Accounting

Unter den Aspekt des Accounting fallen Aussagen über Art, Umfang und Organisation eines Abrechnungsverfahrens für die Beschickung und Nutzung der Basis-, Ableitungs- und der Auswertungsdatenbanken. Hierbei ist nicht nur die *Kostenbelastung* der Anwender (Kunden) zu verstehen. Im Gegenteil: Es kommen als Anreiz für die internen Datenlieferanten auch *Vergütungen* für die Lieferungen unter Berücksichtigung von Datenvolumen, Termintreue und Datenqualität in Betracht, so wie es bei externen Datenlieferanten üblich ist.

Qualitätssicherung

Innerhalb des Qualitätsmanagements eines Unternehmens sind Festlegungen über Art, Umfang und Organisation einer Qualitätssicherung für Data Warehousing zu treffen.

Hierunter fallen insbesondere folgende Konzepte:
- *Sicherung der Qualität* der Daten in der Basis- und Ableitungsdatenbank und innerhalb der einzelnen Auswertungsdatenbanken. Hierzu gehören neben der Prüfung von Daten ggf. auch Freigabemechanismen (Abschnitte 2.3, 2.9 und 12.1).
- *Schedulingprozess* für Extraktion, Transformation und Laden sowie für ereignisgesteuerte Auswertungen
- Standards für Data-Warehouse-Projekte. In [SDRS99] wird dafür der Terminus *Data-Warehouse-Grundsätze* eingeführt. Hierunter fallen z. B.:
    - Vorgehenskonzept für Data-Warehouse-Projekte wie strikte Ausrichtung an der festgelegten Architektur (z. B. keine Umgehung der Basisdatenbank bei der Beschickung einer neuen Auswertungsdatenbank, Nutzung vorhandener Daten und Prozesse, anwendungsneutrale Strukturierung der Daten in der Basisdatenbank)
    - Programmier-, Design- und Dokumentationsstandards etc.
    - Hardware- und Softwarestandards bzw. Systeme, die mit dem Unternehmensstandard (Blueprint) konform sind
- Überwachung von Performanz, Datensicherheit, Zugriffsschutz etc.

Es ist Aufgabe des Qualitätsmanagements, dass diese Konzepte zusammen mit den Betroffenen im Vorfeld des ersten Data-Warehouse-Projekts entwickelt werden, dass die Konzepte kommuniziert werden und dass sie auch von den Betroffenen mit Überzeugung angewendet werden.

10.4 Data-Warehouse-Vorgehensweise

Nachdem in den vorherigen Kapiteln die Weichen für die Data-Warehouse-Strategie und die Architektur gestellt und die Einordnung in die IT- wie auch in die übergeordnete Unternehmensstrategie durchgeführt wurden, wird im weiteren Verlauf die Umsetzung der Strategie durch die Data-Warehouse-Vorgehensweise beschrieben.

Mit grundsätzlichen Überlegungen zu einem Vorgehen befasst sich Abschnitt 10.4.1. In Abschnitt 10.4.2 wird ein Vorgehensmodell zum Aufbau eines Data-Warehouse-Systems diskutiert, das in den weiteren Abschnitten vertieft wird. Eine Machbarkeitsstudie (Abschnitt 10.4.3), die gelegentlich auch Vorstudie genannt wird, kann als erste Projektphase betrachtet werden. Es folgen die Projektphasen Analyse (Abschnitt 10.4.4), Design (Abschnitt 10.4.5) sowie Implementierung (Abschnitt 10.4.6) und Test (Abschnitt 10.4.7). In Kapitel 12 wird der Komplexität und Problematik der letzten Projektphase, Betrieb und Wartung, Rechnung getragen.

10.4.1 Grundsätzliche Überlegungen zum Projektvorgehen

Überlegungen zur Auswahl eines Vorgehensmodells stehen am Beginn des Data-Warehouse-Projekts. Vorgehensmodelle organisieren den Entwicklungsprozess (daher auch: Prozessmodelle) durch Aufteilung in spezifische Phasen und Aufgabenbereiche, sie definieren Phasenübergänge und deren Abfolgen, legen Rollen im Entwicklungsprozess fest und liefern Unterstützung für Managementdisziplinen wie Projektmanagement oder Qualitätsmanagement. Somit können sie wesentlich zum Erfolg oder zum Scheitern eines Projekts beitragen.

Data-Warehouse-Projekte sind ihrem Naturell nach Softwareentwicklungsprojekte. Berücksichtigt man jedoch, dass für die Datenintegration, die Verwaltung der Daten in Basis-, Ableitungs- und Auswertungsdatenbank und vor allem für die Auswertung meist Standardsoftware eingesetzt wird, so liegt der Schwerpunkt der Entwicklungsaktivitäten neben der Datenbeschaffung und der damit einhergehenden Datenbereinigung in der Anforderungsanalyse und vor allem im Konzeptionellen, d.h. der Strukturierung der Daten und der Parametrierung der Standardsoftware. Dennoch kann man sich zur Durchführung dieser Aktivitäten aus dem bekannten Spektrum der Vorgehensmodelle für die Softwareentwicklung bedienen. »Klassische« Vorgehensmodelle sind vor allem [Balz08]:

- Wasserfallmodell
- Prototypenmodell
- evolutionäres/inkrementelles Modell
- Spiralmodell

Während diese Modelle noch von einer eher strengen Abfolge einzelner Projektphasen ausgehen, versuchen neuere Ansätze den typischen Unwägbarkeiten in der Softwareentwicklung, häufig verursacht durch unscharfe und sich dynamisch verändernde Anforderungen, durch einen »agilen« Entwicklungsprozess entgegenzuwirken. Bekannteste Vertreter dieser Richtung sind »Scrum« und das »Extreme Programming«.

Die Festlegung des Vorgehens für das eigene Projekt hängt von verschiedenen Faktoren ab, von denen hier nur einige genannt seien:

- Größe des Projekts
- Stabilität der fachlichen Anforderungen
- besondere Risiken
- eingeführte IT-Standards und Prozesse
- Qualifikation der Mitarbeiter
- vertragliche Beziehung (bei Realisierung im Kundenauftrag)

Klassische Vorgehensmodelle

Das Wasserfallmodell in seiner ursprünglichen Ausprägung ist ein linear-sequenzielles Vorgehensmodell. Darunter verbirgt sich ein Top-down-Vorgehen, das dem Ansatz seinen Namen gab und durch eine fehlende oder nur eingeschränkte Rückkopplungsmöglichkeit geprägt ist. So muss jede Aktivität beendet sein, bevor die nachfolgende beginnen kann. Die Einhaltung der Reihenfolge der Abarbeitung der geplanten Aktivitäten ist dabei zwingend. Somit haben alle Aktivitäten klar definierte Anfangs- und Endpunkte und klar definierte Ergebnisobjekte. Diese Ergebnisobjekte werden in sogenannten Meilensteinsitzungen überprüft und verabschiedet. Es ist schnell erkennbar, dass eine vollständige und detaillierte Anforderungsphase notwendig wird. Entsprechend stellen das Lastenheft und das Pflichtenheft die wichtigsten Dokumente bei diesem Vorgehensmodell dar.

Neben den Reinformen des Wasserfalls gibt es Modelle mit Rückkopplungsmöglichkeiten, um wesentlichen Mängeln und Risiken des reinen Wasserfallmodells entgegenzuwirken (Abb. 10–8). Diese sind vor allem in dem hohen Planungsaufwand, der mangelhaften Reaktionsmöglichkeit auf Zieländerungen und in der Tatsache zu finden, dass das gesamte Modell auf eine »Big-Bang-Lösung« abzielt und damit alle Qualitätsrisiken bis zum Schluss durchreicht und dort erst kostenintensiv auflöst. Allen Nachteilen zum Trotz ist das Wasserfallmodell das am häufigsten anzutreffende Vorgehensmodell.

10.4 Data-Warehouse-Vorgehensweise

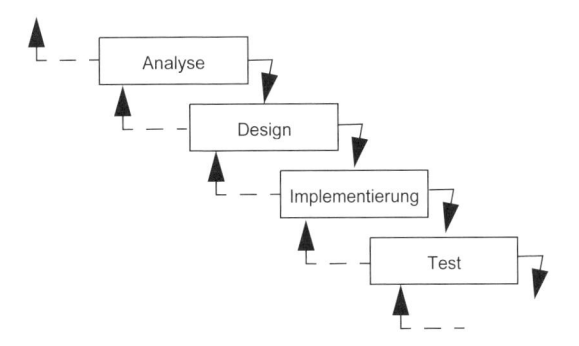

Abb. 10–8 *Erweitertes Wasserfallmodell (mit Rückkopplungsmöglichkeiten)*

Vor allem im Bereich klar zu definierender und über den Projektverlauf fixer Anforderungen ist es ein vorteilhaftes Vorgehen. Auch bei Anwendungen, die hohen Qualitäts- und Zuverlässigkeitsanforderungen unterliegen, wie z. B. Embedded Systems bei medizinischen Geräten, Telekommunikationssystemen oder Anforderungen im Bereich der Revisionssicherheit, hat sich das linear-sequenzielle Vorgehen bewährt. Gründe hierfür sind die einfache Durchführbarkeit, die hohe Effizienz bei konstanten Anforderungen und nicht zuletzt die gute Planbarkeit, die einfache Fortschrittskontrolle und Zielerreichungsprüfung. Grundsätzlich ist das Wasserfallmodell für große Vorhaben geeignet. Je höher allerdings die Volatilität der Anforderungen ist, umso geringer wird die Erfolgswahrscheinlichkeit, mit dieser Methodik die zeitlichen, qualitativen und monetären Zielsetzungen zu erreichen. Dies spiegelt auch die wesentlichen Problemstellungen in einem durch Komplexität und eine Vielzahl von Teilprojekten geprägten Data-Warehouse-Vorhaben wider. Durch den Einbau iterativer Aspekte (z. B. beim Spiralmodell) versucht man, diesen Nachteilen entgegenzuwirken.

Neben diesem iterativen Wasserfallmodell ist auch das V-Modell (oder auch die aktuelle Version V-Modell XT [BrKu06]) eine Erweiterung des klassischen, reinen Wasserfallvorgehens. Im Gegensatz zum Wasserfallmodell verzichtet das V-Modell auf die konkrete zeitliche Abfolge einzelner Aktivitäten. Seinen Namen hat das V-Modell durch die V-förmige Anordnung der Projektphasen (Abb. 10–9).

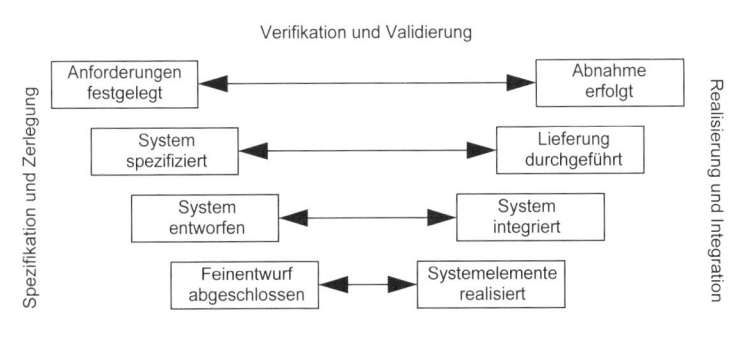

Abb. 10–9 *V-Modell XT – Submodell Systemerstellung [BrKu06]*

Agile Verfahren

Agile Verfahren akzeptieren grundsätzlich, dass die Planung, der Verlauf sowie die Umsetzung eines Projektvorhabens schwer vorhersehbar sind, und versuchen, flexibel darauf zu reagieren. Dabei steht das wirtschaftliche Ziel des Vorhabens im Mittelpunkt, genaue Anforderungen werden dabei eher skizziert und später durch das zur Umsetzung beauftragte Team weiter konkretisiert. Existieren spezifische Vorgaben wie z. B. zu verwendende Technologien oder bereits existierende Systemkomponenten, gibt der Auftraggeber diese als Bedingung an, und damit sind sie für das umsetzende Team verpflichtend einzuhalten. Kennzeichen agiler Vorgehensweisen sind vor allem:

- iteratives Vorgehen auf Basis eines klar definierten Rahmenwerks
- komplette Fertigstellung von Arbeitspaketen bzw. Produktinkrementen, inkl. Integration, Test und Freigabe
- Lieferung von produktiven, verwendbaren Teilergebnissen nach ein oder mehreren Iterationen
- Umsetzung von Teilprojekten bzw. Arbeitspaketen nach einer vorgegebenen Priorität
- Wiederholung der Iterationen bis zur Fertigstellung des Gesamtprojekts
- Analyse, Planung und Umsetzung durch das Team anstatt einer Einzelperson wie z. B. einem Projektleiter

Aufgrund des iterativen Vorgehens (Abb. 10–10) bieten agile Verfahren die Möglichkeit, während der gesamten Projektphase kurzfristig auf Änderungen zu reagieren. Diese Änderungen können sich auf den Projektverlauf, die Anforderungen, die externen Bedingungen und auch auf den Endtermin beziehen.

Mittels Evaluationen nach jeder Iterationsphase optimiert das Team seine Prozesse, Methoden und Arbeitsweisen und berücksichtigt die identifizierten Verbesserungen bereits in der nächsten Iterationsphase.

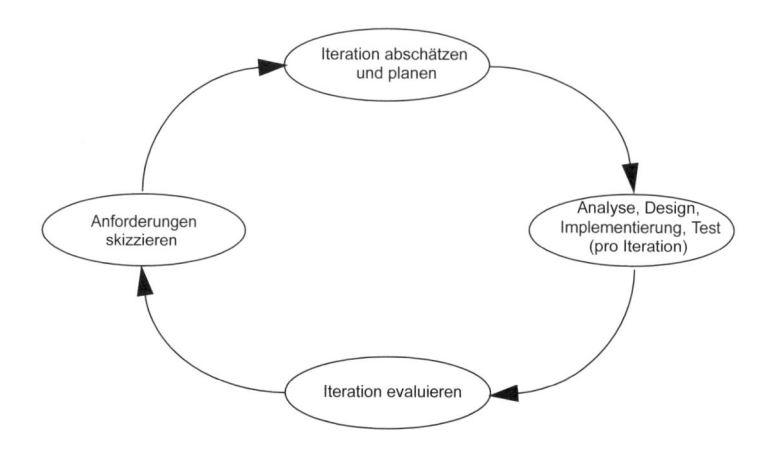

Abb. 10–10   *Iterationen bei einer agilen Vorgehensweise*

Einschätzung der Vorgehensmodelle

Eine agile Vorgehensweise ist prinzipiell nicht auf die Softwareerstellung beschränkt, sondern kann entsprechend neben der Einführung von Auswertungswerkzeugen bei den Prozessen zur Datenbereinigung, ETL, Metadatenmanagement auch beim Aufbau der Datenbanken wie Basis-, Ableitungs- oder Auswertungsdatenbanken angewandt werden. Weiterhin hat eine agile Vorgehensweise wegen der durchaus häufigen Änderungen der Anforderungen im Aufbau und vor allem bei Erweiterungen in Folgeprojekten im Betrieb Sinn. Das heißt jedoch nicht, dass ein ganzes Data-Warehouse-System mit agilen Verfahren umgesetzt werden soll/muss. Eine agile Vorgehensweise wirkt vor allem dann produktivitätssteigernd, wenn ausgewählte Teilprojekte mittels agiler Methoden selbstorganisiert abgearbeitet werden können.

Weniger geeignet scheinen agile Verfahren bei der Machbarkeitsstudie wie auch der Soft- und Hardwareauswahl zu sein, da hierbei einerseits die Aufteilung der Aufgaben und die Fortschrittskontrolle auf Tagesebene nur schwer zu realisieren sind, andererseits verbindliche Vorgaben für alle Beteiligten geschaffen werden, die der Selbstorganisation und Flexibilität entgegenstehen. Ebenso scheint es ungeeignet im Bereich der Entwicklung einer tragfähigen Data-Warehouse-Architektur und deren Einbindung in die Gesamtarchitektur des Unternehmens.

Aktuell zeigt sich eine Einordnung agiler Methoden im Rahmen eines Spiralmodells oder eines V-Modells, um den Vorgehens- und Projektmanagement-Skills in den Unternehmen ebenso gerecht zu werden wie den auf tradierte Verfahren ausgerichteten internen Kontrollsystemen. Da agile Methoden zudem nicht leicht in Unternehmen mit gewachsenen Strukturen einzuführen sind, ist eine vollständig agile Vorgehensweise im Data-Warehouse-Umfeld schwer vorstellbar. Verzichtet werden sollte auf diese Methodik aber nicht, fördert sie doch Teamarbeit, Transparenz und oft auch die Motivation der Teammitglieder und trägt so entscheidend zum Projekterfolg bei.

In der Praxis sind heute Mischformen verschiedener Vorgehensmodelle üblich, die den spezifischen Rahmenbedingungen Rechnung tragen und mit entsprechender Erfahrung zu Projektbeginn zu fixieren sind. Vom TDWI[5] (The Data Warehousing Institute) wird eine Mischform als »Extreme Scoping« im Gegensatz zu XP (für Extreme Programming) bezeichnet und als Best Practice angeführt ([AdMo00], [Moss07], [Moss09], [Schw07] und [Glog08]). Ähnliche Vorgehensweisen werden in [Coll11] und [Hugh08] beschrieben.

---

5. *http://www.tdwi.eu/*

10.4.2 Vorgehensmodell

Entsprechend Abbildung 10–11 wird nachfolgend von den fachlichen Projektphasen Machbarkeitsstudie, Analyse, Design, Implementierung und Test sowie Produktivsetzung ausgegangen. Diese Phasen sind weitgehend unabhängig vom jeweils gewählten Vorgehen zu durchlaufen. Unterschiede ergeben sich z. B. in der Stringenz der Abfolge oder der Schärfe der Abgrenzung der Phasen gegeneinander.

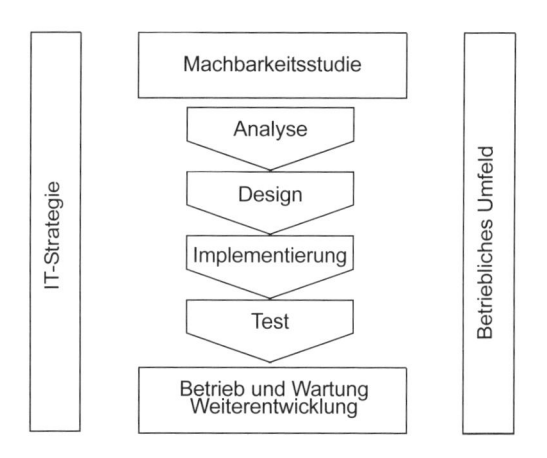

Abb. 10–11 *Vorgehensmodell nach [Ditt99]*

Das Phasenkonzept soll sicherstellen, dass

- die Machbarkeit des Vorhabens und seine mögliche Risiken frühzeitig eingeschätzt werden können,
- fachliche Anforderungen und Rahmenbedingungen systematisch erfasst und dokumentiert werden,
- der Entwurf des Systems methodisch aus den Anforderungen abgeleitet und in die Implementierung überführt wird,
- über Tests funktionale und nichtfunktionale Anforderungen ausreichend abgesichert werden,
- für jede Phase jeweils einheitliche Methoden und Werkzeuge zum Einsatz kommen und Übergänge zwischen Phasen sich reibungslos und ohne Informationsverlust gestalten.

Da bei Data-Warehouse-Systemen häufig Unschärfen in Bezug auf die fachlichen Anforderungen zu beobachten sind, die auch aus Unklarheiten über die Möglichkeiten des Systems herrühren, und sich bestehende Anforderungen häufig dynamisch ändern, empfiehlt sich in jedem Fall ein iteratives Vorgehen. Bei diesem können sich einzelne Phasen gegenüber einem streng sequentiellen Phasenverlauf auch überlappen und bei Bedarf mehrfach durchlaufen werden. Dabei können fachliche Anforderungen durch prototypische Umsetzung und mehrere Iterationen sukzessive präzisiert werden. Teilergebnisse stehen frühzeitig zur Verfügung und sind durch die Fachbereiche abnehmbar. Auch für Änderungsanforderungen gewinnt das Data-Warehouse-System mit diesem Vorgehen die nötige Flexibilität. Voraussetzung sind ausreichend schlanke organisatorische Prozesse, z. B. für das Anforderungsmanagement. Da über diesen Prozess die Zusammenarbeit mit der Fachseite geregelt wird, kommt ihm eine Schlüsselfunktion zum Erreichen der beschriebenen Umsetzungsflexibilität zu.

Ein Beispiel zur Erläuterung: Eine Steuerungskennzahl wird gemäß den vorliegenden fachlichen Anforderungen prototypisch umgesetzt. Eine Durchsprache mit dem Fachbereich ergibt, dass die Ergebnisse nicht plausibel sind. Die fachlichen Algorithmen werden daher durch den Fachbereich unter Hinzunahme einer weiteren Datenquelle angepasst. Dadurch ändert sich die Komplexität der Abfragen, sodass sich die Zeit für den Berichtsabruf relevant erhöht. Mit dem Fachbereich wird unmittelbar geklärt, ob diese Zeiten akzeptiert werden oder ob zusätzliche technische Maßnahmen zur Performanzsteigerung erforderlich sind, was eine Erhöhung des geplanten Realisierungsaufwands nach sich zöge. Entsprechend der erfolgten Absprachen wird die Anforderungsdokumentation aktualisiert und die prototypische Realisierung in eine vollständige, qualitätsgesicherte Lösung überführt (evolutionäres Prototyping). Durch die vorangegangenen iterativen Verbesserungsschritte sind die Risiken der Abnahme der endgültigen Lösung für beide Seiten deutlich reduziert.

10.4.3 Machbarkeitsbetrachtung zum Data Warehousing

Die Erstellung eines Data-Warehouse-Systems und die Einbettung in die betriebliche Ablauf- und Aufbauorganisation sind nicht trivial. Sie können aus vielerlei Gründen scheitern. Daher ist es notwendig, sich im Vorfeld Gedanken über unternehmerischen Nutzen, organisatorische Auswirkungen und nicht zuletzt über technische und wirtschaftliche Machbarkeit sowie die damit verbundenen Risiken zu machen. Dies sind Themen der Data-Warehouse-Strategie, und aus ihnen resultiert das in Abschnitt 10.3.1 beschriebene Rahmenwerk. Aufgabe von Machbarkeitsbetrachtungen ist es, einzelne Aspekte einer solchen Planung gezielt abzusichern und damit Umsetzungsrisiken frühzeitig zu erkennen und zu minimieren. Welche Aspekte einer solchen Machbarkeitsüberprüfung unterzogen werden müssen, hängt von den aus den jeweiligen Rahmenbedingungen resultierenden Projektrisiken ab und muss von Fall zu Fall entschieden werden.

Nachfolgend werden einige typische Themen für Machbarkeitsstudien in Data-Warehouse-Projekten genannt:

- *Gegenstand und Bedeutung des Data Warehousing im Unternehmen*:
  Der Fokus dieser Betrachtung liegt in der Absicherung des Mehrwerts des Data-Warehouse-Systems zur Erreichung der Unternehmensziele. Dieser Teil ist weniger technisch als fachlich geprägt und sichert in Zusammenarbeit mit den zuständigen Fachbereichen ab, dass z. B. ausgewählte Kennzahlensysteme

tatsächlich den für die Unternehmenssteuerung erwarteten Nutzen erbringen werden und dass der hierfür notwendige Informationsbedarf durch die operativen IT-Systeme des Unternehmens auch gedeckt ist. Siehe hierzu auch Abschnitt 11.7.2.

- *Wirtschaftlichkeitsbetrachtungen*:
  Rechtfertigt der erwartete Nutzen die geschätzten Kosten? Eine Machbarkeitsstudie liefert eine Entscheidungsgrundlage für das Management. Eine Vertiefung erfolgt in Abschnitt 11.7.

- *Softwareauswahl*:
  Eine Machbarkeitsstudie kann z.B. über einen technischen Prototypen die ausreichende Leistungsfähigkeit einer präferierten ETL-Software für die zu erwartenden Datenvolumina überprüfen oder über einen funktionalen Prototypen die Akzeptanz eines Auswertungswerkzeugs bei den zukünftigen Anwendern absichern. Eine Vertiefung dieses Themas erfolgt in Abschnitt 11.3.

- *Hardwareauswahl*:
  Hier kann abgesichert werden, ob eine Umsetzung des Data-Warehouse-Systems im Rahmen der durch die IT-Strategie festgelegten Systemplattformen und der Systemarchitektur möglich ist. Typische Punkte sind ausreichende Skalierbarkeit und Verfügbarkeit. Eine Vertiefung des Themas erfolgt in Abschnitt 11.4.

- *Personalbedarf*:
  Verfügt das Unternehmen über eine ausreichende Anzahl qualifizierter Mitarbeiter zumindest für die Schlüsselpositionen des Data-Warehouse-Projekts bzw. welche Maßnahmen sind zur Personalbeschaffung zwingend erforderlich? Die Machbarkeitsstudie kann dies bewerten und Lösungsmodelle vorschlagen.

- *Datenschutzrechtliche Absicherung*:
  Die datenschutzrechtliche Zulässigkeit der geplanten Informationsbeschaffung und -auswertung sollte frühzeitig geprüft werden. Dieser Punkt ist dann von Bedeutung, wenn personenbezogene Daten in die Auswertungen einbezogen werden sollen.

Aufgabe der Machbarkeitsstudie sind auch die Bewertung verschiedener Lösungsalternativen in den genannten Bereichen und die Ableitung einer Handlungsempfehlung. Sie liefert somit eine Entscheidungsgrundlage für das Management im Hinblick auf die Einführung eines Data-Warehouse-Systems. Ist das Data-Warehouse-System bereits strategisch gewollt, so stellt die Machbarkeitsstudie Eckwerte zur Umsetzung, beispielsweise zu den hierfür notwendigen Ressourcen, bereit. Machbarkeitsstudien werden zu einem frühen Zeitpunkt des Projekts durchgeführt, also meist vor den nachfolgend geschilderten Phasen. Sie können aber auch begleitend aufgesetzt werden, wenn sich aufgrund der bisherigen Ergebnisse der Bedarf ergibt. Häufig ist dies z.B. in der Designphase der Fall, um grundlegende Entwurfsentscheidungen abzusichern.

10.4.4 Analysephase

Ziel der Analysephase ist eine umfassende Aufnahme der Rahmenbedingungen und der Anforderungen an das zukünftige Data-Warehouse-System. Die wesentlichen Handlungsfelder werden nachfolgend diskutiert.

Externes Know-how

Falls nicht schon während der Machbarkeitsstudie (Abschnitt 10.4.3) untersucht wurde, inwieweit externes Wissen für dieses Projekt hinzugekauft werden muss, so sollte dieser Schritt nun nachgeholt werden. Wird ein Data-Warehouse-Projekt zum ersten Mal durchgeführt, so ist der Beratungsbedarf deutlich höher als bei einem Folgeprojekt. Im Wesentlichen ist das vorhandene interne Wissen in den folgenden Bereichen kritisch zu hinterfragen:

- Management eines komplexen, viele Unternehmensbereiche betreffenden Projekts
- Informationssicherheit und rechtliche Belange sowie Mitarbeitermitsprache bei der Weiterverarbeitung persönlicher Daten (z.B. Data Warehousing im Personalwesen)
- Datenbank- und Modellierungserfahrung (speziell für OLAP)
- Oberflächengestaltung und Anwendungsprogrammierung
- Projekterfahrung mit den relevanten Data-Warehouse-Werkzeugen

Istanalyse

Zweck dieser Analysephase ist die Erfassung des Istzustands in den von der Data-Warehouse-Einführung betroffenen Unternehmensbereichen [Nied97]. Damit der Analyseaufwand in einer vertretbaren Relation zur später folgenden Sollkonzepterstellung steht, muss der Detaillierungsgrad des Istzustandes immer so gewählt werden, dass ein ausreichender Erkenntnisstand erzielt wird. Hier kann die 80:20-Regel Anwendung finden. Demnach sollte der Aufwand ca. 20 %, der Erkenntnisstand dagegen ca. 80 % betragen. Durch diese Methode wird zwar ein gewisses Maß an Unsicherheit toleriert, eine umfassende Istaufnahme ist aber in der Regel sehr zeitaufwendig und in Bezug auf die Umsetzung und Beschaffung nicht erforderlich [Schr94].

Methoden zur Bestimmung des Istzustandes sind im Wesentlichen die *Auswertung* vorhandener Dokumente, die *Beobachtung*, die *schriftliche Befragung* oder das *Interview* ([Nied97], [Kubr96]).

Sollkonzept

Unter Berücksichtigung der jeweiligen Unternehmensstrategie ist zu analysieren, wie die allgemeinen Einsatzpotenziale einer Data-Warehouse-Lösung mit den Geschäftsanforderungen des aktuellen Einsatzbereichs zusammengeführt werden können. Die Definition und Analyse dieser Anforderungen kann nur von bzw. in enger Zusammenarbeit mit den zukünftigen Endanwendern, also Mitarbeitern der Fachbereiche, erfolgen. Häufig kann festgestellt werden, dass die IT-Spezialisten versuchen, diese Aufgabe in Vertretung der Anwender zu erledigen. Spätere Probleme in der Benutzerakzeptanz sind dann vorprogrammiert. Wurde der Geschäftszweck des Data Warehousing bestimmt, sind anschließend Aussagen darüber zu treffen, welche Einzelinformationen zur Erfüllung dieses Zwecks benötigt werden. Dazu müssen auch Fragen zur benötigten Aggregationsform der Daten oder zur Aktualität der Daten beantwortet werden. Eine detaillierte Betrachtung des Anforderungsmanagements wird im Rahmen des Data-Warehouse-Projektmanagements in Abschnitt 11.1.3 gegeben.

Analyse der Datenquellen

Die im Sollkonzept dokumentierten Potenziale des zukünftigen Data-Warehouse-Systems müssen sich auf den verfügbaren Datenquellen abstützen. Ziel dieser Aktivität ist es, die erforderlichen Datenquellen zu identifizieren und auf die grundsätzliche Verfügbarkeit der notwendigen Informationen hin zu untersuchen. Dabei ist sowohl eine semantische als auch eine qualitative Analyse der Datenquellen erforderlich. Ersteres stellt sicher, dass der Informationsgehalt zur Erbringung der erhobenen Anforderungen ausreicht. Falls dies nicht der Fall ist, weil z. B. einzelne Informationsobjekte oder Attribute fehlen, können Änderungsanforderungen an die bereitstellenden Quellsysteme erforderlich werden. Alternativ sind Einschränkungen in den Möglichkeiten des Data-Warehouse-Systems zu akzeptieren.

Die Datenqualität entscheidet sowohl über die grundsätzliche Brauchbarkeit der Daten als auch über eventuelle Maßnahmen zur Qualitätssicherung im Rahmen der späteren Datennutzung zum Aufbau des Data-Warehouse-Systems. Auch hier kann es erforderlich sein, bereits zu Beginn Maßnahmen in den bereitstellenden IT-Verfahren einzuleiten, um eine ausreichende Datenqualität abzusichern. Die Analyse der Datenqualität erfordert in der Regel bereits eine prototypische technische Auswertung, um einen Überblick über die Lücke zwischen notwendiger und verfügbarer Datenqualität zu erhalten.

Quantitative Betrachtungen sind ebenfalls Bestandteil der Analyse. Für den Entwurf der Data-Warehouse-Systems müssen verlässliche Angaben zu Datenvolumina und Anzahl von Datensätzen vorliegen, um eine technische Dimensionierung des Systems zu ermöglichen.

Die Analyse betrifft gleichermaßen interne wie externe Datenquellen. Während zu internen Datenquellen meist ausreichende Informationen verfügbar oder beschaffbar sind und auch die technische Analyse selten auf Probleme stößt, kann sich die Analyse externer Datenquellen wesentlich schwieriger gestalten. Diesem Bereich der Datenzulieferung sollte daher besondere Beachtung geschenkt werden, um Risiken in späteren Projektphasen auszuschließen. Notwendige Maßnahmen sind z. B. Vereinbarungen mit den zuliefernden Organisationen über Schnittstellen, Semantik der zu liefernden Daten und soweit möglich auch zur Datenqualität.

Sind Auswertung auf Basis personenbezogener Daten geplant, sollten datenschutzrechtlich kritische Informationen in der Analysephase identifiziert werden. Eine frühzeitige Absicherung der geplanten Auswertungen, z. B. über den Datenschutzbeauftragten des Unternehmens, schützt vor bösen Überraschungen in späteren Projektphasen.

Erste Fokussierung

Möglichst bald sollte die erste Ausbaustufe für das Data-Warehouse-System nach dem Ansatz »Think big – start small« identifiziert werden. Wichtig hierbei ist, sowohl für den Fachbereich ein nutzbringendes und interessantes Paket zu definieren als auch darauf zu achten, dass eine angemessen aufwendige Implementierung möglich ist. Von Fach- und IT-Bereich sorgfältig bewertete Projektrisiken sind als Entscheidungsgrundlage für die Auswahl eines initialen Projekts unerlässlich. Unternehmenskritische Prozesse oder Implementierungen, die bereits eröffnete Großbaustellen der IT-Infrastruktur betreffen, sind selten gute Kandidaten für ein Pilotprojekt. Auch unrealistische Erwartungen der zukünftigen Anwender oder technisch schwer umsetzbare Anforderungen können ein Data-Warehouse-Projekt nachhaltig negativ beeinflussen. Die richtige Balance zu finden, kann bereits im Vorfeld über Akzeptanz und Erfolg eines Data-Warehouse-Projekts entscheiden. Vom Umfang her sollte die erste Ausbaustufe innerhalb eines halben bis eines Jahres realisiert werden können. Die weiteren Ausbaustufen sind anhand der Ziele zu priorisieren.

Die erste Fokussierung sollte in Form einer kleinen Auswahl von – für den Anwender wichtigen – Informationen durchgeführt werden. Hierdurch kann dem Anwender ein erster Nutzen aufgezeigt und durch die Auswahl wichtiger Informationen die Hemmschwelle zur Systemnutzung gesenkt werden. Neben der Informationswahl gilt es auch, von Anfang an die Informationen so zu »gestalten«, dass eine spätere Erweiterung dieses ersten Entwurfs problemlos möglich ist.

10.4.5 Designphase

Die Designphase legt in einem technischen Entwurf fest, wie die in der Analysephase erhobenen Anforderungen an das Data-Warehouse-System umgesetzt werden sollen. Sowohl die Ergebnisse aus der Machbarkeitsstudie als auch die Ergebnisse der Analysephase werden für die Designphase benötigt.

Modellierung der Datenquellen

Um die Datenversorgung der Basis- und Ableitungsdatenbank und damit der Auswertungsdatenbanken auf ein stabiles Fundament zu stellen, müssen die für das Projekt notwendigen Datenquellen durch Datenmodelle dokumentiert sein. ggf. müssen die Datenmodelle durch geeignete *Reverse-Engineering-Maßnahmen* aus der vorhandenen Dokumentation abgeleitet werden. Hierbei sollte sich die zu erzeugende Dokumentation auf die für die Basisdatenbank notwendigen Objekte beschränken. Ziel ist es, alle Datenquellen in Form von Entity-Relationship-Modellen in das zentrale Repositorium aufzunehmen. Die Schnittstellen zu den Datenquellen sind ebenfalls festzulegen und zu dokumentieren. Hierzu gehören z. B. Anlieferungsformate, -zeitpunkte sowie technische Metadaten.

Design der Basisdatenbank

Im Gegensatz zur Datenhaltung in der Ableitung- und Auswertungsdatenbank, die aus Performanzgründen Redundanzen enthalten können, sollte die Datenstruktur für die Basisdatenbank möglichst in der dritten Normalform (3NF) modelliert und implementiert sein. Dadurch wird die ohnehin aufwendige Datenversorgung der Basisdatenbank nicht zusätzlich durch die Pflege redundanter Daten erschwert; auch wird dadurch der Entstehung von weiteren Inkonsistenzen vorgebeugt. Mit dem Design der Basisdatenbank wird ein vorliegendes konzeptuelles (semantisches) Modell in ein physisches Modell, das den Erfordernissen dem der Basisdatenbank zugrunde liegenden Datenbankmanagementsystem Rechnung trägt, überführt.

Design der Ableitungs- und Auswertungsdatenbank

Im Gegensatz zum Entwurf der Basisdatenbank sind beim Design der Ableitungs- und Auswertungsdatenbank die spezifischen Auswertungsanforderungen der »ersten Fokussierung« (siehe Auswertungsphase) zu berücksichtigen. Die Ableitungs- und Auswertungsdatenbank wird für die Bereitstellung dieser Informationen optimiert entworfen. Grundsätzlich müssen Datenmodelle für eine OLAP-Anwendung anderen Anforderungen genügen als Datenmodelle für OLTP-Anwendungen. Deshalb wurden Datenmodellierungsvarianten entwickelt, die den speziellen Anforderungen an die Data-Warehouse-Datenmodellierung Rechnung tragen wie z. B. das multidimensionale Datenmodell (Kap. 6).

Besondere Beachtung muss der Modellierung der Dimension Zeit gewidmet werden. Dies erfordert vom Modellierer ein hohes Maß an Abstraktion, um ein einheitliches, erweiterbares und somit zukunftsträchtiges Modell zu erstellen.

Design des Datenflusses

Zum vollständigen Entwurf des Gesamtsystems muss der Datenfluss von den Datenquellen bis in die Auswertungsdatenbank auf Attributebene beschrieben werden. Es sollte eine Methode Anwendung finden, mit deren Hilfe alle notwendigen Integritätsbedingungen, Aggregationen, Extraktionen und Transformationen abgebildet werden können. So genügt z.B. die *moderne strukturierte Analyse* (MSA, [Your89]) den angeführten Kriterien; sie hat sich zur Kommunikation mit den Fachabteilungen auch für komplexe Rechenmodelle als geeignet herausgestellt. Die Integration der Modellierungsergebnisse in das zentrale Repositorium ist erforderlich, insbesondere der Bezug zu den Datenmodellen der unterschiedlichen Architekturschichten muss im Modellierungswerkzeug hergestellt werden. Bei Einsatz eines Datenbeschaffungswerkzeugs bestimmt dieses die Methodik der Modellierung der Transformationen und gleichzeitig deren Implementierung über Generierung der notwendigen Datentransformationsanweisungen (typisch SQL). Je nach zu bewältigenden Datenmengen und Komplexität der Transformationen sollten Entwurfsentscheidungen bei Bedarf durch Prototypen technisch abgesichert werden. Je nach Data-Warehouse-Anwendung muss möglicherweise das erstmalige Laden anders als das inkrementelle Laden (Abschnitt 12.2) modelliert werden.

Design der Benutzeroberfläche

Die Schnittstelle der Endanwender wird bei Data-Warehouse-Systemen typischerweise durch die eingesetzten Produkte, z.B. die Werkzeuge für Analyse und Reporting, übernommen. Für diese Produkte bewegen sich die Möglichkeiten des Entwurfs in einem engeren Rahmen, der eher als Customizing angesehen werden kann. Erfolgt der Zugriff auf das Data-Warehouse-System über das Internet, ist z.B. oftmals die von den Werkzeugherstellern vorgegebene Webbenutzeroberfläche an die Gegebenheiten (Corporate Identity, Integration in bestehende Content-Management-Systeme etc.) des Unternehmens anzupassen.

Typischer Designaspekt ist die Festlegung einer Ablage- und Navigationsstruktur für die angebotenen Informationen, z.B. Reports, Auswertungen oder der Zugriff auf Metadaten. Dabei sind, je nach vorliegenden Anforderungen, auch Aspekte der Autorisierung (Rollen) und der benutzerspezifischen Anpassbarkeit zu berücksichtigen.

Der Entwurf von Berichten kann ebenfalls in die Kategorie »Design der Benutzeroberfläche« eingeordnet werden. Neben individuellem Design gilt es meist Standardlayouts (wiederum z.B. nach Corporate Identity) zu entwickeln.

Häufig sind die eingesetzten Produkte auch über Programmierschnittstellen in vorhandene Softwaresysteme oder Portale einzubinden. Solche Anforderungen erfordern eine rechtzeitige Analyse der Möglichkeiten der Produkte.

Da es sich bei den aufgezählten Punkten um unmittelbare Schnittstellen zu den Anwendern des Data-Warehouse-Systems handelt, liegt ein prototypisches Vorgehen immer dann nahe, wenn die Anforderungen nicht ausreichend klar formuliert sind oder sich mit den Möglichkeiten der geplanten Softwareprodukte nicht wie gewünscht umsetzen lassen. Über prototypische Realisierungen können Fachbereich und IT zu einer optimalen Ausnutzung der Produktpotenziale gelangen.

Prototyping und Machbarkeitsnachweise

Mit Beginn des technischen Designs steigt die Wahrscheinlichkeit, einzelne Entwurfsentscheidungen aufgrund ihrer Kritikalität für das Gesamtsystem durch prototypische Umsetzung verifizieren zu müssen. Das gilt für technische Aspekte, vorwiegend der Performanz komplexer Abfragen und zeitintensiver Transformationen wegen, und für fachliche Aspekte, wenn sich mit zunehmender technischer Detaillierung auch weiterer Klärungsbedarf in Bezug auf die fachlichen Anforderungen ergibt. Zudem kann es erforderlich sein, Realisierungsalternativen mit der Fachseite zu diskutieren. Auch Prüfungen in Bezug auf die Datenqualität werden in dieser Phase intensiviert.

Design eines Sicherheits- und Berechtigungskonzeptes

Je nach Größe des Data-Warehouse-Systems bzw. der Anzahl der Endanwender muss bereits in der Designphase ein entsprechendes Sicherheits- und Berechtigungskonzept entwickelt werden, da es Auswirkungen auf die Modellierung des Basisdatenbank bzw. Ableitungs- und Auswertungsdatenbank haben kann. Alle notwendigen Entwurfsmaßnahmen müssen aus den in der Analysephase erhobenen Anforderungen ableitbar sein (z.B. zum Autorisierungskonzept) bzw. sich aus datenschutzrechtlichen Vorgaben ergeben (z.B. zur Pseudonymisierung oder Anonymisierung personenbezogener Daten). Entsprechendes Augenmerk ist auf die frühzeitige Fixierung dieser Anforderungen zu achten. Häufig ist der Fehler zu beobachten, Sicherheit über technische Möglichkeiten während des Entwurfs oder der Implementierung quasi generisch in ein System einbauen zu wollen, ohne die konkreten Vorgaben zu kennen. Dies führt fast zwangsläufig zu unnötigen Aufwänden einerseits und zum Aufdecken von Sicherheitslücken bei einem entsprechenden Audit andererseits, die in späteren Phasen nur noch aufwendig zu beheben sind, beispielsweise wenn sie die Datenmodelle betreffen. Vertiefungen des Themas finden sich in den Abschnitten 7.3 und 11.6.

Entscheidung über multidimensionale oder relationale Realisierung auf Basis fachlicher Anforderungen

Es sollen an dieser Stelle ausschließlich die Varianten der relationalen und multidimensionalen Realisierung in die Betrachtung einbezogen werden (Kap. 7).

10.4 Data-Warehouse-Vorgehensweise

Grundsätzlich gilt derzeit: In Data-Warehouse-Projekten mit großen Datenmengen ist eine relationale einer multidimensionalen Realisierung vorzuziehen. Bei sehr großen Datenmengen (bis hin zu Terabytes) bietet ein multidimensionales Datenbanksystem praktisch keine tragfähige Basis. Daher hat eine Datenmengenabschätzung für die zukünftigen Ausbaustufen und die Architektur des Systems eine weitreichende Bedeutung.

Ein weiteres wichtiges Entscheidungskriterium ist das Aktualisierungsintervall, mit dem neue Daten in die Ableitungs- und Auswertungsdatenbank eingespielt werden müssen. Längere Perioden wie monatliche und tägliche Aktualisierungszyklen können von multidimensionalen Datenbanksystemen in der Regel gut verarbeitet werden. Stündliche und minütliche Zyklen stellen viele multidimensionale Datenbankprodukte vor eine schwierige Aufgabe, insbesondere wenn die Aktualisierung online, d.h. während die Anwender mit dem System arbeiten, erfolgen soll. Online-Datenbanktransaktionen stellen für relationale Datenbanksysteme keine besondere Herausforderung dar, aber nur wenige auf dem Markt befindliche multidimensionale Datenbanksysteme sehen derartige Fähigkeiten vor.

Auch fachliche Anforderungen beeinflussen die Architekturauswahl nachhaltig. Sollen mehrere Versionierungssichten in einem Data-Warehouse-Projekt implementiert werden, stellt dies eine besondere Herausforderung dar, insbesondere wenn zwei oder mehr Versionierungssichten innerhalb eines einzigen Berichtes abgebildet werden sollen (siehe auch Abschnitt 11.3).

Zusätzlich zu den genannten Versionierungssichten können weitere kundenspezifische fachliche Sichten als Anforderung in ein Data-Warehouse-Projekt eingehen. Alle gewünschten Sichten müssen genau analysiert und bezüglich ihrer OLAP-Fähigkeit bewertet werden.

Die oben angeführten Entscheidungskriterien erheben keinen Anspruch auf Vollständigkeit und sind bezogen auf den Einzelfall nicht allgemein gültig. Vielmehr ist die Untersuchung dieser Kriterien innerhalb der Analysephase als mögliche Diskussionsgrundlage für die Auswahl des Datenbanksystems anzusehen. Häufig sind auch Architekturen mit Mischformen anzutreffen, bei denen für die Ableitungs- und die Basisdatenbank relationale Datenbankmanagementsysteme eingesetzt werden, während für die Auswertungsdatenbanken vor allem aus Performanzgründen multidimensionale Systeme Verwendung finden.

Kapazitätsplanung und Hardwareauswahl

Die Akzeptanz einer Data-Warehouse-Anwendung hängt nicht unwesentlich von den erzielten Antwortzeiten bzw. Bereitstellungszeiten dem Anwender gegenüber ab. Bestimmender Faktor hierbei ist die Kapazitätsplanung, die als Anforderung an die Hardwarebeschaffung eingeht. Entsprechend ist die Dimensionierung der Hardware eine wichtige Aktivität innerhalb der Designphase. Hierzu müssen die Ergebnisse der Analyse mit der verfügbaren oder nach IT-Strategie planbaren technischen Infrastruktur in Einklang gebracht werden. Prototypische Umsetzung oder sogar die Durchführung systematischer Lasttests kann erforderlich sein, um die Dimensionierung ausreichend abzusichern. Da eine Unterdimensionierung des Systems bei der Produktivsetzung häufig nicht kurzfristig durch Beschaffung zusätzlicher Hardware oder Beseitigung von Entwurfsfehlern in Bezug auf die Skalierbarkeit des Systems zu beheben ist, kommen den Abschätzungen für die Kapazitätsanforderungen und der Abgleich mit den Leistungen der Hardware bei der Planung besondere Bedeutung zu. Dem Thema Hardwareauswahl ist Abschnitt 11.4 gewidmet.

10.4.6 Implementierungsphase

In der Implementierungsphase erfolgt die Umsetzung des technischen Entwurfs aus der Designphase in ein ablauffähiges Data-Warehouse-System.

Metadatenhaltung

Im Zentrum der Implementierungsaktivitäten steht idealerweise das zentrale, aktive Repositorium für alle Ebenen des Systems, das bereits während Analyse und Design sukzessive aufgebaut und vervollständigt wurde. Datenmodelle, Datenflussdiagramme, Prozessketten sowie IT-Abläufe werden bereits zur Erstellung der Spezifikation in der Analysephase eingesetzt und stellen das Bindeglied zu den metadatenorientierten Implementierungswerkzeugen dar. Ziel muss es sein, Ergebnisse aus frühen Modellierungstätigkeiten auf diese Weise automatisiert, d.h. ohne Informationsverlust oder -verfälschung, in der Implementierungsphase weiterverwenden zu können.

In einem zentralen aktiven Repositorium werden u.a. Metadaten über

- Datenquellen,
- Ableitungsdatenbank (logische und physische Aspekte),
- Auswertungsdatenbanken (logische und physische Aspekte),
- Basisdatenbank (logische und physische Aspekte),
- Datenflüsse zwischen diesen Komponenten,
- Extraktions- und Transformationsregeln sowie
- Endanwender und deren Berechtigungen

abgelegt (Kap. 8).

Exemplarisch können folgende Fragestellungen durch Zugriff auf das zentrale Repositorium beantwortet werden, die auch für Endanwender des Systems von Interesse sein können:

- Aus welchem operativen System wurde die angezeigte Kennzahl für Verkäufe extrahiert? Für den Anwender kann die Information sinnvoll sein, ob ein Datum aus dem Hostsystem oder den Scannerkassen kommt.

10.4 Data-Warehouse-Vorgehensweise

- Welche Extraktions-, Transformations-, Aggregationsregeln wurden durchgeführt?
- Welche Abbildungsmatrix wird für Zeitraumvergleiche benutzt? Werden »normale« Kalendermonate miteinander verglichen oder findet eine spezielle Abbildung statt, um z. B. vergleichbare Monatsumsätze ausweisen zu können?
- Welche Auswirkungen hat die Änderung einer Datenquelle auf die nachfolgenden Schichten und Auswertungen (Impact-Analysis). Diese Information ist für die Pflege und Weiterentwicklung des Systems essenziell.

In der Praxis sind der Aufbau und die Pflege eines zentralen aktiven Repositoriums schwierig. Selbst Produkte des gleichen Herstellers arbeiten oftmals mit jeweils eigenen Metadaten. Standardisierungsbestrebungen der OMG (und der ehemaligen Meta Data Coalition) lassen hoffen, dass in Zukunft mit einer besseren Werkzeugunterstützung dieses wichtigen Data-Warehouse-Aspekts gerechnet werden kann.

Implementierung des Sicherheits- und Berechtigungskonzeptes

In der Implementierungsphase gilt es die Sicherheitskonzepte der Entwurfsphase technisch umzusetzen. Da alle wesentlichen Entscheidungen dieses kritischen Bereichs bereits gefallen sein müssen, ist die Implementierung gegenüber Analyse und Design von vergleichsweise untergeordneter Bedeutung.

Aufbauen einer Entwicklungs-, Test-, Produktions- und Wartungsumgebung

Die Einrichtung von getrennten Entwicklungs-, Test- und Produktions- sowie Wartungsumgebungen wird in »herkömmlichen« Softwareprojekten als Standard angesehen, bei Data-Warehouse-Projekten jedoch aus Kostengründen immer wieder in Frage gestellt, obwohl sie für qualitätssichernde Maßnahmen ebenso erforderlich sind wie für den professionellen Betrieb des Data-Warehouse-Systems. Szenarien hierzu werden in Abschnitt 10.4.2 näher beschrieben.

Prototyping

Prototyping (siehe auch Abschnitt 11.3.3) stellt eine wirksame Methode zur Unterstützung der Entwicklung von Softwaresystemen bei konventionellen Vorgehen dar. Auf Maßnahmen zum Prototyping wurde in den vorhergehenden Phasen bereits mehrfach verwiesen. Der Einsatz beschränkt sich also keineswegs nur auf die Implementierungsphase.

Beim Prototyping unter Mitwirkung der späteren Anwender wird praxisnah versucht, schrittweise die gewünschten Systemmerkmale zu ermitteln [HiMo95b]. Die wesentlichen Vorteile des Prototyping-Ansatzes sind schnell verwertbare Ergebnisse, die frühzeitige Erkennung von Missverständnissen und Fehleinschätzungen sowie die schnellere Erreichung der angestrebten Ziele [Schr96]. Gerloff kommt zu der Aussage: »Die zentrale Überlegung dabei ist, dass die Anwender oftmals erst bei einem unmittelbaren Kontakt mit den Elementen des geplanten Systems ihre Anforderungen genügend präzisieren können ...« [Gerl95]. Damit kommt der Methode des Prototyping bereits in der Phase der Anforderungsanalyse eine wesentliche Bedeutung zu, die sich in Design und Implementierung (abgeschwächt) fortsetzt.

Die zweite Facette des prototypischen Ansatzes ist technischer Natur: Eine prototypische Implementierung kann Basis für Entwurfsentscheidungen sein oder geplante Entwurfsmerkmale verifizieren. Typisches Beispiel sind Aspekte der Performanz oder Skalierbarkeit des Data-Warehouse-Systems.

Es lässt sich auch hier wieder eine Unterscheidung in zwei wesentliche Varianten des Prototyping treffen:

- *Rapid Prototyping*:
  Der Prototyp wird nur zur Feststellung der Anforderungen oder Nachweis der technischen Machbarkeit verwendet und danach wieder verworfen.

- *Evolutionäres Prototyping*:
  Der Prototyp wird entsprechend den Anforderungen sukzessive erweitert, angepasst und zum vollständigen System weiterentwickelt, das letztendlich in Betrieb genommen wird.

Welche dieser Varianten zum Einsatz kommt, hängt vom Einzelfall ab, eine Mischung ist durchaus üblich. Evolutionäres Prototyping kann auch helfen, die Komplexität des Gesamtsystems durch Betrachtung einer Teillösung zu reduzieren und damit die Durchschaubarkeit des Entwicklungsprozesses zu erhöhen. Diese Vorgehensweise wird in [HiMo95a] mittels Phasen, ausgehend von einem Prototyping-Gesamtkonzept über mehrere Prototypen durch Konzeptkorrekturen zu dem realisierten Gesamtkonzept, dargestellt. Auf objektorientierte Entwicklungsmethoden, die beim Prototyping zunehmend Berücksichtigung finden, wird an dieser Stelle nicht weiter eingegangen ([Meie92], [Gerl95]).

Praktische Einführung im Unternehmen

Der wesentliche Aspekt der Einführung des Data-Warehouse-Systems ist die Überführung in einen Regelbetrieb durch die Betriebseinheiten des Unternehmens. Hier sind zahlreiche Besonderheiten gegenüber anderen Softwareentwicklungsprojekten zur berücksichtigen, wofür der zyklisch wiederkehrende Prozess der Datenbeschaffung und -aufbereitung im Data-Warehouse-System als Beispiel genannt sei, dessen Durchführung den Betrieb vor einige Herausforderungen stellt. Kapitel 12 beschäftigt sich ausführlich mit dem Betrieb und Weiterentwicklung eines Data-Warehouse-Systems.

Die Schulung der zukünftigen Anwender in Bezug auf die eingesetzten Werkzeuge und auf die fachlichen Nutzungsprozesse sei als zweiter Erfolgsfaktor genannt. Dies sollte begleitend zum Entwicklungsprozess stattfinden, damit die

Anwender zu Beginn der produktiven Nutzung ausreichend mit Werkzeugen und Prozessen vertraut sind.

Pilotierungen sind ebenfalls ein bewährtes Mittel, um Einführungsrisiken zu senken. Dabei wird das neue System für einen begrenzten Zeitraum zunächst nur einem ausgewählten Personenkreis zur Verfügung gestellt, ggf. auch die Nutzung auf ausgewählte Bereiche beschränkt. Neben dem Zweck, aus den Rückmeldungen der Anwender zu lernen, hat die Pilotierung den Vorteil, das System unter Teillast beobachten und ggf. in der Dimensionierung nachsteuern zu können. Erfahrungen aus der Pilotierung fließen vor der unternehmensweiten Einführung in das System ein.

10.4.7 Testmanagement

Das Thema Test im Data-Warehouse-System ist nur eine Möglichkeit der qualitätssichernden Maßnahmen (Abschnitt 11.1.4), die dadurch, dass sie relativ spät im Entwicklungsprozess durchgeführt wird, mit relativ hohen Kosten der Fehlerbehebung verbunden ist.

Im Rahmen der Softwareentwicklung gibt es die Redewendung, dass »der Test das Projekt zu Ende bringt«. Auch im Bereich der Data-Warehouse-Systeme ist die Testphase unverzichtbar, um einen problemlosen Einsatz in der Produktion gewährleisten zu können.

Wie bei allen Projekten gilt auch hier: Je früher die Fehler in der Entwicklung gefunden werden, desto günstiger wird die Fehlerbeseitigung. Es gibt zwei Faktoren, die die Kosten für Fehler gerade im Data-Warehouse-Bereich in die Höhe treiben können:

- Falsche Berichte führen zu falschen Unternehmensentscheidungen: Da Informationen aus dem Data-Warehouse-System zur Unternehmenssteuerung verwendet werden, kann ein einfacher Fehler bei einer Datentransformation dazu führen, dass völlig falsche Schlüsse gezogen werden. An der Korrektheit der Daten hängt also nicht selten der unternehmerische Erfolg, wenn nicht gar die Existenz des Unternehmens, ab.
- Ein Fehler im Ladeprozess kann schnell eine aufwendige Datenmigration oder gar eine Neubeladung nach sich ziehen. Aufgrund der enormen Datenmengen kommt es in solchen Fällen schnell zu Terminverzögerungen bei der Lieferung der Berichte. Falls die Informationen aus dem Data-Warehouse-System wieder direkt für die Produktionssteuerung eingesetzt werden, kann es zu längeren Produktionsausfällen kommen.

Aus diesen Gründen ist der Test bei Data-Warehouse-Systemen besonders wichtig. Die Definition entsprechender Testfälle sollte frühzeitig, bereits in der Designphase, begonnen werden.

Wo liegt der Unterschied zum Test in Softwareentwicklungsprozessen? Testen im Data-Warehouse-System bezieht sich weniger auf den Test eines operativen

Geschäftsprozesses, sondern stärker auf die adäquate Umsetzung der Datenversorgung und die Umsetzung der Anforderungen an die Auswertungskomponente. Folgende Aspekte [GoRi09] differenzieren den Test für das Data-Warehouse-System:

- Durch die Verwendung von Standardkomponenten für ETL, Datenbanken und Auswertungskomponenten liegt ein Fokus auf dem Test der Integration und Datendurchgängigkeit.
- Es können keine Prozesse überprüft werden, sondern Auswertungsfunktionalitäten.
- Das hohe Datenvolumen erfordert ausführliches Performance-Testing auf einer entsprechend teuren Testinfrastruktur.
- Ein Schwerpunkt liegt auf der Validierung der Daten. Die Transformation der Daten auf dem Weg von den Datenquellen zur Basisdatenbank verändert bewusst Daten. Ein Vergleich Vorher mit Nachher ist oftmals schwierig.
- Testszenarien sind teilweise aufwendig aufzubauen und können sehr lange in der Durchführung dauern (z.B. das Laden der Basisdatenbank).
- Das Data-Warehouse-System wird sowohl in der Datenversorgung als auch inhaltlich ständig weiterentwickelt. Der Test muss dauerhaft verankert werden.

Trotz der spezifischen Aspekte muss das Testmanagement in einem Data-Warehouse-Projekt analog zu einem Softwareentwicklungsprojekt aufgesetzt werden. In der Testplanung und -vorbereitung müssen neben den Testzielen und der Teststrategie der operative Test geplant werden, die Testfälle abgeleitet und die Testumgebung inkl. der Testorganisation aufgesetzt werden. Die Testdurchführung bereitet die spezifischen Testfälle vor, um diese durchführen zu lassen, und dokumentiert die Testergebnisse. In der abschließenden Phase erfolgt die Bewertung der Testergebnisse mit den Konsequenzen wie das »Zurückspielen« in die Entwicklung. Durch die Komplexität des Projekts hat sich eine operative Unterstützung mittels IT zur Verwaltung der Testfälle und -ergebnisse und zur Zusammenarbeit im Test- und Entwicklerteam bewährt.

Alle Bereiche der Referenzarchitektur müssen in den unterschiedlichen Testebenen Komponententest, Integrationstest, Systemtest und Abnahmetest durchlaufen. Der Testumfang leitet sich aus den jeweiligen Anforderungen und deren abgeleiteter Architektur ab und kann hier nur exemplarisch aufgeführt werden:

- Datenquellen:
Sind die Datenquellen inhaltlich und strukturell für eine Datenextraktion geeignet oder müssen sie angepasst werden? Im Beispiel einer SAP-Quelle müssen die notwendigen ABAP-Routinen geprüft werden.

ETL:
Sind die Extraktion (z.B. die Umwandlung in ASCII), die Transformation bezüglich des Schemas, die Bereinigung der Daten und die Ausleitung in die Basisdatenbank nach den Anforderungen umgesetzt worden? Entspricht die Qualität der Daten der vorher definierten Anforderung?

Monitor:
Wurden die Anforderungen an den Monitor und die Verbindung zu den Datenquellen korrekt umgesetzt?

Arbeitsbereich:
Erfüllt der Arbeitsbereich die Anforderungen des ETL-Vorgehens? Funktioniert der Löschmechanismus nach der Verwendung wie spezifiziert?

Basis-/Ableitungs-/Auswertungsdatenbank:
Wurden die konzeptionellen Modelle der Datenbanken korrekt in logische und physische Modelle umgesetzt? Wurden die Optimierungsmöglichkeiten wie Aggregation, Indizes etc. richtig eingesetzt?

Auswertungswerkzeuge:
Erfolgte eine korrekte Umsetzung der Anforderungen an die Auswertung und Visualisierung?

Data-Warehouse-Manager:
Wird das Laden der Datenbanken (von den Datenquellen zu den Auswertungswerkzeugen) korrekt und in der geforderten Zeit durchgeführt?

Metadaten-Manager:
Werden alle Metadaten korrekt abgezogen und stehen sie für weitere Aufgaben zur Verfügung?

Aus der Vielzahl der möglichen Testarten werden im Folgenden die wichtigsten aufgelistet, die in einem Data-Warehouse-Projekt benötigt [GoRi09] werden.

Funktionaler Test:
Entspricht die Implementierung den Anforderungen in den Bereichen der Angemessenheit, Genauigkeit, Interoperabilität? Dabei muss auch u.a. getestet werden, ob das Data-Warehouse-System trotz fehlerhafter Daten zuverlässig läuft.

Datenvalidierung:
Entsprechen die Daten in der Basis-, Ableitungs- und Auswertungsdatenbank den Anforderungen an die Datenqualität?

Usability Test:
Ist die Verwendbarkeit der Auswertungswerkzeuge in Form von Verständlichkeit, Erlernbarkeit, Bedienbarkeit und Attraktivität gegeben?

- Performance- und Stresstests:
  Erbringt das System die Anforderungen der Lade- und Antwortzeiten auch in Extremsituationen, z. B. bei hohem Datenvolumen und vielen Nutzern zum Monatsende?
- Wiederinbetriebnahmetest:
  Kann das Data-Warehouse-System auch nach einem Abschalten oder Zusammenbruch des Systems einen konsistenten Zustand erreichen?
- Sicherheitstests:
  Gibt es Sicherheitslücken in den Datenbanken oder Auswertungswerkzeugen?
- Weiterentwicklungstest:
  Erreicht das Data-Warehouse-System nach Änderungen einen definierten Zustand (z. B. nach einer Änderung von ETL-Routinen, Anpassungen im Datenmodell oder Auswertungsfunktionalität)?

Die Maßnahmen und Vorgehensweise zur Beseitigung der Mängel entsprechen den Vorgehensweisen in einem Softwareentwicklungsprojekt. Dadurch, dass in Data-Warehouse-Projekten das Thema Anforderungsmanagement oftmals vernachlässigt wird, stellt sich häufig die Frage nach »Bug« oder »Feature«, d. h., ist das ein Fehler oder ein gewollter Zustand?

Spezialtest: Datenvalidierung

Spezifisch fallen die Testverfahren zur Validierung der Datenqualität aus: Die Qualitätssicherung für die zyklische Übernahme neuer Daten und ihre Integration in das Data-Warehouse-System kann nur mit automatisierten Tests bewältigt werden, was bei semantischen Prüfungen oder Prüfungen zur Datenintegrität anspruchsvolle Vorarbeit erfordern kann, z. B. die Definition und Bereitstellung ausreichender Metadaten zu Datenlieferungen oder Festlegen von Prüfalgorithmen oder Zielkorridoren für Kennzahlen. Zusätzlich sind typischerweise manuelle Stichproben unerlässlich, z. B. mittels zu diesem Zweck entworfener Reports. Wesentliche Besonderheit ist also, dass die Qualitätssicherung der Daten auch bei unveränderten Anforderungen und eingesetzter Software ein sich zyklisch wiederholender Prozess ist, der einer kontinuierlichen Verbesserung bedarf.

Im Bereich der Datenqualität gibt es zwei Ansätze, die erkannten Mängel zu beseitigen: den *ursachenorientierten Ansatz*, der auf Maßnahmen im Hinblick auf die Daten in den Quellsystemen hinausläuft, und den an den *Symptomen kurierenden Ansatz*, mit dem die Mängel der Quelldaten innerhalb des Data-Warehouse-Systems, z. B. durch Transformationen im Arbeitsbereich, ausgebessert werden.

Wo immer möglich, ist der ursachenorientierte Ansatz zu verfolgen. Konkrete Maßnahmen zur Beseitigung der erkannten Mängel bei den internen Datenquellen sind z. B. die Schaffung von korrekten und vollständigen Metadaten für die effektiven Daten durch Erstellung eines konzeptuellen Datenmodells für die einzelnen Datenquellen mit einem abgestimmten und dokumentierten Entity-Relationship-Diagramm, zu dem eindeutige, verständliche und angemessene Begriffsdefinitionen für Entitäten mit Ein- und Ausschlusskriterien, Kriterien für Gleichheit und Verschiedenheit sowie Definitionen für Relationships, Attribute und Integritätsbedingungen gehören. Außerdem werden *organisatorische Maßnahmen* durch Regelung von Zuständigkeiten für Lieferung, Erhebung und Erfassung und Kontrolle der relevanten Quelldaten sowie die Definition von Qualitätsstandards für Daten und regelmäßige Kontrolle auf deren Erfüllung notwendig. Zusätzlich wirken sich Maßnahmen innerhalb der Anwendungsentwicklung durch weitestgehende Automatisierung von Plausibilitätsprüfungen und Einhaltung der Integritätsbedingungen in den erfassenden und verarbeitenden Programmen positiv auf die Qualität aus.

All diese Maßnahmen lassen sich einfacher argumentieren und umsetzen, wenn im Unternehmen bereits ein Qualitätsmanagement eingeführt ist. Wenn dem noch nicht so ist, dann kann das Data-Warehouse-Vorhaben hierzu genutzt werden. Dies umso eher und überzeugender, wenn durch die (versuchte) Datenintegration die Unzulänglichkeiten der Quelldaten erst offenkundig werden. Bei den externen Datenquellen gibt es weniger Möglichkeiten zur Verbesserung der Datenqualität. Zumindest lässt sich Folgendes tun: Entwickler und Anwender können den Datenlieferanten über Unzulänglichkeiten der Daten informieren und weitergehende Anforderungen an die Beschaffenheit der zu liefernden Daten stellen. Kurzum: Der Anwender sollte sich seiner Rolle als Kunde bewusst werden und seinen Einfluss auf den Lieferanten geltend machen. Für jedes Quellsystem muss ein Verantwortlicher definiert werden, der für den Inhalt, die Vollständigkeit und die Qualität der Daten zuständig ist und nach erfolgreichem Laden eine Art Freigabe erteilt. Bei fehlerhaften Ladevorgängen muss der Verantwortliche ggf. in Zusammenarbeit mit dem Fachbereich die Ursachen hierfür klären.

10.4.8 Vorgehensweisen bei der Einführung

Basierend auf der festgelegten Architektur gibt es grundsätzlich unterschiedliche Vorgehensweisen zumindest für das Projekt, in dem das oder die ersten Auswertungsdatenbanken initial eingeführt und in Betrieb genommen werden. Die folgenden Überlegungen sind angelehnt an Schwinn et al. [SDRS99] und Soeffky [Soef98].

Variante 1: Top-down-Vorgehen

Dieses Vorgehen ist durch seinen umfassenden Ansatz in Bezug auf die zur Verfügung stehenden Daten charakterisiert. Im ersten Schritt wird die Basisdatenbank für alle bereits absehbaren Auswertungen anwendungsneutral anhand eines konzeptuellen Datenmodells entworfen und mit allen für die Ableitungs- und Auswertungsdatenbanken notwendigen Daten beschickt. Erst danach wird anhand dieses Grundstocks die erste Auswertungsdatenbank entworfen, geladen und für Auswertungen den Anwendern zur Verfügung gestellt. Gesteuert wird dieses Top-down-Vorgehen vom IT-Bereich (Abb. 10–12).

semantisches Datenmodell

Basisdatenbank

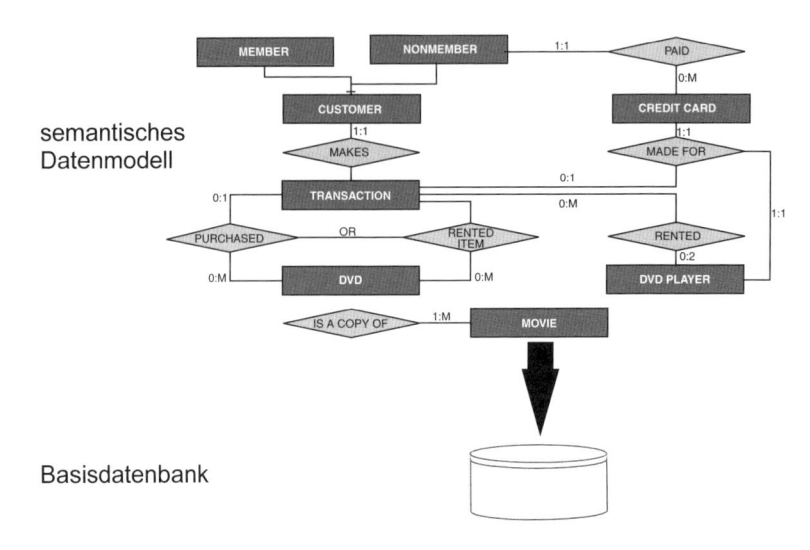

Abb. 10–12   Top-down-Vorgehen

- *Vorteile*:
  Die Basisdatenbank ist ideal konzipiert. Daten in der Basisdatenbank und in den Auswertungsdatenbanken können immer konsistent gehalten werden. Daten in der Basisdatenbank können mehrfach genutzt werden.
- *Nachteile*:
  Der Aufbau kann lange dauern, da er umfangreich und komplex ist. Es müssen große und ggf. risikoreiche Vorleistungen mit entsprechend später Realisierung des Nutzens erbracht werden. Hard- und Software müssen hinreichend groß ausgelegt werden, um Probleme mit der Skalierbarkeit zu vermeiden. Die Anwender werden relativ spät eingebunden.

Diese Variante kommt für relativ kleine, d.h. inhaltlich, zeitlich und finanziell überschaubare Data-Warehouse-Systeme in Frage.

Variante 2: Bottom-up-Vorgehen

Hier steht die frühzeitige Bereitstellung einer Auswertungsdatenbank im Vordergrund (Abb. 10–13). Das Realisierungsteam konzentriert sich auf ein fachlich eingegrenztes Projektergebnis, das von den Anwendern so früh wie möglich genutzt werden kann. Der zeitliche Druck nach vorzeigbaren Ergebnissen kann das Team sogar nötigen, von einer konzeptuell sauberen Lösung abzuweichen[6]. In diesem Fall werden dann direkt aus den Quellsystemen – also unter Umgehung der Basisdatenbank und ggf. auch des Arbeitsbereichs – ein oder mehrere Auswertungsdatenbanken geschaffen. Der gleiche Effekt kann auch dann eintreten, wenn ein Team aus dem Fachbereich den Erstellungsprozess steuert und nur »seine« Auswertungsdatenbank im Auge hat oder ein Team schlicht unkoordiniert vorgeht.

Dieses Bottom-up-Vorgehen, kann, da es bereichsspezifischer Natur ist, vom Fachbereich gesteuert werden.

Vorteile:
Die Anwender werden von Anfang an eingebunden und der Nutzen wird – zumindest in Teilen – sehr früh erkannt. Dieses Datenmodell sollte einen wesentlichen Bestandteil der Datenarchitektur des Data-Warehouse-Rahmenwerks bilden.

Nachteile:
Die Struktur der Basisdatenbank (sofern überhaupt genutzt) wird anwendungsspezifisch, d.h. auf die jeweilige Auswertungsdatenbank beschränkt, konzipiert. Somit fehlt eine übergeordnete Planung, die die Belange der anderen Anwendungsbereiche berücksichtigt. Dadurch wird die mehrfache Nutzung der Daten in der Basisdatenbank erschwert, und die Inkonsistenzen der Quelldaten können in die Auswertungsdatenbanken übertragen werden. Eine spätere aufwendige Umstrukturierung der Auswertungsdatenbank kann die Folge sein. Dies ist insbesondere dann der Fall, wenn die Basisdatenbank in der Anfangsphase umgangen worden ist.

Diese Variante sollte – wenn überhaupt – nur aus taktischen Überlegungen, d.h. zur kurzfristigen Überbrückung, angewandt werden.

Basisdatenbank

Ableitungsdatenbank

Abb. 10-13 *Bottom-up-Vorgehen*

---

6. Dieses Vorgehen führt zu den in Abschnitt 2.10 diskutierten unabhängigen Auswertungsdatenbanken.

Variante 3: Gemischtes Vorgehen nach »Think big – start small«

Nicht das »Entweder-oder«, sondern das »Sowohl-als-auch« ist die ideale Vorgehensstrategie, mit der man die zeitlichen und qualitativen Ansprüche weitestgehend erfüllen kann. Hierbei mischt man die Konzepte der zuvor aufgeführten Varianten in folgender Weise:

- Ein konzeptuelles Datenmodell wird für den gesamten Bereich der von den Anforderungen an den Data-Warehouse-Prozess betroffenen Daten erstellt.[7] Dieses die Semantik der Daten beschreibende Datenmodell sollte ein wesentlicher Bestandteil der Datenarchitektur des Data-Warehouse-Rahmenwerks ausmachen.
- Ausgehend von diesem Datenmodell werden schrittweise Teile der Basisdatenbank konzipiert und die dafür betroffenen Datenbeschaffungsprozesse parametriert bzw. programmiert. Die jeweils notwendigen Quelldaten werden identifiziert und die entsprechenden Schnittstellen zum Arbeitsbereich definiert. Die Reihenfolge des Vorgehens wird z.B. durch Priorisierung der fachlichen Anforderungen bestimmt.
- Die Data-Warehouse-Architektur wird für die zu erwartenden Datenvolumina technisch hinreichend erweiterbar ausgelegt; der Arbeitsbereich und die Basisdatenbank werden eingerichtet. Die Basisdatenbank wird mit den für den jeweiligen Anforderungsfokus notwendigen Daten beschickt.

Im Vergleich zu den anderen zuvor angesprochenen Varianten ist diese Variante grundsätzlich anzustreben, da sie die Vorteile von Variante 1 und Variante 2 vereinigt (s. Abb. 10–14).

Es findet eine umfassende Planung (»think big«) auf Basis des konzeptuellen Datenmodells mit zeitlich versetzten lokalen Umsetzungen statt. Entscheidend dabei ist, dass sich die Umsetzungen strikt an das konzeptuelle Datenmodell halten und die Versorgung der Auswertungsdatenbank aus der Basisdatenbank erfolgt. Taktisch günstig kann es sein, für die erste zu erstellende Auswertungsdatenbank ein zeitlich und finanziell überschaubares Vorhaben mit geringem Risiko und relativ hohem Nutzen als Projekt auszuwählen (»start small«). Ist dieses Projekt erfolgreich, wird auch das Management davon überzeugt sein, mit der festgelegten Data-Warehouse-Strategie auf dem richtigen Weg zu sein. Da das konzeptuelle Datenmodell den Plan für die Basisdatenbank repräsentiert, ist das Data-Warehouse-System aus Datensicht problemlos erweiterbar. Dies bietet die Chance, schrittweise die einzelnen Data-Warehouse-Projekte anzugehen. Dann bestimmt im Projektportfolio der ausstehenden Data-Warehouse-Projekte vor

---

7. Die in der Literatur gelegentlich geforderte Datenmodellierung des gesamten Unternehmens schießt über das Ziel hinaus. Wenn aber ein derartiges unternehmensweites Modell bereits existiert, kann und soll es hier genutzt werden.

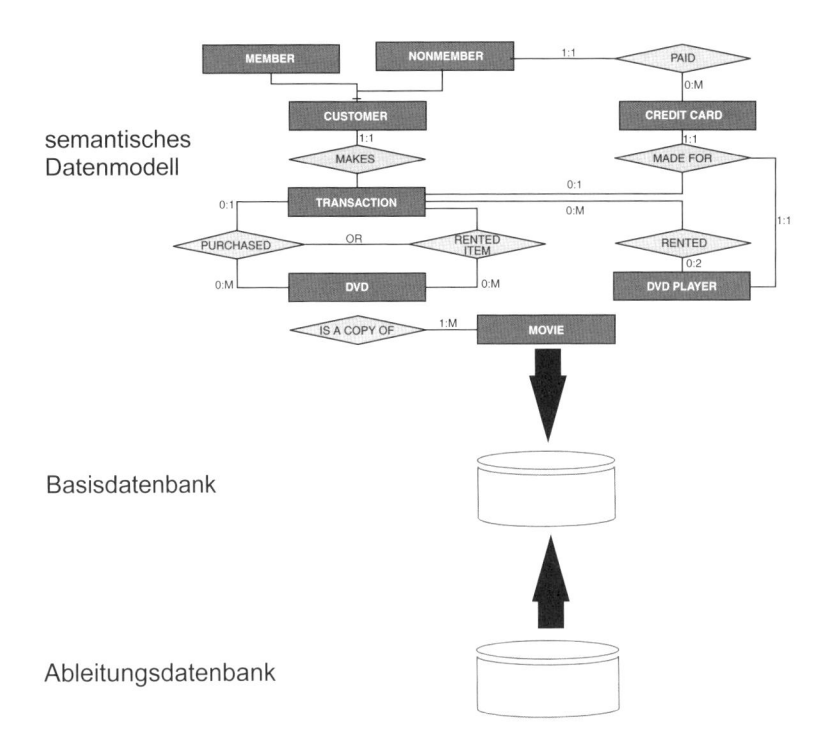

Abb. 10–14   *Gemischtes Vorgehen nach »Think big – start small«*

allem die Attraktivität der einzelnen Vorhaben die Folge der Schritte. Fachbereich und IT arbeiten bei diesem Vorgehen eng zusammen.

10.5 Zusammenfassung

Der Aufbau eines Data-Warehouse-Systems benötigt eine strukturierte Vorgehensweise, die zwar dem Aufbau von anderen Anwendungs- oder Informationssystemen ähnelt, aber dennoch einige Besonderheiten aufweist. Die Vorgehensweise kann in die Phasen Analyse, Design, Implementierung und Test aufgeteilt werden. Der Umfang und die Vielfalt von Komponenten eines Data-Warehouse-Systems machen eine veränderte, d.h. angepasste Vorgehensweise notwendig. Eine Diskussion von Spezifika und die Anwendung dieser Vorgehensweise in einem Projekt erfolgt in Kapitel 11.

Gerade in mittleren bis großen Unternehmen reicht diese Methodik allein nicht aus, da häufig eine Vielzahl an überschneidenden und somit redundanten Data-Warehouse-Systemen aufgebaut werden. Diese dabei entstehende Heterogenität und der damit verbundene finanzielle und personelle Aufwand kann durch ein Data-Warehouse-Rahmenwerk reduziert werden. Das Data-Warehouse-Rahmenwerk gibt den Bebauungsplan für die Umsetzungen vor.

Der Verwendung eines Reifegradmodells hat nicht automatisch ein adäquates Data-Warehouse-System zur Folge. Es dient vielmehr dazu, die oftmals vielfältigen Data-Warehouse-Bestrebungen eines Unternehmens konsolidiert mittels einer Roadmap durchführen zu können.

11 Das Data-Warehouse-Projekt

In einem Data-Warehouse-Projekt werden die Anforderungen der Anwender eines Unternehmensbereichs in einem definierten Zeitraum für das spezifische Unternehmen umgesetzt. Die hohe Komplexität und architekturelle Besonderheit eines Data-Warehouse-Systems bedarf einer fachlichen Vorgehensweise, wie sie in Kapitel 10 diskutiert wurde. Sie stellt dazu die grundlegende Basis und Methodik dar.

Darauf aufbauend wird in diesem Kapitel auf Projektmanagement und Projektorganisation (Abschnitt 11.1), die Unterstützung durch ein Business Intelligence Competency Center (BICC) (Abschnitt 11.2), die Auswahl der Software (Abschnitt 11.3) und Hardware (Abschnitt 11.4), die Diskussion von kritischen Erfolgsfaktoren (Abschnitt 11.5), Datenschutz und -sicherheit (Abschnitt 11.6) sowie Wirtschaftlichkeitsbetrachtungen (Abschnitt 11.7) eingegangen.

11.1 Data-Warehouse-Projektmanagement

Ein Data-Warehouse-Projekt ist ein IT-Projekt, das in die Klasse der Datenbankanwendungen fällt. Das Besondere bei Data-Warehouse-Projekten wird plakativ verdeutlicht:

Wegen der vielen heterogenen, unter Umständen geografisch verteilten Datenquellen gibt es viele Partner, mit denen kommuniziert, d.h. verhandelt und vor allem abgestimmt, werden muss.

Für die Integration der vielen heterogenen Quelldaten (Daten- und Schemaintegration) ist eine intensive Auseinandersetzung vor allem mit der Semantik der Inhalte notwendig. Dies erfordert Durchschaubarkeit durch Kommunikation mit dem Datenlieferanten und unterstreicht die Bedeutung der Metadaten.

Bezüglich der Zieldaten, d.h. Inhalt der Basisdatenbank und der abgeleiteten Ableitungs- und Auswertungsdatenbanken, ist je nach Anwenderkreis erheblicher Abstimmaufwand erforderlich. Die Festlegung einer globalen Sicht setzt Konsens bei all denen voraus, die auf die Zieldaten blicken.

Deshalb wird neben der Vorgehensweise zum Data-Warehouse-Aufbau ein proaktives Management des Projekts benötigt, um das Projekt in der gewünschten Zeit, mit dem geforderten finanziellen Einsatz und in der notwendigen Qualität zu erreichen.

Obwohl der Aufbau eines Data-Warehouse-Systems oftmals als Prozess und nicht als Projekt bezeichnet wird, wird der Aufbau oder auch die Weiterentwicklung eines Data-Warehouse-Systems mittels Methoden aus dem Bereich des Projektmanagements durchgeführt. Ein Data-Warehouse-Projekt ist nach der Definition eines Projekts ein temporäres, einmaliges Vorhaben zur Erstellung eines einmaligen Services, Produkts oder Ergebnisses. Dieses Vorhaben geht mit der Orientierung an einem spezifischen Ziel einher, hat einen definierten Anfang und Ende und ist (meist) mit einer Beschränkung von Ressourcen wie Geld und Personal verbunden.

Das Wortspiel Prozess oder Projekt entstand aus der Tatsache, dass der Aufbau eines Data-Warehouse-Systems durch die laufende inhaltliche Weiterentwicklung, aber auch durch die periodischen Beladungen mit Daten als wiederkehrender Prozess und nicht als einmaliges Ereignis gesehen werden kann.

Die Herausforderungen bei einem Data-Warehouse-Projekt liegen in der Komplexität des Themas begründet. Malik [Mali09] definiert Komplexität mit Kompliziertheit (durch eine Heterogenität und die Anzahl der Elemente und deren Beziehungen) und Dynamik (Änderungsrate). Kriterien wie die Anzahl der Beteiligten (Mitarbeiter oder indirekt Beteiligte wie Quellsystemverantwortliche oder Stakeholder), notwendige Skills, Komponenten, Technologien, die Abhängigkeit zu Datenquellen, zu einer Vielzahl an Komponenten und zu anderen parallel laufenden Projekten sind ein Grund für ein Scheitern von 50% der Projekte in einer frühen Phase [Shin03]. Die von Malik geforderte Struktur und Methodik zur Reduktion der Komplexität liefert ein Projektmanagement-Vorgehensmodell.

Im folgenden Abschnitt wird zuerst auf Projektmanagement (Abschnitt 11.1.1) und das Projektteam (Abschnitt 11.1.2) eines Data-Warehouse-Projekts eingegangen. Danach folgen ausgewählte Themen, die ein Projekt maßgeblich beeinflussen: Anforderungsmanagement (Abschnitt 11.1.3), Qualitätsmanagement (Abschnitt 11.1.4), Kommunikation (Abschnitt 11.1.5), Konfliktmanagement (Abschnitt 11.1.6) und Dokumentation (Abschnitt 11.1.7). Den Abschluss des Kapitels macht ein Ausblick auf die agile Vorgehensweise Scrum (Abschnitt 11.1.8).

11.1.1 Projektmanagement im Data-Warehouse-Projekt

Projektmanagement bedeutet »leiten« durch »planen« und »steuern« eines Projekts in der geforderten Zeit und Qualität und innerhalb des finanziellen Rahmens. Die Managementposition hat der Projektleiter inne, der einerseits mittels eines strukturierten Vorgehens in Form von Aktivitäten, Ergebnissen, Rollen,

11.1 Data-Warehouse-Projektmanagement

Modellen, Standards und Hilfsmitteln und andererseits durch Managementkompetenzen wie Kommunikation oder Teamführung diese Führungsrolle einnimmt.

Die bekanntesten Vorgehensweisen im deutschsprachigem Raum stammen von den Organisationen »Projekt Management Institut« (PMI) und der »Gesellschaft für Projektmanagement« (GPM). Inzwischen kann davon ausgegangen werden, dass in den meisten Unternehmen Projektmanagementstandards etabliert sind, die als Grundlage firmenspezifischer Data-Warehouse-Projekte heranzuziehen sind. Im Gegensatz zu agilen Vorgehensweisen (Abschnitt 11.1.8) sind »konventionelle« Projektmanagement-Vorgehensweisen zwar seit Jahrzehnten etabliert – aber dennoch nicht immer erfolgreich.

Rollen

Die in Tabelle 11–1 aufgeführten Rollen sind in einem Data-Warehouse-Projekt beteiligt. Der Projektleiter steht dabei für die Dauer des Projekts in erfolgreichen oder schwierigen Situationen im Fokus der Betrachtung.

Projektrolle	Aufgabe
Auftraggeber	Der Auftraggeber hat die Gesamtverantwortung für das Projekt. Er beschreibt im Projektauftrag die Ziele sowie Rahmentermine und genehmigt das Projektbudget.
Projektleiter	Er steuert das Projekt und ist verantwortlich für die Erreichung der Projektziele. Neben inhaltlichen Tätigkeiten wie Planung und Steuerung obliegt dem Projektleiter die Kommunikation sowohl in Richtung Auftraggeber und Gremien als auch zum eigenen Projektteam. Seine Befugnisse und seine Verantwortung müssen aufgrund seiner temporären Rolle im Unternehmen kommuniziert werden. Im Rahmen der Planung und für die Projektdauer ist er den Projektmitarbeitern gegenüber weisungsbefugt. Das Projektmanagementbüro (engl. project management office (PMO)) unterstützt den Projektleiter in der operativen Durchführung des Projekts.
Projektteammitglieder	Sie führen die einzelnen Projektaufgaben (Arbeitspakete) durch.
Entscheidungsgremium	Lenkungsteam oder Steuerungskreis haben die projektübergreifenden Konflikte zu lösen und Prioritäten zu vergeben. Weiterhin dienen sie der Verankerung im Unternehmen.

Tab. 11–1 Projektrollen und zugehörige Aufgaben im konventionellen Projektmanagement

Prozesse

Der Prozess im Projektmanagement ist in Phasen als logische Teilbereiche untergliedert, die oftmals durch formale Meilensteine getrennt sind. Innerhalb der einzelnen Phasen werden Aktivitäten vom Projektteam ausgeführt, um Ergebnisse zu erarbeiten. Im Beispiel von PMI werden folgende Phasen unterschieden:

- Projektinitialisierung:
Die Projektinitialisierung bzw. -initiierung dient zur Definition eines Projekts, um damit sowohl die inhaltlichen Grundlagen (Ziele, grobe Anforderungen, Ergebnisse) als auch die organisatorischen Grundlagen (grober Zeitplan, benötigte Ressourcen, Beteiligte) für das Projekt vorab festzulegen. In einem Data-Warehouse-Projekt, bei dem eine Vielzahl an Beteiligten auf der Seite der Datenquellen und Anforderungen zur Auswertung von der Seite der Nutzer eines Data-Warehouse-Systems vorhanden sind, werden diese Vorklärungen und die Konsensbildung besonders wichtig, um das Projekt erfolgreich abschließen zu können. Der in dieser Phase erzeugte Projektauftrag dient als Grundlage zur Freigabe der nächsten Phase.
- Projektplanung:
Nach einer Freigabe des Projektauftrags müssen die inhaltlichen Anforderungen aufgenommen und das weitere Vorgehen geplant werden. Planungen dienen dazu, verbindliche Strukturen für die Laufzeit des Projekts aufzubauen und die Grundlage für die spätere Steuerung des Projekts zu legen. Folgende Aspekte werden in dieser Phase geplant und abgeschätzt:
  - Aktivitäten
  - Termine
  - Kosten
  - Qualität
  - Personal
  - Kommunikation
  - Risiken
  - Beschaffung

  Die Aktivitäten beziehen sich dabei vorwiegend auf das Vorgehensmodell aus Kapitel 10. Dadurch, dass diese zu Beginn des Projekts durchgeführte Planung als Grundlage für die spätere Steuerung dient, ist darauf zu achten, dass neben einem erfahrenen Projektleiter auch Teammitglieder mit Erfahrungen aus früheren Data-Warehouse-System-Projekten integriert werden. Weiterhin hat sich eine dynamische Planung, d.h., eine anfängliche grobe Planung wird während des Projekts fortlaufend detailliert, bewährt. Diese Planungen werden im Projekthandbuch fixiert und aktualisiert.
- Projektdurchführung mit Überwachung und Steuerung:
In der Projektdurchführung werden die vorher geplanten Aktivitäten vom Team bearbeitet und der Fortschritt durch die Projektleitung aktiv begleitet. Ein dauerhafter Soll/Istvergleich (d.h. der Abgleich von Planung mit dem Projektstatus) bringt Transparenz. In der Projektdurchführung werden die Aspekte Zeit, Kosten und Qualität überprüft und ggf. nachgesteuert. Weitere Aufgaben liegen in der fortlaufenden Beschaffung, Steuerung und Entwicklung des Projektteams, der internen und externen Kommunikation und dem

Dienstleistermanagement. Ein wichtiger Aspekt ist der stringente Umgang mit Änderungen der Anforderungen (engl. change request) in der Durchführungsphase durch ein verbindliches Änderungsmanagement, da sich diese auf das gesamte Projekt (von der Konzeption bis zum Test) auswirken. Durch die diskutierte Komplexität im Data-Warehouse-Projekt gepaart mit anfänglich vagen Anforderungen kann ein laxer Umgang mit Änderungen zum Scheitern des Projekts führen.

Projektabschluss:
Der Projektabschluss dient der formellen Beendigung des Projekts. Neben einer eventuellen Projektabnahme bei externer Unterstützung liegt der Fokus auf der Übergabe der Ergebnisse an die Organisationseinheit, die das Data-Warehouse-System betreiben wird.

Obwohl der Prozess im Projektmanagement allgemeingültig formuliert ist, dient er keinem Selbstzweck, sondern ist immer in Verbindung mit einem spezifischen Projekt mit dessen fachlicher Vorgehensweise, Projektgröße etc. zu sehen und anzupassen.

11.1.2 Projektteam

Basierend auf den Grundlagen des Projektmanagements und den Vorgehensweisen aus Kapitel 10 muss eine Projektorganisation aufgebaut werden. Aufgrund der Komplexität und Vielfalt der Aufgaben, Techniken und der Struktur eines Data-Warehouse-Projekts stellt das Projektteam aus Personen unterschiedlichster fachlicher Herkunft eine große Herausforderung dar [Ditt99]. Neben vielen beteiligten Personen mit unterschiedlichem Erfahrungshintergrund wirken verschiedene Abteilungen eines Unternehmens zusammen.

Die nachfolgende Abbildung 11–1 strukturiert die Themenbereiche eines Data-Warehouse-Projekts, in denen spezifisches Know-how erforderlich ist. Die Fähigkeitsprofile müssen im Data-Warehouse-Projektteam repräsentiert sein. Die Themenbereiche leiten sich aus den Prozessschnittstellen des Data Warehousing ab. Ideal ist es, wenn das Wissen und die Erfahrung eines Mitglieds des Data-Warehouse-Projektteams mehrere Themenbereiche umfasst.

Die Themenbereiche verteilen sich auf drei Blöcke:
- betriebliches Fachwissen
- Technologie
- Projektmanagement & Methoden

Die Beherrschung des Themenblocks betriebliches Fachwissen ist unabdingbare Voraussetzung, um den fachlichen Gegenstand zu greifen, den es für die Basis- wie auch für die Ableitungs- und Auswertungsdatenbank zu strukturieren gilt, damit man ihn analysieren kann. Hierzu gehören vor allem ein gemeinsames Ver-

```
                    Betriebliches Fachwissen
┌──────────────┬──────────────────────────┬────────────────────────┐
│              │        Integration       │    Projektmanagement   │
│ System-      │                          │                        │
│ management   │                          │                        │
│              │  Basis-, Ableitungs-     │     Methoden,          │
│ Metadaten-   │  und Auswertungsdatenbank│     Konzepte,          │
│ management   │                          │     Modellierung       │
│              │       Auswertung         │                        │
│              │                          │  Projektmanagement &   │
│              │       Technologie        │       Methoden         │
└──────────────┴──────────────────────────┴────────────────────────┘
```

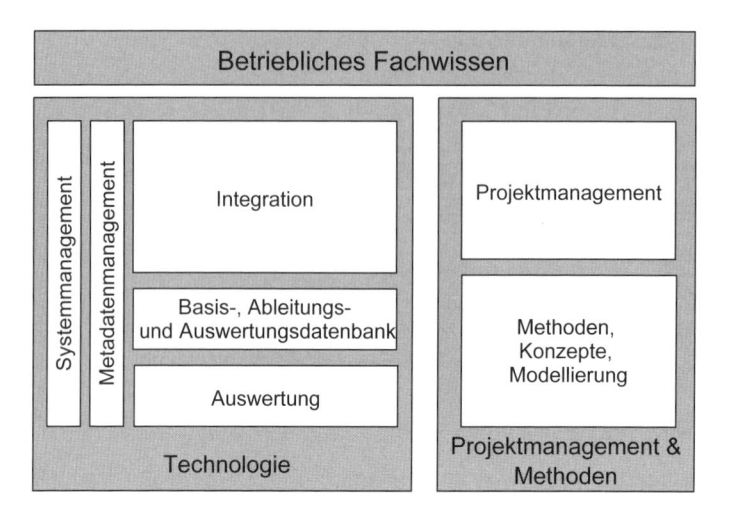

Abb. 11–1 *Die Themenbereiche des Data-Warehouse-Projekts*

ständnis der verwendeten Begriffe (Abschnitt 11.5.2), Kenntnis der ablaufenden Prozesse und nicht zuletzt der betrieblichen Ziele und der Strategie. Dieser Themenblock ist anwendungsspezifisch (vgl. Abschnitt 1.4), daher wird er hier nicht weiter unterteilt.

Im Themenblock Technologie sind Erfahrungs- und Prozesswissen sowie Kenntnisse der entsprechenden Produkte, die in den jeweiligen Bereichen zum Einsatz kommen, erforderlich. Im Themenblock Projektmanagement & Methoden werden in erster Linie produktunabhängige Kenntnisse und Projekterfahrungen vorausgesetzt.

Beide Themenblöcke untergliedern sich thematisch und können an unterschiedliche Rollen adressiert werden. In Tabelle 11–2 sind die Rollen und die zugeordneten Themenbereiche aufgeführt.

Rolle	Themenbereich
Data-Warehouse-Projektmanagement	Projektmanagement
Data-Warehouse-Architekt	Methoden, Konzepte, Modellierung
Data-Warehouse-Miner	Konzepte, Auswertung (Non-Standard)
Spezialist der Fachabteilung	Betriebliches Fachwissen
Data-Warehouse-Systementwickler	Systemmanagement und Metadatenmanagement
	ETL (Extraktion, Transformation, Bereinigung, Laden)
	Basis-, Ableitungs- und Auswertungsdatenbank
Data-Warehouse-Anwender	Auswertung (Standard)

Tab. 11–2 *Projektrollen und zugeordnete Themenbereiche*

Eine detaillierte Beschreibung der Tätigkeiten der Themenbereiche befindet sich in Tabelle 11–3.

Themenbereich	Tätigkeit
Betriebliches Fachwissen	Lieferant von Wissen und Erfahrung zu allen fachlichen Aspekten des Projekts
Systemmanagement	Steuerung, Überwachung und Automatisierung der Data-Warehouse-Prozesse und Management der Data-Warehouse-Systeme (Infrastruktur)
Metadatenmanagement	Definition des Metadatenmodells und Entwurf der Metadatenstruktur sowie Integration verschiedener Metadatensysteme über Schnittstellen
Datenbeschaffung	Bestimmung der relevanten Datenquellen für das Data-Warehouse-System und Entwicklung der Programme (Code/Parameter) für den Datenzugriff sowie für die Bereinigung, Transformation und Historisierung der Daten
Basis-, Ableitungs- und Auswertungsdatenbank	Design der Datenbank (relational, mehrdimensional), physische Implementierung, Tuning, Administration der Datenbank (Backup u. Recovery, verteilte Datenhaltung und Replikation, Erteilung der Zugriffslegitimationen)
Auswertung	Entwicklung von Frontend-Anwendungen (z.B.: Client/Server-basiert, Webanwendungen mittels Java, JavaScript oder HTML)
Projektmanagement	Projektorganisation, Projektplanung und Projektsteuerung
Methoden	Auswahl von Methoden und Definition von Vorgehensmodellen
Konzepte	Erstellung von Konzepten und Pflichtenheften
Modellierung	Datenmodellierung

Tab. 11–3 *Durchzuführende Tätigkeiten in den verschiedenen Themenbereichen*

Bei der Mitarbeiterauswahl sind die Personen zu bevorzugen, die mehrere Themenbereiche abdecken. Die Schulung der Mitarbeiter eines Data-Warehouse-Projektteams orientiert sich an den Rollen und zugeordneten Themenbereichen. Tabelle 11–2 mit der Zuordnung von Rollen und Themenbereichen kann als Basis für die Erstellung von Schulungsplänen für das Data-Warehouse-Projektteam herangezogen werden.

Neue Technologien und Einsatzfelder im Bereich des Data Warehousing verändern die Anforderungs- und Fähigkeitsprofile der Mitarbeiter. Die Dynamik resultiert neben den technologischen Veränderungen (ETL-Werkzeuge, Datenbankmanagementsysteme) vor allem aus der Entwicklung der Data-Warehouse-Einsatzfelder wie Business Intelligence in Richtung Unterstützung operativer Anwendungen und Kundenschnittstellen.

Der Umfang gespeicherter Daten nimmt stetig zu, im Zuge der E-Commerce-Bestrebungen wird sich das Wachstum sogar noch weiter beschleunigen. Es gilt die Frage zu beantworten, wie erhalten die Mitarbeiter und Kunden eines Unternehmens relevante Informationen aus den Daten. Der Wissens- und Anwendungsbereich des Data Mining (Abschnitt 3.5.3), der das Finden und Interpretieren der Muster von Daten durch einen umfangreichen Satz von Algorithmen, Methoden und Werkzeugen unterstützt, gewinnt daher immer mehr an Bedeutung.

Die Bedienung und Anwendung dieser neuen Generation der Werkzeuge und Verfahren zur automatisierten und intelligenten Datenanalyse erfordern spezielle Kenntnisse in Statistik, die im klassischen Data Warehousing bisher nicht notwendig waren. Bei der Auswahl und Ausbildung des Teams der Data-Warehouse-Anwendungsentwickler ist dieser Sachverhalt in Abhängigkeit zu den Projekterfordernissen zu berücksichtigen.

11.1.3 Anforderungsmanagement

Regelmäßig werden durch eine Vielzahl von Anbietern Studien zur Zufriedenheit und den Erfahrungen der Unternehmen mit Data-Warehouse-Anwendungen durchgeführt. Diese erfassen häufig auch die Projekterfahrungen, die bei der Einführung von Data-Warehouse-Systemen gemacht wurden. Zunehmend häufen sich bei der Analyse von weniger erfolgreichen Data-Warehouse-Einführungen Angaben seitens der Unternehmen, wonach eine unzureichende Anforderungsanalyse in Kombination mit mangelhafter Prozessanalyse eine der häufigsten Ursachen für den Misserfolg von Data-Warehouse-Einführungen zu sein scheinen. Beispielhaft sei hier die Actinum-Untersuchung (Abb. 11–2) aus dem Jahr 2007/2009 angeführt, die mit dieser Erkenntnis allerdings kein Alleinstellungsmerkmal aufweist.

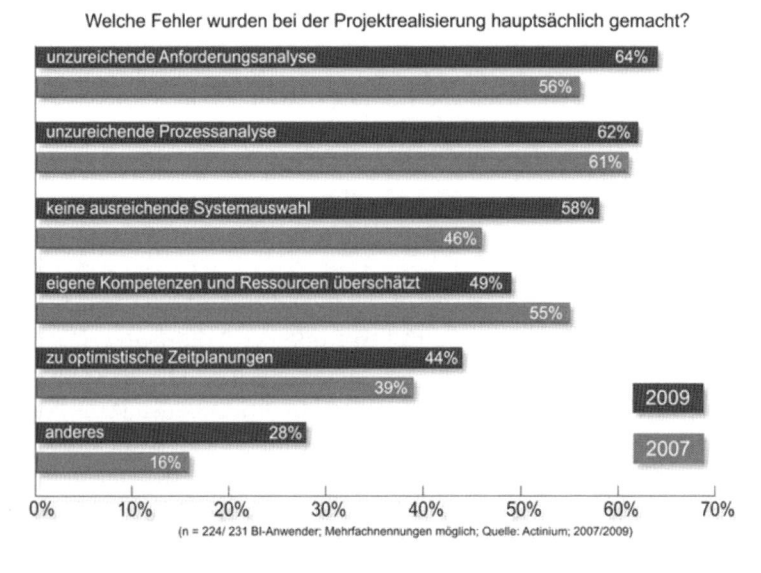

Abb. 11–2 *Fehler bei der Einführung [Alex09]*

Die Erkenntnis, dass dem Anforderungsmanagement in Data-Warehouse-Projekten eine große Bedeutung zukommt, deckt sich mit eigenen Erfahrungen der Autoren aus der Praxis. Das Anforderungsmanagement entscheidet wie keine andere Phase oder Aufgabe über den Erfolg des Projekts bzw. des zu entwickelnden Data-Warehouse-Systems. Die vollständige, strukturierte und für den Fachanwender wie auch den bzw. die Entwickler aus der IT-Abteilung verständliche Dokumentation der funktionalen und nichtfunktionalen Anforderungen und deren Priorisierung bestimmt dabei ebenso über die Qualität des Anforderungsmanagements und damit letztlich über den Projekterfolg wie die konsequente Orientierung der Anforderungen an den strategischen Unternehmenszielen, den taktischen Abteilungszielen und den operativen Anforderungen an die Optimierung und Automatisierung von Geschäfts- und Entscheidungsprozessen, denen das Data-Warehouse-System dienen wird.

Die strategischen, taktischen und operativen Ziele sowie deren Stakeholder werden im Anforderungsdokument konkret benannt, da sie während des gesamten Prozesses der Anforderungsanalyse zur Bewertung und Priorisierung der Anforderungen herangezogen werden müssen. Im Sinne einer klassischen Stakeholderanalyse, wie man sie mittlerweile als wesentlichen Ausgangspunkt des Projektmanagementprozesses in jedem Lehrbuch des Projektmanagements nachlesen kann, gilt es, das spezifische Interesse bzw. die Motive der einzelnen Stakeholder (und hier insbesondere der Projektsponsoren) an einem Data-Warehouse-Projekt insbesondere in der Projektvorbereitungsphase sorgfältig zu erheben und unter Berücksichtigung der jeweiligen Machtverhältnisse der einzelnen Stakeholder zu bewerten und zu gewichten.

Die anfänglich noch sehr grobe Anforderungsanalyse entwickelt in engster Zusammenarbeit mit Vertretern aller zukünftigen Fachanwender ein nicht nur vollständiges Bild der Informationsbedarfe, sie liefert auch die Entscheidungsgrundlage für die finale Definition des Projektumfangs, der Projektstrategie und der Data-Warehouse-Architektur.

Schlüssel zum Erfolg bei Anforderungsermittlung und -dokumentation ist eine enge Zusammenarbeit zwischen Fachbereich und IT. Ein gemeinsames iteratives Vorgehen und prototypische Realisierungen helfen dem Fachbereich, seine Vorstellungen zu präzisieren, und den Mitarbeitern der IT, ihr Verständnis von diesen Vorstellungen sukzessive zu vervollständigen. Große unternehmensweite Data-Warehouse-Projekte erfordern zudem eine Koordination der Anforderungsprozesse verschiedener Fachbereiche, um ein integriertes Data-Warehouse-System zu gewährleisten und das Entstehen fachlicher »Silo-Lösungen« zu verhindern. Eine solche Koordination muss primär auf fachlicher Seite erfolgen und ist eine wichtige Maßnahme im Rahmen des Anforderungsmanagements.

Schritte des Anforderungsmanagements

Die Anforderungsanalyse ist eine eigenständige Phase im gesamten Projektvorgehen, die selbst noch einmal in selbstständige Schritte gegliedert wird. Nachdem die Mitarbeiter in das Projektteam eingebunden und das Projektziel eindeutig und verständlich definiert worden ist, folgt die Grobstrukturierung der Anforderungen mit den Stakeholdern und die Detaillierung der Anforderungen im Rahmen von Interviews und Workshops sowie deren Dokumentation in einer »Business-Requirement-Spezifikation« (BRS). Unabhängig von der für das Gesamtprojekt gewählten Softwareentwicklungsmethode ist es zwingend erforderlich, die Anforderungsanalyse in einem iterativen Verfahren mit Erhebung und Dokumentation sowie Review mehrfach zu durchlaufen, da Fachanwender Anforderungen häufig erst im gemeinsamen Prozess identifizieren und im Review der konkreten Formulierung vervollständigen können. Darüber hinaus eröffnet die Zusammenarbeit mit anderen Fachabteilungen neue Aspekte und hebt Synergien, die in einer Projektvorgehensweise, die dem strengen Wasserfallverfahren folgt, nur schwer realisiert werden können. Der Projektleitung kommt dabei die Aufgabe zu, die Anforderungen immer wieder über alle Phasen hinweg gegen die definierten Ziele zu prüfen und die Priorisierung der Anforderungen in Bezug auf die Ziele zu moderieren. Vermehrt wird in den letzten Jahren zumindest inoffiziell von erfahrenen Projektmitarbeitern und Projektleitern zugegeben, dass Anforderungsmanagement – nicht nur in Data-Warehouse-Projekten, in diesen aber besonders deutlich erkennbar – im Grunde ein kontinuierlicher, sich über alle Projektphasen durchziehender und elementar wichtiger Prozess ist, der erst mit der Inbetriebnahme des ersten Releases abgeschlossen ist, um dann anschließend erneut für das Release 2 in Gang gesetzt zu werden.

Methoden und Werkzeuge

Die im Folgenden beschriebenen Werkzeuge wie Modelle und Kennzahl- und Dimensionsmatrizen übernehmen dabei die Aufgabe von Anwendungsfällen (engl. use cases), mit denen sich das Analyse- und Informationspotenzial des neuen Data-Warehouse-Systems durch die Fachabteilung durch Reduktion auf die wesentlichen fachlichen Inhalte erproben lässt und die darüber hinaus für die Anwendungsentwickler als Grundlage für das technische Design dienen.

Die Methoden der Anforderungsanalyse müssen die Kommunikation innerhalb und zwischen den Fachbereichen sowie zwischen Fachbereichen und IT fördern und strukturieren sowie zu einer Dokumentation führen, die den Fachbereichen inhaltlich zugänglich ist, um damit einem fachlichen Review unterzogen werden zu können, und die gleichzeitig hinreichend formal und strukturiert ist, um Fehlinterpretationen durch die IT während der Realisierung möglichst auszuschließen.

In der zeitlichen Reihenfolge ihres ersten Einsatzes sind diese Methoden die Istanalyse der bestehenden Informationsversorgung, die Durchführung von

Workshops und Interviews sowie die Konsolidierung und Visualisierung der Ergebnisse in formalen Modellen sowie in Textformularen für Kennzahlendefinitionen (sog. Kennzahlensteckbriefe) und Kennzahl- und Dimensionsmatrizen.

Auch wenn Data-Warehouse-Projekte häufig mit der nicht zu unterschätzenden Hypothek in den Anforderungsprozess geschickt werden, die bestehenden Auswertungen auch im neuen System bereitzustellen, kann und soll die Istanalyse nicht die Aufgabe einer akribischen Nachdokumentation bestehender Berichtslandschaften übernehmen. Die Istanalyse dient der Einarbeitung des Projektteams in die aktuelle Informationsversorgung der Fachabteilung und gewährt durch Sichtung bereits bestehender und verwendeter Auswertungen sowie durch mündliche oder schriftliche Befragungen oder auch durch die gezielte Begleitung in der täglichen Berichtserstellung und prozessbezogenen Datenanalyse Einblick in die aktuell durch Auswertungen unterstützten Geschäfts- und Entscheidungsprozesse. Der Detaillierungsgrad und der Aufwand für die Istanalyse leitet sich dabei aus der Notwendigkeit ab, die Workshops für die Erstellung des auf die Istanalyse folgenden Sollkonzepts mit den Fachabteilungen vorbereiten und diese mit guter Kenntnis der bereits bestehenden Auswertungen moderieren zu können.

Es bietet sich an, die gesammelten und bereits in Verwendung befindlichen Auswertungen als Ergebnis der Istdokumentation ebenso wie die Ergebnisse der Sollkonzeption der zukünftigen Data-Warehouse-Anforderungen in Form eines sogenannten »Report Inventory« zu sammeln, zu kategorisieren und auch ihren jeweiligen prozessbezogenen- und organisatorischen Anwendungskontext zu beschreiben.

Das Report Inventory dient dazu, alle aktuellen fachlichen Data-Warehouse-Anforderungen an zentraler Stelle zu dokumentieren, ihren jeweiligen Status zu verfolgen und auf alle weiteren Detailspezifikationsdokumente zu verlinken. Des Weiteren stellt es auch die Basis für eine systematische Aufwandsschätzung des geplanten Projektumfangs, für die Erstellung von Testfällen, für die finale Abnahme der erzielten Projektergebnisse und auch für das unverzichtbare Change Management im Projekt dar. Gerade in größeren Einzelprojektmaßnahmen mit mehr als 1000 Manntagen Aufwand und insbesondere in regional verteilten bzw. globalen Projektteamstrukturen sollte man von dem in der Praxis leider immer noch viel zu sehr dominierenden hemdsärmeligen, rein auf einer tabellenkalkulationsbasierten Report Inventory Abstand nehmen und auf am Markt längst verfügbare professionelle datenbankgestützte Anforderungsmanagementwerkzeuge zurückgreifen. Die im Anforderungsmanagement unabdingbare strukturierte und transparente Arbeitsweise, die letztlich auch darauf basiert, zu jedem Zeitpunkt gegenüber den Projektstakeholdern und -sponsoren Auskunft über den aktuellen Status und auch einen Verlauf der Änderungshistorie der Anforderungen geben zu können, setzt eine solche Lösung voraus. Aber auch kleinere Projekte können und sollten derartige Lösungen durchaus nutzen, vor allem dann, wenn sie bereits durch die organisatorische Einrichtung eines Business Intelligence Competence Centers (BICC,

Abschnitt 11.2) verfügbar und Teil einer professionellen und standardisierten Arbeitsweise zur Einführung einer unternehmensweiten Lösung geworden sind.

Das Projektteam gewinnt den größten Teil der Informationen zur zukünftigen Ausgestaltung des Data-Warehouse-Systems in der Anforderungsanalyse in Workshops mit den Fachanwendern. Für die Fachanwender sind diese Workshops wiederum häufig die erste Begegnung mit dem Projekt und bis zu den Abnahmetests auch die intensivste Auseinandersetzung mit Zielen und Nutzen des Vorhabens. Die persönliche Einschätzung der zukünftigen Nutzer des Systems von der Leistungsfähigkeit und dem davon abhängigen Erfolg des Projektteams wird in den Anforderungsworkshops geprägt und sollte keinesfalls unterschätzt werden. Es ist daher außerordentlich wichtig, diese Workshops in ihren fachlichen Inhalten und Fragestellungen professionell vorzubereiten und zu strukturieren und Formulare sowie Fragen- und Kennzahlenkataloge für die Dokumentation der im späteren Betrieb der neuen Anwendung zu analysierenden Geschäfts- und Entscheidungsprozesse, denen das Data-Warehouse-System dienen soll, sowie die aus den Prozessen resultierenden Entscheidungssituationen und die dazu erforderlichen Messgrößen für den Prozesserfolg vorzubereiten. Dies räumt je nach Beratungsauftrag auch die Möglichkeit ein, Best Practices und neue Trends in das Projekt zu tragen.

In den Workshops sollten mithilfe von Moderationstechniken zunächst die konkreten, je nach Teilnehmerkreis strategischen, taktischen und operativen Entscheidungssituationen aufgesucht werden, mit denen sich die Anwender des neuen Data-Warehouse-Systems regelmäßig in den operativen Geschäftsprozessen sowie auch in den Managementprozessen konfrontiert sehen. Dabei kommen die Unternehmens- und Abteilungsziele ebenso in den Blick wie die Informationen, die für gute Entscheidungen erforderlich sind, sowie die Kriterien, nach denen der Erfolg einer Entscheidung bzw. einer Maßnahme bewertet wird.

Aus moderationspraktischer Sicht bietet es sich an, als Ausgangspunkt zunächst bereits die bestens bekannte, weil lange bestehende und in Verwendung befindliche Auswertungen jedweder Form (in Papierform oder auch als mehr oder weniger anspruchsvoll ausprogrammierte Anwendung auf Basis einer Tabellenkalkulation), als proprietären Bericht eines operativen Systems oder als gar nicht mal so selten anzutreffende, seitens der Fachabteilung individuell optimierte und zu einem unglaublichen Kunstwerk ausgebaute Einzelplatz-Datenbankanwendung als Diskussionsgrundlage im Workshop als Anschauungsgrundlage zu visualisieren. Diese Visualisierung dient dazu, die dahinter stehende betriebswirtschaftliche Fragestellung durch die Workshopteilnehmer präzise formulieren zu lassen, anschließend aber auch eine Bewertung durch die Workshopteilnehmer in Bezug auf die Stärken, insbesondere aber auch auf die Schwächen der bestehenden Auswertungen und Berichte vorzunehmen und daraus abschließend auch sehr konkrete Verbesserungsanforderungen oder im Extremfall auch eine vollständige Redefinition der gegenwärtig verwendeten Berichts- und Analyseanforderung vornehmen zu lassen.

Als Ergebnis sollte nicht nur eine Aufzählung von wünschenswerten auswertungsrelevanten Fakten bzw. Kennzahlen und Attributen vorliegen, sondern im bestmöglichen Fall seine präzise Visualisierung einer Kreuztabelle, aus der ersichtlich ist, was der Anwender in welcher Präsentationsform erhalten müsste, um auch durch eine interaktive Analyse eine umfassende und zuverlässige Beantwortung der eigentlich interessierenden betriebswirtschaftlichen Problemstellung gewährleisten zu können.

So einfach und logisch sich dies anhört, so schwierig gestaltet sich dies in der Praxis. Nicht selten enden derartige Workshops zunächst in einem absoluten Desaster, da die erzielten Ergebnisse im günstigsten Fall ausschließlich vage, widersprüchlich, unverständlich oder technisch gar nicht, nur sehr schwer oder aber nur mit extremem Aufwand realisierbar sind. Auch dürfen die häufig anzutreffenden Widerstände seitens der Workshopteilnehmer in Form von aktivem oder auch nur passivem Widerstand keinesfalls unterschätzt werden. Die Altsysteme sind trotz aller Klagen der Endanwender aufgrund der angeblich umzumutbaren Unzulänglichkeiten letztlich derart etabliert, dass man sich keinesfalls von ihnen trennen möchte. Man weiß auf der einen Seite um die Schwächen des aktuellen Reportingsystems, fürchtet aber nicht selten um den eigenen Arbeitsplatz oder aber befürchtet eine deutliche höhere Transparenz, die mitunter gar nicht so detailliert gewünscht ist. In diesen Fällen gibt es kaum standardisierte Methoden und Konzepte, mit denen diese Probleme in den Griff zu bekommen sind. Eher zählen hier das Einfühlungsvermögen, die hoffentlich langjährige Erfahrung und letztlich auch eine nicht zu unterschätzende Portion Glück, in jedem Fall aber eine deutliche sichtbare Zustimmung der Projektsponsoren nicht nur zu dem neuen Berichtssystem, sondern auch zu den damit einhergehenden unverzichtbaren Änderungen.

Der Bezug zu konkreten Arbeitssituationen löst die Anwender bei der Anforderungsanalyse aus einer zu starken Verhaftung in den bestehenden Auswertungen (Istanalyse) und lässt die Anwender das Potenzial des neuen Systems besser erkennen, sie in ihren Aufgaben zu unterstützen, was regelmäßig zur Formulierung weiterer, praxisrelevanter Anforderungen durch die Workshopteilnehmer führt. Eine durchaus sinnvolle, allerdings auch aufwendige Technik zur Beobachtung des praktischen Analyse- und Entscheidungsproblems ist die Methode des »Apprenticing«, bei der der Anforderungsmanager im Sinne eines Lehrlings dem Stakeholder »über die Schulter schaut« und insofern an der realen Entscheidungs- und Auswertungssituation die Anforderung bzw. die dafür zu lösenden Datenextraktions- und -integrationsprobleme präzise nachvollziehen kann. Der Fairness halber sei angemerkt, dass diese Methode aufgrund des dahinterstehenden Aufwands und der zu erwartenden »Zurückhaltung« seitens der »Beobachtungsobjekte« (den jeweiligen Stakeholdern) nur in ausgewählten Fällen angewendet werden kann. Insbesondere bei komplexen Auswertungs- und Berichtsanforderungen wird die Bereitschaft zu dieser intensiven und auch aufwendigen Form der Anforderungserhebung seitens der Stakeholder gegeben sein.

Ergebnisdokumente

Die Dokumentation der Ergebnisse erfolgt in mehreren iterativen Schritten. Noch im Workshop kann mit den Teilnehmern eine Kennzahl- und Dimensionsmatrix erstellt werden, die nach Geschäftsprozessen gegliedert die wichtigsten Kennzahlen aller relevanten und verfügbaren Auswertungskriterien darstellt. Diese Kennzahl- und Dimensionsmatrix liefert der fachabteilungsübergreifenden Diskussion gemeinsamer, unternehmensweit einheitlich zu definierender Kennzahlen das Gerüst und wird im weiteren Verlauf des Anforderungsmanagements zu einer oder mehrerer Reportmatrizen weiterentwickelt, die die gewünschten Kombinationen von Kennzahlen und Dimensionen in den zu implementierenden Reports festlegen.

Aus der Kennzahl- und Dimensionsmatrix sowie aus den Einsichten der Istanalyse leitet das Projektteam ein formales, fachlich-analytisches Modell ab, das in mehreren Verdichtungsstufen von der unternehmensweiten Beziehung der Geschäftsobjekte bis zu fachabteilungsspezifischen Detaildarstellungen die Beziehung von Kennzahlen, Geschäftsobjekten bzw. Dimensionen inklusive Hierarchien visualisiert.

Zur Modellierung wird häufig das Entity-Relationship-Diagramm eingesetzt. Diese Modellnotation ist leicht verständlich und häufig auch Fachanwendern geläufig. Für die Darstellung der Hierarchien und der Ableitung von Kennzahlen bieten Modellierungen wie das Semantische-Data-Warehouse-Modell (SDWM) [Böhn01] oder Application Design for Analytical Processing Technologies (ADAPT) Vorteile durch entsprechende zusätzliche Notationen. Die formalen Modelle ermöglichen der IT präzisierende Nachfragen und führen zu Designvorgaben, die die Gefahr von Fehlinterpretationen reduzieren (siehe auch Abschnitt 6.1.2).

Der Umfang eines Data-Warehouse-Projekts und damit der für die Stakeholder bereitgestellte Analyseraum wird nicht nur von den Informationsanforderungen und dem Budget bestimmt, sondern auch von den verfügbaren Daten der Quellsysteme und deren Qualität begrenzt. Das Anforderungsmanagement muss daher von einer Analyse der Quellsystemdaten begleitet werden, die eine Einschätzung über die Verfügbarkeit, die Qualität und das für das Projekt zu erwartende Mengengerüst der Daten erlaubt. In der Anforderungsphase genügt es, die Quellsysteme aus Zeit- und Aufwandsgründen nur in den zentralen Bereichen im Sinne der 80:20-Regel zu analysieren. Die Erkenntnisse der Quellsystemanalyse werden in die Priorisierung und Modularisierung des Projektvorhabens ebenso einfließen wie in die Aufwandsschätzung für Datenqualitätsverbesserung vor oder während der Implementierung.

Die Anzahl der Objekte der Quellsystemanalyse reicht je nach der gewählten Extraktionsstrategie von einer oder wenigen Schnittstellendateien bis hin zu einer Vielzahl von Tabellen im komplexen Modell des Quellsystems. In beiden Fällen können bereits mit sehr einfachen Abfragen zu Füllgrad, Wertebereichen und Werteverteilungen gute Einschätzungen zur Datenqualität gewonnen werden. Erfolgt die Extraktion auf den Tabellen des Quellsystems oder soll die Integrierbarkeit der Daten mehrerer Quellsysteme überprüft werden, so sind Analysen der referenziellen Integrität der Schüsselattribute und deren Eignung und Qualität zur quellsystemübergreifenden Verknüpfung der Daten erforderlich.

Das Data Profiling wird durch Werkzeuge unterstützt, die als Bestandteil des Datenbeschaffungswerkzeugs oder als eigenständiges Produkt die Generierung von Prüfabfragen und deren Ausführung automatisieren und durch Repositorien für Prüfregeln und Prüfergebnisse die Dokumentation und die Wiederverwendung in der Implementierungsphase erleichtern.

Das Anforderungsmanagement wird im Wasserfallmodell mit der Abnahme der Ergebnisdokumente in Form einer bewerteten und priorisierten Liste der funktionalen und nichtfunktionalen Anforderungen (engl. business requirements) und dem Fachkonzept abgeschlossen. In der Praxis wird nicht selten noch weit in die Implementierungsphase hinein am Fachkonzept gearbeitet, womit agile Entwicklungsmethoden deutlich besser umgehen können. In beiden Vorgehensmodellen ist es hilfreich, das Fachkonzept modular aufzubauen, um es schrittweise, das iterative Vorgehen bei der Anforderungserhebung unterstützend, zur Abnahme bereitstellen zu können.

Die Beschreibung der zu unterstützenden Geschäfts- und Entscheidungsprozesse schärft das Verständnis der Ziele und des geplanten Projektumfangs und hilft nicht nur dem Entwicklerteam, das entstehende Data-Warehouse-System und die fachlichen Anforderungen besser aufeinander beziehen zu können, sondern auch den für die Abnahme verantwortlichen Endanwendern.

Das Fachkonzept zeigt ein semantisches Datenmodell auf der Ebene der Geschäftsprozesse, das in der Beschreibung der bereitgestellten Dimensionen detailliert wird. Die Kennzahlen werden im Fachkonzept in natürlicher Sprache beschrieben und aufgelistet. Die Liste der Kennzahlen und der Dimensionen können dann in einer Kennzahl- und Dimensionsmatrix den Analyseraum und die darin bereitgestellten Reports präsentieren. Das Benutzer- und Zugriffskonzept wird in seinen Grundzügen ebenfalls im Fachkonzept dokumentiert.

Im Zuge des Anforderungsmanagements wird eine ganze Reihe von Informationen über die Systemarchitektur erhoben, die Eingang in das DV-Konzept finden werden. Dazu zählen Einsichten in die Quellsysteme während der Datenanalyse ebenso wie Kenntnisse über die bestehenden dispositiven Systeme aus der Istanalyse der Informationsversorgung.

11.1.4 Qualitätsmanagement

Das Qualitätsmanagement im Data-Warehouse-Projekt umfasst – analog zum Softwareentwicklungsprozess – die Planung, Prüfung und Verbesserung der Qualität des Gesamtsystems und des Entwicklungsprozesses. Der Anspruch an die Qualität ist projektspezifisch, da sie sich auf die Anforderungen des jeweiligen Projekts bezieht und ausrichten muss.

Produkt- und Prozessqualität

Qualitätsmanagement umfasst alle Aktivitäten zur Verbesserung der Qualität von erstellten Produkten, also z.B. Berichten, Anwendungen, aber auch Datenqualität sowie die Qualität der Erstellungsprozesse, also z.B. der Entwicklungsprozesse. Während die Aktivitäten zur Verbesserung der Prozessqualität bei Data-Warehouse-Projekten mit anderen Softwareentwicklungsprojekten vergleichbar sind, finden sich bei Aktivitäten zur Qualitätssicherung der Produktqualität einige Besonderheiten.

Qualitätsmodell

Um ein Qualitätsmanagement für Produktqualität aufsetzen zu können, wird ein Qualitätsmodell als Grundlage benötigt. Nach dem Qualitätsmodell für externe und interne Softwarequalität (nach ISO/IEC 9126, Teil 1 [Balz08], wurde 2008 durch ISO/IEC 25000 abgelöst) werden folgende Fähigkeiten unterschieden:

- Funktionalität:
  Eigenschaften des Data-Warehouse-Systems, die im Anforderungsmanagement gefordert wurden
- Zuverlässigkeit:
  dauerhafte Ermöglichung des geforderten Leistungsniveaus (z.B. Performanz bei der täglichen Beladung)
- Benutzbarkeit:
  Funktionalität muss vom Benutzer verwendbar sein
- Effizienz:
  adäquates Verhältnis von notwendigen Ressourcen und Leistung
- Wartbarkeit:
  Änderungsfähigkeit der Anwendung für Korrekturen oder Anpassung der Anforderungen
- Portabilität:
  Möglichkeit zur Übertragung von einer Umgebung in eine andere (z.B. Auswertungsdatenbanken mit deren Auswertungswerkzeugen)

Qualitätsmodell im Data-Warehouse-System

Das Qualitätsmodell muss beim Data-Warehouse-System auf die Bestandteile Anwendung und Daten bezogen werden:

Bei der Überprüfung der Anwendung muss einerseits auf die spezifischen Bestandteile eines Data-Warehouse-Systems wie beispielsweise die Auswertungswerkzeuge, Datenbeschaffungswerkzeuge, Monitor etc. eingegangen, aber andererseits auch das Gesamtsystem überprüft werden. Dadurch dass die Vielzahl an Teilsystemen eines Data-Warehouse-Systems angepasst anstatt implementiert wird, bezieht sich die Überprüfung vorwiegend auf die Anpassung der Anwendungen, das Zusammenspiel des Gesamtsystems und die Umsetzung der funktionalen Anforderungen wie die Visualisierung innerhalb der Auswertungswerkzeuge.

Datenqualität spielt eine durchgehend wichtige Rolle. Das beginnt bei der Schnittstelle des Data-Warehouse-Systems zu den operativen Datenquellen mit der Prüfung der Qualität der angelieferten Daten nach festzulegenden Kriterien bis hin zur Prüfung der Datenqualität von Kennzahlen und Dimensionen auf der Auswertungsebene (siehe auch Abschnitt 2.3.2). Um die Qualität der Daten, die in das Data-Warehouse-System übernommen werden, zu sichern, sind in allen Phasen Qualitätsforderungen zu definieren, die später im laufenden Betrieb überwacht werden müssen. Die Vorstellung, ein Data-Warehouse-Projekt führt automatisch zu einer Erhöhung der Datenqualität, ist falsch.

Fehlerquellen im Bereich Datenqualität lassen sich grob wie folgt unterteilen:

Transferfehler:
Die Quelldateien werden von dem operativen System nicht geliefert. Die Ursache kann sowohl an der Übertragung (z. B. Netzwerkprobleme) als auch am operativen System (z. B. Dateien wurden nicht exportiert) liegen.

Ladefehler:
Die Datei ist defekt (z. B. wurden Zeilenendezeichen falsch übertragen) oder unvollständig (z. B. wurde der Übertragungsprozess unterbrochen und nicht korrekt wieder aufgesetzt).

Datenfehler:
Die Daten werden nicht in die Zieltabellen übertragen, da Inkonsistenzen (z. B. durch falsche Ladereihenfolge können Integritätsbedingungen nicht erfüllt werden) oder inhaltliche Fehler (z. B. liegt bei zu ladenden Produkten das Verkaufsdatum vor dem Produktionsdatum) aufgetreten sind.

Aggregationsfehler:
Vorgesehene Aggregationen können nicht durchgeführt werden. Dies kann sowohl technische (z. B. Rollback-Segmente zu klein) als auch inhaltliche Ursachen haben.

▪ Dokumentation:
Hierunter fallen neben der Programmdokumentation und Schulungsunterlagen auch die Erstellung von Handbüchern für Anwender, Administratoren und Rechenzentrum.

Überprüfung der Qualität

Nach Balzert [Balz08] wird das konstruktive vom analytischen Qualitätsmanagement unterschieden: Beim konstruktiven Qualitätsmanagement werden einerseits technische Maßnahmen wie die Verwendung von Methoden und Werkzeugen und andererseits organisatorische Maßnahmen wie Richtlinien, Standards und Checklisten unterschieden. Diese Maßnahmen werden bereits zu Beginn des Data-Warehouse-Projekts ganzheitlich aufgesetzt und verbindlich verankert, um eventuelle Fehler vorab zu vermeiden.

Das analytische Qualitätsmanagement, bei dem bereits vorhandene Fehler aufgedeckt werden sollen, unterscheidet analysierende Verfahren wie Reviews, Inspections, Walkthrough, Durchsprachen oder Audits, die vorwiegend Ergebnisdokumente des Data-Warehouse-Projekts überprüfen, von Testverfahren, die Teile der Anwendung oder das Gesamtsystem betrachten (siehe Abschnitt 10.4.7).

Der Qualitätssicherungsplan dient dem Data-Warehouse-Projekt zur Erreichung der Qualitätsziele. Qualitätsaspekte müssen bereits in einer frühen Phase der Softwareentwicklung durch Aktivitäten des konstruktiven Qualitätsmanagements konzipiert, während des gesamten Projekts von der Konzeption bis zur Codierung durchgängig durch analysierende Verfahren betrachtet werden und können keinesfalls am Ende der Entwicklungsphase des Data-Warehouse-Systems durch Testverfahren »geprüft« werden. Beispielsweise stellt ein Performance-Test nur eine ausreichende oder fehlende Leistung fest und hilft nicht bei der Steigerung der Geschwindigkeit.

11.1.5 Kommunikation

Wie schon angedeutet, setzt sich aufgrund der Komplexität der meisten Data-Warehouse-Projekte das Projektteam aus Personen mit unterschiedlichen Wissens- und Erfahrungshorizonten zusammen. An dieser Stelle wird die Kommunikation als *Prozess des Informationsaustauschs* zwischen den Teammitgliedern des Projekts näher beleuchtet.

Der Austausch von Informationen lässt sich grundsätzlich in eine *inhaltliche Ebene* (Ziele, Termine, Kosten) sowie eine *Beziehungsebene* (Ängste, Stimmungen, Erwartungen, Verständnis) differenzieren. Die *Qualität* der Kommunikation wächst, wenn sich die beiden Ebenen der Kommunikation in einer Harmonie befinden. Die Entwicklung der zwischenmenschlichen Aspekte gerade bei technisch motivierten Projekten benötigt Zeit und Pflege und darf keinesfalls vernachlässigt werden.

Im Folgenden wird exemplarisch eine Kommunikationsmethode, die *Datenkonferenz*, beschrieben. Die Datenkonferenz ist ein Instrument zur Lösung von Konflikten und Kommunikationsproblemen, die einen Bezug zu Unternehmensinformationen haben. Insbesondere für das gemeinsame *Verständnis der Quelldaten* (Begriffe und Strukturen) und für die Lösung der Integrationsprobleme beim Aufbau der Basisdatenbank sowie zur Klärung von Zuständigkeiten vor allem für die Beschaffung und Pflege von Daten bieten sich Datenkonferenzen an.

Nach [GUID91] ist eine Datenkonferenz eine durch das Datenmanagement koordinierte Veranstaltung, in der Probleme behandelt werden, die sich auf unternehmensrelevante Informationen beziehen. Auslösendes Ereignis für eine Datenkonferenz können Konflikte sein, die sich bei den zuvor aufgeführten Themen abzeichnen. Eine Datenkonferenz dient dazu, einvernehmlich Lösungen der konfliktverursachenden Probleme zu finden und die notwendigen Entscheidungen vorzubereiten. Hierdurch wird ein Beitrag zu den betrieblich relevanten Zielen wie *Effizienz* und *Durchschaubarkeit* geleistet.

Die Effizienz wird gesteigert, da die im Problem liegenden möglichen Reibungsverluste zwischen den Beteiligten im Vorfeld vermieden werden. Durchschaubarkeit wird erreicht durch die Klärung von Datenverantwortlichkeiten und über eine »gemeinsame Sprache« hinsichtlich unternehmensweiter Begriffe, indem Namen, Definitionen und Wertebereiche vereinheitlicht werden. Die in dieser Hinsicht gepflegte Kultur der gemeinsamen Sprache steigert das Verständnis aller am Data Warehousing Beteiligten.

Nicht zu vernachlässigen ist bei der Datenkonferenz der sozioergonomische Effekt der Betriebsklimaverbesserung, der dadurch eintritt, dass die Kommunikationsform des Gesprächs von Angesicht zu Angesicht zwischen den Beteiligten neben dem fachlichen auch zum menschlichen Verständnis beiträgt.

11.1.6 Konfliktmanagement

Die Entstehung von Konflikten wird häufig entlang des Spannungsfeldes des sogenannten *magischen Dreiecks* [Litk95] gezeigt. Ein Mehr an *Funktion* und *Qualität* erhöht die *Kosten* für Personal und Sachmittel und macht sich häufig zudem in *Terminengpässen* bemerkbar. Projekte, die entlang des magischen Dreiecks in »Schieflage« geraten, wirken zusätzlich negativ auf die Motivation der Teammitglieder (Abb. 11–3).

Bei Data-Warehouse-Projekten ist wegen der besonderen inhaltlichen, technischen und organisatorischen Komplexität sowie des unterschiedlichen Verständnisses der Daten die Kommunikation mit den Auftraggebern und innerhalb des Projektteams von großer Bedeutung, denn unzureichende Abstimmung löst häufig Konflikte aus.

Konfliktvermeidung steht *vor* dem Konfliktmanagement. Voraussetzung dafür ist die vorausschauende und umfassende Erledigung der Aufgaben der Projektorganisation und des Projektmanagements.

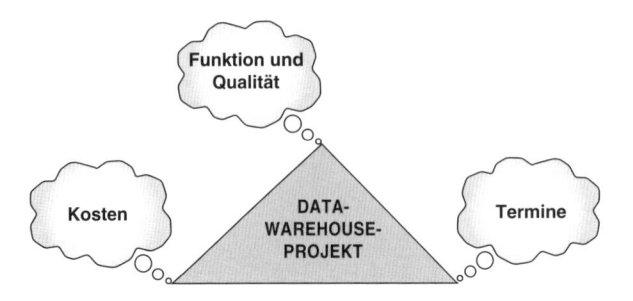

Abb. 11-3 Das magische Dreieck

Folgende Aufzählung der wesentlichen Aspekte des Projektmanagements verdient im Hinblick auf eine konfliktpräventive Projektplanung besondere Beachtung:

- Auswahl eines geeigneten Sponsors aus dem Topmanagement
- »Think big – start small«, d.h., die Planung der Ziele und Ergebnisse des Projekts sollte unter Berücksichtigung des Horizonts der Unternehmensstrategie und Architektur erfolgen, jedoch vom Umfang her auf ein überschaubares und mit vertretbarem zeitlichem und budgetmäßigem Aufwand zu realisierendes Projekt fokussiert werden (Abschnitt 10.1).
- vorgehensorientierte Ansätze (Phasenkonzept, weiterverwertbare Prototypen, Qualitätssicherung)
- Festlegung von Umfang und Rolle des Repositoriums
- Berücksichtigung der Betriebsphase in der Projektplanung (z.B. im Hinblick auf Wiederverwendbarkeit, Wartungsfreundlichkeit, Bedienerfreundlichkeit, Robustheit)
- Priorität des Projekts und Verfügbarkeit der Kernteammitglieder
- Definition klarer Rollenprofile und Verantwortungen
- Berücksichtigung der Interessen der Projektbeteiligten und Identifikation von Projektgegnern
- Durchführung regelmäßiger Teammeetings, in denen Ergebnisse, Probleme und anstehende Aufgaben besprochen werden
- Ständige *Rücksprache* mit den Anwendern, deren Repräsentanten im Projektteam auf jeden Fall beteiligt sein sollten. Im Interesse der Anwender liegt meist ein möglichst frühzeitiges Arbeiten mit dem Data-Warehouse-System. Demgegenüber stehen Forderungen an die Beschaffenheit der Daten und an eine gesamtheitlich ausgerichtete Systemarchitektur, deren Erfüllung Zeit kostet.

Konflikte sollten innerhalb des Projektteams offen angesprochen werden, und es sollte der Versuch unternommen werden, eine Lösung innerhalb des Projektteams herbeizuführen. Probleme, deren Ursachen außerhalb des Projektumfeldes zu suchen sind, sollten innerhalb der Linienverantwortung oder – wenn nicht anders möglich – durch das Entscheidungsgremium einer Lösung zugeführt werden.

11.1.7 Dokumentation

Die Projektergebnisse und der Projektverlauf werden in einer elektronischen *Projektdatenbank* dokumentiert, um den Aufwand für die Verwaltung so niedrig wie möglich zu halten und den Zugriff auf die Informationen jederzeit zu gewährleisten. Neben der Projektdokumentation sollte auch die prozessbegleitende Dokumentation der Betriebsphase geplant werden (Metadatenmanagement, insbesondere Scheduling sowie Logging). In vielen Unternehmen sind inzwischen Vorgehensmodelle zum Projektmanagement etabliert, deren Ziel es ist, die Form und die Art der Dokumentation zu beschreiben.

Zu bedenken ist, dass die zu dokumentierenden Informationen teilweise über den Zeitraum des Data-Warehouse-Projekts hinaus Gültigkeit besitzen und Ausgangspunkt für weitere Projekte sind. Die Einbettung der Dokumentation in den erweiterten Zusammenhang des *Knowledge Management* als Form einer unternehmensübergreifenden, prozessbegleitenden Dokumentation und Anfrage von Information sollte bei der Planung und Durchführung der Dokumentation beachtet werden.

Hierbei kommt dem Repositorium besondere Bedeutung zu. Nicht unerhebliche Teile der Ergebnisdokumentation können und sollen im Repositorium hinterlegt werden. Hierzu gehören insbesondere die Beschreibung der Quell- und Zieldaten bezüglich Inhalt (Semantik der verwendeten Begriffe, vor allem der Entitäten und Attribute), Form (Satz- und Feldbeschreibungen) und Organisation (Zuständigkeiten für Erhebung und Erfassung) sowie die Zugriffslegitimationen.

11.1.8 Agiles Projektmanagement

Scrum ist eines der erfolgreichsten agilen Vorgehensmodelle und wird heute hauptsächlich in der Softwareentwicklung eingesetzt. Die Wurzeln des Rahmenwerks gehen auf das Toyota Production System und die Konzepte von Lean Production zurück, und das mag auch ein Grund sein, warum Scrum mit dem »Product Backlog« und priorisiertem Vorgehen an das Kanban-Prinzip erinnert.

Die Prinzipien von Scrum wurden 2001 von der Community im »Agilen Manifest«[1] niedergeschrieben:

1. Individuen und Interaktionen sind wichtiger als Prozesse und Werkzeuge.
2. Funktionierende Programme sind wichtiger als ausführliche Dokumentation.
3. Die stetige Abstimmung mit dem Kunden ist wichtiger als die ursprüngliche Leistungsbeschreibung in Verträgen.
4. Die Offenheit für Änderungen stehen über dem Befolgen eines festgelegten Plans.

---

1. *http://www.agilemanifesto.org/*

Basierend auf diesen Grundsätzen ergeben sich aus dem Verfahren Scrum wichtige Vorteile für das Unternehmen:

- Know-how-Austausch im Team und Reduktion von Übergabepunkten durch Einbeziehung aller für die Produktentwicklung erforderlichen Teammitglieder
- frühes Erkennen von Problemstellungen durch Abschätzung der Komplexität des Vorhabens innerhalb eines funktionsübergreifenden Teams
- Fokussierung des Teams durch priorisierte Fertigstellung von Produktinkrementen
- leichte Identifikation von Hindernissen durch Transparenz während der Umsetzung
- verwendbare Ergebnisse und frühe Wertschöpfung durch komplette Fertigstellung von Teilprojekten bzw. Arbeitsergebnissen

Rollen in Scrum

Die in Tabelle 11-4 aufgeführten Rollen sind in einem nach Scrum ausgerichteten Projekt notwendig. Alle Mitarbeiter im Projektteam, Scrum Master sowie auch Product Owner bilden eine Einheit – das Scrum-Team. Innerhalb dieses Teams sind Vertrauen, Kommunikation, Rollenverständnis und Stabilität eine wichtige Grundlage für den Projekterfolg. Die Verantwortung für die Planung und die inhaltlichen Ergebnisse liegt ausnahmslos beim Scrum-Team, was die Motivation und die Bereitschaft zur Übernahme von Verantwortung stark steigert.

Projektrolle	Aufgabe
Kunde	Der Kunde beschreibt die Projektvision und stellt das Projektbudget zur Verfügung. Der Kunde kann extern oder intern sein.
Product Owner	Der Product Owner repräsentiert in Scrum den Auftraggeber gegenüber dem Team und verantwortet die »Produktvision« wie auch den Erfolg (Return on Investment) des Projekts. Zu seinen Aufgaben gehören Anforderungsbeschreibung und -management, Erstellung der User Stories, Priorisierung des Backlogs, Releaseplanung sowie Stakeholder-Management. Der Product Owner arbeitet während der gesamten Projektdauer eng mit dem Team zusammen.
Scrum Master	Der Scrum Master übernimmt im Scrum-Team die Rolle des Coaches und Change Agents und etabliert damit das neue Denken, die veränderten Verhaltensweisen sowie die neuen Prozesse. Er unterstützt das Scrum-Team, stellt die Zusammenarbeit von Product Owner und Team sicher, beseitigt Hindernisse und hilft dem Team bei der kontinuierlichen Leistungssteigerung.
Team	Das Team führt alle Arbeiten zur Umsetzung der Anforderungen aus und verfügt über die notwendigen Kompetenzen zur Fertigstellung eines lieferbaren Produkts. Das Team arbeitet selbstorganisiert und entscheidet im Rahmen des priorisierten Backlogs, welche Produktanforderungen innerhalb des nächsten Sprints realisiert werden. Die Teammitglieder sind in der Regel fest dem Scrum-Team zugeordnet und deren Arbeitsplätze befinden sich in unmittelbarer Nähe.

Tab. 11–4 Rollen und Aufgaben in Scrum

Ablauf in Scrum

Ein Scrum-Projekt wird in Iterationen aufgeteilt, die »Sprints« genannt werden. Ein Sprint dauert meist 2–4 Wochen. Durch die relativ kurze Sprint-Dauer behält das Scrum-Team den Überblick über die umzusetzenden Anforderungen, wodurch sich die Planungssicherheit erhöht.

Ziel eines Sprints ist es, eine Funktionalität oder ein Produktinkrement vollständig und lieferbar umzusetzen. Dabei spielt die »Definition of Done« eine zentrale Rolle, da sie den Qualitätsanspruch für das zu liefernde Produktinkrement beschreibt. Die Definition of Done enthält in der Regel durchzuführende Testverfahren, Art der Dokumentation, Auslieferungszustand usw.

Ein Sprint beginnt mit einem Planungstreffen (engl. planning meeting), wobei im ersten Teil dieses Treffens gemeinsam mit dem Product Owner das Ziel des Sprints, die im Sprint zu lösenden Teilaufgaben bzw. User Stories und deren Priorisierung dargestellt werden. Das Team einigt sich dabei auf einen bestimmten Leistungsumfang für den anstehenden Sprint. Im zweiten Teil des Planungstreffens identifiziert das Team alle zur Umsetzung der Anforderungen notwendigen Aktivitäten. Die daraus entstehenden Aufgaben (engl. tasks) werden schriftlich festgehalten und für den Sprint-Start auf dem Taskboard mit Taskzetteln nach Priorität platziert.

In täglichen, streng auf 15 Minuten (»time boxed«) limitierten Daily-Scrum-Meetings berichtet jedes Teammitglied über seine Tätigkeiten des Vortages sowie die geplanten Tätigkeiten für den laufenden Tag. Die Taskzettel am Taskboard durchlaufen dabei die Stationen »ToDo«, »InProgress« und »Done«. Ist die User Story mit der höchsten Priorität vollständig fertiggestellt (Definition of Done erfüllt), wird die nächste User Story bearbeitet. Durch diese ritualisierten täglichen Meetings wird der Projektstatus transparent, Hindernisse werden identifiziert und das Team stimmt sich untereinander ab. Das Know-how wird dabei mehr oder weniger automatisch verteilt und im Idealfall kann jedes Teammitglied jeden Task übernehmen.

Die Summe der jeweils fertigen User Stories wird am Ende des Daily Scrums in ein »Burn Down Chart« eingetragen. Der Projektfortschritt ist somit jederzeit für alle ersichtlich.

Am Ende eines Sprints wird im Rahmen eines Review-Meetings das erzielte Ergebnis dem Kunden oder seinem Vertreter vorgestellt, sodass dieser den Zielerreichungsgrad prüfen und validieren kann. Gegebenenfalls adaptiert der Product Owner Ziel und Priorität für den nächsten Sprint.

Ein weiteres wichtiges Element bei Scrum ist die Retrospektive. In diesem Meeting werden gemeinsam vom Team, Product Owner und Scrum Master die guten wie auch schlechten Erfahrungen (engl. »What was good« und »What was bad«) eines abgeschlossenen Sprints herausgearbeitet und daraus Verbesserungen für den nächsten Sprint abgeleitet. Kontinuierliches Lernen und Verbessern ist damit integraler Bestandteil des Ablaufs. Durch den überschaubaren Zeitraum werden eventuelle Qualitätsprobleme in der Zusammenarbeit oder beim Produkt zeitnah angesprochen und Maßnahmen zur Lösung vereinbart.

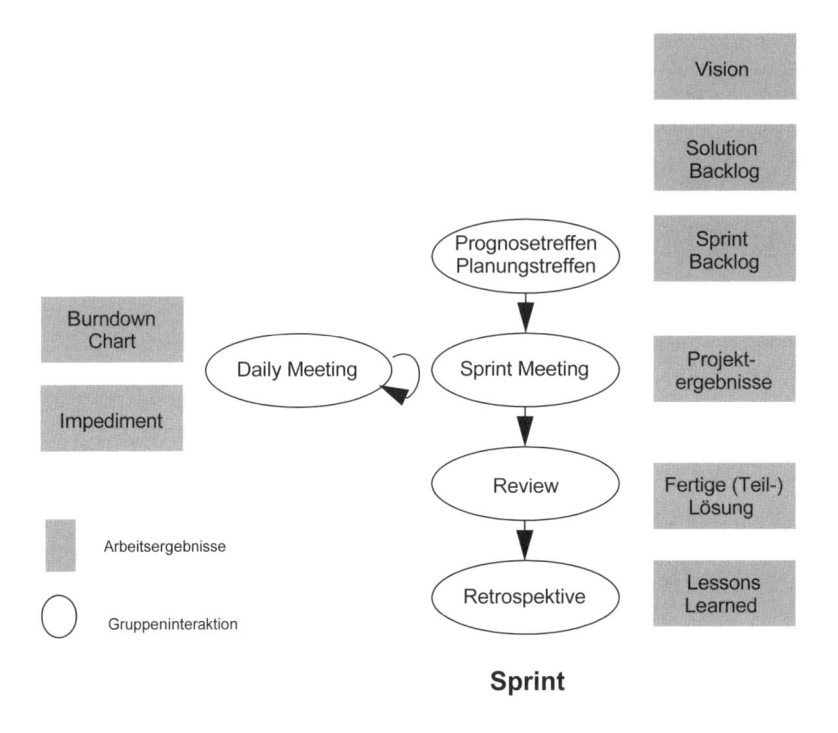

Abb. 11–4 *Agiles Vorgehen in Scrum (modifiziert nach [Schw07]*

Releaseplanung

Auch innerhalb agiler Vorgehensmodelle ist eine Releaseplanung und die damit verbundene Vorhersage bzw. Zusage von Lieferterminen notwendig. Selbst wenn kein externer Kunde vorhanden ist, so gibt es auch interne Abteilungen, wie z. B. Vertrieb oder Marketing, die Terminaussagen benötigen. Die Releaseplanung mit Scrum stützt sich grundlegend auf zwei Faktoren: den geschätzten Umfang für das Product Backlog sowie die durchschnittliche Entwicklungsgeschwindigkeit des Scrum-Teams (engl. velocity).

Der Umfang für das Product Backlog wird vom Scrum-Team in Schätzterminen (engl. estimation meetings) bestimmt. Dazu werden häufig sogenannte Story Points genutzt, die die Komplexität der einzelnen Backlog-Einträge relativ zueinander bewerten. Ist der Umfang des Product Backlogs vom Scrum-Team geschätzt, kann der Product Owner die Gesamtzahl der erforderlichen Story Points und damit den Gesamtumfang für das Product Backlog ermitteln.

Zur Bestimmung der Velocity werden die umgesetzten Story Points vergangener Sprints herangezogen und der Mittelwert wird gebildet. Die Bestimmung des

Werts sollte mindestens auf Basis von 3–4 Sprints durchgeführt werden. Diese empirisch ermittelte Größe ergibt die Entwicklungsgeschwindigkeit des Scrum-Teams.

Durch die beiden ermittelten Werte lässt sich die Releaseplanung bestimmen. Dabei wird die Summe der Story Points durch die Entwicklungsgeschwindigkeit geteilt, was die Anzahl notwendiger Sprints ergibt. Multipliziert man diese Zahl mit den Wochen bzw. Tagen pro Sprint, ergibt sich die erforderliche Zeitdauer. und der Releaseplan lässt sich erstellen.

Softwarearchitektur, Softwaredesign

Scrum stellt eine agile, schlanke Vorgehensmethode zur Umsetzung von Projektvorhaben dar. Dabei gibt sie ein Rahmenwerk vor, das es dem Scrum-Team erlaubt, den Auftrag des Product Owners zu verstehen, Wissen und Know-how darüber auszutauschen und das Gewünschte im Sprint umzusetzen. Scrum ersetzt nicht die Notwendigkeit von Überlegungen zur Softwarearchitektur oder zum Softwaredesign.

Vor Beginn der Umsetzung ist es erforderlich, dass sich ein Scrum-Team über die Anforderungen an die Softwarearchitektur und das Softwaredesign im Klaren ist und einen entsprechenden Lösungsansatz entwickelt. Dazu kann es notwendig sein, innerhalb eines vorhergehenden Sprints Zeit für die Erarbeitung der Lösungsansätze zu investieren, um für die Umsetzung der darauf basierenden Aufgabe vorbereitet zu sein.

Voraussetzung

Aufgrund der Unterschiede zum klassischen Projektmanagement bzgl. Planung, Vorgehen und Berichterstattung ist für den Einsatz von Scrum notwendig, dass folgende Bedingungen erfüllt sind:

- Offenheit der Mitarbeiter und des Managements gegenüber dem neuen Vorgehensmodell
- Bereitschaft zur Teamarbeit und Selbstorganisation
- Disziplin, sich an die wenigen, aber wichtigen Regeln und Rahmenbedingungen zu halten
- Mut und Bereitschaft, notwendige Veränderungen anzustoßen und zu realisieren
- Stabilität innerhalb der Scrum-Teams
- Aufteilungsmöglichkeit von Aufgaben einer Projektphase, eines Teilprojekts oder eines Prozesses

Aus Erfahrungswerten zeigt sich, dass die erfolgreiche Einführung von Scrum in einem Unternehmen etwa sechs bis neun Monate dauern kann, abhängig von den oben genannten Voraussetzungen. Die Unterstützung der Einführung durch einen professionellen Trainer bzw. Coach ist zu empfehlen.

Multiprojekt-Scrum

Grundsätzlich ist hier anzumerken, dass die ausschließliche Verwendung agiler Vorgehensweisen eine Art Multiprojekt-Scrum erfordert. Hierzu gibt es unterschiedliche Ansätze, da es an einer allgemein anerkannten Standardisierungsorganisation fehlt und Scrum selbst, ähnlich anderer agiler Methoden, nur als Framework konzipiert wurde.

Aus der Systemtheorie der Kybernetik ist die »Theory of Constraints« bekannt [Gold90]. Sie zeigt auf, dass ein Gesamtsystem ineffizient werden kann, obwohl die einzelnen Subsysteme effizient sind. Ausschlaggebend dafür ist der Grad der Wechselwirkung und der Abgrenzung voneinander. Je besser die Abgrenzung und je geringer die Wechselwirkungen sind, umso geringer ist die Gefahr, durch Engpässe ein suboptimales Gesamtsystem zu erhalten. In einem Data-Warehouse-Kontext betrachtet, muss eine Vielzahl klar abgegrenzter, aber hochgradig miteinander vernetzter Projekte orchestriert werden.

Eine Abstimmung der beteiligten Scrum-Teams über ein Scrum of Scrums ist für derart komplex vernetzte Projekte nicht ausreichend. Zu empfehlen ist die Erstellung eines Gesamt-Backlogs, aus dem sich die einzelnen Scrum-Teams, je nach ihren Know-how-Schwerpunkten, die umzusetzenden Teilprojekte bzw. User Stories ziehen. Abstimmungsrunden der Product Owner sowie Scrum Master über das Vorgehen sowie über die Priorisierung des Gesamt-Backlogs sind dabei erforderlich.

Weitere Details zu Scrum finden sich in [Schw07], [Glog08] und [Hugh08].

11.2 Business Intelligence Competency Center (BICC)

Die Frage nach der richtigen Organisation von Data-Warehouse-Systemen oder Business Intelligence beschäftigt Unternehmen schon seit vielen Jahren. In der Vergangenheit wurde des Öfteren über das Scheitern von Data-Warehouse- und BI-Projekten berichtet. Problemfelder wie schlechte Datenqualität, unzureichende Performance, mangelnde Benutzerakzeptanz oder fehlende Strategie ließen oftmals implizit Rückschlüsse auf eine mangelnde oder fehlende Organisation zu. Im Jahre 2002 wurde als Reaktion auf die Probleme das Lösungskonzept des BICC durch Analysten von Gartner vorgestellt [DBL+02].

Das BICC soll die enge Zusammenarbeit zwischen Anwendern und der IT organisatorisch sicherstellen, um damit den Einsatz der IT langfristig zu verbessern. Dies wird u.a. dadurch erreicht, indem das BICC die Anforderungen der Anwender bündelt, die Umsetzung durch die IT steuert, die Anwender bei ihrer Tätigkeit unterstützt und für die Durchsetzung von Standards und der BI-Strategie sorgt. Nach einer aktuellen internationalen Untersuchung verfügen inzwischen zwei Drittel der befragten Unternehmen über ein BICC [VMFW10], sodass dieses Konzept mittlerweile als auf breiter Front etabliert angesehen werden kann.

11.2.1 Funktionen

Auch wenn jedes BICC je nach Ausgangssituation und Zielsetzung des jeweiligen Unternehmens sehr unterschiedlich ausgestaltet wird und daher in der Praxis kein BICC dem anderen gleicht, kann man Kernfunktionen eines BICC ableiten. Die Funktionen, die häufig durch ein BICC bearbeitet werden sollen, lassen sich grundsätzlich nach vier Hauptgebieten gliedern, die sich ihrerseits wiederum in jeweils zwei Teilgebiete differenzieren lassen (Abb. 11–5). Die wesentlichste und unverzichtbare Funktion ist die Steuerung von BI als Führungsfunktion. Hierzu zählt das eigentliche Management von BI im engeren Sinne, also die fachliche Gesamtverantwortung für BI und die disziplinarische und inhaltliche Führung des dem BICC zugeordneten Personals. Weiterhin sind die Entwicklung, Abstimmung und Durchsetzung der BI-Governance sowie der damit einhergehenden BI-Strategie wichtige Bestandteile der Steuerung. Ein besonderes Thema in diesem Zusammenhang ist auch die Erfolgskontrolle der BI-Aktivitäten im Unternehmen sowie der Erfolgsnachweis des BICC selbst.

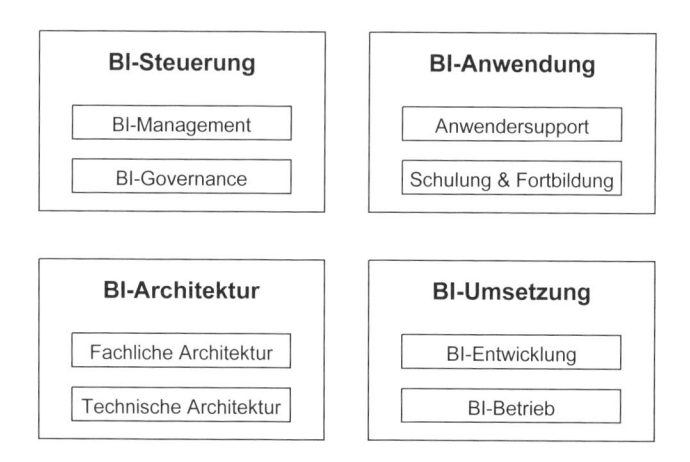

BI-Steuerung	BI-Anwendung
BI-Management	Anwendersupport
BI-Governance	Schulung & Fortbildung

BI-Architektur	BI-Umsetzung
Fachliche Architektur	BI-Entwicklung
Technische Architektur	BI-Betrieb

Abb. 11–5 Hauptfunktionen eines BICC, in Anlehnung an [GaTS10]

Zweiter Funktionsblock ist die Erstellung und ggf. Weiterentwicklung der fachlichen und technischen Architektur. Die Facharchitektur umfasst u.a. die Schaffung eines inhaltlich konsistenten und übergreifenden Rahmens für Applikationen wie für Planung, Analyse und Berichtswesen. Zu diesem Rahmen gehört auch die Ausgestaltung der Basisdatenbank als langfristige Grundlage der Datenversorgung (siehe Kap. 5). Bei der technischen Architektur hat das BICC für das nahtlose Zusammenspiel der unterschiedlichen Soft- und Hardwarekomponenten zu sorgen. Der Softwareauswahl kommt eine besondere Bedeutung zu, da die Heterogenität und Vielzahl unterschiedlicher Softwareprodukte in den Unternehmen oftmals maßgeblich zu großer Komplexität und Insellösungen führen.

Der dritte Funktionsblock umfasst die professionelle Benutzung von Anwendungen durch die Nutzer. Durch mangelnde Schulung oder fehlende Erfahrung bzw. Übung im Umgang mit Werkzeugen entsteht bei den Anwendern oftmals Frustration bzw. eine große Unzufriedenheit, die sich nachteilig auf das Nutzungsverhalten auswirkt. Das BICC muss den professionellen Umgang der angebotenen Anwendungen durch einen fachkundigen Anwendersupport und durch passende Schulungs- und Fortbildungsmaßnahmen der Benutzer fördern und sicherstellen. Hierzu zählt auch der Aufbau eines Key-User-Konzepts für die unterschiedlichen Anwendergruppen, der regelmäßige Versand eines Newsletters, in dem über aktuelle Themen berichtet wird, oder die Bereitstellung entsprechender Informationen im Intranet des Unternehmens.

Ob der vierte Funktionsblock, die Umsetzung – also Entwicklungs- und Betriebsaufgaben –, einen integralen Bestandteil des Tätigkeitsgebiets eines BICC darstellt, ist umstritten. Wird neben den drei bereits vorgestellten Gebieten auch diese Funktion durch das BICC wahrgenommen, so spricht man auch von einem BICC in der Ausprägung als »Volldienstleister« [UnKe08]. Erfahrungen aus der Praxis deuten darauf hin, dass die Zufriedenheit der Anwender mit der Leistung eines BICC gerade dann besonders hoch ist, wenn dieses als Volldienstleister aufgestellt ist, also alle der vier vorgestellten Funktionsblöcke abdeckt. Es ist in der Praxis allerdings eher die Regel, dass ein BICC zwar strenge Vorgaben für die Entwicklung (z.B. über die BI-Governance) sowie für den Betrieb (z.B. über SLAs) macht, die eigentliche Ausführung dieser Aufgaben aber entweder an die interne IT oder an externe Dienstleister vergibt.

11.2.2 Rollen und Kommunikation

Die beschriebenen Funktionen eines BICC müssen konkreten Rollen und letztlich Stellenprofilen zugeordnet werden. Abbildung 11–6 zeigt exemplarisch die Rollen eines BICC, das als Volldienstleister ausgeprägt ist, d.h., Entwicklung und Betrieb wurden als integrierter Bestandteil implementiert. Weiterhin werden die Kommunikationswege zwischen dem BICC zu den unterschiedlichen Interessengruppen wie Kunden, Dienstleister oder Lenkungsausschuss dargestellt.

Unverzichtbare Rollen eines BICC sind der BICC-Leiter, der BI-Berater sowie der BI-Architekt. Die Aufgaben des BICC-Leiters und des BI-Architekten ergeben sich weitestgehend aus den schon beschriebenen Funktionen des vorherigen Abschnitts. Erklärungsbedürftig ist vielleicht die Rolle des BI-Beraters: Er bildet die Schnittstelle zum internen Kunden und repräsentiert innerhalb des Teams die Sicht der Fachbereiche. Er steht dazu kontinuierlich in engem Kontakt mit den Vertretern der Anwender und nimmt deren Anforderungen, aber auch Sorgen und Nöte auf, die er zu Arbeitspaketen und Projekten zusammenfasst. Bevor diese priorisiert, freigegeben und entwickelt werden, durchlaufen sie in der Regel einen Prüfungsprozess durch den BI-Architekten, Modellierer und ggf. weiterer

11.2 Business Intelligence Competency Center (BICC)

Rollen. Wenn erforderlich, kann dies auch kurzfristig geschehen. Idealerweise verfügt der BICC-Berater über tiefes Domänenwissen als Basis seiner Tätigkeit, wie z. B. über Logistikprozesse, wenn eine BI-Anwendung die Optimierung der Supply Chain zum Ziel hat.

Eine optionale Rolle eines BICC, die aber gerade in letzter Zeit stark diskutiert wird, ist der Data Steward. Er koordiniert alle Maßnahmen rund um die Sicherstellung der Datenqualität. Dabei steht er in enger Kommunikation mit fachlichen und technischen Vertretern der liefernden Systeme sowie mit den Anwendern, um Qualitätsprobleme möglichst frühzeitig zu erkennen und zu lösen. In der Vergangenheit sah man eine solche Rolle eher außerhalb eines BICC, da jedoch das BICC meist der Leidtragende bei Qualitätsproblemen ist, geht man durchaus dazu über, diese Rolle hier anzusiedeln. Neben der Variante, die Data Stewards selbst in das BICC zu integrieren, ist als Zwischenform auch denkbar, dass Fachbereichsmitarbeiter dezentral die Rolle des Data Stewards wahrnehmen, die entsprechenden Aktivitäten aber übergreifend durch das BICC koordiniert werden. Wenig erklärungsbedürftig erscheinen die Rollen in der Entwicklung und im Betrieb, sodass diese an dieser Stelle nicht weiter vertieft werden. Zu den Rollen innerhalb eines BICC siehe auch [MiBG06].

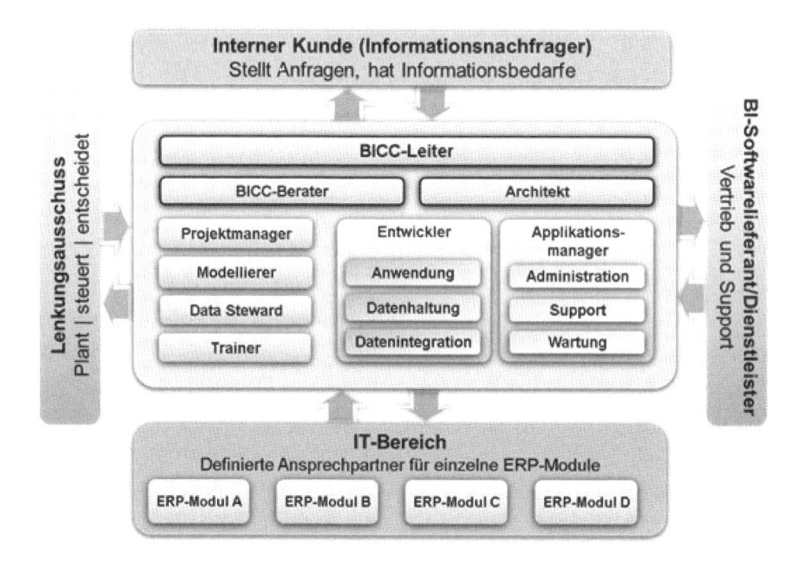

Abb. 11–6 *Interessengruppen und BICC-Rollen*

Wie Abbildung 11–6 zeigt, nimmt das BICC eine Mittlerrolle zwischen den verschiedenen Interessengruppen wahr. Wichtigste Interessengruppe sind natürlich die Vertreter der Anwender, die ihre Informationsbedarfe gegenüber dem BICC artikulieren. Gesteuert wird das BICC über einen Lenkungsausschuss, der sich in der Regel aus Entscheidungsträgern der Fachbereiche und der IT zusammensetzt. Der IT-Bereich selbst ist hier als Lieferant für das BICC dargestellt, der Realisierungs- oder Betriebsaufgaben übernimmt und Daten aus den Vorsystemen zur Verfügung stellt. Das BICC kanalisiert aber auch die Kommunikation zu externen Lieferanten wie Beratungsdienstleistern und Produktanbietern. Gerade gegenüber Produktanbietern, die versuchen, einzelne Fachbereiche von spezifischen Produkten zu überzeugen, muss sich ein BICC klar aufstellen, um den Wildwuchs unterschiedlicher Produkte in Grenzen zu halten. Diese Aufgabe ist allerdings in erster Linie ein Governance- und kein Kommunikationsthema.

11.2.3 Organisatorische Ausprägung und Verankerung

Teilweise wird in Unternehmen darüber diskutiert, ein BICC rein virtuell (d.h. ohne eigene Organisationseinheit) auszuprägen. Das bedeutet, dass sämtliche Mitglieder dem BICC nur zeitweise zugeordnet werden und weiterhin einer Haupttätigkeit innerhalb der Linienfunktion nachgehen. Die Praxis zeigt allerdings, dass diese Form eines BICC wenig Durchsetzungsfähigkeit besitzt und langfristig zum Scheitern verurteilt ist. Auch hybride Formen eines BICC, bei denen sich z.B. der Leiter des BICC Vollzeit mit dieser Aufgabe beschäftigt und die übrigen Mitglieder des BICC nur temporär, z.B. im Rahmen der Gremienarbeit, ihre BICC-Rollen wahrnehmen, können sich selten als zentraler Ansprechpartner zwischen Fachseite und IT für BI-Belange etablieren. Somit sollte ein BICC in ihren wesentlichen Aufgabenfeldern als echte Organisationseinheit eingerichtet werden, um tatsächlich die gesetzten Aufgaben nachhaltig erfüllen zu können.

Die nächste Frage, die sich in diesem Kontext stellt, ist die Aufhängung des BICC in der existierenden Unternehmensorganisation. Da das BICC eine Brückenfunktion zwischen fachlichen Anwendern und entwickelnder bzw. betreibender IT herstellt und aus Mitarbeitern beider Seiten besteht, ist die Lösung dieser Frage keine triviale Aufgabe. Sie nimmt in der Diskussion bei der Einrichtung eines BICC teilweise sogar breiten Raum ein, da hierbei oftmals Politik- und Machtfragen mitspielen und nicht nur die reine Fachlichkeit. Untersuchungen von Unternehmen zeigen, dass BICCs in der Mehrzahl in der IT (40%) oder im Unternehmensmanagement (32%) verankert werden [VMFW10]. In derselben Umfrage wird allerdings auch deutlich, dass die Zufriedenheit mit der Tätigkeit eines BICC dann besonders hoch ist, wenn dieses im Management verankert ist (53%).

11.3 Softwareauswahl

Ein Data-Warehouse-System ist durch eine hohe Komplexität geprägt. Kommerzielle Software bietet dem Administrator und Anwender die Möglichkeit der schnelleren Realisierung des Data-Warehouse-Projekts.

In diesem Abschnitt werden sowohl der Nutzen der Produktauswahl (Abschnitt 11.3.1) als auch die Klassifikation (Abschnitt 11.3.2) der unterschiedlichen Produkte erläutert. Darauf aufbauend wird eine Vorgehensweise (Abschnitt 11.3.3) präsentiert, die in Abschnitt 11.3.4 durch allgemeine Kriterien und danach durch spezifische Kriterien (Abschnitte 11.3.5 und 11.3.6) präzisiert wird. In Abschnitt 11.3.7 erfolgt ein Überblick über die Verwendung von Open-Source-Produkten für Data-Warehouse-Systeme.

11.3.1 Nutzen und Notwendigkeit der Produktauswahl

Die Produktauswahl stellt im Verlauf eines Data-Warehouse-Projekts eine wichtige Aufgabe dar, sind doch die eingesetzten Werkzeuge ein entscheidender Faktor für Machbarkeit und Akzeptanz eines Data-Warehouse-System. Hier gilt es, im Vorfeld die notwendige Sensibilität zu vermitteln und dann entsprechende Ressourcen für eine Produktauswahl bereitzustellen, die den Anforderungen gerecht wird. Dies wird auch notwendig, da es keine »optimalen« Produkte im Data-Warehouse-Bereich gibt. Anderslautende Aussagen der Hersteller sollten mit gebührender Skepsis betrachtet werden, denn die Eignung der einzelnen Werkzeuge hängt zu sehr von den individuellen Anforderungen und Randbedingungen ab, als dass hier Verallgemeinerungen Gültigkeit hätten.

In der Praxis wird der Produktauswahl häufig zu wenig Beachtung geschenkt, indem keine oder nur oberflächliche Evaluationen durchgeführt werden. Fehlentscheidungen können hier jedoch zu einem späteren Zeitpunkt teuer zu stehen kommen bzw. den Erfolg des gesamten Data-Warehouse-Projekts in Frage stellen, wenn folgende Probleme auftreten:

- Die geforderte Funktionalität ist im Produkt nicht abbildbar.
- Die Datenvolumina sprengen die Skalierbarkeit des Produktes.
- Die Komplexität des Produktes überfordert die Anwender.
- Die Wartung übersteigt die zur Verfügung stehenden Ressourcen.
- Oberfläche und Benutzerführung (Look and Feel) werden vom Endanwender nicht akzeptiert.

Als Folge müssen alternative Produkte gesucht und eingesetzt werden – in der Regel ein kostspieliges Unterfangen für Umstellung, Lizenzierung, Umschulungen etc. Zudem kann dies insbesondere bei den Auswertungswerkzeugen, die für einen Großteil der Anwender die Schnittstelle zum Data-Warehouse-System darstellen, die Akzeptanz empfindlich schmälern.

Nicht immer ist von der Situation auszugehen, dass der Spielraum für völlig freie Produktauswahl vorliegt. Im Gegenteil, häufig ist die Produktauswahl durch politische Entscheidungen eingeschränkt. Solche Situationen finden sich vor allem bei den Auswertungswerkzeugen. Viele Unternehmen verfügen schon über verschiedenste Auswertungsformen, wie beispielsweise Standard-Reporting für das Berichtswesen und Spreadsheet-Lösungen (z.B. Microsoft Excel) für das Controlling. Die Werkzeuge weisen im Allgemeinen Überschneidungen mit dedizierten OLAP-Produkten auf, können aber deren Funktionalität nicht vollständig abdecken. Hier gilt es zu klären, ob und inwieweit solche Werkzeuge den Anforderungen eines Data-Warehouse-Systems entsprechen können. Um die jeweiligen Daten aus den operativen Systemen extrahieren zu können, gibt es dann ebenfalls häufig heterogene Lösungsansätze, insbesondere auch Eigenentwicklungen in Form von Routinen und Anwendungen.

Für den sauberen und konsequenten Aufbau einer Data-Warehouse-Architektur sollten solche Insellösungen vereinheitlicht und durch eine adäquate Produktlandschaft ersetzt werden. Oft begegnet man hier Interessenkonflikten, denn jede Anwendergruppe forciert den Fortbestand ihrer Lösung. In solchen Fällen wird häufig nicht mehr mit hinreichender Objektivität evaluiert, und Schwachstellen werden entweder nicht erkannt oder verdrängt. Diese stellen aber in einer späteren Phase die Machbarkeit und Akzeptanz des Data-Warehouse-Systems in Frage oder verzögern sie zumindest.

Es zeigt sich also, dass das Thema Produktauswahl in jedem Data-Warehouse-Projekt von Relevanz ist, wenngleich sich Randbedingungen und Anforderungen in der Regel unterscheiden. Evaluationen helfen nicht nur bei der Auswahl eines geeigneten Produktes, sondern sind auch für klare Ziel- und Anforderungsdefinitionen hilfreich; zudem unterstützen sie die Einführung einheitlicher Begrifflichkeiten.

11.3.2 Klassifikation der Produkte anhand der Referenzarchitektur

Zum Aufbau und Betrieb eines Data-Warehouse-Systems sind mehrere Produkte bzw. entsprechende »End-to-End«-Lösungen, wie sie manche Hersteller anbieten, notwendig. Zieht man die Referenzarchitektur (Abschnitt 2.1) heran, so lassen sich die nachfolgend aufgeführten Produktkategorien identifizieren und klassifizieren. Es sei jedoch darauf hingewiesen, dass sich die einzelnen Produkte dann oft darin unterscheiden, welche Teilaufgaben und damit Bausteine der Referenzarchitektur sie im Einzelnen abdecken.

- *Produkte zur Datenbeschaffung (ETL-Werkzeuge)*:
Zur Überführung der Daten aus der Datenquelle in die Basis-, Ableitungs- und Auswertungsdatenbank dienen sogenannte ETL-Produkte. Die Abkürzung spiegelt die hier zu leistende Funktionalität wider: Extraktion, Transformation und Laden. Je nach Anforderungen können die Datenbeschaffungswerkzeuge durch dedizierte Data-Cleansing-Produkte ergänzt werden, die erweiterte Funktionalitäten zur Datenbereinigung – einem relevanten Thema innerhalb des Data-Warehouse-Systems – anbieten.

Datenbanksystem für die Ableitungs- und Auswertungsdatenbanken
(bzw. für die Basisdatenbank):
In den meisten Fällen ist für das Datenbankmanagementsystem für die Ableitungs- und Auswertungsdatenbank bzw. die Basisdatenbank keine Evaluation oder Auswahl mehr notwendig, da auf die bisher im Rahmen der IT-Infrastruktur im Unternehmen eingesetzten Datenbanksysteme zurückgegriffen wird. Meist wird nur bei fehlender Eignung über die Einführung weiterer Systeme nachgedacht.

In den letzten Jahren haben sich die Datenbankmanagementsysteme der verschiedenen Hersteller gerade für die Belange beim Einsatz im Data Warehousing weiterentwickelt.

Maßgeblich für den Einsatz eines Datenbanksystems können dabei folgende grundlegende Aspekte sein:

- Plattformportabilität:
  Unabhängigkeit von Betriebssystem und/oder der Hardware
- Skalierbarkeit:
  Ausbaubarkeit bei steigenden Nutzerzahlen und Berichtsabrufen
- Flexibilität:
  Unterstützung von Data Warehousing und Auswertung einerseits sowie von OLTP andererseits
- Erweiterbarkeit:
  Objektrelationale Erweiterbarkeit, XML-Fähigkeiten etc. sowie Partnerstrategien und Akquisitionen
- Realtime Data Warehousing:
  Die Anforderung, veränderte Daten aus den operativen Systemen ohne Verzögerung in den Data-Warehousing-Prozess zu übernehmen
- Operational Business Intelligence:
  Die Möglichkeit, Business Intelligence zunehmend in operative Prozesse zu integrieren und einer breiteren Gruppe von Anwendern zur Verfügung zu stellen
- Unterstützung semistrukturierter Daten:
  Die Möglichkeit, die in Zukunft stark wachsende Menge nichtstrukturierter Daten einer Auswertung in der Ableitungs- oder Auswertungsdatenbank zugänglich zu machen.

Hinzu kommt, dass auf der einen Seite die Hersteller verschärft um Marktanteile ringen und auf der anderen Seite die Unternehmen heute erwarten, sowohl ausreichende Performanz als auch niedrige Gesamtkosten realisieren zu können. In diesem Umfeld und im Falle einer größeren Data-Warehouse-Entwicklung, wie z.B. der Erneuerung der Infrastruktur oder einer grundlegenden Neuarchitektur, ist es daher empfehlenswert, bereits getroffene Entscheidungen über Produktstandards zu überprüfen, um Performanz- sowie Gesamtkostenvorteile zu erzielen.

- *Auswertungswerkzeuge*:
Obwohl die Palette der Auswertungsmöglichkeiten auf einer Auswertungsdatenbank von Reporting bis hin zu Data Mining einen weiten Bogen überspannt, liegt der Fokus im Folgenden auf OLAP-Produkten, die in der Regel Reporting-Funktionalität enthalten. Für eine genauere Unterscheidung möglicher Auswertungswerkzeuge sei auf Abschnitt 2.14 verwiesen.

- *Repositorien*:
Nur sehr selten werden Repositorien zur Metadatenverwaltung im Rahmen von Data-Warehouse-Projekten eingeführt – nicht zuletzt deswegen, da die heute kommerziell verfügbaren Produkte noch keinen echten bidirektionalen Metadatenaustausch zu den ETL- und OLAP-Werkzeugen bieten und keinen auf das Data-Warehouse-Umfeld ausgerichteten Funktionsumfang bereitstellen. Dedizierte Repositorien kommen daher meist nur dann zum Einsatz, wenn sie im Unternehmen schon vorhanden sind, ansonsten dienen in der Regel die werkzeugeigenen Repositorien zur Metadatenverwaltung. Am besten geeignet erweisen sich hier derzeit die Repositorien der ETL-Werkzeuge, die bereits einen erheblichen Teil der im Data-Warehouse-Umfeld zu verwaltenden Metadaten (Quell- und Zielstrukturen, Transformationsregeln, Scheduling-Informationen etc.) enthalten. Bietet ein solches Repositorium die Möglichkeit, weitere werkzeugfremde Metadaten, etwa für organisatorische Aspekte oder für die Auswertungen, zu integrieren und zu verwalten, kann durchaus über dessen globalen Einsatz nachgedacht werden. Problematisch erweist sich in diesem Zusammenhang trotz entsprechender Standardisierungsbemühungen der Metadatenaustausch zwischen verschiedenen Produkten.

Je nach Realisierung kommen auch noch weitere Produkte zum Einsatz, die im Folgenden jedoch nicht weiter betrachtet werden. Beispielhaft seien hier *Modellierungswerkzeuge* zum Schemaentwurf, Produkte zur Unterstützung der *Portaltechnik* und weitere *Auswertungswerkzeuge* wie *Report-Generatoren* und *Data-Mining-Produkte* genannt.

Die Qualität der Softwarekonfiguration spiegelt sich nicht nur in den eingesetzten Werkzeugen selbst, sondern auch im Zusammenspiel untereinander wider, kommen doch in der Regel mehrere Produkte oft auch noch unterschiedlicher Hersteller zum Einsatz.

Die Vorgehensweise, wie sie nun im Folgenden beschrieben wird, gilt zunächst für alle Produktkategorien. Der anschließende Kriterienkatalog enthält dann Evaluationsrichtlinien für ETL- und OLAP-Werkzeuge, da es in der Regel gilt, innerhalb dieser Kategorien auszuwählen. Denn, wie bereits erwähnt, sind die anderen Produkte häufig schon im Vorfeld festgelegt worden oder kommen nur in Ausnahmefällen im Rahmen von Data-Warehouse-Projekten zum Einsatz.

11.3.3 Vorgehensweise zur Produktauswahl

Vor der Darstellung einer typischen Vorgehensweise zur Produktauswahl seien zunächst die Erfolgsfaktoren genannt:

- *Objektivität*:
Hält man Objektivität zunächst doch für selbstverständlich und wichtig, so kristallisiert sich dieser Faktor häufig als kritisch und schwer realisierbar heraus. Viele Facetten sind hier betroffen, sei es Objektivität bei der Bewertung der Werkzeuge (Näheres dazu in Schritt 2 »Festlegung des Bewertungsschemas«) gegenüber Produkten und Lösungen im eigenen Unternehmen oder bei der Auswahl von externen, möglichst herstellerunabhängigen Beratern. Besondere Sensibilität ist dann geboten, wenn »politische« und daher schwer adressierbare Ursachen einer Produktvorentscheidung zugrunde liegen. Hier gilt es, Objektivität in Form allgemein anerkannter Kriterien einzubringen, um so die Diskussion auf fachlicher, d.h. technischer, organisatorischer und wirtschaftlicher Ebene führen zu können.

- *Einbindung aller relevanten Personengruppen bei der Anforderungsaufnahme*:
Für Akzeptanz und spätere Nutzung des Data-Warehouse-Systems ist es unabdingbar, die Wünsche aller Beteiligten, wie Anwender und Administratoren, zu erfassen und soweit möglich auch zu berücksichtigen, wobei es hier in der Regel gilt, Kompromisse zu finden. Gegebenenfalls sollte den involvierten Kreisen auch ein Mitspracherecht bei der Entscheidung eingeräumt werden.

- *Berücksichtigung künftiger Anforderungen*:
Auch wenn sich künftige Anforderungen meist nur bedingt vorhersagen lassen, sollten hier doch Überlegungen bezüglich späterer Funktionalitäts- und Skalierbarkeitsansprüche angestellt werden. Beispielsweise können aus der Aussage, auf das Data-Warehouse-System soll zu einem späteren Zeitpunkt über Internet zugegriffen werden, durchaus Rückschlüsse für die Eignung einzelner OLAP-Produkte gezogen werden, ohne dass man bereits die konkreten Anforderungen und Randbedingungen kennt.

- *Frühzeitige Kostenkalkulationen*:
Nicht selten werden die Lizenz- und Wartungskosten im Vorfeld unterschätzt. Frühzeitige Hochrechnungen anhand geplanter Anwenderzahlen und Datenvolumina helfen, Evaluationen von Produkten zu vermeiden, die aus Kostengründen nicht in Frage kommen. Dennoch sollte hier ggf. sensibilisiert werden, dass die vermeintlichen Mehrkosten schnell durch erweiterte Funktionalitäten und durch das Vermeiden von Entwicklungsaufwand und von der Anschaffung weiterer Werkzeuge kompensiert werden können.

- *Durchschaubarkeit in der Entscheidungsfindung*:
Sie dient nicht nur nach außen zur besseren Nachvollziehbarkeit und damit Akzeptanz der Entscheidung, sondern auch dazu, die eingangs geforderte Objektivität zu wahren.

- *Sinnvoller Einsatz von Marktstudien*:
Marktstudien sind vorwiegend für ETL- und OLAP-Produkte verfügbar, etwa [DSVH97], [Pend08a], [Pend08b], [PeCr00] oder [Soef98]. Sie vermitteln in jedem Fall einen ersten Eindruck, und einige enthalten auch detaillierte technische Informationen. Allerdings sollte man die einer Bewertung zugrunde liegenden Kriterien kritisch prüfen, ob sie alle Anforderungen abdecken bzw. ob sie im Kontext des eigenen Unternehmens ebenfalls von Belang sind.

In den folgenden Abschnitten wird nun ein Verfahren zur Produktauswahl im Data-Warehouse-Umfeld in sieben Schritten vorgestellt, wie es sich in der Praxis bei einem Beratungsunternehmen bereits vielfach bewährt hat.

1. Aufnahme der Anforderungen

In einem ersten Schritt gilt es, die *Anforderungen* und *Rahmenbedingungen* (technisch, finanziell etc., siehe auch Abschnitt 11.1.3) zu erfassen. Letztere ergeben sich auch aus der IT-Strategie, wie sie in Abschnitt 10.1.1 vorgestellt wurde. Bei den kritischen Erfolgsfaktoren wurde bereits darauf hingewiesen, dass Interviews mit möglichst allen betroffenen Personenkreisen wie den künftigen Anwendern, Administratoren und der IT-Abteilung geführt werden sollten. Hier können sich auch Gespräche am »runden Tisch« als hilfreich erweisen, wenn nämlich unterschiedliche Vorstellungen und Erwartungshaltungen an das Produkt und damit indirekt an das Data-Warehouse-System zutage treten. Oftmals kommen dann kritische und sensible Punkte zur Sprache, die mit der eigentlichen Produktauswahl nur am Rande zu tun haben, hier aber erstmals thematisiert werden. In einem idealen Data-Warehouse-Projekt sollte dies bereits früher geschehen (Abschnitt 10.4.2). Die Praxis zeigt jedoch, dass häufig erst in dieser Phase, da sich die Projektdefinition zu konkretisieren beginnt, bisher nicht erkannte oder verdrängte Konflikte auftreten und in Form des zu erstellenden Anforderungskataloges zu klären sind. Typische Beispiele für umstrittene Fragen zielen auf Volumina, »Wird die Ableitungsdatenbank auf Einzelsatzebene geführt?«, auf Anwenderprofile, »Wer darf was?«, und auf Funktionalitäten, »Soll Planung möglich sein?«. Die daraus erstellte Liste von Anforderungen bildet demnach nicht nur für die Produktauswahl die Basis, sondern liefert oft auch aussagekräftige Rückschlüsse für das gesamte Data-Warehouse-Projekt. Als Minimalanforderung für die Akzeptanz ist – falls nicht explizit anders gewünscht – eine Abbildung der bisherigen Funktionalitäten anzusehen. Falls in dieser Phase die Anwender keine zusätzlichen Wünsche äußern, da sie mangels Data-Warehouse-Erfahrung sich hiervon kein Bild machen können, wäre es ein Trugschluss zu folgern, dies würde auch in Zukunft so bleiben. Sobald nämlich eine gewisse »Vertrautheit« mit den neuen Technologien (OLAP-Werkzeuge etc.) besteht, ist mit zusätzlichen Anforderungen zu rechnen – gemäß dem Motto »Der Appetit kommt beim Essen«.

Zur besseren Identifikation möglicher Anforderungskonflikte bietet es sich an, schon die Interviews im Vorfeld anhand standardisierter Fragebögen durchzuführen. Der Katalog sollte ggf. um weitere, allgemein gültige Kriterien ergänzt werden, die nicht unmittelbar auf Anwenderbedürfnisse zurückzuführen sind, sondern zur prinzipiellen Bewertung eines Produktes dienen, wie beispielsweise Herstellerprofil, Architektur und Metadatenmanagement (Abschnitt 11.3.4).

2. Festlegung des Bewertungsschemas

Da die Anwender im Zweifelsfall alle denkbaren Funktionalitäten als notwendig erachten, erhält man häufig einen *Anforderungskatalog*, wie ihn kein kommerzielles Produkt heutzutage vollständig erfüllen kann. Beispielhaft seien solche konfliktträchtigen Anforderungen an OLAP-Werkzeuge veranschaulicht (Abb. 11–7).

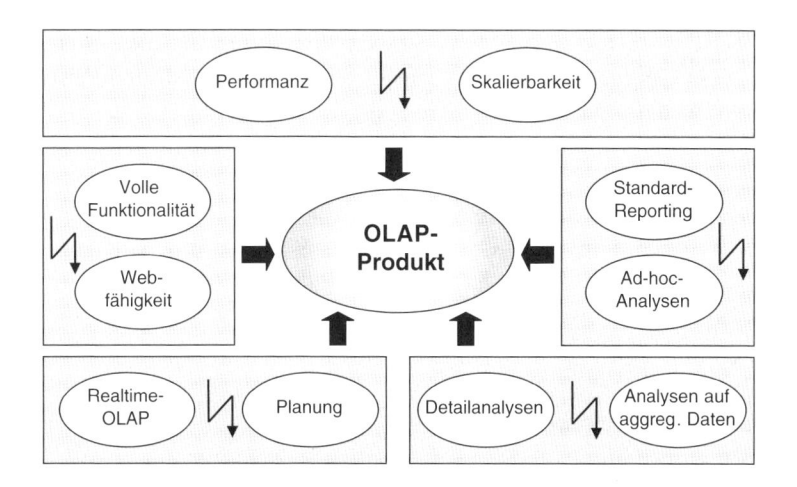

Abb. 11–7 *Anforderungskonflikte bei OLAP-Produkten*

Obige Anforderungen widersprechen sich teilweise: Beispielsweise lässt sich intensive Planung heutzutage nur mit einem OLAP-Produkt mit multidimensionaler Realisierung, d.h. mit einer eigenen Datenhaltungskomponente in Form eines multidimensionalen Datenbankmanagementsystems, bewerkstelligen. Hier sind aber wiederum Realtime-OLAP[2] und Detailanalysen nur bedingt realisierbar, für die jeweils eine relationale Datenhaltung von Vorteil ist. Folglich gilt es,

---

2. Bei Realtime-OLAP sollen in »Echtzeit« Daten aus den operativen Systemen bereitstehen. Man verwendet den Terminus bereits dann, wenn sehr häufige Aktualisierungszyklen (etwa im Minutenbereich) des Data-Warehouse-Systems erfolgen (Abschnitt 4.3).

Kompromisse einzugehen bzw. Prioritäten zu setzen – Letzteres erfordert eine Gewichtung der Anforderungen. In der Praxis bewährt sich dabei folgende Einteilung:

- *Muss-Kriterien*:
  Nichterfüllung führt zum Ausschluss eines Produkts
- *Wichtige Kriterien*:
  von hoher Relevanz, aber kein Muss-Kriterium
- *Optionale Kriterien* (»nice to have«):
  geringe Beeinflussung der Entscheidung

Gegebenenfalls muss man bei entsprechender Relevanz der einzelnen Anforderungen zu deren Erfüllung mehrere Produkte auswählen. Allerdings sollte man – werden diese von einem Hersteller angeboten – nicht automatisch folgern, dass die Werkzeuge integriert sind, etwa hinsichtlich einheitlicher Oberfläche und gemeinsamer Datenhaltung. Will man die Produktauswahl gänzlich gemäß eines nachvollziehbaren Bewertungsschemas durchführen, muss noch festgelegt werden, inwieweit die einzelnen Anforderungen gegeneinander zu gewichten sind. Beispielsweise würde sonst bei vielen Fragen zur Oberfläche diese unverhältnismäßig stark in den Auswahlprozess eingehen, obwohl – wiederum beispielhaft – die Architektur das entscheidende Kriterium wäre.

Oft weist die Produktauswahl mit Punktevergabe anhand eines mehr oder weniger automatisierten Bewertungsschemas nicht die Objektivität auf, wie es vielleicht zunächst den Anschein hat. Denn die aufgrund *subjektiver*, da nicht messbarer Kriterien festgelegte Gewichtung beeinflusst in hohem Maße das Endergebnis. Wenngleich es hier keine Patentlösung in der Praxis gibt, so ist schon die Sensibilität für die Problematik ein weiterer Schritt in Richtung Objektivität. Werden Kriterienkataloge übernommen, etwa aus Marktstudien, so sollte das Bewertungsschema jeweils individuell, d.h. dem jeweiligen Umfeld angepasst, erstellt werden. Existiert auch schon das Schema, so ist zudem seine Übertragbarkeit kritisch zu prüfen.

In der Praxis bewährt es sich, den Anforderungskatalog und das Bewertungsschema schon in dieser Phase den Beteiligten zur Einsicht und ggf. zur Zustimmung bereitzustellen. Erst wenn hier ein Konsens vorliegt, um der eingangs geforderten Durchschaubarkeit willen, aber auch, um etwaige Missverständnisse und Unklarheiten zu beseitigen und eine von allen Seiten mitgetragene Entscheidungsgrundlage zu erhalten, ist mit der nächsten Phase fortzufahren.

Eine Reihe wichtiger Kriterien wie Benutzerfreundlichkeit, Zuverlässigkeit des Systems etc. lassen sich nur schwer einem Bewertungsschema zuordnen und sollten daher separat berücksichtigt werden.

3. Informationsbeschaffung

Bei der Informationsbeschaffung wird man sehr schnell mit der Unübersichtlichkeit und Heterogenität auf dem Data-Warehouse-Markt konfrontiert. Angesichts der Vielzahl der Anbieter – wobei sich bei kritischer Prüfung nur noch ein Teil für typische Data-Warehouse-Projekte als geeignet erweist – ist eine gewisse Fokussierung notwendig. Ist das entsprechende Know-how im Unternehmen noch nicht vorhanden, sollte – vorausgesetzt, es stehen Ressourcen im ausreichenden Maße zur Verfügung – adäquates Wissen aufgebaut werden. Wurde hier jedoch ein enger zeitlicher oder finanzieller Rahmen gesteckt, bieten sich im Wesentlichen zwei Alternativen an: zum einen *Marktstudien*, zum anderen externe (herstellerunabhängige!) *Consulting-Leistung*. Eigene Studien wären zwar zielgerichteter, erfordern aber entsprechenden Aufwand.

Angesichts der zahlreichen Produkte am Markt empfiehlt es sich, nur zu einer begrenzten Anzahl von Herstellern Kontakt aufzubauen. Alternativ kann es auch sinnvoll sein, die Informationsbeschaffung über viele Produkte zu streuen. Dies sollte aber zielgerichtet bezüglich bestimmter Kriterien erfolgen, die im geplanten Data-Warehouse-System eine wichtige Rolle spielen werden, wie beispielsweise die Internetfähigkeit eines OLAP-Produktes.

4. Vorauswahl

Ab einem gewissen Punkt wird es notwendig, sich in der Evaluation auf einige ausgewählte Produkte zu konzentrieren. Als Richtwert gelten in der Regel zwei bis drei Werkzeuge pro Kategorie (Abschnitt 11.3.2). Die Informationsbeschaffung in der vorangegangenen Phase sollte die notwendige Basis für die Vorauswahl darstellen. Einflusskriterien sind hier weniger Detailfragen (mit Ausnahme der definierten »K.o.-Kriterien«!) als vielmehr Anforderungen, die die prinzipielle Eignung eines Produktes bestimmen: Plattformen, Schnittstellen, Skalierbarkeit, Architektur usw. Oftmals deutet sich hier bereits an, welche Produktarchitektur am geeignetsten erscheint: Codegeneratoren versus Engines bei ETL-Produkten (Abschnitt 11.3.5) bzw. multidimensionale versus relationale Datenhaltung bei den OLAP-Werkzeugen. Umgekehrt kann es durchaus sinnvoll sein, hier bewusst zwei verschiedene Architekturansätze in der weiteren Evaluierung einander gegenüberzustellen.

Steht die Produktauswahl unter hohem Zeitdruck, bietet sich in dieser Phase als pragmatische Lösung an, am Markt etablierte Produkte auszuwählen. Solange das geplante Data-Warehouse-System keine außergewöhnlichen Anforderungen stellt, ist die Wahrscheinlichkeit relativ hoch, hiermit ein geeignetes, wenngleich vielleicht nicht optimales Werkzeug zu erhalten.

Falls im Vorfeld bereits ein oder mehrere Produkte im Unternehmen eingesetzt wurden, sollte in dieser Phase Klarheit darüber herrschen, ob diese den Anforderungen voraussichtlich genügen werden oder ob es notwendig wird, weitere »Testkandidaten« in den Auswahlprozess mitaufzunehmen.

Angesichts der Tatsache, dass die Vorauswahl bereits eine Vorentscheidung darstellt, wird auch für diese Phase hinreichende Objektivität und Durchschaubarkeit gefordert.

5. Feinevaluierung

Je nachdem, wie detailliert bereits Informationen aus der Beschaffungsphase vorliegen, müssen hier ggf. weitere Angaben eingeholt werden. Im Anschluss wird der vollständige Anforderungskatalog gegen die Produkte abgeglichen.

Zu Missverständnissen und Fehlinterpretationen der Herstellerangaben kommt es immer wieder, wenn man sich nicht auf einen gemeinsamen Wortschatz geeinigt hat – so ist vor einer Bewertung zu klären, was im Detail unter Begriffen wie beispielsweise die bereits mehrfach bemühte »Internetfähigkeit« oder »Planung« zu verstehen ist. Auch hat jeder Hersteller ein eigenes Vokabular für das multidimensionale Datenmodell: Termini wie Dimensionen, Hierarchien, Kategorien, Attribute etc. sind im Vorfeld von Bewertungen und Vergleichen zu klären. Zuletzt sei noch empfohlen, die Herstellerangaben stets kritisch zu hinterfragen und mit weiteren Informationsquellen abzugleichen.

Alternativ oder begleitend zum anschließenden Prototypenaufbau im folgenden Abschnitt lassen sich fundierte Erkenntnisse im Rahmen von Schulungen des Herstellers gewinnen. Basiskurse dauern oft nur wenige Tage, bieten aber einen hohen Informationsgehalt. Schulungen und Prototypen haben zudem den Vorteil, dass sich auch subjektive, daher kaum messbare Kriterien wie *Look and Feel*, *Benutzerfreundlichkeit* und *Zuverlässigkeit* der Systeme besser einschätzen lassen.

6. Aufbau von Prototypen (optional)

Bei »theoretischen« Bewertungsbögen und -schemata tritt immer wieder das Problem der Vergleichbarkeit auf. Eine positive Antwort der Hersteller auf eine bestimmte Anforderung kann die Realisierung als Standardfunktionalität, aber auch Mehraufwand durch entsprechende Zusatzprogrammierung bedeuten. Letztendlich helfen dann nur Praxistests. Diese Phase ist zwar nicht zwingend notwendig, aber selbst eine kurze Demonstration der Produkte vor den späteren Anwendern oder der Aufbau eines kleinen Prototyps erweisen sich als vorteilhaft aus folgenden Gründen:

- Aussagen über subjektive Kriterien wie Bedienbarkeit und Zuverlässigkeit werden möglich.
- Motiviert die künftigen Anwender, insbesondere die Fachabteilungen, auf deren Mitarbeit man bei Definition und Aufbau des Data-Warehouse-Systems angewiesen ist.
- Motiviert auch die »Sponsoren« des Data-Warehouse-Projekts, deren finanzielle und unternehmensinterne Unterstützung für Durchsetzung und Erfolg notwendig ist.

Die Anwender können leichter ihre Anforderungen definieren. Im Vorfeld tritt nicht selten das Problem auf, dass spätere Anwender noch nicht mit Data Warehousing und damit beispielsweise mit der multidimensionalen Sichtweise vertraut sind und daher Schwierigkeiten bei der Formulierung ihrer Wünsche haben.

Der Aufbau von Prototypen verlangt die Beschränkung auf das Wesentliche. Im Allgemeinen ist es nicht machbar, die komplette spätere Anwendung bezüglich Funktionalität, Volumina und Dateninhalten darzustellen. Umgekehrt lassen sich aus allgemeinen und wenig zielgerichteten Tests mit den Produkten kaum Rückschlüsse auf die Eignung des Werkzeugs im konkreten Umfeld ableiten. Hier gilt es, den »goldenen Mittelweg« zu finden. Konkret tritt das Problem beispielsweise auf, wenn man Testdaten für den Prototyp benötigt. Sie sollten aus dem Unternehmen stammen, um realitätsnahe Szenarien abzubilden, Problematiken aufgrund der Daten bereits frühzeitig zu erkennen und schließlich, um – wie oben erwähnt – bei Vorführungen im Unternehmen den Wiedererkennungseffekt zu fördern. Auf der anderen Seite kommt der Aufbau von Testdatenbanken schon fast einer Lösung der Datenbeschaffungsproblematik gleich – und diese stellt in der Regel den Hauptaufwand bei Aufbau des Data-Warehouse-Systems dar. Eine Kompromisslösung bietet dann meist die Einschränkung auf ein bestimmtes Themengebiet, wo idealerweise schon aufbereitete Daten (etwa für das Reporting) vorliegen.

Viele Hersteller bieten ein sogenanntes *Proof of Concept*, in dessen Rahmen die Eignung ihres Produktes im Umfeld des Unternehmens untersucht werden soll. Entscheidet man sich für diese Variante, sollte darauf geachtet werden, dass man auch eine aktive Rolle in diesem Prozess übernimmt, da sonst ein wesentlicher Aspekt des Prototyping, nämlich Aussagen über Bedienfreundlichkeit und Zuverlässigkeit, verloren gehen kann.

Allgemeine Benchmark-Ergebnisse sind kaum aussagekräftig, da sie zum einen sehr anwendungsspezifisch sind und es zum anderen noch kaum vergleichbare Ergebnisse gibt. Denn insbesondere im OLAP-Bereich wurden die Benchmarks vorwiegend von einzelnen Herstellern mit speziellem Tuning für ihre Produkte durchgeführt. In der Praxis wird daher im Rahmen von Prototyping eher die prinzipielle Eignung der Werkzeuge untersucht, also beispielsweise, ob bei einem ETL-Produkt das zur Verfügung stehende Ladefenster ausreicht bzw. ob bei OLAP-Werkzeugen der Aufbau einer (physisch redundanten) multidimensionalen Datenhaltung noch im Zeitrahmen liegt. Eher selten werden sekundengenaue Messungen durchgeführt. Auch bei Performanzuntersuchungen zeigt sich das Problem, dass sich die künftigen Szenarien bezüglich Datenvolumina, Anzahl der Anwender und Komplexität in der Regel in einem Prototyp noch nicht abbilden lassen. Dieses Umfeld erreicht man erst mit Fertigstellung des Data-Warehouse-Systems, sodass hier nur Hochrechnungen erstellt werden können, die aufgrund nicht linearen Antwortzeitverhaltens durchaus fehlerbehaftet sein können.

Zumindest die prototypischen Anfragemuster sollten aber dem künftigen Anfrageprofil entsprechen.

7. Entscheidung

Idealerweise geht aus Bewertungen und Prototyping ein eindeutiger »Sieger« hervor. Die Praxis ist von Kompromissen geprägt, da sich nur selten ein kommerzielles Produkt als in allen Belangen optimal erweist. Erfolgt die Entscheidung jedoch anhand nachvollziehbarer und die Prioritäten widerspiegelnder Richtlinien, kann davon ausgegangen werden, dass eine Auswahl getroffen wurde, die den Anforderungen im Data-Warehouse-Projekt gerecht wird und die den Erfolg nicht von vornherein in Frage stellen wird.

Eine umfassende Evaluierung bezüglich aller möglichen Kriterien und aller verfügbaren Produkte ist nicht möglich, da der Markt zu groß und zu dynamisch ist. Daher sollte im Vorfeld der Rahmen und das Vorgehen festgelegt werden, um nicht in Detailanalysen das globale Ziel aus den Augen zu verlieren.

11.3.4 Allgemeine Kriterien für die Produktauswahl

Zunächst werden Kriterien aufgezählt und kurz erläutert, die für alle Produktkategorien von Belang sind. Es folgt eine Auflistung von jeweils speziellen Kriterien für ETL- und OLAP-Produkte, die als Basis für Anforderungs- bzw. Bewertungskataloge herangezogen werden können. Bei den kategoriespezifischen Kriterien ist darauf zu achten, dass es jeweils auch immer einen Anteil an architekturspezifischen Fragen gibt: bei den ETL-Werkzeugen jeweils für Codegeneratoren und Engines (Abschnitt 11.3.5) und bei den OLAP-Produkten für die Architekturen, wie sie sich aus der Art der Datenhaltung ergeben.

1. *Herstellerprofil*:
   Insbesondere für die Investitionssicherheit sollte neben dem Werkzeug selbst auch der Hersteller einer kritischen Prüfung unterzogen werden. Dazu zählen Kriterien wie Umsatzentwicklung, Anzahl verkaufter Lizenzen, Anzahl Mitarbeiter (jeweils in Entwicklung und Consulting) etc. Referenzkunden und -projekte kommen idealerweise aus derselben Branche wie das eigene Unternehmen.

2. *Support*:
   Für Wartung, Beratung bei auftretenden Problemen und für Schulungen ist eine Präsenz des Herstellers vor Ort oder in der Nähe von großer Hilfe. Je kritischer der Betrieb des Data-Warehouse-Systems ist, desto wichtiger wird eine permanent verfügbare Hotline.

3. *Hardware- und Softwarevoraussetzungen*:
   Die Voraussetzungen an Hard- und Software sind mit den technischen Randbedingungen im Unternehmen abzugleichen. Insbesondere die Plattformen

(Großrechner, UNIX-Derivate, Microsoft Windows etc.) sind häufig bereits im Voraus festgelegt, und Änderungen bzw. Erweiterungen der Rechnerlandschaft lassen sich hier nur bei absoluter Notwendigkeit durchsetzen. Die Hardware- und Softwarevoraussetzungen der Produkte sollten auch bei Kostenvoranschlägen hinreichend Beachtung finden.

4. *Preis*:
   Neben den Anschaffungskosten – hier ist darauf zu achten, ob nach *Concurrent* oder nach *Named User* lizenziert wird – sind auch etwaige Folgekosten und Wartungskosten von Belang.

5. *Benutzerfreundlichkeit* (»Look and Feel«):
   Für die Akzeptanz durch die Anwender ist die Benutzerfreundlichkeit wohl das wichtigste Kriterium, auf der anderen Seite wohl auch das am schwersten messbare und bewertbare. Gewisse Mindestanforderungen wie Microsoft-Office-ähnliche Oberflächen seien hier beispielhaft genannt.

6. *Zuverlässigkeit*:
   Bezüglich dieses ebenfalls schwer messbaren Kriteriums lassen sich aus Installation und Probebetrieb zumindest einige Rückschlüsse gewinnen. Letztendlich wird aber erst der »Alltagsbetrieb« Klarheit bringen, weswegen es sinnvoll ist, hier auf die Erfahrungen aus anderen Projekten zurückzugreifen – in entsprechenden Dokumentationen oder durch Rücksprache mit Referenzkunden des Herstellers.

7. *Performanz*:
   Fundierte Aussagen über die Performanz lassen sich letztlich erst anhand von Benchmarks mit den jeweiligen Unternehmensdaten und -spezifika treffen. Stehen hierfür nicht ausreichende Ressourcen zur Verfügung, muss man sich auf veröffentlichte Benchmark-Ergebnisse verlassen – empfohlen sei hier aber eine kritische Prüfung der Übertragbarkeit auf die eigene Situation.

8. *Skalierbarkeit*:
   Im Data-Warehouse-Umfeld ist die Skalierbarkeit eines Produktes angesichts der großen Datenvolumina häufig kritischer als die Performanz. Eine höhere Anzahl Anwender kann häufig durch den Einsatz einer entsprechenden Serverkomponente des Produktes abgefangen werden.

11.3.5 Kriterien für Datenbeschaffungswerkzeuge

Vor einer Produktevaluation sollte zunächst geklärt werden, ob ein kommerzielles Werkzeug benötigt wird oder ob eine Eigenentwicklung die Anforderungen abdecken kann. Je heterogener die Quell- und Zielsysteme und je komplexer die dazwischenliegenden Transformationen sind, desto eher sollte ein Produkt zugekauft werden. Zwar bieten eigene Programme *Unabhängigkeit* vom Hersteller, maximale *Funktionalität* und oft auch optimierte *Performanz*, dem stehen jedoch hoher *Entwicklungs- und Wartungsaufwand*, *Fehleranfälligkeit* und *personelle Abhängigkeiten* (von den Entwicklern) gegenüber. Angesichts der hohen Kosten für ETL-Produkte stellt die Eigenentwicklung kurzfristig zwar die günstigere Lösung dar, auf längere Zeit dürfte der Mehraufwand durch bessere und schnellere Entwicklung und Wartung kompensiert werden. In komplexeren Szenarien gewinnt auch das Metadatenmanagement der dedizierten ETL-Werkzeuge an Bedeutung, wenn nämlich Informationen über Quell- und Zielsysteme, Transformationsvorgänge und das Scheduling automatisch erstellt und verwaltet werden und die Dokumentation nicht der Disziplin und den zeitlichen Ressourcen der Entwickler obliegt. Schließlich ist bei Eigenentwicklung der Aufwand für die Implementierung von Schnittstellen zu neuen oder geänderten Systemen nicht zu vernachlässigen – bei den kommerziellen Produkten kann sich das allerdings in Mehrkosten für den Zukauf entsprechender Module widerspiegeln. ETL-Produkte können in der Regel unterschiedliche Quellen miteinander verknüpfen, ohne Zwischendateien erzeugen zu müssen. Die Parametrierbarkeit der Extraktions-, Transformations- und Ladeprozesse erleichtert zudem das Change Management.

Die Werkzeuge dienen nicht nur zur Datenbeschaffung eines Data-Warehouse-Systems, häufig können sie in Unternehmen für andere Fragestellungen zum Einsatz kommen, beispielsweise für das *Copy- und Extraktionswesen*, das das Planen, Steuern und Durchführen der Selektion sowie die Extraktion und das Kopieren von Daten umfasst, um diese andernorts für dortige Auswertungen bereitzustellen. Ein Beispiel ist die Weitergabe ausgewählter Produkt-, Kunden- und Lieferantendaten von der Konzernmutter an die Konzerntöchter.

Hat man sich für ein kommerzielles Produkt entschieden, gilt es noch, zwischen einem *Code-* und einem *Engine-basierten Werkzeug* zu wählen. Während bei Ersterem aus den spezifizierten Prozessen für Extraktion, Transformation und Laden Code generiert wird, der dann auf Quell- und Zielsystemen übersetzt und zum Ablauf gebracht wird, arbeitet die zweite Kategorie mit Engines, durch die Datensätze aus den Quellsystemen »gepumpt« werden. Codegeneratoren bieten im Allgemeinen einen höheren Funktionsumfang für Datenbereinigungen und Transformationen, haben auf der anderen Seite allerdings Schwächen bei Scheduling, Quellenverwaltung und Security. Die Möglichkeit zur nachträglichen Manipulation des erzeugten Codes kann positiv, aber auch negativ bewertet werden. Codegeneratoren wird bessere Performanz nachgesagt, auch sind sie in Großrechnerumgebungen typischerweise das Mittel der Wahl. Umgekehrt bestechen Engines durch einfachere Wartbarkeit und Bedienbarkeit. Letztendlich fällt die endgültige Entscheidung häufig erst im Rahmen der Produktauswahl, auch wenn die Anzeichen schon auf eine bestimmte Architektur hindeuten.

Im Anschluss werden die Kriterien vorgestellt, die bei der Auswahl eines ETL-Produktes in Erwägung gezogen werden sollten.

Architektur

Die Architektur eines Datenbeschaffungswerkzeugs beeinflusst in großem Maße dessen Performanz und damit auch angesichts des häufig zeitlich knapp bemessenen Ladefensters die Skalierbarkeit, d.h., welches Datenvolumen im zur Verfügung stehenden Zeitfenster verarbeitet werden kann. Dazu sollte das Produkt dem Administrator Optionen zur Lastverteilung bereitstellen bzw. eine entsprechende Prozesssteuerung und -abstimmung anbieten.

Schnittstellen

Wie eingangs erwähnt, liegt eine der Stärken der dedizierten ETL-Produkte in der Vielfalt der unterstützten Quell- und Zielsysteme. Idealerweise sollte aus Performanzgründen auf diese direkt (und nicht über ODBC) zugegriffen werden. Von Interesse kann auch sein, wie das Werkzeug den sogenannten *Changed Data Capture*, das Erfassen von Änderungen in den Quellsystemen, d.h. die inkrementelle Aktualisierung (Abschnitt 3.2) im Gegensatz zur vollständigen Aktualisierung, realisiert. Hier sind verschiedene Alternativen möglich, von Triggern über das Lesen der Log-Dateien im Quellsystem bis hin zum Mitführen und Selektieren eines Zeitstempels oder die Protokollierung und der Abgleich der in früheren Ladeprozessen transferierten Daten.

Nur manche Produkte bieten eine Schnittstelle zum Aufbau multidimensionaler Datenbanken aus relationalen Systemen. Ein weiteres Unterscheidungskriterium stellt die Unterstützung von ERP-Systemen oder von Quell- bzw. Zielsystemen auf Großrechnerumgebungen dar.

Scheduling

Ein Scheduler sollte die zeit- und/oder ereignisgesteuerte Auslösung des Datenbeschaffungsprozesses und auch einzelner Aktionen ermöglichen, idealerweise parametrierbar. Ein weiteres Plus ist das Anstoßen sogenannter *Pre-* oder *Post-Sessions*. Insbesondere in Großrechnerumgebungen ist es häufig gewünscht, dass das ETL-Werkzeug von vorhandenen Schedulern gesteuert und damit in den gesamten Rechenbetrieb geeignet eingebunden wird.

Entwicklungsumgebung

Die Spezifikation und Umsetzung des Datenbeschaffungsprozesses ist ein langwieriger und komplexer Prozess. Umso wichtiger wird daher eine komfortable Entwicklungsumgebung, die ein sukzessives und iteratives Vorgehen erlaubt. Zudem sollte sie Multiuser-Fähigkeit, Versionierung und ein Berechtigungskonzept bieten.

Prototyping

Um den Entwicklungsaufwand der Abbildungsvorschriften (engl. mappings) zwischen Quell- und Zielstrukturen zu minimieren, sollten Test- bzw. Simulationsmöglichkeiten vorhanden sein. Gerade bei komplexen Abbildungen ist es hilfreich, die Transformation der Daten überprüfen zu können, ohne einen Ladevorgang ausführen zu müssen. Funktionen zur Testdatengenerierung oder zum *Sampling*, d.h. dem Arbeiten mit einer Auswahl exemplarischer Daten, können an dieser Stelle ebenfalls ihre Stärken ausspielen.

Neben der Dokumentation der Datenflüsse in den Abbildungen ist es von großem Vorteil, wenn das Werkzeug Unterstützung bei notwendigen Struktur-, Abbildungs- und Transformationsveränderungen leistet. Ein wichtiges Kriterium ist hierbei die Möglichkeit der sogenannten *Impact-Analyse*. Damit werden »Was wäre wenn?«-Fragestellungen beantwortet: Was passiert, wenn in einer Datenquelle ein Attribut geändert, gelöscht oder hinzugefügt wird? Welche Abbildungen sind betroffen und müssen geändert werden? Die Impact-Analyse reduziert den Änderungsaufwand erheblich.

Fachliche Funktionalität

Der unterstützte Funktionsumfang kann je nach Werkzeug sehr umfangreich sein, daher seien hier nur einige wichtige Funktionalitäten exemplarisch genannt:

- Zerlegung der (Quell-)Daten auf Tabellen-, Datensatz- und Feldebene
- diverse Abbildungsmöglichkeiten; hier auch Definition von Abhängigkeiten und der Reihenfolge der Abarbeitung von Abbildungen für Ladevorgänge (etwa zum Aufbau von Star-Schemata)
- heterogene Verbunde (d.h. Verbunde auf Daten aus heterogenen Quellsystemen), idealerweise mit diversen Vergleichsoperatoren
- Plausibilitätsüberprüfungen
- Format- und Typüberprüfungen
- Entfernen von Duplikaten
- Unterstützung von Lookup-Tabellen
- diverse Transformationsmöglichkeiten, wie etwa Umrechnung in andere Währungen oder Einheiten
- Erzeugung neuer Datensätze, beispielsweise Zeitstempel, für die kein Quelldatenfeld existiert
- Befüllung von Aggregationstabellen

Auch wenn viele Funktionen durch das Produkt abgedeckt werden, können komplex abzubildende Sachverhalte das Einbinden von externen Programmen erfordern. Eine entsprechende komfortable Integrationsmöglichkeit ist daher vom Werkzeug zu erwarten.

Metadaten

Wie eingangs erwähnt, zeichnen sich dedizierte ETL-Werkzeuge gegenüber Eigenentwicklungen insbesondere durch die metadatengestützte Verwaltung der Datenbeschaffung aus. In den meisten Fällen werden die Metadaten in einem Repositorium in einer relationalen Datenbank vorgehalten, wodurch bereits eine gewisse Offenheit gegeben ist. Zusätzlich sollte das Produkt möglichst parametrierbare Standardberichte zur Beantwortung gängiger Fragestellungen, wie nach den Abbildungen, Quell- und Zieldatenmodellen etc., bei Bedarf generieren.

Ein weiterer wichtiger Aspekt betrifft den Metadatenaustausch – nach Möglichkeit über einen definierten Standard – mit anderen Produkten, sodass Redundanzen und das Risiko inkonsistenter Metadaten minimiert werden. Zum einen sind hier natürlich die Quell- und Zielsysteme der Transformationsprozesse zu nennen, zum anderen kommen aber auch Auswertungs- und Modellierungswerkzeuge in Betracht.

Tuning

Bei großen Datenvolumina, komplexen Transformationsprozessen und/oder kurzen Zeitfenstern für die Datenbeschaffung sollten dem Administrator Möglichkeiten zur Steigerung des Durchsatzes gegeben werden. Bei den Kriterien zur Architektur wurde bereits auf die Option zur Lastverteilung hingewiesen, wenn parametriert werden kann, auf welchen Maschinen welche Prozesse laufen sollen. Idealerweise bieten sich auch mehrere Möglichkeiten zur Parallelisierung, etwa durch entsprechende Bildung von »Datenpaketen« aus den Quellsystemen. Weiteres Optimierungspotenzial stellen Datenkomprimierung bei der Übertragung, frei wählbare Commit-Einheiten und Massenladen beim Ladevorgang dar.

Für Tuning, Fehlerbehandlung und interne Verrechnungssysteme ist die Protokollierung diverser Informationen und die Erzeugung von Statistiken hilfreich und auch notwendig.

Fehlerbehandlung

Aus verschiedenen Gründen können während des ETL-Prozesses Fehler auftreten, von Netzwerkunterbrechungen bis hin zu fehlenden oder inkorrekten Datensätzen. Als Mindestanforderung gilt die Protokollierung fehlgeschlagener Ladevorgänge mit Fehlerursache und den betroffenen Datensätzen. Bei Bedarf sollten Aktionen angestoßen werden können wie etwa das Versenden von Benachrichtigungen per E-Mail.

Kommt es während eines Ladevorgangs zu einem Abbruch, gilt es etwaige Inkonsistenzen durch partielles oder totales Rücksetzen zu vermeiden. Die Transaktionsmechanismen relationaler Datenbanken per Commit und Rollback sind hierfür nur bedingt geeignet. Es sollte möglich sein, den Ladevorgang wiederaufsetzen zu können, ohne den kompletten Datenbeschaffungsprozess wiederholen zu müssen. Zusätzliche Anforderungen wie das Entladen zu einem späteren Zeitpunkt, wenn denn Fehler festgestellt werden, erfordern in der Regel eine methodische und organisatorische Lösung und können weniger dem ETL-Werkzeug zugerechnet werden. Das Datenmodell muss es ermöglichen, alle Daten eines bestimmten Ladevorgangs zu identifizieren.

Schließlich ist es wünschenswert, einzelne Datensätze nachträglich in das Zielsystem nachladen zu können. Auch hier gilt es in der Regel, die technische Unterstützung des ETL-Produktes mit organisatorischen Lösungen zu kombinieren.

11.3.6 Kriterien für OLAP-Produkte

OLAP-Produkte werden üblicherweise nach Art der Datenhaltung klassifiziert. Bei jeder Alternative, relationaler oder proprietär multidimensionaler Speicherungstechnik, bzw. beim Aufbau der Würfel auf Client-Seite (auch *Desktop OLAP* genannt) lassen sich jeweils Vor- und Nachteile identifizieren. Eine unmittelbare Vergleichbarkeit der Produkte in dieser Kategorie wird nicht nur durch diese architektonischen Unterschiede erschwert, die Werkzeuge decken zudem teilweise unterschiedliche Fragestellungen (Datenhaltung, Präsentation etc.) ab, sodass nicht alle Kriterien jeweils angewandt werden können. Viele Werkzeuge bieten jedoch bereits umfassende Lösungen an, weshalb im Folgenden diesbezüglich keine weitere Differenzierung vorgenommen wird.

Bei den Auswertungswerkzeugen sollte auch berücksichtigt werden, ob der Hersteller für das gewünschte Einsatzgebiet (z. B. Controlling) bereits Lösungen anbietet, die zwar nicht notwendigerweise zum Einsatz kommen müssen, die jedoch darauf hindeuten, dass beim Hersteller entsprechendes Know-how vorhanden ist, was sich auch im OLAP-Produkt und beim Support widerspiegelt. Ähnliches gilt auch für Referenzprojekte des Herstellers in derselben Branche.

Architektur

Die einem Produkt zugrunde liegende Architektur sollte eines der wichtigsten Auswahlkriterien bilden, ist sie doch entscheidend für die prinzipielle Eignung des Werkzeugs für das geplante Einsatzfeld. Performanz und Skalierbarkeit werden in hohem Maße durch die Architektur bestimmt. Zudem gibt es hier im Gegensatz zu Kriterien wie Auswertungsfunktionalität und Gestaltung der Oberfläche, wo man ggf. auf Umwegen und mit Eigenentwicklung die Bedürfnisse der Anwender nachbilden kann, nur bedingt Möglichkeiten zu Änderungen oder Erweiterungen.

Bei der Grobarchitektur eines Produktes ist von Interesse, welche Schichtenarchitekturen das Werkzeug unterstützt (Abschnitt 4.2). Zum einen kann damit bei einer größeren Bandbreite die Lastverteilung besser gesteuert werden, zum anderen wird hieraus ersichtlich, wie gut sich das Produkt in die vorhandene technische Infrastruktur des Unternehmens integrieren lässt. Stand-alone-Versionen eines Produktes sind insbesondere dann von Interesse, wenn multidimensionale Analysen offline, beispielsweise durch Außendienstmitarbeiter, auf einem tragbaren Rechner durchgeführt werden sollen.

Kriterien bezüglich der Datenhaltung dienen zur Beurteilung der oben angesprochenen Performanz und Skalierbarkeit. Bei Werkzeugen mit multidimensionaler Datenhaltung, wo Würfel nicht nur logisch, sondern auch physisch aufgebaut werden, muss das Problem der Dünnbesetztheit gelöst werden (Abschnitte 6.2.3 und 7.2.2). Das bedeutet, eine Vielzahl der Zellen besitzt keine Werte, was in der Regel der Fall ist, beispielsweise weil nicht alle Produkte in allen Filialen an jedem Tag verkauft werden. Hier ist zu untersuchen, inwieweit das Produkt die Eigenheiten des jeweiligen multidimensionalen Modells erfassen und berücksichtigen kann bzw. inwiefern hier der Administrator Möglichkeiten zum Eingriff hat. Der Grad der Vorberechnungen von Verdichtungen und Kenngrößen ist charakterisiert durch die Abwägung von Performanz (möglichst viele Vorberechnungen), Ladezeiten beim Aufbau des Würfels und schließlich dem benötigten Platzbedarf (Skalierbarkeit). Auch hier stellt sich die Frage, inwieweit dem Administrator die Option zum Eingriff gegeben wird. Abschließend sei noch auf hybride Datenhaltungstechniken (relational und multidimensional) hingewiesen, die ein Optimum an Flexibilität bieten, jedoch meist auch erhöhten Verwaltungsaufwand verursachen.

Schnittstellen

Bezüglich der angebotenen Schnittstellen ist zu untersuchen, welche Quellsysteme und welche Auswertungswerkzeuge angebunden werden können. Ist der Zugriff auf die Ableitungs- oder Auswertungsdatenbank, im Regelfall ein relationales Datenbanksystem, üblicherweise unproblematisch, stellt sich hier zunächst die Frage, ob die Anbindung per ODBC oder performanter durch direkten Zugriff erfolgt. Bei der Integration der Quellsysteme interessiert noch, inwieweit auf mehrere Vorsysteme (gleichzeitig) zugegriffen werden kann und ob ein gewisses Maß an Transformationsfunktionalität zur Verfügung steht, wobei man hier nicht die Mächtigkeit eines dedizierten ETL-Werkzeuges erwarten darf. Mit dem sogenannten Drill-through erhalten die Anwender die Möglichkeit, im Zuge einer Anfrage – idealerweise transparent – auf das Quellsystem zugreifen zu können. Diese Option kommt bei Werkzeugen mit multidimensionaler Datenhaltung zum Einsatz, wo in der Regel vorwiegend verdichtete Daten vorgehalten werden und Detaildaten, die seltener oder gar nicht benötigt werden, in der Ableitungs- und Auswertungsdatenbank verbleiben.

Alle relevanten OLAP-Hersteller bieten ein eigenes Benutzerwerkzeug oder zumindest eine Anbindung an ein gebräuchliches Tabellenkalkulationsprogramm (z.B. Excel-Add-in) an. Einige Produkte setzen hier auch verstärkt auf Systeme von Drittanbietern, um die eigene Produktpalette zu ergänzen, beispielsweise für Weboberflächen oder EIS-Umgebungen.

Zur Weiterverarbeitung sind die Exportmöglichkeiten von Interesse: Welche Daten können wo abgespeichert bzw. in welche Produkte (insbesondere Office- und Groupware-Produkte) übernommen werden? Schließlich gilt die Option zum komfortablen Drucken als Pflichtkriterium.

Definition des multidimensionalen Datenmodells

Dieses Kriterium spiegelt die Fähigkeit des OLAP-Produktes wider, die konkrete Anwendung eines Unternehmens im Modell erfassen und abbilden zu können. Je mächtiger das Modell mit der Palette der angebotenen Konstrukte (Dimensionsattribute etc.) ist, desto wahrscheinlicher ist die prinzipielle Machbarkeit bzw. desto komfortabler sind die Lösungen, da nicht auf »Notlösungen« zurückgegriffen werden muss. Gibt es beispielsweise keine Varianten zur Hierarchiebildung, wie mehrfache oder unbalancierte Hierarchien, muss man Auswege in der Modellierung finden, wie in diesem Fall die Definition zusätzlicher Dimensionen, worunter die Übersichtlichkeit leidet, bzw. die Einführung von Platzhaltern zum Auffüllen der Hierarchie (Problem der Skalierbarkeit). Zudem haben die Werkzeuge teilweise durchaus noch Restriktionen, was die Anzahl der unterstützten Dimensionen, Dimensionsausprägungen etc. betrifft.

Bei der Definition der Kenngrößen und Aggregationsfunktionen (Verdichtungen entlang der Hierarchien) ist der zur Verfügung stehende Funktionsumfang entscheidend. Ein Formeleditor befreit von der Notwendigkeit, die genaue Syntax kennen zu müssen.

Schließlich helfen Kommentare (idealerweise auf allen Ebenen) zum einheitlichen Verständnis des Modells.

Anfragedefinition

Üblicherweise bieten die Auswertungswerkzeuge eine grafische Oberfläche mit mehr oder weniger intuitiven Point & Click-Möglichkeiten. Von Interesse ist in diesem Zusammenhang, welche Optionen zur Anfragedefinition, insbesondere welche Auswahlmöglichkeiten (Browser, Wildcards etc.), bereitstehen.

Bei der Spezifikation von Filtern sind zudem die Verknüpfungsmöglichkeiten einzelner Bedingungen relevant. Es sollte auch noch steuerbar sein, auf welchem der beteiligten Rechner die Filterung stattfindet.

Reporting

Jedes Werkzeug sollte Standardberichte, das Arbeiten mit vordefinierten Berichten für den wenig erfahrenen und gelegentlichen Anwender sowie Ad-hoc-Reporting mit allen Freiheiten in der Anfragedefinition für den fortgeschrittenen Anwender bieten. Nach Möglichkeit können Berichte mehrere Blätter beinhalten, die sowohl unterschiedliche Berichtstypen (Grafiken, Tabellen etc.) aufweisen als auch sich auf unterschiedliche Quellen beziehen können. Schließlich sollte es möglich sein, Sichten auf Berichte zur Wiederverwendung abzuspeichern (»einzufrieren«).

Auswertungsfunktionalität

Gewisse Auswertungsfunktionalitäten wie Zeitreihenanalyse gehören heutzutage zum Standard bei den OLAP-Produkten. Doch schon Funktionen wie Vorperiodenvergleiche differenzieren den Markt, abhängig davon ob das Werkzeug die automatische Definition von Kalendarien und Zeitabschnitten wie »Year to Date«[3] und darauf entsprechende Auswertungen erlaubt oder ob zusätzlich noch die Vorperioden frei definiert werden können.

Die Versionierung und Historisierung von Klassifikationshierarchien dient zur Erfassung von Veränderungen in den hierarchischen Strukturen, beispielsweise bei Modifikationen in den Organisationsstrukturen (Abschnitt 6.3.2). Oft sind dann entsprechende Auswertungen und Vergleiche mit jeweils neuen oder alten Daten bzw. neuen oder alten Strukturen gewünscht.

Fortgeschrittene Auswertungstechniken (Forecasting, Balanced Scorecard etc.) vermeiden ggf. die aufwendige manuelle Realisierung bzw. das Einbinden weiterer Produkte. Falls allerdings Data Mining von hoher Relevanz ist, sollte hier zusätzlich ein darauf spezialisiertes Werkzeug eingesetzt werden.

Während Produkte mit multidimensionaler Datenhaltung in der Regel Schreibzugriff erlauben, ist dies bei relationalen Werkzeugen nur über Umwege und vergleichsweise aufwendig realisierbar. Sind daher Funktionalitäten wie Planung und What-if-Analysen von großer Bedeutung, scheiden entsprechende Systeme aus.

Ad-hoc-Berechnungen, die vom Anwender zur Laufzeit ausgeführt werden, beinhalten üblicherweise verschiedene Summenbildungen und die Definition von Kenngrößen. Bei Letzterem steht bei einigen Werkzeugen ein geringerer Funktionsumfang zur Verfügung als bei der Definition »dauerhafter« Kenngrößen, die im multidimensionalen Modell verankert sind.

Oberfläche

Während das »Look and Feel« einer Oberfläche in den Bereich der subjektiven und daher kaum messbaren Kriterien fällt, gibt es auch einige objektive Leistungsmerkmale, die Produkte differenzieren. Zunächst sollte das Erscheinungsbild nach Anwenderwünschen den Konventionen von Microsoft Windows entsprechen. Gerade im Controlling-Bereich sind die Anwender in der Regel mit

---

3. Mit der »Year to Date«-Operation wird die Aufsummierung der entsprechenden Kenngröße im laufenden Jahr bis zum Tag der Anfrage bezeichnet.

Microsoft Excel vertraut, sodass ein entsprechendes Add-in den Umgang mit dem OLAP-Werkzeug erleichtern kann.

Bei der Darstellung der Ergebnisdaten besteht die Kunst darin, viele komplexe Informationen möglichst übersichtlich auf den Bildschirm zu bringen. Hier helfen Funktionalitäten wie verschachtelte Dimensionen in Zeilen und Spalten (engl. nested dimensions) oder Suchmöglichkeiten. Sortierungen sollten in verschiedenen Richtungen und unabhängig auf Zeilen, Spalten und Zellen anwendbar sein.

Bei der Grafikdarstellung gibt es viele Präsentationsmöglichkeiten. Das Drillen in Grafiken und das synchrone Navigieren in mehreren Grafiken gleichzeitig erhöhen Übersichtlichkeit und Benutzerkomfort. Wird geografische Darstellung mit entsprechenden Landkarten und ggf. geocodierten Daten gewünscht, kann dies die Einbindung eines geografischen Informationssystems erforderlich machen.

Verschiedenste Navigationsmöglichkeiten entlang und über Klassifikationshierarchien hinweg sowie das Überspringen von Klassifikationsknoten stellen eine der wichtigen Erweiterungen von OLAP-Produkten gegenüber den klassischen Reporting-Werkzeugen dar und sollten daher adäquat unterstützt werden.

Schließlich lassen sich mit Einfärbungen der Daten etwaige Ausreißer, d. h. potenziell »interessante« Daten, leichter erkennen (sogenannte *Ampelfunktionalität*).

Entwicklungsumgebung

Zur Entwicklung von Anwendungen oder speziell MIS und EIS sollte das OLAP-Produkt eine eigene Umgebung oder alternativ eine entsprechende Schnittstelle, beispielsweise zu Visual Basic, zur Verfügung stellen. Im ersteren Fall erleichtert eine grafische Oberfläche die Einarbeitung und die Bedienbarkeit. Zusätzliche Funktionalitäten wie Debugging und User-Exits erhöhen zudem Qualität und Mächtigkeit der erstellten Applikationen.

Berechtigungskonzept

Mit steigender Anzahl von Anwendern wird ein entsprechendes Berechtigungskonzept benötigt, um Zugriffsrechte auf Daten und Ausführungsrechte für Funktionalitäten verwalten zu können. Häufig bieten die Werkzeuge schon eine Klassifikation in Administratoren, fortgeschrittene Anwender (technisch versiert) und gelegentliche Anwender (Standardanwender) an, die sich dann jeweils im bereitstehenden Funktionsumfang unterscheiden. Die Rechtevergabe sollte dann noch gruppen- oder anwenderspezifisch erfolgen. Falls im Quellsystem schon ein Berechtigungskonzept existiert, sollte dies bei Bedarf wiederverwendet werden. Umgekehrt ist es manchmal wünschenswert, die Metadaten der Benutzerverwaltung im Quellsystem abzulegen, etwa um dort direkt darauf lesend und/oder schreibend zugreifen zu können.

Change Management

Beim Kriterium Change Management wird untersucht, ob und inwieweit Änderungen im Quellsystem automatisiert erkannt und übernommen werden können. Dies betrifft Änderungen sowohl an Fakten(werten) als auch an Dimensionen. Materialisiert das OLAP-Produkt Vorberechnungen und Aggregationen, ist für die Ladezeiten von großem Einfluss, ob eine inkrementelle Aktualisierung (engl. incremental refresh) unterstützt wird oder ob die Aggregate komplett neu berechnet werden müssen (Abschnitt 8.5.5).

Metadaten

Wie bei den ETL-Produkten ist auch hier Verwaltung und Austausch von Metadaten von hoher Relevanz. Dazu muss das OLAP-Werkzeug entsprechende Schnittstellen und darüber die Metadaten bereitstellen.

Bietet das Produkt mehrere Oberflächen (für die verschiedenen Benutzerklassen, für den Webzugriff, für EIS etc.), sollten möglichst viele Metadaten (wie Modell- und Reportdefinitionen, Benutzerverwaltung etc.) gemeinsam genutzt werden können, um Inkonsistenzen oder mehrfache Definitionen zu vermeiden.

Betrieb

Zur Wartung und zum Tuning im laufenden Betrieb des Data-Warehouse-Systems sollte ein Monitoring des Anfrageverhaltens der Anwender erfolgen. Mit einem sogenannten *Query Governor* kann zusätzlich Länge und Datenvolumen von Anfragen gesteuert werden, die dann bei Bedarf auch abgebrochen werden können. Tuning sollte systemunterstützt, aber auch ergänzend durch den Administrator durchgeführt werden.

Webanbindung

Heutzutage bieten alle relevanten OLAP-Hersteller eine Webversion ihres Produktes an. Die Lösungen reichen von einfachem Abspeichern von Berichten in HTML-Format bis hin zu Java-Implementierungen oder Lösungen mit ActiveX. Sie unterscheiden sich derzeit noch erheblich im Funktionsumfang. Idealerweise steht dem Anwender die identische Oberfläche einer vollständigen Client-Installation bezüglich Gestaltung und Funktionalität zur Verfügung. Gerade bei Berichtsdefinitionen, Formatierungen und administrativen Tätigkeiten sind jedoch noch Einschränkungen bei vielen Werkzeugen zu finden.

Gemäß der Idee des Thin Client ist es manchmal wünschenswert, keine Software auf dem Client installieren zu müssen bzw. die Größe des zu ladenden Java-Applets (zu Beginn einer Sitzung), beispielsweise bei Einwahl über Modem, möglichst gering zu halten.

11.3.7 Open-Source-Komponenten

Open Source ist eine Produktionsform für wiederverwendbare Softwarekomponenten, die den Quellcode (»Source«) als Gemeingut betrachtet. Häufig verbindet sich mit dem Begriff im Sinne »freier Software« die Überzeugung der Entwickler, dass Software kollektives Eigentum sein sollte und in hoher Qualität nur im offenen Diskurs einer sich als Meritokratie selbst organisierenden Gemeinschaft von Entwicklern entstehen kann (für genauere Informationen zum Phänomen »Open Source« siehe [FeFH07], [Webe05]).

Heute werden größere Open-Source-Softwareprojekte aber primär von kommerziell ausgerichteten Firmen getragen und am Markt positioniert. Diese Professionalisierung hat mit dazu geführt, dass Open-Source-Software regelmäßig auch im kommerziellen Umfeld als Alternative bei der Produktauswahl in Betracht gezogen wird. In einigen Bereichen, namentlich bei Programmiersprachen, Frameworks und Webtechnologie wie z. B. Firefox oder UIMA, haben sich Open-Source-Lösungen sogar als Quasi-Standard etabliert und drängen die traditionellen Closed-Source-Produkte aus dem Markt. Dagegen muss auch beachtet werden, dass die Software durch die potenzielle Modifikationsmöglichkeit nicht in allen Branchen und Bereichen verwendet werden darf (Stichwort: fehlende Validierung).

Die Entwicklung von Open-Source-Lösungen für Data-Warehouse-Systeme begann um 2001 mit einem Schwerpunkt im Bereich ETL und Auswertungswerkzeuge. Charakteristisch für die ersten Projekte war, dass sie sehr stark von einzelnen Personen vorangetrieben wurden. Trotz beachtlicher Nutzungszahlen (gemessen an den Downloads von einschlägigen Servern) etablierten sich keine wirklichen Entwicklergemeinschaften. Etwa ab 2004 wurde das kommerzielle Potenzial von Open-Source-Data-Warehouse-Komponenten erkannt. Mithilfe von Wagniskapital bildeten sich Startup-Unternehmen um die Kernentwickler der am weitesten fortgeschrittenen Komponenten (z. B. Kettle, Mondrian oder auch jFree-Report). Seit 2007 wächst die Wahrnehmung von Open-Source-Strategien im Data-Warehouse-Markt, manche Beobachter sprechen sogar von einem Hype. Gleichzeitig findet eine Konsolidierung der Anbieter statt: Die meisten kleineren Projekte ohne kommerzielle Unterstützung sind in den letzten Jahren eingeschlafen. Zusätzlich ist zu beobachten, dass einzelne Projekte aktiv von einzelnen Unternehmen unterstützt werden (z. B. Hadoop durch Yahoo). So werden komplette Lösungen bzw. Weiterentwicklungen an die Open-Source-Community übergeben und eigene Entwicklungsteams für die Mitarbeit in der Open-Source-Community abgestellt. Wichtige Motive sind dabei die Aussicht, offene Standards mit zu gestalten bzw. zu beeinflussen und eine gewisse Unabhängigkeit von den marktdominanten, großen Softwareherstellern zu bewahren.

Datenbanktechnologie ist eine traditionelle Stärke von Open Source. Man findet hier neben ausgereiften relationalen Datenbanken auch Implementierungen innovativer Lösungsansätze, die noch nicht im Massenmarkt aufgegriffen worden sind. Dies sind z.B. neben spaltenbasierten Lösungen auch sogenannte No-SQL-Technologien [Rees12]. Der Open-Source-Markt für die klassischen Data-Warehouse-spezifischen Komponenten (ETL-, Berichts-, OLAP-Werkzeuge, Data Mining) ist dagegen überschaubar: Pro Kategorie gibt es nur wenige für den professionellen Einsatz geeignete Lösungen. Dies hat den Vorteil, dass sich rund um diese wenigen aktiven Projekte jeweils eine stabile und größere aktive Community gebildet hat. Der im traditionellen BI-Markt ausgeprägte Trend zu »Suiten«, die alle technischen Komponenten eines Data-Warehouse-Systems in einer gemeinsamen Plattform integrieren, wird auch von den Open-Source-Anbietern unterstützt, indem die Entwicklungsarbeiten an den einzelnen Komponenten koordiniert und entsprechende Rahmenlösungen bereitgestellt werden.

Ein weiteres Charakteristikum von Open Source als »Software von Entwicklern für Entwickler« ist die große Bedeutung von Java-Technologien. Viele der Open-Source-Data-Warehouse-Werkzeuge benutzen als Basistechnologie die derzeit populären Java-Frameworks und den J2EE-Stack.

Open-Source-Komponenten als technische Lösungsalternativen

Aus Sicht eines potenziellen Nutzers stellt sich Open-Source-Data-Warehouse-Technologie heute als technische Lösungsalternative mit den folgenden Merkmalen dar:

- Die Kernkomponenten der Lösung sind kostenfrei verfügbar und können innerhalb der jeweiligen Lizenzrichtlinien weiterentwickelt werden (siehe auch [FeFH07]).
- Anpassungen, die nicht durch die Konfigurationsmöglichkeiten des Produkts abgedeckt sind, gestalten sich in der Regel einfacher als bei kommerzieller Software, da in Open-Source-Lösungen die Softwarequellen vollständig offengelegt werden müssen. Dagegen können kommerzielle Lösungen nur dort angepasst werden, wo der Anbieter dies zulässt.
- Die Lösungen werden von kommerziellen Anbietern unterstützt, die zusätzliche Funktionalität und unterstützende Dienstleistungen anbieten.
- Recht häufig werden im Umfeld von Open-Source-Projekten frühzeitig innovative Themen aufgegriffen und umgesetzt. Dies ist vor dem Hintergrund von kürzeren Releasezyklen und stärkerer Unabhängigkeit von einem zahlenden Kundenstamm einfacher als bei kommerziellen Lösungen.
- Die Anbieter sind vergleichsweise klein. Aus Sicht des Gesamtmarkts handelt es sich zum gegenwärtigen Zeitpunkt um Nischenprodukte, die aber gerade in den letzten Jahren von kleineren und mittleren Unternehmen stärker nachgefragt werden.

Für die Produktauswahl müssen die Konsequenzen dieser Konstellation aus Sicht des konkreten Vorhabens im Vergleich mit konventionellen »Closed-Source-Produktangeboten« bewertet werden. Natürlich ist das zentrale Kriterium der Produktauswahl die verfügbare Funktionalität. Vom Funktionsumfang her können die Open-Source-Lösungen heute nur zum Teil mit High-End-Produkten konkurrieren, bestehen aber im Wettbewerb mit Midrange-Angeboten. In der Regel stellt man fest, dass die Standardanforderungen an Data-Warehouse-Lösungen schon von den unter einer echten Open-Source-Lizenz verfügbaren Kernkomponenten (im Folgenden als »Community-Version« bezeichnet) vollständig abgedeckt werden. Es gibt jedoch einen deutlichen Trend, im kommerziellen Umfeld ggf. relevante Zusatzeigenschaften (beispielsweise Dashboard-Funktionen oder Schnittstellenadaptoren) nicht unter die Open-Source-Lizenz zu stellen, sondern nur als Teil eines kostenpflichtigen Produkts (hier als »Enterprise-Version« bezeichnet) zu lizenzieren.

Daher ist bei Betrachtung der Vorteile von bzw. Argumente für Open-Source-Lösungen die Unterscheidung von »Community« und »Enterprise«-Versionen für die Bewertung von Open-Source-Data-Warehouse-Werkzeugen von zentraler Bedeutung. Der folgende Absatz stellt diese beiden Varianten einander gegenüber.

Chancen und Risiken von Community-Versionen

Der wesentliche Vorteil von Community-Versionen ist, dass es sich in der Regel um »echte« Open-Source-Lösungen handelt, die ohne Lizenzkosten installiert und betrieben werden können. Das prädestiniert sie für die schnelle Entwicklung von leichtgewichtigen Lösungen, um z. B. in einem iterativen Prozess die Anforderungen an ein neu zu entwickelndes Data-Warehouse-System zu ermitteln. Punktuelle funktionale Anpassungen und Erweiterungen sind, entsprechende Entwicklerfähigkeiten vorausgesetzt, als Teil des Projekts möglich.

In der Praxis müssen diese Chancen vor allem im Hinblick auf drei Risiken bewertet werden:

- Know-how-Risiko:
  Die Grundidee einer Community-Version ist, dass sie im Sinne der ursprünglichen Open-Source-Philosophie von einer unabhängigen Nutzer- und Entwicklergruppe getragen wird. Namentlich bei Fragen von Dokumentation und Support kann man nur beschränkt auf einen Hersteller zählen, denn dieser (und damit auch das von ihm finanzierte Entwicklerteam) kümmert sich natürlich vorrangig um die Belange der zahlenden Kunden, die die Enterprise-Version nutzen. Für die Beurteilung einer Community-Version ist es darum wichtig, sich darüber klar zu werden, ob es eine über das Umfeld des Herstellers hinausgehende lebendige Community tatsächlich gibt und ob man selbst bereit ist, zu den Community-Prozessen beizutragen bzw. inwiefern man hier auf der Basis von internem Know-how agieren kann.
- Upgrade-Risiko:
  In Open-Source-Data-Warehouse-Komponenten werden regelmäßig zahlreiche andere Open-Source-Komponenten verwendet, die laufend weiterentwi-

ckelt werden, auch um Fehler zu beseitigen. Damit besteht das Risiko, dass sich das Verhalten der Lösung im Detail ändert, bis hin zum Verlust der Lauffähigkeit der gegen das alte Release entwickelten fachlichen Komponenten (z.B. ETL-Strecken und Berichte). Dieses Risiko als solches besteht mit jeder Software. Aber in einer Community-Version trägt der Kunde das volle Risiko und kann es nur sehr beschränkt über den Community-Prozess beeinflussen. Gleichzeitig besteht im Vergleich zu Closed-Source ein höheres Risiko, dass ein Open-Source-Projekt generell eingestellt wird und man als Kunde dann darauf angewiesen ist, notwendige Weiterentwicklungen der Komponenten in eigener Regie durchzuführen.

Lizenzrisiko:
Es gibt eine Vielzahl von Open-Source-Lizenzen, die sich in feinen Details unterscheiden (siehe hierzu z.B. [FeFH07]). Die rechtlichen Konsequenzen der konkreten Lizenzkonstellation müssen vor dem Produktiveinsatz geprüft werden, um das Risiko von juristischen Komplikationen zu minimieren. Insbesondere die Verwendung von Open-Source-Komponenten in eigenen Produkten ist jeweils kritisch zu beleuchten.

Es ist hier auch zu beachten, dass Lizenzkosten bei der Einführung einer Data-Warehouse-Lösung nur einen Teil der anfallenden Kosten darstellen und dass ggf. die Einsparung von Lizenzkosten durch höhere Entwicklungskosten oder auch Wartungskosten kompensiert werden muss.

Chancen und Risiken von Enterprise-Versionen

Das Ziel von Enterprise-Versionen ist, den Kunden gegen einen Kostenbeitrag die oben beschriebenen Risiken abzunehmen. Eine typische Enterprise-Lizenz bietet darum neben funktionalen Erweiterungen:

- Dokumentation und professionellen Support durch die Entwickler der Komponenten,
- Unterstützung von Releasewechseln und dadurch möglicherweise notwendigen Migrationen,
- »Indemnation«, also die Freistellung des Kunden von Regressansprüchen aus möglicherweise auftretenden Lizenzdisputen.

Aus Sicht des Kunden entspricht eine Enterprise-Version damit in allen wesentlichen Aspekten einer klassischen Softwarelizenz. Das gilt auch für die Preisgestaltung, die für den Kunden im Vergleich zu kommerzieller Software nicht unbedingt besser ist. Es muss darum schon sehr früh im Projekt entschieden werden, ob perspektivisch ein Umstieg auf die Enterprise-Version möglich bzw. notwendig ist, was faktisch einen »Vendor Lock-in« mit einem kleinen Anbieter zur Folge hat. Ist dies nicht vorgesehen, so müssen die oben genannten Risiken der

Community-Version durch eigene Maßnahmen kompensiert werden, die in der Kosten-Nutzen-Rechnung zu berücksichtigen sind.

Insbesondere bei kleineren und mittleren Unternehmen oder im Rahmen von »Best-of-Breed«-Ansätzen sind Open-Source-Data-Warehouse-Komponenten im Auswahlprozess auf jeden Fall als Optionen anzusehen. In diesem Umfeld ist häufig bereits eine Affinität zu Open-Source-Lösungen und das damit ggf. notwendige Know-how vorhanden. Ihre Stärken spielen Open-Source-Komponenten auch aus, wenn Data-Warehouse-Funktionalität tief in eine individuell entwickelte Gesamtlösung integriert werden soll. In einem solchen Szenario kann es ein entscheidender Vorteil sein, frei über die Implementierung verfügen zu können – und die dafür benötigten Programmierskills sind dann ohnehin im Projektteam vorhanden.

In jedem Fall sollten Open-Source-Lösungen genauso wie Closed-Source-Lösungen im Rahmen eines sauberen Anforderungs- und Evaluationsprozesses als mögliche Lösungsoptionen bewertet werden. Ob hier z.B. eine Open-Source-Lösung langfristig tatsächlich günstiger ist, hängt jeweils von einer ganzen Reihe von Faktoren ab. Das heißt, die Gleichung weniger Funktionalität (Open Source) vs. höhere Kosten (Closed Source) lässt sich bei genauerer Betrachtungsweise nur bedingt aufrechterhalten. Als Orientierungshilfe dient die Tabelle im Anhang D, die eine Übersicht über einzelne größere Anbieter in diesem Umfeld gibt (siehe auch [EvHa10]).

Der Einsatz von Open-Source-Technologie im Bereich Data-Warehouse-Systeme ist analog zu jeder anderen Software-Werkzeugauswahl zu sehen. Daher sind jeweils die auf jeden Fall bestehenden Vorteile gegen evtl. relevante Nachteile abzuwägen. Das stärkste Argument für Open Source ist sicherlich die Möglichkeit, relativ schnell und kostengünstig eine technische Lösung für Data-Warehouse-Fragestellungen prototypisch implementieren zu können. Ob ein solcher Prototyp auf Dauer den Anforderungen insgesamt genügt, muss hierbei allerdings auf jeden Fall in einer frühen Phase bewertet werden.

11.4 Hardwareauswahl

Data-Warehouse-Systeme speichern und verarbeiten große Datenbestände häufig zentral. Anwenderzugriffe erfolgen zumeist auf Basis einer Client/Server-Architektur, in der die Arbeitsplatzrechner der Anwender als Clients agieren, die auf die Dienste eines oder mehrerer zentraler Server zugreifen. Eine solche Konfiguration bietet zwar Vorteile in Bezug auf die Wartung und Administration, führt jedoch dazu, dass sich ein zentraler Flaschenhals herausbildet: Der zentrale Server muss in der Lage sein, die benötigten Datenmengen zu speichern und innerhalb einer vorgegebenen Antwortzeit zu verarbeiten und an den Arbeitsplatzrechner eines Nutzers zu liefern. Gleichzeitig müssen mögliche Anfragen mehrerer Personen verarbeitet werden. Auch bei anderen alternativen Implementierungen, wie z. B. Großrechnern, gelten dieselben Anforderungen an die Speichersubsysteme, Verfügbarkeit und Antwortzeiten.

11.4.1 Auswahlbestimmende Faktoren

Aus dieser Situation ergeben sich eine Reihe von Anforderungen, die sich in vier Kategorien unterteilen lassen und für den Erfolg und die Akzeptanz eines Data-Warehouse-Systems entscheidend sind:

Verfügbarkeit und Fehlertoleranz des Serversystems:
Aufgrund der strategischen Bedeutung eines Data-Warehouse-Systems in der Datenanalyse und Entscheidungsfindung muss eine hohe Verfügbarkeit gegeben sein. Abhängig vom Arbeitsumfeld kann es sich dabei um die Geschäftszeiten eines Unternehmens handeln oder um eine tägliche 24-stündige Verfügbarkeit.

In diesem Zusammenhang ist es besonders wichtig, bereits bei der Konzeption des Systems auf ein Maximum an Fehlertoleranz Wert zu legen.

Datensicherheit und Minimierung von Reparaturkosten und Standzeiten:
Es können dennoch Situationen auftreten, in denen sich ein Totalausfall des Rechnersystems nicht vermeiden lässt, wie z. B. bei Naturkatastrophen, Feuer und Ähnlichem. In solchen Fällen ist es wichtig, die Kosten für Wiederherstellung und die Standzeit gering zu halten. Nur regelmäßige Sicherungskopien und Notfallpläne können dies garantieren.

»Interaktive« Antwortzeiten:
Der Nutzer eines Data-Warehouse-Systems erwartet eine schnelle Antwort auf seine Anfragen. Da jedoch mehrere Nutzer gleichzeitig auf das System zugreifen, erfordert dies zusätzliche Maßnahmen. Deshalb kommen oft Multiprozessorsysteme und Cluster zum Einsatz, da in diesen Systemen die Last besser verteilt werden kann.

Skalierbarkeit in Bezug auf die Datenmenge und Nutzerzahl:
Die operative Geschäftstätigkeit eines Unternehmens erzeugt einen stetigen Zustrom von Daten. Daher wachsen Data-Warehouse-Systeme vom Zeitpunkt ihrer ersten Inbetriebnahme an. Aus diesem Grund muss auch eine spätere Erweiterung des Data-Warehouse-Systems in Betracht gezogen werden. Im Grunde geht es um die Fähigkeit, bei steigenden Ressourcenanforderungen kostengünstig und mit möglichst geringem administrativen Aufwand die bestehenden Systeme erweitern und betreiben zu können.

Diese Anforderungen bedingen, dass sich die Hardware eines Data-Warehouse-Systems von der eines typischen Arbeitsplatzrechners unterscheidet. Zumeist finden sich teurere, redundante Plattensubsysteme oder manchmal auch Multiprozessorsysteme im Einsatz.

11.4.2 Datenspeicherung

Die in einem Data-Warehouse-System gespeicherten Daten bewegen sich oft im Bereich von Terabyte. Besonderes Augenmerk ist in diesem Zusammenhang darauf zu legen, dass an einen stetigen Zufluss an neuen Daten aus den Quellsystemen in das Data-Warehouse-System gedacht werden muss. Daher muss eine ausreichende Erweiterbarkeit gegeben sein. Außerdem muss der benötigte Datendurchsatz genügend groß sein, um eine typische Anfragelast beantworten zu können. Wenn besonders viele Anfragen erwartet werden, ist auch die Zugriffszeit auf die Daten eine wichtige Maßzahl. Denn die Gesamtdauer eines Zugriffs ergibt sich aus der Summe der Zugriffszeit und der Übertragungsdauer. Auch spielt die Lebensdauer der Daten eine große Rolle für die Auswahl der Speicherlösung: So werden in fast allen großen Installationen die Daten inkrementell aktualisiert. Daraus folgt, dass der bestehende Datenbestand nicht schnell rekonstruiert werden kann. In einem solchen Fall müssen entsprechende Vorkehrungen zur Datensicherung getroffen werden. Einen Lösungsansatz dazu stellen fehlertolerante Plattensubsysteme dar, die den Ausfall einer oder mehrerer Festplatten ohne Datenverlust verkraften. Hierfür stehen heute sowohl die bekannten *RAID-Systeme* als auch sogenannte *Storage Area Networks* (Festplattennetzwerke) zur Verfügung.

RAID-Systeme

Eine Lösung mittels *RAID-Systemen* (Redundant Array of Independent Drives) bietet mehrere Vorteile. Durch Kombination von Redundanz auf Plattenebene (*Spiegelung*, engl. *mirroring*) und die Verteilung aufeinander folgender Blöcke auf verschiedene Platten (engl. *striping*) werden sowohl Ausfallsicherheit als auch Datendurchsatz gesteigert. Diese Kombination macht ein solches System geradezu prädestiniert für den Einsatz in Serversystemen. Die Realisierungstechniken, die auch kombiniert werden können, werden dabei als RAID-0 bis RAID-5 unterschieden [CLG+94].

Die Funktionsweise ist denkbar einfach: Mehrere Festplatten werden als eine Einheit adressiert, die Daten aber intern verteilt. Dadurch können die auf mehrere Platten verteilt gespeicherten Daten wieder parallel eingelesen werden (RAID-0). Dies allein würde allerdings noch nicht die Ausfallsicherheit erhöhen, sondern vielmehr einen Totalausfall wahrscheinlicher machen. Aus diesem Grund speichert man die Daten auch redundant (RAID-1), sodass beim Ausfall einer (oder mehrerer) beliebiger Festplatten immer noch die gesamte Information verfügbar bleibt (Abschnitt 12.5.3). Technisch erfolgt dies derart, dass man sogenannte *parity data* (eine Art Prüfsumme) berechnet, die man dann zusätzlich zu den tatsächlichen Daten speichert (RAID-3, RAID-5). Fällt nun eine Platte aus, so können die Daten aus den verbleibenden Daten ohne Zeitverlust rekonstruiert werden. Zusätzlich werden alle gelesenen Daten mittels derselben Parity-Information auf ihre Korrektheit geprüft. Es stehen software- und hardwarebasierte Lösungen zur Auswahl.

Systeme, die die Fähigkeit zum *hot-swap* besitzen, erlauben darüber hinaus auch den Austausch defekter Platten während der Laufzeit. Die Ersatzplatte wird dann mit den fehlenden Daten beschrieben. Insgesamt sichert eine solche Lösung ein laufendes System gegen Ausfälle durch Plattendefekte ab.

Storage Area Networks

Eine im Prinzip alte Idee wurde in den letzten Jahren wieder aufgegriffen und mit neuartigen Netzwerkprotokollen und Bus-Systemen kombiniert: die *Storage Area Networks* (Speichernetzwerke). Diese setzen eine n:m-Beziehung zwischen Rechnersystemen und Speichergeräten um. Praktisch wird ein Netzwerk aufgebaut, in dem die angeschlossenen Rechner als Clients und die Speichergeräte als Server fungieren. Dies bedeutet auch, dass mehrere Rechner gleichberechtigt auf ein und dieselbe Festplatte zugreifen können. Natürlich erfordert dies die Unterstützung durch die verwendeten Betriebssysteme, um die Konsistenz der Dateisysteme zu gewährleisten.

Besonders interessant werden derartige Systeme, um die Ausfallsicherheit zu erhöhen. Wird nämlich über einem Storage Area Network eine RAID-Lösung errichtet, so können neben Ausfällen beliebiger Festplatten auch Ausfälle beliebiger Rechner überbrückt werden, da sowohl die Speicherung als auch die Verarbeitung redundant erfolgen kann.

11.4.3 Archivspeichermedien

Neben den in einem Data-Warehouse-System gespeicherten Daten gibt es eine Reihe von anderen, peripheren Daten, die eine große Rolle spielen, jedoch oft eine geringere Lebensdauer haben (z. B. Zugriffsprotokolle). Oft möchte man jedoch diese Daten archivieren, um bei Bedarf auf sie zurückgreifen zu können.

Bei der Archivierung von Daten spielt gerade die mögliche Lagerdauer unter kontrollierten Bedingungen (engl. shelf life) eine große Rolle. Aus diesem Grund werden hierfür eigene Speichermedien eingesetzt. Während in der Vergangenheit Magnetbänder das einzige zur Verfügung stehende Archivspeichermedium waren, kommen heute hauptsächlich optische und magnetooptische Speichermedien zum Einsatz.

Magnetbänder

Magnetbänder sind wiederbeschreibbar und relativ kompakt. Jedoch besteht hier wie bei allen magnetischen Datenträgern die Gefahr, dass magnetische Felder die Daten korrumpieren.

Für häufige Backups stellen Magnetbänder jedoch nach wie vor das bevorzugte Medium dar. Dies erklärt sich aus dem sehr niedrigen Preis je Gigabyte und den im Vergleich zu optischen und magnetooptischen Medien sehr hohen Datentransferraten. Die Lagerdauer wird je nach Hersteller und Produkt mit zwischen 5 und 25 Jahren angegeben, wobei das Mikroklima im Lagerraum eine besonders große Rolle spielt.

Optische und magnetooptische Speichermedien

Optische und magnetooptische Speichermedien zeichnen sich durch ihre Unempfindlichkeit gegen magnetische Felder aus. Die technologischen Grundlagen von CD-ROMs sind hinlänglich bekannt. Auf demselben Prinzip funktioniert auch die DVD (Digital Versatile Disk), die durch Verwendung kurzwelliger Laserstrahlen eine weit höhere Datenkapazität aufweist. So kann eine DVD heute bis zu 9,2 GB aufnehmen und ist auch in wiederbeschreibbaren Varianten erhältlich. Ähnlich wie bei CDs geht man bei diesem Medientyp von einer durchschnittlichen Lagerdauer von mehr als 150 Jahren aus.

11.4.4 Multiprozessorsysteme

Gerade im Bereich der Server und Datenbankanwendungen finden häufig Multiprozessorsysteme Verwendung [Rahm02]. Ein Grund dafür liegt in dem mit der Anfrageauswertung verbundenen Rechenaufwand. Mehrere Prozessoren bieten hier eine kosteneffektive Möglichkeit, die Transaktionszeiten bei mehreren Anwendern zu minimieren. Dabei muss darauf hingewiesen werden, dass nicht jedes Multiprozessorsystem gleichwertig ist. In diesem Zusammenhang gibt es eine Reihe von Fallstricken, auf die im Weiteren noch hingewiesen wird. Beispiele für Multiprozessorsysteme reichen von Computern mit mehreren Intel Pentium Chips, über SGI-Origin-2000-Systeme mit bis zu 512 Prozessoren oder einer IBM SP2 mit bis zu 4.096 Prozessoren. An dieser Stelle soll hier angesichts dieser Vielfalt und der rasanten Entwicklung im Markt nur kurz auf die verfügbaren Architekturen und deren Bedeutung für Data-Warehouse-Systeme eingegangen werden. Dabei wird besonderes Augenmerk auf die *Skalierbarkeit* und *Ausfallsicherheit* gelegt.

Symmetrische Multiprozessorsysteme

Der einfachste Ansatz ist die vertikale Skalierung (engl. scale-up) auf einem Server und einer Betriebssysteminstanz. Heutige symmetrische Multiprozessorsysteme (SMP) bieten auf Basis von z. B. bis zu 72 Commodity-Chips eine beachtlich hoch liegende Begrenzung der vertikalen Skalierbarkeit, verbunden mit dem Vorteil der einfachen Administration eines einzelnen Knotens.

Symmetrische Multiprozessorsysteme (SMP) verfügen über mehrere Prozessoren, die auf einen gemeinsamen Bus zugreifen. Dieser Bus fungiert als Verbindung zu den anderen Komponenten des Rechnersystems. Das bedeutet, dass alle

Speicherzugriffe gleich schnell erfolgen können, unabhängig vom Prozessor, der den Zugriff ausführt. Auch sind alle Peripheriegeräte von allen Prozessoren aus ansteuerbar. Daher kommt die Bezeichnung *symmetrisch*. Oft werden solche Rechner auch *Shared-Bus-Architekturen* genannt.

Das Programmiermodell für diese Architektur unterscheidet sich nicht bedeutend von dem für Einzelprozessorsysteme. Explizit unabhängige Programme und Programmteile (das gilt auch für Threads und Prozesse) werden gleichzeitig auf mehreren Prozessoren ausgeführt. Zur Synchronisation solcher gleichläufigen Aufgaben stehen Synchronisations- und Kommunikationsbefehle zur Verfügung. Programme, die auf Einzelprozessorsystemen laufen, können so ohne große Änderungen beschleunigt werden. Dies spielt besonders dann eine Rolle, wenn viele Anwender gleichzeitig Anfragen an den Server stellen. Natürlich ist es auch möglich, explizit parallele Programme zu schreiben, die parallele Algorithmen zur Problemlösung verwenden. Dies kommt jedoch seltener vor, da der Aufwand zur Erstellung und zum Testen solcher Programme weitaus höher ist.

Die Skalierbarkeit von Rechnern mit einer gemeinsamen Bus-Architektur ist jedoch begrenzt. Der bekannte Nachteil dieser Architektur ist, dass ab einer bestimmten Anzahl von CPUs die Leistungsfähigkeit nicht mehr linear weiter skaliert, sondern die Steigerung merklich abfällt. Da alle Prozessoren auf denselben Hauptspeicher zugreifen und ihre Peripheriezugriffe über einen gemeinsamen Datenbus abwickeln müssen, stößt man hier leicht an Grenzen. Gerade die im unteren Marktsegment angebotenen Rechner haben hier Probleme. Selbst bei speziell dafür konstruierten Hochleistungsrechnern wie einem SGI-PowerChallenge-System wird bei ca. 16 Prozessoren das Limit des verwendeten Bus-Systems erreicht. In solchen Fällen sind andere Lösungen erforderlich.

Nichtuniformer Speicherzugriff

Eine alternative Lösung sind Rechner mit nichtuniformen Speicherzugriffen. In solchen sind bestimmte Teile des Speichers einzelnen Prozessoren zugeordnet. Dennoch existiert auch hier das Paradigma eines gemeinsamen Adressbereichs, d. h., Programme, die auf Einzelprozessorsystemen laufen, sind auch hier unmodifiziert lauffähig. Man muss sich die Speicherarchitektur solcher Maschinen so vorstellen, dass ein oder mehrere Prozessoren auf einer gemeinsamen Platine zusammen mit einem Teil des Speichers liegen. Der Zugriff auf diesen »prozessoraffinen« Speicher erfolgt dabei extrem schnell. Zugriffe auf Speicherbereiche, die anderen Prozessoren zugeordnet sind, dauern dagegen länger. Daraus folgt, dass die Dauer der Speicherzugriffe davon abhängig ist, auf welchem Prozessor das Programmstück ausgeführt wird und wo der verwendete Speicher tatsächlich liegt. Um solche Systeme optimal auszunutzen, ist es also erforderlich, die Programme derart anzupassen, dass möglichst nur prozessoraffiner Speicher benötigt wird.

Diese Maschinen werden aber dennoch verwendet, weil sie sehr gut skalieren. Aufgrund einer Hochleistungsverbindung zwischen den einzelnen Prozessorkarten und der verwandten Verbindungstopologien können sehr leicht über 64 oder mehr Knoten mit 2, 4 oder 8 Prozessoren in einem Rechner enthalten sein, ohne die Leistung signifikant zu vermindern.

Cluster

Eine Alternative stellt die Scale-out-Architektur einer geclusterten MPP-Architektur dar, wie sie z. B. die führenden Hersteller mit proprietären Plattformen bietet.

Eigentlich sind Cluster keine eigenständige Architektur, sondern sie können aus mehreren Architekturen zusammengesetzt sein. Tatsächlich handelt es sich bei diesen um einen Rechnerverbund, der wie eine Einheit agiert. Hierbei ist eine Reihe verschiedener, eigenständiger Systeme über ein Netzwerk verbunden. Verständlicherweise werden zumeist schnelle Netzwerktechnologien gewählt (z. B. Fast Ethernet, Gigabit-Ethernet), da die einzelnen Rechner des Clusters meistens untereinander Daten austauschen und diese gemeinsam bearbeiten sollen. Cluster stellen eine sehr inhomogene Form eines Multiprozessorsystems dar. Sie können eine Reihe von Programmierparadigmen unterstützen, die von *shared-memory* bis zu *message-passing* reichen.

Ein besonderer Vorteil eines Clusters besteht in seiner einfachen Erweiterbarkeit. Statt Hardware umbauen zu müssen, werden zusätzliche Rechner einfach an das Netzwerk angeschlossen. In Verbindung mit der Spiegelung des Data-Warehouse-Systems auf mehrere Rechner und einer gleichmäßigen Lastverteilung für Anfragen kann damit eine besonders hohe Skalierbarkeit und Ausfallsicherheit erreicht werden. Da Cluster oft aus gängiger Hardware wie z. B. einfachen Workstations (»commodity off-the-shelf hardware«) bestehen, kann so mit einem geringen Kostenaufwand eine hohe Leistung erzielt werden. Leider hängt die Sicherheit und Stabilität von Clustern sehr stark von der gewählten Konfiguration und Erfahrung der Systemadministratoren ab, wodurch die Vorteile solcher Systeme stark relativiert werden. Zusammenfassend handelt es sich hierbei um eine aufstrebende Architektur, die besonders aufgrund ihrer Skalierbarkeit und ihres niedrigen Preises zunehmenden Anklang findet.

Hybride Ansätze

Eine weitere bewährte Alternative, einen Einbruch in der Skalierung von Data-Warehouse-Systemen zu vermeiden, ist, mehrere logische Knoten mit jeweils eigener Datenbank-Runtime-Umgebung, Cache und Datenpartition zu betreiben. Dies führt zu einem hybriden Ansatz mit einer »Shared Nothing Scale-out«-Architektur über SMP-Rechner, der die Vorteile des Hochskalierens bis zu einer sinnvollen Anzahl von Prozessoren mit praktisch unbegrenzt linearer Skalierbarkeit der Shared-Nothing-Architektur auf Basis von nichtproprietären Commodity-Komponenten verknüpft. Es bleibt dann eine Designentscheidung, ob man stärker auf einen großen Cluster mit kleinen Komponenten oder einen kleinen Cluster mit großen SMP-Komponenten setzt.

Dem Umstand, dass mit dieser Flexibilität wieder eine Reihe weiterer Designentscheidungen notwendig wird, begegnen Hersteller mit fertig vorkonfigurierten und ausgetesteten modularen Systemkomponenten von Hardware und Software, die optimal für die typischen Lasten konfiguriert sind und bequeme und praktisch unbegrenzte Skalierbarkeit bieten.

Ein weiterer hybrider Ansatz ist die »Shared-Disk«-Architektur, im Gegensatz zur Shared-Nothing-Architektur. In Performanz-Benchmarks hat diese Architektur jedoch nicht selten Schwierigkeiten bei der Skalierbarkeit aufgezeigt, auch wenn die Anzahl der Knoten gering war. Ein wesentlicher Grund hierfür ist, dass in einer Shared-Nothing-Architektur eine exklusive Affinität zwischen einer Datenpartition und dem zugehörigen Datenbankknoten besteht, sodass für jede beliebige Abfrage die Wahrscheinlichkeit, dass die benötigten Daten jeweils im lokalen Cache vorgefunden werden (engl. locality of reference), maximiert wird. Das bedeutet: Wie gut auch immer die »locality of reference« de facto in einer Shared-Nothing-Architektur für zwei Knoten sein mag, sie verschlechtert sich nicht bei vier, acht oder beliebig vielen Knoten. Somit kann eine Shared-Nothing-Architektur, die für zwei Knoten optimiert wurde, vorhersagbar linear für die gesamte Lebenszeit erweitert werden. Bei einer Shared-Disk-Architektur ohne Datenpartitionsaffinität verschlechtert sich hingegen die »locality of reference« mit Faktor 1/n, wobei n die Anzahl der Knoten ist.

11.4.5 Fehlertoleranz als Planungsziel

Um ein Maximum an Fehlertoleranz zu gewährleisten, stehen eine Reihe von Möglichkeiten zur Verfügung. So kann sowohl ein RAID-System eingesetzt werden, um dem Ausfall von Festplatten vorzubeugen, als auch ein fehlertolerantes Rechnersystem Verwendung finden. Solche fehlertolerante Rechner können von einigen namhaften Anbietern bezogen werden, wie z. B. IBM oder Sun Microsystems. In diesen Systemen kann beim Ausfall einzelner Hardwarekomponenten ein Austausch durchgeführt werden, ohne den Rechner außer Betrieb zu nehmen.

Auch gibt es die Möglichkeit, ein Cluster so einzusetzen, dass die Daten repliziert zur Verfügung stehen. Im Fall, dass einer der Rechner im Verbund ausfällt, können dann andere dessen Aufgaben übernehmen und so ein ununterbrochenes Funktionieren des Data-Warehouse-Betriebs garantieren. Ein solches »Hot Standby« verursacht zwar höhere Kosten in der Planung und Administration, ist jedoch um ein Vielfaches kostengünstiger als ein speziell dafür entwickeltes System.

11.4.6 Flaschenhälse und Fallstricke

Zum Abschluss sei noch einmal auf einige der Flaschenhälse und Fallstricke eingegangen, die beim Aufbau und Betrieb eines Data-Warehouse-Systems im Bereich der Hardwareauswahl von Bedeutung sind. Treten Probleme bei der Skalierbarkeit der Data-Warehouse-Lösung auf, so können mehrere Teile des verwendeten Rechnersystems die Ursache sein:

- *Datentransferrate und Zugriffszeiten*:
  Abhängig von der gewählten Speicherlösung differieren die Zugriffszeiten und Durchsatzraten. Während der Durchsatz in RAID-Systemen steigt, bleibt die Zugriffszeit konstant. Die Zeit, um einen Datenzugriff auszuführen, ergibt sich aus der Summe von Zugriffszeit und Transferdauer.

- *Bandbreite der Speicherzugriffe*:
  In Multiprozessorsystemen kann die Bandbreite der Speicherzugriffe die Skalierbarkeit behindern. Je mehr Prozessoren in einem System verwendet werden, umso mehr Daten können gleichzeitig aus dem Hauptspeicher angefordert werden. Übersteigt dies die verfügbare Bandbreite der Speicherzugriffe, so kann dies für die Skalierbarkeit hinderlich sein.

- *Netzwerkdurchsatz und Latenzzeiten*:
  Der Durchsatz der verwendeten Netzwerkanbindungen und deren Latenzzeiten kann auch eine entscheidende Rolle spielen. Gerade wenn besonders hohe Anfragefrequenzen auftreten, müssen die Anfragen und die Resultate über ein Netzwerk zum und vom Server transportiert werden.

11.4.7 Backup-Strategien und Notfallpläne

Aufgrund der hohen strategischen Bedeutung von Data-Warehouse-Systemen in Unternehmensprozessen ist die technische Erhöhung der Ausfallsicherheit ein vorrangiges Ziel. Dadurch mag es oft den Anschein haben, als ob Sicherungskopien (engl. backup) überflüssig wären. Jedoch ist dies keinesfalls uneingeschränkt wahr, da stets mit Totalausfällen gerechnet werden muss. Die verbleibenden Gefahren reichen von Bränden, menschlichem Versagen bis hin zur Sabotage. Um für den seltenen Fall, dass einer dieser Notfälle eintritt, gerüstet zu sein, ist eine Backup-Strategie (Abschnitt 12.5) zu implementieren, die auf die betrieblichen Erfordernisse Rücksicht nimmt.

Bei der Planung für Backups gilt es, eine Reihe von Faktoren zu beachten, um die Störung des Tagesgeschäftes zu minimieren und die zu sichernden Datenmengen gering zu halten. Die Erstellung eines Backups erfordert den Zugriff auf große Teile des Data-Warehouse-Systems, weshalb die Antwortzeiten für Anwender ansteigen können. Deshalb wird man versuchen, für derartige Wartungstätigkeiten Zeiten mit bekanntlich geringer Zugriffszahl zu wählen, wie z.B. Nachtstunden und Wochenenden. Auch müssen oft Kompromisse zwischen der einfachen Wiederherstellbarkeit und einem schnellen Backup gefunden werden. Eine gebräuchliche Technik besteht darin, in größeren Abständen eine vollständige Kopie der Datenbasis zu erstellen und in weitaus kürzeren nur die Änderungen aufzuzeichnen. So sind die Backups stets aktuell, jedoch muss nur selten die gesamte Datenbasis gesichert werden. Die Wiederherstellung der Daten erfolgt nun dermaßen, dass zuerst die vollständige Sicherung eingespielt wird und anschließend alle Änderungen nachvollzogen werden.

Für eine erfolgreiche Backup-Strategie spielt auch die Lagerung der Backups eine große Rolle. Um im Katastrophenfall einer physischen Zerstörung zusammen mit den Servern vorzubeugen, sollten Backups getrennt aufbewahrt werden. Oft ist es sogar zweckmäßig, diese außerhalb des Firmengeländes (»off-site«) zu lagern, da mit der Distanz die Wahrscheinlichkeit sinkt, dass ein Ereignis sowohl das Data-Warehouse-System als auch die Backups zerstört.

Eine erfolgreiche Kontingenzplanung, d.h. die Planung für die Bewältigung eines eintretenden Störfalls, besteht aber nicht nur aus Maßnahmen zur Datensicherung, sondern erfordert noch weitere logistische Maßnahmen. Die Verfügbarkeit von Wartungspersonal, entsprechenden Ersatzteilen, Ausweichquartieren für die Server und alternativen Netzwerkanbindungen muss hier ebenso genannt werden wie das frühzeitige Erkennen von Ausfällen. Grundsätzlich können sogenannte *Watchdog Timer*, d.h. Hardwarekomponenten, eingesetzt werden, die immer dann eine Aktion auslösen, wenn ihnen die zugehörige Software kein regelmäßiges Signal sendet. Damit lassen sich Serversysteme überwachen und ggf. Neustarts durchführen. Eine vollständige Überwachung eines Data-Warehouse-Systems kann dadurch realisiert werden, dass man Diagnoseprogramme automatisch ausführt und so konfiguriert, dass der Administrator im Fehlerfall per E-Mail, Pager oder SMS verständigt wird. So kann ein Systemversagen frühzeitig erkannt und teilweise sogar behoben werden, bevor die Anwender in ihrer Arbeit behindert werden.

Jedoch können auch eine ausreichend geplante Ausfallsicherheit und regelmäßige Backups nicht allein einen kontinuierlichen Data-Warehouse-Betrieb garantieren. In diesem Zusammenhang sei auf die Geschichte jenes Unternehmens verwiesen, das zwar regelmäßig Backups erzeugte, jedoch nach einem Brand im Serverraum feststellen musste, dass die Backups aufgrund ihres schlecht kalibrierten Bandlaufwerks von keinem anderen Laufwerk gelesen werden konnten. Das betreffende Laufwerk war zusammen mit dem Server zerstört worden und damit eine schnelle Wiederherstellung nicht möglich.

Zusammenfassend kann man feststellen, dass regelmäßige Proben des »Ernstfalles« notwendig sind, um die Wirksamkeit der unternommenen Maßnahmen zu überprüfen. Nur so kann gewährleistet werden, dass bei einem echten Systemausfall alle Beteiligten wissen, wie sie reagieren müssen.

11.5 Erfolgsfaktoren beim Aufbau eines Data-Warehouse-Systems

Im diesem Abschnitt werden die wesentlichen Erfolgsfaktoren, die es bei einem Data-Warehouse-Projekt zu beachten gilt, aufgeführt. Die bisherigen Ausführungen haben gezeigt, dass es kein Data-Warehouse-System von der Stange gibt und somit auch jedes Projekt zum Aufbau einer Data-Warehouse-Lösung eigene Charakteristika aufweist. Folglich sind auch die Erfolgsfaktoren, die kritisch für das Erreichen der vorab definierten Projektziele sind, eng mit dem Anwendungsfall im konkreten Unternehmen verknüpft. Ein allgemein gültiges Erfolgsrezept kann bei den heterogenen Einsatzmöglichkeiten eines Data-Warehouse-Systems nur auf einer sehr abstrakten Ebene gegeben werden.

Dennoch zeigen empirische Studien[4] und veröffentlichte Erfahrungsberichte, dass sich trotz der Vielschichtigkeit der Probleme, die sich im Zusammenhang mit dem Aufbau eines Data-Warehouse-Systems ergeben können, immer wieder ähnliche Faktoren herauskristallisieren, die entscheidend zum »Gedeihen« eines Data-Warehouse-Systems beitragen. In Form einer Checkliste sind die Faktoren am Ende des Kapitels zusammenfassend dargestellt.

Entscheidender Erfolgsfaktor ist das Projektmanagement, welches den Besonderheiten des Aufbaus eines Data-Warehouse-Systems Rechnung tragen muss. Diese Besonderheiten liegen vor allem bei der mangelnden Erfahrung im Umgang mit der neuen Technologie und bei der Zielunsicherheit zu Beginn des Projekts aufgrund der Dynamik der Informationsbedürfnisse. Dabei sind sowohl *institutionelle Aufgaben* des Projektmanagements, nämlich die Projektorganisation, als auch *funktionale Aufgaben* des Projektmanagements bei der Projektabwicklung zu beachten.

11.5.1 Institutionelle Aufgaben des Projektmanagements: Projektorganisation

Ein Data-Warehouse-System ist weniger eine IT-spezifische als vielmehr eine fachspezifische Problemstellung. Folglich sollte auch der Projektleiter des Data-Warehouse-Projekts in erster Linie anwenderorientiert denken und handeln. Um nicht die Technik, sondern die Anwendung selbst in den Vordergrund zu stellen, ist es daher ggf. empfehlenswert, den *Projektleiter aus der Fachabteilung* selbst zu rekrutieren [Pont98]. Dadurch wird auch vermieden, dass Daten einfach in das Data-Warehouse-System gebracht werden, nur weil sie da sind und ein technischer Zugriff möglich ist [BaPE97]. Der Nutzen des Inhalts des Data-Warehouse-

---

4. Die folgenden Ausführungen basieren u.a. auf einer im Jahre 1998 durchgeführten empirischen Studie, die verschiedene Data-Warehouse-Projekte in Unternehmen aus unterschiedlichen Branchen untersuchte [Ditt99]. Die dort getroffenen Aussagen bestätigen die Ausführungen, die in diesem Zusammenhang durch das etablierte Data Warehousing Institute in einem Kompendium festgehalten wurden, welches zehn Fehler beschreibt, die Projektleiter von Data-Warehouse-Projekten vermeiden sollten [BaPE97].

Systems muss immer kritisch hinterfragt werden und einen konkreten Anwendungsbezug aufweisen. Die permanente Ausrichtung auf das betriebliche Umfeld und seine Anforderungen auf Basis der unternehmensweiten IT-Strategie wurde schon zu Beginn des Kapitels ausführlich diskutiert und stellt einen entscheidenden Faktor für erfolgreiche Projekte dar. Die Planung und Berücksichtigung der internen Teamstrukturen und -rollen ist in diesem Zusammenhang als eine besondere Herausforderung zu sehen.

Ohne *geeignete Sponsoren* für das Projekt besteht die Gefahr, dass ein Data-Warehouse-Projekt in der Vielzahl der vorhandenen Projekte untergeht und seine strategische Bedeutung nicht ausreichend zum Tragen kommt. Die Entscheidungen bei politischen und unternehmenskulturellen Diskussionen, bei Unstimmigkeiten zwischen den einzelnen Abteilungen und Gesellschaften einerseits und den externen Beratern andererseits, bei Anwenderängsten usw. sind nur durch das Topmanagement selbst zu fällen und durchzusetzen. Es muss vom strategischen Nutzen des Projekts überzeugt sein, um die entsprechenden Hindernisse auszuräumen. Ein einfaches »Lippenbekenntnis« ist nicht ausreichend. Deshalb muss der Projektleiter gezielt einen Fach- und Machtpromoter suchen. Potenzielle Sponsoren sind nach drei Kriterien zu bestimmen [BaPE97]: Sie müssen respektiert werden, sie müssen sich eine gesunde Skepsis gegenüber der Technologie bewahrt haben und sie müssen entscheidungsfreudig sein.

Um das Ziel, nämlich die Realisierung der gestellten Anforderungen der Endanwender, nicht aus den Augen zu verlieren, sind die Endanwender frühzeitig und dauerhaft in das Projekt zu integrieren [Flad96]. Sonst besteht die Gefahr, dass man aneinander vorbei arbeitet. Ausgangspunkt aller Überlegungen müssen der Informationsbedarf und die Funktionsanforderungen der zukünftigen Anwender sein.

Data-Warehouse-Projekte sind komplexe und kostenintensive Vorhaben für das jeweilige Unternehmen. Da in den meisten Fällen unternehmensintern kein ausreichendes Know-how und vor allem nicht ausreichende Kapazitäten vorhanden sind, wird bei der Besetzung des Projektteams fast immer auf die Mitarbeit externer Beratungsunternehmen zurückgegriffen. Bei der Wahl der externen Berater ist darauf zu achten, dass die Berater wirklich über ein fundiertes Wissen verfügen, und zwar nicht nur über die verwendeten Werkzeuge. Dazu muss ausreichende Projekterfahrung innerhalb des Anwendungsbereichs und innerhalb des Data-Warehouse-Umfeldes vorhanden sein. Insbesondere muss auch das betriebswirtschaftliche Know-how kritisch hinterfragt und ggf. bei der Vertragsgestaltung berücksichtigt werden. Durch die damit klar definierten Verantwortungsbereiche werden eventuelle Streitigkeiten frühzeitig vermieden. Als geeignete Strategie empfiehlt sich dabei, den zur Auswahl stehenden Beratungsunternehmen konkretes Datenmaterial aus dem Unternehmen zur Verfügung zu stellen und in Form von Workshops gemeinsam entsprechende Anforderungen exemplarisch mit ihrem Werkzeug umzusetzen. Viele Problembereiche, die in solchen

Workshops auftreten, geben einen Hinweis auf die zu erwartenden Probleme im späteren Projekt. Eine sorgfältige Auswahl geeigneter Beratungsunternehmen rechtfertigt den damit verbundenen Mehraufwand durch eine reibungslosere Zusammenarbeit in den weiteren Projektphasen.

11.5.2 Funktionale Aufgaben des Projektmanagements: Projektabwicklung

Im Rahmen der Projektabwicklung bildet ein abgestimmtes Vorgehensmodell, das den Fokus auf die frühen Projektphasen legt und immer wieder die Ergebnisse anhand der gemachten Projektzielsetzungen evaluiert, das Grundgerüst eines erfolgreichen Projektmanagements. Dazu gehört, dass der geplante Nutzen des Data-Warehouse-Systems im Vorfeld ausführlich beschrieben und so weit wie möglich quantifiziert wird, sodass später der Erfolg des Projekts nachweisbar ist. Eine entsprechend sorgfältige Wahl des Anwendungsbereichs anhand der Dringlichkeit der Problemstellungen unter Berücksichtigung der technischen Machbarkeit stellt den Ausgangspunkt für erfolgreiche Projekte dar. Die Phase der Projektbeschreibung und -identifikation ist also von herausragender Bedeutung und darf nicht als bürokratischer Akt verstanden werden.

Übertriebene Anforderungen sollten bereits im Vorfeld auf das Machbare reduziert werden, um spätere Frustrationen zu vermeiden ([LeLe98], [BaPE97]). Daher sind schon im Vorfeld der Einführung realistische Versprechungen über die Leistungsfähigkeit des Data-Warehouse-Systems zu machen. Auch hierfür sind die frühen Phasen des Vorgehensmodells der entscheidende Schlüssel, um spätere Enttäuschungen zu vermeiden.

Ein weiterer Erfolgsfaktor für Data-Warehouse-Projekte ist die eindeutige Definition der verwendeten betriebswirtschaftlichen Begriffe wie beispielsweise Kunde, Artikel, Umsatz oder Deckungsbeitrag, auch wenn sie zunächst trivial erscheinen [LeLe98]. Eine umfangreiche Auswertungsphase muss im Ergebnis ein einheitliches, unternehmensweites Begriffsverständnis liefern, welches von allen beteiligten Abteilungen übernommen wird. Nur so ergibt sich der Nutzen der Basisdatenbank als zentraler Informationspool (»one single point of truth«). Hier ist insbesondere das betriebswirtschaftliche und betriebsspezifische Know-how der Projektbeteiligten inklusive der externen Berater gefragt.

In Form von abgrenzbaren und überschaubaren Teillösungen sind erste Erfahrungen zu sammeln. Schrittweise sollte eine weitere Abdeckung neuer Anforderungen umgesetzt werden. Eine sofortige Umsetzung einer umfangreichen Data-Warehouse-Lösung in einem Schritt (dem sogenannten »big bang«) ist grundsätzlich abzulehnen [Pont98]. Die Leitlinie lautet eher »Think big – start small«. Im Rahmen eines pragmatischen Vorgehens sollte mit abgesteckten Bereichen begonnen werden, die Erweiterungen im Sinne eines Baukastensystems ermöglichen. Das »Think big« erfordert eine Data-Warehouse-Architektur, in die neue Datenquellen und Anwendungen relativ einfach eingebunden werden können. Insbesondere in den frühen Planungsphasen ist dieser Aspekt zu beachten. Um zu schnellen Ergebnissen zu kommen, hat sich die Methode des Prototyping bewährt. Der Anwender sieht frühzeitig, womit er in Zukunft arbeiten wird. Er wird damit in die Lage versetzt, frühzeitig den Umgang mit den neuen Werkzeugen zu üben und so seine Anforderungen genauer zu spezifizieren. Als Nebeneffekt ergibt sich eine höhere Akzeptanz und Motivation seitens der potenziellen Anwender.

Unterschätzt werden häufig die organisatorischen Auswirkungen eines Data-Warehouse-Systems. Die damit verbundene Durchschaubarkeit über alle betroffenen Organisationseinheiten führt zu Ängsten innerhalb des Unternehmens. Hier muss also schon im Vorfeld durch ein gezieltes »internes Marketing« der Sinn und Zweck des Systems verdeutlicht werden, um Abwehrreaktionen zu verhindern oder die Angst vor dem Verlust von Wissens- und Machtmonopolen zu schmälern.

Besonders sensibel ist in diesem Zusammenhang die Herausstellung des Nutzens des künftigen Systems. Aspekte wie »widerspruchsfreie Informationen« oder »Datenbereinigung« implizieren, dass es in den operativen Systemen Widersprüche gibt, und provozieren somit Abwehrreaktionen der verantwortlichen Systembetreiber. Eine sorgfältige Berücksichtigung der unternehmenspolitischen und informellen Strukturen ist daher unerlässlich.

In der Projektplanung und -budgetierung sind nicht nur die Kosten beim Aufbau eines Data-Warehouse-Systems in Betracht zu ziehen, sondern auch die voraussichtlichen Kosten für die Administration, Wartung und Pflege des laufenden Betriebes abzuschätzen. Dadurch können böse Überraschungen vermieden werden, und der Gedanke, dass ein Data-Warehouse-System lebt und niemals abgeschlossen ist, wird im Voraus deutlich. Aufgrund der Umweltdynamik entstehen im Rahmen der intensiven Nutzung des Data-Warehouse-Systems immer wieder neue Anforderungen seitens der Endanwender. Barquin, Paller und Edelstein [BaPE97] bringen dies plakativ zum Ausdruck, wenn sie behaupten: »Data Warehousing is a journey, not a destination.« Die neuen Aufgaben des Data-Warehouse-Managements fallen weder in den üblichen Bereich eines Datenbankadministrators noch eines Netzwerkadministrators (Abschnitt 12.1).

Die bisherigen Ausführungen in den verschiedenen Kapiteln haben gezeigt, dass es nicht ausreicht, wenn man sich geeignete Werkzeuge anschafft, um dann mithilfe von ein paar Mausklicks schnell ein komplettes Data-Warehouse-System zusammenzustellen. Ein weiter Weg vom Demonstrationsbeispiel zum betriebswirtschaftlichen Einsatz im konkreten Unternehmenskontext ist zu beschreiben, auch wenn dies in vielen Hochglanzbroschüren und Präsentationsunterlagen anders suggeriert wird. Die Angaben der Hardware- und Softwarehersteller sowie der Beratungsunternehmen sind immer kritisch zu analysieren. Data-Warehouse-Lösungen umfassen schließlich komplexe Software- und Hardwarearchitekturen, deren Problembereiche für die Akzeptanz, Performanz oder Kapazität an vielen Stellen lauern können.

Bisherige Projekte lassen erkennen, dass der größte Aufwand auf die Zusammenfassung und Bereinigung der Quelldaten entfällt. Schwierigkeiten bereiten hier neben der semantischen Integration vor allem unterschiedliche Formate und Plattformen sowie die Realisierung der entsprechenden Schnittstellen. Für die Bereinigung und Integration der Daten sollte erheblicher Zeitbedarf schon vorher eingeplant werden. Nicht zu unterschätzen sind auch eventuell notwendige Formattransformationen im Rahmen des Datenflusses innerhalb der verschiedenen Komponenten der Data-Warehouse-Architektur.

Für Manager sind interne Informationen aus dem Data-Warehouse-System nicht die alleinige Entscheidungsgrundlage, sondern es werden auch externe Informationen (Branchennachrichten, Marktdaten, informelle Gespräche usw.) verarbeitet. Daher muss stets die Einbeziehung solcher externer Daten diskutiert werden. Darüber hinaus zeigt sich, dass ein weiteres Akzeptanzkriterium für Data Warehousing die visuelle Aufbereitung von Informationen ist. In Zukunft wird eine weitere Zunahme durch die Integration multimedialer Aspekte zu beobachten sein. Ein erfolgreiches Projekt muss auch diese Möglichkeiten beachten und vorbereiten.

11.5.3 Empfehlungen für ein Data-Warehouse-Projekt

In der folgenden Übersicht sind die im letzten Abschnitt beschriebenen Hinweise für ein erfolgreiches Data-Warehouse-Projekt zusammenfassend dargestellt. Sie bilden somit Handlungsempfehlungen für zukünftige Projekte, um eine erfolgversprechende Umsetzung der vorgestellten Data-Warehouse-Konzeption in die betriebliche Praxis zu gewährleisten.

Für die Projektorganisation gilt:
- Beachtung der Besonderheiten des Data Warehousing durch ein geeignetes Projektmanagement
- Besetzung des Projektleiters aus der Fachabteilung
- Wahl eines geeigneten Sponsors aus dem Topmanagement
- Integration der Endanwender in das Projekt und permanente Beachtung ihrer Anforderungen
- Durchführung eines geeigneten Auswahlprozesses zur Bestimmung der externen Berater

Für die Projektabwicklung gilt:
- rechtzeitige Erstellung und Beachtung eines geeigneten, angepassten Data-Warehouse-Vorgehensmodells
- Beschränkung der Erwartungen und Anforderungen auf ein geeignetes, machbares Maß
- Aufbau eines unternehmensweiten Begriffsverständnisses

11.6 Datenschutz und Datensicherheit

- »Think big – start small«: stufenweiser Aufbau eines Data-Warehouse-Systems mithilfe kleinerer Teilbereiche. Der Aufbau einer Basisdatenbank ermöglicht ein späteres Zusammenführen dieser Teilbereiche.
- internes Marketing unter Berücksichtigung der organisatorischen Auswirkungen
- Berücksichtigung der Interessen der Beteiligten, Identifikation von Projektgegnern
- Beachtung der Kosten des laufenden Betriebes
- kritische Analyse der Versprechungen der Software- und Hardwarehersteller sowie der externen Beratungsunternehmen
- geeigneter Auswahlprozess der in das Data-Warehouse-System zu ladenden Daten auf Basis der Anforderungen
- Berücksichtigung des Zeitbedarfs für die Planung der Extraktions-, Transformations- und Ladeprozesse der Quelldaten in die Basisdatenbank
- Berücksichtigung des Zeitbedarfs für die Gestaltung der Datenflüsse innerhalb des Data-Warehouse-Systems
- Beachtung des potenziellen Wertes von externen Daten und des potenziellen Nutzens multimedialer Aspekte

11.6 Datenschutz und Datensicherheit

Der Bereich Datenschutz und -sicherheit im Zusammenhang mit IT-Systemen ist sehr weit gefasst, da er neben technischen auch *ethische/moralische* und *soziale* Aspekte sowie *rechtliche* Fragestellungen beinhaltet. Dieser Abschnitt bezieht sich vornehmlich auf die klassischen Probleme der Vertraulichkeit, Integrität und Verfügbarkeit.

- *Vertraulichkeit* bedeutet in diesem Zusammenhang Schutz vor unerlaubtem Zugang zu sensitiven Informationen. Einen besonderen Stellenwert hat dabei der Datenschutz, der die Vertraulichkeit personenbezogener Daten regelt.
- Bei *Integrität* geht es um nicht autorisierte Veränderungen von Daten. Dies beinhaltet böswillige und nicht böswillige Bedrohungen, z. B. versehentliches Verändern von Daten oder Datenverlust durch Systemfehler.
- Die *Verfügbarkeit* eines Systems hängt schließlich davon ab, ob autorisierte Benutzer zur richtigen Zeit und am richtigen Ort auf die Informationen zugreifen können. Eine Bedrohung für das Verfügbarkeitskriterium stellen Denial-of-Service-Angriffe dar, deren einziges Ziel es ist, die Nutzbarkeit des Systems zu unterbinden.

Im Folgenden werden die Themen Datenschutz, *Netzwerksicherheit*, *Benutzeridentifikation* und *Authentifizierung*, *Auditing* sowie *Autorisierung* und *Zugriffskontrolle* angesprochen.

11.6.1 Datenschutz

Basis-, Ableitungs- und Auswertungsdatenbanken und vor allem die damit verbundenen Auswertungsfunktionalitäten wie Data Mining oder OLAP werden in der Datenschutzliteratur ([Scho03], [GoRe11]) eher skeptisch betrachtet. Dies deshalb, da aus der Sichtweise des Datenschutz doch erhebliche Diskrepanzen zwischen den im Bundesdatenschutzgesetz kodifizierten Regelungen für den Schutz personenbezogener Daten einerseits und den Zielen und Möglichkeiten von Data-Warehouse-Systemen andererseits bestehen.

Der Zweck eines Data-Warehouse-Systems ist die flexible Zurverfügungstellung von qualitativ hochwertigen Daten für analytische Anwendungen. Entsprechend der Anforderungen der analytischen Anwendungen werden Daten über einen längeren Zeitraum beständig und unverändert vorgehalten. Neben Daten aus unterschiedlichen operativen Datenbeständen eines Unternehmens werden auch Daten, die aus organisationsexternen Quellen stammen, d.h. nicht im Prozess der Datenerhebung für operative Zwecke anfielen, ergänzt. Daraus folgt, dass Data-Warehouse-Systeme in sich geschlossene Datenbestände darstellen, in die Daten einfließen, die für ganz unterschiedliche Verarbeitungszwecke erhoben wurden und die, zumindest teilweise, für nicht im Voraus bestimmbare Zwecke ausgewertet werden.

Im Folgenden sollen diese Diskrepanzen zwischen Datenschutz einerseits und Data-Warehouse-Systemen sowie den damit verbundenen Auswertungsmöglichkeiten andererseits herausgearbeitet werden und der Versuch gemacht werden, einige Regeln für den datenschutzkonformen Einsatz von Data-Warehouse-Systemen zu skizzieren.

Datenschutz im Data-Warehouse-System

Ziel des Datenschutzes ist die Gewährleistung des Rechts auf informationelle Selbstbestimmung für natürliche Personen. Danach haben natürliche Personen grundsätzlich das Recht, selbst zu bestimmen, welche Informationen über persönliche und sachliche Verhältnisse Dritten preisgegeben werden (siehe [Trut03, S. 162ff.], [TiEG05, S. 142ff.]). Dies bedeutet nun nicht, dass jedes Individuum in jeder Situation entscheiden kann, welche Informationen über seine Person Dritten zugänglich gemacht werden. Vielmehr ist in §28 Abs. 1, in Verbindung mit §4c Abs. 2 Bundesdatenschutzgesetz (BDSG) geregelt, unter welchen Bedingungen Organisationen personenbezogene Daten natürlicher Personen, beispielsweise Kunden oder Beschäftigten, erheben, verarbeiten, nutzen oder an Dritte übermitteln dürfen. Zulässig ist das Erheben, Verarbeiten und Nutzen personenbezogener Daten:

- wenn dies gesetzlich vorgeschrieben ist,
- wenn es für die Begründung, Durchführung oder Beendigung eines Vertrags oder eines vertragsähnlichen Verhältnisses erforderlich ist oder

11.6 Datenschutz und Datensicherheit

soweit es zur Wahrung eigener Interessen des verarbeitenden oder nutzenden Unternehmens erforderlich ist und kein Grund zur Annahme besteht, dass schutzwürdige Interessen des Betroffenen überwiegen.

Neben diesen einschränkenden Erlaubnistatbeständen sind im BDSG noch Rahmenbedingungen definiert, die erfüllt sein müssen, soll eine Erhebung, Verarbeitung oder Nutzung personenbezogener Daten zulässig sein. Wichtige Rahmenbedingungen, insbesondere im Hinblick auf den Einsatz von Data-Warehouse-Systemen, sind dabei:

- Das Recht auf informationelle Selbstbestimmung setzt Transparenz über alle Stufen der Datenverarbeitung voraus [Trut03], d.h., den Betroffenen muss jederzeit bekannt sein, für welche Zwecke die bei ihnen erhobenen Daten verarbeitet oder genutzt werden und wie lange diese Daten aufbewahrt werden. Daraus folgt, dass die erhobenen Daten nur zu dem Zweck verarbeitet oder genutzt werden dürfen, die den Betroffenen im Rahmen der Datenerhebung bekannt gegeben wurden, ihnen also transparent sind [Scho03, S. 1856]. Dabei ist zu beachten, dass Zwecke hinreichend präzise angegeben werden müssen. So ist ein globaler Hinweis auf eine Datenauswertung auf der Basis von Data-Warehouse-Systemen nicht ausreichend. Vielmehr muss aus dem Zweck genau hervorgehen, welche Auswertungen vorgenommen werden sollen [Sche08, S. 166].
- Der Zweck der Datenerhebung muss im Rahmen der Einwilligung dokumentiert werden, die, falls die Datenerhebung nicht auf der Grundlage einer Rechtsvorschrift erfolgt, die einzige Möglichkeit darstellt, eine Datenerhebung, -verarbeitung oder -nutzung zu legitimieren [Scho03, S. 1869]. Einwilligungen müssen dabei schriftlich dokumentiert vorliegen, das Einräumen einer nachträglichen Widerspruchsmöglichkeit gegen die Datenerhebung reicht nicht aus [Sche08, S. 166]. Bei einer Datenerhebung auf einer Website reicht das sogenannte Doppelte Opt-In [Tele07] aus – d.h., bei Angabe von Adressen muss eine weitere Bestätigung nach Erhalt einer E-Mail erfolgen –, wobei auch hier die Erteilung der Einwilligung (datenmäßig) dokumentiert werden muss.
- Ein entscheidendes Grundprinzip des Datenschutzes ist die Datenvermeidung bzw. die Datensparsamkeit (§ 3a BDSG), das auch die Grundlage für die aktuelle Diskussion um die Vorratsdatenspeicherung darstellt. Nach dem Prinzip der Datenvermeidung und der Datensparsamkeit sind Organisationen, die personenbezogene Daten verarbeiten, verpflichtet, nur die Daten zu erheben, die für den Verarbeitungszweck, zu dem sie erhoben wurden, unbedingt erforderlich sind ([Scho03, S. 1854], [Sche08, S. 173]).
- Nach Punkt 8 der Anlage zu § 9 BDSG ist durch die verantwortliche Organisation zu gewährleisten, dass Daten, die für unterschiedliche Zwecke erhoben wurden, getrennt verarbeitet und/oder genutzt werden (Trennungsgebot).

Dabei ist durch das Trennungsgebot nicht eine physische Trennung der Daten erforderlich, wohl aber eine logische [Münc10, S. 330]. Als Folge dieses Trennungsgebots ist eine Vermischung (d.h. ohne jegliche Trennung durch beispielsweise Zugriffsrechte) von Daten, die zu unterschiedlichen Zwecken erhoben wurden, in einer integrierten Datenbasis nicht zulässig.

Wie bereits oben festgestellt, schützt das Datenschutzgesetz lediglich personenbezogene Daten, d.h. Daten, die sich beispielsweise auf Kunden oder Mitarbeiter beziehen. Hingegen werden Daten, die keinen Personenbezug besitzen, durch die Vorgaben des Datenschutzes nicht tangiert. Werden aber personenbezogene Daten in ein Data-Warehouse-System integriert, so gilt:

Das Anlegen von Datenbeständen für im Voraus nicht näher definierte Auswertungszwecke, »ohne dass hierzu eine primäre Notwendigkeit besteht« [Scho03, S. 1845], d.h. auf Vorrat, gefährdet das Recht auf informationelle Selbstbestimmung der betroffenen Individuen. Dies deshalb, da diese personenbezogenen Daten ohne Einwilligung der betroffenen Individuen und ohne näher spezifizierten Zweck erhoben wurden [Hafn03, S. 157] und entgegen den Vorgaben des Trennungsgebotes [Münc10, S. 330] für beliebige Auswertungszwecke zusammengeführt wurden.

Datenschutzkonformer Einsatz

Wie bereits oben festgestellt, gelten die Anforderungen des Datenschutzes nur für personenbezogene Daten, d.h., für alle Daten ohne Personenbezug sind die Anforderungen des Bundesdatenschutzgesetzes keine bindenden Vorgaben. Für den Aufbau und die Nutzung von Data-Warehouse-Systemen, die keine personenbezogenen Daten umfassen, bedeutet dies, dass die Vorgaben des Bundesdatenschutzgesetzes unerheblich sind.

Sollten jedoch personenbezogene Daten wie Namen, Adressen oder sonstige Daten über Geschäftsbeziehungen zwischen den betroffenen Personen und der Organisation in das Data-Warehouse-System einfließen, so gelten die Rahmenbedingungen des Bundesdatenschutzgesetzes für das Data-Warehouse-System und die daraus abgeleiteten Auswertungen. Für Data-Warehouse-Systeme gelten die identischen Rahmenbedingungen wie für die operativen Anwendungen. Eine Privilegierung von Data-Warehouse-Systemen kann aus dem Gesetz nicht abgeleitet werden [Scho03, S. 1859].

Sollen nun Daten, die in den operativen Datenbeständen zweckbezogen personenbezogen sein müssen, in das Data-Warehouse-System übernommen werden, so bietet sich auf der Basis des Bundesdatenschutzgesetzes lediglich die Anonymisierung bzw. die Pseudonymisierung dieser Daten an:

- Anonymisierung (§ 3 (6) BDSG) wird dadurch erreicht, dass der Personenbezug abgespalten wird, indem beispielsweise Namen, Kundennummer, Stammnummer von Mitarbeitern usw. nicht in das Data-Warehouse-System übernommen werden. Da dieser Weg der Anonymisierung in der Realität immer umkehrbar ist, ist es erforderlich, dass eine Reidentifizierung der betroffenen Personen nur mit großem Aufwand möglich ist. Anonymisierung ist deshalb immer relativ, wird aber vom Gesetzgeber trotzdem als hinreichend akzeptiert ([TiEG05, S. 285ff.], [Sche08, S. 163], [Scho03, S. 1850]). Nach dieser faktischen Anonymisierung dürfen dann diese Daten uneingeschränkt in Data-Warehouse-Systeme integriert und dort ausgewertet werden. Pseudonymisierung (§ 3 (6a) BDSG) ist das Ersetzen eines Namens oder anderer Identifikationsmerkmale durch ein Kennzeichen, das die Bestimmung der Person zumindest wesentlich erschwert. Um einen hinreichenden Datenschutz zu erreichen, muss deshalb bei der Anwendung der Pseudonymisierung sichergestellt werden, dass der Datenverwender, d.h. die Person, die das Data-Warehouse-System oder die zur Verfügung stehenden Auswertungsfunktionalitäten nutzt, keine Kenntnis der Zuordnungsregeln zwischen Namen usw. und den vergebenen Pseudonymen hat [Scho03, S. 1853].

Obwohl gleichermaßen die Anonymisierung wie auch die Pseudonymisierung letztendlich keine wirkliche, sondern lediglich eine relative Unkenntlichmachung der hinter den Daten stehenden Personen ermöglicht, werden beide Vorgehensweisen im Allgemeinen als hinreichend für einen wirksamen Datenschutz akzeptiert, wobei in der Literatur auch kritische Anmerkungen zu finden sind ([Scho03, S. 1853], [Sche08, S. 163]). Trotzdem stellt die Anonymisierung bzw. die Pseudonymisierung die einzige Möglichkeit dar, personenbezogene Daten ohne Einwilligung der Betroffenen aus den operativen Datenbeständen in Data-Warehouse-Systeme zu integrieren.

Ist ein Personenbezug hingegen unerlässlich, wie beispielsweise bei der Nutzung von Data-Warehouse-Systemen im Rahmen von Customer-Relationship-Management-(CRM-)Anwendungen gegeben, so lässt sich eine wirksame Einwilligung der Betroffenen bereits bei der Datenerhebung für die operativen Anwendungen nicht umgehen. Wobei, wie bereits oben festgestellt, die Wirksamkeit der Einwilligung im Wesentlichen durch eine transparente Darlegung des Zwecks der Datennutzung beeinflusst wird.

11.6.2 Netzwerksicherheit

In einem Data-Warehouse-System findet viel Netzwerkkommunikation statt. Der Ladeprozess, bei dem die Daten von den Datenquellen (z.B. operativen Datenbanken) in die Basis- bzw. die Ableitungs- und Auswertungsdatenbank transportiert werden, stellt neue Anforderungen an eine Netzwerkinfrastruktur. Unabhängige, möglicherweise verteilte Quelldatenbanken müssen über ein Netzwerk zusammengeführt werden. Dieser Datentransport birgt Vertraulichkeits- und Integritätsrisiken. Da es sich zum Teil um sensible Daten zur Entscheidungsunterstützung handelt, ist ein Schutz vor Ausspähen und anderen Angriffen unverzichtbar. Unzuverlässige Kommunikationswege und unvollständige oder fehlerhafte Ladevorgänge können einen inkonsistenten Zustand des Data-Warehouse-Systems zur Folge haben. Daher muss eine Rollback-Strategie für Ladevorgänge entwickelt werden. Ist das Data-Warehouse-System verteilt, ist außerdem die Kommunikation dieser Systeme untereinander zu beachten.

```
     Sender                                           Empfänger
                      verschlüsselter
    Klartext    →         Text        →                Klartext
        ↑                                                ↑
  Sender verschlüsselt                            Empfänger
  mit öffentlichem                                entschlüsselt mit
  Schlüssel des                                   seinem privaten
  Empfängers                                      Schlüssel
```

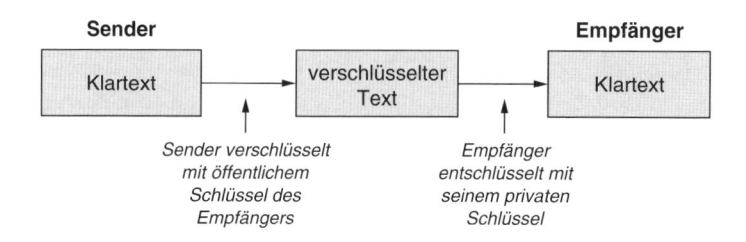

Abb. 11-8 *Prinzip asymmetrischer Verschlüsselungsverfahren*

Für die Kommunikation zwischen den Auswertungswerkzeugen und den Auswertungsdatenbanken, direkt bzw. über eine multidimensionale Zugriffsschicht, kommt häufig eine Client/Server-Struktur oder eine Webschnittstelle zum Einsatz, möglicherweise über WAN-Verbindungen. Obwohl die Informationen auf diesem Übertragungsweg in der Regel verdichtet und weniger vollständig vorliegen, sind sie trotzdem – oder gerade deswegen – sehr kritisch. Bereits die durchgeführten Anfragen ohne die Ergebnisdaten können, besonders in Ad-hoc-Anfrageumgebungen, vertrauliche und strategische Informationen offenbaren.

Vertraulichkeit durch Verschlüsselung

Die Verwendung des Internets oder anderer unsicherer Netze für die genannten Kommunikationswege macht entsprechende Sicherheitsmaßnahmen unumgänglich. Um die Vertraulichkeit der sensiblen Daten, die teilweise Informationen von strategischer Bedeutung für die jeweilige Organisation darstellen, zu gewährleisten, ist darauf zu achten, dass die Datenübertragung verschlüsselt stattfindet.

Dieser Aspekt kann die Auswahl von möglichen Anfragewerkzeugen stark einschränken, da nur wenige eine Datenverschlüsselung auf Anwendungsebene unterstützen. Alternativ kann auf *kryptografische* Protokolle, wie Secure Socket Layer (*SSL*) und *S-HTTP*, oder *Virtual Private Networks* (VPN) zurückgegriffen werden, bei denen eine Verschlüsselung für die Anwendung transparent auf Paketebene erfolgt [Oppl97].

Es stehen *symmetrische* und *asymmetrische* Verschlüsselungsverfahren zur Verfügung [Schn95]. Symmetrische Algorithmen verwenden denselben geheimen Schlüssel zur Ver- und Entschlüsselung, ein typisches Beispiel ist *AES*[5]. Das Pro-

---

5. Advanced Encryption Standard (AES), ein symmetrischer Verschlüsselungsalgorithmus, der 2001 von den Belgiern Daemen and Rijmen unter dem Namen »Rijndael« entwickelt und von der US-Regierung zum offiziellen Standard ernannt wurde.

blem bei diesen Verfahren ist die sichere Schlüsselübertragung. Asymmetrische Verfahren, auch *Public-Key-Algorithmen* genannt, verwenden zwei unterschiedliche Schlüssel, einen *privaten*, geheimen und einen *öffentlichen* Schlüssel (Abb. 11–8). Zur Verschlüsselung wird nur der öffentlich zugängliche Schlüssel benötigt, wodurch das Schlüsselübertragungsproblem gelöst ist. Als Beispiel sei hier *RSA*[6] genannt.

Da symmetrische Verfahren deutlich performanter implementiert werden können, kommt oft eine Kombination von symmetrischen und asymmetrischen Verfahren zum Einsatz, wobei der Austausch symmetrischer Sitzungsschlüssel durch asymmetrische Kryptografie gesichert wird und die weitere Kommunikation durch ein symmetrisches Verfahren geschützt wird. Diese Vorgehensweise kommt beispielsweise bei SSL zum Einsatz.

Weitere Aspekte der Internetsicherheit

Weitere Risiken ergeben sich aus Sicherheitslücken in den Internetprotokollen (IP, TCP, UDP, ICMP, ARP und HTTP). Beispielsweise wird bei sogenannten *Spoofing-Angriffen* eine falsche Senderadresse vorgetäuscht, um Pakete anonym oder mit falscher Identität versenden zu können. Ein anderer Angriff ist das *SYN-Flooding*, das sich eine Schwachstelle des TCP-Verbindungsaufbaus zunutze macht. Da das Ergebnis die Nichtverfügbarkeit des Systems ist, handelt es sich um einen Denial-of-Service-Angriff.

Unternehmensnetzwerke können mit *Firewalls* vor Angriffen aus dem Internet geschützt werden [Oppl97]. Diese bieten Schutz gegen unkontrollierten Datenverkehr aus dem und in das Internet. Man unterscheidet zwischen Paketfiltern (auch screening routers) und Proxy-(oder Application-)Gateways. Paketfilter beschränken den Datenverkehr durch statische Informationen wie explizit legitimierte Sender- und Empfängeradressen. Diese sind oft bereits in der Hardware, z. B. in Routern, integriert. Komplexe Probleme verlangen eine flexiblere Softwarelösung in Form von Proxy-Gateways, die den Datenverkehr auf einer höheren Protokollebene überprüfen und sich Informationen wie den Typ des verwendeten Dienstes oder der versandten Daten zunutze machen. Sie sind außerdem in der Lage, die interne Netzwerkstruktur vor dem Internet zu verbergen. Moderne Firewall-Systeme kombinieren Paketfiltertechniken mit der Analyse auf höheren Protokollebenen (engl. stateful inspection).

In der Praxis wird oft ein Zwei-Ebenen-Konzept realisiert. Zwischen einer äußeren und einer inneren Firewall wird eine *demilitarisierte Zone* errichtet, in der Server installiert werden können, die vom Internet aus erreichbar sein müssen (E-Mail, WWW, DNS etc.).

---

6. RSA steht für Rivest, Shamir und Adleman, die Entwickler des RSA-Algorithmus und Gründer der RSA Data Security, Inc. RSA ist ein asymmetrischer Verschlüsselungsalgorithmus, dessen Sicherheit auf dem Faktorisierungsproblem großer Zahlen beruht.

11.6.3 Benutzeridentifikation und Authentifizierung

Wie in den meisten IT-Systemen ist auch in einer Data-Warehouse-Anwendung eine gesicherte Identität der Benutzer notwendig, um die richtigen Berechtigungen auszuwählen und unautorisierten Zugriff zu verhindern. Entsprechende Mechanismen überprüfen die Authentizität der vorgegebenen Identität.

Abhängig von der verwendeten Systemumgebung kann beim Einsatz von modernen Betriebssystemen oder speziellen *Single-sign-on*-Werkzeugen[7] auf eine erneute Authentifizierung durch die Auswertungswerkzeuge verzichtet werden. Aus einem technischen Blickwinkel betrachtet, unterscheidet man drei Ansätze zur Authentifizierung [SaSa96]:

- *Wissen* der betreffenden Person, meist ein Passwort. In diesen Bereich fällt auch das *Challenge-Response-Verfahren*, bei dem der Benutzer eine Aufgabe (engl. challenge) gestellt bekommt, zu der er die Lösung (engl. response) eingeben können muss, um zugangsberechtigt zu sein.
- *Besitz*, z.B. Smartcards in Verbindung mit einer Public-Key-Infrastruktur. Es wird nicht die Person authentifiziert, sondern der Gegenstand, den diese Person besitzt.
- *Persönliche Eigenschaften*, wie Fingerabdruck, Stimme oder Iris. Zum Einsatz kommen biometrische Verfahren, die jedoch einen deutlich höheren technischen Aufwand erfordern.

Wie bereits erwähnt, erfolgt Benutzeridentifikation und Authentifizierung nicht zum Selbstzweck. Ziel ist eine gesicherte Identität, um eine individuelle Zugriffskontrolle (siehe Abschnitt 11.6.5) und ein personenbezogenes Auditing (siehe Abschnitt 11.6.4) zu ermöglichen. Aus diesem Grund ist es notwendig, dass sich Anwender eines Data-Warehouse-Systems bei Verwendung eines Auswertungswerkzeugs anmelden.

Zur Vereinfachung der Administration und zur Verringerung des Risikos, dass Unbefugte Zugang zu Benutzerpasswörtern erhalten, wird in vielen Unternehmen eine zentrale Benutzerverwaltung (engl. identity management) angestrebt. In diesem Falle werden Benutzerkonten und Passwörter in einem zentralen System verwaltet. Auswertungswerkzeuge verwenden dann dieses zentrale System zur Authentifizierung. Hierzu kommt üblicherweise das LDAP-Protokoll[8] zum Einsatz.

Abhängig von der verwendeten Systemumgebung kann beim Einsatz von modernen Betriebssystemen oder speziellen Werkzeugen für Single sign-on auf eine erneute Authentifizierung durch die Auswertungswerkzeuge verzichtet werden. In

---

7. Unter *Single sign-on* versteht man die Anforderung, den Benutzern eine mehrfache Anmeldung an den unterschiedlichen Systemen durch eine zentrale Authentifizierung zu ersparen.
8. Lightweight Directory Access Protocol (LDAP), ein Anwendungsprotokoll zum Zugriff auf Verzeichnisdienste über TCP/IP

diesem Fall wird üblicherweise ein in der Gültigkeit zeitlich begrenztes sogenanntes Sicherheitstoken vom Single-sign-on-Werkzeug an das Auswertungswerkzeug weitergegeben.

Für den Zugriff des Auswertungswerkzeugs auf die Data-Warehouse-Datenbank gibt es dann zwei Möglichkeiten. Entweder werden die Daten des durch das Auswertungswerkzeug identifizierten Benutzers (mit Passwort bzw. Sicherheitstoken) an das Datenbanksystem weitergegeben oder es werden technische Benutzerkonten (mit einem statischen Passwort) für den Zugriff verwendet – im Extremfall ein und dasselbe Konto für alle realen Benutzer. Vorteile der Verwendung technischer Benutzer sind die einfachere Realisier- und Administrierbarkeit, Hauptnachteil ist die fehlende Möglichkeit individueller Berechtigungen und eines personenbezogenen Auditings auf Datenbankebene.

11.6.4 Auditing

Auditing, darunter versteht man die Überwachung aller Ereignisse in einem System vornehmlich für Revisionszwecke, ist ein weiterer wichtiger Bestandteil eines jeden Sicherheitskonzepts. Vordringlich ist natürlich die Vermeidung von Sicherheitsbedrohungen. Eine Vermeidung ist aber nicht immer möglich, weshalb potenzielle Angriffe zumindest erkannt werden müssen. Außerdem erlaubt Auditing die Überprüfung der definierten Autorisierungsregeln.

Man unterscheidet zwei Arten von Auditing. Bei der ersten Variante werden alle Aktionen von allen Benutzern aufgezeichnet, wohingegen sich die zweite Variante auf die Überwachung der Verletzung existierender Regeln beschränkt, z. B. fehlgeschlagene Anmeldeversuche. Ein Auditing-System besteht meist aus zwei Komponenten. Die erste Komponente sammelt die Daten, während die zweite Komponente die gesammelten Daten analysiert. In Data-Warehouse-Systemen kommt zur Speicherung der Auditing-Daten oft die Basis- oder Ableitungsdatenbank selbst zum Einsatz. Zur Auswertung können dann die verfügbaren Auswertungswerkzeuge verwendet werden.

Eine wesentliche Entscheidung in Bezug auf Auditing in einem Data-Warehouse-System ist die richtige Einordnung der Datensammlung in die Architektur. Es besteht ein enger Zusammenhang mit der Benutzeridentifikation und Authentifizierung (siehe Abschnitt 11.6.3). Die Nutzung von Auditing-Möglichkeiten eines Datenbankmanagementsystems des Data-Warehouse-Systems ist nur dann möglich, wenn der Zugriff auf die Datenbank mit der tatsächlichen Identität des ausführenden Benutzers erfolgt, d.h. nicht durch technische Benutzerkonten.

Auch wenn dies gewährleistet ist, erfüllt alleiniges Auditing auf Ebene der Ableitungs- oder Auswertungsdatenbank unter Umständen nicht die Anforderungen, da das Aufzeichnen der Zugriffe auf die Tabellen nicht die tatsächlich ausgeführten multidimensionalen Anfragen offenbart. Außerdem kann dieser Ansatz nur mit relational realisierten Systemen funktionieren, d.h., wenn die

Anfragen tatsächlich auf der relationalen Basisdatenbank ausgeführt werden und nicht auf multidimensionalen Kopien der Daten (bzw. einem Cache-Speicher des Auswertungswerkzeugs).

Die Konsequenz ist, dass Auditing ggf. auch auf der Ebene der multidimensionalen Zugriffsschicht ansetzen muss, d.h. im Auswertungswerkzeug. Neben den Datenzugriffen ist es außerdem wünschenswert, Änderungen in Berichtsdefinitionen oder im Auswertungswerkzeug definierte Berechnungsregeln aufzuzeichnen. Im Schadensfall ist es nicht nur relevant, nachvollziehen zu können, wer auf die Daten zugegriffen hat, sondern auch, wer für die Bereitstellung dieser Daten (und potenzielle Manipulationen) verantwortlich war.

Die im Rahmen des Auditing aufgezeichneten statistischen Daten können auch für andere als Revisionszwecke interessant sein, z.B. zur Verrechnung der Betriebskosten des Data-Warehouse-Systems oder zum Monitoring der Einhaltung definierter Service Level Agreements (SLAs). In diesem Fall ist jedoch der Datenschutz zu beachten, d.h., eine Auswertung darf nur in anonymisierter oder aggregierter Form erfolgen.

11.6.5 Autorisierung und Zugriffskontrolle

Auch Autorisierung und Zugriffskontrolle gehören zu den Grundfunktionen, die vertrauenswürdige IT-Systeme anbieten müssen, um Vertraulichkeit und Integrität von Informationen zu gewährleisten. Während sich die Autorisierung mit der Verwaltung der Zugriffsrechte in einem System beschäftigt, d.h. der Definition, wer auf welche Daten bzw. Funktionen zugreifen darf, dient die Zugriffskontrolle der Überprüfung dieser Berechtigungen zur Laufzeit. Wie in Abbildung 11–9 dargestellt, werden Berechtigungen von einer Autorisierungsinstanz, z.B. einem Administrator, vergeben bzw. entzogen. Beim Versuch, auf ein geschütztes Objekt zuzugreifen, werden diese Rechte durch die Zugriffskontrollfunktion des verwendeten Systems geprüft.

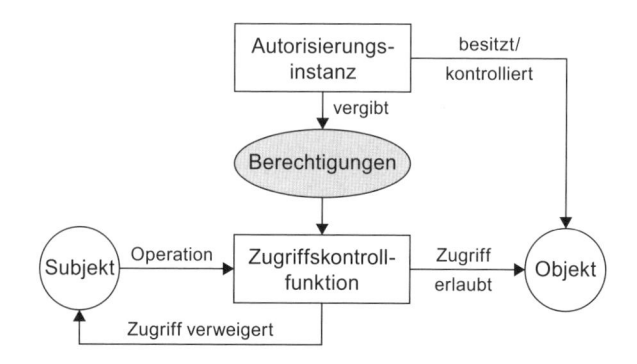

Abb. 11–9 Grundprinzip der Autorisierung und Zugriffskontrolle

11.6 Datenschutz und Datensicherheit

Administrativer Zugriff im Extraktions-, Transformations- und Ladebereich

Bei Data-Warehouse-Systemen reicht es im Rahmen der Zugriffskontrolle nicht aus, den Bereich zwischen Auswertungsdatenbank und Anwender zu betrachten, sondern es muss auch der Datenbeschaffungsbereich mit in die Untersuchung einbezogen werden. Zugriffskontrolle in diesem Bereich betrifft den Zugriff auf die Ableitungs- und Auswertungsdatenbank und die Quelldatenbanken durch die Extraktions-, Transformations- und Ladeprozesse und den Zugriff auf diese Prozeduren (Ausführung und Administration). Die Kernarchitekturkomponente in diesem Zusammenhang ist der Data-Warehouse-Manager.

In [DoJR99] wird für diesen Bereich ein rollenbasiertes Autorisierungsmodell mit zwei Kategorien von Rollen vorgeschlagen. Die Extraktions-, Integrations- und Transformationsskripten werden von Entwicklern geschrieben, die in erster Linie Zugriff auf Metadaten und nicht auf die eigentlichen Daten benötigen. Bedrohungen wie Trojanische Pferde sind hier zu beachten. Um erhöhte Sicherheit zu erreichen, kann das Prinzip der *separation of duty* verwendet werden, bei dem die Rolle des Entwicklers mit Zugriff auf Testdaten von der des Anwenders getrennt wird. Die zweite Rolle, das Bedienungspersonal, stößt die obigen Prozesse an. Es ist keine Berechtigung zum direkten Zugriff auf die Daten notwendig, sondern nur zur Ausführung der vertrauenswürdigen Programme. Wenn Probleme auftreten, benötigen Entwickler und Bedienungspersonal allerdings eventuell weitere Zugriffsrechte, um z. B. über Datenbereinigungsstrategien entscheiden oder Fehler beheben zu können. Zusätzliche Rechte können gewährt werden, wenn gleichzeitig sichergestellt ist, dass die Verwendung dieser Rechte intensiv durch Auditing überwacht wird.

In der ersten Phase, der Extraktion der Quelldaten, ist auf die Bedenken der Administratoren der Quelldatenbanken zu reagieren, die externen Programmen Zugriff auf ihre Daten erlauben. Diesem Aspekt kann man durch explizite Trennung der entsprechenden Rollen begegnen. Ein Extraktionsentwickler ist für die Entwicklung der Extraktionsprozesse verantwortlich, wozu er Zugriff auf die Metadaten und Testdaten benötigt. Ein Extraktionsoperator muss die entsprechenden Skripten nur ausführen können. Der nächste Schritt ist der Transformationsprozess, der die Daten in ein passendes, konsistentes Format bringt. Ähnlich wie im vorherigen Schritt wird ein Transformationsentwickler und ein -operator eingeführt. Letzterer benötigt allerdings zusätzliche Zugriffsrechte, falls eine manuelle Datenbereinigung vorgenommen werden muss. Als letzter Schritt ist der Ladeprozess zu nennen, der die Daten in der Basis-, Ableitungs- oder Auswertungsdatenbank zusammenführt. Ein Entwickler der Ladephase schreibt die entsprechenden Skripten, ohne direkten Zugriff auf Daten zu benötigen. Für den Prozess, der die Daten in die Basis-, Ableitungs- oder Auswertungsdatenbank schreibt, ist jedoch Schreibzugriff erforderlich. Dieses Problem wird allerdings dadurch relativiert, dass Ladevorgänge in eine Basis-, Ableitungs- oder Auswertungsdatenbank in erster Linie Einfügeoperationen beinhalten und bestehende (historisierte) Daten unverändert bleiben. Außerdem werden für neu geladene Daten oft neue Tabellen oder neue Partitionen existierender Tabellen angelegt. Dadurch wird das Risiko von Denial-of-Service-Angriffen, z. B. durch Halten einer Datenbanksperre, verringert.

Anwenderzugriff im Auswertungsbereich

Traditionell erfolgt ein Zugriff auf eine Ableitungs- oder Auswertungsdatenbank ausschließlich von Anwendern des Managements oder Business-Analysten, was von Herstellern zunächst als Vorwand genutzt wurde, keine feingranularen Zugriffskontrollmechanismen zu implementieren. Diese Annahme trifft inzwischen allerdings nicht mehr zu. Der mögliche Kreis von Anwendern für Auswertungswerkzeuge mit Zugriff auf eine Ableitungs- oder Auswertungsdatenbank wächst immer mehr bis hin zu Kunden und Partnern. Der Schutz der sensitiven Daten vor unautorisiertem Zugriff wird immer wichtiger, was geeignete Mechanismen für den Anwenderzugriff notwendig macht.

Dieser Zugriff erfolgt über Auswertungswerkzeuge durch Ausführung und Erstellung von Reports, OLAP und Data Mining (Abschnitt 3.5). In Reporting-Anwendungen, in denen Benutzer nur vordefinierte Abfragen ausführen, kann der Zugriff für die einzelnen statischen Reports festgelegt werden. Im Gegenzug ist es sehr schwer, Sicherheit bei Data Mining zu gewährleisten. Die Algorithmen basieren auf der Vollständigkeit der Daten. Ihr Ziel ist es, neue Muster in den Daten zu erkennen, wobei das Ergebnis und damit seine Sensitivität im Voraus nicht bekannt ist. Trotzdem ist es möglich, eine einfache *Zugriffskontrolle* durch Partitionieren der Ableitungs- oder Auswertungsdatenbank in unabhängige Teilbereiche zu realisieren.

Da OLAP-Anwendungen das dominierende Auswertungswerkzeug einer Ableitungs- oder Auswertungsdatenbank darstellen, soll darauf genauer eingegangen werden. Eine Ableitungs- oder Auswertungsdatenbank ist primär als offenes System ausgelegt. Es ist das Ziel, die Daten so einfach wie möglich zugreifbar zu machen. Besonders die explorative Natur der Ad-hoc-OLAP-Auswertung basiert auf diesem Prinzip, weshalb Sicherheitseinschränkungen diesen Prozess behindern können. Es ist schwer, Berechtigungen aus den Quellsystemen abzuleiten, da Daten aus unterschiedlichen Systemen mit unterschiedlichen Verfahren zusammengeführt werden. Außerdem sind die Anwender der operativen Systeme meist andere als die der Ableitungs- oder Auswertungsdatenbank.

Ein weiteres Problem besteht darin, dass in den Quellsystemen das relationale Datenmodell vorherrschend ist, während bei OLAP-Systemen das multidimensionale Modell zum Einsatz kommt. Zugriffskontrollschemata lassen sich nicht einfach übertragen. Der Schutz wird nicht durch Begriffe, wie Tabelle oder Spalte, definiert, sondern durch Dimensionen, Klassifikationshierarchien und -stufen. Als weitere Besonderheit soll in diesem Zusammenhang die Gefahr von *Trackeranfragen* erwähnt werden. Trackeranfragen sind – aus Sicht des Datenbanksystems – »harmlose«, zulässige Anfragen, die jedoch so formuliert sind und miteinander kombiniert werden, dass Informationen abgeleitet werden können, für die keine expliziten Zugriffsrechte bestehen.

Aus Sicht der Architektur stellt sich die Frage, in welchen Komponenten die Zugriffskontrolle implementiert werden kann. Prinzipiell kommen das relationale Datenbankmanagementsystem der Ableitungs- oder Auswertungsdatenbank oder die multidimensionale Zugriffsschicht in Frage. Aus den bereits erwähnten Gründen des Datenmodells ist Letzteres die natürlichere Lösung. Sind jedoch auch Direktzugriffe auf die relationale Basisdatenbank per SQL möglich, so ist eine Zugriffskontrolle auch auf Ebene der relationalen Basisdatenbank notwendig. Werden mehrere unterschiedliche Auswertungswerkzeuge eingesetzt, so ist es ebenfalls sinnvoll, zumindest grundlegende Berechtigungen in der Ableitungs- und Auswertungsdatenbank zu implementieren. Die zur Verfügung stehenden Möglichkeiten hängen allerdings stark von der verwendeten Architektur ab. Voraussetzung für eine Zugriffskontrolle auf Ebene der Ableitungs- und Auswertungsdatenbank ist außerdem eine Identifikation und Authentifizierung der Benutzer beim Zugriff auf die Datenbank, da nur so individuelle Berechtigungen greifen können.

Die Realisierung der Zugriffskontrolle in OLAP-Auswertungsanwendungen wird in Abschnitt 7.3 näher behandelt.

11.7 Wirtschaftlichkeitsbetrachtungen

Was ist der Gegenstand, über den Betrachtungen zur Rentabilität angestellt werden sollen? Mit dem Data Warehousing wird ein langfristig ausgelegter Prozess im Unternehmen eingeführt, der einer eigenen Infrastruktur bedarf, die in die vorhandene eingebettet werden kann und muss. Aufbauend hierauf werden dann meist zeitlich versetzt die Ableitungs- und Auswertungsdatenbanken eingerichtet. Es gilt aufzuzeigen, dass dieser Prozess langfristig erfolgversprechend ist und das Risiko durch die Komplexität zwar hoch ist, aber bei einem strukturierten Vorgehen überschaubar bleibt. Hierfür werden die folgenden Betrachtungen zur Wirtschaftlichkeit angestellt. Entsprechend können diese prozessbezogenen Ausführungen auch für die Wirtschaftlichkeitsbetrachtung eines einzelnen Data-Warehouse-Projekts herangezogen werden.

Nur selten wird ein Unternehmen ein Data-Warehouse-Projekt auf der »grünen Wiese« anfangen. In der Regel wird es bereits eine Infrastruktur (Hardware, Datenbankmanagementsystem und Netzsoftware) sowie Auswertungsprogramme geben, die durch die neue Vorgehensweise verbessert und ergänzt werden sollen. Für eine korrekte Betrachtung müssen daher die *Kosten* des Istzustandes mit den Kosten des geplanten Data-Warehouse-Systems verglichen werden. Entsprechendes gilt für die *Nutzenbetrachtung*, da dort nach dem Mehrwert des Sollzustandes gefragt wird.

Erfahrungsgemäß lassen sich die Mehrkosten einfacher ermitteln und quantifizieren als der Mehrwert des Nutzens. Dennoch gibt es bei der Nutzenbetrachtung eine ganze Reihe von qualitativen Aspekten, die nicht selten ausschlaggebend bei der Entscheidungsfindung für ein Data-Warehouse-System sind. Da bei der Berechnung des *Return on Investment* (ROI) – dem Maß für die Rentabilität des eingesetzten Kapitals – nur die quantifizierbaren Aspekte berücksichtigt werden, gilt es, bei der Entscheidungsfindung das Augenmerk auch auf die nicht quantifizierbaren Aspekte zu lenken.

In der folgenden Kostenbetrachtung werden die wesentlichen Kostenverursacher genannt und einige Maßnahmen zur Kostenvermeidung skizziert. In der Nutzenbetrachtung werden die verschiedenen Nutzenaspekte zusammengestellt und anhand von vier Kriterien klassifiziert. Die Aufstellung der Kostenverursacher wie auch die der Nutzenaspekte können als Checklisten für die Wirtschaftlichkeitsanalyse herangezogen werden.

11.7.1 Kostenbetrachtung

Bei der Aufstellung ist eine gesamtheitliche Betrachtung hinsichtlich des Aufwandes und der resultierenden Kosten geboten. Kosten erzeugen im Wesentlichen die folgenden Objekte, wobei für einige dieser Objekte zwischen den Kosten für erstmalige Beschaffung und laufenden Kosten zu differenzieren ist:

- Studien, Testlizenzen und Testrechner innerhalb des Auswahlprozesses
- Daten und ihre Beschaffung (intern wie extern), ihre Bereinigung, Haltung, Archivierung
- Hardware (Rechner, Netz und Datenspeicher für alle Phasen inklusive Archivierung)
- Software für die Integration, Datenhaltung, Auswertung und Kommunikation (Netz)
- Know-how für Aufbau und Organisation des Data-Warehouse-Systems
- Schulung der Anwender
- Betrieb einschließlich Wartung (Administration, Überwachung des Ablaufs, Einspielen neuer Releases, Fehlersuche und Bereinigung), Qualitätssicherung der Daten und des Ablaufs, Datensicherung und Archivierung sowie Beratung der Anwender (interne Hotline)

Was kostet das Data Warehousing das Unternehmen? Diese Frage wird in der Praxis vom Management häufig nicht im Vorfeld strategischer Überlegungen gestellt, sondern meist erst dann, wenn bereits ein konkretes Data-Warehouse-Projekt ansteht. Es wäre nicht gerecht und kein guter Stil, dem ersten Data-Warehouse-Projekt alle Kosten aufzubürden. Wenn aber keine Aufteilung in Infrastrukturmaßnahmen und projektspezifische Kosten vorgenommen wird, dann kann das erste Projekt allenfalls in Vorleistung für die folgenden Data-Warehouse-Projekte treten. Maßnahmen für einen späteren Kostenausgleich sind dann vorzusehen.

Weitaus wichtiger als die Kostenaufteilung sind die Maßnahmen zur *Kostenvermeidung*. Beeinflusst werden die Kosten durch eine »saubere« Vorgehensweise bei der Projektdurchführung. Dies betrifft vor allem das Projektmanagement wie auch die anzuwendenden Methoden. Durch Zurückgreifen auf geeignete Modelle für die Erarbeitung einer Architektur für das Data-Warehouse-System und die Nutzung von bewährten Modellierungsmethoden bei der Erstellung der konzeptuellen Datenmodelle vor allem für die anwendungsneutrale Basisdatenbank sowie durch die geeignete Festlegung der Dimensionen, die die anwendungsspezifischen Datenwürfel aufspannen, und der dimensionsgebundenen Klassifikationshierarchien lassen sich Fehlentwicklungen und somit Lehrgeld vermeiden. Dazu können externe Berater mit ihrem Spezialwissen in der Anfangsphase beitragen. Die Wahl der für das Data Warehousing zweckmäßigen Soft- und Hardware ist auch unter Langfristüberlegungen wie Skalierbarkeit und technischer Fortschritt zu treffen, denn diese Komponenten sind maßgebliche Kostenfaktoren. Zu einer objektiven Kostenbetrachtung gehört auch die Berücksichtigung des Zeitaufwands für die Auswertung durch die Anwender (*interne Kosten*). Nicht selten verändern die Anwender ihr Verhalten bei den Auswertungen. Dies kann im einen Fall durch Automatisierung des Berichtswesens erheblich reduziert wie auch im anderen Fall durch neue Auswertungs- und Präsentationsmöglichkeiten fast beliebig gesteigert werden. Stichprobenartige Erhebungen (Interviews) bei den Anwendern, z. B. im Zusammenhang mit dem Prototyping, können helfen, diesen Effekt quantitativ abzuschätzen.

11.7.2 Nutzenbetrachtung

Die folgende Aufstellung ist für den Projektmanager, den Auftraggeber und den Controller gedacht; sie soll Anhaltspunkte für eine Nutzenbetrachtung geben. Die Leistungsfähigkeit vor allem der benötigten Datenbeschaffungs- und Auswertungswerkzeuge sowie der geplante Umfang und die Organisation des Data Warehousing entscheiden letztlich darüber, ob der jeweilige Punkt auch tatsächlich für die Nutzenbetrachtung relevant ist.

Den genauen Nutzen zu beschreiben ist schwer, da nur ein Teil der Nutzenaspekte quantifizierbar ist. Abwägen setzt jedoch Mengenangaben voraus. Letztendlich wird spätestens bei der Entscheidung über die Einführung des Data Warehousing zumindest im Kopf des Managers eine mehr oder weniger fundierte, grobe Quantifizierung über alle Aspekte erfolgen, um überhaupt eine Entscheidung darüber treffen zu können. Um dem Manager diese »mentale Quantifizierung« zu erleichtern, ist es notwendig, ihm die qualitativen Nutzen- und teilweise auch Kostenaspekte angemessen aufzubereiten. Er muss diese einordnen können und mit seinem Wissen und seinen Denkschemata (Erfahrungsschatz) in Zusammenhang bringen können, um ihre Wirkung langfristig, d.h. strategisch, zu erfassen und somit zu einer Entscheidung zu kommen. Bei der Aufbereitung der qualitativen Aspekte ist es sinnvoller, anstelle pseudogenauer und nicht nachvollziehbarer Mengenangaben Beschreibungen zu geben, anhand derer er die Größenordnung der Aspekte abzuschätzen vermag.

Nach Walterscheid [Walt99], Spraguee und Carlson [SpCa82] können die Nutzenaspekte nach den folgenden vier Bewertungskriterien eingeteilt werden:

1. *Prozesskriterien*:
   Hierunter fallen alle Aspekte, derentwegen die Auswertung mit den Daten der Ableitungs- und Auswertungsdatenbank vorgenommen werden. Mit Prozess ist hier zum einen der Entscheidungsprozess der Manager gemeint, den es gilt, effizienter (kostengünstiger und schneller) und effektiver (fundierter und qualitativ besser) zu gestalten, zum anderen der Prozess der Informationsversorgung, der durch das Data Warehousing verbessert werden soll.
2. *Produktivitätskriterien*:
   Sie bewerten die Folgen der Managemententscheidungen und der besseren Informationsversorgung.
3. *Wahrnehmungskriterien*:
   Diese umfassen alle Aspekte, die Anwender und deren Umgang mit dem Data-Warehouse-System betreffen; somit geht es vor allem um die Ergonomie.
4. *Produktkriterien*:
   Hierunter fallen Aspekte wie die technischen und funktionellen Eigenschaften der eingesetzten Werkzeuge im Hinblick auf erhöhte Leistung und verbesserte Sicherheit.

Eine Unterteilung in qualifizierbare und quantifizierbare Nutzenkategorien ist zwangsläufig subjektiv, solange es nicht Kennzahlen zu den qualifizierbaren Nutzenkategorien gibt. Daher unterbleibt diese Aufteilung. Die nachfolgend aufgeführten Nutzenaspekte werden stattdessen nach den oben angegebenen vier Bewertungskriterien aufgeteilt, wobei für einige Nutzenaspekte mehrere Bewertungskriterien zutreffen. Diese werden ggf. explizit mit aufgeführt.

Prozesskriterien

- Der Erkenntnisgewinn wird durch die Verbesserung von alten bzw. durch mögliche neue Auswertungen erhöht, indem bisher getrennte Daten verknüpft und über zusätzlichen Sichten z.B. durch OLAP-Methoden zugänglich gemacht werden. Diese Verbesserung und Verbreiterung der Sicht – vor allem durch Einbeziehung der Dimension Zeit – erleichtert und fundiert insbesondere Managemententscheidungen (Durchschaubarkeit). (Auch Produktkriterium)

- Entwicklungszeiten werden durch Parametrierung (statt Programmierung), Prototyping und Fehlerfrüherkennung kürzer (Effizienz).
- Auswertungen können schneller erstellt werden, wobei die Anwender Anfragen und Auswertungen selbstständig formulieren und durchführen können, da keine direkte (zeitliche und ggf. personelle) Abhängigkeit von dem IT-Bereich mehr existiert (Autonomie). (Auch Wahrnehmungskriterium)
- Aussagen bei Auswertungen (insbesondere beim Reporting) werden einheitlich (Konsistenz).
- Präsentation der Ergebnisse – von einfacher Visualisierung durch Grafiken bis hin zu Data-Mining-Anwendungen – kann verbessert werden. (Auch Wahrnehmungs- und Produktkriterium)
- Weitergehende Auswertungen der in der Basisdatenbank integrierten Quelldaten werden möglich (auch Produktkriterium):
  - standardisierter Zugriff auf Datenbestände weltweit und Verknüpfungsmöglichkeit der Daten dieser Bestände
  - einheitliche Sicherheitsverfahren
  - einfacher Datenaustausch
  - neuartige Auswertungsformen wie Data Mining etc. und neue Technologien wie z.B. Erweiterung des Anwenderkreises für Auswertungen über das Web (auch Produktkriterium).
- Informationsversorgung kann durch eine integrierte Informationsbereitstellung verbessert werden, das bedeutet eine Zeitersparnis, da die Suche sowohl nach Basisinformationen wie auch nach aggregierten Informationen schneller wird und dadurch auch flexibler reagiert werden kann.
- Fehlererkennung und -bereinigung werden z.B. durch Simulation erleichtert (auch Produktivitäts-, Wahrnehmungs- und Produktkriterium).
- Vorgehensweise beim Extraktionswesen wird einheitlich (Standardisierung).
- Qualität der Daten wird verbessert und ihre Aussagekraft erhöht, da das Data-Warehouse-Projekt zur Bereinigung von Daten zwingt.
- Schnittstellen können einfacher erstellt und spezifiziert werden, da dies weitestgehend durch Parametrierung anstatt Programmierung innerhalb und außerhalb von Data-Warehouse-Projekten (Copy-Extraktionswesen generell) geschieht (auch Produktkriterium).
- Betrieb der Quellsysteme wird durch Auswertungen nicht gestört, da diese in das Data-Warehouse-System verlagert werden.
- Rechner werden durch weniger Schnittstellen infolge der Data-Warehouse-Datenarchitektur und durch direkte und dadurch effizientere Zugriffsmethoden innerhalb und außerhalb von Data-Warehouse-Projekten geringer belastet.
- Dokumentation erfolgt im ETL-spezifischen Repositorium zum Teil selbst, da Schemadaten aus den Quellsystemen automatisch übernommen werden (auch Wahrnehmungs- und Produktkriterium).

- Data-Warehouse-Prozesse können automatisch ablaufen, z.B. unter der Ablaufsteuerung (Scheduling-Komponente) des ETL-Werkzeugs (auch Wahrnehmungs- und Produktkriterium).
- Abhängigkeit von Anwendungsprogrammierern und Systemspezialisten kann reduziert werden.
- Werden infolge des Data Warehousing Altanwendungen abgelöst, so setzt der eingestellte Betrieb (inkl. Wartung) Ressourcen frei.

Produktivitätskriterien

- Geschäftsprozesse können effizienter abgewickelt werden. Effizienzeffekte können beispielsweise sein:
  - bei Marketingkampagnen gezielte Auswahl von Kunden für den Versand von Werbematerial
  - verbesserte Kundenbetreuung
  - verbesserte Produktqualität durch stärkere Marktnähe
  - verbesserte Controlling-Effizienz

Wahrnehmungskriterien

- Prototyping und Test (Fehlersuche und Bereinigung) werden wesentlich erleichtert (auch Produktkriterium).
- Tuning-Maßnahmen können durch ETL-Werkzeug leichter aufgedeckt und zum Teil unterstützt werden (auch Produktkriterium).
- frühzeitige und stärkere Einbindung der Anwender (Partizipation)

Produktkriterien

- Reproduktion von ETL-Prozessen wird durch Versionierung innerhalb des ETL-Werkzeugs ermöglicht.
- Die vorhandenen Werkzeuge können auch für weitere über das Data Warehousing hinausgehende Zwecke verwendet werden; so eignen sich die ETL-Werkzeuge für jedwede Art des Kopierens sowie Extrahierens, und die Auswertungswerkzeuge können auch für weitere Auswertungen über das Data Warehousing hinaus eingesetzt werden.
- Folgende Softwareaspekte sind im Hinblick auf die Zukunftsträchtigkeit relevant:
  - Unabhängigkeit von der Programmiersprache der jeweiligen Quell- und Zielsysteme
  - Unabhängigkeit von den Datenbankmanagementsystemen der Anwendungssysteme, da der Austausch der Datenbankmanagementsysteme (fast) keine Konsequenzen auf das Extraktionswesen hat

Die aufgeführten Nutzenaspekte sind im konkreten Einzelfall daraufhin zu untersuchen, ob sie für das jeweilige Data-Warehouse-System oder für eine einzelne neue Auswertungsdatenbank überhaupt zutreffen, um dann näher beschrieben und ggf. quantifiziert zu werden. Die für die Quantifizierung notwendigen Abschätzungen werden am besten von denen vorgenommen, die die jeweiligen Nutznießer sind. Walterscheid [Walt99] weist auf die Prognoseunsicherheit der Auswirkungen von Informationssystemen hin. Die Abschätzungen sind meist subjektiver Natur, der Nutzen tritt erst zeitverzögert auf, und die quantitativen Angaben sind zudem unsicher. Da in den ROI nur die quantifizierten Nutzenaspekte eingehen, kann der ROI als eine pessimistische Schätzung betrachtet werden.

Das Management und die sie unterstützenden Controller haben ein naheliegendes Interesse daran, dass der vorhergesagte Nutzen später auch tatsächlich eintreten wird. Falls dies dann verifiziert werden soll, sind bei der Ermittlung der quantifizierbaren Größen möglichst bereits im Vorfeld folgende Aspekte zu beachten:

- Für fundierte Aussagen über Zeitersparnis bei Berichterstellung und Auswertungen müsste eine möglichst detaillierte Zeitaufschreibung über einen aussagekräftigen Zeitraum durchgeführt werden. Problematisch sind dabei der hierfür zu veranschlagende Aufwand und die möglichen Widerstände bei den beteiligten Anwendern, die sich ggf. kontrolliert fühlen.
- Die Auswertungsdatenbanken für unterschiedliche Funktionen und Bereiche werden hinsichtlich bestimmter Ziele eingerichtet. Manche dieser Ziele lassen sich messen und damit monetär bewerten (z.B. Rücklaufquote nach einer zielgerichteten Mailkampagne), manche hingegen nicht (z.B. Verbesserung der Kundenzufriedenheit).

11.8 Zusammenfassung

Der Aufbau eines Data-Warehouse-Systems ist im eigentlichen Sinne ein Anwendungsprojekt. Es muss von seiner Strategie und der technischen Realisierung in die bestehende Umgebung einer Organisation eingepasst werden. Die Unterschiede eines Data-Warehouse-Projekts liegen aber in der Komplexität der Anforderungen und der daraus resultierenden Aufgaben. Ein typischer Projektplan für ein anspruchsvolles Data-Warehouse-Projekt mittlerer Größe enthält ca. 500 bis 1.000 Einzelaktivitäten (Erfahrungswert eines Autors). Jede einzelne dieser Aktivitäten muss während der Projektabwicklung durch entsprechende Arbeitsaufträge mit jeweils mehreren Ergebnistypen definiert und abgearbeitet werden. Außerdem kommt erschwerend hinzu, dass die Anforderungen im Vorfeld nicht eindeutig zu fixieren und Eckpunkte abzustecken sind.

Die enorme Komplexität stellt außerdem eine reichhaltige Quelle für Fehler dar. Meistens treten in den unterschiedlichsten Projekten gleiche oder ähnliche Fehler auf, nur wird häufig zu spät bemerkt, dass ein bereits bekannter Fehler begangen wurde. Die Organisationen, die schon das zweite Data-Warehouse-System konzipieren und aufbauen, werden viele Fehler nicht ein zweites Mal machen, da Erfahrungen meist sehr schmerzhaft, d.h. zeitintensiv und teuer sind.

Neben Planungsfehlern liegt das größte Problem in der Realisierung. Auf den ersten Blick stellen kommerzielle Produkte für die Datenbeschaffung und Auswertung eine Erleichterung und Verkürzung des Projekts dar. Es darf aber nicht vergessen werden, dass kein Produkt alle Anforderungen erfüllen kann und eine Auswahl eines Produktes auch eine Festlegung auf produktspezifische Eigenschaften für einen gewissen Zeitraum bedeutet. Der Vorgang der Entscheidung für ein Softwareprodukt sei deshalb wohlüberlegt. Ebenso verhält es sich mit Herstellern von Hardware, die aber nicht so zahlreich am Markt vertreten sind.

12 Betrieb und Weiterentwicklung eines Data-Warehouse-Systems

Die Einführung eines Data-Warehouse-Systems wird gelegentlich als ein gewöhnliches Projekt bezeichnet. Die Besonderheit liegt aber darin, dass dieses Projekt niemals enden wird. Die Aussage, dass ein Data-Warehouse-System kein Produkt ist, sondern eine Aufgabe, ist nicht unbegründet. Ein Data-Warehouse-System wird zwar wie jedes Projekt einmalig aufgebaut, muss aber, um vom Anwender verwendet zu werden, ein dauerhaftes Konzept des Betriebs besitzen.

Auch das Data-Warehouse-Projekt bei *Star*Kauf* ist zweigeteilt. Es ist unbestritten, dass die Phase des Data-Warehouse-Aufbaus große personelle und finanzielle Ressourcen zum initialen Aufbau der zentralen Datenbanken, der Infrastruktur etc. binden wird. Es darf aber nicht vergessen werden, dass viele Anforderungen wie beispielsweise die Berichtserstellung oder die Administration des Data-Warehouse-Prozesses immerwährende Aufgaben darstellen.

Die Schwerpunkte des Betriebs liegen einerseits in der vielschichtigen Administration (Abschnitt 12.1), die auch aus der Komplexität der Komponenten herrührt, andererseits aber auch im Data-Warehouse-Prozess, der ebenso wie in Kapitel 3 aus den Phasen der Datenbeschaffung (Abschnitt 12.2), der optimierten Datenspeicherung (Abschnitt 12.3) und der Auswertung (Abschnitt 12.4) besteht. Die für den Data-Warehouse-Prozess notwendigen Datenverfügbarkeitsaspekte werden unter dem Thema Sicherungsmanagement (Abschnitt 12.5) diskutiert.

12.1 Administration

In diesem Abschnitt werden die für die Administration eines Data-Warehouse-Systems *notwendigen Aufgaben* und die daraus *resultierenden Rollen*, die entsprechenden Mitarbeitern zuzuweisen sind, aufgezeigt. Gerade die prozessorientierte Auffassung des Data Warehousing impliziert, dass eine Vielzahl von Aufgaben für einen reibungslosen und erfolgreichen Betrieb eines Data-Warehouse-Systems zu definieren sind.

12.1.1 Anforderungen und resultierende Aufgaben

In Abschnitt 11.1 wurden bereits Aufgaben skizziert, die beim Aufbau eines Data-Warehouse-Systems entstehen. An dieser Stelle erfolgt eine Fokussierung auf Anforderungen und den sich daraus ableitenden Aufgaben, die während des laufenden Betriebs Beachtung finden müssen. Diese Aufgaben werden jeweils um Tätigkeiten ergänzt, die für die Weiterentwicklung des Systems als notwendig erachtet werden. Weiterhin gilt es, an dieser Stelle anzumerken, dass die *Wartung eines Data-Warehouse-Systems* und die damit verbundene Sicherstellung der einhergehenden Qualitätsansprüche den *Aufwand für die Einführung* eines solchen Systems in einer Organisation um ein Vielfaches *übersteigen* kann. Daher muss das Thema Wartung ausführlich betrachtet werden.

In den nachfolgenden Ausführungen werden einige Aspekte erörtert. Da diese Punkte nicht als isolierte Einheiten angesehen werden können, wird in Abbildung 12–1 deren Verzahnung bzw. Abhängigkeit untereinander skizziert. Je nach Ausprägung des Data-Warehouse-Systems kann sich diese Verzahnung sowohl loser als auch enger ergeben; auch ganze Aspekte müssen nicht notwendigerweise bei einer Erstinstallation eines Data-Warehouse-Systems vollständig ausgeprägt sein.

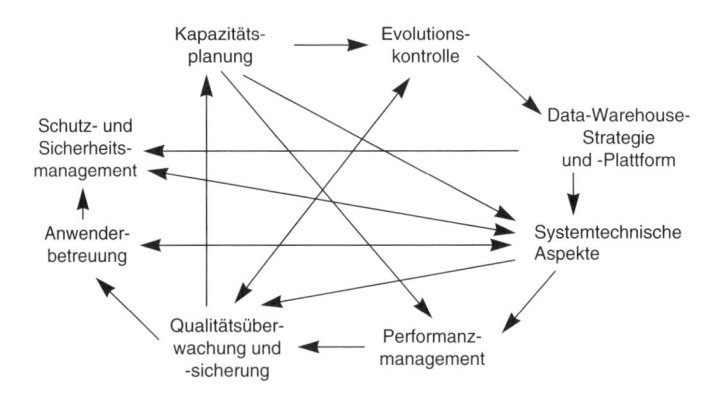

Abb. 12–1 *Beziehungsgeflecht der für den Betrieb relevanten Aspekte*

Systemtechnische Aspekte

Unter dem Begriff »systemtechnische Aspekte« versteckt sich die Forderung einer kontinuierlichen Wartung der Hard- und Software, also aller im Data-Warehouse-System eingesetzten Computersysteme mit Betriebs- und Anwendungsprogrammen. Während sich der *hardwarespezifische Teil* auf die kontinuierliche Funktionsüberprüfung, die Aufstockung und die Reparatur von Rechnern (z.B. Austausch defekter Platten oder Aufrüstung weiterer Festplatten und CPUs) bezieht, umfasst die Pflege der *eingesetzten Software* ein weitaus größeres Spektrum an Tätigkeiten. Zum einen erstreckt sich die Software von Betriebssystemen über Datenbanksysteme bis hin zu Datenbeschaffungs- und Auswertungswerkzeugen. Zum anderen ist darauf zu achten, dass sowohl vorhandene Verbesserungen (Patches/Upgrades) ohne Einfluss auf das gesamte Systemverhalten in einzelnen Komponenten eingebracht als auch neue Versionen und eventuell neue Produkte eingesetzt werden. Insbesondere der letzte Punkt zeigt eine enge Verflechtung mit dem Punkt der *Anwenderbetreuung* auf, da oftmals von Seiten der Anwender Anregungen und Wünsche in Hinsicht auf einzusetzende Programme vorgetragen werden. Dieser Vorgang steht weiterhin in Verbindung mit der Aufgabe der *Zukunftsplanung* eines Data-Warehouse-Systems. Ebenfalls im Hinblick auf eine Weiterentwicklung des bestehenden Systems ist die systemtechnische Teilaufgabe zu sehen, zusammen mit Verantwortlichen aus dem Bereich der *Kapazitätsplanung* Anforderungen an die Hardware zu ermitteln, zu bündeln und ggf. in eine Aufrüstung der bestehenden Hardware-Infrastruktur zu kanalisieren.

Neben diesen allgemeinen systemtechnischen Aufgaben tritt beim Betrieb eines Data-Warehouse-Systems bedingt durch das notwendige Zusammenspiel vielfältiger Systeme eine Vielzahl spezieller Aufgaben im Bereich der Systemtechnik auf. So ist beispielsweise darauf zu achten, dass die vorhandene *Heterogenität der Quellsysteme* sowohl auf Ebene der Hardware als auch auf Ebene der Software in Kombination mit den jeweiligen Spezialisten für unterschiedliche Systeme und Programme transparent erscheint. Konkret bedeutet dies, dass die Ladeprogramme kompatibel zu den jeweiligen Systemen sind, aus denen die Informationen extrahiert werden; ein Versionswechsel des Quellsystems muss entsprechend eine Überprüfung und eventuelle Aktualisierungen der davon abhängigen Extraktionsprogramme beinhalten. Weiterhin beschränken sich derartige systemtechnische Aufgaben nicht auf die statische Betrachtungsweise: Extraktionen sind zu initiieren, bei einem Fehler zu wiederholen etc. Der gesamte dynamische Prozess, ausgehend von Laderoutinen bis zur Verteilung von spezifisch zugeschnittenen Sichten der Data-Warehouse-Datenbank, ist somit als Teil der systemtechnischen Aspekte beim Betrieb eines Data-Warehouse-Systems zu sehen.

Systemtechnik umfasst somit die *Bereitstellung einer hard- und softwaremäßigen Infrastruktur* zum Betrieb eines Data-Warehouse-Systems, der Schaffung einer Transparenz mit Bezug auf die vorhandene Systemheterogenität und die Beherrschung der einem Data-Warehouse-System inhärenten Ablaufkomplexität für das reibungslose Zusammenspiel der beteiligten Systeme.

Performanzmanagement

Der Bereich des Performanzmanagements umfasst die Vorgänge, die notwendig sind, um zum einen Informationen über den Istzustand des Systems zu erhalten und zum anderen diesen Zustand weiterhin zu optimieren. Dabei werden alle im System eingesetzten Komponenten herangezogen. Zu prüfen ist in diesem Bereich, ob die aktuell gewählte systemtechnische Architektur den festgelegten Ansprüchen genügt, ob die eingesetzte Hardware die Leistung erzielt, die von ihr erwartet wird, und ob die verwendeten Softwareprodukte so konfiguriert sind, dass alle Aufgaben effizient erledigt werden. Abschnitt 12.2 behandelt dazu den Datenbeschaffungsprozess, wobei aus diesem Blickwinkel eine *Optimierung des Scheduling-Prozesses* im Hinblick auf Zeitdauer und Kosten zu erfolgen hat. Zu eruieren ist zum einen, ob die Quellsysteme die Fähigkeit aufweisen, lediglich Veränderungen extrahieren zu lassen, ob bereits Voraggregierung auf dem Quellsystem vorgenommen werden kann oder ob eine Komprimierung der Daten mit Hinblick auf eine Datenfernübertragung zum Data-Warehouse-System in einer nennenswerten Zeitersparnis resultiert. Zum anderen ist bei der Planung des Datenbeschaffungsvorgangs auf die *optimale Abfolge von Extraktions- und Aufbereitungsvorgängen* aus verschiedenen Quellsystemen zu achten. Kriterien sind hierbei existenzielle Abhängigkeiten der Daten (Daten wie Dimensionsdaten sind vor den davon existenziell abhängigen Kennzahlen abzuarbeiten), Verfügbarkeit der Quellsysteme, Daten mit großem »Aufbereitungsaufwand«, wie Datenbereinigung, oder schlichtweg das Datenvolumen. Die Optimierung des Scheduling-Prozesses wird umso komplexer, je mehr Quellsysteme und Aufbereitungsschritte involviert sind.

In Abschnitt 12.3 werden alle auswertungsrelevanten Aspekte zur Leistungssteigerung ausführlich diskutiert. Gerade die Datenbankadministration erweist sich in diesem Zusammenhang als äußerst anspruchsvolle Tätigkeit, da Aggregationsanfragen auf der typischerweise umfangreichen Datenbasis entsprechend systemtechnisch unterstützt werden müssen. Dies erfordert eine ständige *Anpassung entsprechender physischer Hilfsmittel* (z.B. Indexstrukturen, Partitionierungen oder Summentabellen) und wirft permanent die *Frage nach optimaler Lastverteilung* auf.

Qualitätsüberwachung und -sicherung

Eng mit dem Aufgabenbereich des Performanzmanagements hängt der Bereich der Qualitätsüberwachung zusammen. *Qualitätsüberwachung und -sicherung* lassen sich in drei orthogonale Richtungen aufteilen. Zum Ersten ist – zeitlich gesehen – eine Kontrolle der vom Data-Warehouse-System ausgehenden *Dienstequalität* während der gesamten Existenz des Systems notwendig. Zum Zweiten kann die Qualitätsüberwachung in *Maßnahmen* für den *Eingang* und für den *Ausgang* der Daten in bzw. aus dem Data-Warehouse-System unterteilt werden. Zum Dritten ist darauf zu achten, dass sowohl *systemorientierte Qualitätsüberwachung* als auch *datenorientierte Qualitätskontrolle* adäquat in einem laufenden Data-Warehouse-System stattfinden. Wie bereits zuvor angeklungen, bezieht sich systemorientierte Qualitätssicherung auf die Einhaltung von Zeitintervallen zum Laden oder Reorganisieren neuer Daten oder erwartetes Antwortverhalten bei interaktivem Zugriff auf die Datenbasis. Zur datenorientierten Qualitätssicherung gehört vor allem die Qualitätssicherung der effektiven Daten in den Datenquellen und der Basisdatenbank sowie der Metadaten im Repositorium.

Ergebnis der Qualitätsüberwachung ist eine Fülle von *technischen Metadaten*, aus denen Informationen über den aktuellen Zustand des Systems in Hinsicht auf die erwarteten Anforderungen gewonnen werden können. Hilfreich zur frühzeitigen Erkennung von Anforderungen ist dabei, eine Art »Mini-Data-Warehouse-System« als Teil des *Repositoriums* anzulegen, auf das mit den üblichen Auswertungswerkzeugen zugegriffen und das entsprechend ausgewertet werden kann. Auf dieses »Mini-Data-Warehouse-System« müssen die gleichen Qualitätsüberwachungs- und Sicherungsmaßnahmen, wie sie für das eigentliche Data-Warehouse-System gelten, angewandt werden.

Ziel einer Qualitätsüberwachung ist zum einen, Engpässe aufzuzeigen, die dann ggf. durch Änderung der Kapazitätsplanung beseitigt werden können. Zum anderen ist eine Qualitätsüberwachung auch sinnvoll, um einen reibungslosen Betrieb beim Management nachweisen zu können, da sich derartige Belege oftmals als äußerst nützlich bei entsprechenden Verhandlungen erweisen können (z.B. Budgeterstellung). Wird der Bereich der Qualitätsüberwachung in der Initialphase eines Data-Warehouse-Systems noch wenig ausgeprägt und nur als Insellösung vorhanden sein, so ist darauf zu achten, dass mittel- und langfristig ein die einzelnen Komponenten oder Verfahren übergreifendes *Qualitätssicherungsmanagement* für das gesamte Data-Warehouse-System erstellt wird.

Kapazitätsplanung

Wie das gesamte Data-Warehouse-System reflektiert die Kapazitätsplanung einen stetigen Vorgang, in welchem die aktuelle Kapazitätssituation den Anforderungen und auftretenden Engpässen angepasst wird. Die Kapazitätsplanung basiert überwiegend auf den von der Qualitätsüberwachung gesammelten Informationen. Zusätzlich sind jedoch spezifische Messwerte (z.B. Netzauslastung, Personalüberstunden) zu erfassen und zusammen mit den Kennzahlen der Qualitätsüberwachung zu kombinieren. Diese Daten sind den Anforderungen gegenüberzustellen, und ggf. ist Handlungsbedarf abzuleiten. Zu betonen ist an dieser Stelle, dass nicht nur Hardware und Software der Kapazitätsplanung unterliegen. Ein wesentlicher Punkt ist die Personalplanung; Personaldefizit kann ebenfalls durch gesammeltes Zahlenwerk dem Management ersichtlich gemacht werden.

Als konkretes, Data-Warehouse-spezifisches Beispiel kann an dieser Stelle die Planung des Datenbeschaffungsprozesses angeführt werden. So ist während des Datenbeschaffungsprozesses sicherzustellen, dass auf den Quellsystemen hinreichend viel Rechenkapazität vorhanden ist, um die relevanten Daten aus dem Quellsystem zu extrahieren. Gegebenenfalls muss genügend Speicherplatz zur Zwischenspeicherung der Exportdateien zur Verfügung stehen. Sind Quellsystem, Arbeitsbereich und Basisdatenbank nicht alle auf dem gleichen Rechner, so ist bei der Kapazitätsplanung darauf zu achten, dass das eingesetzte Netzwerk eine ausreichende Bandbreite für den Datentransport vom Quellsystem zum Data-Warehouse-Rechner bietet. Auf dem Rechner für den Arbeitsbereich ist sicherzustellen, dass wiederum entsprechend temporärer Speicherplatz und Rechenkapazität für die Transformation, ggf. für Voraggregation und für den Import in die Basisdatenbank zur Verfügung stehen. Engpässe können durch Aufrüstung bestehender Anlagen (mehr Prozessoren, mehr Platten) oder Austausch der Infrastruktur (schnelleres Netzwerk) beseitigt werden.

Anwenderbetreuung

Zufriedene und begeisterte Anwender sind als das *Ziel eines erfolgreichen Data-Warehouse-Systems* einzustufen (Abschnitt 12.4). Einen entsprechend hohen Stellenwert muss der Aspekt *Anwenderbetreuung* im Betrieb eines Data-Warehouse-Systems aufweisen. Anwenderbetreuung beginnt damit, die *potenziellen Anwender* für das Data-Warehouse-System zu gewinnen, d. h., sie über die Möglichkeiten und Grenzen des Data-Warehouse-Systems aufzuklären, sodass der potenzielle Nutzerkreis so weit als nur möglich ausgeschöpft wird. In einem zweiten Schritt gilt es, *neue Anwender zu schulen* und bereits *aktive Nutzer des Systems weiterzubilden* bzw. über Veränderungen im Data-Warehouse-System zu informieren. Dabei ist wiederum zweigleisig zu verfahren: Dem Anwender muss eine Möglichkeit in Form einer Kontaktperson oder Institution gegeben werden, um sowohl auf technische als auch inhaltliche Fragestellungen eine schnelle und kompetente Auskunft zu erhalten. Entsprechend dem Profil des Nutzerkreises ist dabei auf die jeweils spezifischen Bedürfnisse von Einfach-Anwendern bzw. Experten einzugehen. Insbesondere dem erfahrenen und ausgebildeten Anwender muss erläutert werden, inwieweit er als Nutzer (oder Kunde) auf die Gestaltung des Data-Warehouse-Systems Einfluss nehmen kann. Dieser Einfluss erstreckt sich von Verbesserungen der Ergonomie wie Bedienungsoberflächen zur Anfragespezifikation und Ergebnisvisualisierung bis hin zu Veränderungen am Datenschema, Art oder Zeitpunkt eines Aktualisierungsvorganges etc. Entsprechend hat der Anwender einen nicht zu unterschätzenden und natürlich subjektiv geprägten Einfluss auf die Beurteilung der Qualität des Data-Warehouse-Dienstes. Hinzu kommt, dass es vor allem der Anwender ist, der die unzureichende Qualität der Daten bei seinen Auswertungsarbeiten erkennt; daher ist es erforderlich, ihm Ansprechpartner zu nennen, die die Probleme ursächlich angehen können. Das BICC (Abschnitt 11.2) ist eine bewährte Möglichkeit, diesen Dienst bereitzustellen.

Schutz- und Sicherheitsmanagement

Die Notwendigkeit von Sicherheit wird offensichtlich, wenn zum einen das Data-Warehouse-System einem großen Nutzerkreis zugänglich gemacht wird, wodurch die *Wahrscheinlichkeit eines Missbrauchs* ansteigt, und zum anderen das Data-Warehouse-System eine *zentrale Rolle innerhalb einer Organisation* einnimmt. Der zweite Punkt muss deshalb als kritisch eingestuft werden, da ein Ausfall des

Data-Warehouse-Systems weitläufige Konsequenzen nach sich ziehen würde. Weiterhin gilt es, dabei zu bedenken, dass *Informationen von strategischer Bedeutung* im Data-Warehouse-System gespeichert sind und somit ein Einbruch in das System aus unternehmerischer Sicht fatale Folgen haben könnte.

Grundsätzlich muss ein Data-Warehouse-System ein *anwendungsübergreifendes Schutz- und Sicherheitsmanagement* für alle Komponenten aufweisen. Ein derartiges Konzept ist wiederum in einen systemtechnischen und einen datenorientierten Teil zu untergliedern. Die Aufgabe eines *systemtechnischen Schutz- und Sicherheitskonzeptes* besteht darin, vorbeugend dafür zu sorgen, dass bei Systemausfall der Schaden am System minimal bleibt. Ein entsprechender Plan wird üblicherweise nach den unterschiedlichen Stufen von Ursachen gegliedert (von Absturz der Datenbank bis zu Katastrophen wie Brand, Wassereinbruch, Sabotage).

Der *datenorientierte Aspekt* umfasst die Problematik, welche Anwender Zugriffsrechte auf welche Bereiche des Data-Warehouse-Systems und bis zu welchem Detaillierungsgrad erhalten. Ein durch die Datenbank unterstütztes Autorisierungs- und Authentifizierungsmodell ist entsprechend zu schaffen und permanent zu aktualisieren, d.h. an geänderte Anwenderprofile anzupassen (siehe auch Abschnitt 11.6). In Abschnitt 12.5 wird diese Thematik der Sicherheit im Data-Warehouse-System noch einmal detailliert aufgegriffen.

Evolutionskontrolle

Wie bereits erläutert, muss Data Warehousing als *permanenter Prozess im Rahmen eines Change Management* aufgefasst werden. Diese Auffassung impliziert, dass eine ständige Veränderung und Erweiterung des Systems stattfindet. Aufgabe der *Evolutionskontrolle* ist dabei, die Änderungen so zu gestalten, dass zum einen der Betrieb des Data-Warehouse-Systems nicht gestört wird und zum anderen die eingeführten Veränderungen sich an die Gesamtplanung halten. Die Gefahr, dass Änderungen »quick and dirty« realisiert werden, ist insbesondere unter dem ständigen Druck eines laufenden Systems nicht zu unterschätzen. Daher hat es sich auch im Data-Warehouse-Umfeld als sinnvoll herausgestellt, mit festgelegten Release-Zyklen zu arbeiten. Die Evolution eines bestehenden Data-Warehouse-Systems kann auf vielen unterschiedlichen Stufen erfolgen. Angefangen von der Akquisition neuer Datenquellen bis zur Bereitstellung weiterer Auswertungsdatenbanken. Dies umfasst die Kontrolle, dass bereits existierende Nutzerkreise aufgrund nicht zufriedenstellender Datenversorgung oder vollkommen neu hinzugekommene Nutzerkreise nicht direkt aus den Quellsystemen, sondern aus dem Data-Warehouse-System ihre Daten beziehen. Weiterhin ist das Szenario zu betrachten, dass sich die Datenversorgung durch Quellsysteme ändert, sei es durch strukturelle Änderungen der Exportschemata oder durch Veränderung der Datenqualität und Zuverlässigkeit. Aus datenorientierter Sichtweise findet typischerweise eine Evolution durch die Einführung neuer Kenngrößen, weiterer Dimensionen oder Klassifikationshierarchien statt (Abschnitt 6.3).

Auch der Einsatz neuer Produkte kann unter diesem Aspekt gesehen werden. Datenbankspezifisch ist weiterhin anzugeben, wie sich die Bereitstellung von Summentabellen über die Zeit verändert. Die Menge an Voraggregationen hat sich an dem Zugriffsverhalten zu orientieren, welches entsprechend aufgezeichnet und für die Veränderung der Summentabellen herangezogen werden muss. Dabei gilt es, sowohl aktuelle Zahlen in die Vorberechnung einzubeziehen als auch Vorberechnungen aufzugeben, auf die nicht oder nur selten zugegriffen wird. Dieser Aspekt wird in Abschnitt 12.3.3 über Tuning-Maßnahmen näher betrachtet.

Zentral bei der Evolution eines Data-Warehouse-Systems ist jedenfalls, dass die *Qualität des Systems erhalten bzw. erhöht wird*. Somit existiert ein enger Zusammenhang der Evolutionskontrolle mit der Qualitätssicherung und entsprechend mit dem Bereich der Kapazitätsplanung.

Data-Warehouse-Strategie und -Plattform

Unter dem Aspekt der *Data-Warehouse-Strategie und der Data-Warehouse-Plattform* werden alle Aufgaben subsumiert, welche sich mit der Projektplanung des Nachfolgesystems befassen. Diese Aufgaben unterscheiden sich von dem vorangegangenen Punkt durch die langfristige Auslegung und durch die globale und strategisch ausgerichtete Sichtweise. Typische Aufgaben sind beispielsweise, Anforderungen strategischer Natur zu bündeln und an die entsprechenden Vorgesetzten weiterzuleiten. Weiterhin ist es von fundamentaler Wichtigkeit, den aktuellen Stand der Forschung und der Produktentwicklung ständig durch den Besuch von Informationsveranstaltungen, Konferenzen oder Kongressen zu verfolgen.

Wiederum lassen sich die dazu notwendigen Aktivitäten in den Aspekt *Technik* und den Aspekt *Daten* unterteilen. Aus technischer Sicht gilt es, permanent die optimale Data-Warehouse-Plattform im Hinblick auf Verteilung der Last und der Daten auf Rechnern unter Berücksichtigung der Datenströme im Netz zu bestimmen. Aus datenorientierter Sichtweise gilt es, das Schema der Basisdatenbank ständig fortzuschreiben.

Ziel dieser Aktivitäten muss es sein, die Gesamtarchitektur (*Bebauungsplan*) des Data-Warehouse-Systems fortlaufend zu aktualisieren, eine strategische Ausrichtung des Data-Warehouse-Systems innerhalb der Organisation zu definieren, das Data-Warehouse-System als *durchschaubare und organisationsweite Informationsquelle* zu etablieren und damit einen unentbehrlichen Grundbeitrag zu einer organisationsweiten strategischen Informationsplanung zu leisten. Alle Planungen sind unter dem Stichwort des *Agierens* zu sehen. Dementsprechend ist die Akquirierung weiterer Nutzerkreise und Einsatzmöglichkeiten aktiv voranzutreiben. Es ist beispielsweise zu klären, inwieweit das Data-Warehouse-System zur Unterstützung des operativen Betriebs der jeweiligen Organisation eingesetzt werden kann. Weiterhin ist es Aufgabe der strategischen Planung eines Data-Warehouse-Systems, im Vorfeld sowohl potenzielle Anforderungen der Endanwender wie auch des Datenmanagements zu identifizieren und möglichst schnell abzudecken. Dabei ist wiederum enger Kontakt zu den einzelnen Fachabteilungen oder einzelnen Sparten eines Unternehmens zu halten.

12.1.2 Organisationsformen für Entwicklung und Betrieb

Für die im vorangegangenen Abschnitt aufgeführten organisatorischen und technischen Aufgaben bei Entwicklung und vor allem beim Betrieb eines Data-Warehouse-Systems lassen sich eine Reihe von *Rollen*, die jeweils einzelnen Personen zugesprochen werden können, identifizieren. Diese Personen sind den beiden organisatorischen Einheiten *Rechenzentrum* und *Data-Warehouse-Kompetenzzentrum* zuzuordnen. Anzumerken ist an dieser Stelle, dass es einer zentralen Stelle zur Organisation der Data-Warehouse-System-Administration bedarf. Die einzelnen Aufgaben und Schnittstellen der beteiligten Personen und organisatorischen Einheiten sind hinsichtlich Zweck und Umfang detailliert abzuklären. Häufig wird die Systemadministration zentral vom *Data-Warehouse-Projektmanagement* gesteuert.

Auch die Organisation des Betriebs eines Data-Warehouse-Systems folgt zunehmend der *Information Technology Infrastructure Library (ITIL)*, einem Satz von Empfehlungen für die organisatorische Gestaltung der Bereiche Service Support, Service Delivery, Infrastructure und Application Management. Der Treiber für den ITIL-Einsatz ist die allgemeine IT-Strategie eines Unternehmens. Die Organisation des Data-Warehouse-Betriebs hat dann den entsprechenden ITIL-Modulen zu folgen (z. B. Problem/Change/Release Management).

Rechenzentrum

Das Rechenzentrum übernimmt die *klassischen Aufgaben* der Rechnerbeschaffung, der Installation und des Betriebs. Als Rollen, die von Mitarbeitern des Rechenzentrums besetzt werden müssen, sind im Kontext der Data-Warehouse-Systeme speziell Systemadministratoren herauszuheben. Neben klassischen Aufgaben bieten Rechenzentren mittlerweile eine *Vielzahl weiterer Dienstleistungen* an. Aus Sicht des Data-Warehouse-Systems ist es beispielsweise durchaus üblich, die gesamte Datenbankadministration durch Experten des Rechenzentrums vornehmen zu lassen (Rolle des Datenbankadministrators). Insbesondere mit Blick auf systemtechnische Aufgaben aus Abschnitt 12.1.1 ist das Rechenzentrum als Partner beim Betrieb eines Data-Warehouse-Systems zu integrieren.

Die weitestgehend automatisch ablaufenden und vom Data-Warehouse-Manager anhand der im Repositorium hinterlegten Daten gesteuerten Datenbeschaffungsprozesse (Abschnitte 3.1–3.5) werden ebenfalls von Spezialisten des Rechenzentrums überwacht (Rolle des Ablaufadministrators). Die Definition der Abläufe erfolgt gemeinsam mit Mitgliedern der Data-Warehouse-Projekte und/oder Spezialisten des Data-Warehouse-Kompetenzzentrums.

Data-Warehouse-Kompetenzzentrum

Als Data-Warehouse-spezifische Einrichtung ist ein sogenanntes *Kompetenzzentrum* für den reibungslosen Betrieb zweckmäßig. Wie in den vorherigen Abschnitten erläutert, gehen diese Data-Warehouse-Kompetenzzentren häufig in Business-Intelligence-Kompetenzzentren (BICC) auf. Naturgemäß setzt sich das Data-Warehouse-Kompetenzzentrum mit den spezifischen Problemen des Data Warehousing auseinander, wobei die Aufgabenabgrenzung zum Rechenzentrum nicht scharf sein darf, sondern eine Vermischung oder Zusammenarbeit sogar zwingend notwendig ist. Während global gesehen das Kompetenzzentrum Data-Warehouse-spezifische Aufgaben erledigt, erfüllt das Rechenzentrum Aufgaben allgemeiner Natur.

Das Data-Warehouse-Kompetenzzentrum deckt eine Fülle von Aufgaben ab. Zentrale Schüsselrolle nimmt der *Datenmanager*, oftmals auch als *Datenarchitekt* bezeichnet, im Sinne der Verfahrensbetreuung ein. Der Datenmanager ist zuständig für den korrekten Fluss von Daten in das Data-Warehouse-System, innerhalb des Data-Warehouse-Systems und auch aus dem Data-Warehouse-System heraus. Entsprechend hält die Person, welche die Rolle des Datenmanagers bekleidet, Kontakt zu Datenlieferanten und -konsumenten, um sowohl neue Quellen als auch neue Kunden für das Data-Warehouse-System zu gewinnen. Auf technischer Seite hat der Datenmanager engen Kontakt zum *Ablaufadministrator* zu halten, um die systemtechnische Realisierbarkeit zu evaluieren und auszuführen. Somit ist die Rolle des Datenmanagers sowohl technisch und organisatorisch ausgerichtet (Machbarkeitsanalysen, Aufwandsabschätzungen usw.) als auch »politischer« Natur (Verhandeln über das Abtreten von Daten, Durchsetzen bestimmter Vorgaben oder Standards usw.).

Eher fachlicher Natur und als Erweiterung und Ergänzung zum *Datenbankadministrator* ist die Rolle des *Datenadministrators* zu sehen. Ein Datenadministrator ist zuständig für die Erstellung und Pflege der konzeptionellen Schemata, die einvernehmlich mit den Vertretern der Fachbereiche entwickelt werden. Er arbeitet im Vorfeld des Datenbankadministrators. Schemaänderungen beispielsweise beim Einbinden neuer Quellen werden vom Datenadministrator geplant, dokumentiert und meist in Zusammenarbeit mit dem Datenbankadministrator durchgeführt. Der Datenadministrator ist weiterhin verantwortlich für die Pflege der Metadaten im Repositorium (Kap. 9). Beispielsweise werden neue Anwendungen, die auf das Data-Warehouse-System zugreifen, erfasst und zentral verwaltet. Außerdem ist der Datenadministrator – wiederum zumindest in Absprache mit dem Datenbankadministrator – dafür zuständig, Kandidaten für materialisierte Sichten (Abschnitt 8.5) zu identifizieren und ggf. bereitzustellen. Entsprechend ist die Rolle – zumindest im systemorientierten Teil – im Bereich des Performanzmanagements anzusiedeln.

Als dritte wesentliche Säule eines Data-Warehouse-Kompetenzzentrums ist die Anwenderbetreuung zu nennen. Dabei werden die anstehenden Aufgaben wie

Help-Desk-Betrieb oder Schulungen von jeweiligen Experten aus diesem Bereich vorgenommen. Formal ist dazu die Rolle des *Applikationsbetreuers* zu definieren.

Als allumfassende Aufgabe, wie sie bereits im vorangegangenen Abschnitt skizziert worden ist, ist das Qualitätsmanagement zu sehen. Das Problem des Qualitätsmanagements ist weder einer einzelnen organisatorischen Einheit noch einer einzelnen Rolle zuzuordnen, denn die Problematik des Qualitätsmanagements zieht sich durch alle Stufen eines Data-Warehouse-Systems durch. Als konkrete Umsetzung eines Qualitätsmanagementteams bieten sich grundsätzlich zwei Richtungen an. Zum einen kann jeder Rolle ein jeweils adäquater Teilaspekt zugewiesen werden. Zum anderen werden unabhängige Personen beauftragt, die Qualitätssicherung durchzuführen. Wird dem Aspekt der Qualität eine entsprechende Bedeutung zugesprochen, so ist die Einsetzung eines *Qualitätsmanagementteams* außerhalb des üblichen Organigramms einer Organisation anzudenken. Die Entscheidung darüber hängt entsprechend von der konkreten Struktur und Größe des Data-Warehouse-Systems ab.

Ausgliederung von Betriebseinheiten

Bedingt durch die immer mehr voranschreitende Vernetzung ist es oftmals von ökonomischem Interesse, über die Ausgliederung (engl. outsourcing) einzelner organisatorischer Einheiten sowohl grundsätzlich als auch speziell für den Betrieb eines Data-Warehouse-Systems nachzudenken. Der Grad der Ausgliederung kann sich von *keiner Ausgliederung* bis zu *vollständiger Übertragung des Betriebs* eines Data-Warehouse-Systems erstrecken.

Für rechenzentrumsspezifische Aufgaben liegt es nahe, diese den bestehenden Strukturen – ausgegliedert oder als Teil der Organisation – zu übertragen. Für kompetenzzentrumsspezifische Aufgaben gilt es, Vorteile und Nachteile gegeneinander aufzuwiegen. Externe Unternehmen, die auf den Betrieb eines Data-Warehouse-Systems spezialisiert sind, können oftmals Aufgaben schneller und damit günstiger erledigen als eigene Experten. Dieses Argument ist umso schlagkräftiger, wenn erst entsprechende Experten im eigenen Unternehmen für den Betrieb des Data-Warehouse-Systems ausgebildet werden müssen. Es ist offensichtlich, dass systemtechnische Dienste »leichter« auszulagern sind (aufgrund einfacher zu spezifizierender Anforderungen wie maximale Verfügbarkeit, durchschnittliche Antwortzeit etc.) als Dienste, die interne Kenntnisse von Abläufen im Unternehmen voraussetzen.

Bei einer Ausgliederung ist es wichtig, dass die *Schnittstelle zum eigenen Unternehmen* – sei es auf Basis bereitgestellter Rechenanlagen oder auf Ebene webbasierter Auswertungswerkzeuge für die Data-Warehouse-Systemanwender – genau definiert ist und dass ein gewisses *Vertrauensverhältnis zum Dienstleister* besteht; schließlich finden sich oftmals Kennzahlen von strategischer Bedeutung für das Unternehmen im Datenbestand eines Data-Warehouse-Systems.

Nach mehreren Jahren realer Ausgliederungserfahrung kann festgestellt werden, dass in der praktischen Erfahrung mit dem Themengebiet Data-Warehouse-System eine gewisse Ernüchterung eingetreten ist. Gibt es für die Ausgliederung von Betriebsaufgaben (wie zuvor beschrieben) inzwischen relativ erfolgversprechende Vorgehensweisen, so ist die Ausgliederung von (Weiter-)Entwicklungsaufgaben von Data-Warehouse-Systemen eher kritisch zu sehen. Durch die Notwendigkeit, die Prozesse bei einer Ausgliederung sehr stark zu formalisieren, kann vor allem in der Auswertungsschicht eines Data-Warehouse-Systems die notwendige Flexibilität für Anpassungen und spontane Informationswünsche leiden. Aber auch die Projektarbeit hat in manchen Unternehmen durch einen mit der Ausgliederung verbundenen Know-how-Verlust gelitten. Inzwischen wird versucht, diesem Trend durch die Gründung von Business-Intelligence- bzw. Data-Warehouse-Kompetenzzentren entgegenzuwirken, was eine Rückeingliederung unternehmenskritischer Data-Warehouse-Aufgaben bedeutet. Weiterhin werden wichtige Data-Warehouse-Aufgaben nicht mehr unbedingt interkontinental (»offshore«, z.B. nach Indien), sondern kontinental (»nearshore«, z.B. östliche Nachbarstaaten) vergeben, um durch die geografische und kulturelle Nähe die Kommunikation und das beiderseitige Verständnis zu verbessern.

Eine neue Ausgliederungsbestrebung ist in dem aktuellen Stichwort »Cloud« zu finden. Dabei können – abhängig von der Ausprägung – neben Rechnerkapazität und Datenspeicher (als »Infrastructure as a Service« (IaaS) oder »Platform as a Service« (PaaS)) auch vollständig installierte Systeme mit Software bezogen werden (»Software as a Service« (SaaS)). Einer Vielzahl an Vorteilen wie eine »grenzenlose« Kapazität steht eine Reihe von Herausforderungen wie rechtliche Fragestellungen und Sicherheitsaspekte gegenüber. Für weitere Informationen sei auf [Abad09] verwiesen.

12.1.3 Rolle des Repositoriums

Ein Data-Warehouse-System ist ein komplexes System, das aus verschiedenen Komponenten zur Datenbeschaffung, -speicherung und -auswertung besteht. Der Aufbau und Betrieb eines solchen Systems ist sowohl aus technischer wie auch aus organisatorischer Sicht eine schwierige Aufgabe, die viel Zeit und Ressourcen in Anspruch nimmt. Wie Kapitel 9 gezeigt hat, spielen im Data-Warehouse-Kontext Metadaten und ein Repositorium für deren Verwaltung eine wichtige Rolle. Ein Grund für den Aufbau eines Repositoriums ist die Minimierung des Aufwandes für den Aufbau und Betrieb des gesamten Data-Warehouse-Systems. Gerade bei einer solch typischen heterogenen Umgebung, in der eine Vielzahl an verschiedenen Softwarekomponenten für die einzelnen Phasen des Data Warehousing eingesetzt werden (Kap. 3), ist ein zentrales Repositorium, welches sämtliche Metadaten des Data-Warehouse-Systems verwaltet, eine wichtige Voraussetzung für dessen effiziente Administration und Wartung.

Gemäß der Klassifikation in Abschnitt 9.4.1 lassen sich Metadaten nach dem Kriterium »Anwendersicht« in die zwei Kategorien *Business-Metadaten* und *technische Metadaten* einteilen. Im Zusammenhang mit dem Systemmanagement steht insbesondere die zweite Kategorie im Vordergrund, d.h. diejenigen Metadaten, die für die technische Administration und Applikationsentwicklung eingesetzt werden. Darunter fallen zum einen Metadaten über Primärdaten wie Strukturdefinitionen der Quellsysteme und der Basisdatenbank und zum anderen Prozessmetadaten wie Regeln für die einzelnen Schritte des Datenbeschaffungsprozesses (z.B. Transformation oder Bereinigung) und die Spezifikationen über die Reihenfolge dieser Schritte. Die integrierte Verwaltung von technischen Metadaten im Repositorium hat für das Systemmanagement folgende Vorteile:

- Die Administration des Data-Warehouse-Systems wird erleichtert, indem auf alle Metadaten des Data-Warehouse-Systems über eine einheitliche Schnittstelle zugegriffen werden kann.
- Die Steuerung der Data-Warehouse-Prozesse kann automatisiert werden, indem Prozessinformationen als Metadaten im Repositorium gespeichert werden.
- Die Verwaltung von technischen Metadaten im Repositorium, »getrennt« von den Softwarekomponenten, welche sie benutzen, vereinfacht wesentlich die Erweiterung und Wartung des Systems.
- Schließlich können Konzepte für die Versions- und Konfigurationsverwaltung in einer einheitlichen Art und Weise eingesetzt werden, sodass Änderungen, die im System im Laufe der Zeit vorgenommen werden, systematisch durchgeführt und nachvollzogen werden können.

Die Maßnahmen im Rahmen des Systemmanagements, die in den Abschnitten 12.2 bis 12.4 beschrieben werden, setzen voraus, dass die dabei anfallenden Metadaten in einem zentralen Repositorium verwaltet werden. Auch wenn eine physisch integrierte Haltung von Metadaten im Repositorium aufgrund der Heterogenität der eingesetzten Softwarekomponenten in der Praxis kaum realisierbar ist, kann zumindest durch die Bereitstellung einer integrierten, logischen Sicht auf alle Metadaten des Data-Warehouse-Systems ein wichtiger Beitrag zur Minimierung des Wartungsaufwandes des Systems geleistet werden. Die Planung, Durchführung und Dokumentation von Maßnahmen während der Betriebsphase eines Data-Warehouse-Systems, wie sie in vorherigen Kapiteln beschrieben werden, kann dadurch wesentlich vereinfacht werden.

12.2 Datenbeschaffungsprozess

In Abschnitt 12.1.1 wurden die verschiedenen Aspekte im Zusammenhang mit der Administration eines Data-Warehouse-Systems aufgezeigt. In diesem Abschnitt wird auf die speziellen Anforderungen eingegangen, welche der Betrieb bzw. die Wartung des Datenbeschaffungsprozesses mit sich bringt. Wie bereits in Kapitel 3 besprochen, werden im Rahmen des Datenbeschaffungsprozesses die verschiedenen Schritte ausgeführt, welche die operativen Daten aus den verschiedenen Quellen in die Basisdatenbank und anschließend in die Ableitungs- oder Auswertungsdatenbanken überführen. Vor allem in größeren Data-Warehouse-Systemen handelt es sich dabei um einen komplexen Prozess, welcher unterschiedliche Extraktionen, Transformationen, Abbildungen, Bereinigungs-, Integrations- und Ladeschritte für unterschiedliche Quellen in einer bestimmten Reihenfolge umfasst. Empirische Untersuchungen ([Bloo97], [Radc97]) zeigen, dass der Aufwand für die Gestaltung des Datenbeschaffungsprozesses oft unterschätzt wird, obwohl bekannt ist, dass er einen hohen Anteil am Gesamtaufwand eines Data-Warehouse-Projekts besitzt. Studien und Praxisberichte sprechen von ca. 60–70 % des Gesamtaufwandes. Der Definition, Administration und laufenden Wartung des Datenbeschaffungsprozesses kommen daher große Bedeutung zu; vor allem im Hinblick auf den Faktor Qualität, denn die Korrektheit und Vollständigkeit der Daten in den Ableitungs- oder Auswertungsdatenbanken werden hauptsächlich durch Maßnahmen während der Ausführung des Datenbeschaffungsprozesses erreicht.

In der Betriebsphase eines Data-Warehouse-Systems werden in Bezug auf den Datenbeschaffungsprozess zwei Phasen unterschieden: das *initiale Laden* und die *nachfolgenden*, typischerweise *periodisch* bzw. *iterativ* auszuführenden *Aktualisierungen*. Während der ersten Phase werden die Basisdatenbank und die Ableitungs- oder Auswertungsdatenbanken zum ersten Mal geladen. Ab diesem Zeitpunkt können die Anwender auf die Auswertungsdatenbanken mithilfe von Auswertungswerkzeugen zugreifen. Da sich die Daten in den Datenquellen im Laufe der Zeit ändern, müssen die Basisdatenbank und alle davon abhängigen Auswertungsdatenbanken immer wieder aktualisiert (synchronisiert) werden, sodass beide konsistent in Bezug auf den Inhalt der operativen Systeme sind. Der Zyklus dieser iterativ durchzuführenden Aktualisierungen lässt sich aus den fachlichen Anforderungen zum Aktualitätsgrad der Daten ableiten. In vielen Fällen wird heutzutage eine tägliche Aktualisierung zumeist im Nachtbetrieb vorgenommen, in Real- bzw. Righttime-Anwendungen (Abschnitt 4.3) sind aber auch mehrfache, untertägige Aktualisierungsläufe im Minuten- oder Sekundentakt denkbar. In diesem Sinne stellt die Basisdatenbank nach jeder der iterativen Ausführungen des Datenbeschaffungsprozesses ein integriertes, bereinigtes »Spiegelbild« der Datenquellen dar. Vom Aspekt des Datenbeschaffungsprozesses her unterscheiden sich diese zwei Phasen darin, dass die periodisch zu wiederholenden Aktualisierungen typischerweise inkrementell ausgeführt werden, d.h., dass nur die seit der letzten Aktualisierung geänderten Daten in den Datenquellen die einzelnen Schritte des Datenbeschaffungsprozesses »durchlaufen« und schließlich in die Basisdatenbank geladen werden.

12.2 Datenbeschaffungsprozess

Administration der Datenbeschaffung

Die Datenbeschaffung in einem Data-Warehouse-System ist ein komplexer Prozess, für dessen reibungslosen Ablauf es einer ganzheitlichen Administration bedarf. Diese wird vom Data-Warehouse-Manager (Abschnitt 2.2) unterstützt. In diesem Abschnitt werden die einzelnen Aspekte der Administration von Prozessen zur Datenbeschaffung in der Reihenfolge ihres Ablaufs kurz skizziert.

Planung:
Vor der Durchführung eines Prozesses zur Datenbeschaffung ist eine detaillierte Planung erforderlich, die festlegt, welche Arbeitsschritte (z. B. Transformationen) auf welchen Eingabedaten in welcher Reihenfolge auszuführen sind. Die einzelnen Arbeitsschritte sind im Detail zu spezifizieren. Dies betrifft u. a. Konfiguration, Parameter, Protokollierung und Problembehandlung. Gegebenenfalls sind auch die Ressourcen festzulegen, auf denen die Prozesse jeweils ausgeführt werden sollen. Die Planung sollte mithilfe einer Softwarekomponente vorgenommen werden, die eine grafische Spezifikation erlaubt, z. B. in Form von (Daten- bzw. Kontroll-)Flussdiagrammen.

Prozesssteuerung:
Der in der Planungsphase spezifizierte Daten- und Kontrollfluss muss nun umgesetzt werden. Dazu sind die einzelnen Prozesse zu spezifizierten Zeitpunkten bzw. bei Eintreten spezifizierter Ereignisse in der festgelegten Reihenfolge auf den angegebenen Ressourcen zu starten und mit den korrekten Parametern und Eingabedaten zu versehen.

Beobachtung:
Der gesamte Prozess zur Datenbeschaffung sollte unter der Beobachtung des zuständigen Administrators stehen. Dieser sollte sich über die aktuell laufenden Prozesse, deren Zustände (running, sleeping etc.), CPU- und Speicherbedarf, Startzeit, Dauer etc. informieren, um bei Auffälligkeiten ggf. korrigierend in den Prozess eingreifen zu können. Softwareseitig kann der Administrator dabei von einer grafischen Monitoring-Komponente unterstützt werden.

Protokollierung:
Zusätzlich zur Beobachtung des jeweils aktuellen Zustandes des Prozesses ist eine Protokollierung aller vorgenommenen Transaktionen sinnvoll. Dies erleichtert das Wiederaufsetzen bei Problemfällen erheblich. Die Protokolle sollten in eine Datenbank anstatt in eine Datei geschrieben werden, um einfach und komfortabel auswertbar zu sein. Eine Protokollierung kann z. B. direkt durch datensatzbezogene Metadaten erfolgen, sodass eine reine zeitgesteuerte Verarbeitung von Daten durch eine Metadaten-gesteuerte Datenpopulation ersetzt wird. Dazu sind Attribute wie ein Prozessstatus (»new«, »processed«, »pending«, »error«), eine Fehlerinformation, ein Zeitstempel des letzten Verarbeitungslaufs oder ein Modus der weiteren Datensatzverarbeitung (INSERT, UPDATE, DELETE) zusätzlich zur jeweiligen Entität im

Datensatz abzulegen und durch den Beschaffungsprozess zu füllen. Gemäß der Attributwerte dieser Metadaten ist jederzeit ein Status zur jeweiligen Entität ableitbar und in frei bestimmbaren Ladezyklen können die bisher unverarbeiteten bzw. unverarbeitbaren Daten aus dem Arbeitsbereich in die Basisdatenbank überführt werden. Eine derartige Metadaten-gesteuerte Datenpopulation wird häufig zur Bewirtschaftung von Real- bzw. Righttime-Anwendungen genutzt.

- *Ausnahmebehandlung*:
Im Rahmen der Datenbeschaffung kann es vorkommen, dass Eingangsdaten Unzulänglichkeiten aufweisen, die nicht automatisch beseitigt werden können, insbesondere Verletzung von Integritätsbedingungen der Zieldatenbank. Es wäre jedoch unpraktikabel, den gesamten Prozess bei Vorliegen einer solchen Ausnahme anzuhalten und erst nach deren Behandlung fortzusetzen. Stattdessen sollten Eingangsdatensätze, die nicht akzeptable Unzulänglichkeiten aufweisen, sowie von diesen abhängige Datensätze, in speziellen Datenstrukturen zwischengespeichert werden. Beispielsweise könnten die Primärschlüsselwerte fehlerhafter Datensätze zusammen mit einer Beschreibung des jeweiligen Fehlers in einer Fehlertabelle (engl. error table) protokolliert werden. Später kann dann eine manuelle Nachbearbeitung dieser Daten erfolgen. Nur für den Fall, dass die Anzahl der Ausnahmen ein a priori definiertes Limit übersteigt, sollte der Prozess abgebrochen werden.

- *Fehlerbehandlung*:
In einem so komplexen und unter Umständen lange andauernden Prozess wie dem der Datenbeschaffung für ein Data-Warehouse-System können Systemausfälle aufgrund von Software- oder Hardwarefehlern besonders schwerwiegende Folgen haben. Daher sind unbedingt Maßnahmen vorzusehen, die ein geregeltes Anhalten und Wiederaufsetzen von Prozessen ermöglichen. Eine geeignete Planung des Prozesses, z.B. regelmäßiges Absetzen von Commit-Befehlen sowie die Protokollierung von Transaktionen, kann die Fehlerbehandlung erheblich vereinfachen.

- *Benachrichtigung von Anwendern*:
Der Prozess der Datenbeschaffung sollte so geplant und durchgeführt werden, dass er die Anwender des Data-Warehouse-Systems möglichst wenig in ihrer täglichen Arbeit beeinträchtigt. Trotzdem sollten Anwender rechtzeitig über anstehende Beschaffungsprozesse informiert werden. Es ist auch deshalb wichtig, dass Anwender immer zeitnah über Aktualisierungen der Auswertungsdatenbanken (bzw. der Ableitungs- und Basisdatenbank) informiert sind, um dies bei ihren Auswertungen berücksichtigen zu können.

Behandlung von Nachlieferungen:
Trotz eines hohen Automatisierungsgrades bei Datenschaffungsprozessen ist es in der Praxis nicht auszuschließen, dass Unterbrechungen in den Verarbeitungsketten vorkommen. So können z. B. Vorsysteme aufgrund von Systemproblemen gar nicht, unvollständig oder verspätet liefern. Aufgrund der existierenden Abhängigkeit in der integrierten Basisdatenbank müssen in diesem Falle Datenbeschaffungsprozesse zumeist manuell initiiert werden und fehlerhaft integrierte Daten wieder aus der Basisdatenbank entfernt bzw. aktualisiert werden. Es lassen sich grundsätzlich zwei unterschiedliche Nachlieferungstypen differenzieren, die eine sehr ungleiche (manuelle) Nachverarbeitung von Daten auslösen. Bei einer kompletten Substitution der ursprünglich gelieferten Daten (engl. Total Refresh) sind bisher schon verarbeitete Daten aus der Ableitungsdatenbank z. B. mit dem identischen fachlichen Bezugsdatum zu entfernen. Im Falle einer inkrementellen Delta-Lieferung, bei der schon gelieferte Daten durch später hinzukommende, zusätzliche Daten erweitert oder inhaltlich verbessert werden, müssen die passenden, schon verarbeiteten Datensätze selektiert und aktualisiert werden.

Wartung und Optimierung des Datenbeschaffungsprozesses

Analog zu den anderen Komponenten eines Data-Warehouse-Systems muss während der Betriebsphase auch der Datenbeschaffungsprozess gewartet werden, d. h. laufend kontrolliert, dokumentiert, angepasst und erweitert werden. Dafür gibt es vor allem zwei Gründe:

Die Komponenten, welche den Datenbeschaffungsprozess ausführen, unterliegen – ähnlich wie das gesamte Data-Warehouse-System (Abschnitt 12.1.1) – einer ständigen Überwachung bezüglich Qualitätssicherung und Performanz. Dazu gehören beispielsweise Auditing-Maßnahmen, die Entdeckung von Kapazitätsengpässen sowohl in den Quellen wie auch im Arbeitsbereich, die Vermeidung von doppelten (redundanten) Transformations- und Bereinigungsschritten oder das Aufdecken von Möglichkeiten zur parallelen oder verteilten Ausführung des Prozesses.
Neue Anwenderanforderungen und das ständig wechselnde Geschäftsumfeld haben zur Folge, dass das Data-Warehouse-System laufend angepasst werden muss. Dies kann in verschiedener Art und Weise erfolgen, indem beispielsweise neue Quellen integriert werden, die Schemata der Basis-, Ableitungs- und Auswertungsdatenbank geändert werden oder eine neue Auswertungsdatenbank hinzukommt. Zudem bleiben Quellen im Laufe der Zeit nicht statisch, sondern unterliegen selbst laufenden Änderungen, Erweiterungen, Versionswechseln usw. Ausgehend von einem Releasezyklus von drei Monaten in einem OLTP-System muss eine ständige Aktualisierung des Datenbeschaffungsprozesses veranlasst werden. All diese Szenarien sind die Ursache dafür,

dass einzelne Schritte des Datenbeschaffungsprozesses angepasst werden müssen, wenn sich die Datenquellen oder die Zieldatenbank ändern.

Die Notwendigkeit der permanenten Kontrolle und Optimierung des Datenbeschaffungsprozesses hängt in der Praxis auch oft mit der typischen Art und Weise zusammen, wie ein Data-Warehouse-Projekt durchgeführt wird (Abschnitt 11.1) und wie ein Data-Warehouse-System im Laufe der Zeit wächst. Häufig wird zunächst ein Prototyp des Systems erstellt, um den Nutzen und die Durchführbarkeit des Projekts aufzuzeigen. Wird das Startsignal für das »richtige« Data-Warehouse-Projekt gegeben, so werden die Anforderungen analysiert, das Data-Warehouse-Schema und die dazugehörigen Datenquellen festgelegt und schließlich der Datenbeschaffungsprozess entsprechend realisiert. Änderungen in den Quellen, in der Basis-, Ableitungs- oder Auswertungsdatenbank, die einen Einfluss auf den Datenbeschaffungsprozess haben, werden an verschiedenen Stellen vorgenommen, und dieses inkrementelle Wachsen hat zur Folge, dass der Prozess immer komplexer und unübersichtlicher wird. Kurzfristig getroffene Maßnahmen gehören zur Tagesordnung, und die Prozessdokumentation ist mangelhaft. Ein weiterer Faktor, der die Wartung des Datenbeschaffungsprozesses erschwert, besteht darin, dass die Größe der Basisdatenbank und daraus folgend die Komplexität des Datenbeschaffungsprozesses zu Beginn des Projekts unterschätzt werden. Im Laufe der Zeit wachsen die Basisdatenbank, die Anzahl der zu integrierenden Quellen und das Volumen der zu verarbeitenden Daten enorm. Die Anwender wollen immer aktuellere Daten (z.B. tägliche Aktualisierung statt wie am Anfang wöchentlich), und das Zeitfenster für die Ausführung des Prozesses wird immer kleiner.

Aus all diesen Gründen sind die Wartung und Optimierung des Datenbeschaffungsprozesses während der Betriebsphase eines Data-Warehouse-Systems eine wichtige und für den Erfolg des Data-Warehouse-Projekts kritische Aufgabe. Einzelne Aufgaben bei der Wartung des Datenbeschaffungsprozesses können sein:

- laufendes Monitoring und Dokumentation über die Ausführung der einzelnen Schritte des Datenbeschaffungsprozesses idealerweise im Repositorium (Ausführungszeit, erfolgreich abgeschlossene Schritte und Fehler dokumentieren usw.)
- Auswertung der eingetretenen Fehler und Klärung, ob und welche Maßnahmen zur Behebung dieser Fehler notwendig sind
- Dokumentation der vorgenommenen Änderungen mit Datum und Art der Änderung
- laufende Kontrolle der eingesetzten Ressourcen wie z.B. des Netzwerkes (bei der Extraktion von Daten aus den Quellen in den Arbeitsbereich) oder des Arbeitsbereichs, wo Transformations- und Integrationsschritte stattfinden

12.2 Datenbeschaffungsprozess

Für die Optimierung des Datenbeschaffungsprozesses kommen folgende Maßnahmen in Frage:

- Eliminieren von Doppelläufigkeiten oder überflüssigen Transformationen
- Parallelisierung oder verteilte Ausführung einzelner Schritte
- Ausbau der Datenbereinigungsoperationen und -maßnahmen
- Einsatz neuer und effizienterer Werkzeuge (z. B. für die Extraktion oder das Laden)
- Anpassung von Skripten oder Abbildungsregeln
- Einsatz von Wiederanlaufmechanismen, indem beispielsweise Kontrollpunkte nach Abschluss einzelner Schritte eingerichtet werden, sodass bei Programmunterbrechungen nicht der gesamte Prozess wiederholt werden muss
- Verwendung von neuen Funktionen von heutigen Datenbankmanagementsystemen für das parallele Laden der Basis-, Ableitungs- und Auswertungsdatenbank

Evolution des Datenbeschaffungsprozesses

Bei gleich bleibendem Basisdatenbankschema können folgende, quellenspezifische Gründe eine Anpassung des Datenbeschaffungsprozesses nach sich ziehen:

- In den Datenquellen wird das Schema oder das Format bzw. der Typ bestimmter Attribute geändert.
- Es findet ein Versionenwechsel in einer Datenquelle statt, der einen Einfluss auf das Monitoring und/oder die Extraktion hat. Beispielsweise besteht nach dem Wechsel die Möglichkeit, über eine neue Schnittstelle auf die Quelle effizienter zuzugreifen.
- Eine Datenquelle wird vollständig migriert.
- Daten von neuen Quellen werden ins Data-Warehouse-System integriert, wie z. B. die Verkaufsdaten aus einer neu erworbenen Tochtergesellschaft.

Zudem ist es möglich, dass folgende Änderungen der Basis-, Ableitungs- oder Auswertungsdatenbank eine Anpassung des Datenbeschaffungsprozesses notwendig machen:

- Das Schema der Ableitungs- oder Auswertungsdatenbank wird modifiziert, indem Kenngrößen, Dimensionen oder Klassifikationsstufen hinzugefügt, geändert oder gelöscht werden (Abschnitt 6.3).
- Das Data-Warehouse-Schema wird aufgrund von Tuning-Maßnahmen verändert (Abschnitt 12.3.3), indem es beispielsweise denormalisiert wird.
- Es werden neue Auswertungsdatenbanken bereitgestellt.
- Die Datenbank wird migriert (z. B. wird ein multidimensionales Datenbankmanagementsystem eingesetzt).

Die Auswirkungen solcher Änderungen auf den Datenbeschaffungsprozess können vielfältig sein. Wird die Basisdatenbank beispielsweise um eine neue Entität erweitert, so müssen normalerweise verschiedene Aufgaben gemäß der Klassifikation in den Abschnitten 3.1–3.4 gelöst werden:

- Realisierung eines oder mehrerer Monitore, abhängig davon, ob die Daten für die neue Entität aus einer oder mehreren Quellen kommen
- Implementierung eines Extraktionsverfahrens unter Berücksichtigung der zur Verfügung stehenden Schnittstelle(n)
- Realisierung von verschiedenen Transformations- und Bereinigungsschritten
- Anpassung des Ladevorgangs der Basis-, Ableitungs- und Auswertungsdatenbank

Es ist zudem zu beachten, dass oft nicht nur Anpassungen bezüglich einzelner Aufgaben erforderlich sind, sondern auch die Reihenfolge der einzelnen Schritte innerhalb des gesamten Datenbeschaffungsprozesses modifiziert werden muss. Wurde beispielsweise bisher überprüft, ob sich Fakten auf existierende Entitätsdaten beziehen, so muss beim oben genannten Beispiel darauf geachtet werden, dass diese Überprüfung nach dem Laden der neuen Entität stattfindet.

12.3 Performanz-Tuning von Data-Warehouse-Systemen

Obwohl das Moore'sche Gesetz, nach dem sich die Hardwareleistung alle achtzehn Monate verdoppelt, offensichtlich noch immer gilt, ist unzureichendes Antwortzeitverhalten von Data-Warehouse-Systemen ein andauerndes Diskussionsthema. Es bedarf daher im laufenden Betrieb einer kontinuierlichen Beobachtung. Die in den letzten Abschnitten vorgenommene Diskussion ausgewählter Problemstellungen des Systemmanagements sind zwar für das theoretische Verständnis der Arbeitsweise eines Data-Warehouse-Systems unerlässlich, bieten jedoch dem Systemadministrator nicht die ausreichenden praktischen Hinweise zur Verbesserung der Performanzcharakteristik eines derartigen Systems. Im folgenden Abschnitt wird aus praktischer Sicht eine Auswahl bestehender und erprobter Methoden zum Tuning von Data-Warehouse-Systemen vorgestellt.

12.3.1 Der Performanz-Tuning-Prozess

Die Verbesserung der Antwortzeitcharakteristik eines Anwendungssystems wird auch als *Performanz-Tuning* bezeichnet. Oftmals läuft der Einsatz einzelner Tuning-Methoden unstrukturiert ab. Der hier vorgestellte Ansatz begreift das Performanz-Tuning als mehrstufigen, hierarchisch gegliederten Prozess [RaSc99], der bewährte organisatorische und technische Methoden vom Informationsmanagement bis hin zur rein hardwaretechnischen Betrachtung zusammenführt (Abb. 12–2).

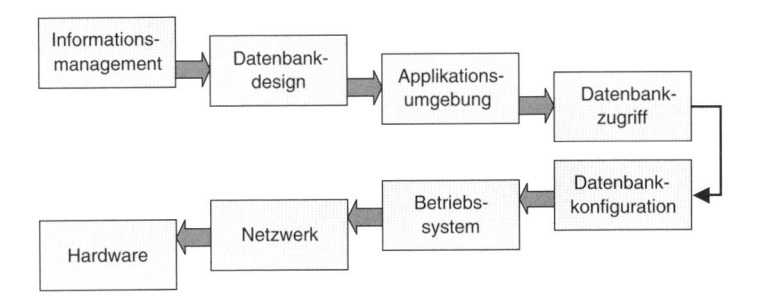

Abb. 12-2 *Strukturierter Performanz-Tuning-Prozess*

12.3.2 Maßnahmen aus Sicht des Informationsmanagements

Die erste Stufe des Performanz-Tuning-Prozesses bezieht sich auf Maßnahmen aus Sicht des *Informationsmanagements*. Sie betreffen die prinzipielle Strukturierung und Konfiguration eines Data-Warehouse-Systems.

Eine wesentliche Aufgabe ist die *Lokalisierung* performanzbedingter Schwachpunkte. Jedem Administrator muss klar sein, dass die Systembenutzer kein Interesse an den Gründen eines nicht performanten Systems haben. Sie wollen lediglich mit dem System effizient arbeiten. Da unzureichende Antwortzeitcharakteristiken die Arbeitsproduktivität des Anwenders negativ beeinflussen, sollten Schwachpunkte mithilfe der folgenden Vorgehensweise ermittelt und analysiert werden:

Performanzcharakteristiken werden von den Anwendern subjektiv empfunden, da sie mit Toleranzgrenzen in Beziehung stehen. Die subjektiv empfundene Performanz lässt sich durch Anwenderbefragungen (Interviews oder Fragebögen) ermitteln.

Darüber hinaus lässt sich die Performanz des Systems auch objektiv messen. Neben den klassischen Möglichkeiten des *Auditing*, d.h. der systembezogenen Protokollierung, des *Tracing*, d.h. der benutzerbezogenen Ablaufverfolgung, oder der *Operationsprotokollierung*, die alle in den meisten Fällen bereits durch das Datenbankmanagementsystem zur Verfügung gestellt werden, sind auf dem Markt eine Reihe von Werkzeugen zur Performanzanalyse von Data-Warehouse-Systemen erhältlich. Die objektiven Toleranzgrenzen für die Systemperformanz sollten als interne Vereinbarungen zwischen den Systembetreibern, Anwendern und Entwicklern abgestimmt werden.

Es sind offensichtlich die Anfragen, die sowohl subjektiv als auch objektiv unzureichende Performanzcharakteristiken aufweisen, die vornehmlich beachtet werden müssen. Aber auch Anfragen, die subjektiv unproblematisch, objektiv aber unzulängliche Performanzcharakteristiken zeigen, sind für Tuning-Maßnahmen relevant, da sie andere Anfragen behindern können. Die Behandlung der Anfragen, die objektiv unkritisch, aber subjektiv kritisch eingestuft werden, ist dagegen problematisch. In diesen Fällen sollte ggf. mit den Anwendern nachverhandelt werden.

Eine Reihe von Basismaßnahmen sollten in jedem Fall umgesetzt werden:

- Die *Organisation der Anwendungsumgebung* ist von entscheidender Bedeutung. Test- und Produktivsysteme sollten voneinander getrennt werden, sodass unerwünschte Beeinträchtigungen des Produktivbetriebs unterbleiben.
- Soweit es möglich ist, sollten umfangreiche Anfragen *temporal verteilt* werden. Intensiv belastende Zugriffe sollten in Zeitabschnitte verschoben werden, in denen das System geringer ausgelastet ist. Einige Systeme bieten eine automatische Anfragesteuerung abhängig von der aktuellen Systembelastung an.
- Neben der zeitlichen Verteilung lässt sich die Bearbeitung einiger Anfragen auch *räumlich verteilen*. Sie lassen sich auf einem beliebigen Hardwaresystem ausführen, und die Ergebnismengen werden an den jeweiligen Client übertragen. So kann beispielsweise die Ausführung eines umfangreichen Berichts zur Reduktion der Arbeitslast eines Systems auf ein anderes System übertragen werden. Bei der Verteilung sollte die Wedekind'sche Regel »Die Last folgt den Daten« berücksichtigt werden [Wede88]. Die Funktionen sollten daher dorthin verteilt werden, wo bereits die Daten allokiert wurden. In der Literatur finden sich eine Reihe von Ansätzen zur Planung der Datenallokation [HaRB07].
- Überdies lässt sich die *Hardwareplattform* eines Data-Warehouse-Systems aufrüsten. Obwohl Hardwareaufrüstungen im Gegensatz zu personalintensiven Tuning-Maßnahmen relativ kostengünstig sind, sollte das Potenzial jeder Aufrüstung im Vorfeld genau untersucht werden. Im Zweifelsfall lassen sich durch simulative Modelle die Schwachstellen der Hardware erkennen und gezielt verbessern.
- Eine Aktualisierung des *Datenbankmanagementsystems* führt in den meisten Fällen zu einer Verbesserung der Systemperformanz. Die Aktualisierungen betreffen in der Regel Verbesserungen der Anfrageoptimierer, der Speicherverwaltung sowie der Datenzugriffsfunktionen.
- Die Performanzcharakteristik eines Data-Warehouse-Systems sollte zyklisch von erfahrenen Datenbankspezialisten untersucht werden. Diese Aufgabe kann mittlerweile durch entsprechende Performanzmonitore wesentlich unterstützt werden. Einige dieser Systeme ermöglichen »Was-wäre-wenn«-Simulationen für eine Vielzahl von Faktoren, die die Systemperformanz erheblich beeinflussen.

12.3.3 Maßnahmen aus Sicht des Datenbankdesigns

Die zweite Stufe des Performanz-Tuning-Prozesses berücksichtigt strukturelle Methoden, die die Veränderung des Datenbankschemas betreffen.

Denormalisierung des Datenbankschemas

Aus Sicht der Performanz ist es nicht in allen Fällen sinnvoll, das Datenbankschema vollständig zu normalisieren ([Rodg89], [Sobo96]). Es sollte vielmehr so gestaltet werden, dass die Datenbankzugriffe bestmöglich unterstützt werden. So lassen sich beispielsweise Anfragen, die intensiv auf Verbundoperationen zurückgreifen, durch Denormalisierungen wesentlich beschleunigen.

Bei der einfachsten Form der Denormalisierung werden Normalisierungsmaßnahmen schrittweise rückgängig gemacht. So werden beispielsweise alle Attribute einer Tabelle, die eine Fremdschlüsselbeziehung zu einer Referenztabelle besitzen, in diese Referenztabelle übertragen.

In Data-Warehouse-Systemen bietet sich darüber hinaus die Speicherung von Aggregaten auf unterschiedlichen Aggregationsstufen (Abschnitt 8.5) und damit die Einführung von Redundanzen zur schnelleren Weiterbearbeitung der Ergebnismengen an. Besonders häufig dürfte in diesem Zusammenhang auf die Summenbildung zurückgegriffen werden.

Denormalisierte Datenschemata lassen sich durch Trigger-Mechanismen zur Verhinderung von Update-, Insert- und Delete-Anomalien steuern [Fink88].

Bei der Entscheidung, ob eine spezielle Datenbanktabelle für eine Denormalisierung in Frage kommt, sollten das Datenvolumen, die Häufigkeit der Anfrage wie auch der Anteil der Aktualisierungsoperationen berücksichtigt werden. In der Regel überwiegen Lesezugriffe in einem Data-Warehouse-System, sodass der Mehraufwand bei Aktualisierungsoperationen meistens vernachlässigt werden kann.

Partitionierung umfangreicher Tabellen

Ein weiteres Konzept zur Veränderung des logischen Datenbankdesigns in Hinblick auf die Performanzcharakteristik eines Data-Warehouse-Systems ist die Partitionierung. Bei der Partitionierung werden umfangreiche Datenbanktabellen in mehrere kleinere Tabellen aufgeteilt. Dabei können horizontale und vertikale Aufteilungen unterschieden werden.

Bei der horizontalen Partitionierung werden vollständige, semantisch zusammengehörige Tupel einer Master-Tabelle in Teiltabellen übertragen. Ein Zugriff, der sich ausschließlich auf diese semantisch homogene Menge bezieht, kann wesentlich effizienter bearbeitet werden, da das Lesen weiterer Daten der Master-Tabelle unterbleiben kann.

Bei der vertikalen Partitionierung werden von einer Master-Tabelle semantisch homogene Attribute abgetrennt. Die Primärschlüssel sowie die abgetrennten Attribute werden einer neuen Tabelle zugeordnet, deren Tupelanzahl mit der

Master-Tabelle übereinstimmt. Lesezugriffe, die sich jeweils ausschließlich auf die semantisch homogenen Attribute beziehen, können jetzt wesentlich effizienter bearbeitet werden. Unnötige Daten werden nicht über die Eingabe-/Ausgabekanäle transportiert.

Die meisten Tuning-Szenarien erfordern eine Kombination aus vertikaler und horizontaler Partitionierung. Die Designentscheidungen sollten an die Anfragecharakteristik angepasst werden. Die meisten derzeitigen Datenbanksysteme übernehmen die Partitionierung auf physischer Ebene, transparent für den Benutzer, der logisch eine zusammenhängende Tabelle sieht. Zur Vertiefung des Partitionierungskonzepts sei auf Abschnitt 8.3 verwiesen.

Indexdesign

Eine Indizierung kann die Performanzcharakteristik eines Data-Warehouse-Systems maßgeblich verbessern. Ob ein Index auf einem oder mehreren Attributen aufgebaut werden sollte, muss mithilfe der Zugriffscharakteristiken und Tabelleneigenschaften entschieden werden. Die Entscheidung, ob ein Index notwendig ist oder nicht, ist für jedes Attribut einer Tabelle einzeln zu treffen. Da generelle Empfehlungen zum Aufbau eines Indexes sehr problematisch sind, kann Tabelle 12–1 nur einige Anhaltspunkte zur Entscheidungshilfe liefern.

Indizierung sinnvoll	Indizierung nicht sinnvoll
▪ Häufige Lesezugriffe mit einfachen Vergleichsoperatoren (=, <, >, ≥, ≤)	▪ Weniger als 5 % aller Attributzugriffe sind Lesezugriffe
	▪ Die Tabelle ist klein
	▪ Verwendung mathematischer Funktionen oder Berechnungen aus Attributwerten
	▪ Geringe Selektivität der Anfragen

Tab. 12–1   Entscheidungsaspekte bei der Indizierung

Viele Datenbankmanagementsysteme unterstützen unterschiedliche Indizierungskonzepte (Abschnitt 7.2). B*-Bäume gewährleisten zufriedenstellende Anfragezeiten, wenn die Selektivität der Anfrage sehr hoch ist oder eine Intervallsuche durchgeführt werden muss. Unter Selektivität versteht man das Verhältnis zwischen der Ergebnismenge einer Anfrage und der Anzahl der zu analysierenden Tabellentupel. Sie wird in Prozent angegeben und wird als hoch bezeichnet, wenn die prozentuale Angabe entsprechend niedrig ist. Die Selektivität einer Anfrage hängt von den Selektivitäten der einzelnen Selektionsbedingungen ab. Die Selektionsbedingungen sind die Prädikate innerhalb der WHERE-Klausel einer SQL-Anweisung. Ein Bitmap-Index sollte dagegen verwendet werden, wenn die Selektivität einer Tabelle sehr gering ist und nur einige wenige Attributwerte existieren.

Darüber hinaus werden eine Vielzahl weiterer Indizierungskonzepte wie beispielsweise der UB-Baum diskutiert. Sie spielen jedoch in der Praxis kaum eine Rolle, da sie bisher in keinem oder nur wenigen Datenbankmanagementsystemen integriert sind.

Clustering

Das Clustering von unterschiedlichen Data-Warehouse-Tabellen ist eine andere Methode zur Erzielung besserer Performanzcharakteristiken (Abschnitt 8.2). Wenn zwei Tabellen durch eine Fremdschlüsselbeziehung miteinander verbunden sind und häufig über diese Beziehung durch Verbundoperationen verknüpft werden müssen, ist es ratsam, sie in Bezug auf das Fremdschlüsselattribut zu clustern. Beide Tabellen werden dazu zusammengeführt, nach dem gemeinsamen Attribut sortiert und in dieser Form gespeichert. Da jetzt beide Tabellen in den Datenblöcken verzahnt abgelegt sind, lassen sich die Sekundärspeicherzugriffe verringern. Das Datenbankmanagementsystem sorgt durch zusätzliche Reorganisationsläufe dafür, dass die Sortierreihenfolge auch bei Veränderung der Datengrundlage aufrechterhalten bleibt. Da stetige Aktualisierungsoperationen bei den meisten Data-Warehouse-Systemen eine untergeordnete Rolle spielen, sollte auf Clustering verstärkt zurückgegriffen werden. Zur Gewährung eines effizienten Zugriffes sollte ein Index auf dem Cluster erstellt werden, wobei die Empfehlungen zur Indizierung zu beachten sind (Abschnitt 8.2).

Konfiguration der Tabellenfüllung

Die Füllungscharakteristik des Sekundärspeicherblocks, in dem eine Tabelle untergebracht wird, muss bereits bei der Erstellung der Tabelle spezifiziert werden. Sie hat wesentlichen Einfluss auf die Performanzcharakteristik des Systems. Die gängigen Erstellungsparameter »Update_Größe« und »Initial_Größe« beschreiben die Füllungscharakteristik des Datenbankblocks. Der Parameter »Initial_Größe« legt den Prozentsatz fest, der a priori für die Daten der Tabelle zur Verfügung gestellt wird. Der typische Parameter »Update_Größe« legt den Prozentsatz fest, der für spätere Aktualisierungsoperationen reserviert werden soll. Abhängig von der Aktualisierungscharakteristik der Data-Warehouse-Anwendung sollten beide Parameter so eingesetzt werden, dass der Datenblock stets einen möglichst hohen Auslastungsgrad aufweist. In der Regel ist die Datenbasis nach dem Laden einer Ableitungsdatenbank bis zur nächsten inkrementellen Aktualisierung keinen oder nur noch wenigen Aktualisierungsoperationen unterworfen, sodass die »Initial_Größe« auf mindestens 90 % und »Update_Größe« auf 0 % der Blockgröße eingestellt werden sollte.

Die Füllungscharakteristik der Tabellen ist vor allem beim Ladevorgang der Ableitungsdatenbank von Bedeutung, der ebenso im Rahmen des Performanz-Tuning betrachtet werden muss. Hier kann es zu Engpässen kommen, wenn die

Aktualisierungsoperationen nicht in der vorgegebenen Zeitspanne durchgeführt werden können und den produktiven Betrieb verzögern. Werden sehr kurze Aktualisierungszyklen benötigt, empfiehlt es sich, auf inkrementelle Änderungstechniken zurückzugreifen.

12.3.4 Maßnahmen aus Sicht der Applikationsumgebung

In der dritten Stufe des Performanz-Tuning-Prozesses werden alle systemunabhängigen Maßnahmen zur Performanzverbesserung aus Sicht der Applikationsentwicklung diskutiert.

Verteilte Ausführung

Während Datenbanken in der Vergangenheit lediglich zur effizienten Speicherung und Verwaltung von Daten eingesetzt wurden, sind sie heute auch in der Lage, Teile der Applikationslogik zu speichern und auszuführen. *Stored Procedures* und *Functions* lassen sich in einer Datenbank ablegen und durch einen Aufruf in einem beliebigen Client übertragen oder direkt auf dem Datenbankserver ausführen. Applikationslogik kann damit aus dem Applikationssystem auf die Datenbankebene übertragen und dort lastorientiert verteilt werden. Neben der eigentlichen Applikationslogik können anderen Anwendern auch die Ergebnismengen der Anfragen zur Verfügung gestellt werden, wodurch sich wiederholende Datenzugriffe vermeiden lassen.

Locking-Strategien

Tabellen, auf die schreibend zugegriffen werden soll, müssen vorher für weitere schreibende Zugriffe gesperrt werden. Um unnötige Wartezeiten zu vermeiden, sollten die Tabellen erst dann gesperrt werden, wenn sie auch tatsächlich verändert werden müssen bzw. wenn eine kurzfristige Sperrung anderenfalls die Integrität einer Datenbanktransaktion zerstört. In einigen Fällen geht der Umfang der einzelnen Transaktionen über den semantisch homogenen Zusammenhalt hinaus. Jede Transaktion sollte daher überprüft werden, ob sie sich nicht zur Wiederherstellung der semantischen Homogenität in einzelne Transaktionen aufteilen lässt (Atomaritätsprinzip).

Transaktionen können darüber hinaus bei aktualisierungsintensiven Data-Warehouse-Anwendungen, soweit es das Datenbankmanagementsystem ermöglicht, auf tupelorientierte Sperrung zurückgreifen. Damit werden nur einzelne Zeilen einer Tabelle gesperrt, sodass zeitgleich schreibende Zugriffe auf die gleiche Tabelle nicht unterbunden werden. Der dadurch entstehende höhere organisatorische Aufwand des Datenbankmanagementsystems ist in den Entscheidungsprozess mit einzubeziehen.

In umfangreichen Data-Warehouse-Anwendungen kann des Weiteren das simultane Schreiben gestattet werden. Es löst Sperrungskonflikte reaktiv. Dieses optimistische Schreibverfahren geht davon aus, dass es bei zwei unterschiedlichen Transaktionen zu keinem Konflikt kommen wird, und sperrt keine Datenbanktabelle bzw. -tupel. Nach Abschluss der Transaktionen untersucht das Datenbankmanagementsystem die involvierte Datenbasis. Falls es doch zu einem Konflikt gekommen ist, werden beide Transaktionen zurückgesetzt und damit auch der ursprüngliche Datenbestand wiederhergestellt. Nach Abschluss der Änderungen werden die zurückgesetzten Transaktionen seriell wiederholt. Dieser Mechanismus bietet sich bei Anwendungen mit geringer Wahrscheinlichkeit von Konflikten an.

Recovery-System

Beim Setzen eines Kontrollpunktes sichert das System mit einem entsprechenden Aufwand alle modifizierten Seiten auf den Sekundärspeicher. Das Setzen eines Kontrollpunktes hängt davon ab, ob eine schnelle Wiederherstellung eines Zustandes im Falle einer Systemstörung oder ein stets performantes Verhalten erwünscht wird. Wenn das System relativ stabil und Anwenderabbrüche relativ selten sind, sollte nur ein Minimum an Kontrollpunkten innerhalb der Applikation vorgesehen werden.

12.3.5 Maßnahmen aus Sicht der Datenbankzugriffe

In der vierten Stufe des Prozessmodells werden Performanz-Tuning-Maßnahmen aus Sicht der Datenbankzugriffe betrachtet.

Reduktion der Ergebnismengen

Datenbankanfragen sollten so umgestaltet werden [Mits95], dass sie ohne eine Veränderung ihrer Semantik bessere Performanzcharakteristiken liefern. SQL hat sich zwar als eine systemübergreifende Standardanfragesprache entwickelt, jeder Hersteller nutzt jedoch erweiterte Sprachkonstrukte von SQL, sodass sich allgemein gültige Aussagen zur Verwendung der Sprachkonstrukte nicht treffen lassen. Aus diesem Grund müssen konzeptionelle Maßnahmen, die auf alle SQL-Implementierungen angewendet werden können, betrachtet werden.

Die Selektivität einer Datenbankanfrage ist von entscheidender Bedeutung für seine Performanzcharakteristik. Die Ausführungszeit kann wesentlich verbessert werden, wenn die einzelnen Selektionsbedingungen einer Anfrage in Bezug auf ihre Selektivität in absteigender Reihenfolge ausgeführt werden. Die Selektionsbedingung mit der höchsten Selektivität sollte daher zuerst gestartet werden. Die nächsten Selektionsbedingungen müssen dann weniger Daten analysieren. Die Ausführungsreihenfolge sollte auch bei der Verwendung von Teilanfragen beachtet werden.

Optimierung des Ausführungsplans

Der Ausführungsplan stellt eine Transformation einer SQL-Anfrage in datenbankdesignspezifische Ausführungsschritte dar. Er zeigt u. a. an, welche Tabellen und Indizes verwendet und welche Verbundoperationen durchgeführt werden. Beispielsweise garantiert das Anlegen von Indizes nicht ihren Gebrauch innerhalb einer Anfrage. Der Systemadministrator hat die Möglichkeit, in diesen Transformationsprozess einzugreifen und die SQL-Anfragen durch gezielte Erweiterungen dahingehend zu verändern, dass der Ausführungsplan eine verbesserte Performanzcharakteristik liefert. Diese äußerst sensiblen Eingriffe sollten versierten Administratoren vorbehalten bleiben, da detaillierte Kenntnisse über die Interna des Datenbankmanagementsystems bekannt sein müssen. Vollständige Tabellensuchläufe wie auch Nested-Loop-Joins sollten bei größeren Tabellen vermieden werden.

Darüber hinaus sollte beim Gebrauch von Unteranfragen und Sichten darauf geachtet werden, dass die Ergebnismengen in temporären Tabellen gespeichert werden, die sich jeglichen Tuning-Maßnahmen entziehen. Werden folglich häufig auftretende umfangreiche temporäre Tabellen ineffizient ausgewertet, überträgt sich die Problematik auf die gesamte Anfrage. Aus diesem Grund sollte in einem solchen Fall versucht werden, die Anfrage in einzelne effizient gestaltete Teilanfragen zu zerlegen. Dies trifft auch für die Operationen DISTINCT, GROUP BY, SUM, COUNT und ORDER BY zu, da sie ebenfalls als Unteranfragen interpretiert werden.

Datenbankoptimierer sind in der Lage, den Ausführungsplan einer Anfrage automatisch zu verbessern. Regelbasierte Optimierer ordnen jede syntaktische Selektionsbedingung nach ihrer zu erwartenden Selektivität. Die einzelnen Selektionsbedingungen werden dann in Bezug auf ihre Selektivität in absteigender Reihenfolge ausgeführt. Kostenbasierte Optimierer bestimmen die erwartete Selektivität einer Selektionsbedingung mithilfe von Statistiken. Eine Anfrage kann jedoch mit der Kenntnis des semantischen Hintergrundes weitaus besser optimiert werden. Da Datenbankoptimierern dieses Wissen nicht zur Verfügung steht, bleibt diese Umgestaltungsmaßnahme Aufgabe des Datenbank- und Applikationsentwicklers.

12.3.6 Maßnahmen aus Sicht der Datenbankkonfiguration

In der fünften Stufe des Tuning-Prozesses wird die Konfiguration des Datenbankmanagementsystems betrachtet. Da jedoch die meisten Modifikationen sehr systemspezifisch sind, sollen hier nur Maßnahmen vorgestellt werden, die auf alle Systeme übertragen werden können.

12.3 Performanz-Tuning von Data-Warehouse-Systemen

Parallele Verarbeitung

Durch die Verteilung von Anwenderanfragen auf verschiedene Serverprozesse kann die Bearbeitung verkürzt werden. Die meisten Datenbanken bieten drei Konfigurationseinstellungen für die Multiserverprozesse:

Bei einem *Dedicated Server* wird jeder Anwenderanfrage ein eigener Serverprozess zugeordnet. Die Anzahl der Serverprozesse ist nicht beschränkt. Diese Einstellung kann zu einer Überlastung der Serverhardware führen.

Ein *Multithreaded Server* verwaltet einen Pool von Serverprozessen. Solange dem Pool freie Prozesse zur Verfügung stehen, wird jeder Anwenderanfrage ein Serverprozess zugeordnet. Damit kann die Datenbank an die hardwareseitige Belastungsgrenze angepasst werden.

Bei einem *parallelen Datenbankserver* werden einzelne autarke Serversysteme miteinander verbunden, die die gleiche Datenbasis bedienen. Anwenderanfragen werden auf alle Serversysteme unter Berücksichtigung der individuellen Performanzgrenzen verteilt (engl. load balancing). Hintergrundprozesse sichern die Konsistenz und Integrität der Datenbank.

In einigen Fällen kann das Datenbankmanagementsystem nicht mit Gewissheit entscheiden, welche Anwenderprozesse parallel ausgeführt werden können. Da sie im Zweifelsfall sequenziell ausgeführt werden, ist es bei gegebenen Anfragen sinnvoll, sie durch Hinweise auf ihre parallele Ausführbarkeit zu ergänzen.

Speichermanagement

Die Konfiguration des Speichers trägt maßgeblich zur Effizienz des gesamten Data-Warehouse-Systems bei. Das Speichermanagement (am Beispiel von Oracle) kann durch die Anpassung der *System Global Area*, der *Program Global Area*, der *Sort Area*, der *Hash Area* sowie durch die Anpassung der Datenbankblockgröße verbessert werden.

Die *System Global Area* (SGA) ist der Bereich des Serverspeichers, in dem alle Datenbankblockoperationen durchgeführt werden. Die Größe der System Global Area sollte sowohl mit der Datenbankgröße als auch mit der Speichergröße selbst korrespondieren. Um eine schnelle Antwortzeitcharakteristik zu erreichen, sollten alle Pufferbereiche eine Trefferquote von mindestens 90 % erzielen. Aus diesem Grund sollte die Trefferquote protokolliert und Anfragen mit geringer Trefferquote festgehalten werden. Häufig genutzte Datenbankblöcke können beispielsweise zur Vermeidung von Aus- und Einlagerungsoperationen im Puffer verbleiben. Da der Pufferspeicher im Laufe der Zeit in Fragmente zerlegt wird, muss er in zyklischen Intervallen reorganisiert werden.

Verteilungskonzepte

Viele Datenbankmanagementsysteme unterstützen die Verteilung einer Datenbasis über mehrere Hardwaresysteme. Dadurch lassen sich ggf. Sekundärspeicherzugriffe verringern oder parallelisieren. Es lassen sich vier Konzepte unterscheiden ([ArLS97], [Burl98], [CHRS98]):

- Bei der *Replikation* werden alle Datenbanktabellen identisch auf verschiedenen Hardwaresystemen gespeichert. Da die gesamte Datenbasis auf allen Systemen zur Verfügung steht, lassen sich lesende Zugriffe wesentlich beschleunigen, schreibende Zugriffe nehmen jedoch mehr Zeit in Anspruch.
- Bei der *Separation* werden alle Datenbanktabellen über alle Hardwaresysteme gleichmäßig verteilt. Jede Tabelle wird aber nur einmal gespeichert. Es ist sinnvoll, die Protokoll-, Rollback-, Temporär-, System-, Index- und Anwenderdaten zu separieren. Darüber hinaus sollten vor allem Anwenderdaten separiert werden, auf die häufig zeitgleich zugegriffen wird.
- Das *Partitionierungskonzept* auf der Datenbankkonfigurationsebene entspricht dem Partitionierungskonzept bei der Adaption des logischen Datenbankschemas. Wird die Partitionierung bei der Datenbankkonfiguration hinterlegt, entscheidet das Datenbankmanagementsystem selbstständig über die Teilungskriterien und verbirgt die physische Partitionierung vor der Sicht des Anwenders.
- Beim *Tabellen-Striping* werden auf einzelnen Hardwaresystemen für jede Tabelle Speicherbereiche reserviert. Jede Tabelle wird dann gleichverteilt über alle Hardwaresysteme gespeichert. Die Daten werden nicht redundant gespeichert.

Prinzipiell lassen sich die Verteilungskonzepte unabhängig von vorhergehenden Tuning-Maßnahmen anwenden. Es sollte aber beachtet werden, dass Clustering keine Separation oder Partitionierung mehr ermöglicht.

Weitere Konfigurationen

Natürlich existieren in den meisten Datenbankmanagementsystemen weitere individuelle Konfigurationsmöglichkeiten. Aufgrund ihrer hohen Systemspezifität lassen sie sich in diesem Abschnitt nicht weiter vertiefen. So können sich beispielsweise zyklische Reorganisationsmaßnahmen von Tabellen, Indizes und Speicherbereichen in fast jedem Datenbankmanagementsystem einplanen lassen, ihre konkrete Konfiguration variiert jedoch von System zu System. Einige Datenbankmanagementsysteme bieten Kompressionskonzepte, da sich die Prozessorperformanz wesentlich stärker als die der Sekundärspeicher entwickelt hat. Die Daten werden komprimiert gespeichert und nach dem Lesezugriff dekomprimiert.

12.3.7 Maßnahmen aus Sicht des Betriebssystems

In der sechsten Stufe des Performanz-Tuning-Prozesses wird die Konfiguration des Betriebssystems näher betrachtet. Das Betriebssystem vermittelt zwischen dem Datenbankmanagementsystem und dem Hardwaresystem. Auf die Adaption des Betriebssystems sollte nicht verzichtet werden, da anderenfalls das gesamte Data-Warehouse-System sein Leistungspotenzial nicht ausschöpft. Das Tuning eines Betriebssystems ist jedoch systemspezifisch, sodass im Folgenden lediglich allgemeine Aspekte diskutiert werden.

Verteilungskonzepte

Nicht nur Datenbankmanagementsysteme, sondern auch Betriebssysteme können Verteilungskonzepte unterstützen. Sollte das jeweilige Datenbankmanagementsystem keine Verteilung ermöglichen, kann auf die Konzepte des Betriebssystems zurückgegriffen werden. In den anderen Fällen sollten die Verteilungskonzepte beider Ebenen aufeinander abgestimmt werden. Im Wesentlichen lassen sich drei Ausprägungen unterscheiden:

> Beim *Disc Mirroring* werden alle Schreiboperationen auf mindestens zwei separaten Sekundärspeichern durchgeführt. Damit stehen immer zwei Datenträger mit der identischen Datenbasis zur Verfügung. Beide Sekundärspeicher können zeitgleich zum Auslesen der Daten eingesetzt werden.
> Beim *Disc Striping* werden die Daten über verschiedene Sekundärspeicher verteilt. Im Gegensatz zum Disc Mirroring werden die Daten nicht redundant gespeichert. Die einzelnen Datenblöcke werden abwechselnd einem anderen Sekundärspeicher zugeordnet. Disc Striping erlaubt einen effizienten Datenzugriff bei einer vertretbaren Sekundärspeicherauslastung.
> Im Gegensatz zum Disc Striping werden beim *File Striping* keine Datenblöcke, sondern ganze Datenbankdateien betrachtet. Eine Datenbank wird in mehrere Dateien aufgespalten und auf verschiedenen Sekundärspeichern untergebracht.

Anpassung der Blockeigenschaften

Sowohl das Betriebssystem als auch das Datenbankmanagementsystem können mit verschiedenen Datenblockgrößen arbeiten. Die Datenblockgröße des Betriebssystems sollte jedoch zur Vermeidung unnötiger Blocktransformationen ein ganzzahliges Vielfaches (optimal eins) der Datenblockgröße des Datenbankmanagementsystems sein.

Darüber hinaus verfügt jedes Betriebssystem über einen eigenen Datenblockpuffer. Die Größe und Ersetzungsstrategie des Puffers sollten mit den Einstellungen des Puffers des Datenbankmanagementsystems korrespondieren. Da das Zusammenwirken von Pufferalgorithmen sehr implementierungsabhängig ist, sollten zur Erzielung einer effizienten Lösung mehrere Varianten auf dem spezifischen System analysiert werden.

12.3.8 Maßnahmen aus Sicht des Netzwerks

In der siebten Stufe des Tuning-Prozesses ist das Netzwerk Gegenstand der Betrachtungen. Anwenderanfragen, Ergebnismengen, Kontrolloperationen und andere Daten, die in Zusammenhang mit dem Data-Warehouse-System stehen, müssen über ein Netzwerk transportiert werden. Darüber hinaus wird ein Netzwerk in der Regel von anderen Anwendungen und Nutzern innerhalb eines Unternehmens benutzt. Damit Engpässe früh erkannt werden, muss der Administrator die Netzwerkauslastung kontinuierlich überwachen. Es stehen eine Reihe von Softwarewerkzeugen zur Verfügung, die diese Arbeit unterstützen.

Wenn ungewöhnlich hohe Belastungen auftreten, ist es ratsam zu analysieren, welche Anfragen und Anwendungen für diese Auslastung verantwortlich sind. Sie können in Hinsicht auf ihre Ausführungszeit in *veränderbare* und *unveränderbare Anfragen* und Anwendungen eingestuft werden. Veränderbare Anfragen und Anwendungen lassen sich auf Zeiten mit geringer Netzwerkbelastung verlegen.

Darüber hinaus werden zur Vermeidung von Engpässen von einer Vielzahl von Netzwerkmanagementsystemen die Konzepte des *Connection Pooling* sowie des *Connection Multiplexing* unterstützt. Sie garantieren, dass sich das Netzwerk immer in definierten Belastungsgrenzen bewegt.

Beim Connection Pooling teilen sich alle Anwenderanfragen eine begrenzte Anzahl von Datenbankverbindungen. Jeder Datenbankanfrage wird eine Verbindung aus dem Verbindungspool zugeteilt, sofern sich dort eine freie befindet. Ein Kontrollprozess überwacht die Registrierung und Terminierung der einzelnen Verbindungen. Dieser Prozess ist ebenfalls in der Lage, eine bestehende Verbindung auszusetzen und die freien Netzressourcen einer anderen Verbindungsanfrage zu übertragen.

Beim Connection Multiplexing wird zur Reduktion der Netzwerkauslastung eine Reihe von logischen Netzwerkverbindungen zu einer physischen Netzwerkverbindung zusammengeführt.

12.3.9 Maßnahmen aus Sicht des Hardwaresystems

In der achten und letzten Stufe des Performanz-Tuning-Prozesses steht die eigentliche Hardware eines Data-Warehouse-Systems im Mittelpunkt der Auswertungen. Im Hardwaresystem sollten fünf signifikante Tuning-Objekte berücksichtigt werden: die *Systemprozessoren*, der *Primärspeicher*, der *Cache*, die *Sekundärspeicher* und die *Input/Output-Controller*. Eines der wesentlichsten Tuning-Objekte ist die Integration des Prozessors in die bestehende Hardwarearchitektur. Wie schon im gesamten Prozessmodell können auch hier parallele Konzepte Anwendung finden:

- Die initiale Stufe wird durch die *symmetrische Multiprozessorarchitektur* (SMP) beschrieben. Bei diesem Konzept werden einzelne Prozessoren durch ein Hardwaresystem miteinander verbunden. Sie teilen sich bestehende Primär- und Sekundärspeicher.
- Die nächste Stufe wird als *intensiv parallele Systemarchitektur* bezeichnet. Mehrere Prozessoren werden wiederum in einem Hardwaresystem miteinander verbunden. Im Gegensatz zur symmetrischen Multiprozessorarchitektur verfügt jeder Prozessor über seinen eigenen Primär- und Sekundärspeicher.
- Die höchste Stufe ist das *Systemcluster*. Einzelne individuelle Hardwaresysteme sind über ein Hochgeschwindigkeitsnetzwerk miteinander verbunden und können eine gemeinsame Anfrage simultan bearbeiten. Jedes System hat seinen eigenen Primär- und Sekundärspeicher und kann darüber hinaus auch auf den Speicher der verbundenen Systeme direkt zugreifen.

Die Größe des Primärspeichers und des Cache sollte an die Anforderungen des gesamten Data-Warehouse-Systems angepasst werden. Eine Verringerung der Paging-Operationen und damit auch eine Verringerung der Antwortzeit kann in vielen Fällen durch eine Erhöhung der Primärspeichergröße erreicht werden.

Die Installation weiterer Sekundärspeicher und Controller sorgt für eine Verteilung der Arbeitslast auf verschiedene Hardwaregeräte. Einige Controller unterstützen darüber hinaus bereits Disc Mirroring und Striping-Konzepte auf der Hardwareebene. Diese sind meist wesentlich effizienter implementiert und unabhängig von jeglichen Veränderungen der Softwarestruktur.

12.3.10 Multicore-Architekturen

Relationale Datenbanksysteme bilden in den meisten Data-Warehouse-Implementierungen die technische Grundlage für die Datenhaltung und den Zugriff auf die Daten. Stetiges Datenwachstum, häufig verbunden mit langsamerer Anfragebearbeitung, steigenden Kosten im Betrieb sowie Performanzproblemen durch gewachsene Data-Warehouse-Landschaften sind u.a. Gründe dafür, dass neue Architekturen, die von Beginn an für Parallelisierung entworfen und entwickelt wurden, immer häufiger relationale Datenbanksysteme ergänzen oder sogar verdrängen.

Diese sogenannten Multicore-Architekturen, wie z.B. wie Netezza[1], Greenplum[2] oder Exasol[3], zeichnen sich durch hochgradig parallele Datenverarbeitung, eine Shared-Nothing-Architektur, basierend auf einem für die Administration und die Benutzung transparenten Grid-System, und die weitgehende Verwendung von günstiger Standardhardware aus. Der Installations-, Administrations- und

---

1. *http://www-01.ibm.com/software/data/netezza/*
2. *http://www.greenplum.com*
3. *http://www.exasol.com*

Implementierungsaufwand ist gering, die Kosten der Systeme variieren stark vom recht hochpreisigen Produkt Netezza bis zum relativ günstigen Exasol. Greenplum wird als Open-Source-Produkt vertrieben.

Technologisch unterscheiden sich die einzelnen Anbieter im Detail, die Strategie ist jedoch meist die gleiche. Diese Datenbanksysteme werden als Appliance-Systeme bezeichnet. Solche Systeme werden als Bundle von Hardware, Betriebssystem und Datenbanksystem verkauft bzw. bereitgestellt. Eine Trennung von Software und Hardware ist nicht vorgesehen. Netezza benutzt Spezialhardware, vergleichbar mit Teradata, Exasol ist aus Standardhardware aufgebaut. Allen gemeinsam ist, dass sie aus X86-Komponenten aufgebaut sind, die kostensparend in RACs untergebracht und mit Standardbausteinen wie Ethernet verbunden sind.

Durch die Verteilung der Daten auf viele Einheiten bieten die meisten Hersteller Hot-Standby und Hochverfügbarkeitslösungen mit unterschiedlichen SLAs an. Die Implementierung des Datenbanksystemkerns ist jeweils die Hauptneuerung und unterscheidet sich deutlich von Hersteller zu Hersteller. Im Folgenden werden die Technologien von Netezza und Exasol kurz vorgestellt.

Netezza

Netezza ist das bekannteste Appliance-System und war mit der erste Hersteller, abgesehen von Teradata, der auf die All-in-one-Philosophie setzte und sein Produkt erfolgreich vermarkten konnte.

Das Konzept von Netezza besteht darin, die Daten auf möglichst viele physische Festplatten und eigene Platinen zu verteilen. Diese Shared-Nothing-Architektur ermöglicht die feingranulare Aufteilung der abzuspeichernden Daten auf eigene Einheiten und damit einen sehr schnellen Zugriff auf die Daten, da pro Festplatte jeweils nur ein geringes Datenvolumen gelesen werden muss. Die eigentliche Intelligenz steckt zum einen in der Execution Engine, die die Partitionierung der Daten übernimmt, und zum anderen in einer Hardwareerweiterung der SPUs (Snippet Processing Units) um einen eigens entworfenen FPGA (Field Programmable Gate Array) zur lokalen Abarbeitung einer Teilanfrage. Damit ist Datenbanklogik in Hardware gegossen.

Die Daten werden durch einen Partitionierungsalgorithmus nach zu definierenden Partitionierungskriterien partitioniert. Anfragen werden auf allen SPUs ausgeführt, deren Teilergebnisse werden zusammengeführt und final berechnet. Unterstützt wird der SQL92-Standard inklusive Analytical Functions. Damit steht dem Anwender der klassische SQL-Funktionsumfang zur Verfügung.

Durch die Bereitstellung von Standardschnittstellen wie ODBC, JDBC u.a. und die native Anbindung an wichtige ETL-Tools (z.B. Ab Initio, Informatica, IBM) und BI-Tools (z.B. Cognos, Business Objects) kann Netezza in bestehende Data-Warehouse-Umgebungen eingebunden werden oder ein bestehendes Datenbanksystem ersetzen.

Wie für die meisten Appliance-Systeme ist der Administrationsaufwand sehr gering – es gibt beispielsweise keine Tablespaces, Redo-Konfiguration oder Temp-Segmente. Die Implementierung erfordert keine physische Optimierung wie Indizes. Deshalb ist die Speicherplatzanforderung im Vergleich zu relationalen Datenbanksystemen sehr moderat. Dennoch oder gerade deshalb ist in Kombination mit der hohen Parallelisierung die erzielbare Abfrageperformanz extrem hoch.

Exasol

Exasol ist ein deutscher Datenbanksystemhersteller im Markt für Appliance-Systeme. Exasol basiert auf einem Grid-System mit X86-Standardhardware. Vergleichbar mit Netezza werden die Daten auf viele Platinen – ausgestattet mit CPU, RAM und Festplatte – in einem oder mehreren RACs verteilt. Das Betriebssystem ist ein Linux-System, das lediglich in Bezug auf die Netzwerkkommunikation optimiert wurde.

Exasol speichert zwar die Daten physisch auf Festplatten ab, die Daten liegen jedoch zusätzlich komprimiert im Hauptspeicher, verteilt über die einzelnen Units. Die Komprimierung ermöglicht Datenvolumina im Terabyte-Bereich zu vergleichsweise günstigen Kosten. Das Speichern der Daten im RAM führt zu einer extrem guten Abfrageperformanz, da die Daten nicht von der Platte gelesen werden müssen. Indexstrukturen sind nicht nötig. Dadurch wird die Wartung und Entwicklung von Anwendungen auf Basis von Exasol sehr günstig. Wie bei Netezza ist physische Optimierung nicht erforderlich.

Es wird der SQL92-Standard unterstützt. Schnittstellen sind JDBC, ODBC, ADO.net, es fehlen allerdings native Schnittstellen zu Standardsoftwareanbietern für ETL und BI-Werkzeuge.

Exasol erreicht sehr gute Werte beim TPC-H Benchmark in den Kategorien 300GB, 1TB, 3TB und schlägt die Konkurrenz sowohl in Bezug auf Performanz als auch in Bezug auf Kosten pro Anfrage [TPC08].

Bewertung

Appliance-Datenbanken bieten im Vergleich zu herkömmlichen relationalen Datenbanksystemen große Vorteile bei Skalierung und Parallelisierung. Einfache Administration hält die Kosten für den Betrieb und Schulung von Administratoren gering. Schnelle Entwicklung durch weitgehende Vermeidung von Tuning und physischer Optimierung ermöglicht eine robuste und schnelle Entwicklung und Umsetzung von Fachanforderungen. Die Entwicklung orientiert sich damit mehr an funktionalen und fachlichen denn an technologischen Aspekten. Die Kosten für die Implementierung können hierdurch gesenkt werden. In vielen Fällen wird auch die Performanz deutlich besser sein im Vergleich mit relationalen Datenbanksystemen.

Die Positionierung von Appliance-Herstellern als Ersatz für etablierte unternehmensweite Datenbanklösungen wird sich hingegen häufig nicht umsetzen lassen, da das Risiko, ein unternehmensweites Data-Warehouse-System, basierend beispielsweise auf Oracle, auf Netezza zu portieren, sehr groß ist. In den seltensten Fällen ist es damit getan, nur das Datenbanksystem auszutauschen, das Data-Warehouse-System zu migrieren und danach mit einem deutlichen Faktor das Data-Warehouse-System zu beschleunigen. Grund hierfür ist die bestehende Implementierung der Datenbewirtschaftungsprozesse und komplexen Integrationslogiken, die z. B. im Falle von Oracle häufig in PL/SQL[4]-Code hinterlegt ist. Diese Prozesse direkt in einem ETL-Tool zu implementieren erfordert aufwendiges Reengineering und Neuimplementieren.

Problematisch für die meisten Appliance-Datenbanken ist zusätzlich die fehlende Integration in Standard-ETL- und BI-Tools. Ausnahme ist hier Netezza, das durch die Relevanz am Markt nativ an die wichtigsten Werkzeuge angebunden ist.

Als Erfolg versprechend bietet sich häufig der Einsatz von Appliance-Datenbanken in einem Unternehmen in einer isolierten Umgebung, z. B für einen Data Mart, an. Solche Proof of Concepts können einen Einstieg von Appliance-Datenbanken in Unternehmen ermöglichen und in Bezug auf Kosten und Performanz deren Vorteile belegen.

Die Bedeutung und Verbreitung von Appliance-Datenbanken hängt vom Hersteller ab. Netezza ist derzeit auf dem amerikanischen Kontinent und in Großbritannien in sehr großen Data-Warehouse-Umgebungen, insbesondere in der Telekommunikation und im Finanzsektor, verbreitet. Die restlichen Appliance-Hersteller haben (noch) nicht dieselbe Akzeptanz und Verbreitung gefunden. Interessant ist auch Greenplum als Open-Source-Hersteller mit einer ebenfalls hochskalierbaren und parallelisierbaren Architektur.

Zusammenfassend ist festzustellen, dass die neue Technologie der hochgradigen Parallelisierung und Komprimierung sowie die neuen Ansätze beim Speichern von Daten im Hauptspeicher interessante und zukunftsträchtige Produkte mit sehr hoher Performanz versprechen, die gerade im Bereich der Data-Warehouse-Systeme zu ernstzunehmenden Mitbewerbern der etablierten Datenbankhersteller heranwachsen können.

12.4 Auswertungsprozess

Der Auswertungsprozess ist die Arbeit mit einem Data-Warehouse-System aus der Anwendersicht. Er folgt im Betrieb eines Data-Warehouse-Systems dem Datenbeschaffungsprozess. Der Prozess wird zwar von der Technik unterstützt, jedoch von den Anwendern des Systems angestoßen und durchgeführt. Die Daten werden aus der Datenbank gelesen, mithilfe von Anfragewerkzeugen verarbeitet

---

4. Procedural Language/Structured Query Language

und als Information präsentiert. Die Generierung von Wissen kann allerdings nur von den Anwendern durchgeführt werden.

Das Nutzungspotenzial des gesamten Systems wird daran gemessen, ob und in welchem Umfang die zur Verfügung stehende Information von den Anwendern zur Unterstützung von Entscheidungsprozessen und Unternehmenssteuerung benutzt wird. Daraus resultieren zwei wesentliche Fragestellungen zur Beurteilung des Auswertungsprozesses:

- Liefert das System die Information in der für die Anwender benötigten *Qualität und Form*, z.B. bekommt ein Manager von *Star*Kauf* die Information der aktuellen Ladenhüter im Sortiment?
- Können die Anwender diese *Information nutzen*?

12.4.1 Schere zwischen Systemleistung und Anwendererwartungen

Die Entwicklung eines Data-Warehouse-Systems erfordert normalerweise einen längeren Zeitraum. Je nach Art der Erhebung von fachlichen Anforderungen seitens der Anwender kann es dabei zu einer späteren Differenz zwischen Anwendererwartungen und dem Inhalt des Systems kommen. Dies ist insbesondere dann der Fall, wenn die Projektarbeit nicht in kontinuierlicher Zusammenarbeit mit den Anwendern erfolgt, sondern in Form einmaliger Erhebungen des Informationsbedarfs, oder – im Extremfall – wenn die Anforderungen durch die IT-Abteilung festgelegt werden.

Außerdem steht das Projektteam nicht mit allen Anwendern in Kontakt, sondern nur mit einer repräsentativen Gruppe. Der Erfolg des Projekts hängt daher im Wesentlichen davon ab, wie gut die Zusammensetzung der Gruppe die Heterogenität der Anwenderkreise widerspiegelt: Ein Manager kann nur begrenzt die Auswertungsbedürfnisse eines Controllers beurteilen und umgekehrt.

Die Erhebung des Informationsbedarfs wird von Anwendern als eine Möglichkeit gesehen, die »immer schon gewünschten« Eigenschaften ihrer bisherigen Berichtssysteme zu erhalten. Jedoch stellen diese Individualanforderungen nur einen Bruchteil des tatsächlichen Informationsbedarfs dar. Dies folgt dem Gesetz der 80:20-Regel, d.h., es werden 80% des Bedarfs von 20% der Anwender nachgefragt. Daraus resultiert eine Überbewertung von Funktionen und Inhalten, die die Hauptforderung der Wertschöpfungssteigerung durch das Data-Warehouse-System nicht erfüllt.

Überdies wird die Artikulation der inhaltlichen und ergonomischen Anforderungen der Anwender oft von den Entwicklern nicht richtig interpretiert bzw. von den Anwendern im Reviewverfahren nicht bewertet. Hiernach kann es sein, dass dem Wunsch der Anwender zwar nachgekommen wird, das Ergebnis den Anforderungen aber nur teilweise entspricht.

Das Data-Warehouse-System baut weitgehend auf den zugrunde liegenden Daten der Quellsysteme auf, kann also nur die Quantität und Qualität an Informationen liefern, die letztlich in den Quellsystemen enthalten sind oder sich durch die Datenbereinigung verbessern lassen. Daraus kann sich die Forderung der Überarbeitung der Quellsysteme ergeben, um schließlich den Anforderungen der Anwender auf Auswertungsseite nachzukommen. Diese Forderung wird meist nicht erfüllt, da kein Einfluss auf die Quellsysteme vorhanden ist oder aufgebaut werden kann.

Diese Aspekte können dazu führen, dass nach der Systemeinführung die Akzeptanz der Anwender niedrig ist. Die Aufgabe des Betreuungsteams (Abschnitt 12.1) besteht darin, sich mit den Akzeptanzproblemen rechtzeitig auseinanderzusetzen und wirksame Lösungen auszuarbeiten. Dieses Vorgehen kann in drei Problembereiche aufgeteilt werden:

- *systembedingte*,
- *organisationsbedingte*
- und *anwenderorientierte Probleme*.

In den folgenden Abschnitten werden diese Punkte untersucht und Lösungsansätze zu den Problemen aufgezeigt.

Systembedingte Probleme

Zu den systembedingten Ursachen der geringen Anwenderakzeptanz in einem Data-Warehouse-Projekt zählen in erster Linie unzureichende Datenqualität und Performanz. *Korrekte Datenausweisung* und *akzeptable Antwortzeit* sind die Voraussetzungen für die Bereitschaft der Anwender, sich mit dem System auseinanderzusetzen.

Eine weitere Ursache liegt in der eingesetzten *Software*, wenn der Funktionsumfang und die Ergonomie der Werkzeuge für das Data Warehousing unzureichend sind. Dies gilt sowohl für die Verwendung von Standardsoftware als auch für Eigenentwicklungen.

Abschließend haben systembedingte Probleme ihre Ursache in den oft begrenzt zur Verfügung stehenden Auswertungsmöglichkeiten, d.h. der Art und Anzahl von Berichten und den Detaillierungsstufen der Daten.

Die Lösung dieser Probleme liegt in der kontinuierlichen Weiterentwicklung des Systems, beurteilbar an der Optimierung der Prozesse, Steigerung der Performanz und Verbesserung der Ergonomie. Bei einem dynamisch aufgebauten Data-Warehouse-System sollte es jederzeit möglich sein, weitere Anforderungen der Anwender zu integrieren. Nicht jeder neuen Anforderung soll jedoch nachgegangen werden: Die Änderungswünsche sollten sorgfältig nach Allgemeingültigkeit und Konformität mit den strategischen Zielen des Unternehmens analysiert und dann gemäß ihrer Priorität in weiteren Ausbaustufen des Systems verwirklicht werden.

Beispielsweise kann angestrebt werden, bei den Anwendern eine gewisse Selbstständigkeit in der Arbeit mit Werkzeugen zu fördern. Die Versuche, meh-

12.4 Auswertungsprozess

rere Varianten von ein und demselben Bericht mit unterschiedlicher Sortierungsreihenfolge als Standardberichte abzulegen, sollten dann systematisch unterbunden werden. Die Anwender sollen lernen, die Sortierfunktion nach Bedarf selbst anzuwenden. Eine unkontrollierte und unbedachte »Systemverbesserung« kann ein unübersichtliches und auf die Dauer instabiles System zur Folge haben.

Organisatorische Probleme

Wird der Auswertungsprozess durch die Unternehmensorganisation nicht ausreichend unterstützt, so führt dies unweigerlich zu Akzeptanzproblemen. Eine Rolle spielt hierbei die Stellung der Datenanalyse in der Unternehmensstrategie sowie in der Unternehmenskultur. Wird die Datenanalyse als Pflichtübung angesehen und nicht als Ursprung entscheidungsrelevanter Informationen, so führt dies unweigerlich zu einer geringen Akzeptanz der Tätigkeit und der damit verbundenen Systeme. Dies kann sich auch darin äußern, dass das Management die Auswertung von Daten nicht unterstützt, d.h. dem Prozess und der Ergebnisqualität nicht die erforderliche Bedeutung beimisst, oder das Management selbst nicht das System, dessen Möglichkeiten und Vorteile kennt.

Andere Probleme beruhen auf der Organisation der Anwenderbetreuung. Wird der Anwender mit seinen Problemen nicht ernst genommen, so äußert sich dies in einer Unzufriedenheit mit dem System und damit in einer Vernachlässigung der Arbeit. Dies gilt sowohl bei der Behebung von Fehlern als auch bei Verbesserungsvorschlägen zum System.

Da die organisatorischen Probleme in ihrer Ausprägung sehr vielfältig sind, gibt es hierzu eine Reihe unterschiedlicher Maßnahmen (Abschnitt 12.3.5). Besonders wichtig ist die Festlegung eindeutiger Eskalationswege bei Problemen und eine konsequente Umsetzung der beschlossenen Maßnahmen. Die Unterstützung durch das Management soll nach Möglichkeit sowohl durch Motivation als auch durch Vorbildfunktion erfolgen.

Langfristig gesehen soll eine Anpassung organisatorischer Abläufe stattfinden, die sich dem Prozessgedanken im System und dessen Umfeld nähern, d.h., die Auswertung und Informationsanalyse sollen fester Bestandteil organisatorischer Abläufe werden.

Anwenderorientierte Probleme

Die anwenderbedingten Probleme beruhen auf den technischen und kognitiven Fähigkeiten des Anwenders selbst. Sie können in *objektive* und *subjektive Probleme* aufgeteilt werden. Zu den objektiven Problemen zählen ein mangelndes Verständnis für die Daten sowie für den Interpretationsprozess der Daten. Die Lösung dieser Probleme liegt meist in der gezielten Schulung der Anwender in den Zusammenhängen von Daten, Kenngrößen und Indikatoren sowie in statistischen Grundbegriffen.

Ein weiteres objektives Anwenderproblem liegt in der unzureichenden Fähigkeit von Anwendern, das System mit allen vorhandenen Funktionen zu bedienen. Hier ist ebenfalls eine gezielte Schulung die Lösung, wobei es vorteilhaft sein kann, bestimmte Schulungsinhalte von »Kollegen« durchführen zu lassen, da diese die Sichtweise einer Problemstellung mit den »Schülern« teilen.

Die subjektiven Probleme sind psychologisch bedingt und liegen in mangelnder Motivation, sich in das neue System einzuarbeiten. Die Gründe für diesen Mangel können sowohl in einer persönlichen Konfrontation mit dem Projektteam liegen, z.B. wegen als *fehlerhaft empfundener Projektdurchführung*, als auch in *Vorurteilen* (»Das alte System war besser!«), *Unsicherheit* (»Ich kann mit dem System sowieso nichts anfangen, dann werde ich es auch nicht versuchen!«) oder im *inneren Widerstand* (»Ich sehe nicht, wie das System mir bei meinem Alltagsgeschäft helfen kann!«).

Diese subjektiven Probleme sind am schwierigsten zu beheben, weil ihre Ursachen in der menschlichen Natur liegen. Hier können nur langfristige und geduldige Betreuung und Überzeugungsarbeit helfen.

12.4.2 Anwenderbetreuung

Die Anwenderbetreuung gehört zu den wichtigsten Aufgaben beim Betrieb eines Data-Warehouse-Systems. Eine gezielte Anwenderbetreuung kann einen wesentlichen Beitrag für den Auswertungsprozess leisten, und die zuvor angesprochenen Probleme können dadurch im Voraus vermindert oder sogar vermieden werden. Folgende Kriterien charakterisieren u.a. eine gute Betreuungsorganisation:

- eine örtliche Nähe zum Anwender mit persönlicher Bindung zu Administratoren oder technisch versierten Anwendern, die bei Schwierigkeiten helfen können
- prompte Reaktion auf Anfragen der Anwender, die das Vertrauen und die Bereitschaft zur kooperativen Zusammenarbeit steigert
- zielgerichtete und skalierbare Betreuung von verschiedenen Anwendergruppen
- Berücksichtigung neuer Anwenderanforderungen bei der mittelfristigen bis langfristigen Planung in der kontinuierlichen Systementwicklung

Genauso wie das System selbst soll die Anwenderbetreuung skalierbar und auf unterschiedliche Anwendergruppen abgestimmt werden. Die Klassifizierung der Anwender kann sowohl nach ihren *technischen Fähigkeiten* (z.B. Erfahrung mit dem System oder die Häufigkeit des Zugriffs) als auch nach ihren *Anforderungen* an das System (Manager, Controller, Verkäufer usw.) erfolgen.

Ein erfahrener Anwender wird höchstwahrscheinlich selbst Berichte entwickeln und Ad-hoc-Recherchen betreiben wollen. Dafür kann es notwendig sein, ihm die Kenntnisse über zugrunde liegende Datenstrukturen und technische Zusammenhänge zu vermitteln. Ein nicht erfahrener Anwender soll auf jeden Fall über die Möglichkeiten und Grenzen des Data-Warehouse-Systems Bescheid wissen und mit der Funktionalität der Anwendung vertraut sein. Dagegen kann sich ein Gelegenheitsanwender auf Abruf einiger weniger Berichte beschränken; er muss lediglich den Inhalt dieser Berichte verstehen.

Ein Manager hat kaum Zeit, sich mit dem System auseinanderzusetzen, und wird eine leicht überschaubare Präsentation von hochaggregierten Daten schätzen. Für einen Controller stehen die Datengenauigkeit und die Auswertungsmöglichkeiten im Vordergrund. Andererseits wird für einen Verkäufer ein schneller Zugriff auf detaillierte Kundeninformation besonders wertvoll sein.

Dementsprechend sollen sowohl die Systemgestaltung als auch die Schulungsmaßnahmen unter dem Blickwinkel der Anwenderzielgruppe geplant und realisiert werden. Eine professionelle und gründliche Schulung bildet die Grundlage für die Entwicklung von technischen Fähigkeiten im Umgang mit dem System und für ein korrektes Datenverständnis bei Anwendern, die noch durch spätere Maßnahmen weiter verbessert werden sollen. Zu diesen Maßnahmen zählen:

- Organisation eines kompetenten Hotline-Dienstes für die Anwenderfragen
- Durchführung regelmäßiger Workshops für die Anwender
- Einrichtung einer System-Homepage im Intranet mit den aktuellen Informationen, einer FAQ-Liste und einer Newsgroup zum Erfahrungsaustausch
- Zuteilung eines persönlichen Ansprechpartners, z.B. eines Administrators oder eines erfahrenen Anwenders
- Einführung von Standardvorlagen für die Berichterstellung
- durchdachte Organisation der Berichtsverwaltung und deren aktuelle Dokumentation

Ein Data-Warehouse-System ist nicht nur so gut wie die enthaltenen Daten, sondern es muss auch daran gemessen werden, wie gut die Anwender mit dem System arbeiten können, d.h., der Auswertungsprozess ist zu optimieren. In den vorhergehenden Abschnitten wurde ein Beitrag zur Optimierung aufgezeigt, indem die Probleme und mögliche Lösungen für den Auswertungsprozess dargestellt wurden.

12.5 Sicherungsmanagement

Sicherheit wird in diesem Buch an unterschiedlichen Stellen (z.B. Abschnitte 7.3 und 11.6) angesprochen. Während bisher allerdings in erster Linie auf Architektur- und Designfragen zum Schutz vor unberechtigtem Zugriff eingegangen wurde, werden in diesem Abschnitt notwendige Maßnahmen und deren Management erläutert. Besonderes Augenmerk gilt dabei der Datensicherheit und -verfügbarkeit.

Datensicherheit wird hier im Sinne von *Integrität* (Unversehrtheit) verstanden, wobei es gilt, einen vollständigen und unveränderten Zustand der Daten zu gewährleisten. Ein Verlust der Datenintegrität kann unterschiedliche Ursachen haben:

- menschliche Ursachen
  (beabsichtigt oder versehentlich, z. B. durch Unerfahrenheit, Stress)
- Hardwareausfälle
  (defekte Plattenlaufwerke, Netzwerkprobleme, Stromunterbrechungen)
- softwareseitige Probleme
  (»Bugs«, Kapazitätsprobleme, z. B. überlaufende Datenbank-Tablespaces)
- externe Ursachen
  (Feuer, Sabotage, Terrorismus)

Man unterscheidet zwischen *präventiven* und *korrigierenden* Maßnahmen zur Sicherung der Datenintegrität [FaSH96]. Präventive Maßnahmen sollen Integritätsprobleme verhindern (z. B. Plattenspiegelung, siehe auch Abschnitte 11.4.2 und 12.5), während korrigierende Maßnahmen die Integrität nach einem Verlust wiederherzustellen versuchen (z. B. Backup und Recovery).

12.5.1 Backup und Recovery

Das Ziel eines Backup-Systems ist es, die Daten und Systeme bei Verlust oder Ausfall so schnell wie möglich wiederherstellen zu können. Als zu sichernde Objekte ergeben sich bei Data-Warehouse-Systemen vier wichtige Elemente: *Server-* und *Anwendungssoftware*, *Metadaten*, die *Basis-*, *Ableitungs-* und *Auswertungsdatenbanken*. Als Sicherungsziel kommen meist Bänder, Kassetten, Festplatten und optische Speicher zum Einsatz (siehe auch unter Hardwareauswahl in Abschnitt 11.4.7).

Den Metadaten kommt auch bei der Datensicherung eine besondere Rolle zu. Sie reflektieren nicht nur ein zu sicherndes Objekt, sondern sie enthalten auch Informationen über das Backup-System, Backup-Schedules und Backup-Protokolldateien. Eine besondere Herausforderung stellt aber schon aufgrund ihrer Größe die Sicherung der Basis- und der Ableitungsdatenbank dar.

Das Hauptproblem bei der Datenbanksicherung auf der Dateiebene besteht darin, dass nur Komplettsicherungen möglich sind. Inkrementelle oder differenzielle Backups kommen normalerweise nicht in Frage, da die Veränderungen zwischen zwei Backup-Zyklen über die gesamte Datenbank verteilt sind. Auf der Datenbankebene bietet die Historisierung der Datenbanken die Möglichkeit von Teil-Backups, da eine Lokalisierung der neuen Daten durch Zeitstempel möglich ist. Prinzipiell unterscheidet man drei Verfahren zum Datenbank-Backup:

- *Cold Backup* bei inaktivem System
- *Hot Backup* bei laufendem Betrieb:
  Aktualisierungen werden während des Sicherungsvorgangs nicht sofort in die Datenbank geschrieben, sondern zunächst durch eine Transaktionsprotokollierung aufgezeichnet.

- *Logisches Backup*:
  Extraktion der Daten in Exportdateien. Ein logisches Backup ist aber nicht praktikabel für Komplettsicherungen großer Datenbanken.

Der Ansatz der Transaktionsprotokollierung, d.h. das Aufzeichnen von Transaktionen, um diese später zur Wiederherstellung erneut ausführen zu können, ist in erster Linie bei transaktionsorientierten Datenbanksystemen sinnvoll. Data-Warehouse-Systeme zeichnen sich durch wenige, umfangreiche Transaktionen, d.h. Ladevorgänge, aus.

Obwohl die Daten während des Normalbetriebs nicht verändert werden, sollte die Datensicherung in eine Zeit mit geringer Aktivität verlagert werden, um Performanzeinbußen zu verhindern. Da ein hierfür zur Verfügung stehendes Zeitfenster (z.B. nachts) meist schon für die Ladevorgänge genutzt wird, reicht die verbleibende Zeit für eine Sicherung der gesamten Basis- oder Ableitungsdatenbank (u.U. im Terabyte-Bereich) oft nicht aus.

Es gilt also, die für ein Backup notwendige Zeit so weit wie möglich zu reduzieren. Dieses Ziel kann mit unterschiedlichen Ansätzen erreicht werden:

- *Verringerung des Backup-Umfangs*:
  Da große Bereiche der Data-Warehouse-Datenbank aufgrund der Historisierung unverändert bleiben, liegt es nahe, die Bereiche der historischen Daten einmalig zu sichern und bei zukünftigen Backups auszuschließen.
- *Verbesserung der Performanz* auf Seite der Backup-Hardware, z.B. durch *Tape-RAID-Systeme* (Abschnitt 11.4.2), bei denen mehrere Bandlaufwerke parallel Verwendung finden
- *Spezielle Speichersubsysteme*, die eine Datenspiegelung transparent für das übergeordnete System durchführen. Solche Systeme erlauben das temporäre Aufbrechen eines Spiegelsatzes zur abgekoppelten Bandsicherung.

Schließlich sei noch darauf hingewiesen, dass bei nicht historisierten Basisdatenbanken, deren Datenbestand sich redundant aus den Quellsystemen ergibt, unter Umständen auf ein explizites Backup verzichtet werden kann. Die Basisdatenbank kann durch einen Datenbeschaffungsprozess teilweise wiederhergestellt werden. Modifizierte Vergangenheitsdaten lassen sich aber aus den Quellsystemen nicht mehr ableiten. Außerdem ist die beschränkte Verfügbarkeit der Datenquellen zu beachten.

12.5.2 Entsorgung von Daten

In Analogie zur Materialwirtschaft, wo das Lager von bestimmten Produkten z.B. wegen Überalterung, geräumt werden muss, müssen bestimmte Daten aus der Basis-, Ableitungs- und Auswertungsdatenbank entsorgt werden. Bei der Entsorgung von Daten stellt sich auf unterschiedlichem Niveau, d.h. für ein einzelnes Datum bis hin zur ganzen Basisdatenbank oder zur Auswertungsdatenbank, die

Frage nach *unwiderruflichem Löschen* oder Löschen mit der *Archivierung von Daten*. Archivierte Daten sind langfristig gehaltene Daten an separatem Ort, um sie im Bedarfsfall am ursprünglich gehaltenen Ort wieder verfügbar machen zu können. Dies setzt voraus, dass die Daten im Archiv wiederauffindbar sind und dass sie von dort unverändert bereitgestellt werden können. Ein Backup kann mit diesem Begriffsverständnis der Datenarchivierung als eine spezielle Datenarchivierung aus Sicherheitsgründen gesehen werden.

Die Entsorgungsfrage stellt sich bei der Basisdatenbank wie auch gelegentlich bei der Ableitungs- und Auswertungsdatenbank, kurz überall dort, wo Daten langfristig gehalten werden und nicht komplett überschrieben werden. Grundsätzlich gelten analoge Überlegungen auch für die Metadaten. Mit der Entsorgung der Daten aus der Basisdatenbank und der Ableitungs- und Auswertungsdatenbank endet das Leben eines Datums beim Data Warehousing. Neben der Haltung und der Entsorgung sind ggf. erforderliche Archivierung und damit verbundene Reaktivierung Gegenstand des Data bzw. Information Lifecycle Management [Kamp03].

Bei der Betrachtung der zu entsorgenden Daten sowie bei deren Auswahl spielen die folgenden Faktoren eine Rolle:

- Kein Bedarf nach weiterer Verwendung z.B. wegen Überalterung der Daten oder wegen eines anderen zeitlichen oder fachlichen Auswertungshorizonts. So können z.B. bei Rentabilitätsanalysen von *Star*Kauf*, denen ein Dreijahreshorizont zugrunde liegt, alle Umsatzzahlen aus der Datenbank entsorgt werden, deren Entstehungszeit mehr als 36 Monate zurückliegt.
- Platz- und Performanzprobleme
- unzureichende Datenqualität

Dem hieraus erwarteten Nutzen steht der Aufwand für die Entsorgung der Daten, d.h. Bestimmung und Bereinigung, gegenüber. Auch sind folgende Aspekte bei der Entsorgung zu beachten, die in der Praxis nicht selten zu Schwierigkeiten und Unzufriedenheit bei den Anwendern führen:

- *Prüfung*, dass die für die Entsorgung geplanten Daten tatsächlich nicht mehr benötigt werden. Dies kann durch einen möglichst automatisch erstellten Verwendungsnachweis, z.B. anhand von Protokolldateien über die Suchanfragen, geschehen, oder man kann die Zustimmung der in Frage kommenden, d.h. legitimierten, Anwender direkt einholen.
- *Vorkehrungen zur Sicherung der Konsistenz* der verbleibenden Daten in der Basisdatenbank. Hier sind vor allem mögliche existenzielle Abhängigkeiten zwischen den zu löschenden und den verbleibenden Daten wie auch verbleibende aggregierte Daten akribisch zu berücksichtigen.

Anders als materielle Objekte lassen sich Informationen – sobald sie identifiziert und im Zugriff sind – leicht entsorgen. Wird aus Platzgründen entsorgt, muss allerdings sichergestellt werden, dass der durch das Löschen der Daten frei gewordene

Speicherplatz auch wieder genutzt werden kann. Dies leisten üblicherweise *Defragmentierer* bzw. *Garbage Collectors* der von der Basisdatenbank bzw. der Ableitungs- und Auswertungsdatenbank verwendeten Datenbankmanagementsysteme.

Archivierung

Bei der Entsorgung stellt sich die Frage nach dem definitiven Löschen von Daten oder nach der Notwendigkeit von Vorsorgemaßnahmen für eine eventuelle Wiederverwendung, somit also Archivierung. Die Archivierung dient vor allem dazu, Auswertungen reproduzieren zu können. Aber auch der Bedarf nach nachträglichen Auswertungen auf Basis eines Datenbestands, wie er zu einem bestimmten Zeitpunkt in der Vergangenheit vorlag, führt ebenfalls dazu, die zu entsorgenden Daten vorab zu archivieren.

Für die zu archivierenden Daten muss nach geeigneten Speichermedien und Speicherstrukturen gesucht werden. Als Speichermedien kommen prinzipiell alle elektronischen Träger in Frage. Um das geeignete Speichermedium zu bestimmen, sind folgende Faktoren zu berücksichtigen:

- *Zeit für die Reaktivierung*, d.h. das Verfügbarmachen der archivierten Daten in der Basisdatenbank bzw. in der Ableitungs- und Auswertungsdatenbank
- *Zuverlässigkeit* im Hinblick auf die Lesbarkeit der Daten nach langer Lagerung (Gefahr besteht sowohl durch physische Veränderung des Speichermediums wie auch durch den Umstand, dass Hard- und Software nicht mehr in notwendigem Umfang verfügbar oder einsetzbar sind, um die Datenträger zu lesen)
- *Sicherheit* vor Verlust und unerlaubtem Zugriff
- *Kosten* für die Datenhaltung im Archiv und die Reaktivierung

Reaktivierung: Wiederverfügbarmachen archivierter Daten

Indem eine Archivdatei wie eine Quelldatei behandelt wird, können die archivierten Daten in der Basisdatenbank bzw. in der Ableitungs- und Auswertungsdatenbank wieder verfügbar gemacht werden. Dieser Prozess wird *Reaktivierung* genannt. In der Praxis wird allerdings häufig nicht der Weg über die Quellen gegangen; stattdessen wird der archivierte Datenbestand der Basisdatenbank bzw. der Ableitungs- und Auswertungsdatenbank direkt zugeführt. Wenn dabei sichergestellt ist, dass es nicht zu Konsistenzproblemen kommt, ist dies aus Zeit- und Kostengründen vertretbar.

Bei der Reaktivierung ist – insbesondere nach langer Archivierungsdauer – zu beachten, dass dieser Prozess nicht nur die tatsächlich zu entsorgenden Daten betrifft. Der Prozess ist im Zusammenhang mit den Metadaten und der Software zu sehen, die die Auswertungen für Reproduktion leistet, sowie ggf. auch mit der Software für die Datenhaltung. So können sich während der Zeit zwischen Archivierung und Reaktivierung Datenstrukturen geändert haben; auch können zwischenzeitlich neue Versionen der Auswertungssoftware zum Einsatz gekommen sein, die nicht immer abwärtskompatibel sind. In kritischen Fällen kann es dann wirtschaftlich vertretbar sein, das gesamte Daten- und Softwaresystem zu archivieren, im Extremfall einschließlich Betriebssystem und Hardware, d.h. den Rechner mit seiner kompletten Data-Warehouse-Anwendung (»Schnappschuss total«).

12.5.3 Datenbank- und Systemverfügbarkeit

Präventive Maßnahmen zur Datensicherheit haben zum Ziel, Ausfälle durch Erhöhung der Verfügbarkeit zu vermeiden. Verfügbarkeit wird hier im Sinne von Zuverlässigkeit (Fehlertoleranz) verstanden. Auf die Resistenz gegen externe Angriffe, wie Denial-of-Service-Attacken, wird ausführlich in Abschnitt 11.6 eingegangen.

Zu unterscheiden ist zwischen der Verfügbarkeit der Daten und der Verfügbarkeit von Systemkomponenten. Letztere lassen sich ggf. einfach austauschen. Wichtig ist dabei nur, diesen Austauschvorgang möglichst schnell und einfach zu ermöglichen, z.B. durch *hot swappable*, d.h. zur Laufzeit austauschbare Module. Alternativ ist ein redundanter Aufbau der gesamten Serverhardware vorstellbar. Ein zweites *Standby-* oder *Failover-System* übernimmt bei einem Ausfall die Arbeit.

Bei den Daten ist Fehlertoleranz schwieriger zu erreichen. Ein verlustfreier Austausch defekter Komponenten ist hier nur bei entsprechender Redundanz möglich. Dabei wird zwischen *Datenspiegelung* und *Replikation*[5] unterschieden.

Datenspiegelung erfolgt in Echtzeit, d.h., die Daten werden bei Schreibvorgängen auf zwei Datenträger geschrieben. Bei einem Ausfall wird auf Einzelbetrieb umgeschaltet. Dieses Verfahren wird meist hardwaremäßig durch Speichersubsysteme implementiert, d.h. RAID Level 1 (Abschnitt 11.4.2). Da alle Daten vollständig doppelt gehalten werden, erfordert dieses Verfahren besonders hohe Plattenkapazitäten, was bei den ohnehin schon großen Datenmengen eines Data-Warehouse-Systems problematisch werden kann. Diese Problematik kann durch Verwendung von RAID Level 5, d.h. Striping mit Parität, relativiert werden. Neben der herkömmlichen RAID-Technik sind als weitere Lösung identische Speichersysteme aufzuführen, die bis zu mehreren Kilometern örtlich getrennt voneinander stehen können. Eine derartige Architektur, wie sie z.B. bei großen Banken eingesetzt wird, weist entsprechende Vorteile im Hinblick auf Verfügbarkeit und Ausfallsicherheit auf.

Bei *Replikation* empfängt ein Sekundärsystem Daten vom Primärsystem in einer Zeitspanne von sofort bis zu einer gewissen Verzögerung. Oft werden die bereits erwähnten Transaktionsprotokolldateien zur Replikation verwendet, indem die auf dem Primärsystem ausgeführten Aktualisierungen auf einem Sekundärsystem wiederholt werden. Da die Schreibvorgänge eines Data-Ware-

---

5. Die hier verwendete begriffliche Abgrenzung wird in der Literatur nicht einheitlich so benutzt. Im Zusammenhang mit softwaremäßiger Spiegelung auf Datenbankebene wird z.B. auch von synchroner Replikation gesprochen.

house-Systems gebündelt während des Ladevorgangs auftreten, ist dieser Ansatz hier allerdings nicht praktikabel. Stattdessen kann der Ladevorgang als Prozess auf ein Sekundärsystem erneut angewendet werden.

Neben den Serversystemen und der Datenbank sind natürlich auch alle weiteren Komponenten des Data-Warehouse-Systems zu bedenken. So ist beispielsweise auch das Netzwerk als Kommunikationskomponente redundant anzulegen, um das Gesamtsystem verfügbar zu halten.

12.5.4 Phasen eines Recovery-Plans

Die Wiederherstellung des Betriebs nach einem Systemausfall (engl. disaster recovery) ist eine der anspruchsvollsten Aufgaben für einen Systemadministrator. Um in einem solchen Fall vorbereitet ans Werk gehen zu können, ist eine umfassende und genaue Planung unabdingbar. Grundvoraussetzung für eine erfolgreiche Wiederherstellung im Fehlerfall ist die Verfügbarkeit der wiederherzustellenden Daten in Form von Backups. Diese müssen regelmäßig durchgeführt und überprüft werden. Außerdem muss daran gedacht werden, Datensicherungsmedien auch außerhalb des Unternehmens aufzubewahren, um gegen Feuer etc. gewappnet zu sein.

Ist die Datensicherung unter Kontrolle, kann mit der Planung eines Recovery-Vorgangs begonnen werden. Dieser Prozess kann in die folgenden Phasen gegliedert werden (angelehnt an [FaSH96]):

1. Risikoanalyse und -bewertung
2. Aufstellung der Recovery-Anforderungen
3. Erstellung des Plandokuments
4. Test, Verteilung und Pflege des Plans

Die erste Phase, die *Risikoanalyse und -bewertung*, zielt auf die Feststellung von Risiken und deren Klassifikation nach ihrem möglichen Schaden. Zunächst sind die zu schützenden Objekte wie Vermögensgegenstände oder Daten und deren Bedrohungen zu identifizieren. Die Wahrscheinlichkeit dieser Bedrohungen und die möglichen Auswirkungen auf den normalen Systembetrieb sind zu quantifizieren. Das Risiko der Verwundbarkeit des Systems setzt sich aus der Wahrscheinlichkeit eines Vorfalls in einer bestimmten Zeit und den Kosten eines möglichen Schadens zusammen [Coop89].

Das Ziel der nächsten Phase, der *Aufstellung der Recovery-Anforderungen*, ist die Definition einer akzeptablen und leistbaren Zeitspanne, in der das Funktionieren des Systems wiederhergestellt werden soll bzw. kann, die *Recovery Time Objective* (RTO).

Die Ergebnisse sind in einem *Plandokument* festzuhalten. Ein solcher Recovery-Plan sollte die folgenden Bestandteile enthalten:

- Listen zu benachrichtigender Personen (Telefonnummern, Adressen)
- Prioritäten, Zuständigkeiten und Prozeduren
- Informationen zur Hardware-Ersatzbeschaffung (Lieferant etc.)
- Daten zu Systemen, Konfigurationen und Backups

Nach der schriftlichen Formulierung muss der Plan *getestet* werden. Es ist allerdings sicher nicht sinnvoll, probeweise einen Totalausfall zu produzieren. Vielmehr können die einzelnen Komponenten des Recovery-Plans schrittweise überprüft werden. Ein getesteter Plan ist an die betroffenen Personen zu *verteilen*. Entsprechend der prozessorientierten Auffassung eines Data-Warehouse-Systems ist der Recovery-Plan als ein »lebendiges« Dokument zu behandeln. Nach der Erstellung eines Initialplans gilt es, diesen iterativ zu verfeinern und an neue Gegebenheiten (Software, Hardware, Gebäudestrukturen, Personalstrukturen) *anzupassen*.

12.6 Zusammenfassung

Die Warnung, dass ein Data-Warehouse-System niemals fertig sein wird, kann nicht oft genug wiederholt werden. Der Aufbau der Komponenten, wie in Kapitel 11 beschrieben, wird irgendwann abgeschlossen sein. Eine dauerhafte Zufriedenheit des Anwenders mit Daten und Auswertungen wird nur dann erreicht, wenn das Data-Warehouse-System laufend gepflegt, angepasst und optimiert wird. Von fundamentaler Wichtigkeit ist eine komponentenübergreifende Administration, wie sie in Abschnitt 12.1 beschrieben wird. Die Lösung der Administrationsprobleme aus technischer, organisatorischer und Anwendersicht ist eine ressourcenbindende Aufgabe, die viel Zeit und Geld erfordert.

Ein weiterer großer Aufgabenbereich ist die Realisierung des Data-Warehouse-Prozesses. Sowohl die Datenbeschaffung mit den Teilbereichen Extraktion, Transformation und Laden, die Optimierung des Datenbanksystems durch Tuning-Techniken als auch die Anpassung und Erzeugung von Auswertungen stellen wiederkehrende Aufgaben dar. Es ist unmöglich, den initialen Zustand des Data-Warehouse-Aufbaus zu belassen, da das Data-Warehouse-System schon nach kürzester Zeit unbrauchbar wäre.

Der letzte Teilbereich befasst sich mit dem Sicherungsmanagement. Oft werden die Bereiche der Datensicherung erst spät in die Betrachtung einbezogen, da die Bedeutung erst im akuten Notfall sichtbar wird. Die Aufgabenbereiche erstrecken sich von allgemeinen Backup- und Recovery-Strategien bis zur Entsorgung von Daten aus der Basisdatenbank oder der Ableitungs- und Auswertungsdatenbank. Im Grunde widerspricht eine Entsorgung der Data-Warehouse-Idee, da Daten wieder entfernt werden. Es muss daher besonders behutsam bei der Auswahl der zu entfernenden Daten und mit der Thematik der Konsistenzsicherung umgegangen werden.

13 Praxisbeispiele

Im letzten Kapitel dieses Buches über Data-Warehouse-Systeme wird über die fiktive Kaufhauskette *Star*Kauf* hinaus ein Blick auf die Praxis geworfen. Die in diesem Teil des Buches diskutierten Anwendungen, der Aufbau und der Betrieb eines Data-Warehouse-Systems und natürlich auch die theoretischen Grundlagen aus den Teilen I und II sollen dem Abgleich mit realen Projekten standhalten. Die im Folgenden aufgeführten Beispiele dienen somit keineswegs einem Werbezweck für eine Firma oder ein Produkt, sondern runden das bisher theoretische Buch mit realen Einsatzszenarien ab.

So vielfältig wie das Themengebiet Data-Warehouse-Systeme und die Anwendungen sind, genauso vielfältig sind auch die möglichen Beschreibungen der Praxisbeispiele. Jedes Fallbeispiel in den folgenden Abschnitten kann deshalb nur einen Überblick über das Projekt geben und sich auf einige Details beschränken. Für weitere Informationen geben die Autoren oder die jeweiligen Ansprechpartner gerne Auskunft.

Im ersten Beispiel in Abschnitt 13.1 wird der Einsatz von Data-Warehouse-Systemen in der öffentlichen Verwaltung diskutiert. Auch in diesem Anwendungsgebiet ist die Zusammenführung von auswertungsrelevanten Daten, wie das Beispiel aus der Arbeitsmarktverwaltung zeigt, relevant. Das darauf folgende Praxisbeispiel in Abschnitt 13.2 beschreibt den Einsatz eines Data-Warehouse-Systems für das Risikomanagement bei einem Versicherungskonzern. Ein Data-Warehouse-System im Bereich der Marktforschung (Abschnitt 13.3) dient dagegen als Datengrundlage für externe Auftraggeber. Abschließend wird ein Data-Warehouse-Projekt aus dem Bereich der Online-Partnerbörsen (Abschnitt 13.4) diskutiert.

13.1 Öffentliche Verwaltung

Steckbrief

Unternehmen/Organisation:	Bundesagentur für Arbeit
Branche:	Öffentliche Verwaltung
Anwendungsgebiet:	Arbeitsmarktberichterstattung und Controlling
Hardware/Software für Basisdatenbank:	2 Fujitsu Siemens M9000 (je 8 CPUs, 128 GB), 2 Hewlett-Packard (je 12 CPUs, 48 GB), EMC Storage, Oracle 10g, MicroStrategy 8i
Hardware/Software für Ableitungs- oder Auswertungsdatenbank:	Sun PrimePower 2000 (32 CPUs, 128 GB), PrimePower 2500 (24 CPUs, 96 GB), FSC M10000 (32 CPUs, 768 GB RAM), EMC Storage, Informix XPS 8.5, Oracle 10g, SQL Server mit Analysis Services 2000, Business Objects XI, MicroStrategy 10g
Verfügbarkeit:	5 × 14 h
Anzahl Datenquellen:	ca. 80
Datenvolumen Basisdatenbank:	ca. 6 TB
Datenvolumen der Ableitungs- oder Auswertungsdatenbank:	ca. 17 TB
Aktualisierung:	ca. 250 GB monatlich
Anzahl Ableitungsdatenbanken:	2
Anzahl Anwender:	ca. 15.000

13.1.1 Die Bundesagentur für Arbeit

Die Bundesagentur für Arbeit (BA) ist größter Dienstleister am Arbeitsmarkt. Als Körperschaft des öffentlichen Rechts mit Selbstverwaltung ist sie gegliedert in die Zentrale in Nürnberg, 178 Agenturen und 660 Geschäftsstellen. Zusammen mit den Kommunen wird in den Arbeitsgemeinschaften (ARGEn) der Bereich des Arbeitslosengeld II bearbeitet. Circa 95.000 Mitarbeiter der Bundesagentur betreuen 5,6 Millionen Kunden.

Die wesentlichen Aufgaben der Bundesagentur für Arbeit sind:
- Vermittlung in Ausbildungs- und Arbeitsstellen
- Berufsberatung

- Arbeitgeberberatung
- Förderung der Berufsausbildung
- Förderung der beruflichen Weiterbildung
- Förderung der beruflichen Eingliederung von Menschen mit Behinderung
- Leistungen zur Erhaltung und Schaffung von Arbeitsplätzen und
- Entgeltersatzleistungen, wie z. B. Arbeitslosengeld oder Insolvenzgeld

Weitere Aufgaben der Bundesagentur für Arbeit sind die Arbeitsmarktbeobachtung und -berichterstattung sowie die Erstellung von Arbeitsmarktstatistiken.

13.1.2 Data Warehousing in der öffentlichen Arbeitsverwaltung

Wie hoch ist die aktuelle Arbeitslosenquote? Was sind die Ausgaben für Arbeitslosengeld I und II? Welche Maßnahmen wurden durchgeführt, um Arbeitslose wieder zu beschäftigen, und welche Erfolgsquote besitzen diese? Antworten auf diese und weitere Fragen muss die Bundesagentur für Arbeit schnell und effizient ermitteln können.

Für Statistiken, Berichte oder Auswertungen muss die Bundesagentur für Arbeit auf zahlreiche Daten zurückgreifen. Diese Informationen stammen aus über 80 verschiedenen internen und externen Quellsystemen und müssen an einer zentralen Stelle integriert und auswertbar gemacht werden. Mit einem unternehmensweiten Data-Warehouse-System ist die datentechnische Grundlage gegeben, mehr Transparenz auf dem Arbeitsmarkt zu schaffen, Mittel kosteneffizient zu verwenden und schnell auf neue Anforderungen reagieren zu können.

Ziele und Motivation

Motivation für den Aufbau des Data-Warehouse-Systems bei der Bundesagentur für Arbeit waren die stetig wachsenden Anforderungen bezüglich Qualität und Umfang der Statistiken zum Arbeitsmarkt sowie bezüglich der Flexibilität für deren Erstellung.

Gegenüber dem vorher im Einsatz befindlichen Großrechnersystem zur Berichterstellung sind eine schnellere Reaktionsfähigkeit auf neue Anforderung, ein webbasierter Zugriff über das Intranet und die Möglichkeit, individuell Auswertungen durch den Endanwender zu erstellen, Ziele für ein neues Auswertungs- und Berichtssystem gewesen.

Mit dem im Jahr 2002 begonnenen Reformprozess der Bundesagentur für Arbeit und der damit verbundenen strategischen Ausrichtung wurde ein neues Steuerungsmodell mit klaren Wirkungs- und Leistungszielen für die Organisation eingeführt. Die Kernziele der Steigerung der Wirkung am Arbeitsmarkt und der Wirtschaftlichkeit der Aufgabenerledigung werden durch den Abschluss von Zielvereinbarungen für Mitarbeiter und Führungskräfte verbindlich.

Zur Unterstützung der Führungskräfte und Mitarbeiter bei der wirkungsorientierten Steuerung sind IT-Systeme wie das Führungsinformations- und Controlling-System der BA notwendig. Business-Intelligence-Anwendungen helfen bei der

- Planung der Ergebnisziele,
- Überprüfung der Zielerreichung durch kontinuierliche Soll-Ist-Vergleiche und
- Abweichungsanalysen als Grundlage für Steuerungsmaßnahmen.

Aussagekräftige Kennzahlen verschaffen Transparenz über den Leistungsstand und Leistungsfortschritt der Agenturen, die Effizienz und Effektivität des operativen Geschäfts und die Wirkung der Steuerungsmaßnahmen. Der durch das Data-Warehouse-System und Business-Intelligence-Anwendungen unterstützte Controlling-Prozess ist in Abbildung 13–1 dargestellt.

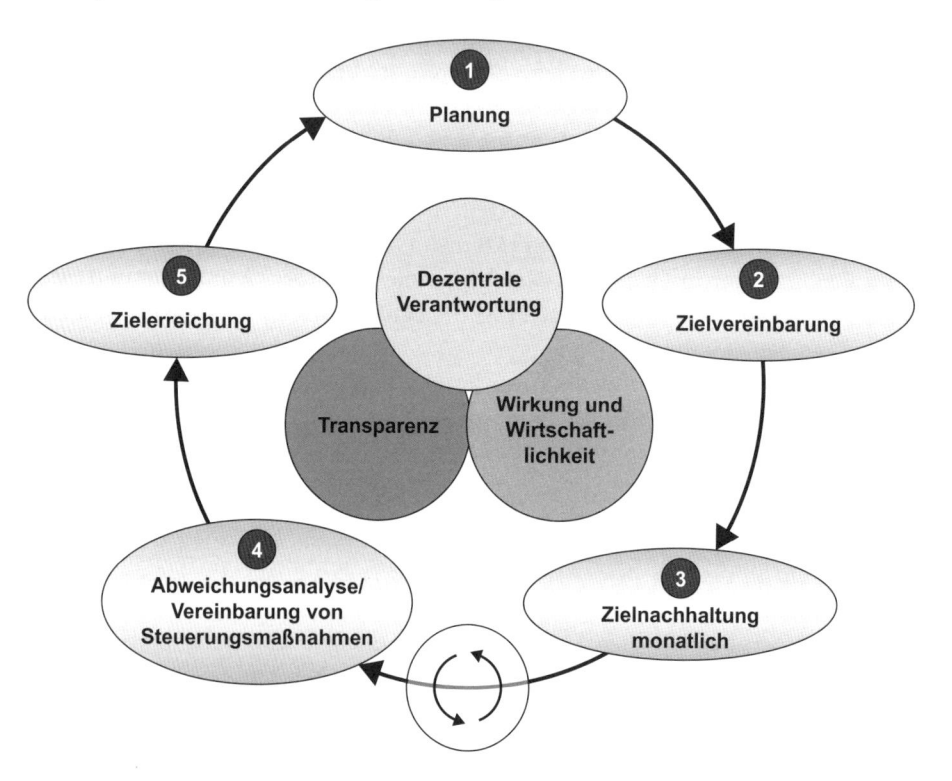

Abb. 13–1 Controlling-Zyklus bei der Bundesagentur für Arbeit

Der gesetzliche Auftrag der Bundesagentur umfasst die Erstellung der Arbeitsmarktstatistik. Der Umfang der auszuwertenden statistischen Information über Beschäftigung und Arbeitslosigkeit in Deutschland wurde mit Einführung des SGB II und der damit verbundenen Zusammenlegung von Arbeitslosenhilfe und Sozialhilfe zum Arbeitslosengeld II erweitert und erfuhr zusätzliche Bedeutung. Die Berechnungsmethodik der Statistiken muss sich an den rechtlichen Vorgaben ausrichten, die Messkonzepte im europäischen Verbund aufgreifen und Kompatibilität mit Systematiken anderer statistischer Systeme anstreben.

Einheitliche methodische Prozesse und eine gemeinsame technische Plattform für Statistik- und Controllingauswertungen stellen eine wirtschaftliche und konsistente Informationsbereitstellung sowie effiziente Durchführung der Auswertungen sicher.

Architektur

Das Data-Warehouse-System der Bundesagentur für Arbeit besteht neben der Ableitungsdatenbank selbst aus einer Basisdatenbank, die jedoch, anders als in der Referenzarchitektur, nicht in den Datenaufbereitungsprozess des Data-Warehouse-Systems eingebunden ist, sondern parallel zur Ableitungsdatenbank existiert.

Mithilfe der Ableitungsdatenbank werden die Informationsbedürfnisse der Fachbereiche Statistik und Controlling mittels analytischer Auswertungen befriedigt. Weiterhin dient es als Datenlieferant für das Data-Warehouse-System des der Bundesagentur angegliederten Instituts für Arbeitsmarkt- und Berufsforschung (IAB).

Die Datenbasis für operative Auswertungen DORA hat die Funktion einer Basisdatenbank inne und dient für Auswertungen mit operativem Charakter auf aktuellen, nicht historisierten und nicht semantisch integrierten Daten. Die Basisdatenbank wird nicht für das Laden der Ableitungsdatenbank herangezogen und enthält nur Daten von einem Teil der Quellen der Ableitungsdatenbank.

Das Data-Warehouse-System wird aus internen und externen Quellen gespeist. Zu den internen Datenquellen zählen die operativen Systeme der Bundesagentur, wie beispielsweise die Arbeits- und Ausbildungsstellenvermittlung, die Leistungsgewährung und -auszahlung sowie die Orts- und Betriebsdatenverwaltung. Die operativen System sind Individualentwicklungen der Bundesagentur. Neben diesen Daten, die überwiegend Informationen zu Arbeitslosen und Leistungsempfängern liefern, werden Daten von externen Quellen wie dem Verband der Rentenversicherungsträger und dem Statistischen Bundesamt hauptsächlich für Informationen über beschäftigte Personen integriert. Die Daten werden in der Regel im ASCII-Format von den zugelassenen kommunalen Trägern als XML-Datei geliefert. Für tagesaktuelle, operative Auswertungen wird die Basisdatenbank DORA in jeder Nacht mit neuen Daten versorgt. Die Ableitungsdatenbank, ausgelegt auf längerfristige Auswertungen, wird in einem Monatszyklus aktualisiert.

Abbildung 13–2 gibt einen Überblick über die Architektur des Data-Warehouse-Systems der Bundesagentur. Die Daten der Quellsysteme werden in den Arbeitsbereich geladen, um sie dort technisch und syntaktisch zu vereinheitlichen und zu integrieren. Werden die Lieferungen der Quellsysteme täglich geliefert, werden diese vor der weiteren Verarbeitung zu Monats-Deltas zusammengefasst. Vom Arbeitsbereich werden die Datenlieferungen in die Ableitungsdatenbank-

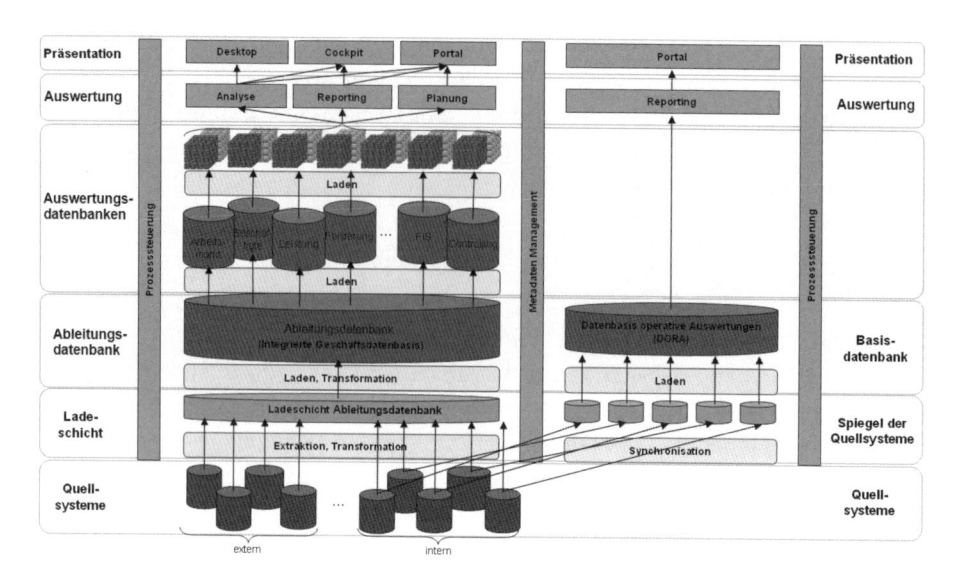

Abb. 13-2 Überblick über die Architektur des Data-Warehouse-Systems

schicht übernommen. Hier werden die Daten semantisch integriert und historisiert vorgehalten. Die Ableitungsdatenbank enthält Einzeldaten zu den auszuwertenden Entitätstypen.

Aus der Ableitungsdatenbank werden die Auswertungsdatenbanken (engl. Data Marts) geladen. Hierbei werden aus den Einzelsätzen Kennzahlen berechnet. Die Auswertungsdatenbanken sind auf die spezifischen Anwendungsbereiche zugeschnitten. Beispielsweise existieren Auswertungsdatenbanken für Arbeitsmarkt-, Beschäftigten- oder Ausbildungsstatistiken sowie für das Controlling der Rechtskreise SGB II und SGB III. Als Datenbanksystem für die Ableitungsdatenbank wird Informix XPS verwendet. Die Auswertungsdatenbanken sind auf Basis Informix XPS, Oracle 10g sowie SQL Server mit Analysis Services realisiert. Die ETL-Prozesse sind mittels individuell entwickelter Skripte und den Data Transformation Services umgesetzt.

Für die Auswertung der Kennzahlen kommen für die verschiedenen Anwendergruppen unterschiedliche Werkzeuge zum Einsatz. Die Gruppe der Power User, die detaillierte, komplexe Berichte und Auswertungen erstellen, verwendet MicroStrategy 8i. Für die große Zahl der Endanwender, die in der Regel die Rolle des Informationsempfängers innehaben, steht Business Objects XI mit den Komponenten Crystal Reports für das Standard-Reporting und OLAP Intelligence für die interaktiven Auswertungen zur Verfügung. Im Rahmen der monatlichen Berichterstattung zur Situation am Arbeitsmarkt werden auch mehrere Hundert Berichtsinstanzen a priori aufbereitet, um sie zum Termin der Pressekonferenz zu veröffentlichen.

Der Zugang erfolgt über ein Portalsystem, über das auch die Authentifizierung und Autorisierung durchgeführt werden. Daneben existieren zwei eigentwickelte Cockpit-Anwendungen, die als Führungsinformationssystem für die Bereiche Arbeitslosengeld I und Arbeitslosengeld II eingesetzt werden.

Auf Basis der Daten des Data-Warehouse-Systems werden mit der Anwendung TN Planning die geschäftspolitischen Ziele in einem mehrstufigen Prozess zwischen der Zentrale mit dem Vorstand, den Regionaldirektionen und den Arbeitsagenturen geplant. Aus Zielgrößen wie Zahl der Integrationen in den Arbeitsmarkt, Kosten und Ausgaben oder geplante Fördermaßnahmen werden in einer Jahresplanung Zielvorgaben für die verschiedenen Organisationseinheiten der Bundesagentur gebildet. Diese werden während des Jahres im Zielnachhaltungsprozess mit den Mitteln des Data-Warehouse-Systems überwacht und nachgehalten.

Die Basisdatenbank DORA wird über einen Spiegelungsmechanismus mit Datenextrakten aus den operativen Systemen versorgt. Die Oracle-Datenbank enthält technisch, nicht semantisch integrierte Daten. Sie werden nicht historisiert und bieten die Möglichkeit, den tagesaktuellen Datenbestand quellübergreifend auszuwerten. Mit dem Werkzeug MicroStrategy werden listenorientierte Berichte erstellt. Abnehmer sind beispielsweise die Agenturen, die sie zur operativen Steuerung verwenden, die Innenrevision oder das Datenqualitätsmanagement, das auf dieser Basis die Qualität der Daten in den operativen Systemen misst und bei Bedarf Maßnahmen einleitet.

Aufbau

Die Ableitungsdatenbank der Bundesagentur für Arbeit ist relational modelliert. Das Datenmodell ist um die zentralen auswertungsrelevanten Entitätstypen Kunden und Betriebe aufgebaut (Abbildung 13–3). Die Daten werden bitemporal abgelegt, d.h., das Schema unterstützt eine Schemaversionierung mit Gültigkeits- und Transaktionszeit (siehe Abschnitt 7.1.3). Eine Versionierung ist sowohl auf Ebene des multidimensionalen Schemas als auch für die Datenwerte notwendig. Änderungen in der Gebiets- oder Organisationsstruktur implizieren beispielsweise Anpassungen des multidimensionalen Schemas.

Zu den Kunden der Bundesagentur werden Biographien aufgebaut, die die verschiedenen Stadien der Kunden wie »in Beschäftigung«, »arbeitsuchend« oder »in Fördermaßnahmen« mit ihren Eintrittszeitpunktenn verzeichnet. Auf Basis dieser Biographien werden verlaufsorientierte Auswertungen, beispielsweise zur Kennzahl »durchschnittliche Dauer der Arbeitslosigkeit«, erstellt, wie sie gerade im Controlling notwendig sind.

Die Kennzahlen werden aus den Einzeldaten der Ableitungsdatenbank berechnet und in den themenorientierten Auswertungsdatenbanken abgelegt. Diese sind multidimensional modelliert und relational in einem Star- oder Snowflake-Schema abgelegt. Aus den relational abgelegten Auswertungsdatenbanken werden in erster Linie zur Anfragebeschleunigung nochmals Extrakte als originär multidimensionale Auswertungsdatenbanken aufbereitet. Die Dimensio-

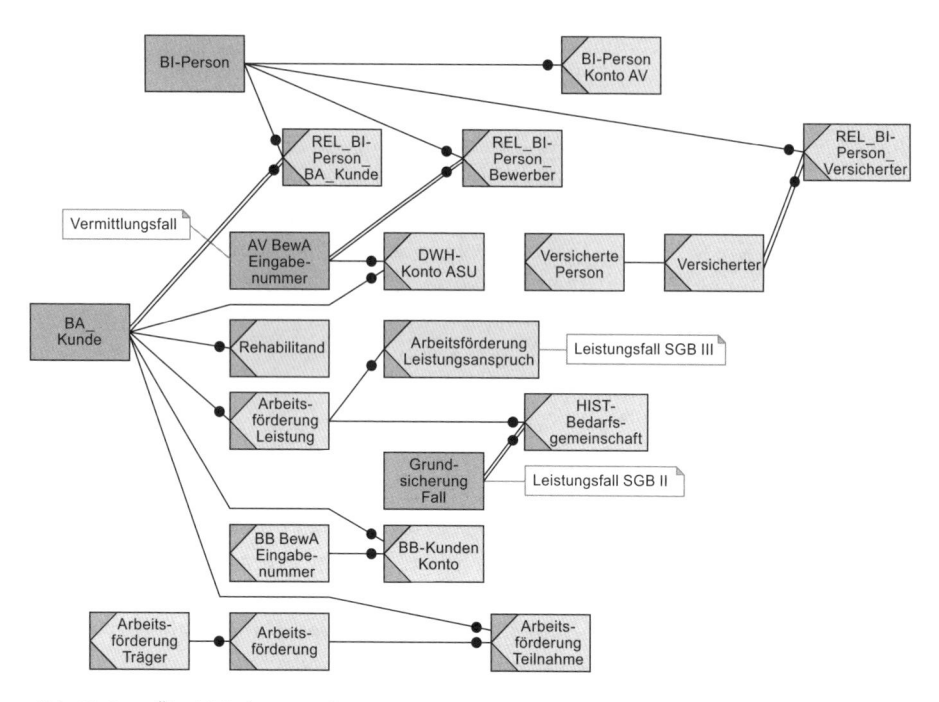

Abb. 13-3 Überblick über zentrale Entitätstypen des Datenmodells der Ableitungsdatenbank

nen des zugrunde liegenden multidimensionalen Schemas werden zentral aus den Daten der Ableitungsdatenbank generiert und den verschiedenen Auswertungsdatenbanken zur Verfügung gestellt, um die Konsistenz der Daten sicherzustellen.

Eine Vielzahl von Berichten, die auf die unterschiedlichen Zielgruppen in der Zentrale, den Regionaldirektionen oder den Agenturen und ARGEn zugeschnitten sind, wird teils von den Anwendern selbst erstellt, teils zur Sicherstellung einer einheitlichen Berichterstattung zentral vorgegeben. Neben klassischen Kreuztabellen und mit Grafiken aufbereiteten Berichten wird der Anwender mit den Cockpits durch eine geführte Navigation unterstützt. Vergleichbar einer Balanced Scorecard werden die unterschiedlichen Themenbereiche vorstrukturiert und mit einer Ampellogik markiert, um sofort einen Überblick auf die Ausprägung der darunterliegenden Kennzahlen zu geben.

Die Kennzahlen sind in Form von Kennzahlenhierarchien organisiert und leiten sich nach vorgegebenen Berechnungsvorschriften voneinander ab. An den Blättern der Hierarchien stehen die Basiskennzahlen, zu denen detaillierte Berichte abgerufen werden können, wie in Abbildung 13–4 dargestellt.

13.1 Öffentliche Verwaltung

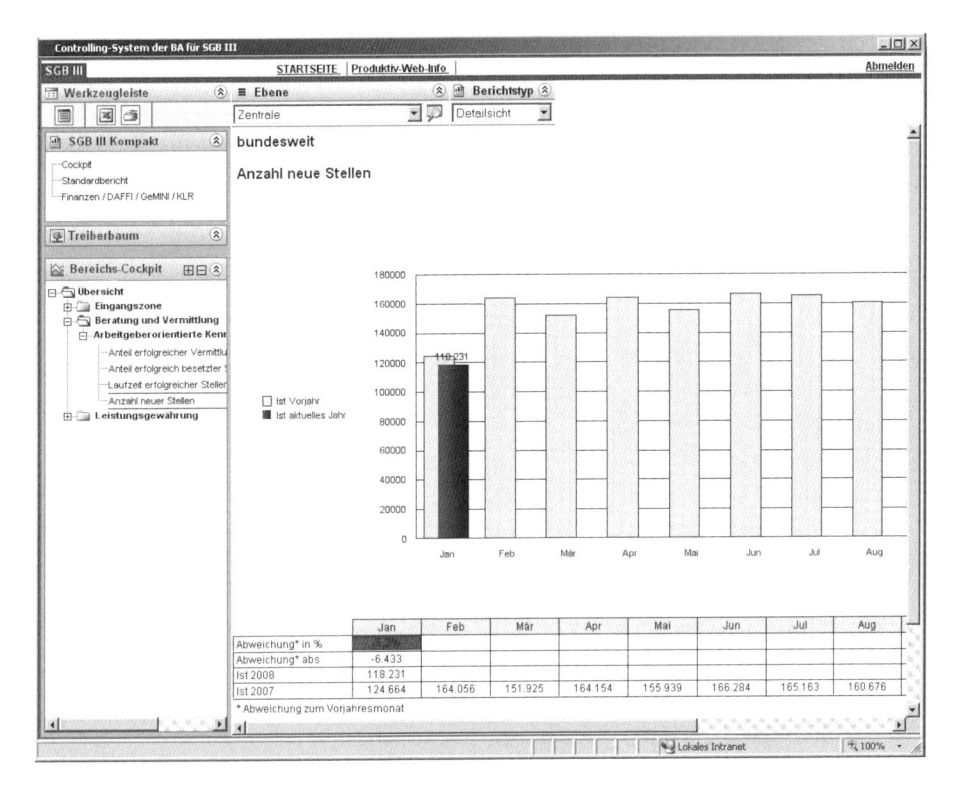

Abb. 13-4   *Beispielbericht aus dem Führungsinformationssystem*

Betrieb

Das produktive Data-Warehouse-System der Bundesagentur wird von einem Betriebsteam betreut, das für die zugrunde liegende Hardware-Plattform sowie die monatliche Datenaufbereitung zuständig ist.

Das Backend mit der Ableitungsdatenbank, dem Arbeitsbereich und einem Teil der Auswertungsdatenbanken läuft auf fünf FSC PrimePower unter Solaris. Diese greifen für die Datenablage auf ein EMC^2-Storage-System zu. Zusätzlich stehen ca. 200 Windows-basierte Systeme für einen zweiten Teil der Auswertungsdatenbanken, die MOLAP-Würfel sowie die Frontend-Werkzeuge und dem Portal bzw. die Cockpits zur Verfügung.

Bei der monatlichen Datenaufbereitung werden die Daten von den Quellsystemen in unterschiedlicher Granularität und Frequenz angeliefert. Teils werden Delta-Lieferungen, teils Komplettabzüge zur Verfügung gestellt. Im letzten Fall müssen zunächst im Arbeitsbereich die einzuarbeitenden Änderungen ermittelt werden. Werden Tageslieferungen bereitgestellt, werden diese zu einem Monatsstand aggregiert. Sind diese Lieferungen auch syntaktisch vereinheitlicht, wird die neue Datenlieferung in die Ableitungsdatenbank eingearbeitet, aus denen die Auswertungsdatenbanken aktualisiert werden.

Den gesamten Aufbereitungsprozess überwachen und steuern sogenannte Verfahrensbetreuer. Diese haben eine Brückenfunktion zwischen Fachabteilungen und IT und sind für vertikale Datenbereiche verantwortlich. Sie koordinieren für ihren fachlichen Bereich den Ablauf mit Aufbereitung und Bereitstellung der Daten, fachlicher Prüfung und Freigabe bis hin zur Veröffentlichung der Berichte.

13.1.3 Fazit

Das Data-Warehouse-System der Bundesagentur für Arbeit zählt zu einem der größten Data-Warehouse-Systeme im nicht militärischen, öffentlichen Bereich. Es wurde in den vergangenen Jahren in mehreren Ausbaustufen erweitert und wird kontinuierlich weiterentwickelt.

Derzeit werden verschiedene Bereiche der Bundesagentur und angegliederter Institute mit Berichten und Auswertungen versorgt. Die Bundesagentur für Arbeit kann damit ihrer Informationspflicht für Politik und Öffentlichkeit nachkommen. Somit bildet das Data-Warehouse-System die Grundlage für die Schaffung von mehr Transparenz zur Lage und aktuellen Entwicklungen auf dem Arbeitsmarkt.

Durch die seit dem Jahre 2003 in deutlich verstärktem Umfang aufbereiteten Controlling-Daten und das eingeführte Führungsinformationssystem wird ein wichtiger Beitrag zur Reform der Bundesagentur und zum kosteneffizienten Einsatz der Beiträge der Versichertengemeinschaft geleistet.

Ein weiterer Schritt für den Ausbau des Data-Warehouse-Systems ist die Bereitstellung von Informationen über das Internet. Ein Beispiel ist die Einführung eines Informations- und Steuerungssystems für die Arbeitsgemeinschaften (ARGEn), die einen Zusammenschluss von Bund und Kommunen zur gemeinsamen Abwicklung des Bereichs Arbeitslosengeld II sind. Zukünftig soll auch das Informationsangebot für Kommunen und andere öffentliche Stellen vergrößert werden.

Der Schichtenaufbau des Data-Warehouse-Systems entspricht im Wesentlichen der Referenzarchitektur aus Abschnitt 2.1. Abweichungen existieren bei der Ausgestaltung und Einbindung der Basisdatenbank in das Gesamtsystem. Da die Basisdatenbank erst nach der Ableitungsdatenbank realisiert wurde, nicht den gesamten Datenbestand aller Quellsysteme umfasst und nicht historisiert angelegt wurde, wurde auf ein komplettes Redesign des ETL-Prozesses für die Ableitungsdatenbank zur Integration der Basisdatenbank verzichtet.

Informationen: Tim.Fischer@Arbeitsagentur.de

13.2 Versicherung

Steckbrief

Unternehmen/Organisation:	große deutsche Versicherung
Branche:	Versicherung
Anwendungsgebiet:	Risikomanagement
Hardware/Software für Ableitungs- oder Auswertungsdatenbank:	AIX (4 CPU, 16 GB RAM), Oracle 8, IBM Websphere Information Server, IBM Insurance Information Warehouse
Verfügbarkeit:	7 × 24 h
Anzahl Datenquellen:	14
Datenvolumen Ableitungs- oder Auswertungsdatenbank:	90 Mio. Datensätze in der Erstlieferung, wöchentliche Delta-Lieferungen mit mehreren Zehntausend Datensätzen
Aktualisierung:	wöchentlich
Anzahl Ableitungsdatenbanken:	1
Anzahl Auswertungsdatenbanken:	4
Anzahl Anwender:	ca. 15
Anzahl Entwickler:	ca. 17

13.2.1 Risikomanagement auf Basis eines Data-Warehouse-Systems in einem Versicherungskonzern

In diesem Praxisbeispiel wird der Einsatz eines Data-Warehouse-Systems für das Risikomanagement in einem der größten deutschen Versicherungsunternehmen erläutert.

Ziele und Motivation

Die deutschen Versicherungsunternehmen sehen sich in den letzten Jahren einer Vielzahl von Anforderungen und Veränderungen gegenübergestellt. Auf der einen Seite ändern sich die rechtlichen Rahmenbedingungen und die daraus resultierenden Anforderungen der Aufsichtsbehörden an die Versicherer. Dies zeigt sich u.a. im Projekt Solvency II der Europäischen Kommission, das durch umfassende Anforderungen an das Risikomanagement und die Solvenzsicherung der Unternehmen einen Paradigmenwechsel in der Risikosteuerung der Versicherer nahelegt. Auf der anderen Seite fordern alle involvierten Parteien (Aktionäre, Mitglieder der Versicherungsvereine, Aufsicht, Presse, Mitarbeiter) ein erhöhtes Maß an Transparenz und Vergleichbarkeit, was u.a. in den Rechnungslegungsstandards IFRS Ausdruck findet.

In der Vergangenheit führten einzelne Probleme zu Insellösungen und Silodenken; der Gesamtzusammenhang wurde vernachlässigt. Mittlerweile zeichnet sich immer stärker eine Konvergenz dieser Silos ab. Das Ziel ist es, ökonomisches Controlling und die Risikosteuerung unabhängig vom Adressaten (intern wie extern) aus einer Hand und auf einer integrierten Datenbasis auszuführen.

Die Ausrichtung der Unternehmensaktivitäten auf die Mehrung des Unternehmenswertes wird branchenübergreifend »Wertorientierte Steuerung« genannt (Abk.: VBM von engl. Value Based Management). Für die Versicherungswirtschaft ist eine Erweiterung etablierter VBM-Modelle um die Risikokomponente zu einer risikowertbeitragsorientierten Steuerung erforderlich. Hierbei werden Kennzahlen- und Steuerungssysteme um die Betrachtung der versicherten Risiken erweitert. Die sich daraus ergebende integrierte Versicherungssteuerung ermöglicht es den Versicherern, lohnende Risiken zu identifizieren und sich danach auszurichten.

Die Basis für eine solche Steuerung muss ein sogenannter »Single Point of Truth« sein, also ein integrierter Datenbestand, der allein den Anspruch auf Richtigkeit im gesamten Unternehmen hat. Auf der Basis dieses Datenbestandes können dann Reporting, Rechnungslegung, Risikosteuerung, Produktdesign, Performance Management, Kundenmanagement und Vertriebssteuerung ausgeführt werden.

Der geforderte Datenbestand muss eine Vielzahl von Daten vorhalten wie Finanzdaten, Cash-Flow-Daten, Partnerdaten, Schadendaten, Prämiendaten u.a. Hierfür ist besonders bei Schadendaten eine lange Historie erforderlich, da mithilfe von Risikoauswertungen dieser Schadenhistorie Prognosen für die Zukunft abgeleitet werden.

Hierbei werden Versicherungsunternehmen durch Solvency II vor eine Wahl gestellt: Die Berechnung des nach Solvency II erforderlichen Risikokapitals kann mithilfe eines von der Aufsicht bereitgestellten Standardmodells mit geringerem Aufwand durchgeführt werden. Die hierbei errechnete Risikokapitalanforderung nimmt jedoch keine Rücksicht auf die individuelle Risikostruktur des betrachteten Unternehmens, was in einer durch Sicherheitspuffer überhöhten Risikokapitalanforderung resultiert. Eine Alternative zum Standardmodell ist ein auf das Unternehmen maßgeschneidertes internes Modell, in dem die Risikostruktur des Unternehmens (inkl. Rückversicherungen, Großschäden usw.) nachgebildet werden kann. Auf dieser Basis wird mithilfe von stochastischen Simulationen die Risikokapitalsumme errechnet, die benötigt wird, um die vom Versicherungsunternehmen übernommenen Risiken angemessen abzusichern.

Der Zeitplan des Projekts Solvency II sorgt hierbei für Zeitdruck, denn die Anforderungen werden nach der Planung im Jahre 2012 in Kraft treten. Bis zu diesem Zeitpunkt muss ein internes Modell jedoch über einen aussagekräftigen

Zeitraum – also länger als zwei Jahre – gelaufen sein, bevor es durch die Aufsicht zertifiziert werden kann.

Der Versicherungskonzern entschied sich für ein maßgeschneidertes internes Risikomodell, das zum Herzstück der gesamten Unternehmenssteuerung werden sollte. Um dieses Modell wie oben erwähnt sinnvoll nutzen zu können, muss eine harmonisierte dispositive Datenbasis vorliegen. Das zu schaffende Data-Warehouse-System bezieht seine Daten aus operativen Systemen. Die Landschaft dieser Quellsysteme besteht aus einer Vielzahl von Eigenentwicklungen, bei denen teilweise mehr als ein System dieselbe Funktion erfüllt (beispielsweise Bestandsverwaltung). Die verwalteten Daten waren dabei nicht auf einem Datenstandard oder einem gemeinsamen Metadatenmanagement aufgebaut, mussten also als unharmonisiert angesehen werden.

Architektur

Das Herzstück der Lösung bildet das IBM Insurance Information Warehouse (IIW), eine Referenzlösung für Data-Warehouse-Systeme im Versicherungsbereich. Die gesammelte Erfahrung aus mehr als 70 Data-Warehouse-System-Implementierungen bei Versicherungen weltweit floss in diese Referenzlösung ein. Durch das Zurückgreifen auf die Modelle und Methoden, die sich in diesen vergangenen Implementierungsprojekten ergaben, kann so ohne Trial-and-Error-Vorgehen ein stabiles Data-Warehouse-System für einen Versicherer in kurzer Zeit aufgebaut werden, welches den Investitionsschutz gleichzeitig gewährleistet.

Die vom IIW bereitgestellte Qualität und Stimmigkeit der Datenmodelle können bei einem eigenen Ansatz auch nach einer Vielzahl von Iterationen in Design und Implementierung nicht erreicht werden, da das Unternehmen die dem IIW zugrunde liegenden fachlichen Anforderungen nicht vor Beginn der Entwicklung berücksichtigen kann. Eine inkrementelle Entwicklung des Data-Warehouse-Systems kann unter Berücksichtigung sogenannter »destruktiver Anforderungen«, d.h. Anforderungen, die zu radikalen Änderungen in bestehenden Modellen führen, die Qualität der durch die Referenzlösung gelieferten Systeme somit nicht liefern.

Durch die daraus resultierende Stabilität und Zukunftssicherheit des Data-Warehouse-Systems hat sich mittlerweile der größte Teil der deutschen Versicherer für die Lizenzierung einer Data-Warehouse-Referenzlösung entschieden. Bestehende Data-Warehouse-Systeme werden dabei sukzessive abgelöst oder zur Referenzarchitektur hinentwickelt. Das interne Risikomodell und andere auf dem »Single Point of Truth« aufbauenden Systeme werden in der Folge in eine Data-Warehouse-Gesamtarchitektur integriert.

Die fachliche Architektur der Gesamtlösung ist in Abbildung 13–5 dargestellt. 14 operative Quellen, von einer Excel-Datei bis zu einem jahrzehntealten Host-System wurden mithilfe des ETL-Werkzeugs IBM Websphere Information Server an das Data-Warehouse-System angebunden.

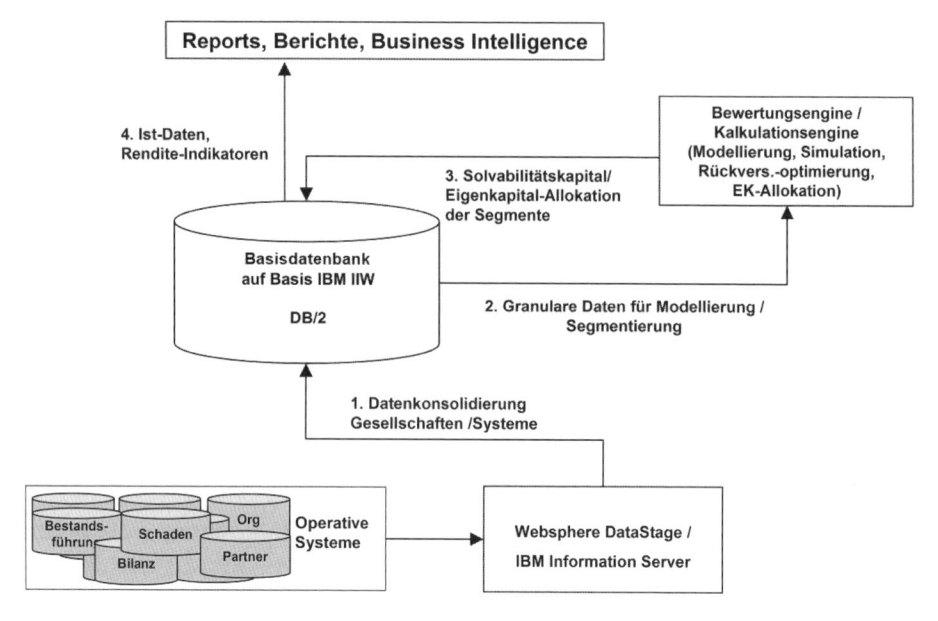

Abb. 13-5 Fachliche Architektur

Aus der Basisdatenbank wird der erforderliche Datenbestand für die Berechnung des internen Modells erzeugt und dem sog. Rechenkern zur Verfügung gestellt. Im Rechenkern finden bestimmte Transformationen und Simulationen statt, deren Ergebnisse anschließend in die Basisdatenbank zurückgespielt werden. Eine spätere Erweiterung der Rechenkerne ist angedacht und sinnvoll, um die Vorteile des Single Point of Truth unternehmensweit zu nutzen. Im nächsten Schritt werden spezifische Auswertungsdatenbanken befüllt, die selbst die Basis für Auswertungen mithilfe diverser Business-Intelligence-Werkzeuge bilden.

Die logische Architektur ist in Abbildung 13-6 dargestellt. Mithilfe der erstellten ETL-Programme werden die heterogenen Daten in einen Arbeitsbereich (engl. staging area) geladen. Hierbei wird die Struktur der Daten aus den operativen Systemen weitestgehend beibehalten; wichtigste qualitätssichernde Maßnahme hierbei zielt auf die Vollständigkeit der Daten aus den Datenquellen. Der nächste Schritt umfasst das Laden die Basisdatenbank. Bevor die Daten mittels ETL-Programmen in die finale Datenstruktur geladen werden, erfolgt eine Harmonisierung und Validierung der Daten, um die Richtigkeit, Konsistenz und Auswertbarkeit sicherzustellen.

Die Historisierung der Daten in der Basisdatenbank ist gerade für versicherungstechnische Auswertungen sehr wichtig. Es muss für jeden Zeitpunkt in der Historie nachvollziehbar sein, wie fachliche »Wahrheit« zu diesem Zeitpunkt war. Zusätzlich sollten die technischen Ladedaten ersichtlich sein. Um dies abzubilden, wurden zwei Datumspaare benutzt.

Die Daten »Gültig von« und »Gültig bis« beschreiben die fachliche Gültigkeit eines Datensatzes in der Basisdatenbank. Hierbei ist herauszustellen, dass die

13.2 Versicherung

fachliche Gültigkeit in Bezug auf beispielsweise Versicherungsverträge ausschließlich die Gültigkeit eines Satzes im System beschreibt und nicht wie vielfach angenommen das Beginndatum eines Versicherungsvertrages. Der Versicherungsbeginn ist lediglich ein beschreibendes Attribut eines Vertrages und hat nichts mit der fachlichen Gültigkeit im System zu tun. Die technische Gültigkeit wird durch die Daten »Erstellt am« und »Ersetzt am« abgebildet. Hier werden jeweils das Ladedatum der Basisdatenbank abgebildet und das Datum, an dem der Datensatz von einem anderen ersetzt wurde, also auch technisch ungültig geworden ist.

Die Historisierung von unterschiedlichen Quellen in einer Basisdatenbank stellte sich oftmals als sehr komplex und schwierig dar. Eine exakte Abbildung der fachlichen Gültigkeit der Quellsysteme war besonders in diesem Fall außerordentlich wichtig und nahm viel Zeit zur Ausarbeitung und technischen Umsetzung in Anspruch. Aus den Daten der Basisdatenbank werden nun abgeleitete und angereicherte Daten gewonnen (d.h. Ableitungsdatenbank), mit denen die oben genannten Auswertungsdatenbanken beliefert werden, die wiederum als Basis für Auswertungen und Reports dienen. Der Begriff des »Core Data Warehouse« umfasst die Basis- und die Ableitungsdatenbank.

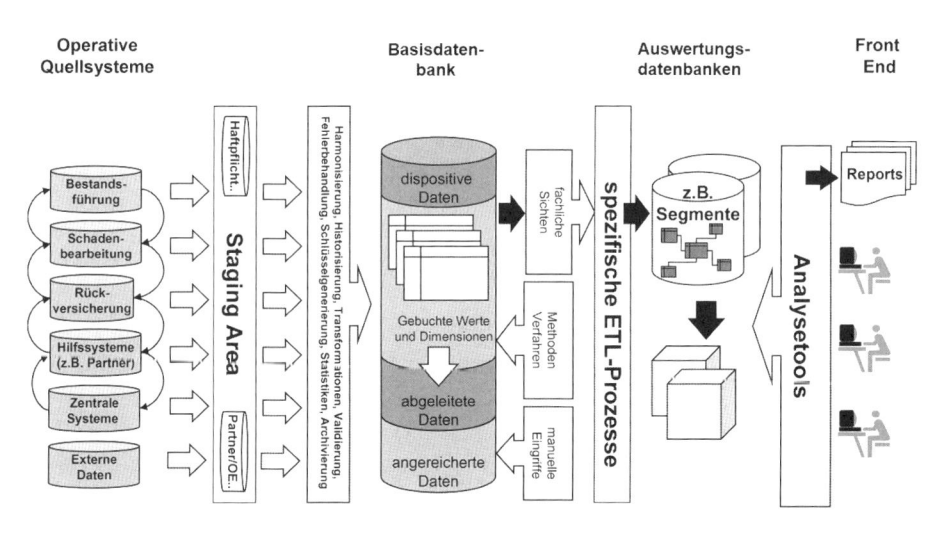

Abb. 13–6 Architektur des Data-Warehouse-Systems

Die Belieferungen mittels der ETL-Programme wurden in Schritten vorgenommen. Dabei wurde am Anfang ein Initialbestand in der Erstbelieferung zur Verfügung gestellt. Später werden zu definierten Zeitpunkten die sog. Delta-Lieferungen durchgeführt, welche die Aktivitäten in den operativen Beständen seit der Erstbelieferung bzw. seit dem letzten Delta-Lauf abbilden. Die Orchestrierung des Ladens wurde mittels eines Data-Warehouse-Managers vorgenommen. Dabei wurden spezielle Steuerungsroutinen in IBM Websphere Information Server entwickelt, die für die Erstbeladung manuell, für die kontinuierlichen Delta-Lieferungen mittels Unix-Cronjobs ausgeführt wurden. Es mussten viele Abhängigkeiten beachtet werden, außerdem mussten definierte Ausstiegspunkte innerhalb der Ablaufsteuerung definiert werden, um fehlerhaftes Laden kontrolliert abbrechen zu können und ggf. Rollbacks zu ermöglichen.

Aufbau

Das Projektvorgehen gliederte sich in die folgenden vier Phasen:

1. Proof of Concept
   - exemplarische Anpassung des IIW auf Kundensituation (Abbildung aller kritischer Kernentitätstypen)
   - Umsetzung von speziellen Anforderungen durch Erweiterung des Referenzmodells um Kundenspezifika
   - Abbildung wertorientierter Kennzahlen auf feingranularerer Ebene als vorher überhaupt bekannt
   - Darstellung eines vollständigen Historienkonzeptes
2. Auswertungsphase
   - Definition Architektur
   - Definition von Dokumentation und Richtlinien (ETL-Basiskonzept, Entwicklungsprozesse etc.)
   - fachliche Datenmodellierung
   - Verifizierung der Aufwandsschätzungen für Umsetzungsphase
   - Vertragsverhandlungen Umsetzungsphase
3. Umsetzungsphase
   - Erstellung Transformationsbeschreibungen
   - Erstellung Data-Warehouse-Architektur (inkl. kontinuierlicher Anpassungen)
   - Erstellung ETL-Jobs
   - Qualitätsmanagement, Tests
4. Go-Live
   - Erstbelieferung
   - erste Delta-Belieferungen bei gegebener Datenbasis

Hierbei ist zu bemerken, dass für die Umsetzungsphase ca. 70 %–80 % des Projektaufwandes investiert wurden. Außerdem wurden die Auswertungsphase und Umsetzungsphase miteinander verzahnt und iterativ durchgeführt, sodass jeweils einzelne Module modelliert und dann entwickelt wurden, um die Projektlaufzeit möglichst zu verkürzen.

13.2.2 Fazit

Das Projekt wurde im Juni 2007 mit einer Erstbelieferung des Data-Warehouse-Systems erfolgreich abgeschlossen. Folgende Erkenntnisse haben sich dabei als wertvoll und erfolgskritisch herausgestellt:

- Regelmäßige Qualitätskontrollen und Tests sind dringend erforderlich. Hierbei muss das Augenmerk auf einen standardisierten Qualitätssicherungsprozess gerichtet werden, der die Adressaten der Informationen von Anfang an einbindet.
- Alle Bereiche des Unternehmens sollten ausreichend und dauerhaft im Projekt repräsentiert werden, um Lieferung und Verwendung der Daten durchgehend sicherzustellen.
- Zu Anfang profilierte Beispieldaten aus den operativen Systemen waren oft nicht repräsentativ für die später angelieferten Daten. Hier müssen sehr große Stichproben, verteilt über die gesamte Datenmenge, herangezogen werden.
- Um eine ausreichende Performanz zu gewährleisten, sollte von Anfang an eine Systemlandschaft zur Verfügung stehen, die allen Anforderungen gerecht wird. Hierbei handelt es sich um leistungsfähige, speziell ausgewählte Hardware wie auch performanzoptimierte Software.

Informationen: holger.heinze@gmail.com, mirjam.wedler@de.ibm.com

13.3 Panelorientierte Marktforschung

Steckbrief

Unternehmen/Organisation:	GfK Retail and Technology GmbH
Branche:	Marktforschung
Anwendungsgebiet:	Aufbereitung und Analyse von statistischen Marktforschungsdaten
Hardware/Software für Dateneingang:	HP DL 980 8 * AMD 6-Core, 1 TB RAM ca. 4 TB EMC Storage Oracle 11.2
Hardware/Software für Vorverarbeitung und Datenhaltung:	2 * HP DL 980 8 * AMD 6-Core, je 1 TB RAM ca. 6 TB EMC Storage Oracle 11.2 Proprietäres OLAP Front-End und Server

Hardware/Software für Batch-Verarbeitung:	Blade Center mit 72 HP ProLiant je 2 * Intel 4-Core, je 48 GB RAM Oracle 11.2
Hardware/Software für Reporting:	2x Oracle Exadata DB Machine X2-2 je 10 TB genutzter Storage Zusätzlich: 16 Auswertungsdatenbanken auf Blade Center Dell PowerEdge M610 je 4 * Intel 6-Core; je 96 GB RAM Oracle 11.2
Verfügbarkeit:	7 × 24 h
Anzahl Datenquellen:	Dateneingang aus ca. 350.000 Handelsfilialen weltweit mit ca. 5.000 individuellen Händlerschnittstellen
Datenvolumen Basisdatenbank:	ca. 3 TB
Aktualisierung:	ca. 100 GB monatlich
Anzahl Ableitungsdatenbanken:	1
Anzahl Anwender:	ca. 12.000

13.3.1 Die GfK-Gruppe und die GfK Retail and Technology GmbH

Die GfK-Gruppe ist eines der weltweit führenden Marktforschungsunternehmen und hat 2011 einen Gesamtumsatz von ca. 1,3 Milliarden Euro erzielt. Das Unternehmen umfasst neben 15 deutschen Tochterunternehmen in Nürnberg und Frankfurt am Main weltweit 120 Unternehmen und Beteiligungen in 100 Ländern. Von den weltweit ca. 11.000 Beschäftigten arbeiten nur 20 % in Deutschland, hauptsächlich am Hauptsitz in Nürnberg. Weitere Informationen finden sich unter *www.gfk.com* und *www.gfkrt.com*.

Die GfK Retail and Technology stellt ihren Kunden umfassende Marktkennzahlen zu technischen Gebrauchsgütern auf internationaler Basis zur Verfügung. Sie ist in ihrem Marktsegment, der Auswertung von Abverkaufszahlen im Handel, Marktführer im europäischen und asiatischen Raum; der amerikanische Raum wird durch eine Kooperation mit einem Partnerunternehmen abgedeckt. Der Kundenkreis der GfK Retail and Technology umfasst vornehmlich große Markenartikelhersteller und Handelshäuser, die meist auf internationaler Basis operieren.

13.3.2 Data Warehousing in der panelorientierten Marktforschung

Die Grundlage der Marktforschung im Sektor technischer Gebrauchsgüter stellt ein sogenanntes *Handelspanel* dar, in welchem marktrelevante Kennzahlen (z.B. Ein- und Verkäufe, Bestände, Preise von Artikeln) über dieselbe Gruppe von Handelsunternehmen über einen längeren Zeitraum kontinuierlich erhoben werden. Die aus diesen Basisdaten abgeleiteten Marktkennzahlen (z.B. Marktanteile und Distributionskennziffern) beziehen sich zum einen auf die aktuelle Beobachtungsperiode und stellen zum anderen die Entwicklung der Kennzahlen im Zeitverlauf dar. Die grundlegenden Auswertungstypen bilden produktseitig Segmentationen (Aggregationen von Einzelmodellen nach warengruppenspezifischen Merkmalen) sowie Einzelmodellanalysen, welche typischerweise ein Ranking nach einer bestimmten Kennzahl aufweisen (»Top-20-Hitliste«).

Erster Schritt zum Aufbau eines Handelspanels ist die Festlegung einer für das Marktgeschehen repräsentativen Stichprobe (z.B. 1.000 Geschäfte) der zugrunde liegenden Grundgesamtheit (z.B. 20.000 Geschäfte). Die in den Stichprobengeschäften erhobenen Daten werden dann auf die Grundgesamtheit hochgerechnet, um Aussagen über den Gesamtmarkt zu finden. Die Erhebungsdatenbasis stellt Einzelbeobachtungsdatensätze in den Dimensionen Produkt, Segment und Zeit bereit, aus denen dann mit Mechanismen des Data Warehousing und OLAP die kundenspezifischen Kennzahlen errechnet werden.

Ziele und Motivation

Motivation für den Aufbau des Data-Warehouse-Systems der GfK Retail and Technology stellten die ständig steigenden Ansprüche der Kunden an Schnelligkeit, Individualität und Qualität der Marktkennzahlen dar, welche sich mit dem zuvor im Einsatz befindlichen, auf Großrechnern basierten Produktionssystem nur unter immensem Kostenaufwand bewältigen ließen. Mit der endgültigen Umstellung der Produktion auf das moderne StarTrack-System im Jahr 2004 konnten nicht nur die Kosten massiv gesenkt werden, es stellt auch die Grundlage für die zügige Erschließung weiterer Länder und Märkte und damit insgesamt für das Wachstum der Firma dar. Darüber hinaus bietet das System mittlerweile den Kunden selbst einen Online-Zugriff auf die von ihnen per Subskription bezogenen Daten. Der Mehrwert für die Kunden ergibt sich nicht nur aus einer höheren Flexibilität, sondern insbesondere auch aus einer schnelleren Verfügbarkeit der Daten. Gleichzeitig können durch Automatisierungen bei der Auslieferung der Daten die Produktionskosten weiter gesenkt werden.

Architektur

Das Data-Warehouse-System der GfK Retail and Technology bildet den analytischen Kern von StarTrack (»System To Analyze and Report on TRACKing data«), einem umfassenden Produktionssystem für die Sammlung, Aufbereitung und

Auswertung von Marktforschungskennzahlen. Die folgende Betrachtung gibt einen kurzen Überblick über das System und orientiert sich dabei an der Data-Warehouse-Referenzarchitektur.

Die Quellsysteme, die das integrierte Datenlager speisen, sind die Datenlieferungen der Handelsunternehmen aus der Stichprobe (Faktendaten). Die Datenlieferungen an die GfK erfolgen in unterschiedlichsten Formaten und auf vielfältigen Übertragungswegen, wobei aber die zeit- und kostenintensive körperliche Erhebung der Basisdaten im Handelsunternehmen durch einen GfK-Mitarbeiter inzwischen weltweit fast vollständig durch elektronisch übermittelte Datenabzüge aus dem Warenwirtschafts- oder Kassensystem der Handelsunternehmen ersetzt wurde.

Auf Seite der Dimensionsdaten werden die Produkt- und Geschäftsstammdaten in einer eigenen Masterdatenbank abgelegt. Ein eigenentwickeltes, intranetbasiertes Stammdatenverwaltungssystem verknüpft die zentrale Datenhaltung bei dezentraler Pflege des Artikelstamms in über 90 Ländern. Die Ableitungsdatenbank importiert bedarfsgesteuert die benötigten Stammdaten für die Dimensionen aus der Masterdatenbank.

Die Extraktion der Bewegungsdaten aus den eigentlichen Datenlieferungen der Handelsunternehmen erfolgt, wie oben bereits angeführt, in einem separaten Dateneingangssystem. Die eingehenden Dimensionsdaten werden stammdatenseitig konsolidiert, bewegungsdatenseitig in Euro umgerechnet und dann in einen Arbeitsbereich gestellt, der auch als Basisdatenbank betrachtet werden kann.

Die im Dateneingangssystem nach Warengruppen und Ländern abgelegten Bewegungsdaten werden im nächsten Schritt hochgerechnet und anschließend in einem eigenen Arbeitsbereich, der Quality Control (QC), einer grundlegenden Qualitätssicherung unterzogen. Das Datenschema der QC ist bereits auswertungsorientiert, was den Einsatz der Standard-Reportingwerkzeuge auch für diesen GfK-internen Verarbeitungsschritt ermöglicht. Im lokalen Kontext eines Landes und einer Warengruppe werden die Daten hiermit auf Ausreißer hin überprüft und ggf. korrigiert, bevor sie für die eigentliche Berichterstattung in die globale Ableitungsdatenbank freigegeben werden.

Grundlage für den gesamten Verarbeitungsprozess ist ein umfangreiches Metadaten-Repositorium. Die Metadaten lassen sich hierbei in folgende Kategorien unterteilen: ETL-Metadaten, Hochrechnungen (Hochrechnungszellen und -faktoren), multidimensionales Modell (Anwendungsschicht) und Berichtsbeschreibungen.

Aufgrund der spezifischen Anforderungen der GfK mussten sowohl für den ETL-Bereich als auch für das Reporting im Laufe der Zeit alle Standardwerkzeuge durch Eigenentwicklungen ersetzt werden, sodass heute Oracle-Datenbanken als einzige Standardkomponenten im Einsatz sind.

Herzstück des Data-Warehouse-Systems der GfK Retail and Technology in der heutigen Ausbaustufe ist das Auswertungssystem mit dem GfK StarTrack

13.3 Panelorientierte Marktforschung

Explorer (GSE) als zentralem Werkzeug für den Berichtsaufbau. Die Segmentationen des Marktes nach produkt-, geschäfts- und zeitbezogenen Merkmalen können zum einen in Ad-hoc-Manier unter Verwendung üblicher OLAP-Operationen (Drilling, Slicing&Dicing) gebildet werden, zum anderen erlaubt das System auch die Speicherung und Batch-Ausführung vordefinierter Berichtsstrukturen, um damit insbesondere Datenexporte für die Kunden zu ermöglichen.

Aufbau

Die Ableitungsdatenbank der GfK Retail and Technology ist als vierdimensionales Snowflake-Schema modelliert, wobei nur die Dimensionen Produkt, Segment und Zeit »echte« Dimensionen darstellen, während die vierte Dimension der Transformation quantitativer Daten (Preis) in qualitative Daten dient, um hierüber im Reporting eine Segmentation nach Preisklassen zu ermöglichen.

Die grundlegende Herausforderung bei der Modellierung der GfK-Anwendung stellt die produktgruppen- und absatzkanalbezogene Schemavariabilität im Hinblick auf Merkmale dar. In Abbildung 13–7 ist beispielhaft ein Ausschnitt aus der Produktdimension gezeigt; die Problematik existiert in der Segmentdimension in analoger Weise.

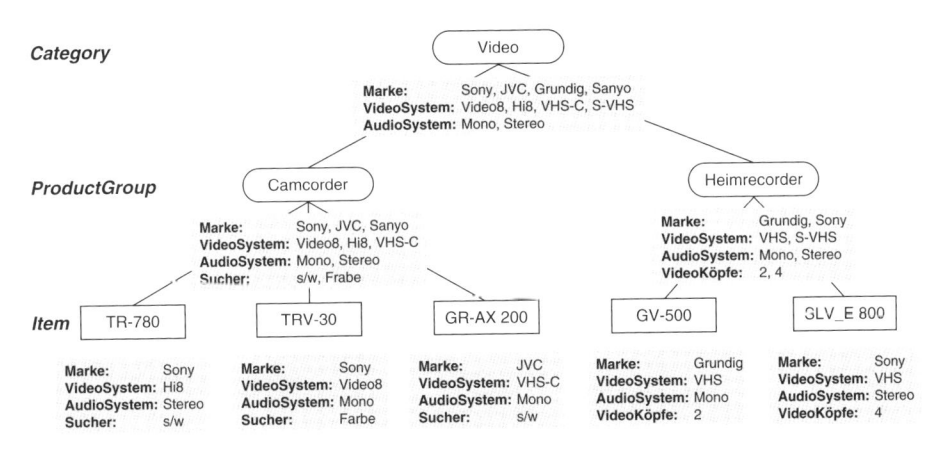

Abb. 13–7   Beispiel der Schemavariabilität in der Produktdimension

Die Abbildung 13–7 zeigt, dass je nach Ausprägung einer Instanz der Klassifikation in der Produktdimension ein zugeordnetes Merkmalsschema existiert, das eine nähere merkmalsorientierte Bestimmung der betreffenden Instanz erlaubt. Produkte der ProductGroup »Camcorder« können dem gezeigten Beispiel zufolge nach den Merkmalen »Marke«, »VideoSystem«, »AudioSystem« und »Sucher« näher bestimmt werden, während für Heimrecorder statt des Merkmals »Sucher« das Merkmal »VideoKöpfe« vorgesehen ist. Gemeinsame Merkmale auf niedrigeren Klassifikationsstufen der Hauptklassifikation können zudem auf höheren Klassifikationsstufen zur Verfügung gestellt werden (z.B. »Marke«, »VideoSystem« und »AudioSystem« für die Category »Video«), wodurch eine kontextorientierte Steuerung des Auswertungsprozesses nach »sinnvollen nächsten Fragen« bei Drill-Operationen ermöglicht wird.

Die in Abbildung 13–7 gezeigten Merkmalsschemata stellen die Grundlage für die Segmentationsbildung im Reporting dar. In Abbildung 13–8 ist ein Beispiel für eine Mehrfachsegmentation des Marktes »ColorTV Austria« nach technischen Produktmerkmalen angegeben.

CTV TOTAL TOTAL MARKET	AUSTRIA MARKET GROWTH BY FEATURES					
	SALES THS. UN			SALES MIO. OES		
	JAN 11 – FEB 12	JAN 11 – FEB 12	GROWTH RATE %	JAN 11 – FEB 12	JAN 11 – FEB 12	GROWTH RATE %
CTV TOTAL	85,7	90,4	5,5	655,4	671,6	2,5
TINY (-17 IN)	21,5	21,2	-1,7	64,8	61,1	-5,7
MEDIUM (21 IN)	26,3	28,4	7,7	124,0	132,6	6,9
LARGE (+22 IN)	37,9	40,9	8,0	466,5	477,9	2,4
14 INCHES	18,8	19,1	1,8	52,7	51,3	-2,6
17 INCHES	1,0	0,7	-30,4	4,2	3,4	-18,7
20 INCHES	10,2	11,4	12,5	38,6	41,2	6,8
21 INCHES	16,3	17,0	4,0	85,8	91,5	6,6
21 INCHES MONO	9,4	8,3	-11,5	42,9	38,0	-11,4
21 INCHES STEREO	6,9	8,7	25,0	42,9	53,4	24,6
24 INCHES	0,1	0,2	29,7	1,7	1,8	8,1
25 INCHES	7,6	6,7	-11,1	72,0	64,2	-10,8
25 INCHES 50 HZ	5,6	5,1	-8,7	46,8	43,2	-7,6
25 INCHES 100 HZ	1,7	1,6	-10,4	24,2	20,7	-14,8
27 – 29 INCHES	28,2	30,7	8,7	340,1	324,8	-4,5
27 – 29/4:3/50	16,5	17,6	6,6	155,8	139,1	-10,7
27 – 29/4:3/100	9,4	10,0	6,5	144,6	141,9	-1,8
27 – 29/16:9/50	0,8	0,7	-12,6	12,1	9,5	-21,3
27 – 29/16:9/100	1,1	1,5	37,5	25,1	29,4	17,3
+29 INCHES	1,9	3,3	73,7	52,5	87,1	65,7
FORMAT 4:3	81,9	84,9	3,7	570,6	553,4	-3,0
FORMAT 16:9	3,8	5,5	43,8	84,8	118,3	39,4
50 HERTZ	71,9	74,4	3,5	414,4	398,3	-3,9
100 HERTZ	13,8	16,0	15,9	241,1	273,3	13,4

Abb. 13–8 Beispiel eines GfK-Berichts

Die in Abbildung 13–8 gezeigte Berichtsseite weist im linken Tabellenkopf, dem sogenannten Seitenriss, eine starke Heterogenität auf. Neben Summenzeilen finden sich verschiedene Segmentationsattribute auf derselben Segmentationsebene; andererseits weist der Bericht auch für dasselbe Segmentationsattribut verschiedene Granularitätsverfeinerungen sowohl hinsichtlich der Attribute als auch in Bezug auf Granularitätstiefe auf. Dieser Aufbau besitzt große Vorteile hinsichtlich Kompaktheit der Darstellung und Relevanz der enthaltenen Detailbetrachtungen; allerdings erforderte er zum Zeitpunkt der Entwicklung des Reportingsystems eine Eigenentwicklung für die Spezifikation und Berechnung von Marktforschungsberichten, in dem die logische Zusammenhangsstruktur heterogener GfK-Berichte in einem XML-basierten komplexen Berichtsobjektmodell repräsentiert ist. Ein solcher komplexer GfK-Bericht wird dann im Application Server durch eine intelligente Sortierung der einzelnen Datenzellen nach gemeinsamen Berechnungskontexten analysiert, mit einer minimalen Hülle von SQL-Statements überdeckt und dann mit Standard-SQL-Mitteln berechnet. Application Server und Client setzen die errechneten Teilergebnisse dann gemäß der Strukturinformation aus dem Berichtsobjektmodell in der Benutzeroberfläche des GfK StarTrack-Explorer zu einem Gesamtbericht zusammen. Die Spezifikation der Berichtsstruktur erfolgt durch Drag&Drop-Operationen in einer dem Windows Explorer nachempfundenen Oberfläche. Die Arbeitsweise ist in jedem Schritt kontextgesteuert und erlaubt eine Vielzahl heute durchaus nicht üblicher erweiterter Reporting-Operationen (z. B. verschiedene Formen der Totals- und Others-Berechnung, spezifizierbare Berechnungsbasen, kontextsensitiver Hitlistenabruf).

Für die Auslieferung der Berichte und den Zugang zum GSE über Citrix steht den Kunden das StarTrack-Portal zur Verfügung. Bestückt wird das Portal über einen weitgehend automatisierten Prozess. Nach Freigabe der Daten, z.B. für eine Warengruppe in einem Land, laufen automatisch Batch-Prozesse für die Freigabe der Daten im GSE und die Produktion von Dateilieferungen sowie deren Veröffentlichung auf dem Portal inklusive Benachrichtigung der Benutzer an. Grundlage dafür ist das Client-Delivery-Management, ein eigenentwickeltes System für die Steuerung der Datenfreigaben und Dateilieferungen für die Kunden.

Betrieb

Derzeit werden neben den interaktiven Zugriffen interner und externer Benutzer im Data-Warehouse-System der GfK Retail and Technology pro Monat etwa 100.000 Batch-Berichte und mehr als 2 Millionen Business Charts produziert. Jeder Bericht für sich ist aufgrund der umfangreichen Segmentierungsmöglichkeiten so komplex, dass üblicherweise zwischen 5.000 und 100.000 SQL-Statements für die Berechnung nötig sind. Der Datenkontext eines Berichts umfasst jedoch meist nur eine der 400 beobachteten Warengruppen, sodass die Ausführung der Berichte hauptsächlich CPU-Ressourcen benötigt. Aus Kosten- und Skalierungsgründen erfolgt deshalb die Produktion der Batch-Berichte nicht auf dem Zentralsystem, sondern über eine Farm von Blade-Servern, die jeweils mit einer eigenen Oracle-Instanz versehen sind [AlFR07].

13.3.3 Fazit

Das Data-Warehouse-System der GfK Retail and Technology befindet sich seit 2004 weltweit im operativen internen Einsatz. Bei der Umstellung auf das neue System wurde warengruppen- und länderweise vorgegangen, um zum einen die interne Organisation nicht zu überlasten und zum anderen Brüche in der Datenqualität zu vermeiden. Neben einer umfassenden Batch-Produktion von Berichten und Charts haben mittlerweile über 12.000 interne und externe direkten Online-Zugriff auf die im Data-Warehouse-System bereitgestellten Paneldaten.

Das Data-Warehouse-System der GfK Retail and Technology wird von den Anwendern in funktionaler Hinsicht sehr geschätzt, da es eine neue Qualität im Ad-hoc-Reporting ermöglicht und systematisch warengruppen- und länderübergreifende Auswertungen unterstützt. Als schwierig erwies sich in den frühen Einsatztagen des Systems häufig ein mangelnder Konsolidierungsgrad der eingehenden Fakten und Dimensionsdaten, der durch funktionale Beschränkungen des Altsystems begründet war. Durch das Aufzeigen der funktionalen Möglichkeiten des Data-Warehouse-Systems wurde bei den Anwendern aber zunehmend die Bereitschaft geschaffen, die Einsatzvoraussetzungen für das System durch Datenkonsolidierungen zu verbessern und sich so das ganze Potenzial des neuen Systems zu erschließen. Mittlerweile sind sowohl die Produkt- wie die Geschäftsstammdaten in StarTrack international vollständig konsolidiert, was die entscheidende Grundlage für das bisherige und künftige Wachstum des Unternehmens darstellt.

Eine ständige Herausforderung für StarTrack ist das Datenwachstum von ca. 30 % pro Jahr, das sowohl durch kürzere Berichtszyklen (monatlich zu wöchentlich) als auch durch neue Warengruppen (z. B. Tourismus, Health Care) getrieben wird.

Für das angestrebte Wachstum des Unternehmens GfK ist es darüber hinaus erforderlich, ganz neue Geschäftsfelder zu erschließen. Ein Beispiel dafür sind die Auswertungen des mobilen Internetverkehrs durch die Auswertung von Log-Dateien der Mobilfunkbetreiber. Für diesen Zweck wird die GfK Network Intelligence Solution (GfK NIS) als erste Big-Data-Anwendung in der GfK Retail and Technology entwickelt.

Informationen: Jens.Albrecht@fhws.com, Thomas.Ruf@gfk.com

13.4 Online-Partnerbörse

Steckbrief

Unternehmen/Organisation:	FriendScout24 GmbH
Branche:	Online-Partnerbörse/Internet und neue Medien
Anwendungsgebiet:	Aufbereitung, Integration und Darstellung aller wesentlichen Kennzahlen zur strategischen und operativen Unternehmenssteuerung
Hardware/Software:	HP ProLiant DL 580 (G7), vier Xeon E7-4850 10-Core CPUs, 256 GB RAM, NetApp FAS3270A ausgebaut mit 2 DS4243 mit je 24*300GB 15k SAS HDDs PostgreSQL 9.1 RDBMS, Actian Vectorwise Enterprise Edition 2.5, Pentaho Data Integration (aka Kettle) 4.2, JasperServer Community Edition 3.7 Tomcat 6, The R-Project for Statistical Computing 2.15
Verfügbarkeit:	7 × 24h
Anzahl Datenquellen:	ca. 20
Datenvolumen:	ca. 1 TB
Aktualisierung:	täglich bis zu 10 GB
Anzahl Ableitungsdatenbanken:	1
Anzahl Auswertungsdatenbanken:	2
Anzahl Anwender:	ca. 150
Anzahl Entwickler:	3

13.4.1 Die FriendScout24 GmbH

Die FriendScout24 GmbH gehört zur Scout24-Gruppe, dem Betreiber des führenden Netzwerks von Online-Marktplätzen in Europa. Die Scout24 ist eine 100-prozentige Tochter der Deutschen Telekom AG – Europas größtem Telekommunikationsanbieter. Aktuell hat die FriendScout24 rund 140 Mitarbeiter.

Kerndienstleistung der FriendScout24 ist seit über zehn Jahren *http://www.friendscout24.de*, Deutschlands Online-Partnerportal Nr. 1. Dabei erfüllt FriendScout24 alle Beziehungsbedürfnisse – die Suche nach dem Lebenspartner, nach Flirts & Verlieben oder einem Abenteuer. FriendScout24 ist neben Deutschland auch in Österreich, der Schweiz, Spanien, Italien, Frankreich, Belgien und den Niederlanden vertreten.

Nutzer von FriendScout24 können kostenlos eine Reihe von Basisdienstleistungen nutzen (z.B. Suche, Mitglieder online, Magazin). Darauf aufbauend können unterschiedliche kostenpflichtige Premium-Leistungen erworben werden (z.B. erweiterte Kontaktmöglichkeiten durch Nachrichten, Chatfunktionalität oder Partnervorschläge auf Basis eines wissenschaftlichen Tests). Diese Premium-Leistungen werden aktuell in Abonnementprodukten von verschiedenen Laufzeiten in zwei Produktfamilien Gold und Platin vertrieben.

Zusätzlich bietet die FriendScout24 mit *http://www.secret.de* seit 2010 einen seriösen Service zum Casual-Dating. Secret ist ein Premium-Service von FriendScout24, ausgerichtet auf die Suche nach erotischen Begegnungen auf hohem Niveau. Ähnlich wie bei FriendScout24 gibt es bei Secret eine Reihe von kostenfreien Basisleistungen sowie kostenpflichtige Funktionen und Dienste.

Entsprechend dieser Produktlogik ergibt sich ein Geschäftsmodell, das einen großen Anteil der Umsätze über kostenpflichtige Premium-Dienstleistungen in Form von Abonnements oder Credit-Bezahlung generiert und durch Online-Werbeeinnahmen ergänzt wird.

13.4.2 Data Warehousing bei Online-Partnerbörsen

Zentrale Aufgabe einer erfolgreichen Unternehmensführung ist die zielgerichtete Steuerung der Geschäftsprozesse zur effizienten und effektiven Erreichung von unternehmerischen Visionen und Strategien. Wesentliche Voraussetzungen hierfür sind die Planung, Messung sowie die Erfolgskontrolle anhand etablierter Kennzahlen oder Key-Performance-Indikatoren (KPIs).

Vor diesem Hintergrund erscheint die häufig beobachtete Praxis, Geschäftsmodelle im Internet überwiegend durch KPIs aus dem Bereich Web Analytics (z.B. Seitenabruf, Besuche) zu messen, wenig zielführend. Diese Kennzahlen dienen zur Messung der Marketingeffizienz und der Plattformnutzung und sind aufgrund der fehlenden Berücksichtigung der Zahlungsströme für die Bewertung des unternehmerischen Erfolgs einer Online-Partnerbörse ungeeignet.

Um eine ganzheitliche Erfassung des Geschäftsmodells zu gewährleisten, müssen daher weitere Dimensionen zur Erfolgskontrolle herangezogen werden. Die Unternehmensberatung Deloitte empfiehlt z.B. den Kundenwert und die Kosten der Kundengewinnung den klassischen Web-Analytics-Metriken, wie z.B. der Konversion oder der im Dienst verbrachten Zeit, gegenüberzustellen [Delo10].

Diese Informationen werden im Wesentlichen durch die Komponenten des Online-Portals selbst bereitgestellt (z.B. Kundenwert) bzw. durch interne Prozesse und Verträge determiniert (z.B. Kundengewinnungskosten). In jedem Fall stehen sie üblicherweise im Rahmen einer Web Analytics nicht unmittelbar zur Verfügung. Sie stellen somit ein klassisches Anwendungsgebiet für ein Data-Warehouse-System dar.

13.4 Online-Partnerbörse

Daher ist es nur konsequent, dass eine zentrale Verankerung des Data-Warehousing bei Online-Partnerbörsen zu den strategischen Erfolgsfaktoren in diesem umkämpften Marktsegment zählt.

Ziele und Motivation

FriendScout24 als Marktführer im Bereich der Online-Partnerbörsen verfügt seit seiner Gründung über verschiedene Reporting-Systeme zur Vorbereitung und Bewertung seiner strategischen und operativen Entscheidungen und Investitionen.

Im Jahr 2009 stand das Unternehmen diesbezüglich jedoch vor diversen Herausforderungen: Durch das starke Wachstum des Unternehmens in den vergangenen Jahren hat sich eine Reihe verschiedener Reporting-Systeme mit unterschiedlichen Ausrichtungen (z. B. regelmäßiges Reporting, Data Mining) in der Hand mehrerer Stakeholder entwickelt. In diesen Systemen wurden technisch bedingt abweichende Spezifikationen derselben KPIs implementiert, mit zum Teil divergierenden Ergebnissen. Gleichzeitig waren zentrale KPIs nicht in allen Systemen gleichermaßen verfügbar. Dementsprechend wurde ein hoher Aufwand für die manuelle Erstellung der regelmäßigen Reports zur Unternehmenssteuerung verzeichnet. Es existierte zudem nur eine eingeschränkte Flexibilität bei der tiefergehenden Auswertung zentraler Kennzahlen bei den Anwendern im Unternehmen. Häufig wurden auch Auswertungen auf operativen Rohdaten inkl. händischer, aufwendiger und fehleranfälliger Datenaufbereitung durchgeführt.

Diesen Herausforderungen wurde durch die Gründung einer Abteilung Business Intelligence begegnet. Vision der Abteilung war der Aufbau eines zentralen Single Point of Truth, in dem Daten, Informationen und Wissen gesammelt, aufbereitet und schließlich allen relevanten Stakeholdern zur Verfügung gestellt werden sollen.

Ausgehend von dieser Vision wurde eine auf zunächst drei Jahre ausgelegte Business-Intelligence-Strategie entwickelt, die drei wesentliche Elemente umfasste:

- den Aufbau einer zentralen, qualitätsgesicherten Informationsbasis für alle relevanten Geschäftsprozesse,
- die Umsetzung eines allen Mitarbeitern offen stehenden Self-Service-Analysesystems sowie
- die Standardisierung und Automatisierung der regelmäßigen Reports.

Diese Strategie wurde technisch durch ein Data-Warehouse-System realisiert, das die bestehenden Legacy-Systeme ablöst bzw. wo notwendig, diese als Datenquellen integriert.

Architektur

Ausgehend von der Vision und den Elementen der Business Intelligence-Strategie zeichnen sich vier zentrale Anwendungsfälle des Data-Warehouse-Systems ab, die ihre Entsprechung in einer Architektur finden mussten:

1. Mitarbeiter im Unternehmen haben die Möglichkeit, über ein Online-Analytical-Processing (OLAP) zu jeder Zeit individuelle Auswertungen selbst durchzuführen.
2. Standardisierte Reports werden automatisch erzeugt und im Unternehmen an entsprechende Stakeholder verteilt.
3. Data-Mining-Methoden erkennen neue Muster auf qualitätsgesicherten Daten und generieren damit Informationen, die zu dem Unternehmenserfolg beitragen.
4. Spezifischer Informationsbedarf, Detailanalysen und Spezialanfragen, die über die übrigen Komponenten nicht abgedeckt werden können, werden im Rahmen von Ad-hoc-Auswertungen auf allen Daten- und Informationsquellen bedient.

Vor dem Hintergrund der technischen und wirtschaftlichen Rahmenbedingungen wurde die Architektur weitgehend mit kostenfrei verfügbarer Open-Source-Software umgesetzt. Einzig im Bereich des Column Stores wurde auf eine hochperformante kommerzielle Datenbanklösung zurückgegriffen, da die aktuell verfügbaren Open-Source-Lösungen Schwächen hinsichtlich Stabilität oder Performanz mit dem gegebenen Datenvolumen zeigten.

Angelehnt an den in Abschnitt 11.3 beschriebenen Prozess zur Softwareauswahl wurden Komponenten für die Datenbeschaffung und -aufbereitung (Pentaho Data Integration, aka Kettle), die Datenhaltung (PostgreSQL, Actian Vectorwise) sowie OLAP und Reporting (JasperServer Community Edition bestehend aus den Open-Source-Komponenten Mondrian und JasperReports) ausgewählt. Sie bilden die technische Basis des FriendScout24-Data-Warehouse-Systems, dessen Architektur sich an der in Kapitel 2 beschriebenen Referenzarchitektur orientiert und in der folgenden Abbildung 13–9 dargestellt ist.

Ausgangsbasis für die Datengewinnung sind verschiedene interne Datenquellen. Im Gegensatz zu Data-Warehouse-Systemen, die ihre Daten im Wesentlichen aus standardisierten betrieblichen Informationssystemen wie z. B. SAP oder Navision übernehmen, bildet bei FriendScout24 eine Individualentwicklung die Basis des Online-Portals FriendScout24 und somit die zentrale Datenquelle. Ein Extrakt aus der relationalen Datenbank der Plattform enthält sämtliche Nutzerdaten bis auf Vertrags- und Zahlungsdaten, die aus einer zweiten, ebenfalls zentralen operativen Datenquelle zugeliefert werden. Das Online-Portal Secret – eine weitere Individualentwicklung – liefert eine zusätzliche operative Datenquelle.

Weitere interne Datenquellen umfassen Datenquellen mit Log-Charakter wie Aktivitäts- und Chat-Statistiken sowie z. B. Logs aus verschiedenen internen Sys-

13.4 Online-Partnerbörse

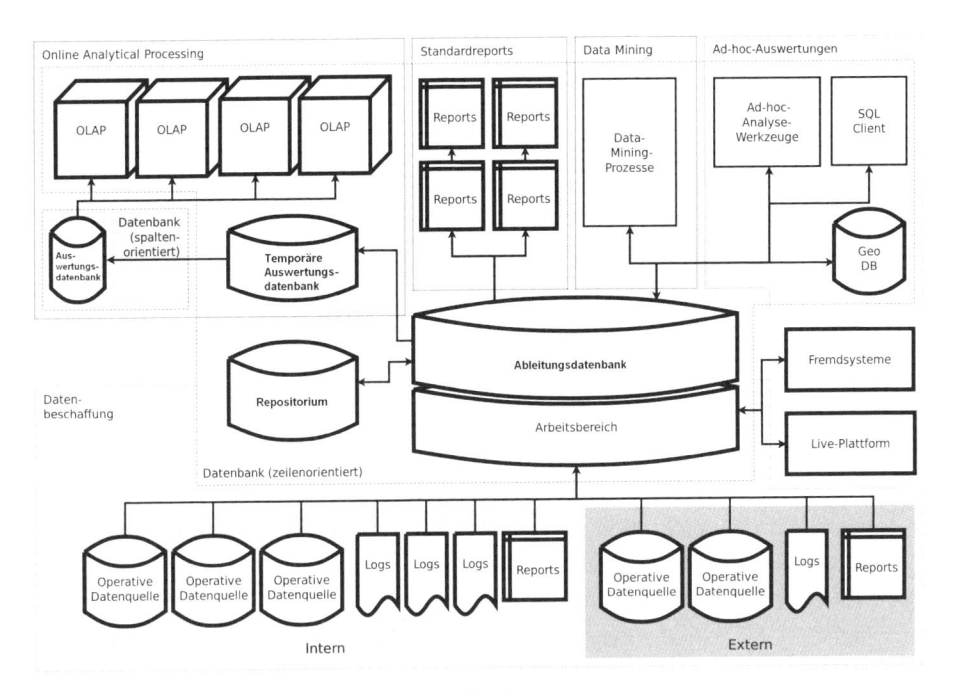

Abb. 13-9 Architektur des FriendScout24-Data-Warehouse-Systems

temen zur Kundenbetreuung und -kommunikation. Darüber hinaus gibt es eine Reihe von Steuerungsdateien (Reports), die letztlich Metainformationen zum Kampagnenmanagement beinhalten.

Neben den internen Datenquellen wird das Data-Warehouse-System durch externe Datenquellen ergänzt. Hierbei handelt es sich im Wesentlichen um das Scout24-weite ERP-System, aus dem Buchungen und fakturierte Umsätze entnommen werden, und um verschiedene Payment Provider, die die operative Abwicklung der Zahlungsströme übernehmen. Zusätzlich werden Logs aus dem Web-Analytics-System von FriendScout24 und Reports von externen Marktforschungsinstituten auf diesem Weg angebunden.

Sämtliche Datenquellen sind durch spezialisierte Ketten zur Extraktion, Transformation und zum Laden (ETL) angebunden. Alle ETL-Ketten sind in eine Monitoring-Infrastruktur integriert, sodass fehlende Datenquellen, fehlerhafte und unvollständige Quelldaten bzw. ausbleibende Dateien zeitnah entdeckt und geeignete Maßnahmen eingeleitet werden können. Zudem werden sämtliche Ausführungen der ETL-Ketten mit den jeweiligen Ergebnissen und Logs im zentralen Repositorium protokolliert.

In einem ersten Schritt werden die jeweiligen Daten in einem Arbeitsbereich in eine (zeilenorientierte) Datenbank eingeladen. Innerhalb dieses Prozesses erfahren sie auch eine grundlegende Datenbereinigung, z.B. nach Datentypen und Zeitzonen. Je nach Charakter der Daten umfassen diese vollständige Datenextrakte der jeweiligen Datenquelle oder Ausschnitte der Daten innerhalb eines bestimmten Zeitfensters. Zudem wird jeder Datensatz mit einer Reihe von Metainformationen zum jeweiligen Ladeprozess und -datum versehen, um nachträgliche Bereinigungen im Fehlerfall zu vereinfachen.

Zusätzlich werden die Daten im Arbeitsbereich durch Anfragen der FriendScout24-Plattform und auch von Fremdsystemen ergänzt, da beispielsweise in der Datenbasis technische Schlüssel codiert sind, die innerhalb der Plattform semantisch oder länderspezifisch abgebildet sind. Ähnliches gilt für die Schnittstellen zu Partnern, wie dem Payment Provider oder der im Unternehmen eingesetzten Web Analytics.

Im nächsten Schritt werden die Daten des Arbeitsbereichs aufbereitet, mit der bestehenden Kennzahlen-Semantik angereichert und in die Ableitungsdatenbank geladen. Dabei enthält die Ableitungsdatenbank soweit möglich vollständige Daten, d. h., es werden nur selektiv Daten und Informationen gelöscht – meist aus Volumengesichtspunkten oder gemäß datenschutzrechtlichen Vorgaben.

Ausgehend von den eingangs dargestellten Anwendungsfällen des Data-Warehouse-Systems stehen vier große Schnittstellen des Systems nach außen zur Verfügung. Basis für die erste, das Online Analytical Processing, ist ein webbasiertes OLAP-System. Derartige Systeme setzen üblicherweise multidimensionale Daten voraus.

Da diese Daten – insbesondere die Fakten – jedoch sehr schnell sehr große Volumina erreichen können und zudem üblicherweise nur sehr wenigen Änderungen unterliegen, hat sich eine Datenspeicherung in sogenannten spaltenorientierte Datenbanken (Column Stores, Abschnitt 4.5.1) bewährt. Diese speziellen Datenbanksysteme legen die Daten nicht zeilenweise, sondern spaltenweise ab und bieten für Anwendungen, bei denen Aggregate über große Mengen ähnlicher Elemente gebildet werden, Vorteile gegenüber der klassischen, zeilenorientierten Speicherung. Zudem werden große Datenmengen dort auch komprimiert, d. h. speichereffizient, abgelegt. Aufgrund der Vorteile erfolgt daher auch die Datenhaltung für das FriendScout24-OLAP-System in einer derartigen Datenbank.

Auf dem Weg dorthin werden die Daten aus der Ableitungsdatenbank zunächst in einer temporären Auswertungsdatenbank aufbereitet, was im Wesentlichen darauf zurückgeht, dass die (zeilenweise) Befüllung der Tabellen innerhalb eines einzigen Datenbank-Managementsystems effizienter durchgeführt werden kann als direkt auf dem Column Store. Gleichwohl enthält die temporäre Auswertungsdatenbank immer nur Datenausschnitte für einen Tag, um die Datenmenge hinsichtlich Ausführungsgeschwindigkeit zusätzlich zu optimieren. Schließlich werden die Star-Schemata der Auswertungsdatenbank im Column Store mit den (zusätzlichen) Tagesausschnitten ergänzt bzw. um aktuelle Entwicklungen in den Dimensionen angepasst. Dieses Vorgehen ist allerdings historisch bedingt und wird mittelfristig erneut evaluiert.

Neben dem Online Analytical Processing sind Standardreports der zweite große Anwendungsfall, der mit dem Data-Warehouse-System abgedeckt werden

13.4 Online-Partnerbörse

soll. Hierfür steht mit der integrierten Reporting Engine eine leistungsfähige Komponente zur Verfügung. Die Reporting Engine arbeitet im Wesentlichen auf Daten aus der Ableitungsdatenbank, greift aber zum Teil auch auf Abfragen des OLAP-Systems zurück. Weiterhin ist es möglich, Reports zu schedulen, sodass sie in regelmäßigen Zeitabständen automatisiert erstellt und z. B. per E-Mail im Unternehmen verteilt werden.

Beide Komponenten – OLAP und Standardreports – sind in der ausgewählten Business-Intelligence-Lösung in einem einzigen Server gebündelt und ihre Dienste über einen Java Servlet Container webbasiert verfügbar. Der Server bietet zudem eine Reihe von Zusatzfunktionen, wie z. B. die Möglichkeit, dass Anwender individuelle Auswertungen und Reports abspeichern und erneut aufrufen können. Auch Querschnittsthemen wie Authentifizierung und Autorisierung werden durch den Server abgewickelt und über die Anbindung an die unternehmensweite IT-Infrastruktur zentral gesteuert.

Sämtliche Informationen des Servers (z. B. Reports, OLAP-Sichten) werden zusammen mit zusätzlichen Metainformationen (z. B. Rechte, Zugriffe) erneut im Repositorium in einer relationalen Struktur abgelegt und sind dort für Auswertungen oder eine weitere Bearbeitung verfügbar.

Dritter Anwendungsfall der Ableitungsdatenbank ist das Erkennen neuer Muster in bestehenden Daten durch (automatisiertes) Data Mining. Hierfür ist eine Reihe von Data-Mining-Prozessen angebunden, die Berechnungen wie z. B. Zeitreihenanalysen, Regressionen oder Clusteranalysen durchführen. Zur Umsetzung von Data-Mining-Prozessen steht eine Programmiersprache für statistisches Rechnen zur Verfügung, in der automatisiert eine Reihe von Modellen berechnet wird. Die jeweiligen Eingabedaten kommen aus der Ableitungsdatenbank; die Ergebnisse der Berechnungen werden üblicherweise auch wieder dort zur weiteren Aufbereitung in Reports oder OLAP-Speichern abgelegt.

Schließlich besteht im vierten und letzten Anwendungsfall die Möglichkeit von Ad-hoc-Auswertungen auf der gesamten Ableitungsdatenbank und der Auswertungsdatenbanken. Als Frontends stehen hier verschiedene Ad-hoc-Auswertungswerkzeuge (z. B. die statistische Programmierumgebung) und natürlich SQL-Clients zur Verfügung. Zusätzlich steht im Bedarfsfall eine separate Datenbank mit Geodaten zur Verfügung, um die im Data-Warehouse-System enthaltenen Informationen um geografische Aspekte erweitern zu können. Sie ist historisch gewachsen und wird nur von einzelnen Personen verwendet und wurde daher aus Aufwandsgesichtspunkten (noch) nicht in die Ableitungsdatenbank integriert.

Aufbau

Der Aufbau eines Data-Warehouse-Systems erfolgt üblicherweise anhand etablierter Designmodelle. In Theorie und Praxis weit verbreitet sind die Modelle von Ralph Kimball [KiRo02] und [Inmo05], [InIS98]. Ohne auf die Vor- und Nachteile der einzelnen Ansätze einzugehen [Bres04], wurde aufgrund der organisationalen Rahmenbedingungen bei FriendScout24 ein Data-Warehouse-Design weitgehend angelehnt an den Ansatz von Kimball umgesetzt.

Der dimensionale Modellierungsprozess nach Kimball besteht aus vier elementaren Schritten:

1. Auswahl des Geschäftsprozesses
2. Festlegung der Granularität
3. Spezifikation der Dimensionen
4. Identifikation der Fakten

Beim Aufbau des Data-Warehouse-Systems wurden also zunächst wesentliche Geschäftsprozesse bei FriendScout24 festgelegt, anhand derer der jeweilige Informationsbedarf bestimmt wurde. Für die vereinfachte Darstellung im Rahmen dieses Praxisbeispiels soll ein Ausschnitt des Kundenlebenszyklus dienen, der in Abbildung 13–10 skizziert ist.

Registrierung ⟶ Kauf ⟶ Verlängerung ⟶ Abmeldung

Abb. 13–10 *Ausschnitt des Kundenlebenszyklus bei FriendScout24*

Die Nutzung von FriendScout24 beginnt mit der Registrierung eines Profils auf dem Online-Portal. Dieses Profil enthält grundlegende Informationen, wie z.B. das Geschlecht und das Alter, aber auch Fotos und weitergehende Informationen wie Interessen, Hobbys, Suchkriterien und Vorlieben.

Entscheidet sich ein Kunde zum Kauf eines Abonnements, stehen ihm verschiedene erweiterte Möglichkeiten der Kontaktaufnahme mit anderen Profilen, wie z.B. Chats oder der Versand von Nachrichten, offen. Abonnements können unter Einhaltung einer bestimmten Frist gekündigt werden oder verlängern sich automatisch nach Ablauf der Abo-Laufzeit. Findet ein Kunde einen geeigneten Partner, meldet er ggf. sein Profil bei FriendScout24 ab.

Ausgehend von diesem Ausschnitt des Kundenlebenszyklus wurde entsprechend dem zweiten Schritt des Prozesses die Granularität der Betrachtung festgelegt. Da der dargestellte Geschäftsprozess ein sehr elementarer im Hinblick auf das Geschäftsmodell von FriendScout24 ist, wurde die feinste (atomare) Granularität für seine Abbildung gewählt. Vor diesem Hintergrund erscheint die Speicherung jedes einzelnen Kaufs bzw. jeder einzelnen Verlängerung jedes Kunden in der Ableitungsdatenbank zielführend.

Im nächsten Schritt wurden die Dimensionen spezifiziert. Im dargestellten Geschäftsprozess sind dies Produkt (Welches Produkt wurde gekauft? Welche Spezifika hat dies?), Nutzerprofil (Welcher Kunde hat gekauft? Welche Soziodemografie hat dieser?) und Zeit (An welchem Datum wurde gekauft? Zu welcher Uhrzeit?). Jedes Produkt und jedes Profil hat eine Reihe von Attributen, die die jeweilige Dimension genauer beschreiben: Produkte werden beispielsweise durch

13.4 Online-Partnerbörse

eine Produktkategorie (z. B. Gold vs. Platin), eine Bezeichnung (z. B. Gold 1M) sowie eine Laufzeit (z. B. 1 Monat) näher beschrieben. Profile können grundsätzlich sämtliche Profileigenschaften enthalten. Aufgrund der großen Anzahl wurden sie zunächst auf die grundlegenden Profileigenschaften Registrierungszeitpunkt, Geschlecht und Alter beschränkt. Um die maximale Breite der Auswertbarkeit zu gewährleisten, fiel die Entscheidung zugunsten einer Speicherung der vollständigen Datums- und Zeitinformationen.

Schließlich wurden im letzten Schritt die Fakten identifiziert. Im genannten Geschäftsprozess ist dies der Kauf bzw. die Verlängerung. Sie werden durch einen Zeitpunkt, an dem sie durchgeführt werden, den jeweiligen Betrag und die entsprechende Währung festgelegt.

Das Ergebnis dieses Prozesses ist das in Abbildung 13–11 dargestellte multidimensionale Datenmodell.

<<Dimension>> Produkt	<<Fact>> Kauf	<<Dimension>> Profil
Produkt-Kategorie: Varchar2 Bezeichnung: Varchar2 Laufzeit: Numeric	Typ: Varchar2 Ausführungsdatum: Timestamp Betrag: Numeric Währung: Varchar2	Registrierung: Timestamp Geschlecht: Varchar2 Geburtsdatum: Timestamp

Abb. 13–11 *Multidimensionales Datenmodell mit exemplarischen Attributen für den Ausschnitt des Kundenlebenszyklus*

Kauf und Verlängerung werden in der gemeinsamen Faktentabelle Kauf vorgehalten, die auch die relevanten Attribute Ausführungsdatum, Betrag und Währung vorhalten. Zur Unterscheidung von Kauf und Verlängerung enthält die Faktentabelle zusätzlich ein Feld Typ, das Kauf und Verlängerung über verschiedene Ausprägungen abbildet. Die Fakten werden anhand der Dimensionen Produkt und Profil qualifiziert. Produkt beinhaltet die Produktkategorie, Bezeichnung und Laufzeit. Profil beinhaltet Registrierungszeitstempel, Geschlecht und Geburtsdatum.

Abweichend zu Kimballs Modellierungsansatz wird der Zeitstempel über einen Datenbankzeitstempel (Timestamp) abgebildet und nicht über eine gesonderte Datumsdimension ausmodelliert. Auf diese Weise ist zwar eine Reihe von Auswertungsmöglichkeiten (z. B. Auswertung nach Kalenderwochen oder Quartalen) weniger komfortabel verfügbar, etwaige Auswertungen laufen jedoch aus Performance-Gesichtspunkten etwas schneller ab. Daher wurde an dieser Stelle bewusst für Performance und gegen Komfort entschieden. Alle Auswertungen können zudem über geeignete SQL-Funktionen zur Datumsbehandlung (z. B. extract) nachgebildet werden, sodass kein Informationsverlust entsteht. Das dargestellte Datenmodell bildet ebenfalls die Basis für die Auswertedatenbanken; hier ist allerdings die Datumsdimension explizit ausmodelliert und die Zeitinformation wurde für diesen konkreten Anwendungsfall verworfen.

Selbstverständlich kann im Rahmen dieses Praxisbeispiels nur ein kleiner Ausschnitt des Aufbaus der Ableitungsdatenbank von FriendScout24 beschrieben werden. In der Realität ist das Datenmodell deutlich umfangreicher und auch komplexer. So wurden die Fakten z. B. um weitere Profilangaben, die Aktivität im Dienst, die Zahlungstransaktionen, die Kundenzufriedenheit, verschiedene zentrale Produktfeatures, die Secret-Produktfamilie und weitere Komponenten in den zweistelligen Bereich ergänzt. Auch die Anzahl an Dimensionen ist inzwischen auf über 40 angewachsen, um eine adäquate Auswertbarkeit der Fakten zu gewährleisten. In der Summe umfasst die Datenbank inzwischen mehrere hundert Tabellen.

Aufgrund der dimensionalen Modellierung ist der Schritt von der Ableitungsdatenbank zur Auswertungsdatenbank wenig aufwendig, sodass neu integrierte Daten zeitnah nicht nur für Ad-hoc-Auswertungen direkt auf der Ableitungsdatenbank, sondern auch für Self-Service-Auswertungen per OLAP dem gesamten Unternehmen zur Verfügung stehen.

Betrieb

Entsprechend der Organisationsstruktur bei FriendScout24 wird der Betrieb aller produktiven Systeme inklusive des Online-Portals durch ein eigenes Betriebsteam 7 × 24h gewährleistet. Dieses Team ist im Wesentlichen auf die Komponenten der Online-Portale FriendScout24 und Secret spezialisiert.

Nachdem die Kernkompetenzen im Bereich Data Warehousing in der Business-Intelligence-Abteilung liegen, wird der Betrieb des Data-Warehouse-Systems und seiner Komponenten zwischen dem Betriebsteam und den Entwicklern des Data-Warehouse-Systems aufgeteilt. Fehler in der Hardware, wie z. B. Festplatten- oder Speicherdefekte, oder in grundlegenden Betriebssystemkomponenten, wie z. B. in der Netzwerkkonfiguration oder im verwendeten Servlet-Container, werden durch das Betriebsteam identifiziert und behoben. Tiefergehende Fehler, wie syntaktische oder semantische Inkonsistenzen in den Quelldaten, werden durch die Data-Warehouse-Entwickler analysiert und behandelt.

Dabei hat sich in der Praxis die Trennung der jeweiligen Zuständigkeit an der Existenz (der Dateien/Extrakte) der verschiedenen operativen Datenquellen und Logs bewährt: Das Betriebsteam gewährleistet die Existenz und Vollständigkeit der jeweiligen Quelldateien; deren Inhalt bzw. die Interpretation der Inhalte im Data-Warehouse liegt in der Verantwortung der Data-Warehouse-Entwickler.

Zur Unterstützung beider Teams gibt es entsprechende Systeme, die für Fehler (Bugtracker) oder Aufgaben (Ticketing-System) verwendet werden. Damit kann der Betrieb des Data-Warehouse-Systems sauber von dem Betrieb der Online-Portale und vom Projektgeschäft der Entwickler getrennt werden. Auch können die entsprechenden Aufwände überwacht werden.

13.4.3 Fazit

Wesentliche Aufgabe des Data Warehousing bei FriendScout24 ist es, einen Single Point of Truth für alle Entscheidungen innerhalb des Unternehmens zu schaffen. Um dies zu erreichen, wurde konsequent eine Business-Intelligence-Strategie mit den Kernelementen zentrale Informationsbasis, Self-Service-Auswertungssystem sowie Standardisierung und Automatisierung der regelmäßigen Reports verfolgt. Entsprechend dieser Anforderungen wurde angelehnt an die Referenzarchitektur eine Data-Warehouse-Architektur konzipiert, die durch die Verwendung von Open-Source-Komponenten zeitnah und kostengünstig verfügbar war.

Auf dieser Architektur wurde anhand des Modellierungsprozesses von Kimball in kürzester Zeit und unter minimalen Ressourcenaufwänden ein Data-Warehouse-System aufgebaut, das inzwischen alle wesentlichen Geschäftsprozesse von FriendScout24 abdeckt.

Das Data-Warehouse-System arbeitet seit seinem Launch stabil und wird täglich aktualisiert. Fehlende oder inkonsistente Daten werden dank intelligentem Monitoring schnell und sicher erkannt. Derzeit nutzt knapp die Hälfte der FriendScout24-Mitarbeiter das System aktiv, viele davon sogar täglich. Dabei werden durchschnittlich über 70 OLAP-Sichten pro Tag abgefragt. Zusammen mit den etwa 20 Standardreports, die täglich, wöchentlich oder monatlich versendet werden, bildet das Data-Warehouse-System die Basis für viele strategische und operative Entscheidungen.

Aktuelle Handlungsfelder umfassen die Verbesserung der Top-Management-Unterstützung durch die Integration einer benutzerfreundlichen Dashboarding-Lösung, die Ausweitung des bestehenden Data Mining um neuartige Prozesse und Modelle sowie die Erweiterung hin zu einem geografischen Informationssystem (GIS).

Zusammenfassend kann festgestellt werden, dass die strategische Verankerung der Business Intelligence bei FriendScout24 einen wesentlichen Beitrag für die erfolgreiche Unternehmensführung geleistet hat und noch weiter leisten wird.

Information: Steffen.Moeller@friendscout24.de

13.5 Zusammenfassung

Die beschriebenen Fallbeispiele demonstrieren das breite Spektrum der Anwendungen; breit sowohl im Sinne von Art gemäß der Klassifikation von Abschnitt 1.4 als auch von Branche sowie Realisierungs- und Projektverlauf.

In der Literatur findet man gelegentlich »Unterstützung der Entscheidungsfindung« und »OLAP« als charakteristische Bestandteile der Definition eines Data-Warehouse-Systems. Einige der Fallbeispiele zeigen, dass diese beiden Forderungen an Zweck bzw. Datenhaltungs- und Auswertungsmethode eines Data-Warehouse-Systems das Nutzenpotenzial der in dem vorliegenden Buch dargestellten Methoden und Verfahren unnötig einschränken. Auch wird deutlich, dass einige Data-Warehouse-Anwendungen durchaus »operativen« Charakter haben und somit das Data Warehousing nicht auf die dispositive Welt beschränkt ist. Die Charakteristika des Data Warehousing liegen somit mehr in der Datenarchitektur und Methodik der Datenhaltung als im Typus der Anwendungen. Im Zusammenspiel der beiden Aspekte Datenmanagement – hier eine an der Referenzarchitektur ausgerichtete Datenhaltung – und Auswertungsmethodik – hier klassisch relational oder mehrdimensional – liegt der optimale Nutzeneffekt des Data Warehousing.

Anhang

A Abkürzungen

3NF	Dritte Normalform
ACL	Access Control List
ACM	Access Control Matrix
ADAPT	Application Design for Analytical Processing Technology
ADO	ActiveX Data Objects
ANSI	American National Standards Institute
API	Application Programming Interface
ARP	Address Resolution Protocol
B2B	Business-to-Business
B2C	Business-to-Consumer
BI	Business Intelligence
BICC	Business Intelligence Competency Center
BPM	Business Performance Measurement
CASE	Computer Aided Software Engineering
CDIF	Case Data Interchange Format
CGI	Common Gateway Interface
CIL	Common Intermediate Language
COM	Component Object Model
CORBA	Common Object Request Broker Architecture
CRM	Customer Relationship Management
CSF	Critical Success Factor
CWM	Common Warehouse Metamodel
DAG	Directed Acyclic Graph
DBMS	Datenbankmanagementsystem
DCE	Distributed Computing Environment
DCL	Data Control Language
DCOM	Distributed Component Object Model
DDL	Data Definition Language

DES	Data Encryption Standard
DML	Data Manipulation Language
DNS	Domain Name System
DR	Delta-Relation
DTD	Document Type Definition
E/R	Entity/Relationship
EAN	Europäische Artikelnummer
EBIT	Earning Before Interest and Tax
ECA	Event, Condition, Action
ECMA	European Computer Manufacturer's Association
EDI	Electronic Data Interchange
EDIFACT	EDI for Administration, Commerce and Transport
EIA	Electronic Industries Association
EJB	Enterprise Java Beans
EP	Electronic Procurement
ERP	Enterprise Resource Planning
ETL	Extraktion, Transformation, Laden
FASMI	Fast Access of Shared Multidimensional Information
FPGA	Field Programmable Gate Array
FTP	File Transfer Protocol
GIOP	General Inter-ORB Protocol
GQM	Goal Question Metric
HL7	Health Level 7
HOLAP	Hybrid Online Analytical Processing
HTML	Hypertext Markup Language
HTTP	Hypertext Transfer Protocol
ICD	International Statistical Classification of Diseases
ICMP	Internet Control Message Protocol
ID	Identifier
IDL	Interface Definition Language
IIOP	Internet Inter-ORB Protocol
IP	Internet Protocol
IRDS	Information Resource Dictionary System
IT	Informationstechnologie
ITIL	IT Infrastructure Library
J2EE	Java 2 Enterprise Edition
JDBC	Java Database Connectivity
JMS	Java Message Services

A Abkürzungen

JNDI	Java Naming and Directory Interface
JSP	Java Server Pages
KDD	Knowledge Discovery in Databases
KDT	Konsistente Delta-Tabelle
KIS	Krankenhausinformationssystem
KPI	Key Performance Indicator
LIS	Laborinformationssystem
MDBMS	Multidimensionales Datenbankmanagementsystem
MDC	Meta Data Coalition
MDC	Multidimensional Clustering
MDP	Multidimensional Data Provider
MDSQL	Multidimensional Query Language
MDX	Multidimensional Expressions
ME/R	Multidimensionales Entity/Relationship
MML	Multidimensional Modeling Language
MOLAP	Multidimensional Online Analytical Processing
MOM	Message Oriented Middleware
MQE	Managed Query Environment
MQL	Metaweb Query Language
MRE	Managed Reporting Environment
MSA	Moderne strukturierte Analyse
mUML	multidimensional Unified Modeling Language
N/A	not available
NC	Netzwerkcomputer
nD-SQL	n-Dimensional-SQL
NFS	Network File System
ODBC	Open Database Connectivity
ODS	Operational Data Store
OEM	Object Exchange Model
OIM	Open Information Model
OLAP	Online Analytical Processing
OLE	Object Linking and Embedding
OLTP	Online Transactional Processing
OMA	Object Management Architecture
OMG	Object Management Group
ORB	Object Request Broker
PCTE	Portable Common Tool Environment
PDV	Patientendatenverwaltung

RAC	Real Application Cluster
RAID	Redundant Array of Independent Drives
RDBMS	Relationales Datenbankmanagementsystem
RIS	Radiologieinformationssystem
RISQL	Red Brick Intelligent SQL
RLE	Run Length Encoding
RMI	Remote Method Invocation
ROI	Return on Investment
ROLAP	Relational Online Analytical Processing
RPC	Remote Procedure Call
RTO	Recovery Time Objective
SCM	Supply Chain Management
SGA	System Global Area
SLA	Service Level Agreement
SMP	Symmetrische Multiprozessorensysteme
SMTP	Simple Mail Transfer Protocol
SOA	Serviceorientierte Architektur
SOAP	Simple Object Access Protocol
SOP	Standard Operating Procedure
SPU	Softwareproduktionsumgebung
SQL	Structured Query Language
SQLM	Multidimensional SQL
SQL-92	SQL-Standard der ISO von 1992
SSL	Secure Socket Layer
TCP	Transmission Control Protocol
TID	Tupelidentifier
TPC-H	Benchmark für den Decision-Support-Bereich des Transaction Processing Performance Council
UDDI	Universal Description, Discovery and Integration
UDP	User Datagram Protocol
UML	Unified Modeling Language
VPN	Virtual Private Network
VSAM	Virtual Storage Access Method
WAN	Wide Area Network
WSDL	Web-Service Description Language
WWW	World Wide Web
XML	Extensible Markup Language
XMLA	XML for Analysis

B Glossar

Das Glossar enthält die grundlegenden Begriffe zum Thema Data-Warehouse-Systeme. Es ist bewusst kurz gehalten und definiert nicht alle im Buch verwendeten Begriffe, sondern spiegelt nur die konkreten Probleme und Diskussionspunkte wider, die sowohl in der täglichen Praxis als auch zwischen den Autoren dieses Buches aufgetreten sind. Es kann deshalb auch als gemeinsames Vokabular bezeichnet werden. Andere Begriffe sind über den Index nachzuschlagen.

Ableitungsdatenbank
Physische Datenbank, die eine integrierte Sicht auf (beliebige) Daten darstellt. Im Unterschied zur →Basisdatenbank steht der Auswertungsaspekt (auswertungsorientiertes Schema) im Mittelpunkt, der sich oft in einem →multidimensionalen Schema widerspiegelt. Häufig, aber nicht notwendigerweise findet eine Historisierung der Daten statt, indem in periodischen Abständen Daten hinzugeladen, aber nicht modifiziert werden.

Arbeitsbereich (engl. staging area)
Meist temporäre Datenhaltungskomponente zur Unterstützung der Datenaktualisierung der →Basisdatenbank. Extrakte (→Extraktion) werden aus den →Datenquellen aufgenommen, im Arbeitsbereich transformiert (→Transformation) und in die →Basisdatenbank geladen.

Auswertebereich
Teilbereich des →Data-Warehouse-Systems, der auf den Aspekt der Auswertung fokussiert. Er besteht aus der →Ableitungsdatenbank, der →Auswertungsdatenbank und den Komponenten zur →Transformation und zum →Laden der Ableitungs- oder Auswertungsdatenbank und zur →Auswertung.

Auswertung
Prozess zur Untersuchung und Präsentation der Daten mit unterschiedlichen Methoden. Dies reicht von der Präsentation von Einzeldaten, über einfache arithmetische Operationen bis hin zu komplexen statistischen Untersuchungen mit einer grafischen Aufarbeitung der Ergebnisse.

Auswertungsdatenbank
Eine Auswertungsdatenbank bietet eine externe (Teil-)Sicht auf die →Ableitungsdatenbank, die i.d.R. durch Kopieren und somit durch die Einführung von Redundanz erreicht wird. Die Auswertungsdatenbank ist auswerteorientiert gestaltet, anwendungsbereichsspezifisch und weist häufig eine höhere Verdichtung auf als die →Ableitungsdatenbank.

Basisdatenbank
Physische Datenbank, die eine integrierte Sicht auf (beliebige) Daten darstellt. Die Basisdatenbank dient nicht ausnahmslos einer speziellen Auswertung und unterliegt deshalb nicht einem spezifischen Modellierungsansatz. Sie weist Ähnlichkeiten mit einer replizierten, →föderierten Datenbank auf. Abhängig vom Verwendungszweck kann eine Historisierung stattfinden.

Business Intelligence
Unter Business Intelligence wird die Integration von Strategien, Prozessen und Technologien verstanden, um aus verteilten und inhomogenen Unternehmens-, Markt- und Wettbewerberdaten erfolgskritisches Wissen über Status, Potenziale und Perspektiven des Unternehmens zu erzeugen.

Business Performance Management
Der Begriff Business Performance Management (BPM), auch als Corporate Performance Management (CPM) bezeichnet, beschreibt Methoden, Werkzeuge und Prozesse zur Verbesserung der Leistungsfähigkeit und Profitabilität von Unternehmen. Business Performance Management wird teilweise auch als Weiterentwicklung von →Business Intelligence betrachtet. Neben den auf die Historie und die Gegenwart bezogenen Prozessen Analyse und Berichterstattung, die im Fokus der Business Intelligence stehen, deckt BPM auch zukunftsbezogene Prozesse wie Planung und Prognosen ab.

Data Mining
Suche nach unbekannten Mustern oder Beziehungen in Daten (Hypothesengenerierung).

Data-Warehouse-Manager
Verwaltungskomponente des →Data-Warehouse-Systems. Der Data-Warehouse-Manager steuert den →Data-Warehouse-Prozess.

Data-Warehouse-Prozess
Der Data-Warehouse-Prozess umfasst alle Schritte des →Datenbeschaffungsprozesses, das Speichern und →Auswerten der Daten.

Data-Warehouse-System
Informationssystem, bestehend aus allen für den →Data-Warehouse-Prozess notwendigen Komponenten (→Monitor, →Extraktion, →Transformation, →Laden, →Auswertung, →Data-Warehouse-Manager, →Metadatenmanager) und Speicherstrukturen (→Arbeitsbereich, →Basisdatenbank, →Ableitungsdatenbank, →Auswertungsdatenbank und →Repositorium). Funktional wird es in die drei Bereiche →Integrations-, →Auswerte- und →Verwaltungsbereich eingeteilt. Anm.: Die Datenquellen und deren verwaltende Systeme gehören nicht zum Data-Warehouse-System.

Data-Warehouse-Zusatzinformationen
Den →Data-Warehouse-Prozess beschreibende Daten wie Regeln zur →Transformation, Daten zur Sicherheit, zum Ablaufgeschehen usw. Sie sind Teil der →Metadaten.

Data Warehousing
Synonym zu →Data-Warehouse-Prozess

Datenbeschaffungsprozess
Der Vorgang, Daten aus Quellsystemen durch den →Integrationsbereich in die →Basisdatenbank zu bringen, der sich in die Teilschritte →Extraktion, →Transformation und →Laden untergliedert

Datenquellen
Daten- und →Metadatenlieferanten des →Data-Warehouse-Systems, die sowohl organisationsintern als auch extern sein können

Detaildaten
Daten mit der feinsten verfügbaren →Granularität

Dimension
Eine Dimension ist innerhalb des →multidimensionalen Datenmodells ein ausgewählter Entitätstyp, mit der eine Analysesicht eines Anwendungsbereichs definiert wird. Dimensionen dienen der eindeutigen, orthogonalen Strukturierung des Datenraums.

Dimensionalität des Würfels
Anzahl der →Dimensionen, die einen →Würfel aufspannen

Dimensionselemente
Basisgranulare →Klassifikationsknoten in der →Klassifikationshierarchie

ETL
Unter ETL wird der Prozess, bestehend aus den Teilschritten →Extraktion, →Transformation und →Laden, verstanden.

Extraktion
Selektion eines Teils der Daten aus den →Datenquellen, um sie der nachfolgenden →Transformation zur Verfügung zu stellen

Föderiertes Datenbanksystem
Ein föderiertes Datenbanksystem ist ein Multidatenbanksystem mit einem alle Komponentensysteme umfassenden (globalen) konzeptuellen Schema. Alle Komponentensysteme müssen dabei ihre Autonomie und ihr lokales konzeptuelles Schema bewahren, d.h., sie bleiben im Hinblick auf Entwurf, Ausführung und Kommunikation selbstständig.

Granularität
Stufe des Verdichtungsgrades der Daten im →Würfel; dabei haben →Detaildaten den niedrigsten Verdichtungsgrad und zusammengefasste Daten (z.B. bei Aggregationen) einen höheren Verdichtungsgrad

Information Lifecycle Management
Information Lifecycle Management (ILM) sind Strategien, Methoden und Anwendungen, um Information automatisiert entsprechend ihrem Wert und ihrer Nutzung optimal auf dem jeweils kostengünstigsten Speichermedium bereitzustellen, zu erschließen und langfristig sicher aufzubewahren [Kamp03].

Integrationsbereich
Teilbereich des →Data-Warehouse-Systems. Er besteht aus dem →Arbeitsbereich und der →Basisdatenbank und den Komponenten zum →Extrahieren, →Transformieren und →Laden sowie einem →Monitor.

KDD (Knowledge Discovery in Databases)
Nichttrivialer Prozess der Identifikation und Verifikation von gültigen, neuen, potenziell nützlichen und verständlichen Mustern in Datenbanken [FaPS96a]. →Data Mining ist dabei ein Teilprozess der Suche.

Kenngröße
Kenngrößen sind die Inhalte von →Würfeln. Diese sind im Rahmen der →Auswertung oft quantitativ, da häufig aggregiert wird.

Klassifikationshierarchie
Vollständige Zerlegung einer nichtleeren Menge in disjunkte Teilmengen nach Auswertungssichten. Sie bildet mittels einer Baumstruktur eine Abstraktionshierarchie über die →Dimensionselemente.

Klassifikationsknoten
Eine Verdichtungsstufe innerhalb einer →Klassifikationshierarchie, d. h. ein Knoten innerhalb der Baumstruktur

Klassifikationsschema
Schema zur Abstraktion von einer oder mehreren →Klassifikationshierarchien, die einer →Dimension zugeordnet werden

Klassifikationsstufe
Eine Verdichtungsstufe innerhalb des →Klassifikationsschemas

Koordinaten im Würfel
Eindeutige Adresse innerhalb eines Würfels ausgedrückt durch ein Tupel aus →Klassifikationsknoten. Es wird damit eine →Würfelzelle adressiert.

Laden
Schritt, bei dem die Daten aus dem →Arbeitsbereich in die →Basisdatenbank oder von dort in die →Ableitungsdatenbank oder in die →Auswertungsdatenbank physisch eingebracht werden. Häufig ist zur Optimierung damit auch eine Aggregation der Daten verbunden.

Metadaten
Gesamtheit aller Schemadaten und →Data-Warehouse-Zusatzinformationen

Metadatenmanager
Synonym zu →Repositorium-Manager

Monitor
Programm zur Beobachtung einer →Datenquelle, um die zu extrahierenden Daten zu bestimmen

Multidimensionales Datenmodell
System von Strukturen und Operatoren zur Modellierung von →Dimensionen und →Klassifikationshierarchien innerhalb eines Analysekontextes

Multidimensionales Schema
Beschreibung der Datenstruktur durch →Klassifikationsschemata und →Würfelschemata

ODS (Operational Data Store)
Physische Datenbank, die eine partiell integrierte Sicht auf (beliebige) Daten darstellt. Das ODS grenzt sich von der →Basisdatenbank und der →Ableitungsdatenbank durch die kurzfristige Datenhaltung und die oftmals nicht oder nur partiell durchgeführte →Transformation ab.

OLAP (Online Analytical Processing)
OLAP ist die explorative, interaktive →Auswertung auf Grundlage des konzeptuellen →multidimensionalen Datenmodells.

Repositorium
Datenbank zur Speicherung von →Metadaten

Repositorium-Manager
Verwaltungskomponente des →Repositoriums, die als Schnittstelle zum Repositorium fungiert

Transformation
Anpassung der Daten an vorgegebene Qualitäts- und Schemaanforderungen

Verwaltungsbereich
Teilbereich des →Data-Warehouse-Systems. Er besteht aus dem →Repositorium, dem zugehörigen →Metadatenmanager und dem →Data-Warehouse-Manager zur Steuerung des Data-Warehouse-Prozesses.

Würfel
Mehrdimensionale Matrix, deren Zellen ein oder mehrere →Kenngrößenwerte enthalten (z.B. Umsatz, Erlös). Der Würfel wird durch die →Dimensionen (z.B. Produkt, Kunde, Zeit) als Achsen mit ihren jeweiligen Ausprägungen (eigentlich Datenquader) aufgespannt. Ein Würfel ist die Ausprägung eines →Würfelschemas.

Würfelschema
Das Schema eines Würfels wird durch →Dimensionen und →Kenngrößen bestimmt. Ein →Würfel entsteht durch Instanziierungen eines →multidimensionalen Schemas.

Würfelzelle
Kleinster Teil eines →Würfels, der durch die →Dimensionselemente adressiert werden kann.

C Autorenverzeichnis

Folgende Autorinnen und Autoren waren maßgeblich am Gelingen des Buches beteiligt. Die Autoren stehen gerne für weitere Informationen zur Verfügung. Eine Zuordnung von Autoren und Artikeln ist in Anhang D zu finden.

Albrecht, Jens, Prof. Dr.-Ing.
Hochschule für angewandte Wissenschaften Würzburg-Schweinfurt (FHWS)
Fakultät für Informatik und Wirtschaftsinformatik
Sanderheinrichsleitenweg 20, D-97074 Würzburg
jens.albrecht@fhws.de
http://www.welearn.de

Bange, Carsten, Dr. rer. pol.
Business Application Research Center (BARC)
Steinbachtal 2b, D-97082 Würzburg
++49 931 8806510
cbange@barc.de
http://www.barc.de

Bauer, Andreas, Dr.-Ing.
Capgemini Deutschland GmbH
Business Information Management
Carl-Wery-Straße 42, D-81739 München
++49 175 7258113
andreas.a.bauer@capgemini.com
http://www.de.capgemini.com/bim

Behme, Wolfgang, Dr.
Continental AG
Business Intelligence
Competence Center Corporate Processes
Vahrenwalder Straße 9, D-30165 Hannover
wolfgang.behme@conti.de
http://www.conti-online.de

Blaschka, Markus, Dr. rer. nat.
Dr. Blaschka Consulting GmbH
Walsumerstraße 6a, D-83064 Raubling
++49 8035 873053
info@drblaschka-consulting.de
http://www.drblaschka-consulting.de

Dinter, Barbara, Dr.
Institut für Wirtschaftsinformatik
Mueller-Friedberg-Strasse 8, CH-9000 St. Gallen
++41 71 224612
barbara.dinter@unisg.ch
http://www.iwi.unisg.ch

Dittmar, Carsten, Dr., Dipl.-Oek.
Steria Mummert Consulting AG
Neuer Zollhof 3, D-40221 Düsseldorf
++49 211 3854677474
Carsten.Dittmar@steria-mummert.de
http://www.steria-mummert.de

Düsing, Roland, Dr. rer. oec.
Ruhr-Universität Bochum, Fakultät für Wirtschaftswissenschaft,
Lehrstuhl für Wirtschaftsinformatik
Universitätsstraße 150, GC 3/31, D-44801 Bochum
++49 234 3223794
rduesing@winf.ruhr-uni-bochum.de
http://www.winf.ruhr-uni-bochum.de

Ehrenmann, Markus, Dr.
Alexander-Schöni-Strasse 67, CH-2503 Biel/Bienne
++41 79 2861500
markus.ehrenmann@me.com

Findeisen, Dirk, Dipl.-Betriebswirt (FH)
Tonbeller AG
Werner-von-Siemens-Str. 2, D-64625 Bensheim
Dirk_Findeisen@tonbeller.com

Frietsch, Holger, Dipl.-Inf.
adesso AG
Agrippinawerft 28, D-50678 Köln
++49 162 2808705
holger.frietsch@adesso.de
http://www.adesso.de

Frisch, Martin, B. Sc.
Opitz Consulting GmbH
Kirchstraße 6, D-51647 Gummersbach
++49 2261 60010
martin.frisch@opitz-consulting.com

Gatziu Grivas, Stella, Prof. Dr.
Fachhochschule Nordwestschweiz
Institut für Wirtschaftsinformatik
Rebbergstr. 177, CH-8706 Feldmeilen
++41 848 821011
stella.gatziugrivas@fhnw.ch
http://www.fhnw.ch/wirtschaft/iwi

Görlich, Otto
IBM Sales & Distribution
Am Keltenwald 1, D-71139 Ehningen
++49 7034 152719
ogoerlich@de.ibm.com
http://www.ibm.de

Gronwald, Heiko, Dipl.-Wirt.-Inf.
Business Intelligence Solutions
Steria Mummert Consulting AG
Derendorfer Allee 33, D-40476 Düsseldorf
++49 211 3854676514
++49 178 6612201
Heiko.Gronwald@steria-mummert.de
http://www.steria-mummert.de

Günzel, Holger, Prof. Dr.-Ing.
Hochschule München
Am Stadtpark 20, D-81243 München
++49 89 12652717
++0175 2086143
holger.guenzel@hm.edu
holger.guenzel@gmx.de
http://www.data-warehouse-systeme.de/hg.html

Harren, Arne, Dr. rer. nat.
SAP AG
Dietmar-Hopp-Allee 16, D-69190 Walldorf
++49 171 2873495
ah@beharren.net

Heidsieck, Claudia, Dipl.-Inf.
Technische Universität Dresden, Lehrstuhl Wirtschaftsinformatik
insb. Informationssysteme in Industrie und Handel
Mommsenstraße 13, D-01062 Dresden
++49 351 46334005
Claudia.Heidsieck@mailbox.tu-dresden.de
http://www.tu-dresden.de/wwwiisih

Heinze, Holger
Heinze Consulting
hh@holgerheinze.de
www.holgerheinze.de

Held, Marcus
SHS VIVEON AG
Bennigsen-Platz 1, D-40474 Düsseldorf
++49 211 91313330
++49 162 2979198
Marcus.Held@SHS-VIVEON.com

Herden, Olaf, Prof. Dr.-Ing.
Duale Hochschule Baden-Württemberg Stuttgart Campus Horb
Fachbereich Informationstechnik
Florianstraße 15, D-72160 Horb/Neckar
++49 7451 521142
o.herden@ba-horb.de
http://www.ba-horb.de/~he

Hinrichs, Holger, Prof. Dr.-Ing.
Fachhochschule Lübeck
Department of Electrical Engineering
Stephensonstraße 3, D-23562 Lübeck
++49 451 3005282
hinrichs@fh-luebeck.de

Hofmann, Stefan, Dipl.-Inf. (FH)
IBM Global Services
Beim Strohhause 17, D-20026 Hamburg
++49 40 63892092
hofmann1@de.ibm.com

Hümmer, Wolfgang, Dr.-Ing.
SAP America
3999 West Chester Pike, 19073 Newtown Square, PA, USA
++1 610 6611789
wolfgang.huemmer@sap.com

Jossen, Claudio, Dipl.-Inform.
Universität Zürich, Institut für Informatik,
Database Technology Research Group
Binzmühlestrasse 14, CH-8050 Zürich
++41 44 6356753
jossen@ifi.uzh.ch
Helsana Versicherungen AG
Application Management, Solutions Architecture
Zürcherstrasse 130, CH-8600 Dübendorf
claudio.jossen@helsana.ch

Jürgens, Marcus, Dr. rer. nat.
Gemündener Straße 20, D-60599 Frankfurt
++49 69 69536877
marcus.juergens@gmx.de

Jungheim, Horst, Dipl.-Soz.
Sparkassen Informatik GmbH & Co.KG
Goethering 30, D-63067 Offenbach
++49 69 8200912813
++49 171 5838856
Horst.Jungheim@Sparkassen-Informatik.de

Keller, Stefan, Dr.
stefan.keller@t-online.de

Koncilia, Christian, Dr. techn.
Alpen-Adria-Universität
Franz-Franzisci-Gasse 3a, A-9020 Klagenfurt
++43 463 27003521
christian.koncilia@aau.at
christian.koncilia@gmx.net

Kribbel, Johannes
SHS VIVEON AG
Bräuhausgasse 37/2.2, A-1050 Wien
++43 1 3100531
Johannes.Kribbel@SHS-VIVEON.com

Langner, Achim, Dipl.-Ing.
Siemens AG
Siemens IT Solutions and Services
Public Sector
Von-der-Tann-Straße 30, D-90439 Nürnberg
++49 176 20738305
achim.langner@siemens.com

Lauser, Rolf, Prof. Dr.
Hochschule München
Fakultät für Betriebswirtschaft
Am Stadtpark 20, D-81243 München
++49 89 12652707
rolf.lauser@hm.edu

Lehner, Wolfgang, Prof. Dr.-Ing.
Technische Universität Dresden
Lehrstuhl für Datenbanken
Fakultät Informatik, D-01062 Dresden
++49 351 46338383
lehner@inf.tu-dresden.de
http://wwwdb.inf.tu-dresden.de

Markl, Volker, Prof. Dr. rer. nat.
TU Berlin
Einsteinufer 17, D-10587 Berlin
++49 172 3254785
volker.markl@tu-berlin.de

Möller, Steffen, Dr.
FriendScout24 GmbH
Dingolfinger Str. 1–15, D-81673 München
++49 89 444562829
Steffen.Moeller@friendscout24.de

Mueck, Stefan, Dr.
IBM Deutschland GmbH
Gustav-Heinemann-Ufer 120, D-50968 Köln
stefan.mueck@gmx.de

Oßendoth, Volker
Business Intelligence Solutions
Steria Mummert Consulting AG
Derendorfer Allee 33, D-40476 Düsseldorf
++49 211 3854678274
++49 178 6612201
Volker.Ossendoth@steria-mummert.de
http://www.steria-mummert.de

Paulzen, Oliver, Dr. Dipl.-Oec.
CFO Freight France
Deutsche Post DHL
19 Boulevard du Courcerin, F-77312 Marne La Vallée Cedex 2
oliver.paulzen@dhl.com

Pieringer, Roland, Dr. rer. nat.
SHS VIVEON Schweiz AG
Badenerstrasse 808, CH-8048 Zürich
++49 89 8563250
roland.pieringer@shs-viveon.com
http://www.shs-viveon.com

Pohl, Christoph, M.Sc.
Hochschule München
Munich IT-Security Research Group
Lothstraße 64, D-80335 München
christoph.pohl0@hm.edu
http://www.cs.hm.edu

Priebe, Torsten, Dr., Dipl.-Wirt.-Inf.
Teradata
Storchengasse 1, A-1150 Wien
++43 1 8911184002
torsten.priebe@teradata.com

Quix, Christoph, Dr.
Fraunhofer-Institut für Angewandte Informationstechnik FIT
Schloss Birlinghoven, D-53754 Sankt Augustin
christoph.quix@fit.fraunhofer.de
http://fit.fraunhofer.de

Ramsak, Frank, Dr. rer. nat.
BMW AG
Petuelring 130, D-80809 München
++49 89 38247691
frank.ramsak@bmw.de

Ruf, Thomas, Prof. Dr.-Ing. habil.
GfK Marketing Services GmbH
Nordwestring 101, D-90319 Nürnberg
++49 911 3954164
thomas.ruf@gfk.de

San-Bento Furtado, Paula, Dr.
European Patent Office
Bayerstr. 34, D-80335 München
++49 89 23992140
psanbento@epo.org
http://www.epo.org

Sapia, Carsten, Dr. rer. nat.
BMW Bank GmbH
80788 München
++49 89 38249717
carsten.sapia@bmw.de

Schäfer, Marina, Dipl.-Wirtsch.-Inform.
Axel Springer Verlag
Axel-Springer-Platz 1, D-20355 Hamburg
MSchaefe@asv.de

Schinzer, Heiko, Dr. rer. pol.
Steinmauer 6, D-97273 Kürnach
hschinzer@ai-ag.de
http://www.ai-ag.de

Schirra, Joachim
SHS VIVEON AG
Clarita-Bernhard-Str. 27, D-81249 München
Joachim.Schirra@SHS-VIVEON.com
www.SHS-VIVEON.com

Scholz, André, Dr.
Investments & Advisory Services
Maximilianstraße 35a, D-80539 München
mail@andre-scholz.de

Staudt, Martin, Prof. Dr. rer. nat.
Hochschule München
Lothstraße 64, D-80335 München
++49 89 12653740
staudt@cs.hm.edu
http://www.hm.edu

Stock, Steffen, Prof. Dr. rer. oec.
Europäische Fachhochschule Rhein/Erft GmbH
Kaiserstraße 6, D-50321 Brühl
++49 2232 5673670
s.stock@eufh.de

Tako, Joachim, Prof. Dr.
Fachbereichsleiter Wirtschaft
Berufsakademie Bergstraße
Rodensteinerstraße 19, D-64625 Bensheim
++49 6251 70470913
joachim.tako@ba-bergstrasse.de
joachim.tako@t-online.de
http://www.ba-bergstrasse.de

Teschke, Michael, Dr.-Ing.
Sparda Datenverarbeitung eG
Freiligrathstraße 32, D-90482 Nürnberg
++49 911 5486880
michael.teschke@spb.de
http://www.sparda.de/kurzprofil_sdv.html

Tomsich, Philipp, Dr. tech.
Theobroma Systems Design und Consulting GmbH
Gutheil-Schoder-Gasse 17, A-1230 Wien
++43 1 2369893401
philipp.tomsich@theobroma-systems.com

Totok, Andreas, Dr.
Finanz Informatik Solutions Plus GmbH
Theodor-Heuss-Allee 90, D-60486 Frankfurt am Main
++49 69 829749227
Andreas.Totok@f-i-solutions-plus.de

Unterreitmeier, Andreas, Dr.
SHS VIVEON AG
Clarita-Bernhard-Straße 27, D-81249 München
++49 162 2979196
Andreas.Unterreitmeier@SHS-VIVEON.com

Vaduva, Anca, Dr. Inform.
Rentenanstalt/Swiss Life, IT Insurance
General-Guisan-Quai 40, Postfach, CH-8022 Zürich
++41 1 2846493
anca.vaduva@swisslife.ch
http://www.swisslife.ch

Vavouras, Athanasios, lic. oec. publ.
Universität Zürich, Institut für Informatik,
Database Technology Research Group
Winterthurerstrasse 190, CH-8057 Zürich-Irchel
++41 1 6356753
vavouras@ifi.unizh.ch
http://www.ifi.unizh.ch/~vavouras

Vetterli, Thomas, lic. oec. publ.
Rentenanstalt/Swiss Life, IT Insurance
General-Guisan-Quai 40, Postfach, CH-8022 Zürich
++41 1 2843311
thomas.vetterli@swisslife.ch
http://www.swisslife.ch

Völlinger, Hermann, Dr.
IBM Global Business Services
Pascalstraße 100, D-70569 Stuttgartt
++49 170 9109924
vgr@de.ibm.com
http://www.ibm.de

Wedler, Mirjam
IBM Global Business Services
Business Consulting for Insurance
Wilhelm-Fay-Straße 30–34, D-65936 Frankfurt am Main
++49 171 4718722
mirjam.wedler@de.ibm.com
http://www.ibm.de

Westermayer, Jörg, Dr.
SHS VIVEON AG
Brügelmannstraße 5, D-50679 Köln
Joerg.Westermayer@SHS-VIVEON.com
www.SHS-VIVEON.com

Wimösterer, Stephan
Am Ederberg 10, D-84574 Taufkirchen
stephan.wimoesterer@gmx.de

Winter, Diana
    Capgemini Deutschland GmbH
    Business Information Management
    Löffelstraße 46, D-70597 Stuttgart
    ++49 171 3380563
    diana.winter@capgemini.com
    http://www.de.capgemini.com/bim

Witschnig, Jury, Dr.
    BMW Group
    Konzernstrategie Nachhaltigkeit, Umweltschutz
    Petuelring 130, D-80788 München
    ++49 89 38228004
    jury.witschnig@bmw.de

Zeh, Thomas, Dipl.-Math.
    ++49 6151 375247
    thomas.zeh@t-online.de
    http://www.tzeh.de

Zimmermann, Kai, Dr.
    concision GmbH
    Zum Forellenbach 27, D-22113 Oststeinbek
    kai@concision.de

D Autorenzuordnung

Bei einem homogenisierten Mehrautorenwerk ist es schwierig, eindeutige Autorenschaften festzulegen. Viele Textbausteine wurden während des Integrationsschrittes zur besseren Verständlichkeit verschoben, in verschiedene Kapitel aufgeteilt oder modifiziert. Die folgende Zuordnung nennt deshalb nur die Hauptverantwortlichen der jeweiligen Abschnitte. Die Namen der Autoren werden alphabetisch aufgeführt:

Teil I: Architektur

1	**Abgrenzung und Einordnung**	
1.1	Begriffliche Einordnung	A. Bauer, H. Günzel
1.2	Historie des Themenbereichs	J. Tako
1.3	Einordnung und Abgrenzung von Business Intelligence	A. Bauer, H. Günzel
1.4	Verwendung von Data-Warehouse-Systemen	C. Bange, W. Behme, H. Heinze, H. Schinzer, J. Tako, A. Totok
1.5	Überblick über das Buch	A. Bauer, H. Günzel
2	**Referenzarchitektur**	
2.1	Aspekte einer Referenzarchitektur	A. Bauer, H. Günzel, A. Totok, A. Vaduva, T. Zeh
2.2	Data-Warehouse-Manager	A. Vavouras
2.3	Datenquelle	C. Pohl, T. Zeh
2.4	Monitor	H. Hinrichs
2.5	Arbeitsbereich	H. Hinrichs
2.6	Extraktionskomponente	H. Hinrichs
2.7	Transformationskomponente	H. Hinrichs
2.8	Ladekomponente	H. Hinrichs
2.9	Basisdatenbank	O. Herden, H. Völlinger, T. Zeh
2.10	Ableitungsdatenbank	C. Sapia
2.11	Auswertungsdatenbank	C. Sapia

2.12	Auswertung	C. Bange, H. Heinze
2.13	Repositorium	C. Jossen, A. Vaduva, A. Vavouras
2.14	Metadatenmanager	C. Jossen, A. Vaduva, A. Vavouras
2.15	Zusammenfassung	S. Stock, T. Zeh

3 Phasen des Data Warehousing

3.1	Monitoring	S. Gatziu, A. Vavouras
3.2	Extraktionsphase	H. Hinrichs
3.3	Transformationsphase	M. Frisch, H. Hinrichs, C. Quix, S. Stock
3.4	Ladephase	C. Quix
3.5	Analysephase	A. Bauer, R. Düsing, C. Heidsieck, A. Unterreitmeier
3.6	Zusammenfassung	A. Bauer, H. Günzel

4 Physische Architektur

4.1	Speicherarchitekturen für die Basis-, Ableitungs- oder Auswertungsdatenbank	H. Frietsch
4.2	Schichtenarchitekturen	P. Tomsich
4.3	Realtime-Data-Warehouse-Systeme	C. Dittmar, K. Zimmermann
4.4	Architektur für unstrukturierte Daten	A. Bauer, C. Pohl, T. Zeh
4.5	Neue Architekturansätze	R. Pieringer
4.6	Zusammenfassung	A. Bauer, H. Günzel

Teil II: Entwicklung

5 Modellierung der Basisdatenbank

5.1	Begriffsbestimmungen: Vom Modell zum Schema	T. Zeh
5.2	Notwendigkeit eines übergreifenden Datenmodells	A. Totok
5.3	Konzeptuelle Modellierung der Basisdatenbank	A. Totok
5.4	Zusammenfassung	A. Totok

6 Das multidimensionale Datenmodell

6.1	Konzeptuelle Modellierung	J. Albrecht, M. Blaschka, C. Sapia, S. Stock
6.2	Logische Modellierung	M. Blaschka, A. Harren, C. Sapia
6.3	Unterstützung von Veränderungen	M. Blaschka, H. Günzel, C. Koncilia, S. Stock
6.4	Zusammenfassung	A. Bauer, H. Günzel

7 Umsetzung des multidimensionalen Datenmodells

7.1	Relationale Speicherung	W. Behme, M. Blaschka, H. Günzel, C. Sapia, S. Stock, W. Lehner
7.2	Multidimensionale Speicherung	J. Albrecht, D. Findeisen, P. Furtado, H. Frietsch, D. Winter
7.3	Realisierung der Zugriffskontrolle	T. Priebe
7.4	Zusammenfassung	A. Bauer, H. Günzel

8 Optimierung der Datenbank

8.1	Anfragen im multidimensionalen Modell	M. Jürgens, V. Markl, R. Pieringer, F. Ramsak
8.2	Indexstrukturen	M. Jürgens, V. Markl, R. Pieringer, F. Ramsak
8.3	Partitionierung	J. Albrecht, W. Behme, O. Görlich, A. Scholz, R. Pieringer
8.4	Relationale Optimierung von Star-Joins	J. Albrecht, W. Behme, R. Pieringer
8.5	Einsatz materialisierter Sichten	J. Albrecht, A. Bauer, W. Lehner, M. Teschke, R. Pieringer
8.6	Optimierung eines multidimensionalen Datenbanksystems	P. Furtado, H. Frietsch, R. Pieringer
8.7	Zusammenfassung	A. Bauer, H. Günzel

9 Metadaten

9.1	Metadaten und Metamodelle beim Data Warehousing	C. Jossen, C. Quix, M. Staudt, A. Vaduva, T. Vetterli
9.2	Metadatenmanagement	C. Jossen, C. Quix, M. Staudt, A. Vaduva, T. Vetterli
9.3	Metadatenmanagementsystem – Metadaten-Warehouse	C. Jossen, C. Quix, M. Staudt, A. Vaduva, T. Vetterli
9.4	Data-Warehouse-Metadatenschemata	C. Jossen, C. Quix, M. Staudt, A. Vaduva, T. Vetterli
9.5	Entwurf eines Schemas zur Verwaltung von Data-Warehouse-Metadaten	C. Jossen, C. Quix, M. Staudt, A. Vaduva, T. Vetterli
9.6	Zusammenfassung	C. Jossen, C. Quix, M. Staudt, A. Vaduva, T. Vetterli

Teil III: Anwendung

10	**Vorgehensweise beim Aufbau eines Data-Warehouse-Systems**	
10.1	Data-Warehouse-Strategie	H. Jungheim, A. Totok, T. Zeh
10.2	Reifegradmodell	C. Dittmar, H. Gronwald, V. Oßendoth
10.3	Ableitung der Data-Warehouse-Architektur	A. Bauer, M. Ehrenmann, H. Günzel, H. Jungheim, R. Pieringer, T. Zeh
10.4	Data-Warehouse-Vorgehensweise	J. Albrecht, A. Bauer, W. Behme, D. Findeisen, H. Günzel, S. Hofmann, H. Jungheim, A. Langner, J. Kribbel, S. Wimösterer, T. Zeh
10.5	Zusammenfassung	A. Bauer, H. Günzel
11	**Das Data-Warehouse-Projekt**	
11.1	Data-Warehouse-Projektmanagement	J. Albrecht, D. Findeisen, H. Günzel, H. Jungheim, J. Kribbel, R. Pieringer, J. Schirra, J. Westermayer, S. Wimösterer, T. Zeh
11.2	Business Intelligence Competency Center (BICC)	A. Totok
11.3	Softwareauswahl	B. Dinter, M. Held, S. Keller, D. Winter
11.4	Hardwareauswahl	O. Görlich, S. Mueck, P. Tomsich
11.5	Erfolgsfaktoren beim Aufbau eines Data-Warehouse-Systems	C. Dittmar, O. Paulzen
11.6	Datenschutz und Datensicherheit	R. Lauser, T. Priebe
11.7	Wirtschaftlichkeitsbetrachtungen	T. Zeh
11.8	Zusammenfassung	A. Bauer, H. Günzel
12	**Betrieb und Weiterentwicklung eines Data-Warehouse-Systems**	
12.1	Administration	W. Behme, W. Lehner, A. Totok, A. Vavouras, T. Zeh
12.2	Datenbeschaffungsprozess	C. Dittmar, A. Vavouras
12.3	Performanz-Tuning von Data-Warehouse-Systemen	R. Pieringer, A. Scholz
12.4	Analyseprozess	M. Schäfer, J. Witschnig
12.5	Sicherungsmanagement	W. Lehner, A. Scholz, T. Priebe, T. Zeh
12.6	Zusammenfassung	A. Bauer, H. Günzel
13	**Praxisbeispiele**	
13.1	Öffentliche Verwaltung	A. Bauer
13.2	Data Warehousing in der Versicherung	H. Heinze, M. Wedler
13.3	Panelorientierte Marktforschung	J. Albrecht, T. Ruf
13.4	Online-Partnerbörse	S. Möller
13.5	Zusammenfassung	A. Bauer, T. Zeh

E Literatur und Webreferenzen

Abad09	Abadi, DJ.: Data management in the cloud: Limitations and opportunities. IEEE Data Eng. Bull, 2009
ABD+99	Albrecht, J.; Bauer, A.; Deyerling, O.; Günzel, H.; Hümmer, W.; Lehner, W.; Schlesinger, L.: Management of Multidimensional Aggregates for efficient Online Analytical Processing. In: Proceedings of the International Database Engineering and Applications Symposium (IDEAS'99, Montreal, Canada, 1.–3. August), 1999, S. 156–164
ABEM10	Apel, D.; Behme, W.; Eberlein, R.; Merighi, C.: Datenqualität erfolgreich steuern. Praxislösungen für Business-Intelligence-Projekte. 2. Aufl. München, Wien, 2010
Abka06	Akbay, S.: Data Warehousing in Real Time. In: Business Intelligence Journal, Heft 1, Vol. 11, 2006, S. 31–39
Acko67	Ackoff, R. L.: Management MISinformation Systems. In: *Management Science*, Vol. 14, 4/1967, S. 319–331
AdMo00	Adelman, S., Moss, L.T.: Data Warehouse Project Management. Boston/New York, 2000
AgGS97	Agrawal, R.; Gupta, A.; Sarawagi, S.: Modeling Multidimensional Databases. In: Proceedings of the Thirteenth International Conference on Data Engineering (ICDE'97, Birmingham, U.K., 7.–11. April), 1997, S. 232–243
AHSZ97	Altenpohl, U.; Huhn, M.; Schwab, W.; Zeh, T.: Datenmodellierung Data Warehouse – ein Lösungsvorschlag mittels ER-Modellierung. Arbeitspapier der Arbeitsgruppe Enterprise Modeling/Guide Share Europe, 1997
Akao90	Akao, Y.: Quality Function Deployment – Integrating Customer Requirements into Product Design. Productivity Press, 1990
Albr01	Albrecht, J.: Anfrageoptimierung in Data-Warehouse-Systemen auf Grundlage des multidimensionalen Datenmodells. *Arbeitsberichte des Instituts für Informatik*, Universität Erlangen-Nürnberg, Band 34, Nummer 1, 2001
AlEr99	Altherr, M.; Erzberger, M.: Message-oriented Middleware. In: *Java Spektrum*, 6/1999, S. 30–34

Alex09	Alexander, S.: Dicke Luft in BI-Projekten. Elektronisch erschienen unter: *http://www.computerwoche.de/_misc/img/detail800.cfm?pk= 487898&fk=1886983&id=EL_12344367496088189597966* (Abruf: 15.11.2012), 12.02.2009
AlFR07	Albrecht, J.; Fiedler, M.; Ruf, T.: Oracle Farming bei der GfK Retail & Technology – Eine Alternative zum Grid Computing. In: DOAG – Deutsche ORACLE-Anwendergruppe e.V. (Hrsg.): Proceedings 20. Deutsche ORACLE-Anwenderkonferenz, Nürnberg, 21.–22.11.2007, S. 120–123
AlGL98	Albrecht, J.; Günzel, H.; Lehner, W.: YAMM: Yet Another Multidimensional Data Model for OLAP. Technischer Bericht, Lehrstuhl für Datenbanksysteme, Informatik 6, Universität Erlangen-Nürnberg, 1998
AlHa08	Al-Hamadi, E.; Konsolidierung von Business Intelligence- und Data Warehouse Systemen: Planung und Steuerung der Konsolidierung von historisch unabhängig gewachsenen analytischen Strukturen. Vdm Verlag Dr. Müller, 2008
Alle83	Allen, J. F.: Maintaining Knowledge about Temporal Intervals. In: *Communications of the ACM* 26 (11), 1983, S. 832–843
AnMu97	Anahory, S.; Murray, D.: Data Warehouse – Planung, Implementierung und Administration. Addison-Wesley, 1997
Aper88	Apers, P.: Data Allocation in Distributed Database Systems. In: ACM Transactions on Database Systems, Vol. 13, No. 2, 1988
ApWe97	Apté, C.; Weiss, S.: Data mining with decision trees and decision rules. In: Future generations computer systems 13 (2–3), 1997, S. 197–210
Arbe70	Arbeitskreis Hax der Schmalenbach-Gesellschaft: Investitions- und Finanzierungsentscheidungen im Rahmen langfristiger Unternehmenspolitik. In: ZfbF Schmalenbachs Zeitschrift für betriebswirtschaftliche Forschung, 22, 1970, S. 741–770
ArLS97	Aronoff, E.; Loney, K.; Sonawalla, N.: Advanced Oracle Tuning and Administration. Berkeley, CA, 1997
BaLe97	Bauer, A.; Lehner, W.: The Cube-Query-Language for Multidimensional Statistical and Scientific Database Systems. In: Proceedings of the 5th International Conference on Database Systems For Advanced Applications (DASFAA'97, Melbourne, Australien, 1.–4. April), 1997, S. 263–272
BaLN86	Batini, C.; Lenzerini, M.; Navathe, S. B.: A Comparative Analysis of Methodologies for Database Schema Integration. In: Computing Surveys 18(4), 1986, S. 323–364
Balz92	Balzert, H.: Die Entwicklung von Software-Systemen: Prinzipien, Methoden, Sprachen, Werkzeuge. Bibliographisches Institut, 1992

Balz08	Balzert, H.: Lehrbuch der Software-Technik: Software-Management, Software-Qualitätssicherung, Unternehmensmodellierung. 2. Auflage, Spektrum Akad. Verl., Heidelberg, 2008
BaMc72	Bayer, R.; McCreight, E.: Organization and Maintenance of large ordered Indexes. In: *Acta Informatica* 1, 1972, S. 173–189
BaPE97	Barquin, R. C.; Paller, A.; Edelstein, H.: Ten Mistakes to Avoid for Data Warehousing Managers. In: Planning and Designing the Data Warehouse, Upper Saddle River, NJ, 1997, S. 145–156
BaPT97	Baralis, E.; Paraboschi, S.; Teniente, E.: Materialized Views Selection in a Multidimensional Database. In: Proceedings of the 23rd International Conference on Very Large Data Bases (VLDB'97, Athen, Griechenland, 25.–29. August), 1997, S. 156–165
Baue03	Bauer, A.: Datenallokation und Anfrageoptimierung in verteilten, föderierten Data-Warehouse-Systemen. Arbeitsberichte des Instituts für Informatik, Universität Erlangen-Nürnberg, Band 36, Nummer 8, 2003
Bang04	Bange, C.: Das neue Gesicht der Datenintegration, 2004, *http://www.competence-site.de/datenintegration.nsf/ f1b7ca69b19cbb26c12569180032a5cc/ 5157bf1814ae71e1c12570610047947f!OpenDocument*
Baye96	Bayer, R.: The universal B-Tree for multidimensional Indexing. *Technical Report TUM-I9637*, Institut für Informatik, TU München, 1996
Baye97	Bayer, R.: UB-Trees and UB-Cache A new Processing Paradigm for Database Systems. Technical Report TUM-I9722, Institut für Informatik, TU München, 1997
BBBB95	Besterfield, D. H.; Besterfield-Michna, C.; Besterfield, G.; Besterfield-Sacre, M.: Total Quality Management. Prentice Hall, Englewood Cliffs, NJ, 1995
BBMW02	Beer, W.; Birngruber, D.; Mössenböck, H.; Wöß, A.: Die .NET-Technologie – Grundlagen und Anwendungsprogrammierung. dpunkt.verlag, Heidelberg, 2002
BCE+02	Bellwood, T.; Clément, L.; Ehnebuske, D.; Hately, A.; Hondo, M.; Husband, Y.; Januszewski, K.; Lee, S.; McKee, B.; Munter, J.; von Riegen, C.: UDDI Version 3.0. UDDI Spec Technical Committee Specification, 19 July 2002, *http://uddi.org/pubs/uddi_v3.htm*
BCF+03a	Boag, S.; Chamberlin, D.; Fernandez, M.; Florescu, D.; Robie, J.; Siméon, J. (Hrsg.): XQuery 1.0: An XML Query Language. W3C Working Draft 02 May 2003, *http://www.w3.org/TR/xquery*
BCF+03b	Booth, D.; Champion, M.; Ferris, C.; McCabe, F.; Newcomer, E.; Orchard, D. (Hrsg.): Web Services Architecture. W3C Working Draft 14 May 2003, *http://www.w3.org/TR/ws-arch*

BeHP00	Bernstein, P. A.; Halevy, A. Y.; Pottinger, R.: A Vision of Management of Complex Models. SIGMOD Record 29(4), 2000, S. 55–63
Bell98	Bellahsene, Z.: View Adaptation in Data Warehousing Systems. In: Proceedings of the 9th International Conference on Database and Expert Systems Applications (Dexa'98, Wien, Österreich, 24.–28. August), 1998, S. 300–309
BeMu99	Behme, W.; Multhaupt, M.: Text Mining im strategischen Controlling. In: HMD – Praxis der Wirtschaftsinformatik, 36. Jahrgang, Juni 1999, Heft 207, S. 103–114
BeRa00	Bernstein, P. A.; Rahm, E.: Data Warehouse Scenarios for Model Management. ER 2000, 2000, S. 1–15
Bern96	Bernstein, P. A.: Middleware. In: Communications of the ACM, Vol. 39, No. 2, 1996, S. 86–98
Bern98	Bernstein, P. A.: Repositories and Object Oriented Databases. In: *SIGMOD Record*, Vol. 27, No. 1, 1998, S. 88–96
BFOS84	Breiman, L.; Friedman, J. H.; Olshen, R. A.; Stone, C. J.: *Classification and regression trees*. Belmont, 1984
BGK+05	Ballard, C.; Gupta, A.; Krishnan, V.; Pessoa, N.; Stephan, O.: Data Mart Consolidation: Getting Control of Your Enterprise Information. IBM Redbooks; 1st edition; Juli 2005; elektronisch erschienen unter: *http://www.redbooks.ibm.com/abstracts/sg246653.html*; Abruf am 13.11.2010
BHS+97	Bernstein, P. A.; Harry, B.; Sanders, P.; Shutt, D.; Zander, J.: The Microsoft Repository. In: Proceedings of 23rd International Conference on Very Large DataBases (VLDB'97, Athen, Griechenland, 25.–29. August), 1997, S. 3–12
Bits98	Bitsch, R.: Multitask, Multiuser, Multiprozessor Systeme. Verlag Harri Deutsch, Frankfurt am Main, 1998
BKSS90	Beckmann, N.; Kriegel, H.-P.; Schneider, R.; Seeger, B.: The R*-Tree. An efficient and robust Access Method for Points and Rectangles. In: Proceedings of the 1990 ACM SIGMOD International Conference on Management of Data (SIGMOD'90, Atlantic City, NJ, 23.–25. Mai), 1990, S. 322–331
Blas00	Blaschka, M.: FIESTA: A Framework for Schema Evolution in Multidimensional Databases. 2000 *http://tumb1.biblio.tu-muenchen.de/publ/diss/in/2000/blaschka.pdf*
BlCL89	Blakeley, J.; Coburn, N.; Larson, P.: Updating Derived Relations: Detecting Irrelevant and Autonomously Computable Updates. In: *ACM Transactions on Database Systems* 14(3), 1989, S. 369–400

Blec07	Blechar, M. J.: The Evolving Metadata Repository Market. Gartner, Inc., #G00147463, März 2007
BlGr97	Blasius, J.; Greenacre, M.: Visualization of Categorical Data. Academic Press, 1997
Bloo97	Bloor-Report: Data Warehousing-Tools and Solutions, IT-Verlag, 1997
BlSH99	Blaschka, M.; Sapia, C.; Höfling, G.: On Schema Evolution in Multidimensional Databases. In: First International Conference on Data Warehousing and Knowledge Discovery (DaWaK'99, Florenz, Italien, 30. August– 1. September), 1999, S. 153–164
Böhn01	Böhnlein M.: Konstruktion semantischer Data-Warehouse-Schemata. Deutscher Universitätsverlag (DUV), Wiesbaden, 2001
Bold99	Bolder Technology: Providing Strategic Business Intelligence by Systematically Farming the Information Resources of the Web. *http://webfarming.com/intro/intro.html, Abruf am 17.06.1999*
Bozk95	Bozkaya, T.: Index Structures for Temporal und Multimedia Databases. Dissertation, Department of Computer Engineering and Science, Case Western Reserve University, 1995
BPSM00	Bray, T.; Paoli, J.; Sperberg-McQueen, C. M.; Maler, E. (Hrsg.): Extensible Markup Language (XML) 1.0 (Second Edition). W3C Recommendation 6 October 2000, *http://www.w3.org/TR/REC-xml*
Bres04	Breslin, M.: Data Warehousing Battle of the Giants: Comparing the Basics of the Kimball and Inmon Models. Business Intelligence Journal, 2004, S. 6–20
BrKu06	Broy, M.; Kuhrmann, M.: Das V-Modell XT – Stand und Zukunft des IT-Standards. Vogel IT-Medien GmbH, 2006, S. 34–36
Brow97	Brown, M. G.: Kennzahlen. Carl Hanser Verlag, München et al., 1997
BrRa01	Brobst, S.; Rarey J.: The five stages of an Active Data Warehouse evolution. In: teradata Spring 2001, S. 38–44
BrSc96	Brenner, H.; Schmidtmann, I.: Determinants of Homonym and Synonym Rates of Record Linkage in Disease Registration. In: Methods of Information in Medicine 35, 1996, S. 19–24
BrSt04	Broy, M.; Steinbrüggen, R.: Modellbildung in der Informatik. Springer, 2004
BuDa06	Burleson, D.; Danchenkov, A.: Oracle Tuning: The Definitive Reference: Oracle10g Time-series Optimization with the Automatic Workload Repository. Rampant Techpress, Kittrell, 2006

Bulo98	Bulos, D.: A New Dimension. In: Database Programming & Design: 6/1996, S. 33–37; nachgedruckt in: Chamoni, P.; Gluchowski, P. (Hrsg.): Analytische Informationssysteme, Springer-Verlag, Berlin et al., 1998, S. 251–261
Burl97	Burleson, D.: High Performance Oracle Data Warehousing. Albany et al., 1997
Burl98	Burleson, D.: Oracle 8 Tuning. San Francisco, CA, et al., 1998
BuSi04	Burdett, J.; Singh, S.: Challenges and Lessons Learned from Real-Time Data Warehousing. In: Business Intelligence Journal, Heft 4, Vol. 9, 2004, S. 31–39
CaGS97	Castro de, C.; Grandi, F.; Scalas, M.: Schema Versioning For Multitemporal Relational Databases. In: Information Systems Vol. 22, No. 5, 1997, S. 249–290
CaTo97	Cabibbo, L.; Torlone, R.: Querying Multidimensional Databases. In: Proceedings of the 6th International Workshop on Database Programming Languages (DBPL'97, Estes Park (CO), USA, 18.–20. August), 1997
CaTo98a	Cabibbo, L.; Torlone, R.: A Logical Approach to Multidimensional Databases. In: Proceedings of the Sixth International Conference on Extending Database Technology (EDBT'98, Valencia, Spanien, 23.–27. März), 1998, S. 183–197
CaTo98b	Cabibbo, L.; Torlone, R.: From a Procedural to a Visual Query Language for OLAP. In: Proceedings of the 10th International Conference on Scientific and Statistical Database Management (SSDBM'98, Capri, Italien, 1.–3. Juli), 1998, S. 74–83
Celk95	Celko, J.: Instant SQL Programming. Wrox Press Ltd., Tyseley, Birmingham, 1995
Celk05	Celko, J.: Joe Celko's SQL for smarties: advanced SQL programming. Morgan Kaufmann Publishers Inc., 3. Auflage, San Francisco, 2005
CFMS94	Castano, S.; Fugini, M.; Martella, G.; Samarati, P.: Database Security. Addison-Wesley & ACM Press, 1994
CGL+96	Colby, L.; Griffin, T.; Libkin, L.; Mumick, I.; Trickey, H.: Algorithms for Deferred View Maintenance. In: Proceedings of ACM International Conference on Management of Data (SIGMOD'96, Montreal, Quebec, 4.–6. Juni), ACM SIGMOD Record 25(2), 1996, S. 469–480
CGMW03	Chinnici, R.; Gudgin, M.; Moreau, J.; Weerawarana, S.: Web Services Description Language (WSDL) Version 1.2 Part 1: Core Language. W3C Working Draft 11 June 2003, *http://www.w3.org/TR/wsdl12*
ChDa95	Chaudhuri, S.; Dayal, U.: An Overview of Data Warehousing and OLAP Technology. In: ACM SIGMOD Record 26 (1), 1995, S. 65–74

ChDa97	Chaudhuri S.; Dayal, U.: Data Warehousing and OLAP for Decision Support. In: Proceedings ACM SIGMOD International Conference on Management of Data (SIGMOD'97, Tucson, Arizona, USA, 13.–15. Mai), 1997, S. 507–508
Chen76	Chen, P. P.: The Entity-Relationship Model – Toward a unified view of data, In: ACM Transactions of Database Systems 1:9, 1976
ChGl06a	Chamoni, P.; Gluchowski, P. (Hrsg.): Analytische Informationssysteme. 3. Auflage, Springer-Verlag, Berlin et al., 2006
ChGl06b	Chamoni, P.; Gluchowski, P.: Analytische Informationssysteme – Einordnung und Überblick. In: Analytische Informationssysteme. 3. Aufl., Berlin et al., 2006, S. 3–25
ChIo98	Chan, C.; Ioannidis, Y.: Bitmap Index Design and Evaluation. In: Proceedings ACM SIGMOD International Conference on Management of Data (SIGMOD'98, Seattle, Washington, USA, 2.–4. Juni), 1998, S. 355–366
ChIo99	Chan, C. Y.; Ioannidis, Y. E.: An Efficient Bitmap Encoding Scheme for Selection Queries. In: Proceedings ACM SIGMOD International Conference on Management of Data (SIGMOD'99, Philadelphia, Pennsylvania, USA, 1.–3. Juni), 1999, S. 215–226
CHRS98	Christiansen, A.; Höding, M.; Rautenstrauch, C.; Saake, G.: Oracle8 effizient einsetzen – Aufbau, Entwicklung, Verteilung und Betrieb leistungsfähiger Oracle8-Anwendungen. Addison-Wesley, Bonn et al., 1998, S. 415–442
ChSt98a	Chamoni, P.; Stock, S.: Temporale Daten in Management Support Systemen. In: Wirtschaftsinformatik 40 (1998) 6, S. 513–519
ChSt98b	Chamoni, P.; Stock, S.: Modellierung temporaler multidimensionaler Daten in Analytischen Informationssystemen. Technischer Bericht, FB5 Wirtschaftswissenschaft, Gerhard-Mercator-Universität Duisburg, 1998
CKL+97	Colby, L.; Kawaguchi, A.; Lieuwen, D.; Mumick, I.; Ross, K.: Supporting Multiple View Maintenance Policies. In: Proceedings of the ACM International Conference on Management of Data (SIGMOD'97, Tucson, Arizona, 13.–15. Mai), ACM SIGMOD Record 26(2), 1997, S. 405–416
Clar99	Clark, J. (Hrsg.): XSL Transformations (XSLT) Version 1.0. W3C Recommendation 16 November 1999, *http://www.w3.org/TR/xslt*
Clau98	Clausen, N.: OLAP – Multidimensionale Datenbanken: Produkte, Markt, Funktionsweise und Implementierung. Addison-Wesley, 1998
ClDe99	Clark, J.; DeRose, S. (Hrsg.): XML Path Language (XPath) Version 1.0. W3C Recommendation 16 November 1999, *http://www.w3.org/TR/xpath*
CLG+94	Chen, P. M.; Lee, E. L.; Gibson, G. A.; Katz, R. H.; Patterson, D. A.: RAID: High-Performance, Reliable Secondary Storage. In: ACM Computing Surveys 26(2), 1994, S. 145–185

CoCS93	Codd, E. F.; Codd, S. B.; Salley, C. T.: Providing OLAP (On-Line Analytical Processing) to User Analysts: An IT Mandate. White Paper, Arbor Software Cooporation, 1993
Codd70	Codd, E. F.: A Relational Model for Large Shared Data Banks. In: Communications of the ACM Vol. 13, No. 6, 1970, S. 377–387
Codd71	Codd, E. F.: Further Normalization of the Data Base Relational Model. IBM Research Report RJ 909, California, 1971
Codd86	Codd, E. F.: Missing Information (Applicable and Inapplicable). In: Relational Databases SIGMOD Record 15(4), 1986, S. 53–78
Coll11	Collier, K.W.: Agile Analytics: A Value-Driven Approach to Business Intelligence and Data Warehousing. Addison-Wesley Longman, Amsterdam, 27. Juli 2011
CoLR90	Cormen, T. H.; Leiserson, C. E.; Rivest, R. L.: Introduction To Algorithms. McGraw-Hill, 1990
Come79	Comer, D.: The Ubiquitous B-Tree. ACM Computing Surveys 11(2): 121–137, 1979
Conr97	Conrad, S.: Föderierte Datenbanksysteme – Konzepte der Datenintegration. Springer-Verlag, Berlin, 1997
CoNS99	Cohen, S.; Nutt, W.; Serebrenik, A.: Rewriting Aggregate Queries Using Views. In: 18th Symposium on Principles of Database Systems (PODS'99, Philadelphia, Pennsylvania, USA, 31. Mai–2. Juni), 1999, S. 155–166
Coop89	Cooper, J. A.: Computer and Communications Security: Strategies for the 1990s. McGraw-Hill, New York, 1989
CRGW96	Chawathe, S.; Rajaram, A.; Garcia-Molina, H.; Widom, J.: Change Detection in Hierarchically Structured Information. In: Proceedings of the 1996 ACM SIGMOD International Conference on Management of Data (SIGMOD'96, Montreal, Quebec, Kanada, 4.–6. Juni), 1996, S. 493–504
Cunn05	Cunningham, H: Information extraction, automatic. Encyclopedia of Language and Linguistics, 2005, S. 665–677
CWM03	N. N.: Common Warehouse Metamodel (CWM) Specification. Version 1.1, OMG, 2003, *http://www.cwmforum.org/spec.htm*
DaBB06	Danchenkov, A.; Burleson, D. K.; Burleson, D.: Oracle Tuning. The Definitive Reference, Albany et al., 2006
DaCa09	Dayal, U.; Castellanos, M.; Simitsis, A.; Wilkinson, K.: Data integration flows for business intelligence. In: Proceedings of the 12th International Conference on Extending Database Technology: Advances in Database Technology, 2009

Date90	Date, C. J.: What Is a Distributed Database System? In: Relational Database Writings 1985–1989, Addison-Wesley Publishing Company, Reading, Massachusetts, 1990
Date99	Date, C. J.: An Introduction to Database Systems. Addison-Wesley, Publishing Company, Reading, Massachusetts, 1999
DaTh97	Datta, A.; Thomas, H.: A Conceptual Model and an algebra for On-Line Analytical Processing in Data Warehouses. In: 7th Workshop on Information Technologies and Systems (WITS'97, Atlanta, Georgia, 13.–14. Dezember), 1997, S. 91–100
DBL+02	Dresner, H. J.; Buytendijk, F; Linden, A.; Friedman, T.; Strange, K. H.; Knox, M.; Camm, M.: The Business Intelligence Competency Center: An Essential Business Strategy. In: Gartner Research, ID Number: R-15-2248, 2002
DeFo95	Decker, K. M.; Focardi, S.: Technology overview: a report on data mining. CSCS TR-95-02, CSCS-ETH, Swiss scientific computing center. Manno, 1995
Delo10	Deloitte (Hrsg): Klasse statt Masse? Kennzahlen zur Steuerung des Online-Geschäfts. Elektronisch erschienen unter: *http://www.deloitte.com/assets/Dcom-Austria/Local%20Assets/Documents/Studien/TMT/TMT_Klasse_statt_Masse_030810_ID7720_s.pdf*
Delt97	Delta Conveyor Software, Release 1.0. Tobler Informatik GmbH, 1997, *http://www.tobler-informatik.ch*
DeSc83	Denning, D. E.; Schlörer, J.: Inference Controls in Statistical Databases. In: IEEE Computer Vol. 16(7), July 1983
Devl97	Devlin, B.: Data Warehouse from Architecture to Implementation. Addison-Wesley, Publishing Company, Reading, Massachusetts, 1997
Deyh99	Deyhle, A.: Schon immer Balanced Scorecard? Controllers ausgewogenes Steuerungs-Cockpit. In: controller magazin, 6/1999, S. 423–430
DFJ+96	Dar, S.; Franklin, M. J.; Jónsson, B.; Srivastava, D.; Tan, M.: Semantic Data Caching and Replacement. In: Proceedings of the 22th International Conference on Very Large Data Bases (VLDB'96, Bombay, Indien, 3.–6. September), 1996, S. 330–341
DhSt97	Dhar, V. ; Stein, R.: Seven Methods for Transforming Corporate Data into Business Intelligence. Prentice Hall, 1997
DiBe10	Dittmar, C.; Besbak, U.: Ähnlichkeit zu Pyramiden: Die erfolgreiche BI-Strategie. CIO-Online Nr. 03, 2010
DiBS08	Dittmar, C.; Besback, U.; Schulze, K.-D.: Business Intelligence Maturity Model für die systematische Standortbestimmung von Business Intelligence-Lösungen. IT eJournal, Nr. 1, 2008

Dick09	Dickmann, P.: Schlanker Materialfluss mit Lean Production, Kanban und Innovationen. Springer, 2009
DiGo10	Dinter, B.; Goul, M.: The Impact of National Culture on Business Intelligence Maturity Models. In: Proceedings of the International Conference on Information Systems (ICIS), 2010
DIN00a	N.N.: Deutsches Institut für Normung: DIN EN ISO 9000-Qualitätsmanagementsysteme – Grundlagen und Begriffe. Beuth, Berlin, 2000
DIN00b	N.N.: Deutsches Institut für Normung: DIN EN ISO 9001-Qualitätsmanagementsysteme – Anforderungen. Beuth, Berlin, 2000
Dint10	Dinter, B.: Ein Reifegradmodell für Business Intelligence-Lösungen: Konzeption und Ergebnisse einer Studie. HMD – Praxis der Wirtschaftsinformatik, 2010
DiOs10a	Dittmar, C.; Ossendoth, V.: Die organisatorische Dimension von Business Intelligence – Vorgehen und Erfahrungen bei der Gestaltung von Business Intelligence Organisationen. In: Chamoni, P.; Gluchowski, P. (Hrsg.): Analytische Informationssysteme – Business Intelligence-Technologien und -Anwendungen, 4. Aufl., Berlin et al. 2010, S. 59–86
DiOs10b	Dittmar, C.; Ossendoth, V.: BI Competence Center: Erfolgsfaktoren beim Aufbau und Betrieb. BI-Spektrum, 5. Jg., Nr. 2, 2010, S. 40–44
DiOv10	Dittmar, C.; Overmeyer, A.: BI-Strategie und BI-Governance. Managementkompass, Nr. 4, 2010, S. 11-12
DiPS11	Dittmar, C.; Philippi, J.; Schulze, K.-D.: Das Business Intelligence Maturity Model als methodische Grundlage für die Analyse von BI-Landschaften. In: Felden, C. et al. (Hrsg.): Festschrift für Prof. Dr. Peter Chamoni, Berlin, 2011
DiSc06	Dittmar, C.; Schulze, K.-D.: Seine Stärken kennen lernen – Der Reifegrad von Business-Intelligence-Lösungen. BI-Spektrum, 1. Jg., Nr. 1, 2006, S. 21–25
DiSc10	Dittmar, C.; Schulze, K.-D.: biMA®-Studie 2009: Herausforderungen und Trends von Business Intelligence. Financial Times Deutschland vom 03.05.10
Ditt99	Dittmar, C.: Erfolgsfaktoren für Data-Warehouse-Projekte – eine empirische Studie aus Sicht der Anwendungsunternehmen. Institut für Unternehmungsführung und Unternehmungsforschung, Arbeitsbericht Nr. 78, Ruhr-Universität Bochum, Juli 1999
DKPW99	Dekeyser, S.; Kuijpers, B.; Paredaens, J.; Wijsen, J.: Nested Data Cubes for OLAP. In: Advances in Database Technologies, Lecture Notes in Computer Science Vol. 1552, Springer-Verlag, Berlin, 1999, S. 129–140

DMR+01	Dippold, R.; Meier, A.; Ringgenberg, A.; Schnider, W.; Schwinn, K.: Unternehmensweites Datenmanagement. 3. Auflage, Vieweg Verlag, Braunschweig, Wiesbaden, 2001
DoGo98	Dodge, G.; Gorman, T.: Oracle8 Data Warehousing – A Hands-on Guide to Designing, Building, and Managing Oracle Data Warehouses. John Wiley & Sons, New York, 1998
DoJR99	Doshi, V.; Jajoda, S.; Rosenthal, A.: A Pragmatic Approach to Access Control in Data Warehouses. Via privater Kommunikation, 1999
DRSN98	Deshpande, P.; Ramasamy, K.; Shukla, S.; Naughton, J.: Caching Multi-dimensional Queries Using Chunks. In: Proceedings ACM SIGMOD International Conference on Management of Data (SIGMOD'98, Seattle, Washington, USA, 2.–4. Juni), 1998, S. 259–270
DSVH97	Dinter, B.; Sapia, C.; Vrca, M.; Höfling, G.: Der OLAP-Markt Architekturen, Produkte, Trends. FORWISS – Bayerisches Forschungszentrum für Wissensbasierte Systeme, München, 1997
Earl94	Earle, R. J.: United States Patent: Method and Apparatus for storing and retrieving Multi-Dimensional Data in Computer Memory. Arbor Software Corporation, Patent Information, 25. Oktober 1994
Ecke07	Eckerson, W.: Gauge Your Data Warehousing Maturity, *http://www.tdwi.org/Publications/display.aspx?Id=7254*
ECMA02	N.N.: *C# Language Specification – Final Draft*. ECMA TC39/TG2. 2002
EdEd98	Eddon, G.; Eddon, H.: Inside Distributed COM. Microsoft Press, Redmond, 1998
EdKo01	Eder, J.; Koncilia, C.: Changes of Dimension Data in Temporal Data Warehouses. In: Proceedings of the 3rd International Conference on Data Warehousing and Knowledge Discovery (DaWaK 2001, München, Deutschland, 3.–5. September), 2001
EdKo02	Eder, J., Koncilia, C.: Representing Temporal Data in Non-Temporal OLAP Systems. In: Proceedings of the VLDWH Workshop 2002 (DEXA 2002, Aix-en-Provence, France, 2.–3. September), 2002, S. 817–821
EGHW92	Enke, H.; Gölles, J.; Haux, R.; Wernecke, K. D. (Hrsg): Methoden und Werkzeuge für die explorative Datenanalyse in den Biowissenschaften. Gustav Fischer Verlag, 1992
ElNa09	Elmasri, R.; Navathe, S. B.: Fundamentals of Database Systems. 5. Auflage, Addison-Wesley, 2006
EMTM99	Ebidia, A.; Mulder, C.; Tripp, B.; Morgan, M.: Getting Data of the Electronic Patient Record: Critical Steps in Building a Data Warehouse for Decision Support. In: Proceedings AMIA Symposium (1–2), 1999, S. 745–749

Ency78	Encyclopaedia Britannica: The new Encyclopaedia Britannica, Chicago, Encyclopaedia Britannica Inc., Vol. 1, 1978, S. 1088–1115
EtJS98	Etzion, O.; Jajodia, S.; Sripada, S. (Hrsg): Temporal Databases: Research and Practice. Lecture notes in computer science (1399), Springer-Verlag, Berlin, 1998
EvHa10	Evelson, B.; Hammond, J.S.: The Forrester Wave. Open Source Business Intelligence (BI), Q3, 2010
EWKT99	Essmayer, W.; R. Wagner, R. R.; Kapsammer, E.; Tjoa A. M.: Meta-Data for Enterprise-Wide Security Administration. In: Proceedings of the Third IEEE Computer Society Metadata Conference (NIH Campus, Bethesda, Maryland, 6.–7. April), 1999
EzBa98	Ezeife, C. I.; Baksh, S.: A Partition-Selection Scheme for Warehouse Views. In: Proceedings of the 9th International Conference on Computing and Information (ICCI'98, Winnipeg, Kanada, 17.–20. Juni), 1998
Fall01a	Fallside, D. (Hrsg.): XML Schema Part 0: Primer. W3C Recommendation, 2 May 2001, http://www.w3.org/TR/xmlschema-0/
Fall01b	Fallside, D. (Hrsg.): XML Schema Part 0: Structures. W3C Recommendation, 2 May 2001, http://www.w3.org/TR/xmlschema-1/
Fall01c	Fallside, D. (Hrsg.): XML Schema Part 0: Database. W3C Recommendation, 2 May 2001, http://www.w3.org/TR/xmlschema-2/
FaPS96a	Fayyad, U. M.; Piatetsky-Shapiro, G.; Smyth, P.: From Data Mining to Knowledge Discovery in Databases. In: *AI Magazine* 17(3), 1996, S. 37–54
FaPS96b	Fayyad, U. M.; Piatetsky-Shapiro, G.; Smyth, P.: The KDD process for extracting useful knowledge from volumes of data. In: Communications of the ACM 39 (11), 1996, S. 27–34
FaSH96	Farley, M.; Stearns, T.; Hsu, J.: LAN Times Guide to Security and Data Integrity. Osborne McGraw-Hill, Berkeley, CA, 1996
Fayy96	Fayyad, U. M.: Data Mining and Knowledge Discovery: Making Sense out of Data. In: IEEE 11 (5), 1996
FeFH07	Feller, J.; Fitzgerald, B.; Hissam, S.A.: Perspectives on Free and Open Source Software. MIT Press, 2007
FeHa03	Fensel, D.; Van Harmelen, F.: Towards the Semantic Web: Ontology-Driven Knowledge Management. Verlag John Wiley & Sons, Inc, 2003
FeSa07	Feldman, R.; Sanger, J.: The Text Mining Handbook: Advanced Approaches in Analyzing Unstructured Data. Cambridge University Press, 2007
FeSu69	Fellegi, I. P.; Sunter, A. B.: A Theory for Record Linkage. In: Journal of the American Statistical Association 40, 1969, S. 1183–1210

Fink88	Finkelstein, R.: Breaking the Rules has a Price. In: Database Programming & Design, Vol. 1, No. 6, 1988, S. 11–14
Flad96	Flade-Ruf, U.: Data Warehouse – nicht nur etwas für Großunternehmen. In: Data Warehouse und Managementinformationssysteme, Stuttgart 1996, S. 25–31
Flei03	Fleisch, E.: Auf dem Weg zum Echtzeitunternehmen. In: Alt, Rainer; Oesterle, Hubert (Hrsg.): Real-Time Business – Lösungen, Bausteine und Potentiale des Business Networkings, Berlin et al. 2003, S. 3–18
FLP+51	Florek, K.; Lukaszewicz, J.; Perkal, J.; Steinhaus, H.; Zubrzycki, S.: Sur la liaison et la division des points d'un ensemble fini. In: Colloquium mathematicum 2, 1951, S. 282–285
FoBa01	Foegen, M.; Battenfels, J.: Die Rolle der Architektur in der Anwendungsentwicklung. In: Informatik Spektrum 24(5), Oktober 2001
Forr10	Forrester Research: Agile Development: Mainstream Adoption Has Changed Agility, 2010
FPSU96	Fayyad, U. M.; Piatetsky-Shapiro, G.; Smyth, P.; Uthurusamy, R. (Hrsg.): Advances in Knowledge Discovery and Data Mining. AAAI Press/MIT Press, 1996
Frie06	Friedman, Th. L.: Die Welt ist flach. Suhrkamp Verlag KG, 2006
FuBa99	Furtado, P.; Baumann, P.: Storage of Multidimensional Arrays Based on Arbitrary Tiling. In: Proceedings of the 15th International Conference on Data Engineering (ICDE'99, Sydney, Australien, 23.–26. März), 1999, S. 480–489
Füti98	Füting, C.-U.: Projektmanagement und -controlling von Data Warehouse-Projekten. In: Das Data Warehouse-Konzept: Architektur, Datenmodelle, Anwendungen. 3., überarb. Aufl., Wiesbaden, 1998, S. 337–357
Furt99	Furtado, P.: Storage Management of Multidimensional Arrays in Database Management Systems. Dissertation Technische Universität München, 1999
GaGü98	Gaede, V.; Günther, O.: Multidimensional Access Methods. In: ACM Computing Surveys Vol. 30 (2), 1998, S. 170–231
GaNa93	Gadia, S.; Nair, S.: Temporal databases: a prelude to parametric data. In: Temporal Databases: Theory, Design, and Implementation. Benjamin/Cummings, 1993, S. 28–66
Gart99	Gartner Group: Repository Market Update 1999. Research Note M-08-3721, 1. Juni 1999
GaTS10	Gansor, T.; Totok, A.; Stock, S.: Von der Strategie zum Business Intelligence Competency Center (BICC). Carl Hanser Verlag, München et al., 2010
GaUW00	Garcia-Molina, H.; Ullman, J.; Widom, J.: Database System Implementation. Prentice Hall, 2000

GBLP96	Gray, J.; Bosworth, A.; Layman, A.; Pirahesh, H.: Data Cube: A Relational Aggregation Operator Generalizing Group-By, Cross-Tab, and Sub-Total. In: Proceedings of the 12th International Conference on Data Engineering (ICDE'96, New Orleans (LA), USA, 26. Feb.–1. März), 1996, S. 152–159
GCB+97	Gray, J.; Chaudhuri, S.; Bosworth, A.; Layman, A.; Reichart, D.; Venkatrao, M.; Pellow, F.; Pirahesh, H.: DataCube: A relational Aggregation Operator Generalizing Group-By, Cross-Tab, and Sub-Totals. In: Data Mining and Knowledge Discovery 1, 1997, S. 29–55
Gerl95	Gerloff, H.: Computerintegriertes Portfoliomanagement – Konzepte für die moderne Investmentorganisation. München, Wien, 1995
GFS+01	Galhardas, H.; Florescu, D.; Shasha, D.: Simon, E.; Saita, C. A.: Declarative Data Cleaning: Language, Model, and Algorithms. In: Proceedings of the 27th VLDB Conference, Rome, 2001
GHM+03a	Gudgin, M.; Hadley, M.; Mendelsohn, N.; Moreau, J.; Nielsen, H. (Hrsg.): SOAP Version 1.2 Part 1: Messaging Framework. W3C Recommendation 24 June 2003, *http://www.w3.org/TR/soap12-part1/*
GHM+03b	Gudgin, M.; Hadley, M.; Mendelsohn, N.; Moreau, J.; Nielsen, H. (Hrsg.): SOAP Version 1.2 Part 2: Adjuncts. W3C Recommendation 24 June 2003, *http://www.w3.org/TR/soap12-part2/*, *http://www.w3.org/2000/xp/Group/2/03/soap1.2implementation.html*
GHRU97	Gupta, H.; Harinarayan, V.; Rajaraman, A.; Ullman, J. D.: Index Selection for OLAP. In: Proceedings of the 13th International Conference on Data Engineering (ICDE'97, Birmingham, Großbritannien, 7.–11. April), 1997, S. 208–219
Gilm98	Gilmozzi, S.: Data Warehousing – Turning Data Into Decisions – Ein Konzept zur strategischen Unternehmensführung. In: controller magazin 1/1998, S. 30–36
GlGC95	Gluchowski, P.; Gabriel, R.; Chamonie, P.: Strukturbestimmende Merkmale von Managementunterstützungssystemen – Management Support Systeme II. Arbeitsbericht des Lehrstuhls für Wirtschaftsinformatik Nr. 14, Bochum, 1995
GlGD07	Gluchowski, P.; Gabriel, R.; Dittmar, C.: Management Support Systeme und Business Intelligence – Computergestützte Informationssysteme für Fach- und Führungskräfte. 2., vollst. überarb. Aufl., Berlin et al., 2007
Glog08	Gloger, B.: Scrum – Produkte zuverlässig und schnell entwickeln. Hanser Verlag, 2008
GoGr99	Godfrey, P.; Gryz, J.: Answering Queries by Semantic Caches. In: Proceedings of 10th International Conference on Database and Expert Systems Applications (DEXA'99, Florenz, Italien, 30. August–3. September), 1999, S. 485–498

Gold90	Goldratt, E.M.: What is this thing called Theory of Constraints and how should it be implemented? Great Barrinton (Mas.): North River Press, 1990
GoMR98	Golfarelli, M.; Maio, D.; Rizzi, S.: The Dimensional Fact Model: A Conceptual Model for Data Warehouses. In: International Journal of Cooperative Information Systems (IJCIS), Volume 7 (2–3), Juni & September 1998, S. 215–247
GoPr99	Goldfarb, C. F.; Prescod, P.: XML Handbuch. Prentice Hall, New York, 1999
GoRe11	Gola, P.; Reif, Y.: Kundendatenschutz. 3.Auflage, Berlin, 2011
GoRi09	Golfarelli, M.; Rizzi, S.: A comprehensive approach to data warehouse testing. DOLAP 2009, S. 17–24
GoRo94	Goldstein, J.; Roth, S.: Using Aggregation and Dynamic Queries for Exploring Large Data Sets. In: Proceedings of the International Conference Human Factors in Computing Systems (ACM SIGCHI'94, ACM Press), 1994
Gran10	Grant, I.: Swisscom aims to halve BI costs with datawarehouse consolidation. ComputerWeekly, elektronisch erschienen unter: *http://www.computerweekly.com/Articles/2010/04/14/240890/ Swisscom-aims-to-halve-BI-costs-with-datawarehouse-consolidation.htm*; 14.4.2010; Abruf am 13.11.2010
GrHi01	Grimmer, U.; Hinrichs, H.: Datenqualitätsmanagement mit Data Mining-Unterstützung. In: HMD – Praxis der Wirtschaftsinformatik, Heft 222, Dezember 2001, S. 70–80
GrLi95	Griffin, T.; Libkin, L.: Incremental Maintenance of Views with Duplicates. In: Proceedings of the ACM International Conference on Management of Data (SIGMOD'95, San Jose, California, 23.–25. Mai), ACM SIGMOD Record 24(2), 1995, S. 328–339
GuHQ95	Gupta, A.; Harinarayan, V.; Quass, D.: Aggregate-Query Processing in Data Warehousing Environments. In: Proceedings of the 21st International Conference on Very Large Data Bases (VLDB'95, Zürich, Schweiz, 11.–15. September), 1995, S. 358–369
GUID91	GUIDE Arbeitskreis Application Management, Arbeitsgruppe Data Management, Unterarbeitskreis Rhein/Main, Datenmanagement und Qualitätssicherung, 1991, *http://www.tzeh.de/doc/gse-qs.doc*
GUID96	GUIDE Arbeitskreis Application Management, Arbeitsgruppe Datenmanagement, Datenkonferenz – ein Arbeitsmittel des Datenmanagements, 1996, *http://www.tzeh.de/doc/gse-dk.doc*

GuMS93	Gupta, A.; Mumick, I.; Subrahmanian, V.: Maintaining Views Incrementally. In: Proceedings of the ACM International Conference on Management of Data (SIGMOD'93, Washington, D.C., USA, 26.–28. Mai, ACMSIGMOD Record 22(2)), 1993, S. 157–166
GuMu95	Gupta, A.; Mumick, I.: Maintenance of Materialized Views: Problems, Techniques, and Applications. In: IEEE Data Engineering Bulletin, Special Issue on Materialized Views & Data Warehousing 18(2), 1995, S. 3–18
Günz01	Günzel, H.: Darstellung von Veränderung im multidimensionalen Datenmodell. Arbeitsberichte des Instituts für Informatik, Universität Erlangen-Nürnberg, Band 34, Nummer 8, 2001
Gutm84	Gutman, A.: R-Trees: A Dynamic Index Structure for Spatial Searching. In: Proceedings of the 1984 ACM SIGMOD International Conference on Management of Data (SIGMOD'84, Boston, Massachusetts, 18.–21. Juni), 1984, S. 47–57
GyLa97	Gyssens, M.; Lakshmanan, L.: A Foundation for Multi-dimensional Databases. In: Proceedings of the 23rd International Conference on Very Large Data Bases (VLDB'97, Athen, Griechenland, 25.–29. August), 1997, S. 106–115
HaBA09	Harizopoulos, S.; Boncz, P.A.; Abadi, D.J.: Column-oriented database systems. In: Journal Proceedings of the VLDB Endowment, Volume 2 Issue 2, August 2009, S. 1664–1665
Hack97	Hackney, D.: Understanding and implementing successful data marts. Addison-Wesley, 1997
Hafn03	Hafner, M.: Datenschutz im Data Warehousing. In: von Maur, E.; Winter, R. (Hrsg.): Data Warehouse Management, Springer, 2003
Hahn96	Hahn, D.: PuK Planung und Kontrolle. 5. Aufl., Wiesbaden, 1996
Hais06	Haisten, M.: Real-Time Data Warehouse: What is Real-Time about Real-Time Data Warehousing? DM Review Online, 08/2000
Hann96	Hannig, U.: Königsweg zur Information. In: Business Computing 9 (4), 1996, S. 42–44
Hann97	Hannig, U.: Im Gespräch: MIS im Marketing ist für viele Firmen noch Neuland. In: Datenbank Fokus, 11/97, S. 20–21
HaRB07	Hababeh, I.; Ramachandran, M.; Bowring, N.: A high-performance computing method for data allocation in distributed database systems. In: The Journal of Supercomputing, Vol. 39., Nr. 1, Januar 2007, S. 3–18
Hard01	Harde, G.: XCube: Konzepte für eine XML-basierte Beschreibung von Datenwürfeln zur Realisierung eines föderativen Data-Warehouse-Netzwerks. In: Proceedings 5. Workshop »Föderierte Datenbanken« und GI-Arbeitstreffen »Konzepte des Data Warehousing«, Technische Universität Berlin, 2001, S. 64–77

Hard04	Harde., G.: XCube-Schemata version: 0.5. 2004
Hart75	Hartigan, J. A.: Clustering algorithms. New York, 1975
HaRU96	Harinarayan, V.; Rajaraman, A.; Ullman, J. D.: Implementing Data Cubes Efficiently. In: Proceedings of the 25th International Conference on Management of Data (SIGMOD'96, Montreal, Quebec, Kanada, 4.–6. Juni), 1996, S. 205–216
HDHM06	Hörmann, K.; Dittmann, L.; Hindel, B.; Müller, M.: SPICE in der Praxis. Interpretationshilfe für Anwender und Assessoren. dpunkt.verlag, Heidelberg, 2006
HeHa99	Herden, O.; Harren, A.: MML und mUML – Sprache und Werkzeug zur Unterstützung des konzeptionellen Data Warehouse-Designs. In: Proceedings 2. GI-Workshop »Data Mining und Data Warehousing als Grundlage moderner entscheidungsunterstützender Systeme« (DMDW'99, Magdeburg, Deutschland), 1999
Helf00	Helfert, M.: Maßnahmen und Konzepte zur Sicherung der Datenqualität. In: Jung, R.; Winter, R. (Hrsg.): Data Warehousing Strategie – Erfahrungen, Methoden, Visionen. Springer-Verlag, Berlin, 2000, S. 61–77
Herm98	Hermes, H.: Datentausch mit EDIFACT. Beuth, Berlin, 1998
HeSt95	Hernandez, M. A.; Stolfo, S. J.: The Merge/Purge Problem for Large Databases. In: Proceedings of the 1995 ACM SIGMOD Conference, 1995, S. 127–138
HiAd95	Hinrichs, H.; Aden, T.: An ISO 9001:2000 Compliant Quality Management System for Data Integration in Data Warehouse Systems. In: Theodoratos, D.; Hammer, J.; Jeusfeld, M., Staudt, M. (Hrsg.): Proceedings of the 3rd International Workshop on Design and Management of Data Warehouses (DMDW'2001), Interlaken, Schweiz, 2001, S. 1–12
HiMo95a	Hichert, R.; Moritz, M.: Managementinformationssysteme. 2. Aufl., Berlin, Heidelberg, New York, 1995
HiMo95b	Hichert, R.; Moritz, M.: Informationen für Manager – Von der Detailfülle zum praxisnahen Managementinformationssystem. In: Managementinformationssysteme, Berlin, Heidelberg, New York, 1995, S. 116–130
Hinr01	Hinrichs, H.: Datenqualitätsmanagement in Data Warehouse-Umgebungen. In: Heuer, A. et al.: Datenbanksysteme in Büro, Technik und Wissenschaft (BTW 2001), Oldenburg, Informatik Aktuell, Springer-Verlag, Berlin, 2001, S. 187–206
Hinr02	Hinrichs, H.: Datenqualitätsmanagement in Data Warehouse-Systemen. Dissertation, Carl-von-Ossietzky-Universität Oldenburg, *http://docserver.bis.uni-oldenburg.de/publikationen/dissertation/2002/hindat02/hindat02.html*, 2002

Hors07	Horster, T.: Business Intelligence – Nutzen Versicherungsunternehmen ihr Potenzial? Versicherungsbetriebe, 03/2007, S. 10–12
HoSW89	Hornik, K.; Stinchcombe, M.; White, H.: Multilayer feedforward networks are universal approximators. In: Neural networks 2, 1989, S. 359–366
HoZh95	Hou, W. C., Zhang, Z.: Enhancing Database Correctness – A Statistical Approach. In: ACM SIGMOD Record 24(2), 1995, S. 223–232
HüBH03	Hümmer, W.; Bauer, A.; Harde, G.: XCube – XML For Data Warehouses. In: Rizzi, S.; Song, I. (Hrsg.): Proceedings of the ACM Sixth International Workshop on Data Warehousing and OLAP (DOLAP 2003, New Orleans, Louisiana, USA, 7. November), 2003
HuBO97	Huch, B.; Behme, W.; Ohlendorf, T.: Rechnungswesen-orientiertes Controlling. 3. Aufl., Heidelberg, 1997
Hugh08	Hughes, R.: Agile Data Warehousing: Delivering World-Class Business Intelligence Systems Using Scrum and XP. Universe, 2008
HuMV99a	Hurtado, C. A.; Mendelzon, A. O.; Vaisman, A. A.: Maintaining Data Cubes under Dimension Updates. In: Proceedings of the 15th International Conference on Data Engineering (ICDE'99, Sydney, Australien, 23.–26. März), 1999, S. 346–355
HuMV99b	Hurtado, C. A.; Mendelzon, A. O.; Vaisman, A. A.: Updating OLAP Dimensions. In: Proceedings of the 2nd International Workshop on Data Warehousing and OLAP (DOLAP'99, Kansas City, Missouri, USA, 6. November), 1999, S. 60–66
Huyn97	Huyn, N.: Multiple-View Self-Maintenance in Data Warehousing Environments. In: Proceedings of 23rd International Conference On Very Large DataBases (VLDB'97, Athen, Griechenland, 25.–29. August), 1997, S. 26–35
HuZh96	Hull, R.; Zhou, G.: A framework for supporting data integration using the materialized and virtual approaches. In: Proceedings of ACM SIGMOD International Conference on Management of Data (SIGMOD'96, Montreal, Kanada, 4.–6. Juni), 1996, S. 481–492
IBM96	IBM: DataPropagator Relational Guide, Version 1.2.1. IBM Corporation, 1996
IBM99	IBM: DB2 Replication Guide and Reference, Version 6. IBM Corporation, 1999
IBM07	N.N.: Database Partitioning, Table Partitioning, and MDC for DB2 9. IBM Redbooks, 2007, http://www.redbooks.ibm.com/abstracts/sg247467.html
InIB95	Inmon, W. H.; Imhoff, C.; Battas, G.: *Building the Operational Data Store*. John Wiley & Sons, New York, 1995

InIS98	Inmon, W.H.; Imhoff, C.; Sousa, R.: Corporate Information Factory. John Wiley & Sons 1998
Inmo96	Inmon, W. H.: Building the Data Warehouse. Second Edition, John Wiley & Sons, New York, 1996
Inmo99	Inmon, W. H.: Building the Operational Data Store. John Wiley & Sons, New York, 1999
Inmo00	Inmon, W. H.: ODS Types. In: Online-Magazin DMReview. Januar 2000, *http://www.dmreview.com*
Inmo05	Inmon, W. H.: Buildung the Data Warehouse. 4. Aufl., Wiley Publishing, Indianapolis, 2005
InNe07	Inmon, W.H., Nesavich, A.: Tapping Into Unstructured Data: Integrating Unstructured Data and Textual Analytics Into Business Intelligence. Prentice Hall International, 2007
Inse85	Inselberg, A.: The plane with parallel coordinates. In: The visual computer 1 (1985), S. 69–91
InSN08	Inmon, W.H.; Strauss, D.; Neushloss, G.: DW 2.0: The Architecture for the Next Generation of Data Warehousing. Morgan Kaufmann Publishers Inc., 2008
Jaro89	Jaro, M. A.: Advances in Record Linkage Methodology as Applied to Matching the 1985 Census of Tampa, Florida. In: Journal of the American Statistical Association 84, 1989, S. 414–420
JCE+94	Jensen, C. S.; Clifford, J.; Elmasri, R.; Gadia, S.; Hayes, P.; Jajodia, S.: A Consensus Glossary of Temporal Database Concepts. In: *ACM SIGMOD Record*, Vol. 23, No. 1, 1994, S. 52–63
JCE+98	Jensen, C.; Clifford, J.; Elmasri, R.; Gadia, S.; Hayes, P.; Jajodia, S. (Hrsg.); Dyreson, C.; Grandi, F.; Käfer, W.; Kline, N.; Lorentzos, N.; Mitsopoulos, Y.; Montanari, A.; Nonen, D.; Peressi, E.; Pernici, B.; Roddick, J.; Sarda, N.; Scalas, M.; Segev, A.; Snodgrass, R.; Soo, M.; Tansel, A.; Tiberio, P.; Wiederhold, G.: A consensus glossary of temporal database concepts – February 1998 version. In: Temporal Databases: Research and Practice. Lecture notes in computer science (1399), Springer-Verlag, Berlin, 1998
JeSS96	Jensen, C. S.; Snodgrass, R. T.; Soo, M. D.: Extending Existing Dependency Theory to Temporal Databases. In: IEEE Transactions on Knowledge and Data Engineering, Vol. 8, No. 4, 1996, S. 563–581
JJQV99	Jarke, M.; Jeusfeld, M. A.; Quix, C.; Vassiliadis, P.: Architecture and quality in data warehouses: An extended repository approach. In: Information Systems, 24(3), 1999, S. 229–253
JLVV99	Jarke, M.; Lenzerini, M.; Vassiliou, Y.; Vassiliadis, P.: Fundamentals of Data Warehouses. Springer-Verlag, 1999

JSC95	JSC Management- und Technologieberatung GmbH: IV-Strategie für Merck, Januar 1995
KaFa94	Kamel, I.; Faloutsos, C.: Hilbert R-tree: An improved R-tree using fractals. In: Proceedings of the 20th International Conference on Very Large Data Bases (VLDB'94, Santiago, Chile, 12.–15. September), 1994, S. 500–509
Kamp03	Kampffmeyer, U.: Dokumenten-Technologien: Wohin geht die Reise? In: Project Consult, 2003, S. 284
KaNo97	Kaplan, R. S.; Norton D. P.: Balanced Scorecard – Strategien erfolgreich umsetzen. Stuttgart, 1997
KaRo89	Kaufman, L.; Rousseeuw, P. J.: Finding groups in data: an introduction to cluster analysis. New York et al. 1989
KaST02	Kazakos, W.; Schmidt, A.; Tomczyk, P.: Datenbanken und XML. Springer-Verlag, Berlin, 2002
Kauf00	Kaufmann, M.: Data Warehousing: Using the Wal-Mart Model, Morgan Kaufmann. 2000
KaWi97	Kamp, V.; Wietek, F.: Intelligent Support for Multidimensional Data Analysis in Environmental Epidemiology. In: Int. Symp. Advances in Intelligent Data Analysis, LNCS 1280, Springer-Verlag, Berlin, 1997
KeFi99	Kemper, H.-G.; Finger, R.: Datentransformation im Data Warehouse. In: Analytische Informationssysteme, 2. Auflage, Springer, Berlin, Heidelberg, New York, 1999, S. 77–94
KeKr96	Keim, D. A.; Kriegel, H.-P.: Visualization techniques for mining large databases: a comparison. In: IEEE transactions on knowledge and data engineering 8 (6), 1996, S. 923–938
Kemk88	Kemke, C.: Der neuere Konnektionismus: ein Überblick. In: Informatik-Spektrum 11 (3), 1998, S. 143–162
KeMU07	Kemper, H.-G..; Mehanna, W.; Unger, C.: Business Intelligence – Grundlagen und praktische Anwendungen. 2. Auflage, Vieweg, 2007
Kim94	Kim, W. (Hrsg): Modern Database Systems: The Object Model, Interoperability, and Beyond. Addison-Wesley, 1994
Kimb96a	Kimball, R.: The Data Warehouse Toolkit. John Wiley & Sons Inc., New York, 1996, S. 100–105
Kimb96b	Kimball, R.: Slowly changing dimensions. Unlike OLTP systems, data warehouses can track historical data. In: DBMS online 9 (4), 1996, http://www.dbmsmag.com/9604d05.html
Kimb97	Kimball, R.: Hackers, Crackers, and Spooks; Ensuring that your data warehouse is secure. In: DBMS Magazine, April 1997
Kimb02	Kimball, R.: Real-Time Partitions. Intelligent Enterprise, 02/2002

KiPN94	Kilian, W.; Picot, A.; Neuburger, R.: Electronic Data Interchange (EDI). Nomos, Baden-Baden, 1994
KiRo02	Kimball, R.; Ross, M.: The Data Warehouse Toolkit. 2. Auflage, Wiley, 2002
KiSe91	Kim, W.; Seo, J.: Classifying Schematic and Data Heterogeneity in Multidatabase Systems. In: IEEE Computer 24(12), 1991, S. 12–18
KLM+97	Kawaguchi A.; Lieuwen D.; Mumick, I.; Quass, D.; Ross, K.: Concurrency Control Theory for Deferred Materialized Views. In: Proceedings of the 6th International Conference on Database Theory (ICDT'97, Delphi, 8.–10. Januar), 1997, S. 306–320
KlMe02	Klettke, M.; Meyer, H.: XML & Datenbanken – Konzepte, Sprachen und Systeme. dpunkt.verlag, Heidelberg, 2002
Klok99	Kloke, M.: Einführung einer Balanced Scorecard Praxisbeispiel. In: 5. Kongress für Data Warehousing und Managementinformationssysteme (MIS99, Tagungs-CD, Mannheim, Deutschland, 28.–29. Sep.), 1999
Klug82	Klug, A.: Equivalence of Relational Algebra and Relational Calculus Query Languages Having Aggregate Functions. In: Journal of the ACM 29(1982)3, S. 699–717
Kneu07	Kneuper, R.: CMMI. Verbesserung von Softwareprozessen mit Capability-Maturity Model Integration. 3. Auflage, dpunkt.verlag, Heidelberg, 2007
KnMy96	Knolmayer, G.; Myrach, T.: Zur Abbildung zeitbezogener Daten in betrieblichen Informationssystemen. In: Wirtschaftsinformatik 38 (1), 1996, S. 63–74
Koho82	Kohonen, T.: Self-organized formation of topologically correct feature maps. In: Biological cybernetics 43 (1), 1982, S. 59–69
Kolo91	Kolodner, J. L.: Improving human decision making through case-based decision aiding. In: AI magazine 12 (2), 1991, S. 52–68
KoMR03	Koch, S.; Meister, J.; Rohde, M.: MUSTANG – A framework for Statistical Analyses of Multidimensional Data in Public Health. In: Gnauck, A.; Heinrich, R. (Hrsg.): The Information Society and Enlargement of the European Union. 17th International Conference Informatics for Environment Protection, Cottbus 2003, Metropolis-Verlag, Marburg, 2003, S. 635–642
KoRo99	Kotidis, Y.; Roussopoulos, N.: DynaMat: A Dynamic View Management System for Data Warehouses. In: Proceedings ACM SIGMOD International Conference on the Management of Data (SIGMOD'99, Philadelphia, Pennsylvania, 1.–3. Juni), 1999, S. 371–382

KQS+98	Katic, N.; Quirchmayr, G.; Schiefer, J.; Stolba, M.; Tjoa, A. M.: A Prototype Model for Data Warehouse Security Based on Metadata. In: Proceedings of the Ninth International Workshop on DEXA (DEXA'98, Wien, Österreich, 26.–28. August), 1998
KrBl11	Kreizman, G.; Blakley, B.: Identity and Access Management Key Initiative Overview, Gartner Research, 2011
KRRT98	Kimball, R.; Reeves, L.; Ross, M.; Thornwaite, W.: The Data Warehouse Lifecycle Toolkit. John Wiley & Sons, New York, 1998
Kubr96	Kubr, M.: Management Consulting – A guide to the profession. 3. Aufl., Genf, 1996
KuLB99	Kuhn, K.; Lenz, R.; Blaser, R.: Building a Hospital Information System: Design Considerations Based on the Results from a Europe-wide Vendor Selection Process. In: Proceedings of the AMIA Symp., 1999, S. 834–838
Kurz99	Kurz, A.: Data Warehousing – Enabling Technology. MITP-Verlag, Bonn, 1999
LaGa96	Labio, W.; Garcia-Molina, H.: Efficient Snapshot Differential Algorithms for Data Warehousing. In: Proceedings of the 22th International Conference on Very Large Data Bases (VLDB'96, Bombay, Indien, 3.–6. Sept.), 1996, S. 63–74
Lang04	Langseth, J.: Real-Time Data Warehousing: Challenges and Solutions. DSSResources.com, 08/2004
LaYa85	Larson, P.; Yang, H.: Computing Queries from Derived Relations. In: Proceedings of the 11th International Conference on Very Large Data Bases (VLDB'85, Stockholm, Sweden, 21.–23. August), 1985, S. 259–269
LeAW98	Lehner, W.; Albrecht, J.; Wedekind, H.: Normal Forms for Multidimensional Databases. In: Proceedings of the 10th International Conference on Scientific and Statistical Data Management (SSDBM'98, Capri, Italien, 1.–13. Juli), 1998, S. 63–72
LeEL97	Leutenegger, S. T.; Edgington, J. M.; Lopez, M. A.: STR: A Simple and Efficient Algorithm for R-Tree Packing. In: Proceedings of the Thirteenth International Conference on Data Engineering (ICDE'97, Birmingham, U.K, 7.–11. April), 1997, S. 497–506
Lehn98	Lehner, W.: Modeling Large Scale OLAP Scenarios. In: Proceedings of the 6th International Conference on Extending Database Technology (EDBT'98, Valencia, Spanien, 23.–27. März), 1998, S. 153–167
Lehn99	Lehner, W.: Multidimensionale Datenbanksysteme. Stuttgart, Leipzig, B.G. Teubner Verlagsgesellschaft, 1999
Lehn03	Lehner, W.: Datenbanktechnologie für Data-Warehouse-Systeme. dpunkt.verlag, Heidelberg, 2003

LeKu00	Lenz, R.; Kuhn, K.: Die elektronische Krankenakte (Teil 1). In: mta 15 (3), 2000
LeLe98	Lendzian-Coane, M.; Leonhardt, S.: Lust statt Frust. In: Diebold Management Report, Nr. 10, 1998, S. 14–19
LeRT96	Lehner, W; Ruf, T.; Teschke, M.: CROSS-DB: A Feature-Extended Multi-dimensional Data Model for Statistical and Scientific Databases. In: 5th International Conference on Information and Knowledge Management (CIKM'96, Rockville, Maryland, USA), 1996, S. 253–260
LeSh97	Lenz, H.-J.; Shoshani, A.: Summarizability in OLAP and Statistical Data Bases. In: Proceedings of the 9th International Conference on Statistical and Scientific Database Management (SSDBM'97, Olympia (WA), USA, 11.–13. August), 1997, S. 132–143
LiGH09	Linstedt, D.; Graziano, K.; Hultgren, H.: The Business of Data Vault Data Modeling. 2. Auflage, ebook, ohne Ort, 2009
Lint00a	Linthicum, D.: Enterprise Application Integration. Addison-Wesley, Boston et al., 2000
Lint00b	Linthicum, D.: B2B Application Integration. Addison-Wesley, Boston et al., 2000
Litk95	Litke, H.-D.: Projektmanagement: Methoden, Techniken, Verhaltensweisen. München, 1995
Loes98	Loeser, H.: Techniken für Web-basierte Datenbankanwendungen: Anforderungen, Ansätze, Architekturen. In: Informatik – Forschung und Entwicklung 13 (4), 1998, S. 196–216
Lohm99	Lohmann, G. M.: Star Joins in DB2 UDB. In: Intern. DB2 Users Group, IDUG 11th Annual North American Conference, Orlando, Florida, 16.–20. Mai 1999
LoKK93	Lockemann, P. C.; Krüger, G.; Krumm, H.: Telekommunikation und Datenhaltung. Carl Hanser Verlag, München, Wien, 1993
Lore80	Lorenzen, P.: Rationale Grammatik. In: Theorie wissenschaftlichen Argumentierens. Suhrkamp Verlag, Frankfurt am Main, 1980, S. 73–94
Lore90	Lorenz, K.: Einführung in die philosophische Anthropologie. Wissenschaftliche Buchgesellschaft, Darmstadt, 1990, S. 109 ff.
LoSa90	Lomet, D.; Salzberg, B.: The hB-Tree: A Multiattribute Indexing Method with good guaranteed Performance. In: *ACM TODS*, 15(4), 1990, S. 625–658
LoSc87	Lockemann, P. C.; Schmidt, J. W. (Hrsg): Datenbank-Handbuch. Springer-Verlag, Berlin, 1987

MacQ67	MacQueen, J.: Some methods for classification and analysis of multivariate observations. In: Proceedings of the fifth Berkeley symposium on mathematical statistics and probability, Vol. 1., Berkeley et al., 1967, S. 281–297
Mali09	Malik, F.: Systemisches Management, Evolution, Selbstorganisation. Paul Haupt Verlag, 2009
Marc00	Marco, D.: Building and Managing the Meta Data Repository. A Full Life-cycle Guide, Verlag John Wiley & Sons, Inc, 2000
Mark99	Markl, V.: MISTRAL: Processing Relational Queries using a Multidimensional Access Technique. Ph.D. Thesis, TU München, 1999, St. Augustin, DISDBIS 59, 1999
McGu96	McGuff, F.: The Hitchhiker's Guide to Decision Support. 1996, *http://members.aol.com/hhg2dss/*
Meie92	Meier, U.: Intelligente Entscheidungsunterstützungssysteme für die Bilanzbewirtschaftung einer Großbank. Bern, Stuttgart, Wien, 1992
Mehr04	Mehrwald, C.: Business Information Warehouse 3 – Architektur, Konzeption, Implementierung. dpunkt.verlag, Heidelberg, 2. Auflage, 2004
MeRR04	Meister, J.; Reussner, R.; Rohde, M.: Applying Patterns to Develop a Product Line Architecture for Statistical Analysis Software. In: Jan Bosch (Hrsg.): Proceedings of 4th IEEE/IFIP Conference on Software Architecture, Oslo, Juni 2004
Meta99	N.N.: Data Warehouse Scorecard. Meta Group, 1999
MiBG06	Miller, G. J.; Bräutigam, D.; Gerlach, S.: Business Intelligence Competency Centers. A Team Approach to Maximizing Competitive Advantage. John Wiley & Sons. Hoboken, 2006
Mich91	Michalewicz, Z. (Hrsg.): Statistical and Scientific Databases. In: Ellis Horwood Series in Computers and Their Applications, 1991
Micr98	Microsoft Corp.: OLE DB for OLAP Version 1.0 *Specification*. 1998
Micr00	Microsoft Corp.: *http://www.microsoft.com/germany/msdn/techtalk*
Micr03a	N.N.: Microsoft .NET. Microsoft, 2003, *http://www.microsoft.com/net/*
Micr03b	N.N.: Accessing Data with ADO.NET. In: .NET Framework Developer's Guide. Microsoft, 2003, *http://msdn.microsoft.com/library/default.asp?url=/library/en-us/cpguide/html/cpconoverviewofadonet.asp, http://msdn.microsoft.com/en-us/magazine/cc301611.aspx*
Micr03c	N.N.: Creating ASP.NET Web Applications. In: .NET Framework Developer's Guide. Microsoft, 2003, *http://msdn.microsoft.com/library/default.asp?url=/library/en-us/cpguide/html/cpconcreatingaspwebapplications.asp*

Micr07	N.N.: SQL Server 2005-Onlinedokumentation, Multidimensional Expressions (MDX) – Referenz. Microsoft-Corporation, 2007, *http://technet.microsoft.com/de-de/library/ms145506.aspx*
MiPa69	Minsky, M.; Papert, S.: Perceptrons. Cambridge, 1969
Mits95	Mitschang, B.: Anfrageverarbeitung in Datenbanksystemen. Friedrich Vieweg & Sohn Verlagsgesellschaft mbH, Braunschweig, Wiesbaden, 1995
MoCh00	Monson-Haefel, R.; Chappell, D.: Java Message Service. O'Reilly, 2000
Mons01	Monson-Haefel, R.: Enterprise Java Beans, 3rd edition. O'Reilly, 2001
MoSc98	Mountfield, A.; Schalch, O.; Konzeption von Balanced Scorecards und Umsetzung in ein Management-Informationssystem mit SAP Business Information Warehouse. In: Controlling, 5/1998, S. 316–322
Moss07	Moss, L.T.: Extreme Scoping – An Agile Project Management Approach. In: EIMI Archives, Volume 1, Issue 5 – Juli 2007 Edition, 2007
Moss09	Moss, L.T.: Extreme Scoping – An Agile Approach for Data Warehouse and Business Intelligence Projects. TDWI Washington DC Chapter, 2009-10-22, 2009
Möss93	Mössenböck, H.: Softwareentwicklung mit C# – Ein kompakter Lehrgang. dpunkt.verlag, Heidelberg, 2003
MRAK03	Meister, J.; Rohde, M.; Appelrath, H. J.; Kamp, V.: Data-Warehousing im Gesundheitswesen. In: Wolfgang Lehner (Hrsg.): it – Information Technology, 45(4), Oldenbourg Wissenschaftsverlag, München, 2003, S. 179–185
Muen02	Muench, S.: Simplifying J2EE and EJB Development with BC4J. Oracle, 2002, *http://otn.oracle.com/products/jdev/htdocs/j2ee_bc4j.html*
Münc10	Münch, P.: Technisch-organisatorischer Datenschutz. 4.Auflage, Datakontext, 2010
MWDM64	Macnaughton-Smith, P.; Williams, W. T.; Dale, M. B.; Mockett, L. G.: Dissimilarity analysis: a new technique of hierarchical sub-division. In: *Nature 202*, 1964, S. 1034–1035
NaAh93	Navathe, S. B.; Ahmed, R.: Temporal Extensions to the Relational Model and SQL. In: Temporal Databases: Theory, Design, and Implementation, Benjamin/Cummings, 1993, S. 92–109
NaKu10	Nayak, S.; Kuma, T.S.: Indian tsunami warning system. *www.isprs.org*, 2010
Newc02	Newcomer, E.: Understanding Web Services. Addison-Wesley Professional, 2002
Nied97	Niedereichholz, C.: Unternehmensberatung II – Auftragsdurchführung und Qualitätssicherung. Bd. 2, München, 1997

NiHS84	Nievergelt, J.; Hinterberger, H.; Sevcik, K. C.: The Grid-File. In: *ACM TODS*, 9(1), März, 1984, S. 38–71
OASI08	N.N.: OASIS. 2008, *http://www.oasis-open.org*
Oehl97	Oehler, K.: Das General Ledger-Konzept in Rechnungswesen und Controlling – Zeit für einen Wandel? In: Controlling, 5/1997, S. 356–361
Oehl98	Oehler, K.; OLAP-Konzeption einer geschlossenen Kostenrechnung. In: Kostenrechnungspraxis, Sonderheft, 2/1998, S. 85–96
Oehl00	Oehler, K.: OLAP, Grundlagen, Modellierung und betriebswirtschaftliche Lösungen. Carl Hanser Verlag, München, Wien, 2000
OiBa92	Oivo, M.; Basili, V.: Representing software engineering models: the TAME goal-oriented approach. In: IEEE Transactions on Software Engineering, 18(10), 1992, S. 886–898
OLAP98	N. N.: MD-API Specification Version 2.0. OLAP Council, *http://www.olapcouncil.org*, 1998
OMG95	N. N.: Common Facilities Architecture. Revision 4.0, Object Management Group, Massachusetts, 1995, *http://www.omg.org*
OMG97	N. N.: A Discussion of the Object Management Architecture. Object Management Group, Massachusetts, 1997, *http://www.omg.org*
OMG98	N. N.: CORBAservices: Common Object Services Specification. Überarbeitete Ausgabe, Object Management Group, Massachusetts, 1998, *http://www.omg.org*
OMG99	N. N.: The Common Object Request Broker: Architecture and Specification. Revision 2.3.1, Object Management Group, Massachusetts, 1999, *http://www.omg.org*
OMG08	http://www.omg.org
Oppl97	Oppliger, R.: Internet security: firewalls and beyond. In: Communications of the ACM, Volume 40, Issue 5, 1997, S. 92–102
Orac08a	N. N.: Oracle11g, Concepts. Release 11.1, Oracle Corporation, 2008
Orac08b	N.N.: Oracle OLAP Java API Developer's Guide. Oracle 11g Release 1 (11.1), Oracle, 2008, *http://www.oracle.com/technology/products/bi/olap/olap.html*.
OrHE99	Orfali, R.; Harkey, D.; Edwards, J.: The Essential Distributed Objects Survival Guide. 3rd edition, John Wiley & Sons, New York, 1999
Orr98	Orr, K.: Data quality and systems theory. In: Communications of the ACM, 41(2), 1998, S. 66–71
ÖzVa99	Özsu, M. T.; Valduriez, P.: Principles of Distributed Database Systems. Prentice Hall, 1999

PCTM02	Poole, J.; Chang, D.; Tolbert, D.; Mellor, D.: Common Warehouse Metamodel: An Introduction to the Standard for Data Warehouse Integration. John Wiley & Sons, New York, 2002
PeCr95	Pendse, N.; Creeth, R.: The OLAP Report: Succeeding with On-Line Analytical Processing. Vol. 1, Business Intelligence, 1995
PeCr99	Pendse, N.; Creeth, R.: The OLAP Report. Business Intelligence, London, 1999, *http://www.olapreport.com*
PeCr00	Pendse, N.; Creeth, R.: The OLAP Report. Business Intelligence, London, 2000, *http://www.olapreport.com*
PeJe98	Pedersen, T. B.; Jensen, C. S.: Research Issues in Clinical Data Warehousing. In: Proceedings of the 10th International Conference on Scientific and Statistical Database Management (SSDBM'98, Capri, Italien, 1.–3. Juli), 1998, S. 43–52
PeJe99	Pedersen, T. B.; Jensen, C. S.: Multidimensional Data Modeling for Complex Data, In: Proceedings of the 15th International Conference on Data Engineering (ICDE'99, Sydney, Australien, 23.–26. März), 1999, S. 336–345
Pend08a	Pendse, N.: The OLAP Report. 2008, *http://www.olapreport.com*
Pend08b	Pendse, N.: The BI Survey 7. 2008, *http://www.bi-survey.com/*
PERM+03a	Pieringer, R.; Elhardt, K.; Ramsak, F.; Markl, V.; Fenk, R.; Bayer, R.; Karayannidis, N.; Tsois, A.; Sellis, T. K.: Combining Hierarchy Encoding and Pre-Grouping: Intelligent Grouping in Star Join Processing (ICDE '03, Bangalore, Indien, S. 329–340)
PERM+03b	Pieringer, R.; Elhardt, K.; Ramsak, F.; Markl, V.; Fenk, R.; Bayer, R.: Transbase: a Leading-edge ROLAP Engine Supporting Multidimensional Indexing and Hierarchy Clustering. (BTW '03, Leipzig, Deutschland, S. 648–667)
Plat09	Plattner, H.: A common database approach to OLTP and OLAP using an in-memory colum database. In: Cetentemel, U.; Zdonik, SB; Kossmann, D.; Tatbul, N.: Proceedings of the ACM SIGMOD international conference on management of data (SIGMOD 2009), Providence 2009, S. 1–7
Pont98	Pontius, G.: Data Warehouse fordert Anwender und Anbieter. In: Computerwoche focus, o. Jg., Nr. 2, 1998, S. 24–25, Interview, durchgeführt von Ruth Bosch
Pool02	Poole, J.: JSR 69 – Java OLAP Interface (JOLAP). Java Specification Request, 2002, *http://www.jcp.org/en/jsr/detail?id=69*
Post69	Postel, H.-J.: Die Kölner Phonetik – Ein Verfahren zur Identifizierung von Personennamen auf Grundlage der Gestaltanalyse. In: IBM-Nachrichten, 19, 1969, S. 925–931

QGMW96	Quass, D.; Gupta, A.; Mumick, I.; Widom, J.: Making Views Self-Maintainable for Data Warehousing. In: Proceedings of the International Conference on Parallel and Distributed Information Systems (PDIS'96, Miami Beach, Florida, 18.–20. Dezember), 1996, S. 158–169
QiWi91	Qian, X.; Wiederhold, G.: Incremental Recomputation of Active Relational Expressions. In: IEEE Transactions on Knowledge and Data Engineering, 3(3), September 1991, S. 337–341
Quin86	Quinlan, J. R.: Induction of decision trees. In: Machine learning, 1 (1), 1986, S. 81–106
Quin93	Quinlan, J. R.: C4.5: programs for machine learning. San Mateo, 1993
QuWi97	Quass, D.; Widom, J.: On-Line Warehouse View Maintenance. In: Proceedings of the ACM International Conference on Management of Data (SIGMOD'97, Tucson, Arizona, 13.–15. Mai), ACM SIGMOD Record 26(2), 1997, S. 393–404
Radc97	Radcliffe, J.: Data Warehousing: Future Schock? Gartner Group, 1997
Rahm02	Rahm, E.: Mehrrechner-Datenbanksysteme. Oldenbourg, München, 2002
RaSc99	Rautenstrauch, C.; Scholz, A.: Improving the Performance of a Database-based Information System. A Hierarchical Approach. In: Proceedings of the Conference of the Association of Management/International Association of Management, San Diego, CA, 1999
RaSt97	Rauh, O.; Stickel, E.: Konzeptuelle Datenmodellierung. Teubner, Stuttgart, 1997
Rati97	Rational Software Corporation und UML Partners: UML Notation Guide. Version 1.1, Object Management Group, OMG Document ad/97-08-05, 1997
Rati08	IBM Rational Rose. 2008, *http://www-306.ibm.com/software/rational/*
Rayn10	Rayner, N.: Embedded Analytics Will Impact Business Application and BI Strategy, Gartner Research, 2010
Rees12	Rees, R.: NoSQL, no problem; An introduction to NoSQL databases. 2012, *http://www.thoughtworks.com/articles/nosql-comparison*
RePo99	Rechenberger, P.; Pomberger, G.: Informatik-Handbuch. Carl Hanser Verlag, München, Wien, 1999
RiSc89	Riesbeck, C. K.; Schank, R. C.: Inside case based reasoning. Hillsdale et al., 1989
RiSc95	Rigaux, P.; Scholl, M.: Multi-Scale Partitions: Application to Spatial and Statistical Databases. In: International Symposium of Large Spatial Databases, LNCS 95, Springer-Verlag, Berlin, 1995

RKWW00	Rohde, M.; Kieschke, J.; Wellmann, I.; Wietek, F.: Regionale Untersuchungen im Gesundheitsbereich mithilfe von CARESS. In: Cremers, A. B.; Greve, K. (Hrsg.): Umweltinformatik '00, 4. Internationales Symposium »Informatik für den Umweltschutz« der Gesellschaft für Informatik (GI), Bonn 2000, Metropolis-Verlag, Marburg, 2000, S. 201–211
Rock79	Rockart, J. F.: Chief executives define their own data needs. In: Harvard Business Review, März–April 1979, S. 81–93
Rodg89	Rodgers, U.: Denormalization: Why, What, and How? In: Database Programming & Design, Vol. 2, No. 12, 1989, S. 46–53.
RoSD99	Rosenthal, A.; Sciore, E.; Doshi, V.: Security Administration for Federations, Warehouses and other Derived Data. In: Database Security, IFIP 11.3, 1999
Rous97	Roussopoulos, N.: Materialized Views and Data Warehouses. In: Workshop Knowledge Representation meets Databases, 1997
Ruf97	Ruf, T.: Scientific and Statistical Databases – Datenbankeinsatz in der multidimensionalen Datenanalyse. Friedr. Vieweg & Sohn Verlagsgesellschaft mbH, Braunschweig, Wiesbaden, 1997, S. 89–95
SAA+95	Snodgrass, R. T.; Ahn, I.; Ariav, G.; Batory, D.; Clifford, J.; Dyreson, C. E.; Elmasri, R.; Grandi, F.; Jensen, C. S.; Käfer, W.; Kline, N.; Kulkarni, K.; Leung, T. Y. C; Lorentzos, N.; Roddick, J. F.; Segev, A.; Soo, M. D.; Sripadaet, S. M.: The Temporal Query Language TSQL2. Kluwer Academic Publishing, 1995
SaAN07	Stavrianou, A.; Andritsos, P.; Nicoloyannis, N.: Overview and semantic issues of text mining. SIGMOD Rec., Sept., 2007, S. 23–34
SaBH99	Sapia, C.; Blaschka, M.; Höfling, G.: An Overview of Multidimensional Data Models for OLAP. FORWISS Report FR-1999-001, 1999, *http://www.forwiss.de/public/reports.html*
SAC+79	Selinger, P. G.; Astrahan, M. M.; Chamberlain, D. D.; Lorie, R. A.; Price, T. G.: Access Path Selection in a Relational Database Management System. In: Proceedings of the 5th International Conference on Management of Data (SIGMOD'79, Boston (MA), USA, 30. Mai–1. Juni), 1979, S. 23–32
SaHS08	Saake, G.; Sattler, K.-U.; Heuer, A.: Datenbanken – Konzepte und Sprachen. 3. Auflage, mitp-Verlag, Frechen, 2008
Sand98	Sanders, R. E.: ODBC 3.5 Developer's Guide. McGraw-Hill Series on Data Warehousing and Data Management, 1998
Sara97	Sarawagi, S.: Indexing OLAP data. In: Data Engineering Bulletin, 20 (1), 1997, S. 36–43

Sara08	Sarawagi, S.: Information Extraction. In: Foundations and Trends databases, März 2008, S. 261–377
SaSa96	Sandhu, R. S.; Samarati, P.: Authentication, Access Control and Audit. In: ACM Computing Surveys, Vol. 28, No. 1, März 1996
SaSt94	Sarawagi, S.; Stonebraker, M.: Efficient Organization of Large Multidimensional Arrays. In: Proceedings of the Tenth International Conference on Data Engineering (ICDE'94, Houston, Texas, USA, 14.–18. Februar), 1994, S. 328–336
SBHD99	Sapia, C.; Blaschka, M.; Höfling, G.; Dinter, B.: Extending the E/R Model for the Multidimensional Paradigm. In: Advances in Database Technologies Lecture Notes in Computer Science, Vol. 1552, Springer-Verlag, Berlin, 1999, S. 105–116
SBJS98	Snodgrass, R. T.; Böhlen, M. H.; Jensen, C. S.; Steiner, A.: Transitioning Temporal Support in TSQL2 to SQL3. In: [EtJS98], S. 150–194
Seba02	Sebastiani, F.: Machine learning in automated text categorization. ACM Comput. Surv., März 2002, S. 1–47
ScDi06	Schulze, K.-D.; Dittmar, C.: Business Intelligence Reifegradmodelle – Reifegradmodelle als methodische Grundlage für moderne Business Intelligence Architekturen. In: Chamoni, P.; Gluchowski, P. (Hrsg.): Analytische Informationssysteme Business Intelligence-Technologien und -Anwendungen, 3. Aufl., 2006
ScDi10	Schulze, K.-D.; Dittmar, C.: State of the Art von Business Intelligence – Ergebnisse der biMA®-Studie 2009. ISIS BI & BPM Kompendium, 2010, S. 10–11
Sche98	Schelp, J.: Konzeptionelle Modellierung mehrdimensionaler Datenstrukturen. In: Analytische Informationssysteme: Data Warehouse, On-Line Analytical Processing, Data Mining, Springer-Verlag, Berlin, 1998
Sche08	Scheja, G.: Recht des Datenschutzes und der IT-Sicherheit. In Leupold, A.; Glossner, S. (Hrsg.): IT-Recht, C.H. Beck, München, 2008
Sche09	Schemm, J. W.: Zwischenbetriebliches Stammdatenmanagement. Springer-Verlag, Berlin Heidelberg, 2009
Schn95	Schneier, B.: Applied Cryptography: Protocols, Algorithms, and Source Code in C. 2nd edition. John Wiley & Sons, New York, 1995
Scho03	Scholz, P.: Datenschutz bei Data Warehousing und Data Mining. In Roßnagel, A. (Hrsg.): Handbuch Datenschutzrecht; München, 2003
Schr94	Schreiber, J.: Beschaffung von Informatikmitteln. Bern, Stuttgart, Wien, 1994
Schr96	Schrade, A.: Data Warehouse, die strategische Waffe für den Unternehmenserfolg. In: Office Management, 12/96, S. 50–53

Schu09	Schulze, K.-D.: Mehr Nutzen durch Business Intelligence. Informationweek, Ausgabe 11, 2009, S. 16–20
Schu10	Schulze, K.-D.: Business Intelligence besser organisieren. Informationweek, Ausgabe 2, 2010, S. 28–29
Schw01	Schwanenberg, S.: Neuronale Netze als Segmentierungsverfahren für die Marktforschung: Ein Vergleich mit traditionellen Segmentierungsansätzen auf der Basis von Daten aus Monte-Carlo-Simulationen, Diss., Lohmar, 2001
Schw07	Schwaber, K.: Agiles Projektmanagement mit Scrum. Microsoft Press Deutschland, 2007
ScSV96	Scheuermann, P.; Shim, J.; Vingralek, R.: WATCHMAN: A Data Warehouse Intelligent Cache Manager. In: Proceedings of 22th International Conference on Very Large Data Bases (VLDB'96, Mumbai (Bombay), Indien, 3.–6. September), 1996, S. 51–62
SDJL96	Srivastava, D.; Dar, S.; Jagadish, H. V.; Levy, A. Y.: Answering Queries with Aggregation Using Views. In: Proceedings of 22th International Conference on Very Large Data Bases (VLDB'96, Bombay, Indien, 3.–6. September), 1996, S. 318–329
SDNR96	Shukla, A.; Deshpande, P.; Naughton, J. F.; Ramasamy, K.: Storage Estimation for Multidimensional Aggregates in the Presence of Hierarchies. In: Proceedings of 22th International Conference on Very Large Data Bases (VLDB'96, Bombay, Indien, 3.–6. September), 1996, S. 522–531
SDRS99	Schwinn, K.; Dippold, R.; Ringgenberg, A.; Schnider, W.: Unternehmensweites Datenmanagement. 2. Auflage, Vieweg, 1999
SeRF87	Sellis, T.; Roussopoulos, N.; Faloutsos, C.: The R+-Tree: A Dynamic Index for Multi-Dimensional Objects. In: Proceedings of the 13th International Conference on Very Large Data Bases (VLDB'87, Brighton, England, 1.–4. September), 1987, S. 507–518
ShDN98	Shukla, A.; Deshpande, P. M.; Naughton, J. F.: Materialized View Selection for Multidimensional Datasets. In: Proceedings of 24th International Conference on Very Large Data Bases (VLDB'98, New York, USA, 24.–27. August), 1998, S. 488–499
Shew31	Shewhart, W. A.: Economic Control of Quality of Manufactured Product. D. Van Nostrand, New York, 1931
Shin03	Shin, B.: An Exploratory Investigation of System Success Factors in Data Warehousing. In: Journal of the Association for Information Systems, Vol. 4, Iss. 1, Article 6, 2003

ShLa90	Sheth, A. P.; Larson, J. A.: Federated Database Systems for Managing Distributed, Heterogeneous, and Autonomous Databases. In: ACM Computing Surveys, 22 (3), 1990, S. 183–236
Shos97	Shoshani, A.: OLAP and Statistical Databases: Similarities and Differences. In: Proceedings of the Sixteenth ACM SIGACT-SIGMOD-SIGART Symposium on Principles of Database Systems (PODS'97, Tucson, Arizona, 12.–14. Mai), 1997, S. 185–196
ShSV96	Shim, J.; Scheuermann, P.; Vingralek, R.: Dynamic Caching of nQuery Results for Decision Support Systems. In: Proceedings of the 11th International Conference on Scientific and Statistical Database Management (SSDBM'99, Cleveland, Ohio, 28.–30. Juli), 1999, S. 254–226
SiSJ02	Singh, I.; Stearns, B.; Johnson, M.: Designing Enterprise Applications with the J2EE Platform. Addison-Wesley Professional, 2002, *http://java.sun.com/blueprints/guidelines/ designing_enterprise_applications_2e/index.html*
SiSu96	Silberschatz, K.; Sudarshan, S.: Database Systems Concepts. 3rd edition. McGraw-Hill, 1996
SmHo07	Smolarz, A.; Horster, T.: Reifegrad von BI-Lösungen: Wo schlummert das Potenzial? BI-Spektrum, 2. Jg., Nr. 4, 2007, S. 7–11
SnAh85	Snodgrass, R. T.; Ahn, I.: A Taxonomy of Time in Databases. In: ACM SIGMOD Record, Vol. 15, No. 2, 1985, S. 236–246
Snod90	Snodgrass, R. T.: Temporal Databases – Status and Research Directions. In: ACM SIGMOD Record, Vol. 19 (4), 1990, S. 83–89
Sobo96	Sobol, M. G.: Performance Criteria for Relational Databases in Different Normal Forms. In: The Journal of Systems and Software, Vol. 34, No. 1, 1996, S. 31–42
Soef98	Soeffky, M.: Data Warehouse: Prozeß- und Systemmanagement. it-research, 1998
SoZa92	Sowa, J. F.; Zachman, J. A.: Extending and Formalizing the Framework for Information Systems Architecture. In: IBM Systems Journal, Vol. 31, No. 3, 1992
SpCa82	Sprague, R. H.; Carlson, E. D.: Building Effective Decision Support System. New Jersey, 1982
Sper99	Sperley, E.: The Enterprise Data Warehouse. Prentice Hall, Englewood Cliffs, NJ, 1999
SQL99	N. N.: ISO/IEC 9075:1999 Information technology – Database languages – SQL, 1999

SRWL11	Spillner, A.; Roßner, T.; Winter, M.; Linz, T.: Praxiswissen Softwaretest – Testmanagement: Aus- und Weiterbildung zum Certified Tester – Advanced Level nach ISTQB-Standard. dpunkt.verlag, 2011
Stac76	Stachowiak, H.: Allgemeine Modelltheorie, 1973
Stan99	N.N.: Migrate Headaches. Standish Group, 1999
StGB00	Steger, J.; Günzel, H.; Bauer, A.: Identifying Security Holes In OLAP Applications. In: Fourteenth Annual IFIP WG 11.3 Working Conference on Database Security (IFIP 2000, Schoorl, Niederlande, 21.–23. August), 2000
Stoc01	Stock, Steffen: Modellierung zeitbezogener Daten im Data Warehouse. Diss. Wiesbaden, 2001
SuKN89	Sun, X.; Kamel, N.; Ni, L.: Solving Implication Problems in Database Applications. In: Proceedings of the 18th International Conference on Management of Data (SIGMOD'89, Portland (OR), USA, 31. Mai–2. Juni), 1989, S. 185–192
SuIW06	Suchanek, F. M.; Ifrim, G.,; Weikum, G.: Combining linguistic and statistical analysis to extract relations from web documents. In: Proceedings of the 12th ACM SIGKDD International Conference on Knowledge Discovery and Data Mining, 2006
Sun02	N. N.: Java Metadata Interface (JMI) Specification. 2002, *http://java.sun.com/products/jmi/*
Sun03a	N.N.: JavaMail API. Sun, 2003, *http://java.sun.com/products/javamail/*
Sun03b	N.N.: Java Metadata Interface (JMI) Specification. Sun, 2003, *http://java.sun.com/products/jmi/*
Sun03c	N.N.: Java Server Pages Technology. Sun, 2003, *http://java.sun.com/products/jsp/*
Sun03d	N.N.: Java 2 Platform, Enterprise Edition. Sun, 2003, *http://java.sun.com/j2ee/*
Sun03e	N.N.: Java 2 Platform, Standard Edition. Sun, 2003, *http://java.sun.com/j2se/*
Sun03f	N.N.: JDBC Technology. Sun, 2003, *http://java.sun.com/products/jdbc/*
Sun03g	N.N.: J2EE Connector. Sun, 2003, *http://java.sun.com/j2ee/connector/*
Sun03h	N.N.: J2ME – Java 2 Platform, Micro Edition. Sun, 2003, *http://java.sun.com/j2me/*
TaBa98	Tayi, G. K.; Ballou, D. P.: Examining Data Quality. In: Communications of the ACM, 41(2), Feb. 1998, S. 54–57
Tane92	Tanenbaum, A. S.: Modern Operating Systems. Prentice Hall, Englewood Cliffs, NJ, 1992

TaNo86	Takeuchi, H.; Nonaka, I.: The new new product development game – Stop running the relay race and take up rugby. In: Harvard Business Review, Januar/Februar, 1986, S. 137–146
TCG+93	Tansel, A. U.; Clifford, J.; Gadia, S.; Jajodia, S.; Segev, A.; Snodgrass, R.: Temporal Databases: theory, design and implementation. The Benjamin/ Cummings Publishing Company Inc., Redwood City, CA, et al., 1993
TCOU89	Teorey, T. J.; Chaar, J.; Olukotun, K.; Umar, A.: Allocation Methods for Distributed Databases. Database Programming & Design, Vol. 2, No. 4, 1989, S. 34–42.
TCS+09	Trajman, O.; Crolotte, A.; Steinhoff, D. Nambiar, R. O.; Poess, M.: Database Are Not Toasters: A Framework for Comparing Data Warehouse Appliances. In: Performance Evaluation and Benchmarking, Lecture Notes in Computer Science Volume 5895, 2009, S. 31–51
Tele07	Telemediengesetz: § 13 (2), 1. März 2007
Teor94	Teorey, T. J.: Database Modeling and Design. Morgan Kaufmann Publishers, San Francisco, CA, 1994
Thom97	Thomsen, E.: OLAP Solutions: building multidimensional information systems. John Wiley & Sons, New York, 1997
Thom01	Thomas, M.: Die Vielfalt der Modelle in der Informatik. Unterrichts- konzepte für informatische Bildung, INFOS2001: S. 173–186, Universität Trier, 2001
ThSc00	Thome, R.; Schinzer, H.: Electronic Commerce. Vahlen, München, 2000
ThSe97	Theodoratos, D.; Sellis, T.: Data Warehouse Configuration. In: Proceedings of 23rd International Conference On Very Large Data Bases (VLDB'97, Athen, Griechenland, 25.–29. August), 1997, S. 126–135
TiEG05	Tinnefeld, M.-T.; Ehmann, E.; Gerling, R.W.: Einführung in das Datenschutzrecht. 4. Auflage, München/Wien, 2005
Toto00	Totok, A: Multidimensionale Modellierung von OLAP- und Data-Warehouse-Systemen. Wiesbaden, 2000
TPC08	TPC (Transaction Processing Performance Council): Complete TPC-H Results List – Sorted by Database Vendor, 2008, *http://www.tpc.org/tpch/results/tpch_results.asp?orderby=dbms*
Trut03	Trute, H.-H.: Verfassungsrechtliche Grundlagen. In: Roßnagel, A. (Hrsg.): Handbuch Datenschutzrecht; München, 2003
TsKl99	Tsischritzis, D.; Klug, A. C.: The NASI/X3/SPARC DBMS Framework Report of the Study Group on Database Systems. In: Information Systems Journal, Vol. 3, No. 3, 1999, S. 173–191

TSS+98	Thuraisingham, B.; Schlipper, L.; Samarati, P.; Lin, T. Y.; Jajodia, S.; Clifton, C.: Security issues in data warehousing and data mining: panel discussion. In: Database Security XI, IFIP, 1998
Tuft01	Tufte, E.R.: Visual Display of Quantitative Information. Graphics Press, 2001
Unic00	Unicode Consortium: The Unicode Standard. Version 3.0. Addison-Wesley, 2000
UnKe08	Unger, C.; Kemper, H. G.: Organisatorische Rahmenbedingungen der Entwicklung und des Betriebs von Business Intelligence – Ergebnisse einer empirischen Studie. In: Bichler, M. et al. (Hrsg.): Tagungsband zur Multikonferenz Wirtschaftsinformatik 2008, Gito Verlag, Berlin, 2008
VaGD99	Vavouras, A.; Gatziu, S.; Dittrich, K. R.: Incremental Refreshment of Data Warehouses: The SIRIUS Approach. In: Proceedings of Advanced Database Symposium (ADBS'99, Tokio, Japan, Dezember), 1999
VaSe99	Vassiliadis, P.; Sellis, T. K.: A Survey of Logical Models for OLAP Databases. In: ACM SIGMOD Record, Vol. 28, No. 4, December 1999, S. 64–96
Vass98	Vassiliadis, P.: Modeling Multidimensional Databases, Cubes and Cube Operations. In: Proceedings of the 10th International Conference on Scientific and Statistical Databases (SSDBM'98, Capri, Italien, 1.–3. Juli), 1998, S. 53–62
Vett98	Vetter, M.: Aufbau betrieblicher Informationssysteme mittels konzeptioneller Datenmodellierung. Teubner, Stuttgart, 1998
ViRT82	Vinek, G.; Rennert, F. R.; Toja, A. M.: Datenmodellierung: Theorie und Praxis des Datenbankentwurfs. Physica-Verlag, Würzburg, Wien, 1982
VMFW10	Vierkorn, S.; Mack, M.; Finucane, B.; Witte, T. S.: Organization of Business Intelligence 2010. BARC Institute, 2010
Voss08	Vossen, G.: Datenmodelle, Datenbanksprachen und Datenbankmanagementsysteme. 5. Auflage, Addison-Wesley, Bonn, Paris, 2008
W3C03	N.N.: World Wide Web Consortium. W3C, 2003, *http://www.w3.org*
WaBu95	Warnecke, H. J.; Bullinger, H. J.: Fraktales Unternehmen. Springer-Verlag, Berlin, Heidelberg, 1995
Walt99	Walterscheid, H.: Systembewertung und Projektmanagement bei analytischen Informationssystemen. In: Analytische Informationssysteme, Springer-Verlag, Berlin, Heidelberg, 1999
Wang98	Wang, R. Y.: A Product Perspective on Total Data Quality Management. In: Communications of the ACM 41(2), 1998, S. 59–65

WaSG94	Wang, Y.; Strong, D. M.; Guarascio, L. M.: Beyond accuracy: What data quality means to data consumers. Technical Report, No. TDQM-94-10, Total Data Quality Management Research Program, MIT Sloan School of Management, Cambridge, MA, 1994
Webe95	Weber, J.; Einführung in das Controlling. 6. Auflage, Stuttgart, 1995
Webe05	Weber, S.: The Success of Open Source. Harvard University Press, 2005
WeCa96	Wells, D.; Carnelley, P.: Ovum Evaluates: The Data Warehouse. Ovum Ltd, London, 1996
Wede88	Wedekind, H.: Ubiquity and Need-to-know: Two Principles of Data Distribution. In: Operating Systems Review, Vol. 22, No. 4, 1988, S. 39–45
Wede91	Wedekind, H.: Datenbanksysteme. Bd. 1. Spektrum Akad. Verlag, Heidelberg, Berlin, 1991
Wede99	Wedekind, H.: *HEDAS:* Heterogene, durchgängige Anwendungssysteme. 1999
WeKl91	Westlake, A.; Kleinschmidt, L.: The Implementation of Area and Membership Retrievals in Point Geography using SQL. In: Statistical and Scientific Databases, Ellis Horwood, 1991
Wend97	Wende, I.: Normen und Spezifikationen. In: Informatik-Handbuch. Carl Hanser Verlag, München, Wien, 1997, S. 905–930
WeOI04	Wedekind, H.; Ortner, E.; Inhetveen, E: Informatik als Grundbildung. In: Informatik Spektrum, Band 27, Heft 2, April 2004
WeSt99	Wehrenberg, H.; Staudinger, M.: MIS-Werkzeuge zur Unterstützung der Konzernplanung und -steuerung. In: *5. Kongress für Data Warehousing und Managementinformationssysteme (MIS'99, Tagungs-CD, Mannheim, Deutschland, 28.–29. September), 1999
WGKI98	Wedekind, H.; Görz, G.; Kötter, R.; Inhetveen, R.: Modellieren, Simulation, Visualisierung. Zu aktuellen Aufgaben in der Informatik. In: Informatik-Spektrum, 21 (1998), S. 265–272
WiCe96	Widom, J.; Ceri, S. (Hrsg.): Active Database Systems: Triggers and Rules for Advanced Database Processing. Morgan Kaufmann Publishers, San Francisco, CA, 1996
Wild71	Wild, J.: Management-Prozeß und Informationsverarbeitung. In: Datascope, 2. Jg., 1971
Wild81	Wild, J.: Grundlagen der Unternehmensplanung. 3. Auflage, Reinbeck, 1981
Will00	Willers, M.: OLE DB – ein Generalschlüssel für Datenzugriffe? In: Objektspektrum, 2/2000, S. 83–87

Wink99	Winkler, W. E.: The State of Record Linkage and Current Research Problems. U. S. Bureau of the Census, 1999
Wood99	Wood, C.: OLE DB and ODBC Developer's Guide. IDG Books Worldwide, 1999
WuBu98	Wu, M. C.; Buchmann, A. P.: Encoded Bitmap Indexing for Data Warehouses. In: Proceedings of the Fourteenth International Conference on Data Engineering (ICDE'98, Orlando, Florida, USA, 23.–27. Februar), 1998, S. 220–230
WWB+99	Winter, A.; Winter, A.; Becker, K.; Bott, O.; Birgl, B.; Gräber, S.; Hasselbring, W.; Haux, R.; Jostes, C.; Penger, O.-S.; Prokosch, H.-U.; Ritter, J.; Schütte, R.; Terstappen, A.: Referenzmodelle für die Unterstützung des Managements von Krankenhausinformationssystemen. In: Informatik, Biometrie und Epidemiologie in Medizin und Biologie, Band 30, Heft 4/1999, Urban und Fischer Verlag, 1999
XMLA01	N.N.: XML for Analysis Specification Version 1.0. Microsoft, Hyperion, 2001
XMLA08	N.N.: XML for Analysis. Simba-Technologies-Inc., 2008, *http://www.xmlforanalysis.com/*
Your89	Yourdon, E.: Modern structured analysis. Yourdon Press Computing Series, Prentice Hall, 1989
Zach87	Zachman, J. A.: A Framework for Information Systems Architecture. In: IBM Systems Journal, Vol. 26, No. 3, 1987
ZCPL00	Zaharioudakis, M.; Cochrane, R.; Pirahesh, H.; Lapis, G.: Answering Complex SQL Queries Using Summary Tables. In: Proceedings of the 2000 ACM SIGMOD International Conference on Management of Data (SIGMOD'00, Dallas, Texas, USA, 14.–19. Mai), 2000, S. 105–116
Zeh03	Zeh, T.: Data Warehousing als Organisationskonzept des Datenmanagements. In: Informatik – Forschung und Entwicklung, Band 18, Heft 1, 2003, S. 32–38
ZhDN97	Zhao, Y.; Deshpande, P. M.; Naughton, J. F.: An Array-based Algorithm for Simultaneous Multidimensional Aggregates. In: Proceedings of the ACM SIGMOD International Conference on Management of Data (SIGMOD'97, Tucson, Arizona, USA, 13.–15. Mai), 1997, S. 159–170
ZiTr06	Zirkel, M.; Trost, U.: BI-Strategie – Wege aus dem Informationschaos. BI-Spektrum, 2. Jg., Nr. 2, 2006, S. 16–19
ZRTN98	Zhao, Y.; Ramasamy, K.; Tufte, K.; Naughton, J. F.: Array-Based Evaluation of Multi-Dimensional Queries in Object-Relational Database Systems. In: Proceedings of the Fourteenth International Conference on Data Engineering (ICDE'98, Orlando, Florida, USA, 23.–27. Februar), 1998, S. 241–249

Weitere Informationen

Folgende unkommentierte und unvollständige Listen mit Herstellern und Produkten können als Ausgangspunkt für eigene Recherchen dienen. Weitere Informationen sind z.B. im Internet zu finden. Oft ist es schwierig, eine eindeutige Zuordnung zu einer Werkzeugkategorie zu geben, da sich viele Produkte in mehreren Kategorien wiederfinden.

Auf die Angabe von Versionsnummern und die Abgrenzung zwischen Community- und Enterprise-Edition im Bereich der Open-Source-Software wird verzichtet. Dies ist damit begründet, dass sich dies in der Vergangenheit recht schnell geändert hat. Weiterhin ist zu beachten, dass einzelne Komponenten der Anbieter auf Basis der gleichen Kerntechnologien basieren (z.B. jFree-Report).

- Open-Source-Werkzeuge:

Apache	Hadoop	*http://hadoop.apache.org/*
Pentaho	Pentaho Data Integration	*http://www.pentaho.com*
Talend	Talend-Open-Studio	*http://www.talend.com*
Infobright	Infobright	*http://www.infobright.org* bzw. *http://www.infobright.com*
Ingres	Ingres Database	*http://www.ingres.com*
Oracle	MySQL	*http://www.mysql.de/*
Eclipse/Actuate	BIRT	*http://www.eclipse.org/birt/phoenix/project/charter.php* und *http://www.actuate.com*
Jaspersoft	Jasper-Reporting	*http://jasperforge.org*
Jedox AG	Palo	*http://www.jedox.com*
Pentaho	Pentaho BI Suite	*http://www.pentaho.com/*
Rapid-I GmbH	Rapidminer	*http://rapid-i.com*
Engineering Group	Spago BI	*http://www.spagoworld.org*
Talend	Talend-Open-Studio	*http://www.talend.com*

- Kommerzielle Datenbeschaffungs- und Datenqualitätswerkzeuge:

Data Flux	Data Flux	*www.dataflux.com/*
ETI	ETI Solution	*http://www.eti.com*
IBM	InfoSphere	*http://www.ibm.com*
Informatica		*http://www.informatica.com*
Oracle	Data Integrator	*http://www.oracle.com*
SAP	BusinessObjects	*http://www.sap.com*
Trillium	Trillium	*http://trilliumsoftware.de*

Kommerzielle Datenbanksysteme:

Exasol	Exasol	*http://www.exasol.com*
Greenplum	Greenplum	*http://www.greenplum.com/products/greenplum-database*
IBM	DB2; Informix, Netezza	*http://www.ibm.com*
Microsoft	SQL Server	*http://www.microsoft.com*
Oracle	Oracle 11g; Hyperion	*http://www.oracle.com*
SAP	Sybase	*http://www.sap.com*
Teradata	NCR Teradata	*http://www.ncr.com*

Kommerzielle Analysewerkzeuge:

Eclipse/Actuate	BIRT	*http://www.eclipse.org/birt/phoenix/project/charter.php* und *http://www.actuate.com*
IBM	Cognos, SPSS, TM1, OLAP Server, Intelligent Miner	*http://www.ibm.com*
MicroStrategy	MicroStrategy	*http://www.MicroStrategy.com*
Oracle	Discoverer, Hyperion	*http://www.oracle.com*
Qlik Tech	QuikView	*http://www.qlikview.com*
SAS	The SAS Data Warehouse	*http://www.sas.com*
SAP	Business Objects	*http://www.sap.com*

Kommerzielle Modellierungswerkzeuge:

CA	CA ER Win	*http://www.ca.com/*
Oracle	Designer	*http://www.oracle.com*

Für weitere produktunabhängige Informationen sei außerdem noch auf folgende Webseiten verwiesen:

Name	Link
BI Survey	http://www.bi-survey.com/
Data-Warehouse-Systeme – die Seiten zum Buch	http://www.data-warehouse-systeme.de
Information Management	http://www.information-management.com/
ITToolbox Portal for Data Warehousing	http://datawarehouse.ittoolbox.com
Ralph Kimball	http://www.kimballgroup.com/html/articles.html
BI Verdict	http://www.bi-verdict.com/
The Data Warehousing Information Center	http://www.dwinfocenter.org
The Data Warehousing Institute (TDWI)	http://www.tdwi.org/ oder www.tdwi.eu/

Stichwortverzeichnis

A

Abbildung multidimensional/relational
  Abbildungsmöglichkeiten 242
  Semantikverluste 252
Ablaufadministrator 534
Ablauforganisation 411
Abstraktion 85
Accounting 404
ACL *siehe Zugriffskontrolllisten*
ACM *siehe Zugriffskontrollmatrizen*
Ad hoc Query & Reporting 77
ADAPT 213
Additivität von Aggregationsfunktionen 325
Administration
  Anwenderbetreuung 530
  Aufgaben 525
  Data-Warehouse-Strategie und -Plattform 532
  Datenbeschaffung 539
  Evolutionskontrolle 531
  Kapazitätsplanung 529
  Performanzmanagement 527
  Qualitätsüberwachung und -sicherung 528
  Rollen 525
  Schutz- und Sicherheitsmanagement 530
  systemtechnische Aspekte 526
Advanced Encryption Standard 510
AES *siehe Advanced Encryption Standard*
Aggregation 101, 122, 223, 224, 248, 270, 485
  aggregation explosion 282
  ~sfunktion 223

Aggregation (Fortsetzung)
  ~sgitter 326
  ~sniveau 219
  ~soperation 224
Agile Verfahren 408
Agiles Projektmanagement 453
aktive Verteilung 79
Aktualisierung 538
  inkrementelle ~ 330, 485
  ~sgranulate 332
  ~sintervall 419
Aktualitätsanforderungen 331
algebraisches oder prozedurales Anfrageparadigma 226
Ampelfunktionalität 484
Analyse 72, 615
  Darstellungsformen 73
  Plattformen 78
  Realisierung 77
  Sicherheit 516
  ~aspekt 8
  ~funktionalität 75, 480, 483
  ~komponente 43
  ~orientierung 10
  ~phase 413, 415
  ~prozess 560
  ~techniken 483
  ~werkzeuge 75, 463, 466
Änderungsanomalie 244
Anforderung
  ~sdefinition 464
  ~skatalog 469
  ~smanagement 411, 440
Anfrage 300
  Klassifikation 233
  MDX 215

Anfrage (Fortsetzung)
    ~flexibilität 235
    ~konsistenz 332
    ~paradigma 226
    ~sprache 215
angelehnte Verteilung 281
Anschaffungskosten 475
Antwortzeitverhalten 473, 491
Anwender
    anwenderorientierte Probleme 563
    Zugriffswerkzeug 347
    ~anforderungen 95, 541, 564
    ~befragungen 545
    ~betreuung 527, 530, 564
    ~erwartungen 561
    ~zahl 473
Anwendung 573
    Marktforschung 573
Anwendungsfälle 14
    auswertungsorientierte ~ 17
    informationsorientierte ~ 15
    kampagnenbasierte ~ 21
    planungsorientierte ~ 15
Appliances 174
Applikation
    ~sbetreuer 535
    ~sumgebung 550
Äquipollenz 97
Arbeitsbereich 40, 55, 401, 615
Architektur 477
    Anwendungs~ 390
    Daten~ 391
    Dreischichten~ 150
    Einschichten~ 148
    Geschäfts~ 390
    Nabe-Speiche-~ 66
    N-Schichten~ 150
    Referenz~ 37
    Schichten~ 146
    Technologie~ 391
    Unternehmensweite ~ 389
    Zweischichten~ 148
    ~auswahl 419
    ~entwicklung 375
Archivierung 568, 569
Archivspeichermedien 493
Array
    ~-Linearisierung 275
    ~-Speicherung 335, 275, 276

Attribute 273
Attribut-Zeitstempelung 260
Auditing 505, 513, 541, 545
Aufbaumetadaten 356
Aufbauorganisation 411
Ausführungsplanoptimierung 552
Ausgliederung von Betriebseinheiten 535
Ausnahmebehandlung 540
Austauschformate 215
Austauschstandard 352
Auswertebereich 615
Auswertekontext für Aggregatanfragen 325
Auswertung
    ~funktionalität 9
Authentifikation 154, 505, 512
Autorisierung 295, 296, 505, 514, 515

B

Backup 401, 493, 566
    ~-Konzept 401
    ~-Planung 498
    ~-Strategien 498
Balanced Scorecard 19, 26, 483
Bandbreite 498
Basisdatenbank 58, 401, 616
    Aktualisierungsalternativen 62
    Charakterisierung 59
    Datenqualität 63
    Design 416
    Funktion 59
batch siehe Vorberechnung
B-Baum 302
Begriffsdefinition 7, 615
Benchmark 473, 475
Benutzer
    ~freundlichkeit 452, 472, 475
    ~führung 463
    ~identifikation 505, 512
    ~oberfläche 417, 463, 480
    ~verwaltung 485
Benutzungsmetadaten 356
Beratung 474
Berechtigungskonzept 418, 421
Bereichsanfrage 300
bereichskodierter Bitmap-Index 312
Bereinigung 101
    ~smaßnahmen 101

Berichtswesen 463
beschreibendes Attribut 202
Besetztheit 220, 278, 279, 282, 481
Besitzprinzip 296
Betrieb 405
Betriebsphase 452
Betriebssystem 555
Bewertungsschema 469
BICC *siehe Business Intelligence Competency Center*
big bang 502
Big Data 163
binärer Suchbaum 303
Bitmap
 ~-Index 310
 ~-Komprimierung 278, 336
Bottom-up
 ~-Betrachtung 41
 ~-Vorgehen 428
bulk loader 65, 111
Business Activity Monitoring 376, 384
Business Intelligence 5, 13, 616
 ~-Werkzeuge 73
Business Intelligence Competency Center 458
Business Intelligence Maturity Model (biMM®) 378
Business Performance Management 616
Business-Metadaten 356, 364, 537
B*-Baum 306

C

Caching 154, 271, 277
 semantisches ~ 329
Case Data Interchange Format 353
Challenge-Response-Verfahren 512
change management 347, 531
changed data capture 477
Chefinformationssystem 12
Chronon 228
CIS *siehe Chefinformationssystem*
Client/Server-Architektur 490
closed world 296
closure assumption *siehe Offenheitsannahme*
Cluster 496
 ~analyse 122

Cluster (Fortsetzung)
 ~bildung 131
 ~verfahren 132, 135
Clustering 226, 549
Codd'sche Regeln 114
cold Backup 566
Column Store 173
Common Warehouse Metamodel 352, 357
Composite-Spaltungskriterium 315
compound structure 336
connection multiplexing 556
connection pooling 556
Consulting 471
Content-Management-Systeme 417
Controlling 17, 463, 480, 523
 ~-Effizienz 522
cookies 155
Copy- und Extraktionswesen 476
Corporate Identity 417
Corporate Performance Management 27, 616
cube *siehe Würfel*
CUBE-Operator 255, 257
Customer Relationship Management 23, 376
Customizing 417
CWM *siehe Common Warehouse Metamodel*

D

data access 113
data auditing 57, 95
data cleansing *siehe Datenbereinigung*
Data Mart 616
 abhängige ~ 69
 Gründe 66
 unabhängige ~ 70
data migration 95
Data Mining 8, 76, 113, 131, 466, 616
data scrubbing 57, 95
data tracking information 345
Data Warehouse 41, 64, 615
 Analyse 65
 Charakteristika 5
 Design 416
 Laden 65
 Metadatenschema 354, 361

Data Warehouse (Fortsetzung)
    Schema 64
    Sicherheit 517
    Speicherarchitekturen 143
    ~-Architektur 387
    ~-Kompetenzzentrum 533, 534
    ~-Manager 43, 616
    ~-Plattform 532
    ~-Projekt 500, 504
    ~-Projektmanagement 533
    ~-Prozess 9, 43, 616
    ~-Rahmenwerk 388
    ~-Strategie 374, 376, 532
    ~-Zusatzinformation 617
Data Warehousing 9, 617
    Anforderungen 39
    Historie 11
    Phasensicht 87
Data-Warehouse-System 617
    Abgrenzung von transaktionalen Systemen 9
    Datenfluss 141
    Definition 7, 8
    praktische Einführung 422
    praktischer Aufbau 373
    Referenzarchitektur 37
    Righttime ~ 156
Daten
    Eindeutigkeit 51
    Einheitlichkeit 51
    Genauigkeit 50
    Konsistenz 50
    Korrektheit 50
    Redundanzfreiheit 50
    Relevanz 50
    Schlüsseleindeutigkeit 51
    Verständlichkeit 51
    Vollständigkeit 50
    Zeitnähe 50
    Zuverlässigkeit 50
    ~aktualität 157
    ~analyse 123
    ~architekt 534
    ~bereinigung 57, 95, 101
    ~blockindizierung 336
    ~eingabe 279
    ~fluss 40, 417
    ~flussdiagramm 420

Daten (Fortsetzung)
    ~haltungstechnik 481
    ~integration 9, 95
    ~konvertierung 235
    ~management 392, 534
    ~migration 57, 95
    ~qualität 49, 63, 95, 345
    ~replikation 91
    ~schutz 505
    ~sicherheit 491, 505
    ~sicherung 499
    ~speicherung 492
    ~spiegelung 570
    ~strukturen 266
    ~transferrate 498
    ~validierung 426
    ~volumen 473, 475, 477, 479, 491
    ~würfel 243
Datenbank
    konsolidierte ~ 58
    ~- und Systemverfügbarkeit 570
    ~administrator 533, 534
    ~anfragen 551
    ~design 547
    ~konfiguration 552
    ~managementsystem 143, 465
    ~optimierer 552
Datenbanksystem
    föderiertes ~ 8, 13, 618
Datenbereinigung 101
Datenbeschaffung 464, 539
    ~sbereich 41, 55, 618
    ~swerkzeuge 475
Datenbeschaffungsprozess 41, 87, 617
    Evolution 543
    Initiierung 44
    Optimierung 543
    Wartung 541, 542
Datendrehscheibe 58
Datenmodell 233, 420
    Formalisierung 214
    datenorientierte Qualitätskontrolle 528
Datenquelle 40, 45, 93, 238, 414, 617
    Bestimmung 45
    Modellierung 416
    organisatorische Voraussetzungen 48
    Relevanz 46
    technische Voraussetzungen 48

Stichwortverzeichnis

Datenschutz 412
DBMS *siehe Datenbankmanagementsystem*
Decision Support System 12
dedicated server 553
Defragmentierer 569
demographic mini dimension 318
Denial-of-Service-Angriff 505, 511
Denormalisierung 547
Designnotationen 205
  grafische ~ 202, 240
Designphase 415
Desktop OLAP 480
Detaildaten 219, 617
dezentralisierte Metadaten 349
dicht besetzt 278
Dimension 119, 122, 215, 217, 226, 234, 236, 242, 266, 267, 617
  ~selement 119, 217, 233, 617
  ~stabelle 245
dimension views 294
Dimensionalität 617
  ~ eines Würfels 122
disc mirroring 555
disc striping 555
Dokumentation 453, 521
Dreischichtenarchitektur 150
drill across 124, 223
drill down 124, 223
DSS *siehe Decision Support System*
Dünnbesetztheit 220, 278, 279, 282, 481
  logische Dünnbesetztheit 220
  natürliche Dünnbesetztheit 220
dynamische Anwendungen 152

E

ECA-Regeln 89
Eclipse Modeling Framework 352
effektive Daten 46
EIA *siehe Electronic Industries Association*
Eigenentwicklung 377, 475
eindimensionale Baumindexstruktur 302
Einsatzfelder 376
Einschichtenarchitektur 148
EIS *siehe Executive Information System*

Electronic Industries Association 353
Enterprise Application Integration 6
enterprise architecture 389
Enterprise Information Management 383
Enterprise Resource Planning 25, 477
Enterprise Resource Planning *siehe ERP*
Entitiy Relationship 202
Entity-Relationship-Modell *siehe E/R-Modell*
Entscheidungs
  ~baumverfahren 132, 136
  ~unterstützung 11
  ~unterstützungssystem 12
Entsorgung von Daten 567
Entwicklungs
  ~aufwand 476
  ~prozess 406
  ~umgebung 78, 402, 421, 477
Entwurfsmetadaten 356
Erfolgsfaktoren 500
Ergebnismengenreduktion 551
Erlös-Controlling 17
ERP-System 477
error table 540
ETL
  ~-Komponenten 56
  ~-Metadaten 479
  ~-Produkte 471, 476
  ~-Werkzeuge 464
EUS *siehe Entscheidungsunterstützungssystem*
Evolution 260, 531
evolutionäres/inkrementelles Modell 406
Executive Information System 12, 484
Extraktion 40, 43, 87, 93, 464, 618
  anfragegesteuerte ~ 94
  Data Mart 70
  ereignisgesteuerte ~ 94
  periodisch 94
  ~skomponente 56
  ~sphase 90, 93
  ~swesen 521
Extreme Programming 406
E/R
  ~-Diagramm 202
  ~-Modell 202

F

fact table *siehe Faktentabelle*
Fact-Constellation-Schema 248
Failover-System 570
Faktentabelle 243, 248
fallbasierte Systeme 132, 134
Fallstricke 498
FASMI *siehe Fast Access of Shared Multidimensional Information*
Fast Access of Shared Multidimensional Information 114, 118
fat client 79, 149
fat server 148
fehlende Werte und Nullwerte 220
Fehler
~anfälligkeit 476
~behandlung 479, 540
~tabelle 540
~toleranz 491, 497
file striping 555
Firewall 511
FIS *siehe Führungsinformationssystem*
Flaschenhälse 498
föderierte Metadatenverwaltung 349
föderiertes Datenbanksystem 8, 13, 618
Forecasting 483
Führungsinformationssystem 12
full table scan 301
Füllungscharakteristik 549
funktionale Abhängigkeit 217, 223, 224, 244
Funktionalität 463, 475

G

Galaxy-Schema 248, 269
garbage collector 569
geografisches Informationssystem 484
Geschäfts
~prozesse 233
~zweck 414
geschäftsprozessorientierte Transaktionssysteme 12
grafische Designnotation 202, 240
grafisches Anfrageparadigma 227
Granularität 219, 221, 222, 223, 237, 618
Greedy-Prinzip 327

GROUPING SETS 259
GROUPING-Funktion 257
Gültigkeitszeit 228, 229, 262
~matrix 231

H

Handlungsempfehlungen 504
Hardware
~auswahl 412, 419, 490, 491
~system 556
~voraussetzung 474
Hash-Partitionierung 316
Herstellerprofil 474
Heterogenität der Quellsysteme 527
hierarchische Clusterverfahren 136
Hierarchisierung 85
Historisierung 111, 229, 483
HOLAP *siehe hybrides OLAP*
Homogenisierung 95
Homonym 97
hot backup 566
hot swappable 570
Hotline 474
HTTP-basierte Ansätze 153
hybrides OLAP 283
Hyper-Cube 248
Hypothesengenerierung 616

I

identity management) 512
IDL *siehe Interface Definition Language*
Impact-Analyse 478
Implementierungsphase 420
incremental refresh 485
Index
bereichscodierter Bitmap-Index 312
Bitmap-Index 310
eindimensionale Baumindexstruktur 302
Indizierung 226, 333
Indizierungstechniken 313
mehrdimensionale Baumindexstrukturen 307
Mehrkomponenten-Bitmap-Index 312
~-Nested Loop Join 320
~struktur 301, 548

Stichwortverzeichnis

Information Resource Dictionary System 351
Informations
    ~bereitstellung 11
    ~beschaffung 471
    ~management 545
Informationsmodell 341
Informationssystem
    geografisches ~ 484
initiales Laden 538
inkrementelle Aktualisierung 330, 485
inkrementelle Sichtenaktualisierung 111
InMemory-Datenbanksysteme 174
Instanzadaption 235
Integration 55, 95, 377
    Backend-~ 6
    Frontend-~ 6
Integrität 505, 565
intensiv parallele Systemarchitektur 557
Interface Definition Language 360
Internetsicherheit 511
Investitionssicherheit 474
IRDS *siehe Information Resource Dictionary System*
ISO/IEC 11179 Metadata Registries 351
Istanalyse 413
Istzahlen 280
Istzustand 413
IT Service Management 30
IT-Strategie 374, 376, 405

J

Java Metadata Interface 352, 360
Java-basierte Ansätze 153
JMI *siehe Java Metadata Interface*

K

Kalendarien 483
Kalkülansatz 226
Kapazitätsplanung 419, 527, 529
KDD *siehe Knowledge Discovery in Databases*
Kenngröße 119, 120, 122, 202, 219, 221, 222, 224, 226, 233, 236, 243, 248, 268, 618
Kenngrößendimension 269

Kennzahlensysteme 19
    DuPont-System of Financial Control 19
    Return on Investment 19
Key Performance Indicator 26
Klassifikations
    ~hierarchie 119, 120, 121, 218, 228, 229, 231, 233, 234, 242, 249, 270, 618
    ~hierarchieänderung 228, 229, 261
    ~knoten 119, 218, 230, 619
    ~schema 119, 120, 121, 217, 228, 619
    ~stufe 119, 120, 202, 217, 221, 235, 619
Knowledge Discovery in Databases 131, 618
Knowledge Management 453
Kommunikation 450
komplexe Gruppierungsbedingungen 255
Komprimierungstechnik 94, 278, 336
Konfliktmanagement 451
konnektionistisches System 132, 138
Konsistenz 331, 392
Konsolidierung 377, 395
    ~spfad 122
Kontrollfluss 40
konzeptuelle Modellierung 201
Koordinaten im Würfel 619
Kosten
    ~- und Leistungsbetrachtung 518
    ~kalkulationen 467
    ~rechnung 20
Kreuzprodukt von Dimensionstabellen 320
Kundenbetreuung 522
Kundenorientierung 18
Künstliche Intelligenz 340

L

Laden 87, 464, 619
    initiales ~ 538
    Ladefenster 473, 477
    Ladekomponente 43, 58
Ladephase 110, 537
    Aktualisierung 110
    Initialisierung 110
Lastverteilung 392, 477
Latenzzeiten 498
LDAP 512

lineare Verteilung 281
Linearisierung 275
List-Partitionierung 315
Lizenzierung 463, 467
load balancing 553
Locking-Strategien 550
logische Modellierung 214
logisches Backup 567
logisches oder deskriptives Anfrageparadigma 226
Lokalität 85
Look and Feel 472, 475

M

Machbarkeit
 ~snachweis 418
 ~sstudie 405, 411, 413, 415
Management Dashboards und Cockpits 77
Managementinformationssystem 12, 484
Marketing
 ~-Controlling 17
 ~kampagnen 522
Markt
 ~forschung 589
 ~studien 468, 471
Massenlader 65, 479
Massive Parallel Processing (MPP) 176
Master-Daten 342
materialisierte Sichten 110, 238, 322
 Aktualisierung 112, 330
 dynamische Auswahl 323, 329
 statische Auswahl 323, 326
 Verwendung 323
materialized views *siehe materialisierte Sichten*
MDBMS *siehe multidimensionales Datenbankmanagementsystem*
MDC *siehe Meta Data Coalition*
MDX 125, 215
measure *siehe Kenngröße*
mehrdimensionale Baumindexstruktur 307
Mehrfachverwendung 86, 392
Mehrkomponenten-Bitmap-Index 312
Mehrrechnerdatenbanksystem 13
Meta Data Coalition 84, 352
Metadata Warehouse 80

Metadaten 79, 339, 340, 357, 536, 566, 619
 Austauschstandard 350
 Begriffs-~ 82
 beschreibende Information 80
 Business-~ 356, 537
 fachliche ~ 80
 Klassifikation 354
 operative ~ 81
 prozessbezogene Information 80
 Prozess-~ 81
 Referenzmodelle 357
 Struktur-~ 81
 technische ~ 80, 356, 529, 537
 ~austausch 357, 479, 485
 ~haltung 420
 ~management 343, 345, 466
 ~managementsystem 339, 345
 ~manager 40, 82, 346, 619
 ~-Repositorium 340
 ~tabellen 253
 ~-Warehouse 345
metadatengetriebener Prozess 343
Metadatenverwaltung
 bidirektionale ~ 84
 dezentralisierte ~ 84
 unidirektionale ~ 84
 Zentralisierte ~ 84
Metamodell 204, 225, 357, 361
ME/R
 ~-Modell 205, 243
 ~-Notation 216
Mini-Dimensionen 317
mirroring 492
MIS *siehe Managementinformationssystem*
missing data 220
MML *siehe Multidimensional Modeling Language*
Mobile Client 79
Modellierung
 Datenquellen 416
 konzeptuelle ~ 201
 logische ~ 214
 ~stechniken 203
 ~swerkzeuge 466
Modularisierung 85
MOLAP *siehe multidimensionales OLAP*

Monitor 41, 43, 54, 619
Monitoring 87, 93
    aktive Mechanismen 89
    anwendungsunterstütztes ~ 92
    Benachrichtigung 88
    Dateivergleich 93
    externes ~ 89
    internes ~ 89
    Nettoeffekt 88
    Polling 88
    protokollbasierte Entdeckung 92
    Realisierung 88
    Replikationsmechanismen 90
    Strategien 54
    Techniken 89
    zeitstempelbasierte Entdeckung 93
Monoblockanfragen 323
Moore'sches Gesetz 544
Multiblockanfragen 324
Multi-Cube 248, 270
    ~-Datenbanksystem 269
Multidimensional Modeling Language
    211, 225
Multidimensional UML 207
multidimensionale
    ~ Anfrage 254
    ~ Datenstruktur 123
    ~ Domänenstruktur 122
    ~ Realisierung 418
    ~ Speicherung 241, 265, 281
    ~ Zugriffsschicht 146
    ~ Zugriffsstrukturen 337
    ~s OLAP 241
    ~s Schema 619
multidimensionale Datenbanken 145, 266
    Metadatenschema 363
    Optimierung 332
multidimensionales Datenmodell 119,
    201, 214, 216, 225, 619
    Formalisierung 214, 225
    Operatoren 123, 221
Multifaktentabellen-Schema 248
Multiprozessorsysteme 494
Multithreaded Server 553
mUML *siehe Multidimensional UML*

N

Nabe-Speiche-Architektur 66
Nachvollziehbarkeitsinformation 345
Natural Language Processing 167
Navigieren 271
Nearest-Neighbor-Anfragen 300
Netzwerk 556
    ~durchsatz 498
    ~sicherheit 505, 509
non-event 220
not applicable 220, 221
not available 221
not known 220
Notfallpläne 498
N-Schichtenarchitektur 150
Nullwerte 220
Nutzenbetrachtung 519
Nutzerzahl 491
Nutzungspotenzial 561

O

Object Management Group 84, 352
Objektdaten 341
ODS *siehe Operational Data Store* 59
Offenheitsannahme 296
OIM *siehe Open Information Model*
OLAP *siehe Online Analytical Processing*
OLAP-Anwendungen 225
OLAP-Produkte 463, 466, 480
    Analysefunktionalität 483
    Anfragedefinition 482
    Architektur 480
    Benutzeroberfläche 483
    Berechtigungskonzept 484
    Betrieb 485
    Change Management 485
    Datenmodell 482
    Entwicklungsumgebung 484
    Marktstudien 468
    Metadaten 485
    Reporting 482
    Schnittstellen 481
    Webanbindung 485
OLAP-Werkzeug 226, 228, 471, 473

OLE DB for OLAP 215
OLTP *siehe Online Transactional Processing*
OMG *siehe Object Management Group*
one-tier architecture *siehe Einschichtenarchitektur*
Online Analytical Processing 8, 75, 113, 114, 620
Online Transactional Processing 9
Open Information Model 357
Open Source 486
open world 296
Operational Data Store 59
    Abgrenzung 60
    Klassifikation 60
Operationsprotokollierung 545
Optimierung 299
    ~ des Scheduling-Prozesses 528
    ~ von Star-Joins 319
Organisationsstruktur 483, 533
organisatorische Probleme 563

P

parallele Verarbeitung 553
Parallelisierung 111
parity data 492
partial match query 300
partial range query 300
partielle Bereichsanfrage 300
partitionierende Clusterverfahren 135
Partitionierung 111, 314, 547
    horizontale ~ 315, 547
    vertikale ~ 316, 547
    ~skonzept 554
    ~ssteuerung 318
PCTE *siehe Portable Common Tool Environment*
Performanz 244, 475, 480
    ~management 527
    ~-Tuning 544
Pfad 121, 122, 217
Phasenkonzept 410
Pilotierung 423
Pivotierung 123
Plandokument 571
Planzahlen 280
Plattformunabhängigkeit 152

Plausibilitätsprüfung 57, 478
point query 300
Portable Common Tool Environment 351
Portaltechnik 466
Präaggregation *siehe auch materialisierte Sichten* 226
Praxisbeispiele 573
Primärdaten 46, 355
Produkt
    ~evaluation 475
    ~klassifikation 464
    ~qualität 522
Produktauswahl 462, 474
    allgemeine Kriterien 474
    Datenbeschaffungswerkzeuge 475
    Notwendigkeit 463
    Nutzen 463
    OLAP-Produkte 480
Produktionsfaktoren 6
Produktionsumgebung 402, 421
Projekt
    Kommunikation 450
    ~abwicklung 502, 504
    ~datenbank 453
    ~leiter 500, 504
    ~management 405, 433, 437, 452, 500, 502, 504
    ~organisation 437, 500, 504
    ~planung 452
    ~vorgehen 405
Projektion 222
Projektphase
    Analyse 405
    Betrieb und Wartung 405
    Design 405
    Implementierung 405
    Test 405
proof of concept 473
Prototypenmodell 406
Prototyping 233, 418, 421, 472, 478, 503, 521, 522
    Evolutionäres ~ 422
    Rapid ~ 422
Prozess
    ~ketten 420
    ~metadaten 355
    ~modell 233, 405
    ~steuerung 477, 539

Public-Key-Algorithmen 511
Publish and Subscribe 159
publish/subscribe mechanism 347
Punktanfrage 300

Q

Qualität 403
  ~smanagement 405, 448
  ~smanagementteam 535
  ~smangel 47
  ~ssicherung 404, 532, 541
  ~ssicherungsmanagement 529
  ~überwachung und -sicherung 528
qualitative Anforderungen 47
Quelldaten 234
  Klassifikation 52
  Qualität 47
  siehe auch Datenquelle
  Verfügbarkeit 48
query and reporting 75

R

RAID-System 492, 567, 570
range query 300
Range-Partitionierung 315
raumfüllende Kurve 308
R-Baum 307
Reaktivierung 569
real time 271
Realisierung
  multidimensionale ~ 418
  relationale ~ 418
Realtime Data Warehousing 465
Realtime-Data-Warehouse-System 156
Rechenzentrum 533
Record-Linkage-Verfahren 57, 97, 98
Recovery 566
  ~ Time Objective 571
  ~-Anforderungen 571
  ~-Plan 571
  ~-System 551
Referenz
  ~kunden 474
  ~modell 37
  ~projekte 474

Referenzarchitektur 37
  Anforderungen 39
  Komponenten 40
  Modularität 37
  statische Sicht 37
  Zweck 39
Referenzielle Integrität 51
Regression 131
Reifegradmodell 377
relationale Speicherung 242, 418
relationales Datenmodell 214, 215, 225, 241, 242
relationales OLAP 241
Rematerialisierung 330
Rentabilität 517
Reparaturkosten 491
Replikation 554, 570
Reportdefinition 485
Report-Generatoren 466
Reporting 466
Repositorium 43, 79, 344, 401, 420, 453, 466, 529, 534, 536, 620
  Architektur 347
  Funktionalität 346
  ~manager 620
  ~standard 351
Resource Description Framework 352
Restriktion 221
Return on Investment 518, 523
reverse engineering 416
Risikoanalyse und -bewertung 571
Risikomanagement 573, 583
Robustheit 452
Rohdaten 219
ROI *siehe Return on Investment*
ROLAP *siehe relationales OLAP*
Rollenprofile 452
Roll-up 124, 217, 223
ROLLUP-Operator 258
Rotation 123
RSA 511
RTO *siehe Recovery Time Objective*
Run Length Encoding 278, 336

S

Sampling 478
Scheduling 403, 477
Schema
   ~änderung 233, 234, 235, 263
   ~daten 339
   ~entwurf 466
   ~evolution 235, 263, 264
   ~integration 95
   ~komplexität 233
   ~konvertierung 235
   ~modifikation 235
   ~veränderung 228, 238
   ~versionierung 235, 263, 264
Schichtenarchitekturen 146
   funktionale Überlegung 146
   physische Umsetzung 147
Schlüsselbehandlung 96
Schnittstelle 66, 146, 477, 484
Schulung 422, 463, 474
Schutz- und Sicherheitsmanagement 530
screening router 511
Scrum 453
Secure Socket Layer 510
Semantische Informationsmodelle 341
semantisches Caching 329
Semiverbund von Dimensionstabellen 321
Separation 554
separation of duty 515
sequenzielle Speicherung 275
Service Level Agreement 382, 514
shared memory 496
Shared-Nothing-Architektur 174
shelf life 493
S-HTTP 510
Sicherheit 154, 392, 509
   Analysebereich 516
   ~skonzept 418, 421
   ~sobjekte 295
   ~ssubjekte 295
   ~stoken 513
Sicherungsmanagement 565
Sichten 552
   inkrementelle ~aktualisierung 111
   materialisierte ~ *siehe materialisierte Sichten*
   ~ansatz 292

Simulation 521
Single-Cube-Ansatz 269
Single-sign-on-Werkzeug 512
Sitzungskonsistenz 332
Skalierbarkeit 471, 475, 477, 480, 481, 491
   ~sgrenze 281
Skalierung 494
SLA *siehe Service Level Agreement*
Slice und Dice 124
slowly changing dimension 261
SMP 494
snapshot 91, 93
Snowflake-Schema 243
Software
   Vorgehensweise 462, 467
   ~auswahl 412, 462
   ~konfiguration 466
   ~voraussetzungen 474
Sollkonzept 413
space filling curve 308
sparse 278
Speicher
   multidimensionales ~modell 145
   relationales ~modell 145
   ~architekturen 143
   ~management 553
   ~medien 493
   ~modell 144
   ~netzwerk 493
   ~subsystem 567
   ~zugriff 498
Speicherung multidimensionaler Daten 275
Spiegelung 492
Spiralmodell 406
Sponsoren 501
Spoofing-Angriff 511
Spreadsheet Add-in 78, 463
SQL99 255
SSDB *siehe Statistical and Scientific Databases*
SSL *siehe Secure Socket Layer*
staging area 40
Standard Reporting 77, 463
Standard-Bitmap-Index 310
Standardlösungen 377
Standby-System 570

Standzeiten 491
Star Transformation 321
Star- vs. Snowflake-Schema
    Heuristiken 246
    Mischformen 247
Star-Join-Anfragemuster 254
Star-Queries 255
Star-Schema 244, 247
stateful inspection 511
statische Anwendungen 152
statisches Auswahlverfahren 327
Statistical and Scientific Databases 13
Storage Area Network 493
Stored Procedure 550
Strategie
    ~entwicklung 375
    ~studie 376
strategische Unternehmensführung 376
strategischer Informationsplan 375
striping 492
Suchvorgang
    vollständiger ~ 301
Summierbarkeit 224
Superaggregat 326
Support 474
Surrogat 96
Swapping 277
symmetrische Multiprozessorarchitektur 494, 557
SYN-Flooding 511
Synonym 97
Systemausfall 571
systembedingte Probleme 562
Systemcluster 557
systemorientierte Qualitätsüberwachung 528
systemtechnische Aspekte 526
Szenario 31

T

Tabellen-Striping 554
technische Metadaten 356, 529, 537
Teilwürfel 274
temporale Datenbanken 228
Terminologie 345
Test 522
    ~datengenerierung 478
    ~umgebung 402, 421

thin client 79, 148
three-tier architecture *siehe Dreischichten-architektur*
Top-down
    ~-Betrachtung 41
    ~-Vorgehen 427
Tracing 545
Trackeranfrage 291, 516
Transaktionszeit 229, 262
Transformation 40, 43, 87, 95, 464, 620
    ~skomponente 57
    ~sphase 95, 110
    ~sprozesse 362
Tuning 473, 479, 485, 522
Tupel
    ~-Zeitstempelung 260
two-tier architecture *siehe Zweischichten-architektur*

U

UB-Baum 308
UIMA *siehe Unstructured Information Management Architecture*
UML 202, 207
Umsetzung multidimensional/relational 242
Unified Modeling Language *siehe UML*
Unstructured Information Management Architecture 169
Unternehmensstrategie 374, 405
user class views 294

V

Verbundoperation 222
Verdichtungs
    ~grad 119
    ~stufe 119
Verfügbarkeit 491, 505
Verschlüsselung 510
Verschlüsselungsverfahren 155, 510
    asymmetrische ~ 510
    symmetrische ~ 510
Versicherung 583
Versionierung 228, 231, 260, 483
    ~ssichten 419
Versions- und Konfigurationsverwaltung 347

Verteilungskonzepte 554, 555
Vertraulichkeit 505
Vertriebs-Controlling 17
Verwaltung
  öffentliche ~ 573
  ~öffentliche 574
virtual cubes 294
Virtual Private Networks 510
virtuelle Würfel 273
Visualisierungstechniken 132
V-Modell 407
vollständiger Suchvorgang 301
Vorberechnung 271
Vorgehensmodell 405, 410
Vorgehensweise 411, 427
Vorperiodenvergleich 483
Vorstudie 405
VPN *siehe Virtual Private Networks*

W

Wartung 405, 463, 474, 485
  ~ der Hard- und Software 526
  ~ materialisierter Sichten 323
  ~saufwand 476
  ~sfreundlichkeit 452
  ~skosten 152, 467
  ~sumgebung 402, 421
Wasserfallmodell 406
Webbasierte Architektur 151
  Anwenderschnittstelle 366
  Individualisierung 155
  Optimierung 154
  Sicherheitsaspekte 154
Webservice 348
Webzugriff 485
Wiederverwendbarkeit 452
Wirtschaftlichkeitsbetrachtung 403, 412, 517, 518
Workflow-System 367
Würfel 122, 215, 217, 219, 222, 242, 267, 620
  virtuelle ~ 273
  ~schema 219, 228, 236, 620
  ~zelle 122, 219, 620

X

XMI-Standard 352
XML 352

Y

Year to Date 483

Z

Zachman-Framework 360, 365
Zeit
  ~aspekte 228, 229
  ~dimension 229
  ~fenster 111
  ~granularität 229
  ~punkt der Aktualisierung 331
  ~reihenanalyse 483
  ~stempel 93, 228, 229, 231
zeitorientierte Informationssysteme 229
Zellenspeicherung 335
zentralisierte Metadatenverwaltung 349
Zieldefinition 464
Z-Komprimierung 336
Zugangsbeschränkung 154
Zugriffs
  ~kontrolllisten 296
  ~kontrollmatrizen 296
  ~kontrollverfahren 516
  ~protokolle 215, 493
  ~schutz 344
  ~software 151
  ~zeiten 498
Zugriffskontrolle 284, 505, 514
  Anforderungen 284
  Realisierungskonzepte 292
Zukunftsplanung 527
Zusatzinformation 339
Zuverlässigkeit 472, 475
Zwei-Ebenen
  ~-Datenstruktur 337
  ~-Speicherung 278, 279
Zweischichtenarchitektur 148